Marcus Brann

Die Geschichte der Juden und ihrer Literatur

Verlag
der
Wissenschaften

Marcus Brann

Die Geschichte der Juden und ihrer Literatur

ISBN/EAN: 9783957007902

Auflage: 1

Erscheinungsjahr: 2016

Erscheinungsort: Norderstedt, Deutschland

Geschichte der Juden
und ihrer Literatur

Erster Teil

von

Dr. M. Brann

Geschichte der Juden

und ihrer Literatur

von

Dr. M. Brann

———

Erster Teil
Vom Auszug aus Ägypten bis zum Abschluß des Talmud

——— — —

Dritte vermehrte und verbesserte Auflage

——— —

Breslau
Verlag von M. & H. Marcus
1910

Geschichte der Juden

und ihrer Literatur

vom Auszug aus Ägypten bis zum Abschluß
des Talmud

von

Dr. M. Brann

———

Dritte vermehrte und verbesserte Auflage

—— ——

Breslau
Verlag von M. & H. Marcus
1910

Vorwort

Das vorliegende Buch ist ein erneuter Versuch, in weiteren Kreisen unserer gebildeten Glaubensgenossen das Interesse für die Geschichte unserer Vorfahren zu erwecken und lebendig zu erhalten. Es hat die Aufgabe, jedem jüdischen Hause Anregung und Belehrung in diesem Bereiche zu bieten. Es soll ein Lesebuch und ein Lehrbuch zugleich sein. Wie es nämlich das unmittelbare Ergebnis einer mehr als fünfzehnjährigen Schulpraxis ist, so will es auch dem religiösen Unterricht und der religiösen Erziehung unserer Jugend Dienste leisten. Nach dieser Richtung hin will es die praktische pädagogische Aufgabe lösen, die jüdische Jugend durch die Einsicht in den Entwickelungsgang des Judentums zu klarem Verständnis für das religiöse Leben der Gegenwart und zu überzeugungstreuem Festhalten am väterlichen Glauben zu erziehen. Für die Auswahl des Stoffes und die Weise der Darstellung ist dieser Gesichtspunkt besonders maßgebend gewesen. Aus der erdrückenden Fülle des Materials sind demgemäß, unter Vermeidung aller irgend entbehrlichen Namen und Zahlen, im allgemeinen diejenigen Ereignisse, Persönlichkeiten und Literaturerzeugnisse ausgewählt und behandelt worden, deren unmittelbarer Einfluß auf die Gestaltung des religiösen Lebens der Gegenwart fortdauert. Der so zusammengestellte Stoff ist um hervorragende Männer gruppiert, deren Lebensbilder nach Möglichkeit pragmatisch verbunden worden sind. Es ist dabei der Versuch gemacht worden, im Rahmen dieser biographischen Form eine anschauliche Darstellung der für die jüdische Geschichte unentbehrlichen Begriffe (Halacha, Haggada ꝛc.), sowie der für sie charakteristischen Sammelwerke (Mischnah, Gemara ꝛc.) zu vermitteln. Proben literarischer Erzeugnisse sind, damit die Vergleichung der Urtexte erleichtert werde, möglichst nur aus den in allen Händen befindlichen Sammelwerken (Siddur, Machsor, Selichoth, Kinoth usw.) gegeben worden. Der Ton der Erzählung setzt im allgemeinen diejenige Reife und Bildung voraus, die den Zöglingen höherer Lehranstalten (Gymnasien, Realgymnasien, höhere Knaben- und Mädchenschulen usw.) im Durchschnitt zugetraut werden darf. Dabei war ich überall bestrebt, einerseits den innigen, untrennbaren Zusammenhang der

jüdischen Geschichte mit der allgemeinen Weltgeschichte zwanglos nachzuweisen und andererseits die gesicherten Ergebnisse der neuesten Forschungen
auf dem Gebiete der Wissenschaft anschaulich und warm in gemeinverständlicher Form vorzutragen. Der erfahrene Schulmann weiß, welche
gewaltigen Schwierigkeiten sich bei der Sprödigkeit des Stoffes dem Be-
arbeiter, der allen diesen unerläßlichen Anforderungen nach Kräften gerecht
werden will, auf Schritt und Tritt entgegen türmen.

Was die großen Pfadfinder der Wissenschaft und Meister des Wortes
unübertrefflich ausgedrückt haben, ist unbedenklich, an einzelnen Stellen
selbst wörtlich, aufgenommen worden. Über diese Entlehnungen gibt der
angehängte knappe Quellen-Nachweis, der den sachkundigen Leser in den
Stand setzt, die gemachten Angaben nachzuprüfen, hinlängliche Auskunft.
Damit der Strom der Entwickelung in seinem ganzen Verlauf von der
Quelle bis auf die Gegenwart verfolgt werden könne, ist als Einleitung
in die jüdische Geschichte eine kurze Übersicht über die Geschichte unserer
Vorfahren vom Auszug aus Ägypten bis zur babylonischen Gefangenschaft vorausgeschickt und mit einiger Ausführlichkeit der Lehrinhalt des
Pentateuchs und die Wirksamkeit der Propheten hervorgehoben. Für die
Schule hat diese Übersicht zugleich den Zweck, die bereits früher an-
geeignete biblische Geschichte an der Hand der zahlreichen Zitate aus der
heiligen Schrift zu wiederholen und zu befestigen. Gleiche Übersichten
zu Beginn jedes größeren Zeitabschnittes sind dazu bestimmt, den Gang
der Entwickelung während des betreffenden Zeitraumes klar und scharf
erkennbar zu machen. Bei der neuen Auflage ist das Ganze einer sorg-
fältigen Durchsicht unterzogen worden. Zu wesentlichen Veränderungen
des Textes hat sich aber nur an einigen wenigen Stellen Anlaß gefunden.
In der vorliegenden dritten Auflage sind die Literaturproben vermehrt
und solche aus der Mischnah, Gemara, den religions-philosophischen Schriften
Saadjas, Jehuda Halevis und Maimunis und aus dem Schulchan
aruch hinzugefügt worden. Der Quellen-Nachweis am Ende ist aufmerksam ergänzt und berichtigt.

Das Buch erscheint von jetzt an in drei Teilen. Der erste schließt
mit dem Abschluß des Talmud, der zweite mit der Vertreibung der
Juden aus der pyrenäischen Halbinsel, der dritte führt die Geschichte
bis zur Schwelle der Gegenwart. Jedem Teile ist ein Sach- und Namen-
Register beigegeben.

Ich habe nur noch den Wunsch hinzuzufügen, daß das Buch auch
fernerhin segensreich für die religiöse Belehrung und Erziehung wirke.

Breslau, 1. März 1910

M. Brann

———

Inhalts-Verzeichnis

Erster Zeitraum

Vom Auszug aus Ägypten bis zur Wegführung nach Babylon.

Moses und die Propheten.

(1495—586*) vor Beginn der christlichen Zeitrechnung)

Erste Abteilung

Vom Auszug aus Ägypten bis zur Begründung der Propheten-Schulen. Von Moses bis Samuel (1495—1100).

Im Frührot des fünfzehnten Tages im Monat der Ährenreife um das Jahr 1495 zog Mose mit seinen erlösten Volksgenossen aus Ägypten. Es war das Morgenrot für die heilvolle Erfüllung der Verheißungen, die der Herr einst den Erzvätern gegeben hatte. Was dem Stammvater im nächtlichen Traumgesicht verkündigt worden war[1], sahen die Scharen, die aus Ägypten zogen, sich wunderbar bewähren. Mit wenig Leuten war Jakob in der Landschaft Gosen angekommen, nunmehr verließen sechshunderttausend waffenfähige Männer das ungastlich gewordene Land. Wenige, aber starke Bande umschlangen die dem Frohndienst entronnenen Nachkommen Jakobs und drückten ihnen den Stempel eines eigenartigen Volkstums auf. Die lebendige Erinnerung an die Herkunft von den edlen Patriarchen war ihr gemeinsamer Besitz. Sie wußten, wie Abraham umhergezogen, wie Isaak sich hingegeben und Jakob gekämpft hatte, um den Glauben an den einzigen Gott zu bewahren. Nach dem Ehrennamen, den Jakob sich errungen[2], nannten sie sich Israel (Gottes-streiter), und aus Ägypten nahmen sie die Erfahrung mit, daß sie

---

*) Die Jahreszahlen nach Zunz, Zeittafel über die gesamte heilige Schrift.
[1] 1. M. c. 15.   [2] 1. M. 32, 29. 35, 10.

nach seinem leuchtenden Beispiel für die Wahrheit kämpfen mußten nicht mit dem Schwerte in der Hand, sondern mit dem unbesiegbaren Gottvertrauen im Herzen. Geläutert im Schmelzofen gemeinsamen Elends wurde Israel einig und stark, und Moses, der wunderbar Gerettete, ward sein Retter. Er ist der Mann Gottes, der Vater der Propheten, die scharf ausgeprägte Persönlichkeit, welche an der Spitze dieses Zeitraums steht und ihm seinen Namen gibt. Ihm gab der Herr das Gesetz als Erbteil für die Gemeinde Jakobs. Es heißt תּוֹרָה, Lehre, Unterweisung, und weist dem Volke den sicheren Weg zur Frömmigkeit, Tugend und staatlichen Wohlfahrt.

In einem Dornbusch, der loderte und nicht verbrannte, offenbarte sich Gott dem Mose zum ersten Male. Er zeigte sich ihm als Flamme, die, leuchtend ohne zu verzehren, in unveränderter Gestalt sich gleich blieb. Und aus der Mitte der Erscheinung hörte er das Wort des Herrn: „Ich bin, der ich bin." Der Ewigseiende kennt kein Werden und Vergehen, kein Gestern und kein Heute. In ihm ist alles vereinigt, was ist, was war und was sein wird. Er ist der Grund aller Dinge, der Lebensspender aller Wesen. Es hat kein Gott vor ihm, nach ihm und neben ihm Raum[1]).

Er schuf am Anfang den Himmel und die Erde[2]). Er sprach: Es werde Licht! und es ward Licht[3]). Sein Wort ward zur schöpferischen Tat. Es erzeugte Tag und Nacht, Himmel und Erde, bevölkerte das Wasser, die Luft und die Erde mit lebenden Wesen und schuf den Menschen im Ebenbilde Gottes. Aber des Menschen Urbild ist kein körperlich sichtbares. Denn ein reiner Geist ist Gott und „ihr habt keinerlei Gestalt gesehen, als der Ewige am Horeb zu euch sprach[4])". Wir erkennen sein Wesen nur aus seinem Wirken und Walten in der Welt.

Er ist nicht bloß der Schöpfer, sondern auch der Erhalter der Welt. Denn „so lange die Erde bestehen wird, sollen Saat und Ernte, Kälte und Hitze, Sommer und Winter, Tag und Nacht nicht aufhören[5])". Ewige Gesetze gab der Herr der Heerscharen, durch die er alle Wesen lenkt und leitet. „Er regieret für und für[6])". Diese Gesetze sind die vollkommensten, besten und weisesten Mittel zur Erhaltung und Regierung der Welt. Gott waltet wie ein Fürst und Richter; er belohnt und bestraft ohne Ansehen der Person. Für

---

[1]) 5. M. 32, 39.   [2]) 1. M. 1, 1.   [3]) 1. M. 1, 3.   [4]) 5. M. 4, 15.
[5]) 1. M. 8, 22.   [6]) 2. M. 15, 18.

jede Tat gibt es eine Vergeltung, denn „der Hort, vollkommen ist sein Tun, alle seine Wege sind Gerechtigkeit[1]“. Aber selbst strafend und richtend ist er gütig wie ein Vater und stets auf das Beste seiner Kinder bedacht. „Du sollst es erkennen mit deinem Herzen, daß, wie ein Mann seinen Sohn erzieht, der Ewige, dein Gott dich erzieht[2]“. Der Allgnädige gewährt mehr als wir verdienen. Er ist langmütig und gibt uns Zeit, uns zu bessern, barmherzig, denn er nimmt sich des Unglücklichen an, und versöhnlich öffnet er dem Reuigen sein Vaterherz. Wahrhaftig und treu ist er, „denn er ist kein Mensch, daß er täusche, kein Erdensohn, daß er bereue. Sollte er sprechen und nicht tun, reden und es nicht halten[3]“? Also offenbarte sich Gott dem Mose das andere Mal, als er ihn in der Felsschlucht barg und an ihm vorüberzog mit den Worten: „Gott ist Gott, mächtig, barmherzig, gnädig, langmütig und reich an Liebe und Treue, bewahret die Liebe Tausenden, vergibt Vergehen, Verbrechen und Sünde. Hingehen aber läßt er es nicht[4]“.

So beschaffen ist der Gott der Götter, der Vater aller Menschen, die er in seinem Bilde geschaffen. Zu Israel aber spricht er: „Ich bin der Ewige, dein Gott, der ich dich aus dem Lande Ägypten geführt habe, aus dem Hause der Knechte[5]“. Ihm ist er der Erlöser und Befreier, dessen Walten es mit eigenen Augen erkannt hat. Mit starker Hand und ausgestrecktem Arme hat er es vom Sklavenjoch befreit, um sich ihm am Sinai zu offenbaren. Er hat es eingesetzt zu einem Reich von Priestern, das die göttliche Lehre bewahren, und zu einem heiligen Volke, welches das göttliche Gesetz ausüben soll. Israels Erwählung ist nicht sowohl ein Vorzug, als vielmehr eine Aufgabe, die es zu erfüllen hat. „Obgleich die ganze Erde mir gehört, sollt ihr mir ein Eigentum sein“, ließ ihnen Gott verkünden, „wenn ihr auf meine Stimme hören und meinen Bund halten wollt[6]“.

Was aber forderte der Herr von Israel? „Nichts anderes, als daß es fürchte den Ewigen, seinen Gott, daß es in allen seinen Wegen wandle, und ihn liebe und ihm diene mit ganzem Herzen und mit ganzer Seele[7]“. Und wie sollte Israel den nicht lieben und fürchten, vor dem seine Väter gewandelt waren, und der es

---

[1] 5. M. 32, 4.   [2] 5. M. 8, 5.   [3] 4. M. 23, 19.   [4] 2. M. 34, 6. 7.
[5] 2. M. 20, 2.   [6] 2. M. 19, 5.   [7] 5. M. 10, 12.

von allem Übel erlöſt hatte? Wie ſollte es den nicht ehren, der ihm nach ſchwerer Heimſuchung ſo große Huld erwieſen? Wie ſollte ihm Israel nicht vertrauen, das Roß und Reiter verſinken geſehen im Meer und nun daſtand, des Dankes voll, als ſeiner Macht und Liebe lebendiges Zeugnis? In Demut beugte ſich das Volk und gelobte, von heiliger Scheu ergriffen: „Alles, was Gott redet, wollen wir tun und befolgen[1]".

Ein gottesfürchtiges, dankbares Volk verehrt keine anderen Götter neben dem Einzigen. Es ſündigt nicht gegen ſein Gebot und läßt „ſein Herz nicht betören, abzuweichen und anderen Göttern zu dienen und vor ihnen ſich zu bücken[2]". Es trachtet ihnen nicht nach mit ſeinem Herzen und mit ſeinen Augen und leiſtet jeder Verleitung und Verführung zum Götzendienſt kräftigen Widerſtand. Kein Sohn Israels gibt einem ſolchen Verführer und ſei er ſein nächſter Freund und Verwandter williges Gehör[3]. Ebenſo unwürdig wäre es, wenn Israel je vergeſſen wollte, daß nur in Gottes Hand das menſchliche Geſchick ruht, und daß es außer ihm keine Schickſalsmacht gibt, die ſich in ſichtbaren Zeichen ankündigt. „Es finde ſich unter dir nicht einer", lehrt die heilige Schrift, „der Verwünſchungs- oder Ahnungskünſte treibt, ein Zauberer, Geiſterbanner, Totenbeſchwörer, Wahrſager und Totenbefrager. Denn ein Greuel vor Gott iſt jeder, der ſolches tut, und ob dieſer Greuel treibt Gott, dein Herr, ſie aus vor dir[4]". Damit ſtand Israel in bewußtem Gegenſatz zu den anderen Völkern der Erde. Zu ihm ſprach Gott: „Tuet nicht wie die Einwohner des Landes Ägypten, darin ihr wohntet, getan haben, und auch wie die Bewohner des Landes Kanaan, dahin ich euch bringe, getan haben, ſollt ihr nicht tun, und nach ihren Satzungen ſollt ihr nicht wandeln[5]". Die alſo Auserwählten wiſſen, daß ihr einziger, allmächtiger König und Vater nicht zu betören und zu hintergehen iſt durch unwahre Rede und falſchen Schwur. Sie dürfen kein freches Spiel mit ſeinem heiligen Namen treiben und ihn nicht zum Zeugen der Lüge und Unwahrheit anrufen, denn dadurch würden ſie entweihen ſeinen heiligen Namen[6]". Ja, es iſt ſchon ein Mißbrauch, überhaupt den Namen Gottes beim Schwur anzurufen, wenn es nicht zur Aufklärung des Rechts verlangt wird. Wir entheiligen ihn, ſobald wir ihn unnütz und an ungeeigneten Orten anwenden.

---

[1] 2. M. 24, 7.   [2] 5. M. 11, 16.   [3] 5. M. 13, 7 ff.   [4] 5. M. 18, 10—12.
[5] 3. M. 18, 3.   [6] 3. M. 19, 12.

„Wenn ich Gottes Namen anrufe", sprach Moses, „gebet Größe unserm Gotte[1]".

Die Richtschnur für den Lebenswandel gibt das geoffenbarte Gotteswort. Es muß darum der Gegenstand der steten Forschung sein. Schon in der Wüste ließ Mose das Volk zusammentreten und sprach zu ihm: „Höre, Israel, die Gesetze und die Rechte, die ich heute vor euren Ohren rede. Lernet sie und achtet darauf, sie zu tun[2]". Und an jedermann aus dem Volke erging die Mahnung Gottes: „Es seien die Worte, die ich dir heute gebiete, in deinem Herzen, und schärfe sie deinen Kindern ein[3]". Also wird es jedem Vater zur Pflicht gemacht, seine Kinder in der Lehre zu unterweisen und zur Beobachtung ihres Inhalts anzuleiten. „Richtet eure Herzen auf alle diese Worte, daß ihr euren Kindern auftraget, alle Worte dieser Lehre zu erfüllen[4]". Für eine solche Gewöhnung und Erziehung soll die Jugend dankbar sein und neben der angeborenen Kindesliebe die höchste Verehrung empfinden für Eltern und für alle Personen, die lehrend ihre Stelle vertreten. Es soll ein Geschlecht heranwachsen, das „vor einem grauen Haupte aufsteht, und das Ansehen eines in Weisheit Gereiften ehret und achtet[5]". Die Weisheit der Thora soll ihnen allen heilig sein, und sie sollen dafür sorgen, daß sie zu steter Erinnerung in ihren Händen sei[6].

Obwohl jede Handlung des Israeliten von göttlichem Geiste durchdrungen und somit ein Gottesdienst sein soll, verlangt der Herr noch besondere gottesdienstliche Handlungen von ihm, die ausschließlich den Zweck haben, die religiöse Gesinnung symbolisch auszudrücken. Zu deren Ausübung wurde ein bewegliches Heiligtum erbaut[7]. In dessen Vorhofe sammelte sich das Volk am Opferaltar, der unter freiem Himmel stand. Am Ende des Vorhofes stand das heilige Zelt, durch einen Vorhang in zwei Räume abgeteilt. Im vorderen, dem Heiligen, war der siebenarmige Leuchter, der Tisch mit den zwölf Schaubroten und der Altar zum Räuchern. Im Allerheiligsten stand die Bundeslade, in der die Tafeln des Gesetzes lagen. Der heilige Dienst im Zelte, das in der Wüste von Ort zu Ort getragen wurde, sollte zuerst die Pflicht der Erstgeborenen werden. Als aber das Volk sich durch die Anbetung des goldenen Kalbes schwer versündigt hatte, war für immer der Stamm Levi dazu ausersehen[8], weil er

---

[1] 5. M. 32, 3.   [2] 5. M. 5, 1.   [3] 5. M. 6, 7.   [4] 5. M. 32, 46.
[5] 3. M. 19, 32. [6] 5. M. 31, 19. [7] 2. M. c. 25—31. c. 35—40. [8] 4. M. c. 3. 8, 5 ff.

dieser Sünde fern geblieben war[1]). Aus seiner Mitte ward zum
Priestertum Aharon und seine Nachkommenschaft berufen[2]). Die
übrigen Stammesgenossen waren mit den niederen Diensten im Heilig=
tum betraut. Die Opfer darzubringen und das Volk zu segnen, blieb
Aharons und seiner Söhne Recht und Pflicht. Nur im Heiligtume
durfte von ihnen die Opferhandlung vorgenommen werden[3]). Zwei=
mal täglich, am Morgen und am Abend, ward daselbst für das ganze
Volk geopfert[4]). Doch durfte auch jeder einzelne ein Opfer auf dem
Altare darbringen lassen, wenn er sich durch ein Gelübde dazu ver=
pflichtet hatte, oder wenn er seinen Dank gegen Gott ausdrücken
wollte oder sich von Schuld und Sünde reinigen mußte. An den
Sabbathen, Neumonden und Festtagen des Jahres kam Israel
zur Festfeier im Heiligtum zusammen, wobei außer den täglichen
Opfergaben noch besondere von den Priestern darzubringen waren.
Mit eingehender Genauigkeit ward angeordnet, welche Gattungen der
Tier= und Pflanzenwelt zu Spenden geeignet seien, ja selbst ausführ=
lich vorgeschrieben, in welcher Weise Opfer darzubringen, welche Teile
auf dem Altare zu verbrennen, welche den Priestern und den Eigen=
tümern zum Genuß zu überlassen seien. Ebenso sorgfältig ist die Auf=
zählung der Spezereien für das Salböl und das Räucherwerk, die
Anweisung über die Prachtgewänder für Aharon und seine Söhne,
und namentlich die Beschreibung der einzelnen Geräte für den Gottes=
dienst. Durch derartige äußerliche Vorgänge und Handlungen er=
hielten weihevolle Gefühle ihren sinnbildlichen Ausdruck.

Zur Anregung und Befestigung derselben Gesinnungen dienten
die Sabbathe und Feste. An ihnen ruhte jede Arbeit. Als Zeichen
des ewigen Bundes mit seinem Gotte, der in sechs Tagen Himmel
und Erde schuf und am siebenten Tage ruhte, soll Israel allwöchent=
lich den Sabbath heiligen und hüten[5]). Jede Verrichtung mußte an
diesem Tage unterbleiben, und selbst der Bau am Heiligtum zu Gottes
Ehre ruhen[6]). Nicht einmal das Manna fiel am Sabbath. Denn
selbst der Gedanke an des Leibes tägliche Notdurft sollte die Sabbath=
lust nicht trüben. Und nicht bloß an den Weltenschöpfer, der seit
Vollendung der Schöpfung ruht, sondern auch an den Befreier aus
der Knechtschaft[7]) erinnert der Sabbath. Durch ihn ist Israel nicht

---

[1]) 2. M. 32, 26 ff.   5. M. 33, 9. 10.   [2]) 2. M. c. 29.   3. M. c. 8.
4. M. c. 17. 18.   [3]) 3. M. 17, 1 ff.   5. M. 12, 13 f.   [4]) 2. M. 29, 38 f,
4. M. 28, 3 ff.   [5]) 2. M. 20, 11. 31, 17.   [6]) 2. M. 31, 12 ff.   [7]) 5. M. 5, 15.

mehr der Sklave, sondern der Herr seiner Arbeit. Nach den sechs Werktagen muß es ruhen und sich am siebenten Tage seines freien Menschentums im Ebenbilde Gottes freuen. Und zum Gedächtnis der Befreiung aus Ägypten wurde ferner ein besonderes siebentägiges Fest im Frühlingsmonat (Überschreitungsfest) eingesetzt[1]. Da brachte jeder Israelit sein Überschreitungsopfer und verzehrte es mit ungesäuertem Brot und bitteren Kräutern: denn der Herr überschritt die Häuser der Israeliten, als er die Erstgeborenen der Ägypter sterben ließ. Da um diese Zeit die Ernte der Feldfrüchte begann, wurde ein Omer Gerste im Heiligtum zum Opfer dargebracht. Sieben volle Wochen werden von da ab gezählt bis zum Feste der Erstlings= früchte, mit welchem die Getreideernte abschließt[2]. Der siebente Monat jedes Jahres aber wurde zum Festmonat geweiht. Obst und Wein wurden geerntet, und mit dem Feststrauß tritt Israel freudigen Herzens vor den Herrn[3]. Wiederum dankt es nicht bloß dem Geber alles Guten für die soeben gereifte Frucht, sondern gedenkt auch seines Er= nährers und Beschützers, als es durch die Wüste zog und in Hütten (Hüttenfest) wohnte. An den drei Erntefesten wallfahrtete das ganze Volk zum Heiligtum[4].

Den ersten und zehnten Tag des siebenten Monats setzte der Herr zu Festen ein, die jeder einzelne durch Einkehr in das eigene Herz feiern sollte. Weder an die Geschichte der Väter, noch an die Vorgänge in der Natur erinnert ihn der Posaunenschall, der am ersten Tage des siebenten Monats ertönt[5] (Tag des Posaunen= blasens). Er will ihn aufrütteln zur Selbstprüfung und zur Frage, ob er stets nach den Worten Gottes gelebt habe, die ihm am Sinai unter gleichem Tone verkündet worden sind. Auf die Prüfung und Selbsterkenntnis folgt die Buße und Reue, und am zehnten Tage desselben Monats empfängt Israel alljährlich das herrlichste Unter= pfand der göttlichen Gnade, den Versöhnungstag[6]. An diesem einzigen Tage ist es geboten, den Körper zu kasteien, „denn an diesem Tage bringt Gott Sühne für Israel, daß es von allen seinen Sünden

---

[1] 2. M. 12, 18. 3. M. 23, 5 ff. 4. M. 9, 2 ff. 28, 16 ff. 5. M. 16, 1 ff.
[2] 2. M. 23, 16. 34, 22. 3. M. 23, 15. 5. M. 16, 9 ff.
[3] 2. M. 23, 16. 3. M. 23, 34 ff. 5. M. 16, 13 ff.
[4] 2. M. 23, 17. 34, 23. 5. M. 16, 16.
[5] 3. M. 23, 24. 4. M. 29, 1,
[6] 3. M. 16, 29 ff. 23, 27 ff. 4. M. 29, 7.

rein werde." Es wurde ein befonders feierliches Sühnopfer dargebracht, und der Hohepriefter betrat an diefem einzigen Tage des
Jahres allein das Allerheiligfte, um für das Volk zu beten.

Nach Verlauf von je fieben Jahren trat ein Feftjahr ein, in
welchem Feld und Flur brach liegen blieb und jede Schuldforderung
erlofch [1]. Nach fieben mal fieben Jahren feierte Israel ftets im
fünfzigften Jahr ein Jubeljahr. Da ging jeder hebräifche Sklave
frei aus, und jedes verkaufte Gut fiel an den erften Befitzer zurück [2].

Viel einfacher find die gottesdienftlichen Verrichtungen, die von
jedem Mitglied der Gemeinfchaft Israels immer und überall auszuüben find. Der Herr gebot feinem Volke, fich an feinem Körper [3],
an feinen Kleidern [4] und an feinen Wohnungen [5] Zeichen zu
machen, welche es beftändig an feinen Bund mit ihm erinnern. Wie
Engel Gottes follen diefe Zeichen bei ihm weilen und es jeden Augenblick vor Sünde und Erniedrigung bewahren. Denn der erhabenfte
Gottesdienft ift der ftete Wandel in den Wegen Gottes.

Dem Ewigen, feinem Gotte, nachzuwandeln [6], ift des Menfchen
höchfte Pflicht. Dem Erdenfohn ift die Fähigkeit verliehen, in den
Werken und im Walten feines Schöpfers die göttlichen Eigenfchaften
deutlich zu erkennen. Jedes Wefen in der Welt weift auf den allmächtigen und allweifen Urheber feines Dafeins hin und flößt
dem Menfchen Ehrfurcht ein vor feinem Gotte. Das kleinfte kurz-
lebigfte Gebilde, welches, kaum entftanden, fchon vergeht, verkündet
ebenfo wie die unendlichen ewigen Gefetze, nach welchen das All in
feinem Gleife bleibt, laut und vernehmlich des Allvaters Milde,
Treue und Gerechtigkeit. Der Menfch, im Ebenbilde Gottes
gefchaffen, muß feines Bildners Tun und Walten fich zum Vorbild
nehmen.

Nicht nur den Volksgenoffen und den Glaubensbruder befchirmt
der Herr mit feiner Liebe. Alle Gefchöpfe feiner Hand erfreuen fich
feiner Huld, und er verforgt fie väterlich. Vor ihm find alle Menfchen
gleich, und keinen vergißt feine Barmherzigkeit. Seine Kinder find
fie alle [7]. Darum befiehlt er jeglichem: "Liebe deinen Nächften

---

[1] 2. M. 23, 10. 3. M. 25, 3 ff. 5. M. 15, 1 ff.
[2] 3. M. 25, 8 ff.
[3] 1. M. 17, 11 f. 3. M. 12, 3. 5. M. 6, 8. 11, 18.
[4] 4. M. 15, 38 ff. 5. M. 22, 12. [5] 5. M. 6, 9. 11, 20.
[6] 5. M. 13, 5. [7] 5. M. 14, 1.

wie dich selbst[1]). Freue dich, wenn es ihm wohl geht, und halte ihm Leid fern, sowie du dich selbst davor schützest. Glaubst du, daß dein Mitmensch dir im Wege stehe und deine Rechte schmälern wolle, so laß nicht Haß und Rachsucht dein Gemüt erfüllen. „Du sollst dich nicht rächen und nicht Groll nachtragen und deinen Bruder nicht hassen in deinem Herzen, sondern zurechtweisen sollst du deinen Nächsten[2]". Selbst dem Feinde gegenüber darfst du die Pflicht der Nächstenliebe nicht vergessen[3]).

Noch sündhafter als die lieblose Gesinnung im Herzen ist das feindselige Wort auf der Zunge. Mißmut und Zorn drängt es auf unsere Lippen. Wir aber müssen es unterdrücken und dürfen selbst dem Tauben nicht fluchen[4]). Wahrhaft und zuverlässig muß unsere Rede sein, wie Gott treu und wahrhaftig ist. Was er verheißt, geht in Erfüllung[5]), und was der Mensch verspricht, muß er getreulich halten, selbst wenn es ihm Schaden bringt[6]). Nichts schadet seiner Würde mehr, als wenn er sich erniedrigt zu lügen und zu leugnen, zu heucheln und zu schmeicheln[7]).

Redlich und gewissenhaft ist er im Handel und Wandel[8]), läßt jedem, was ihm gebührt[9]) und nimmt keinem, was ihm gehört[10]). Denn „ein Gott der Treue, ohne Falsch, gerecht und redlich[11])" ist der Herr. Er läßt den Ungerechten nimmer Recht behalten[12]). Darum ist dem Menschen das Leben[13]), die Familie[14]) und das Eigentum[15]) des Nächsten heilig. Weder durch die Tat noch durch das Wort oder die Gesinnung versündigt er sich gegen die höchsten Güter seines Mitmenschen (6.—10. Gebot). Ja, es ist ihm nicht genug, all' das zu unterlassen, wodurch das Recht des Nächsten verletzt werden könnte. Er trachtet vielmehr mit dem Aufwand aller Kräfte des Körpers, des Gemütes und des Geistes danach, all' das zu tun oder zu veranlassen, wodurch das Wohl des Nebenmenschen gefördert werden kann. Denn nicht nur allgerecht ist der Welten-

---

[1]) 3. M. 19, 18.   [2]) 3. M. 19, 18 f.   [3]) 2. M. 23, 4 ff.
[4]) 3. M. 19, 14.   [5]) 5. M. 7, 9, 32, 4.   [6]) 5. M. 23, 22 f.
[7]) 3. M. 19, 11. 12.   [8]) 3. M. 19, 35 f. 5. M. 25, 13 ff.
[9]) 5. M. 24, 14 f. 3. M. 19, 13, 25, 14.   [10]) 3. M. 5, 21 ff.
[11]) 5. M. 32, 4.   [12]) 2. M. 23, 7.
[13]) 1. M. 9, 6. 2. M. 21, 12—14. 3. M. 24, 17. 4. M. 35, 16 ff. 5. M. 4, 41. 19, 1 ff.
[14]) 3. M. 20, 10. 5. M. 22, 22.
[15]) 3. M. 19, 11. 5. M. 19, 14. 27, 12.

lenker, ſondern auch unendlich reich an Milde und Barmherzigkeit[1]), und als den Abglanz ſeiner himmliſchen Güte und Gnade verlieh er dem Menſchen das Mitgefühl[2]), daß er als hilfreich und teil-
nehmend, als duldſam und dankbar ſich erweiſe. Eingedenk des göttlichen Vorbildes, dem er nachzuſtreben hat, ſteht darum der ſittlich
gute Menſch nicht „müßig zurück bei der Lebensgefahr des Nächſten[3])".
Er ſucht vielmehr jeden Nachteil, der für ſeine Geſundheit entſtehen
könnte, zu vermeiden[4]). Auch jeden Vermögensverluſt hält er vom
Nebenmenſchen fern, das gefundene Gut bewahrt er ſorgſam auf und
erſtattet es gewiſſenhaft zurück[5]), und das gefallene Laſttier hilft er
ihm aufrichten[6]).

Er hat billige Nachſicht mit ſeinem Schuldner[7]), nimmt von ihm
nicht Zins und Wucher[8]) und überläßt ihm das empfangene Pfand
zum Gebrauche, ſobald es dem Schuldner unentbehrlich iſt[9]). Beſonders ſteht er dem Notleidenden und Dürftigen mit Rat und Tat
zur Seite[10]) und nimmt der Schutzloſen und Verlaſſnen ſich kräftig
und unermüdlich an[11]), „denn Gott ſchaffet Recht der Waiſe und der
Witwe und hat den Fremdling lieb, daß er ihm Kleid und Speiſe
gebe"[12]). Darum befiehlt er: „Wie der Eingeborene unter euch, ſei
euch der Fremdling, der bei euch weilt, und du ſollſt ihn lieben wie
dich ſelbſt. Ihr kennt ja das Gemüt des Fremdlings, denn Fremdlinge waret ihr im Lande Ägypten[13])". Ob der grauſamen Behandlung
die ihr dort erlitten habt, dürft ihr keinen Groll im Herzen nähren.
Gedenken müßt ihr vielmehr der Wohltaten, die ihr vordem dort
empfangen habet, und dürfet nicht verabſcheuen den Ägypter, in deſſen
Lande ihr Fremdlinge geweſen[14]).

Selbſt gegen die verwernunft- und empfindungsloſe Kreatur, gegen
Tiere und Pflanzen, übt der Menſch Rückſicht und Schonung. Denn
Gottes Milde und Güte umfaßt die ganze Welt. Dem Menſchen

---

[1]) 2. M. 33, 19.   5. M. 4, 31.   [2]) 2. M. 22, 24.

[3]) 3. M. 19, 16.   [4]) 5. M. 22, 8.   3. M. 13, 46.

[5]) 2. M. 23. 3 f.   5. M. 22, 1 f.   [6]) 2. M. 23, 5.   5. M. 22, 4.

[7]) 2. M. 22, 24.   3. M. 25, 35.   [8]) 3. M. 25, 36.   5. M. 23, 20.

[9]) 2. M. 22, 25.   5. M. 24, 10 ff.

[10]) 5. M. 15, 7 f.   3. M. 19, 9 f.   23, 22.   5. M. 24, 19 ff.   26, 12 ff.

[11]) 2. M. 21, 20 f.   26 f.   22, 20 ff.   5. M. 14, 28 ff.   24, 17.

[12]) 5. M. 10, 18.

[13]) 3. M. 19, 33 f.   2. M. 23, 9.   22, 20.   5. M. 10, 18 f.   24, 17.   27, 19.

[14]) 5. M. 23, 8.

hat er die Macht gegeben, die Tiere in seinem Nutzen zur Arbeit an=
zuhalten und zu seinem Gebrauch selbst ihr Leben zu vernichten [1]).
Mit um so größerem Mitleid und Erbarmen behandelt sie darum der
Mensch. Er gönnt dem Tiere bei der Arbeit den gebührenden Ge=
nuß [2]) und nach der Arbeit Rast und Ruhe [3]). Auch im Tiere achtet
er den angeborenen Trieb der Elternliebe [4]) und bleibt nicht roh und
gefühllos bei seinen Qualen [5]). Nicht einmal den Baum, der ihn mit
seinen Früchten labt, darf er ruchlos zerstören und im Kriege zur
Belagerung nur denjenigen verwenden, der ihm keinen andern Nutzen
bietet [6]).

So sei der Mensch liebevoll, wahrhaft, gerecht und wohl=
wollend gegen alle Wesen, die mit ihm das Dasein teilen. Will
er aber vollkommen im Dienste Gottes werden und sich zu einem
würdigen Sohne Israels erziehen, so beherzige er das Gebot: „Heilig
sollt ihr sein, denn heilig bin ich, der Ewige, euer Gott [7])". Erst
die Erfüllung dieser Pflicht macht den Israeliten zum wahren Eben=
bilde Gottes und die israelitische Gesamtheit zu einem Reiche von
Priestern und zu einem heiligen Volke. Wir heiligen uns, indem
wir die Gebote Gottes nicht bloß darum erfüllen, weil sie uns auf=
erlegt sind, sondern weil wir uns ihnen unterwerfen, als wären sie
unser eigner freier Entschluß. Den Eigenwillen des Menschen und
die bösen Triebe seines Herzens unter das Gesetz zu beugen, ist die
Absicht der Vorschriften über die Heiligung des Lebenswandels [8]).
Es unterscheidet darum der Israelit zwischen dem Erlaubten und
Verbotenen, „zwischen dem Reinen und Unreinen, zwischen den Tieren,
die gegessen werden dürfen, und denen, deren Genuß verboten ist [9])".
Die heidnischen Greuel der Blutschande verabscheut er und wählt
nur dasjenige Weib zur Lebensgefährtin, das ihm das Gesetz zur Ehe
gestattet hat [10]). Er beherrscht seine Sinnlichkeit und bezähmt seine Be=
gierden und hält sie in den Schranken des Gesetzes. Selbst erlaubte
Dinge darf er, um in der Sittlichkeit fortzuschreiten, durch Gelübde sich

---

[1]) 1. M. 1, 29 f. 9, 2 ff.   [2]) 5. M. 25, 4. Vgl. 22, 10.
[3]) 2. M. 20, 10. 23, 12. 5. M. 5, 14.
[4]) 2. M. 22, 29. 3. M. 22, 27 f. 5. M. 22, 6 ff.
[5]) 2. M. 23, 5. 5. M. 22, 4.   [6]) 5. M. 20, 19 f.
[7]) 3. M. 19, 2.   [8]) 2. M. 22, 30. 3. M. 11, 44. 20, 7.
[9]) Daf. 11, 47. 20, 25 ff. 3, 17. 7, 23. 26. 27. 17, 10—14. 5. M.
12, 16. 23—26. 14, 3 ff. 15, 23.   [10]) 3. M. 18, 3 ff.

verſagen [1]). Durch eine ſolche unausgeſetzte Gewöhnung und Erziehung ſtärkt und kräftigt ſich der Israelit zu ſittlichen und heiligen Geſinnungen und Handlungen.

Dieſe dem Einzelnen von Gott geſtellte Aufgabe ſollte in ihrem ganzen Umfange in dem Gemeinweſen verwirklicht werden, das Israel im Lande der Verheißung zu gründen beſtimmt war. Die Herrſchaft erhielt in dieſem Staate einzig das Geſetz, nicht die Prieſter, die es bewahrten, noch andere Gewalten, die es ausübten. Wegen des göttlichen Urhebers der Geſetzgebung hat man das israelitiſche Staatsweſen in dieſem Sinne mit einem gewiſſen Recht ein Gottesreich (eine Theokratie) [2]) genannt.

Vor dem Geſetze waren alle gleich, arm und reich [3]), Fremdling und Eingeborener [4]). Auch für eine möglichſt gleichmäßige Verteilung der äußeren Glücksgüter war durch eine Reihe ſinnreicher Maßregeln geſorgt: für die beſitzloſen Prieſter und Leviten durch den Zehnten und die Prieſterſpenden [5]), für die Armen durch die Einrichtung, daß jeder Zeit die Ecke des Feldes [6]), die vergeſſene Garbe [7]) und die pflichtgemäße Unterſtützung [8]) ihnen gebührte, für die in Schulden Geratenen durch das Erlaßjahr [9]) und für die zeitweiſe Wiederherſtellung der urſprünglichen Eigentums= und Freiheitsverhältniſſe durch das Jobeljahr [10]). Alle dieſe geſellſchaftlichen Ordnungen beruhen auf der Grundlage, daß Israel im eigenen Lande wohnte, es nach ſeinen Stämmen verteilt beſaß und es fleißig bebaute. Die Gleichheit vor Gott und die geringe Verſchiedenheit der äußerlichen Lebensſtellung erhielt die Staatsform jederzeit volkstümlich, und ſelbſt die Regierung von Königen in Israel war himmelweit verſchieden von der bei allen damaligen Kulturvölkern üblichen unumſchränkten Despotie.

Schon der Staat im kleinen, die Familie, hat ein eigenartiges Gepräge. Das Weib iſt nach dem bibliſchen Bericht ein Teil des Mannes, die ihm gleichſtehende Gehilfin und Gefährtin ſeines Lebens. Vater und Mutter ſind dem Kinde Gegenſtände der höchſten Ver=

---

[1]) 4. M. 30, 3 ff. 5. M. 23, 22 ff.

[2]) Joſephus, „Über das Alter des jüdiſchen Volkes“, II, 16.

[3]) 2. M. 23, 3. 6. 3. M. 19, 15. 5. M. 1, 17.

[4]) 2. M. 12, 49. 3. M. 24, 22. 4. M. 15, 29 f.

[5]) 4. M. 5, 9 ff. 18, 8 ff. 5. M. 18, 3 ff. 5. M. 26, 2 ff.

[6]) 3. M. 19, 9. 23, 22. [7]) 3. M. 19, 10. 5. M. 24, 19 ff.

[8]) 3. M. 25, 35. 5 M. 15, 7 ff. 24, 10 ff. Vgl. 3. M. 25, 25 ff. 2. M. 22, 24. 5. M. 23, 20 f. [9]) 5. M. 15, 2 vgl. 3. M. 25, 1 ff. [10]) 3. M. 25, 8 ff.

ehrung. „Du sollst deinen Vater und deine Mutter ehren, auf daß du lange lebest in dem Lande, das der Herr, dein Gott, dir gibt", lehrt das fünfte der zehn Bundesworte, die das gesamte Volk am Sinai vernahm[1]). Der friedliche Besitz des den Erzvätern verheißenen Landes, die Wohlfahrt des Staates steht in unmittelbarer Beziehung zu dem sittlichen, Gott wohlgefälligen Verhalten der Kinder gegen ihre Eltern. Je größer die Ehrfurcht der Jugend, desto sicherer die Herrschaft und der berechtigte Einfluß des erfahrenen Alters. Älteste, Familienhäupter versammelte Mose schon in Ägypten um sich und später in der Wüste zu einem Rat von Siebenzig[2]), und an die Ältesten wandten sich in den späteren Jahrhunderten die Könige um Rat und Unterstützung. Außer ihnen hören wir von den zwölf Stammesfürsten[3]), denen ohne Zweifel, als den Tüchtigsten und Trefflichsten, die Vertretung des Stammes übertragen war. Sie traten gewiß auch zu Beratungen über das Wohl der Gesamtheit zusammen.

In späterer Zeit vereinigten sich alle Stämme unter einem gemeinschaftlichen Oberhaupte, einem Könige. In weiser Vorsicht bestimmt das göttliche Gesetz: „Wenn du in das Land, das der Herr, dein Gott, dir gibt, gelangen wirst, und du es einnehmen und darin wohnen wirst, und du sprechen wirst: Ich will einen König über mich setzen, so wie alle Völker, die um mich her sind: so darfst du einen König über dich setzen, den der Herr, dein Gott, wählen wird[4])". Aber auch der König durfte nur ein Abbild der göttlichen Huld und Gnade werden. „Eine Abschrift der heiligen Lehre mußte er besitzen und bei sich führen, damit er lerne Gott fürchten und seine Gesetze halten". Er durfte nicht zu viele Weiber nehmen, die ihn von seinen Pflichten ablenken, nicht zu viel Schätze von Gold und Silber aufhäufen, die ihn dem Volke entfremden und zu Eroberungskriegen geneigt machen konnten[5]).

Als die berufenen Schützer und Vertreter des Rechtes werden die Richter genannt[6]). Sie wurden vom Volk aus seiner Mitte gewählt. Uneigennützig, weise, furchtlos und unbestechlich mußten sie sein und durften zu keines Menschen Vorteil das Recht beugen[7]).

---

[1]) Vgl. 3. M. 19, 3. 2. M. 21, 15. 17. 3. M. 20, 9. 5. M. 21, 18 ff. 27, 16. [2]) 2. M. 4, 29. 12, 21. 3. M. 9, 1. 4. M. 11, 16. 5. M. 31, 28.
[3]) 4. M. 1. 4 ff. 3, 32. 7, 2 ff. 10, 4 f. 34, 16 ff.
[4]) 5. M. 17, 14 f.   [5]) 5. M. 17, 16 ff.   [6]) 5. M. 17, 18 ff.
[7]) 2. M. 23, 1. 2 6. 8. 3. M. 19, 15. 5. M. 1, 16. 16, 18. 24, 16.

Ihnen zur Seite standen Beamte, welche die gefällten Urteile vollzogen[1]. Sie führten in Friedenszeiten die Aufsicht über die Leistungen
des Volkes[2] und hatten beim Ausbruch eines Krieges der versammelten Mannschaft die vorgeschriebenen Bekanntmachungen vorzulesen[3].

Die Leitung des Gottesdienstes lag den Priestern ob[4]. Unter
ihrer Aufsicht stand die Beobachtung der Vorschriften über Reinheit
und Gesundheitspflege[5]. In Rechtssachen holte man ihr verständiges
Urteil ein[6]. Die Pflicht der Belehrung des Volkes[7] teilten sie
mit den Leviten. „Sie sollen Jakob deine Rechte, und Israel
dein Gesetz lehren[8]“. Die Leviten wohnten in achtundvierzig, im
Gebiete der übrigen Stämme liegenden Städten[9] und zogen meist
lehrend und unterweisend im Lande umher. Aber wenn ihnen auch
die Bewahrung der Lehre aufgetragen war[10], so lag es keineswegs
in ihrer Macht, den Geist des Volkes einseitig zu Gunsten ihres
eigenen Stammes zu fesseln und zu knechten. Denn neben ihnen
standen die Propheten. Das waren gottbegeisterte Männer, die
im Lichte des Gotteswortes die Zukunft schauten und sie dem Volke
enthüllten. Sie waren die Sendboten des Herrn, von denen Mose
verkündete: „Einen Propheten will ich ihnen aufstellen aus der Mitte
ihrer Brüder, wie du bist, und will meine Worte in seinen Mund
legen, und alles, was ich ihm gebieten werde, soll er zu ihnen
reden[11]“.

Die Propheten waren der erste lebendige Keim, der aus dem
Samenkorn der Lehre sproßte. Priester und Leviten bildeten gleichsam nur das schützende bergende Erdreich, während die Stürme der
ersten Jahrhunderte, hervorgerufen durch die Bekämpfung des Heidentums, über das köstliche Saatkorn der Gotteslehre hinweggingen.

Die Lehre Gottes schlug langsam Wurzel im Herzen des oft
abirrenden Volkes. Nachdem Israel durch Josua (1455 vor Beg.
d. christl. Zeitr.) in das Land Kanaan und daselbst von Sieg zu
Sieg bis zur Niederwerfung von einunddreißig Königen geführt

---

[1] 5. M. 1, 15. 16, 18. 31, 28.   [2] Vgl. 2. M. 5, 19. 5. M. 1, 15.
[3] 5. M. 20, 5—9.   [4] 4. M. 6, 23. c. 17. 18, 1—7.
[5] 3. M. c. 13. 5. M. 24, 8.   [6] 5. M. 17, 8 ff.   [7] 5. M. 9 ff.
[8] 5. M. 33, 10 ff.   [9] 4. M. c. 85.
[10] 5. M. 31, 24 ff.   [11] 5. M. 18, 15 ff. vgl. 1 ff.

worden war, ward jedem Stamm sein Anteil am heiligen Lande zum Besitz gegeben.

Das Werk des siegreichen und gottesfürchtigen Feldherrn setzten die Richter (1440—1088) fort. Sie hielten Israel am Gesetze fest, richteten es im Frieden und führten es im Kampfe gegen die Heiden an, die inmitten und in der Nachbarschaft des Landes wohnten. Die hervorragendsten dieser heldenhaften Gestalten sind Deborah (1335) Gideon (1288), Jiftach (1182) und Simson (1151). Aber trotzdem der Herr sich immer wieder verherrlichte in ihren Taten, konnte sein Wort keine sichere Heimstätte im Volke finden. Selbst die Priester irrten ab und mißbrauchten ihre Rechte. Chofni und Pinehas, die Söhne des frommen Hohenpriesters Eli, mißhandelten das Volk, und holten, um die Priesterspenden zu erzwingen, mit ihren Gabeln aus den Töpfen der Opfernden die besten Fleischstücke für sich heraus. Die Last einer willkürlichen Priesterherrschaft drohte das geistige und religiöse Leben des Volkes zu erdrücken.

Aber in Israel war kein Platz für eine Priesterkaste. Das Volk sollte selbst ein Reich von Priestern werden. Da erstand etwa vierhundert Jahre nach Mose im Propheten Samuel (ca. 1100 vor Beg. d. christl. Zeitr.) der Mann, welcher der Zeit ein Ende machte, „da ein jeglicher in Israel tat, was in seinen eigenen Augen recht war".

Zweite Abteilung

Von der Begründung der Prophetenschulen bis zur Wegführung nach Babylon. Von Samuel bis Jeremias.

(1100—586 vor Beginn der christl. Zeitrechnung)

Samuel, der Sohn der frommen Hannah aus dem Stamme Levi, schuf die Prophetenschulen. Es wurden darin Jünglinge heran= gebildet, die dem Volke entstammten und, von heiliger Begeisterung erfüllt, in alle Schichten der Bevölkerung religiöses Leben hinaus= trugen. Samuel erkannte, daß zur Bewahrung der mosaischen Lehre nicht die Priester allein berufen seien, daß vielmehr ein ein= heitliches Volksbewußtsein zunächst aus einer einheitlichen Staats= verfassung erwachsen müsse. Die Stammesverfassung, die das erste halbe Jahrtausend bestanden, hatte sich nicht bewährt, am wenigsten gegen die noch unabhängigen kanaanitischen Nachbarstaaten. Zur Abwehr der mächtiger werdenden feindlichen Angriffe und zur Ent= wickelung eines scharf ausgeprägten Volksbewußtseins war die Königs= herrschaft unentbehrlich. Auch dem Volke leuchtete diese Notwendig= keit immer klarer ein. Es kam daher zu Samuel und verlangte einen König. Durch göttliche Erleuchtung fiel seine Wahl auf Saul (1088), den Sohn des Kisch aus dem Stamme Benjamin, einen Mann, der durch Kraft und Tüchtigkeit ein würdiger Vertreter des weltlichen Königtums wurde. Als aber bald durch die glücklichen Siege, die er in offener Feldschlacht errang, sein Herz sich überhob und sein Tun und Trachten darauf ausging, den berechtigten Einfluß des Prophetentums der Königsmacht zu unterwerfen, kam Samuel zu der Erkenntnis, daß ein König in Israel vielmehr von Jugend auf im Geiste des Prophetentums erzogen sein müsse. Zu einem solchen Herrscher ward David, der Sohn Isais, aus dem Stamme Juda, ausersehen. Des Knaben edle Begabung richtete Samuel auf diesen hohen Beruf, und sieben Jahre nach Sauls Tode (1051) legten alle Stämme Israels die Königskrone in seine Hand.

David war der König nach dem Herzen Gottes. Er schlug die Feinde Israels und befestigte das Ansehen und die Macht des Staates im Innern und nach außen. Sein Herz aber war durchglüht von dem „Feuer der Lehre". Seine heiligen Lieder (Psalmen) sind die herrlichsten Blüten religiöser Dichtkunst, und durch sie empfing nachmals der Opferdienst im Gotteshause seine höchste Weihe. Da war kein Zwiespalt zwischen der weltlichen und der religiösen Macht, und der König selbst beugte sich in Demut, wenn er, nach schwerer Versündigung, durch des Propheten (Nathan) Mund zurechtgewiesen wurde.

Als aber sein weiser Sohn Salomo (1018) zu dem gesicherten Besitz des Reiches alle äußere Pracht und Herrlichkeit irdischer Größe gefügt, als er sich der Kunst seiner Zeit zur Herstellung seines unvergeßlichen Tempels bedient und den Inbegriff menschlicher Lebensweisheit in seinen Sprüchen niedergelegt hatte, da geriet von neuem das Gleichgewicht zwischen der übermächtig angewachsenen Gewalt des Königtums und der bescheidenen Wirksamkeit der Propheten bedenklich ins Schwanken. Salomo, der weiseste der Könige, vermeinte so fest zu stehen in der Erkenntnis Gottes, daß er nicht beirrt werden könne durch den Einfluß seiner ausländischen heidnischen Weiber, die in seinem Hause den fremden Göttern seiner Heimat dienten. Er ließ in Jerusalem Tempel und Altäre für sie erbauen und störte so mit eigener Hand die segensreiche Wirksamkeit der schönsten Schöpfung seines Lebens. Zwar stand der Tempel da in seiner Herrlichkeit als der lang erstrebte einigende Mittelpunkt für die Gesamtheit, aber des Königs sträfliche Schwäche drängte allmählich den von den Prophetenschulen ausgegangenen und zur Herrschaft gebrachten Geist in den Hintergrund. Dazu kam, daß die äußere Prachtentfaltung des königlichen Hofes die Steuerkraft des Volkes immer mehr in Anspruch nahm und Unzufriedenheit selbst im Herzen der Wohlgesinnten erzeugte und befestigte. Ahia, der Prophet von Schilo, sah mit scharfem Blick den drohenden Niedergang der Königsmacht voraus und verkündigte einem hohen Beamten Salomos, dem Jerobeam aus dem Stamme Ephraim, die Demütigung des Hauses Davids und den Zerfall des Reiches. Zehn Stämme rissen sich los und gründeten nach Salomos Tode unter Jerobeam das nördliche Reich Israel.

Der kraftvolle neue König fühlte, daß seine rein politische Macht ohne Halt und Dauer sein werde, wenn er seinen Untertanen nicht gleichzeitig als einigende Idee einen religiöſen Mittelpunkt verſchaffte. Dieſe Erkenntnis Jerobeams iſt ein deutlicher Beweis dafür, wie ſiegreich der religiöſe Gedanke, den die Propheten pflegten, bereits alle Gemüter der Bevölkerung beherrſchte. Hatte das Haus Davids ſich nach Gebühr auf die Lehre und den Dienſt des einzigen Gottes geſtützt, ſo mußte Jerobeam I. ſeinem Reiche eine andere Grundlage geben. Er griff in die Jugendgeſchichte Israels zurück und holte das goldene Kalb, das einſt in der Wüſte angebetete, hervor. War Jeruſalem bisher die einzige Stätte für Opfer und Gottesdienſt geweſen, ſo wurden jetzt in Dan und Bethel Altäre gebaut und Nicht-Leviten zum Prieſterdienſt beſtellt. So ſündigte Jerobeam und verleitete das Volk zur Sünde.

Nach ihm riſſen andere ehrgeizige, oft tüchtige Männer die Krone an ſich, und es gelang ihnen hin und wieder, das Reich gegen die ungeſtüm andrängenden Syrer und Aſſyrer zu verteidigen und zu ſchützen. Aber der ſittliche Halt fehlte dem Volke. Es gab nichts, was ſeine Seele mit glühender Begeiſterung erfüllte. Der Götzen-dienſt erſchütterte das Gottvertrauen und untergrub die Grundlagen der Sittlichkeit. Am verderblichſten wirkte die Regierungszeit des reichen und mächtigen Königs Ahab (920), des Gemahls der ſido-niſchen Königstochter Iſebel. Auf ihren Antrieb führte er den laſterhaften Dienſt des Baal und der Aſtarte ein und ſchuf dadurch Üppigkeit und Sittenverderbnis, nicht aber einen Erſatz für die ver-lorene Einheit der Gottesidee. Machtlos verhallte das Wort der Propheten inmitten der von Sinnlichkeit betörten Menge. Am Hofe der heidniſchen Königin lebten in Freude und Überfluß Hunderte von Baalsprieſtern. Die Propheten des Ewigen aber wurden verfolgt und mußten mit ihren Anhängern, in Wüſten und Höhlen verborgen, ein elendes, unſicheres Daſein friſten.

Da trat Elia, der Tiſchbite, auf und eiferte für Gott. Als Dürre und Hungersnot, wie er verkündigt hatte, das unglückliche Land heimſuchten, und Ahab ihn mit ſeinem Haß verfolgte, gleich als ob der Gottesmann das Unglück heraufbeſchworen hätte, da traf er den entarteten König in das Herz mit ſeinem Worte: „Nicht ich habe Israel Verderben gebracht, ſondern Du und Deines Vaters Haus, da ihr des Herrn Gebot verlaſſen habt". Mit Bewunderung blickte das Volk auf die kühne Entſchloſſenheit des göttlichen Sehers, welcher vierhundertfünfzig Baalsprieſtern entgegentrat und ihnen ins

Angesicht ihren Götzendienst verspottete. Je mächtiger aber sein Einfluß wurde, mit desto grimmigerem Hasse verfolgte ihn das Königshaus. In die Wüste trug er seinen Eifer und empfing göttliche Gesichte am Gottesberg, dem Horeb. Die Zeitgenossen waren überzeugt, daß er durch wunderbare Fügungen erhalten blieb und endlich, im feurigen Wagen gen Himmel fahrend, seine irdische Laufbahn beendigte. Sein Geist ruhte auf Elisa, seinem Jünger. Wie sein großer Meister wirkte er Wunder in den Augen des Volkes und bezeugte, daß der Ewige allein Gott sei und keiner außer ihm. Aber weder seinen Wundertaten noch der gotterfüllten dichterischen Beredsamkeit der Propheten, die ihm folgten, gelang es, dem entsittlichten Volke neues Leben einzuhauchen und ihm gegen die erneuten Angriffe der Assyrer Widerstandsfähigkeit zu verleihen.

Noch einmal brachte Jerobeam II. (824) das Reich zu größerer Ausdehnung, als es je besessen. Mit starker Hand hielt er während seiner mehr als vierzigjährigen Regierung den aufblühenden Großmächten Vorderasiens stand. Aber nach seinem Tode brachen verheerende Wirren, Königsmord und Empörung über das unglückliche Land herein und beschleunigten dessen Untergang. Erschütternd ist die Schilderung, welche Amos, der gottbegeisterte Hirt von Thekoa, von den damaligen trüben Zuständen des Reiches entwirft. „Wegen der drei Laster Israels und wegen der vier", ruft er aus, „sollte ich ihm nicht vergelten?"

> Weil sie den Gerechten um Geld
> und den Armen um ein Paar Schuh' verkaufen;
> weil sie lechzen nach dem Stäubchen Erde,
> wohin der Dürftige sein Haupt legt,
> und das Recht der Unterdrückten beugen
> und durch Unzucht meinen heiligen Namen entweihen.
> Auf gepfändeten Gewändern legen sie sich hin
> und zechen in ihren Götzentempeln
> vom Wein der schuldlos Büßenden."

Wegen dieser vielfachen Sünden verkündet er als Strafgericht, daß der Herr sie niederbeugen werde, wie sich der Wagen niederbeugt, der mit Garben angefüllt ist.

> „Und dem Hurtigen entschwindet die Zuflucht,
> und dem Starken versagt die Kraft,
> und der Held rettet sein Leben nicht,
> und der Bogenschütze besteht nicht

2*

und der Schnellfüßige entrinnt nicht.
Und der Mutigste unter den Helden
wird nackt entfliehen müssen
an demselben Tage, spricht Gott[1])."

Gleichzeitig mit ihm geißelt Hofea die Verderbtheit des fündigen Volfes und weisfagt in fräftiger Sprache die drohende Vernichtung:

„Keine Treue, keine Liebe,
keine Erkenntnis Gottes ift im Lande,
fondern Meineid und Lüge und Mord
und Diebftahl und Ehebruch reißen alle Schranken ein,
und Blut reicht an Blut . . .
Gleiches ift am Volke wie an den Prieftern zu tadeln . . .
Darum foll es dem Volk gleichwie den Prieftern gehen.
An jeglichem werde ich feinen Wandel ahnden
und nach feinen Werken ihm vergelten . . .
Unzucht, Wein und Moft haben ihnen das Herz geraubt . . .[2])
Mit ihrer Bosheit ergötzen fie den König,
mit ihren Lügenwerken die Fürften . . .
„Es ift der Festtag unferes Königs", fprechen fie.
„Da find die Fürften krank von Weines Glut[3]),
er felbft reicht feine Hand den Spöttern . . .
Fremde verzehren das Mark des Landes, er merkt es nicht.
Graues Alter überfällt ihn, und er merkt es nicht.
Und gebeugt liegt Israels Stolz vor feinem Angesicht,
und dennoch kehren fie nicht zu Gott, ihrem Herrn, zurück
und fuchen ihn nicht troß alledem . . .
Wind fäen fie aus, Sturm follen fie ernten . . .
Ob ihrer frevelhaften Werke will ich fie aus meinem Haufe jagen
fie nimmermehr lieben, fie, deren Fürften fo abtrünnig find.
Abgehauen ift Ephraim,
feine Wurzel verdorrt,
Frucht tragen fie nicht . . . Mein Gott verwirft fie,
dieweil fie ihm nicht gehorchten;
herumirren follen fie unter den Völkern[4])"."

Schnell erfüllte fich das verheißene Verhängnis. Nach Jero-beams Tode regierte fein Sohn ein halbes Jahr und wurde von einem Kriegshauptmann erfchlagen. Schon nach Monatsfrist traf den Thronräuber dasfelbe Los. Bald ward das von Bürgerkriegen erfchöpfte Land die Beute des großen Affyrerkönigs Salmanaffar.

---

[1]) Amos 2, 6—8. 13—16.   [2]) Hofea 4, 1. 2. 9. 11.
[3]) Hofea 7, 3. 5. Vgl. Jef. 28, 1 ff.
[4]) Hofea 7, 9. 10. 9, 15—17.

Hoſea, der letzte König von Israel, ward ins Gefängnis geworfen, und die Einwohner des Landes wurden nach Medien und Aſſyrien fortgeführt (722). In dem verheerten Lande ſiedelten ſich Heiden an, aus denen ſpäter die Sekte der Samaritaner ſich entwickelte

Von Stunde an ward der kleine ſüdliche Staat, der in Treue dem Hauſe Davids anhing, das unmittelbare Grenzgebiet der aſſyriſchen Großmacht. Rettungslos wäre das Ländchen ſchon jetzt der heidniſchen Nachbarſchaft anheimgefallen, wenn nicht zwei Stützen ihm vorläufig Halt und Kraft gegeben hätten: der Sprößling Davids auf dem Throne und das Wort Gottes im Tempel zu Jeruſalem. Die Ermahnungen und Warnungen der Gottesmänner gewannen hier durch den Hinweis auf das Gotteshaus inmitten des Reiches und durch die zahlreichen Prieſter, die daſelbſt ihren Wirkungskreis hatten, einen ſtärkeren und nachhaltigeren Einfluß. Das Ideal des Königs nach dem Herzen Gottes, wie es einſt in David verkörpert geweſen war, blieb hier lebendig im Herzen des Volkes und lebte in Wirklichkeit in einigen Königen des Reiches Juda wieder auf. Dazwiſchen ſaßen abtrünnige Herrſcher auf dem Throne, die den Zorn der Propheten erregten. In einer ſolchen Zeit der Drangſal erkannte der unvergeßliche Jeſaias, der größte und gewaltigſte Redner nach Moſe, daß ſein Volk zu weltlicher Machtſtellung nicht berufen ſei, daß ſeine politiſche Macht ſchnell hinſiechen und Frieden, Eintracht und Wohlfahrt erſt in jener Zukunft gedeihen werde, welche wir die meſſianiſche nennen. So ſchlug im tiefſten Elend die Geburtsſtunde des Meſſiasglaubens. Wohl wiſſend, daß die Gotteslehre das einzige rettenswerte Gut in Juda ſei, ermahnte er das Volk immer von neuem zur Treue gegen Gott und ſein Gebot. Unerſchrocken und unermüdlich waltete er mehr als vier Jahrzehnte hindurch ſeines prophetiſchen Amtes. Nicht beirrte ihn der Hohn und Spott der verblendeten Fürſten und Vornehmen, welche zu ihm ſprachen:

> „Es beeile und beſchleunige der Herr ſein Werk,
> daß wir's ſchauen;
> Es nahe und komme der Ratſchluß des Heiligen Israels,
> daß wir ihn erkennen."

Mit zermalmenden Worten geißelte er die Freveltaten:

> „Wehe denen, die das Böſe gut und das Gute böſe nennen,
> die aus Finſternis Licht und aus Licht Finſternis,

die aus ſauer ſüß und aus ſüß ſauer machen.
Wehe denen, die weiſe ſind in ihren Augen
und ſich für vernünftig halten.
Wehe denen, die Helden ſind — Wein zu trinken,
tapfere Männer ſind, — gilts Berauſchendes zu miſchen;
ſie rechtfertigen den Frevler für Beſtechung,
und des Rechtes berauben ſie die Gerechten:
Darum wie Stoppeln des Feuers Zunge frißt
und Spreu die Flamme verzehrt:
ſo ſoll ihre Wurzel wie Moder ſein,
und ihre Blüte wie Staub auffliegen,
denn ſie ſchmähten die Lehre Gottes der Heerſcharen,
und den Ausſpruch des Heiligen Israels höhnten ſie[1]).
„Reiniget euch, läutert euch,
ſchaffet weg eure böſen Werke aus meinen Augen,
höret auf zu freveln.
Lernet Gutes üben,
trachtet nach Recht,
helfet den Unterdrückten,
ſchaffet Recht der Waiſe,
ſtreitet für die Witwe[2])".

Wenn in gefahrvollen Lagen der König und ſeine Räte am
Heil verzweifelten, flößte er durch ſeine glühende Vaterlandsliebe und
ſein unerſchütterliches Gottvertrauen den Wankenden Mut und Hoffnung
ein. Als der König Ahas (742) von Feinden bedrängt war und
keine Ausſicht mehr auf Rettung ſah, verkündigte er dem ungläubigen
Herrſcher:

Ein Kind wird uns geboren,
ein Sohn wird uns gegeben,
die Obmacht ruht auf ſeiner Schulter,
und man nennet ſeinen Namen:
ein wunderbarer Ratgeber iſt der allmächtige Gott,
ein Vater der Ewigkeit, ein Friedensfürſt.
Und groß wird die Obmacht ſein
und unendlich der Friede
auf dem Trone Davids und in ſeinem Reiche,
daß er es begründe
und es unterſtütze
durch Recht und Gerechtigkeit
von nun an bis in Ewigkeit[3]).

---

[1]) Jeſ. 5, 19—24.   [2]) Daſ. 1, 16. 17.   [3]) Daſ. 9, 5. 6.

Herrlich bewährte sich der Seherblick des Gottesmannes. Dem abtrünnigen Könige folgte sein gottesfürchtiger Sohn Hiskia (726), ausgezeichnet durch die Tugenden der Gerechtigkeit, Sanftmut und Bescheidenheit. Zu seiner Zeit erlag Samaria dem assyrischen Eroberer. Schon zitterte Jerusalem vor der Gewalt des übermächtigen Siegers. Aber der Prophet versicherte:

> „Assyriens König wird nicht kommen in diese Stadt,
> er wird keinen Pfeil in sie schießen,
> keinen Schild gegen sie erheben,
> keinen Wall gegen sie aufwerfen.
> Auf dem Wege, auf dem er gekommen,
> wird er zurückkehren.
> Denn ich beschütze diese Stadt
> und rette sie", spricht Gott,
> „um meinetwillen und um meines Knechtes David willen [1])".

Und also geschah es. Durch eine wunderbare Schickung ward das unzählige Heer der Belagerer aufgerieben, und bald brach der unaufhaltsame Verfall des assyrischen Weltreiches herein. Der Feind war abgezogen. Aber das Land, das er verließ, glich einer Einöde, und alle Herzen verzagten angesichts der Verwüstung, die durch ihn hereingebrochen. Nur der Prophet erhob sich mit bewundernswerter Geisteskraft über das bedrückende Elend der Gegenwart und entrollte in glänzenden Farben ein Bild der idealen Zukunft seines Volkes, das zu allen Zeiten die edelsten Herzen mit Begeisterung erfüllt hat. Er sprach:

> „Es wird geschehen in späten Tagen,
> daß feststeht der Berg des Gott geweihten Hauses
> als der Berge Haupt, und überragen wird die Höhen
> und zu ihm strömen werden alle Nationen.
> Und viele Völker werden gehen und sprechen:
> „Wohlan, lasset uns hinaufwallen
> zu dem Berge Gottes, zum Hause des Gottes Jakobs,
> daß er uns belehre über seine Wege,
> und wir wandeln in seinen Steigen.
> Denn von Zion geht die Lehre aus
> und das Wort Gottes von Jerusalem."
> Und richten wird er unter den Nationen
> und zurechtweisen viele Völker.
> Und sie schmieden ihre Schwerter zu Pflugscharen
> und ihre Speere zu Sicheln.

---

[1]) Jes. 37, 33—35.

Nicht erhebt Volk gegen Volk ein Schwert,
und nicht lernen sie fürder den Krieg[1]."

Bei alledem blieb sein Blick aufmerksam auf die Entwickelung des Vaterlandes und seine augenblickliche Lage gerichtet. Mit erstaunlicher Klarheit sah er bereits das neue babylonische Weltreich auf den Trümmern der sinkenden assyrischen Macht heranwachsen und ließ seinen Warnungsruf ertönen, als Hiskia mit unvorsichtiger Freundlichkeit die Huldigungen des Königs von Babel entgegennahm. Er verkündigte:

„Siehe, es werden Tage kommen,
da wird alles, was in deinem Palaste ist,
und was deine Väter gesammelt haben bis an den heutigen Tag,
hinweggeführt werden nach Babel;
nichts davon wird zurückbleiben, spricht Gott,
Und von deinen Söhnen, die dir entstammen,
werden sie nehmen, daß sie Hofbediente seien
im Palaste des Königs von Babel[2]."

Vorläufig trat freilich nach dem Abzug der Assyrer ein Jahrhundert der Ruhe ein, in welchem das Volk sich hätte aufraffen und stärken können, wenn es den Aussprüchen der Propheten Folge geleistet hätte. Aber die schlimmen Könige, welche Hiskia auf dem Throne folgten, führten den grausen Molochdienst ein und erfüllten Jerusalem mit unschuldigem Blut von einem Ende bis zum andern[3]. Im heiligen Tempel stand ein Götzenbild, und die im Volke einreißende Zucht- und Sittenlosigkeit ließ das Andenken an Gottes Wort und Lehre allmählich aus dem Bewußtsein der Zeitgenossen schwinden. So kam es, daß nach zwei Menschenaltern unter Hiskias Urenkel Josia (639) die Thora wie ein gänzlich ungekanntes Kleinod entdeckt und aufgefunden werden konnte. Mit Schrecken vernahm der junge König die drohenden Verwarnungen des Gottesbuches, und mit Feuereifer ging er daran, das Götzentum auszutilgen und das Leben nach der Lehre Moses zur strengen Richtschnur für das Volk zu machen. In Aufrichtigkeit und Treue gehorchte er dem Gesetze und den Weisungen und Ratschlägen des Propheten Jeremias. Die kurzen Jahre seiner Herrschaft waren die letzten glücklichen Tage, die das Reich erlebte. Schon rüsteten die benachbarten beiden Großmächte Ägypten und Assyrien, zum Entscheidungskampf um den Besitz

---

[1] Jes. 2, 2—4. Vgl. Micha 4, 1—3.
[2] Jes. 39, 6. 7.   [3] Jer. 7, 18 ff. 2. Kön. 21, 16 ff.

des reichen phönizischen Küstenlandes. Getreu seiner Lehnspflicht gegen den König von Assyrien, wagte Josia den aussichtslosen Kampf, um Pharao Necho am Durchzug durch sein Land zu hindern. In der Schlacht bei Megiddo in der Ebene Jesreel verlor der ritterliche König Thron und Leben. Den einen seiner Söhne, den das Volk eigenmächtig zum Herrscher ausgerufen hatte, ließ Necho gefangen nach Ägypten führen und dessen Bruder Jojakim (608) als tribut= pflichtigen König den väterlichen Thron besteigen.

Aber der stolze Ägypterkönig fand bald in dem gewaltigen Nebukadnezar seinen Meister. Für das Reich Juda bedeutete die Niederlage Ägyptens allerdings nur den Wechsel des Zwingherrn. Denn bald trug der siegesfreudige und tatendurstige König des jungen Babylon seine überlegenen Waffen vom Tigris bis zum Mittelmeer und nahm die alten Eroberungspläne Salmanassars wieder auf. Der Prophet Jeremias erkannte sofort die drohende Gefahr und warnte den entarteten König, der den Götzen neue Altäre baute und Unrecht und Gewalttat im Lande übte. Unmittelbar nach der Ver= nichtung der ägyptischen Heeresmacht verkündigte er das Strafgericht des Herrn über den treulosen Herrscher und das ungehorsame Volk. Er sprach im Namen Gottes:

> „Dieweil ihr meinen Worten nicht gehorcht habt,
> werde ich die Stämme des Nordens
> Und meinen Knecht Nebukadnezar,
> den König von Babel,
> über dieses Land und seine Bewohner bringen,
> und sie zum Gespött und zum Entsetzen machen
> und aus ihrer Mitte bannen
> den Ton der Freude und der Fröhlichkeit,
> das Lied des Bräutigams und der Braut.
> Es wird das ganze Land
> zur Wüste und Einöde werden,
> und es werden diese Völker
> dem Könige von Babel dienen siebzig Jahr"[1]).

Allein umsonst verhallten seine Klagen über den Rückfall in die alte Ruchlosigkeit, umsonst seine Mahnungen, das Joch Nebukadnezars geduldig zu ertragen und der gleisnerischen Freundschaft Ägyptens nicht zu trauen. Als Widersacher des Königs ward er verspottet, mißhandelt und ins Gefängnis geworfen. Seine Prophezeiung aber

---

[1]) Jer. 25, 8—11.

wurde bald zur Wahrheit. Schon unter Jojakim rückte das von Norden drohende Unheil unheimlich näher, und kurz nach ſeinem Tode wurde ſein achtzehnjähriger Sohn Jojachin (597), nachdem die heilige Stadt erobert und geplündert war, gefeſſelt nach Babel ge= bracht. Die beſten Hauptleute des Heeres und die Edelſten des Volkes, unter ihnen den Propheten Ezechiel, ſchleppte der Sieger in ferne Provinzen ſeines Reiches. Über den wehrloſen Reſt ſetzte er als zinspflichtigen Herrſcher Joſias dritten Sohn Zedekia (597—586). Vergeblich riet Jeremias, das babyloniſche Joch ge= duldig zu ertragen. Noch einmal wagte Zedekia im Vertrauen auf Ägypten den verzweifelten Verſuch, die Zwangsherrſchaft abzuſchütteln und die Freiheit wieder herzuſtellen. Das kühne Unternehmen ſchlug ihm und ſeinem Reiche zum Verderben aus. Die Hauptſtadt und der heilige Tempel fielen in des Feindes Hand. Die Mauern der heiligen Stadt wurden niedergeriſſen, jedes große Haus zerſtört, und das herrlichſte, das Gotteshaus auf Moria, in einen Trümmerhaufen verwandelt. Die heiligen Geräte wurden geraubt und in das Schatz= haus des Königs von Babylon gebracht. Dorthin führte man auch den letzten König und alle angeſehenen Familien des Landes gefangen fort. Nur die geringen Leute, arme Winzer und Ackerbauer durften in der Heimat bleiben. Über ſie wurde als Statthalter Gedalja eingeſetzt. Bald fiel auch er durch ruchloſe Mörderhand, und mit ihm ſchwand der letzte Reſt ſtaatlicher Selbſtändigkeit.

Jeremias erlebte das Elend ſeines Volkes. Die rührenden Klagelieder, in denen er das Schickſal ſeines Volkes beweinte, ertönen noch heute überall in den Gotteshäuſern Israels an den Gedenktagen, welche die Erinnerung an jene tränenreiche Zeit lebendig erhalten.

Zweiter Zeitraum

Von der Wegführung nach Babylon bis zum Abschluß des Talmud. Die Schriftgelehrten, Tannaim und Amoraim.

(586 vor bis 500 nach Beginn der christlichen Zeitrechnung)

Erste Abteilung

Von der Zerstörung des ersten bis zur Zerstörung des zweiten Tempels.

(586 vor bis 70 nach Beginn der christlichen Zeitrechnung)

Übersicht

An den Wasserbächen Babels kam dem Volke die Tiefe seines Elends zum Bewußtsein. Der gemeinsame Schmerz um das verlorene Vaterland und um das zerstörte Gotteshaus vereinigte die zersprengten Volksgenossen. In der Not schrieen sie zu Gott und lernten den Gehorsam gegen seine Gebote. In ihrer Beobachtung suchten sie ihr Heil und im Vertrauen auf die prophetischen Verheißungen Ezechiels und seiner Zeitgenossen. Schon hatte des Propheten Mund den Namen des Retters aus der Not verkündigt, und schnell erfüllte sich sein Wort. Der Perserkönig Cyrus gestattete nach der Unterwerfung Babylons den Weggeführten die Heimkehr in das Vaterland, den Aufbau der heiligen Stadt und die Herstellung des Tempels. Den ersten mutigen Ansiedlern, die in stetem Kampf gegen Anfeindungen und Verdächtigungen den Grund zum neuen Gemeinwesen legten, folgte der geniale Esra mit einer Schar gottesfürchtiger Genossen. Er ward „der Mose seiner Zeit" und bewirkte die geistige Wiedergeburt seines Volkes. Den Ausspruch seines Zeitgenossen, des letzten Propheten Maleachi: „Gedenket der Lehre meines Knechtes Mose"

ergriff Esra mit Begeisterung und übergab ihn gleichsam als Losungs-
wort dem folgenden Jahrtausend.

Den Propheten, der durch göttliche Erleuchtung in freier Rede
Gottesfurcht und Tugend gepredigt hatte, löste nunmehr der Schriftgelehrte ab. Was die Gottesmänner dereinst mit hinreißender
Beredsamkeit den widerwilligen Zeitgenossen verkündigt hatten, das
hatte jetzt durch die Schule der Leiden in allen Herzen Widerhall
und Verständnis gefunden. Niemand ging mehr dem Götzendienste
nach, und alle Gemüter beherrschte die eine Sehnsucht, das Gesetz
zu kennen, und zu lernen, wie es auszuführen sei. Dieses Streben
ließ neben der Thora ein neues Geisteswerk, das mündliche Gesetz,
erwachsen, an dessen Ausbau alle Geschlechter des neuen Jahrtausends
rüstig mitgearbeitet haben. Den Grundstein dazu hatte Mose gelegt
in den Erklärungen und Anweisungen, die er mündlich seinen Jüngern
überliefert hatte. Mit besonderem Eifer pflegte Esra dieses kostbare
Erbe der vergangenen Geschlechter. In seinem Geiste wirkten die
Schriftgelehrten (סופרים), die es zu einem lebendigen, mit dem
Volke herumziehenden Heiligtum ausgestalteten. Die „große Versammlung", welche Esra ins Leben rief, trug die geschichtlichen
und rednerischen Denkmale der Vorzeit, die schriftlich überliefert waren,
sorgfältig zusammen. Sie ließ die Jugend in der Thora unterrichten
und befestigte das Erlernte in den Gemütern der Erwachsenen durch
Vorlesung und Erläuterung des Gesetzes in den gottesdienstlichen
Versammlungen, die sie allmählich überall im Lande entstehen ließ.
Sie machte einen Zaun um die Lehre, indem sie geeignete Maßregeln
schuf, durch welche das Gesetz in das Leben eingeführt und mit Genauigkeit beobachtet wurde. So gedieh ihr stilles Wirken, im allgemeinen ungestört, solange die Perser über Judäa herrschten.

Da trug der große Alexander mit seinen überlegenen Waffen
die hellenische Bildung und Gesittung nach dem fernen Osten. Ihm
erlag das Reich des Großkönigs von Persien, und nach seinem jähen
Tode erblühten in unmittelbarer Nachbarschaft des heiligen Landes
zwei Staaten, Ägypten und Syrien, auf welche das Hellenentum
am tiefsten und nachhaltigsten eingewirkt hat. Beide machten Anspruch
auf das phönizisch-jüdische Küstenland, und beiden ward es nach einander dienstbar. Für die Juden folgte hieraus eine zwiespältige
geistige Entwickelung.

In Ägypten, deſſen Obmacht die Juden zuerſt unterworfen waren, erzeugte das einſichtige und bildungsfreundliche Herrſcher= geſchlecht der Ptolemäer eine herrliche Nachblüte des helleniſchen Geiſtes. Die zahlreichen Juden, welche von dieſen Königen im Lande der alten Pharaonen angeſiedelt wurden, gelangten durch Fleiß und Betriebſamkeit zu Reichtum, Anſehen und Bildung. Mit der ganzen Wärme jugendfriſcher Begeiſterung eigneten ſie ſich die edlen Schätze griechiſcher Weisheit und Formenſchönheit an, und der Wohl= laut der griechiſchen Zunge klang ſo ſüß und verlockend in den Zelten Sems, daß ſie bald das teuerſte Kleinod, das ſie ihr Eigen nannten, die Thora, in die fremde Sprache überſetzten und es in dem neuen Gewande ſo lieb und wert hielten, wie es den Stammesgenoſſen da= heim teuer war in den heiligen Lauten der Väter. Auf dieſem Wege gelangte die den Vätern geoffenbarte göttliche Weisheit zur Kenntnis der damaligen gebildeten und gelehrten Welt, und bei den Juden erwachte das Beſtreben, die Lehren der Thora mit den Ergebniſſen des griechiſchen Denkens zu vermählen. In dem Alexandriner Philo, der durch Tiefe der Gedanken und Anmut der Sprache in gleicher Weiſe ausgezeichnet war, erreichte dieſe Geiſtesrichtung ihren Höhe= punkt. Die Ergebniſſe ſeines Denkens wurden ſpäter in den Dienſt jener gewaltigen Bewegung der Geiſter geſtellt, welcher das Chriſten= tum ſeine Entſtehung verdankt.

Im Heimatlande, an den Ufern des Jordan, wo der Kern des Volkes ſaß und mit freudigem Stolze den väterlichen Geſetzen folgte, konnte die neue Bildung nur weit langſamer und mit geringerem Erfolge Wurzel faſſen. Die Erbſchaft der großen Verſammlung über= nahm das Synhedrium, das ſchon durch ſeinen Namen unwillkür= lich Zeugnis davon gab, wie das moderne Griechentum unmerklich die Lebensanſchauungen zu beherrſchen anfing. Erſt allmählich nahmen die Geiſter Stellung zu den alten und neuen Bildungselementen. In der Treue gegen die moſaiſche Lehre ſtimmten alle überein. Weit auseinander wichen die Auffaſſungen über die Verbindlichkeit des mündlich überlieferten Geſetzes, über die Weiſe der Erläuterung und Erweiterung der ſchriftlichen Lehre und insbeſondere über die Nach= giebigkeit gegen griechiſche Sitten und Lebensgewohnheiten. Für ſtrenge Abſchließung gegen alles Fremde und Unjüdiſche, für treue und ſorgſame Pflege und Fortbildung der mündlich und ſchriftlich überkommenen nationalen Geiſtesſchätze entſchieden ſich die Phariſäer.

Zu ihnen stand die Masse des Volkes, welche der Weisung der Schriftgelehrten folgte. Ihnen gegenüber suchten die Sadducäer das Wort
der Thora, welches sie allein für bindend hielten, mit der griechischen
Bildung und Denkweise zu versöhnen. Sie fanden ihre Anhänger
meist in den vornehmen Gesellschaftsklassen. Fernab von den Geistes-
kämpfen beider Richtungen standen die Essäer, welche in tatenloser
Weltflucht und strengen Bußübungen Heil und Erlösung zu finden
hofften. Aus ihrem Kreise entsproß die Bewegung, die zum Christentume führte.

Harmlos und friedlich standen die Meinungen neben einander,
bis tief eingreifende politische Ereignisse sie zu schroffen Gegensätzen
wandelten. Die Syrer entrissen den Ägyptern die Herrschaft über
das gelobte Land und versuchten unter Antiochus Epiphanes mit
rauher Gewalt den Juden nicht nur hellenische Sprache und Sitten,
sondern auch hellenischen Götzendienst aufzudrängen. Sie überschätzten
dabei den hilfreichen Einfluß der Freunde des fremdländischen Wesens
und unterschätzten den tiefen Abscheu gegen das Heidentum, den die
Schriftgelehrten durch jahrhundertelange Erziehung der Volksseele
eingepflanzt hatten. Die grausame und blutige Verfolgung der Getreuen, die den Verlockungen zum Abfall trotzten und den väterlichen Gesetzen anhingen, fachte die Begeisterung für die nationalen
Güter schnell zur Empörung gegen den heidnischen Gewalthaber an
und bewaffnete den Heldenarm des Juda Makkabi und seiner
Brüder zum siegreichen Kampfe für die Lehre. Allein die Blüte der
pharisäischen Makkabäerherrschaft wurde schon nach kurzen Jahrzehnten
durch den Wurm des Zwiespalts und der Zwietracht vernichtet.
Johann Hyrkan, der Glänzendste seines Geschlechts, entzweite sich
mit den Lehrern des Gesetzes und legte die wichtigsten Ämter und
Ehrenstellen in die Hände griechisch gesinnter Sadducäer. Die Eifersucht der um Macht und Einfluß ringenden Parteien führte zu verheerendem Bruderzwist, den der verschlagene und herrschsüchtige Idumäer
Herodes geschickt zu seinem Vorteil auszubeuten wußte, bis Rom,
das neue, das schlimmere Babel, kam und für immer die politische
Selbständigkeit der Nation zerstörte.

Aber das geistige und religiöse Leben der Gesamtheit blieb beim
Zusammensturz des Staates und trotz des Untergangs des Tempels
unversehrt. Der Dank der Nachwelt für diese wunderbare Rettung
gebührt den Männern, welche rechtzeitig die kostbaren Vermächtnisse

der Vergangenheit, fernab von den politischen Händeln, im sicheren Schutz des Bethauses und des Lehrhauses zu bergen wußten. Der weise und geduldige Hillel, der unsterbliche Zeitgenosse des Herodes, gab der Forschung im Gesetze einen neuen Aufschwung. Die Schätze der Überlieferung, die bisher als totes Material neben einander im Gedächtnis lagerten, verstand er mit Hilfe herkömmlicher Grundsätze, die er zu festen Deutungsregeln ausgestaltete, zu einem lebendigen geistigen Besitz der Lernbegierigen zu machen. Seine durch Tugend und Gelehrsamkeit ausgezeichneten Söhne und Enkel setzten die Wirk=samkeit in seinem Geiste eifrig fort. Durch sie, deren Stammbaum in weiblicher Linie bis auf David zurückwies, wurde das Lehrgebäude des Judentums gestützt und befestigt, so daß es standhalten konnte, als der sichtbare Staatsverband und das Heiligtum aus Holz und Stein in Schutt und Trümmer sank.

———

Erster Abschnitt
Die Juden unter babylonischer Herrschaft
(586—538 vor Beginn der christl. Zeitrechnung)

Wie jeder Mensch die Güter am innigsten begehrt und am heißesten liebt, die er noch erstrebt oder bereits verloren hat, so ging es den Vätern in der babylonischen Gefangenschaft mit den herr=lichsten Kleinodien, die sie ihr Eigen nannten: mit dem Gotteswort und dem Vaterlande. Wohl mögen viele an heidnische Sitte und Anschauung bereits gewöhnte schnell in der Fremde heimisch geworden sein und andere gegen höhere Interessen Gleichgiltige sich allmählich in die neuen Zustände eingelebt haben. Ein Teil des Volkes sonderte sich von diesen wie der Weizen von der Spreu. Er blieb zurück als das Gute und Echte von Israel, während die anderen, die abgestumpft, haltlos und untreu waren, vom Sturm dahin getragen wurden und unter den Völkern der Erde sich verloren. So wirkte das niederschmetternde Unglück zwar zerstörend, aber auch reinigend und läuternd.

Die edelsten Glieder der Nation, die im eigenen Lande von den sittlichen Schwächen und Gebrechen der Zeit befallen war, fanden sich in der Verbannung zusammen im gemeinsamen Schmerz über das verlorene Vaterland und in der Klage um Jerusalem. Hier strömten sie ihr Leid in unvergessenen Weisen aus:

An den Wasserbächen Babels
saßen wir und weinten,
wenn wir an Zion dachten!
Wir hängten an die Weiden
unsere Harfen,
denn dort forderten die uns ins Elend führten,
uns zum Gesange,
die uns verhöhnten, uns zur Freude auf:
„Singet uns von den Gesängen Zions!“
Wie sollen wir göttliche Lieder
auf fremder Erde singen?
Ehe dein ich vergesse, Jerusalem,
soll meine Rechte erstarren,
soll meine Zunge mir am Gaumen kleben,
so ich dein nicht gedenke,
so ich Jerusalem nicht halte
Für meiner Freude höchsten Gipfel[1]).

Hier lauschten sie mit Andacht den Stimmen der Propheten, die in ihrer Mitte lebten, und vernahmen mit Begeisterung das Gesicht Ezechiels, welcher die nahe Wiedergeburt verkündigte. Er sprach[2]):

Ergriffen ward ich von der Hand des Ewigen,
sie trug mich fort nach einem weiten Tale
und setzte mich in dessen Mitte nieder.
Ich blickte um mich und sah ausgebreitet
ringsum gehäufet liegen menschliche Gebeine,
Es führte mich der Herr an ihnen hin und her
und zeigte mir, wie ausgedörrt sie waren.
Dann sprach er: Menschensohn,
meinst du, daß die Gebeine hier
einst wieder leben werden?
Ich sprach: Das weißt nur du, o Ewiger!
Er sprach zu mir: Verkündige
und rufe ihnen zu: Ihr Totenbeine,
vernehmt durch mich das Wort des Ewigen!
Zu euch spricht Gott der Herr:
Ich bring' in euch den Geist zurück,
und ihr lebt wieder auf.

---

[1]) Pf. 137, 1—6.   [2]) Ezechiel 37, 1—14,

Ich geb' euch Sehnen, laffe wachfen Fleifch
und überziehe es mit Haut und hauche
euch Odem ein, auf daß ihr mich erkennet!
Da weiffagt' ich, wie mir geboten worden.
Und wie ich redete hört ich ein Raufchen,
denn die Gebeine flogen an einander.
Und Sehnen fchlangen fich um fie, und Fleifch
wuchs an, und eine Haut zog fich darüber;
doch war darin kein Odem.
Da fprach er weiter: Menfchenfohn,
verkünde auch dem Odem und gebiete
in meinem Namen: Komme Odem,
aus den vier Winden her und wehe
die Toten an und mache, daß fie leben!
Und als ich fprach, wie er geboten,
da fuhr der Odem in fie, und fie lebten
und ftanden auf den Füßen, ein fehr großes Heer, —
und die Erfcheinung fchwand.
Er aber fprach zu mir: Du, Menfchenfohn,
was du gefehen, das ift Israel!
Jetzt find wir, fprechen fie, verdorrt Gebein,
verfchwunden ift die Hoffnung, es ift aus
mit uns! Drum gehe hin
und fprich zu ihnen:
Ich werde öffnen eure Gräber,
und fteigen laffen euch aus Totengrüften,
und bringen euch mein Volk, zurück
zum Boden Israels;
dort follt ihr mich als euren Gott erkennen".

Hier verftanden fie, nachdem ihnen der Opferdienft genommen,
das Wort des Propheten: „Was foll mir der Weihrauch, der aus
Arabien kommt, und das köftliche Gewürz aus fernem Lande? Eure
Brandftücke mag ich nicht, und eure Schlachtftücke find mir nicht
angenehm[1]". Und in heißer Liebe ergriffen fie die Lehre felbft, die
in den fünf Büchern Mofes aufgefchrieben war, und vertieften fich
darein und horchten mit Hingebung auf die Meifter und Lehrer, die
fie auszulegen und zu erläutern mußten. Sie aber bewährte fich als
ein Baum des Lebens für alle, die an ihr fich hielten.

Zudem leuchtete ihnen wie ein Stern in mitternächtigem Dunkel
das Seherwort des Jeremias, welches nach fiebzig Jahren das Ende
der Verbannung in fichere Ausficht ftellte[2]), und der große Prophet,

---

[1] Jeremias 6, 20.   [2] Daf. 25. 12 f. S. oben S. 25.

dessen Reden das Buch Jesaias uns erhalten hat, nannte bald mit Namen den Befreier, der ihnen Heil und Rettung bringen sollte. Er verkündigte:

> So spricht der Herr zu Koresch (Cyrus), seinem Gesalbten,
> Du, den ich halte bei seiner Rechten,
> um Völker ihm zu unterwerfen,
> die Hüften der Könige zu entgürten,
> daß sich Pforten vor ihm auftun
> und kein Thor unverschlossen bleibe!
> Ich will vor dir hergehen
> und die stolzen Höhen ebnen,
> die ehernen Pforten zersprengen,
> die eisernen Riegel zerbrechen,
> die verborgenen Schätze dir geben,
> die geheimen Kleinode,
> damit du erkennest,
> daß ich, der Ewige, der Gott Israels,
> bei deinem Namen dich gerufen habe,
> und dich nannte, ehe du mich kanntest.
> Ich bin Gott und Keiner sonst;
> ich richtete dich, ehe du mich kanntest.
> Ich bilde Licht und schaffe Finsternis,
> ich gebe das Heil und schaffe das Übel;
> ich, Gott, tue alles dieses[1].
> So hab' ich ihn erweckt zum Heil,
> und will ebnen alle seine Wege.
> Er wird bauen meine Stadt
> und meine Weggeführten entlassen
> nicht um Kaufpreis und nicht um Lösegeld,
> so spricht der Gott der Heere[2].
> Er, den Gott liebt,
> vollführt an Babel seinen Willen
> und seine Macht an den Chaldäern.
> Ich, ich sprach's und habe ihn berufen.
> Ich führe ihn, und glücklich geht er seine Bahn[3].

Indessen ward die Behandlung, die Nebukadnezar den Verbannten zuteil werden ließ, im Laufe der Jahre eine mildere. Er ließ ihnen den Glauben ihrer Väter und suchte sie durch Güte zu treuen Untertanen zu gewinnen. Sie vergalten diese Milde nach Gebühr und hielten sich an die Weisung des Propheten Jeremias,

---

[1] Jes. 45, 1—5. 7.   [2] Jes. 45, 13.   [3] Jes. 48, 14 f.

der ihnen riet: „Bauet Häuser und bewohnet sie, pflanzet Gärten
und esset ihre Frucht . . . Suchet das Heil der Stadt, dahin ich
euch geführt, und betet für sie zum Herrn; denn wenn es ihr wohl
geht, geht's auch euch wohl [1]). Ihre friedliche Gesinnung erkannte der
König freundlich an, zog hin und wieder tüchtige Männer aus ihrer
Mitte an seinen Hof und verlieh ihnen einflußreiche Ämter. Solches
geschah, wie wir erfahren, dem Daniel, der, auf Befehl des Königs
in allen Kenntnissen der Chaldäer unterwiesen, an Weisheit und
Einsicht zunahm, und zu Ehren und Ansehen gelangt, in musterhafter
Treue dem Staate diente und den Gesetzen Gottes anhing [2]).

Aber nach dem Tode Nebukadnezars (561) verblich die Herrlichkeit des Reiches schnell unter den üppigen und weichlichen Königen,
die ihm auf dem Throne folgten. Und als der letzte dieser Könige
in frivolem Übermut beim Gastmahle schwelgend den Herrn der
Heerschaaren zu verhöhnen sich erkühnte, indem er das geraubte
goldene Tempelgerät zu unheiligem Gebrauch entweihte, da verkündigte Daniel, die geheimnisvolle Schrift an des Palastes Wand
enträtselnd, dem trunkenen Tyrannen: „Mene — Gezählt hat Gott
die Tage deiner Herrschaft und sie beendet. Thekel — gewogen
bist du auf der Wage und zu leicht befunden. Peres — geteilt
wird dein Reich und den Medern und Persern gegeben [3])". Unmittelbar erfolgte das verheißene Strafgericht. Cyrus (Koresch), der
Perserkönig, nahm die Hauptstadt ein, und auf den Trümmern des
babylonischen Reiches erhob sich der stolze Bau der großmächtigen
Perserherrschaft.

---

[1]) Jer. 29, 5—7.   [2]) Ezechiel 14, 13. 19. 28, 3. Daniel, 1, 6 ff.
[3]) Daniel 5, 26—28.

Zweiter Abschnitt
Die Juden unter persischer Herrschaft.
(538—333 vor Beginn der christl. Zeitr.)

Erstes Kapitel
Die Rückkehr ins gelobte Land. Der Tempelbau.
(538—458 vor Beginn der christl. Zeitr.)

Schon im ersten Jahre seiner Regierung gab Cyrus (538—529), der hochgesinnte Besieger Babylons, den Verbannten die Erlaubnis, in die Heimat zurückzukehren und den Tempel wiederherzustellen. Er ließ ihnen die einst dem Heiligtum entführten Geräte übergeben und empfahl denen, die in der Fremde bleiben wollten, ihre Brüder mit Gaben reichlich zu unterstützen. Was den mächtigen Eroberer zu solcher Hochherzigkeit bewogen, ist nicht genau bekannt. Wahrscheinlich leitete ihn der staatsmännische Gedanke, durch Ansiedelung eines treu ergebenen Volksstammes an der äußersten Landesgrenze die ägyptischen Vergrößerungsgelüste einzudämmen und zugleich sich eine sichere Grundlage für etwaige kriegerische Unternehmungen gegen die mächtigen Nachbarn zu schaffen.

Nicht die Alten, die durch Schmach und Schuld ins Elend gekommen waren, sondern ein junges Geschlecht wurde, wie einst nach dem Abfall in der Wüstenwanderung, für würdig befunden, ins gelobte Land zu ziehen. Serubbabel, ein Sprößling Davids, und Josua, ein Enkel des letzten Hohenpriesters, der im ersten Tempel den heiligen Dienst versehen hatte, führten etwa fünfzigtausend Personen an die geweihten Stätten, die jetzt öde und verlassen lagen. Gering an Zahl war das Häuflein der Zurückgekehrten, aber groß und stark durch Gottvertrauen. Es bestand zum überwiegend größten Teil aus Nachkommen der Stämme Juda und Benjamin, und der Raum, auf dem es sich ansiedelte, umfing wesentlich die Landstriche, die ehemals das Reich Juda gebildet hatten. So ward von nun an der Name Juden für den Rest Israels gebräuchlich. Die einzelnen Stammesunterschiede verschwanden mehr und mehr. Nur unter den Leviten, und innerhalb derselben unter den Nachkommen Aharons, blieb das Bewußtsein der Abstammung lebendig im Hinblick auf die religiösen Rechte und Pflichten, die das mosaische Gesetz ihnen zuerteilte.

Die neuen Ansiedler trafen überall, wohin sie kamen, fremde Einwanderer heidnischer Abkunft, die während der Verbannung in den veröbeten Ortschaften sich niedergelassen hatten. Besonders zahlreich waren die Samaritaner[1]), die Sprößlinge der Völkerscharen, denen die Assyrer das entvölkerte Gebiet des Reiches Israel, von dessen ehemaliger Hauptstadt Samaria sie den Namen tragen, zum Wohnsitz überlassen hatten. In abergläubischer Furcht vor den wilden Tieren, die sie heimsuchten, hatten deren Vorfahren nach heidnischer Manier den Gott des Landes fürchten gelernt und daneben den ererbten Götzendienst mit Eifer festgehalten. In dem Gemeinwesen aber, welches die Zurückgekehrten jetzt begründen wollten, gab es für ganze und halbe Götzendiener keinen Raum. Alle Herzen waren ungeteilt der Lehre Gottes zugetan und erblickten in dem gewissenhaften Gehorsam gegen sein Gebot ihr Heil und ihre Rettung. Serubbabel, der würdige Enkel des Königshauses, der als persischer Statthalter im Lande waltete, und Josua, der zum hohenpriesterlichen Dienst ersehen war, wiesen darum mit Entschiedenheit jede Gemeinschaft mit der ansässigen Bevölkerung zurück.

Mutig und unverdrossen begannen sie das Werk der Wiederherstellung des heiligen Hauses auf Moria. Schon im Jahre der Heimkehr errichteten sie im siebenten Monat den Opferaltar auf der alten Stätte und feierten das Hüttenfest, und im zweiten Jahre legten sie den Grund zum neuen Tempelbau. Aber bald verflog der Rausch der ersten Begeisterung, als Widerwärtigkeiten mancher Art die Gemüter der Ankömmlinge niederdrückten. Hagel und Mißwachs suchten die Gefilde heim, und die Verleumdungen der Samaritaner fanden ein geneigtes Ohr bei der persischen Regierung. Sie wußten es glaubhaft zu machen, daß die Juden darauf sännen, nach dem Aufbau des Tempels das Joch der Fremdherrschaft abzuschütteln, und daß sie, wie zur Zeit des ersten Reiches, bei den Ägyptern Rat und Beistand suchen würden. Darum wurde die Fortsetzung der Arbeiten von den Nachfolgern des Cyrus verboten, und fünfzehn Jahre lang mußte das ganze Unternehmen ruhen.

Nur die Propheten Chaggai und Secharjah, die dem Geschlecht der ersten Ansiedler angehörten, wurden nicht müde, zur Vollendung des Baues anzufeuern. Als göttliche Strafe für die Lässig-

---

[1]) S. oben S. 21.

feit und Mattigkeit am großen Werke ſtellte Chaggai die Dürre und den Kornbrand hin, die über das Land hereingebrochen waren. Er ſprach im Namen Gottes zu den Zeitgenoſſen:

> „Weil mein Haus es iſt, das wüſte ſteht,
> und jeglicher von euch nach ſeinem Hauſe rennt,
> darum verſagt der Himmel euch den Tau
> und die Erde ihr Gewächs[1].“

Und den Greiſen, welche die Ärmlichkeit der Gegenwart im Ver= gleich zu der verſunkenen Pracht und Herrlichkeit hervorzuheben liebten, rief er zu:

> Mein iſt das Silber,
> und mein iſt das Gold,
> ſpricht der Gott der Heere,
> und größer wird die Herrlichkeit dieſes letzten
> denn die des erſten Hauſes ſein,
> da ich an dieſem Orte Heil und Frieden ſtiften werde[2].“

Mit glutvollerer Beredſamkeit ſtand als jüngerer Genoſſe Secharjah ihm zur Seite. Auf die Anfrage wegen Beihaltung der Trauertage, die an den Untergang des erſten Tempels erinnerten, ver= hieß er dem Volke, „daß der Herr jene Faſten in Wonne und Freude und fröhliche Feſte wandeln werde. Nur müßten ſie die Wahrheit und den Frieden über alles lieben[3].“

Doch erſt nachdem der milde und gerechte König Darius I (522—485) den Thron beſtiegen hatte, ermannten ſich die Juden, die begonnenen Arbeiten, unter Berufung auf das von Cyrus ihnen verbriefte Recht, wieder aufzunehmen. Waren doch die angeblichen Befürchtungen wegen der ägyptiſchen Nachbarſchaft völlig weſenlos geworden, ſeitdem das Reich der Pharaonen der Perſerherrſchaft unterworfen war. In den Archiven von Ekbatana fand ſich nun= mehr auch die Urkunde, durch welche Cyrus den Tempelbau geſtattet hatte, und der neue König hielt ſie nicht nur ihrem ganzen Inhalte nach aufrecht, ſondern gab auch den Befehl, das Werk zu fördern, die Koſten aus den königlichen Einnahmen zu beſtreiten und den Juden Opfergaben zu liefern, damit ſie für das Wohl des Königs und für das Leben ſeiner Kinder beten möchten. So waren endlich alle Störungen beſeitigt, und am 3. Adar[4] 516, ſiebzig Jahre

---

[1] Chaggai 1, 9. 10.   [2] Daſ. 2, 8. 9.

[3] Secharjah 7, 1 ff. 8, 19 f.   [4] Esra 6, 15.

nach der Zerstörung des ersten Tempels, ward der zweite mit einem feierlichen Gottesdienste eingeweiht.

Die Arbeit am zweiten Tempel scheint die ganze Geisteskraft der damaligen Juden des heiligen Landes erschöpft zu haben. Wenigstens wird uns aus dem unmittelbar folgenden halben Jahrhundert ein irgendwie bemerkenswertes Ereignis nicht gemeldet. Es war eben offenbar eine Zeit stillen Keimens und Werdens, in der die Aussaaten der Vergangenheit befruchtend das Erdreich durchdrangen und es für eine neue Blütezeit vorbereiteten. Auch unter den in Babylon zurückgebliebenen Volksgenossen schlummerten zahlreiche edle Triebe, die durch die Sonne königlicher Huld und Gnade sich zu herrlicher Blüte entfalteten. Die äußere Lebensruhe, die ihnen gegönnt war, begünstigte den Sinn für die Lehre, deren Studium die trefflichsten Geister mit Eifer und Hingebung pflegten. Sie alle überragten Esra und Nehemia.

————

Zweites Kapitel

Esra und Nehemia.   Die Samaritaner.

(458—420 vor Beginn der christl. Zeitr.)

Esra aus dem Geschlecht des Hohenpriesters Aharon richtete von Jugend auf „sein Herz darauf, die Lehre Gottes zu erforschen und in Israel Gesetz und Recht zu lehren[1)]". Die heiße Sehnsucht nach den geweihten Stätten trieb ihn aus dem Lande der Geburt in das heilige Land der Väter. Schon in der Heimat stand er durch Frömmigkeit und Gelehrsamkeit in hohem Ansehen bei seinen Glaubensbrüdern und bei deren Gebietern. Dafür legt deutlich Zeugnis ab der Geleitsbrief, den der einsichtige König Artaxerxes I. (465—424) ihm auszustellen gebot. Er erhielt darin die Befugnis, eine Schar von Ansiedlern mit sich zu führen und nach der Ankunft in der heiligen Stadt die Untersuchung anzustellen, ob Juda und Jerusalem nach dem Gesetze Gottes lebte. Um Recht und Ordnung in Stadt und Land zu gründen und zu sichern, ward er ermächtigt, kundige Richter und Rechtsverwalter nach seinem Gutdünken überall

————

[1)] Esra 7, 10. 12 ff.

einzusetzen und die Ungelehrten in der Lehre Gottes zu unterrichten.
Zugleich wurde der Statthalter jenseits des Stromes, dessen Ver=
waltung Paläſtina unterſtand, angewieſen, ſein Werk kräftig zu fördern,
die Prieſter und Leviten künftig von allen königlichen Abgaben und
Laſten frei zu laſſen und regelmäßig die Bedürfniſſe für den Tempel=
dienſt zu liefern. Mit ſolchen umfangreichen Rechten ausgeſtattet
und koſtbare Geſchenke des Königs und der Großen für den Tempel
mit ſich führend, trat Esra an der Spitze von etwa 1500 Familien
die keineswegs gefahrloſe Wanderung an. Im Vertrauen auf Gottes
Schutz und Beiſtand, lehnte er die bewaffnete Bedeckung, die ihm der
König anbot, dankend ab und langte nach fünfmonatlicher Reiſe im
Hochſommer des Jahres 458 glücklich am Ziele ſeiner Sehnſucht an.

Die Zuſtände, die er hier vorfand, waren nicht durchaus er=
freulich. Zwar fremden Göttern diente ſchon lange niemand mehr,
und die Thora liebte und ehrte jeder von ganzem Herzen als das
herrlichſte Kleinod. Aber der lebendige Wunſch und Wille, die Ge=
bote Gottes pünklich zu erfüllen, konnte nur ausnahmsweiſe zur
rechten Tat gedeihen, weil der allgemeinen Bereitwilligkeit zum Ge=
horſam in keiner Weiſe die Fähigkeit entſprach, das Geſetz auch nur
zu kennen, geſchweige denn es auszuführen. Die Abſchriften der
heiligen Lehre waren eine ſeltene Koſtbarkeit. Der Kundigen gab
es verſchwindend wenige im Lande, und gewiß kaum einen einzigen
geſchickten Lehrer, der der Wiſſensnot abhelfen konnte. Sogar die
Prieſter, denen die Hut des Heiligtums beſonders obgelegen hätte,
behandelten das Heilige verächtlich und erfuhren ob ihres Eigennutzes
und ihrer Unſittlichkeit wiederholt die harte Zurechtweiſung des Propheten
Maleachi. Zürnend rief er ihnen zu:

> „Ein Sohn ehrt den Vater
> und ein Knecht ſeinen Herrn.
> So ich Vater bin, wo iſt meine Ehre?
> Und ſo ich Herr bin, wo iſt meine Furcht?
> ſpricht der Gott der Heere zu euch, ihr Prieſter,
> Verächter meines Namens . . . .[1]
> Es ſollen die Lippen des Prieſters Kenntnis bewahren,
> und die Lehre ſoll man ſuchen aus ſeinem Munde,
> denn ein Bote des Gottes der Heere iſt er.
> Ihr aber, ihr weichet ab von dieſem Wege,
> ihr habt viele zum Falle gebracht in der Lehre,

---

[1] Maleachi 1, 6.

> ihr habt gebrochen den Bund mit Levi,
> spricht der Gott der Heere.
> So habe auch ich euch verächtlich gemacht
> und niedrig vor allem Volke,
> dieweil ihr meine Wege nicht haltet
> und meine Lehre nicht ehrt [1])."

Aber das Wort des Propheten verhallte machtlos, und die Miß= stände blieben unverändert.

Zu ihrer dauernden Beseitigung erschien Esra als der rechte und geeignete Helfer. Er war ein gewandter und erfahrener Schrift= kundiger in der Lehre Moses. Er kannte die göttlichen Gesetze und besaß die Geschicklichkeit, sie abzuschreiben und gründlich zu erläutern. Mit Umsicht und Tatkraft bekämpfte er die eingerissene Unwissenheit, versammelte die Erwachsenen und las ihnen aus der Lehre vor [2]), gab be= fähigten Männern und Jünglingen die Anleitung, den Inhalt des Gesetzes den Zuhörern klar und verständlich zu machen, und räumte mit kühnem Mut jedes Hindernis hinweg, welches die Treue gegen das Gesetz gefährden konnte. Als eine solche schwere Gefahr erkannte er mit klarem Blick die Ehe mit heidnischen Frauen, die unter den Ansiedlern selbst in den edelsten Familien und in den Reihen der Priester erschreckend überhand genommen hatte. Wenn anders das heranwachsende Geschlecht vor dem Rückfall in Götzendienst und Aber= glauben und in alle Greuel, durch die das erste Reich zu Grunde gegangen war, gerettet werden sollte, so galt es, diesen Schaden rücksichtslos mit der Wurzel auszutilgen. An dem Feuer seiner eigenen Begeisterung entzündete er den Eifer der Lauen und Schwanken= den, und in einer Volksversammlung riß er die zahlreich Erschienenen zu dem einmütigen Beschlusse fort, daß die bestehenden ungesetzlichen Ehen schleunigst aufzulösen seien, und der Abschluß neuer strengstens zu verbieten sei [3]). Die unerbittliche Durchführung der Maßregel mußte mit unsanfter Hand die zartesten Familienbande angreifen und erzeugte dadurch ungeheuren Schmerz bei den Entsagenden, Groll und Erbitterung aber bei den Verstoßenen. Die entlassenen Weiber und Kinder pflanzten die feindselige Gesinnung in die Kreise der heidnischen Nachbarn fort, denen sie entstammten, und vermehrten die Zahl der Gegner, die nur den rechten Zeitpunkt erwarteten, um

---

[1]) Mal. 2, 7—9.   [2]) Neh. 8, 1 ff.   [3]) Esra c. 9. 10. Neh. 9, 2. 10, 31.

an den Juden den erfahrenen Schimpf zu rächen. Dazu kam, daß innerhalb des jungen Gemeinwefens die Mittel zur Abwehr bedenklich gering waren. Denn noch war Jerusalem eine offene, schwach bevölkerte, halb in Trümmern liegende Stadt. Aus dieser neuen Not und Pein rettete Esras jüngerer Zeitgenoffe Nehemia die bedrängten Glaubensbrüder.

In seiner hohen Stellung als Mundschenk des Königs Artaxerxes erfreute er sich der besonderen Gunst und Gnade seines Herrn, vergaß aber darüber das Elend und die Schmach der Brüder nicht. Schmerzlich ergriffen durch die Nachricht von der schlimmen Lage der heiligen Stadt und befeelt von dem Wunsche, den unglücklichen Stammesgenoffen hilfreiche Hand zu leisten, erbat er vom König einen Urlaub zur Reise ins gelobte Land und die Erlaubnis, die Mauern Jerusalems wiederherzustellen. Beides und noch mehr ward ihm gewährt. Der König ernannte ihn zum Statthalter des Heimatlandes, und ungesäumt brach er, von Reitern und Kriegsvolk begleitet, im Jahre 444 dahin auf, um sein Vorhaben ins Werk zu setzen. Kühn und entschloffen überwand er die Lift, Tücke und Gewalt der räuberischen Gegner und vollendete durch rastlose Arbeit, indem er stets einen Teil seiner Leute bauen ließ, während jedesmal der andere bewaffnet die Bauenden beschützte, in zweiundfünfzig Tagen den Bau der Mauern von Jerusalem[1]). Um zugleich die heilige Stadt volkreicher und damit wiederstandsfähiger zu machen, traf er umsichtige Maßregeln, die für spätere Städtegründer[2]) vorbildlich und mustergiltig geworden sind[3]). Nachdem in solcher Weise das Gemeinwefen nach außen hin sicher geftellt war, trug er gemeinsam mit Esra dafür Sorge, die inneren Zustände auf der unverrückbaren Grundlage des göttlichen Gesetzes dauernd zu befestigen. In einer großen Versammlung bewogen sie die Edlen, Priester und Leviten, daß sie durch Eidschwur, Siegel und Unterschrift sich urkundlich verpflichteten, ihr Leben genau nach der Lehre Moses einzurichten, und erzogen sich in den Mitgliedern diefer Versammlung eine glaubenstreue Schar, die in ihrem Geiste fortzuwirken bereit war. Befonders eiferten sie für die Heiligung des Sabbaths und der Fefte

---

[1]) Neh. c. 1—4. c. 6.

[2]) z. B. für den englischen König Eduard Senior und seinen Zeitgenoffen, den deutschen König Heinrich I.

[3]) Neh. 11, 1 ff.

und ließen die Stadttore sperren, um den werktäglichen Handel und
Verkehr unmöglich zu machen[1]). Mit derselben heilsamen und ziel=
bewußten Strenge beseitigten sie jede Spur heidnischen Einflusses
auf das Familienleben. Die Genossen, welche die Ehebündnisse mit
fremden Weibern durchaus nicht lösen mochten, wurden rücksichtslos
von der Gemeinschaft ausgeschlossen.

Als damals selbst ein naher Verwandter des Hohenpriesters, der
eine vornehme Samaritanerin heimgeführt hatte, aus diesem
Grunde Jerusalem verlassen mußte, bewirkte er, daß sich die aus=
gestoßenen Leidensgefährten um die Samaritaner scharten und vereint
mit diesen einen neuen Tempel auf dem Berge Gerisim bauten.
Dorthin, statt auf Moria, verlegten sie die Opferung Isaaks und er=
klärten diesen Ort für die Stätte, die im Gesetz ausdrücklich als die
einzige zum Opferdienst geeignete bezeichnet sei. Sich selbst aber
nannten sie hochmütig das echte und wahre Israel. Die Lehre Moses
nahmen sie an, verfälschten sie aber in ihren Abschriften durch Ein=
schiebung solcher Stellen, die ihren Ansichten entsprachen. Die übrigen
Bücher der heiligen Schrift verwarfen sie. Nur ein mit sagenhaften
Zusätzen vermehrtes Buch Josua erkannten sie neben der Thora als
heilig an. So wurden sie ein lebendiger Gegensatz zu Judäa, ein
fühlbarer Dorn in seinem Fleische. Wie ein Keil schob sich ihr
Gebiet trennend zwischen die nördlichen und südlichen Bewohner des
heiligen Landes, hemmte den Verkehr und zerstörte den Zusammen=
hang der gleichgesinnten Stammesgenossen. Wenn die Wallfahrer
aus dem Norden zu den Festen nach Jerusalem pilgern wollten, ver=
boten sie den Durchzug durch ihre Landschaft und zwangen die
frommen Wanderer, den Weg durch heidnisches Gebiet zu nehmen
und sich danach wegen der Berührung mit Götzendienern dem um=
ständlichen Reinigungszeremoniel zu unterwerfen.

Ja sie ließen, wenigstens in späterer Zeit, es sich angelegen sein, auch den
daheim bleibenden Juden die Feste zu verleiden. Es bestand nämlich die alte
Sitte, daß der Beginn des neuen Monats, von dessen Eintritt die rechtzeitige
Feier der Feste abhing, durch Feuerzeichen auf bestimmten Hügeln von der
heiligen Stadt aus den fernen Glaubensbrüdern bekannt gemacht wurde. Die
Samaritaner entzündeten nun, um die Zeitrechnung zu verwirren und die ver=
haßten Gegner zur Übertretung wichtiger Religionsgesetze zu verleiten, die Berg=
feuer an unrichtigen Tagen und zwangen schließlich die Behörden von Jerusalem,

---

[1]) Neh. 10, 32. 13, 15 ff.

den auswärtigen Juden durch beſondere Boten den Eintritt des Neumonds an-
zuzeigen. Aber das aus ſo verſchiedenen, ungleichartigen Elementen zuſammen-
gewürfelte Gemeinweſen verfiel nach einigen Jahrhunderten und hat ſich bis auf
die Gegenwart nur in einem kleinen Häuflein von über hundert Seelen erhalten,
welche noch heute in der uralten Stadt S i c h e m (Nablus) wohnen und alljährlich von ihrem Prieſter das Peßach-Opfer auf dem Berge Geriſim, wo ehemals ihr Tempel ſtand, ſchlachten laſſen [1]).

Während dieſe von Juda Ausgeſtoßenen allmählich in einem
Scheinleben hinſiechten, erblühte die verjüngte Nation des geläuterten
alten Stammes zu neuem Leben. Zwar erſtand hier kein ſelbſtändiges weltliches Reich mit einem gekrönten Haupte an der Spitze,
wie man nach den Reden der letzten Propheten gehofft hatte, aber
es geſtaltete ſich dennoch durch die Geiſteshelden, welche die Tätigkeit der Propheten fortſetzten, eine religiös-nationale Einheit.

———

Drittes Kapitel
Die große Verſammlung.   Das Purimfeſt.
(420—333 vor Beginn der chriſtl. Zeitr.)

Die Perſer verlangten von den unterworfenen Völkern nur
pünktliche Steuerzahlung und Unterſtützung im Kriege, während die
inneren Angelegenheiten der eigenen Verwaltung der verſchiedenen
Stämme überlaſſen blieben. Darum mußten ſich auch die Juden
ſelber um Recht und Ordnung im Lande kümmern und alles, was
ihnen zu dieſem Zwecke zu wiſſen nötig war, in ihrem göttlichen
Geſetzbuch ſuchen und finden. Hier war der Punkt gegeben, an
welchem Esra den Hebel anſetzte.

Schriftkundige Richter auszubilden und einzuſetzen, war das
wichtigſte der ihm verliehenen Rechte, und von dieſer königlichen
Vollmacht hat er jederzeit ausgiebigen Gebrauch gemacht. Nach dem
Vorbilde des großen Meiſters nannten ſich die Männer, die ſeiner
Anweiſung folgten und die „große Verſammlung“ bildeten, So-
ferim, d. h. Schriftgelehrte, und ließen es ſich nach ſeinem Bei-
ſpiel angelegen ſein, die Lehre abzuſchreiben und zu erklären. Den
Vorſitz unter ihnen führte, wie wir anzunehmen berechtigt ſind, ſtets

---

[1]) In den wenigen Bemerkungen iſt bei dieſer Gelegenheit das Wiſſens-
werte über dieſe abſterbende Sekte zuſammengefaßt. Vgl. S. 48. 79. 82.

der Hohepriester. Sie brachten als Gesamtheit den Geist zum Ausdruck, der in Esra zuerst lebendig geworden war; sie übernahmen
die Erbschaft der begeisterten Propheten, die in den vergangenen
Geschlechtern Wunder gewirkt und Gottesfurcht ausgesäet hatten.
Ihre eigene Leistung bestand in einer schlichten Auslegung des Gesetzes, die den Zeitgenossen ein unentbehrliches Bedürfnis geworden
war. Sie sorgten dafür, daß das göttliche Gesetz die unwandelbare
Richtschnur für das tägliche Leben bleibe. Denn es sei, so meinten
sie eben darum, in der vorliegenden Form gegeben worden, weil
gerade diese Form, dieser Ausdruck und dieser Inhalt in voll-
kommenster Weise Auskunft erteilten, die für alle Zeiten und Verhältnisse passend waren. Was in ihm über das religiöse, bürgerliche
und allgemein menschliche Leben nicht ausdrücklich gesagt war,
mußte wenigstens andeutungsweise darin sich finden lassen. Mit
Hilfe dieser Andeutungen suchte man untrügliche Antworten auf die
Fragen, die das Leben täglich neu aufwarf, und diejenige Behauptung, die am deutlichsten aus der Lehre erwiesen werden
konnte, galt für maßgebend und vorbildlich. Stand nun einmal die
Überzeugung fest, daß alle neuen Erkenntnisse in der Thora enthalten
sein müßten, so hielt man sich nicht minder für berechtigt anzunehmen,
daß die meisten alten Überlieferungen in dem geschriebenen Gesetz
andeutungsweise ihre erste Quelle haben müßten. Für alles, was
aus der Urzeit als überlieferte Sitte neben dem Gesetzbuch des Mose
mit dem Volke in die Gefangenschaft gewandert und aus ihr zurückgekehrt war, mußte man eine Begründung in der Schrift zu finden
versuchen. Diese emsige Tätigkeit des Heraus- und Hineindeutens
nannte man Schriftforschung oder Midrasch (מִדְרָשׁ).

Dadurch erhielt jede schriftliche Aufzeichnung, die außer den
fünf Büchern Moses vorhanden war, einen hohen Wert. Man
sammelte, sichtete und ordnete die überlieferten Schätze, zu denen
schon in der babylonischen Gefangenschaft die Erzählung der Geschichte
Israels vom Tode Moses bis zum Untergang des Reiches und die
meisten Reden der Propheten gehörten. Außerdem besaß man zahlreiche Psalmen, Lieder und Weisheitssprüche und die von Esra und
Nehemia verfaßten Berichte über ihre Tätigkeit. Mit diesem literarischen Stoffe legte man die Sammlung jener Bücher an, welche unter
dem Gesamtnamen der heiligen Schrift uns erhalten ist.

Die Männer der großen Versammlung suchten aber die so

wichtige Kenntnis des Geſetzes nicht bloß durch Abſchreiben und
Unterricht unter der heranwachſenden Jugend zu verbreiten. Auch
die Erwachſenen mußten ſie zu Schülern der Lehre zu machen. All=
ſabbathlich ließen ſie nämlich einen Abſchnitt daraus beim öffent=
lichen Gottesdienſt überall in den Bethäuſern des Landes vorleſen.
Die Entwickelung, die das religiöſe Leben ſeit dem Exil genommen
hatte, bot ihnen dazu einen bequemen und geeigneten Anhaltspunkt.
Die während der Gefangenſchaft in Babylon herrſchend gewordene
Sitte, zu denſelben Tagesſtunden, an denen für den Tempel der
Opferdienſt vorgeſchrieben war, zu beten und dabei das Angeſicht
nach der Richtung der heiligen Stadt hinzuwenden, war von den
frommen Zurückkehrenden, die nicht in Jeruſalem wohnen konnten,
ohne Zweifel als ſtehende Einrichtung beibehalten worden. Gleich=
zeitig hatte ſich nach der Wiederherſtellung des Heiligtums der ſinnige
Gebrauch befeſtigt, daß Abgeſandte des Volkes gleichſam als berufene
Vertreter der religiöſen Geſamtheit regelmäßig auch an Werktagen
den Opferhandlungen im Tempel beiwohnten und bei oder nach den=
ſelben angemeſſene Gebete, deren Inhalt nach und nach eine feſte
Form annahm, verrichteten. Die Schriftgelehrten verſtanden es,
dieſe durch die fortwährende Ausübung täglich an Weihe und Heilig=
keit gewinnende Einrichtung ihren Abſichten dienſtbar zu machen
und allmählich eine Kultusordnung zu ſchaffen, durch die der Kern
der moſaiſchen Lehre vor allen Stürmen der Völkergeſchichte geſchützt
und geborgen wurde.

Je höher man dieſe Lehre ſchätzte, je wertvoller alle ihre
Satzungen zur Erhaltung der religiös=nationalen Einheit ſchienen,
deſto eifriger wurde an dem Zaun gebaut, der ſie vor jeder Ver=
letzung bewahren ſollte. Galt es z. B. das heilige Gebiet der
Sabbathweihe zu umzäunen und jeder möglichen Übertretung des
Arbeitsverbotes vorzubeugen, ſo ordnete man an, daß alle Ver=
richtungen, die auch nur in ihren Folgen zu verbotenen Werktätig=
keiten führen konnten, zu unterbleiben hätten. Wünſchte man die
Sabbathfeier ſtrengſtens durchzuführen, ſo gebot man, das Feſt vor
Sonnenuntergang beginnen und nach Sonnenuntergang endigen zu
laſſen. Handelte es ſich darum, das Verbot der Ehe in den vor=
geſchriebenen Verwandtſchaftsgraden[1]) vor Verletzung zu bewahren,

---

[1]) z. B. mit der Tante, d. h. der Frau des väterlichen Oheims.

so suchte man die gleichartigen nicht verbotenen Fälle auf und befahl, auch in diesen die Ehe[1]) zu unterlassen. Die große Versammlung konnte darum die Bestrebungen ihrer Zeit in den Worten zusammenfassen: Seid milde im Urteil, stellet viele Schüler auf und machet einen Zaun um die Lehre[2]).

Diese freie Entfaltung des jüdischen Volksgeistes ist der beste Beweis dafür, wie glücklich und zufrieden sich die Juden unter persischer Oberhoheit gefühlt haben müssen. Nur von einem Falle vorübergehender Gefahr wird uns berichtet, als unter einem schwachen, in Schwelgerei versunkenen König Ahasverus, in welchem wahrscheinlich die geschichtlichen Züge des Xerxes (485—465) zu erkennen sind, ein allmächtiger Günstling, Haman, die gesamte Judenheit zu vertilgen strebte. Die wunderbare Errettung aus seinen Schlingen durch Mordechai und Esther, die im biblischen Buche Esther ausführlich berichtet wird, feiern wir heute noch alljährlich am 14. des Monats Adar am Purimfeste.

So kam Israel über diese Gefahr glücklich hinweg und nährte in seiner bescheidenen Stellung unter den Nationen das höchste Gut der Menschheit, den reinen Gottesgedanken. Für die übrigen Völker des Morgenlandes aber, die bisher in die Weltgeschichte tätig eingegriffen hatten, war die Zeit des Niederganges gekommen. Wie welkes Laub fielen sie ab, und die herrlichste Blüte des Altertums entfaltete sich an ihrer Stätte. In der lichtvollen Gestalt Alexanders des Großen trat die griechische Kultur aus ihrer engen Heimat, zog siegend durch Klein-Asien und unterwarf das persische Reich.

---

[1]) z. B. mit der Tante, d. h. der Frau des mütterlichen Oheims.
[2]) Sprüche der Väter 1, 1.

Dritter Abschnitt
Die Juden unter griechischer Herrschaft
(333—140 vor Beginn der christl. Zeitr.)

Erstes Kapitel
Die Juden im Weltreich Alexanders des Großen.
(333—301 vor Beginn der christl. Zeitr.)

Dem gewaltigen Einfluß, den Alexander der Große auf die Entwickelung der Menschheit ausgeübt hat, unterlagen auch die Juden. Kaum hatte der edle Heldenjüngling dem Perserreich die ersten Niederlagen beigebracht, als die Samaritaner, wie überliefert wird, sich beeilten, um seine Gunst zu buhlen, in der Hoffnung, durch ihn die verhaßten Juden vernichtet zu sehen. In der Tat wagten die letzteren, den persischen Gewalthabern bis zum Ende getreu, selbst dann noch Widerstand zu leisten, als der Eroberer mit seinem sieg- reichen Heere sie unmittelbar zur Unterwerfung aufforderte. Da brach er zürnend gegen Jerusalem auf, in der Absicht, die Widerstrebenden gewaltsam unter sein Joch zu beugen. Um den König versöhnlich zu stimmen, ging ihm nach der sagenhaft ausgeschmückten Überlieferung der Hohepriester in seinen Prachtgewändern, umgeben von den Edelsten des Volkes, in feierlichem Aufzuge entgegen. Als aber der Held den Priester erblickte, fiel er anbetend vor ihm auf das Angesicht und erklärte den verwunderten Freunden, ein Greis so edlen Aus- sehens sei ihm vor jeder Entscheidungsschlacht im Traume erschienen und habe ihm stets den Sieg verheißen. Auf die freundliche Frage, warum sich die Juden ihm nicht freiwillig unterworfen hätten, ward ihm entgegnet: Aus unserer Anhänglichkeit und Ergebenheit an die Perser, selbst in ihrem Unglück, kannst du auf die Treue schließen, mit der wir auch dir dienen werden, sobald du unser Herr geworden bist. Die Antwort gefiel dem edelgesinnten Könige, und er gewährte den Juden huldvoll die Freiheiten, die sie erbaten. In jeglichem Erlaßjahr nämlich ließ er sie von Steuern frei und erlaubte ihren Söhnen, am Sabbath vom Kriegsdienst zu ruhen. Aus Dankbarkeit für solche Gunst sollen die Juden alle in diesem Jahre geborenen Knaben ihm zu Ehren Alexander genannt haben. Aber das lose zu- sammengefügte neue Weltreich sank mit dem großen Gründer bald in Trümmer, und Streit und Hader zerstörten seine wunderbare Schöpfung.

Durch die verheerenden Kriege, die Alexanders ehrgeizige Feld=
herrn mit einander führten, wurde auch Palästina mehrfach heim=
gesucht. Als Ptolemäus, der nachmalige erste König von Ägypten,
das phönizische Küstenland eroberte, kam er 320 auch nach der heiligen
Stadt und führte zahlreiche Juden als Gefangene nach Ägypten fort.
Von ungleich größerer Wichtigkeit als dieses für die Juden schmerz=
liche Ereignis erschien allen seinen Zeitgenossen der siegreiche Erfolg,
den er im Jahre 312 bei Gaza über den berühmtesten Heer=
führer jener Zeit davontrug. Alle Welt lebte damals in der frohen
Hoffnung, daß durch diese Schlacht der Verderben bringende Welt=
krieg beendigt und ein neues Zeitalter friedlicher Entwickelung eröffnet
sei. Darum begann man mit diesem Jahre eine neue Zeitrechnung,
welche gemeinhin die griechische oder seleucidische[1]) genannt wird.
Bei den Juden des Morgenlandes blieb sie wohl ein Jahrtausend
lang und länger in unbestrittener Anwendung. Das endgültige Ge=
schick des heiligen Landes war allerdings durch diesen Vorgang noch
nicht entschieden. Erst im Friedensschluß nach der Schlacht bei
Ipsus 301 wurde bestimmt, daß Palästina dem Seleucus, dem
siegreichen Begründer des syrischen Reiches, zufallen sollte. Aber
Ptolemäus weigerte sich, das längst von ihm besetzte Ländchen heraus=
zugeben, und die Juden blieben darum bis auf weiteres den Königen
von Ägypten untertan.

Zweites Kapitel

Die Juden unter ägyptischer Herrschaft.

(301—203 vor Beginn der christl. Zeitr.)

Ptolemäus Lagi, der kluge und glückliche Stifter eines neuen
erblichen Königreiches an den Ufern des Nil, verstand es, seiner
Schöpfung eine Festigkeit und Widerstandsfähigkeit zu geben, welche
die der übrigen Staaten, die aus dem macedonischen Weltreich hervor=
gingen, bei weitem überragte. Mit erprobtem Feldherrngeschick ver=
band er einen lebhaften Sinn für alle Künste des Friedens, und
beförderte sie mit königlicher Freigebigkeit. Durch weise Rücksicht

---

[1]) Bei den Juden hieß sie מִנְיַן יְוָנִים, die Zeitrechnung der Griechen, oder
מִנְיַן שְׁטָרוֹת die für Urkunden wichtige Zeitrechnung.

auf die Eigenart der unterworfenen Völkerschaften gewann er die
Herzen seiner Untertanen und flößte ihnen Liebe zu dem neuen Vater=
lande ein. Auch die Juden behandelte er gerecht und menschenfreundlich
und ließ ihre Rechte ungeschmälert. Die große Anzahl derjenigen,
die er gefangen aus ihrer Heimat fortgeführt hatte, siedelte er in
seiner mächtig emporblühenden Hauptstadt Alexandria an und ver=
lieh ihnen volles Bürgerrecht. Diese Milde veranlaßte viele ihrer
Glaubensbrüder, ihnen freiwillig zu folgen und in freiem Wettbewerb
ihre Kräfte mit denen der übrigen Landesbewohner zu messen. In
fleißiger Arbeit förderten sie auch an ihrem Teile das Wohl des
Vaterlandes, beteiligten sich eifrig am Handel und am Gewerbe und
begeisterten sich für die durch Ptolemäus eingebürgerte Kultur der
Hellenen. Das mit dem Königspalast in Verbindung stehende welt=
berühmte Museum, das er ins Leben rief, mit seiner umfangreichen
Sammlung von Bücherrollen und den wahrhaft fürstlichen Auf=
wendungen für Gelehrte und Dichter, die der Kunst und Wissenschaft
ihr ganzes Leben widmeten, gedieh unter seinem Sohne und Nach=
folger Ptolemäus II. Philadelphus (284—246) zu herrlichster
Blüte und wurde ein Vereinigungspunkt zur Pflege der ernsten
Wissenschaften, wie er in der Weltgeschichte selten wieder gefunden
wird. Für die berühmte und reichhaltige Bibliothek des Museums
soll der weise Ptolemäer auch den Besitz der Thora in griechischer
Übersetzung gewünscht haben. Er schickte deshalb der Sage nach an
den Hohenpriester Eleasar eine Gesandtschaft mit dem Auftrage,
siebzig Gelehrte auszuwählen, die zu dieser Arbeit fähig wären.
Fern vom Volksgewühl der Hauptstadt fertigte jeder dieser Männer,
die vom Verkehr mit der Außenwelt und unter einander streng ab=
geschlossen gehalten wurden, eine Übertragung an. Als man dann
die fertigen Arbeiten verglich, stimmten sie in Wort und Ausdruck
vollständig überein, worin die Zeitgenossen einen klaren und deutlichen
Beweis dafür erblickten, daß die Übersetzer bei ihrem Werke vom
heiligen Geiste erleuchtet gewesen seien. Dieser sagenhaften Über=
lieferung wegen, deren tatsächlicher Kern vielleicht darauf zurück=
zuführen ist, daß ein hebräisches Exemplar der Thora der Bibliothek
einverleibt wurde, nennt man heute noch die griechische Bibelübersetzung
mit der lateinischen Bezeichnung Septuaginta, d. h. die Übertragung
der Siebenzig. Wie dem auch sei, selbst die Erfindung der Sage
läßt auf den Eifer und Erfolg schließen, mit dem die Juden sich

der neuen Bildung zuwandten[1]). Jedenfalls erregte ihre Gewandtheit nicht nur die Aufmerksamkeit, sondern bald auch den Neid und
die Mißgunst der eingeborenen Ägypter. Der staatlichen Gewalt
und dem geistigen Übergewicht der Griechen beugten sie sich schließlich willig. Aber bei den Juden, den Nachkommen der einstigen
Sklaven ihrer Ahnen, fanden sie diese glückliche Begabung nimmermehr verzeihlich. Je mehr die Juden darum an Ansehen und Einfluß gewannen, desto eifriger strebten ihre Neider, sie und ihre Herkunft,
ihre väterlichen Sitten und ihren eigenartigen Glauben zu schmähen
und verächtlich zu machen. So wurde jene bewegte Zeit die Geburtsstunde, und jenes gesegnete Land, in welchem die Vorfahren die erste
grausame Bedrückung erfuhren, die Heimatsstätte der Lügen und
Verleumdungen über die Urgeschichte Israels, die der Judenhaß erzeugt und fort und fort durch die Jahrhunderte bis an die Schwelle
der Neuzeit getragen hat.

Ungleich spröder und abweisender stellten sich die Juden des
heiligen Landes zu der neuen hellenischen Bildung. Schon die räumliche Entfernung erschwerte den unmittelbaren und nachhaltigen Einfluß der modernen Bestrebungen auf das Leben und die Denkweise
in Palästina, und erst etliche Jahrzehnte später machten sich die
ersten Spuren der Einwirkung bemerkbar. Äußerlich blieben hier die
Verhältnisse wegen der gleichmäßigen Milde der Ptolemäer im allgemeinen unverändert. Wie unter der persischen Herrschaft war der
Hohepriester auch jetzt nach außen hin der Vertreter der Gesamtheit.
In dieser Eigenschaft erhielt er vom König den glänzenden Titel
eines Volksvorstehers (Ethnarchen) und hatte für das ihm hier-
durch gebührende obrigkeitliche Ansehen eine jährliche Abgabe von
zwanzig Talenten an die Staatskasse zu entrichten.

Neu geordnet wurde nur die Form der Steuererhebung. Auch
für Palästina wie für die übrigen Landschaften des Reiches galt jetzt
die Einrichtung, daß sämtliche Abgaben dem Meistbietenden verpachtet
und zur Eintreibung überlassen wurden. Freilich artete die neue
Maßregel schnell zu einem Krebsschaden für die Verwaltung des Reiches
aus. Gab sie doch die Steuerkraft des Landes schutzlos der Habsucht und Geldgier weniger Personen preis. Aber sie ward auch die
Veranlassung, daß an den Wohnorten der Pächter und ihrer zahlreichen

---

[1]) Vgl. unten S. 73.

4*

Helfer sich große Schätze anhäuften, die befruchtend auf ihre Umgebung
wirkten. Der Wohlstand erhöhte die Lebensansprüche und verfeinerte
wenigstens äußerlich die Sitten, wenn auch den reichen Emporkömmlingen
häufig das rechte Verständnis für edlen Geschmack und wahrhafte
Bildung abging. In solcher Beleuchtung erschien den Juden des
heiligen Landes zum erstenmal die neue Zeitrichtung, als Joseph,
der kluge und gewandte Schwestersohn des damaligen Hohenpriesters,
von dem dritten Ptolemäer (246—221) die Steuerpacht Palästinas
und der benachbarten Landschaften erworben hatte. Er brachte durch
seinen Verkehr am königlichen Hofe zu Alexandria griechische Lebens=
formen nach Palästina und beeinflußte dadurch zunächst die Einwohner
der Hauptstadt. die von seinem Ansehen und seiner Stellung geblendet
waren. Luxus und Wohlleben begannen die alte Sitteneinfalt zu ver=
drängen und das schlichte Wesen des Volkes mit einem fremdartigen
Gewande zu bekleiden. Nicht den echten Geist des Griechentums,
der die Juden Ägyptens zur Nacheiferung anfeuerte, lernte man durch
Joseph und seine Genossen in Palästina kennen, sondern nur ein
verzerrtes Abbild griechischer Formen, die man gedankenlos nachäffte.

Josephs Wirksamkeit reichte bis in die Regierungszeit Ptole=
mäus IV. Philopator (221—204). Diesen Fürsten zierten nicht
mehr die edlen Tugenden seiner Vorfahren. Durch Genußsucht und
Schwelgerei versank er mehr und mehr in unkriegerische Willens=
schwäche. Darum hielt der damals regierende Erbe des Seleucus
den Augenblick für günstig, um das den Ahnen vorenthaltene Erbteil
endlich dem syrischen Reiche einzuverleiben. Antiochus der Große
versuchte das Kriegsglück, erfuhr aber eine schwere Niederlage. Zu
dem glänzenden Siege, dem ein schneller Frieden folgte, beglückwünschten
die Juden den Ptolemäer. Er besuchte ihre Hauptstadt und bestand
darauf, alle Tempelräume zu betreten. Aber an der Schwelle zum
Allerheiligsten überfiel ihn eine Ohnmacht, sodaß er besinnungslos
hinweggetragen werden mußte. Er schrieb diesen Unfall priesterlichen
Ränken zu und schwur den Juden fürchterliche Rache. Vielleicht
unter dem Einfluß der ägyptischen Vorurteile gegen die Juden, gab
er den Befehl, daß die jüdischen Bewohner seiner Hauptstadt bei
Verlust des Bürgerrechtes sich der Verehrung des Dionysos, dessen
Kultus er besonders heilig hielt, unterwerfen sollten. Nur wenige
wurden treulos und schlossen sich dem Götzendienste an. Die übrigen,
die das göttliche Gesetz höher als die Freiheit schätzten, ließ der er=

grimmte König im Zirkus versammeln und hungrigen Elephanten zur Mißhandlung preisgeben. Aber die Tiere, durch das Jammer= geschrei der Unschuldigen erschreckt und verwirrt, wendeten sich gegen die schaulustigen Ägypter und richteten unter der schadenfrohen Menge große Verheerungen an[1]).

Der kriegerische Mißerfolg vermochte indessen den Syrerkönig nicht dauernd zu entmutigen. Als nach dem Tode Philopators dessen unmündiger Sohn den Thron bestieg, besetzte Antiochus der Große Phönizien und Palästina und behauptete sich im Besitze dieser Land= schaften, die bereits vor einem Jahrhundert dem Ahnherrn seines Geschlechtes zuerkannt waren. Vergeblich versuchte der jüngste Sohn des Steuerpächters Joseph die ausbrechenden Kriegswirren zu dem abenteuerlichen Plane zu benutzen, den Thron Davids, dessen Spröß= ling zu sein er sich rühmte, im heiligen Lande wieder aufzurichten. Das übereilte Beginnen endete kläglich mit dem Selbstmord des eitlen Unternehmers.

Daß aber Palästina von allen diesen Wechselfällen nicht allzu schwer heimgesucht wurde, war zum Teil das Verdienst Simon des Gerechten. So sehr überragte dieser Mann die Vorgänger und Nachfolger im Amte des Hohenpriesters, daß die Sage, welche die geschichtlichen Ereignisse dichterisch umspinnt, jede Großtat, die an den Hohenpriestern des zweiten Tempels gerühmt wird, an seinen Namen geknüpft hat. Wie David als Urbild des Königs nach dem Herzen Gottes, wie Salomo als Vertreter der höchsten Lebensweis= heit, wie Esra als Muster der Schriftgelehrsamkeit galt, so erschien Simon der Gerechte der Mit= und Nachwelt als das höchste Ideal des Hohenpriesters. Er widmete sich mit Eifer und Hingebung dem Studium der göttlichen Lehre und betätigte sie in der Ehrfurcht vor Gott und in der Liebe zu den Menschen. Gleich Esra und Nehemia sorgte er für das Heil des Vaterlandes, besserte die im Laufe der Jahrhunderte verfallenen Mauern der heiligen Stadt aus und verschönerte den Tempel. So machte er den Grundsatz seines Lebens zur Wahrheit: Auf drei Dingen steht die Welt: auf der Gotteslehre, dem Tempeldienst und der Übung von Liebeswerken. Mit begeisterten Worten verherrlicht besonders der Dichter Josua

---

[1]) Vgl. Herzfeld, Gesch. des Volkes Israel von Vollendung des 2. Tempels bis zur Einsetzung des Makabäers Schimon zum Hohenpriester und Fürsten I, 457. II, 440.

Sirach) seine Persönlichkeit. Er war ein jüngerer Zeitgenosse des ruhmreichen Mannes und sah mit Schmerz und Trauer, wie inmitten seiner Glaubensbrüder durch den Einfluß des fremdländischen Wesens die Anhänglichkeit an das göttliche Gesetz und die alte Sitteneinfalt immer mehr dahinschwand. In seiner Spruchsammlung[1] suchte er darum dem entarteten Geschlechte die verschütteten Quellen des göttlichen Heiles neu zu eröffnen und ihm im treuen Gehorsam gegen die Gebote Gottes das beste Heilmittel gegen die Schäden der Zeit zu zeigen. In langer Reihe läßt er als Vorbilder sittlichen Handelns die großen Männer der israelitischen Vergangenheit vorüberziehen und beendet die Wanderung durch die Jahrhunderte mit der Lobpreisung des lehrreichen Beispiels, das der Hohepriester gegeben.

Simon der Gerechte gehörte zu den letzten Mitgliedern der großen Versammlung. Unbekümmert um die staatlichen Kämpfe und Wirren hatte diese Vereinigung von Schriftgelehrten ihre stille literarische Tätigkeit sorgsam fortgesetzt und den Rahmen der Bibelanlage nahezu ausgefüllt. Die Sammlung prophetischer Reden war von ihr vermehrt und bereichert worden. Was den begeisterten Ton des ersten Psalmendichters David anschlug, hatte man den Liedern des königlichen Sängers eingereiht, und Dichtungen, die eine Anweisung zu edlem, menschenwürdigem Lebensgenuß enthalten, unter dem Namen Salomos, des weisesten der Könige, gesammelt.

So erfüllten die Soferim ihre Aufgabe. Die große Versammlung fand im Sanhedrin, dem obersten Gerichtshof, ihre Fortsetzung. Den Vorsitz führten hier, als ein Hoherpriester, wie Simon der Gerechte, nicht mehr erstand, Männer, die von den Zeitgenossen als die gelehrtesten und frömmsten anerkannt waren. Sie führten nachmals den glänzenden Titel eines Fürsten[2], während ihre Stellvertreter den Amtsnamen „Haupt des Gerichtes[3]" erhielten. Auch die Bezeichnung „Sofer" schwindet nunmehr aus den Jahr-

---

[1] Bis vor wenigen Jahren besaßen wir nur eine griechische Übersetzung der Urschrift, welche wir dem Enkel des Verfassers verdanken, und eine syrische Bearbeitung. J. L. Bensew (aus Krakau) hat dann 1798 das Buch ins Hebräische zurückübersetzt. Die hebräische Urschrift ist erst ein Jahrhundert später (1896) wieder aufgefunden worden.

[2] נָשִׂיא

[3] אב בית דין

büchern der Geschichte. Ihre Erbschaft übernahmen die Mischnah-
lehrer[1]. Simon der Gerechte war der letzte Sofer und wird zugleich als erster Tanna gerühmt.

Drittes Kapitel
Die Juden unter syrischer Herrschaft.
(203—140 vor Beginn der christl. Zeltr.)

1. Die Juden unter syrischer Herrschaft bis zur Entweihung des Tempels.
(203—167 vor Beginn der christl. Zeltr.)

Als die Syrer die Herrschaft des heiligen Landes übernahmen,
bestand bei den Juden die gleichartige Lebensanschauung, welche vor
dem großen Alexander das ganze Volk zu einer starken Einheit verbunden hatte, nicht mehr in alter, ungebrochener Kraft. Den Freunden
der ernsten und strengen Lebensordnung, die in der Pflege und Beobachtung des Gesetzes die einzige Aufgabe erblickten, standen bereits
die Verehrer der Griechen mit ihrer lockeren Sittlichkeit und ihrer
Freude an behaglichem Lebensgenuß gegenüber. Während die einen
nach der Weise der Väter in den Schulen der Schriftgelehrten Geist
und Gemüt zu veredeln strebten, übten die andern nach griechischen
Mustern die Kraft und Gewandtheit ihrer Glieder. Antiochus der
Große (st. 187) vermied es mit weiser Einsicht, in den Streit der
Meinungen tätig einzugreifen. Er zeigte sich allen in gleicher Weise
milde und wohlgesinnt und heilte mit Geschick und Erfolg die Wunden,
die der langjährige Krieg dem Lande geschlagen hatte. Ihm und
seinem Reiche aber gereichte die Erwerbung der neuen Landschaften
keineswegs zum Segen. Sie war vielmehr der erste Keim zum Verfall seiner Macht, da sie den Römern, welche die Vormundschaft des
unmündigen Ägypterkönigs übernommen hatten, den willkommenen
Anlaß bot, Händel mit ihm anzufangen. Die übermütige Anforderung,
das erworbene Gebiet herauszugeben, beleidigte den stolzen König
und bewog ihn, dem Bündnis beizutreten, das sein großer Zeitgenosse
Hannibal gegen das übermächtige Rom damals ins Leben rief.
Der neue Krieg wurde für ihn verhängnisvoll. Er sah sich genötigt,

---

[1] תַּנָּאִים

durch das Versprechen einer unermeßlichen Entschädigungssumme einen schmachvollen Frieden zu erkaufen. Als Bürgschaft für die pünktliche Erfüllung seiner Zusage mußte er seinen jüngeren Sohn Antiochus den Römern als Geisel überlassen.

Die peinliche Geldnot, die von nun an das geschwächte Reich dauernd heimsuchte, wurde die Quelle der weiteren Übel, unter denen auch Palästina zu leiden hatte. Sie gab nach der Ermordung des Antiochus seinem älteren Sohn Seleucus IV. Philopator (187—175), der ihm auf dem Throne folgte, den frevelhaften Gedanken ein, durch Tempelraub die Schatzkammern des Staates neu zu füllen. Jüdische Angeber berichteten ihm Übertriebenes von den Reichtümern des Tempels in Jerusalem. Er schickte darum seinen Schatzmeister Heliodor nach der heiligen Stadt mit dem Befehl, das Tempelgut in seine Gewalt zu bringen. Als jedoch der Heide die Schwelle des Schatzhauses überschritt, stellte sich ihm eine herrliche Jünglingsgestalt auf feurigem Rosse entgegen. Zur rechten und linken der göttergleichen Erscheinung standen Jünglinge von übermenschlicher Schönheit und Stärke, die den fremden Eindringling mit dichten Geißelhieben züchtigten. Entsetzt taumelte der abergläubische Schatzmeister zurück und wagte nicht mehr, seinen Auftrag auszuführen. Noch bevor der König den rätselhaften Vorgang untersuchen lassen konnte, fand er durch das Gift desselben Heliodor seinen frühen Tod.

Ihm folgte zu Unrecht sein Bruder Antiochus IV. (175—163), den die einen wegen seiner glänzenden Begabung Epiphanes (den Glänzenden), die andern wegen des Mißbrauches derselben Epimanes (den Rasenden) zu nennen pflegten. Der schwache und gutmütige Bruder hatte sich bewegen lassen, seine Freilassung in Rom zu bewirken und dafür den eigenen Sohn als Unterpfand der Treue den Römern auszuliefern. Dieses Wohlwollen lohnte Antiochus damit, daß er dem rechtmäßigen Thronerben die Regierung vorenthielt. Während seines römischen Aufenthaltes hatte er nicht nur die römischen Laster nachahmen, sondern auch die römische Bürgertugend bewundern gelernt. Neben maßloser Genußsucht, die sich bis zur Raserei steigern konnte, besaß er in den seltenen nüchternen Augenblicken seines Lebens unleugbar eine tiefe Einsicht in das Wesen der menschlichen Dinge und einen klaren Blick für die Mittel, durch die sie zu leiten und zu regieren seien. In welchem Lichte mußte dem syrischen Königssohne das römische Gemeinwesen erscheinen, wenn er es mit dem Reiche seines

Vaters verglich. Hier hatte wohl der Herrscher die Macht, die unterworfenen Nationen vor sich zittern zu machen. Sonst aber gab es
kein Band zwischen ihm und den Millionen, die in sklavischer Furcht
vor ihm im Staube lagen. Wie anders in der römischen Republik,
die damals noch im Zenith des Glückes stand. Jedem Mitglied des
herrschenden Stammes war das Heil des Vaterlandes das einzige
Ziel des Strebens, dem er seine ganze Tatkraft weihte. In dem
glücklichen Besitz gleicher Bürgerrechte und in der gewissenhaften Erfüllung gleicher Bürgerpflichten wurzelte die gewaltige Macht, durch
die der Römer die Barbaren unterwarf und seinem Staatszweck dienstbar machte. Da mochte wohl im Herzen des Jünglings der heiße
Wunsch erwachen, die Zukunft seines Heimatslandes und dessen Selbständigkeit auf eine ähnliche sittliche Macht zu stützen. Vielleicht gedachte er, die im Osten der damals bekannten Welt immer siegreicher
vordringende griechische Weltanschauung zum Einheitsband für die
ungleichartigen Bestandteile seines Reiches zu benutzen. Allerdings
ließ die Unbeständigkeit und Zügellosigkeit seines Wesens keinen seiner
Entwürfe zur Reife kommen.

Die Zustände des heiligen Landes waren, als er den Thron
seiner Väter bestieg, seinen griechenfreundlichen Plänen besonders
günstig. Der Gegensatz der alten jüdischen und neuen griechischen
Lebensauffassung fand zufällig in den beiden Söhnen Simons des
Gerechten eine lebendige Vertretung. Während Simons Nachfolger
Onias III. das Amt ganz im Sinne seines trefflichen Vaters verwaltete und nichts höher stellte, als das ererbte Gesetz, dem er treu
und unwandelbar nachlebte, schätzte sein Bruder Josua hellenisches
Leben und hellenischen Geschmack über alles. Wie ein Grieche aufzutreten, und zu reden, schien ihm durchaus mit seinem Judentum
vereinbar. Ja der Mann aus priesterlichem Geschlecht nannte sich
mit Vorliebe Jason, als ob der Name des Argonautenführers ehrender
und ruhmvoller wäre als der des gotterfüllten Mannes, der als der
Diener Moses und als der heldenmütige Eroberer des gelobten
Landes sein Andenken verewigt hatte. Durch eine solche Gesinnung
und vollends durch ein erhebliches Geldgeschenk gelang es ihm, nicht
nur die Gunst des Königs, sondern auch die Würde des Hohenpriesters
zu gewinnen. Es geschah das Unerhörte, daß Onias gegen alles
Herkommen der Amtsgewalt entkleidet und Jason in seine Stellung
eingesetzt wurde. Unmittelbar nach seinem Amtsantritt errichtete er

in der heiligen Stadt ein Gymnasium, in welchem bald Männer und Jünglinge selbst aus priesterlichem Geschlecht mit größerem Eifer der damals modernen Pflege körperlicher Gewandtheit oblagen, als bisher im Lehrhause dem Studium der göttlichen Wahrheiten. Der Sohn Simons des Gerechten ging sogar soweit in der sinnlosen Nachahmung fremdländischer Gebräuche, daß er zu den Festspielen des Herakles in Tyrus eine Gesandtschaft mit einem Weihegeschenk für den heidnischen Halbgott schickte. Selbst seine hellenisch gesinnten Boten schämten sich des lächerlichen Auftrages und bewirkten, daß die Gabe zur Ausrüstung der syrischen Flotte verwendet wurde.

Aber der ungerechte Ursprung der Würde Jasons und die unjüdische Weise, in der er seines Amtes waltete, hatte noch schlimmere Erscheinungen im Gefolge. Die Erfahrung, daß der Besitz von Geld und Gut der wichtigste Vorzug eines Hohenpriesters sei, rief in dem dreisten Griechling Menelaus das Gelüst hervor, die Hand nach der höchsten Ehrenstelle auszustrecken, und er erreichte seine Absicht, als er dem Könige die ungeheure Summe von 300 Talenten (über 400000 Mark) mehr als Jason zu zahlen versprach. So war die Stelle, an der die höchste Tugend für das Volk leuchten sollte, nicht mehr ein heiliger Platz, sondern das Ziel eitlen und unwürdigen Ehrgeizes. Wie weit entfernt war die Ehrfurcht dieser unwürdigen Gottesdiener von der erhabenen Lehre des Antigonus aus Socho, der damals als Nachfolger Simons des Gerechten, jenes Ideals des Priestertums, den Vorsitz im Synhedrium führte. Er sagte: „Ihr sollt nicht den Sklaven gleichen, die für Lohn dem Herrn dienen. Ihr sollt vielmehr wie jene sein, die dem Meister aufwarten ohne die Absicht, ihr Teil zu erhalten, und die Ehrfurcht vor Gott muß euch erfüllen[1)]".

Jason, der sich gegen die neue Anordnung sträubte, wurde mit Waffengewalt aus Jerusalem verdrängt, und Menelaus in sein Amt eingesetzt. Wenn schon die Roheit, mit welcher er nunmehr Jasons Anhänger verfolgte, ihm die Gemüter der Volksgenossen entfremdete, so steigerte sich der stille Groll zur Erbitterung, als man erfuhr, daß er, um dem Könige die versprochenen Zahlungen zu leisten, es gewagt habe, Kleinodien aus dem Tempelschatze zu entwenden. Mit dem Raube, den er unterwegs zu Geld gemacht, eilte er in die Residenz

---

[1)] Sprüche der Väter 1, 3.

des Königs nach Antiochien, um seine Zusage zu erfüllen. Dort aber
trat ihm auf offenem Markte der würdige Onias entgegen, beschuldigte
ihn öffentlich des Tempelraubes, eines Frevels, den auch die Heiden
aufs tiefste verabscheuten, und flüchtete, um sein Leben vor der rück=
sichtslosen Gewalttätigkeit seines Gegners zu sichern, an den schützen=
den Altar eines heidnischen Tempels. Menelaus sandte dorthin einen
seiner Gönner, der ihn heuchlerisch beschwor, das Asyl zu verlassen.
In seiner unendlichen Harmlosigkeit traute Onias den trügerischen
Versprechungen und büßte seine Vertrauensseligkeit mit dem Leben.
Er fiel durch Meuchelmord. Der Ränkesucht des verschlagenen Feindes
aber gelang es, den Verdacht der schmählichen Tat von sich abzu=
wälzen und von den bestochenen Richtern ein freisprechendes Urteil
zu erwirken.

Unter dem frischen Eindruck dieses Frevels floh Onias IV.,
der Sohn des Gemordeten, nach Ägypten und gewann die Gunst
des Königs Ptolemäus Philometor, der ihn zu einer hohen
Stellung im Heere berief und ihm Gelegenheit bot, dem neuen Vater=
lande wichtige Dienste zu leisten. Mit tiefem Schmerz sah der Enkel
Simons des Gerechten den Altar, an welchem in langer Ahnenreihe
seine Vorfahren in Reinheit und Heiligkeit ihres Amtes gewaltet
hatten, durch gottlose Emporkömmlinge entweiht und glaubte berufen
zu sein, dem Gotte der Väter ein neues Heiligtum als Zufluchtsstätte
der alten Gottesfurcht und Frömmigkeit zu schaffen. Die Andeutung
des Propheten, daß Gott einst „einen Altar haben werde inmitten
des Landes Ägypten, und eine Standsäule an dessen Grenzen[1]", er=
schien ihm als Ermächtigung zu seinem Unternehmen, und die Gnade
des Königs gewährte ihm als Lohn für seine Treue die Mittel zur
Vollendung seines gottgefälligen Werkes und zum Unterhalt für
die Priester und Leviten, die den heiligen Dienst verrichten sollten.
So erhob sich, während in Jerusalem unter Druck und Elend Tempel
und Altar verfiel, im Bezirk der uralten Stadt Heliopolis eine
neue Stätte der Gottesverehrung, woselbst von frommen Söhnen
Aharons die vorgeschriebenen Opfer nach ihrer Ordnung dargebracht
und von gottesfürchtigen Leviten die heiligen Handlungen mit Gesang
und Saitenspiel begleitet wurden. Das ägyptische Gotteshaus,
welches nach seinem Erbauer der Oniastempel heißt, bestand still

---

[1] Jes. 19, 19.

und unbeachtet fort, auch nachdem ein neues Licht über Zion auf=
gegangen war. Er erfreute sich niemals eines ungeteilten Ansehens
bei den Juden und vermochte zumal neben dem Tempel in Jerusalem
in keiner Weise eine Bedeutung zu gewinnen. Drei Jahre, nachdem
der Tempel auf Moria durch die Hand der Römer vernichtet war,
ließ Titus auch die Opferstätte von Heliopolis zerstören, in der eitlen
Hoffnung, hiermit den letzten Funken jüdischen Lebens ausgelöscht
zu haben.

In der Hauptstadt des heiligen Landes traf die Kunde von der
ruchlosen Ermordung Onias III. gleichzeitig mit dem Gerüchte ein,
daß Antiochus auf dem Feldzuge gegen Ägypten in Feindesland den
Tod gefunden habe, und entfesselte einen Sturm der Empörung gegen
Menelaus und seine Helfershelfer. Alle Herzen flogen darum dem
Jason zu, als er aus der Verbannung heimkehrte, um den Tod des
edlen Bruders an seinen Mördern zu rächen. Jetzt war er das ge=
ringere Übel. Schnell sammelte sich um ihn eine Schar Bewaffneter,
mit denen er plötzlich Jerusalem überfiel. Menelaus vermochte sich
in der Oberstadt zu halten, während Jason unter den Anhängern
und Verwandten des Tempelräubers und Meuchelmörders ein furcht=
bares Blutbad anrichtete.

Antiochus aber lebte. Er hörte von den Ereignissen in Jerusalem
und eilte wutentbrannt mit Heeresmacht herbei, um den Aufstand
gegen den Verworfenen, der in seinen Augen würdig und schuldlos
war, im Keime zu ersticken. Mit erbarmungsloser Strenge züchtigte
er die Empörer, und obwohl er kaum einen Widerstand zu brechen
hatte, ließ er vierzigtausend Menschen ohne Unterschied des Alters
und des Geschlechtes grausam niedermetzeln und ebenso viele in die
Sklaverei verkaufen. Allein ungleich schwerer als durch die Blutgier
des Tyrannen wurde durch die Arglist seiner jüdischen Ratgeber die
Religion Israels geschädigt. In schmachvoller Verblendung belehrten
sie den König, daß der Widerstand der Juden nur gebrochen werden
könne, wenn es gelänge, die Quelle ihres Mutes und ihrer Kraft
dauernd zu verschütten. Die Wurzel ihrer Stärke aber sei die Treue
gegen den väterlichen Glauben. Durch solche Einflüsterungen ließ
sich Antiochus zu Maßregeln hinreißen, die nach der heidnischen
Weltanschauung beispiellos und unerhört waren. Er beschloß, die
jüdische Gottesverehrung gewaltsam auszurotten. Die Heilighaltung
des Sabbaths und der Feste und die Aufnahme der Knaben in den

Bund Abrahams bedrohte er mit dem Tode und erzwang durch Folterqualen den Genuß verbotener Speisen. Er plünderte den Tempel und schändete das Heiligtum. Jerusalem wollte er in eine heidnische Stadt verwandeln und entweihte den Altar des Ewigen, indem er das Götzenbild des olympischen Zeus darauf errichten ließ. Am 25. Kislew des Jahres 167 wurden zum erstenmal im Tempel= vorhof dem Götzen Opfer dargebracht.

2. Von der Entweihung des Tempels bis zum Tode Juda Makkabis (167—160 vor Beginn der christl. Zeitr.)

Als solches Unheil über die Juden hereinbrach, zogen viele den Opfertod der Untreue vor, und die Legende erzählt uns Begebenheiten, die von dem Geiste zeugen, der die Mehrzahl des Volkes erfüllte. Einen neunzigjährigen Greis Eleasar wollten danach die Syrer be= wegen, durch die Teilnahme an ihrem Mahle den Glaubensgenossen ein Beispiel der Abtrünnigkeit zu geben. Er aber erklärte standhaft, daß er die kurze Spanne Zeit, die er noch zu leben habe, nicht ein= mal durch scheinbaren Verrat am Gesetze erkaufen wolle und starb lieber, als daß er sich bereden ließ, verbotenes Fleisch freiwillig zu essen. Auch von einer Heldenmutter erfahren wir, die sich glück= lich pries, sieben Söhne geboren zu haben, die einmütig der lockenden Verleitung zum Götzendienst Trotz boten und dafür freudig den Tod durch Henkers Hand erlitten.

Für eine derartige selbstlose und aufopfernde Hingebung an den ererbten Glauben fehlte dem syrischen Gewalthaber jedes Verständnis. Noch hoffte er, die Bevölkerung des platten Landes leichter seinen Wünschen gefügig zu machen. Überall im Lande erschienen seine Boten und stellten den Verächtern des Gesetzes Ehren und Reichtümer in Aussicht, während sie die treuen Gottesdiener mit qualvollem Tode bedrohten. So kamen sie auch nach dem Städtchen Modiim, er= richteten auf offenem Marktplatz einen Altar für ihren Götzen und forderten den vornehmsten Mann der Stadt, den edlen Sprößling eines priesterlichen Geschlechtes, den greisen Matthatias, auf, dem Zeus das erste Opfer darzubringen. Entbrannt von heiliger Zornes= glut wies der Greis die schmachvolle Zumutung zurück und durch= bohrte mit eigener Hand den frechen jugendlichen Gottesleugner, der zuerst hintrat, um vor dem Götzenbilde das Knie zu beugen. Gefolgt von seinen fünf Söhnen Jochanan, Simon, Juda, Eleasar und

Jonathan durcheilte er sodann die Stadt und rief mit lauter Stimme: „Mir nach, wer für das Gesetz eifert und treu am Bunde hält!" Mit dem schwachen Häuflein, das sich ihm anschloß, floh er ins Gebirge und fand in unzugänglichen Höhlen und Felsklüften eine Zuflucht. Andere retteten sich in die Wüste und traten in verborgenen Schlupfwinkeln zum Gottesdienst zusammen. Da sie Abschriften der Thora nicht besaßen, weil die Syrer die Gesetzrollen, deren sie sich bemächtigen konnten, zerrissen hatten, lasen sie an jeglichem Sabbath wenigstens einen Abschnitt aus den Propheten, dessen Inhalt mit dem jeweiligen Sabbath=Lesestücke aus dem Buche der Lehre verwandt war. Die wahrscheinlich schon früher übliche und jetzt durch die Not der Zeit als besonders segensreich bewährte Einrichtung wurde in späteren guten Tagen als bleibender Bestandteil der religiösen Belehrung beibehalten, und noch heute wird an Sabbathen, Fest= und Fasttagen überall als Haftarah[1]) ein Prophtenabschnitt im Anschluß an den Vortrag aus der Thora vorgelesen.

Nicht lange blieben die frommen Beter in den Bergschluchten und Einöden des Landes unbehelligt. Die kriegsgewohnten syrischen Heeresabteilungen waren ihnen bald überall auf den Fersen und wählten mit Vorliebe den Sabbathtag, um die Wehrlosen anzugreifen. Anfangs wagten die Glaubenstreuen am Ruhetage nicht einmal zur Verteidigung von Leib und Leben mit den Waffen in der Hand den Feinden Widerstand zu leisten. Als aber Matthatias hörte, daß durch solche Bedenklichkeiten etwa tausend schuldlose Männer, Frauen und Kinder von den unmenschlichen Drängern hingeschlachtet worden waren, setzte er den Beschluß durch, den vom Feinde aufgezwungenen Kampf auch am Sabbath auszufechten. Durch steten Zuzug wuchs nunmehr die Schar der Gottesstreiter. Rastlos zogen sie im Lande umher, straften die Abtrünnigen, ermutigten die Schwankenden, trösteten die Leidenden, führten die Neugeborenen in den Bund Abrahams ein und wagten die Feinde zu beunruhigen, wo immer sie sie trafen. Die kleinen Erfolge, die sie erzielten, erfüllten die Treuen mit froher Zuversicht und führten ihnen täglich neue kühne Kampfgenossen zu. Den aufreibenden Anstrengungen des kriegerischen Lebens war der hochbetagte Matthatias nicht lange gewachsen. Schon im Jahre 166

---

[1]) הַפְטָרָה d. i. Beschluß, Nachtrag. Daher heißt derjenige, welchem im Ritus diese Vorlesung zufällt, מַפְטִיר.

sank er ins Grab. Sterbend empfahl er, im Kampfe den helden-
mütigsten der Brüder, Juda, im Rate aber Simon, den Weisesten,
voran zu stellen.

Juda, der junge Held, übertraf die Hoffnungen, die sich an seine
Auswahl knüpften. Der Löwenmut, mit dem er angriff, die Todesverachtung, mit der er allen voran in der ersten Reihe kämpfte, erwarb ihm den ehrenden Zunamen Makkabi, d. i. der Hämmerer[1]).
Mit der geringen und ungeübten Streitmacht, die sich um seine Fahne
scharte, errang er Sieg auf Sieg. Den erfahrenen Führern, die
mit den vereinigten Besatzungen des heiligen Landes und der angrenzenden Bezirke sich ihm entgegenstellten, brachte er zwei schwere
Niederlagen bei. In beiden Schlachten fanden die Anführer der
feindlichen Truppen ihren Tod. Die Meldung dieser Verluste rief
den ganzen Zorn des Königs hervor. Er sandte ein Heer von
40 000 Mann zu Fuß und 7000 Reitern gegen die Empörer ab,
mit der Weisung, Jerusalem dem Erdboden gleich zu machen, die
Juden völlig auszurotten und das Land unter fremdländische Ansiedler zu verteilen. So unvermeidlich schien der Untergang der Juden,
daß bereits zahlreiche Sklavenhändler herbeieilten, um die erbeuteten
Gefangenen den Syrern abzukaufen. Da entsank selbst den Mutigsten
das Herz. Nur 6000 Mann harrten bei Juda aus. Mit ihnen
zog er nach Mizpa, wo in alter Zeit Samuel das Volk zum Gottesdienst versammelt hatte, zeigte den Getreuen die Abzeichen, die sie
an Opfer und Altar erinnerten, legte ihnen die Gewänder vor, die
der Hohepriester nicht mehr anlegen, die Zehnten und Erstlingsfrüchte,
die der Gläubige nicht mehr darbringen konnte, entließ nach Vorschrift die Krieger, welche eine wichtige Pflicht an den häuslichen
Herd band, und betete und fastete mit den Zurückbleibenden. Also
vorbereitet, zog das Häuflein der gottbegeisterten Helden furchtlos in
die Feldschlacht. Bei Emmaus geschah das Wunderbare, daß das
achtfach überlegene Heer der Syrer, welches die Feldherrn Nikanor
und Gorgias führten, gänzlich aufs Haupt geschlagen wurde. Un-

---

[1]) So die wahrscheinlichste Deutung des Beinamens als Denominativ von
מַקֶּבֶת, der Hammer. Nach anderen ist das Wort eine akrostichische Zusammen-
setzung der Worte מִי כָמֹכָה בָּאֵלִם יְהֹוָה oder der angeblichen Fahnen-Inschrift jener
Kämpfer: מִי כָמֹכָה בָּאֵלִם יְהֹוָה. Ein ähnlich lautender Personenname findet sich
übrigens I. Chr. 12, 13.

ermeßliche Beute war der Preis des Sieges. Auch die Armen, Witwen und Waisen erhielten ihren Anteil an dem Überflusse. Die gottesfürchtigen Streiter aber gaben dem Herrn die Ehre, und feierten den auf den Tag des Sieges folgenden Sabbath als besonderes Dank- und Jubelfest. Der glänzende Sieg stärkte ihren Mut und ihre Zuversicht. Furchtlos wichen und wankten sie nicht, als im nächsten Jahre Lysias, der beste Feldherr des Antiochus, mit einem erlesenen Heere von 60000 Mann zu Fuß und 5000 Mann zu Roß anrückte, um die erlittene Schmach zu rächen. Mit erprobter Tapferkeit wagte Juda den Angriff, obwohl nur 10000 Krieger sich um ihn gesammelt hatten, und schlug in kühnem Ansturm bei Beth-Zur abermals die Kerntruppen der syrischen Großmacht in die Flucht.

Schnell säuberte er nunmehr das ganze Land vom Feinde. Nur in der Burg der heiligen Stadt lag noch die heidnische Besatzung. Juda eilte nach Jerusalem, um mit der Reinigung des Tempels vom Götzendienst das herrliche Werk zu krönen. Tränenden Auges betraten die Krieger den Vorhof des heiligen Hauses, den sie mit Dornen und Gestrüpp bewachsen fanden. Während die tapferen Kampfgenossen die Heiden in der Burg eng eingeschlossen hielten, legte Juda auf kurze Zeit das Schwert zur Seite und tilgte mit den Priestern, seinen Stammesbrüdern, jede Spur des Götzendienstes an den heiligen Stätten aus. Den mißbrauchten Altar mit dem Standbilde des Zeus räumten sie hinweg, errichteten nach Vorschrift eine neue Opferstätte im Vorhof des Heiligtums, schafften statt der entweihten neue Geräte zum heiligen Dienste an und hatten die Freude, an demselben Tage, an welchem vor drei Jahren das erste Götzenopfer geschlachtet worden war, am 25. Kislew (164) das Fest der neuen Tempelweihe zu beginnen. Wie zum Ersatz für das durch Krieg und Elend vor kurzem gestörte Hüttenfest begingen sie acht Tage lang mit Dank- und Freudenopfern, mit feierlicher Beleuchtung der Vorhöfe des Tempels und mit dem Klang von Psalmen und Gesängen die Einweihung des Heiligtums. Und entsprechend der schönen Legende von jenem Ölkrüglein, das einen Vorrat für einen Tag enthielt und mit seinem Inhalt reinen Öles acht Tage lang den Tempel erleuchtete, feiert heute noch ganz Israel durch Anzünden von Lichtern das Chanucka-Fest[1]), indem die Zahl der Lichtlein gleichmäßig mit der Zahl der Festtage zunimmt.

---

[1]) חֲנֻכָּה, Weihefest, vom 25. Kislew an acht Tage.

Judas ruhmreiche Waffentaten verschafften dem jüdischen Namen Ehre und Ansehen weit über die engen Grenzen des Vaterlandes hinaus. Überall, wo Juden zerstreut unter den umwohnenden Heiden lebten, fühlten sie sich gehoben und ermutigt durch die Ehrfurcht, mit der man seinen Namen nannte, und folgten willig seiner Führung, sobald er sie zum Schutz des Vaterlandes aufrief. Aber auch er war überall mit wunderbarer Schnelligkeit zur Stelle, wo es galt, die Stammesgenossen gegen den gehässigen Übermut der Fremden zu verteidigen. Die Wirren, unter denen das syrische Reich damals zu leiden hatte, erhöhten und befestigten die durchschlagende Wirkung seiner Siege. Antiochus Epiphanes wurde im fernen Osten seines Reiches, wo er mit schmählichem Mißerfolg seit zwei Jahren rückständige Steuern eintreiben und reiche Götzentempel plündern wollte, von einem frühen Tode ereilt.

Sein unmündiger Sohn Antiochus V. Eupator bestieg unter der Vormundschaft des Lysias den Thron. Vor allem suchte dieser Reichsverweser die jüdischen Händel zu einem günstigen Ende zu führen und die Ehre der syrischen Waffen wieder herzustellen. In Begleitung des jungen Königs führte er ein Heer von 100000 Fußgängern, 20000 Reitern und 32 kriegsgeübten Elefanten gegen die feste Stadt Beth=Zur, welche Juda in einen starken Waffenplatz verwandelt hatte. Den übermächtigen Heeresmassen vermochte selbst die todesmutige Tapferkeit des Makkabäers nicht stand zu halten. Dazu vermehrte der Einbruch des Sabbathjahres wegen des zunehmenden Verpflegungsmangels die Schwierigkeit der Lage. Nichtsdestoweniger wagte Juda den Verzweiflungskampf. Seinem Bruder Eleasar war es bestimmt, dabei den Heldentod zu finden. Er erblickte einen Elefanten, der durch seine kostbare Ausrüstung alle anderen überragte, und vermutete auf ihm den Feldherrn und den jugendlichen König. Tollkühn hieb er sich eine Gasse durch die Feinde und, den sicheren Tod nicht achtend, stürzte er sich unter das Tier und durchbohrte es mit seinem Schwerte. Vergeblich war sein Opfertod, vergeblich der ungestüme Angriff der für die höchsten Güter kämpfenden Genossen. Beth=Zur mußte sich ergeben. Juda zog sich auf den Tempelberg zurück, und die Zahl der Verteidiger neben ihm schmolz immer mehr zusammen. Allein im Augenblick der höchsten Not brachte ein unerwartetes Ereignis Heil und Rettung. Die Nachricht, daß ein anderer Feldherr ihm die Vormundschaft des Königs

ftreitig mache, zwang Lyfias zur Umkehr nach der Hauptftadt und
zum Frieden mit den Juden. Den treulofen Menelaus traf die
verdiente Strafe für das Unheil, das er angerichtet hatte. Lyfias
ließ ihn hinrichten und gewährte den Juden das Recht, ihre Religion
frei auszuüben.

Der Streit um die Vormundfchaft erreichte bald ein jähes Ende,
als Demetrius I., der Sohn des vor vierzehn Jahren durch Gift
getöteten Seleucus IV., nachdem er glücklich aus Rom entwichen war,
in fchnellem Fluge das väterliche Reich eroberte und Lyfias nebft feinem
Schützling aus dem Wege räumte. An feinen kraftvollen Regierungs=
antritt knüpften die jüdifchen Griechenfreunde neue Hoffnungen. Der
angeblich bereits von Lyfias zum Hohenpriefter ernannte Jakim oder
Alkimos erbat und erhielt von dem neuen Könige eine Truppenmacht,
welche die Anerkennung des verhaßten Griechlings in feiner hohen
Würde von Juda erzwingen follte. Was bisher der Gewalt der
fyrifchen Waffen mißlungen war, fuchte der verfchlagene Bakchides,
der Führer des neuen Heeres, mit Lift und Schlauheit durchzufetzen.
Um die Streitpunkte friedlich auszugleichen, erbat er heuchlerifch eine
Unterredung mit den Älteften. Sechzig der beften Männer, die feinen
Friedensworten glaubten, büßten ihre Harmlofigkeit mit dem Leben.
Unter ihnen befand fich Jofe ben Joëfer, der nach Antigonus aus
Socho den Vorfitz im Synhedrium führte. Während die Stürme des
Krieges das unglückliche Vaterland verheerten, pflegte der fromme
und gelehrte Mann, unbekümmert um Freund und Feind, forgfam
das Studium des Gefetzes. Dafür zeugt fein Ausfpruch: „Laß dein
Haus ein Sammelplatz der Weifen fein, liege im Staube zu ihren
Füßen und trinke lechzend ihre Worte[1]."

Indeffen hielt Juda mit feinen Brüdern fich vorfichtig im
Hintergrunde und ftörte feinerfeits den Frieden nicht, auch als der
Syrer, freilich ohne wefentlichen Erfolg, das Land verlaffen hatte.
Aber die Gottlofen find wie ein ungeftümes Meer, welches nicht
ruhen kann. Alkimos, deffen Gefinnung der Mehrheit feiner Glaubens=
brüder im tiefften Herzen zuwider war, fühlte fich nicht ficher im
Befitze feines Amtes, fo lange Juda auf der Warte ftand, bereit
mit ftarkem Arme jeden Verächter des Gefetzes zu zerfchmettern. Er
eilte darum abermals zum Könige und fetzte durch, daß er dem

---

[1] Sprüche der Väter 1, 4.

Feldherrn Nikanor die geheime strenge Weisung zugehen ließ, den Makkabäer lebendig zu fangen und gefesselt nach seiner Hauptstadt Antiochia zu senden. Dem Befehle gehorchend, erschien Nikanor im Vorhofe des Tempels, fuhr die erschrockenen Priester hart an und verlangte die Auslieferung des Helden. Da dem Begehren nicht nachgegeben werden konnte, weil Juda in richtiger Vorahnung des drohenden Unheils sich zurückgezogen hatte, tat der Heide mit erhobener Hand den lästerlichen Schwur, daß er nicht eher ruhen werde, bis er den stolzen Tempel des lebendigen Gottes dem Boden gleich gemacht haben werde. So schwebte die Entscheidung wiederum auf der Spitze des Schwertes. Am 13. Adar 160 kam es bei Beth-Choron zur Schlacht. Der feindliche Feldherr war unter denen, die beim ersten Angriff fielen. Sein entmutigtes Heer warf die Waffen fort und löste sich in wilder Flucht auf. Das Haupt aber, welches die Lästerworte ausgestoßen, und die Hand, die gegen das Gotteshaus drohend sich erhoben hatte, hängte man an den Toren Jerusalems als Siegeszeichen auf, und noch nach Jahrhunderten feierte man den Tag der Schlacht als den Nikanortag. Die Nachricht von der Niederlage und dem schmählichen Ende seines Feldherrn Nikanor erbitterte den König, und im Frühjahr des nächsten Jahres sandte er zum zweitenmale den Bakchides mit einem neuen Heere gegen Juda ab. Den 22000 Mann des Syrers hatte Juda nur 800 entgegen zu stellen, die furchtlos bei ihm ausgeharrt hatten. Trotzdem wagte er bei Adasa den aussichtslosen Kampf. Ja es gelang seiner unwiderstehlichen Tapferkeit sogar, den rechten Flügel des Feindes zum Wanken zu bringen, als der linke Flügel des übermächtigen Heeres dem winzigen Häuflein in den Rücken fiel. Hier fand der Held, im dichtesten Handgemenge kämpfend, einen seiner würdigen Tod. Um den Besitz seiner Leiche rangen die letzten Getreuen, die ihn überlebten. Seine Brüder retteten seine Gebeine und setzten sie in Modiim in ihrem Erbbegräbnis bei. So war der edle Gottesstreiter dahin, ein unerreichtes Vorbild selbstloser Aufopferung für sein Volk und seinen Glauben. Nimmer hat er etwas für sich selbst erstrebt, nicht Ehre und Ruhm, nicht königliche und priesterliche Würden, nur die Freiheit, in der Väter Weise Gott zu dienen.

Trübe Tage schienen nach seinem Heimgang über Israel zu kommen. Alle festen Plätze des Landes fielen den Syrern in die Hände. Die heidnisch Gesinnten triumphierten, in der Hoffnung auf den endlichen Sieg ihrer Sache, und die Glaubenstreuen verzagten, weil sie sich schutzlos dem Hohn und der Verfolgung preisgegeben sahen. Da ward Jonathan, der jüngste Bruder Judas, der Retter in der großen Not.

3. Die Juden unter Jonathan.
(160—142 vor Beginn der christl. Zeitr.)

Jonathan bewährte sich als der rechte Mann für seine Zeit. Besaß er auch nicht die ausgezeichnete Feldherrngabe und die todesmutige Kühnheit seiner Brüder, so zierten ihn doch in der Stunde der Gefahr Tatkraft, Mut und Entschlossenheit. Der leitende Charakterzug in seinem Wesen aber, durch den er seinem Bruder überlegen war, war die erstaunliche Gewandtheit, die Umstände klug zu benutzen und sie im rechten Augenblicke seinen Zwecken dienstbar zu machen.

Da er nach Judas Tode sich zu schwach zum Angriffskriege fühlte und keinen festen Platz im Lande hatte, auf den er sich stützen konnte, zog er sich in wüste und unwegsame Gegenden des heiligen Landes zurück, wo er ein Leben führte, wie einst David, als er sich vor Saul verborgen hielt. Mit den wenigen Getreuen, die bei ihm aushielten, schädigte und belästigte er den Feind, wo es irgend gefahrlos geschehen konnte, und vermied vorsichtig jedes ernstere Zusammentreffen. In Jerusalem waltete unter dem Schutze des syrischen Heeres Alkimos als Hoherpriester und tat das Seinige, um sich die Gemüter der Frommen täglich mehr zu entfremden. Als einen Fingerzeig der göttlichen Gerechtigkeit sah man es an, als ihn ein Schlaganfall ereilte, kurz nachdem auf seinen Befehl im Tempelvorhof eine bauliche Änderung vorgenommen war, die allgemein für eine Entweihung des Heiligtums gehalten wurde. Der Lähmung, die er davontrug, folgte bald sein Tod im Jahre 159. Mit ihm sank der letzte treulose Hohepriester ins Grab, und die Griechenfreunde fanden keinen Sprößling Aharons mehr, der sich zum blinden Werkzeug ihrer Pläne hergegeben hätte. Die Syrer aber hatten keine Veranlassung, den Unfrieden zu schüren. Sie begnügten sich mit dem Besitz der festen Städte, die in ihren Händen waren, und ließen das Amt des Hohenpriesters unbesetzt.

So ruhte endlich der erbitterte Streit, der dem Lande ein Jahrzehnt hindurch die schwersten Wunden geschlagen hatte. Der sieben=

jährige Friede, welcher eintrat, reichte aus, um still und allmählich den Einfluß und das Ansehen Jonathans zu befestigen und zu vermehren. In ungeahnter Weise aber wuchs seine Macht durch die Thronwirren, welche 152 das unglückliche syrische Reich heimsuchten. Gegen Demetrius I. erhob sich ein angeblicher Sohn seines Oheims Antiochus Epiphanes, und beide Thronbewerber bemühten sich um die Gunst und Freundschaft Jonathans. Um den Besitz des phönizischen Küstenlandes und die Reichsgrenze nach Ägypten sicher zu stellen, überboten sie sich in glänzenden Versprechungen und schoben Jonathan in den Mittelpunkt der politischen Vorgänge des heiligen Landes. In kluger Erkenntnis seines Vorteils trat Jonathan auf die Seite des schwächeren Gegenkönigs, rüstete für ihn ein stattliches Heer aus und nahm den Purpur und den Kranz, womit er ihn auszeichnete, namentlich aber die Ernennung zum Hohenpriester an. Durch den angeblichen Sohn ließ er die Ehre des großen und heiligen Hauses, die Antiochus Epiphanes geschändet hatte, glänzend wieder herstellen, und mit freudiger Genugtuung sahen die Frommen am Hüttenfest des Jahres 152 zum erstenmal ein würdiges Mitglied der priesterlichen Familie, die sich so wohl verdient gemacht hatte, den heiligen Dienst in den hohenpriesterlichen Prachtgewändern verrichten.

Der syrische Gewalthaber erfüllte pünktlich alle Zusagen, die er den Juden gemacht hatte, und Jonathan blieb ihm treu, selbst als er schließlich (145) Demetrius II. unterlag, der den Sturz seines gleichnamigen Vaters an dem Usurpator rächte. In der peinlichen Lage, in welche ihn der Gegner brachte, bewährte Jonathan glänzend seine Klugheit und Geschicklichkeit. Gewandt benutzte er einen gefährlichen Aufstand, den der neue Herrscher in seiner Residenz zu dämpfen hatte, um sich seine Dankbarkeit zu sichern. Im Augenblick der größten Bedrängnis erschien er in Antiochien und rettete dem König Thron und Leben. Als Lohn für diesen Dienst versprach der König in der ersten Aufwallung mehr als er halten wollte, und als er wider das Abkommen zögerte, endlich die heidnische Besatzung aus der Burg zu Jerusalem zurückzuziehen, schloß sich Jonathan einem aufrührerischen Feldherrn, Tryphon, an, der gegen den König zu den Waffen griff. Mit Tapferkeit und Umsicht brachte er die reichen Hafenstädte des heiligen Landes in seine Gewalt, besiegte die Heere des Demetrius, die sich ihm entgegenstellten, und belagerte mit Eifer die in der Burg von Jerusalem eng eingeschlossenen Syrer. Die wachsende

Macht in ſeinen Händen erweckte bald das Mißtrauen ſeines Bundes-
genoſſen. Hinterliſtig lud er Jonathan zu einer freundſchaftlichen
Unterredung nach der Feſte Ptolemais (Akko) ein und überliſtete den
Schlauen. Die ſtarke bewaffnete Begleitung, die Jonathan mit ſich
führte, ließ er niedermetzeln und nahm ihn ſelbſt gefangen. Schon
hoffte er, nachdem der Führer unſchädlich gemacht war, leicht und
ſchnell ganz Paläſtina ſeiner Macht zu unterwerfen, als Simon,
der letzte der überlebenden Söhne des Matthatias, in einer Volks-
verſammlung zu Jeruſalem unter die Getreuen trat und ſprach: „Nicht
beſſer bin ich als meine Brüder; mein Volk und die Heiligtümer
und unſere Weiber und Kinder will ich rächen an den Heiden, die
ſich zuſammengetan, um uns auszurotten". Jubelnd wurde er als
Nachfolger des unglücklichen Bruders begrüßt und verſuchte vor allem
das teure Leben des Gefangenen zu retten. Er zahlte gern das hohe
Löſegeld, das beanſprucht wurde, aber der treuloſe Syrer ließ nach
Empfang des Geldes den Wehrloſen niederhauen. Ganz Israel
trauerte um den Tod des Mannes, der achtzehn Jahre lang treu
und hingebend ſein Volk geführt, und es unter den ſchwierigſten
Verhältniſſen zu Ruhm und Anſehen gebracht hatte. In Modiim
ſetzte Simon ſeinen Leichnam bei.

4. Die Juden unter Simon bis zur Anerkennung ihrer Freiheit durch die Syrer.

(142—140 vor Beginn der chriſtl. Zeitr.)

Das Werk der Befreiung, für das der edle Vater und die tapferen
Brüder in raſtloſen Kämpfen das Leben eingeſetzt hatten, führte Simon
würdig fort. Nach dem Tode Jonathans fiel ihm ohne Widerſpruch
das Amt des Hohenprieſters zu. Ihm reiften auch die Früchte, die
er gemeinſam mit ſeinen Brüdern in Sturm und Drang geſäet hatte.
Er beeiferte ſich mit Einſicht und Erfolg, die Segnungen des Friedens
über das erſchöpfte Land auszugießen, während die Syrer, mit den
inneren Wirren beſchäftigt, Paläſtina aus dem Auge laſſen mußten.
Durch angelegentliche Sorge für die Sicherheit des Handels und
Verkehrs ſuchte er den Wohlſtand des Volkes zu heben. Den neu
befeſtigten Hafen von Joppe erklärte er für einen Freihafen, woſelbſt alle Völker ihre Waren unverſteuert austauſchen und aufſtapeln
konnten. Auch ſchuf er ein ſtehendes Heer, mit welchem er allmäh-

lich die syrischen Besatzungen aus den festen Städten des Landes verdrängte. Der Hauptschlag gelang ihm am 23. Ijar 141. An diesem Tage glückte ihm, was seinen Brüdern trotz aller blutigen Kämpfe nicht gelungen war. Er eroberte die Burg von Jerusalem und vertrieb die Syrer aus der heiligen Stadt. Von Stunde an konnte der Heide nicht mehr den Dienst im Heiligtum stören, und Jerusalem war eine freie, rein jüdische Stadt. Die Zwingburg, die den Tempelberg beherrschte, brach er ab und machte sie dem Erd=boden gleich.

Solche Umsicht und Tüchtigkeit erhob Simon von selbst auf einen Platz, von dem aus er sein Volk wie ein geborener Fürst regierte. Es war darum nur ein natürlicher Ausdruck des Dankes und der Verehrung, als er am 18. Elul 140 in feierlicher Volks=versammlung zum Ethnarchen oder Volksfürsten ausgerufen wurde. Auf dem Tempelberg grub man es zu bleibendem Gedächtnis in eine eherne Tafel ein, daß er und sein Geschlecht erblich diese Würde und das Hohepriesteramt bekleiden sollte.

Selbst der syrische König Antiochus Sidetes bestätigte Simons fürstliche Würde, weil er in ihm eine Stütze für seinen wankenden Thron zu finden hoffte. Als Zeichen, daß er auf die Oberherrschaft über das heilige Land verzichte, verlieh er Simon das urkundliche Recht, eigene Münzen auszuprägen. Er schlug von Silber und Kupfer ganze, halbe und viertel Schekel. Sie gaben auf einer Seite die Zeitrechnung nach „Jahren unserer Freiheit" an und zeigten auf der anderen die Inschrift: „Das heilige Jerusalem" oder „Simon, Fürst Israels[1]". Tier= und Menschenbilder, deren Wiedergabe die heilige Schrift verpönt, wurden bei der Ausprägung sorglich ver=mieden. Nur Pflanzen und Tempelgeräte wurden darauf abgebildet.

Durch diese Anerkennung der jüdischen Freiheit kehrte nach 450 Jahren das Zepter an Israel zurück. Wieder stand es unter freien selbständigen Herrschern und erblühte zu neuer Kraft.

---

[1] Noch jetzt sind einige echte Exemplare dieser Münzen vorhanden.

Vierter Abschnitt

Die Juden unter eigenen Herrschern.

(140 vor bis 6 nach Beginn der christl. Zeitr.)

Erstes Kapitel

Simon als freier Fürst (140—135). Rundblick auf das geistige Leben
der Juden.

Die Stetigkeit, mit der unter Simons weiser Regierung sich
die Verhältnisse des heiligen Landes immer mehr befestigten, erregte
bald den Neid und die Mißgunst des Syrerkönigs, dessen Reich im
Gegensatz zu der jugendlich aufstrebenden Macht der Hasmonäer[1]
zusehends dem Verfall entgegeneilte. Uneingedenk der erst kürzlich
geschlossenen Verträge, wollte er von Simon die Zahlung einer Summe
von tausend Talenten (etwa 4 Mill. Mark) erzwingen und ließ, als
ihm nur der zehnte Teil bewilligt wurde, ein starkes Heer in Judäa
einrücken. Hier hatte Simons junge stehende Kriegsmacht zum erstenmal Gelegenheit, ihre Tüchtigkeit zu erproben. Der greise Ethnarch
übertrug den Oberbefehl über die Truppen seinen Söhnen Jochanan
und Juda. Mit 22000 Mann zu Fuß und zu Roß zogen sie ins
Feld, schlugen die Feinde und vertrieben sie aus dem Lande. Um
sich aber gegen weitere syrische Übergriffe sicher zu stellen, erneuerte
Simon die Verbindungen, die bereits seine Brüder mit den mächtigsten
Feinden der Syrer, mit den Römern, angeknüpft hatten. Getreu
ihrem Grundsatz, aus der Zwietracht der Nationen Nutzen zu ziehen,
ließen sich die Römer die Bundesgenossenschaft der Juden gefallen,
weil sie hoffen durften, auf Grund derselben gelegentlich den Syrern
oder Ägyptern Schwierigkeiten bereiten zu können. Für die Juden
selber hatten die leisen Beziehungen vorläufig keinerlei Erfolg und
Vorteil.

So wirkte Simon als echter Jünger Aharons den Frieden liebend
und ihn fördernd. Trotzdem war es ihm so wenig als seinen Brüdern
beschieden, in Frieden seine Tage zu beschließen. Seine Würde und

---

[1] Diesen Namen führte die Familie des Matthatias vielleicht nach der
Stadt Cheschmon, Jos. 15, 27. Nach einer anderen Deutung soll der Zuname
seine Quelle in dem Psalmenwort 68, 32 haben.

sein Ansehen wurden ihm von seinem Schwiegersohn Ptolemäus miß=
gönnt. Mit heuchlerischer Freundlichkeit lockte ihn dieser in sein
Haus und ließ ihn meuchlings ermorden. Jochanan, der älteste
Sohn Simons, dem das gleiche Schicksal drohte, wurde rechtzeitig
gewarnt und konnte sein Leben in Sicherheit bringen.

War nun Judäa auch durch das Heldengeschlecht der Hasmonäer
von der syrischen Gewaltherrschaft dauernd befreit und hatte seine
politische Selbständigkeit wieder errungen, so währte der Kampf der
Geister doch noch fort. Naturgewalten gleich, die nicht vom Schwerte
getroffen werden können, rangen der jüdische und der hellenische
Volksgeist mit einander, zwei grundverschiedene Weltanschauungen,
die sich bald in wildem Hasse flohen, bald durch ihre Versöhnung
neue eigenartige Kulturgebilde schufen.

Die Juden mußten ihre Eigentümlichkeit natürlich da am ehesten
einbüßen, wo sie in der Minderzahl zerstreut unter griechisch denken=
den und griechisch redenden Völkern wohnten, wie in Ägypten.
Da sie hier politische Ziele nicht zu erstreben hatten, wandten sie alle
ihre Geisteskräfte eifrig den friedlichen Bestrebungen auf dem Gebiete
des Handels und der Wissenschaft zu und wurden in diesem Beginnen,
wie wir wissen, von den Ptolemäern gefördert und begünstigt. Der
von Onias IV. in Heliopolis erbaute Tempel (oben S. 59) er=
warb sich um die Pflege des jüdischen Geistes bei den in Ägypten ge=
borenen Juden ohne Zweifel einiges Verdienst. In den Herzen lebte
die Lehre Moses, aber die Geister wurden von der hellenischen Form
beherrscht. Wenn man nach der Einrichtung der Soferim Gebete
verrichtete und die Schrift im Urterte las, so entstand das Bedürfnis
neben den Vorleser einen Dolmetscher zu stellen, der das Hebräische
den meist nur griechisch redenden Hörern verständlich machte. So kam
hier ohne Zweifel die griechische Bibelübersetzung nicht sowohl plötzlich
durch den sagenhaft verklärten Fleiß von 70 oder 72 Schriftgelehrten[1]
zur Zeit des zweiten Ptolemäus zu stande, als vielmehr allmählich
durch das dringende Zeitbedürfnis, der Thora=Vorlesung ihren be=
lehrenden und fruchtbaren Einfluß beim Gottesdienst zu erhalten.
Hier bildete sich auch seit der Zeit der makkabäischen Freiheitskämpfe
eine umfangreiche Literatur, die sich der griechischen Sprache bediente
und es sich zum Ziele setzte, die Weisheit der Griechen mit der ge=

---

[1] Vergl. oben S. 51.

offenbarten Gotteslehre zu verschmelzen. Sie ging von der freilich ungeschichtlichen Voraussetzung aus, daß die heiligen Bücher der Juden die Quelle und der Ursprung der hellenischen Philosophie seien und machte Plato und Aristoteles zu Schülern der göttlichen Propheten. Die Namen einer stattlichen Anzahl von Gelehrten, die an diesem Schrifttum sich beteiligten, und einzelne ihrer Werke sind der Nachwelt erhalten geblieben.

Gegenüber der gleichförmigen Entwickelung des jüdisch=alexandrinischen Lebens bietet das Geistesleben der Juden des heiligen Landes ein bedeutend bunteres und vielgestaltigeres Bild. Freilich den friedlichen Eroberungen des modernen griechischen Sprachgutes konnten sich auch die Juden in Palästina nicht ganz entziehen. Entlehnten sie doch aus dem griechischen Sprachschatz sogar die Bezeichnung für die höchste Landesbehörde (Synhedrium), die als die Rechtsnachfolgerin der großen Versammlung eigens dazu berufen war, den jüdischen Geist zu pflegen und weiter zu entwickeln. Nicht mehr eine Gesamtheit war es, die wie in den Tagen der großen Versammlung den Zusammenhang mit den göttlichen Offenbarungen der Vorzeit pflegte, sondern einzelne hervorragende Persönlichkeiten, und zwar zunächst die Vorsitzenden der höchsten Behörde, lösten sich aus dem geschichtlich gegebenen Rahmen des Synhedriums ab und wurden die Träger der Überlieferung. Sie bauten von Geschlecht zu Geschlecht an dem Lehrgebäude weiter, das erst in viel späterer Zeit seine Vollendung erreichte. Um die Reihenfolge dieser Männer festzuhalten und zugleich jeden einzelnen treffend zu kennzeichnen, stellte man je einen ihrer besten Aussprüche als Merkmal oder Wahlspruch hin, etwa in der Weise, wie die sieben Weltweisen Griechenlands durch die ihnen zugeschriebenen Kernsprüche charakterisiert zu werden pflegen. Eine Sammlung solcher Gedankenperlen besitzen wir in den „Sprüchen der Väter" (Aboth)[1]), welche als Lektüre für den Sabbath=Nachmittag in alle Gebetbücher Aufnahme gefunden haben. Zum Teil enthalten sie Lehren allgemeiner Lebensweisheit, zum Teil sind sie — wie die Simons des Gerechten[2]) und seiner Nachfolger Antigonus aus Socho[3]) und Jose ben Joëser[4]) — ein treues Spiegelbild ihrer Zeit und legen den Zeitgenossen Ermahnungen ans Herz, die den jeweiligen

---

[1]) פִּרְקֵי אָבוֹת oder מַסֶּכֶת אָבוֹת

[2]) S. 53, vgl. 47.   [3]) S. 58.   [4]) S. 66.

Lehrern als besonders wichtig erschienen. Gleichmäßig aber sind sie alle durchdrungen vom Geiste reinster und edelster Sittlichkeit und gereichen ihren Urhebern zur Ehre und zum Ruhme.

Den Rahmen, den die große Versammlung bereits für die heilige Schrift ausgespannt hatte[1]), füllte das Synhedrium vollends aus. Wenn jene nur das zusammengestellt hatte, was dem Volke von Mose bis Maleachi im Tone göttlicher Offenbarung übermittelt worden war, so fügte dieses hinzu, was ältere und zeitgenössische Schriftsteller, vom heiligen Geiste erfüllt, geschrieben hatten. Psalmen, die geistiges Eigentum des Volkes geworden oder von jüngeren Tempelsängern bis auf die makkabäische Zeit verfaßt waren, wurden gesammelt und dem Psalter Davids hinzugefügt, während Betrachtungen (Kohelet) und Lieder (das hohe Lied), welche die Überlieferung dem Salomo zuschrieb, unter seinem Namen in die heiligen Bücher aufgenommen wurden. Dazu kamen die geschichtlichen Bücher der Chronik, die mit ihren umfangreichen Geschlechtsregistern den Zusammenhang der Geschlechter im neu erstandenen Reiche mit den in die Gefangenschaft Geführten aufzeigen und dadurch die religiöse und nationale Reinheit der Begründer der zweiten Ansiedelung nachweisen wollen, dann aber auch eine neue Bearbeitung der Geschichte des Reiches Juda bis zur Erlaubnis des neuen Tempelbaues durch Cyrus liefern. Ebenso wurde das in der Makkabäerzeit abgeschlossene Buch Daniel aufgenommen, welches die Gestalt Daniels, des Zeitgenossen der babylonischen Gefangenschaft, benutzt, um dem hartbedrängten Volke Trost und Mut einzuflößen durch das erhebende Bewußtsein, daß der Herr für Israel ein in allen Leiden erprobter Helfer gewesen ist. In dieser Weise setzte sich aus dem Pentateuch[2]), den acht Büchern prophetischen Inhalts[3]) und den elf Hagio-

---

[1]) S. 45. 54.

[2]) Die Lehre Moses (תּוֹרַת מֹשֶׁה) oder das Fünfbuch (חֲמִשָּׁה חֻמְשֵׁי תוֹרָה) mit 5 Büchern: 1) בְּרֵאשִׁית oder Genesis (Urgeschichte). 2) שְׁמוֹת oder Exodus (Auszug aus Ägypten). 3) וַיִּקְרָא oder Leviticus (Opfer- und Priestergesetze, daher auch תּוֹרַת כֹּהֲנִים). 4) בְּמִדְבָּר oder Numeri (Volkszählungen, daher auch חֹמֶשׁ הַפְּקוּדִים). 5) דְּבָרִים oder Deuteronomium (Wiederholung des Gesetzes, daher auch מִשְׁנֵה תוֹרָה).

[3]) נְבִיאִים mit 8 Büchern, welche in 4 Bücher geschichtlichen Inhalts (Josua, Richter (שׁוֹפְטִים), Samuel, Könige (מְלָכִים) und 4 Bücher rednerischen Inhalts

graphen [1]) der Kanon der heiligen Schrift [2]) zuſammen, wie er gegen=
wärtig in vierundzwanzig Büchern vorliegt.

Während ſo die Weiſen des Synhedriums in beſtändigem Zu=
ſammenhang mit der Vergangenheit ihren ganzen Eifer einſeitig der
Erhaltung und Fortbildung der religiöſen und nationalen Güter in
ſtiller Abgeſchloſſenheit widmeten, drangen die Einflüſſe des griechiſchen
Geiſtes immer tiefer in alle Schichten der Bevölkerung und erzeugten
im öffentlichen und geſellſchaftlichen Leben eine ungewohnte Mannig=
faltigkeit der Anſchauungen und Geiſtesrichtungen. Nach dem Maß=
ſtabe der größeren oder geringeren Hinneigung zum helleniſchen
Weſen gruppierten ſich im allgemeinen die Parteien. Die Maſſe
des Volkes räumte dem Geſetz und der Sitte, die von den Vätern
ererbt und in den letzten Jahrzehnten mit ſo viel edlem Blute be=
ſiegelt waren, die erſte Stelle in ihrem Herzen ein. Die religiöſe
Zuläſſigkeit war für ſie der leitende Grundſatz aller Geſinnungen und
Handlungen und die einzige Richtſchnur für den Staat und für den
Einzelnen. Die Erinnerung an die wunderbare Rettung des Gemein=
weſens aus der Thrannei der ſyriſchen Gewalthaber erfüllte die Ge=
müter mit innigem Gottvertrauen und mit überſchwenglicher Dankbar=
keit. Darum genügte es den Frommen nicht, das Wort Gottes nur
nach ſeinem Buchſtaben zu erfüllen. Sie hatten vielmehr das Be=
dürfnis, ſeinen Geiſt zu erfaſſen und das ganze Leben mit religiöſer Weihe
und Heiligung zu durchdringen. Mit gleicher Ehrfurcht hingen ſie an den
ſchriftlich aufgezeichneten Geſetzen der Thora und an den mündlich
von Geſchlecht zu Geſchlecht fortgepflanzten Vorſchriften. Beide galten
ihnen als demſelben Quell, der Offenbarung am Sinai, entſprungen.
In beiden erblickten ſie den lebendigen Ausdruck des göttlichen Geiſtes,

---

(Jeſaias, Jeremias, Jecheſkel und die 12 kleinen Propheten (תְּרֵי עָשָׂר): Hoſea,
Joël, Amos, Obadjah, Jonah, Micha, Nachum, Chabakuk, Zefanjah, Chaggai,
Secharja und Maleachi) zerfallen. Die letzteren heißen נְבִיאִים אַחֲרוֹנִים im
Gegenſatz zu den erſteren נְבִיאִים רִאשׁוֹנִים.

[1]) Schriften (כְּתוּבִים) mit folgenden 11 Büchern: 1. Pſalmen (תְּהִלִּים),
2. Sprüche (מִשְׁלֵי), 3. Jjob, 4.—8. die fünf Megilloth (חָמֵשׁ מְגִלּוֹת): Hoheslied
(שִׁיר הַשִּׁירִים), Ruth, Klagelieder (אֵיכָה oder קִינוֹת), Kohelet und Eſther, 9. Daniel,
10. Esra und Nehemia, 11. die beiden Bücher der Chronik (דִּבְרֵי הַיָּמִים).

[2]) כ״ד כִּתְבֵי קֹדֶשׁ, auch תנ״ך nach der akroſtichiſchen Zuſammenſetzung der
Bezeichnungen für die drei Hauptteile (תּוֹרָה, נְבִיאִים, כְּתוּבִים).

und es erſchien ihnen als ein des höchſten Ruhmes wertes Unter=
nehmen, den innigen und untrennbaren Zuſammenhang beider nach=
zuweiſen und aufrecht zu erhalten. Die Pflege und Beobachtung
des Geſetzes war ihnen nicht ein Opfer und eine Mühe, ſondern die
eigentliche Aufgabe ihres Lebens. Sie begnügten ſich mit den harm=
loſen und beſcheidenen Freuden, die das Geſetz geſtattete, und gelüſteten
nicht nach den modernen weltlichen Genüſſen, denen die Freunde des
Griechentums nachgingen. Erfüllt von dem Glauben an die gütige
und gerechte Vorſehung, durchdrang ſie die Überzeugung, daß die
opferfreudige Hingebung der Märtyrer, die Gut und Blut achtlos
für das Kleinod der Lehre eingeſetzt hatten, unendlichen Lohn in der
zukünftigen Welt finden werde. Daraus erwuchs ihnen die frohe
Hoffnung, daß für den Verzicht auf die Freuden und die Ergebung in
die Leiden des Diesſeits jeder tugendhafte Menſch ewiges Heil und
ewige Glückſeligkeit im Jenſeits erlangen werde. Wenn die Lehre
Gottes ſo bis ins Kleinſte durchgeführt, und doch geiſtig verklärt, das
ganze Leben mit ernſter und ſtrenger Pflichttreue erfüllte, ſo wurde
ſie eine wirkliche Scheidewand, die das Heimiſche von dem Fremden
trennte und den Juden, ſelbſt wenn er griechiſch redete und griechiſch
gebildet war, von dem heidniſchen Weſen abſonderte. Abgeſonderte[1])
oder Phariſäer wurden darum die Anhänger dieſer Richtung ge=
nannt. Ihre ſtrengen Vertreter genoſſen das allgemeine Vertrauen,
weil ſie ſelbſt voll Treue gegen Gott, voll Strenge gegen ſich
ſelbſt und voll Milde gegen ihre Nebenmenſchen waren. Wenn der
Eifer, jüdiſche Geſinnungen zu betätigen, hin und wieder von einzelnen
übertrieben wurde, ſo wurde nirgends ſchärfer als inmitten der Phariſäer
ſelber eine derartige Werk= und Scheinheiligkeit getadelt und gegeißelt.
Die Frömmler, die mit heuchleriſcher Duldermiene, mit gekrümmtem
Rücken und mit verzücktem Augenaufſchlag durch das Leben ſchlichen,
und die Heuchler, die aus Eigennutz und weltlicher Rückſicht oder
aus abergläubiſcher Furcht vor der Strafe das Geſetz ausübten, oder
die herumgingen mit der beſtändigen Frage auf den Lippen: wo
gibt es noch eine religiöſe Pflicht, die ich vernachläſſigt hätte? fielen
zu jeder Zeit der allgemeinen Verachtung anheim. Nur diejenigen
wurden als die echten und rechten Phariſäer angeſehen, die aus Liebe
zu Gott und aus Liebe zur Lehre das Geſetz ausübten. Es iſt darum

---

[1]) פְּרוּשִׁים.

eine Fälſchung der geſchichtlichen Wahrheit, phariſäiſch und ſchein=
heilig als gleichbedeutend hinzuſtellen.

Dem phariſäiſch geſinnten Volke gegenüber ſtand die Partei der
Sadducäer. Ihren Kern bildeten die durch ererbten Reichtum vor=
nehmen und unabhängigen Männer, die dem heiteren Lebens=
genuß der Griechen, ſei es durch Gewöhnung und Erziehung, ſei es
aus perſönlicher Vorliebe, zugetan waren. Zu ihnen hielten ſich
die verweltlichten Hohenprieſter, die klugen Staatsmänner, die durch die
Berührung mit den Heiden freiere Lebensanſichten gewannen, und
die tapferen Krieger, die in den blutigen Kämpfen gegen die Syrer
die Freiheit und Unabhängigkeit des Vaterlandes als die koſtbarſten
Güter ſchätzen und würdigen gelernt hatten. Die glühende Begeiſterung
für die Erhaltung der jüdiſchen Nation war die erſte Empfindung,
die ſie beſeelte. Erſt in zweiter Linie ſtand ihnen die Gottſeligkeit
eines frommen Lebenswandels. Ungleich wichtiger und wertvoller
als die bewundernswerte Opferfreudigkeit der ſtillen Dulder, die für
das Vaterland den Tod erlitten, erſchien ihnen die ſtreitbare Tapfer=
keit, welche Hunderttauſenden von Mitbürgern das Leben und die
Freiheit errungen hatte.

Wie in aller Welt, dachten ſie, ſollte denn die Beobachtung des
Geſetzes zu ſtande kommen können, wenn nicht das Leben und die
Sicherheit der Volksgenoſſen vor gewaltſamen Eingriffen geſchützt
war? Mut und Entſchloſſenheit, Kühnheit und Tatkraft waren nach
ihrer Anſicht dem Menſchen eben dazu vom Schöpfer verliehen, daß
er durch ſie ſein Leben friedlich und freundlich geſtalte. Der Erfolg
ihrer Bemühungen, der behagliche Genuß eines heiteren Daſeins war
ihnen Lohnes genug für ihr raſtloſes und unermüdliches Streben.
Sie verzichteten daher auf die überſchwengliche Geſetzestreue, welche
die Phariſäer für unentbehrlich hielten, um ſich ihren Anteil am Jen=
ſeits zu ſichern und begnügten ſich durchaus mit den Vorſchriften,
welche die Thora zur Heiligung des Lebenswandels gegeben, und ge=
horchten ihren Geſetzen treu und redlich. Ein Bedürfnis, ihnen durch
Deutung eine weitere Ausdehnung zu geben, empfanden ſie in keiner
Weiſe. Die mündlich überlieferte Erläuterung, die häufig die
Härte des Buchſtabens milderte, galt ihnen nicht als Richtſchnur für
ihr Tun und Laſſen. Sie hielten vielmehr ſtarr und unabänderlich
an dem Wortlaut des Geſetzes feſt, ſelbſt wo er ſie zu übermäßiger
Strenge fortriß. Mit grauſamer Peinlichkeit ſtraften ſie den Ver=

brecher, der einen Körperteil des Nebenmenschen verletzt hatte, indem sie die mosaische Anordnung [1]) in strenger Wörtlichkeit anwandten, durch den Verlust desselben Körperteiles, während die Pharisäer dem Beschädigten nach uraltem Herkommen eine angemessene Entschädigungs= summe zukommen ließen.   Hieß es an einer anderen Stelle der heiligen Schrift unmittelbar nach Erwähnung des Peßach=Festes, daß „vom Tage nach dem Sabbath an [2])" man beginnen solle, fünfzig Tage bis zum Wochenfeste zu zählen, und verstand man allgemein, und zwar ohne Zweifel in Übereinstimmung mit der uralten Übung, unter diesem Sabbath den ersten Tag des Festes der ungesäuerten Brote, so nahmen auch hier die Sadducäer den Ausdruck „Sabbath" in seiner ursprüng= lichen Bedeutung und zählten jedes Mal von dem in die Festwoche fallenden Sonntag ab fünfzig Tage, wie es noch heute die Samaritaner tun, ohne Rücksicht auf die zwiespältige Feier des Festes der Gesetz= gebung, die dadurch veranlaßt wurde.   War man gewöhnt, am Hütten= fest den Regen für das Gedeihen der Feldfrüchte im kommenden Winter durch ein feierliches Wasser=Opfer und durch symbolische Handlungen zu erflehen und dabei in hergebrachter Weise ein frohes Volksfest zu feiern, so hatten die Sadducäer kein Verständnis für eine solche im Gesetze nicht ausdrücklich vorgeschriebene Sitte und entfremdeten sich dadurch die Herzen der Mehrzahl ihrer Mitbürger, denen die von Alters her überkommenen Gebräuche lieb und teuer waren.   Trotzdem standen sie an Glaubenstreue hinter den Pharisäern keineswegs zurück.   Wenn sie auch an der zeitgenössischen Schulweis= heit keinen Gefallen fanden, so strebten sie doch den höchsten Zielen der Sittlichkeit nach und übten das Gute einzig um des Guten willen.

Dem weltlichen Treiben gänzlich abgewandt, ja mit einem ge= wissen Maße von Verachtung dagegen erfüllt, waren neben diesen beiden Parteien die Essäer.   Die Erde erschien ihnen als ein Jammertal, wo eine Fülle von gleichgültigen Dingen den Menschen von seinen höheren Zielen abzöge, wo ihm die Entscheidung über Fragen aufgezwungen werde, deren Lösung über seine Kraft und Fähigkeit weit hinausginge.   Den Aufenthalt der Seele im Körper sahen sie als eine Kerkerhaft des Geistes an, aus welcher ihm erst der Tod die Erlösung brächte.   Als einzige menschenwürdige Aufgabe,

---

[1]) 3. M. 24, 20: „. . . . . wie er getan hat, soll (nach der Tradition: sollte) ihm getan werden: Bruch um Bruch, Auge um Auge, Zahn um Zahn . . . ."

[2]) 3. M. 23, 15.

die auf Erden zu erfüllen sei, galt ihnen darum die rastlose Vor=
bereitung auf die ewige Seligkeit. Gleichmäßige, fleißige Arbeit,
Mäßigkeit in irdischen Genüssen, strenge Gewöhnung an Tugend und
Reinheit der Gesinnung erkannten sie als die wirksamsten Mittel zur
Erreichung ihrer Zwecke. Besonders wertvoll als Grundlage eines
beschaulichen Daseins waren in ihren Augen die mosaischen Reinheits=
gesetze, und sie begnügten sich nicht mit den ohnehin sehr umfang=
reichen allgemein üblichen Vorschriften, sondern sie verschärften sie
bedeutend in mancherlei Einzelheiten. Die besonders eifrigen An=
hänger dieser Lebensanschauung nahmen an jedem Morgen ein
Reinigungsbad in lebendigem Quellwasser, kleideten sich in weißes
Linnen und vermieden die Berührung mit weniger gewissenhaften
Menschen, um jeder Verunreinigung fern zu bleiben. Gleichmäßig
entsagten sie alle, um ungestört von Sorgen nur ihren Idealen leben
zu können, den edelsten Gütern der Menschheit. Sie gründeten keine
Familien, sondern halfen sich gegenseitig ihre geringen häuslichen
Bedürfnisse herbeischaffen. Die Mahlzeiten nahmen sie gemeinschaft=
lich nach weihevoller Sammlung schweigend ein, teilten brüderlich
jeden Besitz und lebten meistens in größeren Gesellschaften mit einer
Art Ordensverfassung an einsamen Orten zusammen. Da sie keine
natürlichen Erben ihrer Ansichten hatten, waren sie stets darauf be=
dacht, für ihre Anschauungen Gesinnungsgenossen im Volke zu erwerben.
Erst nach längerer Prüfung erfolgte die Aufnahme in den Verband,
und die unverbrüchliche Treue gegen ihn mußte durch einen Eid be=
siegelt werden. Sonst vermieden sie jeden Schwur, zeichneten sich
aber durch strenge Wahrheitsliebe aus. Ihre ganze Muße gehörte
der Erforschung und Auslegung der heiligen Schriften und der ge=
wissenhaften Ausübung des Gesetzes. Mit besonderer Weihe und
Heiligkeit umgaben sie die Feier des Sabbaths und der Feste. Die
Kenntnis von der Heilkraft der Pflanzen und Mineralien, die sie in
ihrer Einsamkeit gewannen, benutzten sie mitunter zu praktischer Aus=
übung der Heilkunde. Wegen ihrer Sitteneinfalt, Mäßigkeit und
Frömmigkeit wurden sie allgemein mit Ehrfurcht betrachtet. Mit
fast abergläubischer Scheu blickten zu ihnen die Landbewohner empor.
Besonders in denjenigen Gegenden, wo sie, wie im Norden des heiligen
Landes, stark mit heidnischen Elementen gemischt waren, trauten
ihnen die Fähigkeit zu, Krankheiten durch Wunder zu heilen und die
bösen Geister, die der weit verbreitete heidnische Aberglaube als Ur=
heber der Gebrechen annahm, auszutreiben.

Zweites Kapitel
Johann Hyrkan und seine Söhne.
(135—70 vor Beginn der christl. Zeitr.)

1. Johann Hyrkan.
(135—106 vor Beginn der christl. Zeitr.)

Johann Hyrkan folgte seinem Vater Simon als Fürst und Hoherpriester. Er ragte in gleicher Weise durch Mut, Tapferkeit und staatsmännische Weisheit hervor. Die Zeit seiner Regierung bezeichnet die höchste Blüte der Hasmonäer-Herrschaft, zugleich aber auch deren beginnenden Verfall. Seine ersten Unternehmungen waren nicht vom Glück begünstigt. Vor allem suchte er den am Vater ver= übten Meuchelmord zu rächen. Er schloß seinen treulosen Schwager Ptolemäus in der Feste Dok eng ein und brachte ihn in große Not. An der Rettung verzweifelnd, schleppte Ptolemäus die gefangene Gattin Simons mit ihren Söhnen auf die Mauer und drohte sie zu töten, wenn die Belagerung nicht aufgehoben würde. Aber die greise Heldenmutter rief ermunternd ihrem Sohne zu, daß er den Mörder des Vaters nicht um ihretwillen schonen dürfe. Gleichmütig erlitt sie mit ihren tapferen Söhnen vor den Augen der Belagerer einen qualvollen Tod. Ihr Opfer war vergeblich gebracht, denn der Verräter entging der wohlverdienten Züchtigung, weil Johann Hyrkan, als das Sabbathjahr anbrach und die Lebensmittel immer knapper wurden, sich zum Rückzuge genötigt sah. Dieser erste Mißerfolg des jungen Fürsten ermutigte die Syrer, die kriegerischen Unternehmungen gegen Judäa zu erneuern. Mit einem starken Heere verwüsteten sie das Land, belagerten Jerusalem und zwangen Hyrkan trotz tapferer Gegenwehr zur Auslieferung der Waffen und zur Zahlung von 500 Talenten. Man erzählt sich, daß er in dem uralten Grabmal des Königs David einen Schatz gehoben habe, der ihm die Mittel gab, die Kriegsschuld abzutragen und die Hilfstruppen auszurüsten, mit welchen er die Syrer bei ihren auswärtigen Kämpfen unterstützen mußte.

Allein bald verstand er es, von der zunehmenden Verwirrung im syrischen Reich begünstigt, sich dem drückenden Joch dieser Ver= pflichtungen zu entziehen, und wandte von neuem seine ganze Kraft auf die Sicherung der Grenzen seines kleinen Reiches. Er brachte allmählich die von den Syrern besetzten Städte in seine Gewalt, unterwarf die festen Plätze im Ostjordan=Lande, zerstörte im Norden Sichem mit der starken Burg der Händel suchenden Samaritaner und mit ihrem Tempel auf Gerisim und eroberte im Süden das Land der Idumäer. Die unterjochten Nachkommen Esaus zwang er, den jüdischen Glauben anzunehmen — ein Mißbrauch der Staats= gewalt, der beispiellos dasteht in der Geschichte Israels. Der Idu= mäer, der nachmals den Thron der Hasmonäer raubte, rächte den Mißgriff blutig am dritten und vierten Geschlecht Hyrkans. Die besiegten Landschaften ergaben sich in ihr Geschick, denn Hyrkan be= herrschte sie in Milde und Gerechtigkeit. Nur die Samaritaner griffen in blindem Haß gegen die jüdische Botmäßigkeit mit Unterstützung der Syrer noch einmal zu den Waffen. Auf beiden Seiten wurde mit großer Erbitterung gekämpft. Unermüdlich suchten und fanden die Samaritaner bald bei den Syrern, bald bei den Ägyptern Hilfe und Beistand. Trotzdem gelang es der Umsicht, Klugheit und Tapferkeit Hyrkans und seiner Söhne, den Staat glücklich aus allen diesen Fährlichkeiten zu retten. Samaria wurde endlich erobert und dem Erdboden gleich gemacht. Jetzt reichte der jüdische Staat im Osten und Süden an die Wüste, im Westen an das Meer, im Norden an das Gebirge und genoß innerhalb dieser natürlichen Grenzen einer ungestörten Ruhe und Sicherheit. Auch die Verbindung mit den Römern hielt Hyrkan aufrecht und schloß mit ihnen einen neuen Vertrag, in welchem er sich seine Eroberungen bestätigen ließ.

In dieser glücklichen Lage gedieh das Land schnell zu Macht und Wohlstand, und die Untertanen hingen mit Liebe und Verehrung an dem Herrscher, dem sie die Segnungen des Friedens zu verdanken hatten. Eine bedenkliche Trübung erfuhr das freundliche Verhältnis erst in der letzten Zeit von Hyrkans Regierung durch einen peinlichen Zwischenfall, der von verhängnisvollen Folgen begleitet war. Hyrkan waltete seines Amtes als Herrscher und Hoherpriester streng im Geiste seines Vaters und getreu den Grundsätzen, für welche das Helden= geschlecht, dem er entstammte, das Leben eingesetzt hatte. Mit Stolz bewunderten die Pharisäer in ihm einen weisen und frommen Ver= treter ihrer Anschauungen. Da geschah es, daß er einst bei einem Gastmahle, zu dem er die Vornehmsten und Angesehensten des Landes geladen hatte, in einem unbewachten Augenblick mit Selbstüberhebung den Gästen zurief: „Wer immer mir nachweisen kann, daß ich je

als Fürst oder Hoherpriester gefehlt habe und vom Gesetze abgewichen
bin, der stehe furchtlos auf und zeuge wider mich". Alles schwieg.
Endlich erhob sich ein Pharisäer mit den Worten: „Begnüge dich
mit der Fürstenkrone; das Diadem des Hohenpriesters aber lege ab,
weil deine Mutter in den Tagen der Verfolgung durch Antiochus
Epiphanes als Gefangene in der Gewalt der Heiden gewesen ist und
es sich nicht ziemt, daß der Sohn einer Unfreien Hoherpriester sei."
Johann Hyrkan, obwohl tief verletzt, bewahrte seine Haltung und
ließ sofort die Angelegenheit prüfen. Bald genug ergab die Unter=
suchung die völlige Haltlosigkeit des unbedacht verbreiteten Gerüchtes.
Als darauf die Pharisäer den dem Hohenpriester zugefügten Schimpf
an dem Verleumder, freilich streng nach dem Gesetze, das eine be=
sondere Strafe für die Majestätsbeleidigung nicht kennt, nur mit
Geißelhieben, und nicht, wie Hyrkan es erwartet haben mochte, an
Leib und Leben straften, blieb ein tiefer Groll im Herzen des Be=
leidigten zurück, und er ließ sich in seinem Unmut dazu hinreißen,
sich ganz und gar den Sadducäern anzuschließen. Er verdrängte
die Pharisäer aus den hohen Stellen im Staatsdienste und im Syn=
hedrium und verschärfte den Widerstreit der Meinungen, indem er
die bestehenden Gegensätze durch die Beimischung der politischen
Machtfrage verbitterte und damit den Keim zu den Bürgerkriegen
legte, die den Thron der Hasmonäer ins Wanken brachten und das
Vaterland an den Rand des Abgrundes führten.

Nach beinahe dreißigjähriger Regierung starb er, und übergab
vor seinem Tode seiner Frau die Herrschaft und seinem Sohne Juda
Aristobul das Amt des Hohenpriesters. Nicht mit Unrecht hat man
seine Regierungszeit mit der des Königs Salomo verglichen. So
lange dieser weise Sprößling Davids nach den Geboten Gottes lebte
und sich den Gesetzen, welche die heilige Schrift dem König vorschreibt,
beugte, blühte und gedieh das Reich. Als er aber meinte, sich für
seine Person über sie hinwegsetzen zu dürfen, brach der Verderben
bringende Zwiespalt herein. So stieg auch der Stern des has=
monäischen Herrscherhauses leuchtend empor, solange seine Söhne mit
dem Volke, welches sie zu Fürsten gemacht, einig waren in religiöser
und politischer Beziehung. Johann Hyrkan beförderte sein Reich zu
der Blüte, die uns an die Herrlichkeit des salomonischen Zeitalters
erinnert. Aber der unglückselige Zwist mit den Pharisäern ward sein
Verhängnis, er entfremdete ihn dem Volke und untergrub die Wurzeln

seiner Macht. Der Entschluß, den Sadducäern beizutreten, war für
den greifen Hyrkan gewiß das Ergebnis eines schmerzlichen Seelen=
kampfes. Bei seinen Söhnen war die Anhänglichkeit an die saddu=
cäischen Grundsätze eine bereits ererbte und lieb gewordene Anschauung.
Dazu überwucherte in ihrem Charakter persönliche Eitelkeit und Herrsch=
sucht in verderblicher Weise die Tugenden der Väter, und es schien
ihnen bereits nach hellenischer Anschauung[1]) kein Mittel unerlaubt,
um das Höchste, nämlich die Alleinherrschaft, zu erreichen und zu
befestigen.

2. Juda Aristobul.
(106—105 vor Beginn der christl. Zeitr.)

Juda Aristobul begnügte sich nicht mit der Würde des Hohen=
priesters. Kaum hatte der Vater die Augen geschlossen, als er seine
Mutter und drei seiner Brüder ins Gefängnis warf und selbst die
Regierung des Landes übernahm. Den eitlen Mann befriedigte der
Rang und Namen eines Fürsten nicht. Er nahm darum als der
erste jüdische Herrscher nach der Zerstörung des Reiches Juda den
glänzenden Titel eines Königs an. Andauernde Kränklichkeit hinderte
ihn, die kriegerischen Unternehmungen gegen einzelne Nachbarstämme
persönlich durchzuführen. An der Spitze des Heeres vertrat ihn
sein Lieblingsbruder Antigonus, dem er unbegrenzt vertraute. Als
dieser einst nach einem glänzenden Siege glücklich in die Hauptstadt
zurückkehrte, zog er, vom Jubel des Volkes umrauscht, an der Spitze
seiner tapferen Krieger in glänzender Prachtentfaltung in den Tempel,
um für die Genesung des kranken Bruders zu opfern und zu beten.
Die ränkesüchtige Königin, die zu den zahlreichen Widersachern des
jungen Helden gehörte, vernahm mit tiefem Ingrimm die unaufhörlichen
Freudenrufe, mit denen das Volk den siegreichen Feldherrn begrüßte,
und benutzte sie mit tückischer Arglist, um ihn zu verderben. Sie
sprach zu ihrem Gatten, der an das Schmerzenslager gefesselt war:
„Höre, wie die Massen deinem Bruder zujauchzen und seinen Über=
mut verstärken. Bald wird er auch dir nicht mehr gehorchen." Der
König, der Treue seines Bruders gewiß, verlachte solche Warnung,
und, um ihn für alle Zukunft gegen derartige Verdächtigungen sicher
zu stellen, ließ er ihm befehlen, den glänzenden Waffenschmuck ab=

---

[1]) Eteocles in den Phönicierinnen des Euripides v. 525 f.

zulegen und unbewaffnet vor ihm zu erscheinen. Zugleich gab er den Wachen den Befehl, jeden Bewaffneten, der zu ihm dringen wolle, rücksichtslos zu töten. Die Königin aber trug Sorge, daß dem arglosen Antigonus die Aufforderung zuging, in voller Rüstung an das Krankenbett zu treten, damit ihm der König in demselben Aufzuge, in welchem das Volk ihn soeben begrüßt habe, zu seinen Erfolgen Glück wünschen könne. Nichts Böses ahnend, zog der Feld= herr ungesäumt nach dem Palaste und wurde sofort bei seinem Ein= tritt von den Wachen niedergestoßen. Bei der Nachricht von dem Tode des geliebten Bruders von Schreck und Schmerz ergriffen, be= kam der König einen Blutsturz, und die Schale mit seinem Blute entglitt dem hinauseilenden Diener an der Stelle, die vom Blute des Antigonus noch schlüpfrig war, sodaß das Blut der beiden Brüder vor der Tür des Königs sich miteinander mischte. Dem Volke, dessen Phantasie mit grausigem Behagen das Schreckensbild ausgemalt hat, war das Ereignis ein entsetzliches Vorzeichen für den nahen Unter= gang des Hasmonäer=Hauses. Nicht lange nachher starb Aristobul.

3. Alexander Jannai.

(105—79 vor Beginn der christl. Zeitr.)

Salome Alexandra, die Gemahlin des verstorbenen Königs, befreite den nunmehr ältesten Bruder ihres Gatten, Alexander Jannai, aus dem Gefängnis und bot ihm nebst ihrer Hand die Krone und das Amt des Hohenpriesters. War schon Aristobul ein wenig würdiger Vertreter des Heldengeschlechtes, so verließ der neue König ganz und gar die Bahnen des großen Makkabäers. In seinen Augen besaßen die Heiligtümer, für welche seine Ahnen freudig das Leben eingesetzt hatten, keine Weihe mehr. Er war ein rücksichtsloser Sadducäer und verachtete die pharisäische Glaubenstreue seiner Vor= fahren und seines Volkes. Er war der Hohepriester, der am Hütten= feste aus übermütiger Spottlust das Wasser, das ihm zum Opfer in goldener Schale gereicht ward, statt auf den Altar verächtlich auf die Erde goß, sodaß sich die Tausende, die in der Vorhalle versammelt waren, erbittert gegen ihn erhoben und die Paradiesäpfel in ihren Händen nach ihm schleuderten. In seinem grenzenlosen Grimm über den berechtigten Unwillen seines Volkes entweihte er durch Mord die heilige Stätte, indem er sechstausend der frommen Wallfahrer

im Vorhof des Tempels von seinen rohen heidnischen Söldnern nieder=
metzeln ließ.

Wie seine gottvergessene Grausamkeit ihn als Hohenpriester ver=
haßt machte, so taten seine wiederholten kriegerischen Mißerfolge das
übrige, um ihn als König verächtlich zu machen. Als er wie seine
Vorfahren sich den Besitz der festen Hafenstädte am Mittelmeer zu
sichern strebte, verwickelte er sich in die bösartigen Händel, welche
die Königin von Ägypten damals mit ihrem Sohne ausfocht, und
es wäre um die Selbständigkeit des heiligen Landes geschehen ge=
wesen, wenn nicht in letzter Stunde die tapferen jüdischen Feldherrn
der ägyptischen Königin dem entarteten Hasmonäer den Thron und
die Freiheit gerettet hätten. Ebenso unrühmlich endete ein Feldzug,
den Alexander gegen einen arabischen Häuptling unternahm. Besiegt
und gedemütigt kehrte er nach Jerusalem zurück. Schon glaubten
die Untertanen, daß sein Mut gebrochen sei, und versuchten sein Joch
abzuschütteln. Er aber ließ sie sechs Jahre lang seine ganze Wut
und Grausamkeit empfinden. Mit seinen kriegsgeübten fremdländischen
Truppen erkämpfte er hier leichte Siege, und mehr als fünfzigtausend
Bürger kamen in den blutigen Fehden um. Endlich kam ihm das
Bewußtsein, daß er sich selbst am schwersten treffe durch die Wunden,
die er dem Volke schlagen ließ. Er zeigte sich zum Frieden geneigt
und fragte die Edelsten des Volkes, was er tun müsse, um sie zu
befriedigen. „Nur sterben", war die einmütige Antwort, „ja nicht
einmal dein Tod könnte uns die Untaten, die du begangen hast, ver=
gessen machen." In der Verzweiflung riefen die unversöhnlichen
Gegner sogar ihren Todfeind, den Syrerkönig, herbei und kämpften
an seiner Seite mit Glück und Erfolg gegen den eigenen angestammten
Herrscher. Aber nach erfochtenem Siege bereuten sie die böse und
verhängnisvolle Tat. Es siegte die Liebe zum Vaterlande über den
Haß gegen den grausamen Gewalthaber auf dem Throne. Frei=
willig kehrten sie zu ihm zurück und entrangen dem Syrer die er=
hoffte Frucht seines Schlachtenglücks. Die patriotische Tat fand
einen schlechten Lohn beim Könige. Der ruchlose Wüterich ver=
mochte nicht die erlittene Unbill großmütig zu vergessen. Als er
triumphierend in Jerusalem einzog, ließ er achthundert seiner Gegner
inmitten der Stadt nach verhaßter heidnischer Sitte ans Kreuz schlagen,
und, während die Gekreuzigten noch lebten, vor deren Augen ihre
Weiber und Kinder niederhauen. Angst und Schrecken befiel die

ruhigen Bürger, und Tausende verließen das Land, um das nackte Leben in Sicherheit zu bringen. Neue Kriegszüge gegen die Syrer füllten den Rest der Regierung des Tyrannen. Durch die Aufregungen des Lagerlebens wollte er das schleichende Fieber, an dem er infolge seiner Ausschweifungen litt, besiegen. Er starb, 49 Jahre alt, mitten im Kriegsgetümmel, im 27. Jahre seiner Regierung. Auf dem Totenbette ging ihm die Erkenntnis seines verfehlten Lebens auf. Er übertrug die Regierung seiner Gattin Salome Alexandra und riet ihr, sich der Meinung der Pharisäer aufrichtig anzuschließen. Sterbend sprach er zu ihr: Fürchte dich nicht vor den Pharisäern und nicht vor den Sadducäern, aber fürchte dich vor den Gefärbten (Heuchlern), die Taten verüben wie Simri und einen Lohn verlangen wie Pinchas [1]). Den Tag seines Todes feierten die Untertanen als einen Freudentag.

4. Salome Alexandra.
(79—70 vor Beginn der christl. Zeitr.)

Die zum zweitenmal verwitwete Königin war belehrt durch die reichen Erfahrungen ihres bewegten Lebens und befolgte getreulich den einsichtigen Rat, den ihr Alexander Jannai vor seinem Ende gegeben hatte. Dadurch erwarb sie sich schnell die Achtung und das ungeteilte Vertrauen des ganzen Volkes. Die bisher so schwer gekränkten und verfolgten Pharisäer versöhnte sie, indem sie ihren berechtigten Einfluß auf die staatlichen und religiösen Angelegenheiten wieder herstellte. Namentlich legte sie den Vorsitz im Synhedrium wiederum in ihre Hände. Die mutigen Häupter dieser höchsten Behörde des Landes, Juda ben Tabbai und Simon ben Schetach, hatten mit zäher Ausdauer den Zumutungen des verstorbenen Königs lange Widerstand geleistet, bis sie freiwillig in die Verbannung gezogen waren. Nach dem Tode Alexanders folgte Simon, welcher der Bruder der Königin war, bereitwillig dem Rufe seiner Schwester in die Heimat. War er unter der vorigen Regierung außer stande gewesen, trotz seiner nahen persönlichen Beziehungen zum Könige, einen mildernden und versöhnlichen Einfluß zu gewinnen, so gestaltete sich jetzt seine Wirksamkeit um so segensreicher. Es galt, nach Kräften die bestehenden Schäden zu heilen und ihre Wiederkehr zu verhüten. Seinen gelehrten Freund und Amtsgenossen Juda ben Tabbai, der in Ägypten eine Zuflucht und einen Wirkungskreis gefunden hatte,

---

[1]) IV. M. 25, 6—14.

bewog er durch ein schmeichelhaftes Schreiben zur Rückkehr nach
Jerusalem und gewann ihn zum Mitarbeiter an dem schweren Werke.
Mit besonderer Strenge suchten sie die in der Rechtspflege eingerissenen
Übelstände abzustellen und eiferten gegen die ungerechten Richter und
die falschen Zeugen. Einen deutlichen Beweis für den sittlichen Ernst,
mit dem sie sich der Lösung dieser Aufgabe widmeten, geben uns die
Kernsprüche, die uns aus ihrem Munde überliefert sind. Juda ben
Tabbai lehrte: „Als Richter verhalte dich nicht wie ein Sachwalter;
solange die Parteien vor dir stehen, betrachte sie beide als schuldig;
sobald sie aber von dir gehen, siehe beide als schuldlos an, nachdem
sie dem Erkenntnis sich gefügt haben." Der Ausspruch seines Stell-
vertreters Simon beleuchtet die Tätigkeit des Richters nach einer
anderen Seite hin. Er lautet: „Forsche sorgfältig die Zeugen aus,
sei aber behutsam mit deinen Fragen, daß sie nicht aus ihnen lernen,
die Wahrheit zu umgehen[1])." Dieselben Gebrechen jener Zeit geißelt
offenbar die Erzählung, welche wir in einem jüngeren Anhange zum
Buche Daniel von der frommen Susanna und den falschen Zeugen,
die sie in Lebensgefahr brachten, lesen. Durch die gotterleuchtete
Weisheit eines Richters wie Daniel wurden danach die verbündeten
Lügner entlarvt und nach Verdienst gerichtet.

Die bedenklichsten Folgen aber hatte die allgemeine Rechtsunsicherheit
für das Gebiet des Familienlebens. Das friedlose Dasein während
der nationalen Kämpfe, welches den Gatten in jedem Augenblick
seinem häuslichen Herde entreißen konnte, und die Gewalttätigkeit
des Königs, die tausende von Familienvätern dahinraffte oder erbarmungslos ins Elend trieb, hatte die Grundfesten des Familienlebens während der letzten Jahrzehnte stark erschüttert und eine Un-
zahl unversorgter Witwen und Waisen geschaffen. Darum war es
eine Wohltat für das Volk, daß Simon ben Schetach die heute noch
übliche Eheverschreibung[2]) als Vorbedingung einer rechtsgültigen Ehe-
schließung einführte. Nach dieser Einrichtung gewinnt das eheliche
Band erst dann verbindliche Kraft, nachdem der Ehemann der er-
wählten Gattin für den Fall, daß die Ehe durch Tod oder Scheidung
aufgelöst werden sollte, eine bestimmte Summe zu ihrem Unterhalt
ausgesetzt hat. Für die heilsame Maßregel, die das Gesetz schaffen
wollte, suchte der zeitgenössische Verfasser des Buches Tobias das

---

[1]) Sprüche der Väter 1, 8. 9.   [2]) כְּתֻבָּה.

Herz zu erwärmen. Er erzählt uns in anmutiger Weise die Geschichte eines gottesfürchtigen Mannes, der, mitten in der Ausübung der edelsten Liebeswerke erblindet, für seine musterhafte Demut im Unglück durch eine wunderbare Heilung von seinem Übel belohnt wird und versteht es, in seine Darstellung die Lobpreisung der reinsten Freuden des Familienlebens geschickt zu verflechten. Andere in jener Zeit entstandene Schriften machten es sich zur Aufgabe, das schwerbedrückte Volk aufzurichten, zu trösten und zu belehren und sein Selbstbewußtsein zu kräftigen, indem sie teils ausschmückende Zusätze zu einzelnen Büchern der heiligen Schrift (Jeremias, Esther, Esra, Daniel) hinzufügten, teils, ohne streng geschichtlich zu sein, ihre Lehren und Mahnungen in geschichtlichem Gewande vortrugen und an bekannte Persönlichkeiten anlehnten. So erzählt das Buch Judith von der Heldentat jenes frommen Weibes, die ihre bedrängte Vaterstadt befreite, indem sie Holofernes, einen Feldherrn des Nebukadnezar, aus dem Wege räumte. Wirklich historischen Inhalts sind dagegen die gleichfalls damals verfaßten Bücher der Makkabäer, die eine getreue Darstellung vom Verlauf der Freiheitskriege gegen die Syrer enthalten. Diese gesamte Literatur hat sich als Anhang zur Septuaginta in griechischer Sprache erhalten. Die Werke, die ihr angehören, heißen die Apokryphen und sind in den Kanon der heiligen Schrift nicht aufgenommen worden[1]. In ihrer Mitte haben auch die bereits erwähnten Sprüche des Sirach und eine andere Sammlung ähnlichen Inhalts, die den Namen „Weisheit Salomos" trägt und erst ein Jahrhundert später in Alexandrien entstanden ist, Aufnahme gefunden.

Die Zeit des Friedens, die das schwer heimgesuchte Volk unter dem milden Zepter der Königin Salome Alexandra erlebte, war ein letztes Abendrot, welches Judäa beleuchtete, bevor die Nacht des Unterganges hereinbrach. Schon bei Lebzeiten der Königin bestand ein verheerender Bruderkrieg, welcher der Anfang des Endes werden sollte. Ihr ältester Sohn Hyrkan, der seit des Vaters Tode das Hohepriesteramt verwaltete, war ein braver, friedliebender, mit allen bürgerlichen Tugenden ausgestatteter Mann. Nur fehlte ihm jegliche Fähigkeit, ein Volk in drangvoller Zeit zu regieren. Sein jüngerer

---

[1] Nur die katholische Kirche schreibt ihnen dieselbe Autorität wie den biblischen Büchern zu und nennt sie die deutero-kanonischen Bücher der heil. Schrift.

Bruder Ariftobul dagegen trug das Feuer und den Tatendrang der Makkabäer in fich und verband damit allerdings auch die Herrfchfucht und den rückfichtslofen Ehrgeiz feines Vaters. Salome verftand es trefflich, den lebhaften Tatendurft des Jünglings zu zügeln und unfchädlich zu machen, indem fie ihn und feine Freunde, die beleidigt und grollend abfeits ftehenden Sadducäer, die in Ariftobul ihren zukünftigen Helfer und Rächer fahen, mit der Führung von Heeresabteilungen und der Beforgung von Staatsgefchäften im Auslande betraute. Als fie aber fchwer erkrankte und ihr Ende herannahen fühlte, glaubte Ariftobul, feine Stunde fei gekommen. Er verließ heimlich die Hauptftadt und wendete fich an die fadducäifch gefinnten Befehlshaber der Feftungen des Landes. Schnell fcharten fich diefe um feine Fahne und waren bereit, ihm den Befitz des Thrones erkämpfen zu helfen. Die Königin konnte die erfchreckten Älteften, die mit Hyrkan zu ihr eilten, nur noch auf das erprobte Heer und den gefüllten Staatsfchatz verweifen und fie ermahnen, nach befter Einficht für das Wohl des Vaterlandes Sorge zu tragen. Dann ftarb fie nach neunjähriger Regierung. Unmittelbar nach ihrem Tode kam der Krieg zwifchen den feindlichen Brüdern zum Ausbruch. Ariftobul trug den Sieg davon. Im Frieden willigte Hyrkan ein, fich ins Privatleben zurückzuziehen. Ariftobul follte König und Hoherpriefter fein.

Drittes Kapitel

Johann Hyrkans Enkel und Urenkel
(70—37 vor Beginn der chriftl. Zeitr.)

1. Der Bruderkrieg zwifchen Hyrkan II. und Ariftobul II.
(70—40 vor Beginn der chriftl. Zeitr.)

Das getroffene Abkommen wäre erfprießlich und fegensreich für die Ruhe und Sicherheit das Vaterlandes geworden, wenn nicht der Eigennutz und die Herrfchfucht eines Fremden von neuem den Bruderzwift zu hellen Flammen entfacht hätte. Der Idumäer Antipater, der feit der Regierungszeit des Alexander Jannai Oberbefehlshaber der in feinem Heimatlande ftehenden Truppen war, ein Sprößling jenes Stammes, den Johann Hyrkan einft fo unjüdifch behandelt hatte, wurde das Werkzeug, durch welches die Vorfehung den Untergang Judäas herbeiführte. Er verstand es meisterhaft, die Schwächen des harmlosen Hyrkan auszunutzen, um über seine Person hinweg für [sich selbst Macht und Einfluß zu gewinnen. Er wurde nicht müde, den Nachgiebigen zur Auflehnung gegen seinen kraftvollen Bruder zu ermuntern, erinnerte ihn unablässig an die ihm geraubten Rechte der Erstgeburt und flößte ihm allmählich, als kein anderes Mittel den Friedliebenden zum Widerstand aufreizen wollte, den Verdacht ein, daß Aristobul ihm nach dem Leben trachte. So gelang es endlich seinen Einflüsterungen, Hyrkans Mißtrauen zu erwecken und ihn mit einem Araberkönige gegen seinen Bruder zu verbinden. Das pharisäisch gesinnte Volk schloß sich freudig dem rechtmäßigen Thronerben an, und Aristobul sah sich bald im Tempel belagert.

Einige traurige Zwischenfälle, die uns überliefert sind, beleuchten grell den Haß und die Erbitterung, womit dieser Bruderkrieg geführt wurde. Ein frommer Mann, Onia, dessen Gebete nach dem Volksglauben stets Erhörung fanden, sollte auf das Andrängen der Belagerer Aristobuls Untergang vom Himmel erflehen. Als er aber zu Gott rief: „Herr, die Belagerer sind deine Söhne, und nicht minder die Belagerten, erfülle nicht das Böse, das beide einander wünschen" — da ergriff das erbitterte Volk den wahrhaft gottesfürchtigen Mann und steinigte ihn. Als nicht lange darauf das Passahfest herankam, zogen viele Wallfahrer, um dem Kriege auszuweichen, zum Feste in den Oniastempel nach Ägypten. Die im Heiligtum zu Jerusalem während dieser Zeit eng eingeschlossenen Priester litten an Opfertieren Mangel und boten den Belagerern 1000 Drachmen für jedes Tier. Sie ließen das Geld an der Mauer in Körben nieder, in denen sie sodann die gelieferten Schlachttiere heraufzogen. Da legten eines Tages die heidnischen Kriegsgefährten der Belagerer in roher Spottlust über die jüdischen Gebräuche ein Schwein in den Tragkorb. Ein heftiger Orkan, der kurz nachher die Feldfrüchte vernichtete, wurde allgemein als Strafe für diesen Frevel angesehen.

In seiner zunehmenden Bedrängnis ließ sich Aristobul zu dem verhängnisvollen Entschluß fortreißen, durch ein Geldgeschenk die Hilfe eines römischen Unterbefehlshabers zu gewinnen, der damals von dem berühmten römischen Feldherrn und Staatsmann Pompejus nach Syrien geschickt worden war. Das Wort des allgewaltigen Rom genügte damals bereits, um die entferntesten Völker des Orients zittern zu machen, und seine Feldherrn benutzten diese Furcht, um

die Landſchaften, die in ihren Bereich kamen, der ländergierigen Vater=
ſtadt zu Füßen zu legen. So genügte auch hier ein kühner Befehl
des römiſchen Kriegers, um den mächtigen Araberhäuptling zur Rück=
kehr in die Heimat zu zwingen und Ariſtobul die Freiheit der Be=
wegung zurückzugeben. Aber der Streit zwiſchen den Brüdern, ge=
nährt und geſchürt von Antipater und den feindlichen Parteien im
Volke, war damit nicht beigelegt. Darum ſchien es Ariſtobul geraten,
Pompejus ſelber, der in Armenien ruhmreiche Siege davongetragen
hatte, zur endgültigen Entſcheidung aufzufordern. Mit Hilfe eines
kunſtvollen goldenen Weinſtockes, der nicht weniger als 500 Talente,
(etwa 2 Millionen Mark) wert war, ſuchte er ſich ſeine freundliche
Geſinnung zu erwerben. In der Tat fand er Wohlgefallen in den
Augen des Pompejus, als er die Alleinherrſchaft, zu der ſein Bruder
nicht befähigt ſei, für ſich in Anſpruch nahm. Maßgebend für die
Entſcheidung des Römers ward aber keineswegs ſeine perſönliche
Zuneigung, ſondern vielmehr der furchtbare Grundſatz, dem ſeine
Vaterſtadt ihre Größe verdankte, der Grundſatz, durch die Zwietracht
innerhalb der Nationen deren Unterwerfung vorzubereiten. Eingedenk
dieſer herzloſen ſtaatsmänniſchen Lehre ſchob Pompejus ſein Urteil
hinaus, bis er durch eigene Anſchauung im heiligen Lande die tieferen
Gründe des Widerſtreits kennen gelernt haben würde.

Derartige Bedenklichkeit wollte dem wagemutigen Helden nicht
behagen. Des Römers Freundſchaft mit Geld zu erkaufen, hielt er
wie ſeine großen Vorfahren wohl der Mühe wert. Sein gutes Recht
und das Heil des Vaterlandes aber gedachte er mit nichten der dünkel=
haften Willkür des Heiden preiszugeben. Stolz und tollkühn ver=
ſuchte er vielmehr ſelbſt gegen den zu jener Zeit mächtigſten Feld=
herrn Roms das Glück der Waffen und ſtürzte ſich mit offenen Augen
ins Verderben. Pompejus unterwarf ſchnell die feſten Städte des
heiligen Landes und ſtand bald vor Jeruſalem. Drei Monate lang
belagerte er die Stadt und benutzte mit beſonderem Fleiß die Sabbathe
zur Anfertigung und Vollendung ſeiner Belagerungsmaſchinen, weil
er wußte, daß den Juden an dieſem Tage der Angriff verboten ſei.
Am Verſöhnungstage des Jahres 63, hundert Jahre, nachdem Juda
Makkabi das Heiligtum den Götzendienern entriſſen hatte, drang zum
erſtenmal wieder ein Heide triumphierend in den Tempel ein. Mit
Staunen und Bewunderung bemerkte der Eroberer, daß die Prieſter
des Herrn ſich durch das Kriegsgetümmel in ihren heiligen Ver=

richtungen nicht beirren ließen. Den seltsamsten Eindruck erhielt der
Feldherr, als er, in das Allerheiligste [1]) eintretend, keinerlei
Bildnis einer Gottheit wahrnahm. Von heiliger Scheu ergriffen,
wagte er nicht einmal den Tempelschatz zu plündern. Er sorgte
vielmehr dafür, daß keinerlei Unterbrechung des heiligen Dienstes
stattzufinden brauchte. Aber der ganze Glanz des Hasmonäerreiches
war dahin. Der Sieger ließ die Mauern Jerusalems schleifen und
beschränkte Judäa auf die früheren engen Grenzen. Den Königstitel
schaffte er ab und ernannte den schwachen Hyrkan zum Ethnarchen
und Hohenpriester. Jerusalem wurde den Römern tributpflichtig ge=
macht und Aristobul nebst seinen Söhnen und Töchtern gefangen
nach Rom geführt.

Die neue Ordnung der Dinge trug die Aussaat weiteren Un=
friedens in sich. Die arglistige Staatskunst der Römer wandte auch
hier mit Erfolg die bewährten Mittel an, um den jüdischen Staat
durch Begünstigung der inneren Zwistigkeiten allmählich so zu er=
schöpfen, daß die reife Frucht des Haders den Römern mühelos in
den Schoß fallen mußte. Der kraftlose Herrscher auf dem Throne
der Hasmonäer war ein willenloses Werkzeug in der Hand des Idu=
mäers, der den Juden verhaßt war und in der Gunst der Römer
die einzige Stütze für seinen Einfluß erblickte. Darum richtete Anti=
pater all sein Dichten und Trachten darauf, sich diese freundliche
Gesinnung der Römer zu erwerben und zu erhalten und mit dienst=
fertiger Geschäftigkeit allen ihren Wünschen zuvorzukommen. Nicht
minder eifrig waren natürlich die Römer selber an der Arbeit, die
Erreichung ihrer Ziele zu sichern und zu beschleunigen. Unter dem
heuchlerischen Scheine der Begeisterung für die Freiheit gaben sie
vielen festen Städten, die Hyrkans Vorfahren unterworfen hatten,
das Recht unabhängiger Verwaltung in der gewissen Voraussicht,
die Bewohner dieser Städte zu eifersüchtigen Feinden des jüdischen
Reiches zu erziehen. In der Maske selbstloser Verteidiger des Rechtes
und der Ordnung machten sie den häuslichen Streit der Parteien zu
ihrer eigenen Sache, verhinderten die Befestigung Jerusalems, an
dessen Ohnmacht ihnen gelegen war, und sandten unter dem Deck=

---

[1]) Im zweiten Tempel war der Raum des Allerheiligsten völlig leer. Die
heilige Bundeslade mit den Tafeln des Gesetzes kam bei der Zerstörung des
ersten Tempels abhanden und ist nicht wieder aufgefunden worden.

mantel der Bundestreue ihre Söldner aus, angeblich um den Thron
Hyrkans zu schützen, tatsächlich um das Bewußtsein der Abhängigkeit
in den Gemütern wach und lebendig zu erhalten.

Ein Meister in dieser treulosen Staatskunst war der Legat
Gabinius, der ein römisches Heer im heiligen Lande befehligte,
als Alexander, ein Sohn Aristobuls II., welcher der Gefangennehmung
durch die Römer entgangen war, die Thronansprüche seines Vaters
mit Waffengewalt geltend machen wollte. Er warf schnell den Aufstand nieder, zerstörte die von Alexander besetzten Festungen, und
nur die flehentlichen Bitten der Mutter, die sich zu einem Fuß-
fall vor dem römischen Gewalthaber erniedrigte, vermochten den Todes-
streich vom Haupte des jungen Makkabäers abzuwenden. Gabinius
fand bei seinem Aufenthalt in Palästina mit klarem Blick den Punkt
heraus, von dem aus am ehesten die Auflösung des nationalen Lebens
beschleunigt werden konnte. War die Macht und der Einfluß Jerusalems
und des Synhedriums auf das Land gebrochen, so waren die Wurzeln
der nationalen Kraft untergraben und die ganze Herrlichkeit Judäas
dem unaufhaltsamen Verfalle preisgegeben. Um die Zersplitterung
zu vermehren und neue Zwietracht anzustiften, teilte er das ganze
Land in fünf Gerichtsbezirke, die völlig unabhängig nebeneinander
bestehen sollten. Allein er täuschte sich über die Wirksamkeit seiner
Maßregel. Die erbitterten Gemüter des durch seine Erpressungen[1]
gemißhandelten Volkes wehrten sich mit Mißtrauen und Abscheu gegen
jeden Eingriff, der ihre heiligsten religiösen Einrichtungen bedrohte.
Mit offenen Armen empfingen die Juden den aus Rom entkommenen
Aristobul und seinen Sohn Antigonus und begrüßten sie jetzt als
Retter und Helfer von dem Druck der Römer. Aber die ungeübten
Scharen, die unter Aristobuls Fahne kämpften, erlagen der erprobten
Kriegskunst der Römer, während er selbst mit seinem Sohne bald
wieder eingefangen und nach Rom gebracht wurde. Demselben Los
entging mit knapper Not nicht lange darauf Alexander bei seinem
wiederholten Versuche, die Herrschaft über das unglückliche Vaterland
zu gewinnen. Kaum aber war Gabinius mit seinem Heere in
wichtigen Staatsgeschäften nach Ägypten abgezogen, als seine neue
Gerichtsverfassung in Trümmer ging und zum Glück für die weitere
Entwickelung des Judentums in Vergessenheit geriet.

---

[1] Auch Cicero (epist. ad Quintum fratrem III, 2—4) schildert ihn gelegentlich als einen der verworfensten Menschen.

Inzwischen hatte sich in Rom in den Personen des Cäsar, Pompejus und Crassus Genie, Glück und Gold zum ersten Triumvirat (60 v. Beg. d. christl. Zeit.) vereinigt. Auf Grund des geschlossenen Vertrages fiel dem geldgierigen Crassus der Orient als Wirkungskreis zu. Er kam auch nach Jerusalem und beraubte den Tempelschatz, den Pompejus unberührt gelassen hatte. Der Wert der Geräte und des Geldes, das er entführte, wurde auf 10000 Talente (über vierzig Millionen Mark) geschätzt. Nachdem er im Kampfe gegen die Parther seinen verdienten Tod gefunden hatte, rangen nur noch Cäsar und Pompejus um die Weltherrschaft und verflochten in ihr wechselvolles Schicksal das der Hasmonäer. Für jeden von ihnen war es wichtig, Palästina zu gewinnen, da es die Brücke zwischen Syrien und Ägypten bildete und die wichtigsten und reichsten Länder des östlichen Mittelmeeres mit einander verband. Cäsar rüstete darum Aristobul mit zwei Legionen aus und stellte ihm anheim, nunmehr sein altes Erbe zu erstreiten. Schon war er bereit, in das Vaterland zurückzukehren, als ihn in Italien ein plötzlicher Tod ereilte. Die Freunde des Pompejus räumten den tatkräftigen und kühnen Widersacher durch Giftmord aus dem Wege. Seinen verwegenen und unverzagten Sohn Alexander raffte bald darauf ein ähnliches Geschick dahin. Pompejus ließ ihn als einen Feind der Ordnung enthaupten und hoffte dadurch, mit Hilfe seiner Schützlinge Hyrkan und Antipater des Besitzes Judäas sicher zu sein.

Allein das Glück der Waffen entschied in der Schlacht bei Pharsalus für Julius Cäsar. Schlau und gewandt wußte Antipater sofort die Gunst des Siegers zu gewinnen. Er schickte ihm Hilfstruppen in seinem Kriege gegen die Ägypter und leistete den Heeren Cäsars, die das heilige Land berührten, jeglichen Vorschub durch Zufuhr von Waffen und von Lebensmitteln. Diese Dienste trugen dem Idumäer hohen Lohn ein. Cäsar machte ihn zum Landpfleger in Judäa und ehrte ihn und Hyrkan, indem er ihnen das römische Bürgerrecht verlieh. Auch sonst verstand er es, die Juden dadurch für sich einzunehmen, daß er auf ihre religiösen Satzungen über die Feier des Sabbaths und des Sabbathjahres billige Rücksicht nahm.

Die neue hohe Stellung, die Antipater erhalten hatte, benutzte er dazu, um die ihm zugefallene Macht in seinem Hause zu befestigen. Seinen Sohn Phasaël ernannte er zum Befehlshaber über Jerusalem,

und seinen Sohn Herodes setzte er als Statthalter über Galiläa.
Diese nördlichste Landschaft Paläſtinas war der beſtändige Herd
kriegeriſcher Unruhen.   Hierher flüchteten ſich tapfere und mutige
Vaterlandsfreunde, denen die idumäiſch-römiſche Fremdherrſchaft verhaßt war, und denen es als ſtete Sorge am Herzen lag, Pläne zu
ſchmieden, um die Heiden zu vertreiben und das Joch ihrer Günſt-
linge abzuſchütteln.   Gegen dieſe Freiſcharen und ihre Führer zog
der energiſche Jüngling mit rückſichtsloſer Strenge zu Felde.   Ohne
ordentliches Gerichtsverfahren ließ er diejenigen, die ihm in die Hände
fielen, eigenmächtig töten.   Allein ſo ſehr auch die kampfesmüde Bevölkerung Ruhe und Frieden erſehnte und dem Herodes für deren
Herſtellung danken mußte, ſo war doch das alte Rechtsbewußtſein
den Herzen zu tief eingegraben, als daß ſie ein derartiges Vorgehen
nicht als eine Empörung gegen den höchſten Gerichtshof hätten
empfinden ſollen.   Das Anſehen der Männer, welche Richter und Lehrer
des Volkes zugleich waren, hatte der kurzlebige Beſtand der neuen
Gerichtsbezirke in keiner Weiſe erſchüttern können.   Darum wagte es
Herodes nicht, der Vorladung, die das Synhedrium zu ſeiner verantwortlichen Vernehmung an ihn ergehen ließ, ungehorſam zu ſein.
Aber er erſchien nicht in demütigem Schuldbewußtſein wie ein An-
geklagter vor den Schranken, ſondern in kühnem Trotz wie ein Gewalthaber.   Mit purpurumſäumter Toga angetan und von Bewaffneten
umgeben, trat er vor ſeine Richter hin, nachdem er in Galiläa ein
Heer zu ſeinem Schutze aufgeſtellt hatte.   Die allgemeine Beſtürzung
über dieſes verwegene Auftreten lähmte den Zorn des Synhedriums,
und die Warnung eines römiſchen Prätors in Syrien, Herodes,
welcher der Sohn eines römiſchen Bürgers ſei, zu verurteilen, machte
den willenloſen Hyrkan vollends mutlos.   Da erhob der greiſe
S ch e m a j a, der Vorſitzende des Gerichtes, ſeine Stimme gegen ſolche
ſchmähliche Mißachtung der Gerechtigkeit und höhnte die feigen Richter,
die durch die maßloſe Kühnheit des Jünglings eingeſchüchtert waren.
Zorn und Beſchämung ergriff bei dieſer Rede die Mitglieder des
Synhedriums, aber Hyrkan, der für ſeinen Thron und für das eigene
Leben zitterte, beſänftigte die auflodernde Empörung der Gemüter,
indem er die gereizten Richter ermahnte, im Augenblick der Erregung
nichts zu entſcheiden, ſondern die Sitzung zu vertagen.   In der darauf folgenden Nacht entwich Herodes und machte Anſtalten, mit bewaffneter Macht gegen Jeruſalem zu ziehen, um die vermeintliche

ihm angetane Schmach zu rächen. Nur durch die dringenden Bitten seines Vaters ließ er sich bewegen, von dem Unternehmen abzustehen. Er begnügte sich vorläufig mit dem gewaltigen Schrecken, den seine Drohung allgemein hervorgerufen hatte. Aber durch die Furcht wuchs der Haß gegen Antipater und sein Geschlecht immer mehr, und Zagen erfüllte die Juden, als Cäsar, der ihnen viel Freundliches erwiesen hatte, dem Mordstahl erlag (44 v. Beg. d. chr. Zeitr.) Sie empfanden mit Recht tiefen und aufrichtigen Schmerz über seinen Tod. Denn bald brandschatzte sein Mörder Cassius von neuem das heilige Land, und Antipater und seine Söhne boten ihm auch willig ihre geschickte Hand, um die Summe zu erpressen, nach der er verlangte. Die knechtische Dienstfertigkeit, mit der die Idumäer die Gunst und Gnade jedes neuen römischen Gewalthabers erbettelten, erweckte den unbedachten Zorn eines ehrgeizigen Mannes, namens Malich, und riß ihn zu einer verhängsvollen Tat fort. Um Hyrkan aus den verderblichen Netzen zu befreien, mit denen seine idumäischen Ratgeber und Beherrscher ihn umgarnten, vielleicht auch um sich selber deren Einfluß auf den Volksfürsten zuzuwenden, ließ er bei einem Gastmahle Gift in die für Antipater bestimmte Schüssel werfen. Phasaël und Herodes taten, als ob sie den Eiden Malichs, daß er am Tode ihres Vaters unschuldig sei, glaubten, lockten ihn aber nach Tyrus und ließen ihn bei einem Festmahl von ihren Söldnern töten. Entsetzen ergriff den alternden Ethnarchen bei der Nachricht von der verübten Gewalttägkeit, und in blasser Furcht vor dem Zorne seiner Peiniger ließ er sich zu der Erklärung herbei, daß Malich als ein Feind des Vaterlandes seinen Tod verdient habe. Ja er war feigherzig genug, nicht einmal ein Wort des Widerspruchs zu wagen, als Herodes seine Enkelin Mariamne zum Weibe begehrte[1]).

---

[1]) Genealogische Übersicht über die Nachkommenschaft Johann Hyrkans: Johann Hyrkan I. (135—106) hatte 5 Söhne, darunter

1. Juda Aristobul I. 106—105. Gem. Salome Alexandra.	2. Antigonus st. 105	3. Alexander I. Jannai 105—79 Gem. Salome Alexandra 79—70.
		Hyrkan II. 70—40.	Aristobul II. st. 48.
		Alexandra	Alexander II. st. 48.	Antigonus 40—37.
		Aristobul III. st. 34.	Mariamne, Gemahlin d. Herodes st. 28.

Durch die Ehe mit der schönen Hasmonäerin wollte der Idumäer einen Rechtsanspruch auf den Thron der Makkabäer gewinnen. In der Tat stand seinem Ehrgeiz nächst Hyrkan nur noch Mariannes Oheim, Antigonus, im Wege. Nachdem in der Schlacht bei Philippi die Mörder Cäsars geschlagen waren und das Geschick zu Gunsten der neuen Machthaber entschieden hatte, dauerte es nicht lange, bis Antonius als Herr des Orients nach Paläſtina kam. Vor ihm erschien Herodes mit reichen Geschenken und all den glänzenden Gaben der Gewandtheit, Bildung und Beredsamkeit, die er besaß, und entzückte durch diese Vorzüge den Römer. Nicht einmal anhören mochte Antonius darum die Abgesandten des Volkes, die ihm überall entgegen kamen und demütig die Befreiung von dem gefürchteten Idumäer erflehten. Da trat ein unvorhergesehenes Ereignis ein, durch welches die politische Lage des heiligen Landes eine grundsätz= liche Umgestaltung erfuhr.

2. Antigonus.
(40—37 vor Beginn der christl. Zeitrechnung)

Antigonus, der einzige noch überlebende Sohn Ariſtobuls II., benutzte die im römischen Reiche ausgebrochenen Wirren, um die alten, unbesiegten Feinde der Römer, die Parther, zu Bundesgenossen im Kampfe gegen Hyrkan und seine Beschützer zu gewinnen. Im Falle des Sieges versprach er, ihnen nicht nur tausend Talente zu zahlen, sondern auch fünfhundert Jungfrauen aus den beſten Familien des Landes als Sklavinnen auszuliefern. Trotz der schmählichen Bedingungen, unter denen ihm die fremde Hilfe zuteil wurde, schlossen sich die Juden überall den verbündeten Heeren an. Nichtsdestoweniger er= zielten die vereinigten Kampfgenossen anfangs gegenüber dem Feld= herrntalent des Herodes keinerlei Erfolg, bis es ihnen gelang, Hyrkan nebst seinen Verteidigern Phasaël und Herodes in dem Palaste in Jerusalem einzuschließen. Nun versuchten Phasaël und Hyrkan trotz Herodes' Warnung mit den Parthern persönlich zu verhandeln und wurden dabei zu Gefangenen gemacht. Phasaël tötete sich selbst im Gefängnis, Hyrkan aber wurde gefangen zurückgehalten, nachdem ihm auf das Andrängen seines Brudersohns Antigonus die Ohren ver= stümmelt waren, um ihn dauernd zum Priesterdienst untauglich zu machen. Von Stunde an betrachtete Antigonus sich selbst als König und Hohenpriester und behauptete sich drei Jahre lang unter steten Kämpfen in diesen Würden.

Inzwischen war Herodes heimlich in der Nacht aus dem Palaste entflohen und hatte sich bis zur Feste Masada durchgekämpft. Dort barg er seine Angehörigen, unter denen auch seine Braut Mariamne sich befand, und eilte auf unbekannten Pfaden zu einem Araber= häuptling, der einst seines Vaters Freund gewesen war. Als er hier abgewiesen war, weil man jede Einmischung in römische Angelegen= heiten zu vermeiden wünschte, zog er nach Ägypten, woselbst Cleopatra den schönen und kühnen Mann freundlich aufnahm. Ihren Vorschlag, die Stellung eines Feldherrn in ihrem Heere anzunehmen, lehnte er ab. Sein Ehrgeiz trieb ihn weiter, bis er in Rom vor Antonius und Oktavian stand, und diese für sich einzunehmen wußte. Er er= innerte den jungen Oktavian an die treue Dienstbeflissenheit, die sein Vater für Cäsar an den Tag gelegt hatte, und setzte es durch, daß er vom Senat zum König der Juden ernannt wurde. Dem Senat legte der Beschluß kein wesentliches Opfer auf. Herodes aber glaubte auf Grund davon ein Recht zu haben, Judäa für sich zu erobern.

Mit römischen Hilfstruppen führte er einen dreijährigen verheerenden Krieg gegen sein Vaterland. Antigonus bestach die römischen Söldner und brachte die Feste Masada, wo Herodes Angehörige weilten, in so arge Bedrängnis, daß sie sich hätte ergeben müssen, wenn sie nicht durch einen plötzlichen Regenfall von neuem mit Wasservorräten versehen worden wäre. Endlich vermochte Herodes, dem sich auf Schritt und Tritt Freischaren entgegen warfen, die Seinen zu be= freien. Er mußte kreuz und quer im Lande umherziehen, um immer wieder mit Strömen Blutes die Aufstände zu dämpfen, die sich hinter ihm erhoben, sobald er mit seinen Scharen abgezogen war. Mit 20000 Mann stand er schließlich vor Jerusalem. Antigonus war vom Senat für einen Feind des römischen Volkes erklärt worden, um die Wut der gegen ihn kämpfenden Truppen anzustacheln, und kein Mittel blieb unversucht, um die Widerstandskraft der Belagerten zu brechen. Allein die Juden in der heiligen Stadt kämpften mit Löwen= mut für den Hasmonäer, an dessen Untergang durch den fremden, verhaßten Idumäer sie nicht glauben wollten, und ertrugen mit Freuden die Not und Entbehrung, die ein eintretendes Sabbathjahr über sie brachte. Bei seinen Unternehmungen gegen die Stadt nahm Herodes sich den Kriegsplan des Pompejus zum Vorbild. Er griff sie von der Talseite an und nahm endlich die Oberstadt und den Tempel ebenfalls am Versöhnungstage des Jahres 37 ein. So be=

7*

ſtieg er durch Gewalt und Miſſetat den Thron, den er 33 Jahre
lang inne hatte.

Daß er ihn ſich mit Zwang und durch die Hilfe der Römer
errungen hatte, machte ihn derartig beim Volke verhaßt, daß alle
ſeine Fähigkeiten, ſeine Tapferkeit, Gewandtheit und Klugheit, ja ſelbſt
die wirklichen Wohltaten, die er ſeinen Untertanen erwies, nicht den
Abſcheu gegen ihn vermindern konnten. Er wußte ſich ſo ſicher von
Feinden umringt, daß er niemals von ſeinen Erfolgen einen ruhigen
Genuß gehabt und ſtets von Mißtrauen ſelbſt gegen ſeine Geſchwiſter,
Weiber und Kinder gequält wurde. So wurde der frevelhafte Spruch[1]):
„Mögen ſie mich haſſen, wenn ſie mich nur fürchten“ die Richtſchnur
ſeines Lebens. Die Furcht vor dem Haſſe ſeines Volkes zwang ihn
immer wieder, durch Liſt und Heuchelei um Roms Gunſt zu buhlen,
wodurch er nur noch mehr Zorn und Verachtung gegen ſich herauf=
beſchwor. Dann raffte er wohl mit tieriſcher Roheit ſeine Feinde
hinweg und ſchonte ſelbſt die nächſten Blutsverwandten nicht, wenn
ſein Mißtrauen gegen ſie erwacht war. So trieb ihn das Verhängnis
von Schuld zu Schuld, und ſeine Regierung wurde eine ununter=
brochene Kette von Mord und Miſſetaten.

Viertes Kapitel

Herodes und ſeine Söhne.
(37 vor bis 6 nach Beginn der chriſtl. Zeitr.)

1. Herodes.
(37—4 vor Beginn der chriſtl. Zeitr.)

Als der Tempel am Verſöhnungstage in die Hände der Be=
lagerer gefallen war, warf ſich Antigonus vor den Feinden in den
Staub und flehte um ſein Leben. Aber ob dieſer weibiſchen Feig=
heit ſchalt ihn der Römer höhnend Antigona und ſtieß ihn mit dem
Fuße von ſich. Herodes hinderte es nicht, daß man ihn, den Oheim
ſeiner Gattin, hinrichtete.

Nun war der Einzige, welcher aus dem Geſchlechte der Makkabäer
gerechte Anſprüche auf die Hoheprieſterwürde hatte, der junge Ariſtobul,
Mariannes Bruder. Da Herodes einen anderen an dieſe Stelle ge=

---

[1]) Accius bei Cicero, de officiis I, 28 und öfter.

jetzt hatte, wandte sich seine Schwiegermutter Alexandra an Cleopatra, die es durch ihren Freund Marc Anton durchzusetzen wußte, daß Aristobul zu seinem Rechte kam. Freilich war Alexandra seit diesem Vorgang dem Herodes ein Dorn im Auge. Sie sah sich bald von Spähern umgeben, die sie samt ihrem unschuldigen Sohne ins Ver= derben zu stürzen drohten. Da entwarf sie den abenteuerlichen Plan, mit ihrem Liebling zu Cleopatra zu fliehen, die schon längst mit lüsternem Blick nach dem Besitz Judäas strebte und Herodes um so tiefer haßte, als er es verstanden hatte, ihren Verlockungen siegreich zu entgehen. Der Fluchtversuch mißlang; in Herodes aber reifte der Entschluß, solche gefährliche Verbindungen seiner Schwiegermutter künftig unmöglich zu machen.

Inzwischen gewann der schöne Hohepriester mit dem reinen Kindergemüt und den edlen Anlagen der Makkabäer die Sympathieen des Volkes. Die Herzen flogen ihm um so rascher zu, je verhaßter Herodes wurde, und man liebte ihn wohl mehr als eine Verkörperung des Ideals der guten, alten Zeit, als eigener nennenswerter Ver= dienste wegen. Je lebhafter der Jubel wurde, mit dem man Aristobul zu begrüßen liebte, desto eifersüchtiger und neidischer wurde der König. Schließlich ertrug Herodes es nicht länger. Er lockte den Schwager auf sein Lustschloß Jericho und feierte ihn daselbst durch frohe Feste und durch heitere Spiele. Dabei ereignete es sich, daß die Diener scheinbar neckend und spielend den Jüngling im Bade so lange unter dem Wasser hielten, bis er erstickt war. Wohl befahl Herodes die Mitwisser seiner Schuld hinzurichten, als ob er sie für den Frevel strafen wollte, aber die öffentliche Stimme bezeichnete ihn dennoch laut als Mörder, und mit tiefem Abscheu wandten sich Alexandra und Mariamne von ihm ab. Antonius zog ihn zur Rechenschaft. Aber ehe der König die Reise zu ihm antrat, gab er seinem Schwager, dem Gemahl seiner Schwester Salome, den Auftrag, Mariamne, die er keinem Nachfolger gönnte, zu töten, falls er nicht zurückkehren sollte. Als ihm seine Rechtfertigung gelungen war und er von seiner Gattin selbst erfuhr, daß sein Schwager den Befehl verraten habe, glaubte er den schändlichen Einflüsterungen seiner ränkevollen Schwester Salome, die ihn zur Eifersucht gegen ihren eigenen Gemahl reizte, und ließ diesen ohne weiteres enthaupten.

Nicht lange darauf brachten ihm die Vorgänge in Rom neue schwere Sorgen. Die Schlacht bei Actium im Jahre 31 hatte seinen Freund und Gönner Antonius gestürzt, und er wußte nicht, wie sich der neue Weltbeherrscher Oktavian zu ihm stellen würde. Konnte ihm nicht die einzige noch gebliebene morsche Säule des Makkabäerhauses, der alte, hinfällige Hyrkan als Herrscher für Judäa geeigneter erscheinen? Der Greis war, erfüllt von Sehnsucht nach dem heiligen Lande, von den Parthern zurückgekehrt, und Herodes hatte ihn scheinbar freundlich aufgenommen, weil er den haltlosen Mann nicht ohne schwere Besorgnis fremden, feindlichen Händen, die ihn zu ihren Zwecken mißbrauchen konnten, überlassen mochte. Jetzt machte sich der Schändliche den Vorteil dieser Lage zu Nutze. Ehe er sich Oktavian zu Füßen legte, ließ er den gutmütigen Greis, dem sein Vater und er ihre ganze Herrlichkeit verdankten, den Großvater seines Weibes, hinrichten, damit der Römer keine Wahl habe bei Besetzung des Thrones der Hasmonäer. Es gelang seiner Geschicklichkeit, auch Oktavian für sich zu gewinnen, sodaß er bei seiner Rückkehr aus Rom mächtiger dastand als je zuvor. Aber aller Glanz konnte nicht das finstere Elend erhellen, das über seinem Haupte lagerte. Mariannes Abscheu vor dem blutgierigen Gemahl hatte seinen Höhepunkt erreicht, da sie wußte, daß sie während seiner Abwesenheit wiederum in Todesgefahr geschwebt hatte, und nichts konnte sie bewegen, die niedrigen Verleumdungen der auf ihren Einfluß eifersüchtigen Schwägerin Salome zurückzuweisen. Ruhig ließ sie sich vor Gericht stellen und zog mit dem Heldenmut der echten Makkabäerin einen unverdienten Tod dem elenden Leben vor. Ihre Hinrichtung brachte den König dem Wahnsinn nahe. Aber die Reue läuterte ihn nicht. Die Missetat, die ihn sein Herzblut kostete, machte ihn vielmehr stumpfsinnig gegen neues Blutvergießen. Seiner blinden Wut fiel zunächst Alexandra, und dann jeglicher zum Opfer, der ihm irgendwie zum Mißtrauen Anlaß gab. Wenn in guten Stunden die bösen Leidenschaften in seiner Brust schwiegen, so sann er auf Mittel und Wege, die Ausbrüche tierischer Roheit in Vergessenheit zu bringen. Seine Bemühungen schlugen freilich meistens fehl, weil sein unbeständiger, heftiger Sinn bald wieder die Saaten verdarb und zertrat, die er in guter Absicht ausgestreut hatte. Dazu kam, daß bei allen Maßregeln, die er traf, die Untertanen stets mit gehässigem Mißtrauen die bösen Schattenseiten herauszufinden wußten.

Gab er den Massen Beschäftigung bei der Ausführung großer Bauten, so dachten sie in erster Linie daran, daß das Geld dazu

vom Schweiße des Volkes erpreßt sei. Rief seine Prachtliebe herr=
liche Werke hervor, so schuf er neben den glänzend ausgeschmückten
Bethäusern und Palästen, Theater und Rennbahnen im Lande und
selbst in Jerusalem, die mit Abbildungen römischer Heldentaten ge=
ziert waren und zu Kampfspielen und Wagenrennen nach heidnischem
Muster dienten. Dieser Mangel an Rücksicht auf die religiösen
Empfindungen erbitterte die Juden so sehr, daß sich einst zehn
Männer verschworen, den König im Theater niederzustoßen, und daß
sie ruhig wie Märtyrer in den Tod gingen, als sie verraten wurden.
Auch zerstörte Städte wurden aufgebaut, aber gleichzeitig in starke
Festungen verwandelt. Dadurch glich ganz Judäa bald einem einzigen
großen Feldlager, woselbst das Volk sich allenthalben bedrängt fühlte
und von Späheraugen der fremden Söldner sich überall bewacht sah. Es
seufzte beständig unter so schwerem Steuerdruck, den der prachtliebende,
baulustige Despot ihm auferlegte, daß die Dankbarkeit gar nicht auf=
zukommen vermochte, wenn er bei gegebener Gelegenheit freigebig
und wohltätig war und einen Teil der Abgaben auf kurze Zeit frei=
willig erließ. Als einmal Dürre und Mißwachs eintrat, suchte er
die Not dadurch zu lindern, daß er Geld und Getreide verteilte und
auf die Zahlung der Abgaben verzichtete. Er wiederholte das Ge=
schenk, als er seinem Volke mit freudigem Stolze verkünden konnte,
daß er für die Juden in und außerhalb des heiligen Landes allerlei
Freiheiten von einem hochstehenden römischen Beamten, mit dem er durch
Judäa und Kleinasien gezogen war, erwirkt habe. Wäre in den
Herzen des Volkes noch Raum für ein Dankgefühl geblieben, so
hätte es sich noch am ehesten an den herrlichen Umbau des Tempels
auf Moria anschließen können. Mit unendlicher Mühe und Sorg=
falt ließ er geeignete Priester in der modernen Baukunst unterweisen
und aus den kostbarsten Stoffen, aus Gold und Marmor, einen Bau
aufführen, wie er der Prachtliebe und dem Kunstsinn der damaligen
gebildeten Menschen entsprach. Das eigentliche Tempelgebäude war
100 Ellen lang und in der Mitte 120 Ellen hoch. Der Eingang
blieb im Osten, um nach wie vor den Gegensatz Israels zu den
sonnenanbetenden Völkern zu bezeichnen. Besonders erregte ein über=
aus kostbarer, großer goldener Weinstock die allgemeine Bewunderung
der durch die Hauptpforte eintretenden Besucher. Drei Vorhöfe um=
gaben das heilige Haus, welches wie bisher in Vorhalle, Heiliges
und Allerheiligstes zerfiel. Der erste äußerste Vorhof war von Säulen=

gängen umgeben, an denen griechische und lateinische Inschriften die
Stelle bezeichneten, bis zu welcher die Heiden den Berg des Herrn
betreten durften. Auch wurde das von Simon zerstörte und von
seinen Nachfolgern wegen seiner Unentbehrlichkeit neu erbaute Kastell
auf dem Tempelberge prächtig ausgestattet und Antonius zu Ehren
Antonia genannt.

War bei der Erbauung des Tempels gewissenhaft nach allen
gesetzlichen Vorschriften gehandelt worden, so verfuhr der König desto
eigenwilliger bei der Besetzung des hohenpriesterlichen Amtes. Er
berief an diesen Platz nur aus dem einzigen Grunde einen gewöhn=
lichen Priester, weil dieser der Vater eines schönen Mädchens war, das
ihn durch Namen und Gestalt an die unvergessene Hasmonäerin er=
innerte und deshalb von ihm als zweite Mariamne heimgeführt worden
war. Mit der gleichen rücksichtslosen Willkür schaltete er in seinem
eigenen Hause und entwürdigte die heiligsten Bande des Familien=
lebens. Durch rohe und lieblose Behandlung erzog er seinen eigenen
ältesten Sohn zu all der Selbstsucht und Ruchlosigkeit, welche er
den ihm verwandt gewordenen Makkabäern zugetraut, und um
derentwillen er sie auf das Schaffot gebracht hatte. Antipater, der
nebst seiner Mutter um der ersten Mariamne willen verstoßen worden
war, haßte seinen Vater aus tiefster Seele, weil er durch ihn wider
alles Recht und Herkommen sich der Thronfolge beraubt sah. Der
König ließ seine Lieblingskinder, die Söhne der Hasmonäerin, als
teure Hinterlassenschaft der geliebtesten Gattin sorgfältig in Rom er=
ziehen und betrachtete sie als die edle Nachkommenschaft, der er einst
sein Reich übergeben wollte. Auf sie übertrug Antipater seinen grenzen=
losen Haß und erregte im Verein mit der herrschsüchtigen Salome das
stets lauernde Mißtrauen des Vaters. Bald ward er wieder an den
Hof gezogen und dann ebenfalls zur Ausbildung nach Rom geschickt,
um den stolzen Jünglingen zu zeigen, daß sie nicht so ohne weiteres
mit Sicherheit auf den Thron rechnen durften. Je herzlicher ihnen
das Volk, schon um ihrer schönen und schuldlosen Mutter willen,
anhing, desto verhaßter wurden sie Salome und Antipater, und desto
leichter wurde es ihrer vereinigten Tücke, sie in des Königs Augen zu
verdächtigen. In der Tat gelang es endlich den fortgesetzten Um=
trieben der arglistigen Widersacher, nachdem schon einmal der Kaiser
Augustus selber den Vater mit den Söhnen auf kurze Zeit ausgesöhnt
hatte, die Jünglinge durch lügnerische Aussagen des beabsichtigten

Vatermordes beschuldigen zu lassen. Sie wurden vor ein vom Könige berufenes Gericht gestellt und nach eingeholter Genehmigung des Kaisers hingerichtet.

Nun hatte Antipater wieder die nächste Aussicht auf den Thron. Aber der Aufenthalt am Hofe ward ihm von Tag zu Tag unheimlicher. Denn als Mitschuldiger am Tode seiner Brüder wußte er sich allgemein gehaßt und fürchtete außerdem, daß er hier ebenso wie sie leicht das Opfer irgend einer anderen Intrigue werden könnte. Darum veranlaßte er den König, daß er ihn abermals nach Rom sandte mit dem Auftrage, sein Testament in des Kaisers Hände niederzulegen. Augustus bestätigte den letzten Willen seines dienstbeflissenen Vasallen, und mit Sehnsucht trachtete seitdem der ungeratene Sohn danach, das Erbe baldigst anzutreten.

Er knüpfte von Rom aus geheime Verbindungen mit den Feinden des Vaters und vor allem mit dessen Bruder Pheroras an, der sich nach mancherlei Zwistigkeiten grollend vom Hofe zurückgezogen hatte. Indessen erkrankte Pheroras, und Herodes erschien, von einer guten Regung fortgerissen, schmerzlich bewegt am Sterbelager des einst geliebten Bruders. Bei dieser Gelegenheit drangen verworrene Gerüchte von Gift und Verschwörung an sein Ohr. Er untersuchte die Sache auf der Stelle und erfuhr, daß Antipater für ihn an seinen Oheim Gift geschickt, das der Sterbende seiner Gattin zu vernichten befahl, als er die Teilnahme und den aufrichtigen Schmerz des Bruders wahrnahm. Nachdem durch die Untersuchung die Schuld Antipaters zweifellos festgestellt war, bat ihn der König freundlich heimzukehren, damit er ihm in seinem Alter die Sorgen der Regierung tragen helfe. Ahnungslos kam Antipater zurück. Alle Hafenstädte des Landes wurden strengstens überwacht, damit der Frevler von der Entdeckung des Mordplanes nicht vorzeitig unterrichtet würde. Herodes eilte ihm entgegen, und als Antipater triumphierend und glücklich anlangte, schleuderte er ihm den Verrat ins Gesicht, und ließ ihn sofort in Fesseln schlagen. Es wurde ihm der Prozeß gemacht und der Kaiser um die Erlaubnis zur Hinrichtung angegangen. „Wahrlich, ich möchte lieber des Judenkönigs Schwein als sein Sohn sein!" soll damals Augustus ausgerufen haben.

Die fortgesetzten Aufregungen warfen den König, dessen Körper ohnehin unter den sinnlichen Ausschweifungen seiner Jugend litt, auf das Schmerzenslager. Es befiel ihn eine ekelhafte Krankheit, die ihm die fürchterlichsten Schmerzen bereitete und ihm so unerträglich wurde, daß er einst das Messer, das man ihm zum Schälen eines Apfels gereicht, benutzte, um sich die Pulsadern zu öffnen. Lautes Geschrei, der König sei tot, erfüllte den Palast. Das hörte auch Antipater, der im unterirdischen Gewölbe desselben Hauses schmachtete, und versprach seinem Wächter goldene Berge, wenn er ihn jetzt frei= ließe. Aber der Kerkermeister war vorsichtig genug, sich erst zu über= zeugen, wie es wirklich um Herodes stehe. Als er erfuhr, daß er noch lebte, eilte er zu ihm und verriet den Anschlag Antipaters. Da wurde Antipater ohne Aufschub auf Befehl des totkranken Königs hingerichtet. Damit fiel dem Könige abermals die Sorge zu, eine neue Erbordnung für seine überlebenden Söhne festzustellen. Noch in dieser letzten qualvollen Zeit seines Leben schwankten seine Ent= schlüsse, von allerlei Ränken beeinflußt, hin und her, bis er endlich bestimmte, daß drei seiner Söhne, Archelaus, Antipas und Philipp[1]) das Reich teilen sollten. Als er sein Ende nahen fühlte, mochte er den Juden nicht einmal die Freude an seinem Tode gönnen und gab darum seiner Schwester Salome den Auftrag, die Vornehmsten des Landes in der Rennbahn zu versammeln und niederhauen zu lassen, sobald die Nachricht von seinem Hinscheiden eintreffen werde.

So erfüllt die Zeit des Herodes unsere Seele mit Grauen und Abscheu und zeigt uns kaum eine Spur des sittlichen Geistes, zu

---

[1]) Genealogische Übersicht über die Familie des Herodes:

Antipater,
st. 43 v. Beg. d. chr. Zeitr.

Phasaël, st. 40 v. Beg. d. christl. Zeitr.	Herodes, 37—4 v., hatte 10 Frauen, darunter: 1) Doris, 2) Mariamne I., 3) Mariamne II., 4) Malthace, 5) Cleopatra, und von diesen folgende Nachkommenschaft.			Pheroras.		Salome.
1. Antipater, st. 4 v.	**2.** Alexander, st. 8 v. Gem. Glaphyra	**3.** Aristobul, st 8 v.	**3.** Herodes, verm. mit Herodias	**4.** Archelaus, Ethnarch, 4 v.—6 n. Gem. Glaphyra	**4.** Antipas, Tetrarch, 4 v.—39 n. Gem. Herodias	**5.** Philipp, Tetrarch, 4 v.—34 n. Gem. Salome
Agrippa I., König, 37—44 n.	Herodes, König von Chalcis 41—49 n.	Herodias, Salome, Gem. des Philipp				
Agrippa II. st. 100 n.	Berenice					

deſſen Vertreter Israel berufen war. Aber auch in jener Zeit voll
roher Gewalt und wilder Leidenſchaft wirkten im Stillen fromme
Männer an dem Ausbau der Gotteslehre rüſtig weiter.

2. Inneres Leben der Juden. Hillel und Schammai.

Schemaja (Sameas), und Abtalion (Pollion), die großen
Häupter des Synhedriums beim Regierungsantritt des Herodes,
waren mutig genug, den Gewalthaber nicht zu fürchten, und zugleich
klug genug, ſeine Willkür nicht zu reizen. So lange ſie lebten, vernehmen wir nichts von irgend welchen gewaltſamen Eingriffen in
ihre Rechte. Nichtsdeſtoweniger ſcheint es, als ob ſie nie zu rechter
Freude und Befriedigung in ihrem Amte gelangt ſeien. Wenigſtens
gab Schemaja jeder Handarbeit den Vorzug vor der Stellung eines
Richters und Lehrers und warnte eindringlich vor jeder Einmiſchung
in öffentliche Angelegenheiten. „Liebe die Arbeit", lehrte er, „und
haſſe das Amt des Herrn und Meiſters, und dränge dich nicht zu
den Großen". 'Die böſen Zeitereigniſſe mögen jenen Gelehrten auch
den Gedanken an die Möglichkeit einer plötzlichen Verbannung durch
die unberechenbaren Launen des Tyrannen nahe gelegt haben. Abtalion mahnte darum zu ſtrenger Vorſicht bei jedem Worte, das im
Lehrhauſe geſprochen wurde. Ausdrücklich ſagte er: „Ihr Weiſen,
ſeid bedächtig in euren Worten. Ihr könntet durch eure Schuld
eine Vertreibung ins Elend erwirken und an einen Ort ſchlechten
Waſſers vertrieben werden, und die euch nachziehenden Schüler könnten
davon trinken und ſterben, und die Folge wäre, daß der Name Gottes
entweiht würde [1]".

Nach dem Tode dieſer Älteſten aber machte Herodes den Verſuch, das Anſehen und die Würde der Vorſitzenden zu ſchmälern.
Er ſah ſich deshalb nach Männern für dieſe Stellung um, die weder
durch Gelehrſamkeit beſonders hervorragend waren, noch durch Ab-
ſtammung und geſellſchaftliche Beziehungen einen bedeutenden Einfluß
beſaßen. Seine Wahl fiel auf die vielleicht erſt jüngſt von jenſeits
des Euphrat her eingewanderte Familie Betera (oder Bathyra). Allein
der Geiſt ließ ſich nicht in Feſſeln ſchlagen, und die Mitglieder des
von Herodes bevorzugten Geſchlechtes beſaßen jenen ſeltenen Seelen-
adel, der ſie bewog, freiwillig auf ihr Amt zu verzichten, als ein

---

[1] Sprüche der Väter I, 10. 11.

zufälliges Ereignis die allgemeine Aufmerksamkeit auf den würdigsten und gelehrtesten unter den damaligen Schriftgelehrten lenkte.

Einst handelte es sich im Lehrhause um die Lösung einer rituellen Frage, die in der Praxis selten vorkam. Während die Vorsitzenden des Synhedriums wegen einer stichhaltigen Entscheidung in Verlegenheit waren, trat ein bisher unbeachteter Mann, über den man später erfuhr, daß er Jahre lang durch niedere Handarbeit sein kümmerliches Brot gefunden habe und dabei ein äußerst fleißiger Besucher des Lehrhauses gewesen sei, unter die Gelehrten und entschied die vorliegende Frage nicht nur überzeugend nach den klaren Denkgesetzen der menschlichen Vernunft, sondern wußte auch aus dem Munde seiner Meister die Überlieferung als Beweis für seine Meinung beizubringen. Erfüllt von echter Wahrheitsliebe, beugten sich die Häupter des Gerichtshofes vor der geistigen Überlegenheit des bescheidenen Mannes, dessen Name Hillel war, und ließen ihn bereitwillig ihre Würde übernehmen.

Hillel war nach Esra der hervorragendste Wiederhersteller der Lehre, und in seiner Familie blieb zehn Geschlechter hindurch das Amt des Vorsitzenden erblich. Er stammte aus Babylon und war mütterlicherseits aus dem Geschlechte Davids. Anfangs lebte er in so ärmlichen Verhältnissen, daß ihm einst das sehr geringe Eintrittsgeld ins Lehrhaus, das damals eine Zeitlang gefordert wurde, fehlte. Da klomm der Wissensdurstige auf das Dach, um durch dessen Öffnung den gelehrten Gesprächen zu lauschen. Es fiel leiser Schnee hernieder und ließ den Horchenden erstarren, sodaß man ihn erst am anderen Morgen zum Leben erweckte, als man durch seinen Körper das Lehrhaus verfinstert fand. Seine Weisheit und Tugend war so groß und vorbildlich, daß diese Vorgänge seines bescheidenen Lebens vom Volke legendenhaft ausgeschmückt wurden. Vor allem spiegelt sich seine tiefe und wahre Menschenliebe in der Erzählung von jenem Heiden wieder, der zu ihm kam und verlangte, die Lehre des Judentums in der Zeit kennen zu lernen, die er auf einem Fuße stehend zubringen könne. Zu ihm sprach er: „Liebe deinen Nächsten wie dich selbst. Das heißt: was dir zuwider ist, tue deinem Nächsten nicht. Das ist der wichtigste Satz der Lehre. Das Übrige ist der Kommentar, nun gehe hin und lerne!" So ging von ihm zuerst das Wort aus, welches von anderen Juden später als eine angeblich neue Offenbarung den Heiden verkündigt wurde. Seine sprichwörtlich gewordene Geduld wollte

einst ein Mann auf die Probe stellen, der vierhundert Gulden
darauf gewettet hatte, daß es ihm gelingen werde, den sanften Mann
zum Zorn zu reizen. Der Fremde wartete, bis der Weise nach seiner
Gewohnheit am Rüsttage des Sabbaths sich im Bade befand und
begehrte stürmisch Einlaß, um an den dem Bade Entstiegenen eine
törichte Frage zu richten. Hillel antwortete freundlich und tat dasselbe mehrfach hintereinander, so oft als der Mann ihn aus dem
Bade rief, um ihn mit einfältigen Fragen zu belästigen. Schließlich
rief der Zudringliche zornig: „Wann wirst du endlich die Geduld
verlieren, daß ich nicht um meinen Einsatz komme?" Hillel aber
erwiederte ihm gelassen: „Gehe hin und bezahle deine Schuld, aber
sag', du habest Hillel nicht zornig gemacht."

Friedfertigkeit und Milde waren in seinen Augen die wichtigsten
Tugenden des Weisen. Darum lehrte er: „Sei von den Jüngern
Aharons, friedliebend und nach Frieden strebend, die Menschen liebend
und sie hinführend zur Gotteslehre". Ebenso unzertrennlich von der
Weisheit erschien ihm die Demut und Pflichttreue. Denn er sprach:
„Wer seinen Namen weit zu verbreiten strebt, verliert seinen Namen;
und wer an Erkenntnis nicht zunimmt, nimmt ab; und wer nicht
lernen will, ist todeswürdig; und wer sich der Krone des Wissens
nur aus Prahlsucht bedient, schwindet hin". Selbstbewußtsein drückt
Hillel nur da aus, wo er von der hohen Würde und verantwortlichen
Aufgabe des Menschen spricht: „Wenn ich nicht für mich bin, wer
ist für mich? und bin ich nur für mich, was bin ich? und wenn
nicht jetzt, wann denn[1])?" Die gleiche zielbewußte Selbständigkeit
bewährte Hillel in der Erfassung des Geistes der göttlichen Lehre,
sobald es galt, der überhandnehmenden Mißachtung gesetzlicher Bestimmungen entgegen zu treten. Die Not der Zeit hatte damals
viele Menschen dazu verleitet, das Gesetz über das Erlaßjahr zu
mißbrauchen und sich auf Grund desselben ihrer Schulden böswillig
zu entledigen. Dadurch war es beinahe so weit gekommen, daß
Handel und Gewerbe zu stocken drohten, weil niemand mehr sein
Kapital aufs Spiel setzen wollte. Da ordnete Hillel, um dem Übelstande Einhalt zu tun, an, daß der Gläubiger vor dem Eintritt des
Sabbathjahres seine Forderung dem Gerichte übertragen könne, welches
berechtigt sei, die Schuld ohne Rücksicht auf das Erlaßgesetz beizu-

---

[1]) Sprüche der Väter I, 12—14.

treiben. Diese zeitgemäße Einrichtung nannte man mit der griechischen Bezeichnung Prosbol.

Die hohen und liebenswürdigen Tugenden Hillels waren die unschuldige Veranlassung, daß der Mann, der mit ihm den Vorsitz im Synhedrium teilte, oft in übertriebener Weise für hart und lieblos gehalten wurde. Allein wenn auch Schammai in vielen gesetzlichen Entscheidungen zu entgegengesetzten und meist erschwerenden Ansichten wie sein Amtsgenosse kam, so war die Grundanschauung seines Charakters nicht minder in sittlichem Ernst und in strenger Hingabe an die Pflicht begründet. Als die erste und würdigste Aufgabe erschien ihm nicht sowohl die liebevolle und versöhnliche Leitung und Behandlung der Menschen als vielmehr die eifrige und unausgesetzte Beschäftigung mit dem göttlichen Gesetze. Seinen Nächsten mit Güte zu behandeln, war ihm erst das zweite, dabei aber äußerst ernst und aufrichtig gemeinte Bestreben. Sein Wahlspruch lautete demgemäß: „Mache deine Beschäftigung mit der Thora zu einem stehenden Geschäfte, sprich wenig und tue viel, und empfange jeden Menschen mit freundlichem Angesichte[1]“. Hillel und Schammai ergänzten gleichsam einander und wurden von so nachhaltigem Einfluß, daß in der kommenden Zeit die Vertreter der Lehre persönlich fast ganz zurücktraten und nur der Geist der beiden großen Meister in einer „Schule Hillels“ und einer „Schule Schammais“ fortlebte.

Hillels Einfluß auf lange Zeit hinaus wurzelte aber nicht bloß in seiner persönlichen Liebenswürdigkeit, sondern wird erst verständlich durch das, was er für die Entwickelung der mündlichen Lehre geleistet hat. Seit Esra war sie bekanntlich der Mittelpunkt des jüdischen Geisteslebens, und man bemühte sich, sie in eine lebendige Verbindung mit dem schriftlichen Gesetz zu bringen. Religiöse Anschauungen, Erläuterungen zu Schriftstellen und uralte Gebräuche, die im Bewußtsein des Volkes sich fortgepflanzt hatten, empfingen eine sichere Grundlage erst durch irgend eine Bemerkung oder Andeutung der Schrift. Die Art und Weise dieser Deutung und Erforschung des Schriftwortes möge ein Beispiel anschaulich machen. Es war durch mündliche Überlieferung bekannt, daß neununddreißig Arbeiten am Sabbath verboten seien, ohne daß uns solche nach Zahl und Namen in der Bibel bestimmt werden. Nun liest man in der Schrift, daß, als Mose vom

---

[1] Sprüche der Väter 1, 15.

Sinai kam und die Erbauung des Stiftszeltes befahl, er vorher nochmals das Sabbathgebot einschärfte und seine Übertretung mit schwerer Strafe bedrohte. Aus diesem Zusammenhange ergibt sich nicht nur, daß der Bau des Heiligtums am Sabbath verboten war, sondern auch, daß die dabei vorkommenden Verrichtungen offenbar unter den Begriff der am Sabbath verbotenen Arbeiten fallen. Sucht man diese Verrichtungen im einzelnen auf, so finden sich im allgemeinen jene neununddreißig Arbeiten, welche die Überlieferung aufzuzählen weiß. Eine derartige Beschäftigung mit dem Gesetz geschah nach einer gewissen Übereinstimmung der Forscher, die durch Herkommen und Übung befestigt war. Man verfuhr dabei nach bestimmten Grundsätzen, ohne sich über diese deutliche Rechenschaft zu geben, wie einfache Menschen, ihren natürlichen Anschauungen folgend, richtig denken, ohne die Denkgesetze zu kennen. Erst Hillel erhob die Grundsätze zu festen Regeln. Er leitete sie wohl durch den Vergleich und die Zusammenstellung ähnlicher Gesetzdeutungen ab, ordnete sie und gab ihnen Namen. Seine sieben Regeln wurden fortan der Schlüssel der Forschung. Bis zu seiner Zeit speicherte man die feststehenden Überlieferungen nur als etwas geschichtlich Gegebenes im Kopfe auf. Sie lagen nebeneinander, starr und leblos, bloß das Gedächtnis beschwerend. Jetzt kam ein lebendiger Zusammenhang in das mündliche und schriftliche Gesetz. Man untersuchte und prüfte mit Anwendung der Hillel'schen Regeln selbständig und scharfsinnig die Überlieferungen, sodaß der Geist von dem Besitz nahm, was bisher bloß ein toter Wissensschatz gewesen war. Ein solches Studium belebte nicht bloß das Alte, sondern schuf auch die Möglichkeit, neue Fragen, wie sie das Leben täglich aufwarf, zu beantworten. Die Lehre wurde damit aus ihrer Abgeschlossenheit und Starrheit erlöst und flutet seitdem als freier Strom durch die Geschichte Israels.

Ebenso eigenartig, wie die Methode der Schriftforschung, war deren Zweck. Das Studium der Lehre war seinem Zwecke nach nämlich ein zwiefaches. Fand man durch Auslegung und Deutung des Gesetzes eine bleibende, feste Richtschnur für den Lebenswandel, nach welcher sich das ganze menschliche Tun gesetzmäßig gestaltete, so trieb man Halacha[1]) (wörtlich): Gang, Wandel). Das war eine praktische Beschäftigung für den klaren Verstand; denn jede Ent-

---

[1]) הֲלָכָה.

scheidung über die Ausführung eines Gesetzes schloß eine andere aus. Forschte man dagegen in dem nichtgesetzlichen Teile der Bibel, in den Erzählungen der Schrift oder den Reden der Propheten, horchte man gleichsam mit dem Gemüt auf den göttlichen Geist, der durch die heilige Schrift wandelt, so trieb man Haggada[1]) (wörtlich: Verkündigung). Hier schöpfte das Herz Belehrung, Erhebung und Trost, indem es durch die Gestalten der Bibel zur Nachahmung angefeuert wurde und in ihren Schicksalen einen Spiegel des eigenen Lebens fand. Hier sah das Auge stets die schützende und strafende Hand Gottes und empfand seine väterliche Liebe zu seinem Volke. Das Herz erhob sich dann zu diesem Gotte und erkannte den Pfad, welcher zu ihm führt. Die Haggada wendet sich somit nicht bloß an die Vernunft, sondern auch an das Gemüt. Sie hat ihren Boden nicht wie die Halacha in der Wirklichkeit und Alltäglichkeit, sondern in der höheren, dichterischen Anschauungs und Ausdrucksweise. Wo die Phantasie mitredet, sind feste Regeln nicht aufzustellen; frei deutet sie aus den Bildern tiefe Gedanken, und eine Deutung schließt auf ihrem Gebiete die andere nicht aus.

Alles dieses bezieht sich auf den Inhalt der altjüdischen Wissenschaft. Eigentümliches und wunderbares bleibt uns noch von deren Form zu sagen. Heut liegt die Gelehrsamkeit hauptsächlich in Büchern fest, ein Umstand, der uns in seiner ganzen Bedeutung erst zum Bewußtsein kommt, wenn wir uns vergegenwärtigen, daß die Erfindung, Bücher durch den Druck zu vervielfältigen, eine verhältnismäßig junge ist. Für jene Zeit war es demnach schon an sich selbstverständlich, daß man in der Regel ohne Bücher, d. h. durch den Vortrag oder die Entwickelung eines Lehrers, lernte. Für das Studium der mündlichen Lehre lag aber die Sache noch anders; sie durfte überhaupt nicht aufgeschrieben werden. Die durch Esra begründete Tätigkeit der Soferim und die an sie anschließende Wirksamkeit der Tannaim läßt uns ihre Gedanken und Leistungen nur aus schriftlichen Aufzeichnungen erkennen, die viele Jahrhunderte später gemacht worden sind. Gemäß den Grundsätzen der großen Versammlung, die bereits auf die weiteste Verbreitung des Studiums drang, entstanden überall Lehrhäuser in denen das Gesetz fleißig ausgelegt wurde. Das Lehrhaus[2]) oder die Schule war dem Volke geöffnet. Ein Gegenstand

---

[1]) הַגָּדָה.   [2]) בֵּית הַמִּדְרָשׁ.

wurde zur Besprechung vorgeschlagen und damit ein Meinungsaus=
tausch eröffnet. Fragen, Antworten, Einwürfe, Urteile drängten sich,
das Für und Wider beleuchtete den Gegenstand von allen Seiten,
schärfte den Blick, daß er die feinsten Unterschiede erkannte und er=
hitzte die Gemüter zu Verteidigung und Widerspruch, zu Lust und
Zorn. In diesem Kampfe der Geister trug man alles herbei, alle
Fähigkeiten des Verstandes, alle Erregungen des Gemütes: mit Witz
und Ernst verfocht man seine Meinung. Alles Denken und Wissen
der Menschen, alles, was man je gehört oder gelernt, führte man
geschickt ins Feld. Und an diesen Diskussionen beteiligte sich buch=
stäblich das ganze Volk, d. h. eben sowohl die Tagelöhner und Hand=
werker, als die Reichen und Vornehmen. Das Lehrhaus schloß
niemanden aus und zeichnete niemanden aus und nahm alle auf.
In Wahrheit, ein eigentümlicheres und edleres Schauspiel findet sich
nicht in der Geschichte! Die Protokolle über solche wissenschaftliche
Verhandlungen legt man heutzutage in Archiven nieder. Jene Unter=
redungen wurden nur im Gedächtnisse aufbewahrt, und die Wiß=
begierde war ein treuer Geschichtschreiber, der auch nicht den kleinsten
Teil solcher Scenen ausließ und uns ganze mündlich überlieferte
Bände aufgespeichert hat.

Die Sprache dieser Literatur war hebräisch, doch bereits reich
durchwirkt mit aramäischen, griechischen und lateinischen Ausdrücken,
sodaß sie sich von derjenigen der heiligen Schrift völlig unterschied.
Das Neuhebräisch trat damals den Weg an, auf dem wir es in
ganz verschiedenen Gestaltungen durch die jüdische Literatur wandern
sehen. Das Verständnis der Schriften der einen Sprachperiode bedingt
nie das einer andern. Wer die Bibel versteht, kann deshalb noch
nicht die Aufzeichnungen dieser späteren Wissenschaft lesen. Die Masse
des jüdischen Volkes bediente sich in der Zeit, von der wir sprechen, im
täglichen Verkehr nicht mehr des Hebräischen. Die Gebildeten redeten
meistens griechisch, der gewöhnliche Mann in der Regel aramäisch.
Da es aber eine Pflicht war, von den Geboten Gottes zu reden,
„wenn du sitzest in deinem Hause, wenn du gehest auf dem Wege,
wenn du dich niederlegst und wenn du aufstehst", so mußte die Jugend
in dieser Schriftsprache schon damals unterrichtet werden. Bereits
Simon ben Schetach hatte den Grundsatz der Soferim: „Stellet
viele Schüler auf" auf die sechzehn= bis siebzehnjährigen Jünglinge
ausgedehnt, und aus einer späteren Zeit als der unsrigen wird uns

von Josua ben Gamla erzählt, daß er Schulen für sechs- bis
siebenjährige Knaben in allen Städten einzurichten befahl. Die Frucht
dieses Unterrichts kam vor allem dem häuslichen und öffentlichen
Gottesdienst zu gute.

Der häusliche Gottesdienst wies damals bereits in der
Anlage die Grundbestandteile auf, welche die späteren Jahrhunderte
nach Form, Inhalt und Ausdehnung weiter ausgebildet haben.
Bereis im mosaischen Gesetz[1]) hat der erste Segensspruch des täglichen
Tischgebets, welcher dem Danke für Speise und Trank Ausdruck gibt,
seinen Ursprung. Als Israel im Besitz des heiligen Landes war,
wurde als zweiter Teil des Tischgebetes eine besondere Lobpreisung
für dieses göttliche Geschenk hinzugefügt. Endlich kam in noch späterer
Zeit ein weiteres Dankgebet für Jerusalem und den Tempel, den
Mittelpunkt des Landes der Verheißung, hinzu. Ganz besonders
wurde der Ein=[2]) und Ausgang[3]) des Sabbaths und der Festtage
durch Weihegebete gefeiert und in sinniger Weise dem Weibe, als
der Seele des Hauses, das Anzünden der Lichter zu Beginn des
Sabbaths übertragen. Der Höhepunkt eines weihevollen häuslichen
Gottesdienstes war namentlich das alljährlich wiederkehrende Festmahl
(Seder)[4]), womit das Peßachfest feierlich eröffnet wurde. Damit aber
jeder Genuß des täglichen Lebens ein heiterer und bewußter werde
und den Menschen stets an den Geber alles Guten erinnere, schmückte
schon damals eine Perlenschnur von Segenssprüchen[5]) das ganze
israelitische Leben. Labte sich der Israelit an den Früchten des
Feldes oder des Baumes, so pries er den Ernährer, der diese Früchte
reifen ließ. Er hörte in Donner und Blitz die Stimme des All=
gewaltigen und sah im Farbenreichtum des Regensbogens das Zeichen,
daß Gott ihn erhalten wolle. Hatte Gott einen Menschen besonders
ausgezeichnet vor anderen, indem er ihm das Siegel irdischer Majestät
oder geistiger Größe auf die Stirn gedrückt, so erschien er dem Sohne
Israels als ein Abbild göttlicher Herrlichkeit, das ihn zum Lobe des
Schöpfers ermunterte.

---

[1]) V M. 8, 10.

[2]) קָדוֹשׁ.

[3]) הַבְדָלָה.

[4]) סֵדֶר.

[5]) בְּרָכוֹת.

Der öffentliche Gottesdienst wurde täglich eingeleitet mit der Danksagung an den Schöpfer, der in der Urzeit das Licht gebildet hat[1]) und in seiner Güte an jedem Tage das Schöpfungswerk erneuert. An die Verherrlichung seines vorsorglichen Waltens in der Natur für alle Wesen schloß sich Lob und Preis für seine liebevolle Leitung[2]) Israels, dem die Aufgabe zugefallen war, Gott als den Einzigen zu bezeugen und sein Gesetz zu halten. Dieser Gedanke erinnerte an die israelitische Pflicht, überall im Hause und auf dem Wege von der Thora zu reden, und man ließ die bekannten drei Schriftabschnitte folgen, die mit dem „Höre Israel" beginnen und mit der Erwähnung der wunderbaren Befreiung aus Ägypten schließen[3]). Sie ermahnen den Beter, den Einzig-Einzigen zu lieben[4]), warnen ihn vor Abgötterei und schärfen ihm die Verpflichtung des Gehorsams gegen die göttlichen Gebote ein[5]). Sie bringen ihm das Gesetz der Schaufäden[6]) ins Gedächtnis, welches ihn sinnbildlich an die himmlische Leitung der irdischen Dinge erinnern will, und fordern ihn auf, der Erlösung aus Ägypten eingedenk zu bleiben, durch die er von der Knechtschaft der Menschen befreit worden ist, um ein treuer Diener Gottes zu werden. Der Dank für diese Erlösung[7]) bildete darum den Übergang zum Hauptgebet[8]). Im Lobe Gottes schwang sich die Seele empor zu dem Allmächtigen, welcher der Schild und Beistand der Erzväter[9]) gewesen. Die Liebe, die er den Patriarchen erwiesen, war der Quell heilvollen Trostes[10]) auch für die Zukunft. An diese Liebe knüpft die Zuversicht an, daß Gott die Toten zu neuem Leben erweckt, und die Verherrlichung Gottes, dessen Namen immerdar geheiligt wird im Himmel und auf Erden[11]). Darauf folgt die ver-

---

[1]) בִּרְכַּת יוֹצֵר אוֹר.

[2]) בִּרְכַּת אַהֲבָה רַבָּה.

[3]) קְרִיאַת שְׁמַע.

[4]) 5. M. 6, 4–9.   [5]) 5. M. 11, 13–21.   [6]) 4. M. 15, 37–41.

[7]) בִּרְכַּת גְּאֻלָּה.

[8]) תְּפִלָּה, jetzt nach der Anzahl der Segenssprüche, aus denen es besteht, an den Wochentagen שְׁמוֹנֶה עֶשְׂרֵה (= 18, vgl. S. 216 Anm.), an Sabbathen und Festtagen בְּרָכוֹת (7 =) שֶׁבַע genannt.

[9]) אָבוֹת.

[10]) גְּבוּרוֹת.

[11]) קְדֻשָּׁה oder קְדֻשַּׁת הַשֵּׁם.

8*

trauensvolle Bitte an den himmlischen Vater um die Gewährung der notwendigen irdischen Güter. Schon in jener Zeit trat an Sabbathen und Festtagen die persönliche Bitte zurück, und ein Weihegebet für den heiligen Tag[1]) nahm die Stelle ein. Das Gebet schloß mit der Bitte um huldvolle Aufnahme des Tempel= und Opferdienstes[2]), mit dem Dank für alle erwiesenen Wohltaten und Gnaden[3]) und mit dem Flehen um Segen und Frieden für ein weiteres kraftvolles Wirken im Leben[4]). Allmählich wurde Inhalt, Form und Wortlaut der einzelnen Absätze des Gebetes durch Gebrauch und Sitte über= einstimmend und feststehend. Sobald das Gebet in den Synagogen als ein vollständiger und stellvertretender Ersatz für den Opferdienst im Tempel anerkannt war, ließ man an Sabbathen und Feiertagen wegen der für diese Tage bestimmten besonderen Opfer dem Morgen= gebet das Zusatz= (Mussaph=) Gebet folgen. Zwischen beide Gebete legte man die Thora=Vorlesung gleichsam als den Mittelpunkt und Höhepunkt des gesamten Gottesdienstes. Man las an den aufeinander folgenden Sabbathen den ganzen Pentateuch von Anfang bis zu Ende in kürzeren oder längeren Abschnitten, je nachdem die Vorlesung in einem oder in drei Jahren beendigt werden sollte. Für die Feste waren Lesestücke ausgewählt, die auf die Feier des Tages Bezug haben. Als das Verständnis des hebräischen Urtextes in der Masse des Volkes zu schwinden begann, wurde das Vorgelesene in die Landes= sprache übersetzt. Wahrscheinlich wurden auch schwierige Stellen durch hinzugefügte Erläuterungen in angemessener Weise klar und verständlich gemacht.

Im Heiligtum zu Jerusalem bestand der vorgeschriebene Opfer= dienst in der hergebrachten Weise fort und wurde mit strenger Ge= wissenhaftigkeit ausgeübt. Die Priester und Leviten waren in vier= undzwanzig Abteilungen gesondert, von denen eine jede zwei Mal jährlich je eine Woche lang den heiligen Dienst versah. Dem ent= sprechend zerfiel auch die gesamte Einwohnerschaft des heiligen Landes in vierundzwanzig Bezirke, aus deren Mitte Abgesandte im Tempel erschienen, um während der ihnen gebührenden Woche als Vertreter

---

[1]) קְדֻשַׁת הַיוֹם.

[2]) עֲבוֹדָה.

[3]) הוֹדָאָה.

[4]) (שִׂים שָׁלוֹם) בִּרְכַּת כֹּהֲנִים.

des Volkes dem Opferdienste beizuwohnen. Im Anschluß an die von den Priestern verrichteten heiligen Handlungen vereinigten sich diese Abgeordneten täglich im Vorhof des Tempels zu einem besonderen Gottesdienst, bei dem gewisse Thora-Abschnitte vorgelesen und Gebete verrichtet wurden. Die Ordnung und der Inhalt dieses Gottesdienstes wurde wahrscheinlich vorbildlich und maßgebend für die Versammlungen zum Gebete, die überall außerhalb des Tempels gehalten wurden. Nur zu den Wallfahrtsfesten kamen die frommen Pilger in großer Anzahl aus dem ganzen Lande und aus der Fremde zur Teilnahme am Tempeldienst in Jerusalem zusammen. Bei solchen Gelegenheiten drängte sich den Gemütern der Gottesfürchtigen die schmerzliche Er= kenntnis auf, daß längst nicht mehr der Würdigste und Tugend= hafteste unter den Söhnen Aharons berufen war, an der Spitze des Priestertums gleichsam die Nation vor dem Angesichte Gottes zu vertreten. Besonders nach dem gewaltsamen Tode des letzten Has= monäers schwand immer mehr die Ehrfurcht vor den Trägern des hochheiligen Amtes, seitdem Herodes und später die römischen Gewalt= haber nach Laune und Willkür über die höchste Ehrenstelle verfügten.

Wie der Hohepriester an Ansehen, so verlor das Synhedrium um diese Zeit an Macht und Einfluß wenigstens in staatlichen Dingen. Kaum ein Jahrzehnt nach Herodes Tode nahm ihm der Römer, welcher Judäa besetzte, das Recht, in letzter Instanz über Leben und Tod zu entscheiden. Von nun an sprach der römische Landpfleger das letzte Wort in peinlichen Rechtsfragen so wie er nach Gutdünken die oberste religiöse Würde verlieh. Das war der Stempel der römischen Sklaverei. Im übrigen mischten sich die Römer nicht in das Verfahren und die Entscheidungen der jüdischen Gerichtshöfe. Das aus einundsiebenzig gelehrten und angesehenen Männern bestehende Synhedrium hielt seine Sitzungen in einem besonderen Gemach, das ihm im Vorhof des Tempels zur Verfügung stand, und durfte selbst die Könige und Hohenpriester vor seine Schranken laden. In den größeren Städten des Landes gab es Gerichtshöfe, die aus dreiundzwanzig Mitgliedern bestanden und das Strafrecht handhabten, während Streitfragen aus dem bürgerlichen Leben von einem Dreimännergericht geschlichtet wurden. Die Richter wurden von der Gemeinde gewählt und übten ihre Pflichten als ein unbesoldetes Ehrenamt aus. Das Strafrecht zeichnete sich durch besondere Milde aus. Zu einer Verurteilung ge= nügte nicht das Geständnis des Angeklagten. Dazu war die Aus=

sage zweier einwandsfreier Zeugen erforderlich, die den ganzen Vorgang mit angesehen haben mußten. Wurden sie der falschen Aussage
überführt, so unterlagen sie derjenigen Strafe, die der von ihnen
Verleumdete erhalten haben würde. Nur in seltenen Fällen wurde auf
Todesstrafe erkannt. Einen Gerichtshof, der sie alle siebenzig Jahre
einmal verhängte, nannte man bereits einen mörderischen.

So war auch das ganze praktische Leben von der Milde des
weisen Hillel erfüllt, den wir als bahnbrechend und einflußreich auf
lange Zeit hinaus erkannt haben. Selbst seine Leistungen für die
Methode des Thorastudiums wurden zu einer Tat der Menschenliebe.
Da mit Hilfe seiner sieben Deutungsregeln der menschliche Verstand
die mündlich überlieferten Gesetze in den meisten Fällen auf den
Wortlaut der heiligen Schrift zurückführen konnte, verlor der Hader
der Pharisäer und Sadducäer seinen Stachel. Es lag für die Sadducäer
kein Grund mehr vor, einer Überlieferung zu widersprechen oder
entgegenzuhandeln, die sie klar und deutlich als in der Schrift wurzelnd
anerkennen mußten. Konnten die Pharisäer und Sadducäer in den
Schulen Hillels und Schammais sich versöhnlich zusammen finden,
so ging die dritte Richtung, die essäische, weiter ihre eigenen Wege.
Ihre Abneigung gegen das wirkliche Leben und ihre Weltflucht wurde
durch die schweren Leiden, die über die Nation hereingebrochen
waren, nur noch genährt, sodaß sie sich immer sehnsüchtiger dem
Jenseits zuwandten und mit Abscheu und Widerwillen gegen ihre Zeit
erfüllt wurden. Daraus entwickelte sich eine Bewegung, die durch
die Ereignisse nach Herodes Tode gefördert wurde und später eine
weltgeschichtliche Bedeutung erlangte.

3. Archelaus.
(4 v. bis 6 n. Beginn der christl. Zeitr.)

Die Juden jubelten bei der Nachricht vom Hinscheiden des
Tyrannen und feierten seinen Todestag Jahrhunderte lang als einen
Freudentag. Aber noch bevor die Kunde von dem Ereignis sich verbreitet
hatte, entließ Salome die Edelsten des Volkes, die in der Rennbahn zu
Jericho der Entscheidung ihres Loses harrten, ohne den grausamen
Befehl ihres Bruders auszuführen. Die Erben des Herodes buhlten
eben ein jeder in seiner Weise für den Augenblick um die freundliche
Gesinnung des Volkes, dessen Beherrschung mit einander zu teilen sie
berufen waren. Da die Gültigkeit des Testaments nach der Ver-

fügung des Verstorbenen an die Entscheidung des Kaisers geknüpft war, bemühte sich jeder, von Neid und Mißgunst gegen den andern erfüllt, den eigenen Einfluß auf Kosten der Nebenbuhler zu befestigen.

Vorläufig übernahm Archelaus, dem nach dem Wunsche des Vaters das Hauptland Judäa nebst der südlich angrenzenden Land= schaft Idumäa und der nördlich benachbarten Landschaft Samaria samt dem Königstitel zufallen sollte, die Zügel der Regierung. Ihn bestürmte das Volk, unterstützt von zahlreichen Wallfahrern, die zur Feier des herannahenden Peßachfestes in Jerusalem eintrafen, mit Bitten und Beschwörungen, das unerträgliche Joch, unter dem sie seufzten, zu erleichtern. Die Versprechungen und Beteuerungen, von denen er überfloß, machten keinen Eindruck auf die erregten Massen, da seine Taten den Zusagen nicht entsprachen. Dazu kam, daß er entscheidender Handlungen sich enthalten mußte, so lange das Regiment nicht sicher und fest in seinen Händen lag. Als unter solchen Um= ständen die Unruhe wuchs, und die Haltung des Volkes immer be= drohlicher wurde, ließ er seine Söldner mit blanker Waffe einschreiten und etwa dreitausend Menschen niedermetzeln. Mit seinen heidnischen Heeresabteilungen trieb er die frommen Pilger zu Paaren, besetzte den Vorhof des Tempels und verbot für dieses Jahr die Feier des Festes der Erlösung von der Knechtschaft Pharaos. Die verjagten Wallfahrer trugen die Erbitterung über die grausame Maßregel des jungen Herrschers in die entferntesten Gaue des Vaterlandes.

Kaum war das Fest vorüber, als er sich zur Abreise nach Rom rüstete, um die Bestätigung des väterlichen Vermächtnisses persönlich zu betreiben. Zum Throne des Kaisers eilten auch die übrigen Erben des Herodes und außer ihnen eine Gesandschaft aus den Vornehmsten des Volkes, die das Ende der herodäischen Herrlichkeit und die Ver= einigung des Landes mit dem Römerreich als eine Gnade erflehen wollten. Die Aufrechterhaltung der Ordnung im heiligen Lande während seiner Abwesenheit übertrug Archelaus dem römischen Befehls= haber Quinctilius Varus, der damals die benachbarte Provinz Syrien verwaltete. Dieser begnügte sich vorläufig damit, die ent= standenen Unruhen zu dämpfen und eine römische Legion als Be= satzung in Jerusalem zurückzulassen. Kaum aber war er nach Syrien zurückgekehrt, als Sabinus, ein kaiserlicher Steuerbeamter, mit dem angeblichen Auftrage des Kaisers, den baren Nachlaß des Herodes in Obhut zu nehmen, in der Hauptstadt eintraf und den königlichen

Palaft befeßte. Seinen zudringlich angebotenen Schuß, den fich bereits Archelaus verbeten hatte, lehnten die Beamten, denen die Verantwortung für den königlichen Schatz oblag, entschieden ab. Bald aber wußte er eine Gelegenheit zu finden, die für die Befriedigung feiner mühfam verhehlten Habgier befonders günftig war. Zum Wochenfefte eilten neue zahlreiche Pilgerfcharen nach Jerufalem. Die kaum beruhigten Gemüter erhitzten fich von neuem, als fie die heiligen Stätten in der Gewalt der römifchen Soldaten fahen. Schnell reifte in der gereizten Menge der Entfchluß, das Heiligtum von den Heiden zu befreien. Die Römer, deren Führung Sabinus übernommen hatte, fahen fich bald rings eingefchloffen und auf dem Tempelberg belagert. Bei einem Ausfall, den Sabinus unternahm, gerieten die Säulenhallen im Vorhof des Tempels in Brand, und die dadurch entftandene Verwirrung benutzte er, um aus dem Tempelfchatz vier= hundert Talente (mehr als anderthalb Millionen Mark) zu rauben und mit ihnen aus Jerufalem und vom Schauplatz der Gefchichte zu verfchwinden. Die Entrüftung über die Freveltat bewirkte nur, daß die Flamme der Empörung im ganzen Lande mit defto größerer Gewalt emporloderte. Überall erhoben fich Freifcharen unter tollkühnen Führern und verbreiteten Schrecken und Verwüftung. Da erfchien Varus, um den Aufftand zu unterdrücken, mit all den römifchen Heeresabteilungen, die er in der Eile zufammenraffen konnte, und fchritt mit Raub, Brand und Mord gegen Schuldige und Unfchuldige ein. Die unerhörten Greuel, die bei diefem Feldzuge vorfielen, wurden von den jüdifchen Chroniften den fchrecklichen Graufamkeiten an die Seite geftellt, die unter Titus und Hadrian in den Vernichtungs= kriegen gegen die Juden fpäter verübt worden find.

Inzwifchen ftanden die hadernden Erben des Herodes in Rom vor dem Throne des Kaifers und harrten feines Urteilsfpruches. In den niedrigen Ränken, die fie gegen einander fchmiedeten, erkannte Auguftus das befte Mittel, die völlige Unterwerfung Judäas zu befchleunigen. Darum entfchloß er fich, Herodes Teftament, das die beftehende Zwietracht befeftigte und neue Quellen des Unfriedens er= öffnete, mit geringfügigen Änderungen zu beftätigen. Archelaus bekam als Volksfürft (Ethnarch) die ihm zugedachten Landfchaften und die Ausficht auf den Königstitel, falls er fich die Zufriedenheit des Volkes und des Kaifers erwerben werde. Den füdlichen Teil des Landes jenfeits des Jordan nebft Galiläa erhielt fein leiblicher

Bruder Herodes Antipas als Tetrarchie. Der Rest der von Herodes beherrschten Landschaften wurde dem Philipp zuteil, der ebenfalls den Amtsnamen eines Tetrarchen bekam. Die drei Regenten kehrten nach der Heimat zurück und traten die Herrschaft in den Landstrichen an, die ihnen zugefallen waren. Archelaus war der erste, der dem Kaiser Veranlassung gab, von der ihm letztwillig zugestandenen Oberhoheit über Palästina Gebrauch zu machen.

Er regierte nach dem unklugen Grundsatz des Rehabeam: „Mein Vater hat euch mit Ruten geschlagen, ich will euch mit Skorpionen züchtigen". Denn er übertraf Herodes an Grausamkeit und Willkür, entwürdigte gottlos das Hohepriesteramt, mit dem er nach Laune und Belieben schaltete, und beleidigte gröblich das Gesetz, indem er die ihm verbotene Witwe seines Bruders[1] heiratete. Endlich war sein Maß voll. Von allen Seiten häuften sich Klagen über ihn beim Kaiser. Zehn Jahre nach dem Tode seines Vaters setzte ihn Augustus ab, schickte ihn nach Vienne an der Rhone ins Exil und vereinigte die von ihm beherrschten Landschaften mit dem römischen Reiche. Desselben Weges, den Archelaus nehmen mußte, zog gleichzeitig sein Freund Quinctilius Varus, den der Wille des Kaisers nach Germanien entbot. Dort empfing der grausame Römer bekanntlich den wohlverdienten Lohn für die unmenschliche Ruchlosigkeit, mit welcher er im heiligen Lande seines Amtes gewaltet hatte.

———

Fünfter Abschnitt
Die Juden unter römischer Herrschaft
(6—70 n. Beginn der christl. Zeitr.)

Erstes Kapitel
Die Juden unter den beiden ersten Kaisern.
(6—37 n. Beginn der christl. Zeitr.)

Von nun an war Judäa eine römische Provinz. Die Ausübung der Regierungsgewalt übertrug der Kaiser in der Regel verdienten Kriegsleuten, die als Prokuratoren oder Landpfleger unter

---

[1] Glaphyra, die Tochter eines Königs von Cappadocien, war die Witwe seines Bruders Alexander, des ältesten Sohnes der Hasmonäerin Mariamne. Vgl. S. 106, Anmerkung 1.

der Aufsicht der Statthalter von Syrien standen. Unbekannt mit Land und Leuten und ohne Verständnis für die Anschauungen und Sitten des Volkes, das sie beherrschen sollten, vermochten sie nicht das Zutrauen und die Liebe der Unterworfenen zu gewinnen. Bald verletzten sie ahnungslos durch Maßregeln, die ihnen harmlos erschienen, die heiligsten Empfindungen der Masse, bald erbitterten sie durch niedrige Habsucht und schamlose Erpressungen die Gemüter selbst der dem römischen Regiment freundlich gesinnten Juden. Tiefen Schmerz empfand das Volk namentlich über die Einbuße an Macht, welche das Synhedrium zu erleiden hatte, als die letzte Entscheidung in peinlichen Rechtsfragen dem höchsten Gerichtshofe entzogen und dem Landpfleger übertragen wurde. Mit noch größerem Unmut trugen die Juden die ungewohnte Last der Kopfsteuer, die der Kaiser ihnen auferlegte. Wie Gegenstände gezählt zu werden, galt ihnen so sehr als ein Zeichen unwürdiger Sklaverei, daß sie verächtlich jede gerichtlich verwirkte Geldstrafe mit dem Namen jener Steuer[1] be=legten. Am tiefsten aber schmerzte sie der Umstand, daß der Heide die Würde des Hohenpriesters zu vergeben hatte und an die Be=werber nicht sowohl den Maßstab der Frömmigkeit und Gottesfurcht, als vielmehr den der unterwürfigen Gesinnung gegen Rom anzulegen pflegte. Selbst die hohenpriesterlichen Gewänder lagen unter dem Verschluß des Landpflegers in der Burg Antonia, und es stand ihm zu, darüber zu befinden, ob im Tempel Gottes der heilige Dienst nach Gebühr verrichtet werden sollte oder nicht.

Der bekannteste und verhaßteste der Männer, die von den ersten Kaisern nach Judäa geschickt wurden, war Pontius Pilatus (27—37). In trotziger Mißachtung der jüdischen Religionsvorschriften, wagte er es gleich zu Anfang seiner amtlichen Tätigkeit, römische Feldzeichen, an denen sich das Bild des Kaisers befand, heimlich nach Jerusalem bringen zu lassen. Der Abscheu vor jedem Bildwerk, dem ab=göttische Ehren erwiesen wurden, rief eine ungeheure Erbitterung in den Gemütern des Volkes hervor, das durch die Freveltat die heilige Stadt besudelt und entweiht sah. Nur die Furcht, daß die aufs Äußerste gereizten Juden zu den Waffen greifen könnten, bewog ihn, die Standarten nach seinem Wohnsitz Cäsarea fortschaffen zu lassen. Zehn Jahre lang seufzten sie unter der Geißel dieses Römers, dessen

---

[1] קְנָס = census.

Namen die Weltgeſchichte wegen einer anderen unrühmlichen und verhängnisvollen Tat (S. 124) dauernd gebrandmarkt hat.

Während Judäa das römiſche Joch mehr oder minder geduldig trug, herrſchten in den benachbarten Landſchaften die anderen beiden Söhne des Herodes in ſcheinbarer Selbſtändigkeit. Sie hatten die ſchlechten und guten Eigenſchaften des Vaters, darunter auch ſeine koſtſpielige Bauluſt, geerbt und werden als Gründer ſchöner Städte und üppiger Luſtbauten gerühmt. Philipp erbaute ſich an den Jordanquellen eine prächtige Hauptſtadt Cäſarea, die durch den Beiſatz ſeines Namens (Philippi) von der am Meere gelegenen gleich= namigen Reſidenz der Landpfleger unterſchieden wurde. Hier regierte er 38 Jahre lang (4 v. bis 34 n.) in Frieden. Als er ohne Erben ſtarb, zog der Kaiſer ſein Reich ein und vereinigte es mit der Provinz Syrien.

Sein Bruder Herodes Antipas verſchwendete ebenfalls die durch harten Steuerdruck erpreßten Steuern zur Verſchönerung alter und zur Anlage neuer Städte. Mit rückſichtsloſer Gleichgültigkeit ſetzte er ſich über die bibliſchen Reinheitsgeſetze hinweg, als bei der Grundſteinlegung für ſeine Hauptſtadt, die er in anmutiger Lage am weſtlichen Geſtade des Genezareth erbaute und zu Ehren des Kaiſers Tiberius Tiberias nannte, Totengebeine gefunden wurden und gewiſſenhafte Juden Bedenken trugen, ſich an dem unreinen Orte anzuſiedeln. Nur durch die Zuſage von allerlei Vorrechten und Vergünſtigungen gelang es ſchließlich dem Tetrarchen, eine Bevölkerung in die Stadt zu locken, ähnlich zuſammengewürfelt, wie diejenige, welche zuerſt in Rom ſich niedergelaſſen haben ſoll. Am ſchwerſten aber verſündigte er ſich gegen das göttliche Geſetz, als er Herodias[1]), das Weib ſeines Bruders, entführte und nach Verſtoßung ſeiner erſten Gemahlin mit ihr in blutſchänderiſcher Ehe lebte. Dieſer Frevel war der gelegentliche Anlaß, eine Bewegung in Fluß zu bringen, die in ihren Folgen zu weltgeſchichtlicher Bedeutung herangewachſen iſt. Ein Mann, Namens Jochanan (Johannes), angeblich aus prieſter= lichem Geſchlecht, hatte den eſſäiſchen Gedanken der Weltflucht in ſeinem ſchwärmeriſchen Gemüte bis zu heißer Sehnſucht nach wunder=

---

[1]) Herodias, durch ihren Vater Ariſtobul die Enkelin der Hasmonäerin Mariamne, war in erſter Ehe mit Herodes, dem Sohn der zweiten Mariamne, verheiratet (Vgl. S. 106, Anmerk. 1). Das moſaiſche Geſetz geſtattet (und gebietet) nur die Ehe mit der kinderloſen Witwe des Bruders.

barer, übernatürlicher Erlösung gesteigert. Er forderte darum die
Juden zur Buße auf und ermahnte sie, sich durch ein Bad im Jordan
von allen Sünden zu reinigen. Viele folgten seinem Rufe, in dem
Glauben, daß das Himmelreich nahe sei. Da erfolgte die gottlose
Heirat des Tetrarchen, und Jochanan wagte es, ihn öffentlich zur
Rechenschaft zu ziehen. Antipas ließ den kühnen Tadler in die
Festung Machärus bringen und später daselbst enthaupten. Die
Lehren Jochanans wurden mit gleicher Begeisterung von anderen
gepredigt und machten den nachhaltigsten Eindruck im Munde des
Jeschua (Jesus), eines Sohnes des Zimmermanns Joseph von Nazareth
in Galiläa und seiner Frau Mirjam (Maria). Er wirkte auf die
schlichten Landleute Galiläas um so gewaltiger, als diese mehr als die
anderen Juden durch Vermischung mit den Nachbarvölkern von heidnischem Wunderglauben beeinflußt wurden und eine höhere menschliche
Begabung in ein übernatürliches Licht zu rücken liebten. Dazu kam,
daß ihre drückende Armut einen schroffen Gegensatz zu dem ver-
schwenderischen und zügellosen Leben der Herodäer bildete und sie
besonders empfänglich für den Gedanken der nahen Erlösung und
der Herstellung der Gleichheit unter den Menschen machte. Bald
erschien ihnen darum Jesus als Messias und Sohn Gottes. Als er
sich aber im Zusammenhange damit auch für den König der Juden
erklärte und den Römern als Aufwiegler gegen ihre Macht verdächtig
erschien, zog ihn der Landpfleger Pontius Pilatus und der damalige
Hohepriester Kaiphas, ein williges Werkzeug der Römer, zu strenger
Rechenschaft. Er wurde nach römischer Sitte gekreuzigt. Das Jahr
und der Tag seines Todes und fast alle Umstände seines Lebens
sind in ein tiefes geschichtliches Dunkel gehüllt, weil uns darüber
nur Berichte aus einer viel späteren Zeit erhalten sind. Der Lichtstrahl der Gotteserkenntnis aber, der selbst dieses Dunkel durchdringt,
genügte, um die ihrer Götter beraubte Menschheit zu erwärmen und
zu erleuchten, so daß sie eine neue Kulturepoche auf den Trümmern
des alten Heidentums hervorzubringen vermochte.

Zweites Kapitel

Agrippa I.

(37—44)

Die Ehebrecherin Herodias blieb für den gottlosen Tetrarchen
das böse Verhängnis seines Lebens. Nachdem er durch die Ver-

bindung mit ihr die Achtung des Volkes eingebüßt hatte, brachte ihn ihre maßlose Herrschsucht und Mißgunst schließlich um Krone und Reich. Durch eine wunderbare Verkettung der Umstände wurde ihr Bruder Agrippa I., dem es gelang, für wenige Jahre das herodianische Reich wieder herzustellen, der glückliche Erbe ihrer Herrlichkeit.

Schon als Knabe war Agrippa nach Rom gekommen und daselbst des Umgangs und der Freundschaft des hochbegabten Kaisersohnes Drusus Cäsar gewürdigt worden. Das verschwenderische Leben am Hofe gewöhnte ihn an Pracht und Üppigkeit, und ungesucht boten sich ihm die Mittel dar, an allen Lüsten teilzunehmen. Die glänzenden Aussichten für die Zukunft, die man ihm zusprach, und der große Einfluß, den man ihm zutraute, eröffneten ihm unversiegbare Geldquellen, die er in seiner sorglosen Manier unbekümmert ausbeutete. Da ging ihm mit einem Schlage alles Erdenglück in Trümmer, als sein Freund und Gönner von einem plötzlichen und, wie man sich zuflüsterte, gewaltsamen Tode dahingerafft wurde (23 nach Beg. d. christl. Zeitr.). Von Stunde an mochte der Kaiser den heiteren und lebenslustigen jungen Mann nicht mehr empfangen, weil er alles, was ihn an den größten Schmerz seines Lebens erinnerte, aus seinem Gesichtskreis verbannte. Als sich die Hofgunst von ihm wandte, ließen ihn auch die Genossen seiner Freuden schnell im Stich. Die in ihren Hoffnungen getäuschten zahlreichen Gläubiger bedrängten ihn immer rücksichtsloser und trieben ihn ruhelos von Ort zu Ort. Schon war er, von allen Hilfsquellen entblößt, im Begriffe, durch einen freiwilligen Tod diesem elenden Dasein ein Ende zu machen, als im Augenblicke der höchsten Not seine Schwester Herodias sich seiner erbarmte und ihm ein bescheidenes Amt in ihrer neuen Hauptstadt Tiberias zu verschaffen wußte. Aber auch das neue Glück hielt ihm nicht lange stand. Mit Neid und Mißgunst sah sein kleinlicher und beschränkter Schwager auf die höhere Bildung und die überlegene weltmännische Gewandtheit seines Schützlings und ließ ihn in kränkender Engherzigkeit auf Schritt und Tritt die Abhängigkeit von seiner Gunst und Gnade deutlich empfinden. Solchen Schimpf ertrug Agrippa für die Dauer nicht. Er ließ sein Amt fahren und sann auf neue Wege, um sich ein besseres Los zu sichern. Nach mannigfachen Abenteuern, trug ihn sein Schicksal abermals nach Rom. Hier drohte ihm der Schuldturm, als seine Gläubiger von seiner Ankunft hörten. Aber mit der verschlagenen Verwegenheit eines Mannes, der nichts zu verlieren, aber alles zu gewinnen hat, verstand er es, alle Wechselfälle des Geschickes zu besiegen und schließlich die Gönnerschaft des damaligen Thronfolgers Cajus Caligula dauernd zu gewinnen. Mit der Wiederkehr der guten Zeiten lebte auch der alte unbesonnene, hochfahrende Sinn von neuem in ihm auf und brachte ihn zum dritten Mal in die höchste Not. In der irrigen Meinung, unbelauscht zu sein, wagte er einst unbedachtsam die Zeit herbeizuwünschen, in welcher Caligula den Thron der Cäsaren bestiegen haben werde. Als die Äußerung dem greisen Tiberius zugetragen wurde, ließ er Agrippa in Ketten legen und ins Gefängnis werfen. Hier schmachtete er, in steter Todesfurcht zitternd, sechs Monate lang, bis Caligula an die Regierung kam und ihm sofort mit eigener Hand die Fesseln löste. Zum Lohne für die erduldeten Leiden schenkte er ihm eine goldene Kette, so schwer wie die eiserne, die er getragen hatte, schmückte ihn mit der Königskrone und machte ihn zum Gebieter der Landstriche, die einst sein Oheim Philipp besessen hatte (37).

Mit unverhohlenem Neide blickte jetzt Herodias auf den wunderbaren Wandel im Geschick ihres Bruders, den sie einst aus Mitleid an ihrem Herde aufgenommen, und der nunmehr ihre eigene Herrlichkeit bei weitem überstrahlte. Sie spornte ihren trägen und tatenlosen Gatten an, nicht eher zu ruhen, als bis wenigstens für ihr umfangreicheres Gebiet der gleiche Rang und Titel vom Kaiser erbeten sei. In seiner Begleitung eilte sie nach Rom, um ohne Verzug die Angelegenheit zu betreiben. Aber schneller als ihr Bittgesuch erreichten den Kaiser die halbwahren Mitteilungen Agrippas, der sich eine unedle Rache an seinem Schwager nicht versagen mochte. Er deutete an, daß der Tetrarch auf Verrat und Unabhängigkeit sinne und übermäßige Waffenvoräte in seinen Arsenalen liegen habe. Das genügte, um ihn zu verderben. Caligula erklärte ihn seiner Krone für verlustig und schickte ihn nach Lyon in die Verbannung. Freiwillig folgte ihm Herodias dorthin. Agrippa aber erhielt die Gebiete, die ihm bisher untertan waren (39).

Bald bot sich dem neuen Könige, der nunmehr bereits zwei Drittel des Reiches seines Großvaters in seiner Hand vereinigte, die Gelegenheit, die Dankbarkeit und das Wohlwollen seiner Glaubensbrüder zu gewinnen. Der Kaiser Caligula, dessen Regierungsantritt die Römer mit frohen Hoffnungen begrüßt hatten, verfiel mehrere

Monate nach dem Beginn seiner Herrschaft durch Krankheit und maßlose Ausschweifungen in unheilbaren Wahnsinn. Zu den wenigen Personen, welche bei den Anfällen von Raserei, die den Kaiser heimsuchten, einen gewissen Einfluß auf ihn behielten, gehörte auch sein Freund Agrippa. In einer tollen Laune hatte Caligula den Befehl gegeben, in allen Tempeln seines Reiches seiner Bildsäule göttliche Ehren zu erweisen. Dem wahnsinnigen Befehle wagten die Juden allein heftigen Widerstand entgegenzusetzen. Dem syrischen Statthalter, der beauftragt war, die Aufstellung der Bildsäule und ihre Anbetung gewaltsam zu erzwingen, warfen sich Tausende zu Füßen und beschworen ihn jammernd und wehklagend, die Entweihung des Heiligtums zu unterlassen. Vierzig Tage lang ließen sie trotz der fortschreitenden günstigen Jahreszeit die Felder brach und unbebaut liegen und umringten vom Morgen bis zum Abend scharenweise die Wohnung des römischen Beamten und wurden nicht müde, sein Mitleid anzuflehen, bis er auf eigene Gefahr hin sich entschloß, nach Rom zu melden, daß er ohne ungeheures Blutvergießen unmöglich den Befehl vollziehen könne. Damals weilte Agrippa gerade in Rom und wußte dem Kaiser den Verzicht auf die angedrohten Zwangsmaßregeln zu entlocken. Er lud ihn zu einem prächtigen Mahle und setzte die seltensten Leckerbissen für ihn und seine Diener auf die Tafel. Für derartige Freundschaftsbeweise hatte der Kaiser das lebhafteste Verständnis und erlaubte dem gewandten Günstling, sich zum Lohne für eine solche ausgesuchte Aufmerksamkeit eine besondere Gnade auszubitten. Als höchste Auszeichnung begehrte Agrippa nichts weiter als die Zurücknahme des Befehls wegen des Standbildes. Sein Wunsch wurde erfüllt. Caligula ließ dem Statthalter entbieten, falls die Bildsäule im jüdischen Tempel noch nicht aufgestellt sei, die Angelegenheit ruhen zu lassen. Kaum aber war das neue Schreiben nach Syrien abgesandt, als von dort her der Bericht einlief, daß die Juden lieber den Tod erleiden, als des Kaisers Standbild in ihrem Tempel dulden wollten. Der Trotz der Juden und der Ungehorsam des Beamten erweckten den ganzen Zorn des Wüterichs. Sofort ließ er die letzte Weisung widerrufen und den strengen Befehl ergehen, schonungslos die Anbetung seines Bildes bei den Juden zu erzwingen. Zum Glück wurde die Schreckensnachricht von der Freudenbotschaft überholt, daß der wahnsinnige Tyrann von seiner Leibwache ermordet worden sei. Die glückliche Abwendung der Gefahr wurde Jahre lang durch einen Freudentag gefeiert.

Auf dem Throne der Cäsaren folgte ihm sein Oheim Claudius (41). Für die wichtigen Dienste, die ihm Agrippa beim Antritt seiner Regierung leisten konnte, zeigte er sich dankbar, indem er den Rest des heiligen Landes, die einst von Archelaus beherrschten Landschaften, seinem Scepter unterstellte. Mit Ehren und Würden überhäuft, kehrte Agrippa in das Vaterland zurück, und die wenigen Jahre seiner milden Herrschaft bedeuteten dem Volke ein heiteres Abendrot friedlichen Glückes. Wohin die zügellose Leidenschaft und Willkür der Herrscher führte, hatte er in Rom klar gesehen und daraus weise Mäßigung und Selbstzucht üben gelernt. Mit Treue und Hingebung hing das Volk an ihm, weil es die ganze Bitternis der Abhängigkeit von den römischen Beamten durchgekostet hatte, und weil er mit leiser und geschickter Hand den rechten Balsam für die alten Wunden ausfindig zu machen wußte. Mit Wohlwollen und Menschenfreundlichkeit behandelte er die Untertanen und ergriff jede Gelegenheit, um ihnen zu zeigen, daß der Tropfen Makkabäerblutes, den er von seiner Großmutter Marianne geerbt hatte, in ihm lebendig geblieben sei. Wie die Hasmonäer ehrte er das Gesetz. Er trug selbst seinen Korb mit Früchten unter allem Volk zum Tempel, als man die Erstlinge darbrachte, feierte würdig das Hüttenfest, weihte dem Heiligtum die goldene Kette, die ihm einst Caligula geschenkt, und trat selbst in Bescheidenheit vor einem Brautzuge zurück, der auf der Straße vor ihm als dem Könige ausweichen wollte. Auch den Steuerdruck suchte er zu erleichtern, indem er den Bewohnern der Hauptstadt die Gebäudesteuer erließ. So begannen Wohlstand und Behagen bei den Juden wieder einzukehren. Mit Besorgnis und Mißtrauen sahen die Römer, wie sich das Volkswohl hob, und hemmten bald heimlich, bald gewaltsam die Maßregeln, die er für nötig hielt. Als er versuchte, die Festungswerke der Hauptstadt auszubessern, traten die Römer ihm hindernd in den Weg, und als er mit benachbarten Fürsten zu verkehren begann, erwachte der Argwohn, daß er daran denke, die völlige Unabhängigkeit zu erkämpfen. So wird wohl auch sein plötzlicher Tod im besten Mannesalter bei einem Schauspiel in Cäsarea als ein Werk römischer Tücke zu betrachten sein. Sein Heimgang wurde von den Juden tief betrauert. Sie ahnten wohl, daß mit ihm der letzte Sonnenstrahl aus ihrem Staatsleben endgültig gewichen sei.

Drittes Kapitel

Die Juden im Auslande. Philo.

Die staatlichen und religiösen Wirren, die seit dem Verfall der Hasmonäermacht das heilige Land verheerten, hatten während des letzten Jahrhunderts zahlreichen Juden die Freude am Vaterlande verleidet. Darum zogen sie immer häufiger ein friedliches Dasein fern von der Heimat der unvermeidlichen Teilnahme an den endlosen Unruhen und Bürgerkriegen vor, unter denen Palästina zu leiden hatte. So wuchs still und allmählich die Auswanderung der Juden in nahe und ferne Länder, und so nahmen die Ansiedelungen in der Fremde einen immer größeren Umfang an.

An den Ufern des Euphrat und Tigris, in jenen Ländern, die ihnen zum zweiten Stammlande geworden waren, gelang es ihnen sogar zeitweise, sich unter kraftvollen Freischarenführern einen gewissen Grad von Selbständigkeit zu erkämpfen. Es gab dort einen kleinen Staat, dessen Unabhängigkeit von den parthischen Königen anerkannt ward, bis Unfrieden und Zwietracht die Wurzeln seiner Stärke untergrub. Innerhalb des von den Römern beherrschten Teiles des Erdkreises, der nahezu die ganze damals bekannte Kulturwelt umfaßte, wohnten in der Zeit, als Herodes starb, viele Juden bereits in Damaskus, Antiochia, Ephesus, Athen, Salamis, Korinth und Thessalonich, in vielen Städten Italiens und, seit der Verbannung herodäischer Fürsten, wohl auch schon in Gallien. Die größten Gemeinden aber bildeten sie in den beiden Weltstädten des Altertums, in Rom, woselbst zur Zeit Caligulas etwa zehntausend Juden lebten, und namentlich, wie wir längst wissen, in Alexandrien[1]).

Alle diese Stammesgenossen erblickten im Tempel zu Jerusalem ihren Mittelpunkt, sandten dorthin jährlich die vorgeschriebene Geldspende[2]), mit deren Hilfe die Kosten des Tempeldienstes bestritten, und aus deren Resten der Tempelschatz gesammelt wurde. In religiösen Dingen gehorchten sie getreulich dem Synhedrium zu Jerusalem. Nach dessen Anweisung feierten sie die Neumonde und die Feste. Die Verkündigung an die ausländischen Juden geschah nunmehr, nachdem die Feuerzeichen, die man früher von der heiligen Stadt aus gegeben hatte, von den Samaritanern[3]) absichtlich, um die Gemüter der Gläubigen zu verwirren, an falschen Tagen ange-

---

[1]) S. 50 f. S. 33 f.   [2]) II. M. 30, 11 ff.   [3]) S. 47.

zündet worden waren, durch besondere Boten des Synhedriums. In
den entfernten Ortschaften, wohin diese Boten vor Beginn des Festes
nicht mehr kommen konnten, wurden in peinlicher Gewissenhaftigkeit,
um jedem Zweifel über die Zeitrechnung zu entgehen, die Feiertage
jedes Mal zwei Tage lang gehalten. Überall, wo sich die Juden in
größerer Anzahl im Auslande niederließen, bildeten sie Religions-
gemeinschaften, erbauten Synagogen, in denen gebetet und die Thora
gelesen und erklärt wurde, und lebten treu dem göttlichen Gesetze.
Besonders prächtig war das große Bethaus ausgestattet, das sie in
Alexandrien besaßen. Hier hatte jedes einzelne Gewerk seinen festen
Standort, und den zahlreichen Betern, die den ungeheuren, herrlich
ausgeschmückten Raum füllten, mußte mit einer Fahne das Zeichen
zum Amen gegeben werden, weil die Stimme des Vorbeters unmöglich auf allen Plätzen deutlich vernommen werden konnte. An
der Spitze aller ägyptischen Gemeinden stand ein Alabarch, der von
den Juden gewählt wurde und eine Stellung einnahm, ähnlich derjenigen des Oberhauptes des Synhedriums in Jerusalem.

Die ausländischen Juden taten sich in der Umgebung, in der
sie sich angesiedelt hatten, häufig durch Fleiß und Betriebsamkeit hervor, und gelangten zu Wohlstand und Einfluß. Hie und da erregten
sie dadurch den Neid und die Mißgunst der Nachbarn, am heftigsten
und nachhaltigsten in Ägypten und in dessen Hauptstadt. In Alexandrien erwachten alle bösen Leidenschaften gegen die Juden, als
Agrippa zur Zeit des Kaisers Caligula auf der Durchreise die
Stadt berührte und von seinen Stammesbrüdern mit allen Ehren,
die einem gekrönten Haupte gebühren, begrüßt und empfangen wurde.
Der hauptstädtische Pöbel beschimpfte in roher Weise den Judenkönig
und wendete seinen Grimm bald gegen alle jüdischen Mitbürger.
Die Erbitterung wuchs auch in den Kreisen der hellenistischen Bevölkerung, als um dieselbe Zeit sich die Juden weigerten, dem Kaiser-
bilde göttliche Ehren zu erweisen. Der römische Statthalter ließ,
unter gröblicher Verletzung des seit Jahrhunderten unangetasteten
Bürgerrechts der Juden, achtunddreißig ihrer Synagogen-Vorsteher
verhaften, und verurteilte sie zu entehrenden Strafen. Beide Parteien
brachten schließlich ihren Hader vor den Thron des Kaisers.
An der Spitze der hellenistischen Gesandtschaft, welche die Juden
verleumdete, stand der ägyptische Rhetor Apion, ein großsprecherischer
Vielwisser, der das Muster und Vorbild jener Judenfeinde wurde,

die unsere Religion und unsere Abstammung nicht mit roher Hand,
sondern mit böser Zunge und verleumderischer Feder anfeinden und
bekämpfen.   Die Juden wurden von dem in seinen Launen unberechenbaren und damals bereits halb wahnsinnigen Kaiser kaum
oberflächlich angehört.   In seinem Landhause hin und her laufend,
richtete er läppische Fragen an sie über die Gründe ihrer Gesetze und
Gebräuche, ohne auch nur einmal die Antwort auf eine der Fragen
abzuwarten.   Endlich schickte er sie fort mit dem Bedauern über ihre
gar zu beschränkten religiösen Meinungen, ohne in ihrer Angelegenheit eine Entscheidung getroffen zu haben.   Das hervorragendste
Mitglied ihrer Gesandtschaft an den Kaiser war der Philosoph Philo[1]),
dessen Schriften die Blüte der jüdisch-alexandrinischen Philosophie
und Schriftforschung bezeichnen.

Mit Fleiß und Eifer lagen bekanntlich auch die ägyptischen
Juden der Beschäftigung mit den heiligen Urkunden ob.   Aber ihre
Studien waren nach Form, Inhalt, Zweck und Methode von den im
heiligen Lande üblichen und hergebrachten grundverschieden.   In
Palästina wurde die Schriftforschung getrieben, weil man sie als
die einzig mögliche Grundlage nicht bloß für das religiöse, sondern
auch für das ganze bürgerliche und staatliche Leben ansah.   Die
Wirklichkeit war nur die Ausführung der heiligen Schrift, die man
im hebräischen Urtexte studierte und liebte.   Anders in Ägypten, wo
seit Jahrhunderten die Juden inmitten einer hellenisch gebildeten Bevölkerung lebten und von deren Denkweise beeinflußt waren.   Griechisch
war ihre Umgangssprache, griechisch die Wissenschaft, die sie sich mit
Freude und Stolz in den Rhetorschulen zu eigen machten, und
griechisch das Gewand, in dem sie die heilige Schrift kennen und
lieben lernten.   Da sie gewohnt waren, nach hellenischer Lehrweise
ihre Denkkraft an den Systemen der Philosophen zu üben, wandten
sie diese Geläufigkeit auch auf jedes andere Wissensgebiet erfolgreich
an.   Sobald ihnen demnach die heilige Schrift nicht mehr allein ein
Gegenstand der gläubigen Verehrung, sondern auch der Prüfung und
des Studiums geworden war, mußten sie auch die göttlichen Urkunden
nach den Gesetzen und Regeln der griechischen Weltweisheit zu betrachten versuchen.

Die griechische Philosophie hatte ihren Geist herangebildet und

---

[1]) Geb. etwa 25 vor, gest. etwa 40 nach Beg. der christl. Zeitr.

erzogen, hatte sie mit Begeisterung erfüllt und sie schließlich, wie alle
ihre Zeitgenossen, zu der Einsicht kommen lassen, daß sie hinfällig
und haltlos sei. Die Systeme der heidnischen Weisen waren alle
nach einander ihres ehemals so großen Ansehens verlustig gegangen.
Denn sie hatten keineswegs das Ziel erreicht, das sie sich gesteckt
hatten. Die höchste Glückseligkeit und Vollkommenheit konnte keines
den Menschen gewähren. Die Juden aber besaßen neben dieser
Geisteswelt noch eine andere. Die Lehre des Mose war ihr zweites
Lebenselement, das zu jeder Zeit den Verstand hell und das Gemüt
frisch erhielt. Sie führte in Wahrheit den Gläubigen zu jener Zufriedenheit und inneren Harmonie, welche die heidnische Weltweisheit
zwar zeigte, aber nicht verlieh. Das erkannten gerade zu jener
Zeit nicht selten gebildete Heiden der höchsten Gesellschaftsklassen an,
und daraus erklärt es sich, daß damals die Übertritte heidnischer
Männer und Frauen im ganzen römischen Reiche, und namentlich
in Rom selbst, besonders häufig waren. Ja selbst der König des
entfernten und nicht machtlosen Staates Adiabene, Izates mit
Namen, nahm mit seiner Mutter Helena und seinen Kindern zu
eben dieser Zeit den jüdischen Glauben an.

Aus tief innerlichem religiösem Bedürfnis wandte sich darum
Philo aus Alexandrien der heiligen Schrift zu, nicht bloß, um sie
sich anzueignen, sondern auch um sie zu erforschen. Er nahm an,
daß die Lehren der Offenbarung sich mit den höchsten Erkenntnissen
der Weltweisen deckten, und war demgemäß überzeugt, daß ihr Inhalt
auch im einzelnen nichts anderes als ein Aufbau von Gedanken in
bildlichem Gewande sein könne. Wie die heilige Bildersprache
der Ägypter sei die biblische Erzählung die Sprache der höchsten
Weisheit. Die Aufgabe des Denkers sei es, die allegorische Andeutung seiner besten und tiefsten Gedanken in der heiligen Schrift
aufzufinden und zu enträtseln. Wahrhafte Ehrfurcht empfand Philo
vor dem Worte Gottes. Alle Weisheit der Welt, glaubte er,
müßte aus ihm geschöpft sein. Je tiefer man in dasselbe eindringe,
desto höher erhebe sich die Seele, heilige Begeisterung entrücke sie
dann der Erde, und der Geist Gottes senke sich auf sie herab. Ja
das Wort, mit welchem Gott die Welt ins Dasein gerufen, erschien
ihm in so wunderbarer Macht, daß er es für eine selbständige frei
waltende Kraft ansah. Gott in seiner Größe und Unfaßbarkeit habe
nicht selbst die Welt bis ins Kleinste gestaltet, sondern nur in seinem

Geiste den Weltplan entworfen. Sein Wort (Logos) habe sich von ihm losgelöst und sei zur Vermittlung zwischen Schöpfer und Schöpfung geworden. Mit diesem Gedanken war Philo auf einen Punkt gelangt, der in seinen letzten Folgerungen geeignet war, mit der Lehre vom einig-einzigen Gotte in Widerspruch zu geraten. An diese Vergöttlichung des Gotteswortes knüpfte später das Christentum an und bildete sich ein eigenes Religionssystem.

Philo selber ahnte freilich nicht, daß eine so weitgehende Folgerung aus seinen Worten möglich sei. Er bemühte sich redlich, sein philosophisches Denken mit seinem religiösen Glauben auszusöhnen. Nur eines vergaß er dabei, daß die Religion nicht bloß auf vernünftiger Erkenntnis, sondern auch auf der Anerkennung geschichtlicher Tatsachen beruhe. Durch seine allegorische Deutung schwebten bald die biblischen Personen ohne sicheren geschichtlichen Boden gleichsam als Bilder in der Luft. Die biblischen Gebote waren auf seinem Standpunkt einzig und allein wertvoll wegen ihrer tieferen Bedeutung und nur noch aus äußeren Rücksichten für die Praxis bindend. Gott wohnte nicht mehr in der Menschenbrust als der Gott der Väter, der da führt und leitet und neue Geschlechter erzieht und der Zukunft ihre Bahnen vorzeichnet. Man mußte sich zu ihm emporringen mit Hilfe irdischer Weisheit und konnte dennoch nur durch seine gnadenreiche Eingebung der Erkenntnis seines Wesens näher kommen. In dem verzückten geheimnisvollen Anschauen der Gottheit ging das spezifisch Jüdische verloren. Woher hätten unsere Väter die Kraft und Wiederstandsfähigkeit gewinnen sollen, mit einer so nebelhaften Auffassung der Schrift, die nahezu eine Schriftauflösung war, ihre Wanderung durch die Jahrtausende anzutreten?

Die Schriftforschung im heiligen Lande dagegen beruhte fest und sicher auf dem realen Boden des Gesetzes. Dem Worte Gottes blieb sein lebensvoller Inhalt. Dem Geiste wurde anregende Beschäftigung und gesunde Geisteskost geboten. Die Erzväter und die heiligen Männer der Vergangenheit blieben lebendige geschichtliche Vorbilder für die Gegenwart und Zukunft. Sie erfüllten alle Herzen mit dem Eifer ihnen nachzuahmen, mit Mut, mit Trost und Hoffnungsfreudigkeit. Die Überzeugungen und Gesinnungen, die auf solchem Boden erwuchsen, haben das Judentum erhalten. Sie wurden den Vätern der Stab und die Stütze für ihren dornenvollen Pfad.

Viertes Kapitel
Die Juden unter Claudius und Nero.
(44—66)

Nach Agrippas Tode erklärte der Kaiser dessen siebzehnjährigen gleichnamigen Sohn, der in Rom erzogen wurde, für zu jung zur Regierung und benützte die Gelegenheit, um von neuem Landpfleger, und zwar jetzt über das ganze Erbe des Jünglings einzusetzen. Diese waren, gleich ihren Vorgängern in Judäa, Männer, welche die Bewohner des ihnen anvertrauten Landes wie römische Sklaven behandelten und in roher Soldatenweise gewalttätig eingriffen, wo milde Rücksicht auf die Eigenart der Unterworfenen am Platze gewesen wäre. Vor allem erhoben sie wieder den Anspruch, die hohenpriester- lichen Gewänder unter Verschluß zu halten, bis Claudius dieses Vorrecht und die Ermächtigung, das heilige Amt zu besetzen, dem Herodes, dem Bruder des verstorbenen Königs, übertrug. Herodes II. war um der Verdienste seines Bruders willen im Jahre 41 mit dem Fürstentum Chalcis (in Syrien) beschenkt worden und besaß es bis zu seinem Tode (49). Er handhabte das erlangte Recht ganz in der Weise seines Großvaters, indem er die höchste Würde im Heiligtum nur nach seinem jeweiligen Gutdünken, wie es sein persönlicher Vor- teil ihm eingab, verlieh. Die nunmehr seit Jahrzehnten fortdauernde mißbräuchliche Verfügung über das höchste religiöse Amt machte nicht nur die schnell wechselnden Träger des Hohenpriestertums in den Augen des Volkes verächtlich, sondern untergrub auch die Ehrfurcht der Masse vor den höchsten Heiligtümern und trug namentlich die sittliche Verderbnis in immer weitere Kreise der Priestergeschlechter selber. Die rohe Gewalt und rücksichtslose Willkür, die das öffent- liche Leben beherrschte, bemächtigte sich auch ihrer, und schon war es keine Seltenheit mehr, daß reiche und freche Priester mit ihren Sklaven raubend die Scheuern der friedlichen Bürger überfielen, um die Priestergaben zu erpressen, über die gesetzlich dem Grundbesitzer das freie und unbeschränkte Verfügungsrecht zustand.

Andere betrübende Vorgänge rief das Recht des Landpflegers hervor, bei größeren Volksversammlungen im Tempel, besonders an den Wallfahrtsfesten, mit Hilfe seiner Truppen für die äußere Ordnung Sorge zu tragen. Empfand man es schon als eine tiefe Demütigung, die heiligen Stätten von heidnischen Söldnern besetzt zu sehen, so vermehrte den Schmerz die rohe Weise, in der die Barbaren sich ihres Auftrages entledigten. Als aber eines Tages ein Soldat durch un= flätiges Betragen die Gefühle der Andächtigen auf das schmählichste beleidigte, kam es im Vorhof des Heiligtums zu einem heftigen Handgemenge, welches gegen 20 000 Menschen das Leben kostete.

Zu all den dauernden Übeln und Leiden wurde das unglückliche Land auch von zeitweisen Plagen heimgesucht. Eine besonders ver= heerende Hungersnot wütete in Palästina zur Zeit, als Tiberius Alexander (47—49) sein Geschick lenkte. Er war der Sohn eines alexandrinischen Alabarchen und Brudersohn Philos und hatte seinen väterlichen Glauben mit dem Heidentum und Götzendienst vertauscht. Während er seine Stammesbrüder knechtete und kein Herz für ihre Leiden hatte, erschien die zum Judentum bekehrte Königin Helena von Adiabene in Jerusalem und verteilte mit vollen Händen Ge= treide unter das hungernde Volk. So widerspruchsvoll und unnatürlich gingen die Zustände durch einander. Zwischen der hingebenden Frömmigkeit und der ungläubigen Gottlosigkeit wucherte noch dazu üppig die Giftpflanze des Wunderglaubens an übernatürliche Dinge. Falsche Propheten fanden darum stets bald hier bald dort ein williges Ohr, mochten sie versprechen, das Volk trockenen Fußes durch den Jordan zu führen oder versuchen, es auf den Ölberg zu locken, um ihm zu zeigen, wie auf ihren Wink die Mauern der heiligen Stadt einsinken würden.

Solche und ähnliche Ereignisse wiederholten sich besonders, als der Freigelassene Felix (52—60), der aus der niedrigsten Menschen= klasse Roms stammte, das Amt des Landpflegers bekleidete. Seine schmachvolle Herkunft und seine ruchlose Gesinnung hinderte freilich später nicht, daß eine der zuchtlosen Töchter Agrippas I. den an= getrauten Gatten aus bloßer Eitelkeit und Herrschsucht verließ und sich dem Heiden zur Ehe anbot. Nicht minder treulos handelte ihre schöne Schwester Berenice an dem königlichen Gatten, der sie als junge Witwe nach dem Tode ihres Oheims Herodes II. heim= geführt hatte. Sie ließ ihn im Stich, um sich zur Geliebten des Titus, des Verderbers ihres Vaterlandes, zu erniedrigen.

Auch ihr Bruder, Agrippa II., buhlte um Roms Gunst, statt seinem Volke ein Helfer zu sein. Mit dem Lande, das einst die

Tetrachie des Philipp gebildet, hatte man ihn entschädigt[1]) und ihm in Judäa nur erlaubt, die Hohenpriesterwürde zu verleihen, nachdem Herodes von Chalcis gestorben war. Obgleich er dies Recht wie seine Vorfahren mißbrauchte, brachte doch ein glücklicher Zufall das hohe Amt eine Zeit lang in die Hand des würdigen Josua ben Gamla, dessen Verdienste um den Unterricht der Jugend[2]) wir schon erwähnt haben. Sonst lebte Agrippa II. häufig in Streit mit den Priestern. Einmal griff er in ihr überliefertes Vorrecht ein, als er den Leviten eine der priesterlichen gleichende Kleidung anzulegen empfahl. Ein ander Mal baute er an dem herodäischen Palaste zu Jerusalem einen Aussichtsturm, der ihm zugleich einen Einblick in den Tempel gestattete. Ihm zum Trotz erhöhten die Priester die Tempelmauer, um ihm die Möglichkeit zu nehmen, die Vorgänge im Tempelvorhof zu beobachten. Auch anderweitig betätigte er seine Baulust, und zwar zunächst in seiner Hauptstadt Cäsarea Philippi. Er verschönerte die Stadt durch reiche Prachtbauten und gab ihr, um Nero zu schmeicheln, den Namen Neronias. So lebte er herrlich und in Freuden, unbekümmert um das unglückliche Schicksal der Brüder, die unaufhaltsam ihrem nationalen Untergange zueilten.

Schon unter dem Landpfleger Felix bildeten sich bewaffnete Räuberscharen, Dolchmänner genannt, die das Land durchzogen und ihre Mörderhand jedem verkauften, der sich an einem Römer rächen oder sich gegen den römischen Druck empören wollte. Bedrohlicher gestalteten sich die Zustände unter dem unmenschlichen Albinus, bis sie unter dem letzten Landpfleger Gessius Florus geradezu unerträglich wurden. Gessius Florus (64—66) verübte ungescheut jede erdenkliche Grausamkeit. Was seine Vorgänger unter dem Scheine gesetzlicher Formen oder nur im geheimen taten, das übte er mit frecher Stirn und mit Verhöhnung des Gesetzes vor aller Augen aus. Es war, als ob er absichtlich das Volk zum Aufstand aufzustacheln suchte, damit im letzten Augenblick durch den Hochverrat der Gequälten die eigene Nichtswürdigkeit vor den Augen des Kaisers überboten werde. In der Tat griff angesichts seiner ruchlosen Freveltaten immer weiter die Stimmung um sich, daß es rühmlicher sei zu sterben, als eine solche Schmach länger zu dulden. Ein an sich geringfügiger Vorgang in Cäsarea führte den Anfang des Endes herbei.

---

[1]) Vorher besaß er kurze Zeit (49—54) die Herrschaft Chalcis nach dem Tode seines Oheims. [2]) S. 114.

In dieser am Meere gelegenen Stadt wohnte der Landpfleger unter einer teils heidnischen, teils jüdischen Bevölkerung, die in einen langwierigen und von beiden Seiten mit großer Hartnäckigkeit und Leidenschaft geführten Kampf um die bürgerliche Gleichberechtigung verwickelt war. Als in letzter Instanz der Kaiser zu Ungunsten der Juden entschieden hatte, gaben die heidnischen Vollbürger dem Jubel über ihren Sieg einen unedlen Ausdruck, indem sie den jüdischen Gottesdienst zu stören und die Beter durch Spott und Schmähung zu beleidigen suchten. Ein Grieche brachte vor dem Eingange in das Bethaus auf einem umgestürzten Topfe ein Vogelopfer dar, wie es vom Aussatz verunreinigt Gewesene tun mußten, um damit die Juden an das alberne Märchen zu erinnern, daß ihre Väter einst des Aussatzes wegen aus Ägypten vertrieben worden seien. Da zogen die Beschimpften mit ihren Gesetzrollen in eine nahe kleine Stadt und sandten ihre angesehensten Männer zu Florus, dem sie bereits acht Talente für die Erhaltung ihrer Ruhe gezahlt hatten, um seinen Schutz zu erbitten. Dieser aber ließ die Boten unter dem nichtigen Vorwande ins Gefängnis werfen, daß er das eigenmächtige Fortschaffen der Thorarollen bestrafen müsse. Die Beschwerde über die heidnischen Störenfriede von Cäsarea verhallte gänzlich ungehört. Statt dessen erließ er ohne irgend einen erdenklichen Grund nach Jerusalem den Befehl, ihm schleunigst aus dem Tempelschatz siebzehn Talente auszuzahlen. Die Mutigen murrten gegen eine solche unerhörte Zumutung und klapperten spottend mit Sammelbüchsen für den „armen" Florus. Schließlich errangen die Besonnenen den Sieg und brachten dem Landpfleger, der selbst in der Hauptstadt eingetroffen war, das Geld. Aber das genügte jetzt dem Tyrannen nicht mehr. Er verlangte, daß ihm die Spötter auf Gnade und Ungnade ausgeliefert würden. Jede Bitte um Schonung war vergeblich; er machte die gesamte Bevölkerung für die unüberlegte Tat einer verwegenen Minderheit verantwortlich, gebot seinen Söldnern zu plündern und zu morden, und 3600 Unschuldige, ohne Unterschied des Alters und Geschlechtes, fielen an jenem Tage. Selbst solche Einwohner, welche römische Bürger und Ritter waren, ließ Florus geißeln und wider alles Recht und Gesetz ans Kreuz nageln. Als der Rachedurst gestillt war, versprach er der Bevölkerung Ruhe, wenn sie seine zur Hilfe herbeieilenden Kohorten freundlich begrüßen wollte. Das Flehen und Bitten der Geängstigten brachte die zum Widerstand

bereiten noch einmal zum Schweigen, und mit Blumenkränzen ge=
schmückt zog das Volk den römischen Söldnern entgegen. Aber der
arglistige Landpfleger hatte den Kriegern befohlen, den Gruß der
Juden nicht zu beachten, um von neuem den erlöschenden Widerstand
herauszufordern. Er erreichte seinen Zweck. Die Beleidigten brachen
in Murren aus und wurden, als die Soldaten den ersten Laut der
Unzufriedenheit vernahmen, umzingelt und mit Gewalt zu den Thoren
der Stadt zurückgetrieben.

Vor allem suchten sie nun den Tempel zu schützen und brachen
die Säulenhallen ab, die ihn mit der Burg Antonia verbanden.
Gegenüber ihrer drohenden und entschlossenen Haltung verließ den
feigen Tyrannen der Mut. Er trat einen schimpflichen Rückzug an
und ließ nur eine kleine Besatzung in Jerusalem zurück. Selbst die
Auswahl des Führers derselben mußte er den Einwohnern überlassen.
Bald nach seinem Abzuge schickte der syrische Statthalter Cestius
Gallus zur Prüfung und Schlichtung der Händel einen Abgeordneten
nach Jerusalem. Ihm erklärten die Juden, sie seien bereit, dem
Kaiser weiter untertan zu sein und die Steuerzahlung fortzusetzen,
falls nur Florus beseitigt würde. Agrippa, der ebenfalls herbei=
geeilt war, wollte die Friedfertigen noch einen Schritt weiter drängen.
Aber die auflodernde Empörung war mit bloßen Worten nicht mehr
zu dämpfen.

Zwei Parteien standen einander kühn und trotzig gegenüber.
Auf den Widerstand um jeden Preis drangen die Eiferer (Zeloten),
denen die Freiheit von der Tyrannei mehr als das Leben galt. Sie
schrieben ihren ersten Ursprung auf den Beginn der Römerherrschaft
nach der Verbannung des Archelaus zurück, als ein Häuflein
tapferer Patrioten unter der Führung des verwegenen Juda, des
Gaulonäers (oder Galiläers) der Abschätzung der Kopfsteuer einen
tollkühnen Widerstand geleistet hatte, und wiesen mit ihrem Namen
auf den Glaubenseifer der hasmonäischen Helden hin, die gegen eine
Welt von Feinden ruhmreiche Siege erfochten hatten. Die Flamme
der Begeisterung, die der Gaulonäer angefacht und von der er
selbst verzehrt worden war, empfing in den kommenden Geschlechtern
täglich neue Nahrung und loderte, geschürt von seinem Sohne
Menachem und von anderen heldenmütigen Streitern, in der Zeit
der letzten Kämpfe zu verheerendem Brande empor. Freiheit oder
Untergang war die Losung, die sie beseelte, und die Einmütigkeit des

Strebens war die Ursache ihrer Stärke. Sie folgten einem edlen Priester, Eleasar ben Chananja, der den Zorn gegen die fremden Gewalthaber mit dem religiösen Hasse gegen die Heiden verband. Wenn bisher in manchen Dingen Gemeinschaft zwischen den Juden und Ungläubigen bestand, sollte diese jetzt gänzlich aufhören und durch achtzehn Vorschriften auch in harmlosen Dingen eine untrennbare Scheidewand errichtet werden, die das Volk gegen alles Unjüdische abschloß. Tage, an denen einmal der Heide besiegt oder der Glaube an den lebendigen Gott über das Götzentum triumphiert hatte, durften fortan nie mehr zu Fast- oder Bußtagen benutzt werden, sondern blieben religiös-nationale Feste[1]).

Diesen Eiferern gegenüber standen die Männer des Friedens. Zu ihnen gehörte die Mehrheit der Priester, die um jeden Preis den Tempel erhalten wollten, die der Wohlhabenden, die für ihre Güter, und der Anhang der Herodäer, die für ihren Einfluß fürchteten. Die Vielspältigkeit ihrer Absichten und die widersprechende Mannigfaltigkeit ihrer Interessen behinderte und schwächte den Nachdruck und die Kraft ihrer Entschließungen. Agrippa, der Führer desjenigen Teiles der Friedenspartei, welcher Heil und Rettung einzig von der blinden Unterwürfigkeit unter den Kaiser erhoffte, bot seine glänzende Beredsamkeit auf, um die erhitzten Gemüter vor dem Äußersten zu warnen und womöglich zu kühler Ruhe und Überlegung zurückzuführen. Er setzte dem Volke auseinander, daß es die durch Gottes Willen zugelassene Herrschaft der Römer anerkennen müsse. Man lieh seiner schlichten und klaren Darstellung ein williges Ohr und versprach, dem Kaiser weiter die Abgaben zu entrichten. Als er aber, von dem vielseitigen Beifall der Menge irre geführt, weiter ging und als Konsequenz des Gehorsams gegen den Kaiser die Unterwerfung unter dessen Stellvertreter, den verhaßten Florus, zu verlangen wagte, da brach die zügellose Wut der Hörer los. Tobender Lärm übertäubte seine Rede, und mit knapper Not konnte er sein Leben in Sicherheit bringen und aus Jerusalem entfliehen. Aus der allgemeinen Aufregung wußten die Zeloten sofort für ihre Pläne Nutzen zu ziehen. Sie setzten durch, daß das tägliche Opfer für den

---

[1]) Eine Sammlung solcher Festtage besitzen wir in der sogenannten Fastenrolle (מְגִלַּת תַּעֲנִית), d. h. einem Verzeichnis der Tage, an welchen das Fasten verboten ist.

Kaiser eingestellt werde, und daß überhaupt von nun an für Nicht=
juden Opfer nicht mehr angenommen wurden. Das war die voll=
endete Empörung und der unvermeidliche Krieg mit Rom.

Nun schritt man ohne Zögern zum Kampfe gegen die in der
heiligen Stadt zurückgebliebene römische Besatzung. Die zahlreichen
Pilger, die zum Holzfeste am 15. Ab nach Jerusalem gekommen
waren, verstärkten die Reihen der Zeloten. Auch die Römer erhielten
Zuzug durch Agrippa, der 3000 Mann ihnen zu Hilfe schickte.
Aber seine Ersatztruppen wurden in heißem Kampfe zurückgeworfen.
Die Burg Antonia und die Feste Masada mit ihren reichen
Waffenvorräten erlagen den wiederholten Stürmen der Angreifer, und
die erbitterten Juden hieben ohne Erbarmen die römischen Söldner
nieder, die in ihre Hände fielen. Ein Teil der herodäischen Pracht=
bauten, die Paläste des Agrippa und der Berenice, sowie das
Archiv, in dem sämtliche Schuldverschreibungen verwahrt wurden,
wurde bei diesen Kämpfen ein Raub der Flammen. Den jüdischen
Sieg vergalt Florus mit einer Freveltat, die seiner würdig war.
Er hetzte die Griechen seines Wohnortes Cäsarea gegen ihre
jüdischen Mitbürger und ruhte nicht eher, als bis die ganze jüdische
Bevölkerung, gegen 20000 Menschen, niedergemetzelt war. Die
Greuel von Cäsarea entfesselten im ganzen Lande einen auf beiden
Seiten mit unmenschlicher Grausamkeit geführten Rassenkampf, der
überall hin Mord und Brand trug, wo Juden und Heiden bisher
seit Jahrhunderten friedlich nebeneinander gewohnt hatten.

Diesem endlosen Blutvergießen entschloß sich endlich der Statt=
halter von Syrien Einhalt zu tun. Mit seinen Legionen, die durch
Heeresabteilungen Agrippas und Hilfstruppen aus syrischen Städten
verstärkt waren, zog er vor Jerusalem. Von der Nordseite aus
wollte er die Stadt erobern, wurde aber von den tapferen Freiheits=
kämpfern wiederholt zurückgeschlagen. Zu Beginn des Winters (66)
trat er den Rückzug an, der für ihn zum Verhängnis wurde. Sein
ganzes Heer wurde von den Verfolgern aufgerieben. Mehr als fünf=
tausend Römer fielen, und mit reicher Beute beladen kehrten die
Sieger in die Hauptstadt zurück, wo nunmehr auch die Gemäßigten
und Bedächtigen sich zur Begeisterung für den heiligen Krieg fort=
reißen ließen.

Der erste Sieg belebte bei allen die frohe Hoffnung auf einen
glücklichen Ausgang und weckte die Erinnerungen an die wunderbaren

Heldentaten, die einſt den Makkabäern gelungen waren. Dazu kam, daß die augenblickliche politiſche Lage in Vorderaſien für das Unter= nehmen beſonders günſtig zu ſein ſchien. Konnte man nicht hoffen, daß die Parther, der alte noch unbeſiegte Erbfeind Roms, einſchreiten werden, um zu hindern, daß der letzte noch vor kurzem unabhängige Küſtenſtrich des Mittelmeeres dauernd in römiſche Hände falle? Erfüllt von ſolcher Zuverſicht, traf man umſichtig die Vorbereitungen zum Feldzuge. Es wurden tüchtige Führer ausgewählt, die das ganze Land in Verteidigungszuſtand zu ſetzen hatten. In Jeruſalem befehligten Joſef ben Gorion und der Hoheprieſter Anan. Sie befeſtigten die Stadt aufs neue, ſammelten tapfere und erprobte Männer und ungeheure Vorräte an Waffen und Lebensmitteln. Nördlich von der Hauptſtadt ſtellten ſie eine ſchützende Truppenlinie auf, die ſich von Joppe bis nach Jericho an den Jordan zog, und ſicherten ſich für den Notfall die Rückzugslinie nach Oſten (Peräa) und Süden (Idumäa). Da anzunehmen war, daß der Feind von Norden her kommen und Galiläa zuerſt angreifen würde, trug man am aufmerkſamſten für die Ausrüſtung und Befeſtigung dieſer Land= ſchaft Sorge und übergab den ſo verantwortungsvollen Poſten des Oberbefehlshabers in dieſem Grenzlande dem damals kaum dreißig= jährigen Joſef ben Matthatia. Er war im Jahre 37 geboren und ſtammte väterlicherſeits aus einem Prieſtergeſchlechte und mütter= licherſeits von den Hasmonäern ab. Von Jugend auf in den heiligen Schriften unterwieſen, hatte er ſich mit ſelbſtändigem Geiſte in den Schulen der verſchiedenen Richtungen bewegt und ſich ſchließlich dauernd den Phariſäern angeſchloſſen. Als vierundzwanzigjähriger Jüngling nahm er an einer Geſandtſchaft teil, die damals nach Rom geſchickt wurde, und benützte die Gelegenheit, nicht nur viele Kennt= niſſe und Erfahrungen zu ſammeln, ſondern auch die reiche Bildung, die große Staatsweisheit und die unerſchöpflichen Hilfsquellen der Römer bewundern zu lernen. Seine Gewandtheit machte ihn ſchnell beliebt und errang ihm ſogar das beſondere Wohlwollen der Kaiſerin Poppäa, der Gemahlin Neros. Die Zeloten ſchmeichelten ſich mit der Hoffnung, daß er die unter den Juden nicht gewöhnliche Kennt= nis der römiſchen Sprache und Heereseinrichtungen zum Nutzen ſeines Volkes verwenden würde und ſtellten ihn, in blindem Vertrauen auf ſein Talent, an den wichtigſten Platz, den ſie zu vergeben hatten. Leider war ſeine Ernennung ein verhängnisvoller Mißgriff. Bei

aller Tüchtigkeit, Gewandtheit, Bildung und Klugheit fehlte ihm als
die unentbehrlichste Voraussetzung eines durchschlagenden Erfolges
das felsenfeste Vertrauen auf die unwiderstehliche sieghafte Gewalt
der Idee, für die er in den Krieg zog. In seiner Brust war nämlich
die Bewunderung der römischen Macht und Größe derartig lebendig
geworden, daß eine bedingungslose Hingabe und ein unerschütterlicher
Glaube an die Sache seines Volkes daneben nicht mehr aufkommen
konnte. Sein unsterblicher Ahn Juda Makkabi hatte nichts anderes
gekannt, als die Alternative: in der heiligen Lehre zu leben oder mit
ihr unterzugehen. Für Josef aber gab es trotz seiner glühenden
Vaterlandsliebe noch ein drittes Ideal für die Zukunft seines Volkes.
Es erschien ihm keineswegs verächtlich für seine Landsleute, in fried=
licher Hörigkeit den Römern untertan zu sein und gleich den anderen
Nationen als nützliches Glied des Weltreiches die Segnungen des
großstaatlichen Lebens und Weltverkehrs zu genießen. Gänzlich un=
gewarnt vor dieser Zwiespältigkeit in seiner Seele blieben schon da=
mals die Zeloten nicht. Mit scharfem Blick durchschaute ihn sein
Mitfeldherr Johannes von Giskala, in dessen Augen schon die
Zahmheit der Gesinnung dem begonnenen Hochverrate gleichkam.
Seiner Pflicht gemäß brachte er seine Wahrnehmungen zur Kenntnis
des Synhedriums, dessen Vorsitz damals Hillels Urenkel Simon
ben Gamliel führte. Aber Josef verstand es, schnell den gegen
ihn aufkeimenden Verdacht abzuwehren und durch die fieberhafte
Tätigkeit, die er zur Sicherung Galiläas entwickelte, den Gewalt=
habern in Jerusalem den Beweis seiner unbezwinglichen Kampflust
zu liefern. Überall im Lande organisierte er den Widerstand. Er
brachte die erstaunliche Zahl von hunderttausend Kriegern zusammen,
übte sie nach römischem Kriegsbrauch und gewöhnte sie an Ordnung
und Manneszucht. Eine Anzahl offener Plätze befestigte er, versah
die Festungen mit Waffen und Lebensmitteln und wandelte besonders
Jotapata in ein nahezu uneinnehmbares Bollwerk um. Bald sollte
ihm Gelegenheit werden, die Trefflichkeit seiner Maßregeln zu er=
proben.

———————

Fünftes Kapitel

Vom Untergange des jüdischen Staates.

(66—70)

Die Nachricht von den blutigen Ereignissen in Palästina traf den Kaiser Nero, als er gerade in eitler Selbstgefälligkeit bei den entarteten Enkeln der Hellenen als Wagenkämpfer, Sänger und Zitherspieler unblutige Lorbeeren sammelte. Sie erweckte ihn für einen Augenblick aus dem Taumel seiner törichten Lüste und brachte ihn zur der Erkenntnis, daß es sich hier nicht um eine vorübergehende Ruhestörung, sondern um einen entsetzlichen Verzweiflungskampf handle, der die ernste Anspannung aller Kräfte erfordere. Er übertrug die Führung desselben seinem tüchtigsten und tatkräftigsten Feldherrn Flavius Vespasianus, der auf den fernen trazischen und britannischen Schlachtfeldern ruhmreiche Siege erfochten hatte. Mit einem Heer von mehr als 60 000 Mann, dem sein Sohn Titus noch einige Legionen aus Ägypten zuführte, zog er von Acco (Ptolemais) aus heran. Auch Agrippa II. mit seinen Hilfstruppen stieß zu ihm. Der letzte Sprößling des Herodes, der eine Krone trug, schämte sich nicht, in Waffenbrüderschaft mit dem Todfeind seines Volkes auszuziehen, um das Blut der Söhne des Vaterlandes zu vergießen.

Langsam und bedächtig rückte Vespasian vorwärts. Die Freischaren, die ihn umschwärmten, warf er sofort, wo er sie traf, mit aller Energie zu Boden, um sie zu verhindern, neue Schlupfwinkel aufzusuchen und ihm ein zweites Mal in den Weg zu kommen. Er glaubte vielleicht, die Juden würden, erschreckt durch sein rücksichtsloses Verfahren, noch im letzten Augenblick es vorziehen, seine Milde und Barmherzigkeit anzuflehen. Vielleicht wollte er auch durch die überlegte Bedächtigkeit seiner Bewegungen sich in den Augen der Feinde den Anschein von Geduld und Nachsicht geben. Im stillen mochte er wohl zugleich hoffen, die Empörer würden sich infolge des inneren Zwiespalts bald gegenseitig aufreiben und ihm einen wesentlichen Teil der Blutarbeit ersparen. Die planvolle Absicht seines Handelns durchschaute Joseph klar, da er die unfehlbare Sicherheit, Gewandtheit und Disziplin kannte, mit der die Römer ihre Kriege führten. Um Jotapata möglichst lange zu halten, erbat er sich Hilfstruppen aus der Hauptstadt. Aber Vespasian wollte um jeden Preis die Festung nehmen, ehe die rettende Hilfe herankam, und stürmte

sie sieben und vierzig Tage nacheinander. Durch den Verrat eines
Überläufers fiel sie schließlich im Juli 67 in seine Hände. Die
Römer drangen ein, als die Wachen, von den ununterbrochenen Anstrengungen übermüdet, eingeschlafen waren. Vierzigtausend Juden
kamen bei den Sturm uns Leben. Viele gaben sich selbst den Tod,
um nicht in die Hände der Feinde zu fallen. Nur zwölfhundert der
tapferen Verteidiger wurden lebend zu Gefangenen gemacht. Der
Feldherr selbst hatte mit vierzig Genossen in einer Cisterne Zuflucht
gefunden und hielt sich daselbst zwei Tage lang versteckt. Als die
feindlichen Truppen ihn entdeckten, war er sofort bereit, die Gnade
des Siegers anzuflehen. Aber seine heldenmütigen Gefährten bedrohten ihn ob solcher Feigheit mit dem Tode. Joseph sah ein, daß
sie ernstlich entschlossen waren, lieber zu sterben, als römische Sklaven
zu werden, und überredete sie, scheinbar ihre Absicht billigend, durch
das Los je zwei Genossen bestimmen zu lassen, die einander töten
sollten. Die Flüchtlinge schwuren diesen Beschluß auszuführen, und
hielten ihren Schwur. Daß er und ein anderer bis zuletzt übrig
blieben, wußte er geschickt einzurichten, und den einzigen überlebenden
Kameraden entwaffnete er durch Überredung und Gewalt und brachte
sein ihm teures Leben bei den Römern in Sicherheit. So brach
Joseph ben Matthatia den Toten das Wort, wie er es den Lebenden
gebrochen hatte. Er ließ sich vor Vespasian führen, sagte ihm, wie
er selbst ruhmredig berichtet, voraus, daß er Kaiser werden würde,
und blieb als Kriegsgefangener bei ihm in Gewahrsam, bis die
Prophezeiung erfüllt war. Er war während des ganzen Feldzuges
im Gefolge des Vespasian und Titus und beschrieb nachher in be-
haglicher Muße im Palaste der Cäsaren den ganzen tränenreichen
Krieg. Seine farbenreiche Schilderung gibt, obwohl unter römischem
Einflusse geschrieben, fast wider den Willen des Verfassers auf jedem
Blatte Zeugnis von dem Heldentum unserer Väter. Er selber nahm
später mit Genehmigung seines Herrn und Besitzers dessen Namen
Flavius an, sodaß sich an das unsterbliche Werk des Flavius
Josephus zugleich das unvergängliche Schandmal seiner Knechtschaft
heftet.

Nachdem die Festungswerke von Jotapata geschleift waren, unter-
warf Vespasian leicht das übrige Galiläa. Viele römisch gesinnte
Städte öffneten ihm freiwillig die Thore. Besonders das heidnische
Cäsarea feierte mit lautem Jubel seine Siege. Agrippa II. aber

gewann es zu seiner Schande über sich, den Eroberer von Jotapata und sein Heer in seine Hauptstadt einzuladen und sie drei Wochen lang durch rauschende Festspiele und unmäßige Trinkgelage als die Überwinder seiner Brüder zu verherrlichen. Nachher schloß er sich ihrem weiteren Siegeszuge an. Als kargen Lohn für die maßlose Selbsterniedrigung gewährte ihm der Römer die erbetene Schonung der schönen Stadt Tiberias. Um so grausamer wurden die übrigen am See Genezareth liegenden Ortschaften, die Widerstand zu leisten wagten, erobert und in Schutthaufen verwandelt. In der einzigen Stadt Tarichäa verkaufte man über fünfzigtausend Gefangene in die Sklaverei, zwölfhundert Greise und Schwache wurden ans Kreuz genagelt und sechstausend der Kräftigsten nach Korinth geschickt, um am Durchstich des Isthmus mitzuarbeiten. So blieb nur noch die Festung Giskala von den Juden besetzt. Ihr Befehlshaber, der grimmige Römerfeind Johannes, schlich sich mit seinen Genossen heimlich davon und floh nach Jerusalem, als er einsah, daß die weitere Verteidigung des Platzes hoffnungslos sei. Giskala aber ging in Flammen auf.

So war gegen Ende des Jahres 67 ganz Galiläa von den Römern gewonnen, und sie gingen nun daran, Jerusalems nächste Verteidigungslinie zu durchbrechen. Sie eroberten den Seehafen von Joppe und nahmen in rascher Folge einen festen Punkt nach dem andern in Besitz. Auch Samaria und Jericho fielen in ihre Gewalt, und das ganze Peräa lag schnell zu ihren Füßen, sodaß schließlich außer Jerusalem nur noch wenige Festungen, wie etwa Machärus, Herodeion und Masada, in jüdischen Händen verblieben.

Als Jerusalem seine Tore immer wieder neuen Flüchtlingen öffnen mußte, die von den siegreichen Fortschritten der Römer berichteten, brach unter dem Eindruck der fortwährenden Schreckensnachrichten die alte Zwietracht der Gesinnungen mit verstärkter Gewalt hervor. Eine Partei beschuldigte die andere des Verrats am Vaterlande. An der Spitze der Besonnenen standen die Priester Anan und Josua ben Gamla[1]) und der Vorsitzende des Synhedriums Simon ben Gamliel. Mächtiger als sie waren die Zeloten. In ihrem blinden rücksichtslosen Eifer verdächtigten sie jeden, der nicht ihrer Meinung war, als einen Römerfreund und zogen ihn zu pein-

---

[1]) Vgl. oben S. 114.

licher Verantwortung. Da sie dem Hohenpriester Anan nicht mehr trauten, setzten sie ihn ab und ließen von nun an unter den Priestern das Los über die höchste Würde entscheiden. So kam das Amt in die Hand eines unwissenden gemeinen Mannes und verlor den letzten Schimmer seines Glanzes. Solchem Frevel machten die Gemäßigten endlich Miene sich zu widersetzen. Aber die Zeloten, besorgt um ihren Einfluß, zogen aus Idumäa ein Hilfskorps herbei und befestigten ihre Alleinherrschaft durch Furcht und Schrecken. Auch der heftige und herrschsüchtige Johannes von Giskala war inzwischen in der heiligen Stadt angelangt und vermehrte den Unfrieden durch seinen Anhang. In blutigen Kämpfen, denen Tausende, darunter Anan und Josua ben Gamla, zum Opfer fielen, rieben sich die besten und edelsten Kräfte auf.

Dieses selbstmörderische Treiben der Bewohner von Jerusalem konnte nur dem Römer Vorteil bringen. Je länger er mit der Belagerung zögerte, desto leichter war seinen Söldnern dann die Arbeit. Er bezog darum, als die rauhe Jahreszeit herankam, im Herbst des Jahres 68 die Winterquartiere in Cäsarea. Hier traf ihn die unerwartete Nachricht von der Empörung gegen Nero und der Tronbesteigung Galbas. Zur Begrüßung des neuen Kaisers schickte er sofort seinen Sohn Titus in Agrippas Begleitung nach Italien. Aber schon unterwegs kehrte sein Sohn zu ihm zurück, als ihn die Kunde überraschte, daß der neue Kaiser bereits ermordet sei und daß Otho und Vitellius um die Herrschaft des Weltreiches haderten. Mit gespannter Aufmerksamkeit folgten beide von hier aus den Vorgängen in Rom, über welche Agrippa sie auf dem Laufenden erhielt. Allmählich reiften wichtigere und ehrgeizigere Pläne, als die ihnen augenblicklich obliegende Niederwerfung der Juden war, in ihrem Geiste. Die Wahrnehmung, daß seit dem Erlöschen des augusteischen Kaiserhauses die Legionen über den Kaiserthron verfügten, mußte für einen erfahrenen und tatkräftigen Feldherrn, dem ein treu ergebenes Heer zur Seite stand, von unschätzbarer Bedeutung sein. Wie, wenn die Soldaten auch hier ihrem tapferen Führer den Thron anboten? Der geschickt gelenkte Wille der Truppen führte bald zum gewünschten Ziele. Die von Otho nicht lange vor seinem Selbstmord nach Rom berufenen thracischen Legionen, die noch vor kurzem unter Vespasian gekämpft, und ihnen nach die ägyptischen und syrischen Heere riefen Vespasian zum Kaiser aus. Nach einigem scheinbaren Sträuben nahm er die ihm angebotene Würde an und eilte nach Rom, um die Zügel der Regierung zu ergreifen. Sein Sohn Titus wurde zum Thronfolger erklärt und erhielt den Auftrag, den jüdischen Krieg zu einem schnellen und glücklichen Ende zu bringen. Die Vernichtung des jüdischen Staates sollte das erste Lorbeerreis sein, mit dem das Flavische Kaiserhaus sich schmücken wollte.

In Jerusalem wütete während dieser Vorgänge der Hader der Parteien fort. Die Zeloten unter Johannes von Giskala wurden bald von noch verwegneren Freischaren in den Hintergrund gedrängt. Mit so fanatischer Heftigkeit gingen die Gegner auf einander los, daß die Freunde der Ordnung schließlich einen neuen kühnen Heerführer, Simon ben Giora, aus Masada herbeiriefen, damit er gewaltsam den Frieden erzwinge. Aber das Heilmittel verfehlte gänzlich seinen Zweck. Simon vermehrte nur den Unfrieden, den er ausrotten sollte. Er besetzte die Oberstadt im Süden und einen Teil der Unterstadt, während Johannes von Giskala mit seinem Anhange sich auf dem Tempelberge verschanzt hielt. Der Tempel selbst bildete einen Bezirk für sich und wurde von den Priestern im Verteidigungszustande erhalten und beschützt. Bei allem Haß und Hader der Parteien nahm in den heiligen Hallen der Opferdienst seinen ungestörten Fortgang. Hier war jeder ungefährdet, und tiefer Friede herrschte im Heiligtume. Ebenso verstummte für den Augenblick der innere Zank und Streit, sobald es sich ernstlich um den Kampf gegen den gemeinsamen äußeren Feind handelte. Vergebens hatte Titus gehofft, daß die Widerstandskraft der Stadt durch die Zwietracht der Bewohner rettungslos gebrochen werden würde. Als er im Jahre 70 mit einer Heeresmacht von achtzigtausend Mann zur Belagerung schritt, zweifelten die Juden nicht einen Augenblick, daß ihre todesmutigen, wohlbewaffneten Scharen mit Leichtigkeit die Stadt würden halten können. Im Gefolge des Römers befand sich der treulose Agrippa nebst dem abtrünnigen Tiberius Alexander, der inzwischen Statthalter von Ägypten geworden war. Auch Josephus, nach der Tronbesteigung Vespasians der Fesseln entledigt, wohnte dem Untergange seines Volkes bei. Er fand den traurigen Mut, mehrfach die Friedensvorschläge des Titus den Belagerten zu überbringen. Schon die Auswahl dieses von ihnen am tiefsten verachteten Vermittlers lehrte die Juden, wie wenig ernstlich die römischen Vorschläge gemeint seien.

Titus schlug mit seinem Heere etwa sieben Stadien nördlich von Jerusalem sein Lager auf und erkannte bald, wie große Schwierig=keiten der Lösung seiner Aufgabe sich entgegenstellten. Die Stadt bot überhaupt nur von Norden her die Möglichkeit eines bequemen Angriffes dar und war auf dieser am meisten gefährdeten Seite durch furchtbare Festungswerke geschützt. Die äußere, erst unter Agrippa I. vollendete, 20 Ellen hohe und 10 Ellen breite Mauer umgab, mit hohen Türmen versehen, die nördlichen Vorstädte. Die Unterstadt mit der Burg Antonia war bereits von Herodes mit einer besonderen Mauer und drei Türmen umschlossen worden. Dazu besaß die Ober=stadt noch eine eigene starke Befestigung. Zwischen Ober= und Unter=stadt lag der befestigte Palast des Herodes, von dem eine bedeckte Säulenhalle zum Tempelberge führte. Der Tempel selbst bildete in=mitten dieser drei Mauern noch eine Festung für sich. Er lag mit der Burg Antonia auf einem großen Plateau, das von 30 Ellen breiten Säulenhallen umgeben war. Eine niedrigere Mauer umschloß inmitten dieses Plateaus, das man auch den Vorhof der Heiden nannte, den höher gelegenen Vorhof Israels. Von hier führten Stufen zum Vorhofe der Priester, den ebenfalls eine hohe Mauer einschloß, und in dessen Mitte der eigentliche Tempel stand.

Wie grimmig und erbittert die Verteidiger dieser Werke waren, sollte Titus nur zu bald erfahren. Als er von seinem Lager zum erstenmale auszog, um die Umgegend Jerusalems zu besichtigen, wurde er durch einen plötzlichen Ausfall der Belagerten in die höchste Lebensgefahr gebracht und beinahe von seiner Umgebung abgeschnitten. Ebenso mutig und unermüdlich wurden seine Söldner angegriffen, als sie das eigene Lager verschanzen wollten.

Trotz der gemeinsamen Kämpfe gegen den Feind vor den Mauern dauerten die inneren Zwistigkeiten in der unglücklichen Stadt fort. Als am Rüsttage zum Passahfeste viele Opferer friedlich zum Tempel zogen, gelang es Johannes von Giskala, ungehindert einzudringen und sich mit treuloser Gewalt des Heiligtums zu bemächtigen, sodaß nunmehr nur noch er und Simon ben Giora allein in der Stadt befehligten.

Um endlich seine Operationen ernstlich zu beginnen, ließ Titus zunächst den Boden vor der Stadt vollständig ebnen und seine un=geheuren Belagerungswerkzeuge und Türme an die Mauern rücken, um sie zu zerstören. Mit heldenmütiger Tapferkeit suchten die Juden

die Vernichtung der Mauern zu verhindern. Sie machten siegreiche
Ausfälle und legten Feuer an die Sturmböcke der Römer, sodaß
diese teilweise zu Grunde gingen. Ja als der Feind wirklich bereits
durch eine Bresche in den nördlichen Teil der Stadt eingedrungen
war, warfen sich die Juden ihm mit solcher Heftigkeit entgegen, daß er
weichen mußte. Erst nach hartnäckigem Kampfe, in welchem jeder
Fußbreit Erde mit Strömen Blutes bezahlt werden mußte, gelang
es Titus, die zweite Mauer zu erobern. Dazu bekam er einen
entsetzlichen Bundesgenossen in der Stadt selbst. Wie ein
Würgengel schritt der Hunger durch die Straßen und schonte
nicht Alter und Geschlecht. Viele suchten heimlich zu entweichen,
andere gaben auf Zetteln, die sie um die Pfeile gewickelt abschossen,
den Römern Nachricht von ihrer Verzweiflung, wurden aber, wenn
man sie entdeckte, von den Zeloten unbarmherzig hingeschlachtet, oder
wenn sie entkamen, von den Römern festgehalten. Die Feinde schlugen
die Unglücklichen vor den Augen der Belagerten ans Kreuz oder
schickten sie mit abgehauenen Händen, um die müßigen Esser zu vermehren, in die Stadt zurück. In all diesem Elend blieben die
Kämpfenden von unerschütterlichem Mute beseelt. Johannes von
Giskala trug durch unterirdische Gänge Feuer an die feindlichen
Belagerungswerkzeuge, und Simon ben Giora schlug die löschenden
Römer, von der Mauer einen Ausfall machend, zurück und verbreitete
den Brand über das Lager des Feindes. Da entschloß sich Titus
seine zerstörten Türme nicht mehr aufzubauen und den Angriff nicht
zu erneuern, dafür aber die Stadt durch eine hohe Mauer, welche
die Ausfälle der Juden verhindern sollte, ganz von der Außenwelt
abzuschneiden. Der Hunger, so hoffte er, würde den Feind schneller
bewältigen als das Schwert. Und er hielt in der Tat eine schreckliche
Ernte. Mehr als hunderttausend Leichen waren bereits bestattet
worden, und was von Toten liegen blieb, verpestete die Luft mit
tödlichen Miasmen. Selbst die Reichen und Vornehmen suchten im
Kehricht nach den ekelhaftesten Abfällen, um ihren Hunger zu stillen, und
die Verzweiflung erniedrigte die Menschen bis zum Tiere. Dabei
fuhren die Zeloten fort, jeden, der sich zu den Römern retten wollte,
als einen Hochverräter hinzumorden. Wem aber die Flucht wider
Erwarten gelungen war, dem wurde von dem raubgierigen Feinde
der Leib aufgeschlitzt, weil man das Gold, welches nach einem Gerücht
die Unglücklichen verschluckt haben sollten, in den Eingeweiden zu

finden hoffte. Aber selbst diese Schreckenszeit beraubte die Kampf-
fähigen des Mutes nicht und nicht des Vertrauens, das Heiligtum
dennoch zu erhalten.

Als die Römer im Monat Thammus die Burg Antonia eingenommen hatten und nun alle Angriffe auf den Tempel richteten,
da mußte zwar vom 17. Thammus an der Opferdienst eingestellt
und Feuer an die Säulengänge auf der West- und Nordseite des
Tempels gelegt werden, aber die Tempelmauern selbst wurden mit
der Tollkühnheit und dem Todesmute der Verzweiflung verteidigt.
Am 9. Ab, an einem Sabbath, machten die Juden noch einen kühnen
Ausfall. Da schleuderte in der Abendstunde gegen Sonnenuntergang
ein römischer Legionar einen Brand in die Kammer, welche die Holz-
vorräte zum Opferdienst barg, und bald war der ganze Tempelberg
nur noch eine einzige Riesenfackel. In den Jubel des Siegers mischte
sich der Jammer einer untergehenden Nation. In einer Tempel-
vorhalle suchten und fanden sechstausend Menschen, die am Kampfe
nicht teilgenommen hatten, den Feuertod, weil sie den Fall des
Heiligtums nicht überleben mochten.

Die Oberstadt wurde von Johannes von Giskala und
Simon ben Giora noch vier Wochen lang verteidigt, bis auch sie
alles verloren sahen und sich in die unterirdischen Gänge flüchteten.
Die menschenleere Stadt wurde völlig zerstört. Nur die drei Türme
der herodianischen und ein Stück der westlichen Tempelmauer blieben
stehen. Als man die Befehlshaber fand, verurteilte man Johannes
zu lebenslänglichem Gefängnis und bestimmte, daß Simon ben
Giora den Triumphzug des Titus zieren und dann hingerichtet
werden sollte. Für den Triumphzug sparte man auch die schönsten
und edelsten Jünglinge auf, während die übrigen Gefangenen teils
zur Zwangsarbeit in die Bergwerke geschickt, teils zu Kämpfen mit
wilden Tieren in der Arena aufbewahrt, teils als Sklaven verkauft wurden.
1 100 000 Menschen waren während des Krieges umgekommen. Unter
der ungeheuren Beute, welche Titus mit sich führte, waren auch die
heiligen Geräte aus dem Tempel, das Gesetzbuch und die purpurnen
Vorhänge des Heiligtums. Die Geräte mußten beim Triumphzuge
des Titus von jüdischen Jünglingen getragen werden. Das Bildwerk, welches diese letzte Schmach verewigt, ist heute noch am Titus-
bogen in Rom sichtbar. Später wurden die Gefäße, die zur Verehrung des lebendigen Gottes verwendet worden waren, in dem

Götzentempel aufgestellt, den Vespasian der Friedensgöttin zum Dank für den schwer errungenen Sieg erbauen ließ. Die Vorhänge und Gesetz= rollen aber wurden im kaiserlichen Palaste geborgen. Auch eine Denk= münze gebot Vespasian auf Judäas Fall zu prägen. Sie zeigt auf der einen Seite eine gefesselte weibliche Gestalt, das „gefangene Judäa (Judaea capta)", auf der anderen Seite trägt sie Vespasians Bild und Namen. Diese Roms Sieg verherrlichenden Denkzeichen, die bis auf unsere Tage erhalten sind, erwecken in unserer Seele nicht bloß das Bild jener traurigen Tage, sondern erzählen auch frohlockend von der großen Zeit, da sich unser Volk an Heldenmut, Unbezwing= barkeit und Größe mit der mächtigsten Nation der Erde messen konnte.

Nachdem Jerusalem vernichtet war, zog Titus nach Italien und ließ im heiligen Lande einen Legaten zurück, mit dem Auftrage, die letzten Festungen Herodeion, Machärus und Masada zu unterwerfen. Am längsten leistete Masada Widerstand. Es schien, durch Natur und Kunst befestigt, fast uneinnehmbar zu sein. Die Besatzung hatte sich mit reichen Vorräten versehen und kämpfte löwen= mutig um ihren letzten Zufluchtsort. Erst am Passahfeste 72 sah sie sich genötigt, jede Hoffnung fahren zu lassen. Damals trat ihr Führer Eleasar unter sie und schilderte ihnen beredten Mundes mit glühenden Farben, was sie anderen Tages zu erwarten hätten, wenn sie nicht den freiwilligen Tod der Knechtschaft vorzögen. Wohl sah mancher tränenden Auges auf Weib und Kind, aber Eleasar beredete die Schwankenden mit hinreißenden Worten, daß gerade ihre Liebe zu Weib und Kind sie schützen müsse vor dem Schrecklichsten, was die Menschen ertragen können, vor dem Hohn des Feindes und vor der Sklaverei, und daß der selbstgewählte Tod sie allein von allen Qualen erlösen könne. Und es ergriff alle gleichmäßig der Glaube, daß ihre Seelen vereint in ewigem Frieden fortleben würden, und daß der gemeinsame Tod der einzige Weg zur Befreiung von Schmach und Schande sei. Indem die Helden ihre Weiber und Kinder liebe= voll umarmten, stießen sie ihnen das Schwert in die Brust. Dann schleppten sie allen Besitz auf einen Haufen, steckten ihn in Brand und wählten zehn aus ihrer Mitte aus, welche die übrigen morden sollten. So fielen sie in Reih und Glied einer neben den andern, bis das Los nur noch den einen bestimmte, welcher die letzten neun überleben durfte. Er hielt ihnen die Treue, entzündete den Palast und durchbohrte sich dann selbst. Nur zwei Frauen und einige

Kinder hatten sich bei dem Gemetzel in einer Wasserleitung versteckt. Als der Sieger am nächsten Tage die Felsen und Mauern erklomm, ohne Widerstand zu finden, blickte er in eine menschenleere Stadt. Nur die wenigen Frauen und Kinder kamen hervor und zeigten den Römern die verkohlten Reste der Helden von Masada.

Einzelne versprengte Scharen von Dolchmännern und Zeloten, die dem Blutbade entronnen waren, hatten in Ägypten eine Zuflucht gefunden. Hier suchten sie die Gemüter der Glaubensbrüder zu einem neuen Kampfe gegen Rom zu entflammen und trotzten mit ungebrochenem Hasse dem Zerstörer ihres Vaterlandes, selbst als sie von den besonnenen Führern der ägyptischen Gemeinden versagt oder gefangen genommen waren. Sobald Vespasian von diesen Umtrieben Kenntnis erhielt, befahl er, jeden weiteren Versuch der Empörung im Keime zu ersticken und aufs grausamste zu strafen. Um den Juden selbst den letzten religiösen Mittelpunkt und Halt zu nehmen, ließ er im Jahre 73 sogar den Oniastempel schließen und ihn zerstören.

Unberührt von allem Elend ihres Volkes, lebten Agrippa II. und seine Schwester Berenice über Judäas Fall hinaus in Rom. Er wurde mit der Würde eines Prätors belohnt und Berenice durch die Liebe des Titus ausgezeichnet. Aber der Treubruch, den sie an ihrem Gatten begangen[1]), wurde ihr heimgezahlt, als Titus das Eheversprechen, das er ihr gegeben hatte, nicht einlöste und das Weib, das ihm unbequem zu werden anfing, aus der Weltstadt verbannte.

Auch Josephus lebte am kaiserlichen Hofe von einem Jahrgehalte des Kaisers und erfreute sich der Gunst des Titus und seines Nachfolgers Domitian. Seine sorglose Muße benutzte er zur Abfassung seiner Werke. Zuerst beschrieb er in sieben Büchern den jüdischen Krieg, an dem er persönlich teilgenommen hatte. Die erste hebräische Niederschrift ist nicht erhalten, wohl aber seine Darstellung in griechischer Sprache, welche die schätzbarste Quelle für die Geschichte jener Zeit geworden ist. Titus hat durch die eigenhändige Unterschrift, die er an das Ende des Werkes setzte, dafür Zeugnis abgelegt, daß die Darstellung nach seinem Geschmacke sei. Inwieweit aber die Erzählung des Schriftstellers an denjenigen Stellen zu-

---

[1]) Vgl. oben S. 135.

verläffig sei, wo er von dem eigenen Verrat und der Grauſamkeit
des Feindes zu berichten hat, iſt damit noch nicht entſchieden. Ferner
ſchrieb Joſephus, um den gebildeten heidniſchen Zeitgenoſſen eine
richtige Vorſtellung von der Geſchichte und den Sitten ſeines Volkes
beizubringen, zwanzig Bücher „jüdiſcher Altertümer.“ Dieſes groß=
artige Werk erzählt die Geſchichte Iſraels von den älteſten Zeiten
bis zum Beginn des letzten Krieges. Beſonders intereſſant aber iſt
die Verteidigungsſchrift, die er zur Abwehr der böswilligen Ver=
leumdungen verfaßte, den der erſte literariſche Judenfeind Apion in
Ägypten über die Juden ausgeſtreut hatte. Zur Verteidigung gegen
heftige perſönliche Angriffe auf ſeine Haltung im letzten Feldzuge
ſchrieb er endlich noch gegen Ende ſeines Lebens ſeine Selbſtbiographie.
Seine Schriften haben zu allen Zeiten und bei allen Völkern einen
großen Leſerkreis gefunden. Man nannte ihn wegen ſeiner anmutigen
und leichten Schreibweiſe den jüdiſchen Xenophon. Seine Werke
ſind nicht nur ins Lateiniſche und Hebräiſche, ſondern auch in mindeſtens
zehn moderne Sprachen überſetzt worden.

Zweite Abteilung

Von der Zerstörung des zweiten Tempels bis zum Abschluß des Talmud.

(70—500)

Übersicht

Die politische Organisation der Juden war durch den Untergang des jüdischen Staates vollends vernichtet. Die Zersetzung der staatserhaltenden Kräfte, zu der Nebukadnezar den Grund gelegt hatte, wurde durch Titus zum Abschluß gebracht. Von Stunde an mußten die Juden für immer darauf verzichten, eine Gemeinschaft zu bilden, die selbständig und unabhängig über das eigene Geschick verfügen oder die Rücksicht auf das Wohlbefinden ihrer Gesamtheit mit Gewalt erzwingen konnte. Hatten sie aber auch nach dem Fall ihrer besten Helden den Widerstand aufgegeben, so erklärten sie sich damit keineswegs für besiegt. Sobald der erste Schmerz gestillt war, erschienen ihnen die Römer nur als die Vollstrecker der göttlichen Strafen, und Israels Sieg war ihnen in künftigen Tagen um so gewisser. Diejenigen, die allein unter allen Völkern der Erde Gott anerkannten, konnten nicht für immer den Heiden preisgegeben, die heilige Stadt konnte nicht in alle Ewigkeit ein Tummelplatz fremder Krieger bleiben. Nur der grundlose Haß der Parteien gegen einander hatte den Untergang des Staates herbeigeführt, und die Sünden der Gegenwart waren es, welche die Erlösung verzögerten. Und durch alle Heeresmacht der Barbaren konnte die frohe Hoffnung nicht ertötet werden, daß die, welche heute die Niedrigsten sind, gewiß dereinst die Höchsten sein werden. Mit diesem Glauben ausgerüstet, traten die des Vaterlandes und des Heiligtums Beraubten ihre traurige Wanderung ins Elend an.

Bestandteile des jüdischen Stammes finden wir seitdem auf der ganzen bewohnten Erde angesiedelt. An alle Orte trägt sie der

flüchtige Fluß, an jedes Klima vermögen sie sich zu gewöhnen, überall
machen sie neue Erfahrungen, erweitern ihren Gesichtskreis, nehmen
an den Geschicken der Völker teil, lernen und leiden mit ihnen und
von ihnen. Und „wenn es eine Stufenleiter von Leiden gibt, so
hat Israel die höchste Staffel erstiegen, wenn die Dauer der Schmerzen
und die Geduld, mit welcher sie ertragen wurden, adeln, so nehmen
es die Juden mit den Hochgeborenen aller Länder auf." Allein
während ihre äußere Geschichte von jetzt ab mit einer gewissen
Einförmigkeit fast nur zu berichten weiß, nicht sowohl von dem,
was die Juden getan, als vielmehr von dem, was sie gelitten
haben, läßt ihre innere Geschichte vor dem staunenden Auge der
Nachgeborenen einen wunderbaren Bau erstehen, welcher die gemeinsame Schöpfung der jüdischen Gesamtheit ist. Nicht sichtbar, aus
Erz und Stein, wie der heilige Tempel, den sie verloren hatten,
sondern als unzerstörbares Heiligtum erhob er sich in den Geistern
der Zerstreuten.

Ein aus Licht gewobenes Band verknüpfte die Zersplitterten zu
einer Einheit. Aus den Flammen des Sinai hat es ihnen Mose
gereicht und die Knechte der Ägypter damit zu einem Volke vereint.
Eine gemeinschaftliche Aufgabe ward ihnen damals zuteil, welche
die elenden Sklaven der Heiden zu einem Reiche von Gottespriestern
und zu einer heiligen Nation erhob. Dieser Beruf blieb
lebendig, und wie ihn die Juden erfüllt haben, nachdem ihnen
die Bedingungen eines eigenen freien Volkstums genommen waren,
bildet von jetzt ab den wesentlichen Inhalt ihrer Geschichte. Jedes
Blatt dieser Geschichte legt deutlich und überraschend Zeugnis davon
ab, wie die Heimatlosen, ohne ein Vaterland zu besitzen, das Stück
Erde, welches die Gebeine der Erzväter umschließt und das Blut
ihrer Helden getrunken hatte, in liebendem Gedenken behielten und
so eines der edelsten Gefühle, die Vaterlandsliebe, in ihrem Herzen
nimmer ersterben ließen; wie die ewig Ruhelosen trotz ihrer endlosen
Wanderschaft über die ganze Erde die wichtigsten Grundpfeiler jedes
Volkstums nicht in der Scholle und im Gestein, sondern in ihren
Herzen befestigen und bei allen Stürmen ihres Daseins ihren
Glauben, ihre Sitte und ihre Sprache rein und unverletzt zu
bewahren wußten: wie endlich die an alle vier Enden der Erde
Zersprengten Jahrtausende hindurch überall einem unwandelbaren
Recht und Gesetz sich beugten, obwohl nirgends und niemals es einen

irdischen Richter gab, der die Beobachtung und Handhabung des=
selben erzwungen hätte. Das sind Wunder, die einzig dastehen
in der Geschichte der Völker. Das sind Großtaten, die belehrend
und anfeuernd wirken müssen. Das ist ein Heldentum, das zu
seiner Bewährung nicht übermenschlicher Körperkräfte bedarf, sondern
nur eines felsenfesten Vertrauens auf den lebendigen Gott, der
immerdar in den Ereignissen der Geschichte waltet.

Die Arbeit an der geistigen Ausrüstung, mit der das jüdische
Volk seit nunmehr achtzehnhundert Jahren versehen ist, begann in
jener Zeit, als seine staatliche Selbständigkeit verfiel und sein sicht=
barer Mittelpunkt verloren ging. Wohl erschütterte jenes Unheil die
Nation bis aufs innerste Mark, aber es zerstörte nur die äußere
Form ihres Daseins, nicht ihres Lebens Kern und Wesen. Des
jüdischen Volkes Seele hatte sich gleichsam kristallisiert und gefestigt,
während sein Reich von den Stürmen der inneren und äußeren Kriege
zerrissen wurde. Schon in den letzten 200 Jahren vor der Zer=
störung des Tempels hatten wir Gelegenheit, das Aufblühen der
Lehrhäuser zu bewundern. Die Vorsitzenden des Synhedriums
hatten während dieser Zeit als Träger der Überlieferung sich ausgezeichnet.
Im Hause Hillels blieb die Würde des Vorsitzes erblich. Nur
einmal, unmittelbar nach dem Fall Jerusalems, war eine Ausnahme
von dieser Regel nötig, als der jugendliche Sohn Simon ben
Gamliels unter den schwierigen Verhältnissen an diesem einfluß=
reichen Platze nicht die geeignete Persönlichkeit zu sein schien und
darum der ehrwürdige, maßvolle Rabban Jochanan ben Sakkai
an seine Stelle trat. So war das Synhedrium mit seinem Adel der
Gelehrsamkeit und Frömmigkeit der Gläubigen Halt und Stütze schon
zu der Zeit, als noch der Hohepriester nach göttlicher Ordnung am
Altare seines Amtes waltete. Je unwürdiger die Vertreter des
Priestertums wurden, desto ehrwürdiger wurde das Ansehen, das die
Weisen des Synhedriums genossen. Und als der Tempel zerstört
war, da hing der verzweifelte Blick der Überlebenden hoffend an ihnen,
in dem sicheren Vorgefühl daß sie nun allein alles ersetzen würden,
was Feuer und Schwert hinweggerafft hatte. So wurden das
Synhedrium und das Lehrhaus mit einem Schlage die Brenn=
punkte der jüdisch=religiösen Bewegung und deren einzige Zufluchts=
stätten. Von ihnen gingen ein Jahrtausend lang alle für das jüdische
Leben wichtigen Bestimmungen aus. Dem Patriarchen, wie die

Römer den Vorsitzenden des Synhedriums betitelten, blieb als sein
wichtiges Recht die Feststellung des Monatsbeginns, von der die
Feier der Feste abhing, vorbehalten. Sonst drängte sich die gesamte
Tätigkeit der Gelehrten des Synhedriums und der Schulen in das
Studium des Gesetzes zusammen. Auf diesem Gebiete wurde mit
Bienenfleiß gearbeitet und alles zusammengetragen, was geeignet
war, die göttliche Lehre zu erläutern und zu erweitern, sie vor Ver=
letzung zu schützen und gegen die Außenwelt abzuschließen. Die
Weisen, die an diesem, einen Zeitraum von etwa vier Jahrhunderten
ausfüllenden Geistesleben schaffend und fördernd teilnahmen, heißen
Tannaiten תַּנָּאִים, d. h. Lehrer, wörtlich: Wiederholende. Die
Werke, welche wir ihnen verdanken, sind: Mischnah, Tosefta[1]),
Mechilta[2]), Sifra[3]) und Sifre[4]). In der Mischnah (מִשְׁנָה
wörtlich: Wiederholung) wurden alle diejenigen Erläuterungen und
Erweiterungen der schriftlichen Lehre nach Stoffen geordnet, welche
als maßgebend für die religiöse Praxis gelten. Tosefta bedeutet
Zusatz und ist eine Sammlung, die nach denselben Grundsätzen wie
die Mischnah geordnet ist und solche mündliche Überlieferungen
aufgenommen hat, die im allgemeinen für das praktische Leben
nicht maßgebend sind. Mechilta, Sifra und Sifre dagegen
zeigen uns am Faden der heiligen Schrift, wie die mündlichen Lehren
in jedem einzelnen Falle aus dem schriftlichen Gesetz oder in An=
lehnung an dasselbe entstanden sind. Sie sind gleichsam ein fort=
laufender halachischer Kommentar zu dem gesetzlichen Teil der Thora.
Die Schrift ist für sie der Fels, aus dem unmittelbar der lebendige
Quell des mündlichen Gesetzes hervorsprudelt.

Während dieser ganzen Zeit seufzten die Juden des heiligen
Landes unter so schwerem, täglich wachsendem, politischem Drucke,
daß ihr Geistesleben nach und nach seinen freien und freudigen
Charakter verlor. Mit den zunehmenden Leiden wuchs namentlich
die Schwierigkeit des ungehemmten Verkehrs der höchsten religiösen
Behörde mit dem Auslande. Immer mehr häuften sich die Hinder=

---

[1]) תּוֹסֶפְתָּא.

[2]) מְכִילְתָּא.

[3]) סִפְרָא.

[4]) סִפְרֵי.

nisse, die der regelmäßigen und geordneten Mitteilung der Neumonds-
daten an die auswärtigen Glaubensbrüder im Wege standen. Da
entschloß sich der Patriarch) Hillel II., der in edler Selbstverleugnung
das Wohl der Gesamtheit höher stellte als das Interesse seines Amtes,
feste Kalenderregeln bekannt zu machen und dadurch jedem Juden
das Mittel in die Hand zu geben, auf dem Wege der Rechnung für
jedes Jahr die Daten der Feiertage selbst zu finden. So löste sich
abermals ein Band, das bis dahin die zerstreuten Söhne Israels in
unmittelbarem Zusammenhang mit dem heiligen Lande erhalten
hatte. Die wichtigere und untrennbare geistige Zusammengehörigkeit
mit dem Lande der Verheißung, die im Wesen des jüdischen Kalender-
jahres tief begründet ist, blieb allerdings davon unberührt für alle
Zeiten bestehen.

Um so herrlicher blühten neue Schulen in Babylonien auf,
wo seit Nebukadnezar edle Geschlechter in verhältnismäßiger Ruhe
und Unabhängigkeit lebten. Der Exilarch oder Resch Geluta,
d. h. das Oberhaupt der Verbannten, regierte die Juden unter
parthischer Oberhoheit und sorgte dafür, daß sie die Steuern pünktlich
an die Herrscher zahlten. In diesen friedlichen Verhältnissen konnte
sich das Denken und Forschen glücklich entfalten. So kam es, daß
die berühmten Schulen in Sura und Pumbeditha bald die
palästinensischen an Glanz überstrahlten und sich besonders durch
Schärfe und Tiefe der Auffassung vor jenen Lehrhäusern auszeichneten.

Das Studium in den Lehrhäusern beider Länder war von dem
des vorigen Zeitraumes wesentlich verschieden. Gegenstand desselben
wurde nun die fertig abgeschlossene Mischnah und die heilige
Schrift. Man prüfte und erläuterte die Mischnah und führte sie
auf ihre Quelle im schriftlichen Gesetz zurück. Auch Tosefta,
Mechilta, Sifra und Sifre wurden in den Bereich der Untersuchungen gezogen und auf dem Grunde einer solchen vergleichenden,
unterscheidenden und vertiefenden Forschung eine unerschöpfliche
und äußerst mannigfaltige Geistestätigkeit hervorgerufen, der wir
das umfangreichste literarische Denkmal, das je von einem Volke
geschaffen worden ist, verdanken. Nicht wenige hervorragende Gelehrte arbeiteten daran, sondern das ganze jüdische Volk. Man
bedurfte zu dieser Mitarbeit keiner anderen Hilfsmittel als des Verstandes und des Gedächtnisses. Denn nur in den Schatzkammern
des Geistes wurde dieses gesamte Wissen aufbewahrt und nicht in

toten Büchern. So wurde Denken und Forschen die tägliche Nahrung des jüdischen Volksgeistes. Alles, was sich über die Mischnah sagen ließ, ist in den Hochschulen Palästinas und Babylons während jener Zeit geredet und gesammelt worden von dem Amoraim (אֲמוֹרָאִים, d. h. Erklärern, wörtlich: Redenden). Ihr Werk heißt die Gemara (גְּמָרָא, wörtlich: Vervollständigung). Mischnah und Gemara bilden zusammen den Talmud (תַּלְמוּד, wörtlich: Studium). Die babylonische Gemara ist stets vor der jerusalemischen bevorzugt worden und noch heutzutage für alle Juden des Erdenrundes maß= gebend. Im Jahre 500 waren beide Gemaren abgeschlossen.

Erster Abschnitt

Von der Zerstörung des zweiten Tempels bis zum Abschluß der Mischnah.   Die Tannaim.

(70—200)

Erstes Kapitel

Das Zeitalter des Rabban Jochanan ben Sakkai.

(c. 70 — c. 80)

Ehe Jerusalem und das Heiligtum von Holz und Stein zerstört worden war, hatte Gottes Hand bereits den Grundstein zu dem neuen Tempel gelegt, den er sich in den Herzen seiner Bekenner er= bauen wollte. Scheinbar tot und doch lebendig, wurde Rabbi Jochanan ben Sakkai in jenen Tagen von den klagenden Schülern hinausgetragen, als die eifernden Zeloten niemanden aus der un= glücklichen Stadt entweichen lassen wollten. Dem weisen Meister schien es beglückender, für die Erhaltung der Lehre zu leben, als eines sicheren Todes durch den Hunger oder durch Feindes Hand zu sterben. Die Lehre war ihm das kostbarste Kleinod Israels; darum mußte er sie aus Not und Tod retten und als köstliches Kleinod für die Zukunft an einem stillen Platze bergen. Wie lächer= lich bescheiden mochten dem Römer die Bitten klingen, die Jochanan dem stolzen Vespasian nach seiner Flucht vortrug! „Laß mich ein Lehrhaus in Jabne gründen! Schone des Hauses Hillels und gestatte, daß mein kranker Freund gepflegt werde!" Das waren in den Augen des römischen Feldherrn so kindlich harmlose Wünsche, daß er sie dem Greise unbedenklich gewährte. Und so zog der letzte Schüler Hillels in die kleine Stadt Jabne (Jamnia) und trug dorthin die Lebensflamme seines Volkes mit sich, die der siegestrunkene Feldherr in seiner Kurzsichtigkeit soeben meinte erlöschen zu sehen. Die lernbegierige Jugend sammelte sich wieder um ihn, und Jabne wurde der Ersatz für Jerusalem.

Hier war nun der Sitz des Synhedriums. Hierher kamen die Zeugen die den Neumond gesehen hatten. Hier wurde seine Weihe vorgenommen, und von hier wurden die Boten ausgesandt, die den Brüdern im Auslande den Beginn des Neumondes und der Festtage künden sollten. An das Synhedrium bezahlten die Juden freiwillig die einstige Abgabe für den Tempel, obwohl die Römer sie auch ihrerseits in derselben Höhe als fiscus Judaicus für den Altar ihres Jupiter zwangsweise einzogen, seitdem dieser Götze ihrer Meinung nach den Gott Israels besiegt hatte. War diese Anschauung den Heiden geläufig, so sah das junge Christentum im Fall des Tempels erst recht den eigenen Triumph über die Mutterreligion. Wenn die Stätte, an welcher der Sünder bisher durch Opfer ent= sühnt worden, zerstört war, so war ja durch eben diese Tatsache der Beweis für die Unentbehrlichkeit des Erlösers geführt, der einst durch seinen Opfertod die Welt von ihren Sünden frei gemacht habe.

Allen jenen Folgerungen und Bestrebungen gegenüber wies R. Jo= chanan ben Sakkai auf den Gottesdienst des Herzens hin, der den Opferkultus für die Zukunft zu ersetzen berufen war, und rief seinen Schülern zu: „Wohltätigkeit ersetzt die Opfer!" Die Klagenden tröstete er, indem er ihnen den Fortbestand Israels mit den Worten der Schrift verkündete: „Wohltun erhebt ein Volk, und die Liebeswerke der Nationen sind ihre Versöhnungsopfer (Spr. Sal. 14, 34)". So um= faßte sein mildes Herz mit echt Hillelscher Menschenliebe alle Menschen und Völker, und so ward er zu einem leuchtenden Vorbilde der Weis= heit und Friedfertigkeit. Am deutlichsten zeigt sich uns sein reiches und reines Gemüt in dem Gespräche mit seinen Schülern, das uns die Sprüche der Väter[1] überliefert haben. „Suchet, welcher Weg der beste für den Menschen sei!" sagte er einst zu den Jüngern. Da empfahl der eine „ein wohlwollendes Wesen", der andere „einen zuverlässigen Freund", der dritte „einen guten Nachbarn", der vierte

[1] II, 9.

„die Klugheit, welche die Folgen jeder Tat erwägt", und endlich der fünfte „ein gutes Herz". Dieser letzte Schüler, Eleasar ben Arach, hatte im Sinne des Meisters gesprochen, denn R. Jochanan sagte: „In diesem Rate sind all' die eurigen enthalten".

Allein während er einerseits darauf ausging, für den Opferdienst einen dauernden und bleibenden Ersatz zu schaffen, richtete er andererseits sein Augenmerk darauf, mit Hilfe gesetzlicher Anordnungen die Gemüter seiner Zeitgenossen mit dem lebendigen Bewußtsein zu durchdringen, daß der augenblickliche Zustand nur ein vorübergehender sei. Dem neuen politisch abhängigen Israel wollte er eine Gestaltung geben, als ob der heilige Dienst in der gottgeweihten Stadt nur für den Augenblick unterbrochen sei, und als ob man stehenden Fußes nur die Stunde erwarte, um an derselben Stelle, an welcher man soeben hatte aufhören müssen, die heiligen Handlungen wieder aufzunehmen. „Bald wird der Tempel wieder gebaut sein", war der Grundsatz, von dem aus eine ganze Reihe von Einrichtungen für die religiöse Praxis von ihm getroffen wurde. Darum befahl er z. B. in allen Bethäusern nach der Weise des bisherigen Tempel-Rituals den Feststrauß nicht nur am ersten, sondern an allen sieben Tagen des Hüttenfestes zu gebrauchen, und übertrug das Vorrecht Jerusalems, auch am Sabbath die Neujahrsposaune blasen zu dürfen, auf Jabne, den Sitz des höchsten Gerichtes. So wurde R. Jochanan, nachdem er gleich Jeremias den Untergang des Staates beklagt hatte, ein zweiter Esra für das Judentum. Er erreichte ein hohes Alter und starb in den Armen seiner Jünger mit den weisen und milden Worten auf den Lippen! „Es sei die Furcht vor Gott auf eure Handlungen von gleicher Wirkung wie die Furcht vor Menschen".

Während der letzte Schüler Hillels im heiligen Lande den Rest seiner Brüder in einem neuen, lebensfähigen Gemeinwesen zusammenzufügen strebte, wurden seine Stammesgenossen immer weiter in alle Länder der damals bekannten Welt versprengt. Bald suchten sie als freie Männer in abgelegenen Gegenden des Weltreiches sichere Zufluchtsstätten, bald folgten sie als gefangene Sklaven willenlos der Zuchtrute des Treibers. Aber überall, wohin sie kamen, hielten sie mit Treue und Hingebung am väterlichen Glauben fest. Längst hatten damals die gebildeten Heiden die albernen mythologischen Märchen, welche ihr Altertum ihnen überliefert hatte, verlachen und

verspotten gelernt, und schon waren sie irre geworden an der Möglich=
keit, auf dem Wege des philosophischen Denkens eine neue Welt=
anschauung zu gewinnen. Darum suchten sie sich nunmehr das Heil
und die Glückseligkeit, die sie im ererbten Glauben nicht mehr fanden,
durch die regellose Vermischung fremder Religionsanschauungen mit
den eigenen zu verschaffen. Mit besonderem Wohlgefallen ruhte
dabei ihr Blick auf den einfachen und sinnigen Lehren der jüdischen
Religion und auf dem unerschütterlichen sittlichen Halt, den sie
ihren Bekennern verlieh. Die überraschende Wahrnehmung, daß trotz
der härtesten Heimsuchungen die Juden in dem felsenfesten Vertrauen
auf die göttlichen Verheißungen nicht wankten, erfüllte das entgötterte
Heidentum mit Staunen und Bewunderung und schuf dem Judentum
in immer weiteren Kreisen Zuneigung und Liebe. Hochgestellte und
angesehene Männer traten in immer größerer Anzahl mit Begeisterung
in die Reihen seiner Bekenner und unterwarfen sich willig den
Forderungen des Gesetzes. Selbst Hofleute des Kaisers werden als
heimliche Juden bezeichnet, und ein Muster des Eifers, mit welchem
die Bekehrten sich dem Studium des Gesetzes widmeten, ist der
Proselyt Aquila aus dem Pontus, dem wir eine neue griechische
Übersetzung der Thora verdanken. So erfreulich an sich diese Tat=
sachen waren, so bedrohlich konnten sie für den unversehrten Bestand
des Lehrinhalts der jüdischen Religion werden. Wie leicht nahm
der Proselyt einen Teil seiner abergläubischen Sitten und heidnischen
Gewohnheiten in den Verband der neuen Glaubensgemeinde mit.
Wie leicht konnten sich die Gefahren erneuern, die nach der Rückkehr
aus der babylonischen Gefangenschaft von seiten des samaritanischen
Völker= und Glaubensgemisches gedroht hatten, und wo gab es eine
religiöse Behörde von unbestrittenem Einfluß, die eine Gleichmäßig=
keit der Anforderungen an die Überzeugungen und Leistungen der
Bekehrten zu heischen und zu erzwingen in der Lage war? Daneben
nahm die politische Mißhandlung der Juden ihren ungehemmten
Fortgang, weil die flavischen Kaiser den jüdischen Untertanen auf=
richtige friedliche Gesinnung nicht zutrauten. Sie ließen den fiscus
judaicus mit grausamer Härte eintreiben und erlaubten sich empörende
Erpressungen. In dieser ernsten Lage war Rabban Gamliel II.,
der junge, feurige und tatkräftige Nachfolger des greisen und fried=
fertigen Rabban Jochanan ben Sakkai, die geeignete Persönlichkeit
am rechten Platze.

Zweites Kapitel

Das Zeitalter Rabban Gamliels II.

(c. 80 — c. 118)

Rabban Gamliel II., auch Rabban Gamliel von Jabne genannt, war der Sohn jenes Simon, des Urenkels Hillels, der als einer der Führer im Kampfe gegen die Römer gefallen war. Er setzte mit rastlosem Eifer das Werk seines Vorgängers fort. Sein ganzes unermüdliches Streben gipfelte in dem Unternehmen, dem Synhedrium die religiöse Oberleitung des Judentums zu sichern und zu erhalten. Ihm allein sollte es obliegen, durch Mehrheitsbeschluß festzustellen, welche gesetzlichen Einrichtungen die Richtschnur für das praktische Leben werden sollten, gerade so wie es früher in Jerusalem über die Fortentwicklung der Lehre gewacht hatte.

Die Maßregel war um so nötiger, als in den zahlreichen Lehrhäusern, welche die Schüler Rabban Jochanans nach dem Tode des Meisters an verschiedenen Orten eröffnet hatten, der alte Widerstreit der Schulmeinungen Hillels und Schammais mit erneuter Schärfe erwacht war. Es kam dem Patriarchen dabei keineswegs in den Sinn, die freie Meinungsäußerung zu beschränken oder gar zu verhindern. Nur darauf war sein Augenmerk gerichtet, daß, je unbeschränkter die Freiheit des Denkens, Forschens und Lehrens gelassen wurde, desto strenger und eifriger auf gleichmäßige Einheit in der Ausführung des Gesetzes gehalten wurde. Bevor man über eine beantragte Maßregel Beschluß gefaßt hatte, war ein lebhafter Austausch der abweichenden Ansichten und entgegenstehenden Auffassungen erlaubt und erwünscht. Sobald aber durch das Synhedrium nach Mehrheit der Stimmen eine Entscheidung getroffen worden war, mußte dieser Beschluß nach dem Wunsch und Willen des Patriarchen endgültig für die Praxis verbindlich bleiben. Die theoretische Begründung und Verteidigung der verworfenen Meinungen blieb auch nach der Beschlußfassung wie vorher jedem Einzelnen anheimgegeben. Wer aber der getroffenen Entscheidung entgegen zu handeln wagte, setzte sich der verdienten Strafe für die Auflehnung gegen die höchste religiöse Behörde aus. Ja, Rabban Gamliel hielt sogar dann mit eiserner Unbeugsamkeit an diesem Grundsatze, den er als unentbehrlich erkannt hatte, fest, wenn gegen einen rechtmäßig zustande gekommenen Beschluß nachträglich noch so gewichtige Gründe, selbst von sonst anerkannten Gelehrten, vorgetragen wurden. Einst war unter seinem Vorsitz der Neumond des Tischri auf einen bestimmten Tag festgesetzt worden, als hinterher der hochangesehene Rabbi Josua, einer der fügsamsten und bescheidensten Schüler Rabban Jochanans, begründete Zweifel an der Zuverlässigkeit des vorangegangenen Zeugenverhörs auszusprechen wagte. Trotzdem beharrte der Patriarch fest und rücksichtslos bei dem einmal gefaßten Beschlusse und befahl dem allgemein geliebten Gegner, in werktäglichem Reisekleide mit dem Geldbeutel in der Hand an demjenigen Tage vor ihm zu erscheinen, der nach seiner, Rabbi Josuas, abweichender Rechnung der Versöhnungstag hätte sein sollen. Heftig sträubte sich der Weise, dem Begehren nachzukommen, bis seine gesetzeskundigen Freunde ihn von der Notwendigkeit überzeugten, daß jeder einzelne sich unbedingt den einmal getroffenen Entscheidungen unterwerfen müsse. Das sah Rabbi Josua ein und gehorchte Rabban Gamliels Befehle. Als er bei ihm eintrat, umarmte der Patriarch den Nahenden mit den Worten: „Wahrlich, mein Lehrer und Schüler bist Du zugleich: mein Lehrer an Weisheit, mein Schüler an Gehorsam." Beiläufig sei hier angemerkt, daß Rabban Gamliel, wie wir bei dieser Gelegenheit erfahren, bereits ein Werkzeug zu genauer Beobachtung des Mondumlaufs und Wandtafeln mit Abbildungen der Mondphasen besaß.

Ernstere Folgen für den Patriarchen hatte in einem anderen Falle sein schroffes Auftreten gegen denselben Rabbi Josua, den er für seinen prinzipiellen Widersacher halten mochte. In öffentlicher Ratssitzung behandelte er den hochgeachteten Gelehrten wegwerfend wie einen überführten Angeklagten und schnitt ihm rücksichtslos jede Möglichkeit der Verteidigung ab. Diese empörende Behandlung des Gegners erweckte das laute Murren der Versammlung. In der Erbitterung rief man dem Vorsitzenden das Prophetenwort[1]) zu: „Wen hätte deine Bosheit nicht stets getroffen?" kündigte ihm den Gehorsam auf und schritt zur Wahl eines neuen Patriarchen. Das Amt wurde dem Rabbi Eleasar ben Asarjah übertragen, der zwar noch in jugendlichem Alter stand, aber durch vornehme Abkunft, Reichtum, Gelehrsamkeit und Geist in gleicher Weise ausgezeichnet war. Rabban Gamliel bewahrte seine Würde und Charakterstärke

---

[1]) Nachum, 3, 19.

und blieb seinen Grundsätzen treu, auch als die Volksgunst sich von ihm abgewandt hatte. Er beugte sich ohne Widerspruch unter den Mehrheitsbeschluß des Synhedriums und zeigte sich als ein Vorbild des Gehorsams und des Unterordnung, indem er nach wie vor ohne Groll und Bitterkeit an den Beratungen teilnahm.

Bald aber kam er zur Erkenntnis, daß er in seinem wohl= gemeinten Eifer zu weit gegangen sei und bemühte sich, die Ver= zeihung Rabbi Josuas zu erlangen. Er suchte den gekränkten Lehrer und Meister in seiner armseligen Wohnung auf und fand ihn gerade mit seinem rußigen Handwerk, der Anfertigung von Nadeln und Nägeln, beschäftigt. Rabbi Josua hielt es nämlich wie alle seine Genossen im Lehramt vor und nach seiner Zeit für unerlaubt und schimpflich um baren Gewinnes willen als Lehrer und Richter tätig zu sein. Es galt vielmehr als religiöse Gewissenspflicht, der Ge= samtheit Dienste für das Lehrhaus und für den Gerichtshof nur im Ehrenamte zu leisten. Darum wählte jeder Gelehrte zu seinem Lebensunterhalt eine Kunst oder ein Gewerbe, dem er mit Fleiß und Hingebung oblag[1]), und es ist eine bemerkenswerte Tatsache, daß nur in seltenen Ausnahmefällen einer von ihnen sich dem Handel widmete, gegen den, wie es scheint, eine gewisse Abneigung vor= zuherrschen schien. Wir finden daher unter den Lehrern der Vorzeit, deren Weisheit wir bewundern und nach deren Anweisungen wir noch heute unser religiöses Leben einrichten, Tagelöhner und Kohlen= brenner, Gerber und Schuhmacher, Holz= und Wasserträger, Müller, Bäcker, Fleischer, Salbenverfertiger, Kupferschmiede, Bleicher und Wäscher. Und wenn wir uns in die dicht gefüllten Räume der Lehr= häuser oder in die Ratsversammlungen des Synhedriums zurück= versetzen, müssen wir uns das merkwürdige Schauspiel vergegen= wärtigen, daß neben den wenigen, durch Ämter, Würden und Reich= tümer ausgezeichneten Männern es in der überwiegenden Mehrzahl schlichte Arbeiter und Gewerbsleute waren, die mit sittlichem Ernst, mit tiefer Sachkunde und überraschender geistiger Gewandtheit sich an den friedlichen Wortgefechten beteiligten.

Rabban Gamliel, der glückliche Erbe der Reichtümer des Patriarchenhauses, war betroffen von der elenden und dürftigen Lebenslage seines Gegners und drückte voll Lebhaftigkeit sein Er=

---

[1]) Vgl. S. 118.

staunen darüber aus. „Wehe dem Zeitalter", entgegnete ihm Rabbi
Josua, „dessen Führer keinen Begriff davon haben, wie mühselig
und kümmerlich die Gelehrten sich ernähren." Als aber Rabban
Gamliel sein Unrecht bekannte und um Verzeihung bat, wenn nicht
um seinetwillen, so doch um der Ehre seiner Väter willen, da zögerte
der Weise nicht einen Augenblick, sich mit ihm auszusöhnen und
begann sofort aus freiem Entschluß die Unterhandlungen einzuleiten,
um ihm die verlorene Würde wieder zu verschaffen. Kaum vernahm
Rabbi Eleasar, daß der Streit beigelegt und die Widersacher aus=
gesöhnt seien, als er ungesäumt seinen Platz dem älteren Vorgänger
wieder zur Verfügung stellte. Das Synhedrium aber beschloß, daß
Rabban Gamliel und Rabbi Eleasar abwechselnd den Vorsitz
führen sollten, und beide fügten sich willig der neuen Ordnung.

Dasselbe große Lebensziel, die Einhelligkeit der religiösen Über=
zeugungen und Handlungen herbeizuführen, hatte Rabban Gamliel
im Auge, als er die neue griechische Pentateuch=Übersetzung des
Proselyten Aquila unterstützte und förderte. Den des hebräischen
Urtextes der Thora unkundigen Glaubensgenossen hatte nämlich bisher
jede Grundlage des Verständnisses für die zahlreichen gesetzlichen Be=
stimmungen gefehlt, die, wie man ihnen versicherte, in der heiligen
Schrift angedeutet seien, während in der vorhandenen Übertragung
nicht einmal ein leiser Hinweis auf sie zu entdecken war. Bei aller
Treue und Wörtlichkeit gab die Septuaginta, die damals seit Jahr=
hunderten im öffentlichen Gebrauche war, entsprechend dem Bedürfnis
der Zeit, der sie entstammte, mehr den Geist und Sinn des heiligen
Wortes wieder, als daß sie mit peinlicher Genauigkeit jede grammatische
Besonderheit und eigenartige Färbung des Stiles zum Ausdruck ge=
bracht hätte. Gerade aus den letzteren scheinbar unwesentlichen Er=
scheinungen wurden aber nicht selten Maßregeln und Anordnungen
von großer Wichtigkeit hergeleitet, und es war zu befürchten, daß diese
von den dem Urtext entfremdeten Juden um so eher als willkürliche
Erfindung angesehen werden möchten, als man allgemein überzeugt
war, die Übersetzung der Siebenzig sei unter dem Einfluß des heiligen
Geistes entstanden. Dazu kam, daß im Laufe der Zeit der Wortlaut
der Septuaginta durch zufällige und absichtliche Änderungen der Leser
und Abschreiber entstellt worden war und ohnehin ein unklares und
falsches Bild der heiligen Urkunden darbot. Um diesen klaffenden
Zwiespalt zwischen der hebräischen Vorlage und deren griechischer

Nachbildung aus der Welt zu schaffen, unternahm Aquila, der beide Sprachen und ihre charakteristischen Eigentümlichkeiten vollauf beherrschte, auf die Anregung Rabban Gamliels eine neue Übertragung des Urtextes in das Griechische. In dieser gab er die Bibel in ängstlicher, buchstäblicher Treue wieder, ohne den Geist und den Stil der fremden Sprache zu berücksichtigen. Seine Übersetzung verhält sich daher zur Septuaginta wie eine Photographie zu einem die Natur frei nachschaffenden Gemälde. Er fertigte sie unter der besonderen Aufsicht des Rabbi Josua und Rabbi Eleasar an und hatte die Genugtuung, daß sie von nun an allein im öffentlichen Gebrauch zur Anwendung kommen sollte. Bis auf unsere Zeit haben sich nur wenige Bruchstücke davon erhalten.

Ebenso entschlossen, wie er im Lehrhaus auftrat, nahm sich Rabban Gamliel im öffentlichen Leben in der Stunde der Gefahr seiner bedrohten Glaubensbrüder an. Als die Nachricht einlief, der blutdürstige Domitian wolle die Juden gänzlich ausrotten, eilte er mit einigen Freunden nach Rom, um das Unheil abzuwehren. Aber es bedurfte seiner Tätigkeit nicht mehr, weil der Tyrann bereits durch Mörderhand gefallen war, ehe er noch an die Ausführung seines Planes hatte denken können. Die Friedenszeit, die mit seinem Tode für das Weltreich anbrach, war auch für die Juden segenbringend.

Der Druck und die Verfolgung verminderten sich. Unter Trajan schien sich sogar die beständig vom Herzen des jüdischen Volkes genährte Hoffnung auf die Wiederherstellung des Tempels zu verwirklichen. Lag es doch im Grunde den Römern ihrer ganzen Weltanschauung nach fern, den Völkern, die sich ihnen fügsam unterworfen hatten, die Ausübung ihrer Religion zu verkümmern. Als nun Trajan vollends die Grenzen seines Reiches weithin über den Euphrat auszudehnen im Sinn hatte, schien es ihm besonders erwünscht, am Jordan ein treu ergebenes Volk ansässig zu wissen. Um daher die Juden dauernd an sich zu fesseln, beschloß er, ihren heißesten Wunsch zu erfüllen und erlaubte ihnen, den Tempel wieder zu erbauen. Diese kaiserliche Gnade war vermutlich der Anlaß, daß sich dieselben Vorgänge wiederholten, die einst zur Zeit des Cyrus Unruhe und Verwirrung hervorgerufen hatten. Wie damals die Samaritaner, so störten jetzt die in Palästina wohnenden messiasgläubigen Juden den Bau. Sie bedurften der sichtbaren Opferstätte nicht mehr, da sich nach ihrer Meinung der Messias bereits

für alle Sünden geopfert habe. Daher verleumdeten sie die Bau-
lustigen beim Kaiser, bis dieser den Befehl zurückzog und zwei Juden
Julianus (Lollianus) und Pappus, die als die Seele des Unternehmens galten, hinrichten ließ.

Der Widerruf Trajans rief eine derartige Entrüstung bei den
Juden hervor, daß sie sich an vielen Orten erhoben, um das römische
Joch abzuschütteln. Wie ein Orkan pflanzte sich der Aufstand über
Babylonien, Ägypten, Cyrene und Cypern fort, und Ströme
heidnischen Blutes wurden von den Juden vergossen. Dieser Rassenkampf wurde auf Seiten der Juden und ihrer Gegner mit wahrer
Raserei geführt. Trajan schickte seinen besten Feldherrn Quietus auf
den Kriegsschauplatz, woselbst die Kämpfe noch fortdauerten, als er bereits gestorben und ihm Hadrian auf dem Throne des Cäsaren gefolgt
war. Jahrelang wütete Quietus nach seinem Auftrage mit Feuer und
Schwert gegen die Juden. Endlich wurde er vom Kaiser, der ihm
nicht wohlwollte, abgerufen. Auch in Ägypten und Cypern erlagen
die Juden nach tapferer Gegenwehr schließlich den zahlreicheren und
kriegsgeübteren Feinden. Damals wurde auch die große und herrliche Synagoge zu Alexandria[1]) ein Raub der Flammen.

Die Schrecknisse des unglücklichen Krieges verdüsterten nur noch
mehr die ohnehin ernste und trübe Lebensanschauung der Juden des
heiligen Landes. Die schwer Heimgesuchten vermieden von nun ab
ängstlich jedes äußere Zeichen der Freude und verboten selbst dem
Bräutigam, sich an seinem Hochzeitstage festlich zu schmücken. Die
Schranken zwischen jüdischer und heidnischer Sitte und Gewohnheit
wurden immer mehr erhöht und befestigt.

Hatte der Patriarch Gamliel früher die griechische Sprache
hoch geschätzt und, wie man erzählt, selbst seine Töchter darin unterrichten lassen, ja sogar die Bibelübersetzung des Aquila als nützlich
gefördert, so wurde von jetzt ab die Erlernung des Griechischen
geradezu verboten. Man wollte offenbar jeden freundlichen Verkehr
mit den Heiden unterdrücken und besonders die Verräter im eignen
Lande in Zaum und Zügel halten. Darum richtete sich auch namentlich gegen sie, die, wie man überzeugt war, den Haß angefacht und
geschürt hatten, und nicht gegen den Stifter des Christentums oder
gegen die heidnischen Völker, die seiner Lehre folgten, die Einschaltung

---

[1]) S. 130.

der Bitte um Vereitelung der gegnerischen Anschläge[1]), die nach
jener Zeit in das den anderen Verhältnissen angepaßte werktägliche
Hauptgebet eingefügt wurde. Hätten die späteren Verfolger Israels
stets das Bild der bewegten Zeit, in der Samuel der Jüngere
auf Rabban Gamliels Befehl jener Bitte die Form verlieh, sich
klar vergegenwärtigen können oder wollen, so wären jene schmerzlichen
Vorgänge vielleicht nicht so häufig mißverstanden worden und hätten
gewiß nicht soviel Ströme jüdischen Blutes gekostet.

Der Enttäuschung, welche das harrende und gläubige Gemüt
der Juden durch den Krieg erhalten hatte, folgte Lebensüberdruß und
Verachtung der irdischen Güter. Man hielt den Tod für ein hohes
Glück und schmückte darum den von ihm Erkorenen wie zu einem
Feste. Die Pracht der Totengewänder wurde so sehr zur allgemeinen
Sitte, daß Leute, die ihre Angehörigen nicht glänzend für den letzten
Weg ausstatten konnten, diese lieber heimlich verließen und sich
gänzlich der Ausübung der letzten Liebespflicht entzogen. Solchem
Unfuge trat Rabban Gamliel energisch entgegen, indem er letzt=
willig verfügte, daß seine Leiche, nur in einfaches weißes Linnen
gekleidet, bestattet werden sollte. Als der verehrte Lehrer starb,
wurde er von den Zeitgenossen wie ein König betrauert. Aber man
befolgte zugleich pünktlich seine Weisung und hält bis auf die Gegen=
wart überall in Israel die schöne Sitte fest, die Totengewänder,
ohne einen Unterschied des Ranges, Standes und Alters zu gestatten,
gleich einfach und prunklos aus weißem Linnen herzustellen.

Wollte schon Rabban Gamliel bei seinen Zeitgenossen die un=
gesunde Anschauung, daß der Tod eine Erlösung und ein Glück sei,
nicht überhand nehmen lassen, so bemühte sich sein Nachfolger um
so eifriger, die Sehnsucht nach dem Tode und den Überdruß am
Leben in seinem Geiste zu bekämpfen. Da Rabban Gamliels Sohn
Simon zur Übernahme der väterlichen Würde zu jung war, führte
damals wahrscheinlich Rabbi Josua vorläufig den Vorsitz im Syn=
hedrium, das gleichzeitig von Jabne nach Uscha in Galiläa verlegt
wurde[2]).

---

[1]) בִּרְכַּת הַמִּינִים, vgl. oben S. 115.

[2]) Über diesem Abschnitt der Geschichte liegt in der Tat ein so tiefes
Dunkel, daß ein völlig genauer Einblick in den Zusammenhang der Ereignisse
kaum zu erlangen ist. Nicht mit Unrecht ist darum vermutet worden, daß mit

Drittes Kapitel

Das Zeitalter Rabbi Josuas und Rabbi Akibas.

(c. 118 — c. 138)

1. Das Zeitalter Rabbi Josuas.

Die schönsten Tugenden, welche Rabbi Josua schmückten, seine Demut und Fügsamkeit, hatten wir bereits bei der Erzählung von seinem Verkehr mit Rabban Gamliel Gelegenheit zu bewundern. Wußte doch sein großer Lehrer Rabban Jochanan ben Sakkai keine Eigenschaft höher an ihm zu preisen als diese, indem er von ihm sagte: „Heil seiner Mutter!" Neben seiner Bescheidenheit zeichnete ihn im gesellschaftlichen Leben eine Gewandtheit und Schlagfertigkeit aus, die ihn selbst am Kaiserhofe beliebt machte. Als einst eine Kaisertochter, entsetzt von seiner abschreckenden Häßlichkeit, bei seinem Anblick ihm fragend zurief: „Wie kann ein Mann von deiner Weisheit zugleich so abstoßend häßlich sein?", antwortete ihr Rabbi Josua sofort mit der Gegenfrage: „Worin bewahrt dein Vater seinen edlen Wein auf, in goldenen Krügen oder in irdenen?" „Natürlich in irdenen!" war die Antwort. „Nun," entgegnete der Meister, „so genügt auch für die Weisheit ein unscheinbares Gefäß!"

Unter dem Vorsitz dieses klugen und weltkundigen Mannes fand das Synhedrium Mittel und Wege, die um sich greifende Weltverachtung und Weltflucht zu bannen. Das drückende Bewußtsein, daß man sich mit allen Schätzen dieser Welt nicht vom Schmerz um das verlorene Heiligtum Israels erlösen könne, vergällte jede Freude am Besitz. Man spendete Wohltaten nicht mehr in der edlen Absicht, seinen Mitmenschen zu helfen, sondern um das Erdengut als eine überflüssige Last von sich zu werfen. Da schrieb das Synhedrium vor, daß in Zukunft höchstens der fünfte Teil des Einkommens zu Almosen und guten Werken verwendet werden dürfe.

Aber nicht bloß die tote Habe mißachtete man, auch die Liebe und Sorgfalt für die eigenen Angehörigen verlor sich durch den allen irdischen Angelegenheiten abgewandten Sinn. Daher beschloß das Synhedrium, die Sorge für die unmündigen Kinder und für die

---

Absicht ein Teil der Tatsachen der eingehenden Kenntnis der Nachwelt entzogen worden sei. Die Darstellung im Text folgt im allgemeinen den Ergebnissen Brülls (Einl. in d. Mischnah S. 277) und Joëls (Blicke in die Religionsgeschichte zu Anfang des 2. christl. Jahrhunderts I, S. 14 ff.)

arbeitsunfähigen Eltern nicht mehr dem freien Ermessen des Einzelnen zu überlassen. Es ordnete vielmehr die bisher nur durch das sittliche Gefühl geregelten nächsten menschlichen Beziehungen dem Bereich des bürgerlichen Gesetzes ein und gab genaue und eingehende Vorschriften über die gesetzliche Verpflichtung des Vaters, die unmündigen Söhne und unverheirateten Töchter zu ernähren, und über die Schuldigkeit der Kinder, die erwerbsunfähigen Eltern zu unterhalten.

Diese Anfachung des Lebensmutes durch das Gesetz wurde unterstützt von dem Vertrauen auf die religiöse und nationale Wiedergeburt, das unter der Regierung Hadrians in den Gemütern der Juden allmählich von neuem erwachte. Da die Einwohner des heiligen Landes nach dem Abzuge des Quietus unbehelligt blieben, gewöhnten sie sich schnell daran, die Erfüllung ihrer Sehnsucht, das Heiligtum wieder erbaut zu sehen, als die unausbleibliche naturgemäße Krönung ihrer glücklichen Lage zu betrachten. Hadrian war nicht nur selbst ein unkriegerischer Fürst, sondern mißgönnte sogar seinem Vorgänger den erworbenen Kriegsruhm. Er entließ darum die Landschaften, welche Trajan soeben besetzt hatte, aus ihrer Botmäßigkeit. Im Hinblick darauf schmeichelten sich die Juden mit der Hoffnung, daß der Kaiser sich die alten Grenzen werde sichern wollen und auch ihnen, als Schützern derselben, ihren einzigen Herzenswunsch unzweifelhaft erfüllen werde. Endlich sahen sie sich dem Ziele ihrer sehnsüchtigen Erwartungen näher gerückt, als Hadrian seinen Wanderstab, mit dem er alle seine Länder durchstreifte, um sie aus eigener Anschauung kennen zu lernen, auch nach Palästina setzte. Aber der Kaiser überzeugte sich bald, daß die aus Juden, Samaritanern, Christen und Heiden gemischte Bevölkerung je nach ihren politischen und religiösen Sonderinteressen die widersprechendsten Pläne und Absichten für ihre Zukunft hatte, und daß nur in dem fanatischen Hasse, der jede einzelne Partei gegen die Gegner beseelte, ein Unterschied nicht vorhanden sei. Die Wiederherstellung des jüdischen Tempels erschien ihm unter solchen Umständen als ein sehr bedenkliches Unternehmen. Weitgehende Zugeständnisse an die Juden mußten in jedem Falle deren zahlreiche Widersacher noch mehr erbittern, während es immerhin fraglich blieb, ob die Treue und Hingebung der Juden im stande sein werde, den unversöhnlichen Haß ihrer Feinde, die mit ihnen das Grenzland bewohnten, aufzuwiegen. Darum beschloß der Kaiser, aus Jerusalem eine heidnische Stadt

zu machen und an der Stelle des Heiligtums dem kapitolinischen
Jupiter einen Altar zu erbauen. Dem Götzen und ihm selbst zu
Ehren sollte die Stadt von nun an Aelia Capitolina genannt
werden.

Die Aufregung und der Schmerz der Juden über die plötzliche
Enttäuschung war unbeschreiblich. Schon wurden wilde Drohungen
gegen die Römer laut, als der milde Rabbi Josua noch einmal den
Sturm zu beschwören wußte, indem er in der Volksversammlung die
Murrenden an die Fabel vom Löwen und vom Kranich erinnerte.
Der Löwe hatte einen Knochen verschluckt, den ihm nur der Kranich
mit seinem langen Schnabel aus dem Halse ziehen konnte. Als dann
der Kranich den versprochenen Lohn für seine Leistung verlangte,
sprach zu ihm der Löwe: „Geh' hin und erzähle jedermann, du habest
deinen Schnabel im Rachen des Löwen gehabt und seiest unversehrt
davongekommen". In derselben Weise müßten auch wir froh sein,
fuhr der gewandte Meister fort, wenn uns die Römer nur sonst unbehelligt lassen und die Heiligtümer, die uns geblieben sind, nicht
weiter antasten. Außerdem versprach er dem Volke, kein Mittel unversucht zu lassen, um den Kaiser von der Entweihung der heiligen
Stadt abzuhalten. Er reiste Hadrian nach Ägypten nach, vermochte
aber eine Änderung seines Entschlusses nicht herbeizuführen. Nicht
lange darauf starb Rabbi Josua alt und hochbetagt. Mit seinem
Tode, so klagten seine Zeitgenossen, sei der kluge Rat und die weise
Überlegung dahin geschwunden. Von seiner tiefen Menschenkenntnis
zeugt auch sein Wahlspruch: „Der scheele Blick und der sündige
Trieb und die Gehässigkeit bringen den Menschen von der Welt[1]."
Nach seinem Heimgange traten Männer in den Mittelpunkt der Ereignisse, die das unter der Asche glimmende Feuer der Empörung
gegen Hadrian nicht mehr unterdrücken mochten. Diese Männer
waren Rabbi Akiba und Bar Kochba.

2. Rabbi Akiba und Bar Kochba.

In seiner Jugend soll Rabbi Akiba ein unwissender Hirt gewesen sein. Eine Legende erzählt, daß die Tochter eines der reichsten
Männer Jerusalems, Namens Kalba Schebua, dessen Herden er weidete,
tiefe Neigung zu ihm gefaßt habe und erklärte, sein Weib werden zu

---

[1] Sprüche der Väter II, 11.

wollen, wenn er sich Gesetzeskunde aneigne. Da Akiba als Hirt beobachtet hatte, daß das vom benachbarten Brunnen beständig herabtröpfelnde Wasser den darunter befindlichen Stein ausgehöhlt habe, zweifelte er nicht daran, daß es auch ihm gelingen müsse, durch Ausdauer und Fleiß seinen ungeschulten Geist mit Wissen zu füllen. Er soll bereits im vierzigsten Jahre seines Lebens gestanden haben, als er zu lernen begann, während seine hochgesinnte Gattin in Treue ausharrte, bis er als gelehrter Mann zu ihr zurückkehren würde. Inzwischen war sie von ihrem hartherzigen Vater eben darum verstoßen worden, weil sie dem armen Hirten die Hand fürs Leben gereicht hatte. Aber das beugte ihren edlen Sinn nicht. Sie ermunterte vielmehr den nach Jahren heimgekehrten Akiba, noch einmal große Lehrer aufzusuchen. Gern gehorchte er und kehrte schließlich nach längerer Frist als gefeierter Lehrer, angeblich gefolgt von zwölftausend Schülern, in die Heimat zurück. Allgemeiner Jubel begrüßte ihn. Da bemühte sich ein armselig gekleidetes Weib, die dicht gescharten Schüler zu durchbrechen, um zum Antlitz des Meisters vorzudringen. Vergebens stieß man die unliebsame Störerin zurück. Aber schon hatte Akiba sie erkannt und rief gerührt den Jüngern zu: „Lasset sie hindurch, und ehret sie hoch. Denn ihr, meinem Weibe, haben wir alle, ich und ihr, alles zu verdanken". Eines solchen Sohnes schämte sich auch Kalba Schebua nicht mehr und nahm Akiba mit seiner treuen Gattin in Ehren in seinem Hause auf.

Schon der Umstand, daß sich die Volks-Legende in solcher Weise des Lebens Akibas bemächtigte, deutet darauf hin, daß er eine hervorragende Stellung unter den Lehrern unserer Vorzeit eingenommen haben muß. In der Tat war es so. Hatte es Esra Israel zum Bewußtsein gebracht, daß die mündliche Lehre wie ein Doppelstrom neben der schriftlichen fließe, hatte Hillel gezeigt, wie man mit Hilfe seiner Deutungsregeln den Zusammenhang zwischen beiden finde, so führte Akiba das Studium auf eine neue Entwicklungsstufe. Er schuf gleichsam Handhaben für den im Laufe der Jahrhunderte aufgehäuften Stoff, mittelst deren das menschliche Gedächtnis ihn genau übersehen und bequem aufbewahren konnte. Er war der erste, der gleichartige Traditionen zusammenstellte und das Gebiet der mündlichen Überlieferung nach Stoffen (Festgesetze, Ehegesetze u. s. w.), einzuteilen versuchte. Man gewöhnte sich nach seinem Vorgange zu reden von **15** Verwandschaftsgraden, welche die Schwagerehe auf heben, von **36** Verbrechen, die mit Ausrottungsstrafe bedroht sind, von **4** Hauptveranlassungen, durch welche das Eigentum beschädigt werden kann u. s. w. Damit schuf Akiba eine Sammlung des über= lieferten Stoffes, welche zuerst den Namen Mischnah trug. Man nennt sie die Mischnah des Rabbi Akiba. Sein grundlegendes Geistes= werk ergänzten und vervollkommneten seine Schüler und deren Jünger. Es ist der Grundstock der uns heute vorliegenden Mischnah geblieben.

Akibas Leistung beschränkte sich aber nicht bloß auf die Ordnung des vorhandenen überlieferten Materials, sondern er grub auch neue Quellen für die Forschung und Erklärung der heiligen Schrift. Er lehrte, das geschriebene Gotteswort habe den bestimmten Zweck, den Menschen zur Glückseligkeit im Diesseits und im Jenseits zu führen. Darum dürfte nichts Zufälliges an ihm sein, was diesen heiligen Zweck außer acht lasse. Jeder Ausdruck, jedes Wort, jede Silbe, jede scheinbar überflüssige Partikel, jeder dem oberflächlichen Leser entbehrlich scheinende Buchstabe sei mit weisem Bedacht von dem göttlichen Gesetzgeber angewendet worden. Zweck und Absicht dieser Auswahl richtig ausfindig zu machen, sei die Krone des Studiums im Gesetze[1]). Solche Forschungen waren der Mittelpunkt seines Lebens.

Wie eifrig und unermüdlich er mit seinen Genossen und Schülern die Schrift studierte, lehrt uns unter anderen jene in die Pesach= Hagada aufgenommene Erzählung, nach welcher er einst in seinem Lehrhaus zu Bne Berak die ganze Nacht über den Auszug aus Ägypten sprach. Sein sittlicher Ernst und seine völlige Hingabe an das Studium riß aber auch seine Zeitgenossen zur Bewunderung hin. Sie sagten: „es sei ihm keiner in ganz Palästina gleich, sein Herz berge heilige Gedanken wie einst der Vorhang des Allerheiligsten. Wenn er geringer werde, werde das Gesetz geringer, und die Weisheit geringer". Jede unheilige Beschäftigung, die ihn von seinem heiligen Tun ablenken konnte, wies der Meister beharrlich und streng von sich. Er sprach die Überzeugung aus: „Vergnügungssucht und Leichtfertigkeit verleiten den Menschen zur Unsittlichkeit. Die münd= liche Überlieferung ist ein Zaun für die schriftliche Lehre; die Spende für gemeinnützige Zwecke ein Zaun für den Besitzstand; freiwillige

---

[1]) Die Berechtigung dieser eigentümlichen Deutungsweise den griechisch= redenden Juden klar zu machen, war eine der Absichten, welche Aquila (oben S. 167) bei seiner neuen Bibelübersetzung im Auge hatte.

Entsagung ein Zaun für die Enthaltsamkeit; ein Zaun für die Weis=
heit ist — Schweigsamkeit [1])."

Allein die Strenge gegen sich selbst machte ihn nicht hart gegen
seine Nebenmenschen. Die Nächstenliebe war in seinen Augen viel=
mehr die höchste Tugend; denn jeder Mensch war ihm ein Wesen,
das der Ewige in Liebe geschaffen. Lehrte er doch: „Wie lieb ist
der Mensch seinem Schöpfer, daß er ihn in seinem Ebenbilde geschaffen;
einen besonderen Beweis seiner Liebe gab er ihm dadurch, daß er
diese Ebenbildlichkeit in ihm zum Bewußtsein brachte durch die Worte
der heiligen Schrift: Im Ebenbilde Gottes hat er den Menschen
geschaffen." Noch höher freilich als die Menschenwürde erschien ihm
das Glück, ein Israelit zu sein. Darum sprach er: „Wie lieb ist
Israel seinem Gotte, daß sie Kinder Gottes heißen; einen besonderen
Beweis seiner Liebe aber gab er ihnen dadurch, daß er ihnen auch
noch ausdrücklich kund getan, sie seien Kinder Gottes, in den Worten
der heiligen Schrift: Kinder seid ihr des Ewigen, eures Gottes.
Wie lieb ist Israel seinem Gotte, daß er ihnen sein köstlichstes Kleinod
gegeben; einen besonderen Beweis seiner Liebe gab er ihnen dadurch,
daß er ihnen sein köstlichstes Kleinod gegeben; einen besonderen Beweis
seiner Liebe gab er ihnen dadurch, daß er ihnen die Herrlichkeit
dieses Kleinodes zum Bewußtsein gebracht hat, denn so heißt es:
Eine herrliche Lehre habe ich euch gegeben, lasset nicht von meiner
Lehre." So pries Rabbi Akiba in Dankbarkeit sein eigenes Geschick
und das Glück des Israeliten, dem Gott seinen Willen deutlich kund
getan, wie man später von Plato erzählte, daß er täglich seinem
Schöpfer dafür gedankt habe, daß er ihn nicht zu einem vernunftlosen
Wesen, sondern zu einem Menschen, nicht zu einem Barbaren, sondern
zu einem Hellenen gemacht habe.

Mit diesem beseligenden Vertrauen auf die umfassende göttliche
Fürsorge verband er jedoch das lebendige Bewußtsein von der
Willensfreiheit des Menschen und lehrte demgemäß: „Alles ist zwar von
Gott vorhergesehen, aber die freie Wahl ist dem Menschen gelassen, er
wird in Güte gerichtet, je nach seinem vorwiegenden Tun." Noch
eingehender schildert ein anderer Spruch unseres Weisen die Ver=
antwortlichkeit des Menschen. Er sagt: „Alles ist auf Bürgschaft
gegeben, und ein Netz ist ausgebreitet über alles Leben; der Laden

---

[1]) Sprüche der Väter III, 13 ff.

ist offen, und der Kaufherr leihet, aber das Buch ist aufgeschlagen, und die Hand schreibt ein! und wer geborgt haben will, der komme und borge, doch die Schuldforderer gehen beständig an jedem Tage umher und machen sich bezahlt vom Menschen, bald mit seinem Wissen, bald ohne sein Wissen; und sie wissen, worauf sie sich stützen, denn der Urteilsspruch beruht auf Wahrheit, und alles ist zur Mahlzeit bereitet."

Dabei versenkte sich sein Forscherblick nicht bloß in die heilige Lehre seines Volkes, sondern durchdrang auch kühn die neuen religiösen Anschauungen, die damals auf das Judentum ihren gewaltigen Einfluß auszuüben suchten; er büßte bei diesen Studien nichts von der Kraft und Innigkeit seines Glaubens ein. Sein kindliches Vertrauen auf Gottes Güte und Gnade war so groß, daß er stets das Wort im Munde führte: „Gott tut alles zum Guten!" Selbst die lauten Triumphe der römischen Gewalthaber ließen ihn, als die Zeitgenossen weinend auf die Ruinen der heiligen Stadt hinblickten, ruhig lächeln, weil er unerschütterlich auf die verheißene Zukunft hoffte. Diese Hoffnung trug die Seele des Meisters über die Mauern des Lehrhauses hinweg mitten hinein in das bewegte Leben seiner Brüder. Mit ihnen vertraute und hoffte er, mit ihnen duldete und kämpfte er, unbeirrt von all' den schweren Schicksalsschlägen, die seit dem Untergange des Heiligtums die jüdische Gesamtheit getroffen hatten. Schon mit Rabban Gamliel hatte er jene beschwerliche Seereise zu Domitian unternommen, um sein Volk von der Wut des Tyrannen zu retten; und als die Juden sich allgemein gegen Trajan erhoben, verdankten sie ihre zähe Kampfesfreudigkeit und Tatenlust nicht zum wenigsten der Anfeuerung durch Rabbi Akiba. Er saß nicht ruhig daheim, während die Brüder für Tempel und Altar bluteten, sondern eilte von Ort zu Ort und Land zu Land, um die Verfolgten zu stützen und ihnen mit Rat und Tat beizustehen. Selbst im fernen Medien soll er die Unglücklichen zu neuer Begeisterung für die Lehre durch seine Beredsamkeit hingerissen haben. Und so war er gewiß auch hervorragend an der Vorbereitung beteiligt, die man still und unermüdlich traf, um Hadrians Joch abzuschütteln, während der Kaiser friedlich und ahnungslos in Ägypten weilte.

Um diese Zeit trat in Palästina ein Mann auf, namens Bar Kochba, d. h. Sohn des Sternes, der mit kühner Unerschrockenheit die hochragende Gestalt und das majestätische Aussehen eines zum Herrschen erkorenen Helden verband, sodaß er dem Volke wie die Verkörperung seines Wünschens und Wollens erschien. Sobald ihn Rabbi Akiba erblickte, hielt er ihn für den ersehnten Messias und, obwohl manche seiner Genossen ungläubig das Haupt schüttelten, kündigte ihn der Meister den sehnsüchtig harrenden Brüdern als den verheißenen Erlöser an und vereinigte unter seiner Fahne alle, die des römischen Joches überdrüssig waren. Im geheimen trug man ungeheure Waffenvorräte zusammen und verschanzte sich in festen Plätzen. Bar Kochba hielt sich und sein tapferes Heer für so unbesiegbar, daß er in seiner unendlichen Verblendung ausgerufen haben soll: „O Gott, wenn Du uns nicht helfen willst, so hilf wenigstens unsern Feinden nicht. Denn dann werden wir sicherlich den Sieg gewinnen!" Rufus, der Statthalter Palästinas, machte alle Anstrengungen, um den Aufstand zu dämpfen, allein er wurde blutig aufs Haupt geschlagen. Die Juden eroberten im ersten Ansturm fünfzig Städte und neunhundertfünfundachtzig Dörfer (im Jahre 132). Die überraschenden Erfolge des kühnen Sternensohnes wirkten berauschend und verwirrend selbst auf die nüchternen und besonnenen Zweifler, die bisher dem Kriege widerraten hatten, und erweckten die überschwenglichsten Hoffnungen in den Herzen der tapferen Sieger.

Nun erst erkannte Hadrian den ganzen Ernst der Lage und schickte seinen besten und tüchtigsten Feldherrn Severus, der sich in dem langwierigen Kriege gegen Britannien reiche Lorbeeren errungen hatte, nach Palästina (im Jahre 134). Der feindliche Heerführer fand die Aufständischen so gut befestigt, daß er vorläufig jede offene Feldschlacht schlau vermied und die Gegner durch den kleinen Krieg zu ermüden und zu entkräften suchte. Schritt für Schritt drang er vor, bis es ihm gelang, die Kämpfenden in der Festung Bethar einzuschließen und ihnen jede Zufuhr von Lebensmitteln abzuschneiden. Verzweifelt wehrte sich Bar Kochba gegen die stets neu anrückenden Feinde. Trotz des zunehmenden Hungers und Elends hielt er sich noch ein Jahr lang in der Feste. Aber gegen die unerbittliche Kriegskunst der Römer gab es keine dauernde Rettung. Mit der Angst und Not wuchs die Furcht vor Verrat in den verblendeten Gemütern der Verteidiger. Gegen Schuldige und Unschuldige, die als Angeber verdächtigt waren, wandte sich die entfesselte Wut der Kämpfer, denen die Hoffnung auf Heil und Erlösung immer mehr entschwand. Als der frömmste Mann in der eingeschlossenen Stadt, dessen unermüdliches Fasten und Beten bisher allen als eine sichere

Gewähr des Sieges erschienen war, auf Grund verleumberischer Reden von Bar Kochba in wildem Ungestüm mit eigener Hand getötet wurde, da bemächtigte sich Grausen und Entsetzen vor dem nahen und nunmehr unvermeidlichen Untergange der Herzen der Belagerten. Mit Schaudern erzählte man sich, daß eine himmlische Stimme sich habe vernehmen lassen mit den Worten: „Du hast den Arm Israels abgehauen und sein Auge geblendet, darum werde ich Deinen Arm abhauen und Deine Augen blenden." Endlich brachte der Tag, der schon zweimal verhängnisvoll für die Väter geworden war, auch über die Tapferen von Bethar das Unheil und Verderben. Am tränenreichen neunten Ab (135) drang der Feind siegreich über die Mauern. Bar Kochba überlebte den Fall seiner letzten Festung nicht. Die Flüchtlinge, die dem Tode entkamen, wurden aufs grausamste verfolgt und gemartert. Hadrian, der den Sieg blutig erkauft hatte, wütete mit Feuer und Schwert gegen die wehrlosen Entronnenen. Er bevölkerte die Stadt mit Heiden, stellte sein eigenes Bild auf den Tempelberg und entweihte die Stätte, wo einst dem lebendigen Gott gedient worden war, indem er dem kapitolinischen Jupiter daselbst einen Tempel errichtete.

Mit untrüglicher Sicherheit fand er, vielleicht von abtrünnigen Juden unterstützt, die beiden Punkte heraus, an welchen das Judentum in seinem Lebensnerv zu treffen und die geistige und sittliche Kraft seiner Bekenner dauernd zu brechen war. Seitdem Mose seinen Diener Josua dadurch, daß er die Hand auf sein Haupt legte, zu seinem Nachfolger bestimmt hatte, war es Sitte geblieben, daß die Richter ihre eigene Befugnis in derselben Form durch Weihe auf andere übertrugen. Diese Weihe bedrohte Hadrian mit der Todesstrafe, um die Juden der Möglichkeit zu berauben, ihre nationale Rechtspflege nach Vorschrift zu handhaben. Eben so harte Strafe verhängte er über die Beobachtung der Thora und die Unterweisung darin, und seine Aufpasser und Angeber spähten eifrig nach denjenigen aus, die diesem Befehle zu trotzen wagten.

In dieser drangvollen Lage hielten die Weisen insgeheim eine Zusammenkunft in einem Söller zu Lydda und beratschlagten über die Gewissensfrage, ob man sich für den Augenblick der harten Notwendigkeit, um nur das nackte Leben zu retten, fügen solle, oder ob man der erzwungenen Verletzung irgend eines Gebotes den Tod vorziehen müsse. Sie entschieden sich schließlich für eine ver=

mittelnde Meinung und erhoben zum Beschluß, daß nur die zugemutete Übertretung dreier Gesetze zum Märtyrertod verpflichten
solle. Nur wenn der Heide zu Götzendienst, Unkeuschheit und
Menschenmord zwingen wolle, gelte es, fest und unbeugsam zu
bleiben und lieber zu sterben, als dem Befehle Folge zu leisten.

Viele fanden damals den Tod als Glaubenszeugen. Allein
weder durch den Anblick des martervollen Todes zahlreicher Glaubensbrüder noch durch die angedrohten Strafen ließ Rabbi Akiba auch
nur für einen Augenblick sich in dem Entschluß wankend machen, nach
wie vor öffentlich die Thora zu lehren. Den Warnern erwiderte er
ruhig, es sei für den Israeliten das heilige Gesetz der einzige Quell
des Lebens. Der Verzicht auf die stete Labung aus diesem Borne
sei bereits gleichbedeutend mit dem Tode. Endlich wurde auch er
vor den römischen Blutrichter Rufus geführt und in den Kerker
geworfen. Zahlreiche Legenden berichten von der Ergebenheit
und Frömmigkeit, die er in diesen Leidenstagen bewährte. Er litt
freudig Hunger und Durst, um die göttlichen Gesetze nicht verletzen
zu müssen, und der unerschütterliche Mut, mit welchem er in den Tod
ging, ist ein würdiger Abschluß seines an Seelengröße die meisten
Helden seiner bewegten Zeit überragenden Lebens. Als ihm mit
eisernen Kämmen die Haut vom Kopfe gerissen wurde, verrichtete er,
den Todesschmerz bekämpfend, mit lauter Stimme das tägliche Gebet.
Der Henker hielt seine Standhaftigkeit für den Ausfluß übernatürlicher
Zauberkünste und fragte ihn verwundert, ob er denn die grausamen
Schmerzen nicht empfände. Ihm antwortete Rabbi Akiba: „Wohl
fühle ich den Schmerz, aber ich habe eine gewichtige Veranlassung,
über die Maßen froh zu sein. Seit langer Zeit habe ich den Wunsch
gehegt, meine Liebe zu Gott durch das Opfer meines Lebens zu beweisen. Nun ist die große Stunde gekommen, und ich sollte nicht
glücklich sein, den Namen Gottes öffentlich heiligen zu dürfen?" So
hauchte er seine große Seele aus mit dem Bekenntnis von der Einheit und Einzigkeit Gottes: „Höre, Israel, Gott, unser Herr, ist der
einzige Gott."

Rabbi Akiba wird einer der zehn Märtyrer[1]) genannt, welche
mit ihrem Blute Israels Bekenntnis besiegelten. Für diese Glaubenshelden verlor der Tod seine Schrecken. So martervoll der Peiniger

---

[1]) עֲשָׂרָה הֲרוּגֵי מַלְכוּת

ihn auch ersonnen hatte, jenen Männern gab er nur die freudige und beseligende Gelegenheit, sich für das köstliche Kleinod, das sie besaßen, freimütig zu opfern. Sie waren allesamt durchdrungen von dem lebendigen Bewußtsein, daß sie durch ihr Leiden und Sterben dazu beitragen würden, in ihrem Volke die Liebe und Treue zum Ewigen unerschütterlich zu befestigen. Die Griechen pflegten ihre Heroen unter die Sterne zu versetzen, um damit auszudrücken, daß sie zu ihnen, als zu leuchtenden Vorbildern, emporblicken wollten. Israels Märtyrer sind in Wahrheit seine einzigen Sterne geworden, welche ihm den trostlos dunklen Pfad seiner Geschichte erhellten. Es hat sie am Himmel seines Daseins durch das einzige Mittel verewigt, welches ihm zu keiner Zeit verkümmert werden konnte, nämlich durch den Liedermund seiner Dichter. Aus dem Opfertod jener zehn Glaubenshelden haben diese stets Begeisterung und Erhebung, Trost und Hoffnung geschöpft. Sie haben die blutigen Tränen jener Edlen zu Perlen der Dichtung verwandelt, welche noch heute die Gebete unserer heiligen Fest- und Fasttage schmücken[1]).

Zu diesen Märtyrern gehörte wohl auch Rabbi Jsmaël, ein hochbetagter Greis, der bereits im Mannesalter gestanden hatte, als der Tempel gefallen war. Er hatte ein schnell aufblühendes Lehr- haus eröffnet und war bei seiner Deutung des Gesetzes oft in Gegen- satz zu Rabbi Akiba getreten. Während dieser auch das sprachliche Gewand für etwas gleich dem Inhalt Wesentliches und Deutbares hielt, ging Rabbi Jsmaël von dem Grundgedanken aus, daß die Worte der Schrift in erster Reihe den Gesetzen der heiligen Sprache folgen und darum nicht unbedingt geeignet seien, als Quelle neuer göttlicher Vorschriften verwendet zu werden. Zur Ableitung der mündlichen Lehre und der heiligen Schrift benützte vielmehr Rabbi Jsmaël vornehmlich die sieben Hillel'schen Deutungsregeln. Ihnen widmete er sein Studium und erhöhte ihre Anzahl auf dreizehn.

---

[1]) Zunz (Synagogale Poesie des Mittelalters, S. 144) zählt fünfzehn Dichter auf, die den Gegenstand behandelt haben. Am bekanntesten davon sind die Stücke אַרְזֵי הַלְּבָנוֹן (im Ritual für den 9. Ab), אֵלֶּה אֶזְכְּרָה (in den Bußgebeten für den Rüsttag des Neujahrsfestes nach deutschem und großpolnischem [= Po- sener] Ritus) und אֵל אֱלֹהִים אֶצְעָקָה בְּכִלְיוֹי (in den Bußgebeten für den Rüsttag des Versöhnungsfestes nach deutschem Ritus).

Man hat sie an der Spitze des Sifra unter seinem Namen zu=
sammengestellt[1]).

Rabbi Jsmaël gilt auch als derjenige Tanna, der die Grund=
lage zu dem fortlaufenden halachischen Kommentar des zweiten Buches
der Thora geschaffen hat. Er nahm die darin enthaltenen Gesetze
(von Kap. 12 an) der Reihe nach durch und wies im Einzelnen nach,
welche mündliche Überlieferungen aus ihnen entstanden oder an sie
angelehnt worden sind. Das Gleiche hatte auch R. Akiba getan.
Während aber sein Werk verloren ist, haben wir das Ergebnis von
R. Jsmaëls Bemühungen in unserer Mechilta[2]) überkommen. Eine
gleiche Leistung wie diejenige, welche wir von ihm für das zweite
Buch Moses besitzen, verdanken wir zwei Schülern des Rabbi Akiba
für die drei letzten Bücher der Thora. Nach Rabbi Akibas Anleitung
schuf R. Jehuda bar Jlai den Sifra[3]) und R. Simon bar
Jochai den Sifre[4]).

---

[1]) Von dort aus gelangten sie in die Gebetsammlungen, in denen sie neben
Bibel= und Mischnahstellen, die vom Opferdienste handeln, darum Aufnahme
fanden, weil man dem frommen Beter Gelegenheit geben wollte, die religiöse
Pflicht, dem Studium obzuliegen, täglich an nahe liegenden Gegenständen zu
erfüllen. Bei der Auswahl der vorliegenden Deutungsregeln zum Musterlesestück
ging man von dem richtigen Gedanken aus, daß es von großer Wichtigkeit sei,
die methodischen Grundlehren, auf denen der Zusammenhang des schriftlichen und
mündlichen Gesetzes beruht, zum geistigen Gemeingut der Gesamtheit zu machen.
Die Zusammenstellung findet sich in allen Ausgaben der Gebetbücher am Schlusse
der den Morgengottesdienst einleitenden Gebetstücke und beginnt mit den Worten:
רַבִּי יִשְׁמָעֵאל אוֹמֵר בְּשָׁלֹשׁ עֶשְׂרֵה מִדּוֹת הַתּוֹרָה נִדְרֶשֶׁת.

[2]) מְכִילְתָּא (= hebr. מִדָּה), wörtlich: Maß, daher: Abmessung, Beur=
teilung; oder auch: Art und Weise (vgl. lat. modus) der Erläuterung.

[3]) סִפְרָא, eigentlich: סִפְרָא דְּבֵי רַב das Buch des Lehrhauses oder das Schul=
buch, d. i. das dritte Buch Moses. Man nannte dieses darum schlechthin das
Schulbuch (סִפְרָא דְּבֵי רַב), weil mit ihm der Unterricht im Lehrhause begann.
Man fing aber offenbar aus dem Grunde die Unterweisung mit diesem Teile des
Pentateuchs an, weil man die Kenntnis der religiösen Gesetze für die wesentlichste
und wichtigste Aufgabe des Unterrichtes hielt, und weil gerade das dritte Buch
Moses einen rein gesetzlichen Inhalt hat. Die Bezeichnung, die ursprünglich dem
Buche galt, blieb später nur an seinem halachischen Kommentar haften. (Vgl.
Zunz, Gottesdienstl. Vortr. (2. Aufl.), S. 193. Zur Gesch. und Liter. S. 167).

[4]) סִפְרֵי, eigentlich סִפְרֵי דְּבֵי רַב die (übrigen) Schulbücher nämlich das
4. und 5. Buch der Thora (im Gegensatz zu סִפְרָא, dem 3. Buch Mose). Da
die Gesetze den verhältnismäßig geringeren Teil der beiden letzten Bücher des

Daß so umfassende Werke in einer Zeit des größten Druckes und des tiefsten Elends entstehen konnten, ist ein glänzendes Zeugnis für die Schaffenslust und geistige Schaffenskraft der Juden. Mit welchen Nöten und Gefahren ihre Schöpfer zu kämpfen hatten, beweist aber nicht minder die im Volksmunde entstandene Legende, die sich besonders des entsagungsreichen Lebens Rabbi Simons bar Jochai bemächtigt hat. Soll sich doch dieser Weise dreizehn Jahre lang vor den Verfolgern in der Wüste verborgen gehalten haben, um in der Wildnis allein mit seinem Sohne dem Studium der Lehre ungestört leben zu können. Sein freiwilliger Verzicht auf alle Lebensfreuden, seine unbedingte Hingabe an die Forschung erschien der Nachwelt so wunderbar und seltsam, daß sie sein Bild mit Vorliebe sagenhaft verklärte. Darum machte man ihn auch, als etwa ein Jahrtausend später die Geheimlehre oder Kabbala unter den Juden entstand, zum Träger geheimnisvoller Offenbarungen, welche er während seines Aufenthaltes in der Wüste empfangen haben soll[1].

Mit Hadrians Leben ging zugleich die Schreckenszeit für Palästina zu Ende. Der Kaiser starb wenige Jahre nach Bar Kochbas Aufstande. Ihm folgte der menschlich gesinnte Antoninus Pius. Zwar blieb auch unter ihm das hadrianische Gesetz in Kraft, nach welchem Juden in der heiligen Stadt, seitdem sie Aelia Capitolina hieß, nicht wohnen durften. Aber die grausamsten Verordnungen wurden doch aufgehoben. Man durfte die neugeborenen Knaben wieder ungestraft in den Bund Abrahams aufnehmen und die Leichen der gegen die Römer gefallenen Kämpfer endlich bestatten. Die Sage erzählt, daß die Leiber der Helden in der langen Zwischenzeit nicht verwest seien. Zum Ausdruck der Freude über diese kaiserliche Gnade fügte man damals zum Tischgebete den vierten Segensspruch[2] hinzu, der Gott preist als den Allgütigen, der uns täglich Wohltaten erweist.

In dieser ruhigeren Zeit bildete sich bald wieder ein Synhedrium. An seine Spitze trat Rabban Simon III., der Sohn Rabban Gam

---

Pentateuch bilden, ist der halachische Kommentar zu beiden in ein Werk zusammengefaßt worden. Auch hier behielt der Kommentar die Namensbezeichnung, welche eigentlich den von ihm behandelten Büchern gebührt. — Im engeren Sinne bedeutet übrigens רַב das von Rab in Babylonien (vgl. S. 215) begründete Lehrhaus. Man nimmt darum an, daß in diesem Lehrhaus die tannäischen Midraschim zu den letzten drei Büchern der Thora ihre Schlußredaktion erhalten haben.

[1] Vgl. Bd. II, Abt. 2, Abschn. 2, Kap. 1 unter Mose de Leon.

[2] בִּרְכַּת הַטּוֹב וְהַמֵּטִיב   Vgl. oben S. 114 f.

liels von Jabne. Ihm zur Seite standen von jetzt an noch zwei Würdenträger, der Stellvertreter im Vorsitz[1]) und der Sprecher[2]) (Weise). Letzteres Amt wurde damals dem Rabbi Meir übertragen.

Viertes Kapitel

Das Zeitalter Rabbi Meirs.
(138—164)

Rabbi Meir gehörte neben Rabbi Jehuda bar Ilai und Rabbi Simon bar Jochai zu denjenigen fünf Jüngern des Rabbi Akiba, die einst der hochbetagte Rabbi Jehuda ben Baba, dem Verbot des Kaisers trotzend, auf der Landstraße zum Richteramte geweiht hatte. Da waren, als die heilige Handlung eben beendigt war, römische Söldner herangesprengt, um den verwegenen Übertreter des kaiserlichen Willens nach Gebühr zu strafen. Vergebens drangen die Jünglinge in den greisen Meister, daß er schleunigst die Flucht ergreife. Er aber sprach zu ihnen: „Was liegt an meinem grauen Haupte? Rettet ihr nur um der Lehre willen euer junges Leben. Mich überlasset immerhin meinem unvermeidlichen Geschicke." Mit knapper Not entkamen sie, Rabbi Jehuda aber wurde einer der zehn Glaubenszeugen.

Ein leuchtendes Gestirn, erstand Rabbi Meir unter seinen Zeitgenossen und wird darum mit seinem Beinamen Meir, der Erleuchtende, bis auf den heutigen Tag genannt. In Wirklichkeit hieß er nämlich Moseh und stammte von einer kleinasiatischen Proselytenfamilie ab. Er kam nach Palästina und lebte daselbst vom Abschreiben der heiligen Bücher. Da er eine Tinte erfand, die seiner schönen Schrift einen eigentümlichen Glanz verlieh, erhob er sein Gewerbe zur Kunstfertigkeit. Auch war er mit den schwierigen orthographischen Regeln der heiligen Schrift derartig vertraut, daß er einmal das Buch Esther aus dem Kopfe ohne Fehler niederschrieb. Er hielt seinen Lebensberuf sehr wert und teuer und empfahl jedem, ein leichtes und sauberes Handwerk zu erlernen. Von seinem geringen Einkommen verbrauchte er zwei Drittel für den Unterhalt seines Hauses, während er das letzte Drittel regelmäßig zur Unterstützung

---

[1]) אַב בֵּית דִּין.

[2]) חָכָם.

der Armen verwendete. Er strebte nicht sonderlich nach Vermehrung irdischer Güter, denn er lehrte: „Liege weniger dem Geschäfte und desto mehr dem Studium ob und sei demütig gegen jedermann. Lässest du dich im Studium stören, so werden immer mehr und mehr der Störungen sich finden, bist du aber emsig darin, so wird der Lohn nicht ausbleiben[1])"

Sein Weib war sowohl durch ihre Herkunft, als durch ihren eigenen Wert die würdige Gefährtin ihres Mannes. Beruria oder Valeria war die gelehrte Tochter desjenigen der zehn Märtyrer, welcher unter ganz besonderen Qualen den Tod erlitten hatte. Rabbi Chanina ben Teradjon sollte auf Befehl des grausamen Rufus unter langsamen Martern dem Feuertode unterliegen. Darum mußte ihm der Henker feuchte Schwämme aufs Herz legen, um die Empfin-dung länger im Körper festzuhalten. Aber selbst der rohe Henkers-knecht wurde von Mitleid erfaßt, als er die stummen Leiden des frommen Mannes sah, und riet ihm, die Schwämme zu entfernen. Ihm entgegnete der gottesfürchtige Held: „Wie dürfte ich mein Leben mit eigener Hand verkürzen, wenn der Herr mir bestimmt hat, nicht so schnell zu sterben!" Seine Tochter Beruria war die einzige aus seinem Hause, welche dem über alle seine Nachkommen verhängten Untergange entkam, und wurde nachmals Rabbi Meirs Gattin. Von ihrer Frömmigkeit weiß eine schöne, auch von der deutschen Dichtung liebevoll bearbeitete Legende uns Rühmenswertes zu er-zählen. An einem Sabbat waren ihre beiden hoffnungsvollen Söhne gestorben, und um dem teuren Gatten die heilige Sabbatruhe nicht zu stören, suchte sie den Tag über den harten Schicksalschlag vor ihm zu verheimlichen. Als dann Rabbi Meir endlich aus dem Lehr-hause zurückgekehrt war und mit dem üblichen Weihegebet die Sabbat-feier beschlossen hatte, sprach sie schonend zu ihm: „Meister, ich habe eine Rechtsfrage dir vorzulegen. Was muß ich tun, wenn ein ge-liehenes Gut, das ich lange besessen habe und als mein Eigentum anzusehen gewohnt war, vom Eigentümer plötzlich zurückverlangt wird?" „Ohne Widerspruch es zurückerstatten, Geliebte," antwortete der Weise. Da führte ihn Beruria schweigend in die Kammer, in welcher die Söhne auf der Totenbahre lagen. Und der Meister be-kannte ohne Murren mit Ijjob: „Gott hat gegeben, Gott hat ge-nommen, der Name Gottes sei gepriesen".

---

[1]) Sprüche der Väter IV, 10.

Solche musterhafte Gottergebenheit vereinigte Rabbi Meir mit seltener Bescheidenheit, so daß er seinen Zeitgenossen ein Vorbild der Frömmigkeit und Tugend wurde. Von bleibendem Einfluß auf die gesamte Entwickelung des Judentums war aber in erster Reihe seine hohe Weisheit und Gelehrsamkeit. „Was auch nur Rabbi Meir's Stab berührt, wird weise", sagte man von ihm. War er doch nicht nur von der Natur mit äußerst glänzenden Gaben des Geistes ausgerüstet, sondern auch erfüllt mit reichen Schätzen des Wissens, die er zu den Füßen der größten Gelehrten seiner Zeit gesammelt hatte. Den weisen Belehrungen Rabbi Akibas und Rabbi Ismaëls hatte er fleißig und aufmerksam gelauscht und war selbst mit dem kenntnisreichen Elisa ben Abuja, welcher dem angestammten Judentum untreu geworden war, in vertrautem, gelehrtem Verkehr geblieben. Als man ihn darüber zur Rede stellte, daß er mit dem „Acher" [1] — so nannte man verächtlich den Abtrünnigen — umgehe, sagte er: „Ich finde einen saftigen Granatapfel, genieße das Innere und werfe die Schale weg." So wurde für Rabbi Meir auch die heidnische Philosophie eine Quelle lauterster Erkenntnis. Der Inbegriff höchsten geistigen Genusses blieb freilich für ihn die Beschäftigung mit der Thora, die er über alles liebte. Er sagte: „Wer in aller Liebe mit der Thora sich beschäftigt, der wird vieler Segnungen teilhaftig, ja so vieler, daß alle Güter der Welt sie nicht aufwiegen. Ihn nennt Gott seinen Freund, seinen Liebling, er liebt Gott und liebt die Menschen, er erfreut Gott und erfreut die Menschen. Die Thora schmückt ihn mit Demut und Gottesfurcht, sie begnadet ihn, daß er gerecht und fromm. redlich und treu sei; sie schützt ihn vor jeder Sünde, umkleidet ihn mit jedem Verdienst, sodaß alle seines Rates, seiner Gediegenheit, seiner Einsicht und seiner Tatkraft sich erfreuen. Sie gibt ihm Würde, Macht und Scharfsinn in der Ergründung des Rechts. Er dringt tief in die Geheimnisse der Thora, so daß er einem Quell gleichet, der nie versiegt, und einem Strom, der nie verrinnt. Er ist bescheiden, langmütig und versöhnlich gegen Kränkung und Beleidigung. So erhöht und erhebt ihn die Thora über alle seine Mitgeschöpfe [2]". Zu seiner eigentlichen wissenschaft

---

[1] אחר wörtlich: ein Anderer, Unbekannter, Namenloser, der seines ehemaligen guten Namens unwert geworden ist. Vgl. I. Chron. 7, 12.

[2] Sprüche der Väter VI, 1.

lichen Lebensaufgabe machte Rabbi Meir die Vereinigung der
Leistungen seiner großen Lehrer Rabbi Akiba und Rabbi Ismaël.
Er wendete die von Rabbi Ismaël festgestellten Deutungsregeln als
fertige Formeln an, um im Geiste seines Meisters Rabbi Akiba vorhandene gesetzliche Bestimmungen zu begründen und neue ausfindig
zu machen. Bei diesen dialektischen Übungen bewährte er einen solchen
Scharfsinn, daß er ebenso viele Beweise für wie gegen eine Überlieferung vorbringen konnte und die Zuhörer oft blendete und in
betreff der Wahrheit in Verwirrung brachte. Die von Rabbi Akiba
angelegte Mischnah wurde durch ihn ergänzt und vervollkommnet.

Einzelne ihrer Abteilungen gab er nach deren Inhalt bereits
Gesamtbezeichnungen, die teilweise üblich geblieben sind. Er war ein
Meister des Vortrages. Das bewies er nicht nur vor seinen Schülern
im Lehrhaus zu Emmaus bei Tiberias, woselbst er wohnte, sondern
auch als Sprecher im Synhedrium zu Uscha. Er verflocht in die
halachischen Auseinandersetzungen anmutige Haggadas und liebte es
besonders, Fabeln aus dem Tierleben zu erzählen, mit deren Hilfe
er bei schwierigen und anstrengenden Verhandlungen die Zuhörer anzuregen und zu fesseln verstand.

Mit dem Vorsitzenden des Synhedriums, Simon III., soll er
nicht immer in Frieden gelebt haben. Dieser hatte bestimmt, daß
die Abstufung der Würden, welche die drei obersten Beamten des
Synhedriums bekleideten, durch einen verschiedenartigen Gruß der
Versammlung zum Ausdruck gebracht werde. Das kränkte Rabbi
Nathan, den Stellvertreter Rabbi Simons, und den Sprecher Rabbi
Meir, und sie beschlossen, um ihre geistige Überlegenheit männiglich
klar zu machen, den Vorsitzenden durch die unvorbereitete Besprechung
eines Themas, das ihm fern lag, in Verlegenheit zu bringen. Aber
Rabbi Simon erfuhr rechtzeitig den Anschlag und machte sich so
vertraut mit dem Gegenstande, daß er Sieger im Meinungsstreite
blieb. Zur Strafe für die beabsichtigte Beschämung des Vorsitzenden
wurden Rabbi Nathan und Rabbi Meir vom Rate ausgeschlossen.
Rabbi Meir verschaffte sich in seiner Weise Genugtuung. Er schickte
immer wieder schriftliche Anfragen in die Versammlung, zu deren
Beantwortung man sich zuletzt stets an ihn, als an den gelehrtesten
und scharfsinnigsten unter den Zeitgenossen, wenden mußte. Man
beschloß ferner, die Meinungen der Ausgeschlossenen fortan nicht
mehr unter deren Namen anzuführen, sondern die Worte Rabbi

Nathans mit der Einleitung „Manche sagen" und die Rabbi Meirs mit der Einleitung „Andere sagen" aufzubewahren. Rabbi Nathan machte später seinen Frieden mit Rabbi Simon, Rabbi Meir aber blieb in stolzem Selbstbewußtsein auch ferner den Verhandlungen des Synhedriums grollend fern und wanderte schließlich in sein Geburtsland Kleinasien zurück, woselbst er starb und auf seinen Wunsch am Meeresstrande begraben wurde. Es werden ihm, dem Erleuchtenden, ungemein zahlreiche Aussprüche und Lehren zugeschrieben, für deren Urheberschaft ein bestimmter Name nicht verbürgt ist.

Sein entschiedenes, unbeugsames Auftreten fand den wohltuendsten Ausgleich durch einen Weisen, der sich die Vermittelung der Widersprüche und Gegensätze zur Aufgabe machte und gleich Rabbi Josua überall für den Frieden und die Versöhnung erfolgreich tätig war. Dieser Gelehrte war Rabbi Jose ben Chalafta, ein Jugendfreund Rabbi Meirs, mit dem er gleichzeitig an jenem denkwürdigen Tage von Rabbi Jehuda ben Baba geweiht worden war. Er verstand es stets, die starr einander gegenüber stehenden Meinungen auszugleichen, und seine milden Entscheidungen erfreuten sich meist des allgemeinen Beifalls. Er betrieb das schlichte Handwerk eines Gerbers und war trotz seiner sehr bescheidenen äußeren Lebensstellung einer der angesehensten Lehrer seiner Zeit. Auch er legte eine selbständige Mischnah an. Hauptsächlich aber beschäftigte er sich damit, die in der heiligen Schrift gelegentlich angeführten chronologischen Daten zu einer fortlaufenden Zeitrechnung zusammenzufassen. Er suchte die Anzahl der Jahre, die von der Erschaffung der Welt bis zum Abschluß des Kanons verflossen sind, auf Grund jener Angaben, lückenlos festzustellen. So weit wandelte er am Faden der heiligen Schrift. Für die Zeit nach Alexander dem Großen diente ihm die Überlieferung als Grundlage seiner Aufstellungen, und von da bis auf seine Zeit sind seine Ergebnisse nicht durchweg tadellos. Auf seinen Ermittelungen beruht die jetzt bei den Juden allgemein üblich gewordene Zeitrechnung nach Erschaffung der Welt [1].

---

[1] Seine uns erhaltene Chronik heißt סֵדֶר עוֹלָם Ordnung der Welt. Man bezeichnet sie als die große (רַבָּא) Chronik, im Gegensatz zu einem ein halbes Jahrtausend jüngeren gleichnamigen Werke.

Fünftes Kapitel

Das Zeitalter des Rabbi Jehuda ha-Naßi (164—200).
Die Mischnah.

Nach Rabbi Simon III. übernahm sein Sohn Rabbi Jehuda den Vorsitz im Synhedrium. Er war der siebente Patriarch aus dem Geschlechte Hillels und war die Krone seiner Vorfahren, wie der heilige Sabbathtag die Krone der Werktage ist. Der Heilige[1]) wurde er genannt wegen seiner hohen Sittlichkeit und Tugend. Dazu war er der Erbe des reichen, von seinen Vätern gesammelten Besitztums und stand darum mit sicherem Selbstgefühl wie ein Fürst[2]) über seinen Zeitgenossen. Verkehrte doch selbst ein Kaiser des antoninischen Hauses freundlich mit R. Jehuda, gleichsam den geborenen Fürsten in ihm anerkennend. Dabei waren seine eigenen persönlichen Bedürfnisse gering; er verwendete seine Schätze fast nur zur Unterstützung und Versorgung seiner Schüler.

Diese vornehme Stellung verlieh ihm eine solche Würde in den Augen seines Volkes, daß die Namen der übrigen damaligen Lehrer völlig neben dem seinen verschwinden und das Ansehen und die Macht des Synhedriums nahezu in seiner Person aufgehen. Willig folgte der hohe Rat darum auch dem kränklichen Patriarchen, als dieser seinen Wohnsitz von Uscha nach dem gesünder gelegenen Sepphoris verlegte. Wir hören in seinen Tagen nichts mehr von einem Stellvertreter oder Sprecher in den Versammlungen des Synhedriums. Rabbi Jehuda entscheidet allein, und keiner wagt, ihm zu widersprechen, oder auch nur ohne seinen besonderen Auftrag ein eigenes Gutachten abzugeben. Sogar seine Lieblingsschüler und Freunde hielt er in ehrfurchtgebietender Entfernung und ließ ihnen selbst einen harmlosen Spott nicht ungerügt hingehen. Sein ganzes Streben war darauf gerichtet, seinen Jüngern ein vorbildlicher Meister und Lehrer zu sein, und schon seine Zeitgenossen kennzeichneten ihn dadurch, daß sie ihn kurzweg Rabbi oder Lehrer nannten. Wie nach der Zerstörung des Tempels das neue Heiligtum der Lehre von einem einzigen, von Rabban Jochanan ben Sakkai, begründet wurde,

---

[1]) הַקָּדוֹשׁ.

[2]) הַנָּשִׂיא.

so krönte diesen Bau ein einziger, Rabbi Jehuda ha=Naßi, in=
dem er die gesamte Forschung dieses Zeitabschnittes zum Abschluß
brachte.

Der Tragweite seines Unternehmens war er sich wohl bewußt.
Er sprach: „Welches ist der rechte Weg, daß der Mensch ihn er=
wähle? Der, welcher ihm zur Ehre gereicht vor allem in seinen
eigenen Augen, sodann bei den Menschen. Sei achtsam auf die
gering erscheinende Pflicht wie auf die gewichtigste, denn du kannst
den Segen der Pflichten nicht ermessen. Halte dem Opfer einer
Pflichterfüllung den bleibenden Gewinn, und halte dem Vorteil der
Pflichtverletzung den dauernden Schaden entgegen. Beachte drei
Dinge, und du verfällst nicht in Sünde. Denke an das, was über
dir ist: ein Auge, das alles sieht, ein Ohr, das alles hört, und da=
ran, daß alle deine Taten verzeichnet werden[1]."

Dieser Ausspruch gibt scharf und klar die Anschauung wieder,
welcher die ihm vorangegangenen Lehrer in dunklem Drange un=
bewußt gehuldigt hatten, die Anschauung: es gibt nichts Wichtiges
und nicht Geringes in den Geboten des Herrn; der menschliche
Blick erfaßt nimmer ihre Bedeutung und ihre Folgen und hat kein
Urteil über ihren Wert. Alles ohne Unterschied, was für das praktische
Leben als maßgebend gilt, fand darum gleichartig in der Mischnah
seinen Platz.

Rabbi Jehuda ging bei der Ordnung des Stoffes zunächst von
dem Bundesverhältnis zwischen Israel und seinem Gotte aus. Der
Ewige hat schon den Erzvätern das heilige Land verheißen, in welchem
sein Volk, abgesondert von den Heiden, seiner Aufgaben leben sollte.
Die Verheißung ward erfüllt, und als Wahrzeichen des Bundes mit
Israel der Sabbathtag eingesetzt. Aus diesem Bunde entstand der
jüdische Staat fest beruhend auf den Grundlagen des heiligen
Landes und der heiligen Zeiten. Alle Vorschriften, die über
den Ertrag des Bodens und über die Teilung der Früchte mit den
Priestern, Armen, Witwen und Waisen gegeben worden sind, finden
wir in der ersten Ordnung der Mischnah[2]. Die zweite Ord=

---

[1] Sprüche der Väter II. 1.

[2] זְרָעִים, „Saaten". Dieser Ordnung entnommen sind die Sätze,
die in die einleitenden Segenssprüche des täglichen Morgengebets eingeschaltet
sind und in alle Gebetbücher Aufnahme gefunden haben. Sie beginnen mit den

nung [1]) dagegen handelt von den Sabbathen und Festzeiten und allen
unsern Pflichten gegen Gott während der ihm geweihten heiligen Zeiten.
Dann erhebt Rabbi seinen Blick hinweg über die Grenzen des jüdischen
Staates zu den jeder menschlichen Gemeinschaft eigentümlichen Grund=
lagen, nämlich zur Familie und zum Eigentum. Darum finden
wir in der dritten Ordnung der Mischnah die Gesetze über die
Ehe [2]), und in der vierten diejenigen, welche zum Schutze des
Besitzes [3]) gegeben worden sind. Auf dem heiligen Lande und
den heiligen Zeiten, dem Familienleben und dem gesicherten
Eigentum beruht der jüdische Staat und erhebt sich zu einem ganz
bestimmt angegebenen Ziele. Alle Pfeiler seines Baues streben zu
dem von Gott gesetzten Schlußsteine empor: „Ihr sollt mir ein Reich
von Priestern und ein heiliges Volk sein". Jedem Einzelnen liegt
somit die Pflicht der Selbstheiligung ob. Er werde Herr über
jede tierische Begierde und Genußsucht, indem er sich in der Enthalt=
samkeit und Selbstbeherrschung übe. Die nötige Anleitung zu diesen
Tugenden empfangen wir durch die Gebote, die unsre irdischen
Genüsse beschränken. Zunächst und besonders haben sich aber die
Söhne Aharons und die Leviten zu heiligen, weil ihr gesamter
Lebenslauf ein heiliger ist. Der Dienst, den sie an heiliger Stätte
zu verrichten haben, ist der unmittelbare Ausdruck menschlicher Ge=
fühle gegen Gott. Er besteht vornehmlich im Darbringen der Opfer,
und alles, was über den Opferkultus vorgeschrieben worden, finden
wir neben den für jeden Israeliten geltenden Enthaltsamkeits=

Worten: אֵלּוּ דְבָרִים שֶׁאֵין לָהֶם שִׁעוּר. „Das sind die Dinge, für welche es kein
gesetzlich bestimmtes Maß gibt". Sie bilden in der Mischnah den Anfang des
Traktates Peah (פֵּאָה) der von dem Gesetze 3. M. 19, 9. 23, 22 handelt. Vgl.
unten S. 193.

[1]) סֵדֶר מוֹעֵד „Festtage", vgl. unten S. 193 f. Dieser Ordnung entstammt der in
die Liturgie für den Freitag Abend aufgenommene Abschnitt über das Sabbathlicht, der
mit den Worten בַּמֶּה מַדְלִיקִין beginnt. Er ist in der Mischnah der zweite Abschnitt des
Traktates שַׁבָּת, welcher die Sabbathgesetze behandelt.

[2]) סֵדֶר נָשִׁים „Frauen", vgl. unten S. 194.

[3]) סֵדֶר נְזִיקִין „Schäden", vgl. unten S. 194 f. Dieser Ordnung gehört der
Traktat אָבוֹת (Sprüche der Väter) an, der in die Liturgie des Gottesdienstes für
den Nachmittag des Sabbaths aufgenommen ist. Vergl. oben S. 74.

gesetzen in der fünften Ordnung der Mischnah [1]). Zu ihrer äußeren Heiligung mußten die Priester bestimmte Reinheitsgebote be=obachten. Sie sind in der sechsten und der letzten Ordnung der Mischnah behandelt [2]).

Diesen sechs Hauptordnungen [3]), welche wieder in Unterab=teilungen [4]) zerfallen, geht eine Einleitung voraus. Sie behandelt die Gesetze und Gebräuche, welche auf den häuslichen und öffent=lichen Gottesdienst im täglichen Leben des Israeliten Bezug haben [5]). In dieser von R. Jehuda ha=Naßi herrührenden Gestalt ist uns die Mischnah überliefert worden, und in dieser Form wurde sie der Gegenstand des Studiums in den Schulen und das Gemeingut des ganzen Volkes. Sie bildet sein Gesetzbuch, an dessen Aussprüchen es nicht rütteln und nicht mäkeln mochte. Der gesetzlich bindende Charakter, den sie allmählich für das praktische Leben erhielt, ohne daß sie je zwangsweise eingeführt worden wäre, ist ihr geblieben. Die Forschung der späteren Geschlechter beschäftigte sich nur mit der Erklärung ihres Inhalts, mit der Anwendung ihrer Grundsätze und mit dem Nachweis der Quellen, aus denen sie geschöpft hat.

Sie blieb auch in diesem Gewande das mündliche Gesetz [6]). Ihr Wortlaut wurde dem Gedächtnis eingeprägt und von Mund zu

---

[1]) סֵדֶר קָדְשִׁים „Heiligtümer". Zu dieser Ordnung gehört der Traktat זְבָחִים, der von den Opfern handelt. Das fünfte Kapitel dieses Traktates, welches mit den Worten אֵיזֶהוּ מְקוֹמָן שֶׁלִּזְבָחִים beginnt, geht in den das tägliche Morgen=gebet einleitenden Segenssprüchen unmittelbar dem Abschnitt, welcher die drei=zehn Deutungsregeln des Rabbi Ismaël (oben S. 181) enthält, voraus. Vgl. S. 195.

[2]) סֵדֶר טְהָרוֹת „Reinheit und Unreinheit".

[3]) שִׁשָּׁה סְדָרִים. Daher wird auch die ganze Sammlung nach dem Anfangsbuchstaben dieser beiden Worte שַׁ״ס genannt.

[4]) Die Ordnungen zerfallen in מַסֶּכְתוֹת, Traktate, deren es im ganzen 63 gibt. Jeder Traktat (מַסֶּכְתָּא) zerfällt in Abschnitte (פְּרָקִים). Man zählt deren 524. Die Abschnitte sind in einzelne Lehrsätze, von denen jeder Einzelne Mischnah oder (im jerus. Talmud) Halacha im engeren Sinne genannt wird, eingeteilt.

[5]) בְּרָכוֹת „Segenssprüche". — Andre Meinungen über die Disposition der Ordnungen, s. bei Frankel, Einl. in die Mischnah, S. 254 ff. Löwy tritisch-talm. Lexikon I, 21. Jellinek, Beth-Hamidrasch V, S. LV. ff.

[6]) תּוֹרָה שֶׁבְּעַל פֶּה (im Gegensatz zur schriftlichen Lehre תּוֹרָה שֶׁבִּכְתָב).

Mund weiter gegeben. Wann sie zuerst aufgeschrieben worden, wissen wir nicht. Die Notwendigkeit, sie auswendig zu behalten, beeinflußte vornehmlich die stilistische Form ihrer Darstellung. Die gedrängteste Kürze des Ausdruckes ist das oberste Gesetz dieses Stiles. Es ist gleichsam eine geistige Kurzschrift, in der das Sammelwerk abgefaßt ist. Der Gedanke ist nur mit dürftigen, aber charakteristischen Worten angedeutet. Man muß dasselbe denken, um die fehlenden Glieder der Gedankenkette ergänzen zu können. Die Worte sind nur Punkte, zwischen denen der Hörer erst die Linie der stetigen Gedankenreihe beschreiben muß. Wenn die Mischnah nach der Denk- und Sprechweise unserer Zeit umgeformt werden sollte, so müßte sie ein Werk von vielleicht zehnmal so großem Umfange werden.

Die Sprache der Mischnah ist die hebräische, aber nicht in derjenigen Entwickelungsform, in welcher wir sie in der heiligen Schrift vor uns haben, sondern in verjüngter Gestalt. Die hebräische Sprache ist niemals gestorben und niemals untergegangen. Sie hat stets als Schriftsprache fortbestanden und ist bis auf die Gegenwart die Sprache des Gottesdienstes und der Gelehrsamkeit geblieben. „Der Strom ihrer Entwickelung ist niemals versiegt, wenn auch der Lauf des Flusses dem Auge der Menge verborgen blieb. Ja, die vielfachen Verjüngungen und Sonnenaufgänge der jüdischen Literatur beweisen, daß der umgrenzte Stoff des heiligen Sprachschatzes von nahezu unendlicher Bildsamkeit ist".

Als Proben folgen hier einige Stellen aus verschiedenen Traktaten:

I. Aus der Ordnung Seraim.

a) Aus dem Traktat Berachot.

Aus c. VI (vgl. oben S. 114).

1. In welcher Weise dankt man [Gott] für die Früchte? Beim Genuß von Baumfrüchten dankt man dem, „der die Baumfrucht erschaffen hat"[1], außer beim Wein, bei dessen Genuß man dem dankt, „der die Frucht des Weinstocks geschaffen hat"[2]. Beim Genuß von Erdfrüchten dankt man dem, „der die Erdfrucht erschaffen hat"[3], außer beim Brot, bei dessen Genuß man dem dankt, „der Brot aus der Erde hervorbringt"[4]. Beim Genuß von Kräutern dankt man dem, „der die Erdfrucht geschaffen hat"; nach der Meinung R. Jehudas aber dem, „der allerlei Grünzeug geschaffen hat".

2. Hat jemand beim Genuß von Baumfrüchten für die Erschaffung von Erdfrüchten gedankt, so hat er seiner Pflicht genügt. Hat er jedoch beim Genuß

---

[1]) בּוֹרֵא פְּרִי הָעֵץ. — [2]) בּוֹרֵא פְּרִי הַגָּפֶן. — [3]) בּוֹרֵא פְּרִי הָאֲדָמָה. — [4]) הַמּוֹצִיא לֶחֶם מִן הָאָרֶץ.

von Erdfrüchten für die Erschaffung von Baumfrüchten gedankt, so hat er die Pflicht nicht erfüllt. Hat jemand bei Genüssen beliebiger Art [z. B. von Obst, Erdfrüchten, Wein und Brot] den gepriesen, „auf dessen Wort alles entstanden ist"[1], so hat er seine Pflicht erfüllt.

Aus c. IX.

1. Beim Anblick eines Ortes, an dem den Israeliten Wunder geschehen sind, spricht man: „Gepriesen sei der, der unseren Vätern an diesem Orte Wunder getan hat"[2]. . . . 2. Bei Sternschnuppen, Erdbeben, Blitzen, Donner und Stürmen spricht man: „Gelobt sei der, von dessen Kraft und Macht die Welt erfüllt ist"[3]. Beim Anblick von Bergen, Hügeln, Meeren, Strömen und Wüsten preist man den, „der das Schöpfungswerk vollbracht hat"[4]. . . . Bei Regengüssen [nach langer Dürre] und [sonstigen] freudigen Ereignissen spricht man: „Gelobt sei der, der allgütig ist und Gutes erweist"[5]. Bei traurigen Nachrichten preist man „den gerechten Richter"[6]. . . . 5. Man muß nämlich Gott für das Böse ebenso danken wie für das Gute. Denn so steht geschrieben: „Lieben sollst Du den Ewigen, Deinen Gott, von ganzem Herzen, von ganzer Seele und mit ganzer Kraft" (V. M. 6, 5). „Von ganzem Herzen" heißt: mit beiden Trieben, dem guten und dem bösen; „von ganzer Seele" heißt: auch wenn er Dir das Leben nimmt; „mit ganzer Kraft" heißt: mit all Deinem Hab und Gut.

b) Aus dem Traktat Peah c. 1 (vgl. S. 189, Anm. 2).

1. Dies sind die Dinge, für die es kein [gesetzlich bestimmtes] Maß gibt: die Ecke [des Feldes, die bei der Ernte für den Armen stehen bleiben muß][7], die Erstlingsfrüchte[8], das Opfer beim Erscheinen im Tempel [an den Wallfahrtsfesten][9], die Übung von Liebeswerken und die Beschäftigung mit der Gotteslehre. Folgende Dinge sind es, deren Früchte der Mensch bereits in dieser Welt genießt, deren Stammgut ihm jedoch für die zukünftige Welt bleibt: Ehrfurcht vor Vater und Mutter, die Übung von Liebeswerken, die Friedensstiftung unter den Mitmenschen. Die Beschäftigung mit der Gotteslehre aber wiegt alles auf.

II. Aus der Ordnung Moëd.

Aus dem Traktat Rosch ha-Schanah c. III.

7. Geht jemand draußen an der Synagoge vorbei und hört [am Neujahrsfeste] die Posaune blasen, oder [am Purimfeste] die Megilla [= das Buch Esther] vorlesen, so hat er, wenn er gerade darum aufmerkt, seiner Pflicht genügt. Merkt er aber nicht auf, so hat er seine Pflicht nicht erfüllt. Wie denn aber, in jedem Falle hat er ja doch gehört? Daraus ist zu erkennen, daß es darauf ankommt, ob er seinen Sinn auf den Vorgang gerichtet hat oder nicht.

---

[1] שֶׁהַכֹּל נִהְיָה בִּדְבָרוֹ. — [2] שֶׁעָשָׂה נִסִּים לַאֲבוֹתֵינוּ בַּמָּקוֹם הַזֶּה. — [3] שֶׁכֹּחוֹ וּגְבוּרָתוֹ מָלֵא עוֹלָם. — [4] עוֹשֶׂה מַעֲשֵׂה בְרֵאשִׁית. — [5] הַטּוֹב וְהַמֵּטִיב. — [6] דַּיַּן הָאֱמֶת. — [7] III. M. 19, 9 f. 23, 22. — [8] V. M. 26, 1—11. — [9] V. M. 16, 16; vgl. II. M. 23, 17. 34, 20. 23.

8. [Hierdurch werden einige Schriftstellen deutlich). Beim Kampfe mit Amalek (II. M. 17, 11) heißt es:] „Wenn Mose seine Hände erhob, so siegte Israel" usw. Konnten etwa Moses Hände Sieg und Niederlage entscheiden? [Das freilich nicht]. Die hl. Schrift will Dir vielmehr nur sagen: Wenn Israel den Blick nach oben wandte und den Sinn dem Willen des himmlischen Vaters unterwarf, siegte es; sonst unterlag es. Ähnlich heißt es in einem anderen Falle: „Mache Dir eine Schlange und befestige sie an einer Stange und jeder, der gebissen wird und sie ansieht, wird leben bleiben" (IV. M. 21, 8). Kann denn eine Schlange tot oder lebendig machen? [Das freilich nicht]. Die hl. Schrift will Dir vielmehr nur sagen: wenn Israel den Blick nach oben wendete und seinen Sinn dem Willen des himmlischen Vaters unterwarf, wurde es geheilt, sonst aber aufgerieben. Aus diesem Grunde kann weder ein Taubstummer noch ein Unzurechnungsfähiger, noch ein Minderjähriger einen anderen oder eine Gesamtheit von ihrer religiösen Pflicht befreien. Die Regel lautet vielmehr: Wer selbst einer religiösen Verpflichtung ledig ist, kann die Gesamtheit von ihrer Verpflichtung nicht befreien.

III. Aus der Ordnung Naschim.

Aus dem Traktat Kidduschin c. IV.

14. R. Meir sagte: Jedermann lasse seinen Sohn ein sauberes und leichtes Handwerk lernen und bete [um Hilfe für ihn] zu dem, von dem aller Besitz und aller Reichtum kommt. Denn es gibt kein Handwerk, bei dem nicht Armut sowohl als auch Reichtum angingen. Nur rührt weder die Armut noch der Reichtum vom Handwerk her, sondern jedem wird sein Geschick nach seinem sittlichen Werte zuteil. R. Simon ben Eleasar sagte: Hast Du jemals gesehen, daß ein Säugetier oder ein Vogel ein Handwerk betreibt, und ernähren sie sich nicht dennoch ohne alle Sorgen? Wenn nun diese [unvernünftigen Wesen], die doch zu meinem Dienste erschaffen sind, ein solches [erfreuliches] Los haben, um wieviel mehr werde ich als Mensch, der ich geschaffen bin, meinem Schöpfer zu dienen, ohne Sorgen meine Nahrung finden. . . . R. Nehorai sagte: Ich aber lasse alle weltlichen Geschäfte beiseite und unterweise meinen Sohn nur in der Thora, deren Lohn der Mensch in dieser Welt genießt, während das Stammgut ihm für die zukünftige Welt bleibt. Bei allen anderen Beschäftigungen ist dem nicht so. Wenn der Mensch krank oder alt oder leidend wird und sein Geschäft nicht mehr treiben kann, muß er Hungers sterben. Das Thorastudium aber bewahrt ihn vor allem Bösen in seiner Jugend und gewährt ihm eine fröhliche Aussicht und eine gute Hoffnung für sein Alter. In der Jugend heißt es von ihm: „Die auf Gott vertrauen, erneuern ihre Kraft" (Jes. 10, 31), und im Alter: „Noch sind sie lebensfrisch im höchsten Greisenalter" (Ps. 92, 15).

IV. Aus der Ordnung Nesikin (vgl. oben S. 190, Anm. 3).

a) Aus dem Traktat Baba mezia c. II.

11. Hat jemand etwas verloren und hat auch sein Vater etwas verloren [und er kann nicht beides gleichzeitig in Sicherheit bringen], so geht sein eigener Verlust vor. Hat sein Vater etwas verloren und auch sein Lehrer etwas verloren [ohne daß er beides gleichzeitig in Sicherheit bringen kann], so geht das

vom Lehrer Verlorene vor; denn sein Vater hat ihn in diese Welt gebracht, sein Lehrer aber, der ihn Weisheit lehrt, bringt ihn zum Leben der zukünftigen Welt. Ist sein Vater ein Gelehrter, so geht der Verlust seines Vaters vor.

b) Aus dem Traktat Sanhedrin c. VI.

2. Ist [der zum Tode verurteilte Verbrecher] nur noch ungefähr zehn Ellen vom Richtplatz entfernt, so spricht man zu ihm: Bekenne Deine Sünden. Es gebührt sich nämlich für jeden, der zum Tode geht, daß er seine Sünden bekenne. Denn wer [vor dem Tode] ein Sündenbekenntnis ablegt, wird der ewigen Seligkeit teilhaftig. So finden wir auch bei Achan, daß Josua zu ihm sprach (Josua 7, 19 f.): „Mein Sohn, gib dem Ewigen, dem Gotte Israels, die Ehre und bekenne ihm Deine Sünde". Da sprach Achan: „Fürwahr, ich habe gesündigt" usw. . . . Weiß einer nun nicht, wie er bekennen soll, so sage man ihm, daß er spreche: „Mein Tod sei eine Sühne für alle meine Sünden".

V. Aus der Ordnung Kodaschim (vgl. oben S. 191, Anm. 1).

Aus dem Traktat Menachot c. XIII.

11. Das Tier=, das Vogel= und das Mehlopfer werden alle drei mit der gleichen Bezeichnung eine Gott wohlgefällige Spende[1]) genannt. Daraus sollst Du lernen, daß es nicht auf das Viel oder Wenig, sondern nur auf die fromme, gottgefällige Gesinnung ankommt.

Unter den vielen Schriften, die sich bloß die Wort= und Sach= erklärung der Mischnah zur Aufgabe machen, sind drei die berühmtesten geworden. Die älteste davon ist die des Rabbi Moses Maimonides, welcher 1204 in Kairo starb. Die zweite stammt von Rabbi Obadja von Bertinoro in Italien, der 1488 nach Palästina ging und Ober= rabiner in Jerusalem wurde. Die dritte hat Jomtob Lipmann Heller=Wallerstein zum Verfasser. Dieser lebte während des dreißig= jährigen Krieges in Prag und Krakau und starb 1654. Die Kommen= tare der letzten beiden Männer sind jeder gewöhnlichen Ausgabe der Mischnah beigedruckt, während der des Maimonides sich in jeder Talmudausgabe findet. Für die Forscher sind alle drei in gleicher Weise ein unentbehrliches Hilfsmittel geworden. Die Mischnah ist von einem Rabbiner der portugiesischen Gemeinde in London[2]) ins Spanische, von dessen Bruder[3]) und später von einem evangelischen Theologen[4]) ins Lateinische und von einem deutschen

---

[1]) אִשֵּׁה רֵיחַ נִיחֹחַ III. M. 1, 9. 13. 17. 2, 2—9.

[2]) Jakob Abendana, starb 1695.

[3]) Isaak Abendana, welcher Lehrer der hebräischen Sprache in Oxford war.

[4]) Wilhelm Surenhuys (Surenhusius). Er übersetzte nicht nur die Misch= nah, sondern auch die Kommentare Maimonides' und Bertinoros ins Lateinische (starb 1698).

Juden[1]) ins Deutsche übersetzt worden. Nach dem Erwachen der jüdi=
schen Wissenschaft im laufenden Jahrhundert ist sie namentlich von
Nachman Krochmal in Brody, Zacharias Frankel in Breslau und
J. H. Weiß in Wien zum Gegenstand wissenschaftlicher Untersuchungen
gemacht worden.

Neben R. Jehudas von allen Schulen anerkannter Mischnah
entstanden in jener Zeit noch andere Sammlungen der Halacha.
Aber auch diese waren von seinem Geiste beeinflußt und nach seinem
Sinne angelegt. Alle Überlieferungen, die Rabbi nicht für maßgebend
genug hielt, um sie in die Mischnah aufzunehmen, oder die er darin
bereits angedeutet glaubte, trug man unter dem Namen Tosefta,
d. h. Zusatz[2]), nach seiner Disposition zusammen. So benützte man
das Gerüst, das er aufgestellt hatte, zum Aufbau desjenigen halachischen
Materials, das er ausgeschlossen hatte.

Über dem Studium des mündlichen Gesetzes vernachlässigte jene
Zeit nicht die Beschäftigung mit der schriftlichen Lehre. Als Ertrag
dieses Fleißes bestanden damals bereits Übersetzungen[3]) der Thora
und anderer Bücher der heiligen Schrift in die aramäische Volks=
sprache. Sie waren aus dem Bedürfnis, die üblichen Bibel=Vor=
lesungen beim öffentlichen Gottesdienst für die große Masse der Teil=
nehmer verständlich zu erhalten, entsprungen und wurden darum in
den verschiedenen aramäischen Dialekten, deren sich damals die
palästinensischen und die babylonischen Juden bedienten, abgefaßt.
Von den auf unsere Zeit gekommenen Pentateuch=Übersetzungen wird
diejenige, welche ihrer Mundart nach für die Juden des heiligen
Landes bestimmt war, dem Jonathan ben Usiël, einem Schüler
Hillels, zugeschrieben, während die im babylonischen Dialekt bearbeitete
den Namen des Proselyten Aquila (in der aramäischen Form dieses
Namens: Onkelos), und zwar ohne geschichtlichen Grund, an der
Spitze trägt. Wie außerdem, besonders von den Schülern Rabbi
Akibas, das schriftliche und mündliche Gesetz in unmittelbaren Zu=
sammenhang gebracht wurden, haben wir bereits gesehen[4]). Dadurch

---

[1]) Dem Geschichtsschreiber Markus Jost (starb 1860 in Frankfurt a. M.)
Eine neue Übersetzung von Sammter, Baneth, Hoffmann und Petuchowski ist
gegenwärtig im Erscheinen begriffen.

[2]) אתפסות „Zusatz". Man nannte sie auch אתיירב, d. h. die außerhalb
der anerkannten Mischnah gelassene, die externe Überlieferung.

[3]) םימוגרת.　　　　[4]) S. 181 f.

daß man der Reihe nach an jedes Wort des heiligen Textes die mündlichen Überlieferungen, die dazu gehören, anknüpfte, entstanden die halachischen Sammelwerke Mechilta, Sifra und Sifre.

Mischnah, Tosefta, Targum, Mechilta, Sifra und Sifre sind die reifen Früchte der ein Jahrtausend füllenden Geistesarbeit, welche die Soferim seit Esra begonnen hatten und die Tannaiten im Zeitalter Rabbis abschlossen. Mehr als dreihundert Gelehrte, die an diesen Werken sich beteiligt haben, werden in den verschiedenen Schriften als Träger der Überlieferungen namentlich angeführt. In der Persönlichkeit des Rabbi Jehuda ha-Naßi aber erblickten schon seine Zeitgenossen einen Markstein in der Entwickelungsgeschichte des Judentums. Als der greise Patriarch, über siebzig Jahre alt, zum Sterben kam (um 200) und mit weisen Verordnungen auf den Lippen von seinen Kindern und Schülern Abschied nahm, da drängte sich alles Volk wehklagend nach Sepphoris und konnte es nicht fassen, daß der Tod seine Hand auch an diesen Herrlichen legen sollte. Man drohte denjenigen zu töten, der den Tod des Meisters verkündete. Da trat ein Schüler verhüllten Hauptes und mit zerrissenen Kleidern unter die Menge und sprach: „Die Engel und die Sterblichen rangen um die Bundeslade, und die Engel haben obgesiegt." „So ist er tot?" rief das Volk, und der Schüler sprach: „Ihr habt's gesagt."

Zweiter Abschnitt

Vom Abschluß der Mischnah bis zum Abschluß der Gemara. Die Amoraim.
(200—500).

Erstes Kapitel
Die Nachblüte der Lehrhäuser im heiligen Lande.
(200—280)

Die hohe Blütezeit, welche die Gelehrsamkeit im heiligen Lande in den Tagen Rabbis erlebte, schwand nicht rasch und spurlos dahin. Sie zeitigte vielmehr eine herrliche und ertragreiche Nachblüte. Die Grundlage für die Geistesarbeit des neuen Zeitabschnittes wurde jetzt die Mischnah. Man erklärte und besprach sie und nannte die Weisen, welche über sie redeten, Amoräer[1]).

In unangefochtenem Ansehen blieben nach wie vor die Patriarchen. Der Glanz, welchen die gewaltige Persönlichkeit Rabbis dem Patriarchat verliehen, umstrahlte die Häupter seiner nächsten Nachfolger in dieser Würde. Die ererbte Herrlichkeit zierte durch eigene Tugenden besonders Rabbis gleichnamiger Enkel, Rabbi Jehuda II., den die Zeitgenossen ebenfalls durch den Beinamen Nessia (Fürst[2]) ehrten. Er erfreute sich der besonderen Gunst eines Kaisers aus dem Hause der Antoninen, wahrscheinlich des Alexander Severus, der aus Syrien stammend, jüdischen Sitten und Anschauungen in hohem Maße zugeneigt war. Er wies mit Vorliebe die Heiden seiner Umgebung auf die jüdischen und christlichen Sittenlehren hin und schmückte selbst seine öffentlichen Bauten mit Hillels Kernspruch: „Was dir verhaßt ist, das tue deinem Nächsten nicht." So wurde seine Regierung eine Zeit glücklicher Freiheit und Rechtsgleichheit für die Juden.

Um jene Zeit verlegte der Patriarch das Synhedrium nach dem einst als unrein verachteten[3]), aber höchst anmutig gelegenen Tiberias, so daß diese Stadt von jetzt ab der Sitz der Schriftgelehrsamkeit wurde. Sein ausgebreitetes Wissen, die trefflichen Eigenschaften seines Charakters, sein Reichtum und die Gnadenbeweise, mit denen der Kaiser ihn auszeichnete, schufen ihm hier eine vornehme und einflußreiche Stellung, die nahezu an die seines großen Ahnen hinanreichte. Als ihn der Tod seinem weiten Wirkungkreise entriß, rief sein Heimgang überall großen Schmerz und allgemeine Trauer hervor. Jedermann klagte um ihn wie um einen Blutsverwandten und selbst Nachkommen Aharons entweihten wider das Gesetz die ihnen vorgeschriebene Reinheit an seiner Bahre.

Neben dem großen Patriarchen lebten Gelehrte von ausgezeichnetem Rufe, die an der Spitze von zahlreich besuchten Lehrhäusern standen. Sie sahen zu ihren Füßen Schüler nicht nur aus der Heimat, sondern auch aus dem fernen Babylon, woselbst inzwischen die Schriftgelehrsamkeit hoffnungsvoll erblüht war. Allen voran stand während dieser ganzen Zeit Rabbi Jochanan.

---

[1]) אַמֹרָאִים.

[2]) נְשִׂיאָה (aram. = hebr. נָשִׂיא.)

[3]) S. 123.

Früh verwaist, verwandte er seinen ganzen Fleiß und Eifer auf das Studium des Gesetzes und erwarb sich schon in der Jugend einen berühmten Namen. Er war ein Schüler Rabbis und verehrte seinen Meister so hoch, daß seine Mischnah ihm bereits als der unantastbare Ausdruck der geheiligten väterlichen Überlieferung erschien. Dabei erschöpfte sich für ihn das Wesen der Religion nicht in dem Begriff des starren und unbeugsamen Gesetzes. Er drang vielmehr mit Nachdruck auf selbstbewußte Sittlichkeit und Tugend, wie er sie in seinem eigenen Leben zur Erscheinung brachte. Für sein allem Schönen und Guten zugewandtes Herz war selbst die nichtjüdische Kultur ein Quell der Bildung und Veredelung. Dafür zeugt sein treffliches Wort: „Für den Mantel, welchen einst Sem und Japhet ihrem Vater Noah gereicht [1]), erhielt Sem den Mantel mit den Schaufäden und Japhet, der Stammvater der Helenen, den Philosophenmantel zum Lohne."

Auch durch körperliche Vorzüge überragte Rabbi Jochanan seine Zeitgenossen. Seine Schönheit wird uns mit dichterischer Überschwenglichkeit gepriesen. „Er sei allein übrig geblieben von den Schönen Jerusalems", heißt es von ihm. „Wer eine Anschauung von der Schönheit Rabbi Jochanans gewinnen wolle, der nehme einen silbernen Pokal, wie er noch glühend aus dem Gusse kommt, und fülle ihn mit purpurnen Granatblüten, umwinde seinen Rand mit einem purpurroten Rosenkranze und stelle ihn zwischen Sonne und Schatten — die Strahlen, die er werfe, seien ein schwaches Abbild von der Schönheit Rabbi Jochanans. Einen kranken Genossen besuchte er einst und fand ihn in einem dunklen Gemache. Da entblößte er seinen Arm, und Lichtstrahlen fielen in das Zimmer, und er bemerkte, daß der Freund auf dem Schmerzenslager weinte. Er weinte über soviel Schönheit, die sich einst in Staub auflösen sollte." Sein äußerer Lebensgang war bei alledem nicht ein glücklicher. Nachdem er nacheinander zehn hoffnungsvolle Söhne verloren hatte, stand er im Alter so einsam und verwaist da, wie in seiner frühen Jugend.

Seine milde und liebenswürdige Persönlichkeit wurde glücklich durch seinen Freund und Schwager, Rabbi Simon ben Lakisch, ergänzt. Frühzeitig in der Lehre unterrichtet und bewandert, ergriff er später das rauhe Kriegshandwerk. Er besaß so ungewöhnliche

---

[1]) I, M. 9, 23.

Körperkräfte, daß allerlei sagenhafte Erzählungen von seiner Kraft und Stärke in Umlauf waren. Als ihm aber Rabbi Jochanan seine schöne Schwester zum Weibe gab, wandte er sich von neuem mit Fleiß und Eifer ganz dem Studium des Gesetzes zu und wurde auf dem friedlichen Kampfplatz der Meinungen ein äußerst scharfsinniger und gewandter Verteidiger seiner Ansichten. Von seinem früheren Berufe war ihm Mut und Furchtlosigkeit geblieben, sodaß er mit Unerschrockenheit den Gegner angriff und mit Heftigkeit die eigene Stellung selbst dem hochangesehenen Patriarchen Rabbi Jehuda Nessia gegenüber verfocht. Besonders rücksichtslos verurteilte er den überhand nehmenden Mißbrauch, daß der Vorsitzende des Synhedriums auf die äußere Machtentfaltung seiner Würde und auf die Mehrung seines Einkommens einen großen Wert legte.

Um das Jahr 280 starben mit diesen beiden Männern die größten Amoräer Palästinas. Eine große Fülle ihrer Aussprüche ist verbreitet, und immer wieder kommen die Zeitgenossen und die späteren Geschlechter auf ihre als maßgebend anerkannten Erklärungen und Meinungen zurück.

Zweites Kapitel

Der Verfall des Patriarchates. Hillel II.
(280—375)

Nach dem Tode Rabbi Jochanans und seines Schwagers Rabbi Simon ben Lakisch verloren die Schulen von Sepphoris und Tiberias immer mehr an Einfluß und Bedeutung. Zwar lehrten in den alten Säulengängen, die in der ehemaligen Residenz des Herodes Antipas an den längst versunkenen Prunk der herodäischen Zeit erinnerten, noch Männer wie Rabbi Ammi und Rabbi Assi, die sich eines hohen und berechtigten Ansehens erfreuten. Aber selbst diese beugten sich bereits vor dem Urteil der berühmteren Schulhäupter von Sura und Pumbeditha in Babylonien. In diesen Euphratstädten erschloß sich damals die Weisheit zu immer herrlicherer Blüte, während sie am Jordan langsam dahinwelkte. In Babylonien erzeugte sie lebensvolle Taten, während sie in Palästina zu glänzenden Erinnerungen an die Vergangenheit zusammenschrumpfte. Wohl zog heilige Sehnsucht noch immer babylonische Jünglinge zu den Lehrern des Mutterlandes. Stammten doch selbst Rabbi Ammi und Rabbi

Assi, die Häupter des Lehrhauses von Tiberias, von dorther. Aber die wahre Heimat der Forschung war fortan Babylonien.

Das Patriarchat, welches immerhin ein sichtbares Panier der Zerstreuten blieb, vermochte den Verfall der Schulen des heiligen Landes nicht aufzuhalten. Die nächsten Nachfolger Rabbi Jehudas II. waren wissenschaftlich so unbedeutend, daß sie sich in allen Stücken willig der überlegenen Ansicht der Amoräer unterwarfen. Mit Eifersucht wachten sie jedoch über den äußeren Glanz ihrer Würde und bemühten sich, sie in jeder Weise zu erhöhen, gleichsam als wollten sie ihre absterbende Herrlichkeit noch einmal schmücken, ehe sie ins Grab der Zeit versänke. Darum trugen sie mit Stolz die vornehmen Titel[1], mit denen das sinkende Römerreich sie gleich den ersten Staatsbeamten schmückte, umgaben sich mit einer Leibgarde und ließen die Abgaben, die ihnen einst freiwillig zugeführt wurden, durch ihre Sklaven gewaltsam eintreiben. Sie erlebten sogar die Genugtuung, ihr Amt als ein obrigkeitliches selbst vom Staate gesetzlich anerkannt zu sehen. Durch das Edikt von Mailand (März 313) gewährleistete Constantin, den nachmals die dankbare Kirche den Großen genannt hat, allen Religionen des römischen Weltreiches volle und unbedingte Rechtsgleichheit und stellte die jüdischen und christlichen Religionsbehörden in allen Stücken den heidnischen gleich.

Freilich erfuhr die Duldsamkeit ein schnelles und jähes Ende, sobald der Kaiser sich endgiltig unter das Zeichen des Kreuzes gebeugt hatte. Die Kirche, die den Kaiser unterworfen hatte, steckte sich bald das gewaltige Ziel, auch die Bewohner des Weltreiches, ja die gesamte Menschheit ihren Lehren untertan zu machen. Die rücksichtslose Anwendung der ihr nunmehr zur Verfügung stehenden weltlichen Machtmittel sollte ihr dieses mit bewunderungswürdiger Ausdauer und staunenswertem Eifer verfolgte Ideal verwirklichen helfen. Kaum war daher das Christentum aus einer geduldeten zur herrschenden Religion geworden, als es die Duldung, für die das Blut seiner eigenen edlen Glaubenszeugen geflossen war, allen Nichtchristen verweigerte. Still und allmählich brachte es den im heidnischen Altertum unerhörten Satz, daß der Besitz der bürgerlichen und staats-

---

[1] „Viri clarissimi, spectabiles, illustres" wurden sie genannt. Letzterer Ehrenname gebührte den Hofbeamten, die den ersten Rang nach dem Kaiser einnahmen.

bürgerlichen Rechte von der Unterwerfung unter gewisse Glaubens=
sätze abhängig sei, zur allgemeinen Anerkennung. Es unterdrückte
den Götzendienst der Heiden als verdammlichen Aberglauben und
Unglauben und zerriß auf der ersten allgemeinen Kirchenversammlung
zu Nicäa (325) die letzten Fäden, die es organisch mit dem Juden=
tum verknüpften. Da die Kirche entschlossen war, das Judentum bei
lebendigem Leibe zu beerben und die göttlichen Verheißungen, die
tatsächlich nur dem Volke Israel gegeben worden waren, auf die
aus den Heiden gebildete Gemeinde der Gläubigen zu beziehen, so
mußte sie das Judentum für geistig und sittlich tot erklären. Seit
damals gilt es als offizielle Kirchenlehre und ist es bis zur Stunde
geblieben, daß die Juden von dem Gotte ihrer Väter verworfen
seien, weil sie die Unterwerfung unter die christlichen Glaubenssätze
abgelehnt hätten. Dieser Grundsatz war der Urquell des Elends
und des Unrechts, welches anderthalb Jahrtausende hindurch über
friedliche und glaubenstreue Menschen heraufbeschworen wurde. Es
ist nicht glaublich, daß die Kirche von Anfang an, mit Absicht
solchen unendlichen Jammer über die Juden habe bringen wollen;
aber es ist wahr, daß es Jahrhunderte gegeben hat, in denen sie vor
den unseligen und entsetzlichen Folgen dieser Anschauung nicht zurück=
gebebt hat. Das angeblich selbst verschuldete Elend der Verworfenen
war ihr in erster Linie nur ein Mittel, um den Glauben und das
Hochgefühl der neu bekehrten Heiden zu heben und zu stärken. Die
Juden allerdings empfanden dabei nur die Bitternis der verachteten
Ausnahmestellung, in die sie gedrängt wurden, und die völlige Wehr=
losigkeit gegen die Maßregeln, die sie über sich verhängt sahen. Um
ihnen jede Hoffnung auf die Erlösung, die sie erwarteten, zu rauben,
erneuerte Constantin das hadrianische Gesetz, das ihnen den Aufenthalt
in der heiligen Stadt verbot. Selbst die freie Ausübung der religiösen
Gebote ließ er nicht mehr unangefochten und gab damit ein ver=
hängnisvolles Beispiel für die Zukunft. Die Welt mit christlichen
Gedanken und Gesinnungen zu erfüllen, galt der Kirche als ihre
heiligste Aufgabe. Daher nahm sie die Ausbreitung religiöser Lehren
als ein ihr allein zustehendes Vorrecht in Anspruch. Zum Schutz
und zur Verteidigung dieses Vorrechtes lieh ihr der Staat seine ge=
waltige Hand und fing an, die Juden in der Freiheit ihrer religiösen
Handlungen an dem einzigen Punkte zu bedrohen, an dem das gött=

liche Gesetz [1]) ihnen eine beschränkte Propaganda für den Glauben der Väter zur Pflicht machte. Das eigentliche religiöse Leben inner=halb der jüdischen Glaubensgemeinschaft blieb von der neuen An=ordnung freilich vorläufig unberührt. Aber es war ein durchaus gewalttätiger Eingriff in das rechtmäßig erworbene Privateigentum, wenn der Staat, der den Besitz von Sklaven gestattete und beschützte, die Sklaven, welche ein Jude erwarb und in den Bund Abrahams aufnahm, für frei erklärte. Denn die Juden befanden sich im Besitz des römischen Bürgerrechts und durften darum keinerlei Ausnahme=gesetzen unterworfen werden.

Auf der einmal beschrittenen Bahn des Unrechts gingen die Nachfolger Constantins allgemach vorwärts. Um die gesellschaft=liche Gleichstellung der Juden zu untergraben, bedrohte schon Constantius, der brudermörderische Sohn des großen Constantin, die eheliche Gemeinschaft zwischen Juden und Christen mit Todes=strafe. Dieselbe harte Strafe verhieß der Kaiser den Juden für den Besitz eines getauften Sklaven und gab dadurch der verachtetsten Menschenklasse des damaligen römischen Reiches das Mittel in die Hand, ihre jüdischen Herren wirtschaftlich zu Grunde zu richten (339). Dazu kam, daß die Juden mit harten Steuern und Auflagen be=drückt wurden.

Diese jammervollen Zustände beunruhigten die Gemüter, störten den für jede geistige Beschäftigung unentbehrlichen Seelenfrieden und trieben die Schüler von Palästina nach dem freieren Babylon. Noch trauriger wurde es im heiligen Lande, als der Mitkaiser des Constantius gegen die Perser kämpfte. Sein Feldherr Ursicinus drückte die Juden daselbst mit starker Einquartierung, zwang sie, am Sabbath für seine Legionen Brot zu backen und ihnen am Passahfeste Gesäuertes zu liefern. Während der jahrelang andauernden Kriegswirren wurden namentlich die Schwierigkeiten, die sich der Verkündigung des Neu=monds und der Feste durch Sendboten an die in den Euphratländern wohnenden Glaubensgenossen entgegenstellten, immer unüberwindlicher.

Darum veröffentlichte damals (etwa 360) der Patriarch Hillel II. die durch geniale Einfachheit ausgezeichneten Regeln, die noch heute die Grundlage des jüdischen Festkalenders bilden. Danach ist das jüdische Festjahr ein gebundenes Mondjahr, das nicht nur den Um=

---

[1]) I. Mos. 17, 13.

lauf des Mondes um die Erde, sondern auch die Drehung der Erde um die Sonne zu berücksichtigen hat. Der Dauer eines Monats liegt die synodische Umlaufszeit des Mondes um die Erde zu Grunde. Diese Umlaufszeit wird auf 29 Tage 12 Stunden 44 $\frac{1}{18}$ Minuten[1]) festgesetzt. Daher erhält ein Mondjahr die durchschnittliche Länge von 354 Tagen[2]). Da aber nach biblischer Vorschrift die Festtage an gewisse Jahreszeiten[3]) gebunden sind, so muß auch der Lauf der Sonne bei der Ordnung des Festjahres in Anschlag gebracht werden. Das Sonnenjahr wird dabei nach der Julianischen Zeitrechnung zu 365 Tagen und 6 Stunden angenommen. Der alljährlich etwa elftägige Über= schuß des Sonnenjahres wächst in 19 Jahren zu beinahe 210 Tagen oder sieben dreißigtägigen Monaten an. Darum wird der Ausgleich zwischen dem Mond= und Sonnenjahr dadurch hergestellt, daß von je neunzehn auf einander folgenden Mondjahren sieben zu dreizehn= monatlichen Schaltjahren[4]) gemacht werden, während die übrigen zwölf Jahre eine Anzahl von je zwölf Monaten behalten. Die Jahre beginnen mit dem Monat Tischri, an dessen Anfang das Neujahrsfest gefeiert wird, die Monate nach biblischer Anordnung[5]) mit dem Nissan, dem Monat des Auszuges aus Ägypten. Die Monate haben abwechselnd 30 und 29 Tage. Der stets dreißigtägige Schaltmonat ist nicht der dreizehnte, sondern der zwölfte des Schalt= jahres (der sogenannte erste Adar). Nur die Monate Marcheschwan und Kislew können bald 29, bald 30 Tage haben, wodurch je drei Arten von Gemeinjahren (zu 353, 354 und 355 Tagen) und von Schaltjahren (zu 383, 384 und 385 Tagen) entstehen.

Seit der Bekanntmachung dieser Grundzüge des Kalenderwesens hängt die Übereinstimmung in der Feier der heiligen Zeiten nicht mehr von der unmittelbaren Beobachtung des Mondlaufes ab, sondern

---

[1]) Im jüdischen Kalender wird die Stunde in 1080 Teile (חֲלָקִים) ein-geteilt, weil die Zahl 1080 durch 2, 3, 4, 5, 6, 8, 9 usw. teilbar ist. Achtzehn solcher Teile sind eine Minute. Ein Mondumlauf dauert danach 29 $\frac{1}{2}$ Tag und 793 Teile oder 44 Min. 3 $\frac{1}{3}$ Sek. (= כ״ט י״ב תשצ״ג).

[2]) Genau: 354 Tage, 8 Stunden, 876 Teile (= 48 Minuten, 40 Sekunden) (ד׳ ה׳ תתע״ו).

[3]) II. M. 13, 4. 23, 15 f. 34, 18. 22. V. M. 16, 1.

[4]) Nämlich das 3, 6, 8, 11, 14, 17 und 19. eines Mondcyklus (גו״ח אדז״ט = מָחֲזוֹר קָטָן).

[5]) II. M. 12, 2.

von einer einfachen Berechnung, die jeder Israelit ohne große Schwierigkeit handhaben kann. Durch Beschluß des Synhedriums wurden die zweiten Festtage, welche die Glaubensgenossen außerhalb des heiligen Landes seit Jahrhunderten wegen der Unbestimmtheit der Zeitrechnung feierten, zur dauernden Erinnerung an die frommen Sitten der Väter beibehalten.

Die schlimmen Zeitläufe, welche den Verzicht des Patriarchen auf sein wichtiges Vorrecht hervorgerufen hatten, wichen bald darauf wenigstens vorübergehend freundlicheren Zuständen. Es saß, leider nur zu kurze Zeit, ein Held und Philosoph auf dem Kaiserthrone, der durch seinen sittenstrengen Charakter, seine humane Denkweise und seine seltene klassische Bildung hoch über seinen Vorgängern und Nach= folgern stand und von vielen seiner Zeitgenossen nicht mit Unrecht als einer der größten Männer seines Jahrhunderts gepriesen wurde. Julianus, den die Weltgeschichte nach dem Vorgang der Kirchen= väter den Abtrünnigen (Apostata) nennt, wandte sich nämlich un= mittelbar nach seinem Regierungsantritt von den christlichen Lehren, in denen er erzogen war, ab und mit ganzer Seele der heiteren griechischen Lebensanschauung zu. Er wollte die mit dem wachsenden Einfluß zunehmende Verfolgungssucht der Kirche unterdrücken und ward aus diesem Grunde ein freundlicher Beschützer der Heiden und Juden. Seiner persönlichen religiösen Anschauung stand der Gott Israels, wie er ihn aus der heiligen Schrift kannte, und die Weise der Gottesverehrung durch blutige Schlachtopfer, wie er sie selbst freilich nach heidnischer Weise pflegte, viel näher als der christliche Gottesdienst seiner Zeit, und er beschloß darum den Juden zu helfen, ihren Tempel und die heilige Opferstätte wiederherzustellen. Allein es fehlte den Gläubigen nach den bitteren Erfahrungen, die sie wieder= holt unter römischer Herrschaft gemacht hatten, an der Zuversicht, daß ihnen das verheißene Heil von Rom aus kommen könne. Je mehr in den Jahrhunderten, seitdem die Römer das jüdisch=nationale Selbstbewußtsein gewaltsam und systematisch zu ertöten strebten, das Vertrauen auf die eigene Kraft bei den Juden abgenommen hatte, desto überschwenglicher waren die Erwartungen auf die von den Propheten verkündigten wunderbaren Wahrzeichen beim Erscheinen des Erlösers angewachsen. Die Wiederherstellung des Tempels ohne den ver= heißenen Gesalbten aus davidischem Geblüt erschien den Zeitgenossen als eine bare Ungereimtheit, und die schwunglose, nüchterne Weise,

in der das ganze Unternehmen, bei dem es ebensosehr auf die
Kränkung der christlichen wie auf die Erfüllung der jüdischen Hoffnungen abgesehen war, begonnen und betrieben wurde, war nicht geeignet, die Gemüter des erschlafften Geschlechtes für die nationale
Wiedergeburt zu begeistern und zu entflammen.   Man erzählt, daß
beim Umgraben der alten Trümmer aus den unterirdischen Hohl-
räumen, die sich im Unterbau des Tempels befanden, Feuerflammen
emporgelodert seien, die etlichen Arbeitern das Leben geraubt hätten.
Wahrscheinlich entzündeten sich die beim Aufreißen des Grundbaues
plötzlich frei gewordenen gefährlichen Gase, die sich daselbst an-
gesammelt hatten, in der athmosphärischen Luft.   Wie dem auch sei
— die Bauleute, von Schrecken vor dem nicht unüberwindlichen
Hindernis ergriffen, wagten nicht das Werk fortzusetzen und erwarteten
neue Verhaltungsbefehle des Kaisers, dem die Vorgänge gemeldet
wurden.   Diesen aber ereilte bald darauf auf dem Feldzuge gegen
die Perser ein vorzeitiger Tod, und die Juden waren seelenfroh, daß
die nächsten römischen Kaiser nicht sofort zu den harten Verordnungen
des Constantius zurückkehrten und den Nachfolgern Hillels II.
wenigstens die Freude gönnten, weiter mit dem leeren Flitter ihrer
einstigen Macht zu prunken.

Wichtigere Sorgen, als die um religiöse Händel, nahmen damals
die ganze Aufmerksamkeit der Cäsaren in Anspruch.   Es brachen die
Völkerstürme herein, welche den ganzen römischen Erdkreis in seinen
Grundfesten erschütterten (375).   Wilde Horden drangen von Norden
und Osten in die zivilisierte Welt und rissen mit elementarer Gewalt
alles nieder, was Kultur und Gesittung bisher geschaffen hatte.
Nahezu in allen römischen Provinzen, in denen die Barbaren sich
als Herrscher ansiedelten, fanden sie bereits jüdische Einwohner vor.
Bildeten die Juden doch schon vor Beginn der christlichen Zeitrechnung in Italien, später auch im südlichen Gallien und auf
der pyrenäischen Halbinsel selbständige und mitunter nicht un-
beträchtliche Gemeinden.   Selbst im römischen Germanien, zu
Köln am Rhein, gab es zu Anfang des 4. Jahrhunderts[1]) eine
zahlreiche jüdische Niederlassung mit wohl geordneter Verwaltung.

---

[1]) Am 11. Dezember 321 verordnete Kaiser Constantin, daß von den
Kölner Juden je zwei bis drei von der lästigen Pflicht, städtische Ämter zu be-
kleiden, befreit sein sollten. Dieses Dekret ist die erste urkundlich beglaubigte
Nachricht vom Aufenthalt der Juden in Deutschland.

Überall waren fie in Handel und Wandel und in der Ausübung aller Rechte der übrigen Bevölkerung gleichgeftellt. Auch die neuen Herren führten hierin eine Änderung vorläufig nicht herbei und ließen ihre Gerechtfame völlig ungefchmälert. Vor den Augen von ganz Ifrael aber ging damals buchftäblich das Prophetenwort in Erfüllung: „Es wanket die Erde wie ein Trunkener und fchwankt wie eine Wächterhütte. Es laftet eine fchwere Schuld auf ihr; fie fällt und fteht nicht wieder auf, und der Herr ahndet an jenem Tage an den Scharen der Höhe in der Höhe und an den Königen der Erde auf der Erde[1].“

Drittes Kapitel

Der Verfall der Lehrhäufer des heiligen Landes. Abfchluß des jerufalemifchen Talmud.
(375—450)

Die Angft und Furcht, welche die Bewohner des Erdballs beim Anbruch der Völkerwanderung erbleichen machte, rief befonders bei den wehrlofen Juden Beftürzung und Verwirrung hervor. Wenn das Römerreich zerfiel, wurde das ohnehin längft gelockerte äußere Band, das die zerfprengten Glieder der Glaubensgemeinfchaft dürftig genug zufammenhielt, augenfcheinlich ganz und gar zerftört. Dazu kamen die unabläffigen Bemühungen der Kirchenlehrer, den inneren Verfall und die Zerfetzung des ihnen verhaßten Lehrgebäudes zu be- fchleunigen. Schon war die Plünderung und Zerftörung jüdifcher Bethäufer keine Seltenheit mehr, und die wiederholten kaiferlichen Gefetze, die zum Schutze diefer Andachtsftätten gegeben wurden, be- weifen, am fchlagendften, wie wirkungslos jene Verordnungen zu fein pflegten. Noch verbürgte Theodofius der Große (379—395) den Patriarchen das Recht, die inneren jüdifchen Angelegenheiten ohne Einmifchung der Obrigkeit nach freiem Ermeffen zu ordnen. Allein unermüdlich ließen die Bifchöfe die jüdifchen Gemeinde-Vorfteher durch das weltliche Gericht zwingen, abtrünnige Juden, die vom Leben mit der Religionsgemeinde durch den Bann ausgefchloffen waren, in die Gemeinfchaft wieder aufzunehmen. Sie wünfchten eben, daß durch den erzwungenen Verkehr mit den irrgläubigen Verächtern der väterlichen Gefetze diejenigen, welche treu fefthielten an den

[1] Jef. 24, 21.

heiligen Überlieferungen, zum Irrtum und Abfall verleitet werden
möchten.

Besonderen Eifer gegen das Judentum betätigten Johannes
Chrysostomus (starb 407) von Antiochien und Ambrosius von
Mailand (starb 397), welche die Kirche heilig gesprochen und für
Säulen ihrer Lehre erklärt hat. Beide Männer waren überzeugt von
der Göttlichkeit ihrer Aufgabe, den Glauben, den sie für den allein
heilbringenden ansahen, zu verbreiten und die Ketzerei und den Unglauben zu vertilgen. Den Zorn des antiochenischen Kirchenfürsten
reizte namentlich die in seiner Hauptgemeinde täglich zunehmende
Sitte, daß edle Männer und Frauen unter den Christen sich mit
Vorliebe zu den jüdischen Gottesdiensten drängten und sich freiwillig
den weihevollen Gebräuchen der Juden unterwarfen, und er befreite
sein über solche Schmach erbittertes Gemüt, indem er mit zündender
Beredsamkeit als Kanzelredner und mit fanatischem Eifer als Schriftsteller gegen die Juden auftrat. Denselben Geist der Unduldsamkeit,
den Chrysostomus im Osten des Weltkreises zu verbreiten strebte,
nährte gleichzeitig im Westen des Erdkreises sein Zeit- und Amtsgenosse Ambrosius. Als er in Mailand erfuhr, daß im fernen
Mesopotamien ein Bischof, der eine Synagoge zerstört hatte, vom
Kaiser Theodosius genötigt werden sollte, diese wiederherstellen zu
lassen, ließ er nicht ab, den Kaiser zu bitten und zu beschwören,
daß er die verheerte Stätte der Gottlosigkeit wüst und öde lasse, und
setzte es durch, daß der Befehl zum Aufbau des Gotteshauses widerrufen wurde. So trug der einseitige Glaubenseifer jener Zeit selbst
über den geraden Sinn für staatliches Recht und gesellschaftliche
Ordnung, der im Geist des Theodosius noch lebendig war, den
Sieg davon, ja dieser durch Besonnenheit und Gerechtigkeitsliebe ausgezeichnete Herrscher ließ sich sogar zur Vermehrung des Unrechts
gegen die Ungläubigen drängen und verleiten. Er schärfte das
Sklavengesetz des Constantius von neuem ein und nahm den Juden
das Vorrecht, daß sie bisher besessen hatten, von der lästigen Bürde
städtischer Ämter frei zu bleiben. Der Haß und die Vorwürfe der
Mitbürger gegen die Träger jener Ehrenstellen und die häufig unerschwinglichen Auslagen, die von ihnen für den Staat zu leisten
waren, bewirkten ohnehin, daß alle edlen und achtbaren Bürger sich
der Pflicht zu entziehen suchten, derartige Posten zu bekleiden. Den
Juden war die Verbindlichkeit zu deren Übernahme von früheren

Kaisern darum erlassen worden, weil das Amt sie häufig in die Zwangslage versetzte, wichtige Vorschriften ihrer Religion verletzen zu müssen. Eine solche billige Rücksicht sollten sie nach dem neuen Gesetz nicht mehr beanspruchen dürfen.

Angesichts des wachsenden Druckes und der allgemeinen traurigen und unsicheren Zeitlage empfanden die Lehrer und Führer Israels den lebhaften Drang, alle Geistesschätze, die sie besaßen, zu sammeln, um sie aus dem drohenden Umsturz zu retten. Sie trugen fleißig und eifrig alles zusammen, was in den letzten Jahrhunderten aus der Mischnah geschöpft und im Anschluß an dieselbe geforscht worden war. Diese abschließende Deutung des mündlichen Gesetzes nennt man Gemara. Die Mischnah und Gemara bilden zusammen den Talmud. Über Zahl und Namen der palästinensischen Sammler sind nur unzulängliche Nachrichten zu uns gekommen; ihr in jener Zeit vollendetes Werk heißt der jerusalemische Talmud[1]). Er ist ein wahrhafter Spiegel der jammervollen Verhältnisse, unter welchen er entstanden ist. Der gesamte Stoff ist dürftig und lückenhaft und eilig und ohne rechte Vertiefung zusammengetragen. Nur selten werden seine Ergebnisse als maßgebend für das praktische Leben angesehen. Nahezu vollständig ist nur die Gemara zu den ersten vier Ordnungen der Mischnah erhalten, diejenige zur fünften Ordnung ist verloren gegangen und die zur sechsten überhaupt nur für einen Traktat[2]) zusammengestellt worden.

Der jerusalemische Talmud ist wenig studiert und spärlich und selten mit fortlaufenden Erläuterungen versehen worden. Erst dem vorigen Jahrhundert verdanken wir die bekanntesten Erklärungen, die von Moses Margolies und David Fränkel herrühren. Zum Gegenstande wissenschaftlicher Untersuchungen machte ihn in neuester Zeit Zacharias Frankel. Er begann auch einen neuen Kommentar, der aber durch seinen Tod (13. Februar 1875) unvollendet geblieben ist.

Als halachische und haggadische Proben geben wir:

---

[1]) תַּלְמוּד יְרוּשַׁלְמִי.

[2]) Die 1906 und 1909 herausgegebenen weiteren Traktate erweisen sich als eine dreiste Fälschung.

1. Die Erörterung der Gemara zur Mischna Berachot VI, 1 (vgl. oben S. 192).

Mischnah: In welcher Weise dankt man [Gott] für die Früchte? Gemara: In den Psalmen (24, 1) heißt es: „Gottes ist die Erde und ihre Fülle, die Welt und ihre Bewohner". Wer [demnach] von irdischen Gütern sich einen Genuß gönnt, begeht einen Treubruch [gegen Gott], es sei denn, daß die [Beobachtung der göttlichen] Gebote ihn dazu [nämlich zum Genuß] veranlaßt. R. Abbahu sagte: In der Thora (V. M. 22, 9) heißt es: „[Du darfst den Weinberg nicht mit zweierlei Saat bestellen], sonst verfällt der Zuwachs dem Heiligtum, nämlich der Same, den Du aussäest, und der Ertrag des Weinbergs." Die Welt und ihre Fülle ist wie ein solcher Weinberg anzusehen. Zu profanem Gebrauch sind ihre Genüsse nur dadurch gestattet, daß der Name Gottes, als des Urhebers aller Genüsse, dabei gepriesen wird. R. Chiskija berichtete namens R. Jirmejahs, es habe R. Abbun namens des R. Simon b. Lakisch[1]) folgende Bibelstelle als Quelle für die Pflicht, über sinnliche Genüsse einen Segen zu sprechen, angegeben: „Du sprichst zu Gott: mein Gott bist Du, mein Kleinod, nichts geht über Dich" (Pf. 16, 2). Das will sagen: „Sobald Du den Allgütigen als den Geber alles Guten anerkannt hast, dann darfst Du seine Gabe gleichsam als Dein eigenes Kleinod ansehen" . . . . . . R. Chijja lehrte: In der Bibel heißt es (III. M. 19, 24): „Alle Frucht des vierten Jahres [von einem neugepflanzten Baume] sei ein Heiligtum zu Danksagungen dem Ewigen zu Ehren". Da hier von [wenigstens zwei] Danksagungen die Rede ist, so muß sowohl vor als nach dem Genuß ein Segen gesprochen werden. R. Akiba sagte: Hier ist die Quelle für die Pflicht, über die sinnlichen Genüsse, welche die Welt darbietet, einen Segen zu sprechen (Berachot fol. 9d, 10a).

2. Die Erörterung der Gemara zur Mischna Berachot IX, 1 (vgl. oben S. 193).

Mischnah: Beim Anblick eines Ortes u.s.w. (oben S. 193). Gemara: In der Mischna ist nur von Wundern, die ganz Israel geschehen sind, die Rede. Bei Wundern, die irgend einem Privatmann geschehen sind, verrichtet man keinen Dankspruch. Muß nun jemand wegen eines seinem Vater oder seinem Lehrer, oder einem berühmten Mann, wie z. B. dem Joab b. Zerujah[2]), oder einem Glaubenszeugen, wie z. B. Chananja, Mischael und Asarja[3]) welche waren, oder wegen eines einem Stamme Israels geschehenen Wunders ein Dankgebet verrichten? [Antwort:] Nach der Meinung desjenigen, der der Ansicht ist, daß für jeden einzelnen Stamm die Bezeichnung „Gemeinde Israels" gelte, ist das Dankgebet zu verrichten; nach der Meinung desjenigen aber, der diese Ansicht verwirft, nicht. . . . . R. Seïra und R. Jehuda berichteten im Namen Rabs: Ein Dankspruch, in dem Gott nicht ausdrücklich als „Herr der Welt[4])" gepriesen wird, ist kein Dankspruch. Dazu bemerkt R. Tanchuma:

---

[1]) Vgl. oben S. 199 f. — [2]) Er war der Feldherr Davids. — [3]) Daniel 1, 6. 3, 12 ff. — [4]) מֶלֶךְ הָעוֹלָם.

Ich kann den Grund dafür angeben. Heißt es doch [in den Psalmen 145, 1:] „ich will Dich erheben, mein Gott, o König". Rab sagte: Man muß auch in direkter Rede¹) Gott danken. Samuel sagte: Das ist nicht nötig. (Berachot fol. 12 d).

3. Eine von den vielen haggadischen Bemerkungen, die an denselben Gegenstand angeknüpft werden:

R. Tanchuma sagte: Einst fuhr ein Schiff, auf dem sich unter lauter Heiden ein einziges jüdisches Kind befand, auf das große Weltmeer hinaus. Da erhob sich ein gewaltiger Sturm, und jeder nahm sein Götzenbild zur Hand und rief zu ihm, aber es half nichts. Als die Leute sahen, daß alles vergeblich war, sprachen sie zu dem Kinde: „Auf, mein Sohn, rufe zu Deinem Gotte, denn wir haben gehört, daß er allmächtig ist und Euch erhört, so ihr zu ihm rufet". Sofort erhob sich das Kind und schrie von ganzem Herzen zu Gott, und er nahm sein Gebet an, und das Meer ward ruhig. Als sie dann ans Trockene kamen, eilte jeder, seine Bedürfnisse einzukaufen. Nur das Kind stand einsam. Da sagten sie zu ihm: Willst Du nicht auch einkaufen gehen? Es antwortete: Was wollt ihr von mir elendem Fremdling? Da sprachen sie: Du willst ein elender Fremdling sein? Wir andern sind es vielmehr. Die einen von uns haben ihre Götter in Babylon, die andern in Rom, andere wieder haben sie bei sich, und sie können ihnen nicht helfen. Nicht also ist es mit Dir. Überall, wo Du bist, ist Dein Gott bei Dir. Denn so heißt es (V. M. 4, 7): „Denn wo gäbe es ein großes Volk, dem sein Gott so nahe wäre, wie uns der Herr, unser Gott, überall, wo wir zu ihm rufen"? (Berachot fol. 13 b).

4. Eine haggadische Bemerkung zu Makkoth II, 6:

Man fragte die Weisheit: Was ist die Strafe des Sünders? Sie antwortete: „Die Sünde verfolgt das Unheil" (Spr. Sal. 13, 21). Darauf fragte man die Prophetie: Was ist die Strafe des Sünders? Sie sprach: „Die Seele, die gesündigt hat, muß sterben" (Jech. 18, 20). Endlich fragte man Gott: Was ist die Strafe des Sünders? Er antwortete: „Er tue Buße, dann wird ihm vergeben werden". Denn so heißt es in den Psalmen (25, 8): [Gütig und gerecht ist Gott], darum weist er die Sünder auf den Weg", nämlich auf den Weg, Buße zu tun²).

Als der jerusalemische Talmud um das Jahr 450 abgeschlossen wurde, gehörten die Juden des heiligen Landes zum oströmischen Kaiserreich, das um jene Zeit vom gleichnamigen Enkel des großen Theodosius beherrscht wurde. Dieser gutmütige, aber sehr beschränkte Fürst stand infolge seiner einseitigen Erziehung dauernd unter dem blinden Glaubenseifer seiner geistlichen Lehrer. Es war ihm ein

---

¹) בְּקָרָא אָף.

²) Im Anschluß an die Vorschrift, dem unvorsätzlichen Mörder den Weg in die Zufluchtsstätte (V. M. 19, 3) zu ebnen.

Herzensbedürfnis, aller Welt zu zeigen, wie sich alle Flüche der heiligen Schrift an denen erfüllt hätten, die den erschienenen Messias zu leugnen wagten. Darum mußten die Juden elend werden, und er betrachtete es als seine Lebensaufgabe, die in den Herzen der getauften Heiden künstlich erweckte Bitterkeit gegen das Judentum durch Gesetze zu befestigen und den Satz des Apostels: „Gott siehet die Person nicht an, sondern in allerlei Volke, wer ihn fürchtet und recht tut, der ist ihm angenehm[1])", gerade auf die Nachkommen des Stammes, dem der Erlöser mit seinen Jüngern entsprossen war, nicht zur Anwendung kommen zu lassen. Er nahm ihnen die bürgerliche Ehre, nicht etwa weil sie sich als schlechte Bürger erwiesen hatten, sondern weil sie den Glauben der Mehrheit ihrer Mitbürger nicht teilen mochten. Er beschränkte sie in der freien Ausübung der Religion, indem er den Bau neuer Synagogen untersagte. Den Besitz ihrer Sklaven erschwerte er ihnen noch mehr als seine Vorgänger und schloß sie von allen öffentlichen Ämtern mit Ausnahme derjenigen aus, die ihnen selbst als lästig und drückend und ihren Religionsvorschriften hinderlich erschienen. Das Gesetz Theodosius II. vom 31. Januar 439 wurde während der nächsten Jahrtausende in allen christlichen Staaten die Grundlage der den Juden zugedachten verächtlichen Behandlung. Für die Treue gegen seinen Gott empfing der Jude das Schandmal der Ausschließung von den Rechten seiner Mitbürger, denen er weder geistig noch sittlich nachstand. Erst im Jahre 1783, als die vereinigten Staaten von Nordamerika sich die Freiheit erkämpft hatten, ging den Juden das leuchtende Morgenrot ausgleichender und beglückender Gerechtigkeit von neuem auf.

---

[1]) Apostelgeschichte 10, 34 f.

Viertes Kapitel

Entstehung und Entwicklung der babylonischen Lehrhäuser. Rab und Samuel.

(200—257)

Während die Sonne der Wissenschaft in Palästina erbleichte, stieg sie hell und leuchtend über dem Lande auf, das, an der Ost-grenze des römischen Reiches gelegen, stets seinen Legionen Wider-stand geleistet hatte. Am Euphrat und Tigris wußten die Parther und später die Perser ihre Unabhängigkeit zu wahren, und in ihrer Mitte wohnten noch immer in dichten Massen die Nach-kommen jener edlen Geschlechter, die einst Nebukadnezar aus Judäa hierher geführt hatte. In großen Städten, wie Nehardea und Pumbeditha, bildeten sie ausschließlich die Einwohnerschaft und hüteten mit Stolz die Reinheit ihrer altadligen Abkunft. Da sie sich am Ackerbau und an allen Handwerken und Gewerben des fruchtbaren, von kunstvoll angelegten Kanälen durchschnittenen Landes beteiligten, so erfreuten sie sich in Ruhe und Behagen des erworbenen Besitzes. Sie liebten und ehrten die heilige Lehre als ein uraltes Erbe und hingen mit um so größerer Treue dem väterlichen Gesetze an, als sie hier, im Vergleich zu den in die Heimat zurückgekehrten Brüdern, von der Verbindung mit heidnischer Philosophie und Wissenschaft fast gänzlich unberührt blieben. Demgemäß bildeten sich auch jetzt noch wie vor Jahrhunderten nach der Schilderung des Buches Esther „eine Gemeinschaft mit eigenen Sitten und Gesetzen, die verschieden waren von denen der übrigen Bewohner des Landes." An ihrer Spitze stand seit langer Zeit der „Fürst der Verbannten[1])". Ihm hatte man, solange der Tempel stand, die Abgaben für das Heiligtum zu Jerusalem gebracht, und er hatte die reichen Spenden, welche das Volk, seinem Herzen folgend, zusammentrug, in den Schatz des Heiligtums abführen lassen. Gewiß erhob er schon seit langen Jahrhunderten die Steuern der Juden für den Staat und genoß darum hohes Ansehen als Beamter des Königs. Er stand bei Hofe im Range den persischen Großen gleich und umgab sich mit einem gewissen äußeren Glanze. Wahrscheinlich bestritt er die Kosten seines

---

[1]) רֵישׁ גָּלוּתָא, Exilarch).

vornehmen Haushalts mit Hilfe der reichen freiwilligen Geschenke, die nach morgenländischer Sitte jeder wohlhabende Mann mit Freuden zur Verherrlichung seines Fürsten hergab. Die Exilarchen setzten Richter ein und beaufsichtigten nicht nur die Ordnung auf den Märkten, sondern vielleicht auch die Lehrhäuser, die allmählich in Babylonien entstanden, seitdem die harten Verfolgungen, besonders der Vespasianischen und Hadrianischen Zeiten, Scharen von Gelehrten aus dem heiligen Lande hierher getrieben hatten. Sie rühmten sich übrigens, väterlicherseits vom Hause Davids abzustammen, und waren somit in den Augen des Volkes die würdigen Genossen der Patriarchen in Palästina. Waren doch diese Häupter der Geistesaristokratie seit Hillel angeblich in weiblicher Linie Sprößlinge desselben hochverehrten Königshauses.

Bei aller Befriedigung über die harmlos glücklichen Verhältnisse in der Heimat hielten jedoch die babylonischen Juden stets ihren idealen Sinn auf das heilige Land gerichtet. Man schickte dorthin nicht bloß reiche Spenden für das Heiligtum, sondern unternahm auch zu den hohen Festtagen Wallfahrten nach Jerusalem und suchte wenigstens einmal im Leben den heiligen Boden des gelobten Landes auf. Die trefflichsten Männer, die am Jordan dem Studium der heiligen Lehre neue Bahnen wiesen, Esra und Hillel, waren dorthin von den Ufern des Euphrat eingewandert. Und auch nach der Zerstörung des Tempels zogen noch immer, trotz tüchtiger Lehrer in den heimischen Schulen, zahlreiche Jünglinge aus, um bei den großen Tannaiten Palästinas aus dem Quell der Weisheit zu schöpfen. Häufiger als sonst war dies in den Tagen Rabbis der Fall, der alles geistige Leben und Streben seiner Zeit in sich und um sich vereinigte.

Unter seinen babylonischen Schülern ragten damals durch Begabung, Fleiß und Tüchtigkeit namentlich Samuel (c. 160 — 257) und Abba Arecha (c. 175—247) hervor. Ihr jüngerer Zeitgenosse und Mitschüler Rabbi Jochanan, der nachmals ein gefeiertes Schulhaupt im heiligen Lande war, erzählte noch in späteren Jahren mit Begeisterung, daß er selber und mit ihm das gesamte Lehrhaus staunend gelauscht habe, wenn Rabi Jehuda ha-Nassi, der verehrte Meister, und Abba Arecha, der bewunderte Schüler, in edlem Wettstreit das Feuer ihres Geistes leuchten ließen. Als der junge Gelehrte nach der Heimat zurückkehrte, übertrug ihm der mächtige

Resch-Gelutha zuerst das Amt eines Marktmeisters, eine Stellung, in der er sein herrliches Wissen vorläufig wenig verwerten konnte. Aber die amtlichen Reisen, die er zu machen hatte, führten ihn in alle Gegenden seines Vaterlandes und lehrten ihn seine Glaubensgenossen in der ganzen Vielseitigkeit ihrer Anlagen, Lebensanschauungen, Beschäftigungen und Bedürfnisse kennen und verstehen. Mit Betrübnis erfüllte ihn dabei die Wahrnehmung, daß namentlich in dem vom Hauptbezirk entfernteren Landstrichen die Kenntnis und Beobachtung der väterlichen Gesetze in bedenklicher Abnahme, die Verrohung der Sitten aber in drohendem Wachstum begriffen war. Da beschloß er, seinen Brüdern zu helfen. Er lehnte die ihm angebotene Stellung des Schulhauptes zu Nehardea ab und überließ sie seinem dort eingeborenen Freunde Samuel. Er selber aber gründete der Forschung im Gesetze eine neue Heimstätte in dem fernen Sura, in einer Gegend, in der bisher Gottesfurcht und Gelehrsamkeit arg daniedergelegen hatten. In der Nähe dieser Stadt befanden sich auch seine großen Landgüter, deren Einkünfte er zum Unterhalt seiner Schüler verwendete.

Bald vermochte das Lehrhaus die Zahl der zuströmenden Hörer nicht mehr zu fassen. Die Anregung und Belehrung, die hier von den Lippen des Meisters floß, war von so umfassendem Einfluß auf den Gedankenkreis des mit und nach ihm lebenden Geschlechtes, daß mehr als hundert seiner mittelbaren Jünger fast nur über die von ihm besprochenen und untersuchten Gegenstände zu berichten wissen. Besonders beliebt und zahlreich besucht waren die Versammlungen, die er zu allgemeiner Belehrung in den Frühlings- und Herbstmonaten[1]) hielt, die unmittelbar den hohen Festen vorangingen. Aus dem ganzen Lande kamen dann Lehrer und Schüler und alle, die der Beschäftigung mit der heiligen Lehre Liebe, Verständnis und Ehrfurcht entgegen brachten, in Sura zusammen und nahmen mit Begeisterung an den Vorträgen und Verhandlungen über religiöse Gegenstände teil, die mit den nächsten Feiertagen in Verbindung standen. Acht Tage vor dem Feste hielt der Meister jedesmal noch außerdem vor versammeltem Volke einen öffentlichen Vortrag, in welchem er die ungelehrten Männer und Frauen mit den religiösen Vorschriften über die bevorstehende Feier bekannt machte und ihnen

---

[1]) Adar und Elul. Diese Versammlungen hießen כַּלָּה.

deren getreue Beobachtung einschärfte. So wurde er in Wahrheit
der Lehrer der babylonischen Judenheit und erhielt von ihr mit Recht
den Ehrennamen Rab[1]), d. h. „der Lehrer schlechthin“ als den Aus=
druck ihrer unbegrenzten Liebe und Verehrung.

Und daß die Zeitgenossen seinen Wert nicht zu hoch anschlugen,
vermögen die Nachgeborenen zu begreifen, wenn sie täglich von neuem
an den edlen Erzeugnissen seines Geistes Herz und Gemüt erheben.
Denn jeder Israelit besitzt ein persönliches, des höchsten Dankes würdiges
Geschenk von diesem großen Amoräer. Es war seit alter Zeit üblich,
die Bitten und Wünsche für das tägliche Leben, welche zwischen die
ersten und die letzten drei Segenssprüche der Tefillah eingeschoben
werden[2]), wegfallen zu lassen, wenn Sabbath und Festtage andere
weihevollere Gedanken im Gemüt des Beters hervorrufen sollten.
Diese dem Inhalte nach feststehenden feiertägigen Gedanken hatten
zu Rabs Zeit nur teilweise eine bestimmte Form gefunden, und
Rab war es, welcher das Gebet des Neujahrstages mit den
Betrachtungen versah, die noch heute überall in Israel an den hoch=
heiligen Tagen die frommen Beter mit andächtigen Empfindungen
erfüllen. Er preist darin, entsprechend der dreifachen Bedeutung des
Festes als Tag der Weltenschöpfung, Tag des Gerichtes und
Tag des Posaunenschalles Gott als den Weltenkönig[3]), den
Weltenrichter[4]) und den Weltengesetzgeber[5]). Diese dreifache
Verherrlichung Gottes verarbeitete er in drei längeren Segenssprüchen.
die in die übliche Mußaf=Tefillah aufgenommen worden sind.
Mit so hinreißender Beredsamkeit rühmt und lobt er in ihrem ersten
Absatz Gott als den König und Schöpfer des Alls, daß die weisen

---

[1]) רַב. In Babylonien wurde diese ehrende Bezeichnung dem Eigennamen
der Weisen vorgesetzt, während in Palästina der Titel רַבִּי üblich war. Einige
babylonische Lehrer werden auch mit dem Beiwort מָר (= Herr) bezeichnet.

[2]) Vergl. S. 115 f. Die dreizehn mittleren Segenssprüche enthalten die
Bitte um: 1) Einsicht; 2) Bekehrung; 3) Verzeihung; 4) Erlösung; 5) Ge=
nesung; 6) Segen der Feldarbeit; 7) Freiheit; 8) geordnete Rechtspflege;
9) Vertilgung der Bosheit; 10) Verherrlichung der Frommen und Tugendhaften;
11) Erbauung Jerusalems; 12) Sendung des Messias und 13) Erhörung des
Gebets.

[3]) מַלְכֻיּוֹת.

[4]) זִכְרוֹנוֹת.

[5]) שׁוֹפָרוֹת.

Lehrer der Vorzeit, begeistert von seinem heiligen Feuer und entzückt von der Gewalt seiner Sprache, anordneten, daß dieses Stück während des ganzen Jahres täglich den Gottesdienst würdig beschließe. Es lautet im Auszuge[1]): „Uns liegt es ob, den Herrn aller Dinge zu rühmen, zu verherrlichen den Urheber der Schöpfung, der uns ein Los gab, verschieden von dem der andern Geschlechter der Erde. Denn wir beugen uns und fallen nieder vor dem König der Könige, dem Heiligen, Gelobten; vor dem Gott, der die Himmel ausdehnte, der die Erde gründete und den Sitz seiner Allmacht in den höchsten Regionen hat. Er ist der Ewige, unser Gott, und es gibt keinen andern Gott, als ihn; er allein ist Gott."

„Darum hoffen wir auf dich allein, o Ewiger; wir hoffen auf den Triumph deiner Größe; wir hoffen, von der Erde genommen zu sehen den Irrtum, zerstört den Götzendienst, erneuert die Welt unter Deiner Herrschaft, berufen die Sterblichen, Deinen Namen anzurufen, zu Dir zurückgewendet alle Sünder, das ganze Weltall erleuchtet von Deiner Wahrheit. Jedes Knie wird sich vor Dir allein beugen, jede Lippe wird bei Deinem Namen schwören; alle werden das Joch Deiner Regierung annehmen, und Du allein wirst immer herrschen über alle".

Ebenso ergreifend und erschütternd wird der Herr als Richter aller Geschöpfe gepriesen. Er fordert Rechenschaft und prüft der Wesen Menge in ihrer unabsehbaren Fülle. Er entscheidet, wo Schwert oder Friede, wo Hunger oder Fülle, wo Leben oder Tod walten solle. Aber in Liebe und Erbarmen gedenkt er auch seiner Verheißungen an die Ahnen und des Wortes, das er durch Prophetenmund verkündigte: „Ich gedenke Dir die Holdseligkeit Deiner Jugend, die Liebe Deiner Brautzeit, daß Du mir nachzogst in der Wüste, in dem Lande, dem saatenlosen[2])." Darum bitten wir ihn, unsern Gott und den Gott unsrer Väter, daß unser Gedächtnis zum Guten vor ihn komme. Auf die Tugend der Erzväter berufen wir uns und flehen ihn an, daß er des Bundes mit ihnen stets eingedenk bleibe.

An diese inbrünstige Bitte schließt sich die Schilderung von Gottes Herrlichkeit und Majestät, als er sich unter Donner und Blitz

---

[1]) Es beginnt mit den Worten: עָלֵינוּ לְשַׁבֵּחַ, und enthält die Huldigung des Hochgelobten, bei welcher am Neujahrsfeste und am Versöhnungstage die andächtige Gemeinde anbetend auf die Kniee fällt. Nur an den genannten heiligen Festtagen ist im jüdischen Gottesdienst diese feierliche Art der Anbetung üblich. [2]) Jeremias 2, 2.

und mit lautem Posaunenschall am Sinai offenbarte. Sie ist ein jubelnder Lobgesang auf den König und Gesetzgeber, dem alles, was Odem hat, ein Hallelujah aus beglückter Seele zuruft.

Außer diesen herrlichen Perlen religiöser Dichtkunst haben noch andre vortreffliche Gebete Rabs allgemeine Verbreitung gefunden. So ein schönes Andenken hinterließ er uns in dem Gebete, das wir allmonatlich am Sabbath vor der Verkündigung des Neumondes[1]) einschalten.

So hat dieser Weise nicht nur durch Lehre und Unterricht, sondern auch durch Veredelung des Gottesdienstes seinen Brüdern unsterbliche Dienste geleistet, und so wurde er für die babylonischen Juden, deren Geistestätigkeit er auf ganz neue Bahnen lenkte, in Wahrheit ein zweiter Hillel. Auch sein Charakter mahnt uns in jeder Hinsicht an diesen Herrlichen. Werden uns doch gerade von Rabs Versöhnlichkeit, von seiner Friedens= und Wahrheitsliebe viele und rührende Beispiele erzählt. Seine Frau pflegte in übler Laune gern das Gegenteil von dem zu tun, was ihr Gatte wünschte. Da wagte es der zartfühlende Sohn Rabs, seiner Mutter die Wünsche des Vaters stets in entgegengesetzter Form zu übermitteln, damit des Vaters Wille jedesmal in seinem Sinne erfüllt würde. Wohl erkannte der Meister die edle Absicht des Sohnes an, doch untersagte er ihm eine solche Handlungsweise, weil sie gegen die Wahrheit und nicht minder gegen die Ehrerbietung, die er der Mutter schuldig sei, verstoße.

Rabs tiefe Weisheit und Gesetzeskenntnis und die trefflichen Eigenschaften seines Charakters verschafften ihm die unbedingte Anerkennung und Liebe seines Volkes. Als er in Sura (247) starb, trauerten die babylonischen Juden, wie um den Verlust des leiblichen Vaters, ein ganzes Jahr um seinen Heimgang.

Rabs älterer Mitschüler und Freund war Samuel. Er kehrte früher als Rab aus dem heiligen Lande zurück und lebte als Haupt der Schule oder Sidra in Nehardea, seiner Vaterstadt, woselbst er in sehr hohem Alter (257) starb. Er arbeitete gleichzeitig und in edlem Wetteifer mit Rab an der geistigen und sittlichen Hebung seiner Stammesgenossen, denen er wie jener in seinem Lebenswandel ein Muster von Demut und Tugend war. Auch er unterwies zahlreiche

---

[1]) בִּרְכַּת הַחֹדֶשׁ.

Schüler mit Eifer und Geschick in der göttlichen Lehre. Zwar galten seine Entscheidungen für das praktische religiöse Leben nicht für maß= gebend. Statt dessen gewann er aber unbedingte Autorität auf dem Gebiete des bürgerlichen Rechts. Das Nachdenken über das Ver= hältnis der Menschen zu einander und der Glaubensgenossen zu ihrer Umgebung beschäftigte vorzüglich seinen regen Geist. So ergänzten Rab und Samuel einander auf das glücklichste. Für den Kreis der Pflichten, die gegen Gott zu erfüllen sind, ward Rab, für die= jenigen, welche sich auf die Mitwelt beziehen, Samuel der maß= gebende geistige Führer, welchem die Zeitgenossen und die späteren Geschlechter folgen.

Auch manches Wissen, das dem religiösen Gebiete ferner lag, blieb Samuel nicht fremd, und es wird uns zu seinem Ruhm be= richtet, daß er sich auf dem Gebiete der Arzneikunde eines solchen Rufes erfreute, daß selbst palästinensische Lehrer sich die Anweisung zur Herstellung einer kräftigen Augensalbe von ihm erbaten. In der Sternkunde aber, die in Mesopotamien bekanntlich ihre Heimat und ihren Ursprung hat, war Samuel so bewandert, daß er von sich sagen konnte: „Mir sind die Straßen des Himmels so bekannt, wie die meiner Vaterstadt Nehardea." Dieses vielseitige Wissen erhob den Amoräer und Lehrer der babylonischen Juden gleichsam auf den höheren Standpunkt des Weltbürgers. Mit klarem Verständnis für die gesetzliche Lage seiner Glaubensbrüder machte er darum die Weisung des Jeremias: „Sinnet auf das Wohl der Stadt, in der ihr lebt[1])!" zu einem feststehenden Rechtsgrundsatz, indem er es ausdrück= lich als religiöses Gebot hinstellte, daß die Juden in r e i n welt= lichen Dingen sich dem Gesetze des Landes, in dem sie wohnten, unterzuordnen haben. Damit gab er seinem Volke einen Talisman, der es davor schützte, sich jemals den feindlichen, aufrührerischen Elementen eines Staates zuzugesellen, oder von andern willkürlich ihnen zugerechnet zu werden. Diese Vielseitigkeit des Geistes und Vorurteilslosigkeit der Gesinnung erwarb dem Weisen von Nehardea auch unter den nichtjüdischen Einwohnern Babyloniens viele Freunde. Sogar ein Fürst aus dem Geschlecht der S a s s a n i d e n, das damals eben zur Herrschaft gelangt war, wird als sein persönlicher Gönner und Beschützer gepriesen. Aber weder die Ehrenbezeugungen, die

---

[1]) Jeremias 29, 7.

ihm zuteil wurden, noch die wissenschaftlichen Leistungen, durch die
er sich auszeichnete, vermochten ihm bei den zeitgenössischen Amoräern
Palästinas die richtige Würdigung und Anerkennung zu verschaffen.
Während sie Rab zum Beweise ihrer Hochachtung „unsern Lehrer in
Babylonien" nannten, sprachen sie von Samuel höchstens als von
„unserm Genossen". Der Meister, von derartiger Behandlung un-
angenehm berührt, suchte die auswärtigen Gelehrten von dem Umfang
seines Könnens zu überzeugen, indem er ihnen einen mit Hilfe seiner
Kenntnisse in der Sternkunde auf etliche Jahre vorausberechneten
Kalender zuschickte. Als Rabbi Jochanan den Kalender zu Gesicht
bekam, sprach er leichthin: „Rechnen kann er". Erst die Mitteilung
anderer gesetzlicher Entscheidungen verschaffte ihm im heiligen Lande
allseitige Anerkennung und erweckte in den daselbst maßgebenden Gelehrten, Rabbi Jochanan und Rabbi Simon ben Lakisch, die
Sehnsucht, seine persönliche Bekanntschaft zu machen. Allein Samuel
starb, bevor noch die Begegnung stattgefunden hatte.

Mit dem Regierungsantritt des ersten Königs aus dem Hause
der Sassaniden, bei dessen Sohne Schabur I. Samuel wohlgelitten
war, begann die Herrschaft der Neuperser in Babylonien. Diese
staatliche Umwälzung übte auch auf das Geschick der dortigen Juden
einen wesentlichen Einfluß aus. Die Neuperser oder Gebern
legten einen glühenden Eifer für die alte Lichtreligion Zoroasters
an den Tag. Ihre Priester, die Magier, gelangten wieder zu Macht
und Ansehen und bekämpften mit Wort und Tat die unter der Herrschaft der Parther eingerissene Gleichgültigkeit gegen den heimischen
Kultus, sowie gegen die Einigung zu griechischen Sitten und Anschauungen. Da sie alle Geistesrichtungen, die der Befestigung ihres
Kultus hinderlich schienen, zu unterdrücken strebten, entgingen auch
die Juden ihrem Glaubenseifer nicht. Rechte und Ämter wurden
ihnen entzogen, selbst das Feuer des Herdes wurde ihnen geraubt,
um es zu Ehren des Lichtgottes in seinem Feuertempel zum Opfer
darzubringen. Die wachsende Macht der jungen Herrschaft bedrohte
namentlich die auch in ruhigen Zeiten unsicheren und unbestimmten
Grenzgebiete des benachbarten römischen Reiches. Diese Zustände
suchte Odenath, ein reicher und ehrgeiziger Palmyrener, indem er
angeblich das Grenzland seines Kaisers gegen die Angriffe der Neuperser schützen wollte, seinen Plänen dienstbar zu machen. Er ließ
sich zum römischen Senator ausrufen und zog bewaffnete Freischaren

zusammen, mit denen er verheerende Streifzüge bis tief nach Persien
hinein unternahm, in der schnell erfüllten Hoffnung, sich von den
Römern als Retter und Mitbeherrscher der östlichen Provinzen des
Weltreichs anerkannt zu sehen. Einem dieser räuberischer Überfälle
fiel kurz nach Samuels Tod (259) auch das uralte Nehardea zum
Opfer. Von den Scharen Odenaths wurde diese Stadt, die seit dem
babylonischen Exil ein Hauptwohnsitz der Juden gewesen war, bis
auf den Grund zerstört. Mit den fliehenden Einwohnern zerstreuten
sich die Schüler Samuels nach allen Himmelsrichtungen und suchten
namentlich in Sura und in Pumbeditha ihre Zuflucht. An dem
letzteren Orte entstand dadurch ein neues Lehrhaus, das acht Jahr=
hunderte lang bestand und zeitweise erfolgreich mit dem in Sura
wetteiferte. Was Rab und Samuel gesäet, kam schnell zur Reife.
Das von ihnen angeregte Geistesleben erblühte im ganzen Lande,
die Unsittlichkeit, die sie bekämpft hatten, wich frommer Zucht und
Sitte.

Fünftes Kapitel

Hohe Blüte der babylonischen Lehrhäuser.   Abaji und Raba.

(257—367)

Die Tatkraft und Umsicht der beiden großen Meister erweckte
und belebte in erstaunlicher Weise die Geistesanlagen und Seelenkräfte
ihrer Landsleute. Nach langen öden Jahrhunderten, in denen tiefes
nächtiges Dunkel das geistige Leben der babylonischen Judenschaft
bedeckt gehalten hatte, entraffte sie sich dem lähmenden Schlummer und
gab sich mit jugendfrischer Begeisterung dem ernsten Studium des
Gesetzes hin. Lehren und Lernen ward schnell die höchste Ehre und
die höchste Lust. Schon in dem Geschlechte, das unmittelbar die
Erbschaft Rabs und Samuels übernahm, erstanden Lehrhäuser,
Lehrer und Schüler in überraschend reicher Zahl. Der fröhliche Wett=
eifer der Meister und Jünger gab auch bald die Veranlassung, daß
eine Rangordnung und Stufenleiter der Ämter und Würden sich
bildete und befestigte. Die oberste Würde blieb dem Exilarchen;
den höchsten Rang nach ihm erhielten die Gelehrten, denen die
Leitung und Aufsicht der Lehrversammlungen und Lehrhäuser

oblag[1]). Auf der dritten Stufe standen die Weisen[2]), welche die Vorträge in den Versammlungen der Monate Adar und Elul hielten, wenn ganz Israel im Herbst und Frühling zu unmittelbarer Belehrung und Aufklärung in Sura zusammenkam. Auch begann man bereits, die unterrichtende Behörde streng von der Recht sprechenden zu trennen. Der Resch Gelutha ernannte für die einzelnen Ortschaften Richter[3]), die nach uralter Sitte vor den Stadttoren Recht sprachen.

Unter den zahlreichen vortrefflichen Schülern Rabs und Samuels nahm in der zweiten Hälfte des dritten Jahrhunderts Rab Jehuda bar Jecheskel die hervorragendste Stelle ein. Auf kurze Zeit vereinigte er das Ansehen der beiden mit einander wetteifernden Schulen in seiner Person und war der bedeutendste Mann des nachfolgenden Geschlechts. Er wandelte besonders in Samuels Geistesrichtung und erhielt schon frühzeitig von ihm den Zunamen des „Scharfsinnigen". Die fleißige Anwendung dieser Geistesfähigkeit auf seine Studien machte ihn zum Schöpfer einer neuen fruchtbaren Methode, die darauf ausging, durch Vergleichung entfernt liegender und Unterscheidung verwandter Gegenstände in das Wesen und den Kern der Dinge einzudringen und sie nach allen Seiten hell zu beleuchten. Daraus entwickelte sich eine geistige Gewandtheit, die aufgeworfenen Fragen klar und eingehend zu besprechen und zu beurteilen, die in den babylonischen Hochschulen gangbar und heimisch blieb und dem dortigen

---

[1]) Das Lehrhaus hieß damals מְתִיבָתָא (= hebr. יְשִׁיבָה), wörtlich Gelehrtensitz, Sitzung zur Beratung und Entscheidung der vorgelegten Fragen (vergl. das griechische ἕδρα, συνέδριον und das lateinische sessio, consessus), oder סָדְרָא wörtlich: Reihe, Rang, Klasse. Der Vorsitzende hatte daher den Amtsnamen רֵיש מְתִיבְתָּא oder רֵיש סָדְרָא (Haupt der Metibta oder Sidra). Zur Geschichte des Lehrhauses vgl. auch Jsr. Lewy im Jahresbericht d. jüd. theol. Seminars in Breslau für 1905, S. 21—35.

[2]) Sie führten nach ihrer Funktion den Titel רֵיש כַּלָּה.

[3]) Man nannte sie darum die Richter des Tores דַּיָּנֵי דִּי בָבָא. — Für das Heil und Wohlergehen dieser Würdenträger und Beamten betete man allsabbathlich nach der Thoravorlesung in allen Gotteshäusern der versprengten jüdischen Gemeinden. Die in der damaligen Volkssprache aramäisch abgefaßte Gebetsformel, die mit den Worten יְקוּם פָּרְקָן beginnt, ist in den üblichen Gebetbüchern erhalten, obwohl die Ämter und Würden, auf die sie Bezug nimmt, seit einem Jahrtausend etwa verschwunden sind. Über die Reihenfolge der Würden vergl. S. Bär in seinem Kommentar zum Gebetbuch und Harkavy in זכרון לראשונים I. 377.

Geistesleben stets neue Anregung und Nahrung bot. R. Jehuda bar Jecheskel gründete nach der Zerstörung Nehardeas die Schule in Pumbeditha, wo nach seiner neuen Weise besonders die Gesetze inbetracht gezogen wurden, die fortgesetzt im wirklichen Leben zur Anwendung kamen. Derselbe gerade, auf das Praktische gerichtete Sinn, der den Meister kennzeichnete, unterdrückte in ihm auch die krankhaft übertriebene Schwärmerei, die seine Zeitgenossen für das heilige Land empfanden. Da sein scharf ausgeprägter Charakter jeder Unwahrhaftigkeit im Denken und Empfinden abhold war, tadelte er sogar, obwohl er selbst das Land der Väter hoch verehrte, seine Landsleute, wenn sie dem heiligen Lande vor Babylon den Vorzug geben wollten. Ja er behauptete, nur die zweifelhaften Bestandteile des Volkes seien dereinst von dem frommen Esra ins gelobte Land zurückgeführt worden, damit sich die edlen Geschlechter in der neuen Heimat desto reiner erhalten könnten. Mit übergroßem Stolz stellte er überall den fleckenlosen Adel der Abstammung in den Vordergrund und wollte ihn mit einer Strenge bewahrt wissen, die ihm wiederholt Verdrießlichkeiten mit seinen Landsleuten eintrug. Bei alledem genoß er seiner Tugend und Weisheit halber allgemeines Ansehen, als er am Ende seines Lebens auch in Sura Resch=Metibta geworden war. Dadurch ward er allein, freilich nur für zwei Jahre, das von allen anerkannte Schulhaupt in Babylonien. Er starb im hohen Alter (299). Auch sein Nachfolger kam erst hochbetagt zur höchsten Würde des Resch=Metibta. Das Ende seiner Amtstätigkeit fiel etwa in die Zeit, da das Christentum im römischen Reiche zu staatlicher Anerkennung gelangte. Die Anfechtung und Beunruhigung, die daraus für die Juden erwuchs, trieb zahlreiche Lehrer und Schüler zur Auswanderung aus dem heiligen Lande nach Babylonien. Nur am Jordan vermochte der unheilige Glaubenseifer den Tempel der Lehre zu zerstören. Herrlicher als bisher erhob er sich am Euphrat und Tigris. All= mählich nahm jetzt in jeder der beiden wichtigsten Pflanzstätten des jüdischen Wissens das Studium des Gesetzes einen eigenartigen Charakter an. In Sura wurde vor allem der Stoff des Wissens in der hergebrachten Form vorgetragen, gesichtet und weiter über= liefert. Es war gleichsam das babylonische Tiberias und setzte vornehmlich die Tätigkeit der judäischen Lehrer genau in deren Geiste fort. In Pumbeditha dagegen gelangte die andere Seite der Forschung zur höchsten Blüte. Glich das Lehrhaus von Sura der

verkalkten Zisterne, die jeden Wassertropfen festhält, so war das von
Pumbeditha dem lebendig sprudelnden Quell zu vergleichen. Die
Fortbildung und Anwendung des gegebenen Stoffes war hier der
Mittelpunkt der Geistestätigkeit und R. Jehuda bar Jecheskel's
scharfsinnige Lehrweise der beliebte Weg, auf dem täglich neue und
anregende Ergebnisse erzielt wurden.

Die berühmtesten Vertreter dieser Art des Studiums waren
Abaji und Raba. Beide waren die Jünger des Rabba b. Nachmani, des zweiten Nachfolgers R. Jehuda b. Jecheskels als Resch-
Metibta von Pumbeditha. Schon in der Jugend erweckten beide die
schönsten Hoffnungen, und man sagte rühmend von ihnen: „Schon
an der Knospe erkennt man die Melone." Der früh verwaiste Abaji
war von seinem Oheim Rabba nicht nur unterrichtet sondern auch
erzogen worden. Er lebte in einfachen Verhältnissen, war bescheiden
mild und versöhnlich und darum sehr beliebt in allen Kreisen, mit
denen er in Berührung kam. Trotzdem nahm, während er das Lehrhaus in Pumbeditha leitete, die Schülerzahl bedeutend ab, weil
sein Genosse Raba ein eigenes Lehrhaus in Mechusa gegründet
und die meisten Jünger dorthin gezogen hatte. Beide bezeichneten
den Höhepunkt der halachischen Gelehrsamkeit in Babylonien und
wetteiferten mit einander in der scharfsinnigen Lösung geistvoller
Fragen.

Nach Abajis Tode (330) wurde die Resch-Metibtawürde ohne
weiteres auf Raba (330—352) übertragen. Er stammte aus vornehmen Geschlechte und war mit Glücksgütern reich gesegnet. Das
gab ihm einen selbstbewußten Sinn, der ihm sogar hin und wieder
als Überhebung ausgelegt wurde, zumal da in seiner Zeit der zunehmende Wohlstand der Juden deren alte Anspruchslosigkeit bereits
bedeutend beeinträchtigt und bei ihnen gesellschaftliche Unterschiede
geschaffen hatte, die sich im täglichen Leben immer mehr geltend
machten. Selbst die Gelehrten strebten damals nach Zuwachs an
Besitz und verloren dadurch an Liebe und Achtung in den Augen
der Masse. Der Volksblick glaubte auch an Rabas Charakter die
Schwächen des Eigennutzes und der Parteilichkeit für den Gelehrten-
stand erspäht zu haben. Nichtsdestoweniger galt er unbestritten als
der glänzendste Vertreter der eigentlichen jüdischen Wissenschaft in
seinem Jahrhundert. Ihm und seinem Freunde Abaji ist die Anwendung und vollendete Entwickelung jener dialektischen Methode zu

verdanken, die dem Talmudſtudium einen ſo eigentümlichen und un=
widerſtehlichen Reiz und Zauber verleiht. Sie verſteht es, den lern=
begierigen Jünger unmittelbar in die innerſte Werkſtätte des Denkens
einzuführen und ihn auf dem Wege von der erſten Regung des Ge=
dankens bis zur haarſcharfen Begriffsunterſcheidung feſt und ſicher
zu führen und zu begleiten. Sie belebt ſeinen Geiſt durch die bunte
Abwechſelung und Mannigfaltigkeit der Beiſpiele und Beweiſe aus
den nächſten und fernſten Gebieten menſchlichen Wiſſens und
Empfindens, ſie entzückt und blendet ihn durch die überraſchende Ver=
gleichung unähnlicher und durch die ſcharfe Trennung ähnlicher Be=
griffe. Sie verlangt aber auch von dem, der ſich in ihren Bereich
wagt, die peinlichſte und angeſtrengteſte Anſpannung aller Geiſtes=
kräfte, und ſie hat eben dadurch, daß ihr Jahrhunderte hindurch eine
ſolche ſelbſtloſe und hingebungsvolle Aufmerkſamkeit gewidmet wurde
dem jüdiſchen Geiſte eine bewundernswerte charakteriſtiſche Beweg=
lichkeit, Vielſeitigkeit und Widerſtandsfähigkeit zu eigen gegeben.

Allein wie echte Säemänner begnügten ſich die pflichteifrigen
Genoſſen nicht damit, neue Saaten für die zukünftigen Geſchlechter
auszuſtreuen. Sie bemühten ſich vielmehr auch, den Acker der Gottes=
lehre von dem in ihren Tagen mächtig emporwuchernden Unkraut zu
befreien. Die Lehre von Engeln und Dämonen und namentlich von
böſen Blicken und ſchlimmen Träumen, die in den Religions=
anſchauungen der Perſer eine ſo große Rolle ſpielte, hatte auch die
Juden unmerklich und allmählich in ihren Bann gezogen. Der un=
ausgeſetzte wirtſchaftliche und geſellſchaftliche Verkehr, auf den die
Anhänger beider Religionsparteien angewieſen waren, mußte not=
wendiger Weiſe beſonders auf den Gedankenkreis der jüdiſchen Minder=
heit einen mächtigen und nachhaltigen Einfluß ausüben. Und in der
Tat wirkte dieſer Einfluß ſo gewaltig bis auf die ſpäteſten Jahr=
hunderte fort, daß wir ſogar noch heute in unſern Gebetbüchern zur
Benutzung für die Wenigen, die ſich etwa in ihrem Gemüte durch
einen böſen Traum allzu ſehr beunruhigt fühlen ſollten, eine um jene
Zeit entſtandene Gebetformel[1] finden. Dem übermäßigen Hange
zu derartigem Aberglauben traten Abaji und Raba furchtlos ent=
gegen und bekämpften ihn redlich. Einen Traumdeuter, der die aber=

---

[1] Sie findet ſich als Einſchaltung in den Prieſterſegen in unſern Gebet=
büchern und beginnt mit den Worten: רבּונו שׁל עולם Herr der Welt uſw.

gläubischen Gemüter in Schrecken und Verwirrung zu setzen wußte und je nach der hohen oder geringen Bezahlung, die er erhielt, Gutes oder Böses zu verkünden verstand, bemühten sie sich öffentlich zu beschämen, und Raba zwang ihn endlich, den Schauplatz seiner einträglichen Tätigkeit zu fliehen und in die Fremde auszuwandern.

So läuterte und veredelte er in treuem Eifer die Gesinnungen seiner Zeitgenossen und suchte in ihrem Innern reine Gläubigkeit und Herzenseinfalt herzustellen und zu befestigen. Ein leuchtendes Beispiel demütiger Gottesfurcht gab er ihnen durch seinen Wandel, und ein bleibendes Denkmal seiner lauteren Frömmigkeit hinterließ er uns in dem herrlichen Gebete, das wir der gottesdienstlichen Ordnung für den Versöhnungstag am Schluß des Sündenbekenntnisses[1] einverleibt haben. Es lautet: „Mein Gott! Ehe ich noch gebildet ward, war ich ein Nichts, und nun, da ich ins Dasein getreten, bin ich, als wär' ich Nichts. Staub bin ich in meinem Leben, wie viel mehr erst nach meinem Tode! Siehe mich hier vor Dir wie ein Gerät voll Schmach und Beschämung. Sei es dir wohlgefällig, Ewiger, mein Gott und meiner Väter Gott! daß ich fürder nicht sündige; und was ich bereits vor dir gesündigt, spül' es hinweg mit deinem großen Erbarmen aber nicht durch Leiden und böse Krankheiten." Nach Rabas Tode verfiel sein Lehrhaus in Mechusa und ging gänzlich zu Grunde während des Krieges, den der römische Kaiser Julianus gegen die Perser führte. Von all' den vielen unmittelbaren Schülern Rabas gewann kein einziger eine Bedeutung, die der seinigen einigermaßen nahe kam. Erst in seinem Todesjahre (352) ward ein Mann geboren, der nachmals wiederum allen Glanz der babylonischen Gelehrsamkeit in seiner Person vereinigen sollte. Dieser Mann war R. Aschi.

Sechstes Kapitel

Der Abschluß des babylonischen Talmud. R. Aschi und Rabina.
(367—500)

Rabbana Aschi zeigte schon in seiner Jugend eine so vollendete geistige und wissenschaftliche Reife, daß er als Jüngling alle seine

---

[1] Die hebräischen Anfangsworte lauten: אֱלֹהַי עַד שֶׁלֹּא נוֹצַרְתִּי

Zeitgenossen überragte und bald von ihnen zur Würde des Schul-
haupts erwählt wurde. Zweiundfünfzig oder gar sechzig Jahre lang
soll er in Frieden und Sicherheit seines Amtes gewaltet haben. Er
lebte in Sura und brachte die seit langer Zeit verödete Hochschule
dieser Stadt zu neuer, ungewohnter Blüte. Er war mit Glücksgütern
reich gesegnet und benutzte seinen Überfluß, um das verfallene Lehrhaus hoch und herrlich herzustellen und umbauen zu lassen, sodaß
es die ganze Stadt überragte und den Jahrhunderten Widerstand
leisten konnte. So wurde es auch äußerlich der hohen Bedeutung
würdig, die der berühmte Gelehrte ihm verlieh.

Es wurde jetzt nämlich wiederum, wie zu den Zeiten Rabs,
der Mittelpunkt des gesamten jüdischen Lebens in Babylonien. Hier
ward alles, was für die Gesamtheit von Wichtigkeit und Bedeutung
war, beraten und verhandelt. Hierher kamen die Exilsfürsten,
um sich von den Vertretern der Gemeinde huldigen zu lassen, und
die üblichen Kallah=Versammlungen, welche hier im Frühling und
Herbst abgehalten wurden, waren so glänzend und zahlreich besucht,
daß R. Aschi in seiner Harmlosigkeit nicht müde wurde, sich über
die Verstocktheit der Perser zu wundern, die solche Trefflichkeit vor
Augen hatten und noch immer nicht Anstalten machten, zum Judentum überzutreten.

In der Tat vermehrte die hohe Weisheit und außerordentliche
Begabung des trefflichen Lehrers von Jahr zu Jahr den Zudrang
der Jünglinge, die bei ihm Belehrung suchten. Er vereinigte in
seinem harmonisch veranlagten Geiste das reiche und tiefe Wissen der
Schule von Sura mit der glänzenden dialektischen Schärfe und
Gewandtheit des Lehrhauses von Pumbeditha und erzwang sich
dadurch die höchste unbedingte Anerkennung und Bewunderung aller
Gelehrten seiner Zeit. Wie vor ihm zum erstenmal Rabbi, der
Sammler der Mischnah, so wurde auch er der ruhmgekrönte Vollender eines vielhundertjährigen Baues. Geschlechter auf Geschlechter
hatten emsig daran gearbeitet, aber er zuerst trug fleißig dafür Sorge,
daß die herrlichen Geistesschätze, die sie darin zusammengetragen
hatten, vor den Stürmen der Zeit sicher geborgen blieben.

Mit Unrecht klagte R. Aschi, die Gedächtniskraft seiner Zeitgenossen habe in erschreckender Weise abgenommen; denn er bedachte
nicht, wie sehr viel mehr zu seiner Zeit dieser Geistesfähigkeit zu-
gemutet werden mußte, als in den früheren Geschlechtern. In den

Köpfen der Väter hatte zur Not noch ein klares, übersichtliches Bild des Wissensstoffes Raum gehabt. Wie anders jetzt! Die unendliche Vielseitigkeit und Mannigfaltigkeit des überkommenen reichen Besitzes bedurfte notwendig einer sichtenden und ordnenden Hand. Die Überfülle des Stoffes drängte gebieterisch zum Abschluß, und R. Aschi war der berufene geniale Meister, der zuerst Hand an die Riesenarbeit legte. Während seiner langen und friedlichen Wirksamkeit nahm er alljährlich bei den Kallah-Versammlungen eine Anzahl von Abschnitten der Mischnah mit den überlieferten Erläuterungen durch und gab ihnen nach wiederholter, umsichtiger und sorgsamer Prüfung des Stoffes eine bestimmte und endgiltige Fassung. Natürlich konnte Rab Aschi (st. 427) das Riesenwerk nur beginnen. Vollendet wurde es von den letzten Amoräern, deren bekanntester Rabina (gest. 2. Dezember 499) ist. Das Jahr 500 gilt als das Geburtsjahr des babylonischen Talmud, Rab Aschi und Rabina als seine unsterblichen Schöpfer.

Der Talmud umfaßt in seinen beiden Bestandteilen Mischnah und Gemara, das gesamte mündliche Gesetz von seinem Ursprunge am Sinai bis zu seinem Abschluß an den Ufern des Euphrat und Tigris. Es gibt nur eine Mischnah, aber sowohl eine jerusalemische, als auch eine babylonische Gemara. Die letztere ist für die religiöse Praxis maßgebend geworden und geblieben. Sie erläutert alle diejenigen Ordnungen der Mischnah, die sich nicht ausschließlich auf die Bebauung des heiligen Landes und die levitischen Reinheitsgesetze beziehen[1]. Auch die in den übrigen halachischen Sammelwerken[2] enthaltenen Überlieferungen und deren Verhältnis erörtert sie eingehend und gewissenhaft. Ihr Text ist in denjenigen aramäischen Idiomen[3] abgefaßt, die im heiligen Lande und in Babylonien die Muttersprache bildeten. Er ist mit hebräischen, griechischen, persischen und lateinischen Fremdwörtern[4] stark durchsetzt.

---

[1] Sie behandelt mit geringfügigen Ausnahmen sämtliche Traktate der zweiten, dritten, vierten und fünften Mischnah-Ordnung, von der ersten und letzten dagegen nur je einen Traktat.

[2] Tosefta, Mechilta, Sifra und Sifre.

[3] Die ersten Versuche, die Sprache des babylonischen Talmud grammatisch zu behandeln, verdanken wir S. D. Luzzatto in Padua (st. 1865).

[4] Das am weitesten verbreitete und noch heute unübertroffene talmudische Fremdwörterbuch verfaßte R. Nathan b. Jechiel in Rom (c. 1050) unter dem

Proben aus der babyloniſchen Gemara.

1. Die Auseinanderſetzung Berachoth fol. 35a zu Miſchnah VI, 1 (vgl. oben S. 192):

Miſchnah: Wie dankt man Gott für die Früchte? u.ſ.w. Gemara:
Worauf beruht dieſe Pflicht? Unſere Rabbinen lehrten: Von dem neugepflanzten
Baume heißt es (III. M. 19, 24), daß die Früchte des vierten Jahres „heilig
ſeien zu Dankſagungen für Gott“. Da von [mehreren] Dankſagungen die Rede
iſt, ſo muß man ſowohl vor als auch nach dem Genuß einen Segen ſprechen.
„Hier“, ſagte R. Akiba, „iſt die Quelle für die Pflicht, über die Genüſſe, die
die Welt darbietet, einen Segen zu ſprechen“ . . . Unſere Rabbinen lehrten:
Niemand darf etwas von den Gütern dieſer Welt ohne Segensſpruch genießen,
und wer dem zuwider handelt, begeht einen Treubruch gegen Gott. Gibt es
keine Abhilfe dagegen? Jawohl, man gehe zum Gelehrten. Was kann denn
aber der Gang zum Gelehrten nützen, nachdem man etwas getan hat, was
verboten iſt? „Nein“, ſagte Raba, „man gehe vorher zum Gelehrten und
lerne bei ihm die Segensſprüche; dann wird man garnicht in die Lage kommen,
einen Treubruch zu begehen“. R. Jehuda ſagte im Namen Samuels: Wer
von den Gütern dieſer Welt etwas ohne Segensſpruch genießt, iſt anzuſehen
wie einer, der himmliſche Heiligtümer zu irdiſchen Zwecken mißbraucht; denn
ſo ſteht geſchrieben (Pſ. 24, 1): „Gottes iſt die Erde und ihre Fülle“. R. Levi
warf die Frage auf: Wie verhält ſich das Pſalmenwort: „Gottes iſt die Erde
und ihre Fülle“ (24, 1) zu dem andern Pſalmenwort: „Der Himmel iſt Gottes
Himmel, aber die Erde gab er den Menſchenkindern“ (Pſ. 115, 16)? Die
Schwierigkeit löſt ſich durch den Hinweis darauf, daß die Welt Gottes alleiniges
Eigentum bleibt, ſolange kein Dank- oder Segensſpruch verrichtet iſt, daß aber
der Menſch deren Mitbeſitzer wird, ſobald er Gott als den Spender alles Guten
anerkannt hat.

2. Die Auseinanderſetzung Berachoth 54a zur Miſchnah IX, 1
(vgl. oben S. 193):

Miſchnah: Beim Anblick eines Ortes, an dem den Israeliten Wunder
geſchehen ſind u.ſ.w. Gemara: Wo iſt die Quelle für dieſe Pflicht? R. Jochanan wies auf die Schriftſtelle hin: „Da ſprach Jithro: „Gelobt ſei Gott, der
euch aus der Hand Ägyptens und aus der Hand Pharaos gerettet hat“
(II. M. 18, 10). Braucht man nun bloß wegen eines der Geſamtheit oder
muß man auch wegen eines einem einzelnen geſchehenen Wunders ein Dankgebet verrichten? Entſchied doch Raba, als dereinſt jemand von einem Löwen
überfallen und, durch ein Wunder gerettet worden war und von Raba eine
Belehrung darüber verlangte, was er in Zukunft zu tun habe, daß er (der Gerettete) immer, wenn er an den Ort der wunderbaren Rettung komme, zu
ſprechen habe: Gelobt ſeiſt Du, o Gott, der Du mir hier ein Wunder getan
haſt! Und verrichtete doch in der Tat Mar, der Sohn Rabinas, dem einmal

---

Titel צָרָה. Der geſamte talmudiſche Sprachſchatz iſt lexikographiſch zuerſt von
Joh. Burtorf (Prof. in Baſel, ſt. 1629) und nochmals in neueſter Zeit von
Prof. Jakob Levy in Breslau (geſt. 28. Febr. 1892) behandelt.

in einer Steppe, als er dem Verdursten nahe war, wunderbarer Weise ein Quell entgegengesprudelt war, und dann ein ander Mal auf einem Bazar, als ein scheugewordenes Kamel ihn niederzutreten drohte, unerwartet ein rettender Schlupfwinkel sich darbot, Dankgebete jedesmal, wenn er wieder an die betreffenden Orte kam! Man entschied die Frage wie folgt: Für ein der Gesamtheit geschehenes Wunder muß jeder, für ein einem einzelnen geschehenes Wunder braucht nur dieser zu danken. . . . . R. Jehuda sagte im Namen Rabs: Vier müssen Gott danken: die Seereisenden, die Wüstenwanderer, die von einer Krankheit Genesenen und die aus der Gefängnishaft Entlassenen. Warum die Seereisenden? Weil es heißt: „Die das Meer auf Schiffen befahren . . . sie sahen die Werke Gottes . . . wie er spricht und ein Sturm entsteht . . . daß sie taumeln und wanken wie Trunkene. Schreien sie dann zu Gott in ihrer Angst . . . und er wandelt den Sturm in Säuseln und es schweigen die Wogen . . . so sollen sie Gottes Liebe preisen und sein Wunder an den Menschenkindern (Ps. 107, 23—31). Warum die Wüstenwanderer? Weil es heißt: „Die herumirren in Wüsten und Einöden und den Weg nicht finden können: schreien sie dann zu Gott in ihrer Angst . . . und führt er sie auf ebenem Pfad zu bewohnten Stätten . . . so sollen sie Gottes Liebe preisen" . . . (Ps. 107, 4—9). Warum die von einer Krankheit Genesenen? Weil es heißt: „Wenn Toren in ihrem sündigen Wandel . . . leiden müssen, und jede Speise sie anwidert und sie bis an die Pforten des Todes gelangt sind: schreien sie dann zu Gott in ihrer Angst . . . und er schickte ein Wort und sie genasen . . . so sollen sie Gottes Liebe preisen" . . . (Ps. 107, 17—22). Wofür endlich die aus der Gefängnishaft Entlassenen? Weil es heißt: „Die wohnen in Finsternis und Todesschatten, gefesselt in Elend und Eisen, weil sie sich gegen Gottes Wort aufgelehnt . . . und er durch Ungemach ihr Herz demütigt: schreien sie dann zu Gott in ihrer Angst . . . und er zersprengt ihre Fesseln . . . so sollen sie Gottes Liebe preisen" u.s.w. (Ps. 107, 10—16). Wie ist der Wortlaut des Segensspruches? R. Jehuda sagte: „Gelobt sei [Gott], der Gutes erweist". Abaji bemerkte: Man muß den Dank in Gegenwart von zehn Erwachsenen sprechen, weil es (das. v. 32) heißt: „In der Volksversammlung erheben sie ihn", und Mar Sutra fügte hinzu: Zwei Gelehrte müssen darunter sein. Denn es heißt weiter: „Und im Rate der Ältesten preisen sie ihn" (Ps. 107, 32).

3. Die Auseinandersetzung Baba mezia fol. 33a zur Mischnah II, 11 (vgl. oben S. 194):

Mischnah: Hat jemand etwas verloren u.s.w. Gemara: Woher das [daß der eigene Verlust vorgeht]? R. Jehuda im Namen Rabs sagte: Aus der Schriftstelle: „Es soll bei Dir keinen Dürftigen geben" (V. M. 15, 4). Daraus ergibt sich die Pflicht, zunächst an den eigenen Verlust zu denken. Derselbe fügte aber hinzu: Wer sich rücksichtslos an diesen Grundsatz hält, kommt schließlich dazu [selbst bedürftig zu werden und fremden Mitleids zu bedürfen]. Unsere Weisen haben gelehrt: Unter „seinem Lehrer" ist der Lehrer zu verstehen, der ihn die Auslegung lehrt, nicht der Lehrer, der ihn in der Bibel und der Mischnah unterweist. So meinte R. Meir. R. Josua sagte, es sei der Lehrer gemeint, von dem der größte Teil seines Wissens herrührt. R. Jose meinte, als sein Lehrer gelte schon derjenige, dem er auch nur das Verständnis einer einzigen Mischnah zu verdanken habe.

4. Das fol. 70b und 75b bei der Verhandlung über das Wucherverbot heißt es:

Es ist gelehrt worden: R. Jose sagte: Komm und sieh, wie verblendet die Wucherer sind. Wenn einer den andern einen Bösewicht schilt, so hält der Gekränkte das für eine der Todesstrafe würdige Schuld. Die Wucherer aber holen Zeugen und Schreiber und Feder und Tinte und schreiben und unterzeichnen [eine Urkunde, in der sie zum Ausdruck bringen], daß sie den Gott Israels verleugnet haben. Ferner ist gelehrt worden: R. Simon ben Eleasar sagte: Von dem, der sein Geld zinslos verleiht, sagt der Psalmist (15, 5): „Wer sein Geld nicht um Zins gibt und Bestechung gegen den Unschuldigen nicht nimmt, wer solches tut, wankt ewiglich nicht". Daraus sollst Du lernen, daß das Vermögen desjenigen, der mit seinem Gelde wuchert, ins Wanken gerät und zugrunde geht . . . . . Ein ander Mal ist gelehrt worden: R. Simon sagte: Die Wucherer verlieren ungleich mehr als sie verdienen. Ja, noch mehr: sie erdreisten sich, unseren Meister Mose und seine heilige Lehre zu verunglimpfen, indem sie anzudeuten wagen, daß er das Wucherverbot nicht erlassen hätte, wenn er gewußt hätte, wie schönes Geld man dabei verdienen kann . . . .

5. Sanhedrin c. XI. Bei der Verhandlung über Lohn und Strafe im Jenseits (fol. 91 a f.) heißt es:

Antoninus sprach zu Rabbi: Körper und Seele können sich beide von der Strafe befreien. Wieso? Der Körper kann sagen: die Seele hat gesündigt; denn seit dem Tage, an dem sie sich von mir getrennt hat, liege ich wie ein Stein im Grabe. Und die Seele kann sagen: der Körper hat gesündigt, denn seit dem Tage, an dem ich mich von ihm getrennt habe, schwebe ich frei wie ein Vogel in der Luft umher. Ihm antwortete Rabbi: Ich will Dir ein Gleichnis sagen. Womit ist die Sache zu vergleichen? Das ist wie bei der Geschichte von jenem König, der einen schönen Lustgarten mit schönen frühreifen Früchten hatte und als dessen Wächter einen Lahmen und einen Blinden einsetzte. Einst sagte der Lahme zum Blinden: Da sehe ich herrliche, frühreife Früchte im Garten, komm, nimm mich auf die Schulter, wir wollen sie holen und verzehren. So taten sie. Nach einigen Tagen kam der König und fragte: Wo sind die herrlichen frühreifen Früchte geblieben? Sprach der Lahme: Habe ich denn Füße, sie zu holen? Sprach der Blinde: Habe ich denn Augen, sie auch nur zu sehen? Was tat der König? Er setzte den Lahmen auf den Blinden und hielt über beide Gericht. So wird auch der Heilige, gelobt sei er, die Seele holen und sie in den Körper setzen und über beide zusammen Gericht halten. Denn so heißt es (Ps. 50, 4): „Er ruft den Himmel droben und die Erde, um sein Volk zu richten". „Der Himmel droben", das ist die Seele; „und die Erde, um sein Volk zu richten", das ist der Körper.

6. Aus der Verhandlung Menachoth fol. 110a zur Mischnah XIII, 11 (oben S. 195):

Es ist gelehrt worden: R. Simon ben Jochai sagte: Komme und merke

wohl darauf, daß sonst überall in der heiligen Schrift bald diese, bald jene Bezeichnung für Gott vorkommt, bei den Opfergesetzen aber einzig und allein das
Tetragramm als Bezeichnung für Gott gebraucht wird. Das will auf das eindringlichste lehren, daß nur dem einig-einzigen Gotte geopfert werden dürfe.
Ferner beachte wohl, daß sowohl der feiste Stier als auch das schwache Vöglein
und die Handvoll Mehl eine Gott wohlgefällige Spende genannt werden, damit
Du wissest, daß es nicht auf die Größe der Gabe, sondern nur auf die fromme
Gesinnung des Herzens ankommt. Sollte aber jemand meinen, daß die Gottheit
wirklich sinnlicher Genüsse bedürfe, so lese er das Psalmenwort: „Wenn mich
hungerte, Dir sagte ich es nicht, denn mein ist die Welt und ihre Fülle (Ps. 50, 12),
mein ist alles Wild im Walde, die Tiere auf den tausenden von Bergen
(Ps. 50, 10). Ich kenne jeden Vogel der Berge, und was sich im Felde regt, ist
mein (Ps. 50, 11). Esse ich etwa der Stiere Fleisch, trinke ich etwa der Böcke
Blut (Ps. 50, 13)? Keineswegs habe ich befohlen, nur Opfer zu dem Zwecke
darzubringen, daß Du sagen könnest: Ich tue seinen Willen, damit er meinen
Willen tue. Nicht, weil die Opfer mir ein Bedürfnis sind, opfert ihr, sondern
weil das Opfern Euch ein Bedürfnis ist. Denn so heißt es in der Schrift
(III. M. 19, 5): „Zum Wohlgefallen für Euch sollt ihr opfern", [um dadurch
Eurem Gehorsam und Eurem Vertrauen zu mir Ausdruck zu geben].

Der Talmud ist eine literarische Erscheinung, mit der sich keine
andere vergleichen läßt. Er ist das Werk des ganzen jüdischen Volkes
während eines vollen Jahrtausends seiner Geschichte, und es werden
uns darin nicht vergangene, abgeschlossene Tatsachen episch erzählt
oder fertige Erkenntnisse lehrhaft mitgeteilt, sondern mit dramatischer
Lebendigkeit die Scenen vorgeführt, wie die Menschen mit einander
verhandelt und gesprochen, wie sie ihre Meinungen und Gedanken
ausgetauscht, einander belehrt, sich ergänzt und berichtigt haben; wie
sie die Wahrheit suchten und neue Ergebnisse fanden, wie sie darüber
stritten und darum litten. Der Talmud ist gleichsam das getreue
photographische Bild des geistigen Lebens unseres Volkes, kein
Gemälde, welches Künstlerhand harmonisch zusammengefügt, abgerundet
und abgetönt hat. Darum zeigt er uns die Menschenseele in der
ganzen ursprünglichen Natürlichkeit ihres Denkens, Empfindens und
Wollens und läßt uns neben dem Ringen nach den höchsten Erkenntnissen und der wärmsten Hingebung an das Ideal unparteiisch
auch ihre Schwächen, Irrtümer und Leidenschaften schauen. Alles
das Kleinste und das Größte, das Wichtigste und Unwichtigste, wird
in bunter Abwechselung zur Betrachtung herangezogen. Auf die Erwähnung geringfügiger Zeitereignisse folgt die Mitteilung wertvoller
astronomischer, geographischer, naturwissenschaftlicher Erfahrungen.
Mathematische Lehrsätze und medizinische Anweisungen wechseln ab

mit geistvollen Schriftauslegungen zu erbaulichen Zwecken, mit
Märchen, Anekdoten und Legenden. Und der gesamte Wissensstoff
wird natürlich nach Form und Inhalt harmlos in derselben Weise
vorgetragen, in der ihn die Zeit des Berichterstatters besaß. Die
talmudischen Lehrer, deren mehr als zweitausend[1]) namentlich auf=
geführt wurden, standen in ihrem profanen Wissen durchschnittlich
niemals höher und niemals tiefer, als ihre jeweiligen Zeit= und
Landesgenossen, und sie sind die Allerletzten, die von jedem Juden in
jeglichem Geschlecht verlangen möchten, daß er für jede ihrer gleich=
giltigen Bemerkungen, die auf die religiöse Praxis keinerlei Beziehung
haben, mit Feuereifer eintrete.

Eines aber setzten sie von jedem Glaubensbruder voraus: nämlich
die gleichmäßige Wertschätzung aller göttlichen Gesetze. Nach dem
Talmud sind alle ohne Unterschied ein Ausfluß des göttlichen
Willens, vor dem es nichts Großes und nicht Geringes, kein Haupt=
und kein Nebengebot gibt. Der Talmud ist der Erzieher, der
Zucht= und Lehrmeister des jüdischen Volkes geworden; er hat seinen
Verstand erleuchtet im finstersten Ghetto, sein Herz erhoben in Elend
und Druck. Er ward in seiner Hand zum unverwelklichen Wunder=
stabe, der noch reiche Knospen trug und neue Blüten trieb, nachdem
er Israels einziger Wanderstab geworden war.

---

[1]) Nach einer genauen Zählung sollen es 2208 sein.

Quellen=Nachweis

Erster Zeitraum

Erste Abteilung

(S. 1—15). Der Pentateuch (S. 1—14). Die einzelnen Zitate stehen in den Randnoten. Das Buch Josua (S. 14 f.). Das Buch der Richter (S. 15. [Über Deborah das. c. 4. 5. — über Gideon c. 6—8. — über Jiftach c. 11. 12, — über Simson c. 13—16]). Das erste Buch Samuels (S. 15. [Über Eli und seine Söhne das. c. 1. 2. — über Samuels Berufung c. 3]).

Zweite Abteilung

(S. 16—26). Die Bücher Samuels [Samuels Wirken, Sauls König=tum (S. 16) I. Sam. c. 4—31, — Davids Jugend, seine Salbung c. 16. 17. — Seine Regierung II. Sam. c. 1—24. — Der Prophet Nathan (S. 17) c. 7. 12.]. Die Bücher Könige [Davids Tod I. Kön. c. 2, — Salomos Regierung c. 2—11, — Tempelbau c. 6—8, — Prophet Achia 11, 29 ff. 14, 1 ff. — Jerobeam I. 12, 18 bis 14, 20 — Ahab und Jsebel (S. 18) 16, 29 bis 22, 40. II. Kön. 9, 29 bis 10, 14 — Prophet Elia I. Kön. c. 17 bis 19, 21. II. Kön. c. 1, 2 — Prophet Elsia (S. 19) II. Kön. c. 3—9. 13 — Jerobeam II. II Kön. 14, 25 ff. Die letzten Könige von Israel II. Kön. c. 15—17 (S. 20 f.). — Die Samaritaner II. Kön. 17, 24 ff. (S. 21). Die Könige Ahas (II. Kön. c. 16) und Hiskia c. 18—20 (S. 22 ff.), Josia c. 21—23 (S. 24) und Jojakim c. 23. 24 (S. 25). Untergang des Reiches Juda c. 25 (S. 26)]. — Die Reden der Propheten Hosea, Amos, Jesaias und Jeremias. Die einzelnen Zitate aus den Reden in den Randnoten.

Zweiter Zeitraum

Erste Abteilung

Erster Abschnitt

(S. 31—35). Die Reden der Propheten Jesaias, Jeremias, Ezechiel. Daniel, c. 1—6. Die Zitate in den Randnoten

Zweiter Abschnitt

Erstes Kapitel: (S. 36—39). Die Reden der Propheten Chaggai und Secharja. Das Buch Esra. Die Zitate in den Randnoten.

Zweites Kapitel: (S. 39—44). Die Reden des Propheten Maleachi. Die Bücher Esra und Nehemia. Über die Trennung der Samaritaner (S. 43), f. Nehem. 13, 28 (unrichtig bei Josephus, jüd. Altert. XI, c. 7 und 8). Über die Samaritaner vgl. S. Kohn, zur Sprache Literatur und Dogmatik der Samaritaner (Leipzig 1876).

Drittes Kapitel: (S. 44—47). Die Bücher Esther, Esra und Nehemia. Josephus, Altert. XI, c. 6. Die Mischnah. Die Grundsätze der großen Versammlung (S. 47) Sprüche der Väter I, 1. Die daselbst angeführten Beispiele, f. Mechiltha zu II. M. 12, 17 (vgl. Nachmanides Pent.-Komm. zur Stelle) u. 31, 13. Sifra zu III. M. 23, 32, vgl. Rosch ha-Schanah 9a. Joma 81b — Mischnah Jebamoth 2, 4 (babli fol. 21a).

Dritter Abschnitt

Erstes Kapitel: (S. 48—49). Josephus, Altert. XI, 8. XII. 1. Gegen Apion I, 22. Joma 69a. Josippon II, 7.

Zweites Kapitel: (S. 49—55). Josephus, Altert. XII, c 2 und 3. Gegen Apion II, 5. Das sogen. Aristeas-Buch (zuletzt herausg. von P. Wendland im Urtext (Leipzig 1900) und in deutscher Übersetzung in Kautzsch, Pseudepigraphen des A. T. (Leipzig 1899). Das dritte Makkabäerbuch. Die Sprüche des Josua Sirach. Sprüche der Väter I, 2. Inbezug auf Simon den Gerechten folge ich der Meinung Krochmals (More Nebuche ha-Seman, S. 54) und Herzfelds (I, 377 f.) S. auch W. Jawitz, Toledoth Jisrael IV, 37 ff. Vgl. jedoch Fünn (Dibre ha-Jamim II, Anm. S. 4).

Drittes Kapitel: (S. 55—71). Das Buch Daniel c. 7—12. Das erste und zweite Makkabäerbuch. Jos., Altert. XII, c. 3—11. XIII, c. 1—6. Jüd. Krieg I, c. 1. u. 2. Sprüche der Väter I, 3. Über den Onias-Tempel (S. 59), f. Jos. Altert. XIII, 3, 1. XX, 10, 3. Jüd. Krieg VI, 10, 2. 4. Mischnah Menachoth 13, 10 fol. 109b; jer. Joma 43d. — Über die Märtyrer (S. 61), f. 2. Makk. 6, 18 ff. 7, 1—41. 4. Makk. c. 8 ff. (vgl. Freudenthal, die dem Flavius Jos. beigelegte Schrift über die Herrschaft der Vernunft (1869). Vgl. Gittin 57b. Midrasch rabb. zu Klag. 1, 16. Jalkut zu 5. M. 26. 17. — Über die Haftaroth (S. 62) vgl. Zunz, die gottesdienstl. Vorträge der Juden (2. Aufl. 1891) S. 6. Herzfeld, Gesch. des Volkes Jisr. von der Zerstörung des ersten Tempels bis zur Einsetzung des Makkabäers Schimon zum hohen Priester und Fürsten, II, 215 ff. Graetz, Kohelet 171 ff. Adler in Frankels Monatsschrift, Jahrg. 1862, S. 222 ff. Büchler in der Jew. Encyclopedia (New-York 1904) Bd. VI, 135 f. — Die Legende vom Öl-Krüglein (S. 64)

Sabbath 21b. Megillath Thaanith c. 9 (zum 25. Kislew). — Über Jose ben Joëser (S. 66). f. Spr. der Väter I, 4. Edujoth c. 8, 4. Sabb. 14b. Baba bathra 133b. Ber. rabbah c. 65. — Über den Nikanor-Tag (S. 67), f. jer. Thaanith 66a, babli daf. 18b, Meg. Thaanith c. 12 (zum 13. Adar). — Über Alkimos Tod (S. 68), f. Middoth 2, 3. I. Makk. 9, 55. — Über das Ereignis vom 23. Ijar 141 (S. 71), f. 1. Makk. 13, 51. Meg. Thaanith c. 2 (zum 23. Ijar). — Über die jüdischen Münzen, f. M. A. Levy, Gesch. der jüdischen Münzen, (1862) u. Theodor Reinach in der Jew. Encycl. IX (1905) 350 ff.

Vierter Abschnitt

Erstes Kapitel: (S. 72—80). 1. Makk. c. 15. 16. Jos. Altert. XIII, 6. 7. Jüd. Krieg I, c. 2. — Über die Entstehung der Septuaginta (S. 73), f. Frankel, Vorstudien zu der Septuaginta (1841). Über den Kanon der heil. Schrift (S. 75) vgl. N. Krochmal, More Nebuche ha-Seman (1851) c. 11. Herzfeld, II, 48—57. 92—105. Geiger, Urschrift und Übersetzungen der heiligen Schrift (1857) Weiß. I, 88 ff. — Über die Pharisäer, Sadducäer und Essäer (S. 77 ff.) vgl. Jos. Altert. XIII, 10, XVII, 1. Jüd. Krieg II, c. 8. Herz-feld, II, 382 ff. Gractz, III⁵, 689 ff. Zu S. 77 vgl. Sotah 22b und die Parallelstellen. — Die Beispiele (S. 79), f. Baba kamma 83b (vgl. Mechiltha zu II. M. 21, 24 und Meg. Thaanith c. 4). — Sifra zu III. M. 23, 15 (vgl. Menachot 65b, Meg. Thaanith c. 1). — Tosefta Sukkah, c. 3 (vgl. babli Sukkah 43b. 48b).

Zweites Kapitel: (S. 81—90). Jos. Altert. XIII, c. 8—16. Jüd. Krieg I, 2, 4—5, 4. Meg. Thaanith, c. 9 (zum 21. Kislew), Kidduschin 66a Sukkah 48b, Sotah 22b, Spr. d. Väter I. 8. 9. Die Apokryphen (nach dem griech. Text übers. v. D. Cassel).

Drittes Kapitel: (S. 90—100). Jos., Altert. XIV. Jüd. Krieg I, 6, 1—18, 2. — Sotah 49b (vgl. Baba kamma 82b, Menachot 64b). — Thaanith 19a. Mischnah Joma V, 2.

Viertes Kapitel: (S. 100—121). Jos. Altert. XV, XVI und XVII. Jüd. Krieg I, 18, 3—II, 7. 4. Vgl. Baba bathra 3b, Mischnah Middoth 3, 8. 4, 7. Über Schemaja und Abtaljon (S. 107), f. Spr. d. Väter I, 10. 11. Über Hillel und Schammai (S. 108 ff.), f. Frankel, Darche ha-Mischnah, S. 37 ff. Jawitz, VI, 33 ff. 52 ff. Hillel vgl. mit Esra Sukkah 20a. Sein Amtsantritt. jer. Peßachim 33a, babli daf. 66a. Die Anekdoten (S. 108 f.) Sabbath 31a. Pros-bol (S. 109), f. Mischnah Schebiith X, 3. Zu S. 110 f. vgl. Mechiltha zu 2. M. 35,1 (vgl. Sabb. 70a, 97b) und Jalkut zur Stelle. Über seine Middoth vgl. Frankel, a. a. O., 19. 38. Weiß, Dor Dor we-Dorschaw I, 164 ff. — Die Darstellung S. 111 nach Frankel, über paläftinische und alexandrinische Schriftforschung (1854) vgl. bef. S. 21. — Zu S. 112 vgl. Levi-Seligmann, Parabeln, Legenden und Gedanken aus Talm. und Midrasch (1863) S. VIII. — Zu S. 113 f. vgl. jer. Kethubboth 32 c, babli Baba bathra 21 a. — Über das Tischgebet, s. Berachot 48 b, vgl. Weiß I, 67. — Zu S. 114 f. vgl. Zunz, G. B.² 379 ff. Herzfeld II, 133 ff. 183 ff, — Zu S. 116 f. Thaanith 27 a, vgl. Herzfeld II, 106—129. 162—183. — Zu S. 117 (Rechtspflege), s. Mischnah Sanhedrin c. 1.

Fünfter Abschnitt

Erstes Kapitel: (S. 121—124). Jos. Altert. XVIII. 1—5. (Daß die Stelle XVIII, 3, 3 eingeschoben ist, steht fest.) Jüd. Krieg II, 8, 1—9, 4. Vgl. Joël, Blicke in die Religionsgeschichte II, 48—72.

Zweites Kapitel: (S. 124—128). Jos. Altert. XVIII, 6—8. XIX, 1—8. Jüd. Krieg II, 9, 5—11, 6. Zu S. 127 f. vgl. Meg. Thaanith c. 11 (zum 22. Schebat). Mischnah Bikkurium III, 4. Peßachim 64 b. 88 b. 107 b. Kethubboth 17 a.

Drittes Kapitel: (S. 129—133). Die Schriften des Philo ed. L. Cohn und Paul Wendland (Leipzig 1896 ff bis jetzt 5 Bände). Unter dem Titel „Jüdisch-hellenistische Literatur", (Breslau 1909) wird soeben eine deutsche Übersetzung von L. Cohn herausgegeben. Die Ausführungen (S. 133) nach Frankel, über palästinische und alexandrinische Schriftforschung. S. 41 f. Zu S. 132 vgl. Derenbourg, essay sur l'histoire et la géogr. de la Palestine, 220 ff.

Viertes Kapitel: S. 134—142). Jos. Altert. XX. Jüd. Krieg II, 12—22. Leben c. 1—3. 27. 30 ff. Zu S. 139 vgl. Gräetz III⁵, Note 26. Derenbourg, 272 ff.

Fünftes Kapitel: (S. 143—153). Jos. Jüd. Krieg III—VII. Vgl. B. Niese, Der jüdische Historiker Josephus (Sybels hist. Zeitschr., Jahrg. 1896, S. 193—231).

Zweite Abteilung

Übersicht (S. 154—159) S. 154 f. nach Zunz, Syn. Poesie S. 5. 7. 9. Graetz IV⁴, Einleitung.

Erster Abschnitt

Erstes Kapitel: (S. 159—162). Midr. r. zu Klag. 1, 5. Gittin 56 b. — Mischnah Rosch ha-Schanah c. 4. — Spr. d. Väter II, 9. — Baba bathra 10 b. - Berachot 28 b.

Zweites Kapitel: (S. 163—169). Mischnah Rosch ha-Schanah 2, 8 f. (fol. 25 a) (S. 164). — Bechoroth 36 a, Berachot 27 b (S. 164 ff). — Midr. Deb. r. c. 2. Jalkut zu ψ. 47 (S. 167 f.). — Meg. Thaanith c. 12 zum 12. Adar; vgl. jer. Schebiith 35 a, Megillah 70 c,

Sanhedr. 21b, Semachoth c. 8, Thaanith 18b, Baba bathra 10b, Peßachim 50a, Ber. rabbah c. 64 (S. 168) — Berachot 28b (169). — Kethubboth 8b (daf.).

Drittes Kapitel: (S. 170—183). Sprüche der Väter II, 8. Thaanith 7a. — Kethubboth 50a (S. 170). — Kethubboth 49b. — Berachoth 56a, Sabbath 119a, Chagiga 5b, Bechoroth 8b, Chullin 59b (S. 171). — Ber. rabbah c. 64 (S. 172). — Aboth di R. Nathan c. 18 (S. 173). — Sotah 49b, Berachoth 63a (S. 174). — Vgl. Kaufmann, MS., Jahrg. 38, S 14 ff. jer. Chagiga 77b, babli 14b, Berachot 60b (S. 175). — Rosch ha-Schanah 26a, Jebamot 121a. 122a. Baba kamma 113a, Sifre zu IV. M. 5, 8. Dio Cassius 69, 13 f., jer. Thaanith 68a, babli Gittin 57a, Midr. r. zu Klag. 2, 2 (S. 176 f.) — Thaanith 29a (S. 178). — jer. Sotah 20c, babli Berachoth 61b (S. 179) — Berachoth 31b wof. die übrigen Zitate am Rande notiert ünd. (S. 180). — Sanhedrin 86a (S. 181). — Berachoth 48b (S. 182). — Frankel, 83—154. 307 ff. Weiß II, 81—143. 225 bis 239. Auch dem R. Simon wird eine Mechilta zugeschrieben, vgl. Lewy, Ein Wort über die Mechilta des R. Simon 1889. M. Friedmann, Einl. zur Mechilta. S. XVI ff. XX ff. und Hoffmann, zur Einl. in die halach. Midraschim (1887), S. 13 ff. 20 ff. 51 ff. 66 ff. Vgl. Epstein, Mikadmonijot ha-Jehudim, S. 50—56 und die Artikel Mechilta, Sifra und Sifre in der Jew. Encycl.

Viertes Kapitel: (S. 183—187) Abodah farah 8b. (S. 183). — Erubin 13a, Tofefta Megillah 2, 5, Midr. zu Koh. 2, 18, Abodah farah 18a (S. 183). — Midr. Mischle Ende zu 31, 10 — jer. Nedarim 41b, babli Chagiga 15a (S. 184). — Sanhedrin 38b, Sotah 49a. — Horajot 13b, jer. Kilajim 32c. (S. 185 f.) — Jebamot 82b, Niddah 46b (S. 187).

Fünftes Kapitel: (S. 188—197). jer. Meg. 74a, babli Sabb. 118b. — daf. 113b. — Kethubboth 103b. — Sabbath 32b. Gittin 59a (S. 188). — Kilajim 32b (S. 197). Zu S. 192 vgl. Delitzsch, Wissenschaft, Kunst, Judentum, S. 212 ff. — Ein „Lehr- u. Lesebuch zur Sprache der Mischnah" schrieb 1845 A. Geiger, Lexikographisches und Grammatisches über die Sprache der Mischnah 1846 L. Dukes und Mischpat Leschon ha-Mischnah J. H. Weiß, 1867. — Eine neue deutsche Übersetzung der Mischnah erscheint seit 1887 von Sammter, fortgesetzt von Baneth, D. Hoffmann und Petuchoswki. — Die Mechilta ist von Weiß (1865) u. Friedmann (1870), der Sifra von Weiß (1862), der Sifre (1864) von Friedmann herausgegeben und kommentiert worden. Eine neue Ausgabe der Tofefta hat M. S. Zuckermandel (1879—83) beforgt.

Zweiter Abschnitt

Erstes Kapitel: (S. 197—200) jer. Aboda farah 41d. — Lampridius, Alex. Sev. 29. 51 (S. 198). — Berachoth 6a. — babli Kiddufchin

31 b. — jer. Therumoth 41 c (S. 199 f.) — Ber. rabb. c. 36. Baba mezia 84 a, Berachot 5 b (daf.)

Zweites Kapitel: (S. 200—207) Kethubboth 17 a. — cod. Theodos. XVI t 8 § 4. 11. 15. 21. — Euseb., Kirchengesch. 10. 5. 7. (S. 200 f.) — cod Theod. XVI, 9, 1. 2 und 8, 6 (S. 202 f.) — R. Hai Gaon bei Abr. b. Chija, Sefer ha-Jbbur, S. 97 (S. 204 f.). — Amm. Marc. 23, 1 (S. 205). — cod. Theod. XVI, 8, 3 (S. 206 f.) — Zu S. 204 f. vgl. Slonimsky, Jessode ha-Jbbur, 2. Aufl., 1865 und Jakob Bacharach, Jareach le-Moadim, Warschau 1893.

Drittes Kapitel: (S. 207—212) cod. Theod. XVI, 7. 8. 9. 12 (S. 207) — daf. XII, 1, 99 (S. 208). — Nov. Theod. II. tit. VI. (S. 212).

Viertes Kapitel: (S. 213—221) Seder Olam Sutta, vgl. S. Schechter, in der Monatsschrift Bd. 39, S. 23 ff. Ad. Neubauer, Anecdota Oxoniensia II, 68 ff. F. Lazarus in Brüll's Jahrbüchern, Bd. X; (S. 213). Chullin 137 b, Baba bathra 89 a. — Chullin 110 a, Baba bathra 54 a (S. 215). — jer. Rosch ha-Schanah 57 a, Abodah sarah 39 c. (S. 216 f.). — b. Berachoth 16 b — Jebamoth 63 a (S. 218). — Bechoroth 49 b (S. 219). — Baba mezia 113 b. — Berachoth 58 b. — Baba bathra 55 a. — Berachot 56 a (S. 219 f.) — Chullin 95 b. — Thaanith 20 a. — Sanhedrin 74 b (S. 220 f.).

Fünftes Kapitel: (S. 221—226). Berachoth 36 a, Chullin 110 b (S. 222). — Berachoth 24 b. Kethubboth 110 b. Kidduschin 70 b (S. 223). — Berachoth 48 a. — Sabbath 33 a, Kethubboth 65 a. — Abodah sarah 58 a. — Moëd katon 28 a (S. 224). — Sanhedr. 99 b, Sabbath 119 a, Nedarim 62 b (S. 225). — Berachoth 55 b f. Sanhedrin 100 b (daf.). — Berachoth 17 a. — Kidduschin 72 b (S. 226).

Sechstes Kapitel: (S. 226—233) Gittin 59 a, Sanhedr. 36 a. Baba bathra 3 b (S. 227). — Berachoth 17 b. — Erubin 53 a, Baba bathra 157 b (S. 228).

Sach=Register

Namen = Register

Geschichte der Juden
und ihrer Literatur

Zweiter Teil

von

Dr. M. Brann

Geschichte der Juden

und ihrer Literatur

von

Dr. M. Brann

—

Zweiter Teil

Vom Abschluß des Talmud bis zur Vertreibung der Juden
aus der pyrenäischen Halbinsel

— — —

Dritte vermehrte und verbesserte Auflage

— — —

Breslau
Verlag von M. & H. Marcus
1911

Geschichte der Juden

und ihrer Literatur

vom Abschluß des Talmud bis zur Vertreibung der Juden

aus der pyrenäischen Halbinsel

von

Dr. M. Brann

Dritte vermehrte und verbesserte Auflage

Breslau

Verlag von M. & H. Marcus

1911

Inhalts-Verzeichnis

—

Zweite Abteilung

Erster Abschnitt

Dritter Zeitraum

Vom Abschluß des Talmud bis zur Vertreibung der Juden aus der pyrenäischen Halbinsel.

Saboraim, Geonim und Rabbinen (500—1498).

Übersicht

Nachdem die Früchte einer tausendjährigen Geistesarbeit glücklich im Speicher geborgen waren, schien zunächst dem dringendsten Bedürfnisse der Zeit genügt. Auf die Jahrhunderte lange Mühe und Anstrengung folgte ein Jahrhunderte langes Ruhen und Feiern der Geistes= und Seelenkräfte. Es schweigen fast gänzlich die Stimmen der Chronisten. Selbst der friedliche Streit der Lehrmeinungen verstummte, da zuvörderst im Talmud der gesamte Wissensstoff geordnet und gesichtet vorlag und jeglicher Hader dauernd geschlichtet schien. Dem oberflächlichen Beobachter möchte darum das Bild der zwei oder drei Jahrhunderte, die dem Abschluß des Talmud folgen, als besonders öde und wenig erfreulich erscheinen. Allein nichts wäre falscher, als ein solches Urteil. Denn aus dem umfangreichen geistigen und sittlichen Eigentum, welches wir in den Händen des neunten Jahrhunderts neben dem Talmud finden, erkennen wir bei aufmerksamer Betrachtung den erstaunlichen Fleiß und Eifer der Geschlechter, welche seit dem Beginn des sechsten Jahrhunderts dahingegangen waren. Die Sättigung des jüdischen Geistes mit talmudischem Wissen, die Gestaltung des jüdischen Lebens streng nach talmudischen Grundsätzen legen lautes und beredtes Zeugnis davon ab, daß jene in tiefes Schweigen gehüllten Zeiten das ererbte Gut redlich erworben haben, um es zu besitzen und weiter in Besitz zu geben.

Die einzigen Stätten geistiger Regsamkeit und Entwickelung bleiben vorläufig noch die alten Stammländer am Jordan und Euphrat. Die wissenschaftlichen Ergebnisse, die uns erhalten sind, lehren uns, daß in beiden Ländern das Studium der heiligen Schrift sorgsame und emsige Pflege fand, und daß daneben in Palästina die Beschäftigung mit der Haggada und in Babylonien der Ausbau der Halacha vorherrschte. In den Hochschulen von Sura und Pumbeditha wurde der fertig vorliegende Talmud zunächst Gegenstand der Forschung für eine Reihe von Lehrern, welche die Meinenden (Saboräer[1]) genannt werden. Sie hielten Umschau unter dem in der Gemara aufgeschichteten Material, prüften es auf seine Brauchbarkeit und Gültigkeit für die religiöse Praxis, verglichen die Aussprüche und Ergebnisse der Gelehrten mit einander und stellten in kurzen Notizen, die sie an geeigneten Stellen dem Texte einfügten, die maßgebend gewordene Lehrmeinung fest. Daneben lagen die Weisen jener Zeit mit derselben liebevollen Sorgfalt, mit welcher die Tannaim und Amoraim den Besitz des mündlichen Gesetzes gesichert hatten, der Arbeit am schriftlichen Gesetz ob und umgaben es mit denjenigen Schutzwehren, durch welche es unversehrt von Geschlecht zu Geschlecht weiter gegeben werden konnte. Schon die Soferim sollen nach einer Tradition, um den heiligen Text gegen jeden Verlust sicher zu stellen, die Konsonanten der Schrift gezählt und eben daher ihren Namen erhalten haben. Noch immer aber entbehrten damals die heiligen Urkunden aller Vokal- und Lesezeichen; jeder, der das Gotteswort richtig lesen und verstehen lernen wollte, bedurfte notwendig eines Unterrichts von Mund zu Mund. Erst jetzt, als die heilige Schrift mit den Juden bis in die entlegensten Gegenden der damals bekannten Welt zu wandern anfing und die Gewißheit, sie von den Vätern richtig vortragen zu hören, immer mehr dahin schwand, wurde es notwendig, daß sie sichtbare Zeichen auf die endlose Wanderschaft mitbekam, durch welche die alte Überlieferung fortgepflanzt und dauernd festgehalten werden konnte. Wann und durch wen der wunderbar kunstvolle Bau der Vokalisation und Akzentuation für die hebr. Bibel ersonnen und ausgeführt worden ist, vermögen wir im einzelnen nicht anzugeben. Nur der Name der Stadt Tiberias, welchem sich gerade damals derjenige des babylonischen Landes

----

[1] רַבָּנָן סְבוֹרָאֵי.

hinzugefellt hatte, taucht aus der Geschichte diefer erstaunlich umfang=
reichen Geistestätigkeit auf, die als **Maffora**[1]) (wörtlich: Über=
lieferung) bezeichnet wird. Von den beiden jetzt bekannten Methoden
dient die tiberiensiche Schreibweise, durch welche selbst die leiseste
Ton= und Lautfärbung zu klarem Ausdruck gebracht werden kann,
bis auf den heutigen Tag dem allgemeinen profanen Gebrauche.
So vereinigt das tägliche religiöse Leben jedes Juden, der auf
dem Gebiete des mündlichen Gefetzes den Anweisungen der baby=
lonischen Lehrer und im Bereich des schriftlichen Gefetzes sich
die Hilfsmittel der palästinensischen Weisen zu Nutze macht, in schöner
Harmonie die edelsten Früchte der Geistesarbeit, die in beiden Ländern
gezeitigt worden sind. Nur für Thorarollen, welche beim öffentlichen
Gottesdienste zur Verwendung kommen, blieb in peinlicher Gewissen=
haftigkeit die althergebrachte Form, die nur die Wiedergabe der
Konsonanten gestattet, in vorschriftsmäßigem Gebrauch.

Die erprobte Treue, die schon der äußeren Form gewidmet
wurde, galt natürlich in weit höherem Umfange dem eigentlichen
Wesen. Der öffentliche Gottesdienst hatte sich genau in den=
jenigen Bahnen weiter entwickelt, welche einst die Männer der großen
Versammlung ihm vorgezeichnet hatten. Sowohl der Belehrung als
auch der Erbauung dienend, bestand er aus Gebet und Vorlesung.
Die heilige Schrift wurde gelesen, in die Landessprache übersetzt und
erläutert. Die in Babylonien und im heiligen Lande üblichen chal=
däischen Übersetzungen besaßen damals bereits diejenige Gestalt,
in welcher wir sie heute besitzen. Außerdem wurde seit Jahrhunderten
in freier Rede aus dem Gotteswort Belehrung, Erhebung und Trost
geschöpft und dem Hörer gespendet. Solche haggadische Erklärungen
haben gelegentlich schon im Talmud in großer Ausdehnung Platz
gefunden, aber seit der Mitte des sechsten Jahrhunderts begann man
sie in besonderen Sammelwerken nach der Ordnung der Bücher der
heiligen Schrift zusammenzutragen. Diese Sammlungen wurden nach
verschiedenen Gesichtspunkten bald in Anlehnung an die Bücher der
heiligen Schrift, bald im Anschluß an die Hauptmomente des Fest=
jahres angelegt und von nun an in den folgenden sechs Jahrhunderten
fortgesetzt und vervollständigt. Nannte man ursprünglich jede Forschung
im Gefetz sowohl zu halachischen als auch zu haggadischen

---

[1]) מסורה.

Zwecken Midrasch), so blieb jetzt, nachdem die großen halachischen
Sammlungen feste, eigene Namen erhalten hatten, die Bezeichnung
Midrasch nur für die haggadischen Sammelwerke bestehen.

Um dieselbe Zeit, als man begann, den haggadischen Midrasch
zu sammeln, waren auch die Gebetformeln für den Gebrauch beim
öffentlichen und häuslichen Gottesdienst in ihrem Gedankengang und
ihrer Reihenfolge bereits fertig und abgeschlossen. Inhalt und
Ordnung, ja häufig selbst der Wortlaut, wie wir ihn jetzt vor uns
haben, standen im allgemeinen bereits endgültig fest. Sie wurden
etwa im neunten Jahrhundert von Babylonien aus unter dem üblich
gebliebenen Namen Siddur[1]) an die Gemeinden des Westens
geschickt und erlangten schnell allgemeine Geltung. Nie und nirgends
wurden diese Stammgebete bis auf unsere Tage abgeändert. Um so
mannigfaltiger und vielgestaltiger sind dagegen alle diejenigen Zu=
taten, welche später in den Rahmen dieses Gebetbuches eingeschoben
wurden. Die vorgeschriebenen Gebete blieben gleichsam nur die Ufer
eines breiten Stromes, der als ein Bild von Israels Leben und
Leiden, von seinem Denken und Empfinden durch die Jahrhunderte
seiner Geschichte dahinflutet. Die Dichter der verschiedenen Zeiten
und Länder, in denen die Väter gelebt, haben alles, was sie er=
fahren und erlitten, in den Mittelpunkt des jüdischen Lebens, in den
Gottesdienst, hinein getragen und die herrlichsten Perlen ihres Gemütes
zur Ausschmückung des Gebetes verwendet. Noch lange war es dem
Vorbeter überlassen, in den Hauptstücken der Sabbath= und Festgebete
den jedesmaligen besonderen Festgedanken durch poetische Einschaltungen
zu erörtern und zu verherrlichen. Solches tat er häufig selbständig,
häufiger jedoch wählte er nach eigenem Geschmack aus den zeitgenössischen
Dichtungen die ihm passend erscheinenden Betrachtungen aus. So
entstanden allmählich die Pijjutim, welche das Gemüt mit festlichen Be=
trachtungen erfüllen und weihevoll stimmen. Kam die Zeit der ernsten
Bußtage oder fühlte man durch besonders grausame Verfolgungen
des Herrn strafende Hand über sich ausgestreckt, so warf sich die
Gemeinde an Gottes Vaterherz, um Verzeihung für ihre Schuld zu
erflehen. Auch diese Sehnsucht fand durch Dichtermund unsterblichen
Ausdruck und schuf die Selichoth[2]). Nicht minder erweckte der

---

[1]) סִדּוּר.

[2]) סְלִיחוֹת.

große Trauertag, der neunte Ab, alljährlich wie bis auf die
Gegenwart in Israel die schmerzlichsten Erinnerungen, und es ent=
standen jene tief empfundenen Klagelieder, welche wir Kinoth[1])
nennen. Die poetische Ausgestaltung der Synagogengebete füllte ein
ganzes Jahrtausend. Nicht bloß wie einst an den Strömen Babels
sondern auch am Tiber und Guadalquivir, am Rhein und an
der Donau ertönten die Klage=, Bitt= und Lobgesänge Israels, und
wir zählen ungefähr anderthalbtausend Dichternamen als Verfasser
von vielleicht 15 000 synagogalen Dichtungen.

Die hebräische Sprachform, deren diese Dichter sich bedienen, ist
eine andere als die bisher von der Forschung gebrauchte. Frei
und kühn bilden die Sänger ganz neue Wortformen aus den alten
Stämmen. Für die Weise ihrer stilistischen Darstellung ist am meisten
charakteristisch der sogenannte Musivstil, welchen sie zur Ausbildung
bringen. Wie der Künstler zur Mosaikarbeit kleine bunte Steine ver=
wendet, um ein von ihm erfundenes Bild daraus zusammenzusetzen,
so nahmen jene Dichter Redewendungen der heiligen Schrift und ver=
woben sie zu neuen, selbständig geschaffenen Gedankenbildern. Indem
sie ein bekanntes, über alles geliebtes Gewand um einen neuen In=
halt werfen, verstehen sie es, im Gemüte des sachverständigen Lesers
zugleich mit der neuen Erbauung das Andenken an die alten heiligen
Wahrheiten zu erwecken. Ebenso neu und ungewohnt in der jüdischen
Literatur war die Art der poetischen Form, welche von nun an die
jüdischen Sänger meist für ihre Dichtwerke wählten. Im Altertum hatte
das poetisch erregte Gemüt seinen Empfindungen dadurch erschöpfenden
Ausdruck gegeben, daß es im Überschwang seiner Vorstellungen schwelgte
und jeden Gedanken in mehrfach verschiedenen Bildern wiedergab,
z. B. (Pf. 114, 1. 2):

> Da Israel aus Ägypten zog.
> das Haus Jakobs aus dem Volke fremder Zunge,
> ward Jehuda zu seinem Heiligtume,
> Israel seine Herrschaft.

Diese Dichtungsform wird in der Regel Parallelismus ge=
nannt. Jetzt wurden, hauptsächlich durch den Einfluß der Araber,
künstlichere Sangesweisen angenommen. Reim und Rhythmus
wurden auch der hebräischen Poesie zu eigen gegeben.

---

¹) קינה.

Während diese Geistesrichtung besonders in den westlichen Ländern erblühte und gedieh, wurde das eigentliche Talmudstudium, das Erbe der Saboräer, vorläufig nur in Babylonien fortgesetzt. Hier waren die Neuperser um die Mitte des siebenten Jahrhunderts dem siegreichen Schwerte der Araber unterlegen, und die Kalifen, die Nachfolger Muhammeds, hatten die Zügel der Herrschaft in die Hand genommen. Von seiten des Islam, der zweiten Tochterreligion, die dem Judentum entstammte, erfuhren die Juden eine verhältnis= mäßig bessere und gerechtere Behandlung, als von den anderen Glaubensgenossenschaften, denen sie unterworfen waren. Unter dem milden Zepter der Abassiden von Bagdad lebten sie in Frieden und Sicherheit und behielten die bewährten Einrichtungen, deren sie sich von altersher erfreuten. Der Exilarch genoß des alten Ansehens und wurde an Würde und Einfluß höchstens von den Vorstehern der mächtig wiederaufblühenden Lehrhäuser von Sura und Pum= beditha erreicht, die damals den Titel Geonim[1]) erhielten. Die von diesen Schulhäuptern erteilten Rechtsbescheide auf An= fragen, welche nicht selten selbst aus den fernsten Ländern an sie er= gingen, galten als maßgebend und entscheidend für die Glaubens= genossen des gesamten Erdkreises. Jeder Jude, der in die Geheimnisse der Lehre eindringen wollte, mußte zu ihren Füßen sitzen und ihren Worten lauschen. Die Niederschrift dieser von Mund zu Mund sich fortpflanzenden Weisheit blieb verpönt, so lange die Möglichkeit be= stand, sie von einem berühmten Lehrer mündlich zu erlangen. Wann zuerst der Talmud schriftlich aufgezeichnet worden, ist nicht genau bekannt. Das aber steht fest, daß die Geonim ihm eine nahezu all= gemeine und unbeschränkte Geltung und Anerkennung bei der ganzen Glaubensgemeinschaft Israels zu verschaffen wußten.

Neben dieser unbegrenzten Anerkennung entstand ihm ein heftiger Widerspruch im eignen Mutterlande, in Babylonien selbst. Eine neue Richtung empörte sich stürmisch gegen das Joch, welches das talmudische und rabbinische Judentum dem Leben seiner Bekenner aufbürdete. Die Karäer, von denen versprengte Reste bis auf den heutigen Tag in entlegenen Gegenden Rußlands, Österreichs und des Orients erhalten sind, verwarfen prinzipiell das ganze münd= liche Gesetz und versuchten, ihr neues Lehrgebäude einzig und allein

---

[1]) אֲדוֹנִים, Mehrzahl von אָדוֹן Hoheit, Excellenz.

auf die heilige Schrift zu gründen. Sie griffen erst mit Spott, dann mit allen Waffen der Dialektik die Satzungen an, welche in der Bibel nicht deutlich und wörtlich angeordnet waren, und leugneten kurzweg die ganze Überlieferung, die doch bestimmt und geeignet war, das jüdische Leben mit heiligen Erinnerungen, Sitten und Gebräuchen zu erfüllen. Um sie zu bekämpfen, mußten die Talmudisten zu denselben Waffen greifen, und sie holten sie aus der Rüstkammer der inzwischen erblühten arabischen Wissenschaft. Die siegreichen Araber waren von der alten Kultur der von ihnen besiegten Völker unterworfen worden und hatten die hellenischen Elemente derselben mit ihrem eigenen Geiste vermählt. So ward aus den wilden Eroberern ein Volk, das mit seiner hohen Kultur fünfhundert Jahre lang alle andern Völker überstrahlte. Von ihnen lernten die Juden, den Urtext der heiligen Schrift grammatisch und lexikographisch zu behandeln, und suchten mit Hilfe dieser Kenntnisse den Karäern zu beweisen, daß ihre Schrifterklärung unzulänglich sei und nur die starre, tote Form des Glaubens, nicht aber seinen Geist und sein Leben erfasse. Ebenso nahmen sie das Studium der Philosophie auf, um den Gegnern das Schiefe und die Haltlosigkeit ihrer Grundsätze zu zeigen. Und wollten sie die klare Erkenntnis verbreiten, daß ein ununterbrochener, lebendiger Zusammenhang zwischen Mose und allen späteren Trägern der Überlieferung bis auf die damalige Gegenwart bestehe, so mußten sie an die Geschichtsforschung gehen und ihre Ergebnisse sich zu nutze machen. Der erste unter den Geonim, welcher in solcher Weise die Wissenschaft gegen die Karäer ins Feld führte, war R. Saadjah (892—942). Noch ein ganzes Jahrhundert nach ihm blühte das Gaonat und wurde durch manchen berühmten und trefflichen Gelehrten vertreten. Schon lange aber, bevor es aufhörte, war bei den Juden der meisten Länder des Islam die wissenschaftliche Forschung heimisch geworden. Denn überall, wohin die griechisch-arabische Kultur ihren Fuß setzte, erweckte sie bei den Juden einen Frühling geistigen Schaffens. Ihre Bildung wurde umfassend und vielseitig, und selbst den Talmud begannen sie sprachlich und geschichtlich zu durchforschen.

Während sich diese Geistesblüte nach und nach von Asien aus über Afrika und die pyrenäische Halbinsel verbreitete, lagen die Juden der christlichen Länder Europas einseitig bloß ihren religiösen Studien ob. Von den Ufern des Rheins und der Rhone

zogen zahlreiche wißbegierige Jünglinge nach dem fernen Oſten zu
den großen Geonim und erzeugten allmählich in der eigenen Heimat
einen neuen Aufſchwung des Talmudſtudiums. Der erſte berühmte
Vertreter desſelben am Rheine war Rabbenu Gerſchom, „die
Leuchte der Diaſpora“, in Raſchi erreichte es ſeinen Höhepunkt,
und deſſen Enkel Rabbenu Jakob Tam bezeichnete mit ſeinen
Jüngern, den Toſſafiſten[1]), ſein goldenes Zeitalter.

In Südfrankreich begegneten ſich beide Weltkulturen, die
muhammedaniſche und die chriſtliche, und die hier wohnenden Juden,
die neben der Landesſprache auch des Arabiſchen kundig waren,
wurden gleichſam die Vermittler zwiſchen ihnen. Die großen Ge=
danken, welche das Chriſtentum der griechiſch=arabiſchen Weltweisheit
verdankte, empfing es zu einem .beträchtlichen Teil durch die Ver=
mittelung der ſüdfranzöſiſchen Juden. Dieſe laſen mit Begeiſterung
die arabiſchen Schriften ihrer gelehrten Glaubensbrüder und über=
ſetzten ſie für die deutſchen und nordfranzöſiſchen Juden in ihr ge=
liebtes Hebräiſch. Mit ihrer Hilfe übertrug nicht ſelten der gelehrte
Mönch dieſelben Schriften in die lateiniſche Sprache für die lern=
begierigen Chriſten.

Hier in Südfrankreich trafen ſich aber auch die beiden ſpeziell
jüdiſchen Kultur= und Literaturkreiſe. Man vernahm mit Entzücken die
herrlichen Lieder der ſpaniſchen Juden Salomo Ibn Gabirol und
Jehuda ha=Levi und ſah mit ſtaunender Ehrfurcht auf das Geſetz=
buch hin, welches Moſes Maimuni geſchrieben hatte. In dieſem
unſterblichen Meiſter erreichte die jüdiſche Literatur Spaniens ihre
höchſte Blüte, und die Juden aller Länder erkannten mit freudigem
Stolze an, daß „von Moſe bis Moſe keiner geweſen wie Moſe.“
Als er aber vom Standpunkt der griechiſch=arabiſchen Philoſophie
aus in ſeinem „Führer der Schwankenden“ die Lehre des Juden=
tums unterſucht hatte, da erhob ſich zuerſt in der Heimat und ſpäter
bei Männern, die nichts kannten und kennen mochten, neben ihrem
jüdiſch=religiöſen Wiſſen, ein heftiger und entſchiedener Widerſtand
gegen ſeine Lehren. Man fürchtete ahnungsvoll die zerſetzende Kraft
dieſer fremdländiſchen Weisheit und bekämpfte ſie hundert Jahre
lang mit zunehmender Erbitterung. Die Talmudiſten bemühten ſich
es durchzuſetzen, daß die Schriften der Philoſophen nicht vor dem
dreißigſten Lebensjahre geleſen werden dürften.

---

[1]) בעלי תוספות Verfaſſer der Zuſätze (Gloſſen) zum babyl. Talmud.

Der hin- und herwogende Streit der Meinungen in betreff der Förderung oder Ächtung der Wissenschaften verstummte schließlich vor dem Elend, von welchem die europäischen Juden infolge der zunehmenden Gewalt der Kirche über die Geister und Gemüter der Gläubigen heimgesucht wurden. Seit den Kreuzzügen gefiel sich der unnatürlich überreizte Glaubenseifer der Christen darin, alles, was in den Augen der Kirche als Ketzerei und Unglauben galt, mit der Wurzel auszurotten. Aus England, Frankreich und Deutschland flohen Tausende von Juden teils nach dem Osten in die heidnischen Slavenländer, teils über die Pyrenäen in ihr drittes wirkliches Vaterland. Allein auch hier untergruben die Kämpfe zwischen Kreuz und Halbmond nach und nach die geistige Regsamkeit; und vor dem täglich wachsenden Elend entflohen Aufklärung und Bildung bei den spanischen Juden, wie sie es niemals gewagt hatten, bei ihren deutschen Brüdern gastlich einzukehren. Der an freie Bewegung gewöhnte Geist wurde nun nicht mehr mit klarem Wissen genährt und bereichert und wandte sich darum dunkeln und nebelhaften Phantasien zu, die ihm statt lauterer Erkenntnis dumpfe Betäubung brachten. Es entstand inmitten der Juden jene Scheinwissenschaft der Mystik, die überall da üppig emporwuchert, wo der Boden für eine natürliche und gesunde geistige Entwicklung fehlt. Je weniger sie ihren Zusammenhang mit der wirklichen Überlieferung geschichtlich beweisen konnte, desto eifriger und nachdrücklicher nahm sie für sich den Namen „Überlieferung" (Kabbalah[1]) in Anspruch, um wenigstens den Anschein zu erwecken, als ob die geheimnisvolle Weisheit, die sie vortrug, ein Erbteil der altersgrauen Vorzeit wäre. Von wirklicher jüdischer Gelehrsamkeit sind uns nur wenige Spuren aus ener Zeit erhalten. Namen wie Kreskas, Albo und Abarbanel bezeichnen vereinzelte Nachklänge der geschwundenen Größe.

Was die Verfolgungen der Kirche den Juden verschiedener Länder bisher angetan, war aber nur das Vorspiel zu dem schrecklichen Ereignis, das im Jahre 1492 ebenso verheerend über sie hereinbrach, wie einst der Untergang des Staates durch Titus. Hunderttausende fleißiger, gebildeter und betriebsamer Juden wurden damals getötet, vertrieben oder zum Abfall gedrängt durch das Staatsgesetz, welches alle Ungläubigen von der pyrenäischen Halbinsel verjagte.

---

[1] קבלה.

Erste Abteilung
Vom Abschluß des Talmud bis zum Ende des Gaonats.
(500—1040)

Erster Abschnitt

Vom Abschluß des Talmud bis zur Entstehung des Karäertums.
(500—750)

Erstes Kapitel
Die Juden in Babylonien (500—750).

Es zeigte sich bald, daß die letzten Amoräer, als sie die babylonischen Gemara ordneten und abschlossen, die Zeichen der Zeit richtig verstanden hatten. Denn die politischen Zustände ihres Vaterlandes wurden gerade um diese Zeit immer trauriger und zerrütteter. Die in Greuel und Laster versunkenen Despoten auf dem Throne bedrückten die Untertanen mit Härte und Grausamkeit, und die Priester der herrschenden Lichtreligion wurden nicht müde, ihren Glaubenseifer zu wilder Leidenschaft aufzustacheln. Darunter litten natürlich nicht zum wenigsten die Juden. Bald mußten sie sogar mit Leib und Leben ihren Besitz und ihre Ehre verteidigen, als einer der letzten Sassaniden, den Eingebungen eines Magiers folgend, auf den wüsten Gedanken kam, Gemeinschaft der Güter und der Weiber einzuführen. Die gewaltsame Umkehrung aller Begriffe von Recht und Unrecht, von Tugend und Laster erschütterte das Reich bis in seine Grundfesten, und als eitel und vergeblich erwies sich der Versuch, den drohenden Untergang durch glückliche äußere Kriege zu verzögern. Zwar gelang es dem König Khosru II. (590—628), sogar das heilige Land vorübergehend für die sassanidische Herrschaft zu gewinnen. Unvermeidlich war jedoch ihr Ende, als die Araber ihr siegreiches Schwert nach Babylonien trugen.

Die Religion des Schwertes, der Islam, hatte es durch ihren Begründer Muhammed verstanden, die junge, ungebrochene Volkskraft der arabischen Stämme zu kühnem und kräftigem Tatendrange zu begeistern. Zunächst unterlagen die freien Stämme der Juden, welche seit alten Zeiten unter unabhängigen Häuptlingen in Arabien gelebt hatten, dem Ansturm der Gläubigen und wurden gezwungen, das muhammedanische Glaubensbekenntnis anzunehmen. Denn im Vaterlande des neuen Propheten mußte nach seinem Befehl strenge Glaubenseinheit alle Einwohner umfassen. Kein fremder Einfluß sollte der jungen Lehre schaden können. Darum ward den Moslemen schon vom zweiten Nachfolger (Kalifen) des Propheten, von Omar, der Grundsatz eingeschärft, daß die Ungläubigen als Geschöpfe untergeordneter Gattung anzusehen seien. Zu Richtern und Staatsbeamten seien sie untauglich. Die öffentliche Ausübung ihres Kultus und die Erbauung von Gotteshäusern müsse ihnen verboten werden. Natürlich sei ihnen zu wehren, die Gläubigen zur Sünde zu verleiten oder irgend etwas zu tun, was den Koran, der Staats- und Religionsgesetz zugleich war, beleidigen konnte. Der Ungläubige mußte vielmehr jeden Muhammedaner mit gebührender Ehrerbietung behandeln und selbst äußerlich von ihm unterschieden und gekennzeichnet sein durch die besondere Farbe seiner Kleidung. Denn daß der Mensch seine politische oder religiöse Gesinnung durch ein farbiges Abzeichen zur Schau trage, war eine in altem Herkommen begründete morgenländische Anschauung.

Sobald das engere Vaterland vom Unglauben gereinigt war, wandte sich die Eroberungslust der Araber unaufhaltsam gegen die ältesten Kulturstätten der Menschheit am Euphrat und Nil. Zuerst wurde Syrien und Palästina die Beute des Siegers (635). Trotz der Gewalt, die den Glaubensbrüdern in Arabien von den Moslemen angetan worden war, begrüßten die Juden des heiligen Landes die Araber als Befreier von hartem Drucke. Im Vergleich zu der bürgerlichen Rechtslosigkeit, die vom oström ischen Reich über sie verhängt ward, war die Stellung, welche der Islam den Andersgläubigen anwies, immer noch eine erträglichere. Dazu kam, daß die Araber mit demselben Stolze wie die Juden ihre Abstammung auf den Erzvater Abraham zurückführten, und daß die Rücksicht auf die Stammesverwandschaft bei den Juden die Hoffnung auf eine mildere Behandlung erwachen ließ. Dieses Vertrauen wurde erhöht

und verstärkt durch die handgreifliche Übereinstimmung des Islam
mit dem Judentum in den wichtigsten Glaubenslehren. In ver=
trautem persönlichem Umgang mit Juden hatte Muhammed seine
geläuterten religiösen Anschauungen gewonnen und befestigt und die
ihm übermittelten Lehren der heiligen Schrift in sein Lehrgebäude
mannigfach verwebt. Die Bekenner seines Glaubens aber waren
bestimmt, einen weitreichenden Einfluß auf alle diejenigen Länder aus=
zuüben, in denen damals der überwiegend größte Teil der Juden
seine Heimat hatte.

In der Tat sahen sich die Juden in ihren Erwartungen nicht
ganz getäuscht. Der Glaubenszwang, der im Vaterlande des
Propheten das Judentum gänzlich ausgetilgt hatte, wurde in den
neu erworbenen Ländern nicht geübt. Eine weitergehende Rücksicht
erfuhren sie sogar in Babylonien, nachdem Omar das morsche
Sassanidenreich gestürzt (636) und bessere Tage für die mißhandelten
Landschaften herbeigeführt hatte. Der Resch=Gelutha erhielt seine
einstige ehrenvolle Stellung wieder und fand bald eine geeignete
Gelegenheit, sich unter den Würdenträgern des Reiches einen be=
sonders bevorzugten Platz zu verschaffen. Als nämlich durch ein
Zerwürfnis im arabischen Herrscherhause dem edlen Ali, dem Schwieger=
sohne des Propheten, die Thronfolge streitig gemacht wurde, erkannte
ihn der Resch=Gelutha mit 80 000 Juden freiwillig als den be=
rechtigten Kalifen an. Ali lohnte den Juden diese Gesinnung durch
Freundlichkeit und Milde und zeichnete ihre Vorsteher und Lehrer
besonders aus. Er verlieh den Oberhäuptern der Schulen eine
staatlich anerkannte Stellung und den vornehmen Titel: Gaon
(Hoheit, Exzellenz). Das Recht über die Befähigung zu diesem Amte
in letzter Instanz zu entscheiden, nahm der Resch=Gelutha für sich in
Anspruch. Er allein hatte die Befugnis, Diplome zu erteilen und
den Rang und die Würde der Gelehrten festzustellen. Wer Gaon
werden wollte, mußte alle sechs Ordnungen des Talmud gleichmäßig
beherrschen; wer in vieren derselben Bescheid wußte, hieß Rab, und
Chacham war ein geringerer Titel für diejenigen Gelehrten, welche
nur die zweite, dritte und vierte Ordnung inne hatten. So ent=
wickelte sich das Exilarchat schnell und sicher zu neuer Blüte, bis um
die Mitte des achten Jahrhunderts seine friedliche Entwickelung durch
das Auftreten der Karäer gestört wurde.

———

Zweites Kapitel

Die Juden im oströmischen Reiche (500—750).

Die äußeren Erlebnisse der Juden des oströmischen Reiches sind von denen ihrer Brüder in Babylonien während des gleichen Zeitraums kaum wesentlich verschieden. Seit alten Zeiten waren die Juden zerstreut über das ganze Reich, welches um das Jahr 500 die Länder von der unteren Donau bis zum Oberlauf des Nil und vom Adriatischen Meere bis an den Euphrat umfaßte. Der Druck der Machthaber und der Haß der Andersgläubigen lastete nicht minder schwer auf ihnen, als auf ihren Glaubensgenossen im Reiche der Sassaniden.

Er nahm in verhängnisvoller Weise an Stärke zu unter Justinian dem Großen (527—565), dem berühmtesten Herrscher, der während des sechsten Jahrhunderts auf dem byzantinischen Kaiserthrone saß. Seinen mächtigen Heeren gelang es, den bis an die Grenzen seines Reiches siegreich vorgedrungenen Germanen einen Teil von Afrika und von Italien unter der Führung der trefflichen Feldherrn Belisar und Narses zu entreißen. Ein unvergängliches Denkmal des Ruhms aber setzte er sich dadurch, daß er von ausgezeichneten Rechtsgelehrten alle Rechtsgrundsätze der Römer sammeln und ordnen und in einem Gesetzbuch, das seinen Namen trägt, zusammenfassen und der Nach= welt überliefern ließ. Das vorbildliche Ansehen, dessen sich dieses Werk zu erfreuen hatte, war freilich von unseligen Folgen für die Rechts= stellung der Juden während des ganzen weiteren Verlaufs der Welt= geschichte bis in das gegenwärtige Jahrhundert hinein. Von dem eitlen und ehrgeizigen Plan verblendet, die ganze Welt in einem Staate mit einer Religion und einem Rechte zu vereinigen, ver= leugnete Justinian jede Billigkeit gegen abweichende Überzeugungen und griff rücksichtslos zu harten und grausamen Maßregeln, um Ketzern und Ungläubigen die bürgerliche Ehre zu nehmen und ihnen das Dasein zu verbittern. Obwohl auch er in keiner Weise den Juden vorwerfen konnte, daß sie sich irgend einer bürgerlichen Pflicht entzögen, begnügte er sich nicht damit, die gewalttätigen Gesetze des Constantius und Theodosius II. in die Gesetzsammlung auf= zunehmen, sondern verschärfte sie noch über die Maßen. Von dem einseitigen Standpunkte aus, daß die Juden als verstockte Leugner der christlichen Heilswahrheiten sich absichtlich der Wahrheit ver= schlössen, wurde ihnen die Fähigkeit abgesprochen, selbst in weltlichen

Dingen die Wahrheit auszusagen und als Zeugen gegen einen Christen aufzutreten. Alle noch so unerschwinglichen Lasten der öffentlichen Ämter sollten sie nach wie vor tragen müssen, ohne auf die Ehren= rechte, welche die Ämter mit sich brachten, Anspruch erheben zu dürfen. „Erseufzen sollen sie", verordnete der Kaiser wörtlich, „unter den Lasten der städtischen Ämter, Ehre aber sollen sie nicht genießen, sondern in demselben verächtlichen Zustande sein, in welchem sie selbst ihre Seele lassen wollen[1]".

Ein schlimmer Trost war es für sie, daß gleichzeitig die Samaritaner noch viel härteren gesetzlichen Mißhandlungen aus= gesetzt wurden. Heißblütiger als die Juden, hatten sie den Zorn des Kaisers noch besonders gereizt durch die wiederholten Versuche, mit bewaffneter Hand das verhaßte Joch abzuschütteln. Zur Strafe dafür wurden sie in unerhörter Weise für völlig rechtlos erklärt. Sie wurden des Rechtes beraubt, über ihren Nachlaß zu verfügen, und die Gerichtshöfe wurden angewiesen, Rechtsstreitigkeiten, die sie an= hängig machten, nicht einmal anzuhören.

Der Zutritt zu den heiligsten Stätten des gelobten Landes blieb ihnen wie den Juden strengstens untersagt. Nur an wenigen Orten, wie in Tiberias, wo die großen Tannaiten und Amoräer gelehrt hatten, war eine zahlreichere Gemeinde. Überall im heiligen Lande prangten Kirchen und Klöster, während es die Juden kaum wagten, ihre baufälligen Gotteshäuser vor dem Einsturz zu schützen. Was Wunder, daß alle diese Schmach und Demütigung, alle diese Knechtung und Beschimpfung die geduldigsten Gemüter erbitterte und endlich zur Verzweiflung fortriß. Der lange gebändigte Groll brach mit elementarer Gewalt los, als Khosru II. mit großer Heeresmacht (608) in Palästina erschien und die Juden, gemeinschaftlich mit ihm, den zwiefachen Feind, Rom und das Christentum, zu vernichten hofften. Wie der Sassanidenfürst auszog, um an dem Kaiser Phokas den Sturz und die Ermordung seines Schwiegervaters zu rächen, so gedachten die Juden, blutige Abrechnung zu halten für das Jahr= hunderte lang erduldete Elend. Der Feldzug nahm einen für die Verbündeten günstigen Verlauf, und vierzehn Jahre lang blieb

---

[1] Authent. Collat., tit. 24, nov 45: „curiam exerceant huiusmodi homines et nimis ingemiscentes et curialibus functionibus sicut etiam offi= cialibus — honore fruantur nullo, sed sint in turpitudine fortunae, in qua et animam volunt esse". Vgl. I., S. 202 f. 208. 210 f.

Syrien und Ägypten im Besitz der Perser. Mehr als hundert=
tausend Christen sollen in dem greuelvollen Kriege niedergemetzelt
worden sein. Mit dem entsetzlichen Fanatismus, den sie von den
Christen gelernt hatten, zerstörten die Juden die Heiligtümer ihrer
Hasser und legten Feuer an die Kirchen und Klöster des heiligen
Landes. In der Hoffnung aber, unter persischem Schutz in Jerusalem
ein neues, freies Gemeinwesen erblühen zu sehen, fanden sie sich
schnell getäuscht. Der treulose Sassanide betrog sie schnöde um den
bedungenen Lohn.

Die Verstimmung der Juden über die Enttäuschung benutzte
der aus feiger Tatenlosigkeit zu plötzlichem Heldenmut erwachte Kaiser
Heraklius (610—641) geschickt, um durch Verheißung der Straf=
losigkeit die Empörer seiner Sache geneigt zu machen. Allein auch er
brach die feierlichen Zusagen und ließ sich überreden, daß man den
Ungläubigen die Treue nicht zu bewahren brauche. Mit Feuer und
Schwert rächte er blutig die jüngst von den Juden verübten Greuel=
taten. Zum Glück kam schon nach kurzer Zeit wenigstens für die
am schwersten heimgesuchten jüdischen Bewohner Palästinas und
Ägyptens die Stunde der Befreiung aus dieser großen Not. Das
Schwert der Araber schlug an die morschen Schranken des oströmischen
Reiches und entriß dem Kaiser Ägypten und das heilige Land.

Seitdem seufzten nur noch die Juden, die auf der Balkan=
Halbinsel und in Kleinasien wohnten, unter dem harten Joche
der Byzantiner. Und auch von hier flüchteten viele vor den wachsenden
Bedrückungen in die neu entstehenden Staaten der vordringenden
slavischen und tatarischen Stämme, und besonders in das Reich
der Chazaren.

Drittes Kapitel
Die Juden in den Ländern des ehemaligen weströmischen Reiches.
(500—750)

Daß in den Landschaften, die bis zur Völkerwanderung das
weströmische Reich bildeten, in Italien, Germanien, Gallien
Spanien und Afrika, von alten Zeiten her Juden lebten und
unter den harten Gesetzen des Constantius und Theodosius zu
leiden hatten, ist bereits mehrfach berichtet worden[1]). Freilich
wurden diese Verordnungen in Italien nicht unausgesetzt mit gleicher

---

[1]) Vergl. Bd. I, S. 206 ff.

Strenge wie in Byzanz gehandhabt, weil die in schnellem Wechsel ein=
ander folgenden germanischen Herren, die Heruler und Rugier,
die Ostgoten und die Longobarden zunächst so viel mit der
Unterwerfung der Römer zu tun hatten, daß sie an die Verfolgung
der Andersgläubigen nur ausnahmsweise denken konnten. Dazu kam,
daß das arianische Bekenntnis, welchem die germanischen Eroberer
Italiens zugetan waren, sich vorteilhaft durch Duldsamkeit und Un=
voreingenommenheit gegen die Ungläubigen vor dem katholischen aus=
zeichnete. Darum kämpften auch die Juden mit Löwenmut auf seiten
der Ostgoten, als Justinian ihnen Italien entreißen wollte.
Wie immer die Lose des Krieges fielen: in jedem Falle erfüllte es
sie mit Genugtuung zu sehen, wie das Prophetenwort[1] in Erfüllung
ging und das einst weltbeherrschende Rom nun das gleiche Schicksal
erfuhr, das es ihnen frohlockend bereitet hatte. Selbst als Stadt
sank Rom von seiner Bedeutung herab und mußte bald Ravenna,
bald Verona den Vorrang der Residenz überlassen. Die Juden
jubelten, als die oströmischen Eroberungen schon nach fünfzehn Jahren
(568) abermals an die Longobarden verloren gingen. Unter
deren mildem Zepter erfuhren sie in den folgenden zwei Jahrhunderten
nichts Schlimmeres, als was nun einmal durch die römischen Gesetze
über sie verhängt war. Am schwersten fühlten sie sich dabei durch das
Verbot bedrückt, christliche Sklaven zu besitzen. Keineswegs von dem
billigenswerten Standpunkt der allgemeinen Menschenliebe aus, die
grundsätzlich jegliche Sklaverei als eine Herabwürdigung verabscheut,
erfolgte dieses Verbot. Hat doch das Christentum bis an die Schwelle
der Gegenwart selbst in den Ländern, in denen es die allein herrschende
Staatsreligion ist, die Sklaverei stets stillschweigend geduldet. Maß=
gebend für die Gesetzgebung war lediglich der einseitige Grundsatz,
daß der Ungläubige um seines Bekenntnisses willen in jeder Weise
dem Gläubigen untergeordnet sein müsse. Einzig aus diesem Grunde
wurden die Juden ausnahmsweise in ihren Besitz= und Erwerbsver=
hältnissen geschädigt und beschränkt, obwohl bekanntermaßen gerade
das mosaische Gesetz[2], im Gegensatz zu allen anderen des Altertums,
die Stellung der Sklaven, dieser unglücklichsten Menschenklasse, allein
zu einer menschenwürdigen gemacht hatte, und obgleich noch Jahr=
hunderte lang, bis ums Jahr 1000, der Handel mit getauften
Sklaven für Christen als ein gesetzlich erlaubter Erwerbszweig überall

---

[1] Klag. 4,21 f. — [2] Vergl. 1, S. 9. 12.

in Europa galt. In allen übrigen bürgerlichen Berufsarten blieben die Juden in den von den Germanen unterworfenen Ländern völlig uneingeschränkt und teilten in allen Stücken das Los der andersgläubigen Mitbürger. Sie trieben Ackerbau, Handwerke und Gewerbe und wandten sich erst allmählich mehr und mehr dem Handel zu. In ihrem Glauben waren sie wenigstens vor zwangsweiser Bekehrung geschützt, seitdem der große Kirchenfürst Gregor I. (590—604) den Grundsatz aufgestellt hatte, daß Proselyten nur durch Überredung und Belehrung zu gewinnen seien. Nur ausnahmsweise wollte er gestatten, eine weltliche Belohnung für den Übertritt in Aussicht zu stellen, weil er sich der Hoffnung hingab, daß wenigstens die Sprößlinge der Bekehrten mit Herz und Gemüt für den neuen Glauben gewonnen werden könnten.

Für die Juden Galliens, welche nunmehr den Reichen der Burgunder und Franken angehörten, waren bisher die auch hier rechtsgültigen römischen Judengesetze niemals zu so bedrohlicher Wirksamkeit wie in Italien gelangt. Denn in den Gemütern ihrer christlichen Nachbarn war der neue Glaube noch so wenig vertieft, daß der Abscheu vor Ketzern und Ungläubigen bei ihnen kaum Wurzel geschlagen hatte. Diese Zustände blieben noch jetzt unverändert. Die Juden trieben in diesen Gegenden nach wie vor Ackerbau, Handel und Gewerbe und verkehrten mit den neuen germanischen Herren ebenso harmlos und friedlich, wie früher mit den römischen Provinzialen. Erst durch die Kirchenkonzilien, welche die gesellschaftliche Trennung der Christen von den Juden herbeiführen und befestigen wollten, wurde dieser ungehemmte Verkehr als gefährlich und verderblich für den wahren Glauben immer von neuem untersagt. Zum Glück für die Juden machte die kirchliche Gesinnung gerade bei den Franken äußerst langsame Fortschritte. Das rauhe und kriegerische Volk, weit entfernt, religiösem Fanatismus zugänglich zu sein, empfand schon die ihm von der Kirche zugemutete Milde und Sanftmut als eine unerträgliche Belästigung, und die Herrscher aus dem merovingischen Königshause, deren Gewalt auf dem Rechte der Erblichkeit fest und sicher beruhte, unterstützten nur lässig und verdrossen die weitgehenden Ansprüche der Kirche, deren Einfluß zu vermehren sie keine Veranlassung hatten. Erst als nach der Unterwerfung der Burgunder (534), die zum größten Teil noch Arianer waren, die Könige den Geistlichen ihre Macht zur Ausrottung der Ketzerei liehen, um mit

ihrer Hilfe die verschiedenen Volksstämme leichter zu einer staatlichen
Einheit zu verschmelzen, erfuhren auch die Juden Unduldsamkeit und
Verfolgungen. Allein die ununterbrochenen politischen Wirren, die
das Reich zerrütteten, verminderten für die Juden die Heftigkeit und
Dauer der Leiden, und die wiederholten Teilungen des Reiches in
verschiedene Staaten, die einander mit Erbitterung bekämpften, verschaffte den Bedrängten die stete Möglichkeit, vor dem Grimme des
einen Königs in den Bereich seines feindlichen Verwandten zu fliehen
und daselbst Schutz und Zuflucht zu finden. Nur zur Zeit des
Königs Dagobert (622—638) machte sich Haß und Druck gleichmäßig im ganzen Frankenreiche geltend, und es sind leise Anzeichen
dafür vorhanden, daß sein zorniger Eifer genährt und geschürt worden
sei durch den zeitgenössischen oströmischen Kaiser Heraklius, welcher
damals an den Juden des heiligen Landes ihre an den Christen geübte Rache mit unmenschlicher Grausamkeit heimsuchte.

Im eigentlichen Germanien gab es damals erst sehr wenige
Juden. Über ihre Verhältnisse ist aus dieser Zeit näheres nicht
überliefert.

Zahlreicher als im Lande der Franken saßen die Juden um
jene Zeit auf der pyrenäischen Halbinsel. Sie liebten das
herrliche Land mit derselben Wärme wie die einstige Heimat am
Jordan. Denn sein glückliches Klima, seine üppige Fruchtbarkeit
und seine anmutigen landschaftlichen Schönheiten erinnerten die Einwanderer lebhaft an die gesegneten Fluren des gelobten Landes,
das unter demselben Himmelsstriche liegt, und boten ihnen eine
natürliche Grundlage, die ererbten Gewohnheiten ihres Lebens friedlich fortzusetzen. Sie bebauten den eigenen Acker oder ernährten sich
von ihrer Hände Arbeit als Handwerker und Kaufleute. Die staatlichen und städtischen Ämter waren ihnen in gleicher Weise wie ihren
Landesgenossen zugänglich, und niemand störte sie in der freien Ausübung ihres Gottesdienstes. Dieses bescheidene Glück blieb ihnen
gewahrt, auch als die Sueven, Alanen, Vandalen und Westgoten sich in den Besitz des Landes gesetzt hatten. Es nahm erst
ein jähes Ende, als die westgotischen Könige seit dem tüchtigen und
kraftvollen Reccared (586—601) vom arianischen Glaubensbekenntnis zum katholischen übertraten und nun mit allen Mitteln danach
trachteten, sämtliche Untertanen zu den gleichen religiösen Anschauungen
zu bekehren, um mit Hilfe der Glaubenseinigung die Staatsgewalt

zu heben und zu kräftigen. Darum wurden bald auch die Juden
zur Annahme des Christentums gezwungen, und viele von ihnen,
fortgerissen von unendlicher Liebe zu dem teuren Heimatlande, in
welchem ihre Väter seit undenklichen Zeiten ansässig waren, beugten
sich mehr oder minder willig der Gewalt, in der törichten Hoffnung,
daß die harte Maßregel nur von kurzer Dauer sein werde. Sie
sollten den übereilten Schritt bald bitter bereuen. Die Kirche verwarf zwar die gewaltsame Bekehrung der Ungläubigen, stellte aber
nichtsdestoweniger den dieser Anschauung widersprechenden Grundsatz
auf, daß selbst die durch Zwang gewonnenen Proselyten unter allen
Umständen in dem neuen Glauben verharren müßten. Von diesem
Gesichtspunkte aus ging die westgotische Gesetzgebung mit unerbittlicher Strenge gegen die bekehrten Juden vor und heftete sich wie
das rächende Verhängnis an ihre Sohlen. Sie mußten sich namentlich sowohl an den jüdischen, als auch an den christlichen Feiertagen
unter die Aufsicht der Geistlichen stellen, damit sie nicht heimlich
etwa jene heiligen und diese entweihen könnten. Sie durften nicht
einmal ohne ausdrückliche Reiseerlaubnis des Ortsgeistlichen im
eigenen Vaterlande von einem Ort zum anderen reisen. Durch diese
und ähnliche grausame Bestimmungen sammelte sich ein furchtbarer
Groll in den Herzen der zahlreichen Scheinchristen und derjenigen
Juden, die dem väterlichen Glauben treu geblieben waren, gegen ihre
westgotischen Peiniger, und es wird begreiflich, daß sie mit Jubel
die Araber begrüßten, als diese 711 die Halbinsel eroberten. Sie
wurden ihre begeisterten Kampfgenossen und ließen sich von den
Siegern dazu benutzen, die neu gewonnenen Plätze für sie zu halten.
Diese jüdischen Besatzungen wurden die Pfropfreiser, aus denen die
großen, blühenden Gemeinden in Granada, Sevilla, Toledo und
andern großen Städten der pyrenäischen Halbinsel hervorgegangen
sind.

Viertes Kapitel

Das geistige Leben der Juden (500—750).

1. Die halachische Tätigkeit der Saboräer und ihrer Zeitgenossen.

Während dieses ganzen Zeitraumes war nur das Geistesleben
der Juden, die am Euphrat und Jordan wohnten, von nachhaltiger
Bedeutung. Den Gelehrten dieser Länder fiel die Aufgabe zu, die
reifen Früchte des Talmudstudiums gesammelt und gesichtet den

2*

späteren Geschlechtern, zu übergeben. Nach drei Seiten hin erstreckte sich ihr Schaffen. Es richtete sich auf die Gebiete der Halacha, der Haggada und der heiligen Schrift. Das Gesetz, wie es sich durch das Für und Wider der Ansichten entwickelt und ausgestaltet hatte, lag ihnen fertig im Talmud vor; sie hatten gleichsam ein dramatisches Bild vor sich, welches das Leben der letzten Jahrhunderte getreulich wiedergab. Wollten sie nun eine Entscheidung fürs praktische Leben treffen, so mußten sie sich in die talmudischen Auseinandersetzungen versenken und dabei freilich Zeit und Kraft an viele im Augenblicke gleichgültige Dinge verlieren, ehe sie zu einem kurzen Ergebnis gelangen konnten. Um diese mühselige Arbeit einigermaßen zu erleichtern, beschäftigten sich die babylonischen Gesetzesforscher jener Zeit damit, die lebhaften Gedankengefechte im Bereich des Talmuds im Geiste noch einmal zu durchleben und diejenige Meinung, die schließlich als die maßgebende gilt, in kurzen und knappen Worten anzumerken. Diese emsige und aufopfernde Tätigkeit lieferte ein ungemein nützliches Werk und schuf eine unentbehrliche Handhabe zur praktischen Nutzbarmachung der Halacha. Die Männer, welche uns in so bescheidener Form die Frucht ihres rastlosen Fleißes darbieten, heißen Meinende oder Saboräer.

Solches Sichten und Ausscheiden war im heiligen Lande für das Gebiet des jerusalemischen Talmud weniger erforderlich; denn die hier gesammelte Gemara besitzt bei weitem nicht den Umfang, die Tiefe und den Scharfsinn der babylonischen. Doch lenkte sich auch hier das Streben der Zeit darauf, eine für das praktische religiöse Leben unmittelbar nützliche Leistung zu schaffen. Im Talmud sind nämlich zwar die verschiedensten Lagen, in die das Leben den Menschen bringen kann, mit religiösen Vorschriften und Geboten eingehend bedacht; aber diese Bestimmungen sind oft nur nebensächlich und gelegentlich, wie gerade die Rede auf sie kam, verstreut und eingeflochten. Es ist z. B. an vielen Stellen außer dem Zusammenhange von Trauergebräuchen, von Synagogenvorschriften und dergleichen Dingen die Rede, ohne daß eine bequeme Übersicht davon gegeben ist. Da legte man in der damaligen Zeit Sammlungen an, welche die Regeln für bestimmte Gebiete in übersichtlicher Vollständigkeit so zusammenzustellen suchten, wie man sie zur Anwendung im täglichen Leben brauchte. Man trug demgemäß die halachischen Anordnungen über die Schreibung der Gesetzrollen und die Ordnung des

Gottesdienstes, über die Pflichten der Geselligkeit, über eheliche Ver=
hältnisse und über das Verhalten der Leidtragenden zusammen.
Diese Abhandlungen wurden der vierten Ordnung des babylonischen
Talmud als Anhang einverleibt und führen den Namen der kleinen
Traktate[1]).

2. Die Tätigkeit der Massoreten für das schriftliche Gesetz.

Neben diesem unablässigen Eifer für die Nutzbarmachung der
mündlichen Lehre blieb auch die Sorge für die unverletzliche und
unwandelbare Erhaltung des schriftlichen Gesetzes lebendig und. rief
gleichzeitig eine ganz eigenartige Literatur ins Leben. Bisher war
das Gotteswort durch mündliche Unterweisung vom Vater dem Sohne,
vom Lehrer dem Schüler übermittelt worden. Bei dieser Lehrweise
empfand man es darum kaum als einen Mangel, daß auch in der
Thora nach der bei allen alten, semitischen Völkern üblichen Weise
nur die Konsonanten, gleichsam das körperliche Knochengerüst der
Wörter, schriftlich festgehalten waren. Die Überlieferung des Klanges,
gewissermaßen der Seele der Wörter, war lediglich der Mitteilung durch
die menschliche Stimme vorbehalten. Aber die Möglichkeit, das Wort
Gottes aus der Väter und Lehrer Munde zu vernehmen, schwand
immer mehr dahin. Denn einerseits wurden die Schulen dadurch
entvölkert, daß die römischen Kaiser die Teilnahme am religiösen
Unterricht mit schweren Strafen an Leib und Leben bedrohten,
andrerseits nahm die Versprengung und Zersplitterung des jüdischen
Volkes immer mehr zu, seitdem über die Menschen, in deren Mitte
sie wohnten, ein gewisser Wandertrieb gekommen war und ganze
große Völkerschaften in unsteter Ruhelosigkeit wiederholt ihre Wohn=
sitze wechselten. Unter solchen Umständen strebten die damaligen
Gelehrten mit Recht danach, auch den überlieferten Klang der
Wörter dem sinnlichen Auge zu veranschaulichen. Getreulich, so wie
einst von Mose die heiligen Worte den Zeitgenossen vorgetragen
worden waren, sollten sie bis auf den leisesten Hauch von den
spätesten Geschlechtern gehört werden.

Man erfand darum Zeichen, welche die Aussprache der Kon=
sonanten und den Laut der Vokale sicherten und feststellten, und
setzte zu diesem Zwecke in, über, unter und neben die Buchstaben

---

[1]) שַׁבְּתוֹת קְטַנּוֹת oder מַסֶּכְתָּא.

Pünktchen und Strichlein. Bekanntlich sind aber selbst klingende
Wörter noch keine lebendigen Worte voll Sinn und Bedeutung.
Sie werden es vielmehr erst durch die richtige Betonung ihrer Silben
und durch die Verbindung der Worte zu Sätzen. Von diesem Gesichtspunkte aus schuf man außer dem Vokalisationssystem ein Akzen-
tuationssystem. Man versah nämlich die Wörter mit Zeichen, welche
einen dreifachen Zweck haben. In erster Reihe geben sie die Betonung der Silben an. Ferner dienen sie als Interpunktionszeichen,
um die Stellung des Wortes im Satze auszudrücken. Endlich sind
sie Noten, welche Stimmlage vorschreiben, in der man jeden Satz
vorzutragen hat. Die treuen Hüter der schriftlichen Überlieferung
hatten sich aber auch hiermit noch nicht genug getan. Sie fanden
im heiligen Texte hie und da Wörter von unregelmäßiger Recht-
schreibung. Sie bemerkten, daß zuweilen geschriebene Buchstaben
unterdrückt und ungeschriebene ausgesprochen werden, daß es Buchstaben gebe, die größer oder kleiner als die übrigen erschienen.
Darum unterzogen sie sich der opfervollen Mühe, derartige Unregel-
mäßigkeiten der Schreib- und Sprechweise anzumerken und nach Art
und Zahl in ihrem großen Werke, Massora genannt, zusammenzustellen. Um Verwechselungen vorzubeugen, die durch die Ähnlich-
keit des Wortlautes an manchen Stellen leicht sich einschleichen
konnten, ordneten sie die verwandten sprachlichen Erscheinungen und
Auffälligkeiten nach den verschiedenartigsten Gesichtspunkten, zählten
und wogen gleichsam den Text der heiligen Schrift und schützten sie
durch ein so kunstvolles Gehege, wie keine Literatur der Welt sich
dessen erfreut hat. Wir wissen nur sehr wenig von der Geschichte
dieser Wissenschaft und von den Namen der Gelehrten, die ihr Zeit
und Kraft gewidmet haben. Denn die vielen Geschlechter der
Massoreten, die offenbar an dem großen Werke mitgearbeitet haben,
verzichteten selbstlos auf die eigene wissenschaftliche Persönlichkeit und
setzten einen unglaublichen Scharfsinn und einen unbeschreiblich emsigen
Fleiß einzig daran, prunklos für eine unbekannte Zukunft zu wirken.
Fürwahr, ein musterhaft hohes Maß von Hingebung und Liebe zur
heiligen Schrift liegt in dieser anspruchslosen Wirksamkeit. Die
Weisen Babylons und Palästinas schufen unabhängig von einander
Punktationssysteme. Allein während wir als Frucht des babylonischen
Fleißes die daselbst entstandene Gemara unbegrenzt verehren, er-
teilen wir auf dem Gebiete der schriftlichen Lehre dem viel sorg-

fältigeren paläftinenfifchen Punktationsfyftem, als deffen Heimat
Tiberias genannt wird, den bleibenden Vorzug[1]).

3. Die Sammlung der haggadifchen Midrafchim.

Die mit fo vieler Liebe umhegte, mit fo vieler Sorgfalt be=
hütete fchriftliche Überlieferung war und blieb der Mittelpunkt des
Gottesdienftes. Das Gotteshaus war neben der Schule die einzige
Zufluchtsftätte für alles Denken und Empfinden des Volkes. Beide
Einrichtungen ftanden wohl fchon in jenem Zeitraum im untrenn=
barften Zufammenhang. Da der Unterricht in der Lehre felbft ein
Gottesdienft ift, lag der Gedanke nahe, denfelben Raum zugleich zum
Lehrhaufe und zum Bethaufe zu weihen. Man betete in der Schule,
um den Jugendunterricht nicht durch Ab= und Zugehen über Gebühr
unterbrechen zu müffen, und man unterrichtete im Gotteshaufe, um
an die Erbauung unmittelbar die Belehrung anzufchließen, wie denn
auch in der Tat der bis auf die Gegenwart üblich gebliebene Sprach=
gebrauch in finniger Weife in der Bezeichnung „Schule" beide Be=
griffe verfchmolzen hat.

Der Gottesdienft im engeren Sinne bot fchon feit Esra neben
der Erhebung des Herzens die Belehrung im Gotteswort, welches
gelefen, überfetzt und erklärt wurde. Man trug damals in Babylonien,
wie bereits[2]) bemerkt ift, neben dem Urtext diejenige chaldäifche
Überfetzung vor, welche den Namen des Onkelos an der Spitze
trägt, während man fich im heiligen Lande an die Übertragung hielt,
die dem Jonathan ben Ufiël zugefchrieben wurde. Die erftere
hält fich im allgemeinen ftreng an den Ausdruck des heiligen Textes,
die letztere dagegen liebt es, das heilige Wort zugleich in Kürze zu
erläutern und erbaulich zu beleuchten. So behauptet im Gottesdienft
überall neben dem Vorlefer (Karra) der Überfetzer (Meturgeman)
feinen Platz. Ihnen zur Seite ftand der Redner (Darfchan).
Denn fchon feit alter Zeit diente das Gotteswort als Ausgangspunkt
für religiöfe Belehrungen, durch die der Geift und das Gemüt der
Zuhörer ergriffen und erbaut werden follte. Zwanglos fchweifte

---

[1]) Erft aus fpäterer Zeit, vielleicht aus dem neunten oder zehnten Jahr=
hundert, haben fich die Namen zweier berühmter Gelehrten, Ben=Afcher und
Ben=Naphtali, auf die Gegenwart gerettet. Für unfere Ausgaben der heiligen
Schrift find die Notizen des Ben=Afcher maßgebend geworden.

[2]) I, S. 196.

der haggadische Vortrag bei der Deutung einer Stelle von warmer
Begeisterung für die herrlichen Gestalten der Bibel zu eindringlicher
Ermahnung und halachischer Belehrung. Solche Reden zum Zweck
der Schrifterklärung begann man in jener Zeit zu sammeln und
nannte sie Midrasch. Die bald kürzeren, bald längeren Ausführungen
und Bemerkungen wurden am Faden der heiligen Schrift aufgereiht
und für die einzelnen biblischen Bücher in besonderen Sammelwerken
vereinigt. Zuerst kam der Midrasch zum ersten Buche Moses zustande.
Um vom Inhalt und der Weise dieser Vorträge eine Anschauung
zu geben, stellen wir in der Übersetzung einen Auszug der Bemerkung
zu 1 M. 2, 3 zusammen:

„Und Gott segnete den siebenten Tag und heiligte ihn.“ Es
heißt: „Der Segen des Ewigen macht reich[1]“, d. i. der Sabbath, von
dem es heißt: Gott segnete den siebenten Tag; „er führt keine Betrübnis mit
sich“, d. i. die Trauer, wie es heißt: „Der König (David) betrübte sich
wegen seines Sohnes (Abfalom)[2]“. Nach R. Ismael segnete Gott den Sabbath
mit dem Manna (II. M. c. 16) und heiligte ihn durch das Manna. Das erstere
geschah, indem an jedem Tage der Woche ein Omer fiel, am Vorabend des
Sabbaths aber zwei Omer fielen; das letztere aber geschah, indem am Sabbath
gar kein Manna fiel. Nach R. Nathan dagegen segnete Gott den Sabbath
mit dem Manna und heiligte ihn durch einen besonderen Segensspruch[3].
Nach Rabbi Isaak segnete Gott ihn durch das Manna und heiligte ihn durch
die Hinrichtung des Holzsammlers (IV. M. 15, 32 ff.) .... Oder: Gott segnete den
Sabbath mit dem Lichte des Menschen und heiligte ihn auch dadurch; denn
das Antlitz des Menschen an den Wochentagen ist ein anderes als am
Sabbath ..... Rabbenu (d. i. R. Jehuda ha-Nassi) machte am Sabbath für
den Kaiser Antoninus ein Gastmahl, und es wurden ihm kalte Speisen vorgesetzt. Er aß davon und es schmeckte ihm gut. Derselbe machte aber auch
ein Gastmahl an einem Wochentage und trug warme Speisen auf. Da sprach
Antoninus: „Jene Mahlzeit schmeckte mir besser als diese.“ „Das kommt
daher,“ entgegnete Rabbenu, „weil heute ein Gewürz fehlt.“ „Sollte denn in
der königlichen Speisekammer etwas fehlen?“ „Jawohl, der Sabbath fehlt.
Hast du etwa einen Sabbath?“ R. Ismaël bar Joseph fragte Rabbi: „Warum
erfreuen sich die Babylonier eines so glücklichen Lebens?“ „Er antwortete:
„Wegen des Verdienstes um die Thora.“ „Warum erfreuen sich die Bewohner des
heiligen Landes eines glücklichen Lebens?“ „Wegen der Zehnten.“ „Warum erfreuen sich auch die Leute außerhalb des heiligen Landes eines glücklichen Lebens?“
„Weil sie die Sabbathe und Festtage ehren.“ R. Chijja bar Abba erzählte
(zum Beweise): „Einmal lud mich ein Mann aus Laodicea ein und setzte uns

---

[1] Spr. Sal. 10, 22.   [2] 2. Sam. 19, 3.
[3] Er lautet: „Gelobt seist du, Ewiger, der du den Sabbath heiligst.“

eine große Schüſſel vor, getragen auf ſechzehn Stangen. In ihr fand ſich von
allem, was in den ſechs Schöpfungstagen hervorgebracht war. Ein Kind ſaß
an der Tafel und rief: „Dem Ewigen gehört die Erde und was ſie füllet¹).“
Warum rief das Kind ſo? Damit der Hausherr nicht ſtolz werden ſollte. Da
ſprach ich zu ihm (dem Hausherrn): „Mein Sohn, wodurch gelangteſt du zu
all dieſer Herrlichkeit?“ „Ich bin Fleiſcher geweſen,“ gab er zur Antwort, „und
alles ſchöne Vieh, das ich an Wochentagen ſah, beſtimmte ich gleich für den
Sabbath.“ „Da biſt du,“ verſetzte ich, „nicht umſonſt zu deinem Reichtum gelangt“ . . . . Der Tyrann Rufus, „der Frevler,“ fragte den R. Akiba: „Was
iſt ein Tag anders als die anderen Tage?“ „Was iſt ein Mann anders,“
entgegnete Akiba, „als die anderen Männer?“ „Was ſprichſt du da?“ A: „Du
fragteſt mich, was der Sabbath anders ſei als die anderen Tage, und ich habe
dir hierauf die Antwort gegeben: Was iſt ein Mann anders als die anderen
Männer? Was zeichnet den Tyrannen Rufus vor anderen Männern aus?“ Da
antwortete Rufus: „Weil der König Luſt hatte, mich zu ehren.“ Akiba aber
entgegnete: „Gott wollte eben auch dieſen Tag beſonders ehren.“ . . . . . .
Nach R. Simeon ben Jochai ſprach der Sabbath vor Gott: Herr der Welten:
alle Tage haben einen Tag, mit dem ſie ein Paar bilden, nur ich nicht. Gott
entgegnete ihm: Du bildeſt ein Paar mit der Gemeinde Iſraels. Darum ſprach
Gott zu den Iſraeliten, als ſie an dem Berge Sinai ſtanden: Gedenket des
Wortes, das ich zum Sabbath geſprochen: Die Gemeinde Iſraels wird mit dir
ein Paar bilden, wie es heißt: Gedenke des Sabbathtages, ihn zu heiligen (dich
ihm zu vermählen) . . . . .

Im Alter am nächſten ſteht dem Midraſch zum erſten Buche
Moſes²) derjenige zu den Klageliedern des Propheten Jeremias,
die einen unerſchöpflichen Stoff für mahnende und tröſtende Worte
boten. Nach und nach wurden die haggadiſchen Vorträge zu den
übrigen Büchern der Thora³) und zu den anderen Megillot zu-
ſammengetragen. Die Sammlungen führen den Geſamtnamen
Midraſch rabbot⁴). Es gab aber noch andere Geſichtspunkte für
die Sammler als die Anknüpfung an die Bücher der heiligen Schrift.
Einige ſtellten haggadiſche Betrachtungen über die Feſte und die

----

¹) Pſ. 24, 1.

²) Er heißt: בְּרֵאשִׁית רַבָּה oder בְּרֵאשִׁית דְרַבִּי הוֹשַׁעְיָה רַבָּה, d. h. Bere-
ſchit des älteren R. Hoſchaja, mit deſſen Ausſpruch das Werk beginnt.

³) Man nennt ſie nach den üblich gewordenen hebräiſchen Bezeichnungen
der einzelnen Bücher mit dem Zuſatz רַבָּה z. B. den zum 2. Buch Moſe שְׁמוֹת רַבָּה,
den zum 3. Buch Moſe וַיִּקְרָא רַבָּה uſw. In derſelben Weiſe werden die
Midraſchim zu den Megillot bezeichnet, z. B. אֵיכָה רַבָּה zu den Klageliedern
des Jeremias uſw.

⁴) מִדְרָשׁ רַבּוֹת.

im Gottesdienst ausgezeichneten Sabbate[1]) zusammen, während andere biblische Ereignisse oder Personen zum Mittelpunkt eines Midrasch machten, z. B. den Segen Jakobs, die Geschichte Moses, den Tod Aharons usw. Hin und wieder wurden selbst die legendenhaft verklärten Gestalten der späteren Zeit, wie R. Elieser ben Hyrkanos, der berühmte Schüler des R. Jochanan ben Sakkai, dazu benutzt, um Haggadoth um sie zu gruppieren[2]). So verband, sichtete und sammelte man eine Fülle haggadischen Stoffes, der freilich teilweise schon aus dem Talmud bekannt war, aber in dieser neuen Form als etwas Eigenartiges den halachischen Sammlungen gegenübersteht. Es bildete sich eine Literatur, die sechs Jahrhunderte lang, vom sechsten bis zum zwölften Jahrhundert, die Geister anregte, und beschäftigte und immer reicher an Umfang und Inhalt wurde. Wie diese Geistesschätze während jenes langen Zeitraumes allmählich zusammengetragen und aufgespeichert wurden, hat erst in der jüngsten Vergangenheit (1832) Leopold Zunz klar erkannt und mit der unerreichten Meisterschaft, die ihn auszeichnet, in seinem Buche über „die gottesdienstlichen Vorträge der Juden" geschichtlich entwickelt.

4. Die Entwickelung des öffentlichen und häuslichen Gottesdienstes.

Die Vorlesung der ganzen Thora wurde in Palästina in drei Jahren, in Babylonien in einem Jahre abgeschlossen und wird auch heute noch allerwärts gewöhnlich im Laufe eines Jahres beendigt. Nächst der religiösen Unterweisung gewährte der öffentliche Gottesdienst dem Volke vor allem gemeinschaftliche Erbauung durch das Gebet. Wir wissen, daß schon die Männer der großen Versammlung den Geist der Beter zu gewissen Grundwahrheiten hinlenkten, daß durch sie zwei Pflichtgebete, das Schema und das Achtzehngebet, umrahmt von Segenssprüchen, entstanden sind, und daß sogar seit sehr alter Zeit die drei ersten und die drei letzten Sprüche des Hauptgebetes bereits ihre bleibende Form besaßen[3]). Die übrigen, ihrem Inhalt nach allmählich festgestellten Bitten, Wünsche und Anrufungen gestalteten sich im Munde der Andächtigen

---

[1]) Eine derartige Sammlung heißt פְּסִיקְתָּא Abteilung, Stück (wegen der Sabbath- und Festlesestücke, auf welche sie sich beziehen).

[2]) Diesen Midrasch nennt man: פִּרְקֵי דְרַבִּי אֱלִיעֶזֶר die Abschnitte, (welche vom Leben) des Rabbi Elieser (handeln).

[3]) S. I, S. 46. 115 ff. 216 f.

zuvörderst nach persönlichem, beliebigem Bedürfnis. Erst im Laufe der Zeit wurde dieses Gerüst unserer Gebetsammlung nach und nach ausgebaut. Die Verhältnisse der Gesamtheit Israels, die Sitten, der Geschmack der Menschen, die Ansprüche des Einzelnen an das tägliche Leben, alles dies wirkte auf die endgültige Feststellung und Ordnung der Gebetformeln. Das Bedürfnis der gemeinsamen Andacht veranlaßte die Gemeinde, auf die Übereinstimmung im Ausdruck zu dringen. Demgemäß empfahl es sich, einen Vorbeter [1]) zu bestimmen, der die Gebete vortrug und so dem Einzelnen, auch wenn er kein Gebetbuch besaß, die Möglichkeit persönlicher Teilnahme am Gottesdienste gewährte. Der Kenntnislose wurde dadurch wenigstens in den Stand gesetzt, am Schlusse jedes Segensspruches durch ein „Amen" das Gehörte zu bekräftigen. Durch den Vorbeter befestigte sich mehr und mehr auch die Form der Segenssprüche, und am Ende des Zeitraums, von dem wir reden, also um 750, besaßen die Gebetformeln nahezu diejenige Gestalt, welche sie bis auf die Gegenwart behalten haben.

Am Morgen erhob sich vor Beginn der Pflichtgebete die menschliche Seele in unbezwinglichem Drange zum Schöpfer und pries ihn mit den Worten des Psalmisten [2]). Über die Psalmen, deren Zahl an Sabbathen und Festtagen vermehrt ward, sprach man am Anfang [3]) und Ende [4]) einen Segen. Darauf rief der Vorbeter die Gemeinde zum eigentlichen Gebet auf mit den Worten: „Preiset den Ewigen, den Hochgepriesenen!" Es folgten dann die Sprüche und Gebete,

---

[1]) Den Vorbeter nannte man zuerst קְרוֹבָא, d. h. denjenigen, der an Stelle der Opfer das Gebet der Gemeinde dem Allvater darzubringen hat. Später wurden die Amtsnamen שְׁלִיחַ צִבּוּר (wörtlich: der Abgesandte der Gemeinde) und חַזָּן (wörtlich: der Aufseher) üblich. Das letztere Wort bezeichnete bereits im zweiten Tempel denjenigen Subalternbeamten, welchem die Aufsicht über die äußere Tempelordnung oblag. In späterer Zeit verstand man unter חַזָּן den Beamten, welcher der Jugend den elementaren hebräischen Unterricht erteilte und sie beim Gottesdienste beaufsichtigte. Als dann häufig die Ämter des Jugendlehrers und des Vorbeters in einer Person vereinigt wurden, blieb חַזָּן ein Würdename für den Vorbeter, selbst nachdem die Gemeinden die Ämter wieder getrennt hatten.

[2]) Diesen Teil des Gottesdienstes nennt man פְּסוּקֵי דְזִמְרָה.

[3]) Er beginnt mit den Worten: בָּרוּךְ שֶׁאָמַר.

[4]) Er beginnt mit den Worten: יִשְׁתַּבַּח שִׁמְךָ.

deren Inhalt bereits angegeben ist, und auf das Achtzehngebet abermals Psalmen und eine Reihe passender Bibelsprüche. Am Schlusse
fügte man schon in ziemlich früher Zeit das von Rab verfaßte Gebet[1]
an, welches das messianische Heil und die Herrlichkeit des Himmel-
reiches auf Erden mit begeisterten Worten schildert.

Dieser ganze Strauß von Gebeten, Psalmen und Sprüchen wird
zusammengehalten durch einen wiederkehrenden Hymnus[2] in der damals allen Betern verständlichen (chaldäischen) Landessprache. Er
bittet um gnädige Aufnahme des Gebetes der Gemeinschaft Israels,
welcher der Herr Leben und Frieden spenden möge.

Da das öffentliche Gebet seiner Veranlassung und Entstehung
nach für die Teilnahme am Opferkultus einen Ersatz bieten sollte,
so versammelte es zweimal täglich die Gemeinde um die Zeit, da
ehemals im Heiligtum geopfert wurde: wenn die Sonne aufging und
wenn sie zu sinken begann. Das Nachmittagsgebet[3] beschränkte sich
auf die achtzehn Segenssprüche, eingeleitet von einem Psalm. Außerdem ward mit oder nach dem Beginn der Nacht schon in uralter
Zeit nochmals das Schema gelesen, welches nach biblischer Vorschrift
eben zu der Zeit, „wenn man sich niederlegt und wenn man aufsteht,"
gesprochen werden soll. Nach dem Abschluß des Talmuds war das
Schema, welches den Grundbestandteil des heutigen Abendgebetes[4]
bildet, bereits mit einem Kranz von Segenssprüchen ausgeschmückt
und zu einem dritten täglichen Pflichtgebete für die versammelte Gemeinde gestaltet. Der erste einleitende Spruch lobt Gott als denjenigen, der die Sonne sinken und den Abend dämmern läßt[5],
während der zweite in gleicher Weise wie am Morgen, nur in ge-
drängterer Form, unsere Freude an der Lehre und den Geboten, über
die wir sinnen Tag und Nacht, ausdrückt[6]. Darauf folgt das Schema.
Nach seinem dritten Absatz, welcher auf die Erlösung aus der Knechtschaft hinweist, wird wie am Morgen der Herr als Retter und Befreier gepriesen[7]. Dann bittet der Mensch in einem zweiten Spruch

---

[1] Es beginnt mit den Worten: עָלֵינוּ לְשַׁבֵּחַ (Vergl. I, S. 217).

[2] Man nennt ihn קָדִישׁ.

[3] תְּפִלַּת מִנְחָה.

[4] תְּפִלַּת עַרְבִית.

[5] בִּרְכַּת הַמַּעֲרִיב עֲרָבִים.

[6] בִּרְכַּת אַהֲבַת עוֹלָם.

[7] בִּרְכַּת גְּאֻלָּה.

um Frieden und Schutz für die Nacht und um Gottes Beistand in jeglicher Gefahr[1]). Daran knüpft der dritte Segensspruch eine Auswahl von Bibelstellen, welche die Herrlichkeit Gottes besingen und endigt mit einem hoffenden Ausblick in die messianische Zukunft[2]). Hier beschließt der erwähnte chaldäische Lobgesang die das Schema umgebenden Segenssprüche und überläßt es dem Beter, alles, was ihn persönlich bewegt, noch einmal mit den Worten der Tefillah vor seinem Gotte auszusprechen.

So verlief der öffentliche Gottesdienst an Werktagen. An Sabbathen und Festtagen kam das Mussaphgebet[3]), an Stelle der besonderen einst für diese Tage bestimmten Opfer hinzu. Es erinnert uns an die einstige nationale Größe Israels, die um unserer Sünden willen dahin geschwunden ist, führt die Schriftstellen an, welche das Opferritual für die betreffenden festlichen Tage angeben, und drückt endlich den Wunsch und die Sehnsucht aus, daß Gott seine messianischen Verheißungen in der Zukunft erfüllen möge. Den Mittelpunkt des Gottesdienstes zwischen dem Morgen= und dem Mussaphgebete bildete die Vorlesung und Übersetzung der Schrift, wozu sich häufig ein haggadischer Vortrag gesellte.

Bei diesem Grundstock der Gebete, die während dieses Zeitraumes ihre dauernde Form gewannen, blieb es nicht lange. Die Begeisterung, in welche der Psalmist den Andächtigen versetzte, sowie die Weihe und Muße des Sabbaths und Festes, entlockte seiner Brust neue Hymnen und dichterische Betrachtungen, welche das alte Gebet blühend umrankten. Schon in jener frühen Zeit erweiterte sich daher der die Psalmen beschließende Segensspruch für den Sabbath zu einem Jubelgesang auf den Herrn: „Wenn auch unser Mund voll wäre des Gesangs wie das Meer, und unsere Zunge des Jubels wie das Brausen seiner Wellen, und unsere Lippen voll Preis wie die Ausdehnung des Firmaments, und unsere Augen leuchtend wie Sonn' und Mond, und unsere Hände ausgebreitet wie die Adler am Himmel, und unsere Füße schnell wie die Rehe, — wir würden nicht damit ausreichen, Dir zu danken, Ewiger, unser Gott und unserer Väter Gott, und zu segnen Deinen Namen für eine der tausend= und aber-

---

1) בִּרְכַּת הַשְׁכִּיבֵנוּ.

2) בִּרְכַּת וְרָאוּ עֵינֵינוּ.

3) תְּפִלַּת מוּסָף.

tausend=, ja myriadenfachen Wohltaten, die Du getan an unseren Vätern und an uns"[1]). Zu so begeisterten Lobpreisungen seines Schöpfers erhebt sich der Dichter in freier, schwungvoller unge= bundener Rede.

Zu jener Zeit erwachte unter den Juden, vielleicht durch die nähere Bekanntschaft mit der frisch aufblühenden, arabischen Poesie angeregt, der Sinn für kunstvollere Dichtungsformen. Es wurde zunächst an diejenige angeknüpft, welche schon in der Bibel, besonders in einigen Psalmen, zur Anwendung kommt und darin besteht, daß die Verse alphabetisch geordnet sind. Eine solche alphabetische An= einanderreihung poetischer Gedanken schob sich bereits in jener Zeit erweiternd in den ersten Segensspruch ein, der das Schema am Sabbath einleitet[2]).

Welche Gelegenheit aber war für Israels Dichter verlockender, in die Tiefe des menschlichen Gemütes hinabzusteigen und alle seine Empfindungen ans Licht zu fördern, als der der Trauer geweihte neunte Ab und namentlich der der Buße gewidmete Versöhnungs= tag! Ihre geheiligten Stunden eigneten sich besonders für ein weihevolles Wort. Am Sühnfest entrang sich dem nach Vergebung schmachtenden Herzen das Bekenntnis seiner Schuld. So ent= stand eine wiederholte Aufzählung der menschlichen Schwächen und Fehler in alphabetischer Ordnung. Besonders ergreifend wirkte von alter Zeit her diejenige Stunde des heiligen Tages, in welcher einst der Hohepriester das einzige Mal im Jahre allein das Allerheiligste betrat, nachdem er betend und beichtend den Ewigen bei dem ge= heimnisreichen Namen angerufen hatte, den im profanen Leben die Zunge eines Sterblichen nicht aussprechen, kaum das Ohr eines Sterblichen je vernehmen durfte, bei dessen Nennung das Volk im Tempel anbetend auf das Antlitz fiel und ausrief: "Hochgepriesen sei der Name der Herrlichkeit seines Reiches immer und ewig!" Dieser

---

[1]) Aus נִשְׁמַת כָּל־חַי תְּבָרֵךְ.

[2]) Das Stück beginnt mit den Worten: אֵל אָדוֹן עַל כָּל הַמַּעֲשִׂים. Eine alphabetische Reihenfolge von Wörtern in der geraden Reihenfolge der Buchstaben findet sich am Eingang desselben Segensspruches für die Werktage (אֵל בָּרוּךְ גְּדוֹל הַדֵעָה), eine alphabetische Reihenfolge von Wörtern in der um= gekehrten Reihenfolge der Buchstaben im ersten Satz der Mussaphtephilla für den Sabbath (תִּכַּנְתָּ שַׁבָּת). Beide Zugaben scheinen bereits dieser Zeit oder dem benachbarten folgenden Jahrhundert anzugehören.

Vorgang ist in breiter Schilderung dargestellt worden, damit sich die Gemeinde wenigstens an dem Berichte vom heiligen Dienste[1]) erbauen und die Größe der Stunde nachempfinden könne. Die kurzen Gebete, welche der Hohepriester in der Vorhalle und im Allerheiligsten sprach, sind nach der Darstellung der Mischna wörtlich wiedergegeben, und bei der Erwähnung des heiligsten Momentes fällt noch heute die andächtige Gemeinde auf das Angesicht.

Als ein anderes vortreffliches Mittel, einen lebhaften und tief empfundenen Gedanken der Gesamtheit wiederzugeben, erwies sich die refrainartige Wiederholung eines Ausdrucks mit einem wechselnden Zusatz. Die menschliche Stimme kann nicht in einer und derselben Tonfolge mehrere Bewegungen des Gemütes gleichzeitig ausmalen; sie wiederholt darum oft denselben Text in verschiedener Weise, um nacheinander seine ganze Bedeutung zu Gehör zu bringen. So läßt der Dichter zum Beispiel die Gemeinde ihr Gefühl ausströmen in den Worten: „Unser Vater, unser König[2])!" Der gemeinsame Anruf hebt die Empfindung, reißt das Herz mit fort, wie der Takt den Schritt vorwärtsdrängender Sieger. Aber es handelt sich nicht bloß um eine gleichmäßige Bewegung des Gemütes; der Dichter gießt zugleich lichtvolle Erkenntnis über das Thema aus, indem er es in seiner ganzen Vielseitigkeit ausführt. Das menschliche Herz wendet sich an den Vater und König mit solchen Wünschen und Bitten, welche die verschiedenen Ausstrahlungen seiner Vollkommenheit wirksam zu machen streben. Derartige Dichtungen, die je nach Gebrauch und Sitte abwechselnd vom Vorbeter und der Gemeinde vorgetragen werden, nennen wir Litaneien[3]).

Dieselbe liebevolle Pflege wie der öffentliche fand auch der häusliche Gottesdienst. Wir haben schon während des vorigen Zeitraums die Segenssprüche und Gebete, welche das häusliche Leben des Israeliten schmückten, in der Grundlage kennen gelernt. In der nachtalmudischen Zeit wurde auch diese Seite der religiösen Praxis weiter ausgebildet und jeglicher Anlaß, das Leben im Hause zu

---

[1]) עֲבוֹדָה.

[2]) אָבִינוּ מַלְכֵּנוּ.

[3]) Die schöne Litanei über das Thema: „O hilf doch! (הוֹשַׁעְנָא)", welche am Hüttenfeste beim Umzug mit dem Feststrauße gesungen wird, ist eine derartige poetische Einschiebung, die in der Anlage vielleicht schon aus dem Tempelritual stammt.

weihen und zu heiligen, gewissenhaft wahrgenommen. Schon da=
mals war Friede und Freude für den Juden fast nur im Schoße
der Familie zu finden, und man feierte darum hier mit besonderem
Behagen alle festlichen Vorgänge des bürgerlichen und des religiösen
Lebens. Besonders freundlich stattete man schon um dessentwillen
das Fest der Erlösung, das Peßachfest, aus, weil es ein Sinnbild
der Freiheit war, welche man in der Zukunft wiederum so sehnsüchtig
erhoffte. Gemäß der biblischen Vorschrift: „Sag es Deinem Sohne!"
waren schon zur Zeit der Mischna die das kindliche Gemüt anregenden
Fragen[1] für den häuslichen Gebrauch in der noch heute üblichen
Form entworfen und festgestellt. Jetzt wurde der Bericht, der jene
Fragen zu lösen bestimmt ist, verbreitert und mit neuen Erklärungen
ausgestattet. Nach der Erzählung vom Auszug aus Ägypten stimmte
man zur Erinnerung an das Tempelritual die Hallel = Psalmen
(Pf. 113—118) an und aß vor der Mahlzeit von den Speisen,
welche symbolisch auf die bitteren Tage der Knechtschaft, auf die
schwere Frohnarbeit und den eiligen Aufbruch der Väter hinwiesen.
Nach dem Festmahl sprach man das Tischgebet und sang zum Schluß
abermals Dank= und Lobgesänge.

Natürlich empfing auch jeder neue Lebensabschnitt des Israeliten
seine religiöse Weihe. Die Segenssprüche bei der Aufnahme eines
Knaben in den Bund Abrahams und bei der Begrüßung des Braut=
paares am Hochzeitstage erhielten ihre feste Ausprägung. Die hoch=
zeitliche Freude wie der Schmerz der Leidtragenden fanden stets
allgemeinen Widerhall in den Herzen der Mitglieder der Gemeinde,
und der Redner gab dieser Teilnahme willig Ausdruck, indem er die
häuslichen Freuden und Leiden, im Anschluß an einen Segensspruch
oder eine Schriftstelle, haggadisch beleuchtete. Dadurch entstand der Ge=
brauch von Vorträgen bei Hochzeiten und Beerdigungen. Derartige
Anreden nannte man Segnungen und Tröstungen[2].

---

[1] מָה נִשְׁתַּנָּה. Vergl. I, S. 114.

[2] S. Zunz „Gottesdienstliche Vorträge" (2. Aufl.) S. 348. So bezeichnet
sie auch das Kaddisch-Gebet, in welchem Gott gepriesen wird, als „hocherhaben
über alle Segenssprüche und Lieder, über alle Lobpreisungen und Trostverheißungen,
die gesprochen werden in dieser Welt". Mit diesen selben Worten unterwirft sich
der Israelit nach den menschlichen Trostreden, die am Grabe seines Angehörigen
ihm gespendet wurden, dem Willen Gottes und heiligt ihn. Dasselbe Kaddisch=
Gebet pflegen darum auch Verwaiste während des Trauerjahres um den Heimgang der Eltern zum Gedächtnis an die Verstorbenen täglich vor versammelter
Gemeinde zu sprechen.

5. Die Tätigkeit der ersten Geonim.

Wie jede Gemeinde lebhaften Anteil nahm am Wohl und Wehe ihrer einzelnen Mitglieder, so verband alle zerstreuten Gemeinden des Erdenrunds das gemeinschaftliche Interesse für das Wohl und Wehe der damaligen höchsten Würdenträger in Israel. In jeder Synagoge legte man damals allsabbathlich ein besonderes Gebet für den Resch-Gelutha und die Vorsteher der großen Akademien ein. Das Ansehen des Exilarchen wuchs mit der Ausdehnung der arabischen Herrschaft. Je weiter sich diese verbreitete, desto unmittelbarer wurde sein Einfluß auf die überwiegende Mehrzahl der damaligen Juden. Die Auszeichnung, die durch seine Vermittelung den Juden zuteil wurde, stachelte deren Ehrgeiz und förderte ihre Studien. Die Gelehrsamkeit der Gaonen trat in jener Zeit um so glänzender hervor, je seltener umfangreiche Kenntnisse bei den Juden der übrigen Länder zu finden waren. Darum wandte sich jeder, der die Aufklärung einer halachischen Schwierigkeit oder die Entscheidung in einer Ritualfrage suchte, an die Vorsitzenden der wiederaufblühenden Schulen von Sura und Pumbeditha. Von hier aus wurden Gutachten in die fernsten Gegenden geschickt und hier versammelte sich, wie schon zur Zeit der Amoräer, auch jetzt noch das Volk zur regelmäßigen Belehrung in den Kalla-Monaten[1]). Trotzdem sind uns selbständige literarische Erzeugnisse aus dieser ersten Zeit des Gaonats fast gar nicht erhalten. Das einzige Buch, das ihr entstammt, ist von einem Gelehrten verfaßt, der zwar die Fähigkeit und den Titel eines Gaon besaß, aber nicht das Amt eines solchen bekleidete. Er hieß Rab Acha und hinterließ eine Sammlung von Vorträgen zu den Wochenabschnitten der Thora unter dem Titel: Schëiltot (Fragen). Der Verfasser knüpft jedesmal an einen Text oder ein Thema aus der heiligen Schrift an, entwickelt an der Hand desselben ein religiöses Gesetz mit allen seinen Verzweigungen und wirft schließlich eine noch unerledigte Frage aus demselben Gebiet der religiösen Praxis auf, die er nach biblischen und talmudischen Quellen prüft und entscheidet. Der auf die Praxis gerichtete Sinn des Zeitalters trat also auch bei diesem selbständigen Geisteserzeugnis klar zu Tage und zeigt deutlich, wie der Geist der Gaonen sich immer mehr dem Ziele zuwandte, den Menschen ganz und gar im Juden aufgehen zu lassen und sein

---

[1]) Vgl. I, S. 228.

gesamtes Leben zu umspinnen und zu durchweben mit den aus der
Bibel und dem Talmud sich ergebenden gesetzlichen Verpflichtungen.

Die Gesamtheit fühlte sich wohl und geborgen im Schatten des
Gesetzes, das für sie aus dem Geiste der Väter zu einem so stattlichen
Baum erwachsen war. Allein die selbstgenügsame Einseitigkeit der
Überzeugung erfuhr bald eine bedenkliche Störung. Denn wie in
jedem Gemeinwesen fanden sich auch bei den Juden Keime des
Widerstandes, die durch gewaltige innere und äußere Einflüsse
allmählich erstarkten und die Saat des Unfriedens üppig gedeihen
ließen. Ist es doch in der mangelhaften Natur aller irdischen Einrichtungen aufs tiefste begründet, daß sie niemals ausnahmslos die
Gesamtheit zu befriedigen vermögen, sondern stets Elemente zurück-
lassen, die das Gemeingültige nicht zur Richtschnur für ihr Denken
und Handeln machen mögen, die gegen das Hergebrachte die eigene
Kraft des Denkens und Empfindens ins Feld führen und sich nur
auf das stützen wollen, was ihrer persönlichen Neigung zusagt und
bequem erscheint. Wenn dann ein frischer Luftzug durch die Geschichte
weht und einen neuen Geistesfrühling in der Menschheit erblühen
läßt, erzeugt er auch auf den entlegenen Gebieten, die er berührt,
neue geistige Regsamkeit und vereinigt jene vereinzelten Kräfte zu bewußtem Widerstand gegen die Gesamtheit. Wir sahen durch die
Einwirkung des Griechentums auf das Judentum eine derartige
Opposition erstehen, zur Auflehnung gegen die mündliche Überlieferung
fortschreiten und eine Richtung einschlagen, die lediglich die heilige
Schrift als Grundlage für das Leben wählte. Der Streit der
Pharisäer und Sadducäer wurde zwar unter den Trümmern des
Heiligtums verschüttet. Tot aber war er damit keineswegs für
immer. Als die Araber ihre von jugendlichem Feuer für den
Monotheïsmus durchglühte Kultur überallhin ausbreiteten, brachten
sie auch den lange von jedem fremden Einfluß abgeschnittenen Juden
neue Anregung und Belehrung.

Die Juden konnten sich den fremden und dennoch verwandten
religiösen Anschauungen nicht ganz entziehen. Sie nahmen die Spaltungen des Islam infolge eines Streites über seine Dogmen wahr
und kamen durch solche Vorgänge wieder einmal zum Bewußtsein,
daß auch innerhalb des Judentums scharfe Gegensätze schlummerten.
Es standen in verschiedenen Gegenden falsche Propheten auf, die

verhallenden Widerſpruch) gegen das vom Talmud aufgebürdete Geſetz erhoben. Schließlich aber erwuchs ihm ein nachhaltiger Widerſtand in der eigenen Heimat durch die Karäer.

———

Zweiter Abſchnitt

Von der Entſtehung des Karäertums bis zum Ende des Gaonats (750—1040).

Erſtes Kapitel
Die Juden in den Ländern des öſtlichen Kalifats (750—1040).

1. Äußere Schickſale der Juden.

In den Erlebniſſen der am Euphrat und Tigris wohnenden Juden ſpiegelten ſich während der Zeit, die von der Mitte des achten bis zur Mitte des elften Jahrhunderts verging, in verkleinertem Maßſtabe alle die Ereigniſſe wieder, die ſich gleichzeitig bei den Arabern, den Herren des Landes, zutrugen. Nachdem im erſten Anſturm des heiligen Krieges die zu kühnem Heldenmut und rückſichts= loſer Todesverachtung erwachten Anhänger des Propheten weite und reiche Landſchaften ihren überlegenen Waffen und ihrem neuen Glauben unterworfen hatten, wurde Damaskus die Hauptſtadt des gewaltigen Reiches, woſelbſt die Herrſcher aus dem Hauſe der Omejjaden (ſeit 661) zugleich als Vertreter der weltlichen Macht (Sultane) und als Nachfolger des Propheten (Kalifen) auf dem Throne ſaßen. Schon war der erſte Tatendurſt befriedigt, und die Araber wandten ſich mit Fleiß und Eifer den Künſten des Friedens zu und be= fruchteten die eigenen natürlichen Anlagen mit der ſyriſchen Poeſie und der griechiſchen Wiſſenſchaft. Die neue Vielſeitigkeit ſtaatlicher und geiſtiger Intereſſen benahm dem urſprünglich einzigen ſeeliſchen Feuer, das die Söhne der Wüſte ergriffen hatte, dem Glaubenseifer, ſeine Glut und Kraft. Der Zweifel erwachte, und es kam zu dog= matiſchen Streitigkeiten innerhalb des Islam. Sie riefen endloſe Thronwirren und politiſche Zerwürfniſſe hervor, die ſchließlich den Sieg der Abaſſiden über das herrſchende Geſchlecht der Omejjaden bewirkten (750). Der letzte Omejjade Abdurrhaman entfloh von Damaskus zu ſeinen Stammesbrüdern auf die pyrenäiſche Halbinſel und gründete dort das ſelbſtändige Kalifat von Cordova.

3*

So lange Damaskus die Residenz der Kalifen war, lebten die
Juden, deren Wohnsitze namentlich im alten Babylonien lagen, im
ganzen ziemlich unbehelligt; denn sie kamen mit den Moslemen nicht in
so unausgesetzten persönlichen Verkehr, um durch die Vorschriften des
Koran, welche sie demütigten und ihnen die öffentliche Betätigung
der Religion verboten, dauernd und empfindlich zu leiden. Sie
nahmen vielmehr willig und harmlos an den bei den Arabern aufblühenden Wissenschaften teil. Das große Reich, dem sie angehörten,
erweiterte den Gesichtskreis, machte mit neuen geographischen Beziehungen zu entfernten Ländern und mit deren ungewohnten
klimatischen Verhältnissen bekannt und bereicherte die Kenntnisse von den
Sitten und Sprachen der Menschen. Bald befleißigten sich darum
die Araber der Heilkunde, der Geographie, der Sternkunde,
der Rechenkunst und anderer Wissenschaften. Unter den Juden
kümmerten sich um alle diese Kenntnisse mit besonderer Vorliebe diejenigen, welche sich durch die engen Schranken, die der Talmud ihrem
praktischen Leben und ihren geistigen Bestrebungen zog, am meisten
bedrückt fühlten, und die darum an der tieferen Versenkung in die
nationale Literatur ein dauerndes Behagen nicht fanden. Die
Aneignung des neuen Wissens führte zum Vergleich mit dem alten
und bald zur Auflehnung dagegen. Dieser Geist der Auflehnung
wurde, wie sich annehmen läßt, unterstützt, als die Juden den Streit
um religiöse Dinge bei den Moslemen wahrnahmen.

Inzwischen begründeten die Abassiden in Bagdad eine glänzende Herrschaft, welche in Harun al-Raschid (786—809), dessen
Macht und Weisheit selbst das Abendland bewunderte, ihre Blüte
zeitigte. An ihn schickte selbst Karl der Große eine Gesandtschaft,
die von einem Juden begleitet war. Nach dem Tode des Harun
al-Raschid nahm der Glanz und die Prachtliebe am Hofe der
Abassiden mehr und mehr überhand. Die Herrscher gaben sich mit
ganzem Eifer und ausgesprochener Vorliebe der Pflege schöner Künste
und Wissenschaften hin, büßten Tatkraft und Unternehmungsgeist
darüber ein und wälzten die Sorgen der Regierungsgeschäfte auf die
Schultern gewandter und tüchtiger Veziere. Schließlich untergruben
sie selbst die Wurzeln ihrer eigenen Kraft, indem sie beschlossen, weil
angeblich die geistige und weltliche Macht, in einer Hand vereinigt,
einander hemmten, die politischen Geschäfte einem „Fürsten der Fürsten“
(Emir al-Omra) aufzutragen. Von der Zeit an wurde die Macht

der verweichlichten Kalifen immer schattenhafter und die Gewalt der ehrgeizigen Emire immer umfangreicher. Die Großen des Reichs aber stritten und haderten eifersüchtig um Ansehen und Einfluß.

Ganz ähnlich war es bei den Juden, nur daß hier umgekehrt der Glanz des weltlichen Hauptes immer mehr vor dem der Schulhäupter erblich. Das Ansehen, das der Schutz des Staates früher dem Exilarchen verliehen hatte, schwand bald vollständig dahin, als Bagdad der Herrschersitz wurde und die Juden, nunmehr unmittelbar unter den Augen der Muhammedaner lebend, für den Beherrscher der Gläubigen ein beständiger Stein des Anstoßes waren. War doch alles, was sie bisher von Duldung oder gar Auszeichnung einzelner Personen durch die Muhammedaner erfahren hatten, vom Standpunkte des Koran und seiner Vertreter aus, im Grunde ungesetzlich. Je mehr jetzt in der nächsten Nähe von Pumbeditha die neue Residenzstadt Bagdad erblühte, desto gedrückter und trauriger gestaltete sich das äußere Leben der Juden, und desto zweifelhafter wurde die Stellung ihres Oberhauptes allmählich selbst in ihren eigenen Augen. Mit Neid und Mißgunst sah das erbliche und von Familienstolz erfüllte Exilarchat auf das wachsende Ansehen und das zunehmende Selbstbewußtsein der Geonim. Je weiter deren geistiger Einfluß auf die Glaubensgenossen reichte, desto wesenloser wurde das Ansehen des Resch = Geluta, und desto parteiischer und ungerechter machte ihn seine Bitterkeit gegen die von ihm zu wählenden Vorsteher der höchsten Lehranstalten. Es entstanden Zwistigkeiten wegen der Besetzung der höchsten Ämter, und im Jahre 761 wurde ein Mann, namens Anan ben David, der Mittelpunkt eines solchen Streites.

2. Die Entstehung und Entwickelung des Karäertums.

Anans Bemühungen um das Exilarchat mißglückten. Tief gekränkt durch diese schwere Enttäuschung lehnte er sich grundsätzlich gegen viele durch ihr Alter ehrwürdige und von der Gesamtheit anerkannte Einrichtungen auf. Um ihn sammelten sich bald die hie und da unter den Juden vorhandenen unzufriedenen Elemente. Sie sahen in dem gelehrten Anan ihr Oberhaupt und nannten sich zuerst nach ihm Ananiten und nahmen später den Namen Karäer, d. h. Söhne der Schrift[1]), an. Die heilige Schrift, wie sie Mose aufge-

---

[1]) בני מקרא.

schrieben hatte, sollte ihnen die einzige Quelle der Religion sein. Irgend welche schon von Mose ausgegangene mündliche Überlieferung leugneten sie grundsätzlich und widersetzten sich ihren Anordnungen. Hatte der Talmud erlaubt, daß man sich trotz des Ruhegebots am Sabbath innerhalb einer angemessenen Entfernung vom Wohnorte frei bewegen dürfe, so untersagten sie, den Wortlaut des heiligen Textes: „Sitzet jeder an seiner Stelle[1]" bedenklich pressend, jegliche Entfernung des Gläubigen von seinem Wohnsitze. In freundlicher Absicht gebietet ein anderer alter Brauch, den Sabbath mit festlicher Beleuchtung der Wohnung zu begrüßen. Die Karäer aber ziehen es vor, im Dunkeln zu sitzen, weil es in der Thora heißt: „Ihr sollt am Sabbath kein Feuer anzünden in euren Häusern[2]." So verfielen sie bald der Sklaverei des toten Buchstabens und der Verknöcherung.

Wollten sie auch ursprünglich nur der übertriebenen Wertschätzung der Tradition neben der heiligen Schrift entgegentreten, so setzten sie sich nunmehr bald in bewußten Gegensatz zu den Anhängern des Talmud. Sie schalten sie Rabbaniten, um anzudeuten, sie hätten gänzlich auf das eigene Urteil zu gunsten der Talmudlehrer verzichtet, und widersprachen schließlich allem Bestehenden einzig und allein um des Widerspruchs willen. Sie verboten das Erlaubte und erlaubten das Verbotene. Erklärte z. B. der Talmud die biblisch nicht verbotene Ehe mit der Nichte für lobenswert, so brandmarkten sie diese mit dem Makel der Blutschande. Es kann auf Grund des üblichen Kalenders das Peßachfest niemals am Montag, Mittwoch oder Freitag beginnen. Darum bestimmten die Karäer, daß es nur an einem dieser Tage anfangen dürfe. Bei alledem blieb auch ihnen nichts anderes übrig, als bei einzelnen Anwendungen der schriftlichen Lehre auf das praktische Leben wenigstens ausnahmsweise die herkömmliche mündliche Überlieferung zu benutzen. Nur nannten sie diese auch dann nicht eine Überlieferung von Moses her, sondern gaben sie als „Erbgut der Lehrer" aus, was freilich wesentlich keinen Unterschied macht.

Je mehr sie in dieser Weise alles, was dem Volke ein eigentümliches Ergebnis der Entwickelung zu sein schien, als Grundlage

---

[1] 2. M. 16, 29.   [2] 2. M. 35, 3.

des religiösen Lebens verschmähten, desto fleißiger wandten sie sich dem Studium der Schrift zu. Allein das fröhliche Wachstum der neuen Bewegung der Geister scheiterte bald an der unüberwindlichen Schwierigkeit, sich über die Benutzung der erzielten Ergebnisse und über die Mittel und Wege zu einigen wie ohne die Autorität der Überlieferung die unentbehrliche Einhelligkeit der religiösen Praxis zu erzielen sei. Die dabei zu Tage tretende Vielspältigkeit der Meinungen wurde bald der Keim des zunehmenden Zerfalls der neuen Sekte.

Anan fühlte übrigens gleich im Anfange seiner Laufbahn, daß Babylonien, woselbst durch den Einfluß der Hochschulen das ganze Leben vom Talmud beherrscht wurde, nicht der günstige Boden sei, recht viele Anhänger für seine neue Lehre zu gewinnen. Darum ging er nach Palästina, dem Mutterlande der heiligen Schrift, und suchte von hier aus seinen Einfluß zu vermehren. Dort merkte man, da die Juden nicht in so dichten Massen bei einander wohnen durften, vergleichsweise weniger auf Schritt und Tritt, wie eigenartig sich das jüdische Leben nach dem Talmud gestaltet hatte, und konnte sich ungestörter in eine künstlich gemachte Anschauung vertiefen. Mit unermüdlichem Eifer spürten Anan und seine Anhänger den schwachen und angreifbaren Stellen im Lehrgebäude der Talmudisten nach und scheuten keine Anstrengung, um den verhaßten Gegner in die Enge zu treiben und zu widerlegen. Die Karäer waren darum im ersten Jahrhundert ihrer Geschichte viel hitziger im Angriff ihrer Feinde und viel emsiger in der Arbeit, die Richtigkeit ihrer Lehre zu beweisen und in wissenschaftlichen Auseinandersetzungen klar zu machen, als es den Geonim und ihren Schülern am Herzen lag, sie zu bekämpfen und sich zu verteidigen.

3. Die späteren Geonim und die ersten Pijjutdichter.

Die Geonim sahen sich damals genötigt, einen großen Teil ihrer Zeit auf den Austrag der Verdrießlichkeiten zu verwenden, die sich oft zwischen ihnen und den Exilarchen entspannen. Das Exilarchat erbte sich jetzt nämlich nicht mehr einfach vom Vater auf den Sohn fort. Nach dem Tode eines Resch=Gelutha wurde vielmehr sein Nachfolger aus der Mitte der bevorzugten Familie ausgewählt und bedurfte vor dem Antritt seines Regiments der Zustimmung der Hochschulen. Bis zur Neuwahl aber führte stets ein

Gaon die Geschäfte seines Amtes. Vergebens suchten die Exilarchen für ihre vermutlich berechtigten Ansprüche wie bisher bei der Regierung Schutz und Rückhalt zu finden. Der Kalif erklärte, daß er um die inneren Angelegenheiten der jüdischen Religion sich nicht mehr kümmern wolle (825) und versetzte damit der Stellung der Exilarchen den Todesstoß. Von dieser Zeit an mußte der Resch-Gelutha darauf verzichten, den Gehorsam gegen seine Anordnungen gewaltsam zu erzwingen, und mußte sich mit dem Ansehen begnügen, welches die Gemeinden ihm aus alter Gewohnheit weiter gönnten.

Überhaupt lebten die Juden lange nicht mehr so unbehelligt, wie in den Tagen Ali's und seiner nächsten Nachfolger unter den abassidischen Beherrschern des morgenländischen Kalifats. Die übermächtigen Veziere gingen darauf aus, ihre Herren durch Luxus und Wohlleben immer mehr zu verweichlichen und unfähig zu jeder Einmischung in die inneren Angelegenheiten des Staates zu machen. Um die Mittel für deren maßlose Verschwendung aufzutreiben, preßten sie die Untertanen lieblos aus und setzten in erster Reihe die Ungläubigen, sowohl Juden als Christen und Feueranbeter, den Unbilden einer rücksichtslosen, despotischen Regierung aus.

Daß unter solchen schweren Leiden die Juden nicht geistig verkümmerten, ist das bleibende Verdienst der umfassenden Lehrtätigkeit, welche die Geonim emsig fortsetzten. Als die Frucht ihres Fleißes besitzen wir eine reiche Fülle von Rechtsgutachten, die sie an ihre Glaubensgenossen in allen Gegenden der damals bekannten Welt ergehen ließen. In dieser anstrengenden Berufsarbeit ging das ganze Leben dieser hohen Würdenträger auf. Nur selten und ausnahmsweise erübrigten sie Zeit und Muße zu selbständigen schriftstellerischen Leistungen, und die Arbeiten, die sie in solchen Fällen verfaßten, waren immer Hilfsmittel für die verschiedenen Gebiete der religiösen Praxis.

So verdanken wir dem R. Simon von Kahira, der freilich aus uns unbekannten Gründen den Titel und Rang eines Gaons nicht besaß, obwohl er als der gelehrteste Mann seiner Zeit den größten Anspruch auf diese Stellung gehabt hätte, einen Auszug aus dem Talmud als Handbuch für den Gelehrten, der Rechts- und Ritualfälle zu entscheiden hat. R. Simon ließ die gesamten weitläufigen Diskussionen der Amoräer fort und stellte nach der Reihenfolge der talmudischen Traktate nur die Entscheidungen kurz zu-

sammen. Sein Buch nannte er die „großen Halachoth[1])." Etwa
ein Jahrhundert nach ihm fungierte in Pumbeditha der Gaon Zemach
(872—890), der bereits zum bequemen sprachlichen Verständnis
des Talmud ein Wörterbuch anlegte, das der Nachwelt leider nicht
erhalten ist. Von weit nachhaltigerer Bedeutung war die schrift=
stellerische Leistung seines Zeitgenossen R. Amram, der an der
Spitze der Hochschule in Sura (869—881) stand. Dieser schickte auf
die Bitte der spanischen Juden jener Zeit an die Gemeinden des
Westens seine Gebetordnung, welche die Grundlage der noch heute
üblichen Gebetbücher geworden ist. Die Hauptgebetstücke mit den sie
verknüpfenden Segenssprüchen werden im allgemeinen noch in der
Gegenwart in derjenigen Form benützt, die sie damals auf Grund
der alten Überlieferung gewonnen hatten. Daneben finden sich in
seinem „Siddur" bereits weitere aus früher Zeit stammende Aus=
schmückungen der einfachen Gebete durch neue ungenannte Dichter
vor. Die aufblühende synagogale Poesie begann damals eben,
das vorgeschriebene Gebet zu freier dichterischer Huldigung zu er=
heben und ihm künstlerisches Gepräge zu verleihen. Wie einst der
Psalmist neben dem Propheten stand, so finden wir jetzt den
dichtenden Pijjutisten[2]) neben dem predigenden Darschan. Die
ältesten Pijjutim scheinen, gerade so wie die Haggada, dem Lande
der Schrifterklärung, Palästina, zu entstammen.

In frühester Zeit wurden die Abodah für den Versöhnungstag
(oben S. 31), das Mußafgebet des Neujahrsfestes und die
zehn Gebote für das Wochenfest poetisch bearbeitet. Dann
legte man an allen Feiertagen und an denjenigen Sabbathen, die
im Gottesdienste ausgezeichnet werden[3]), zwischen die das Schema

---

[1]) הִלְכוֹת גְּדוֹלוֹת. Vergl. Weiß, Dor Dor we-Dorschaw IV, 32 ff., 355 f.

[2]) Die üblich gewordenen neuhebräischen Bezeichnungen für den synago=
galen Dichter פַּיְטָן und für sein Kunstwerk פִּיּוּט sind offenbar Denominativa
vom gr. ποιητής.

[3]) Es sind außer dem Sabbath, der mit dem Neumond zufällig zusammen=
fällt (שַׁבָּת וְרֹאשׁ חֹדֶשׁ), und dem Sabbath der Chanucka=Woche, diejenigen
Sabbathe, die vom Beginn des Monats Adar an dem Peßachfeste voraus=
gehen, und an denen außer den fälligen Wochen=Lesestücken die Abschnitte
2. M. 30, 11—16 (פָּרָשַׁת שְׁקָלִים), 5. M. 25, 17—19 ('פ זָכוֹר), 4. M. c. 19
(פ' פָרָה) und 2. M, 12, 1—20 ('פ הַחֹדֶשׁ) gelesen werden. Dazu kommen
noch der in alter Zeit bereits so genannte große Sabbath (שַׁבָּת הַגָּדוֹל) un=

umgebenden Segenssprüche Dichtungen [1]) ein und erweiterte in derselben Weise die drei ersten Absätze der Tefillah des Morgengebets [2]). Ebenso entstanden das Gebet um Tau am Peßach= und dasjenige um Regen am Schlußfeste als Ausstattung für die Mußaf= Tefillah dieser Tage.

Die Formen dieser Lieder sind im Anfange noch die bereits geschilderten alphabetisch geordneten Gedankenreihen und zeigen erst später Reime, die sich häufig in langer Kette fortsetzen. Als ältesten Pijjutdichter bezeichnet man Jose ben Jose um 750. Seine Sprache entfernt sich noch wenig von derjenigen der Gebete. Von seinen Dichtungen ist am weitesten verbreitet sein reimloser Pijjut für das Mußafgebet des zweiten Neujahrstages, in welchem er, den Festgedanken der mittleren Segenssprüche [3]) folgend, Gott als König, Richter und Gesetzgeber verherrlicht. Den ersten Absatz, in welchem er Gott als Weltregierer preist, schließt er mit den Worten:

„O schaff' in Zion Dir aufs neue Ruhm wie damals [4]),
Da Du sie berufen zu dem Thron der Herrschaft!

Erstehen laß' der Erde Lust [5]) aus Trümmern!
Und fest begründe Deinen Thron in der Stadt der Herrschaft!

Laß Mond und Sonnenglanz vor ihm erbleichen,
Und die Götzendiener zu Schanden werden, wenn Du antrittst die Herrschaft!

Schmücke Deine Stadt mit neuer Schöne Pracht,
Und laß in hellem Glanz erstrahlen Deine Herrschaft.

Laß schallen der Erlösten Weihgesang wie einst
In jener Festesnacht, die längst ersehen zu stürzen Feindes Herrschaft.

---

mittelbar vor dem Peßachfeste und der Bußsabbath (שַׁבָּת שׁוּבָה) unmittelbar vor dem Versöhnungstage.

[1]) Diese Gattung der Pijjutim nennt man nach dem ersten Segensspruche (יוֹצֵר אוֹר) vor dem Schema יוֹצְרוֹת. Die einzelnen Unterabteilungen erhielten noch besondere Namen nach den Gebetstücken, denen sie sich anschließen (z. B. אוֹפָן, מְאוֹרָה, אַהֲבָה, זוּלַת, גְּאֻלָּה).

[2]) Diese Gattung nennt man קְרוֹבוֹת, wie man in der mischnischen Zeit auch den Vorbeter קָרוֹבָא nannte. (Vgl. oben S. 27).

[3]) Vgl. I, S. 216.

[4]) Das Stück beginnt mit den Worten: אֲהַלְלָה אֱלֹהַי. Jede Strophe schließt mit dem Worte: מְלוּכָה. Die obige Übersetzung beginnt beim Buchstaben Ajin.

[5]) Die Gottesstadt und den Tempel.

Als durch der Fluten Drang Du sie geführt,
Erschaut ihr Auge schon die Stätte, wo erblühen soll' die Herrschaft.

Geschlossen ist des ew'gen Tempels Pforte,
Und längst entwichen ist der Glanz der Herrschaft.

Einst zieht der Heilige dort wieder ein
Und erhebt zu neuer Herrlichkeit die Macht und Herrschaft.

Es ruht die stolze Feindin, ihr droht kein Witwentum,
Denn lange schon bewährt sich ihr die Herrschaft.

O eilt herbei, ihr Retter! Reißt ab Edom den Purpur
Und reicht dem ew'gen Herrn die Macht der Herrschaft!

Gott hasset Lug — er weilt in unserm Munde.
Er heischt vergebens Wahrheit; drum bleibt noch fern von uns die Herrschaft.

O Mächtiger, laß Trug und Täuschung schwinden aus Deiner Schar!
Dann wird jubelnd ihr Mund melden von Deiner Herrschaft.

Gürt' um die Majestät, daß fürder nicht
Der Fremdling prahle mit dem Scheine seiner Herrschaft.

Richt' auf den Erdball, schüttle weg die Sünde!
Dem Rechte nur verleih' das Diadem der Herrschaft!

Zerbrich den Stab, den noch das Laster führt,
Den Stolz und Trotz, der Du regierst ob aller Herrschaft!

Vertilg' die Götzen, herrsch' allein in Macht, und Dir
Erschalle ewiglich der Ruf, daß Dein, o Ewiger, die Herrschaft!"

(Nach Sachs.)

Was er begonnen, entwickelten andere weiter, bis jene Zeit in Eleasar ben Jakob Kalir, den größten Pijjutdichter fand. Seine Arbeiten sind derartig charakteristisch und vorbildlich geworden, daß man alles, was nach seiner Weise gedichtet worden ist, kalirisch nennt. Über die Bedeutung seines Namens [1]), über sein Vaterland [2]) und seine Lebenszeit wissen wir nichts Bestimmtes; aber man glaubt annehmen zu dürfen, daß er, zwar im östlichen Kalifat, aber

---

[1]) Eine Legende erzählt, daß er der Anwendung eines magischen Mittels seine poetische Leistungsfähigkeit verdankt habe. Als Kind habe er einen mit mystischen Zeichen geweihten Kuchen (Kilurah) gegessen und davon nicht nur die dichterische Begeisterung, sondern auch den Namen Kalir erhalten.

[2]) Nach Rapoport, welchem wir die erste wissenschaftliche Würdigung dieses Dichters verdanken, wäre Cagliari, die Hauptstadt Sardiniens, seine Vaterstadt und die Veranlassung seines Zunamens gewesen. Wir folgen im Text der neuesten Darstellung Zunzens in seiner Literaturgeschichte der synagogalen Poesie, S. 33 ff.

nicht in Babylonien, sondern eher in Palästina oder Syrien ge=
lebt habe. Man vermutet ihn unter vorherrschend christlicher Be=
völkerung etwa zum Beginn des neunten Jahrhunderts. Mit mehr
als zweihundert Pijjutim schmückte er unseren Festgottesdienst aus,
indem er Halacha und Haggada, die er mit staunenswerter Gelehr=
samkeit beherrschte, zu hinreißenden Liedern verwob. Die Gewalt
seiner Empfindung und Phantasie ist so mächtig und sein Geist so
schöpferisch, daß ihm die einfache Sprache der Gebete nicht genügte.
Er entwickelte darum die Stämme der biblischen und neuhebräischen
Wörter zu „ganz neuen Bildungen, die uns bald urwüchsig und un=
geschickt, bald geistreich und spielerisch erscheinen, überall aber das
Überquellen seines eigenartigen Genius verraten. Seine Pijjutim
gleichen mittelalterlichen Münstern, in denen jeder Stein sagt, daß
die Idee des Meisters noch viel größer gewesen sei, als das Ver=
mögen, sie auszudrücken." Seine geistvolle Art, den Festgottesdienst
dichterisch auszugestalten, verschaffte seinen Werken schnell die weiteste
Verbreitung, und seine Poesien haben seit einem Jahrtausend die
kommenden und gehenden Geschlechter der Juden Frankreichs,
Deutschlands und Polens bis an die Schwelle der Gegenwart
erhoben und erbaut. Er gehört zu den ersten, die ihren Namen
akrostichisch in ihre Dichtungen verwebten, und legte seinen Poesien
durchgehends den Zwang eines oft sehr kunstvollen Reimes auf.
„Die Donnerschläge der anhaltenden Reime kann keine europäische
Sprache wiedergeben", und die nachfolgende Übertragung ist nur ein
schwacher Versuch, von der Gewalt des Eindruckes ein annäherndes
Bild zu geben. Es ist die für das Morgengebet des Wochenfestes
bestimmte dichterische Ausschmückung der biblischen Worte: „Und Gott
redete alle diese Worte und sprach" (2. M. 20, 1), die wir ausge=
wählt haben[1]):

„Und es redete Gott:"

> „Die Stimme erklang des Gottes der Götter,
> Die Erde ward hell, es kam Judas Retter,
> Die Sterne erdröhnten im feurigen Wetter,

---

[1]) Das Original beginnt mit den Worten: אֵיתָי בִּמְצוֹת וְחִקֵּי und illustriert
in zwölf Absätzen die zehn Gebote. Jeder Absatz besteht aus 22—24 Zeilen,
die abwechselnd in gerader und umgekehrter alphabetischer Reihenfolge geordnet
sind und durchgehende Endreime haben. Das ganze Stück enthält 26 Reime
auf בְּכֶם, 74 auf הֶם, je 44 auf כֶם und בֶם und je 22 auf פֶם, טֶם, קֶם und יֶם.

Es barsten die Himmel wie welke Blätter,
Und aus der Höhe donnert Posaunengeschmetter:
Vor Grausen und Zittern die Welten vergehen,
Sie winden sich kreisend in Schmerzen und Wehen,
Scheel blicken empor die Bergeshöhen,
Libanon und Sirjon im Kreise sich drehen,
Karmel und Baschan gleich flüchtigen Rehen,
Tabor und all die hochragenden Höhen —
Wie stolz auch getürmt — sie wollte verschmähen
Der Ewiglebende, deß Augen auf Demüt'ge sehen,
Ließ Sinai nicht beschämt wie einen Armen stehen.
Er ließ den Himmel auf ihn hinab sich neigen,
Umkränzt sein Haupt mit Wolkendüsters Reigen,
Im Kreise der Himmlischen auf ihn wollt' Er herniedersteigen,
Vor seiner Stimme Majestät verstummt das Volk in Schweigen,
Und seines Bundes Söhne, seiner Wunder Zeugen,
Demütig und gehorsam sich seinem Worte beugen,
Lauschend vernahmen sie das Berge spaltende Wort:
„Ich bin der Ewige, Dein Gott, Dein Hort!"

　　　　　　　　　　　　　　　　(Nach Zunz und Sachs.)

Das sprechendste Zeugnis für den unerschöpflichen Reichtum seiner Gestaltungskraft ist die Tatsache, daß wir von ihm nicht weniger als 58 Elegien für den neunten Ab und 22 Hoschanah für das Hüttenfest besitzen. Von den letzteren geben wir folgende zur Probe[1]):

　　　„Menschen-, Tiergestalten,
　　　Körper-, Geistgewalten,
　　　Adern-, Beingeflechte,
　　　Menschlichem Geschlechte,
　　　Das mit hohem Gange,
　　　Geistesüberschwange,
　　　Doch nur Tier im Range;
　　　Lenzergrünter Erde
　　　Mit der Schöpfung Werde,
　　　In der Pflanzen Hülle,
　　　In der Früchte Fülle
　　　Schenkend Himmelssegen,
　　　Balsamgleichen Regen,
　　　Daß in allen Thalen

―――――――

[1]) Die Hoschanah beginnt mit den Worten: אָדָם וּבְהֵמָה und wird nach unserem Ritual am großen Hoschanah-Tage beim vierten Umgange mit dem Feststrauß gebetet. Die zweiundzwanzig Zeilen reimen im Original sämtlich auf מָה und sind alphabetisch geordnet.

Bäum' im Taue strahlen
Blumen sich bemalen,
Paradiese mächtig
Sprießen farbenprächtig,
Daß die Quellen rieseln
Plätschernd über Kieseln;
Dieser Welt, die schwebend,
Hängt im Nichts, belebend —
Hilf, o Herr, o hilf doch!"

(S. Heller.)

Um den erstaunlichen Fortschritt im Vergleich zu Jose ben
Jose annähernd zu kennzeichnen, lassen wir schließlich die Strophen
folgen, in welchen Kalir dieselben Festgedanken wie sein großer
Vorgänger behandelt [1]):

„Wenn Gott die allmachtvolle Rechte regt,
Auf seinen Fürsten Er die Hoheit legt,
Wenn die Er ehrt, die seine Liebe trägt,
Dann strahlet seine Macht, und Er ist König.

Wenn seine Hand Er in den Himmeln oben,
Dem Allmachtssitz, in Glorie erhoben,
Auf seinem Thron im Königsglanze droben
Sitzt Er in Majestät und Pracht als König!

Es wankt die Erde dann und bebt verwitternd,
Von Angst und Grau'n und Not bedrängt, erzitternd,
Und Qual und Furcht beenget tieferschütternd
Die Erdbewohner, und nur Er ist König!

Dreifach erdröhnt dann der Drommete Hallen,
In mächt'gen Schauern wird der Ton erschallen;
Doch wird ein Loblied süß empor ihm wallen,
Aus fernen Grenzen ihm geweiht, dem König!

Preis ihm und Lob steigt von der Erd' empor,
Und Jauchzen rauscht, der Fluten mächt'ger Chor,
Und Jubel schallet aus dem Himmelstor,
Aufjauchzt das große All, denn Er ist König!

---

[1]) Das Stück beginnt mit den Worten: אַנְסִיכָה מֵלְכִּי. Es besteht aus
44 vierzeiligen Strophen. Jeder Buchstabe des Alphabets ist viermal als
Strophen- resp. Zeilenanfang verwendet. Je zwei Strophen haben sechsmal denselben Endreim. Jede Strophe endigt mit einer Form des Zeitwortes עָלַהְ.

Der Wesen Schar, den Werken seiner Hand,
Anlegt Er — jeder Wunde den Verband,
Nur Heil erblüht, das Leid ist abgewandt!
Und Er zum Segen herrschet dann als König!

Regenten, die geherrscht mit mächt'ger Hand,
Wegwerfen sie des Purpurs eitlen Tand;
Mit lautem Ruf von ihnen wird ernannt
Der Herr zum Herrscher, daß Er sei ihr König.

Und den von ihm Erfor'nen wird die Macht;
Ihm zieh'n sie nach, von Ihm emporgebracht.
Kühn heben sie das Haupt. In stolzer Pracht
An ihrer Spitze herrschet Er als König!

Der Tag, der im Geheimnis ruht geborgen,
Anbrechen wird er einst an diesem Morgen,
Für seinen Eintritt wird der Mächt'ge sorgen,
Der einst in voller Macht regiert als König.

Der treue Hirt, wie in der Urwelt Jahren,
Von Theman aus wird Er sich offenbaren,
Von dort einher läßt seinen Sturm Er fahren,
Und in der Gottesstadt herrscht Er als König.

Um ihn geschart die Söhne höh'rer Sphären —
Umgeben rings von seiner Engel Chören:
Ein Lobgesang läßt aus den Höh'n sich hören,
Laut schallet Jauchzen ihm, dem Herrn und König.

Und aus der Erde Tiefen wird es dröhnen,
Die Himmelszeichen werden laut ertönen,
Und Jubel rauschet von den Erdensöhnen
Zum Preis und Ruhm für ihn, den Weltenkönig.

Fest steht der Thron, als wie der Ball der Sonnen,
Für den, deß Name reicht so weit die Sonnen,
Er strahlt im lichten Glanze gleich der Sonnen,
Wenn sie in Pracht aufgeht. So herrscht der König!

Der trägt das All vom Aufgang seiner Sonne
Bis dort, wo sie sich neigt, Er wird in Wonne
Erheben sie, die rein blieb wie die Sonne,
Zu ew'gem Glanz und schalten stets als König."

(Sachs).

Dieser poetische Schmuck der einfachen Gebete wurde so schnell
den Betern lieb und vertraut, daß, während der Siddur des
R. Amram noch wenig davon weiß, wie wir ihn schon fünfzig

Jahre später in sehr umfangreicher Weise in der neuen Gebetordnung
vertreten finden, deren Verfasser Saadja, der größte und berühmteste
der Geonim, gewesen ist.

4. Die letzten Geonim. R. Saadja und seine Nachfolger.

Saadja ben Joseph wurde 892 in Ägypten zu Fajjum, dem
alten Pithom, geboren. Die Stadt, die einst die Vorfahren
als Knechte erbauten, schenkte den Nachkommen in Saadja einen
Mann, der sie aus den Banden geistiger Knechtschaft erlösen sollte.

Die unausgesetzten Angriffe, welche die Karäer mit Hilfe der
griechisch = arabischen Philosophie und vor allem mit Hilfe einer
gründlichen und gediegenen Kenntnis des althebräischen Schrifttums
gegen das Lehrgebäude der Rabbaniten richteten, verfehlten für die
Dauer keineswegs ihre Wirkung auf die große Masse der Gläubigen.
Und das war nicht zu verwundern. Denn das Volk wurde viel zu
sehr von der Gewalt der hohen arabischen Kultur ergriffen und
fortgerissen, als daß es nicht auch seine religiösen Interessen mit
Vorliebe an diesem modernen Geistesleben hätte messen und mit ihm
vergleichen sollen. Da mußte es denn bald zu der betrübenden Er=
kenntnis gelangen, daß seine Führer und Lehrer so tief in das ein=
seitige Studium des Talmud und seiner praktischen Anwendung
eingesponnen waren, daß sie kaum noch mehr als einen flüchtigen
Blick für die eigentliche Grundlage ihrer religiösen Erkenntnis,
nämlich für die heilige Schrift, frei hatten. Die selbständige Forschung
aus den Quellen war nach dieser Richtung hin längst von ihnen
aufgegeben, und ein trockenes Wissen vom Wissen stand starr und
leblos an ihrer Stelle.

Aber nicht bloß der Forschergeist war von den Hochschulen ge=
wichen, sondern auch die einstige Würde der Geonim war mehr und
mehr im Sinken begriffen. Die Vorsteher der Akademien hatten
nicht nur mit dem Exilarchen, sondern auch unter einander stete
kleinliche Reibereien. Denn die beiden Hochschulen des Landes,
Sura und Pumbeditha, stritten unablässig um den Vorrang in
gleichgültigen weltlichen Dingen. Schließlich geriet infolge dieser
Streitigkeiten das Lehrhaus von Sura in arge Verkümmerung, und
der Exilarch war nahe daran, es gänzlich eingehen zu lassen. Nur
weil er glaubte, daß die Ehrenstellung des Würdenträgers von Sura
ein wirksames Mittel sein werde, um dem Gaon von Pumbeditha

ein gewisses Maß von Bescheidenheit aufzuzwingen, beschloß er, wieder einen Gaon für das ehrwürdige Sura vorzuschlagen.

Dabei mag er eingesehen haben, daß ein Mann von bloß talmudischem Wissen den Ansprüchen seiner Zeitgenossen nicht mehr genügen werde. Er berief darum, abweichend von dem Herkommen, aus fernem Lande den weisen, frommen und beredten R. Saadja zu diesem Amte. Dieser wurde im sechsunddreißigsten Jahre seines Lebens (928) Gaon in Sura, dessen Hochschule durch ihn noch einmal wie im letzten Abendrot erstrahlte. Seinen großen Ruf verdankte er bis dahin hauptsächlich seinen Schriften gegen die Karäer. Er bemühte sich, darin nachzuweisen, wie unzulänglich die heilige Schrift allein für das Verständnis und die Ausübung der Gesetze sei, und wie die ganze Entwickelung Israels und seiner Gotteslehre nur auf den heiligen Urkunden in Verbindung mit der mündlichen Überlieferung beruhen könne.

Noch Größeres leistete Saadja für das Judentum, indem er die heilige Schrift ins Arabische übersetzte und sie mit Erklärungen ausstattete. Arabisch war damals die Weltsprache, die vom Indus bis an die Pyrenäen gesprochen und verstanden wurde. Durch die arabische Übersetzung wurde die Bibel von neuem Gemeingut des jüdischen Volkes. Es bekam durch die Erklärungen des Meisters zugleich eine vernünftige Grundlage für die talmudische Auffassung des Judentums in die Hand. Denn die Übersetzung ging darauf aus, die scheinbaren Widersprüche des einfachen Schriftsinns mit den talmudischen Anschauungen auszugleichen, und Saadja zwang darum dem einfachen Wortsinn öfters eine passende Umdeutung auf. So wurde er der erste Kämpfer gegen das Karäertum und zugleich der erste Rabbanite, welcher das Judentum systematisch mit den Ergebnissen des philosophischen Denkens in Einklang zu bringen suchte.

Trotz seiner Jugend vereinigte Saadja mit seiner Gelehrsamkeit einen unbeugsamen Sinn für Wahrheit und Recht. Das sollte der Exilarch nur zu bald erfahren. Er hatte um eigenen Vorteiles willen einen Rechtsstreit ungesetzlich entschieden. Zur Rechtskraft bedurfte sein Urteil der schriftlichen Zustimmung beider Geonim. Der greise Gaon von Pumbeditha gab willig seine Unterschrift her. Als er aber auch an Saadja dasselbe Ansinnen stellte, wies ihn der jugendliche Gaon trotz aller Drohungen energisch zurück. Der Exilarch entsetzte ihn seines Amtes, und beide taten einander in den Bann.

Saadja mußte sich aus Sura zurückziehen. Die Kränkung machte ihn fast schwermütig, vermochte aber seinen hellen Geist nicht dauernd zu trüben. Er verfaßte in dieser Zeit seine besten und frischesten Schriften und erleichterte sein bedrücktes Herz in reimlosen Gebeten und in Pijjutim nach der Weise Kalirs. Damals stellte er auch eine neue vermehrte und bereicherte Gebetordnung zusammen.

Das Vorzüglichste aber leistete er in seinem philosophischen Werke: Emunot we-Deot (Religions- und Glaubenslehren). In diesem trat er den arabischen Philosophen, die nur einen Ordner der Welt annahmen, entgegen, indem er lehrte, die Welt sei nicht seit Ewigkeit vorhanden, sondern in einem bestimmten Zeitpunkte geschaffen worden (1. Abschnitt). Der Weltenschöpfer ist ein einiger, einziger Gott (2. Abschnitt). Er offenbarte sich dem Menschen, indem er ihm seine Gebote und Verbote gab (3. Abschnitt). Dem Menschen ist es anheim gestellt, sie zu erfüllen oder die Beobachtung zu unterlassen (4. Abschnitt). Sein Wille ist insofern frei und unabhängig, als er zwischen guten und schlechten Handlungen wählen darf (5. Abschnitt). Die guten Handlungen führen ihn zur Tugend und läutern seine Seele (6. Abschnitt). Aber nicht die Seele allein kann der Vervollkommnung zustreben und belohnt werden durch die Erreichung des edelsten Zieles. Auch der Leib hat seinen Teil daran und wird ihn empfangen bei der Auferstehung der Toten (7. Abschnitt). Diese Auferstehung ist durch den Messias zu erwarten. Bis er erscheint, bleiben die Seelen getrennt von den Körpern in seligen Gefilden oder in qualvoller Unruhe (8. Abschnitt). Erst die Erlösung wird Lohn und Strafe für unsere Handlungen vollkommen und gerecht ausgleichen (9. Abschnitt). So baut Saadja sein System auf Erkenntnis und Offenbarung und zeigt im letzten Abschnitte, daß die Religion den einzigen Zweck habe, den Menschen zu veredeln. Er stellte die sittlichen Pflichten, welche ihm aus diesem Glauben erwachsen, zusammen und gab uns in seiner Sittenlehre die besten und reichsten Früchte seines Denkens. Saadjas religionsphilosophische Grundanschauung gewann einen dauernden Einfluß. Er ging von der Voraussetzung aus, daß sich das vernünftige Denken und die philosophische Erkenntnis müsse vereinigen lassen mit dem Glauben an die schriftliche und mündliche Überlieferung und machte den ersten Versuch, eine Ausgleichung zwischen beiden Wissensgebieten herbeizuführen. In seinem Sinne wurde fortan nicht nur in den babylonischen Lehrhäusern, sondern überall gelehrt, wo man seine arabisch verfaßten Schriften verstand, vorzüglich aber in Afrika und Spanien.

Zur Probe folgen hier einige einleitende Gedanken Saadjas über den Ausgangspunkt und den Zweck seines Philosophierens und dann seine Auseinandersetzung über die Einteilung der religiösen Gebote:

1. Aus der Einleitung:

Gelobt sei der Ewige, der Gott Israels, der der Quell der lauteren Wahrheit ist und den Menschen das Dasein ihrer Seele als lautere Wahrheit verbürgt. Dadurch werden sie ihrer Wahrnehmungen sich klar bewußt und erkennen die Richtigkeit ihres Wissens. Dadurch werden aber auch ihre Irrtümer beseitigt und schwinden ihre Zweifel . . . Gelobt sei er, dessen Lob jede Schilderung übersteigt.

Als ich die Gründe erkannt hatte, aus denen die Menschen zu Irrtum und Zweifel gelangen, erfüllte mich Mitleid mit ihnen, und besonders mit meinen Glaubensbrüdern. Denn ich sah viele unter ihnen, deren Glaube nicht rein und deren Erkenntnisse nicht klar waren. Auch sah ich viele Gottesleugner, die mit ihrem Mangel an Erkenntnis sogar stolz taten und über die Männer der Wahrheit sich brüsteten, während der Irrtum auf ihrer Seite war. Ich sah sie gleichsam in den Fluten der Zweifel untersinken und niemanden, der ihnen nachsprang, um sie aus den Untiefen herauszuholen. Ihnen allen nach meinen Kräften nützlich zu sein und sie auf gerader Bahn zu Gott zu führen, betrachte ich als meine Pflicht, wie der Prophet (Jes. 50, 4) lehrt: „Gott hat mir eine gelehrige Zunge gegeben, damit ich wisse, den Müden mit dem rechten Worte zu stärken (Einl. c. 1).

Wenngleich ich nun meiner Unzulänglichkeit mir wohl bewußt bin, so hoffe ich doch, daß Gott in Rücksicht auf meine Absicht mir Gelingen, Schutz und Gnade gewähren wird, wie schon der fromme König sprach (I. Chron. 29, 17): Ich weiß, o Gott, daß du mein Herz prüfst und an Redlichkeit Gefallen hast (das. c. 5).

Wollte uns nun jemand vorhalten, daß es unrecht sei, wenn wir das Durchdenken und die Zergliederung der Erkenntnisse zu unserem Richter machten und diesen nur dann glauben, wenn sie den Gesetzen der Logik entsprechen, so werden wir antworten, daß nur Ungebildete in einem solchen Wahne leben können, wie in der Tat der große Haufe in dieser Stadt meint, daß jeder, der nach Indien auswandert, reich werden müsse, oder daß eine Mondfinsternis dadurch entstehe, daß das Himmelsgestirn von etwas Drachenähnlichem verschlungen werde, oder wie man den Ungebildeten Arabiens die törichte Meinung nachsagt, daß, wenn jemand sterbe, ohne daß man auf seinem Grabe ein Kamel schlachte, er zu Fuß zu Gericht gehen müsse und dergleichen Dinge, von denen ich lieber schweige.

Wendet also jemand ein, daß unsere Weisen (Chagiga 11 b) von Spekulationen über den Anfang der Zeit und des Raumes abgemahnt hätten, so antworten wir ihnen, daß sie uns ein ehrlich angestelltes Nachdenken, das mit der Über-

4*

liefernng im Einvernehmen bleibt, keineswegs haben verfagen wollen. Sie wollten uns nur verbieten, bei der Forschung die biblischen Bücher beifeite zu fetzen. Denn wer ohne jegliche Rückficht auf diefe Philofophie treibt, kann das Richtige, aber auch das Falfche finden und bliebe jedenfalls, solange bis er das Richtige findet, ohne Religion und büßte vielleicht ganz feinen Glauben ein. Wer fo verführe, fündigte allerdings. Wir aber, die Gemeinde Israels, forfchen in ganz anderer Weife. Und diefes eben gedenke ich mit göttlicher Hilfe darzulegen und zu erläutern (c. 9).

Du mußt nämlich wiffen, lieber Lefer — Gott stärke dich —, daß wir über die Gegenstände unserer Lehre in zweierlei Abficht forfchen. Erstens, damit uns wirklich klar werde, was wir von den göttlichen Propheten durch die Offenbarung wiffen, und zweitens, damit wir jeden zu widerlegen vermögen, der ein Stück unferer Lehre bestreitet. Gott hat uns nämlich alles, was wir von unferem Glauben wiffen müffen, durch feine Propheten kundgetan und deren Verkündigungen durch Zeichen und Wunder bewahrheitet und uns geboten, ihren Anordnungen zu gehorchen. Zugleich hat er uns aber auch aufgegeben, durch Nachdenken über jeden Punkt zur Klarheit zu kommen und uns davon zu überzeugen, daß es fo fei, wie die Propheten gelehrt haben. Auch hat er uns zugefichert, daß die Ungläubigen nie einen Einwurf gegen unfere Lehre und die Zweifler nie einen Beweis gegen unfern Glauben werden vorbringen können.

2. Aus Abfchnitt III:

Gott hat uns in feiner Lehre Gebote gegeben, die wir mit ganzem Herzen beobachten müffen, wie es heißt (V. M. 26, 16): „Heute befiehlt dir Gott diefe Gebote und Satzungen, damit du fie beobachtest und ausführst mit ganzem Herzen und mit ganzer Seele." Seine Propheten haben fie durch überzeugende Zeichen und Wunder bestätigt, und wir haben daraufhin sofort mit deren Beobachtung begonnen. Hinterher hat uns dann auch das Nachdenken von der Notwendigkeit der Beobachtung überzeugt . . . .

Ich will nun auseinanderfetzen, wiefo auch das Nachdenken uns dazu verpflichtet und erkläre nach diefer Richtung hin, daß die Vernunft uns die Pflicht auferlegt, dem Spender einer Gabe entweder mit einer Gegengabe, wenn er deren bedürfte, oder wenigstens mit einem Danke, wenn er einer Gabe nicht bedürfte, zu vergelten. Diefe Forderung der Vernunft gilt namentlich auch dem Schöpfer gegenüber, dem feine Gefchöpfe zu Ehrerbietung und Dank verpflichtet find. Ferner verbietet uns felbstverständlich die Vernunft, den Schöpfer zu fchmähen und zu läftern. Ebenfo stellt fie es als eine Pflicht auf, daß die Gefchöpfe gegen einander nicht fündigen dürfen. Endlich ist es eine vernunftgemäße Forderung, daß jeder felbst für eine ihm zu feinem Besten zugemutete Mühe feinen Lohn erhalte. Nach diefen vier Gefichtspunkten find die göttlichen Gebote zu betrachten.

Zunächst hat uns Gott die Pflicht auferlegt, ihn zu erkennen und ihm zu dienen, wie es heißt: „Und du, Salomo, mein Sohn, erkenne den Gott deines Vaters und diene ihm mit ganzem Herzen und williger Seele" (I. Chr. 28, 9). Ferner hat er uns verboten, ihn zu fchmähen und zu läftern, wie es heißt (III, 24, 15): „Jeglicher, der feinen Gott läftert, foll feine Sünde tragen." Freilich können solche Roheiten ihm nicht schaden. Aber schon die gewöhnliche Einsicht wird sie nicht gestatten. Auch hat er uns nicht erlaubt, den Menschen Übles anzutun und sie zu vergewaltigen, wie es heißt (III. M. 19, 11): „Ihr sollt nicht stehlen und weder ableugnen noch täuschen einer den andern." Diese drei Arten von Vorschriften und was damit zusammenhängt, bilden die erste der beiden Klassen von Religionsgesetzen.

Zur ersten Art der Vernunftgebote gehört demnach der Gehorsam gegen Gott, der Gottesdienst und alles, was die Heilige Schrift darüber lehrt. Zur zweiten das Verbot des Götzendienstes, des Meineids, der Beilegung unwürdiger Eigenschaften u. dgl. Zur dritten die Ausübung des Rechts und der Wahrheit, das Verbot des Mordes, Ehebruchs, Diebstahls und der Verleumdung, das Gebot der Nächstenliebe und die Beobachtung der übrigen Pflichten gegen unsere Nebenmenschen, wie sie die Heilige Schrift von uns fordert. Und von allen diesen Geboten leuchtet unserem Verstande die Nützlichkeit ein, ebenso wie von den Verboten die Schädlichkeit, wie wir in den Weisheitssprüchen lesen (Spr. 8, 7): „Wahrheit redet mein Mund, und Frevel verabscheuen meine Lippen."

Die zweite Klasse der Religionsgesetze enthält derartige Anordnungen, über deren Nützlichkeit oder Schädlichkeit an sich die Vernunft nichts entscheidet. Der Schöpfer hat uns diese Gebote und Verbote vielmehr zunächst nur zu dem Zweck gegeben, um den Lohn für den Gehorsam und um unsere Glückseligkeit zu steigern, wie der Prophet verkündet (Jes. 42, 21): „Der Ewige will um seiner Gerechtigkeit willen, daß die Lehre groß und herrlich werde." Die uns durch diese Anordnungen gebotenen Handlungen sind Gott wohlgefällig, sowie die verbotenen ihm mißfallen. Wenngleich hiernach ihre Zweckmäßigkeit und Vernunftgemäßheit nicht so im Vordergrunde steht wie bei den zur ersten Klasse gehörigen Pflichten, so ist doch auch für sie bei eingehender Vertiefung eine vernunftgemäße Begründung aufzufinden.

Durch seinen erleuchteten und aufgeklärten Geist gewann Saadja einen so großen Anhang unter den nach Bildung und Denkfreiheit ringenden Glaubensbrüdern, daß sie trotz des Bannes auf seine Seite traten und scharf gegen den Exilarchen Partei nahmen. Die Gemeinden, die unter dem Streite der beiden höchsten Gewalten innerhalb des Judentums am meisten litten, suchten den Streit beizulegen. Endlich gelang den Vertretern der Gemeinde von Bagdad das verdienstliche Friedenswerk. Saadja ging in seiner Versöhnlichkeit und Opferfreudigkeit sogar so weit, daß er nach des Exilarchen Tode die wenigen Jahre, die ihm nach den vielen Kränkungen noch als Gaon zu leben vergönnt waren, dazu benutzte, um den Enkel seines einstigen Feindes für das Exilarchat zu erziehen. Durch die erlittenen Kränkungen war seine Gesundheit aufs tiefste erschüttert. Er starb, erst fünfzig Jahre alt, 942. Mit seinem Tode verlor Sura beinahe alle Bedeutung als Pflanzstätte jüdischen Wissens und Lebens.

Von den späteren Geonim ist wenig mehr zu melden. In Pumbeditha lebte etwas später der Gaon Scherira (967—997), welchem wir die meisten genaueren Nachrichten über das Gaonat verdanken. Gedrängt, trocken und rein sachlich gibt er wie ein echter Chronist in einem Rechtsgutachten an einen nordafrikanischen Gelehrten alle erforderlichen Namen und Daten. Der letzte große Gaon von Pumbeditha war sein Sohn R. Hai (geb. 969, Gaon von 998—1038). Mit Recht war er beim Volke allgemein beliebt und verehrt; denn er überragte durch herrliche Gaben des Geistes und Herzens alle seine unmittelbaren Vorgänger. Er vereinigte mit einem edlen Charakter und einer trefflichen Veranlagung eine ausgebreitete Gelehrsamkeit. In allen Wissenschaften war er gleichmäßig bewandert und auf vielen Gebieten derselben schriftstellerisch tätig. An talmudischer Bildung übertraf er selbst Saadja. Sein treuer Schüler und Nachfolger blieb er aber in wissenschaftlichem Eifer, in echter Vorurteilslosigkeit und wahrer Frömmigkeit. Sein Schwiegervater war der letzte Gaon von Sura, R. Samuel ben Chofni, ein trefflicher Mann, der durch Kenntnisse und Tugenden in gleicher Weise ausgezeichnet war. Als R. Hai starb, wählte das Kollegium zu seinem Nachfolger den damaligen Resch-Gelutha, den Urenkel desjenigen Exilarchen, der einst Saadja verfolgt hatte. In seiner Person wurde das Gaonat zu Grabe getragen, als er infolge von Verleumdungen in den Kerker geworfen wurde und unter Folterqualen im Jahre 1040 seinen Geist aufgab. Seine Söhne flohen nach Spanien. Nach seinem Tode wurde ein Nachfolger nicht mehr ernannt. Das Exilarchat führte sein Scheinleben noch Jahrhunderte lang fort, verlor aber bald jeden Einfluß auf die Juden außerhalb der Grenzen des östlichen Kalifats.

Zweites Kapitel

Die Juden in Nordafrika (750—1050).

Das östliche Kalifat hatte sich der Blüte, zu der es durch die großen Abassiden gelangt war, nicht lange zu erfreuen. Wenigstens verlor es schnell seine politische Einheit. Einzelne Machthaber entrissen ihm im Osten und Westen weite Länderstrecken, um unabhängige Staaten zu gründen. Diese wurden nach und nach neue Stätten der arabischen Kultur und Bildung. Der äußerste Westen Nordafrikas (Maghreb), der am fernsten vom Mittelpunkt des Kalifats lag, riß sich schon am Ende des achten Jahrhunderts (789) los und erhielt bald in Fez eine neue Hauptstadt.

Nicht lange darauf (799) wurde die Gegend des alten Karthago der Gestaltungspunkt für ein neues islamitisches Reich, dessen Sultane von ihrer Hauptstadt Kairuwan aus allmählich die übrige Nordküste Afrikas bis nach Ägypten, ja zeitweise selbst Palästina und Syrien unterwarfen. Es herrschten nacheinander verschiedene Geschlechter, die sich gegenseitig heftig befehdeten. Bei jedem Thronwechsel geriet das Land in einen völlig rechtlosen Zustand, und durch die entstehenden Wirren hatten am meisten die Ungläubigen zu leiden, die immer wieder der Willkür und Raublust preisgegeben waren. Nahm dann den Thron endlich der mehr oder minder befähigte glückliche Sieger in Besitz, so kehrte nur für kurze Zeit Gesetz und Ordnung zurück.

Auf diese Weise blieben die seit Jahrhunderten hier angesiedelten Juden beständigen Gefahren ausgesetzt. Allein die Leiden waren, wie die Macht ihrer Urheber, immer von verhältnismäßig kurzer Dauer und bestanden wenigstens niemals in einer systematischen Verfolgung. Da die emporgekommenen Gewalthaber einander stets giftig haßten und oft leidenschaftlich bekämpften, fanden die Juden bei dem einen Schutz, wenn sie der andere peinigte.

Unter solchen traurigen Wechselverhältnissen hatten sie auch in Ägypten, wo sie besonders zahlreich waren, zu leiden. Trotzdem verloren sie niemals den Zusammenhang mit den geistigen Interessen der Glaubensgenossen. Wie sie mit Fleiß und Eifer die Entwickelung des Talmudstudiums verfolgten, lernen wir aus den berühmten „großen Halachoth" des R. Simon von Kahira. Ja, Saadja erwarb sich hier eine so hervorragende Kenntnis des Gesetzes, daß er Gaon von Sura werden konnte. Durch den Umstand, daß sich die Karäer von Palästina aus besonders über Ägypten verbreitet hatten, beschäftigte man sich zugleich eifrig mit den von ihnen angeregten Studien.

Im Kampfe gegen ihre Lehren und Anschauungen erwarb sich Saadja, wie wir bereits erfahren haben, seinen großen Ruf. Ein in der Folge weithin berühmtes Lehrhaus gelangte in Ägypten erst zur Blüte, als nach einer legendenhaft ausgeschmückten Erzählung Saatkörner babylonischer Talmudweisheit hierher verweht wurden.

Etwa um 960 sollen vier berühmte Gelehrte gemeinsam in die
Welt gezogen sein. Das Schiff, welches sie trug, geriet in die
Hände arabischer Seeräuber, und die gefangenen Gelehrten wurden
von ihnen in die Sklaverei verkauft. Wohin sie kamen, wurden
sie von den Glaubensgenossen losgekauft und gründeten angeblich
an den neuen Wohnorten, die sie fanden, Lehrhäuser, die sich bald
eines hohen Rufes erfreuten. Das wäre abermals ein Fingerzeig, wie
die Vorsehung wunderbar über Israels Geschick waltete. Noch bevor in Babylonien die hohen Schulen völlig dahingesiecht waren,
erstanden bereits neue Pflanzstätten, die das Talmudstudium in
Afrika und Europa heimisch machten. Einer dieser jüdischen
Weisen, namens Schemarjah, gelangte nach Aegypten und
wurde von den Juden nachmals zum religiösen Oberhaupt in
Kairo ernannt. Aber das Studium des Gesetzes trug in Ägypten
wenig reife Früchte; denn die besten Kräfte zersplitterten sich im
fortwährenden Kampfe gegen die Karäer. Dieser Hader dauerte
noch fort, als in einem späteren Zeitraum der zweite Moses
(Maimuni) sich dort niederließ und das Land noch einmal zu einer
vorübergehenden Bedeutung in der Geschichte brachte.

Das Geschick der Juden im übrigen Nordafrika war während
dieser ganzen Zeit, wie bereits angedeutet, ziemlich gleichartig. Die
Staaten, denen sie angehörten, waren die traurigsten Gebilde, welche
die islamitischen Völker ins Leben gerufen, und haben niemals einen
höheren Aufschwung zu nehmen vermocht. In Kairuwan lebte eine
starke Gemeinde, die durch die glückliche Lage der Stadt bald zu
Wohlhabenheit und Reichtum gelangte. Ihre Mitglieder hatten darum Muße und Neigung, sich in den friedlichen Zeiten an den
wissenschaftlichen Bestrebungen der Bevölkerung lebhaft zu beteiligen.
Schon früh trieben sie Naturwissenschaften, Heilkunde und Philosophie.
Von besonderer Bedeutung wurde unter ihnen um das Jahr 900 ein
Arzt und Philosoph Isaak Israeli (845—945). Er war der
Leibarzt des damals mächtigen Sultans und widmete ihm seine
medizinischen und philosophischen Schriften. Seine Bücher wurden
aus dem Arabischen ins Hebräische und Lateinische und teilweise sogar ins Spanische übersetzt, und die Geschichte der Medizin
erzählt, daß man Israeli's Werke noch im siebzehnten Jahrhundert
fleißig studierte. Er wurde über hundert Jahre alt und erlebte wohl
kaum noch die Zeit, in welcher die kairuwanischen Juden auch dem

Talmudstudium größeren Eifer zuwandten. Dieses gelangte nämlich hier erst dadurch zu hoher Blüte, daß einer der vier angeblich kriegsgefangenen Gelehrten, namens R. Chuschiel, hierher kam und ein Lehrhaus für die Beschäftigung mit dem göttlichen Gesetze gründete. R. Chuschiel hatte die große Freude, seinen Sohn R. Chananel, dem wir wertvolle Erklärungen zu einigen Talmud= traktaten verdanken, nicht nur zu unterweisen, sondern auch zu einem hochangesehenen Gelehrten heranreifen zu sehen. Seiner Schule ge= hörte auch Rabbenu Nissim an, der einen Wegweiser für die Methode des Talmudstudiums schrieb. Er war weit und breit berühmt und wurde besonders hoch von einem gelehrten jüdischen Staats= manne in Spanien verehrt, dessen Studien sich auf dasselbe Gebiet der jüdischen Wissenschaft erstreckten. R. Nissim und sein Vater Jakob standen in lebhaftem Briefwechsel mit den letzten Geonim von Pumbeditha. Einer Anfrage des Vaters verdanken wir die Auskünfte, die der Gaon Rab Scherira über die Geschichte des mündlichen Gesetzes und besonders über die Reihenfolge der Geonim erteilte (oben S. 54). Durch ihre Vermittelung knüpften sich die Beziehungen zwischen den Juden des westlichen Kalifats und den Vorstehern der babylonischen Hochschulen an. Der berühmteste Schüler R. Nissims war R. Isaak aus Fez, daher Alfâßi genannt, dessen Wirksamkeit jedoch in die Geschichte Spaniens fällt.

Schon die Tatsache, daß Alfâßi nach Kairuwan wandern mußte, um sich halachisches Wissen anzueignen, beweist zur Ge= nüge, daß in Fez noch im elften Jahrhundert ein selbständiges Talmudstudium nicht erblüht war. Selbstverständlich unterwarfen sich auch hier die Juden willig der von Babylon kommenden Be= lehrung. Aber es gebrach ihnen an jedem Hilfsmittel, das sie be= fähigt hätte, durch eigene Geistesarbeit bis zu den Quellen der mündlichen Lehre hinaufzusteigen oder gar die Ergebnisse der Forschung frei zu erklären, zu prüfen und zu beherrschen. Mit um so größerer Frische und Freudigkeit wandte sich darum ihre geistige Regsamkeit dem schriftlichen Erbgut der Glaubensgemeinschaft zu, das jeder= mann in Händen hatte.

Sie besaßen, wie die Juden der übrigen Länder, die heilige Schrift im Urtext, lasen, wie üblich beim Gottesdienst, deren chaldäische Übersetzung und sprachen im profanen Leben das Arabische, dessen grammatische Grundbegriffe den Gebildeten unter ihnen damals bereits geläufig waren. Unwillkürlich fanden sie die Verwandtschaft dieser Sprachen heraus, verglichen und unterschieden sie und machten diese Beobachtungen zum Gegenstand der Untersuchung. Als die Gemeinde von Fez das Targum zu vernachlässigen begann, setzte ihr Jehuda Ibn Koreisch mit Wärme auseinander, daß es sich gebühre, die chaldäische Übersetzung besonders eifrig zu pflegen, weil das Gotteswort erst gründlich zu erfassen sei, wenn man sein chaldäisches Gewand mit dem Urtext vergleichen und mit Hilfe des= selben die Formen beachten und bestimmen lerne. Durch sein Send= schreiben gab Ibn Koreisch (c. 900) die erste Anregung dazu, die hebräische Sprache als eine besondere Schulwissenschaft zu pflegen. Die von ihm erweckten wissenschaftlichen Keime gingen fruchttragend auf, als Saadja's arabische Schriften Verbreitung fanden und, un= abhängig von jenen, aber mit größerem Erfolge, auf den Wert sprachlicher Studien hinwiesen. Durch die Arbeiten beider Männer wurde in Fez der Boden vorbereitet, auf dem später tüchtige grammatische Leistungen gediehen. Hier lebte (c. 950) vorüber= gehend der tüchtige Dunasch Ibn Labrât (hebräisch: Adonim ha= Levi), und hier stand die Wiege des bedeutenderen Jehuda Chajjûdsch, welcher um das Jahr 1000 literarisch tätig war. Die eigentliche Wirksamkeit beider Gelehrten fällt aber in die Geschichte der Juden Spaniens.

Drittes Kapitel
Die Juden in Spanien (750—1050).
1. Äußere Schicksale.

Die Geschichte der Juden Spaniens während dieses Abschnittes bildet den Glanzpunkt im damaligen Leben des versprengten Volkes. Als Bundesgenossen der Araber zogen die Juden in den Kampf gegen die Westgoten (711) und halfen bei der Gründung des großen islamitischen Reiches nach besten Kräften mit. Sie beteiligten sich an der arabischen Kultur und genossen ihre Segnungen in den glück= lichen Zeiten, da die großen Omejjaden in Cordova herrschten. Wo sich alle edlen Geistesgaben der Menschheit so herrlich entfalteten und der Blick überall nur das Große und Schöne zu erfassen suchte, war für die harten, beschränkten und engherzigen Gesetze Omars kein Raum. Die Juden wetteiferten mit den Muhammedanern neidlos in allen Künsten des Friedens und wurden von keinem Lebens=

genuß, keinem Recht und keinem Amte ausgeschlossen. Es erinnerte sie kaum etwas anderes an ihre Ausnahmestellung als die ein Fünftel ihres Einkommens betragende hohe Kopfsteuer, welche sie, wie alle Ungläubigen, zahlen mußten. Für die richtige Veranlagung und den pünktlichen Eingang dieser Abgabe war ein Naſſi oder Nagid dem Staate verantwortlich. Dieser Beamte führte die Oberaufsicht über die äußeren und inneren Angelegenheiten aller Gemeinden, von denen eine jede im übrigen eine eigene Verwaltung besaß. Erst als die Omejjaden von ihren Vezieren in den Hintergrund gedrängt wurden und sich ihr Reich in viele Kleinstaaten zersplitterte, kam auch für die Juden eine Zeit der Unruhe. Die christlichen Könige, die im Norden der pyrenäischen Halbinsel ansässig waren, wurden nach und nach mutiger und drangen mit wechselndem Erfolge gegen die Araber vor. Den Unbilden und Gefahren dieser Kämpfe konnten sich natürlich auch die jüdischen Gemeinden, die über das ganze Land verstreut waren, nicht entziehen.

Als 755 Abdurrahman, aus Damaskus kommend, das Kalifat in Cordova begründet hatte, dauerte es etwa noch anderthalb Jahrhunderte, bis die Omejjaden ihr Reich in Sicherheit und Frieden regieren und zu der hohen Blüte bringen konnten, welche die Bewunderung aller Völker erregte. Vom Reichtum des Landes, vom Kunstsinn jener Fürsten sangen die Dichter. Davon erzählen jetzt noch die in Ruinen liegenden herrlichen Bauten der damals ungemein bevölkerten Städte. Hatte doch Cordova allein 600 000 Einwohner (jetzt kaum den zehnten Teil). Die höhere Wissenschaft wurde auf siebzehn Hochschulen gepflegt, und der Jugendunterricht war selbst für Mädchen überall eingeführt. Solches ging zur selben Zeit vor sich, als in Deutschland höchstens die Großen des Reiches und die Geistlichen schreiben und lesen konnten. Die Juden bildeten allmählich große, wohlhabende Gemeinden, die für jede Kulturbestrebung das lebhafteste Interesse zeigten. In edlem Wetteifer mit den Arabern schufen sie unvergängliche Denkmäler der Kunst und Wissenschaft. Darum liebten sie Spanien fast wie das verlorene Vaterland; es war für sie ein gottgesegneter Boden, der in ihren Augen den ersten Rang nach dem gelobten Lande einnahm. Singt doch der spätere jüdische Dichter Chariſi[1]):

---

[1]) Jehuda b. Salomo Alchariſi (geb. c. 1170, ſt. vor 1235) war der Zeitgenoſſe Maimunis, deſſen Schriften er ins Hebräische überſetzte. Er war einer

Schon in meiner Jugend Tagen
Ward mir der Ruf von Sefarad[1]) zugetragen,
Daß es sei den Augen eine Wonne,
Wie am Mittagshimmel das Licht der Sonne;
Sein Staub der Myrrhe Duft,
Und der Seele Leben seine Lust;
Ein auserwähltes Erdreich
Mit Früchten dem Honig gleich. —
Angetan mit schimmerndem Kleid,
Das Gott und die Menschen erfreut;
Wie seiner Gärten Blüten
Das Land wie mit Sternen überschütten. —
Da faßte mich der Sehnsucht Leiden,
Ströme und Meere zu durchschneiden,
Zu wandern durch Wüsten
Nach fernen Küsten,
Und um Sefarad meine Heimat zu meiden.
Als ich die Grenze überflogen,
Von da weiter und weiter gezogen
Und der Aloe weichen Duft gesogen,
Da sah ich, daß nur eine Wenigkeit
Man mir gerühmt von seiner Vortrefflichkeit,
Die Zunge unmächtig all' der Herrlichkeit,
Die dort sich dem Auge bent.
Von Land zu Land, von Stadt zu Stadt
Zog ich und ward des Schauens nicht satt . . . .
So erreichte ich die Krone der Städte,
Tolaitola[2]), die über alles erhöhte,
Die mit Anmut und Reiz ihr Haupt geschmückt,
Daß sie Fürsten und Völker entzückt,
Deren Paläste mit ragender Stirn
An Glanz beschämen das Himmelsgestirn,
Deren Gotteshäuser Pracht
An Schönheit alles überragt,
Und drin im brünstigen Gebet
Die fromme Seele sich ergeht,
Und die heilige Gemeinde all
Beschienen von der Gottesfurcht Strahl,
Wie des Feldes Gräser ohne Zahl.   (M. Sachs).

der berühmtesten neuhebräischen weltlichen Dichter. Er übersetzte die Makamen des berühmten arabischen Dichters Hariri ins Hebräische und ahmte sie frei in seinem Tachkemoni nach. Die vorliegende Übersetzung ist aus der 46. Pforte des letzteren Buches.

[1]) In der neuhebräischen Literatur des Mittelalters nannte man die pyrenäische Halbinsel mit dem biblischen (Obadjah V. 20) Eigennamen סְפָרַד.

[2]) Toledo.

Die Sonne aber, welche unter den Juden solche herrliche Früchte
des Geistes zur Reife brachte, war C h i s d a i b e n J s a k J b n
S c h a p r u t.

2. Chisdai Ibn Schaprut und seine Zeit.

C h i s d a i b e n J s a k blühte zur Zeit Abdurrhaman's III. und
seines Nachfolgers. Seine Lebensdauer fällt etwa in die Jahre 900
bis 970. Seinem Berufe nach war er Arzt und dankte seinen vor-
züglichen Geistesgaben die hohe Stellung, die er bei den Kalifen
einnahm. Die aufopfernde Hingebung, mit der er seine vielseitigen Fähigkeiten in den Dienst seiner tüchtigen und einsichtigen
Gebieter stellte, verschaffte ihm Vertrauen, Ehre und Einfluß am Hofe.
Er führte die Aufsicht über die großen Schätze, die der ausgedehnte
überseeische Handel des blühenden C o r d o v a dem Staate zuführte und erteilte auch in politischen Verhandlungen mit fremden Fürsten jeder Zeit
willig seinen klugen Rat. Einst erhielt er den Auftrag, einer Gesandtschaft entgegenzuziehen, die der d e u t s c h e Kaiser O t t o I.
mit einem Schreiben an den Kalifen schickte. Da er der lateinischen
Sprache kundig war, verständigte er sich leicht mit dem Mönche, der
den kaiserlichen Brief zu übergeben hatte. Dabei verstand er es,
durch geschickte Fragen sich über den Inhalt des Schreibens Gewißheit
zu verschaffen. Als er auf diese Weise von den in jenem Schriftstück
enthaltenen unehrerbietigen Äußerungen über den Islam Kenntnis
erhalten hatte, riet er dem Geistlichen, den Kaiser Otto um einen
anderen Brief zu bitten. Wirklich wurde diese Bitte erfüllt und so
jede Unzuträglichkeit vermieden. Der Mönch wußte später nicht genug
den klugen Juden Chisdai, sowie seinen großen Kalifen zu rühmen,
dessen Weisheit ihn in staunende Verehrung versetzt hatte.

Ein ewiges und unvergeßliches Denkmal in der Geschichte seines
Volkes hat sich Chisdai aber dadurch errichtet, daß er tat wie Mose,
daß er, „als er groß geworden war, hinausging zu seinen Brüdern".
Er ward das weltliche Oberhaupt der jüdischen Gemeinden des ganzen
Landes, zu dem damals auch eine Zeitlang Maghreb oder Fez gehörte
und benutzte die Gunst seines Herrn hauptsächlich dazu, seine Glaubensbrüder vor jeder Unbill zu schützen und jede gute Anlage, die in
ihnen schlummerte, ans Licht zu fördern und zu entwickeln. Da es
ihn tief schmerzte, von Andersgläubigen spotten zu hören, daß das
Scepter der Herrschaft von Israel für alle Zeit geschwunden sei, erfüllte ihn die sagenhafte Nachricht von einem fernen selbständigen

jüdischen Reiche, die an sein Ohr klang, mit banger Freude. Bald hoffte er, der Gewißheit näher zu kommen, bald fürchtete er die nur zu wahrscheinliche Enttäuschung. Es ist wahrhaft rührend zu lesen, wie der mächtige Günstling des glänzenden Omejjaden, der doch für seine Person die höchste Stufe irdischer Ehre erklommen hatte, herzklopfend hinaushorchte in die Welt, ob nicht ein verlorener Splitter seines Volksstammes hier seine nationale Ehre und Freiheit bewahrt habe. Nachdem er erfahren, das Reich heiße Kosar und liege im fernen europäischen Osten am Wolgaflusse, es stehe unter einem Könige, der es vor fremden Eingriffen schütze und es nach den Gesetzen der heiligen Schrift regiere, forschte er bei allen fremden Kaufleuten nach näheren Nachrichten und erhielt zu seiner Freude endlich von dem byzantinischen Gesandten am Hofe des Kalifen die Bestätigung, daß die empfangenen Berichte der Wahrheit völlig entsprächen. Kosar liege fünfzehn Tagereisen hinter Konstantinopel und sein König heiße Joseph. Nun strebte Chisdai danach, möglichst Ausführliches von diesem merkwürdigen Lande zu erkunden und schickte einen passenden Boten, mit reichen Geldmitteln und Empfehlungsschreiben versehen, nach Byzanz. Der Abgesandte versprach, einen Brief Chisdais dem Könige Joseph zu überbringen. Aber nach sechs Monaten kehrte er unverrichteter Sache heim. Er brachte nur ein Schreiben des oströmischen Kaisers mit, worin es hieß, der Weg zu Lande sei zur Zeit unzugänglich und das schwarze Meer der vielen Stürme wegen nur während einer bestimmten Zeit des Jahres befahrbar. Aber Chisdai wurde nicht müde, immer neue Pläne zu ersinnen, um sich befriedigende Kenntnis von den Chasaren zu verschaffen. Endlich gelang es ihm wirklich, seine Anfragen nach dem fernen Lande zu befördern, und ein deutscher Jude brachte von dessen Könige ausführliche Mitteilungen über jenes Reich.

Gleiche Aufmerksamkeit und Pflege widmete Chisdai der Entwickelung der jüdischen Wissenschaft. Er war selbst mit jüdischem Wissen reichlich ausgestattet. Wichtiger aber ist der Hochsinn und die Freigebigkeit, womit er die Gelehrsamkeit begünstigte und beförderte. Er unterstützte die Dichter und Lehrer seines Volkes aufs reichlichste und verschaffte ihnen Gelegenheit zur Anwendung und Verbreitung ihrer Weisheit.

Unter den Gelehrten, die er in seine Nähe zog, war der berühmteste Menachem ben Saruk (c. 910 bis c. 979). Durch

Chisdais Wohlwollen fand dieser fleißige Forscher die nötige Muße, ein hebräisches Wörterbuch (unter dem Titel Machberet) zu schreiben. Sein Werk ist das älteste schriftstellerische Erzeugnis dieser Art und wurde trotz aller Mangelhaftigkeit, die ihm wie jedem ersten Versuch anhaftet, bahnbrechend für spätere Studien. Besonders erfolgreich für die unmittelbare Wirksamkeit des Buches war der Umstand, daß Menachem seine Wissenschaft in hebräischer Sprache vortrug; denn dadurch kam sie auch den Juden der Länder zugute, die des Arabischen unkundig waren. In der Tat ist das Lexikon Jahrhunderte lang besonders in Frankreich und Deutschland fleißig und eifrig benutzt worden.

Seinem Verfasser freilich bereitete es nicht viel Freude. Er wurde von dem Grammatiker Dunasch Ibn Labrât, der damals (c. 920—980) in Fez lebte, aufs liebloseste angegriffen. Dunasch wies in einer formvollendeten poetischen Kritik eine Anzahl von Mängeln und Irrtümern des Buches nach und setzte den Gegner dadurch in den Augen seiner Gönner herab. Wahrscheinlich geschah der Angriff aus Neid auf die gesicherte Lebensstellung, deren sich Menachem durch die Gunst Chisdais erfreute. Der sonst so milde Staatsmann wurde wirklich an seinem Schützling irre, behandelte ihn mit größter Rücksichtslosigkeit und berief den Nebenbuhler an seine Stelle. Alle Versuche Menachems, sich zu rechtfertigen, scheiterten an der Unzugänglichkeit des ehemaligen Gönners. Bei alledem ließ der tiefgekränkte Gelehrte die Dankbarkeit und Verehrung gegen den früheren Wohltäter nicht aus seinem Herzen schwinden. Er und sein Gegner Dunasch sangen immer wieder in herrlichen Weisen den Ruhm ihres edlen Beschützers.

Der wissenschaftliche Streit zwischen den Forschern aber pflanzte sich auf ihre Schüler fort. Derjenige Gelehrte, welcher seinen Meister Menachem am nachdrücklichsten und glücklichsten verteidigte, war Jehuda ben David Ibn Chajjudsch (c. 930—1000). Er war aus der Vaterstadt der hebräischen Sprachstudien, aus Fez, gebürtig und lebte später ebenfalls in Cordova. Auf Grund der Leistungen seiner Vorgänger hat er Bausteine für das Lehrgebäude der hebräischen Grammatik zusammengetragen, die sich bis auf die Gegenwart als brauchbar erwiesen haben. So wurde durch diese drei Männer in der Hauptstadt des westlichen Kalifats die Arbeit fortgesetzt, welche einst in Fez begonnen worden war. Vollendet und gekrönt wurde ihr Werk durch einen jüngeren Zeitgenossen und Schüler des Chajjudsch, nämlich durch Jona (Abulwalid Merwan) Ibn Djannâch. Er war in Cordova c. 995 geboren und mußte (1012) die Vaterstadt verlassen, als sie die Beute grausamer Eroberer wurde. Nach ruhelosen Wanderjahren ließ er sich in Saragossa nieder und lag daselbst dem ärztlichen Berufe ob. Er starb c. 1052. Sein Lebensideal war das begeisterte Studium der hebräischen Sprachwissenschaft, die er für die Königin der Wissenschaften hielt, weil sie allein den Schlüssel zum Verständnis des göttlichen Wortes in seiner ganzen Hoheit und Heiligkeit darbot. Ihre Erforschung faßte er wie ein Priestertum auf, für das ihn Gott geweiht habe. Er schrieb in arabischer Sprache ein hebräisches Wörterbuch und eine Grammatik, die einen weitreichenden Einfluß auf die Bibelerklärung und auf die Erkenntnis des Geistes und der Form der hebräischen Sprache gewonnen haben.

Chisdai war es endlich auch vergönnt, der Krone der jüdischen Wissenschaften, dem Talmudstudium, eine neue Heimat in Spanien zu bereiten. Bisher hatte auf dem Gebiete des halachischen Wissens hier im Allgemeinen die gleiche Abhängigkeit von den babylonischen Hochschulen, wie allenthalben in den Ländern der Diaspora geherrscht. Gesuche um Auskunft und Entscheidungen, begleitet von reichen Geschenken, wanderten zu den Sitzen der Geonim, und die Rechtsgutachten, die von dort als Bescheide eintrafen, bildeten die Richtschnur für die religiöse Praxis. So kam bekanntlich durch eine derartige Anregung auch die Gebetordnung des R. Amram (c. 875) zustande und zur Geltung. Erst in Chisdais Tagen geschah es, daß der Dritte jener angeblich kriegsgefangenen Gelehrten, Namens Mose, mitseinem Sohne Chanoch auf den Sklavenmarkt nach Cordova gebracht und durch die dortigen Glaubensgenossen pflichtgemäß freigekauft wurde. Der der Sklavenfesseln ledige Gelehrte begab sich vom Markte in das Lehrhaus, woselbst gerade Rabbi Nathan, das religiöse Oberhaupt der Gemeinde, einen Vortrag über einen halachischen Gegenstand hielt. Als nun zufällig bei der Erklärung einer schwierigen Stelle die Unterweisung stockte, trat der unscheinbare Zuhörer im Sklavengewande vor und löste mit wenigen Worten die Unklarheit. Alle waren betroffen und bestürmten ihn mit Fragen, deren Beantwortung das seltene Wissen des Fremden verrieten. Nach dem Vortrage sollte Rabbi Nathan, wie üblich, richterliche Entscheidungen treffen, aber er verließ seinen Sitz und sprach zu den Parteien: „Ich bin fürder nicht

würdig, Euer Richter zu sein. Der Fremde dort im dürftigen Kleide
ist mein Meister, an ihn wendet Euch, ich will von Stunde an nur
sein Schüler sein." Der edle Mann bewirkte, daß Rabbi Moses
zum Rabbiner der Gemeinde gewählt wurde, und ordnete sich ihm
willig und bescheiden in allen Stücken unter.

Chisdai aber nahm das Leben des fremden Weisen in seinen
wohlwollenden Schutz und trug Sorge dafür, daß er ungestört seinen
Forschungen nachgehen und sie zahlreichen Schülern übermitteln konnte.
Seitdem entwickelte sich das Talmudstudium auf dem Boden Spaniens
zu großer und herrlicher Blüte und fand bald einen ehrenvollen
Platz unter den Leistungen der wissenschaftlich bewegten Zeit. Selbst
von den Arabern wurde es gewürdigt und hoch geschätzt. Entging
doch damals keine Äußerung des menschlichen Geistes dem Interesse
der hochgebildeten Fürsten. Alhakem (961—976), der zweite Kalif,
welchem Chisdai diente, hatte einen ungeheuern Schatz von Hand=
schriften gesammelt. Seine Bibliothek umfaßte vierzigtausend Bücher.
Was das bedeutet, läßt sich an der Tatsache ermessen, daß der
bildungsfreundliche Kaiser Karl IV. fünfhundert Jahre später reich
genannt wurde, weil er hundertundvierzehn Handschriften besaß. Für
seine Büchersammlung ließ Alkahem durch Joseph Ibn Abitur die
Mischna ins Arabische übersetzen. Abitur war zugleich der erste
jüdische Dichter Spaniens, welcher den Gottesdienst durch Pijjutim
verherrlichte. Mehr als hundert seiner Lieder sind über den ganzen
Festzyklus verstreut. Sie waren in Spanien sehr beliebt und be=
herrschten den dortigen Ritus so ausschließlich, wie diejenigen
Kalirs den unsrigen. Sie geben gelegentlich mancherlei Andeutungen
von den traurigen Lebenserfahrungen ihres Verfassers, die hervor=
gerufen waren durch die Uneinigkeit in seiner Heimatsgemeinde Cor=
dova und durch das trübe Geschick, das nach Alhakems Tode über
sein schönes Vaterland hereinbrach.

Chisdai starb früher als sein Gebieter. Darum spiegelt sich
in seinem Lebensbilde nur die glücklichste Zeit Spaniens wieder.
Wie seine Persönlichkeit nach zwei Jahrhunderten noch im Herzen
seines Volkes lebte, davon legt am besten die farbenreiche Schilderung
seines Wirkens durch den Dichter Charisi Zeugnis ab:

> In Sefarad ging in jener Zeit
> Die Sonne des Ruhmes auf in Herrlichkeit,
> Chisdai war es, der Fürst, der ohn' Unterlaß

Dem Bittenden reichliche Gabe zumaß.
Da fing des Wissens Flut an, Wellen zu schlagen,
Und brachte köstliches Gestein getragen,
Und bald wie Mauern fest der Weisheit Fülle stand,
Daß, wessen Seele Durst nach Wissen empfand,
Dort Sättigung und Labung fand.
Gott öffnet ihr Auge wunderhell,
Und sieh'! ein lebendiger Wasserquell,
Daraus jeder den Schlauch sich füllte schnell.
Und wer den Schlaf der Torheit schlief,
Des Fürsten Gnadentau ihn ins Leben rief.
Und alle, die verstreut so weit, so lang,
Ein Band, der Liebe Band, umschlang.
Vom Christen- und vom Maurenland,
Von Ost, von West, von fernem Strand,
An seiner Gnade Tisch, da fanden sie sich all',
Von der Wolkensäule seiner Huld umkränzt,
Von der Feuersäule seines Ruhms umglänzt.
Da ward der Weisheit Kampf geführt,
Von ihm, der selbst das Feuer schürt,
Des Wissens Bronnen aufgeschlossen,
Und der Geist Gottes über sie ausgegossen.
Der Stummen Mund macht seine Güte sprechen
Und die verschlossenen Herzen aufbrechen.
Darum preisen ihn zierliche Lieder,
Strahlen wie Sterne seinen Namen wieder.

(M. Sachs).

3. Samuel Ibn Nagdela und seine Zeit.

Für den unmündigen Sohn Alhakems führte nach dessen Tode ein tüchtiger Minister Almanzor die Regierung. Der kühne und unternehmende Staatsmann gab die Zügel der Herrschaft nicht mehr aus den Händen und wußte den schwachen Kalifen immer mehr in den Hintergrund zu drängen. Seine gewalttätige Herrschsucht trieb ihn zu grausamen Vernichtungskriegen gegen die kleinen christlichen Reiche im Norden der pyrenäischen Halbinsel und bewirkte, daß der Rachedurst gegen den gemeinsamen Feind die in ihrer Zersplitterung ohnmächtigen Christen zu verzweifelter Gegenwehr vereinigte. Sie bereiteten ihrem Feinde am Adlerschloß an den Quellen des Duero eine furchtbare Niederlage, die er nicht lange überlebte. Nach seinem Tode (1002) zerfiel das herrliche Reich der Omejjaden vollständig. Kühne Heerführer sammelten Freischaaren um sich oder stellten sich

an die Spitze eindringender afrikanischer Stämme und machten sich
gewaltsam zu selbständigen Herren einer Anzahl nicht lebensfähiger
islamitischer Kleinstaaten. Während dieser Wirren wurde das schöne
Cordova von einem Berbernhäuptling (1012) erobert und verwüstet,
und die meisten Einwohner verließen flüchtend die Stadt. Unter
ihnen befand sich auch Samuel ha-Levi Ibn Nagdela.

Samuel b. Joseph ha-Levi Ibn Nagdela führte ein wechselvolles Leben. Er nahm aus seiner Vaterstadt Cordova alle die
Geistesschätze mit, welche dieser Sammelplatz der Wissenschaften jener
Zeit seinem Fleiß und seiner Lernbegierde bieten konnte, und bereicherte seine Kenntnisse vornehmlich durch die Ergebnisse der ältesten
und jüngsten Wissenschaften unter den Juden. Hatte er doch von
R. Chanoch, dem berühmten Sohne des eingewanderten R. Moses,
reiche talmudische Belehrung empfangen und bei Jehuda Ibn
Chajjudsch tiefe und gründliche Sprachstudien getrieben. Dazu
besaß er eine seltene Gewandtheit im mündlichen und schriftlichen
Gebrauch der arabischen Sprache und schrieb eine besonders zierliche
und gefällige Hand. Trotz alles dieses Wissens und Könnens mußte
er sich in Malaga, wohin er gezogen war, kümmerlich vom Ertrage
eines kleinen Gewürzkrames ernähren. Zufällig aber kamen Proben
seines Stiles und seiner Schreibkunst in die Hände des vornehmen
Staatsmannes, der die Stellung des Veziers beim König von
Granada inne hatte. Er nahm den Juden in seine Dienste und
gab ihm Beschäftigung als Schreiber. Bald erkannte er den Scharfsinn und die Lebensklugheit des jungen Gelehrten und bediente sich
gern und häufig seines weisen Rates. Vor seinem Tode empfahl er
ihn als den klügsten Berater und treuesten Diener seinem Könige.
In der Tat erhielt Samuel nunmehr die Stellung seines Gönners,
für die er so reich befähigt war, und nichts spricht so sehr für seine
seltene Gewandtheit und glänzende Begabung als die Tatsache, daß
er trotz aller Schwierigkeiten und Anfeindungen sich bis zu seinem
Lebensende in seinem Amte zu behaupten wußte. Er diente seinem
Herrn mit Weisheit und Menschenkenntnis und gewann das Herz
des Volkes durch Freundlichkeit und Bescheidenheit. Seine Nachsicht
und Sanftmut entwaffnete den Neid und die Mißgunst seiner Gegner
und beruhigte selbst den Fanatismus vieler Moslemin, nach deren
religiöser Meinung ein Ungläubiger nimmermehr eine so hohe Stellung
einnehmen durfte.

Dieselbe Treue und Gewissenhaftigkeit, mit der er seinem
Fürsten diente, bewährte er bei der Verwaltung der Angelegenheiten
seiner Glaubensbrüder. Er war ihr Nagid und als solcher nicht
bloß ihr weltliches Oberhaupt, sondern auch ihr religiöser Lehrer
und Leiter. Der mit Staatsgeschäften überhäufte Mann fand stets
noch Zeit und Muße, um seine Glaubensbrüder in talmudischen
Vorträgen zu belehren und ihre Rechtsstreitigkeiten nach dem heiligen
Gesetz der Väter zu entscheiden. Überall, wo jüdisches Geistesleben
sich regte, suchte er Verbindungen anzuknüpfen und fördernd einzugreifen. Mit Eifer verteidigte er gegen Jonah Ibn Djannâchs
grammatische Leistungen, die ihm als unberechtigte Neuerungen erschienen, die Erkenntnisse seines teuren Lehrers Jehuda Ibn Chajjudsch,
mit Begeisterung pflegte er schriftlichen Gedankenaustausch mit dem fernen
Gaon R. Hai, und ganz besonders hoch verehrte er den gelehrten
R. Nissim in Kairuwan. Mit dem letzteren verbanden ihn gleichartige Studien; denn auch er verfaßte eine Einleitung zum babylonischen
Talmud, die sich heute dadurch, daß sie in alle Druckausgaben des
Talmud aufgenommen ist, der weitesten Verbreitung erfreut. Er
entwickelt in derselben die Grundbegriffe der Halacha und Haggada,
gibt einen Wegweiser zur Reise durch die verschlungenen Diskussionen
der Gemara und stellt die Grundsätze zusammen, nach denen die
maßgebenden Entscheidungen endgültig festgestellt werden. Der Verkehr
mit R. Nissim wurde ihm so lieb, daß er die Tochter dieses armen
Gelehrten zur Gattin seines Sohnes wählte. Die sonstigen Geisteserzeugnisse Samuels sind uns nur teilweise erhalten. Sie wirkten
zwar anregend auf die Zeitgenossen, wurden aber bald von tüchtigeren
Leistungen größerer Meister in den Hintergrund gedrängt. Als
Sprachkenner und -künstler zeigte sich der Nagid in einem Gedicht,
das seinen Fürsten in sieben verschiedenen Sprachen pries. Auch
sonst war er mit Vorliebe dichterisch tätig, ohne freilich auf diesem
Gebiete großen und unvergänglichen Ruhm zu ernten. Denn die
Tiefe und der Reichtum der Gedanken verhüllte bei ihm stets das
Feuer des Herzens und lähmte den Schwung und die Anmut der
künstlerischen Form. Dazu kam, daß durch einen sehr nahe liegenden
Vergleich das Urteil über seine Dichtungen sehr zu seinen Ungunsten
beeinflußt werden mußte. Erstand doch dicht neben ihm einer der
größten, gottbegnadetsten Sänger aller Zeiten: Salomo Ibn
Gabirol. Beide Männer verkehrten lebhaft mit einander, und der

Dichter setzte seinem Zeitgenossen, als dieser im Jahre 1055, von allen Glaubensbrüdern tief betrauert, starb, ein schönes Denkmal, indem er sang:

> In meinem Herzen ist Dein Ort,
> Fest steht Dein Zelt für immer dort,
> Dich such ich da, Dich find ich da,
> Bist mir wie meine Seele nah.

Samuel ha-Nagid hinterließ in seinem Sohne Joseph einen wahrhaften Erben seines Geistes, auf welchen trotz seiner Jugend des Vaters Ämter und Würden im Staate übergingen. Josephs glückliche Anlagen, seine fürstliche Erziehung, verbunden mit Schönheit und Reichtum, verschafften ihm den Beifall und die Gunst der gesamten Bevölkerung. Daneben war er gleich seinem Vater auch Nagid der Juden, leitete und belehrte die einheimischen und sorgte selbst für die fremden Glaubensbrüder. Den flüchtigen Söhnen des letzten Gaons bereitete er in Granada eine neue Heimat. Leider aber fehlten ihm zwei der Tugenden, die seinen Vater Samuel schmückten, nämlich Vorsicht und Bescheidenheit. So sicher fühlte sich der jugendliche Staatsmann in seiner Stellung, daß er ohne Rücksicht auf die schlecht verhehlte Empfindlichkeit der Moslemin seine Verwandten und Freunde mit Ämtern und Würden bedachte. Dadurch reizte er den religiösen Fanatismus seiner Widersacher, die nur auf eine Gelegenheit lauerten, um den Ungläubigen seinen großen Einfluß zu entreißen. Da er noch dazu oft hochfahrend gegen seine Untergebenen war, so gelang es leicht, den Pöbel gegen ihn zu erbittern. Man verleumdete ihn bei seinem Gebieter, und er wurde schließlich das Opfer eines furchtbaren Aufstandes, der am 30. Dezember (9. Tebet) 1066 ausbrach und etwa fünfzehnhundert jüdischen Familien das Leben kostete. Durch das blutige Ereignis von Granada wurde der Friede und die Sicherheit der spanischen Juden, die seit drei Jahrhunderten unter islamitischem Scepter ungestörte Ruhe genossen, tief und gewaltig erschüttert. Glücklicherweise blieben die Verfolgungen damals noch auf einen engen Bezirk beschränkt.

4. Salomo Ibn Gabirol und seine Zeit.

Unter den Juden, die gleich Samuel ha-Nagid (1012) von Cordova nach Malaga flohen, befanden sich wahrscheinlich auch die Eltern seines berühmten Freundes Salomo ben Jehuda Ibn

Gabirol. Der ums Jahr 1020 geborene Dichter nennt wenigstens Malaga seine Vaterstadt. Er verlor früh seine Eltern, und das herbe Geschick, mit einem liebebedürftigen Kinderherzen vereinsamt in der Welt dazustehen, hat seinen heiteren Blick und seine Lebensfreude für alle Zeit getrübt. Schon in zarter Jugend vom Ernst des Daseins hart angefaßt, klagte der frühreife Dichter: „Ein Knab' von sechzehn Jahren, — Und wie ein Greis erfahren." Derartige greisenhafte Erfahrungen konnte aber der Jüngling nur dadurch machen, daß er Zielen nachstrebte, die ihm die Wirklichkeit nicht erfüllen konnte. Ein brennender Durst nach Wahrheit verzehrte ihn und entfernte ihn immer mehr von den alltäglichen Gedankenkreisen seiner Altersgenossen. Fremd und verlassen kam er sich vor und stieß die Gespielen und Genossen mit Verachtung von sich, weil ihm ihr Treiben schal und nichtig erschien. Schon glaubte er wirklich zu Saragossa, wo er als Jüngling lebte, in einem edlen Gönner Jekuthiel die Verkörperung seines Ideals gefunden zu haben, als ihm ein schrecklicher Tod durch Verschwörerhand auch diesen einzigen Freund entriß. Ibn Gabirols Schmerz ergoß sich in ergreifenden Klageliedern über diesen Verlust und vergällte ihm noch mehr die Freuden dieser Welt. Er haßte von nun an die Saragossaner und geißelte ihre Schwächen in einer scharfen Satire. Von einflußreichen Männern ob seines Spottes verbannt, zog der Dichter ruhelos in Spanien umher und klagte über den Niedergang seines Vaterlandes und seiner Zeit. Mit rührender Harmlosigkeit erzählt er dabei selbst, wie oft ihn die Freunde seinem Weltschmerz zu entreißen versuchten, und läßt einen von ihnen sprechen:

„Bezwing des Schmerzes trübe Nacht,
Der Morgen Dir entgegenlacht.
Auf! Hülle Dich in edlen Stolz.
Entwinde Dich des Kummers Macht!
Bist einzig ja in deiner Zeit,
Dein Lied den Perlen gleicht an Pracht."

Das Gedicht endet mit überschwenglicher Verherrlichung seines Trösters, der offenbar kein anderer, als Samuel Ibn Nagdela, sein großmütiger Gönner, ist. Er preist ihn als einen Schützer Israels, „der da weiß das Gesetz zu künden, die heilige Sprache zu ergründen, und zugleich durch Geistesadel ausgezeichnet ist. Der edle Mann schien dem jüngeren Dichter, den er schon von Malaga

her kannte, viele Beweise besonderer Liebe und Freundschaft gegeben
zu haben. Verband doch beide die gleiche Begeisterung für die
Weisheit und für die Dichtkunst. Gabirol sparte nicht mit schwung=
vollen Lobliedern auf den selbstlosen Freund, verstand es aber auch
in stolzem Selbstbewußtsein, dem hochgestellten Manne gegenüber
seine ganze Würde zu wahren. Ja, er wandte sich sogar mit Groll
und Bitterkeit gegen ihn, als irgend ein Mißverständnis oder eine
Verleumdung ihren schönen Seelenbund störte, und verletzte den älteren
Freund an seiner verwundbarsten Stelle, indem er seine Dichtkunst
verspottete. Überhaupt sind Spott und Hohn häßliche Dornen, die
sich oft unter Gabirols Liederrosen finden. Der Nagid blieb ihm
übrigens niemals die Antwort auf seine Stachelverse schuldig und
erwiderte sie mit gleichen Sangesweisen. Für die damaligen Schön=
geister Granadas war dieser Dichterstreit eines der wichtigsten Er=
eignisse, das sie mit lebhafter Spannung verfolgten. Die Nachwelt
aber hat keine Teilnahme für diese Schriftstellerkämpfe. Sie ehrt
die großen Männer, indem sie ihre Leistungen sorgsam aufbewahrt,
hingegen ihre kleinen Eitelkeiten übersieht. So sei denn hier nur
noch angemerkt, daß Ibn Gabirol, gewiß aus Vorliebe für Ibn
Nagdela, seine Feder auch gegen dessen wissenschaftlichen Gegner, den
trefflichen Sprachforscher Ibn Djannâch, wandte, denselben großen
Mann, den er vormals in einem schönen Liede hoch erhoben hatte.
Auf diesen Beziehungen zu den Zeitgenossen gründen sich die einzigen
sicheren Angaben über Gabirols Lebensgang. In verhältnismäßig
jungen Jahren soll er, etwa als ein Fünfziger, sein freudloses Dasein
ums Jahr 1070 zu Valencia beschlossen haben.

Mag aber der Dichter uns noch so viel von Leid und Ent=
täuschungen, von unerfüllten Hoffnungen und eitlem Sehnen er=
zählen, sein Leben ist dennoch nicht ein schriller Ton zu nennen, von
dem wir uns verstimmt abwenden. Es zieht vielmehr, wenn wir in
seine Lieder uns versenken, wie das Schluchzen der Nachtigall zugleich
weh und wohlig durch unser Herz. So herb das Geschick in sein
äußeres Leben einschnitt, so herrlich wandelte es sich in der Tiefe
seines Gemütes um und zog als süßes Lied aus seinem Munde. Die
Kunst zu sagen, was er litt, wirkte auf ihn selbst und auf alle, die
ihn hörten, erlösend und befreiend ein. Er wurde dadurch ein echter,
gottbegnadeter Dichter. Gedanken und Empfindungen strömten ihm
zu, ihre äußeren Veranlassungen traten zurück, wie die verschwindenden

Linien des Gestades, wenn den Schiffer die Flut hinausträgt in das
weite uferlose Meer. Des Dichters Innenleben ist sein Meer, auf
dem er ungebunden und frei umherschweift, losgelöst vom Lande der
Wirklichkeit. Je weltfremder sein Gemüt wird, desto tiefer versenkt
es sich in sich selbst, desto reicher und voller sind die Gefühle, die
ihm entströmen. Ob sie sich auf das Leben im allgemeinen oder auf
dessen einzelne Erscheinungen und Gebiete, auf Weisheit, Tugend,
Kunst und Freundschaft beziehen, ob der Dichter klagt oder jauchzt,
preist oder schmäht, immer und überall ergreift er uns unmittelbar
und mächtig. Das ist die Gottesgabe, die er mit den Sängern
anderer Völker und anderer Zungen und Zeiten teilt.

Was aber Salomo Ibn Gabirol Israel allein zugewendet hat als
köstliches, unvergängliches Geschenk, als einen Born niemals ver=
siegender Labsal, das sind seine religiösen Lieder. Seitdem der
Psalmist verstummte, ist vom Glauben und der Liebe zu Gott nicht
mit solcher Begeisterung gesungen worden. Der Dichter ergreift uns
am tiefsten, wenn er das Gefühl menschlicher Schwäche und Ab=
hängigkeit, das demütige Aufblicken und hoffnungsvolle Emporringen
zum Ewigen ausdrückt. In seinen Gebeten spricht die menschliche
Seele unmittelbar mit ihrem Schöpfer, nicht wie in denen Kalirs die
israelitische Nation mit ihrem Gotte.

> Des Morgens, auch des Abends[1]) steh' ich vor Dir, mein Hort,
> Mein Herz Dir zu erschließen und sprech' Gebeteswort.
> Da steh' ich zagend, bange, ich weiß, Dein Auge dringt
> In meiner Brust Geheimstes, eh' noch das Wort erklingt.
> Was ist auch des Gedankens, was ist des Wortes Kraft,
> So mächtig er emporsteigt, so mühsam es auch schafft?
> Doch Dir gefällt's, wenn dankend des Menschen Lied dich preist;
> So schall' es hell und fröhlich, so lang in mir Dein Geist.
>
> (Geiger.)

Natürlich klagt er, der von beständiger Sehnsucht nach dem
Höchsten erfüllt ist, in besonders ergreifenden Weisen um Israels
verlorene Herrlichkeit. Im Wettgesange läßt er die beiden versunkenen
Reiche Juda und Israel (Samaria) vor uns auftreten und den Bericht
über ihre Schmerzen austauschen:

---

[1]) Das Original beginnt mit den Worten: שַׁחַר אֲבַקֶּשְׁךָ und steht in
vielen Gebetbüchern (z. B. in allen Rödelheimer Ausgaben) als Einleitungs=
gebet beim Eintritt in das Gotteshaus.

Hie klaget Samaria[1]): „Mich traf der Züchtʼgung Hand,
Weg zogen mir die Söhne in fernes, fremdes Land."
Dort Juda: „Ach mein Tempel, mein Heiligtum verbrannt!"
Ja Zion weint: „Es hat sich Gott von mir abgewandt."

Israel: Ach Liebe, willst Dein Mühsal mit meinem Du vergleichen?
Nicht kann Dein Schmerz, Dein Siechtum das meine je erreichen.
Ich tragʼ des kecken Abfalls ach! unverlöschlich Zeichen,
In Mitten meiner Laufbahn mußt aus dem Land ich weichen,
Mußt Früchte und Geschmeide dem harten Feinde reichen,
Und meine Söhne schleppt er nach fremden fernen Reichen.
Drum lasse mir die Klage, die ich erlag den Streichen,
Du lebtest lang daheim noch, doch ich ward rasch entsandt.
Und Juda klagt: mein Tempel usw.

Juda: Ach Israel, auch mir istʼs, wie Du von Dir gesprochen,
Habʼ auch, gleich Dir, die Treue dem Jugendfreund gebrochen,
Bei Deiner Klage fühlʼ ich den Schmerz in mir auch kochen.
Nur ein Mal mußtest Du ja an fremden Türen pochen,
Mir haben sie doch mehrmals die Kraft gelähmt, gebrochen.
Ich mußtʼ nach Babel wandern, blieb dort zehn Jahreswochen.
Drauf ist nach kurzer Rückkehr neu Unheil eingebrochen;
Kaum saß ich fest, kam Titus, hat mich zerfetzt, zerstochen.
Mein Volk mußtʼ wandern rastlos, ohnʼ daß es Ruhe fand.
Und Juda klagt: mein Tempel usw.

Beide: O Gott, Du den Gebeugten so liebreich Schirm und Schild,
Schau auf die müden Wandrer, die armen, gnädig mild,
Ach sieh, wie sie so niedrig, in Trauer tief gehüllt!
Denkʼ fürder nicht, daß Sünde und Thorheit sie erfüllt,
Heilʼ ihre Wunden, wirke, daß bald ihr Gram gestillt!
Du bistʼs, aus dem Vertrauen, Ermutʼgung ihnen quillt.
Du gibst uns wieder Tage, wie wir sie einst gekannt,
Denn Deines Worts Verheißung ist treues Unterpfand.

(Geiger.)

Die Übertragungen können nur annähernd und mangelhaft den
Inhalt und den Ton der Dichtungen wiedergeben und verhalten sich
zum Original wie Gipsnachbildungen zu den Meisterwerken des
Phidias. Wie der Marmorblock für des Künstlers Hand das zweck=
entsprechende Mittel war, um einen Gedanken zu verkörpern, so war
für Salomo Ibn Gabirol die klassische Sprache der heiligen Urkunden
der einzig mögliche Ausdruck seiner Seele. Sie war ihm in Wahrheit
von Jugend auf die zweite Muttersprache. In ihr dachte und ent=

---

[1]) Es beginnt mit den Worten: שׁוֹמְרוֹן קוֹל בְּכִי und findet sich in den
Kinothsammlungen für den 9. Ab nach deutschem und polnischem Ritus.

warf er seine Gedichte.   Er verfügte frei und kühn über den gesamten
Sprachschatz der Bibel und verwendete seine Formen und Verbindungen
zum unvergleichlich präzisen Ausdruck seiner Gedanken.   Er entnahm
den Baustoff zu seinen Werken unmittelbar der Bibel.   Hier lag für
ihn alles fertig vor, ohne eines Hammerschlags, eines Meißelhiebs
zu bedürfen.   Darum ist sein Stil einfach, musivisch.   Er macht es
anders als Kalir, welcher seinen Marmor sowohl der Schrift, als
auch der Sprache der Haggada entnimmt, abschlägt und einfügt, wie
es ihm gut scheint, und doch mit dem Material seine Idee nur
andeuten, nicht bewältigen kann.

Ⅰn Ibn Gabirols Gedanken und Empfindungen spiegeln sich
aber nicht bloß seine persönlichen Erfahrungen und Eindrücke wieder.
Des Dichters Seele ist, wie die aller bevorzugten Geister, der Brenn=
punkt, in dem sich die Strahlen seiner Zeit treffen und zu einem Ge=
samtbilde vereinigen.   Es ging ein Zug allgemeiner Enttäuschung und
bitteren Grolles durch die Gemüter seiner Zeitgenossen, als sie mit
dem Zerfall der Kalifate die ganze Herrlichkeit und Größe des
Islam in Trümmer sinken und eine Beute wüster Eroberer werden
sahen.   Lebensfreudigkeit und Tatkraft schwanden dahin, und auch
unser Denker erblickte in solchen Schrecken nur einen neuen Beweis
für die Eitelkeit und Nichtigkeit des irdischen Werdens und Vergehens.
Er aber will sich gewaltsam davon losringen und, ungehemmt von
nichtigen Bedürfnissen, nach der höchsten Erkenntnis streben.   Durch
das Erkenntnisvermögen ragt nach seiner Überzeugung der Mensch in
eine höhere Welt hinein, und je mehr er sich von dem Irdischen
befreit, desto näher kommt er dem Unendlichen, Ewigen und Un=
vergänglichen.   Das Ewige ist für Ibn Gabirol der Urgeist, dem
unaufhörlich alle Kräfte entströmen und in stetem Kreislauf wieder
zustreben.   Die Welt entstammt seit Ewigkeit diesem Urgeist, und
wie in der Natur alles mit ihm zusammenhängt, so ist auch die
menschliche Seele nur ein Ausfluß seiner unendlichen Schaffenskraft.
Sie wird darum, wenn sie sich ganz in ihre eigne Anschauung ver=
senkt, den Weg, den sie vom Himmel genommen, zurückfinden und
die Gottheit unmittelbar erkennen.

So wird der Lebensüberdruß und die Schwermut in der Seele
Ibn Gabirols zu einem philosophischen Systeme, das freilich nicht
neu ist und schon von den letzten Ausläufern der griechischen Philosophie
aufgestellt wurde.   Ohne Zweifel sind die Grundgedanken desselben

durch arabische Vermittlung auf ihn gekommen. Er stellte diese Ge=
danken, sie ergänzend, berichtigend und weiterführend, zusammen und
entwickelte sie in einem Werke, das er die Quelle des Lebens[1])
nannte. Er schrieb es in arabischer Sprache. Bei seinen Glaubens=
brüdern hat es wenig Eingang gefunden, wenn es auch aus einer
hebräischen, wohl nur auszüglichen Übersetzung teilweise bekannt
wurde. Viel häufiger wurde der Verfasser unter dem verstümmelten
Namen Avicebron von den christlichen Denkern des späteren Mittel=
alters angeführt. Unerkannt wandelte Ibn Gabirol in dieser Ver=
kleidung durch die Jahrhunderte, und man hielt ihn allgemein für
einen christlichen Denker von großer Bedeutung, bis ihn vor sechzig
Jahren (1846) Salomon Munk[2]) wieder neu entdeckte und dem Kreise,
dem er angehörte, wiedergab.

Dieselben Grundgedanken seiner Philosophie umwebte er ein
anderes Mal mit leichtem poetischen Gewande. Als ein Lied der
Huldigung und der Buße sprechen es ihm die Jahrhunderte nach
und ehren es als „die Königskrone[3]).“

Wie weit immer die Urteile der Nachwelt über die Ergebnisse
seines Denkens auseinandergehen mögen, uns bleibt er als Dichter
unbestritten lieb und teuer, und wir stimmen ein in die Lobpreisung
Charisis:

> „Er ist ein König, erhaben, groß,
> Das Lied der Lieder ist Salomo's.“

Ibn Gabirol hatte sein philosophisches System nur zu Nutz
und Frommen stolzer Geister niedergeschrieben. Er wandte sich aus=
schließlich an die erlesenen Denker unter den Glaubensbrüdern und
blieb dem Volke, dessen Tun und Treiben ihm gleichgültig war,
gänzlich fremd und unverständlich. Hatte er es so verschmäht, die
Anwendung seiner Erkenntnisse dem gemeinen Manne klar zu machen,
so richtete sein Zeitgenosse und Landsmann Bachja Ibn Pakuda,
Dajjan zu Saragossa, in erster Linie gerade an den schlichten und
einfachen Mann seine klare und eindringliche Belehrung. Gleich
Ibn Gabirol drang er auf beschauliche Vertiefung und Verinner=

---

[1]) מְקוֹר חַיִּים.

[2]) Geboren in Gr.=Glogau 1803, starb in Paris 6. Februar 1867.

[3]) כֶּתֶר מַלְכוּת lautet der hebräische Titel. Im Sachs'schen Machzor für
den Versöhnungstag ist es nebst einer trefflichen deutschen Übersetzung gedruckt
zu finden.

lichung des sittlichen Handelns. Aber er beschränkte seine Anweisung
zu einem sittlichen Leben auf das speziell religiöse Gebiet. Hier,
wünschte er, solle sich der Israelit völlig einer gottdurchdrungenen
Lebensheiligung hingeben. Die inneren Pflichten des Gewissens
stehen ihm am höchsten. Ihre Beobachtung ist ihm die Grundlage
und Voraussetzung des Gehorsams gegen die göttlichen Gebote.
Die äußere Ausführung der religiösen Vorschriften muß nach seiner
Meinung Sache der Überzeugung und des Gewissens werden. Um
den Weg zu solcher Frömmigkeit unfehlbar zu zeigen, schrieb er eine
Anleitung zu den inneren Pflichten[1]). Der fromme, liebenswürdige
Mann spricht darin zum Herzen des Volkes, einfach, verständlich
und gewinnend. Das Buch wurde viel gelesen und ist aus dem
Arabischen ins Hebräische, Spanische, Lateinische, Jüdisch=Deutsche
und wiederholt ins Hoch=Deutsche übersetzt worden.

Viertes Kapitel
Die Juden in Italien (750—1040).

Während die Religion des Schwertes nach glänzend raschem
Siegeslauf ihre politischen Errungenschaften in Europa eben so
schnell, als sie gewonnen waren, wieder in Trümmer sinken sah,
wob die Religion der Liebe von Rom aus bedächtig und sicher ein
feinfädiges, aber festes Netz, das nach und nach das ganze Abend=
land umspannte. In diesen Jahrhunderten wurde zu der neuen
christlich=germanischen Kultur der Grund gelegt. Die endlich seßhaft
gewordenen germanischen Völker erstarkten nur sehr langsam zu
politischer Lebensfähigkeit. Ein Zeitraum von etwa 430 Jahren,
wie derjenige, der erforderlich war, um Israel in Ägypten zu einem
Volke heranwachsen zu lassen, verging seit der Völkerwanderung
(375—800), bis das kühne und kraftvolle Herrschergeschlecht der
Karolinger aus dem kurzlebigen Staatengewirr der deutschen
Stämme im Herzen Europas eine starke Einheitsmacht zu gestalten
vermochte. Um das Jahr 800 schuf der große Karl ein weit
ausgedehntes Reich, das vom Strande der Nordsee bis zum Ebro
und den Appenninen und vom atlantischen Ozean bis an die Elbe

---

[1]) תּוֹרַת חוֹבוֹת הַלְּבָבוֹת Anweisung für die „Herzenspflichten" lautet der
Titel seines Buches.

und die untere Donau fich erftreckte. Allein fchon nach einem halben
Jahrhundert war es wieder zerftückelt und zerfiel dauernd in drei
und mehr Staaten, von denen jeder einzelne auf Jahrhunderte hin=
aus mit der Befeftigung und Sicherftellung der eigenen inneren und
äußeren Verhältniffe befchäftigt war. Jm Gegenfatz zu diefem unab=
läffigen Wandel und Wechfel im Völkerleben blieb der Bifchof in
Rom ein Bild unwandelbarer Beftändigkeit, und fein Thron erhob
fich in Sicherheit über alle weltlichen Throne. Verftanden es doch
die Päpfte zu jeder Zeit, wenn auch alles um fie her wankte, meifter=
haft die großen Gedanken zu finden und feftzuhalten, welche die Kirche
in einen Fels verwandelten. Klar und beftimmt erkannten fie den
ihnen vorgezeichneten Weg, und nichts vermochte fie von der Er=
reichung ihres Zieles abzulenken. Während das Chriftentum der
erften Jahrhunderte nur darauf ausging, die Zahl feiner Anhänger zu
vermehren, die Leiber der Menfchen zu beherrfchen, wurde gleich=
zeitig fchon der Plan entworfen, auch die Gemüter der Menfchheit
der Kirche untertan zu machen. Starr und unbeugfam ftand fie
den Ungläubigen gegenüber[1]). Die in der römifchen Verfaffung
verbürgte Rechtsgleichheit aller friedlichen Bürger ließen fie für die
Juden nicht gelten. Schon die erften chriftlichen Kaifer begannen
auf ihre Veranlaffung, die bürgerliche Gleichberechtigung der Un=
gläubigen und Ketzer zu befeitigen, und die aus diefem Geifte hervor=
gegangenen Gefetze wurden zu dem unerfchütterlichen kanonifchen
Recht zufammengefaßt, auf dem die Gewalt der Kirche über die
Gläubigen und Ungläubigen beruht.

Das Werkzeug, das diefe Macht ausübte, war ein planmäßig
erzogener Priefterftand. Die chriftlichen Priefter durften nur ein
Ziel vor Augen haben: den größeren Ruhm der Kirche! Jm Dienfte
diefer großen Heilsanftalt zu ftehen, mußte ihnen verlockender fein,
als alle Güter der Erde. Nicht weltlichen Befitz, noch das Glück
der Familie follten fie kennen lernen. Nur Gehorfam und Treue
gegen ihren oberften Hirten, der fich befcheiden Knecht der Knechte
nannte, hatten fie zu üben. Jhn zum Vater der gefamten Chriften=
heit zu machen, war die Aufgabe des Klerus. Sie wurde von ihm
meifterhaft gelöft, und Rom war ohne Schwertftreich der Mittelpunkt
der chriftlichen Welt geworden, ehe noch die politifchen Staaten des
Abendlandes Zeit gehabt hatten, eine fefte Geftalt zu gewinnen.

[1]) I, S. 211 f. 221 f. 226 II, 15 ff.

Von Rom kamen die Losungsworte für die nächsten Jahrhunderte. Was sie schufen, was sie den Menschen an Heil und Elend brachten, hatte hier seinen Ursprung. So wurde auch das Schicksal der abendländischen Juden während des Mittelalters im letzten Grunde von Rom aus gelenkt. Von hier aus zog die Kirche allmählich das ganze Leben des Menschen in ihren Bereich. Der Jude blieb grundsätzlich ausgeschlossen und war darauf angewiesen, seine Freude nur im eigenen Hause, in der väterlichen Sitte, im jüdischen Gesichtskreise zu finden. Die christliche Kultur richtete nicht wie die arabische den Blick auf allgemein menschliche Interessen, an denen auch der Jude hätte teilnehmen können; sie war einseitig religiös und somit ausschließlich christlich. Darum blieb den Ausgeschlossenen zur Geistesnahrung nur ihre eigene nationale Literatur. In diese versenkten sie sich nun mit allen den Fähigkeiten, die ihnen eigen waren, und verrichteten auf dem Gebiet des jüdischnationalen Schrifttums Geistestaten, die in demselben Maße die Seelenkräfte der abendländischen Juden entwickelten und veredelten, wie diejenigen ihrer spanischen Glaubensgenossen durch die vielseitige Beschäftigung mit den Wissenschaften geläutert und veredelt worden waren.

Während sich die Kirche zu ihrer Aufgabe rüstete, war Italien selbst der Schauplatz endloser politischer Wirren. Im Norden kämpften Langobarden und Franken um die Herrschaft, in Rom suchte sich der Papst allmählich ein weltliches Reich zu gründen, und um Süditaliens Besitz rangen Griechen, Langobarden, Araber und Normannen. Natürlich brachten diese Kriege auch den dort wohnenden Juden traurige Tage.

Von selbständiger und eigenartiger Geistestätigkeit ist in Italien nicht die Rede. Die dortigen Juden standen in geistiger Abhängigkeit von denen des heiligen Landes, zu denen sie Jahrhunderte lang in den engsten staatlichen Beziehungen gestanden hatten. Wenn nun auch Rom seine politische Bedeutung in den letzten Jahrhunderten verloren hatte, so behauptete es doch sein ideales Übergewicht inmitten der Länder, die es einst als ihre Hauptstadt und ihren Mittelpunkt betrachtet hatten. Immer noch lebten die alten Verkehrsbeziehungen zwischen Palästina und Rom und erzeugten einen gewissen Gegensatz zu der Entwickelung, die das Judentum von Babylonien aus über Afrika nach Spanien hin genommen hatte. Wie man dort die lieblichen Blumen der Haggada zu anmutigen Kränzen flocht, so legte man auch in Italien haggadische Sammlungen an. Daneben gab auch hier wie überall, wo man sich damit beschäftigte, das beim Gottesdienst vorgelesene Wort der heiligen Schrift durch freie Erklärung ins Herz des Hörers einzuführen, der Pijjutdichter seinen durch das Gebet erwachten Gefühlen Ausdruck. Wir besitzen aus dem zehnten Jahrhundert viele Dichtungen, die am wahrscheinlichsten in Italien entstanden sind. Wenigstens wird darin auf die dort herrschenden Verhältnisse vielfach angespielt. Wir kennen freilich von den Dichtern jener Zeit nicht viel mehr als ihre Namen, deren Buchstaben sie künstlich in die Versanfänge verwoben. Einer der ältesten und bedeutendsten von ihnen ist Salomo ben Jehuda, zubenannt: der Babylonier, d. h. der Römer, weil man im Bilde des alten Babel das damals moderne Rom zu erblicken glaubte. Seine zahlreichen Bußlieder füllen den Ritus der Juden Europas. Wie seine Landsleute folgte er in der Dichtkunst dem Vorbilde Kalirs. Eine seiner Dichtungen lautet [1]):

> Erhör uns, Herr! erhör' uns,
> Gewähr' uns, Herr! gewähr' uns!
> Du unser Teil, der du uns Heil und Schutz und Wehr uns.

> Die mit Wagen, Reitern, die mit Sturmesleitern;
> Wir haben Gott und Söldner nicht zu Streitern,
> Wir siegen, und sie werden scheitern.

> Die mit Legionen, die mit Siegerkronen;
> Bei uns will nur der eine große Helfer wohnen,
> Er wird der Schwachen Schwäche schonen.

> Die mit Schildern, Speeren, die mit Kriegerheeren;
> Uns blieb dein Wort der Kriegesnot zu wehren,
> Sie wird nur ihre Wut verzehren.

> Die mit lautem Trosse, die auf stolzem Rosse;
> Der Gott des Lichts ist unser Kampfgenosse,
> Licht wirft die stärksten Wurfgeschosse.

> Die mit Waffenklirren, die mit Schergen, Sbirren,
> Doch wir mit ihm, den Furcht nicht kann beirren,
> Er wird der Stolzen Stolz verwirren.

---

[1]) Sie beginnt mit den Worten: אֵמֶץ יָ' קַבֵּל und findet sich in den Selichot-Sammlungen nach deutschem und polnischem Ritus. Sie behandelt das Thema Psalm 20, 8.

Die mit Hörnerschmettern, die mit Heulen, Zetern;
Wir haben ihn, der mit der Stimme Wettern
Die Felsen streut gleich Herbstesblättern.

Die mit Schlachtkolonnen, die mit Schlächterwonnen;
Den Ohnegleichen haben wir gewonnen,
Durch den wir sicherm Tod entronnen.

Die mit Kampfgedränge, die mit Mordgepränge;
Doch unser er, nicht werden Adlerfänge
Sein Täubchen würgen auf die Länge.

(S. Heller.)

Mit großer Bestimmtheit werden uns einige Orte genannt, in denen das Talmudstudium eifrig betrieben wurde. Dazu gehört Bari, von wo aus die oft erwähnten vier suranischen Gelehrten zur See gingen. Besonders aber wird Lucca als die Heimat tüchtiger Rabbinen gerühmt. Von hier soll einer von ihnen, namens Kalonymos, einen deutschen Kaiser am Ende des achten Jahrhunderts nach Deutschland begleitet und sich in Mainz angesiedelt haben. Er wurde der Stammvater großer Männer, die in den nächsten Jahrhunderten die jüdische Wissenschaft in Deutschland und Frankreich verbreiteten und förderten.

Fünftes Kapitel

Die Juden im fränkischen Reiche (750—1040).

1. Äußere Schicksale der Juden.

Als sich der Papst von den Langobarden in seinen Rechten bedroht und in seiner Residenz bedrängt sah, konnte er unter seinen Getreuen im Abendlande keinen tüchtigeren Helfer finden, als das mächtige Geschlecht der Karolinger, das über die merovingischen Schattenkönige hinweg das Geschick des Frankenreiches lenkte. Ihm konnte es recht sein, wenn sich zu dem idealen Bande, das er von Rom aus um die christliche Welt schlang, schließlich aus diesem kräftigen Stamme ein Arm fand, der die gesamte Christenheit auch mit weltlicher Macht zusammenhielt in einem einzigen christlichen Reiche. Karl der Große hatte diesen kühnen Gedanken. Er wandelte das alte römische Reich in ein christliches um und vereinigte all die damals fest angesiedelten deutschen Stämme unter der Kaiserkrone. Er sah freilich die Kirche nur als ein geistiges Bindemittel

für die losen Bestandteile seines Volkes an und stellte sich in seiner
Tüchtigkeit und Kraft als Schützer neben sie. Er ordnete sich dem
Papst nicht unter und gab dem kanonischen Recht nur in so weit
Macht und Geltung, als es seinen klaren und großen Gedanken nicht
störend und hindernd in den Weg trat. Wie die edelsten, hoch=
gesinntesten und besten Männer aller Zeiten schätzte er die Menschen
nicht nach ihrer Abstammung oder gar nach ihrem Glauben, sondern
nach ihren persönlichen Fähigkeiten. Er ließ sich nicht wie die
Merovinger von der Kirche zu Judenverfolgungen treiben, sondern
benutzte die Juden gerade so, wie jedes andere Element, das ihm
zur Ausführung seiner weit ausschauenden Pläne dienen konnte. So
kam es, daß ein Jude, mit Namen Isaak, die Gesandtschaft an
den Kalifen Harun al=Raschid als Wegweiser oder Dolmetscher
begleitete. Da die eigentlichen Träger der Botschaft auf dem Rück=
wege starben, durfte Isaak, der allein die Heimkehr erlebte, den Brief
und die Geschenke des Kalifen dem Kaiser überreichen.

Vor allem aber schützte Karl die Juden in ihrer Eigenschaft
als Hauptvertreter des Handels. Sie waren in jenen friedlosen
Zeiten die einzigen, die zu den Geschäften des Friedens Zeit und
Talent hatten. Alles freie, wehrhafte Volk gehörte zum Kriegerstande,
der jeden Augenblick bereit sein mußte, Haus und Hof im Stich zu
lassen und Heerbann zu leisten. Das Land bebaute der Leibeigene,
und so blieb Handel und Gewerbe dem Kleinbürger und den Juden.
Die Juden galten als Ungläubige für waffenunfähig und erhielten
das verhängnisvolle Vorrecht, von der Heeresfolge frei zu sein. Ihr
flüchtiger Fuß haftete weitaus seltener an eigenem Landbesitz, und
sie kannten besser als ihre christlichen und heidnischen Landsleute die
fernen Länder, aus denen die Waren bezogen wurden. Besonders
einträglich war für sie der Handel mit Sklaven, die aus dem heidnischen
Nordosten nach dem Südwesten Europas für den großen Bedarf der
islamitischen Völker befördert wurden.

Andererseits machte sie die Kirche selbst zu unentbehrlichen Mit=
bürgern der Gläubigen. Sie wendete bekanntlich das altjüdische
Wuchergesetz der heiligen Schrift auf ihre eigene Glaubensgemeinschaft
an, indem sie den Christen untersagte, von einander Zins zu nehmen.
Da aber kein Kapitalist sein Geld ohne Aussicht auf Gewinn aus=
leihen mochte und konnte, so blieb als Ausweg aus dieser Verlegen=
heit nichts anderes übrig, als zu erlauben, bei den Andersgläubigen

Darlehen gegen einen gesetzlich festgestellten Zinsfuß zu suchen.
Durch diese eigenartigen Verhältnisse gewannen die Juden zusehends
an Einfluß und Bedeutung. Sie zogen frei im Lande umher und
siedelten sich nach Belieben bis weit nach dem Osten hin in Stadt
und Land an. Über die Entstehung und Entwickelung der ältesten
Gemeinden im Frankenreiche schwebt ein sagenhaftes Dunkel.
Einige Nachrichten behaupten, schon mit Karl dem Großen sei
Kolonymos von Lucca nach Mainz gekommen. Andere Berichte
besagen, daß mit Isaak, Karls des Großen Boten nach dem östlichen
Kalifat, ein gelehrter babylonischer Jude, R. Machir, in Narbonne
eingewandert sei und dort das Talmudstudium eingeführt habe. So
viel scheint festzustehen, daß im eigentlichen Deutschland die Gemeinden
von Mainz, Worms und Köln[1]) die ältesten gewesen sind.

Unter Karls Nachfolger, dem gutmütigen, aber schwachen Ludwig
dem Frommen (814—840) war die Stellung der Juden auf Grund
der geschilderten Zustände gesetzlich unverändert. Man ließ sie christliche
Arbeiter bei ihren industriellen Unternehmungen verwenden. Sie
durften Handel treiben, womit und wohin sie wollten, und mußten
nur an den Staat eine etwas höhere Steuer als die Christen von
ihren Handelsgeschäften zahlen. Dadurch erlangten sie trotz des geltenden
kanonischen Rechts eine Anzahl von Freiheiten, zu deren Schutz
eigene Beamte unter dem Titel „Judenmeister" ernannt wurden.

Die mannigfachen geschäftlichen Beziehungen brachten die Juden
mit den Christen vielfach in Berührung, und sie gewannen dabei oft
die Hochachtung und Freundschaft ihrer christlichen Mitbürger. Ja
der Hof Ludwigs des Frommen, und besonders seine geistvolle
Gemahlin soll die Juden in gewissem Sinne begünstigt haben. Wir
erhalten wenigstens überraschende Nachrichten von dem bedeutenden
und weitreichenden Einfluß einzelner Juden auf ihre hochgestellten
Gönner und Freunde durch die schweren Vorwürfe, welche ein treuer
Diener der Kirche, der Bischof Agobard von Lyon, gegen die
Christen seines Sprengels und seines Vaterlandes auszusprechen für
nötig hielt. Er schärfte den Gläubigen unablässig ein, den Umgang
mit den Juden abzubrechen, nicht an ihren Festen, ihren Sabbaten,
an ihren gottesdienstlichen Vorträgen sich zu erfreuen, und wandte

---

[1]) I S. 206.

sich schließlich an dasjenige Gefühl der Germanen, das am stärksten in ihnen lebte, an die Treue gegen den Lehnsherrn, und sprach: „Wenn jemand seinem Herrn in Liebe und Treue zugetan ist, so wird er nicht dulden, daß ihn ein anderer schmähe, und noch weniger würde er mit einem solchen Lästerer freundlich verkehren oder gar sein Tischgenosse werden." Die Juden seien aber angeblich von altersher Feinde des Herrn und Erlösers, darum dürfe kein Christ mit ihnen irgendwie Gemeinschaft machen.

Agobard erkühnte sich sogar, die Kaiserin und ihre Freunde rücksichtslos anzugreifen, weil sie die Juden schützten und begünstigten, und ging schließlich soweit, die Söhne des Kaisers bei der Empörung gegen ihren Vater zu unterstützen. Er wurde seines Amtes eine Zeitlang entsetzt, aber schließlich von dem sanftmütigen Kaiser wieder mit seiner Würde bekleidet. Daß die leidenschaftlichen Klagen des Bischofs nicht in bloßen Einbildungen ihren Grund hatten, beweist die Tatsache, daß ein Liebling des Kaisers, der Geistliche Bodo, aus einem alten edlen Geschlechte, zum Judentum übertrat und in Saragossa als Jude lebte. Aber diese für die Juden so günstigen Tage waren mit dem Tode Ludwigs des Frommen jählings zu Ende. Die späteren Nachfolger des großen Karl auf dem römischen Kaiser= throne entsprachen immer mehr den Erwartungen, die die Kirche von ihrem einseitigen Standpunkte aus an die Erneuerung des Kaiser= tums geknüpft hatte. Es wurde für sie die bequeme Handhabe, um die Menschen nach ihrem Willen zu lenken. Nach Karl dem Großen kam kein gewaltiger Herrscher zur Regierung, welcher die kühnen und umfassenden Gedanken des genialen Mannes fortzupflanzen und auszuführen imstande gewesen wäre. Die Kirche aber sorgte immer von neuem für große Führer, die sich auf dem einmal eingeschlagenen Wege nicht beirren ließen. Ihre Diener mußten immer wieder die Fürsten an die judenfeindlichen Verordnungen des kanonischen Rechtes, welche auch Ludwig des Frommen Sohn, Karl der Kahle, vielfach verletzte, erinnern und darauf bedacht sein, dem unwissenden und abergläubischen Volke Widerwillen und Abscheu gegen die Ungläubigen einzuflößen. In demselben Maße eiferten die Bischöfe unermüdlich gegen die bürgerliche Wertschätzung der von der Kirche Verworfenen und stellten auf Kirchenversammlungen immer von neuem Anträge, die darauf ausgingen, die Erniedrigung der Juden zum Staatsgesetz zu machen. Gelang ihnen letzteres in dem durch den Vertrag von

Verdun (843) selbständig gewordenen Frankreich)[1] auch) niemals ganz nach Wunsch), so wuchs doch die böse Aussaat des Hasses, die sie ausstreuten, allmählich in den Herzen des Volkes und der Fürsten. Je mehr sich das französische Gebiet in einzelne, mit der Zeit fast unabhängig werdende Grafschaften zersplitterte, desto leichter konnten die Geistlichen ihren Einfluß zur Geltung bringen. Statt eines Herrschers gab es nun viele, von denen mancher ihnen Gehör schenkte, und an verschiedenen Orten riefen die Kirchenfürsten, uneingedenk der milden Lehren ihres Heilands, alljährlich in leidenschaftlichen Predigten die Gläubigen auf, für Jesu Kreuzigung Rache zu nehmen an den Juden. Beziers und Toulouse wurden dadurch Jahrzehnte lang in der Passionswoche der Schauplatz blutigen Unfugs.

Die ersten Capetinger konnten bei ihrer Machtlosigkeit gegenüber den Baronen und Geistlichen die Juden ebensowenig wie die letzten Karolinger vor Willkür schützen. Das abergläubische Mißtrauen hatte im Volke bereits so tiefe Wurzel geschlagen, daß man den Juden wenigstens Zauberei und Hexenkünste zutraute und besonders jüdische Ärzte bedrohte und verfolgte, wenn während ihrer Behandlung ein Kranker starb. So bezeichnete üble Nachrede den jüdischen Leibarzt Hugo Capets als den Mörder seines Herrn (996). Nur vierzehn Jahre später kam es in Limoges sogar so weit, daß man alle Juden, die sich nicht taufen lassen wollten, aus der Stadt verwies.

Das gleiche Los drohte schon 855 den sämtlichen Juden Italiens, deren Heimatsland durch den Vertrag von Verdun ebenfalls zu einem selbständigen karolingischen Staat geworden war. Bei seinem Regierungsantritte bestätigte nämlich Ludwig II., der Enkel Ludwig des Frommen, einen Konzilbeschluß, nach welchem die Juden das ganze Land verlassen sollten. Zum Glück für die Juden konnte der Kaiser Ludwig wegen der Zerstückelung Italiens in viele kleine Gebiete, deren Herrscher dem Kaiser den Gehorsam verweigerten, die Ausführung des Befehls nicht erzwingen.

In Deutschland, das seine Selbständigkeit nicht minder dem genannten Vertrage verdankte, ging die Saat der Kirche erst später

---

[1] Etwa vom zehnten Jahrhundert ab wurde in der neuhebräischen Literatur als Bezeichnung für das nördliche und östliche Frankreich der biblische Eigenname צָרְפַת (Obadja 1, 20) und für das westliche Deutschland der Eigenname אַשְׁכְּנַז (I. M. 10, 3. Jer. 51, 27) üblich.

auf, weil das Christentum hier erst seit einem kurzen Zeitraume heimisch war. Die sächsischen Kaiser nahmen von den Juden, die ihnen gleichbedeutend waren mit Kaufleuten überhaupt, die eingeführten Steuern, und wir erfahren, daß Otto II. (973—983) mit den Abgaben, die er von den Juden zu Magdeburg und Merseburg bezog, die Bischöfe beschenkte, die in jenen Städten ihren Wohnsitz hatten. Derselbe Kaiser hatte einen italienischen Juden, Kalonymus, in seinem Gefolge, als er 982 gegen die Araber und Griechen kämpfte. Kalonymus hing seinem Herrn mit musterhafter Treue an und rettete den Kaiser nach der unglücklichen Schlacht bei Cotrone aus der Gewalt der Feinde, die ihm auf den Fersen waren.

An sittlicher Gesinnung und Herzensbildung standen damals die Juden des fränkischen Reiches im Durchschnitt ohne Zweifel über ihren christlichen Mitbürgern, und wenn sie daneben auch in allgemein wissenschaftlichen Dingen nicht unterrichteter waren als ihre andersgläubigen Zeitgenossen, so konnten sie doch wenigstens die hebräischen Gebete und den Urtext der heiligen Schrift lesen und verstehen. Sie kannten die Schätze ihrer Nationalliteratur, obwohl sie selbst noch nicht schöpferisch auf einem ihrer Gebiete tätig waren. Die Talmudschule zu Narbonne erzog erst den Lehrer, der talmudisches Wissen zu ihnen bringen sollte.

2. R. Gerschom ben Jehuda und seine Zeit.

R. Gerschom ben Jehuda wurde um 960 in Lothringen geboren und lebte zuerst in Metz, später in Mainz. Hier gründete er ein Lehrhaus, dem zahlreiche Schüler aus allen Ländern zuströmten. Seine seltene Begabung, sein tiefes und umfassendes Wissen, sein hervorragendes Lehrgeschick und seine schlichte Frömmigkeit und Sittenreinheit verliehen ihm einen Einfluß auf die Geschicke seiner Glaubensbrüder, der weit über den engen Rahmen seiner Zeit hinausreicht. Seine wissenschaftlichen Leistungen bahnten auf dem Gebiete des religiösen Unterrichts, seine allgemein anerkannten Verordnungen auf dem Gebiete des gesellschaftlichen Lebens bei den Juden des Abendlandes einen epochemachenden Umschwung an. Indem er zuerst eine fortlaufende hebräische Erläuterung zum Talmud schrieb, machte er mit einem Schlage die europäischen Talmudbeflissenen unabhängig von den gaonäischen Hochschulen im fernen Osten. Jeder ernste Forscher vermochte sich nun selbst die

Auskünfte zu verschaffen, die er bis dahin nur nach Überwindung unendlicher Mühen und Gefahren zu den Füßen der großen babylonischen Lehrer hatte erlangen können. Und wie R. Gerschom den Westen in wissenschaftlicher Beziehung von den morgenländischen Gelehrten emanzipierte, so gab er auch Verordnungen für ein den abendländischen Anschauungen angemessenes gesellschaftliches Leben. Er verbot die Vielweiberei und bestimmte, daß eine Gattin nicht gezwungen werden dürfe, einen Scheidebrief anzunehmen.

Die Tatsache, daß diese und ähnliche Beschlüsse des Talmudlehrers allgemeine Gültigkeit erhielten, legt am beredtesten Zeugnis ab von dem ungeheuren Einfluß, den seine Persönlichkeit auf die Zeitgenossen, und den sein Andenken auf die späteren Geschlechter ausübte. Er wird uns als ein Muster der Weisheit, Demut und Frömmigkeit geschildert und allgemein als „die Leuchte des Exiles[1]) (der Verbannten)" gerühmt.

Im Jahre 1012 erlebte er zu Mainz die erste Glaubensverfolgung auf deutschem Boden, die wie ein Unwetter über die Juden hereinbrach. Viele wurden zur Taufe gezwungen, darunter auch R. Gerschoms Sohn, dessen Verlust der unglückliche Vater auf das rührendste betrauerte. Von dem tiefen Leide, das des frommen Mannes Herz beschwerte, von den Schrecknissen, die er mit seinen Glaubensbrüdern duldete, erzählen uns seine ergreifenden Buß- und Klagelieder. Sie sprechen so erschütternd zum Gemüte, daß sie trotz ihrer kunstlosen einfachen Form, und vielleicht gerade wegen derselben, wahrhaft volkstümlich geworden sind. Der bekannteste seiner Gesänge, in dem der so milde und friedfertige Mann in der begreiflichen Verzweiflung seines Herzens den Weltenrichter anfleht, daß er all den Jammer und all das unschuldig vergossene Blut der Glaubenszeugen an den Drängern sühnen möge, hat mit den Anfangsworten: „Gedenke des Bundes[2])" dem mit Bußgebeten angefüllten Rüsttage zum Neujahrsfeste seinen Namen gegeben. Es lautet im Auszuge[3])

Gedenke des Bundes mit Abraham und der Hingebung Isaaks,
Und stelle her das Jakobs-Zelt, und hilf uns um deines Namens willen.

---

1) מְאוֹר הַגּוֹלָה.

2) זְכוֹר בְּרִית.

3) Wie er nach deutschem Ritus für das Neïlah-Gebet am Sühntag üblich ist.

O du Erlöser voller Kraft,
Schau, her, wie unsre Hand erschlafft!
Kein Frommer da, uns beizusteh'n,
Und keiner, um für uns zu fleh'n!
So habe Du Erbarmen
Mit unserm Rest, dem armen,
Hilf uns um Deines Namens willen.

Die heil'ge Stadt, o weh, verheert,
Vom Feind geschändet und zerstört!
Der Schmuck und Glanz vergraben!
Nur Eines wir noch haben
Als ew'gen Hort: Dein heilig Wort!
Drum stelle her das Jakobs Zelt,
Hilf uns um Deines Namens willen!

(Nach Sachs.)

Die gleichen Leiden veranschaulichen die religiösen Lieder[1]), die der damalige Mainzer Vorbeter R. Simon ben Isaak, ein der Halacha und Haggada äußerst kundiger Gelehrter, verfaßt hat. Ihm verdanken wir daneben zahlreiche Poesien zum Schmuck der Festgebete, von denen die Kerobah für das Morgengebet des zweiten Neujahrs= tages am bekanntesten und am weitesten verbreitet ist. Wir geben daraus zur Probe die herrliche erbauliche Betrachtung, in der der Dichter dem andächtigen Beter aus der heiligen Geschichte die Mängel der großen Männer, die nicht ungeahndet blieben, vorführt und im Hinblick darauf zu demütiger Buße und aufrichtiger Besserung er= mahnt. Die Worte, die wir im Buche Ijjob (4, 18) lesen: „Siehe, seinen Knechten trauet er (Gott) nicht und seine Engel zeihet er der Mängel; um so mehr die Bewohner der irdenen Hütten", sind gleichsam der der Betrachtung zu Grunde liegende Text[2]):

Herr! wenn kein Verdienst für uns zeugt und spricht,
Dann sei Dein Name, der große, uns Zuversicht,
Und nicht gehe mit uns ins Gericht, — Heiliger!

---

[1]) Nicht weniger als zehn seiner Selichot sind den bei uns üblichen Sammlungen von Bußgebeten (nach polnischem Ritus) einverleibt.

[2]) Das Gedicht beginnt mit den Worten: שֶׁבַח וָאֵן und besteht im Original aus 27 breizeiligen Strophen, die akrostichisch zweimal den Namen des Verfassers zeichnen. Es ist nach dem Muster des in der Mussuph-Kerobah für den ersten Neujahrstag enthaltenen Kalirischen Stückes אֵלֶי אֲדֹנִי כָּל הַפֵּן, welches gleichen Inhalt und gleiche Strophen hat, gearbeitet.

Nicht seinen Heiligen trau't Er,
Findet Makel an den Mächtigen im Himmelsheer:
Wie sollten gerecht und rein
Der Scholle Gebilde sein? — Heiliger!

Ich hab' im Leben manches wahrgenommen,
Nur Eins fand ich zu des Menschen Frommen,
Wenn er zum Schild sich Gottesfurcht genommen.

Des Rechtes Lauf hab' ich mir angesehen,
Wie's Adam sollt im Paradies' ergehen,
Den Gott nach seinem Bilde ließ entstehen.

Als er gebrochen des Befehles Wort,
Entwich sein Glanz, getrieben ward er fort.
Das Flammenschwert verhängt der Sel'gen Ort! —

Den Gott auf der Erkenntnis Bahn gestellt,
Der leuchtend hat die Erdennacht erhellt,
Dem Heil auf einem Gang folgt durch die Welt[1]):

Weil seinem Hort er seinen Zweifel[2]) klagt,
Weil er nach einem Zeichen hat gefragt, —
Die Frohn' Jahrhundert lang die Seinen plagt.

Wacht auf, ihr Edlen! sucht euch fest zu gründen,
Sucht Demut, Frömmigkeit euch zu verbünden,
Ob ihr vielleicht dann Gnade werdet finden! —

Der auf dem Berg geweiht als Opfergabe,
Der in den Bund geführet ward als Knabe,
Dem vielfach sich gemehret seine Habe[3]), —

Spät war der Heuchler[4]) ihm als Sohn gespendet,
Des Sünders Harm des Greises Auge blendet,
Weil er zu hold zum Frevler sich gewendet.

O lasset euch durch ernstes Beispiel lehren,
O meidet Schuld, sucht Leid euch abzuwehren,
Ob Gott vielleicht Erbarmen wird bescheren! —

Der in dem Zelte weilte[5]) fromm und mild,
An Deinem Throne prangt des Edlen Bild,
Du selbst hast ihn mit Deinem Schutz umhüllt, —

---

[1]) Abraham.   [2]) Vgl. I. M. 15, 8.
[3]) Isaak, vgl. I. M. 22, 9. 21, 4. 26, 12.   [4]) Esau.   [5]) Jakob.

Er kehret heim, aus Not und Drang befreit,
Weil er verzögert, was er Dir geweiht[1]),
Da harret sein von seinem Kind das Leid[2]).

Merkt's ihr Geschöpfe! sleht um Gottes Güte,
Erbanget, daß der Sturm des Zornes wüte,
Ob Gott am Tag der Straf' euch berg' und hüte! — ....

Nachdem der Dichter noch der Sünden Moses und Aharons,
Sauls und Davids gedacht hat, schließt er mit den Worten:

Die Myriaden all, die Schar von Heeren,
Die längst dahin, — nicht im Gericht, dem schweren,
Vermochten sie als rein sich zu bewähren.

Die Himmel selbst erscheinen ihm nicht rein;
Des Lichtes Söhne — wie verglimmt ihr Schein!
Wie soll der Schmutzbefleckte lauter sein?

Der Eitles rafft, der sich in Trug versteckt,
Er denkt! Wer zeugt? wer meinen Lug entdeckt? —
Der Sparren im Gericht, der Stein ihn schreckt!

O Laut'rer Du, der schaun nicht kann die Sünde!
Senk' unsre Schuld in tief verborgne Gründe,
Und uns das Zeichen Deiner Huld verkünde!

Vermocht's die Schuld, von Dir uns abzulenken, —
Der Väter, der erkor'nen, wolle denken
Und unserm Flehn geneigt Erhörung schenken!

Statt Opfergaben, statt gefäll'ger Spenden,
Hör' unser Flehn und woll' uns Gnade senden,
Zu freud'gem Leben mögst das Jahr Du wenden.
(Sachs.)

In dem Seelengedächtnis, das die Mainzer Jahrhunderte lang
allsabbatlich ihrem berühmten Landsmann gewidmet, priesen sie mit
besonderem Danke die Mühen, durch die er zur Abwehr jener blutigen
Verfolgungen beigetragen haben soll. R. Simon ben Jsaak und
R. Gerschom sind die ältesten Pijjutdichter auf deutschem Boden.
Alle ihre Lieder und Gesänge spiegeln uns eine edle Begeisterung
für die Tugend und eine hohe Reinheit der Gesinnung wieder. Was
sie an dichterischem Gewande ihren Glaubensbrüdern als ideale An-

---

[1]) 1. M. 28, 20. 35, 41.   [2]) 1. M. c. 34.

forderung hinstellten, dasselbe verlangten die zeitgenössischen Lehrer
des Gesetzes von jedem einzelnen Juden als wirkliche bewußte, sittliche
Tat. So waren die Dichter im Vereine mit den Gelehrten zugleich
die Sittenlehrer ihres Volkes. Außer diesen auf die Masse des
Volkes trefflich wirkenden Erziehungsmitteln bedienten sich die religiösen
Führer jener Zeit der gottesdienstlichen Vorträge und besonderer zur
Erbauung für das Volk abgefaßter Sittenbücher, um die Brüder zur
Tugend zu leiten. Es entstand allmählich eine umfangreiche Moral-
literatur, die in volkstümlichem Gewande musterhafte Anweisungen
zu einem sittlichen Lebenswandel gibt. Schon ums Jahr 1050 schrieb
ein Schüler und Verwandter des R. Simon ben Isaak, namens
R. Eliefer ben Isaak, aus Worms seine „Lebenspfade“ [1]). Wir
lesen in diesem Buche:

> „Gib, mein Sohn, Gott die Ehre und zolle ihm den Dank, denn er
> ist es, der dich gebildet und in diese Welt gebracht hat; du bedarfst seiner,
> er aber nicht deiner. Vertraue nicht deinem leiblichen Wohlergehen hienieden!
> Mancher hat sich niedergelegt und ist nicht wieder aufgestanden, mancher
> ging fröhlich zu Bette, gesund und wohlgemut, und erwachte unter Schmerzen
> und Schrecken . . . . . Sei einer der ersten im Gotteshause, gehe mit Ehr-
> furcht hinein, bedenke, vor wem du daselbst stehest. Im Lehrhause unterlasse
> jede eitle Rede, merke auf die Worte der Weisen, schätze nichts für zu gering
> und verachte niemanden. . . . . . Wenn du betest, sei klein und demütig
> vor dem Allmächtigen, bekenne deine Sünde und heilige dich mit angestrengter
> Kraft, deine böse Begierde zu zügeln. . . . . . Von einem bösen Nachbar,
> einem übelberüchtigten Menschen, halte dich fern, verweile nicht unter Leuten,
> die von ihren Nebenmenschen Böses reden; sei nicht die Fliege, die stets
> die kranken Stellen aufsucht! Erzähle von dem Nächsten nicht die Fehler.
> . . . . . Frohlocke nicht, wenn dein Feind fällt; aber gib ihm zu essen,
> wenn er hungert; hüte dich, Waisen und Witwen zu kränken; sei nicht
> Zeuge und Richter in einer Person. . . . . . Tue ab den Zorn, das Erbteil
> der Toren, liebe die Weisen und strebe nach der Erkenntnis deines Schöpfers.“
>
> (Zunz.)

Der leuchtendste Träger solcher Gesinnung, R. Gerschom,
starb 1040, in demselben Jahre, in welchem das Gaonat in Babylonien
unterging und für Frankreich und Deutschland der Mann (Raschi)
geboren wurde, der das Talmudstudium zur höchsten Blüte bringen
sollte.

---

[1]) אָרְחוֹת חַיִּים.

Sechſtes Kapitel

Die Juden im oſtrömiſchen Reich (750—1040).

Das oſtrömiſche Reich war durch die Siege der Araber be=
trächtlich verkleinert worden. Die Kaiſer ſahen mit Schrecken, daß
nicht bloß Muhammeds Schwert weite Länderſtrecken, ſondern auch
ſeine einfache und einleuchtende Glaubenslehre von einem einzigen
Gotte die Gemüter der Völker, die jene Gebiete bewohnten, ſchnell
und leicht unterwarf. Der dem Judentum entlehnte, ſtrenge Mono=
theïsmus, der jede Anfertigung von Bildern zu religiöſen Zwecken
verwarf, war ein auffallender Widerſpruch zur chriſtlichen Staats=
religion, die ihre Kirchen gern mit Bildern und Kunſtwerken ſchmückte.
Der Islam bezeichnete gerade ſo, wie die jüdiſche Lehre, die den
Bildern gezollte Verehrung rundweg als Abgötterei.

Um dieſen Vorwurf des mächtigen Feindes zu entwaffnen und
zugleich das wichtigſte Hindernis hinwegzuräumen, das ſeiner Meinung
nach der Verbreitung des Chriſtentums unter den Moslemin im
Wege ſtand, begann zuerſt der Kaiſer Leo der Iſaurier (718—731),
gegen den Bilderſchmuck zu eifern, und ließ das Gebot ergehen, alle
Bilder aus den Kirchen zu entfernen. Das erregte Volk nannte den
Kaiſer wegen dieſer ſtrengen Anſchauung verächtlich einen Juden.
Dieſem Hohn gegenüber hielt der rauhe und rückſichtsloſe Kriegsmann,
der auf dem Throne ſaß, es um ſo mehr für nötig, ſeine kirchliche
Geſinnung zweifellos darzutun, und beſchloß darum, die Ungläubigen
in ſeinem Reiche gewaltſam zum Chriſtentum zu bekehren. So wurden
denn auch die Juden hier zum erſtenmale um ihres Glaubens willen
grauſam verfolgt, während ſich die früheren Kaiſer bekanntlich damit
begnügt hatten, ſie in ſtaatsrechtlicher Beziehung zu Bürgern zweiten
Grades herabzudrücken. Waren ſie bisher zwar vom Heeresdienſt
und von Staatsämtern ausgeſchloſſen und in ihrer öffentlichen
Stellung gekränkt worden, ſo hatten ſie doch wenigſtens in ihren
Familien unbehelligt leben können. In den überaus reichen und
furchtbaren Ländern dieſes Staates waren ſie durch Handel und
Gewerbe ſchnell zu Wohlſtand gelangt und bildeten nicht ſelten zahl=
reiche religiöſe Gemeinden. Erſt durch den Bilderſtreit erfuhren ſie
ſtets von neuem, und zwar einzig um des Glaubens willen, ſteigenden
Druck, Haß und Verfolgung. Anfänglich tröſteten ſie ſich mit der
Hoffnung, daß der Glaubenszwang nur von kurzer Dauer ſein werde

und daß die Getauften in absehbarer Frist zur väterlichen Religion
würden zurückkehren dürfen. Bald aber sahen sie sich schmerzlich
enttäuscht. Denn wie immer die Nachfolger Leos zu der kirchlichen
Streitfrage standen, in der Mißhandlung der Ungläubigen durch das
fanatisch erregte Volk fand keinerlei Änderung statt.

Endlich kam mit Basilius, dem Macedonier (867—886),
ein neues Herrschergeschlecht auf den Thron. Er hatte zwar den
redlichen Willen, die inneren Zwistigkeiten ernstlich beizulegen. Aber
den Juden gegenüber ließ er es bei dem bisherigen Glaubenszwang.
Erst unter seinem hochgelehrten Sohne Leo VI. (bis 911) trat eine
Wendung zum Besseren ein. Den Juden, die in allen Nöten dem
väterlichen Glauben treugeblieben waren, gab er das alte Recht der
freien Religionsübung zurück. Um so härter behandelte er die Un=
glücklichen, die in ihrer Herzensangst die Taufe genommen hatten.
Er erklärte, es genüge nicht, daß diese Getauften sich öffentlich zum
Christentume bekennen, es gelte auch, darüber zu wachen, daß sie
selbst im Stillen die jüdischen Vorschriften nicht erfüllen. Die grausamen
Maßregeln, die er für nötig hielt, um eine strenge Aufsicht über
das geheimste Tun der Unglücklichen durchzuführen, beschworen neues
Ungemach und Elend über die schwer Geprüften herauf. Um dem
unerträglichen Drucke zu entgehen, flohen viele in die Gegenden, wo
damals die zum Judentum bekehrten Chazaren (S. 99) ihren
Wohnsitz hatten.

Von geistiger Tätigkeit konnte bei so unruhigen Zeitläuften
kaum die Rede sein. Nur das Gebet wurde bereichert durch Klage=
und Bußlieder, die in rührender Weise von dem ergreifenden Elend
Kunde geben. Sie lehnen sich in ihrer sprachlichen Form an Kalir
an und stehen namentlich den italienischen Dichtungen nahe. Da
Byzanz das neue Rom und nach der Redeweise der Haggada das
wiedergeborene Babel war, trugen die Dichter öfter den Zunamen
„Babylonier", und viele meinen, daß auch Salomo ben Jehuda[1]
nicht sowohl in Italien, als vielmehr im oströmischen Reiche
gelebt habe. Sicherlich aber ist der älteste uns bekannte Dichter,
der wirklich aus jenen Ländern stammte, Schefatja. Sein schlichtes
und kunstloses Bußlied, das mit dem Verse beginnt:

> „Seit Ewigkeit ward Glück und Heil
> Israel von Gott zu teil.

---

[1] S. oben S. 83.

> O, laß auch heute Heil ergehen,
> Himmlischer, aus Deinen Höhen!
> O Du, der stets verzeiht,
> O Vater der Barmherzigkeit!"

erfreut sich bis auf die Gegenwart großer Beliebtheit und kommt im Bußritual der deutschen und der polnischen Juden mehrfach zur Verwendung[1]). Wir erfahren, daß der Dichter, den außerordentliche Tugenden und eine geheimnisvolle Gewalt über die Kräfte der Natur schmückten, einmal herbes Mißgeschick von seinen Glaubens=brüdern in seiner Vaterstadt Oria (im südlichen Italien) dadurch ab=gewendet hat, daß es ihm gelang die wahnsinnige Tochter des Kaisers Basilius I. gesund zu machen.

Siebentes Kapitel
Das Judentum im Reiche der Chazaren.

Die vor dem Grimm des Drängers im zehnten Jahrhundert aus dem oströmischen Reiche fliehenden Juden fanden um jene Zeit eine sichere Zufluchtsstätte an der Nordküste des Schwarzen Meeres und an den Ufern der Wolga und des Kaspischen Sees. Dort saßen damals bereits seit Jahrhunderten die Chazaren, ein tatarischer Volksstamm, der sich zum Judentum bekehrt und die jüdische Religion als Staatsreligion in seinem Lande eingeführt hatte. Hier hatte also ein weltliches Regiment seinen Sitz, das tatsächlich in jüdischen Händen war, hier besaßen die damaligen Zeitgenossen eine in ihren Augen hochwichtige, handgreifliche Widerlegung des feindlichen Spottes, daß Juda das Szepter für alle Zeit entwunden sei. Wir haben bereits erzählt, wie erhebend dies Bewußtsein auf den an Ehren reichen Chisdai wirkte, und können uns vorstellen, mit was für Behagen die unter den späteren byzantinischen Kaisern von neuem heimatlos gewordenen Juden bei den Chazaren Heil, Schutz und Obdach suchten und fanden. Sie kamen in ein fruchtbares Land, dessen Einwohner durch ihre Kühnheit und verwegene Tapferkeit den umwohnenden Völkern Achtung und Furcht einflößten. Sowohl die

---

[1]) Es beginnt mit den Worten: יִשְׂרָאֵל נוֹשַׁע בַּה' תְּשׁוּעַת עוֹלָמִים und besteht aus sechs dreizeiligen Strophen, deren Anfang akrostichisch den Namen des Verfassers ergeben. Es ist fast das einzige, was von diesem Dichter auf die Nachwelt gekommen ist.

byzantiniſchen Kaiſer, als auch die Araber ſtrebten danach, in fried=
lichem Handelsverkehr mit ihnen zu leben, und ſollen der Sage nach
ſich einſt bemüht haben, ſie für ihr Glaubensbekenntnis zu gewinnen.
Nach der Auskunft, die der Chagan Joſeph dem Chisdai Ibn
Schaprut gab, hatte Bulan, einer ſeiner Ahnen, von Widerwillen
gegen den groben Götzendienſt ſeines Stammes ergriffen, nach reif=
licher Erwägung ſich zum Judentum bekannt. Er hatte ſich von
einem Chriſten, einem Muhammedaner und einem Juden die Grund=
lehren der verſchiedenen Religionen entwickeln laſſen, und nachdem
ihm klar geworden war, daß die jüdiſche Religion die Mutterreligion
der anderen Bekenntniſſe ſei, den Chriſten heimlich gefragt, ob er
dem Judentum vor dem Islam den Vorzug geben würde, wenn er
kein Chriſt wäre. Als darauf der Geiſtliche das Judentum viel
höher als den Islam geſtellt, wendete Bulan dasſelbe Mittel bei
dem Moslemen an, und ſiehe da, auch er erhob das Judentum auf
Koſten des Chriſtenglaubens. Da erklärte der Chagan, daß er den
jüdiſchen Glauben anzunehmen ſich entſchloſſen habe, weil ihm
beide Gegner desſelben übereinſtimmend ſeine Vorzüglichkeit zu=
geſtanden hätten. Seitdem waren alle Chazarenfürſten Bekenner des
Judentums und führten allmählich ihre Religion beim Volke ein.
Sie luden jüdiſche Weiſe ein, empfingen ſie mit großen Ehren und ließen
ſie lehrend im Lande umherziehen. Bald zeigten ſich die Früchte
ihres Unterrichts. Die heilige Sprache wurde von den Chazaren
verſtanden und geſchrieben. War das Judentum bei ihnen auch
nicht bis in die Tiefe der Volksſeele eingedrungen, ſo war die
empfangene Belehrung und Anregung doch ausreichend, ſie in mancher
ſittlicher Beziehung hoch über ihre andersgläubige Umgebung zu er=
heben. Der chazariſche Staat übte vollſtändige religiöſe Duldung
gegen alle andersgläubigen Untertanen. Die Muhammedaner ſowohl,
als auch die Chriſten und Heiden, wurden nach ihren nationalen
Geſetzbüchern gerichtet. Die mächtigen Herrſcher aber wahrten mit
Eifer und Begeiſterung die Ehre ihres Glaubens, indem ſie jede den
Juden angetane Unbill, die ihnen zu Ohren kam, zu rächen ſuchten;
ſie hatten Intereſſe für alle verſprengten Juden und waren, wie des
Chagans Joſeph Brief an Ibn Schaprut beweiſt, hoch erfreut,
mit ihnen ſchriftlich und mündlich verkehren zu können. Joſeph
war der letzte kräftige Fürſt des Volkes. Die Ruſſen drängten von
Norden immer gewaltiger gegen die Grenzen des Reiches vor, und

es konnte sich trotz eines großen stehenden Söldnerheeres nicht dauernd halten. Die Chazaren unterlagen und flohen zumeist nach der Halbinsel Krim, die von da ab das Chazarenland genannt wurde. Auf diesem kleinen Gebiet war der Chagan David der letzte unabhängige Fürst, von dem wir wissen. Sein kleines Reich wurde im elften Jahrhundert die Beute der Russen und Byzantiner. Seine Nachkommen flohen nach Spanien und pflegten dort das Talmudstudium.

Zweite Abteilung

Vom Ende des Gaonats bis zur Vertreibung der Juden aus der pyrenäischen Halbinsel
(1040—1498)

Erster Abschnitt
Vom Ende des Gaonats bis zum Tode Maimunis
(1040—1204)

Erstes Kapitel
Die Juden auf der pyrenäischen Halbinsel (1040—1204).

1. Äußere Schicksale der Juden.

Die politische Macht der Araber war seit der Mitte des elften Jahrhunderts heftig erschüttert, und mit der Zersetzung ihrer Staaten wuchs die Kühnheit und Tatenlust der mächtiger werdenden Christen. Sie drangen, getragen von Vaterlandsliebe und Glaubensmut, auf verschiedenen Wegen gegen die arabischen Kleinstaaten vor. Während die Moslemen bald nur noch den Süden behaupteten, bildeten sich auf dem größten Teil der pyrenäischen Halbinsel drei unabhängige christliche Königreiche. Am unteren Lauf der Flüsse, die zum atlantischen Ozean eilen, entstand Portugal. Im Nordosten an den Pyrenäen lag das Königreich Aragonien. Der rauhe Sinn der Bevölkerung dieser Landschaft pflegte mit Vorliebe Kriegsübungen und Bürgertugend. In der Mitte zwischen beiden Reichen aber erblühte Castilien, das nicht bloß das ausgedehnteste Gebiet beherrschte, sondern auch in geistiger Beziehung das Übergewicht über die anderen christlichen Staaten erlangte. Hier verschmolz am schnellsten die tief wurzelnde arabische Kultur mit dem angeborenen kastilianischen Hang zu Kunst und Poesie. Dieser Geist war es, der das ritterliche Volk zu kühnen Heldentaten entflammte.

Gegen seinen gewaltigen Ansturm riefen die Araber in ihrer Not (1086) einen afrikanischen Stamm, die Almoraviden, zu Hilfe und ließen sich von dessen mutigem Könige zu Sieg und Ehren führen. Juffuf Ibn Taschfin entfaltete das Panier des Glaubenseifers und sammelte um dieses die dürftigen, durch Üppigkeit und Schwelgerei noch nicht entnervten Reste der ehemals so heldenhaften Araber. Die Almoraviden gewannen das bereits verlorene Toledo wieder, vermochten aber das in allen seinen Teilen morsche Reich nicht dauernd zu stützen. Schon nach einem halben Jahrhundert war auch ihre Macht erschüttert und ihre Kraft gebrochen. Noch einmal (1157) stürmte eine für den Islam begeisterte Schar, die Almohaden, aus Afrika zum Beistand der Glaubensgenossen herbei. Sie wollten mit Feuer und Schwert die reine Lehre Muhammeds von allen Schlacken läutern und wüteten gegen die Ungläubigen, Christen und Juden, mit rücksichtslosem Fanatismus. Aber auch dieser neue Versuch führte die Araber nicht zu einem bleibenden Erfolge. Ihr Geschick entschied sich unwiderruflich, als die Christen 1212 die blutige Schlacht bei Tolosa gewannen und ihnen nur das Königreich Granada im äußersten Süden Spaniens ließen.

Während dieser ganzen Zeit, in der Sieg und Niederlage mit schnell wechselndem Glück zwischen den Christen und Moslemin hin- und herschwankte, wurden die Juden buchstäblich durch den Haß, der zwischen Kreuz und Halbmond herrschte, erhalten. Die christlichen Könige konnten ihrer als eines wohlhabenden und intelligenten Teiles der Bevölkerung nicht entbehren und durften noch viel weniger sie mit der Strenge der kanonischen Satzungen zu bedrohen wagen. Sie brauchten in ihren Kriegen Geld und immer wieder Geld, und die Umsicht, Weltkenntnis, Geschicklichkeit und Geschäftskunde der Juden konnte es ihnen in erster Linie verschaffen. Die Juden aber machten sich der neuen Obrigkeit gern nützlich und dienten als Untertanen den christlichen Herren mit derselben Treue und Hingebung, die sie Jahrhunderte hindurch gegen ihre muhammedanischen Gebieter bewährt hatten. Dazu kam, daß sie sehr wohl wußten, daß nur die Gunst und das Wohlwollen der Fürsten sie vor den traurigen Schicksalen ihrer Brüder in den anderen Christenländern schützen konnte. In der Tat ließ man ihnen ihre Rechtsgleichheit mit den anderen Staatsbürgern. Sie besaßen Landgüter, bekleideten Ämter und dienten im Heere, und ihr bürgerliches und staatsbürgerliches Leben blieb in

den christlichen Reichen vorläufig ganz dem gleich, das sie als Unter=
tanen der Araber genossen hatten. Die Kirche, die damals die abend=
ländischen Christen zu den ersten Kreuzzügen entflammte, besaß hier
noch nicht die Macht, die freundliche Gesinnung der Fürsten und
Völker zu Ungunsten der Juden umzuwandeln. Während somit die
Juden im übrigen Europa um ihres Glaubens willen damals schreck=
lichen Greueln erlagen, flohen sie in Spanien gerade vor dem
Fanatismus der Almoraviden und Almohaden in die Reiche der
christlichen Könige und fanden in diesen Schutz und freundliche
Aufnahme.

Da ihnen der Staat zur Entfaltung ihrer Fähigkeiten kein
Tätigkeitsgebiet verschloß, trieben sie alle Künste und Gewerbe und
entwickelten eine geistige Regsamkeit und Vielseitigkeit, wie sie erst
seit den letzten hundert Jahren unter dem Banner der Gleich=
berechtigung bei den westeuropäischen Juden abermals zur Erscheinung
gekommen ist. Wir finden unter ihnen große Staatsmänner,
Philosophen, Dichter und Ärzte. Sie beschäftigten sich eifrig
mit Politik, Mathematik und Astronomie, Grammatik,
Rhetorik, Metaphysik, Psychologie und Logik, vernach=
lässigten darüber aber keineswegs das speziell judentümliche Studium
der Bibel und des Talmuds. Die Halacha war in Spanien
schon durch Samuel Ibn Nagdilah zu selbständiger Forschung
gediehen und erreichte im vorliegenden Zeitabschnitt ihre höchste Blüte
in Rabbi Isaak al=Fäßi.

2. Rabbi Isaak al=Fäßi (RJf)[1]) und seine Zeit.

Rabbi Isaak ben Jakob ha=Cohen wurde im Jahre 1013 in
der Nähe von Fez geboren und eben darum al=Fäßi genannt. Er
ging nach Kairuwan, um zu den Füßen des Rabbenu Nissim sich
talmudische Weisheit anzueignen. Später begab er sich nach Spanien
und errichtete ein Lehrhaus in Lucena, unweit von Cordova.
Diese Stadt war damals ausschließlich von Juden bevölkert. Um
so härter traf die gesamte Judenschaft der Schlag, als Jussuf Ibn
Taschfin in seinem rücksichtslosen Fanatismus den Einwohnern bei

---

[1]) ר״יף = רַבִּי יִצְחָק אַלְפָאסִי‎ nach der bei den Juden des Mittelalters be=
liebten Weise, durch die akrostichische Nebeneinandersetzung der Namen einer
Person dem Gedächtnis der Mit= und Nachwelt zu Hilfe zu kommen.

Todesstrafe den Übertritt zum Islam anbefahl. Nur durch eine
große Summe Geldes konnte er in letzter Stunde noch bewogen
werden, von dieser Forderung abzustehen. Hier wirkte R̄JF als
Rabbiner und Gesetzeslehrer. Er schlug in der Unterweisung seiner
Jünger ganz neue Wege ein und schrieb ein Buch, das uns den
Entwickelungsgang jeder einzelnen Halacha gleichsam in verkleinertem
Maßstabe vorführt. R̄JF schob die ungeheure, in einem Menschen-
leben kaum zu umspannende Geisteswelt der Väter auf einen kleinen,
übersehbaren Raum zusammen, indem er alles Beiwerk fortließ, das
für die praktische Anwendung irgend entbehrlich war. Er führte
überall die Quellen im Wortlaut des Originals vor, entwickelte die
Diskussion in der ihr eigentümlichen Färbung, soweit sie den vor-
liegenden Fall behandelte, und gab mit knappen, kurzen Worten die
Entscheidung. So schuf er einen kurzen Talmud, wie er für die religiöse
Praxis des täglichen Lebens ausreicht. Trotz der vielseitigen Aner-
kennung, die sein Wissen und seine Persönlichkeit fand, wurden die
Ergebnisse seiner trefflichen Geistesarbeit von einzelnen Zeitgenossen
angegriffen. Besonders heftig und kränkend geschah es von dem
Gelehrten Isaak Ibn Albalia, der der vertraute Ratgeber und
Hofastrolog des Fürsten von Sevilla und zugleich Rabbiner und
Oberhaupt (Nassi) aller diesem Fürsten untergebenen jüdischen Gemeinden war. Erst auf seinem Totenbette bereute er schmerzlich seine
Gereiztheit gegen al-Fāsi und trug seinem siebzehnjährigen Sohne
auf, die Verzeihung des Meisters für ihn zu erwirken und fortan
unter seiner Leitung dem Talmudstudium obzuliegen. Als der
Jüngling vor R̄JF trat, schloß ihn dieser liebevoll in seine Arme
mit den Worten: „Ich will dir nunmehr ein Vater sein." Er
zeichnete ihn wie das teure Vermächtnis eines lieben Freundes aus
und erzog ihn zu einem tüchtigen Gelehrten. So kindlich rein und
musterhaft fromm hatte sich der scharfsinnige, vielbewunderte und viel-
gekränkte Greis zu erhalten gewußt. Er starb 90 Jahre alt im
Jahre 1103. Seinen Grabstein schmücken folgende Verse des größten
jüdischen Dichters Jehuda ha-Levi:

> „Dir bebten Berg' an Sinai's Tag entgegen,
> Der Engel Schar traf Dich auf Deinen Wegen;
> Sie schrieb Dir Lehren ein in Herzenstafeln,
> Der Kränze schönste sie ums Haupt Dir legen.
> Nur dann gewinnen Kraft, Bestand die Weisen,
> Wenn sorgsam Deine Weisheit sie erwägen."

7*

3. Jehuda ha-Levi und seine Zeit.

Jehuda ben Samuel ha-Levi wurde in Castilien ums Jahr 1086 geboren. Von den äußeren Umständen, unter denen er später gelebt hat, erfahren wir nicht allzuviel. Es scheint, als wenn ihn die Vorsehung vor einem harten Lebenskampfe behütet hätte, um seine ideale Persönlichkeit der Nachwelt wie eine goldene Frucht auf silberner Schale darzureichen. Sein Lebensbild setzt sich für uns aus seinen Dichtungen zusammen, da jedes Erlebnis ihm zu einem Gedichte wurde. Wir lernen durch die Verse, die er mit allen großen Zeitgenossen austauschte, die schöne, vielseitige Bildung jener Zeit kennen. Wir empfinden das warmpulsierende Leben seiner lieblichen Heimat aus den Liedern, in denen der Jüngling alles menschlich Edle besingt, und erblicken in der Poesie und Philosophie des gereisten Mannes die verklärten Ideale der damaligen Menschheit. Welchen Eindruck Jehuda ha-Levi schon als Jüngling hervorrief, schildern uns die Verse des großen Dichters Mose Ibn Esra. Sie sind die Antwort auf ein Gedicht, das Jehuda an ihn gerichtet hatte:

> Dein Schreiben, Freund, erkräftigt mich
> Zur Zeit, da Mut und Freude wich,
> Ein Schreiben gleich dem Morgenglanz,
> Ein Lied — ein Geistesblütenkranz,
> So kräft'gen Klangs, so zart und weich,
> Voll edlen Sinns und tief zugleich.
> Du Jüngling noch, Du lieber Sohn,
> Wie ist's, daß du ein Weiser schon,
> Schon in des Wissens Tiefen drangst,
> Zu solcher Höh' empor Dich rangst? —
> Nun ich im Geiste Dich erschaut,
> Bleibst meinem Herzen stets Du traut.

(Geiger)

Die Verehrung und Liebe, die aus diesem ersten Gedankenaustausch der beiden Dichter entsprang, reifte zu einem innigen Freundschaftsbunde. Abu-Harun Moses ben Jakob Ibn Esra (gest. etwa 1138) aus Granada war weit berühmt. Er besang mit arabischer Kunstfertigkeit die Freuden der Jugend. Als ihm aber das Mißgeschick eine Nichte, die er zur Gattin begehrte, versagte, wurde er traurig und bitter. Seine ernsten Lieder spiegeln sein leidvolles, krankes Gemüt wieder. Er wanderte ruhelos von Ort zu Ort und

dichtete, in seinem eigenen Schmerze wühlend, zahlreiche Bußlieder [1]).
Er suchte in der Freundschaft Ersatz für seine Täuschungen und fand
bei Jehuda ha-Levi die innigste Teilnahme. Der jüngere Freund
klagt mit ihm, besingt ihn und sucht ihn zu trösten. Nur eines der
herrlichen Gedichte, in welchem Jehuda gemeinsam mit seinem
Freunde den Tod zweier hochbegabter Brüder des letztern (Joseph
und Jehuda Jbn Esra) in kunstvollem Liede beweint, sei hier in
der Übersetzung mitgeteilt:

> Ich grüß' den Mann, dem die Freud' entrückt,
> Dem Trost zu spenden dem Freund nicht glückt.
> Mein Herz, um Joseph in wilder Gärung,
> Zernagt um Juda schon von Zerstörung,
> Der Schmerz des Dritten — bringt nur Vermehrung.
> Mit seinem Weh ist mein Herz verbunden,
> In mir ja bluten auch seine Wunden,
> Dich zu vertreten bin ich gewillt,
> Auch meine Träne wird nicht gestillt,
> Und unsre Zukunft der Gram verhüllt;
> Nicht hat das Unheil den Lauf beendet,
> Bis meiner Seel' er sich zugewendet.
> Um einen trauert das Herz schon lange,
> Den andern ich noch im Traum umfange,
> An seinem Geist ich noch liebend hange;
> So blickt mein Auge nur nach der Höhe,
> Daß die Verklärten ich dort erspähe.
> Ein solcher Mensch, ach, im Grab verschlossen,
> Deß Licht sich heller als Stern' ergossen.
> Deß Huld wie Regen so reich geflossen!
> Der Strom nun trocken, ach, sonst so reich,
> Der Strahl so leuchtend, ach, nun wie bleich!
> Des Bruders Trauer ins Herz mir drang,
> Die um den Bruder, ach, klagt so bang,
> Wie Mägdlein, harrend des Trauten lang,
>
> (Geiger.)

Gleiche lebhafte Beziehungen verbanden Jehuda mit allen
großen Männern seiner Zeit. Er stand mitten im bewegten Leben
und erquickte sich mit gesunder, natürlicher Freudigkeit an allen edlen
Genüssen. Zur Probe hier nur seine Ode an den Krug:

> Seht nur die Krüge, wie sie schwer,
> Solange sie vom Weine leer!

---

[1]) Wegen der vielen Selichot, die ihm zu verdanken sind, nennt man ihn
auch סלקלה.

> Doch füllt sie nur mit süßem Wein,
> Bald werden sie dann leichter sein.
> Ein Andres auch dem völlig gleicht:
> Den Körper macht die Seele leicht.
>
> (Geiger.)

Mit den vollen Tönen einer gewaltigen Empfindung besingt er Jugend und Liebesglück, ohne daß jemals seine reine Seele Maß und Harmonie verliert. Wir besitzen liebliche Hochzeitslieder von ihm, in denen er die Freuden der Neuvermählten schildert. „Diese Verherrlichung des jüdischen Familienlebens ist ein Ehrendenkmal für die Juden jener Tage, die bei allem Eifer, mit dem sie arabische Sitte aufnahmen, doch deren Unsitte zu widerstehen vermochten, selbst ohne daß bindende Gesetze sie ihnen verboten."

Aber nicht bloß des Dichters Herz umschließt die Freuden und Leiden der Wirklichkeit, auch sein Geist ist reich gesättigt mit der Gelehrsamkeit seiner Zeit. Wurde doch schon des Jünglings Wissen von Mose Ibn Esra gerühmt. Er besuchte die Lehranstalt al=Fâßis zu Lucena und lernte dort den Talmud kennen. In die übrigen Geistesschätze seines Volkes muß er schon früh eingedrungen sein, sonst hätte er nicht mit so vollendeter Meisterschaft die Sprache der heiligen Schrift handhaben können. Die Kunst, die Salomo Ibn Gabirol ausgebildet, kam durch Jehuda ha=Levi zur höchsten Blüte. Mit gleichem Eifer verfolgte er die Wissenschaften, die in seiner Heimat Castilien getrieben wurden; er schrieb und sang in arabischer und castilianischer Form und Sprache. Er war völlig vertraut mit allen Zweigen der damaligen Philosophie, beschäftigte sich mit Mathematik, Stern= und Naturkunde, und wählte als praktischen Lebensberuf den eines Arztes. Obgleich seine Heilkunst, wie es scheint, viel gesucht war, spricht er nur selten von dieser seiner Tätigkeit. Seine Bemühungen um die Erhaltung des menschlichen Leibes traten bei ihm offenbar in den Hintergrund vor den unauf=hörlichen Sorgen um das Heil der Seele. Je mehr er zum Manne reifte, desto gleichmütiger sah er auf den Wechsel der äußern Lebens=erscheinungen.

> „Ein Knecht, wer dient der Zeitlichkeit!
> Wer Gott dient, der nur ist befreit.
> Drum wähl' ein jeder sich sein Teil;
> Ich finde nur in Gott mein Heil."

So verdrängte allmählich der Ernst die lebenslustigen Lieder Jehudas. Sein Geist rang nur nach Erkenntnis, und er sagte:

„Die Weisheit ist ein breites Meer,
    Drauf schwimmt das Lied als Schaum einher."

Eine Zeitlang verstummten seine heiteren Sangesweisen ganz und gar, weil ihm die vielen zeitgenössischen Reimereien die Kunstform verleideten. Aber der Dichter in ihm konnte sich nicht verleugnen. Mit seiner tiefen Empfindung verschmolz der hehre Geist des Denkers. Poesie und Philosophie floß bei ihm in eins zusammen. Seine reif gewordene Muse wandte sich dem höchsten Ziele zu, und Jehuda ha-Levi wurde zum Nationaldichter Israels. Seines Volkes große Geschichte, so unendlich reich an tatsächlichen Offenbarungen Gottes, erfüllte ihn ganz. Sein Genius erscheint uns am gewaltigsten und ergreift uns am tiefsten, wenn er für die Gesamtheit redet, mit ihr der Wunder des Ewigen gedenkt, ihre stolze Vergangenheit feiert, ihre Knechtsgestalt beklagt, auf ihre Erlösung harrt und um den Eintritt der messianischen Heilszeit fleht. Alle Feste und Trauertage hat er besungen und eine solche Fülle herrlicher Lieder über sie ausgeschüttet, daß wir durch die Auswahl weniger Perlen den Reichtum nur ahnen lassen können. Wir geben zuerst sein Jubellied auf den Durchzug durch das Schilfmeer:

Als einst zu festem Grunde
Sich wandelt Flutendrang,
Aus der Erlösten Munde
Ein neues Lied erklang.

Anamith[1]), voll von Ränken,
Mußt' in die Flut sich senken,
Du wußtest mild zu lenken
Sulamiths[2]) holden Gang.
So aus Erlöster Munde 2c. . . . .

Laß sich mein Banner heben
Ob denen, die noch leben,
Zerstreute woll' erheben,
Nimm auf, gleich Ähren schwank.
Aus der Erlösten Munde 2c.

Die Dir sich hingegeben,
Mit Blut geweiht das Leben,
Dem Bund mit Dir ergeben
Ihr ganzes Leben lang;
Aus der Erlösten Munde 2c.

Vor allem Volk und Land
Ihr Zeichen sei erkannt,
Wie schmuck um ihr Gewand
Erinn'rungsschnur sich schlang.
Aus der Erlösten Munde 2c.

Und wieder sie Dir eine
In ewigem Vereine,
In hellem Mittagsscheine,
Dem Düster sich entschwang.
So aus Erlöster Munde 2c.

In trauter Diener Kreise
Erscholl zu Deinem Preise:
„Wer gleicht Dir, Gott!" — die Weise,
Wer reicht an Deinen Rang?
So aus Erlöster Munde
Ein neues Lied erklang,   (Sachs).

_____

[1]) Ägypten.   [2]) Israel.

Daran schließe sich ein Sabbatlied [1]), das in unserem deutschen Ritus als Tischlied für die zweite Sabbatmahlzeit im Gebrauch ist.

Den Tag des Herrn halt fest in Treu',
Wie Wohlgeruch er dich erfreu'!
An ihm fand einst die Taube Ruh' —
Dem Müden winkt er Labung zu.

Ihn ehrt der Kinder treue Schaar,
Wie er den Ahnen heilig war;
Den heil'gen Tafeln von Gestein
Grub der Allmächtige ihn ein.
An ihm fand einst 2c.

Und Alle, die vereint zum Bund,
Gelobten wie aus Einem Mund:
„Tun und Gehorchen" [2]) sei uns Pflicht;
Der starke Gott verläßt uns nicht!
An ihm fand einst 2c.

Und von Moria's heil'gem Ort
Gebot der Herr in Einem Wort:
„Hüt' und gedenk [3])!" Dir heilig sei
Die ganze Lust der Sabbathweih'.
An ihm fand einst 2c.

Gedenk' des Lamms auf irrer Spur,
Führ' heim Dein Volk nach Deinem Schwur!
Hast doch als Deiner Treue Pfand
Den Friedensbogen uns gesandt.
An ihm fand einst 2c.

Endlich ein Bußlied für den Versöhnungstag über den Text: „Warum schläfst du? Auf, rufe zu deinem Gotte!" (Jonah 1,6):

Schläfer, auf, erwache!
Torheit laß, du Tor!
Blick aus trüber Lache
Auf zum Himmelstor!
Liebesglück entfache
Gleich der Sterne Chor —
„Schlafe nicht und rufe laut zu Gott
empor".

Sieh in blauen Zelten,
Wie als Liebespfand
Dort sein Arm die Welten
Väterlich umwand.
Stern' in Reih sich stellten;
Ring an seiner Hand;
Wenn in Glückes Flor
Sich dein Herz verlor:
„Schlafe nicht und rufe laut zu Gott
empor"

---

[1]) Der Text beginnt mit den Worten: יוֹם שַׁבָּתוֹן אֵין לִשְׁכֹּחַ.

[2]) II. M. 24, 7.

[3]) II. M. 20, 8. V. M. 5, 12. Vgl. Rosch ha-Schanah 27 a.

Auf, stets zu betreten
Jener Bahn bereit,
Denen, was sie flehten,
Herzenslauterkeit,
Denen Nächte Beten,
Fasten Tageszeit;
Können Gott zu eigen,
Stets vor ihm sich zeigen,
Und ihr Pfad ein Steigen
Aus der Nacht hervor —
„Und du schläfst? o rufe laut zu Gott
                     empor".

Will, entstammt dem Staube,
Weisheit, Mensch, der Wicht?
Gleicht, dem Tod zum Raube,
Er dem Tiere nicht?
Weisheit sei ihm Glaube,
Inn'res Seelenlicht;
Das ist Vollgenüge,
Augenlust nur Lüge;
Solche Geistesflüge
Dringen aufwärts vor;
„Doch du schläfst? — o rufe laut zu
                    Gott empor."

Glaub' ein höchstes Wesen!
Will es, ist's vollbracht,
Leben und Verwesen
Steht in seiner Macht:
Lasse, wer's erlesen,
Trug und Niedertracht;
Wann und Wo nicht denke,
Hier ins Dort versenke,
Ganz und ehrlich schenke
Gott sich, wer ihn kor —
„Nimmer schlaf' er, rufe laut zu ihm empor."
                             (Heller).

Der Dichter wird auf solcher Höhe zum Seher und Propheten. Er empfindet zwischen sich und dem Urquell aller Geister einen un= mittelbaren, lebendigen Zusammenhang. Er fühlt, daß ihn Gott selbst erleuchtet und sich ihm offenbart. Wozu braucht der Mensch mühsame Gedankenschlüsse, um Erkenntnis zu erwerben, da sich Gott dem auserwählten Volk offenbarte? Ist die Offenbarung nicht der sicherste und untrüglichste Weg zur Erkenntnis der reinen, höchsten Wahrheit? Sie kann unmöglich eine Sinnestäuschung von Myriaden gewesen sein. Sie ist eine unumstößliche Tatsache, so vielfach be= zeugt, daß alle Grübeleien weit hinter ihr zurückstehen müssen. Sie steht fest, wie die Erscheinungen der Natur, die wir nicht leugnen können, selbst wenn sie unser Verstand nicht zu erklären vermag. Den Israeliten offenbarte sich Gott, weil sie durch eine lange Kette der Geschlechter die Fähigkeit der Erkenntnis bewahrt und nicht wie die anderen Nachkommen Adams die dem ersten Menschen verliehene Sehergabe eingebüßt hatten. Von ihnen aus soll sich die Wahrheit dem ganzen Menschengeschlechte mitteilen, wie sich vom Herzen die

Lebenskraft in den übrigen Körper ergießt. Denn das jüdische Volk ist gleichsam das Herz der Menschheit. Es hat in den Geboten und Verboten der Thora die besten Mittel empfangen, um sich als solches zu erhalten. Priester und Propheten waren seine Lehrer und Erzieher und das heilige Land der auserwählte Boden für seine Entwickelung. Sämtliche religiöse Pflichten, die Gott Israel noch besonders aufgetragen, dienen dem einen Zweck, das Volk als Träger der Offenbarung zu behüten. Sie spiegeln die unermeßliche Weisheit des Gesetzgebers wieder. Sie lassen den Juden fest und sicher im wirklichen Leben wurzeln und messen ihm den Genuß zu, wie er des Menschen würdig ist, bewußt und geadelt. Sie geben dem Körper und der Seele, was ihnen zukommt, und erheben somit alle menschlichen Kräfte zu tüchtigen Werkzeugen, um ein höheres, in Gott wurzelndes, wahrhaft glückseliges Leben zu erzielen.

Die augenblicklichen Leiden Israels, seine Zerstreuung unter alle Völker, sind dem also Denkenden nur eine vorübergehende göttliche Einrichtung. Sie sind ein unentbehrlicher Teil in dem Erziehungsplan, den Gott seinen Auserwählten vorher verkünden ließ. Das Elend der Umhergestoßenen beweist so wenig ihre Verworfenheit vor Gott, wie die anderen Religionen ihre Wahrheit durch ihre Machtfülle bezeugen können. Islam und Christentum würden leicht diesen Beweis erbringen, und doch vermögen nicht beide gleichzeitig die Wahrheit zu besitzen, denn sie kann nur ein einziges Mal vorhanden sein. Israels Erniedrigung ist nur eine Schmach vor den Menschen, nicht vor Gott. Er weiß, daß es am schwersten getroffen wird, weil es, als das Herz der Menschheit, am meisten erdulden kann; und von ihm sprechen die Völker der Erde: „Es trägt unsere Krankheit, und unsere Schmerzen sind ihm aufgeladen" (Jes. 53.4). Von Israel gilt die prophetische Verheißung (Jech., c. 37, vgl. Bd. I. S. 32 f.), daß seine verstreuten Totengebeine Fleisch und Haut annehmen und, von Odem belebt, wieder auferstehen werden. Es gleicht dem Saatkorn, das, dem Auge verborgen, eine Zeitlang in der Erde ruht und verwandelt erscheint, bis seine ursprüngliche Gestalt wieder aus ihm hervorgeht. Israels Zerstreuung unter die Völker dient nur dazu, daß es seine Gotterkenntnis überall verbreite. Islam und Christentum erziehen vorläufig die Menschheit, damit sie fähig werde, einst das wahre göttliche Licht in Israels Hand zu erkennen, und damit sie lerne, wenn dereinst der Messias kommt, sich denjenigen unterzuordnen, die jetzt so verachtet sind.

Diese Gedanken führte Jehuda in einem großen religions= philosophischen Werke aus. Er schrieb es in der Form eines Gesprächs zwischen dem Chazarenkönig und einem jüdischen Gelehrten, der ihm die Vorzüge des Judentums entwickelte. Das Buch heißt darum der „Chazar (Kusari)". Es erschien in arabischer Sprache und wurde später in mehrere Sprachen, darunter zweimal ins Hebräische, übersetzt. Als Probe geben wir einen Teil der Unterredung aus dem zweiten Abschnitt. Nachdem der Meister den ganzen Opfer= dienst und die Einrichtung der Stiftshütte als ein Bild des mensch= lichen Körpers symbolisiert und hervorgehoben hat, daß die Bundes= lade die Stelle des Herzens einnimmt, fährt er (II, 28) fort:

Von der Bundeslade geht eine doppelte Kenntnis aus: die des Gesetzes, deren Träger die Priester, und die der Prophetie, deren Träger die Propheten sind. Diese stellen gleichsam die Berater und Warner des Volkes dar und bilden gleichsam das Haupt der Nation.

29. Kusari. So seid ihr also heute ein Körper ohne Kopf und Herz?

30. Meister. Es ist so wie du sagst. Ja noch mehr: nicht einmal ein Körper sind wir, sondern nur verstreute Gebeine, wie sie Ezechiel sah (vgl. Bd. I, S. 32 f.). Aber bei alledem, König von Kusari, sind es doch Gebeine, in denen noch etwas animalisches Leben geblieben ist, und die doch einst Organe von Kopf, Herz, Geist, Seele, Verstand gewesen sind. Ungleich besser als Körper von Holz und Stein mit Köpfen, Augen, Ohren und Gliedmaßen, in denen weder Lebens= geist gewesen ist noch sein kann, und die nur menschähnliche Gestalten, aber keine Menschen sind, wie die Heiden sich solche angefertigt haben.

31. Kusari. Wie du sagst, so ist es.

32. Meister. Ja die Heiden, die haben uns, die lebendige Nation, nach= zuahmen gesucht. Sie haben Tempel errichtet, aber kein göttliches Zeichen läßt sich darin vernehmen. Sie haben sich kasteit, aber keine Propheten traten unter ihnen auf. Es kam kein Feuer vom Himmel, es brach keine Seuche aus, um sie zu belehren, daß Gott sie strafe für ihre Sünden und Laster. Ihr Herz, ihr Tempel, konnte zerstört werden, ohne daß ihr Zustand sich änderte. Er ändert sich vielmehr nur durch ihre Stärke und Schwäche, durch ihre Einig= keit oder Zwietracht, nach natürlichen und zufälligen Vorgängen. Wir aber, wenn ein Unglück unser Herz, unsern heiligen Tempel, trifft, sind wir verloren, und wenn ihm geholfen wird, so ist auch uns geholfen, wir seien viel oder wenig, stark oder schwach. Denn unser Lehrer und König, der uns auch in diesem Zustande der Zerstreuung und Verbannung aufrecht erhält, ist der lebendige Gott.

33. Kusari. In der Tat ist dem so. Denn es läßt sich gar nicht denken, daß irgend eine Nation eine solche Verbannung ertragen könnte, ohne in eine andere Nation aufzugehen, noch dazu in dieser langen Zeit. Wie viele Nationen,

die später als ihr lebten, gingen unter, ohne eine Spur zu hinterlassen, z. B. Edom, Moab, Ammon, Chaldäer, Meder, Perser usw.

34. **Meister.** Und denke nicht etwa, daß, wenn ich vorhin deinen Worten beistimmte, ich damit zugestehen wollte, daß wir wirklich eine tote Sache wären. Noch gibt es für uns ein Band durch den göttlichen Geist, nämlich durch die Gesetze, die Gott als Bund zwischen uns und ihm eingesetzt hat. Zunächst das Zeichen des Bundes mit Abraham (I. M. 17,13). Dann der Sabbat, von dem es heißt (II. M. 31,17): „Ein Zeichen ist er zwischen mir und Euch für Eure Geschlechter." Endlich der Bund mit den Vätern, der Bund des Gesetzes, den er am Horeb geschlossen und in den Gefilden Moabs erneuert hat, sowie der Lohn und die Strafe, die damit zusammenhängen (vgl. V. M. 4,25 ff. 30, ff. 32,1 ff.). Also nicht einem Toten sind wir zu vergleichen, sondern einem Kranken, an dessen Genesung die Ärzte verzweifeln, während er selbst die Zuversicht in sich trägt, daß durch ein Wunder, durch einen Eingriff des Schöpfers in die Naturgesetze, ihm werde geholfen worden, wie wir bei Ezechiel (37,3) lesen: „Werden wohl diese Gebeine aufleben?" Und dann weiter (a. a. O. v. 13) „Ich werde eure Gräber öffnen und euch aus Totengrüften steigen lassen und euch zum Boden Israels zurückbringen. Dort sollt ihr mich als euren Gott erkennen."

Sobald sich der Denker zu der Überzeugung hindurchgerungen hatte, daß Palästina auserwählt und bestimmt sei, Israels religiöse Pflichten erst in ihrer Vollendung zur Erscheinung zu bringen, erwachte in ihm eine unbezwingliche Sehnsucht nach dem heiligen Lande. Sein Geistesauge hoffte, selbst unter den Trümmern und in dem verblichenen Glanze, die alte geistige Herrlichkeit zu erschauen. Er konnte diesem Zuge des Herzens nicht widerstehen, gab willig seine behagliche, angenehme Lebensstellung auf, hörte nicht die Mahnungen der Freunde und verließ sie, seine zahlreichen Schüler, sein trautes Heim, seine einzige Tochter und deren über alles geliebte Kinder. Jehuda ha-Levi begab sich um 1141 auf die Pilgerfahrt. Die Beschwerden der Reise traten zurück vor der Begeisterung, die das Erscheinen des berühmten Mannes überall bei den Glaubensgenossen hervorrief. Man huldigte ihm in Liedern und Ehrengaben wie einem Fürsten, und das Herz wurde ihm schwer, als er sich vom gastlichen Herde der Freunde trennen wollte, die ihn nach glücklicher Meerfahrt in Ägypten bewirteten. Er verlebte frohe Tage in Kahira und Damiette, bis er sich gewaltsam losriß von den in ruhigen Verhältnissen lebenden Menschen, die des Pilgers Sehnsucht kaum begreifen konnten.

Was der Dichter in Palästina erlebte, wissen wir nicht. Ein Gedicht, daß er einem Gastfreunde nach Tyrus sandte, klang schon recht gedrückt und wehmütig. Entweder hat er die heilige Stadt nicht erreicht, oder er sah dort seine Erwartungen in dem damals christlichen Königreich Jerusalem getäuscht. Sein Todesjahr und seine Grabstätte sind uns unbekannt, aber eine legendenhafte Über=lieferung läßt ihn auf heiliger Stätte, seine Zionide singend, sterben. Diese lautet:

> Denkst, Zion, du der armen Kinder nicht,
>   Des kargen Rests, der nur von Zion spricht?
> Von Ost, West, Nord und Süd, von überall,
>   Wie drängen sich die Sehnsuchtsgrüße dicht!
> Mein Gruß auch, Tränen, reich wie Hermons Tau —
>   O weint ich sie in deiner Berge Sicht!
> Mich Schakal deines Leids macht Hoffnungstraum
>   Zur Harf' in ew'gem Jubelfestgedicht.
> Wie seufz' ich, anzusehen jeden Ort,
>   Wo deinen Reinen ward ein Gottgesicht!
> Dort war er nahe dir, der Gnadenthron,
>   Dein Tor dem Himmelstor im Angesicht.
> Und Stern' und Sonn' und Mond — was waren sie,
>   Da Gott allein dir Licht und Zuversicht?
> Die Seel' ergöß' ich, wo sich Gottes Geist
>   Ergoß auf die Erwählten groß und schlicht.
> Du Königssitz, du Gottesburg, und wiegt
>   In deinem Herrscherstuhl sich jetzt ein Wicht?
> O schweift' ich dort, wo einst von Sehern klang
>   Der Gottes-Offenbarungen Bericht!
> Zu deiner Berge Klüften flög' ich hin
>   Mit einem Herzen, das, zerklüftet, bricht.
> Den Boden küßt' ich, herzte jeden Stein,
>   Drückt' in den Staub mein glühend Angesicht.
> Und übt' ich auf der Väter Grüften erst,
>   Auf Hebrons Gräbern[1]), fromm der Andacht Pflicht,
> Den Wald durchzög' ich, Karmel, Abarim,
>   Verklärt von der Erinn'rung Zauberlicht.
> Hor[2]), Abarim[3]) — wo einst das Lichterpaar,
>   Wo ihr, ihr teueren Lehrer, ach, erblicht.
> O, Leben ist die Luft, die dich umwallt,
>   Die Ströme Seim, Gewürz des Staubes Schicht!
> Barfuß auf deinen Trümmern wallt' ich gern,
>   Da Tempelschimmer aus den Trümmern bricht,
> Wo Cherubim im Allerheiligsten,
>   Die Lade, die zum Heil uns jetzt gebricht.

---

[1]) Die Gräber der Patriarchen. [2]) Das Grab Aharons.
[3]) Das Grab Moses.

Fort, Glanz! und Fluch dir, Zeit, stets zu entweihn
　　Geweihtes in der Fremde Land erpicht!
Seh ich von Hunden deine Leu'n geschleift,
　　O wie es tief mir in die Seele sticht!
Und hacken Raben deine Adler tot,
　　Auf Speis' und Trank und Sein tu' ich Verzicht.
Genug, du Leidenskelch, du Bitternis,
　　Die ihr ins Mark mit Gallengift mir schlicht.
Denk' Ohlahs ich und Ohlibahs[1]), dann ist
　　Vollendet meines Elends Unterricht!
Du schönes Zion, knüpfst der Liebe Band,
　　Das deine Leidgenossen all' umflicht.
Sie freut dein Glück, und sie durchzuckt der Schmerz,
　　Wenn deine letzte Kraft zusammenbricht.
Gefangen, blicken sie voll Sehnsucht sich
　　Vorm Osten, wo einst stand dein Tempel licht.
Ihr Herden, nie vergaßt die Hürd' ihr doch,
　　Wie ihr zerstreut die Berge rings durchstrich.
Sie fassen deinen Saum, sie streben hin,
　　Wo in den Äther deine Palme sticht.
Was hätten Nil und Euphrat Großes auch?
　　Was hätt' ihr Wahn, das Urims Kraft entspricht?
Gesalbte, Dichter, Priester und Prophet —
　　Was hätte neben diesen noch Gewicht?
O deine Kronen wahren ew'gen Glanz,
　　Wenn über Götzen flammt einst das Gericht.
Nach dir sehnt sich selbst Gott — Heil Menschen, euch,
　　Die nimmer ihr aus Zions Nähe wicht.
Heil ihm, der noch erharrt, erlebt die Zeit,
　　Wo sich durch Nacht dein Morgen strahlend sicht;
Wenn die Erles'nen jauchzen auf vor Lust
　　Der Jugend Goldkranz dir ins Haar sich flicht. (S. Heller)

Die das Wirken großer Männer liebevoll umspinnende Sage
hat das Leben des unsterblichen Meisters des Gesanges in sinnige
Beziehung gebracht zum Leben seines berühmten, jüngeren Zeitgenossen Abraham Ibn Esra, der nicht minder ein trefflicher
Meister des Wortes gewesen ist. Sie erzählt, R. Jehuda habe dadurch den Mißmut seiner Gattin erregt, daß er allzuwenig an die
Verheiratung der einzigen Tochter gedacht habe. Darob oft bestürmt,
ward Jehuda ungeduldig und gelobte, daß der erste Mann, der ins
Haus treten werde, der gewünschte Gatte sein solle. Da kam ein

---

[1]) Vgl. Ezechiel c. 23.

armer Wanderer, dessen scheinbare Unwissenheit den Dichter mit
Schrecken an sein Gelöbnis denken ließ. Er beruhigte indessen sich
und die Seinen mit dem Vorsatz, den zukünftigen Tochtermann zu
unterrichten. Um jene Zeit arbeitete Jehuda an einem Purimliede,
dessen Verse alphabetisch geordnet waren. Beim Buchstaben Resch
angekommen, versagte ihm die Kunst, und er ging tiefbekümmert des
Nachts zur Ruhe. Dem Fremden war des Dichters Sorge nicht
entgangen, er schlich heimlich, als alle schliefen, zu der unvollendeten
Arbeit und fand mit glücklichem Griff die passende Strophe. Am
Morgen las Jehuda ha-Levi mit Staunen die Worte, nach denen
er vergeblich gesucht hatte. „Das hat ein Engel geschrieben oder —
Abraham Ibn Esra!" rief er aus. Ibn Esra gab sich zu erkennen. Sein Genie riß ihm die Hülle des unwissenden Pilgers ab,
als welcher er eine Bußfahrt zu machen gelobt hatte.

Obwohl die Legende in den tatsächlichen Erlebnissen der beiden
Männer, die nur oberflächlich miteinander verkehrten, keineswegs
einen Anhaltspunkt besitzt, wirft sie doch ein blendend klares Schlag-
licht auf den neuen Geistesheros. Sie stellt ihn mit einem Schlage
auf den hervorragenden Platz, den er unter den Sternen seiner Zeit
verdient.

4. Abraham ben Meir Ibn Esra.

Ibn Esra, zu Toledo um das Jahr 1092 geboren, war in
der Tat sein Leben lang der unruhevolle Wanderer, als der er in
jener Sage erscheint. Infolge unglücklicher Verhältnisse, die uns nicht
näher bekannt sind, mußte er sein Vaterland verlassen und zog rastlos,
namentlich in Italien[1]), Frankreich, England[2]) und Afrika
umher. Im Jahre 1167 starb er, 75 Jahre alt.

Wie originell und eigenartig seine Persönlichkeit war, malt nicht
minder wirksam unsere Sage aus. Weder die Bettlerhülle, noch die
geheuchelte Unwissenheit konnte den Blick des großen Dichters täuschen.
Er erkannte den Meister des Stils an wenigen Worten, wie jeder
Vogel sofort an seinen Federn kenntlich ist. In der Tat konnte
einzig Ibn Esra die Gewandtheit eigen sein, den treffenden Ausdruck für einen Gedanken einmal schneller selbst als der zu finden,
der im Reich der Sprache unumschränkt wie ein König herrschte.
Ibn Esra schaltete bereits frei mit dem ererbten Sprachgut, das die

---

[1]) Vgl. S. 134.   [2]) Vgl. S. 143.

berühmten Vorgänger seit anderthalb Jahrhunderten zusammen=
getragen hatten. Sie hatten in emsiger und mühseliger Arbeit der
hebräischen Sprache endlich die Fügsamkeit zur Wiedergabe ihrer
neuen Gedanken abgerungen, er aber ist bereits der glückliche Enkel,
dem sie geschmeidig und behend von der Lippe fließt. Mit spielender
Leichtigkeit und entzückender Anmut versteht er sogar, harmlose Worte
und Wendungen der heiligen Schrift in scharfe Pfeile des Scherzes
und Witzes zu verwandeln.

„Abraham Ibn Esra's Gedicht — ist ein Licht, — das
durch Wolken bricht" — rühmt Charisi treffend von seiner Rede=
und Sangeskunst. Denn nicht in leeren und oberflächlichen Wort=
spielereien verschwendete er die Kraft seiner Rede, sondern, der Wolke
gleich, die den Blitz entsendet, lagert ernste Gedankenfülle hinter
seinem leichtbeschwingten Humor. Durch seine Tiefe, seinen Scharf=
sinn und seine reiche, vielseitige Gelehrsamkeit gewann er im Sturme
die Herzen der Zeitgenossen, zu denen er kam. Dabei verletzte er
aber auch vielfach durch sein schonungsloses Urteil und durch den
häufigen Widerspruch in seinen eigenen Meinungen, zu dem ihn
immer wieder seine ruhelose, geistige Regsamkeit fortriß.

Ibn Esra bildet einen ausgesprochenen Gegensatz zu Jehuda
ha=Levi. Vom Geschick umhergeworfen, das diesem so freundlich
lächelte, war es ihm nicht vergönnt, seine reichen Fähigkeiten
harmonisch auszugestalten. Während Jehuda einem Stern gleicht,
dessen Strahlen in einem Lichtpunkt zusammenfließen, schwankt Ibn
Esras Wesen, dem Blitzstrahl ähnlich, zuckend hin und her.
Jehuda ist die harmonische Einheit, Ibn Esra die unstete Zer=
fahrenheit. Jehuda ist die Dauer, der Friede, die Unentwegtheit,
der Glaube, Ibn Esra ist der Wechsel, die Unruhe, der Wider=
spruch und der Zweifel. Er sagte selbst von sich:

Das Wandern nahm
Mir Kraft, und Gram
Und Elend kam,
Die Zung' in Fesseln schlagend.

Mein Volk verschlang,
Was jung ich sang,
Im Liederdrang,
Als Schmuck am Hals es tragend.

Bald da, bald dort —
Mein Bücherhort
Wuchs fort und fort.
Sich kühn an's tiefste wagend.

Durch Höh'n und Tal
Stürmt' ich zumal,
Ein Wetterstrahl,
Ein Rößlein, windschnell jagend.

Jetzt freudentrückt,
In Kot gedrückt,
Fleh ich gebückt
Zu Gott nur scheu und zagend.

Der Schelme Raub
Mein letztes Laub,
Beschmutzt mit Staub
Mein Haupt, so stolz einst ragend.

(S. Heller).

Seine Dichtungen sind sehr zahlreich. Die für den gottesdienstlichen Gebrauch bestimmten unter ihnen zeichnen sich durch
große Zartheit und Anmut aus und entzücken den bibelkundigen
Leser durch seine Wort- und Sinnspiele. „Jedes seiner Stücke,
bald der sittlichen oder nationalen Sache, bald einem religiösen oder
philosophischen Satze gewidmet, zeigt die Sorgfalt für Gedanken sowohl, als auch für Form. Der Wert des Stoffes und die Schönheit
des Gebildes machen sie zu den Kleinodien am Prachtgewande des
spanischen Pijjut [1].“ Hier zur Probe ein Lied für das Estherfasten [2]):

Einz'ger ohne Zweiten,
Tu dein Heil uns kund!
In die fernsten Zeiten
Wahr' uns Deinen Bund;
Was Hadassa [3]) tat
Auf des Oheims [4]) Rat,
War auf Dein Geheiß, Du Helfer früh
und spat.

Drei der Helden kamen
Uns von Rahel her:
An Nuns Sohn [8]) erlahmen
Mußt' Amaleks Heer;
Preist Jeminis Samen [9]),
Dessen Arm so schwer,
Wenn, dem Thron genaht,
Esther Heil erbat,
War's auf Dein Geheiß, Du Helfer früh
und spat.

Leah's Schoß entsprangen
Wundersonnen zwei:
Eines [5]) Hände rangen
Uns den Sieg herbei;
Als der Tag vergangen,
Kämpften wir uns frei.
Auf des zweiten [6]) Pfad
Lag, das er zertrat,
Lag das Schlangenhaupt [7]), Du Helfer
früh und spat.

Stets zur Zeit erweckst Du
Ein Erlöserhaupt,
Deine Rechte streckst Du
Helfend dem, der glaubt;
Mehr als Hamans Habe [10])
Galt der Treuen Gabe [11]);
Sprießt aus Sündentat
Mir noch Lebenssaat,
Ist's auf Dein Geheiß, Du Helfer früh
und spat.

---

[1]) Zunz Lit.-Gesch. der synagogalen Poesie, S. 214.
[2]) Es behandelt als Thema die Worte des Psalmisten 73, 23.
[3]) Esther. [4]) Mordechai. [5]) Moses. [6]) Samuel.
[7]) Agag. [8]) Josua. [9]) Saul. [10]) Esther 3, 9.
[11]) Der halbe Schekel, vergl. II. M. 30, 13.

Muß ich, Gott, vergehen?
Bist Du taub dem Flehen?
Muß ich von Barbaren
Pein und Not erfahren?
Darf ein Knecht mich knechten?
Darf aufs Rad mich flechten?
Blut und Tränenbad,
Galgen, Feuer, Rad,
Ist's auf Dein Geheiß, Du Helfer früh und spat?

(S. Heller.)

Außer hundertundfünfzig solcher Lieder besitzen wir von ihm eine ganze Anzahl von Sinn= und Scherzgedichten, durch die er sich über seine trüben Lebenserfahrungen launig hinwegzusetzen suchte. Wie geistvoll verspottete er sein eigenes Mißgeschick in den Versen:

Sphär' und Bilder neigten heillos
Zur Geburt mir ihren Gang.
Wären Kerzen meine Ware,
Blieb es Tag mein Lebelang.
Ohn' Erfolg jag ich dem Glück nach,
Schuld sind nur die Sterne dran:
Handelt' ich mit Totenkleidern,
Stürb' in meiner Zeit kein Mann.   (Rosin.)

und ein andermal, als er mehrfach vergebens einem vornehmen Gönner seine Aufwartung zu machen versucht hatte:

Ich klopfe an des Fürsten Tor:
„Ist im Begriffe auszureiten."
Ich komme Abends wieder vor:
„Ist eben dran, sich auszukleiden."
Ich Ärmster muß von dannen scheiden,
Bleib nach wie vor bei meinen Leiden.   (Geiger.)

Überhaupt verdanken wir seinen zahlreichen Liedern, von denen erst in den letzten Jahren eine umfangreiche Sammlung[1]) bekannt geworden ist, die besten und sichersten Nachrichten über seine Schick= sale. Wir erfahren aus ihnen, wo er geweilt hat, mit welchen Männern er verkehrte, was sie bedeuteten, wie sie sich ihm gaben, und wie er sich bücken und ducken, wie er sich biegen und schmiegen mußte, um mühselig durchs Leben zu kommen.

---

[1]) Diwan, herausgegeben von Dr. Egers 1884.

Seine scharfsinnige Beobachtungsgabe, sein rascher Blick und sein sprunghaftes Denken befähigten ihn jedoch namentlich zur Beurteilung fremder Leistungen und zur Verdolmetschung und Erläuterung fremder Geisteserzeugnisse. Von dieser hohen Begabung machte er umfassenden Gebrauch, indem er unbefangen und unvoreingenommen an die heilige Schrift herantrat, die göttlichen Urkunden wie irgend ein aus dem Altertum überliefertes schriftstellerisches Erzeugnis betrachtete und von diesem Standpunkte aus zwar mit der gebührenden Ehrfurcht, aber harmlos und einfach dem Verständnis der Leser näher zu bringen suchte. Er erläuterte sie sprachlich und sachlich, indem er zwanglos wie es der Zusammenhang erforderte, bald grammatische, bald philosophische oder naturwissenschaftliche Bemerkungen anknüpfte, durch nichts fühlte er sich gebunden, als durch den bloßen Faden der Schrift. Er bekämpfte an der einen Stelle mit Heftigkeit alle karäischen, von der Überlieferung abweichenden Auffassungen und schonte an einer anderen Stelle selbst die mündlich überlieferte Erklärungsweise der Alten nicht, wo sie ihm dem einfachen Wortsinn zuwider zu sein schien. Derartige Widersprüche deckte er unerbittlich auf und verstand es dabei dennoch, dem Blick der Gläubigen seine Meinung so geschickt zu verhüllen, daß ihn höchstens der Gleichgesinnte verstehen konnte.

So war Ibn Esra der Erste, der mit klarem Bewußtsein die Bibel, unbeeinflußt von jedem Nebenzweck, kommentieren wollte. Die früheren Erklärer hatten sie grundsätzlich mit anderen Augen angesehen. Bald waren sie mit dem Vorsatz an sie herangetreten, die Gesetze daraus zu entwickeln oder sich an ihren Sittenlehren und Lebensbildern zu erbauen, bald mit dem Bestreben, ein Religionssystem in ihr zu finden oder übernatürliche Geheimnisse in ihr zu erspähen. Kurz, jeder von ihnen nahm, schon bevor er zu seinem Werke schritt, einen gewissen festen Standpunkt ein, dessen Berechtigung nachzuweisen eben der wesentliche Zweck seiner Tätigkeit war. Anders Ibn Esra. Seine Leistung spiegelt auf Schritt und Tritt sein Wesen wieder. Er sieht mit Hilfe seines umfangreichen Wissens vieles, was der harmlose Leser nicht ahnt und der voreingenommene Erklärer verkennt, und weiß mit seinem durchdringenden Scharfsinn tausend Dunkelheiten in ein besonderes Licht zu setzen. Seine Kommentare sind stets mit Eifer und Vorliebe gelesen worden und haben bis zur Schwelle der Neuzeit nicht weniger als etwa dreißig verschiedene Ausleger, die ihnen besondere Bücher widmeten, gefunden.

In nächster und untrennbarster Beziehung zu seinen Leistungen als Kommmentator stehen seine Arbeiten auf dem Gebiete der hebräischen Grammatik. Hier ward er der Herold und Lehrer für die Glaubensbrüder in den romanischen und germanischen Ländern. Er verbreitete die Erkenntnisse der großen spanischen Sprachforscher und machte sie zum Gemeingut der übrigen Juden Europas.

Von den profanen Wissenschaften liebte und förderte er am meisten die Mathematik und die Astronomie nebst der Astrologie. Er war ein Zahlenkünstler, der selbst in seine Dichtungen und philosophischen Betrachtungen mit bewundernswerter Geschicklichkeit Zahlenrätsel verwebte. Als Astrolog glaubte er fest und sicher an den Einfluß der Gestirne, freilich in oft unvermitteltem Widerspruch zu seiner scharf betonten Ergebenheit in den Willen Gottes und zu seinem getreuen Festhalten an der Einigkeit und Allmacht des Schöpfers des Himmels und der Erde. Die Werke, die er auf diesen Gebieten verfaßte, wurden von den Juden weniger beachtet, gaben ihm aber in der christlichen Welt einen berühmten Namen. Man verehrte und bewunderte ihn lange unerkannt unter dem Namen Avenare. Er ist zu allen Zeiten bis auf unsere Tage viel geliebt und viel verketzert worden, aber Freunde und Feinde, Lobredner und Tadler stimmten stets darin überein, daß er zu den größten Denkern und Dichtern seines Volkes gehört hat.

Im Verein mit Jehuda ha-Levi und Isaak al-Fässi gehörte Abraham Ibn Esra zu den Morgenboten, die das Tagesgestirn jenes Zeitalters ankündigten. Alle wissenschaftlichen Bestrebungen, die seit Saadja angebahnt waren und eine jüdisch-arabische Geistestätigkeit hervorgerufen hatten, fanden ihren Gipfelpunkt in Maimonides. Er gehörte zwar durch Geburt und Erziehung nach Spanien, schrieb aber seine Hauptwerke in Nordafrika.

Zweites Kapitel
Die Juden in Nordafrika (1040—1204).
1. Äußere Schicksale der Juden.

Nordafrika war die Heimat der fanatischen Berberstämme, die ihren Glaubensgenossen in Spanien gegen die Christen geholfen hatten. Von hier waren etwa 1086 die Almoraviden aufgebrochen,

um die Herrschaft des Islam in Spanien neu zu begründen. Hier
war auch das Oberhaupt und der Führer der Almohaden als
Mahdi, d. h. Messias, aufgetreten und hatte sich im Fluge alle
Länder vom Atlantischen Ozean bis zu Ägyptens Grenze unter=
worfen. In jeder Stadt, die er eroberte, wurden die Juden zur
Annahme des Islam oder zur Auswanderung gezwungen. Da er
ihnen nur die Erklärung zumutete, daß sie an Muhammeds prophetische
Sendung glauben und hin und wieder die Moscheen besuchen wollten,
sie aber sonst im Familienleben gänzlich unbehelligt ließ, nahmen
viele Juden zum Schein den Islam an und pflegten im stillen desto
eifriger das jüdische Leben und die jüdische Lehre.

Jn dem unabhängig gebliebenen Ägypten herrschten zu jener
Zeit die letzten Fatimiden. Ihr einst großes Reich war im Laufe
der Jahrhunderte ebenso zerbröckelt und unter ehrgeizige Vasallen
verteilt worden, wie dereinst das Schattenkalifat von Bagdad, das
von seldschukkischen Emiren beherrscht wurde. Jm Jahre 1171 stürzte
ein Kurde aus dem Geschlechte der Ajubiden das ägyptische Herrscher=
haus und machte sich zum Alleinherrscher des ungeheuren Gebietes
von der Westgrenze Ägyptens bis zu den Ufern des Euphrats. Es
war der große Saladin, der diese Macht in seiner Hand vereinigte,
ein Held, ausgezeichnet durch verwegene Kühnheit und wahrhaften
Adel der Seele. Sein ritterlicher Sinn und seine Tugend wurden
selbst von seinen Feinden anerkannt und gepriesen und schufen ein
eigentümliches, von gegenseitiger Bewunderung und Ehrfurcht zeugen=
des Verhältnis zwischen ihm und seinem ebenbürtigen Gegner Richard
Löwenherz. Saladins Gerechtigkeit erstreckte sich auch auf die
Juden. Sie gelangten unter seiner weisen und milden Regierung
zu Wohlstand und Ansehen und verdankten ihm sogar die Erlaubnis,
sich in Jerusalem niederzulassen, als er 1187 die heilige Stadt
den Kreuzfahrern, die sie fast ein Jahrhundert lang (seit 1099) be=
sessen hatten, wieder entrissen hatte. Leider ging mit dem Tode des
hochherzigen Saladin (1193) Ägyptens Blüte schnell zu Ende.
Das unglückliche Land wurde von heftigen Bürgerkriegen, die zwischen
Saladins Brüdern, Neffen und Söhnen ausbrachen, auf das schwerste
heimgesucht und schließlich durch Hungersnot und Pest fast ganz ent=
völkert.

Von den Juden, die während dieser Zeit in diesen Ländern
lebten, sind uns hervorragende oder nennenswerte Leistungen auf

irgend einem Gebiete geistiger Tätigkeit nicht bekannt. In ihrer Mitte aber wirkte Maimonides, „der Einzige seines Zeitalters".

2. Rabbi Moses ben Maimon (RMBM).

Moses Maimonides wurde zu Cordova am 30. März 1135, am Sabbat, dem Rüsttage zum Peßachfeste, geboren. Sein Vater Maimon ben Joseph lebte daselbst als Richter und Lehrer der Judenschaft. Er erfreute sich nicht bloß des Besitzes talmudischer Kenntnisse, die er im Lehrhause von Lucena zu den Füßen des Schülers und Nachfolgers al-Fâßis gesammelt hatte, sondern war auch wohlbewandert in den profanen Wissenschaften seiner Zeit. Moses Kindheit fiel in friedliche Jahre, während deren er im trauten Elternhause mit Muße von seinem gelehrten Vater unterrichtet und zum Selbststudium vorbereitet wurde. Auf diesem Wege empfing er talmudische Weisheit nach den Grundsätzen, die al-Fâßi in Lucena zur Geltung gebracht hatte, las daneben die Schriften der besten arabischen Philosophen und beschäftigte sich zugleich nach den hohen Anforderungen, die jene Zeit an das Wissen eines Gelehrten stellte, eifrig mit Astronomie, Mathematik und naturwissenschaftlichen Studien. Den emsigsten Fleiß aber widmete er der Heilkunde, die er später praktisch ausübte.

Da brach im Jahre 1148 das Unglück über Cordova herein; es wurde von den fanatischen Almohaden erobert und die Juden daselbst entweder zur Annahme des Islam oder zur Auswanderung gezwungen. Auch für Maimon und seine Familie begann nunmehr ein unstetes Wanderleben, das mit vielen Beschwerden und Entbehrungen erfüllt war. Allein alles Mühsal hinderte den hochbegabten Moses nicht, seine Kenntnisse durch Umgang und durch Studien in gewohnter und lieb gewordener Weise zu erweitern, ja es spornte nur noch mehr den ihm angeborenen Trieb nach Erkenntnis zu unermüdlicher Betätigung an. Die schweren Leiden, die er als Jüngling freudig um seines Glaubens willen auf sich nahm, erwärmten und begeisterten ihn für das eine Ziel, das er vor Augen hatte: die Wahrheit dieses geschmähten Glaubens so leuchtend und über jeden Zweifel erhaben festzustellen, daß er die Hochachtung und Billigung der besten und weisesten unter allen Menschen gewinnen mußte. Darum vertiefte er sich mit

Fleiß und Hingebung in die Schriften der fremden Philosophen, wenngleich seine Hauptarbeit der biblischen und talmudischen Forschung zugewandt blieb.   Der Inhalt des Talmud war ihm schon früh derartig gegenwärtig, daß er als Jüngling von etlichen zwanzig Jahren auf unstäter Wanderung, ohne Bücher und wissenschaftliche Hilfsmittel zur Hand zu haben, sein erstes Hauptwerk, den Mischnahkommentar, unverzagt in Angriff nahm.

Erst zwischen 1159 und 1160 kam Moses mit seinem Vater und seinen Geschwistern nach Fez.   Dort war die Unduldsamkeit so groß, daß die öffentliche Ausübung jedes anderen Kultus als des Islam verboten war und viele Juden zum Scheine wenigstens der herrschenden Religion huldigen mußten.   Auch die Familie Maimons durfte das Judentum nicht laut bekennen[1]) und lebte unerkannt und zurückgezogen, so lange der Glaubensdruck irgend erträglich war.

Schwerer lastete der Gewissenszwang auf den eingeborenen Juden, und die langjährige Notwendigkeit, unter steter Lebensgefahr die heiligen Gebräuche im geheimen ausüben zu müssen, lag niederdrückend und beängstigend auf ihrem Gemüt.   Inmitten dieser fortwährenden Schrecknisse ermahnte der fromme und glaubenstreue Maimon seine Glaubensbrüder voll Innigkeit, gottergeben zu dulden und im Verborgenen an der wahren Religion festzuhalten.   Ihm trat ein übereifriger Frommer in Israel entgegen, der selbst das äußerliche Bekenntnis zum Islam als Götzendienst verdammte und durch eine Schrift, die diesen Gegenstand behandelte, das Gewissen der heimlichen Juden in neue Qual und Unruhe versetzte.   Da erschien der junge Moses zum erstenmal in der Öffentlichkeit, indem er lichtvoll und klar in Rücksicht auf die Zwangslage das Verfahren der schwergeprüften Glaubensgenossen rechtfertigte.

Als aber der Fanatismus der Moslemin zunahm und der Talmudlehrer, den Mose in Fez gefunden hatte, als Glaubenszeuge fiel, ergriff Maimon mit Weib und Kindern abermals die Flucht vor dem Grimm des Drängers.   Im April 1165 bestiegen sie das Schiff zur Reise nach dem heiligen Lande und entrannen nach stürmischer und

---

[1]) Die verleumderische Nachrede, daß Maimon und seine Familie auch nur für kurze Zeit den väterlichen Glauben verlengnet und den Islam erheuchelt habe, ist in ihrer ganzen Nichtigkeit klar und gründlich aufgedeckt von Halberstam in Kobak's „Jeschurun" Bd. IV, S. 23—36.

gefährlicher Seefahrt glücklich dem Glaubenszwange. Sie landeten
im Mai in Akko und besuchten am 12. Oktober Jerusalem. Von
dort zogen sie nach Hebron und beteten am Grabe der Erzväter.
Später siedelten sie nach Ägypten über. In der Stadt Fostat
(Alt=Kairo) blieben sie dauernd wohnen. Hier starb der Vater bald
nach der Ankunft, und Mose lebte fortan mit seinem jüngeren
Bruder David in inniger Gemeinschaft. Sie trieben einen aus=
gedehnten Handel — vielleicht mit Juwelen —, und der jüngere
Bruder führte zumeist das Geschäft, damit sich der ältere ungestört
den Wissenschaften widmen könne. Allein das schöne Band inniger
Geschwisterliebe wurde schnell und grausam zerstört, als David mit
dem ganzen Vermögen auf einer Seereise Schiffbruch litt und dabei
sein Leben einbüßte. Der nun alleinstehende Moses war vom
Schmerz über den Verlust tief gebeugt. Das Leid warf ihn aufs
Krankenbett, von dem er, erst allmählich gesundend, zu neuer Tätig=
keit schritt. Er übte nunmehr, um den Lebensunterhalt für sich und
sein Haus zu gewinnen, die Heilkunde praktisch aus. In seinen
Mußestunden kehrte er dabei immer wieder zur Arbeit am Misch=
nahkommentar zurück, den er im Jünglingsalter begonnen hatte,
und führte ihn im Jahre 1168 zu Ende.

Maimuni wollte in diesem umfangreichen Werke den Gesamt=
inhalt der mündlichen Überlieferung, wie er im Talmud
niedergelegt ist, nach einem leicht übersichtlichen System volkstümlich
darstellen. Jedermann sollte sich mit seiner Hilfe mit Leichtigkeit
dasjenige aneignen können, was bisher bloß als das Ergebnis lang=
wieriger, gelehrter Studien zu erlangen war. Da ihn seine Natur=
anlage in allen Stücken zu systematischer Ordnung und Durchdringung
der Wissensgebiete, auf denen er tätig war, antrieb, so war es ihm
selbst ein lebhaftes inneres Bedürfnis, der ungeheuren, halachischen
Stoff, den er in seinem ganzen Reichtum bereits als Jüngling voll=
kommen beherrschte, für sich selbst und für die Mitstrebenden in eine
klare, gedankliche Ordnung zu bringen und in harmonischer Abrundung
klar und durchsichtig darzustellen. Diesen Zweck und diese Absicht
seines Buches setzte er in der allgemeinen Einleitung und in den
Vorreden auseinander, die er besonders schwierigen Teilen voran=
schickte. Mit großer Liebe behandelte er namentlich solche Abschnitte
der Mischnah, wie die Sprüche der Väter, an die er seine eigene
reiche Gedankenwelt anknüpfen konnte. Solchen gelegentlichen Neben=

bemerkungen verdanken wir eine Fülle von Anregungen und Belehrungen. Von Einfluß waren hier besonders die wissenschaftlichen
Untersuchungen, die er zum erstenmal unter den jüdischen Denkern
über die Wahrheiten, die der jüdischen Religion zu Grunde liegen,
anstellte. Dreizehn[1]) Glaubenslehren ergaben sich ihm, deren
unbedingte Anerkennung er von jedem Juden forderte.

Der Mischnahkommentar war in arabischer Sprache verfaßt. Die darin niedergelegten Anschauungen trug Mose auch mündlich seinen Jüngern vor. Sie wurden von diesen bis in die Ferne
verbreitet und fanden unmittelbar schon dadurch zahlreiche Anhänger,
daß eben um jene Zeit Ägypten unter Saladins Herrschaft kam
und eine Zuflucht fremder Juden wurde, die bei diesem gerechten
Fürsten Schutz und Hilfe suchten und fanden. Er hatte auch Arabien
und namentlich die heiligen Wallfahrtsorte der Moslemin seinem
Reiche einverleibt. Dort in Jemen fachten damals politische Aufwiegler den schlummernden Fanatismus der Araber zu verheerender
Flamme an, so daß die Stammesbrüder des Propheten den Juden
des Landes nicht bloß die äußerliche Zugehörigkeit zum Islam
aufnötigten, sondern sie auch zum aufrichtigen Bekenntnis des-
selben zwingen wollten. Ein anderer betrübender Umstand trug dazu
bei, die Gemüter der Juden noch mehr zu verwirren. Messianische
Träumer, die unter ihnen aufstanden, benützten die Unwissenheit ihrer
Glaubensbrüder, um sie zu der ihnen innerlich fremden Lehre zu
verführen. Da wandten sich angesehene Männer aus Jemen an
Maimonides und baten ihn um Rat in ihrem Drangsal. Der
Weise sprach ihnen in einem ausführlichen Sendschreiben Mut und
Trost zu und erinnerte sie daran, daß die wahre Religion stets der
Verfolgung ausgesetzt gewesen sei. Die ersten und rohesten Feinde
von Amalek bis Hadrian hätten die Väter mit dem Schwerte in
der Faust bekämpft. Die Gelehrten der Perser, Griechen und Römer

---

[1]) Sie handeln von Gott als dem Weltenschöpfer (1), von seiner Einheit
(2), Unkörperlichkeit (3) und Ewigkeit (4), von der Pflicht, ihn allein zu
verehren (5), von der Wahrheit der Offenbarung an die Propheten (6)
und besonders an Mose (7), von der Echtheit (8) und Unabänderlichkeit
der Thora (9), von der göttlichen Vorsehung (10 und 11), von der Ankunft des Messias (12) und von der Auferstehung der Toten (13). Sie
sind poetisch bearbeitet in dem Gedicht, das mit den Worten יִגְדַּל אֱלֹהִים חַי beginnt und als Einleitungsgebet in die üblichen Gebetsammlungen aufgenommen ist.

hätten sie, die Kampfmittel jener geschickt anwendend, mit sophistischen
Reden widerlegt. Danach sei der Feind in der Maske angeblicher, neuer
Offenbarungen gekommen, um die alte Offenbarung verschwinden zu machen,
und die falschen Propheten von Jemen seien mit denselben Mitteln
des Truges aufgetreten. Allein alles dies sei von den wahren Gottes=
männern bereits vorausgesehen und von ihnen zugleich der einstige
Sieg des Judentums über allen Lug und Trug als sicher bevorstehend
verheißen worden. Alle gegenwärtigen Leiden dienten demnach nur
zur Läuterung des sündigen Israel. Es gebühre sich darum, demütig
die von Gott gesandte Prüfung zu ertragen und getreulich duldend
bis zum Eintritt der Erlösung auszuharren. Dieser Brief wurde in
aller Heimlichkeit unter den Gemeinden Jemens verbreitet, damit
aus ihm nicht eine Anklage gegen seinen Verfasser geschmiedet werden
könne. Denn der Rat, die herrschende Religion nur zum Scheine
zu bekennen und innerlich der angestammten treu zu bleiben, wäre
sicher als ein Staatsverbrechen ausgelegt und mit den härtesten
Strafen geahndet worden.

Das Sendschreiben erfüllte seinen Zweck; es klärte die Irre=
geführten auf und bestärkte sie im Glauben. Maimunis Name
aber prägte sich tief den dankbaren Herzen der Getrösteten ein. Er
wurde mit Ehrfurcht und Liebe von allen Juden des Reiches ge=
nannt, und in Kahira übertrug man dem Weisen das Amt des
Rabbiners. Nach seiner Überzeugung durfte ein solches Amt in
keiner Weise um Lohn und Bezahlung übernommen werden. Es
erhielt einzig durch die Hingebung seines Vertreters die Weihe und
den Adel. Über den schweren Pflichten, die das neue Amt ihm auf=
erlegte, vergaß er nicht des Ideals, das er im Herzen trug. Schon
bei der Abfassung des Mischnahkommentars war es ihm klar ge=
worden, daß er in dem durch den Mischnahtext begrenzten Rahmen
das Gesamtbild der Tradition nicht unterbringen konnte. Selbst der
Mischnahtext erwies sich als ein Hindernis, das der gewünschten
übersichtlichen Anordnung des gesamten Materials hemmend im
Wege stand. Daher schrieb Maimuni ein zweites größeres Werk,
ein Gesetzbuch, das er Mischneh=Thora[1]) (Wiederholung des Ge=
setzes oder zweites Gesetz) nannte. Die abgeschlossene Sammlung
der mündlichen Lehre, deren mehrtausendjährige Entwickelung im

---

[1]) מִשְׁנֵה תוֹרָה, vergl. V. M, 17, 18.

Talmud gleichsam versteinert vorliegt, gleicht einem Labyrinthe. Maimonides verwandelte dieses mit glücklicher, organisatorischer Hand in einen geordneten Bau. Sein heller Geist stellte ein Gerüst auf, in das er nicht nach der Zeitfolge, sondern nach dem logischen Zusammenhang geordnet, alles unterbrachte, was sich von Mose bis zur Zeit der Gaonen zum verbindlichen Gesetz entwickelt hatte. Die alten Elemente des Talmud, wie wir sie durch die Tannaiten, Amoräer, Saboräer und Geonim entstehen sahen, sind samt und sonders in seinem Buche eingeschmolzen. Wir können sie im einzelnen deutlich darin nachweisen, obwohl sie neu umgeprägt und mit einem Stempel= glanze versehen erscheinen, der seinen Charakter der zeitgemäßen Denkweise entlehnt hat.

Maimonides selbst sagt ausdrücklich, daß er durch seine Arbeit den Talmud entbehrlicher machen wolle. In der Tat brauchte man nächst der heiligen Schrift des ersten Mose nur den Mischneh=Thora dieses zweiten Mose zu kennen, um das ganze Judentum mit allen seinen Glaubenswahrheiten und Religionsgesetzen zu besitzen. Als eine zweite Bibel sahen denn auch bald die Zeit= genossen das große Werk an und verbreiteten es über alle Länder, in denen Juden lebten. Dadurch, daß es in dem jedermann zugäng= lichen Idiom der Mischnah geschrieben war, fand es schnell überall Eingang und Verständnis. Man staunte es wie ein Wunder an und erblickte in Maimonides Israels neuen Führer in das Reich geistiger Klarheit. Und die besten und tüchtigsten unter den Glaubens= brüdern folgten um so begeisterter seiner Anleitung, als sie wußten, wie demütig sich der Beherrscher und Ordner der Gesetze selbst unter deren Joch beugte, wie vollkommen sein ganzes Dasein das Ideal verkörperte, das er selbst als maßgebend für den Israeliten auf= gestellt hatte. Seine hohe Weisheit und Milde half ihm darum auch in dem unvermeidlichen Kampfe, den die Wahrheit stets gegen das Vorurteil zu führen hat. Maimuni wurde nicht ungeduldig und empfindlich, wenn die Talmudisten, die in das herkömmliche Studium eingesponnen waren, ihm die Schattenseiten seines über= raschend neuen Lehrganges vorwarfen und darauf hinwiesen, daß zu selbständiger Entscheidung das Studium der Quellen für jedermann unentbehrlich sei. Er gab ihnen auf solche Einwürfe ruhigen und sachgemäßen Bescheid. Streng und entschieden wies er nur die bös=

willigen Gegner ab, die durch Verleumdungen und Verdrehungen der Wahrheit zu schaden suchten.

Denselben unerschütterlichen Gleichmut, den er in der Fehde gegen übelwollende Angriffe an den Tag legte, bewährte er gegen= über den harten Schicksalsschlägen, die ihn trafen. Er blieb fest in seinem Gottvertrauen, trotz all der schweren Prüfungen, die ihn durch Krankheit, Verlust des Besitzes und den Tod lieber Kinder heim= suchten. Sein Herz blieb für das Glück empfänglich, als es später wieder in sein Haus einzog. Er freute sich seines spätgeborenen Sohnes Abraham und eines besonders hochbegabten Jüngers Joseph Ibn Aknin aus Aleppo, den er über alles liebte. Auch seine Heilkunst fand schließlich Anerkennung. Er wurde zu den Ärzten des Hofes gerechnet und empfing für seine Tätigkeit daselbst ein Jahresgehalt. Die vornehmen Leute wandten ihm allmählich ihre Gunst zu und verhalfen ihm dadurch zu einem bedeutenden Rufe. Er zeichnete sich übrigens auch auf diesem Gebiete durch gediegene Sachkenntnis aus und schrieb über die Heilkunde ein Buch, in dem er in seiner Weise den vorhandenen Wissensstoff klar ordnete. Infolge seines hohen Ansehens bei Hofe wurde er damals auch zum Nagid aller ägyptischen Judengemeinden ernannt.

In all diesen vielseitigen Leistungen betätigte sich sein hoher Geist. Seine eigentliche Lebensaufgabe aber hielt er noch nicht für gelöst. Während seines ganzen geistigen Entwickelungsganges hatten ihm stets zwei Wahrheiten als Leitsterne vorgeschwebt: Eine, die die Offenbarung den Menschen gegeben hat, und eine, die ihnen die Vernunft erschlossen hat. Wie er als Jude zur Offen= barung stand, hatte er in seinem Mischnahkommentar und in seinem Religionsgesetzbuch ausführlich dargetan. Es blieb ihm noch zu zeigen übrig, welche Stellung er zur Weltweisheit einnahm. Erst mit der Auseinandersetzung über dieses letztere Verhältnis lag sein ganzes Denken in vollständigem Zusammenhange klar enthüllt vor den Augen seiner Glaubensgenossen. Darum schrieb er für sie sein drittes Hauptwerk, Moreh Nebuch im[1]), „Wegweiser der Schwanken= den" genannt. Der Verfasser kleidete es in die Form einer Be= lehrung für seinen Lieblingsschüler.

---

[1]) מוֹרֶה נְבוּכִים.

Dem ganzen Buche liegt als Voraussetzung der Gedanke zu Grunde, daß beide dem Verfasser so teure Wahrheiten, die herrschende Philosophie und die Religion des Judentums, in ihrem Ausgangspunkt sowohl als auch in ihrem Endpunkt übereinstimmen. Beide nehmen einen einig-einzigen Gott als den Urheber alles Daseins an, und beide streben danach, dem Menschen zur höchsten Glückseligkeit zu verhelfen. Waren somit die geoffenbarte und die von der menschlichen Vernunft gefundene Wahrheit in ihrem Ursprung und in ihrem Ziele gleich, so mußten sie auch im einzelnen einander entsprechen und in ihrer ganzen Entwickelung Ausflüsse desselben göttlichen Geistes sein. So knüpfte Maimonides sein Gedankensystem an die Versuche Saadjas an, nahm dazu die Lehren des griechischen Philosophen Aristoteles in der arabischen Auffassung und verschmolz sie mit dem jüdischen Glauben zu einer neuen Einheit.

Er ging dabei von dem Gedanken aus, daß Gott das reine Sein und die Ursache aller Ursachen sei. Daher sei er unveränderlich, unkörperlich und einig-einzig. Sein Denken sei in der Schöpfung zur Tat verwirklicht. Nach Aristoteles Meinung ist Gottes Wirken von seinem Wesen untrennbar, es gehört zu ihm von Ewigkeit wie der Schatten zum Licht. Dem gegenüber folgt Maimuni der einleuchtenderen biblischen Lehre, daß die Gottheit nicht aus Notwendigkeit alles geschaffen, sondern aus freiem Willen die Welt ins Dasein gerufen habe. Der Schöpfer erhalte das von ihm organisch gebildete Weltall in seinem Bestande und regiere es. Es bestehe aus verschiedenen Sphären, die mit vielgestaltig abgestuften Wesen bevölkert sind. Den niederen Wesen ist der Trieb eingeboren, den höheren zuzustreben, und die gottähnlichen, reinen Geister und Engel scharen sich in Sehnsucht und Liebe um die Gottheit. Da der Schöpfer der Welt höchst vollkommen ist, konnte er nur Gutes schaffen. Was in der Menschenwelt vom Übel ist, stammt nicht von ihm. Es entsteht aus der groben Beschaffenheit des niederen Stoffes, der nicht im stande ist, sich durch die Sphären zu Gott emporzuringen. Es kann überwunden werden durch die menschliche Seele, die den Trieb zur Erkenntnis empfangen hat. Folgt sie diesem Triebe, so hilft ihr die eigens dazu geschaffene tätige Vernunft und öffnet ihr die Quelle des göttlichen Geistes. Dadurch lernt sie die Einheit der Welt und ihr Verhältnis zu Gott erkennen und ein dieser Erkenntnis angemessenes Leben führen. So

vermag sich der Mensch über die Mängel seines stofflichen Teiles
zu erheben; er wird, wenn er ernstlich will, zu einem überirdischen
Wesen und somit zu einem unsterblichen Geist. Nur das Dauernde,
Ewige an ihm steht unter der Fürsorge Gottes. Hat es der Mensch
errungen in redlichem Streben, dann hat er sich selbst unter den
Schutz der Vorsehung gestellt.

Aber er gewinnt noch mehr durch ein stetes ideales Leben. Er
vermag dadurch die prophetische Anlage in sich auszubilden.
Denken wir uns nämlich einen Menschen, der bei tadelloser Organi=
sation seines ganzen Leibes sich mit Ernst der Studien befleißigt,
bis sein Geist zur größtmöglichen Vollendung gekommen ist, fügen
wir eine sittliche Beschaffenheit hinzu, nach der er, Herr geworden,
über die sinnlichen und tierischen Gelüste, wie auch über die Eitelkeit
und das Streben nach Geltung bei den Leuten, kein anderes Ver=
langen kennt, als in die Geheimnisse des Vorhandenen und seine
Ursachen einzudringen, Gott und seine Werke und was darüber in
Wahrheit anzunehmen ist, zu erforschen: so wird es uns einleuchten,
daß, wenn bei einem Menschen dieser Art die als überaus vollkommen
und trefflich vorausgesetzte Phantasie tätig zu werden anfängt, sie
lediglich göttliche und herrliche Dinge, Gott und seine Engel er=
schauen und nur wahre Meinungen und solche Maßregeln vorstellen
wird, die das allgemeine Beste zum Ziele haben. Das Sach=
verhältnis ist am besten durch den Vergleich mit den Vorgängen
beim Traume anschaulich zu machen, wo bekanntlich die Phantasie
dasjenige gestaltet, was zur Zeit des Wachens und des Gebrauchs
der Sinne Gegenstand der Beschäftigung war, und wo der Geist auf
die Einbildungskraft je nach ihrer Empfänglichkeit das, was in ihm
ist, ausströmt. Kurz, die Ursache der wahren Träume ist auch die
Ursache für die Prophetie, und es ist ein beachtenswerter Satz der
Weisen im Midrasch, daß der Traum gleichsam die unreif abgefallene
Frucht sei, die gereift die Prophetie darstelle. Nur Mose, der voll=
kommenste aller Propheten, hat keiner Phantasie und keines Traumes
bedurft. Seine Seele ist von den Banden der Sinnlichkeit völlig
befreit gewesen, und er hat darum in alltäglicher Stimmung mit
freiem Blick Gott und seinen Willen erkannt. Die ihm unmittelbar
mitgeteilte Wahrheit ist die Thora. Sie ist einzig wie der Mann,
der sie zu den Menschen gebracht hat; nichts kann sie aufheben oder
ersetzen. Nichts ist in ihr überflüssig oder nebensächlich; sie befördert

das Seelenheil, indem sie richtige Ansichten über Gott und seine Regierung lehrt und für das leibliche Wohl ihrer Jünger durch Einschärfung der Tugend und Sittlichkeit sorgt. Denn jedes Gesetz hat neben einem naheliegenden Grunde auch einen höheren Zweck, wenn es ihn auch nicht immer auf den ersten Blick erkennen läßt. Maimonides teilt nun alle Vorschriften des Judentums je nach ihren Zwecken in vierzehn verschiedene Gruppen und bemüht sich im einzelnen, ihre Übereinstimmung mit dem Gesamtzweck der Lehre nachzuweisen. Er weist z. B. nach, welche Gesetze den Zweck haben, Götzendienst, heidnische Sitte und Aberglauben auszurotten, welche Anordnungen notwendig waren, um den Menschen zu den Sitten zu erziehen, die das staatliche Beisammenleben erst ermöglichen, welche Vorschriften zur Abwehr des Unrechts und zur Verhütung des Schadens unentbehrlich waren, welche Bestimmungen die Scheu und Ehrfurcht vor dem Heiligen (levitische Unreinheit) vermehren und vertiefen, die sinnlichen Begierden beschränken und zügeln (Speisegesetze, Ehegesetze), das häusliche und öffentliche Leben weihen und heiligen (Sabbat und Festtage) wollen.

Als Probe geben wir einen Auszug aus seinen Untersuchungen über den Zweck der göttlichen Gesetze (III, 31) und besonders des Opferdienstes (III, 32),

III. c. 31. Manche Menschen halten es für ungebührlich, eine Zweckbestimmung der göttlichen Gesetze aufzusuchen. Zu dieser Meinung verleitet sie eine Art Seelenkrankheit, über die sie sich selbst keine Rechenschaft geben können. Sie glauben nämlich, daß göttliche Verordnungen, deren Angemessenheit erwiesen ist, schließlich auch allein durch menschliches Nachdenken hätten zur Geltung kommen können. Wenn hingegen kein Zweck an ihnen erkennbar sei, so verdankten sie ihren Ursprung Gott allein, weil die menschliche Vernunft niemals eine solche Verordnung hätte treffen können. Wahrlich, diesen Schwachsinnigen erscheint das Geschöpf vollkommener als der Schöpfer. Denn der Mensch hat bekanntlich bei allem seinem Reden und Tun stets einen Zweck im Auge. Das soll für die Gottheit nicht gelten. Sie gebiete uns vielmehr etwas, was uns nichts nütze, wenn wir es tun, und verbiete uns anderes, was uns nichts schade, wenn wir es unterlassen. Fern sei dies, sage ich von der Gottheit, die Sache liegt ganz anders. Der einzige Zweck des Gesetzes ist es vielmehr, uns zu nützen, wie ich aus den Worten der hl. Schrift (V. M. 6, 24): „damit es uns wohlergehe alle Zeit, uns am Leben zu erhalten wie an diesem Tage" und (das. 4, 6), „und ihr sollt sie (die Gebote) hüten und tun, denn dies ist eure Weisheit und Einsicht vor den Augen aller Völker, die alle die Satzungen hören und sagen werden: nur ein weises und vernünftigeres Volk ist diese große Nation" erwiesen habe. Hier wird ausdrücklich erklärt, daß selbst alle Satzungen, [deren Zweck nicht auf der Hand liegt] sich bei den Heiden als ein Werk der Einsicht und Weisheit bewähren werden. Wäre ihr Zweck, ihr Nutzen oder Nachteil überhaupt nicht erkennbar, wie sollte man den, der sie ausübt, für verständig halten, und wie sollten die Nationen ihn bewundern? Es liegt aber die Sache ohne Zweifel so, wie ich gesagt habe. Jedes der 613 göttlichen Gebote hat zum Zweck, entweder eine nützliche Wahrheit zu verbreiten und eine falsche Lehre zu beseitigen, oder den Rechtszustand zu begründen und Unrecht abzuwehren, oder an gute Sitten zu gewöhnen und üble Gewohnheiten zu verbannen. Auf drei Hauptstücke zielt also die göttliche Gesetzgebung hin: auf Erkenntnis, Sittlichkeit und Bürgertugend.

III, 32. In der Natur des Menschen ist es nun begründet, daß er nicht plötzlich von einem Extrem zu einem anderen übergehen kann. . . . Zur Zeit als Gott unseren Lehrer Moses gef. And. sandte, um eine priesterliche Nation aus uns zu bilden, teils durch die Erkenntnis (V. M. 4, 35 vgl. 1, 39. II, 13) teils durch die Verehrung Gottes (V. M. 11, 13. II. M. 23, 25. V. M. 13, 5), war es ein allgemeiner Gebrauch, in den Tempeln den Bildsäulen, die darin standen, Tiere zu opfern, sich vor ihnen zu bücken und ihnen Räucheropfer darzubringen. Für den Tempeldienst wurden zu Ehren der Gottheiten besondere dieser Aufgabe geweihte Männer ausgewählt. Der Allweise wollte uns darum keineswegs gebieten, diese Art des Kultus gänzlich abzustellen. Denn das wäre der menschlichen Natur, die ungemein am Herkommen hängt, unmöglich gewesen. Das wäre gerade so gewesen, als wenn in unserer Zeit ein Prophet aufstände und im Namen Gottes aufforderte, gar nicht zu beten und zu fasten, sondern nur durch Gesinnungen, und nicht durch Handlungen Gott zu dienen. Darum ließ uns Gott die bisherigen Gebräuche beibehalten und veränderte deren Bestimmung nur dahin, daß sie nicht mehr den Ausgeburten der Einbildungskraft und Bildern von Holz und Stein, sondern seinem heiligen Namen, gelten sollen. Aus dem Grunde mußten wir ein Heiligtum bauen (II. M. 25, 8) und darin einen Altar von Erde errichten (II. M. 20, 21), auf dem es gestattet war (III. M. 1, 2), Opfer und Räucherwerk darzubringen. Auch verbot uns Gott, anderen Wesen eine derartige Verehrung zu erweisen (II. M. 22, 19—37, 14) und wählte zur Ausübung des Tempeldienstes besondere Priester aus (II. M. 28, 41). Diesen, die der Verwaltung des Heiligtums sich widmen sollten, wurden Gaben und Spenden für ihren Lebensunterhalt bestimmt . . .

Da aber die Opfer nur einen mittelbaren Zweck haben, das Gebet dagegen sich auch dem Hauptzweck nähert und zu dessen Erlangung unumgänglich nötig ist, so machte Gott zwischen beiden einen bedeutenden Unterschied. Die Opfer dürfen nämlich . . . nicht an jedem Orte und zu jeder Zeit und von jedem beliebigen Menschen dargebracht werden. Es wurde vielmehr nur ein einziger Ort (V. M. 12, 26 13) und eine einzige Familie dazu bestimmt. Alle diese Bestimmungen haben den klaren Zweck, diese Art der Gottesverehrung möglichst einzuschränken . . . Das Gebet hingegen ist an jedem Ort und jedem Menschen gestattet . . . Wir finden darum häufig in den Schriften der Propheten, daß sie eben in Rücksicht auf die erwähnte Bestimmung die Israeliten wegen ihres übergroßen Eifers, Opfer darzubringen, tadeln und ihnen einschärfen, die

Opfer ſeien weder ſelbſt Zweck noch bedürfe ihrer die Gottheit. So ſagt Samuel (I. Sam. 15, 22): „Hat denn Gott Wohlgefallen an Brand- und Schlachtopfern wie am Gehorſam gegen ſeine Stimme?" Und Jeſaias (I, 11): „Was ſoll mir Euer Opfer Menge?" [Aus derartigen Äußerungen ergibt ſich], daß die Gebote über die Opfer und den Tempel nur darum erteilt ſind, damit dadurch der Götzendienſt vertilgt und der Glaube an die Einheit Gottes befeſtigt werde . . . Ganz in dieſem Sinne ſind die erwähnten und andere einſchlägige Stellen der hl. Schrift aufzufaſſen, was ich wohl zu berückſichtigen und zu beherzigen bitte.

Auf dieſe Weiſe brachte Maimuni die damals herrſchende philoſophiſche Anſchauung mit dem religiöſen Gefühl ſeiner gebildeten Glaubensbrüder in Übereinſtimmung und wurde dadurch in Wahrheit ein Führer für die zwiſchen Wiſſen und Glauben ſchwankenden Denker. Das arabiſch geſchriebene Buch machte ungeheures Aufſehen. Muhammedaniſche Gelehrte ſtudierten und kommentierten es mit großem Fleiße und prieſen den Verfaſſer als einen der größten und ſcharfſinnigſten Denker ihrer Zeit. Schon wenige Jahrzehnte nach ſeinem Erſcheinen war das Werk ins Lateiniſche überſetzt und der berühmte Kirchenlehrer Albert von Köln (Albertus Magnus) hat es eifrig geleſen und benutzt und der Weisheit des „Rabbi Moyſes von Ägypten" — ſo heißt Maimuni bei ihm — die weiteſte Ver- breitung unter den chriſtlichen Gelehrten jener Zeit verſchafft. Mit beſonderer Begeiſterung wurde der „Führer" von den des Arabiſchen kundigen wiſſensdurſtigen Juden in den eben damals aufblühenden und zu geiſtiger Selbſtändigkeit erwachenden Gemeinden Süd- frankreichs aufgenommen.

Ein Gelehrter aus der Provence, Samuel Ibn Tibbon, ſchrieb an Maimonides, er wolle den Moreh aus dem Arabiſchen ins Hebräiſche überſetzen. Er ſehne ſich auch danach, den größten Mann der Judenheit perſönlich kennen zu lernen. Allein Maimuni riet ihm von der weiten und beſchwerlichen Reiſe ab, weil er von ſeinen mannigfachen und vielſeitigen Geſchäften zu ſehr in Anſpruch ge- nommen ſei, um ſich ihm gebührend widmen zu können. Er war nämlich inzwiſchen Leibarzt von Saladins älteſtem Sohne, dem Sultan Afdal, geworden.

Seine angeſtrengte Lebensweiſe ſchilderte er Samuel Ibn Tibbon, indem er ſchrieb: „Der Sultan wohnt in Kahira und ich in Foſtat. Beide Städte ſind zwei Sabbatwege (2,5 Kilometer) von einander entfernt. Jeden Morgen muß ich am Hofe erſcheinen und oft, wenn er oder eines ſeiner Weiber oder eines ſeiner Kinder leidend iſt, den ganzen Tag dort bleiben. Wenn aber auch nichts Besonderes vorfällt, so komme ich erst nachmittags nach Hause zurück. Dort finde ich, wenn ich müde und hungrig anlange, die Vorzimmer voll von Menschen, von Juden und Moslemin, von Vornehmen und Geringen in bunter Mischung, die auf meinen ärztlichen Beistand warten. Kaum bleibt mir Zeit, vom Zelter zu steigen, mich zu waschen und etwas zu genießen. So geht es bis in die Nacht hinein, und ich muß dabei vor Schwäche auf dem Ruhebett liegen. Nur am Sabbat bleibt mir Zeit, mich mit der Gemeinde und der Lehre zu beschäftigen. Ich pflege an diesem Tage die Gemeindeangelegenheiten für die laufende Woche zu erledigen und einen Vortrag zu halten. So fließen mir die Tage hin."

Darum gab er Samuel Ibn Tibbon schriftliche Anweisungen für die Übersetzung. Er selbst fühlte sich bereits zu alt und zu schwach, um noch diese Arbeit zu beginnen. Obgleich er noch nicht das siebzigste Lebensjahr erreicht hatte, erlag seine Körperkraft unter der ungeheuren Arbeitslast. Er starb am (20 Tebet =) 13. Dezember 1204, tief betrauert von den Juden aller Länder. In Fostat hielten Juden und Muhammedaner drei Tage öffentliche Trauer um ihn, und die Gemeinde zu Jerusalem veranstaltete eine Totenfeier mit Fasten. Man las aus der Thora das Kapitel von der Straf= androhung (V. M., c. 26) und aus dem Buche Josua (1,2) die Stelle, die mit den Worten beginnt: „Mein Knecht Mose ist tot." Zu Tiberias wurde seine sterbliche Hülle beigesetzt. Sein einziger Sohn Abraham erbte seinen Charakter, seine Frömmigkeit und seine Stellung als Leibarzt des Herrschers und als Nagid der Juden. Die Würde, an der Spitze der ägyptischen Gemeinden zu stehen, blieb in der Familie bis ins fünfzehnte Jahrhundert erblich, ebenso jüdisches Wissen und überzeugungsvolle Glaubenstreue.

Maimunis Einfluß aber reichte weit über die Grenzen seiner Zeit, seiner Heimat und seiner Glaubensgemeinschaft hinaus. Die Muhammedaner haben seinen Führer viel studiert und die christlichen Weltweisen daraus gelernt, ihren Glauben mit der Philosophie zu versöhnen. Wie er zunächst auf die Entwickelung des Judentums einwirkte, kann erst der nächste Zeitraum zur Darstellung bringen.

Drittes Kapitel

Die Juden in Italien (1040—1204).

Das Ziel, das die Kirche nunmehr seit Jahrhunderten verfolgte, wurde jetzt von ihr erreicht. Der große Papst Gregor VII. (1073 bis 1083) machte den Klerus von jeder weltlichen Macht unabhängig, indem er die Priester zur Ehelosigkeit zwang und bei schwerster Kirchenstrafe den Kauf geistlicher Ämter verbot. Durch diese Maß= regeln wurde der „Knecht der Knechte" mächtiger und einflußreicher als alle weltlichen Fürsten des Erdballs. Dem römischen Bischof mußten jetzt die Früchte reifen, die die Kirche seit Jahrhunderten unter den abendländischen Völkern ausgestreut hatte.

Am vollkommensten beherrschte das Christentum die Herzen der zur Gemütstiefe veranlagten Germanen. Der Heiland war ihr himmlischer Herr und Gebieter geworden, dem sie nun mit derselben Treue Gefolgschaft leisteten wie ihren irdischen Königen, und die Ehrerbietung, die sie für Frauentugend erfüllte, begeisterte sie für die himmlische Jungfrau, an die sie glauben gelernt hatten. Dabei lag in ihnen der angeborene Trieb, ihren Gefühlen durch Waffentaten Nach= druck zu geben; auch beseelte sie der Feuereifer, jede Gelegenheit zu benutzen, bei der sie für den Glauben kämpfen konnten. So erblühte in ihrer Mitte, besonders angefacht durch die Kriege des Kreuzes gegen den Islam in Spanien, das Rittertum, dessen Heldentaten alle Gemüter erfüllte. Jeder treue Deutsche sehnte den Augenblick herbei, in dem er jenen Recken nachahmen konnte, und ein allgemeiner Tatendurst für die religiöse Überzeugung erwachte in der Seele jedes gläubigen Christen deutscher Nation. Die Kirche brauchte diesen Tatendurst nur zu benutzen und in passende Bahnen zu lenken. Den Anlaß dazu bot ihr bald der Umstand, daß die christlichen Pilger, die das heilige Land besuchten, von den dort zur Herrschaft ge= langten Seldschukken allerlei Unbill erdulden mußten. Peter von Amiens, der selbst das Elend der frommen Wallfahrer mit angesehen hatte, verstand es, die allgemeine Teilnahme der abendländischen Christenheit zu erwecken. Da wurde der Gedanke lebendig, die Frömmigkeit und Ritterlichkeit der Gläubigen für die Eroberung des heiligen Landes zu entflammen und den Kreuzzug gegen die ge= walttätigen Moslemin zu predigen.

9*

Von den schrecklichen Leiden, die die Kreuzzüge über die Juden anderer Länder brachten, blieben diejenigen Italiens fast ganz verschont, wie überhaupt ihre Lage daselbst im elften und zwölften Jahrhundert eine vergleichsweise günstige gewesen ist. Der Judenhaß konnte in Italien nicht recht Wurzel schlagen. Die günstige geographische Lage inmitten des Mittelmeeres machte das Land zum natürlichen Mittelpunkt des damaligen Welthandels, und Handel und Gewerbe sind Tätigkeiten, die nicht die Trennung, sondern die Verbindung unter den Menschen anstreben und bewirken. Nur von einer vereinzelten Verfolgung der Juden, die zu Bologna im Jahre 1171 stattfand, erhalten wir Nachricht aus jener Zeit. Sonst lebten die Juden in friedlicher Gemeinschaft mit den übrigen Einwohnern des Landes. Sie beteiligten sich wie bisher an Ackerbau, Handel, gewerblicher Tätigkeit und besonders mit großem Fleiße am Handwerk, das ihnen hier nicht wie in den übrigen christlichen Ländern grundsätzlich verschlossen war.

Große Gemeinden bildeten sich besonders in Neapel und auf Sicilien und wurden von den staatsklugen und einsichtigen normannischen Fürsten wohlwollend beschützt. Selbst in Rom, unter den Augen der Päpste, lebten sie sicherer als anderswo in der Christenheit. Gregor VII. tadelte zwar einen König von Kastilien und den Kaiser Heinrich IV. wegen ihrer Nachsicht gegen die Juden, hatte aber in der rastlosen Arbeit an der Befestigung der Kirchenmacht und an der Demütigung des Kaisertums wichtigere Aufgaben zu lösen, als sich die Umgestaltung der Lage der Juden angelegen sein zu lassen. Seine Nachfolger waren dem Judengelde nicht ganz unzugänglich und machten ihre Gunst oder Ungunst leicht davon abhängig. Ihre im ganzen wohlwollende Haltung kam unter Alexander III. (1159—1180) in freundlicher Weise auf der allgemeinen Kirchenversammlung im Lateran (1179) zum Ausdruck, wo den Juden nur das Halten christlicher Dienstboten untersagt wurde.

Erst Papst Innocenz III. (1198—1216) brach mit dem Herkommen, die Juden aus Gnade und Erbarmen zu dulden. Er sah damals seine Macht und Herrlichkeit ernstlich bedroht, da gleichzeitig in verschiedenen Ländern kirchenfeindliche Bestrebungen sich zu regen begannen. Die Begeisterung für die Kreuzzüge war verraucht, und es galt nunmehr alles aufzubieten, um dem Papsttum seinen Einfluß auf die Geschicke der europäischen Menschheit zu sichern und zu er-

halten. Durch strenge Kirchenzucht sollte jede Ketzerei rücksichtslos
ausgerottet und jeder Unglaube wenigstens unschädlich und veräczt=
lich gemacht werden. Dieselben Mittel, die einst die Kirchenväter
im Stande der Verteidigung zur Schutzwehr für ihren jungen
Glauben harmlos angewendet hatten, wurden jetzt von neuem zur
Befestigung der Kirchengewalt in unedler Weise hervorgesucht, um
Gegner, die längst unschädlich waren, noch tiefer zu demütigen.
Innocenz III. wiederholte die gehässigen Bestimmungen der
kanonischen Gesetze aus den ersten nachchristlichen Jahrhunderten
und führte noch außerdem hier im Abendlande ein farbiges Abzeichen
auf der Kleidung der Juden ein, wie es einst im Morgenlande als
Gebrauch und Sitte aus der natürlichen Anschauungsweise der
Menschen sich ergeben hatte. „Viereckig oder rund, von saffran=
gelber oder anderer Farbe, an dem Hute oder an dem Oberkleid
getragen, war das Judenzeichen, eine Aufforderung für die Gassen=
buben, die Träger zu verhöhnen und mit Kot zu bewerfen, war es
ein Wink für den Pöbel, über sie herzufallen, sie zu mißhandeln
oder gar zu töten, war es selbst für die höheren Stände eine Ge=
legenheit, sie als Auswürflinge der Menschheit zu betrachten, sie zu
brandschatzen oder des Landes zu verweisen. Noch schlimmer als
diese Entehrung nach außen war die Wirkung des Abzeichens auf
die Juden selbst. Sie gewöhnten sich nach und nach an ihre de=
mütige Stellung und verloren das Selbstgefühl und die Selbstachtung.
Sie vernachlässigten ihr äußeres Auftreten, da sie doch einmal eine
verachtete, ehrlose Kaste sein sollten, die auch nicht im entferntesten
auf Ehre Anspruch machen dürfe. Sie ließen nach und nach ihre
Sprache verwahrlosen, da sie doch zu gebildeten Kreisen keinen Zu=
tritt erlangen und unter einander sich auch durch Kauderwelsch ver=
ständlich machen konnten. Sie büßten damit Schönheitssinn und Ge=
schmack ein und wurden nach und nach teilweise wirklich so veräczt=
lich, wie es ihre Feinde wünschten. Sie verloren männliche Haltung
und Mut, so daß sie ein Bube in Angst setzen konnte." In Italien
selbst drang freilich, wie wir bereits gesehen haben, diese Gesinnung
nicht tief in das Volksgemüt ein. Die Anschauungen des täglichen
Lebens wirkten hier mächtiger als alle ausgeklügelten Berechnungen
und Beschränkungen.

Aber trotz dieser vergleichsweise erfreulichen bürgerlichen Lage
erzeugte Italien während dieses Zeitraumes keine hervorragenden

Geisteshelden unter den Juden. Von ihren andersgläubigen Landsleuten empfingen sie keinerlei neue wissenschaftliche Anregung, wie etwa ihre Glaubensgenossen in Spanien, und den nationalen Studien gaben sie sich nicht ausschließlich hin, weil ihnen mancherlei andere nützliche Tätigkeiten im gesellschaftlichen Leben gegönnt waren. Zwar fehlte es niemals an Talmudgelehrten in Italien, aber diese Weisen und Lehrer gingen nur in ausgetretenen, alten Bahnen und beschränkten sich darauf, das aufgestapelte Wissen, so wie es vorlag, ihren Jüngern zu überliefern. Das wertvollste literarische Denkmal, das wir aus jener Zeit besitzen, entstand zu Rom, wo zu allen Zeiten das Talmudstudium eifrigste Pflege fand. Hier schrieb um 1100 R. Nathan ben Jechiel, der Sprößling einer weit verzweigten Gelehrtenfamilie, ein talmudisches Wörterbuch, „Aruch" genannt. Er gab darin in hebräischer Sprache in alphabetischer Ordnung sprachliche und sachliche Erklärungen zu schwierigen, besonders fremdsprachlichen Worten, die im Talmud und Midrasch vorkommen, und trug mit großem Fleiß alles Material zusammen, das durch die nationale Forschung im Morgenland allmählich erworben war und nunmehr zum erstenmal den Gelehrten des Abendlandes in übersichtlicher Zusammenstellung zur Benützung dargereicht wurde. Da das Buch zunächst für den Gebrauch der Landsleute des Verfassers geschrieben war, so gibt es uns einen Maßstab für den damaligen Bildungszustand der Juden Italiens. Wir sehen, daß R. Nathan an profaner Gelehrsamkeit zwar den Glaubensbrüdern auf der pyrenäischen Halbinsel keineswegs gleichkam, daß er aber auf einer ganzen Anzahl von wissenschaftlichen Gebieten wohl bewandert und gut unterrichtet war. Er hat, vermutlich durch den regen Völkerverkehr in seinem Vaterlande, nicht unbedeutende Kenntnisse im Griechischen und Lateinischen zu erwerben Gelegenheit gehabt und bereits die verschiedenen Entwickelungsstufen der hebräischen Sprache in der Bibel, dem Talmud und dem Midrasch zu unterscheiden verstanden.

Von ganz besonderem Einfluß auf eine vielseitigere Entwickelung des jüdischen Geisteslebens in Italien war ein Menschenalter später der langjährige Aufenthalt, den der geniale Abraham Ibn Esra[1] in diesem Lande nahm. Wir finden ihn 1140 in Rom, 1145 in

---

[1] S. 111.

Lucca und Mantua und 1146 bis 1147 in Verona. Wenn
anfangs auch das Verständnis und Interesse für die neue Weise
seiner Bibelauslegung und für seine feinsinnigen grammatischen Unter=
suchungen nur ein geringes war, so vermochte er doch durch persönlichen
Umgang und durch Unterricht ungemein viel zur Hebung der biblischen
Wissenschaft und zur Verbreitung grammatischer Kenntnisse beizutragen.
Seinen Spuren folgte sein gelehrter Schüler Salomon Ibn Parchon
aus Calatajud in Spanien, der um 1160 in Salerno einwanderte.
Er bearbeitete für seine neuen Landsleute unter fleißiger Benutzung
des arabisch geschriebenen hebräischen Wörterbuches Ibn Djannachs
ein Lexikon des Hebräischen in hebräischer Sprache und trug dadurch
an seinem Teile dazu bei, dem wissenschaftlichen Aufschwung, dem
wir im Verlaufe des folgenden Jahrhunderts begegnen, vorzuarbeiten.

————

Viertes Kapitel

Die Kreuzfahrer und die Juden.

Tausende von Menschen ließen Haus und Hof im Stich, um
den Ungläubigen das heilige Land zu entreißen. Durch den Ruf
„Gott will's haben!" begeisterten sie sich zu einem blutigen Kampfe
für das Kreuz. Mit stillem Neide blickten die kühnen christlichen
Streiter in Frankreich und Deutschland schon lange auf die
ritterlichen Fürsten Spaniens hin, die rüstig an der heiligen Auf=
gabe, die Feinde des Christentums zurückzudrängen, arbeiten durften
und in den Kriegen gegen den Islam, siegend oder fallend, irdischen
Ruhm und ewige Seeligkeit erwerben konnten. Als nun die Kreuz=
predigt zum Zuge nach dem heiligen Grabe ihre Herzen mit Begeisterung
erfüllte und zu wilder Tatenlust entflammte, suchte und fand der
krankhaft überreizte Glaubenseifer schon in der Heimat in unmittelbarer
Nähe, mitten unter den Christen wohnend, die Vertreter eines Un=
glaubens, der ihnen immer von neuem als abscheulich und ver=
abscheuungswert dargestellt wurde. Gegen seine Anhänger, die das
Heil hartnäckig leugnenden Juden, wandte sich zuerst die religiöse
Leidenschaft. Was sich im christlichen Volksgemüt davon angehäuft
hatte, brach nun mit elementarer Gewalt hervor, und keine verständige,
zielbewußte Hand, selbst nicht diejenige menschlich gesinnter Priester
konnte die einmal entfesselten bösen Geister leiten und bannen. Wenn

auch nicht so rasch und heftig wie in Frankreich, wo die Juden, wie wir wissen, schon 1010 aus Limoges um des Glaubens willen vertrieben worden waren, so hatten doch auch in Deutschland die Aufreizungen der Priester stetig und allmählich auf das Volk gewirkt. Zügellose Scharen, trunken vom Wahne, daß ihr Tun gottgefällig sei, sammelten sich in Nordfrankreich und Deutschland. Sie ergossen sich im Mai des Jahres 1096 über große, friedliche Judengemeinden in den rheinischen Städten, um sie mit Feuer und Schwert zur Taufe zu zwingen oder dem Untergange preiszugeben. In Deutschland waren derartige Erlebnisse bisher nur selten und ausnahmsweise vorgekommen. Geistliche und weltliche Fürsten hatten vielmehr den Juden gegen das kanonische Verbot Freiheiten und Rechte gelassen und ihnen Gelegenheit gegeben, durch Fleiß und Intelligenz die Blüte der Handelsplätze zu fördern. Auch war ihre äußerliche Lebensstellung unter den Deutschen im allgemeinen keine drückende. Nur von den geistigen Interessen waren sie ausgeschlossen und hatten sich selbst gegen diese abgeschlossen.

Seitdem das Geistesleben durch die Wirksamkeit R. Gerschoms zu herrlicher Blüte gelangt war, waren sie daran gewöhnt, jede Erhebung der Seele in dem reichen Wissen der von den Vätern ererbten Schriften und Überlieferungen zu finden und sich in diese so ganz zu versenken, daß sie sie täglich mehr als das kostbarste Kleinod ihres Lebens liebgewannen. Die stete und unausgesetzte Beschäftigung mit der Lehre hatte das Herz jedes Juden so innig und fest an seinen Glauben geknüpft, daß er ihm unentbehrlich und unveräußerlich erscheinen mußte, daß er mit ihm wohl sterben konnte, ohne ihn aber das Leben nicht für lebenswert erachtete. Diese in natürlichem Wachstum begriffene Empfindung kam den Juden selbst erst zum klaren Bewußtsein, als die Kreuzfahrer über sie herfielen und das Opfer ihres teuersten Besitzes, ihrer Religion, verlangten. Ihr Widerstand war staunenerregend. Er äußerte sich nicht etwa in vergeblichen Kämpfen gegen den mächtigen Feind, sondern in einem übermenschlichen Martyrium. Eine Aufopferung und Hingabe für den Glauben, so selbstverständlich und unbedingt, wie wir sie seit den Tagen der syrischen Bedrängnis nicht erlebt, erfüllte alle ohne Unterschied des Alters und Geschlechtes: in Wahrheit ein Volk von Glaubenszeugen!

Ganze Gemeinden wurden hingemordet oder gaben sich selbst mit unerhörtem Heldenmut den Tod. Es ist in grausiger Buchstäblichkeit wahr, was wir bei dem zeitgenössischen deutschen Dichter Kalonymos ben Jehuda lesen:

> „. . . . Väter schlachten schnell die Söhne
> Und schonen nicht das eigene Leben.
> Deine Einheit zu erheben,
> „Schma Jisrael" die bleichen Lippen beben,
> Und vom Bräutigam und von der Braut
> War „Adonaj echad" der letzte Laut [1]) . . . ."

Mit dem Einheitsbekenntnis auf den Lippen starben zu Worms und an anderen Orten Kinder durch die Hand liebender Mütter und warfen sich Frauen und Jungfrauen, um der Schande zu entfliehen, mit Steinen beschwert zu Trier in die Mosel. Mehr als tausend Leichen trug man aus dem bischöflichen Palaste zu Mainz, wo den Verfolgten, nachdem sie all ihre Habe als Lösegeld gegeben, eine Zuflucht geboten worden war, bis die Wallbrüder kamen und, in den Schloßhof eindringend, die Wehrlosen hinschlachteten. Nur wenige entkamen, darunter zwei Männer und zwei Mädchen, denen es am folgenden Tage, am Rüsttage zum Feste der Gesetzgebung, mit Schrecken und Beschämung zum Bewußtsein kam, daß sie inzwischen getauft worden seien. Die Verzweiflung darüber trieb sie zu entsetzlicher Tat. Der eine von ihnen, der Vater der beiden Mädchen, kehrte in sein Haus zurück, tötete mit eigener Hand die Töchter und verbrannte die Leichen mitsamt seiner Wohnung. Darauf ging er mit seinem Gefährten in die Synagoge, und indem er sie anzündete, fanden beide an heiliger Stätte den Feuertod.

Edler und redlicher als der Erzbischof von Mainz verfuhr der von Köln gegen die Juden, die unter seinem Zepter lebten. Er ließ sie aus der Stadt entfernen und in seinen Dörfern verstecken. Leider wurden sie von den entmenschten Horden gefunden und in Not und Tod getrieben. Ein gelehrter Greis schlachtete seinen blühenden Sohn mitten im Wasser, sprach den Segen, den der Schlächter beim Schlachten eines Tieres verrichtet, und das Opfer

---

[1]) Die Selicha beginnt mit den Worten אָת קֹהֵל. Sie kommt im deutschen Ritus am Rüsttage zum Neujahrsfeste, im großpolnischen (Posener) am fünften Bußtage zur Verwendung. Der Text bei Fürstenthal (Seite 613) ist nach dem Heidenheim'schen (Rödelheim, 1833), S. 66b mehrfach zu berichtigen.

fiel mit „Amen" ein. Er selbst reichte dann das Messer dem
Synagogendiener und ließ sich von ihm töten. Die Umstehenden
aber stürzten sich, das „Höre Israel" anstimmend, allesamt ins
Wasser. Im ganzen sollen in den rheinischen Städten vom Mai
bis Juli 1096 zwölftausend Juden gefallen sein. Auch bis an
die Donau und bis nach Böhmen hin trugen die Kreuzfahrer ihren
mörderischen Fanatismus. In Regensburg und Prag schleppten
sie die Juden zur Taufe und töteten die Widerstrebenden. Aber von
all den wilden Scharen, die Deutschland mit Raub und Mord erfüllten, kamen nur wenige Versprengte nach dem heiligen Lande
Tausende und Abertausende fanden unterwegs in Hunger und Elend
den Tod.

Neue unendliche Heeresmassen, wohl geordnet und trefflich ausgerüstet, gelangten endlich nach unsäglichen Mühen und Beschwerden
vor die Tore der heiligen Stadt und nahmen sie im Sturme am
15. Juli 1099 ein. Schrecklich war das Los der Überwundenen.
Von den Treppenstufen der Moschee Omars, die auf Morijjah
emporragt an der Stelle des großen und heiligen Hauses, darüber
der Name des lebendigen Gottes genannt wurde, rieselte das Blut
von zehntausend erschlagenen Moslemin. Die Juden fanden in der
Synagoge, wohin sie sich geflüchtet hatten, in den Flammen ihren
Untergang. Raub, Mord und Verwüstung wurde ohne Erbarmen
ausgeübt von den frommen Streitern, die in unseliger Verblendung
überzeugt waren, Menschenmord und Plünderung sei keine Missetat
und kein Verbrechen, wenn sie gegen Bekenner eines anderen Glaubens
sich richte. „Erst als die Rache gestillt und die Raubgier befriedigt
war, kehrte christliche Demut, Bußfertigkeit und frommer Sinn in
die Gemüter zurück, und nun sah man dieselben Menschen, die kurz
vorher wie rasende Tiere gewütet, entblößten Hauptes und barfuß
unter Lobgesängen nach der Kirche des heiligen Grabes ziehen, um
an geweihter Stätte mit inbrünstigem Gebet und unter Freudentränen
Gott für das gelungene Werk zu danken und Buße zu geloben".

Schwer und drückend lagerten die Greuel dieses ersten Kreuzzuges auf denjenigen Juden, welche verschont geblieben waren. Die
zwangsweise Getauften durften in Deutschland mit Kaiser Heinrichs IV.
Erlaubnis (1097) zu ihrer Religion zurückkehren, fanden aber dennoch
keinen wahren Herzensfrieden. Die früheren Glaubensgenossen
wandten sich mißtrauisch von ihnen ab, und der Papst beanspruchte

sie für das Christentum zurück. So konnten die schweren Wunden nicht leicht vernarben. Das jüdische Gemüt war für lange Zeit verdüstert und fand seinen einzigen Trost in Bußliedern und Gebeten.

Und in der Tat, wie berechtigt war das Gefühl der Angst und des tiefsten Elends bei den Heimatlosen! Schon nach kurzer Zeit waren die Christen im glücklichen Besitz des heiligen Landes erschlafft. Die Zuzüge aus dem Westen nahmen ab, und mit glücklichem Erfolge drangen die Moslemin gegen die Ostgrenze des neuen Königreiches Jerusalem vor, besonders seitdem die feste Stadt Edessa (1146) von den Sarazenen zurückerobert war. Der Islam erhob sich wieder siegreich in Asien. Gleichzeitig feierte die Begeisterung für seine Lehre eine glänzende Auferstehung durch die Almohaden in Nordafrika. Wir wissen bereits, mit welchem Fanatismus sie die Andersgläubigen verfolgten, und wie traurig durch sie das Los Afrikas und Spaniens sich gestaltete. (Vgl. S. 97. 117.) Fast zu derselben Zeit, als die alten, blühenden Gemeinden der Juden in Maghreb und in Cordova dem Schwerte der Berbern unterlagen, wurde gegen ihre Brüder in den christlichen Reichen abermals unter dem Zeichen des Kreuzes zu Mord und Raub gerufen. Die christlichen Könige von Jerusalem erbaten sich nämlich von neuem die Hilfe des Abend= landes und suchten den schlummernden Religionseifer zum zweiten Kreuzzug zu entflammen. Der Papst warb für das Kreuzheer, indem er jeden Streiter, der das Kreuz nahm, von der Verpflichtung ledig sprach, die Zinsen für die Schulden, die er bei den Juden hatte, zu bezahlen. Diese Bekanntmachung mußte der beredte und edle Abt Bernhard von Clairvaux im päpstlichen Auftrage ver= kündigen, als er zur Teilnahme am Kreuzzug aufforderte.

Was er als getreuer Sohn der Kirche mit schwerem Herzen tat, schien in den Augen des ehrwürdigen Abts Peter (venerabilis) von Clugny eine gerechte Sache. Er trat mit Eifer dafür ein, das Judengeld zum Vorteil der heiligen Gottesstreiter an sich zu reißen, und bemühte sich, für seine Meinung auch den sonst milden König Ludwig VII. (1137—1180) von Frankreich), der persönlich der Kreuzpredigt folgte, zu gewinnen. Die glühende Beredsamkeit des Priesters siegte endlich über den redlichen Willen des gerechten Fürsten. Die französischen Juden wurden an Hab und Gut geschädigt, aber es kam wenigstens vorläufig zu keinem Blutvergießen.

In Deutschland erwachte die Mordlust zuerst und pflanzte sich im Frühjahr 1147, als sich die Wallbrüder in großen Scharen sammelten, wie eine ansteckende Krankheit auch nach Frankreich fort, obwohl König Ludwig den Juden seinen Schutz angedeihen ließ und der fromme Abt Bernhard von Clairvaux zur Mäßigung mahnte. An vielen Orten fanden blutige Judenhetzen statt. Besonders litt am zweiten Tage des Wochenfestes (8. Mai) das Städtchen Rameru, das der Sitz einer berühmten Talmudschule war. Nur durch einen wunderbaren Zufall entrann dabei der wegen seiner Tugend und seiner Gelehrsamkeit hoch angesehene R. Jakob Tam (vgl. S. 154) dem Tode. Anders kam es in Deutschland. Hier zog ein dem Kloster entlaufener Mönch, Rudolph, von Ort zu Ort und predigte mit fanatischem Eifer, daß der Kreuzzug mit der Bekehrung der Ungläubigen im eigenen Lande beginnen müsse. Seine Reden entzündeten den Haß der Bürger, die seit dem ersten Kreuzzuge nicht mehr harmlos, sondern voll Mißtrauen und Grauen auf die schwergeprüften Juden blickten. Die Unglücklichen fanden diesmal bei ihnen keinen Schutz und konnten nur auf den Beistand des Kaisers und der Großen hoffen. Konrad III. (1139—1152) räumte ihnen wirklich Asyle in Nürnberg und in anderen Festungen ein. Als aber dessen ungeachtet im August des Jahres 1146 die ersten Opfer der Verfolgungssucht in Trier und Speier gefallen waren, da gaben die Juden des Rheinlandes in ihrer Herzensangst alles, was sie ihr Eigen nannten, den Fürsten und Bischöfen für die Erlaubnis hin, sich hinter den festen Mauern ihrer Burgen verbergen und verteidigen zu dürfen. Gegen die immer bedrohlicher werdenden aufrührerischen Reden des ruhelos umherziehenden Mönches erbat endlich der Erzbischof von Mainz in eigener Person die Hilfe und den Beistand des hochangesehenen Bernhard von Clairvaux. Der würdige und wahrhaft fromme Abt eiferte mit aller Glut seiner ausgezeichneten Beredsamkeit gegen Rudolph. In einem ausführlichen Sendschreiben verbot er, Hand an die Juden zu legen, und befahl ihr Leben zu schonen, damit sich die Hoffnung der Kirche einst erfülle und sie in Frieden alle bekehrt werden könnten. Als sein Brief nichts fruchtete, erschien er, den Kreuzzug predigend, selbst in den Rheinlanden und strafte den rasenden Mönch und die von ihm verführte Menge mit harten Worten wegen des Judenmords. Er setzte es durch, daß Rudolph reumütig in das Kloster zurückkehrte. Aber das von ihm ausgestreute Gift wirkte verheerend im Volke fort.

Als in der Nähe von Würzburg der verstümmelte Leichnam eines Christen gefunden wurde, verbreiteten die Kreuzfahrer das grundlose Gerücht, Juden seien die Mörder, überfielen im Februar 1147 die Gemeinde zu Würzburg und erschlugen etwa zwanzig unschuldige Menschen, unter denen sich der weise und edle Rabbiner befand, der über den heiligen Büchern sitzend getötet wurde. Ebenso hatten die Gemeinden Böhmens von den durchziehenden Wallbrüdern zu leiden. In allen Gegenden Deutschlands streiften sie umher und lauerten den Juden auf, wenn sie es wagten, ihre festen Asyle zu verlassen. Erst als die französischen und deutschen Krieger unter ihren königlichen Feldherren über die deutschen Grenzen hinaus waren, konnten die Juden aufatmen und sich gefahrlos aus ihren Verstecken hervorwagen.

Für die Missetaten, die während der Kreuzzüge an den Juden verübt worden waren, suchte das Gewissen der christlichen Völker eine Rechtfertigung. Die Peiniger fühlten das Bedürfnis, ihren unglücklichen Opfern eine Verschuldung nachzuweisen oder wenigstens aufzubürden. Sie dichteten ihnen darum den eigenen leidenschaftlichen Haß an und legten ihnen diejenigen grauelhaften Verbrechen[1]) zur Last, um derentwillen einst die Urchristen, als ihr Glaube noch wenige Anhänger im mächtigen Rom zählte, von den heidnischen Mitbürgern entsetzlich verfolgt worden waren. Wie damals den Christen nachgesagt wurde, sie töteten heimlich Kinder, deren Blut sie ihrem Gotte zum Opfer brächten, so beschuldigten ihre Nachkommen jetzt die Juden des Menschenmordes, weil sie angeblich Christenblut zu religiösen Handlungen brauchten. Zum erstenmale tauchte die Schauermär im Jahre 1171 auf, als ein Knecht seinem Herrn, dem Stadthauptmann von Blois erzählte, er habe gesehen, wie ein Jude einen gemordeten Christenknaben in die Loire geworfen habe. Der Stadthauptmann verklagte auf diese Aussage hin die Gemeinde von Blois beim Grafen von Chartres, dem Lehnsherrn der Stadt, und setzte durch, daß alle ihre Mitglieder sofort eingekerkert wurden. Bei den Gefangenen erschien alsbald ein Bote mit der Frage, wie viel Geld sie geben würden, wenn sie der Graf von dem Morde lossprächte. Vergebens boten sie ihr ganzes Hab und Gut. Es war bereits zu spät; denn

---

[1]) S. Justin. mart., apol. I, 35. II, 14. Athenagoras, legatio c. 27. Tertullian. Apolog. c. 7—9. Minutius Felix c. 9. 10. 30. 31.

schon hatte ein Geistlicher den Grafen überredet, daß er sein Gewissen nicht für Geld verkaufen dürfe, sondern die Wahrheit erforschen müsse. Um diese über allen Zweifel erhaben festzustellen, wendete man nach der abergläubischen Sitte der Zeit die Wasserprobe an, indem man den Knecht in einen mit Wasser gefüllten Kahn brachte. Als er nicht unterging, wagte niemand an der Richtigkeit seiner Aussage zu zweifeln, und die Juden wurden zum Feuertode verdammt. Schon loderte der Scheiterhaufen, da wurde ihnen Straflosigkeit zugesichert, wenn sie sich zum Christentum bekehrten. Aber nur wenige wurden treulos; die Mehrzahl, etwa fünfzig Männer und Frauen starben, das Olenu-Gebet[1]) anstimmend, in den Flammen.

Nachdem der grausige Irrwahn von dem angeblichen Vergnügen der Juden am Christenmord erst einmal erweckt und verbreitet war, wurde das Märchen in nichtswürdiger Weise von Leuten ausgenutzt, die selbst nicht im entferntesten daran glaubten, sondern nur einen Vorwand für ihre selbstsüchtigen und eigennützigen Zwecke suchten. Das bewies sofort Philipp II. August (1180—1123), der schlaue und eigensüchtige Sohn Ludwigs VII. von Frankreich. Ihm war jedes Mittel recht, wenn es nur zu dem Ziele führte, seine kleine Hausmacht zu vergrößern, seinen leeren Staatsschatz zu bereichern und seine Scheinherrschaft über die stolzen Barone seines Landes in eine wirkliche zu verwandeln. Er ließ sich darum die in den Gemütern seiner Untertanen wachsenden Vorurteile gegen die Juden gern gefallen und nahm die Miene an, als ob er sie teile. Er ließ die Juden seines Gebietes einsperren, um von ihnen ein Lösegeld zu erpressen. Sie erkauften für die erhebliche Summe von fünfzehntausend Mark Silber ihre Freiheit. Der Kerkerhaft waren sie nun zwar ledig, aber, um sie gänzlich ins Elend zu stürzen, erließ er wenige Monate später den Christen sämtliche Judenschulden unter der Bedingung, daß sie zwanzig Prozent davon in seine Kasse zahlten. Ein Jahr nachher vertrieb er die Unglücklichen vollends aus seinem Gebiete, indem er sie zwang, was sie etwa von beweglicher Habe noch besaßen, im Inlande zu verkaufen. Ihre liegenden Gründe, ihre Äcker und Weinberge fielen in die Hand des Königs, dem es auf diese Weise glücklich gelungen war, den Wohlstand einer seit Jahrhunderten friedlich ansässigen Bevölkerung zu vernichten

---

[1]) Vgl. Bd. I, S. 217.

und gehorsame und ruhige Untertanen elend und heimatlos zu machen. Es blieb ihnen der einzige, schwache Trost, daß der Zorn des Königs außer stande war, ihnen die Gunst und Gnade der mächtigen Vasallen zu entziehen, die in ihren Landschaften unabhängig walteten und wie ihr Lehnsherr frei über ihre Untertanen verfügen konnten. Um so härter hatten sie in den Ortschaften zu leiden, in denen die regierenden Grafen und Barone nicht stark genug waren, um dem Willen des Königs dauernd Widerstand zu leisten. So zwang er die Herrin des Städtchens Bray in der Champagne, ihre Juden zum Scheiterhaufen zu verdammen, weil sie mit Fug und Recht, und noch dazu mit der Erlaubnis der Grundherrschaft selbst, die christlichen Mörder eines Juden an den Galgen gehängt hatten. Wie wenig übrigens Philipp August in Wahrheit den Vorurteilen der Menge ergeben war, bewies er aller Welt klar und deutlich, indem er sieben Jahre später (1198) den Juden seine Territorien wieder öffnete.

Bald nach dem Schreckenstage von Bray aber zog er gemeinsam mit dem englischen Könige Richard Löwenherz (1189 bis 1199) in den dritten Kreuzzug. Die Vorbereitungen zu dieser neuen Kreuzfahrt wurden dieses Mal in ausgedehntem Maße nur für die Juden Englands verhängnisvoll. Hier lebten sie seit einigen Jahrhunderten friedlich und sicher in allen Gegenden des Reiches und waren besonders während der letzten Jahrzehnte zu großem Wohlstande gelangt. Daß sie auch Interesse für jüdische Wissenschaft besaßen, geht daraus hervor, daß Abraham Ibn Esra[1]) 1158 in London einen angesehenen, gelehrten Gastfreund fand, in dessen Haus er eine Zeitlang weilte, und für den er eine Abhandlung über den Sabbat schrieb. Schon bei der Krönung des Königs Richard Löwenherz brachen die ersten Unruhen aus. Bei dieser Veranlassung wollten ihm auch die Juden, wie es üblich war, ihre Huldigung mit reichen Geschenken darbringen. Der fanatische Erzbischof von Canterbury erklärte dem jungen Könige aber, daß sie um ihres Glaubens willen einer solchen hohen Gunst nicht wert und würdig seien. Seinem Wunsche folgend, ließ der König die jüdischen Abgesandten, ohne ihnen sonst Böses zu gönnen, aus dem Palaste entfernen. Das christliche Volk aber sah in dieser Zurückweisung die

---

[1]) Vgl. S. 111.

Erlaubnis, die wegen ihres Wohlstandes lange beneideten Juden zu mißhandeln und zu plündern. Als nicht lange darauf der König und zahlreiche Untertanen mit ihm das Kreuz nahmen, verschlimmerte sich ihre Lage zusehends, da sich jetzt der überreizte Glaubenseifer mit der lange angesammelten Mißgunst des habsüchtigen Volkes zu ihrem Verderben verband. Gegen die begüterte Gemeinde von York wüteten die entfesselten Leidenschaften der Masse am heftigsten. Die Bedrohten zogen sich in die Burg der Stadt zurück und verteidigten sich mutig und erfolgreich gegen ihre anstürmenden Feinde. Als die Kämpfer fühlten, daß aus Mangel an Lebensmitteln ihre Kräfte zu Ende gingen, töteten sie einander selbst, um nicht in die Hände der rohen Scharen der Wallbrüder zu fallen.

Während in England besonders Neid und Mißgunst die Beweggründe der ersten Judenhetzen waren, wanderte die in Frankreich zuerst ausgesprochene Blutbeschuldigung gegen die Juden bald auch in Deutschland ein und zog den Unglücklichen immer von neuem heftige Verfolgungen zu, sobald irgendwo irgend ein christlicher Leichnam gefunden wurde. Glücklich konnten sie sich preisen, wenn es ihnen gelang, sich durch große Summen Geldes vom Tode loszukaufen. So geschah es, daß einst Rheinschiffer in der Nähe von Boppard auf den Körper einer christlichen Frau stießen und behaupteten, Juden, die vor ihnen den Fluß hinabgefahren seien, hätten ihn hinuntergeworfen. Die jüdischen Reisenden wurden ergriffen und getötet, und alle Juden der Umgegend sollten die angebliche Missetat mit dem Tode büßen. Nur der Gnade des Kaisers Barbarossa (1151—1190) hatten sie es zu danken, daß sie für ein schweres Bußgeld ihr Leben retten konnten. Der weise Kaiser schützte seine jüdischen Untertanen dadurch wenigstens vor der härtesten Unbill. Als aber mit ihm die Macht des Kaisertums ins Grab gesunken war, vermochte sein Sohn Heinrich VI. (1199—1197) nicht immer durchzusetzen, was er für recht und billig erkannte. Er konnte es nicht verhüten, daß man die Juden der Rheinlande immer wieder bei unschuldigen Anlässen überfiel und marterte. Besonders traurige Vorgänge ereigneten sich im Winter 1196—1197, als ein neuer Kreuzzug beginnen sollte. Damals überfielen die Kreuzritter einen weltfremden, friedlichen Talmudgelehrten, Eleasar ben Jehuda zu Worms, einen Mann, der, dem praktischen Leben völlig abgewandt, nur in seinen lieben, frommen und heiligen Büchern lebte. Grausam tötete man ihm sein edles Weib, das mit rührender Hingebung und Aufopferung die Familie ernährte, erschlug seine Kinder und seine lernenden Jünger, verwundete ihn selbst zum Tode und ließ dem Armen nichts als das nackte Leben.

Fünftes Kapitel
Folgen der Kreuzzüge für die bürgerliche nnd staatsbürgerliche Stellung der Juden.

Die wiederholten heftigen Ausbrüche der Volksleidenschaften gegen die Juden während der Kreuzzüge wirkten grundsätzlich umgestaltend auf ihre gesamte Lage in allen christlichen Ländern ein. Wie konnten sie in den Augen ihrer Mitbürger mit gleichen Rechten ausgestattete Nebenmenschen bleiben, nachdem sie vom Geschick so schwer heimgesucht, so deutlich gezeichnet worden waren? Das Brandmal der Schmach auf ihrer Stirn mußte — so war man überzeugt — zweifellos ein selbstverschuldetes sein; es erschien den Christen als Kainszeichen, um dessentwillen die Elenden unstät über die Erde gehetzt werden durften, und jeder einzelne Christ glaubte sich berechtigt und verpflichtet, sich an dieser Hatz persönlich zu beteiligen. Die ursprünglich nur wegen ihrer abweichenden Glaubensmeinung Ausgestoßenen wurden bald wirklich für den Auswurf der Menschheit gehalten, und keine Anklage war so widersinnig, daß sie ihnen erspart geblieben wäre. Man beschuldigte die Juden des absichtlichen Menschenmordes, obgleich man aus ihren heiligen Zehngeboten gelernt hatte: „Du sollst nicht töten". Man behauptete, daß das Judentum den Genuß von Menschenblut gebiete, während man sehr wohl wußte, daß sein Gesetz immer und immer wieder den Abscheu gegen das Blut einpräge[1]) und selbst das Blut der Tiere zu genießen verbiete, weil in ihm das Leben des Geschöpfes sei. Das Volk kannte den Jahrtausende hindurch vererbten Widerwillen der Juden gegen jeden Blutgenuß und wagte es dennoch, sie immer von neuem des heimlichen Christenmordes zu bezichtigen und ihnen vorzuwerfen daß sie diese Greuel begingen, um Menschenblut für ihre Religionsübung zu gewinnen.

In jedem einzelnen Juden sah der Christ einen Gottesmörder und dichtete ihm unauslöschlichen Haß gegen den Heiland an. Angeblich mußten die Juden beständig Zorn und Wut gegen den Stifter

---

[1]) III. M. 3, 17. 7, 26—27. 17, 10—14. V. M. 12, 16. 23—25. 15, 23.

des Christentums empfinden, da sie ja doch als seine uralten Feinde
von jeher von den Priestern bezeichnet worden waren.   Noch immer
verfolgten sie darum nach der Meinung des blindgläubigen Christen=
volkes den in der Hostie verkörperten Leib des Erlösers und suchten
ihn zu entweihen und zu schänden.   Der stets bereite Wunderglaube
erzählte mit grausigem Behagen von Blutspuren, die sich an entweihten
Hostien ab und zu gezeigt hätten, und marterte unschuldige Menschen
um gewisser roter Flecke willen, die von unserer modernen Natur=
wissenschaft als eine eigenartige Pilzbildung erkannt worden sind.

Bedrohte ein Feind das Land, so galten die Juden sofort als
seine Zuträger und Kundschafter.   Den Vaterlandslosen, die
nirgends auf der ganzen bewohnten Erde heimisch waren, überall
aber Stammes= und Glaubensgenossen und dadurch nahe Beziehungen
besaßen, meinte man, ständen die Eindringlinge mindestens ebenso
nahe wie ihre augenblicklichen Landsleute.   Warum sollten sie ihnen
also nicht für Geld und Gut Hilfe und Vorschub leisten? Keine
ruhige Überlegung prüfte im einzelnen Falle die vorliegenden Um=
stände, sondern blinder Haß verurteilte die Juden von vornherein,
wie immer die Sachen lagen.

Aber nicht bloß die gesellschaftliche, sondern auch die staats=
bürgerliche Stellung der Juden veränderte sich während der
Kreuzzüge.   Durch die Not der Zeit einzig auf den Schutz der Obrig=
keit angewiesen, kamen sie nunmehr in ein neues gesetzlich geregeltes
Abhängigkeitsverhältnis zu dem Träger der Staatsgewalt, nachdem
Friedrich Barbarossa seit Karl dem Großen zum erstenmal
den Kaisergedanken klar und bestimmt erfaßt und zum Ausdruck
gebracht hatte.   Nach seinem Ideal sollte die Person des Kaisers die
staatliche Einheit darstellen für diejenigen Nationen, welche die
Kirche auf dem Boden des römischen Weltreichs zur Glaubenseinheit
verschmolzen hatte.   Ihm galt es, nicht bloß dem Namen nach, sondern
in Wahrheit ein römischer Kaiser, ein Nachfolger der großen Cäsaren
Constantin und Justinian, zu sein.   Indem er diesen Anspruch
erhob, machte er das alte römische Staatsrecht zur Grundlage der
Gesetzgebung seines Reiches.   Es sollte jetzt alle Christen umschließen,
wie es einst alle Untertanen des alten Rom umfaßt hatte.   Dadurch
erhielten natürlich auch die Unrechtsgesetze der römischen Kaiser gegen
die Ungläubigen Rechtskraft für das neue römische Kaiserreich deutscher
Nation.

Freilich scheiterte die vollkommene Durchführung dieses Ideals der Hohenstaufen an verschiedenen realen Mächten jener Zeit, die ihr Daseinsrecht zu behaupten wußten. Die Juden aber konnten an der ihnen zugewiesenen Stellung nichts ändern und wurden damals bereits dem Wesen nach deutsche Kammerknechte, wenn sich diese Be= zeichnung auch erst einige Zeit später einfand. „Aus dem Schutz, den die Kaiser ihnen tatsächlich gewährten, und infolge der von diesen selbst anerkannten Pflicht, den Bedrängten überall im ganzen Reiche gegen ihre Unterdrücker beizustehen, entwickelte sich allmählich die Auffassung, daß die Juden, gleichviel an welchem Orte und unter welchen Beamten, Obrigkeiten oder Landesherrn sie wohnten, sich im Schutz des Kaisers befänden und ihm für diesen Schutz zu Abgaben verpflichtet seien".

Um dieses eigentümliche Verhältnis rechtlich zu begründen, hielt man sich an die Vorstellung, daß Friedrich ein Erbe Vespasians und Titus sei, und stützte sich auf die Überlieferung, daß die Juden, die bei der Zerstörung Jerusalems nicht umgekommen waren, Kammerknechte des römischen Kaisers geworden seien. Nach einer anderen Sage soll er ihnen Schutz und Schirm versprochen haben, als es Josephus gelang, den Titus von einer lebensgefährlichen Krankheit zu heilen.

Auch in den anderen christlichen Staaten, besonders in Frank= reich und England, wurden die Juden, wenn nicht dem Namen, so doch der Sache nach allmählich die Kammerknechte ihrer Könige und Herren. Als ihnen Philipp August die Rückkehr in sein Gebiet gestattete, war die Rücksicht auf den eigenen Vorteil der einzige Beweggrund seiner Sinnesänderung. Er traute ihnen zu, daß ihr Handelstalent sie befähigte, sich schnell zu bereichern, und war um die Mittel, sie der zusammengescharrten Ersparnisse zu berauben, nicht verlegen. Im Verein mit seinen gewinnsüchtigen Vasallen, die er leicht zu seiner Ansicht bekehrte, beschloß er nunmehr, die nützlichen und betriebsamen jüdischen Ansiedler dauernd an die Scholle zu fesseln. Es ward ihnen das Recht abgesprochen, ihren Geburtsort zu verlassen, und durch harte Gesetze dafür gesorgt, daß der Stand ihres Vermögens der Obrigkeit stets genau bekannt war. Der König und die Großen gewöhnten sich daran, sie als eine Sparbüchse zu betrachten, die sie befugt seien, nach Bedarf und Gutdünken füllen zu lassen oder zu leeren.

Also vom Volke verachtet und von den Machthabern bedrückt und ausgepreßt, griffen viele Juden zum Wanderstabe und suchten im heidnischen Osten Europas eine Heimstätte für ihren flüchtigen Fuß. Unter den Barbaren jenseits der Elbe und Oder fanden sie damals noch den Frieden, den ihnen die christlichen Völker versagten.

In den sogenannten Kulturstaaten Europas aber wurden sie durch die Kreuzzüge wenigstens äußerlich ein Bild des Elends und der Verkommenheit, das nichts von dem wunderbaren Geistesleben ahnen ließ, das sie im stillen hegten und pflegten. Das unaussprechliche Leid, das die meisten erfahren, oder mit angesehen hatten, wurde in rührenden Buß- und Klageliedern ausgeströmt. In diesen ergreifenden Gesängen schütteten mehr als dreißig zeitgenössische Dichter ihr Herz vor Gott aus, erflehten die Vergebung ihrer Sünden und baten, daß er den tausendfältigen Schmerz heimsuche an den Feinden. Diese harten Worten der jüdischen Psalmen, die bisher keinem einzigen Christen das Leben gekostet haben, waren ein aus der Erde dringender Schrei des Blutes von Hunderttausenden und blieben der einzige Ausdruck, den die Gequälten der schmerzlichen Verbitterung ihres Gemütes zu geben vermochten[1]). Die Pijjutim jener Zeit mögen an poetischem Wert leicht übertroffen werden, schwerlich aber an erschütternder Lebenswahrheit. Wer erschauert nicht im Innersten seiner Seele, wenn er die in ihrer schmucklosen Einfachheit überwältigend wirkenden Reime des trefflichen Gesetzlehrers Joël ben Isaak ha-Levi aus Bonn liest, dessen nahe Verwandte im zweiten Kreuzzuge als Glaubenszeugen fielen:

> O Herr, vernimm doch meines Flehens Stimme,
> Da mich bedroht der Feind in seinem Grimme!
> Den bösen Mächten, gegen mich verschworen,
> Bin ich zum Opferlamme auserkoren.
> Des Todes Angst umschattet meine Seele,
> Mich faßt die Furcht, daß mir die Stärke fehle.
> In grauser Wut schon zücken freche Horden
> Das scharfe Schwert, mich Schuldlosen zu morden.
> Erbarmungslos wirft mich der Feind darnieder
> Und nimmer von dem Sturz ersteh' ich wieder.
> Von Seelenschmerz erfüllt ist mein Gemüt
> Und mein Gebein von Schmerzensbrand durchglüht,
> Hinfließt als Opfer ihrer Wut mein Blut,

---

[1]) Zunz, Synagogale Poesie des Mittelalters, S. 58.

Das tropfenweis in Deiner Liebe Hut:
Und wie es tropfenweis von Dir gezählt,
Also vergiltst Du jedem Feinde, der mich quält.

Diese Bußgesänge wurden dem Gottesdienste einverleibt; denn das Bethaus war die einzige Stätte, wo die Judenschaft als eine Gesamtheit ungescheut fühlen, denken und reden durfte. Was Israel erlitt, brachte es hier vor seinen Gott, und in dem gottesdienstlichen Ritus, den es in den verschiedenen Ländern seines Aufenthaltes ausbildete, können wir deutlich seine Geschicke lesen. Nur die Stammgebete, wie sie durch die Geonim Amram und Saadja veröffentlicht waren, behielten bis auf unwesentliche Abweichungen in allen Gotteshäusern der Diaspora die gleiche Fassung. Aber in der Auswahl des poetischen Schmuckes derselben gingen allmählich die Bewohner der islamitischen und die der christlichen Reiche immer weiter auseinander. Etwa um das zwölfte Jahrhundert scheidet sich die arabische Ritusgruppe, der die Juden Spaniens und Südfrankreichs, Nordafrikas und Asiens angehören, immer schärfer von der romanisch-germanischen, der die jüdische Bevölkerung Frankreichs, Deutschlands, Italiens und des oströmischen Kaiserreiches folgt. Natürlich wurden innerhalb jeder der beiden Gruppen die Dichtungen der heimatlichen Sänger besonders bevorzugt. Nur einzelne Liederperlen der Meister des Gesanges, die Spanien hervorgebracht hat, der unsterblichen Dichter Salomo Ibn Gabirol und Jehuda ha-Levi, drangen siegreich bis in die Gotteshäuser im fernen slavischen Osten vor und herrschen daselbst bis auf den heutigen Tag. Denn die vor dem Schwert der Feinde flüchtenden Gemeinden behielten überall in den neuen Ansiedlungen, die sie gründeten, pietätvoll die Weise und Ordnung der Gebete bei, die in den Ländern ihrer Herkunft üblich gewesen war. So machten die aus Frankreich und Deutschland verjagten Juden den Ritus ihres Vaterlandes östlich von der Elbe und Oder in den slavischen Ländern Europas heimisch und verliehen dem jüngsten Kinde der jüdischen Ritusgeschichte, dem Ritus Polens und Rußlands, den Charakter, den er bis auf die Gegenwart bewahrt hat.

Befreite sich des Volkes Herz in Gebet und Lied von dem schweren Drucke, so gewöhnte sich sein Geist nach und nach an die traurigen Zustände und bewegte sich trotz derselben so sicher und elastisch wie vordem. Ja, das Bewußtsein, von niemandem geliebt,

unterstützt und beschützt zu werden, keine andere Hilfe als nur die
göttliche und keine andere Kraft als nur die eigene zu besitzen, erhöhte
die Beweglichkeit des Verstandes und die Spannkraft des Willens.
Die seelischen Fähigkeiten wuchsen bei den äußerlich Geknechteten und
wurden zu unsichtbaren Fittichen, die sie über ihren elenden Lebens=
pfad hinwegtrugen. So erklärt sich die überraschende und wunderbare
Erscheinung, daß während der Judenhetzen des ersten und zweiten
Kreuzzuges in Nordfrankreich das Talmudstudium und die
Bibelforschung und gleichzeitig in Deutschland die Beschäftigung
mit der Haggada und mit der praktischen Moral eine ungeahnte
Blüte erreichte.

Sechstes Kapitel
Geistiges Leben der Juden in Frankreich.
1. R. Salomo Jizchaki (Raschi) und seine Zeit.

Als R. Gerschom im Jahre 1040 starb, wurde R. Salomon
ben Isak, genannt Raschi[1]), in Troyes geboren. Er errichtete
das Heiligtum der Lehre fest und sicher auf dem Grundstein, den
jener gelegt hatte. Ein Jünger derjenigen Meister, die in Speier,
Worms und Mainz R. Gerschoms talmudische Weisheit vortrugen,
saß er in bescheidener Selbstvergessenheit auch dann noch zu den
Füßen seiner Lehrer, als er bereits ein eigenes Familienhaus ge=
gründet und wegen seiner seltenen Geistesgaben eine so allgemeine
Anerkennung gefunden hatte, daß selbst die Lehrer mit Ehrfurcht auf
den Schüler blickten und sich freiwillig dem Urteil seines klaren Geistes
unterwarfen.

Im Alter von fünfundzwanzig Jahren kehrte er in die Vater=
stadt zurück und erhielt daselbst, wahrscheinlich als Ehrenamt, die
Stellung des Rabbiners. Der Ruf seiner Weisheit und seiner edlen
Bescheidenheit lockte zahlreiche Schüler in seine Nähe und machte
sein Lehrhaus schnell zum Mittelpunkt der jüdischen Wissenschaft in
Nordfrankreich. Obgleich er in allen Stücken den Anschauungen,
die ihm von seinen Lehrern übermittelt worden waren, getreulich
folgte, verstand er es dennoch zugleich, durch eigene Genialität die
uralten Überlieferungen seinen Schülern in eine ganz neue Beleuchtung
zu rücken. Er sah sie nicht, wie seine gelehrten Glaubensgenossen

---

[1]) רַבִּי שְׁלֹמֹה יִצְחָקִי = רש״י.

in Spanien, im Lichte fremder Weltweisheit, denn davon wußte
der bescheidene Rabbi nur wenig. Von den wissenschaftlichen Studien
waren ihm höchstens die Anfänge der Grammatik, wie sie von
Menachem ben Saruk und Dunasch ben Labrat in hebräischer
Sprache bearbeitet vorlagen, bekannt. Ihm galt es nicht, die Erkenntnisse der Väter mit einer anderen allgemein menschlichen
Wahrheit in Einklang zu bringen. Sein ganzes Streben war einzig
darauf gerichtet, das von den Vorfahren überlieferte Wissen um seiner
selbst willen ohne jede Nebenabsicht klar und deutlich zu verstehen
und sein Verständnis anderen zu vermitteln. Jedes Wort der Überlieferung war ihm darum heilig und teuer, und es war ihm ein an-
geborenes Bedürfnis, sich mit aller Kraft der Seele hinein zu versenken,
es bis auf den Grund zu erforschen und es einzig mit Hilfe seines
schlichten und geraden Verstandes der wißbegierigen Mit- und Nachwelt zu erklären. Fast möchte es scheinen, als ob sein Geist ein so
hohes Maß durchdringender Schärfe und Einsicht eben dadurch erreicht hätte, daß er unentwegt nur der Einen Aufgabe des gewissenhaften Erklärers dienen wollte. Nirgends bekämpft er andere Meinungen,
wie etwa Saadja diejenigen der Karäer, nirgends deutet er auf
Widersprüche zwischen der mündlichen und schriftlichen Lehre hin,
wie etwa Ibn Esra. Er ist und bleibt überall der nüchterne und
harmlose Dolmetscher und Erklärer, dessen persönliche Meinung un-
ausgesprochen bleibt, der den Text so selbstlos begleitet wie der
redende Ahron den stummen Mose. Mit kurzen, treffenden Ausdrücken
umschreibt der Meister dunkle Wendungen oder scheinbare Weit-
schweifigkeiten des Talmud, so daß an seiner Hand selbst ein ungeübter
Schüler sicher und wohlgemut in die ihm fremde Geisteswelt eintreten
kann. Seine Erklärungen entsprechen dem Text so vollkommen, daß
man sich schnell daran gewöhnte, sie wie einen organischen Bestandteil desselben anzusehen und sie nie und nirgends mehr missen wollte.
So wanderte sein Kommentar als untrennbarer Begleiter des Textes
von Geschlecht zu Geschlecht durch die Jahrhunderte, seitdem er ihn
seinen Jüngern vorgetragen und dann nach wiederholten Besserungs-
versuchen zu vielen Talmudtraktaten niedergeschrieben hatte.

Der Rabbi von Troyes ist aber nicht bloß der Unterweiser der
Gesetzesforscher geblieben, sondern er ist auch der älteste jüdische Volkslehrer geworden. Der ihm innewohnende Trieb, Licht und Klarheit
auf allen Wissensgebieten zu verbreiten, wandte sich ebenso liebevoll

dem aufgeschriebenen Gotteswort wie dem mündlich überlieferten zu, und er verfaßte in höherem Lebensalter einen Bibelkommentar, der ganz dieselben liebenswürdigen Eigenheiten besitzt wie seine Erklärungen zum Talmud. Hier zeigt sich in vollstem Maße die naive, kindlich demütige Gläubigkeit des erleuchteten Mannes, der die überkommenen haggadischen Deutungen harmlos neben seine streng nüchternen Wortauslegungen setzte, wenn sie auch diesen schnurstracks widersprachen. Ihm ist die Haggada gleich wert und teuer wie der einfache Schriftsinn, und er fühlt sich nicht berufen zu urteilen und zu kritisieren. Eben diese anmutende Herzenseinfalt machte seine Arbeit so beliebt und volkstümlich, daß sie, nächst dem heiligen Texte selber, unstreitig das verbreitetste und gelesenste Erzeugnis der jüdischen Literatur geworden ist. Mit diesem verbunden, war sie das erste gedruckte hebräische Buch, das die Presse verließ, wurde sie ein Lehrbuch der jüdischen Jugend und ein Freund jeder jüdischen Familie. Die Liebe der Nachwelt hat das Leben des schlichten Gelehrten in vielen Sagen und Legenden verklärt, ihm aber damit keinen höheren Platz anweisen können, als den, welchen er tatsächlich in der Geschichte der jüdischen Wissenschaft einnimmt. Wie bahnbrechend und lebenspendend er für diese war, zeigte sich bald in seiner Schule, die auf ihm bauend und aus ihm schöpfend die beiden nächsten Jahrhunderte mit neuer eigenartiger Geistestätigkeit anfüllte. Er selbst verwies seine Enkel und Jünger auf eine große Aufgabe, die ihm, dem Vielbeschäftigten, im Greisenalter zu lösen, nicht mehr möglich war. Es war ihm nämlich allmählich klar geworden, daß es ratsam sei, die Bibel nur streng nach dem Wortsinne ohne jede haggadische Beimischung zu erläutern, wenn man deren wahrhaft tiefes Verständnis erzielen wolle, und er stand nicht an, selbst Hand anzulegen, um seinen Kommentar in diesem Sinne gänzlich umzuarbeiten. Aber den unermüdlichen Forscher, der auch noch Zeit gefunden, viele Rechtsfragen zu beantworten, eine Gebetsammlung anzulegen und rührende Buß- und Klagelieder abzufassen, in denen die Not der Zeit zu ergreifendem Ausdruck kommt, überraschte am 13. Juli 1105 der Tod mitten in seinem rastlosen Wirken und Schaffen. Was ihm als das höchste Ziel seiner Wirksamkeit vorgeschwebt hatte, war seinem hochbegabten Enkel R. Samuel ben Meïr, genannt ‏רשב״ם‎ [1]), zu vollbringen vergönnt.

---

[1]) ‏רַבִּי שְׁמוּאֵל בֶּן מֵאִיר = רַשְׁבָּ״ם‎.

2. Raſchis Enkel und ihre Zeit.

R. Samuel war der Schüler ſeines gelehrten Vaters Rabbi
Meir aus Rameru und ſeines mütterlichen Großvaters Raſchi
und gelangte ſchon früh zu einer merkwürdigen Reife und Selbſt-
ſtändigkeit in der Auslegung der Überlieferungen. Ausgeſtattet mit
demſelben unermüdlichen Forſchertrieb, der Raſchi ausgezeichnet hatte,
beſchloß er dasjenige folgerichtig durchzuführen, was der Ahn und
er ſelber als notwendig und unentbehrlich erkannt hatte. Er ſchrieb
darum einen Pentateuchkommentar, in dem er nur die Tiefe des einfachen Schriftſinnes zu ergründen trachtete. Ergab ſich ihm dann
ſelbſt ein offener Wiederſpruch ſeiner Ergebniſſe mit der überlieferten
Erläuterung der mündlichen Lehre, ſo hielt er dennoch an dem Grund-
ſatze feſt, daß „das Bibelwort nimmer ſeinen ſchlichten Wortſinn
aufgeben könne", und wies die Deutungen der Halacha und Haggada
in ihren eigenen Geltungsbereich zurück. Es fiel dabei dem frommen
und ſtrenggläubigen Manne nicht etwa ein, ſie anzuzweifeln oder in
ihrer praktiſchen Anwendung irgend wie gering zu achten. Ebenſo-
wenig wollte er die Auslegung ſeines von ihm über alles verehrten
Großvaters überflüſſig machen. Im Gegenteil, er ſtützte ſich auf ſie
als auf die Vorausſetzung ſeiner Geiſtesarbeit und ging überall von
ihr aus. Nur wo Raſchi ſeiner Meinung nach der haggadiſchen Erläuterung einen zu weit gehenden Einfluß auf die Auslegung des
heiligen Wortes gegönnt hatte, ſchlug er energiſch neue Bahnen ein
und betrachtete ſich ſelbſt ſomit gleichſam nur als den Vollender des
Planes, mit dem ſich der Großvater bereits getragen hatte.

Im Geiſte des Meiſters ſetzte er auch den Talmudkommentar
an den Stellen fort, wo jenem beim Tode die Feder entfallen war.
Während er ſo einerſeits die Tätigkeit Raſchis vollendete und ab-
ſchloß, machte er bereits andererſeits deſſen fertig vorliegenden Talmudkommentar zur Grundlage und zum Ausgangspunkte neuer
Forſchungen. Mit ſeinen Zeitgenoſſen prüfte er den Text, vervoll-
ſtändigte oder widerlegte den Kommentar und machte nach mühſam
gefundenen Aufſchlüſſen Zuſätze und Randbemerkungen zu ſchwierigen
Stellen. Bei aller Verehrung für die früheren Erklärer und beſonders
für Raſchis Leiſtungen wurde keines ihrer Worte auf Treu und
Glauben hingenommen, ſondern nur als Anregung und Aufforderung
aufgefaßt, die Wahrheit ſelbſtändig zu ſuchen und zu finden. Der
heilige, vom Meiſter ererbte Trieb nach Wahrheit ergriff ſo gewaltig

alle seine Schüler, daß keine Autorität vor ihm stand hielt. Sie verwandten allen Scharfsinn und alle Gelehrsamkeit auf die Ergründung und Feststellung der talmudischen Grundsätze, und es kam ihnen bei dem Ernst und der Begeisterung, mit der sie diesen Studien oblagen, gar nicht darauf an, ob sie sich mit Fällen aus dem praktischen Leben oder bloß mit der Aufstellung von Theorieen beschäftigten. Diese anregende geistige Bewegung breitete sich schnell über Nordfrankreich aus und pflanzte sich bald nach Deutschland fort. Überall entstanden Talmudschulen, die mit demselben Fleiße und in derselben gründlichen Lehrweise an die Überlieferung herantraten. Sie nannten ihre selbständigen Leistungen bescheiden nur Zusätze (Tossafot[1]) zu Raschis Kommentar. Etwa hundertfünfzig solcher Tossafisten sind als Ergänzer und Erweiterer jener Talmudstudien bekannt geworden. Über dem Gewirr ihrer Meinungen und Bemerkungen schweben wenige durchdringende Stimmen, die sich unbedingt Gehör zu verschaffen wußten und im Laufe der Zeit allgemein als maßgebend anerkannt worden sind. Der hervorragendste Führer dieser Geister war Rabbenu Jaakob Tam, der bedeutendste Enkelsohn Raschis, der jüngste Bruder des Raschbam.

Rabbenu Tam lebte wie sein Vater und sein Bruder in Ramern. Obgleich er nur ein Privatmann war, der Geldgeschäfte trieb, also kein öffentliches Amt bekleidete, erwarb er sich ein so unbedingtes Ansehen unter den zeitgenössischen Weisen, daß er ihr Meister und Vorbild wurde. Alle Gelehrten Frankreichs und Deutschlands beugten sich seinem scharfsinnigen Urteil, und seine Entscheidungen galten den Juden der christlichen Länder in demselben Umfange für maßgebend und bindend, wie die Maimunis und al-Fâßis den Glaubensgenossen in Spanien und den Reichen des Islam. Indem er den ganzen Talmud mit Raschis Kommentaren voll unermüdlicher Ausdauer immer von neuem durchstudierte, schrieb er eingehende und den Gegenstand erschöpfende Erklärungen zu besonders schwierigen und dunkeln Stellen und nannte seine Sammlung „Sefer ha-Jaschar"[2]. Abweichend von den anderen nordfranzösischen Gelehrten, interessierte er sich auch für die dichterischen und grammatischen Arbeiten der spanischen Schule. Er schätzte Abraham Ibn Esra hoch

---

[1] תוֹסָפוֹת.

[2] סֵפֶר הַיָשָׁר, vergl. Jos. 10, 13. II. Sam. 1, 18.

und tauschte kunstvolle Verse mit ihm aus. Auch sonst zeigen seine
Gebete und seine liturgischen und weltlichen Gedichte, daß er mit
Erfolg und Geschick die hebräische Sprache in metrische Kunstformen
zu bringen liebte. Selbst die Erforschung der grammatischen Gesetze
der heiligen Sprache beschäftigte ihn lebhaft, so daß er sich sogar
eifrig in den wissenschaftlichen Streit zwischen den Schülern Dunaschs
und Menachem ben Seruks mischte.

Aber nicht bloß die Begabung und das seltene Wissen ver=
schafften dem trefflichen Manne die allgemeine Liebe und Verehrung.
Eben so sehr erregten seine Frömmigkeit und sein sittlicher Ernst,
verbunden mit wahrhafter Demut und Bescheidenheit, die Bewunderung
seiner Zeitgenossen. Unter seinem Vorsitz versammelten sich mehrfach
die Talmudweisen Nordfrankreichs, um Einrichtungen zu treffen, wie
sie für die Glaubensgenossen in jener schweren Zeit der Kreuzzüge
von nöten waren. Man beschloß damals, zu verbieten, daß ein
Jude unter irgend welchem Vorwande kirchliche Geräte in seinen Be=
sitz bringe, daß er einen Glaubensgenossen vor ein nichtjüdisches
Landesgericht lade oder ein Vorsteheramt von der weltlichen Behörde
zu erkaufen wage. Wer diesen und ähnlichen zum Wohl der Ge=
samtheit und mit ihrem Willen gefaßten Synodalbeschlüssen zuwider=
handelte, wurde mit dem Banne belegt. R. Tam lernte persönlich
die Schrecken des zweiten Kreuzzuges (vergl. S. 140) kennen. Die
Wallbrüder drangen am zweiten Tage des Wochenfestes (8. Mai) 1147
in sein stilles Haus zu Rameru, beraubten ihn, zersetzten seine
Thorarolle und schleppten ihn fort, um ihn zu töten. Als er in der
höchsten Not den Wunden beinahe erlag, rettete ihn ein befreundeter
Rittersmann, der zufällig des Weges kam, aus den Händen seiner
Mörder. Nichts blieb ihm als das nackte Leben. Kurz vor seinem
Tode sah er noch in seiner unmittelbaren Nähe zu Blois zahlreiche
Märtyrer für den Glauben bluten und ordnete an, daß alle Ge=
meinden jener Gegend den Schreckenstag in Zukunft als einen Fast=
und Bußtag feiern sollten. Als er bald darauf (am 9. Juni 1171)
starb, wurde sein Heimgang von ganz Israel schmerzlich betrauert.

Siebentes Kapitel

Geistiges Leben der Juden in Deutschland (1040—1204).

An dem Streben Raschis und der Tossafisten nahmen auch
die deutschen Juden lebhaften Anteil, ohne in der Halacha eine

eigene Richtung einzuschlagen. Selbständiger arbeiteten sie auf dem Gebiete der Haggada und pflegten diese in ihrem Reichtum und in ihrer Vielgestaltigkeit. So schuf im zwölften Jahrhundert R. Simon ha=Darschan als unsterbliches Zeugnis seines emsigen Bienenfleißes ein umfangreiches Sammelwerk, in das er fortlaufend an jeden Vers der heiligen Schrift die ihn betreffenden Midraschim anknüpfte. Waren diese bisher im ganzen Talmud und in den ver= schiedenen haggadischen Schriften verstreut oder kunstvoll um einen Mittelpunkt — sei es einen hervorragenden Tag des Jahres oder eine gefeierte Persönlichkeit — gruppiert, hier wurden sie aus dieser Gemeinschaft und diesem Zusammenhange gelöst und am Faden der Schrift hintereinander aufgereiht. Sie bildeten dadurch einen voll= ständigen haggadischen Kommentar, eine Catena, wie man in der Kirche sagt, zur Bibel. Diese übersichtliche Anordnung des ganzen Stoffes nannte R. Simon „Jalkut", d. h. „Sammlung". Das Werk wurde als ein praktisches Handbuch schnell beliebt, da es in einem einzigen Buche dem Wißbegierigen eine umfangreiche Literatur, die eine fast tausendjährige Geistesarbeit umspannte, geordnet, ge= sichtet und gesammelt zur Benutzung darbot.

Neben der Liebe zur Haggada finden wir bei den damaligen Juden Deutschlands wie bereits in den früheren Jahrhunderten die Pflege der lehrhaften Moral besonders bevorzugt. In ver= schiedenster Form, bald als Sittenbuch, bald als Vortrag, als Testament oder Brief, erschienen viele Schriften nach der Art der schon (S. 90) genannten „Pfade des Lebens" von Elieser ben Isak, einem Verwandten Raschis. Diese Bücher und Abhandlungen mit ihrer idealen Lebensauffassung und der Macht ihrer sittlichen Überzeugung bildeten einen wunderbaren Gegensatz zu der barbarischen Behandlung, die die Juden damals von ihrer Umgebung erfuhren, und zu der gehässigen Gesinnung, die man ihnen andichtete. Ge= rechtigkeit und Nächstenliebe auch gegen Andersgläubige zu üben, empfiehlt besonders das schöne, vielgelesene „Buch der Frommen[1]" von Jehuda b. Samuel, dem Frommen, der etwa um 1200 in Regensburg lebte und ein hochbegabter, mit den gelehrten Juden aller Länder bekannter Mann war.

„Wenn zwischen Juden und Nichtjuden ein Vertrag zu gegenseitigem Bei-

---

[1] סֵפֶר הַחֲסִידִים.

stande abgeschlossen worden," lehrt er, „müssen erstere Beistand leisten, wenn
letztere ihrer Verpflichtung nachkommen.   Will ein Jude einen Nichtjuden töten,
dieser aber nicht jenen, so müssen wir dem Nichtjuden beistehen.   Man soll niemandem
unrecht tun, auch nicht Andersgläubigen.   An dem Vermögen derer, die die
Arbeiter drücken, gestohlene Sachen kaufen und zu ihrem Hausgerät heidnische
Zierraten halten, ist kein Segen; sie oder ihre Kinder gehen dessen verlustig.
In dem Verkehr mit Nichtjuden befleißige dich derselben Redlichkeit als mit
Juden; mache den Nichtjuden auf seinen Irrtum aufmerksam, und besser, du
lebst von Almosen, als daß du zur Schmach des Judentums und des jüdischen
Stammes mit fremdem Gelde davonläufst.   Holt der Nichtjude sich bei dir Rat,
so sage ihm, wer an dem Orte, wohin er sich begibt, redlich, und wer ein Betrüger ist.   Siehst du einen fremden Glaubensgenossen eine Sünde begehen, so
hintertreibe sie, wenn du die Macht dazu hast, und der Prophet Jona sei hierin
dein Vorbild.   Fliehet ein Mörder zu dir, so gewähre ihm keinen Schutz, auch
wenn es ein Jude ist; begegnet dir aber auf schmalem, schlechtem Wege ein
Lasttragender, so mache ihm Platz, auch wenn es kein Jude ist.   Einem die
natürlichen (Noachidischen) Gebote haltenden Nichtjuden gib zurück, was er verloren, halte ihn mehr in Ehren als den die göttliche Lehre vernachlässigenden
Israeliten. . . . . Bietet dir jemand ein Amulett an als nützlich, um Gunst
oder Reichtum zu erwerben, so trage es nicht, sondern habe dein ungeteiltes
Vertrauen zu Gott.   Es wäre Abfall, wolltest du, wenn deine Pläne mißlingen,
dir einen andern Herrn aussuchen als den Ewigen, deinen Gott.   Kannst du
mit dem Wenigen, was du besitzest, dich ernähren, so nimm nicht von anderen,
um reich zu werden; denn die meisten von denen, die von anderen nehmen,
haben kein Glück.   An dem Gelde von Leuten, die die Münzen beschneiden,
Wuchergeschäfte machen, unredlich Maß und Gewicht haben und im Handel nicht
ehrlich sind, ist kein Segen; ihre Kinder und Helfershelfer müssen auswandern
und kommen an den Bettelstab.   Mancher wird aber auch darum arm, weil er
Arme verächtlich behandelt oder mit harten Worten zurückgestoßen und gesprochen
hat: Wer arbeiten kann, dem gebe ich nichts!   Er sollte lieber den Armen zukommen lassen, was er für unnütze, eitle Dinge, z. B. für Vögel, die er sich
hält, verschwendet.   Wer Erbarmen hat mit dem Menschen, dessen erbarmet sich
Gott; ein Unbarmherziger gleicht dem Vieh, das bei dem Leiden der Seinigen
gleichgiltig bleibt.   Mit dreien muß man besonders Mitleiden haben: mit dem
Vollsinnigen, den ein Toller beherrscht, dem Guten, der einem schlechten Menschen
untertan ist, dem Edlen, der von einem Elenden abhängig wird.   Aber dreier
soll man sich nicht erbarmen: des Grausamen, der selbst ohne Erbarmen Laster
verübt, des in sein Verderben rennenden, gewarnten Toren, des Undankbaren.
Der größte Fehler ist Undankbarkeit; sie ist selbst gegen das Tier nicht gestattet.
. . . . Sprich nicht: „Ich werde das Böse vergelten!"   Hoffe auf Gott, und er
wird dir helfen. . . . . . Sei still, wenn man dich schmäht, und dulde auch
nicht, daß deine Schüler und Hausgenossen mit Schimpfen und Schlägen dem
begegnen, der dich beleidigt.   Neid und Haß tue ab von dir".   (L. Zunz.)

An vielen Stellen des volkstümlichen Werkes bringt der Verfasser herrliche Gebete, in denen der Mensch sein bedrücktes Herz

vor Gott ausschüttet. Die weiteste Verbreitung unter seinen religiösen
Gesängen hat das sogenannte „Lied von der göttlichen Herrlichkeit [1])“
gefunden, das in die Sammlung der täglichen Gebete aufgenommen
worden ist. In heiliger Begeisterung schwingt die Seele des Dichters
sich zu Gott empor und preist ihn in lieblicher Weise:

> Zu Dir will ich mein Saitenspiel erheben,
> Im Liederkranz die Sehnsucht zu verweben,
> Die meinen Geist zu Deiner Allmacht trägt
> Und Deiner Rätsel Lösung prüft und wägt.
>
> Und ist mein Mund von Deinem Ruhm erfüllt,
> Das Herz in Liebe für Dich überquillt,
> D'rum soll in Liebessängen aufwärts schallen
> Ein Lob, das Deinen Namen kündet allen.
>
> Doch welche Worte fände wohl der Mund,
> Welch' Bild, da nie mir Deine Größe kund?
> Vom Kreis der Seher, denen Du vertraut,
> Ward sie in Deinen Werken nur erschaut.
>
> Sie zeigten uns den Abglanz Deiner Macht
> Im Allgewaltigen, das Du vollbracht.
> Doch jedes Bild, das Dir nur sollte gleichen,
> Konnt' als Gebild den Bildner nie erreichen;
>
> Und ob ihr Wort Dich schildert vielgestaltig,
> Der Einzige bleibst Du, wenn auch mannigfaltig.
> Im Silberhaar erschauten Dich die einen,
> Als Jüngling ließen andre Dich erscheinen.
>
> Am Tage des Gerichts bist Du ein Greis.
> Ein Jüngling kämpfst Du um der Schlachten Preis!
> Und wenn Dein heil'ger Arm den Sieg errang,
> Des Helden Schmuck sich um die Stirn Dir schlang.
>
> Des Hauptes Locken schimmern ihm in Pracht,
> Wie sternbesät mit kühlem Tau der Nacht.
> Neigt er sich mir so gnadenreich und hold,
> Seh' ich den König in der Krone Gold;
>
> Als Goldgeschmeid' er auf der Stirne trägt
> Den heil'gen Namen strahlend ausgeprägt.
> Und wenn sein Volk sich preisend vor ihm bückt,
> Des Dankes Krone auf das Haupt ihm drückt,
>
> Dann pranget er in jugendlichem Glanz,
> Sein Haargeflecht — ein dunkler Lockenkranz,
> Dann wird der Tugend Wohnsitz [2]) Schmuck ihm sein,
> Sein teures Volk ein lichter Edelstein,

---

[1]) שִׁיר הַכָּבוֹד. Es beginnt mit den Worten אַנְעִים זְמִירוֹת.

[2]) S. ... ...

Ein königlicher Kopfbund seinem Ruhm
Und seiner Herrlichkeit das Heiligtum [1]).
Er hebt sein Volk, er hält es innig wert,
War auch mein Schmuck, wenn ich nach ihm begehrt.
Doch naht er kelternd einst von Edom her,
In rötlichem Gewand erstrahlet er [2]),
Wie es der Gottesmann [3]) vorhergeschaut,
Dem er den heil'gen Knoten [4]) anvertraut.
Sein Segen ist dem Volke zugewandt,
Das demutsvoll ihn preisend anerkannt.
Er thront, umringt von frohem Lobgesang,
Fühlt seine Herrlichkeit bei solchem Klang.
Du, dessen Wert die Welt einst werden hieß,
Deß Treue nimmer ihr Geschlecht verließ,
Erhalte sie dem Volk, das Dich verlangt
Und immerdar um Deine Gnade bangt.
Auch meine Lieder hör' in Wohlgefallen,
Wenn sie aus tiefster Seele aufwärts wallen,
Ein Strahlenkranz für Deine Majestät,
Ein Räucherwerk mein brünstiges Gebet.
Nimm hin des Armen Lied wie den Gesang,
Der einst beim Opferdienst für Dich erklang.
Mein Preis steig' aufwärts, wo der Richter thront,
Der jede Tat auf Erden straft und lohnt.
Der liebend alles hat hervorgebracht,
Die Welt erschuf in Fülle seiner Macht.
Neig' huldvoll meiner Huldigung Dein Ohr!
Wie einst Gewürzduft wallt sie fromm empor.
So töne wohlgefällig Dir mein Lied,
In dem die Seele sehnend zu Dir zieht.

Das Buch der Frommen wurde geordnet und herausgegeben von Jehudas Schüler, R. Eleasar ben Jehuda aus Worms, dessen schwere Heimsuchung im Jahre 1197 wir bereits [5]) erzählt haben.

Er war in Worms Rabbiner und Vorbeter und hat auf den verschiedensten Gebieten des jüdischen Wissens tüchtige Leistungen geschaffen. Er verfaßte etwa sechzig religiöse Poesien und eine An=zahl erbaulicher Schriften. Sein Hauptwerk hat den Titel Rokeach [6]) (der Salbenmischer) und gibt uns ein wunderbares Bild von der

---

[1]) Der Tempel.   [2]) Jes. 63, 1.   [3]) Mose.
[4]) an den Gebetriemen. Vgl. b. Berachot 7a.   [5]) Oben S. 144 f.
[6]) רוֹקֵחַ.

Sittenreinheit, Gemütseinfalt und Seelengröße eines Mannes, dessen ganzes Lebensglück durch die unmenschliche Roheit seiner Zeit in Grund und Boden zerstört worden war.

„Keine Krone," lesen wir darin, „überragt Demut, kein Denkmal einen guten Namen, kein Gewinn die Beobachtung der Gesetze; das beste Opfer ist ein zerknirschtes Herz, die höchste Weisheit die Weisheit des Gesetzes, die schönste Zierde Schamhaftigkeit, die schönste Eigenschaft Unrecht verzeihen. . . . . Der Demütige hält die Ehrenbezeugungen von sich fern. Spricht man von seinen Fehlern, so dankt er Gott, daß ihm in dieser Beschämung das Mittel zu seiner Besserung dargeboten ist; ist er sich aber guter Eigenschaften bewußt, so betrachte er sie nur als ein unvollkommenes gegen das, was von ihm gefordert wird, und vergebe dem, der schlecht von ihm spricht. Mit der Demut unverträglich ist die laute, heftige Rede, Lüge, Schwüre, Spott, zügellose Begierde, Rachsucht; wer demütig ist, rächt sich nicht wegen Beleidigungen, sondern erträgt sie still; trifft ihn ein Unfall, verliert er Kinder und nahe Verwandte, so erkennt er mit Ergebung die Gerechtigkeit der Vorsehung an. Wenn er sich einer Schuld gegen seinen Nebenmenschen bewußt ist, gesteht er sie ein, und er beschämt den nicht, der eine Unwahrheit über ihn verbreitet hat. Verlaß, mein Sohn, den Hochmut, und greife zu der Demut, laß ab von dem hochfahrenden Sinne und halte dich niedrig, sieh kleine Fehler an dir als große an, denke an deinen Ursprung und deine Zukunft, tue Buße und diene deinem Schöpfer mit Liebe, tue die Begierde von dir, ehe dein Licht ausgeht, dein Geist eingetan und das Buch deiner Taten aufgeschlagen wird. . . . . Wären zur Zeit der Verfolgung die Völker über dich hergefallen, dich deinem Glauben abtrünnig zu machen, du hättest, wie viele, dein Leben hingegeben. Also kämpfe auch gegen die böse Lust, bleibe unbesiegt und schaffe an der Gottesfurcht und dem Gesetzesstudium dir Bundesgenossen in diesem Kampfe. Wisse, daß Gott dich belohnt nach dem Grade deines Widerstandes gegen das Böse in dir. Sei ein Mann in deiner Jugend; bist du aber damals unterlegen, kehre noch im Alter zu Gott zurück, und du wirst das Heil erlangen auch in späten Jahren. Sündige nicht im Verborgenen und schäme dich der Vollziehung der Gebote nicht öffentlich; beobachte, was du Gott, was du den Menschen schuldig bist. Murre nicht über das Wohlergehen der mächtigen Bösewichter: die Leitung Gottes ist wunderbar, wenn auch die Wohltaten gegen Israel nicht so augenfällig sind. Bleibe treu dem Gesetze, versage dir auch manches Erlaubte, bewahre dir stets einen fröhlichen Mut und vergiß nicht, daß der Einzige, Ewige es ist, zu dem deine Seele im Tode zurückgekehrt . . . ." (L. Zunz.)

Achtes Kapitel
Die Juden im byzantinischen Reiche und im fernen Osten (1040—1204).

Während sich in der geschilderten Weise die Entwickelung der Lehre und alles geistige Leben der Juden auf die west- und mitteleuropäischen Länder übertrug, trat die jüdische Bevölkerung des ost-

römiſchen Reiches und Aſiens allmählich vom Schauplatz der jüdiſchen
Geſchichte ab. Die byzantiniſchen Kaiſer fuhren fort, ihre jüdiſchen
Untertanen zu knechten und zu demütigen, und erpreßten nach wie
vor hohe Steuern von den fleißigen, Ackerbau und Gewerbe treibenden
Gemeinden, die das Land bevölkerten. Es fand ſich unter ihnen ſtets
eine lebhafte Teilnahme an halachiſchen und haggadiſchen Forſchungen,
aber keine ſelbſtändige Tätigkeit und kein lebendiger Fortſchritt auf
dieſen Gebieten. Dagegen erlebte hier die liturgiſche Poeſie eine
herrliche Nachblüte, und viele ihrer Erzeugniſſe ſind noch heute in
Deutſchland und Polen üblich. Der begabteſte Dichter jener Zeit war
R. Mordechai b. Sabbathai, deſſen wahrhaft poetiſcher Schwung
und reine, kunſtvoll ſchöne Sprache an die beſten ſpaniſchen Meiſter
erinnert. Eine ſeiner Selichot[1]), die in die Gebetordnung für den
Verſöhnungstag aufgenommen iſt, lautet im Auszug:

> Mein Retter, Du mein Hort, mein Schirm und Schild,
> Du meine Macht und Kraft, wenn Leid mich hüllt,
> Früh ſteh' ich hier, ruf' Dein Erbarmen mild;
> An Dich, mein Herr! ergeht mein Flehn am Morgen.
>
> Am Morgen denk' erbarmend an den Ahn,
> Des Glaubens Fels und Grund, — der hing Dir an.
> Denk' an den Bund, und von der Sünde Wahn
> O läutere mich! Hör' meine Stimm' am Morgen.
>
> Am Morgen prüfend ſprach zu ihm Dein Mund,
> Und reicher Lohn ihm blüht; den ew'gen Bund
> Beſchloſſeſt Du, machſt Deine Lieb' ihm kund,
> Daß er Dir ſüß, wie Weihrauchduft am Morgen.
>
> Am Morgen glänzt ſein Stern; in Tugendhelle
> Verklärſt Du ihn. Du ſprichſt: Geh' an die Stelle,
> Die ich Dir zeige; dort Dein Kind in Schnelle
> Mir opf're, — dieſes eine Lamm am Morgen.
>
> Am Morgen zieht ſein Herz ſich ungeteilt;
> In froher Lieb' Dein Wort zu tun er eilt.
> Der Drang zu Dir kennt Maß nicht. Unverweilt
> Macht er ſich freudig auf am frühen Morgen.
>
> Am Morgen war ihr Herz bereit zumal:
> Der Sohn das Holz, der Vater trägt den Stahl,
> Sie zogen ſchlecht und recht, bis ſich der Strahl
> Von Deinem Glanze zeigt am dritten Morgen.

---

[1]) Sie beginnt mit den Worten: כְּדָלְפַי אֵלִי.

Am Morgen rüstet ihn schon frommer Mut;
Er band den Sohn. Schon dräut der Strahl! Nicht tut
Die Vaterlieb' Einhalt. Bald sollt' das Blut
Des Opfers fließen, säumen nicht bis Morgen.

Am Morgen war Dein Mitleid hell entbrannt.
Dein Engel rief: nicht rühre deine Hand
Den Knaben! Sein Gedächtnis unverwandt
Bleib aufgespart bis später Zeiten Morgen.

Am Morgen laß den Frommen Anwalt sein.
Des Opfers Asche schau': o wasch' uns rein,
Und den dir Nah'nden wolle Heil verleih'n!
Sehnsüchtig harren wir von Nacht zu Morgen.

Am Morgen horch', gönn' ihrer Schuld Verzeihen!
Acht' Opfern gleich Gebet, das sie dir weihen,
Wenn an die Väter mahnend sie Dir reihen
Der Seelen Spenden neu an jedem Morgen.

Am Morgen sei Dein Herz in Lieb' entbrannt,
In Meerestiefen sei die Schuld verbannt:
Tilg' sie hinweg, bis ihre Spur entschwand,
Daß nichts von ihr bewahrt sei bis zum Morgen   (Sachs.)

Je weiter wir den Blick nach Osten wenden, desto mehr nimmt das höhere geistige Interesse und das nationale Streben bei den Juden ab. Das erfahren wir unmittelbar durch die wertvollen Aufzeichnungen zweier Männer, die im zwölften Jahrhundert jene fremden Länder bereisten und die Lage ihrer Glaubensgenossen daselbst sorgfältig beschrieben. Sie hießen Benjamin von Tudela (in Spanien) und Petachja von Regensburg; der letztere war ein Freund Jehudas, des Frommen. Über die Lebensumstände und die Reise der beiden Wanderer sind wir nicht genau unterrichtet. Das aber wissen wir, daß ihre Nachrichten über Länder und Völker, und besonders diejenigen Benjamins, von den späteren Geographen in allen Punkten bekräftigt und bestätigt werden. Aus diesen Berichten dürfen wir schließen, daß in den Gegenden, in denen christliche Fürsten durch die Kreuzzüge zur Herrschaft gelangt waren, nur wenige Juden unter härtestem Druck lebten, und daß z. B. im ganzen heiligen Lande damals kaum mehr als tausend jüdische Familien ihren Wohnsitz hatten. Dagegen bestanden unter den Muhammedanern, besonders unter den wohlwollenden Kalifen in den Euphratländern, zahlreiche und große Gemeinden. In Bagdad fand Benjamin einen reichen, angesehenen Mann, der Exilsfürst genannt wurde, und eine blühende Talmudschule, die alle Gemeinden des weiten Reiches mit Rabbinern und Lehrern versorgte. Aber man begnügte sich in diesem Lehrhaus damit, in geistloser Weise die Erinnerungen an die entschwundene Herrlichkeit der babylonischen Hochschulen zu pflegen. Lebendiges Wissen und Sinn für selbständige Forschung war nirgends vorhanden. Im Innern Arabiens lebten wie zur Zeit Muhammeds freie jüdische Stämme, von den Moslemin geduldet, in Naturwüchsigkeit und völliger Unwissenheit. Nur die heiligen Städte des Islam blieben ihnen verschlossen. Ihre Kühnheit und ihre Leichtgläubigkeit benutzten mehrfach schlaue Abenteurer, die sich als Messiasse aufwarfen und ein ausgedehntes politisches Reich zu gründen trachteten. Daß die Juden Asiens auf diese Weise schon am Ende des zwölften Jahrhunderts ein dürres Reis am Lebensbaum ihres Volkes geworden, schildert sehr treffend bereits Maimonides in einem Sendschreiben an die Gemeinde von Lünel. „Im Morgenlande," heißt es darin, „sind die Juden für geistiges Streben tot. In ganz Syrien ist Aleppo die einzige Stadt, in der sich einige mit der Thora nach der Wahrheit beschäftigen, aber es liegt ihnen auch nicht sehr am Herzen. In Irak gibt es nur zwei oder drei Trauben; in Jemen und dem übrigen Arabien wissen sie wenig vom Talmud und kennen nur die haggadische Auslegung. Die Juden Indiens wissen kaum etwas von der Bibel, geschweige denn vom Talmud. Diejenigen, die unter Türken und Tataren wohnen, haben nur die Bibel und leben nach ihr allein. In Maghreb wisset Ihr, wie es um die Juden steht. So bleibt nur Ihr allein übrig, Ihr Glaubensgenossen von Lünel, eine starke Stütze für die Lehre zu sein. Seid also stark und mutig und stehet ein für das Gesetz." In der Tat bot das Leben im südlichen Frankreich während dieses Zeitraums das erfreuliche Bild frischen geistigen Strebens und vielseitiger Regsamkeit dar.

Neuntes Kapitel
Die Juden in Südfrankreich
(1040—1204).

Die südfranzösischen Landschaften, die von den Fluten des Mittelmeers bespült werden, gehörten schon im Altertum, Jahrhunderte

früher als die Gegenden an der Seine und am Rhein, zum europäischen
Schauplatz der Geschichte. Sie standen darum von jeher in viel
engeren Beziehungen, als zum Norden Frankreichs, zu den benach=
barten Landstrichen Spaniens und Italiens, mit denen sie eine
natürliche Verwandtschaft verband. Besonderen Anklang fand hier
die Kultur und Sitte Nordspaniens. In den lebhaften und alten
Häfen des Landes wurden nicht bloß die Erzeugnisse des Bodens
und der gewerbefleißigen Hände, sondern auch die Lebensanschauungen
und geistigen Interessen ausgetauscht. Der gerade, offene, lebendige
und empfängliche Sinn der Südfranzosen erweckte sie zu selbständigem,
freiem Denken, das sich nicht gern fremden Autoritäten unterwarf.
So kam es, daß die Bewohner dieser Gegenden am spätesten den
Katholizismus annahmen und sich wiederum am frühesten gegen seine
eisernen Geistesfesseln auflehnten, sobald sie die Bemerkung gemacht
hatten, wie wenig das Leben der Priester ihren Lehren entsprach.
Auf solchem Grunde erwuchs hier die erste reformatorische Sekte
innerhalb der Christenheit, die der Albigenser. Kräftig unterstützt
und gefördert wurde die Geistesfreiheit durch den Wohlstand, der
ein unabhänges, starkes Bürgertum erzeugte und zur Blüte brachte.
Die freisinnige und vorurteilsfreie Denkweise dieser selbständigen
Bürgerschaft ließ heftigen Judenhaß und eine Verfolgung der Juden
um des Glaubens willen niemals zu voller Entwickelung und dauernder
Geltung kommen. Unter so günstigen äußeren Bedingungen wurden
daher die Juden jener Gegenden ebenso nützliche und achtbare Mit=
glieder der Gesellschaft wie ihre Brüder in Spanien, und da sie
über ihrer Teilnahme am Leben der Gegenwart das Judentum nicht
vergaßen, so übten sie allgemein mit Eifer und Treue die Tugenden
der Väter und pflegten nach Kräften das jüdische Wissen, wie es
unter ihnen schon seit Karls des Großen Zeiten von R. Machir in
Narbonne begründet worden war. Unter dem Einfluß ihrer für
alles Neue begeisterten Umgebung beteiligten sie sich mit emsigem
Eifer ebensowohl an der vielseitigen Geistestätigkeit der spanischen
Juden wie an den ganz entgegengesetzten einseitigen Bestrebungen
nordfranzösischen Glaubensbrüder. Die Regsamkeit auf allen
diesen zuerst in der Fremde abgegrenzten und bearbeiteten Gebieten
ließ sie zu selbständigen Schöpfungen nicht kommen, machte sie aber
gerade zu den geeignetsten Vermittlern zwischen den verschiedenen
Richtungen. Hier bei den provençalischen Juden traf die Talmud=

kunde al=Fäßis und Maimunis mit der tossafistischen zu=
sammen. Hier wurde die Bibelerklärung Ibn Esras mit der
Raschis verschmolzen und die jüdische Religionsphilosophie der
spanischen Denker zum Gemeingut des jüdischen Volkes gemacht.

Als Talmudlehrer sind vor allem zwei Männer zu nennen, die
im zwölften Jahrhundert in der schon erwähnten Gemeinde zu Lünel
lebten: Serachja ben Isak ha=Levi aus Gerona (starb 1186)
und Abraham ben David aus Posquières (starb 27. November 1198).

Serachja ha=Levi besaß einen scharfen und klaren Geist,
dessen Selbständigkeit und Unabhängigkeit mit Unmut und Miß=
vergnügen die unbedingte Anerkennung wahrnahm, deren sich damals
al=Fäßi auf halachischem Gebiete erfreute. Ihn gelüstete es eben
nach der Art seiner Landsleute, mit eigenen Augen die Quellen selbst
zu prüfen und fremde Leistungen nach dem Ergebnis der eigenen
Forschung streng und gerecht zu beurteilen. Auf diesem mühsamen
Wege gelang es seinem rastlosen Fleiße und seinem überraschenden
Scharfblick, auch dem Meister von Lucena Schwächen und Mängel
nachzuweisen. Mit rücksichtsloser Kühnheit griff er in seinem Werke,
Maor[1]), „die Leuchte" genannt, den gefeierten Lehrer an und stützte
sich bei seinem Vorgehen auf den Ausspruch der Weisen: „Teuer
ist mir Sokrates, nicht minder teuer Platon, aber am teuersten die
Wahrheit." In der Vorrede zu seinem Buche legte R. Serachja
lautes Zeugnis ab von seiner tiefen und aufrichtigen Verehrung für
al=Fäßis Arbeiten, wie er denn überhaupt jede passende Gelegenheit
benutzte, um seiner wahrhaften Hochachtung und Wertschätzung der
jüdisch-arabischen Wissenschaft Ausdruck zu geben. Er war selber
ein gediegener Kenner der arabischen Sprache und befleißigte sich
auch im Hebräischen eines feinen und formvollendeten Stiles. Seine
liturgischen und weltlichen Dichtungen feilte er sorgfältig und legte
sie gern seinem sprachkundigen und gelehrten Freunde, dem berühmten
Jehuda Ibn Tibbon, zur Beurteilung und Verbesserung vor.
Sein kühnes Auftreten gegen al=Fäßi zog ihm manche ernste Rüge
seiner Zeitgenossen zu. Am schonungslosesten wurde er deswegen
von R. Abraham b. David angegriffen.

R. Abraham ben David aus Posquières war ein Studien=
genosse Serachjas in dem alten Lehrhause von Narbonne. Er galt
in jener Zeit als die vornehmste Autorität auf dem Gebiete der

---

[1]) מָאוֹר.

Talmudgelehrsamkeit in seiner Heimat. In der Tat beweisen die
vielen Gutachten und Kommentare, die er verfaßte, den erstaunlichen
Umfang und die seltene Tiefe und Gründlichkeit seines halachischen
Wissens. Er wandte die ganze Kraft seiner reichen Begabung auf
die Erforschung und Durchdringung des Talmud und verschmähte
grundsätzlich jede andere Erleuchtung. Seiner ganzen Naturanlage
nach und infolge der besonders günstigen, unabhängigen materiellen
Verhältnisse, in denen er lebte, war Abraham nicht gewöhnt, Rück=
sichten auf irgend jemanden zu nehmen. Als die einzige Autorität
auf dem Gebiete des geistigen Lebens erkannte er neben dem göttlichen
Gesetze nur seine gesunde Vernunft an. Das machte ihn zum ge=
borenen Polemiker, riß ihn aber auch häufig zur Maßlosigkeit im
Angriff fort. Bestritt er einmal eine Sache, so wurde er nicht selten
heftig und ausfällig auch gegen die Person, von der sie ausgegangen
war, und schoß dann in seinem blinden Eifer oft über das Ziel
hinaus, das er im Auge hatte. Besonders heftig erregte ihn das
Erscheinen der **Mischneh=Thora** des Maimonides. Den Plan
des großen Mose, vor allem das Chaos des mündlichen Gesetzes in
einen Kosmos zu verwandeln, verkannte er gänzlich und unterstellte
ihm in seinem Ingrimm als den Hauptzweck seiner Riesenarbeit die
böse Absicht, den lebendigen Quell der Forschung für alle Zeiten zu
verschütten. Dieses schiefe und einseitige Urteil verleitete den scharf=
sinnigen Kritiker, der mit seinen gelehrten und lichtvollen Einwürfen
den Text des Meisters auf Schritt und Tritt begleitet und damit
selbst ein höchst dankenswertes Geisteswerk geschaffen hat, oft zu sehr
ungerechten Vorwürfen gegen seinen großen Gegner. Er trug zu=
gleich sein Teil dazu bei, in dem bald ausbrechenden Meinungsstreit
über die Schriften Maimunis auch die Talmudforscher in zwei
feindliche Heerlager zu spalten.

Auch die sonstigen Schätze, welche die spanischen und nordfranzösischen
Geisteshelden ans Tageslicht gefördert hatten, wurden in der Provence
zu gangbarer Münze umgewandelt. Neben der Vorliebe für das
Talmudstudium erwachte zu Narbonne bald ein lebhaftes Interesse
für die klare Erfassung der heiligen Schrift. Durch besonderes Ver=
ständnis für alle bisherigen Leistungen auf diesen Gebieten des
Wissens war namentlich die Familie **Kimchi** ausgezeichnet. Dem
Jüngsten des Geschlechts, **David Kimchi** (1160—1232), gelang
es, die richtigen Wege und die faßliche Form zu finden, um die

Ergebnisse der Bemühungen der bevorzugten Geister, die vor ihm
gelebt hatten, auf den Markt des wissenschaftlichen Lebens hinaus=
zutragen.   Seine Erklärungen zu den Büchern der Propheten sind
wegen ihrer schlichten Sprache und ihrer gründlichen und lichtvollen
Darstellungsweise bis auf den heutigen Tag außerordentlich verbreitet
und beliebt.   Seine vielgerühmte hebräische Grammatik und sein
Wörterbuch der heiligen Sprache brachten die wissenschaftlichen Er=
kenntnisse der Vorgänger in eine knappe, dem Lernenden übersicht=
liche, seinem Gedächtnisse sich leicht und schnell einprägende Fassung.
Sie wurden die bekanntesten Handbücher für den hebräischen Sprach=
unterricht bei den Juden und Christen Europas.

Ebensowenig schöpferisch wie die Kimchiden und dabei dennoch
berufen, eine wichtige Aufgabe der Literatur zu lösen, war die Familie
der Tibboniden zu Lünel.   Bekanntlich hatten die spanischen Juden
alles Wissen, das einem nichtjüdischen Gesichtskreise entstammt, in
der arabischen Landessprache dargestellt.   Die in diesen Schriften
aufgespeicherte Gelehrsamkeit blieb dadurch für die Glaubensgenossen,
die unter den abendländischen Völkern wohnten, Jahrhunderte lang
ein Buch mit sieben Siegeln.   Denn das südliche Frankreich und
das südliche Italien bildeten die äußerste Nordgrenze, bis zu der
das Verständnis für die Sprache und Literatur der Araber während
des Mittelalters vorzudringen vermochte.   Da unterzogen sich die
Tibboniden der dankenswerten Arbeit, den fernen Glaubensbrüdern
die Kenntnis der morgenländischen Weisheit zu vermitteln.   Sie
versenkten sich liebevoll in die arabischen Werke und übersetzten sie
mit erstaunlicher geistiger Gewandtheit in die hebräische Sprache.
Sie beherrschten vollständig den Wortschatz der heiligen Schriften
und entwickelten aus ihm einen eigenen Stil, der die neuen und
fremden Begriffe und Anschauungen deutlich und treffend wiedergab.
Auf diese Weise sahen sich die tossafistischen Weisen in den Stand
gesetzt, Saadjas Buch vom Glauben und Wissen, Ibn Pakudas
Herzenspflichten,   Ibn Djanachs Grammatik,   Ibn Gabirols
Sittenlehre, Jehuda ha=Levis Kusari und Maimunis Führer zu
lesen und zu verstehen.   So wurde die Provence die Vorratskammer
für die Früchte der spanischen und nordfranzösischen Blütezeit.   Sie
blieben hier aber nicht tote Besitztümer, die friedlich neben einander
lagerten, sondern sie wandelten sich abermals in lebendigen Geist,
der fortwirkte, ununterbrochen neues Leben spendend.

Zehntes Kapitel
Der Streit um die Schriften Maimunis
(c. 1200).

Schon bei Lebzeiten Maimunis waren manche seiner Lehren hie und da in den Kreisen derjenigen Glaubensgenossen, die seiner Lebensanschauung fern standen, ernsten Bedenken begegnet. So begeistert die unter dem Banne der arabischen Kultur lebenden Juden zu seinem Genius aufblickten, weil er ihnen die alle Geister beherrschende, moderne Weltweisheit mit ihrem Glauben in Einklang brachte, so unverständlich blieb der Kern seiner Bemühungen den in der einseitigen Beschäftigung mit der jüdischen Tradition wurzelnden Glaubensbrüdern. Für sie war das Geistesleben innerhalb des talmudischen Gesichtskreises, die Verfolgung jeder einzelnen halachischen Entscheidung bis zurück zu ihrer Quelle, der unversiegliche Born täglich neu werdender Lust und Kraft. Sie mochten und konnten auf diesen einzigen Tummelplatz ihres Geistes nicht verzichten und meinten, der Mischneh-Thora nehme ihnen Luft und Licht, eben weil er ihnen die Lehren nicht als etwas allmählich Werdendes, sondern als abgeschlossene und fertige Ergebnisse darbot. Zuerst tauchten diese Befürchtungen vereinzelt auf und wurden immer wieder leicht beschwichtigt durch die ungemein große Verehrung, die Maimunis Wissen und sein Charakter überall genossen.

Als sich aber von der Provence aus bald auch die Schriften der jüdisch-arabischen Philosophen, und unter ihnen besonders der „Führer", in hebräischer Sprache bei den französischen und deutschen Juden verbreiteten, erwuchs dieser Geistesrichtung schnell ein lauter und nachhaltiger Widerspruch. Die philosophischen Untersuchungen zeigten den Glauben der Väter in einem neuen und fremden Lichte und verwarfen zahlreiche Vorstellungen als unhaltbar, die jenen in ihrer wissenschaftlich ungeschulten Harmlosigkeit lieb und wert geworden waren. Wie konnte es, so wandten sie ein, töricht und sündhaft sein, daß man nach alter Weise neben den haggadischen und anderweitigen Auslegungen der Schrift auch an ihren Wortsinn glaubte? Hatten doch die gottesfürchtigen Ahnen in frommer Einfalt selbst entgegengesetzte Deutungen in ihrem gläubigen Gemüte harmonisch verschmolzen und dabei einen musterhaften Seelenfrieden gefunden und bewahrt! Maimuni aber wollte den natürlichen

Schriftsinn überall da gänzlich beseitigt wissen, wo er den Ansichten seiner Philosophie widersprach. Er lehrte geradezu: „Wenn die Philosophie zwei entgegengesetzte Auffassungen derselben Sache gestattet und z. B. behauptet, es lasse sich ebensowohl die Schöpfung der Welt in der Zeit als ihr Bestehen von Ewigkeit mit guten Gründen belegen, so folge ich natürlich der in der Offenbarung mitgeteilten Wahrheit, daß Gott im Anfang die Welt geschaffen habe. Würde aber die Philosophie mit zwingenden Gründen beweisen, daß die Welt von Ewigkeit her bestehen müßte, so müßte ich ohne Rücksicht selbst den ausdrücklichen Bericht der Bibel derartig umdeuten, daß er aussagt, Gott habe die Welt nicht geschaffen, sondern nur aus vorhandenen urewigen Elementen gebildet und gestaltet." Nach Maimunis Überzeugung sollte die Schlange im Paradiese nur ein Bild und Beispiel der Versuchung sein, die an jeden Menschen herantrete und ihn zur Sünde verlocken wolle, und nicht mehr die sprechende Schlange selber, die die ersten Menschen mit listiger Redekunst verführte.

Durch solche nüchterne, poesielose Verständigkeit sah sich das Gemüt des Volkes seiner traulichsten, behaglichsten Vorstellungen beraubt, sah sich in sklavische Abhängigkeit von einer modernen und darum eben so leicht vergänglichen Anschauung gebracht und fühlte sich außer Verbindung mit den frommen Männern der Vorzeit. Alle Überlieferungen von ihrer blindgläubigen Hingebung, von ihrem aufopfernden Gehorsam gegen Gott verblaßten zu wesenlosen Schatten und verloren an lebendiger Macht und Bedeutung durch die neue Lehre des Maimonides, daß den wahren und echten Juden nur die Erkenntnis und das Verständnis der heiligen Lehre ausmache. Sollten etwa die Väter, die ihren Glauben so häufig mit dem Blute besiegelt hatten, keine vollkommenen Juden gewesen sein, weil ihnen die philosophische Einsicht in die Lehre Moses gefehlt hatte? Solche Empfindungen und Gesinnungen besaß die Mehrzahl des Volkes, dessen Glauben und Tun so sicher und treu war auch ohne philosophische Erkenntnis. Und nun durfte ihr gläubiges Tun, ihr kindlicher Gehorsam von dem denkstolzen Spanier wertlos statt gottgefällig genannt werden? Sie sahen sich und ihre Väter von der fremden Weisheit mißhandelt und hochmütig aus dem Tempel gewiesen und nannten eben darum diese anmaßende Weisheit eitlen Trug und Verblendung.

Voll Bitterkeit bekämpften sie die Talmudgelehrten Nord-Frank-
reichs und alle Jünger ihres Geistes und ließen sich von ihrer
fanatischen Voreingenommenheit leider nur zu weit fortreißen. Es
gab Männer unter ihnen, die sich nicht schämten, zu denselben
schnöden Mitteln zu greifen, die der damalige rücksichtslose Glaubenseifer der Kirche gegen jeden freien, selbständigen Gedanken anzuwenden für gut hielt. Sie erzeugten dadurch bei den Verehrern
Maimunis die gleiche Heftigkeit, die sie selbst besaßen, und die
gleiche ungerechte Beurteilung des gegnerischen Standpunktes. Aber
der Streit der Meinungen trug nach anderer Richtung hin auch den
Keim des Segens in sich. Aus der Einseitigkeit jeder der beiden
Bestrebungen entwickelte sich gerade eine große Vielseitigkeit und
Mannigfaltigkeit des geistigen Lebens. Jeder Denkende wollte sich
eine eigene Meinung bilden, las und durchforschte eifrig die vorhandenen Schriften und folgte dem neu erwachten Wissensdrange mit
wachsendem Interesse. Dadurch wurde der Geist der Masse vielseitig
befruchtet. Still und stetig wirkten in den harmlosen Lesern, die
nicht zu den Vorkämpfern und zu den beharrlichen Vertretern einer
scharf ausgeprägten Lehrmeinung gehörten, die verschiedenen Anschauungen fort und söhnten sich nicht selten zu schöner Harmonie
bei ihnen aus.

Wenn ein scharfsinniger Denker unter den Meistern der Halacha
den Talmud im Mischneh-Thora geradezu verklärt sah, konnte er
sich dem erhebenden Eindruck, den er dem großen Maimoniden verdankte, nicht entziehen. Er fühlte sich emporgetragen über die Masse,
die gedankenlos glaubte und handelte, und ein bloßes Tun ohne
Erkenntnis erschien bald auch ihm nicht mehr eines wahrhaft
religiösen Menschen wert und würdig. Er empfand, daß sein Geist
nicht mehr gesättigt werde durch das bloße einseitige Versenken in
die überlieferten Lehren, und suchte, um wenigstens den Fallstricken
der Philosophie zu entgehen, einen anderen in der jüdischen Überlieferung angedeuteten Weg, auf welchem die Möglichkeit bestand,
das Gesetz mit einer höheren Weisheit in Zusammenhang zu bringen.
Schon von alters her traute man es besonders erleuchteten Männern
zu, daß sie einen Einblick in die geheimen Beziehungen zwischen den
übersinnlichen Mächten und dem Gotteswort besäßen. Nur wenige
Menschen vermöchten nach dem weitverbreiteten Glauben diese überlieferten tiefen Geheimnisse zu enträtseln, aber der Hang zur Be-

schäftigung mit ihnen war vereinzelt in allen Zeiten aufgetaucht und hatte auch schriftliche Denkmäler und eine umfangreiche mystische Literatur geschaffen. In dies ängstliche Dämmerlicht floh der Geist der Juden im dreizehnten Jahrhundert, als er die lichten Himmels- höhen, die ihm in der Philosophie gezeigt worden waren, nicht mehr zu erklimmen wagte.

Zweiter Abschnitt

Vom Tode Maimunis bis zur Vertreibung der Juden aus der pyrenäischen Halbinsel
(1204—1498).

Erstes Kapitel
Die Juden in Spanien
(1204—1498).

I. Die Juden in Spanien von 1204—1391.
1. Äußere Schicksale der Juden.

Zu Beginn des dreizehnten Jahrhunderts waren die großen christlichen Reiche auf der pyrenäischen Halbinsel so weit siegreich nach Süden vorgedrungen, daß den Arabern nur noch das König- reich Granada gehörte. Trotzdem blieb überall die Lage der Juden im bürgerlichen Leben durchaus unangefochten. Da sie neben den Moslemin die Grundbevölkerung des Landes bildeten, wurde die Heiligkeit ihres Besitzes und ihrer Bürgerrechte so wenig bestritten wie die der Güter und Rechte der übrigen Ungläubigen. Das hatte eben darin seinen natürlichen Grund, daß sie hier nicht die einzigen Untertanen waren, die sich im Gegensatz zu den Christen befanden. Dazu kam der wichtige Umstand, daß sie in den von den Christen neu gewonnenen Gebieten dem Ansehen des Königs jedenfalls weniger feindlich gegenüberstanden als die lange und mit Erbitterung be- kämpften Araber. Nichtsdestoweniger gestalteten sich die Ver- hältnisse in den einzelnen Reichen einigermaßen verschieden.

In Aragonien, dem nordöstlichen Staate, gewann die Kirche am frühesten Einfluß und Macht über die Gemüter. Das zeigte sich bereits, als die benachbarte Provence durch die Kämpfe gegen die Albigenser verwüstet wurde und Papst Innocenz III. (1198—1216)

mit aller Energie jeden Unglauben auszurotten trachtete. Bis nach
Aragonien hin pflanzte sich damals die religiöse Erregung fort, und
auch gegen die Juden kamen stoßweise heftige Verfolgungen vor.
Immerhin schlug in jenen Tagen der Fanatismus im Herzen des
spanischen Volkes noch nicht feste Wurzel. Denn Jakob I. von
Aragonien, der während der größeren Hälfte des dreizehnten Jahr=
hunderts (1213—1276) die Zügel der Regierung in seiner kräftigen
Rechten hielt, war zwar ein eifriger Christ. Die Juden aber ver=
suchte er höchstens durch Milde und Überredung für seinen Glauben
zu gewinnen. Er bestimmte, daß Übertretende nicht wie früher ihre
Güter verlieren sollten, und verbot, sie um des Übertritts willen zu
verspotten. Er glaubte ernstlich, daß er die Juden in Güte von der
Vortrefflichkeit seines Glaubens werde überzeugen können, und ver=
anlaßte darum im Jahre 1263 eine Religionsdisputation in Barcelona.
Ein getaufter Jude, der Dominikaner geworden war, erbot sich, den
hochgelehrten R. Moses ben Nachman zu den christlichen Heils=
wahrheiten zu bekehren. Der kluge und vorsichtige Rabbi sicherte
sich vor allem vollkommene Freiheit der Rede und trat dann so fest
und würdevoll auf, daß ihn der König mit einem Geschenk belohnte
und ihn mit der Anerkennung entließ, er habe niemals eine un=
gerechte Sache so geistvoll verteidigen hören. Seine Bekehrungs=
versuche setzte Jakob freilich auch nachher eifrig fort und schickte den
Dominikaner als Missionär durch das Land, um womöglich minder
glaubensstarke und gelehrte Gegner zur Taufe zu bewegen. Aber
bei alledem hatten die Juden, so lästig und gefährlich ihnen diese
Bemühungen waren, dennoch gehässige Angriffe unter der Herrschaft
dieses frommen Königs nicht zu erdulden. Persönlich schätzte er sogar
ihre Gewandtheit und Tüchtigkeit sehr hoch und benützte gern ihre
Fähigkeiten. Er klärte und befestigte übrigens auch ihr Verhältnis
zur Krone auf gesetzlichem Wege. Nach seiner neuen Ordnung der
Dinge wurden die Juden wie die anderen Ungläubigen des Reiches
in dem Sinne das Eigentum des Königs, daß sie das Recht ver=
loren, sich irgend einem anderen Herrn zu verpflichten oder zu ver=
kaufen. Über ihre beweglichen und unbeweglichen Güter behielten
sie das Verfügungsrecht für den Handel und Verkehr mit ihren
Glaubensgenossen und mit den Muhammedanern. An Christen da=
gegen durften sie ohne Vorwissen der Obrigkeit nichts veräußern, weil
von derartigen Verkäufen der Staat eine hohe Steuer beanspruchte.

Noch viel freundlicher als in Aragonien gestaltete sich in Kastilien das Leben der Juden. Gehörten sie doch hier zu den Hauptvertretern einer Kultur, der sich die Christen willig unterworfen hatten. Die von dieser Kultur erzeugten humanen Anschauungen drangen tief in den Geist und die Sitten der christlichen Bevölkerung ein, und der kastilianische Staat konnte um seiner selbst willen nicht umhin, die maurischen und jüdischen Elemente als gleich- und vollberechtigt zu dulden und anzuerkennen. So kam es, daß sich die Juden namentlich hier als echte Söhne ihres Heimatlandes fühlten und ganz besonders die Eigenart entwickelten, die noch ihre spätesten Nachkommen von den Enkeln der schwerbedrückten Glaubensgenossen anderer Länder merkwürdig unterscheidet. Sie zeigen deutlich, welchen gewaltigen sittlichen Einfluß der unantastbare ererbte Besitz von Grund und Boden auf die Menschen ausübt, und wie tief alle edlen Kräfte eines Volkes in der heimatlichen Erde wurzeln. Die Sicherheit und Heiligkeit ihres unbeweglichen Eigentums verlieh diesen spanischen Juden den Stempel des Selbstbewußtseins und der Unabhängigkeit und ließ sie frohen Herzens an Lust und Leid des Vaterlandes teilnehmen. Obwohl ihr Verhältnis zum Könige in Kastilien gesetzlich dasselbe war wie in Aragonien, gestaltete es sich dennoch tatsächlich um vieles günstiger. Die Juden gehörten hier keiner politischen Partei an und saßen harmlos und friedlich mitten zwischen den siegreichen Christen und den unterworfenen Moslemen. Eben darum hielten sich die Könige davon überzeugt, daß sie ihnen am unabhängigsten und treuesten dienen würden. Sie wurden darum auch jetzt noch mit Vorliebe und glänzendem Erfolg zu Ratgebern, Steuerverwaltern und Finanzbeamten gewählt, und es wurde beinahe eine feststehende Einrichtung, daß die stets geldbedürftigen Könige von Kastilien Juden als Almoxarifen (Schatzmeister) anstellten.

Den gleichen Schutz wie ihre gesellschaftliche Stellung fanden ihre wissenschaftlichen Bestrebungen. Ihre Gelehrten erfreuten sich ganz besonderen Wohlwollens, als der weise Alfons X. (1252 bis 1284), ein Zeitgenosse Jakobs von Aragonien, derselbe, der als Erbe der Hohenstaufen sich während des Interregnums mit dem deutschen Kaisertitel schmückte, über Kastilien regierte. Jüdische Almoxarifen und Ärzte gelangten unter ihm und seinen Nachfolgern zu so großem Ansehn, daß sie oft den gewichtigsten Einfluß auf alle Staatsgeschäfte ausübten. Sie benutzten dann ihre machtvolle

Stellung auch) zugunsten ihrer Glaubensgenossen und sicherten ihnen Schutz und Frieden.

Allein der verderbenbringende Rückschlag ließ auch hier nicht lange auf sich warten. Das unbegrenzte Vertrauen, das die Könige ihren jüdischen Beamten schenkten, war eine schwere Sünde in den Augen der Geistlichkeit, die seit den ersten ketzerischen Regungen immer mißtrauischer und eifersüchtiger jede Vergünstigung betrachtete, die, unter Mißachtung der kanonischen Gesetze, den Ungläubigen zuteil wurde. Sie suchte die vertrauten Ratgeber der Fürsten auf jede Weise zu verdächtigen. Sie reizte die Bevölkerung zum Haß gegen die Finanzbeamten auf und stellte sie als die allein Schuldigen hin, wenn sie auf Befehl ihrer stets in großer Geldnot befindlichen Gebieter die Münzen verschlechtern mußten. Dieser künstlich geweckte Groll des Volkes kam zuerst zu verheerendem und gewaltsamem Ausbruch, als sich Heinrich von Trastamare zum Kriege gegen seinen Halbbruder, den grausamen König Peter (1360—69), erhob. Er ließ die Juden, die beharrlich dem rechtmäßigen Könige dienten, überall, wo er als blutiger Sieger einzog, rücksichtslos ausplündern und morden. Um so treuer standen sie zum Könige, der sich mit ihrer Unterstützung lange erfolgreich gegen Heinrichs Angriffe verteidigte. Peter, gegen Bruder und Verwandte, gegen Adel und Volk gleich roh und grausam, blieb ihnen dafür alle Zeit freundlich und dankbar. Aber die musterhafte Treue und Anhänglichkeit, die sie ihm bewahrten, wurde ihnen noch lange nach seinem Tode schwer verargt und übel an ihnen heimgesucht. Sie mußten sich den Vorwurf gefallen lassen, die blutigen Bürgerkriege begünstigt und ohne Not verlängert zu haben. Immer trotziger wurde darum von den Ständen des Reiches die Entlassung der jüdischen Beamten, die trotz des allmählichen Wandels in der allgemeinen Gesinnung noch immer das Vertrauen auch der späteren Könige genossen, gefordert; und bald begann das kanonische Recht in seiner ganzen verderblichen Ausdehnung in Kraft zu treten. Wie überall in den Ländern der Christenheit, war auch hier der Antritt seiner unumschränkten Herrschaft von allen Gewalttätigkeiten des Fanatismus begleitet. Schon traten Judenverfolgungen häufiger und heftiger auf und erreichten eine entsetzliche Ausdehnung, als am 6. Juni 1391 mitten im Frieden, ohne eine triftige Veranlassung, zuerst die Gemeinde von Sevilla, die damals gegen 30000 Seelen zählte, und dann die von etwa siebzig anderen Orten durch Raub und Mord einem traurigen Schicksal unterlagen.

Aber die Juden Spaniens konnten nicht an die Dauer solcher Greuel glauben. Sie hielten sich überzeugt, daß der Sturm schnell vorübergehen müsse, und hofften, sich am besten dadurch zu retten, daß sie vorübergehend öffentlich das Christentum bekannten. Wie zur Westgotenzeit tauften sich Tausende und Abertausende aus blasser Todesfurcht und unbegrenzter Liebe zum Vaterlande. Denn zum zweiten Male bewegte sich nun das Geschick der spanischen Juden vom hellen Tageslicht des Glücks und der Freiheit zur Nacht des Elends und der Knechtschaft. Da sie ein heiteres, friedliches Da-sein länger genossen hatten als die Juden anderer Länder, war ihre Lebensfreudigkeit und ihr Mut nicht so leicht zu erdrücken wie bei den Glaubensbrüdern in Frankreich und Deutschland. Sie verbargen geheimnisvoll ihren väterlichen Glauben und übten ihn um so in-brünstiger im stillen aus, weil sie fest und sicher an eine glücklichere Zukunft glaubten und die geliebte Heimat um alles in der Welt nicht missen mochten. Sie sollten schmerzlich und bitter enttäuscht werden.

2. Geistiges Leben der Juden.

Während des ganzen Verlaufs des dreizehnten und vierzehnten Jahrhunderts blieb das Land noch immer der Schauplatz regen geistigen Schaffens. Es erlebte gleichsam ein silbernes Zeitalter, nachdem mit dem Tode Maimuni's das goldene für die jüdische Literatur der in moslemischen Landen lebenden Juden abgeschlossen war. Auf diesen Teil der Judenheit hatten die großen Religionsphilosophen unmittelbar gewirkt, und hierher drang jetzt aus der benachbarten Provence allmählich auch die Kenntnis der einseitig jüdischen Forschung. Die zahlreichen Talmudgelehrten, Schrifterklärerer und Philosophen Spaniens wurden dadurch unwiderstehlich in die lebhafte Bewegung der Zeit hineingezogen und veranlaßt, zu den wichtigen Streitfragen ihrer Zeit Stellung zu nehmen. Ist es auch im einzelnen unmöglich, die Meinungen und Anschauungen der Menschen nach geographischen Grenzlinien festzustellen, so kann man doch im allgemeinen behaupten, daß in Aragonien unverkennbar der Einfluß des lebhaften und beweglichen südfranzösischen Temperaments vorherrschte und hier die bedeutendsten Denker zu Freunden der maimunischen Philosophie

stempelte. Das konservative Kastilien dagegen wurde der erste
Ausgangspunkt des heftigen Widerspruchs gegen die Aufklärung und
Bildung, die Maimuni's Schriften befürworteten und verbreiteten.
Von Toledo aus sandte der geistvolle, aber hochmütige Meir
Abulafia (1180—1248) nicht lange nach dem Tode des großen
Mose (um 1205) ein Sendschreiben an die Weisen Lünels, in
dem er die Lehren des Meisters stürmisch und hitzig angriff. War
er damals in der Welt kaum gehört und beachtet worden, so erhob
sich um so lauter seine anklagende Stimme, als der Streit auf der
ganzen Linie entbrannt war (1232) und man von Toledo, der
Hauptgemeinde Spaniens, Unterstützung für die Maimunisten zu erhalten hoffte. Seine Ansicht teilte der kluge und einflußreiche Leibarzt des Königs Jehuda Ibn Alfachar, der den greisen David
Kimchi schroff und verächtlich abwies, als er ihn um seinen Beistand und Einfluß für die angegriffene Philosophie ersuchte.

Gleichzeitig aber erwuchs an derselben Stätte, wo man sich
grollend und höhnend von der Philosophie abwandte, aus dem
schwankenden Boden der Phantasie die Sumpfpflanze der Mystik.
Der Geist, der einen festen Steg zwischen Glauben und Wissen verschmähte, schlang luftige, wilde Ranken über den dunklen Abgrund,
den er plötzlich unter sich sah. Alle diese verschiedenen in Spanien
gleichzeitig auftretenden Geistesrichtungen fanden sich verschmolzen
in einer Persönlichkeit, die zu den hervorragendsten dieser wissenschaftlichen Nachblüte gehörte, in R. Mose ben Nachman.

a) R. Mose ben Nachman (Nachmanides, RMBN) und seine Zeit.

R. Mose ben Nachman wurde zu Gerona um 1195 geboren
und lebte daselbst als Rabbiner und Arzt. Er war ein hochbegabter
Mann, der seinen Verstand von Jugend auf an den überkommenen
heiligen Urkunden des schriftlichen und mündlichen Gesetzes übte und
bildete. Den Talmud und die heilige Schrift kannte er frühzeitig in ihrer ganzen Tiefe und Ausdehnung und hing mit grenzen-
loser Liebe und Verehrung an den heiligen Überlieferungen der Väter.

Sie waren die selbstverständliche Voraussetzung seines Lebens,
von der aus er die übrige Welt betrachtete. Darum war in Nachmanides' Augen das Judentum in erster Linie nicht sowohl eine
Wahrheit, die sich mit der Weltweisheit decken müsse, als vielmehr
wie für Jehuda ha-Levi eine geschichtliche Tatsache, die keinerlei

Beweises bedürfe. Trotzdem blieben dem gebildeten Spanier die Philosophie und die sonstige damals moderne Wissenschaft nicht fremd. Er verehrte auch Maimuni als Lehrer und nahm in seinen Büchern fleißig auf die Meinungen des großen Mannes Rücksicht, ohne frei= lich zu verschweigen, bis wohin er ihm folgen könne, und in welchen wesentlichen Punkten er von ihm abweichen müsse. Seiner ganzen Naturanlage, seiner frommen Denkungsart und seinem warmen reli= giösen Gefühle widerstrebte es durchaus, mit nüchterner Vernunft den Glauben zu prüfen, in dem seine Väter glücklich gelebt, und die Wunder der Schrift einzig zu dem Zwecke umzudeuten, damit sie den geschulten Denker befriedigen könnten. Bibel und Talmud bedurften nach seiner Überzeugung vor dem Richterstuhle des menschlichen Ver= standes überhaupt keiner Rechtfertigung, da sie ohnehin bereits den Inbegriff der höchsten Autorität darstellten. Die Wunder der Schrift faßte er nicht als bloße Sinnbilder und Umschreibungen sittlicher Gedanken auf, sondern als tatsächliche Offenbarungen Gottes. Er verstand nicht, wie man sie auch nur bezweifeln könne, wenn man doch an die größten Wunder, an die Schöpfung aus dem Nichts, an die Allwissenheit Gottes und die göttliche Vorsehung fest und sicher glaube. Bei alledem war Nachmanides als Denker und Schrift= steller zu tief gebildet und aufgeklärt, um einem blinden Glauben, wie die starren Gegner Maimuni's, das Wort zu reden. Während diesen Männern jeder Buchstabe der Überlieferung als eine von Gott offenbarte Wahrheit für heilig galt, über die dem Menschen ein eigenes Urteil überhaupt nicht zuständе, nahm R. Moses einen tieferen Sinn der Gesetze an, den der Weise erforschen müsse. Nur mochte er dazu nicht die nüchterne Philosophie benutzen. Denn sie griff mit allzu rauher und schonungsloser Hand in den geweihten Bereich seines Glaubens ein. Er zog es vielmehr vor, durch geheimnisvoll mystische Deutung in das Wesen der Schrift einzudringen. Er glaubte an eine in jedem Buchstaben der heiligen Schrift verhüllte geistige Wahr= heit, welche nur der Eingeweihte dadurch zu entziffern vermöge, daß er die Worte der Thora mannigfach zusammenzusetzen und sie zu wunderwirkenden, heilspendenden Gottesnamen umzubilden verstehe.

Ein Geist, der einen so vollkommenen Ausgleich zwischen Glauben und Wissen gefunden zu haben meinte, konnte es nicht begreifen, zu welchem Ende sich die Vertreter beider Mächte, die des einseitigen Wissens und des einseitigen Glaubens, so schroff und rücksichtslos

bekämpften. Sein pietätvolles Gemüt fühlte sich auf das tiefste ver=
letzt, wenn ein Schriftkundiger den andern voll Haß und Verachtung
schmähte. Schon in der Jugend war es für Nachmanides ein
Herzensbedürfnis, vorhandene Gegensätze auszugleichen und zwischen
ihnen zu vermitteln[1]). Darum schrieb er schon als Jüngling eine
von seltenem Scharffinn und Wissen zeugende Arbeit[2]), in der er
den hochverehrten al=Fäßi gegen die Angriffe Serachja ha=Levis ver=
teidigte. Diese und andere halachische Schriften vermehrten seinen
Ruf. Die Tätigkeit der französischen und deutschen Glossatoren war
damals im ganzen abgeschlossen und wurde nun als Grundlage be=
trachtet, an die neue Bemerkungen angelehnt und auf der neue
Folgerungen errichtet werden konnten. Solche Neuigkeiten[3]) ver=
faßte Nachmanides und wurde bereits zu den bedeutendsten Lehrern
Spaniens gezählt, als Maimunis Anhänger und Feinde einander
heftig und rücksichtslos angriffen und in den Bann taten. Da er
jeder Streitfucht und Rechthaberei durchaus abhold war, hätte er
sich gewiß am liebsten von dem Kampfe gänzlich ferngehalten. Er
wurde aber fast widerwillig von den Vorgängen mit fortgerissen und
schließlich zu einer entschiedenen Meinungsäußerung gedrängt. In
seiner harmlosen Friedfertigkeit schlug er den Hadernden vor, die
Beschäftigung mit dem Mischneh=Thora mit Einschluß des ersten
Buches desselben, in welchem die philosophischen Grundlagen der
Religion entwickelt wurden, zu gestatten, und nur das Studium des
rein philosophischen „Führers" bei Strafe des Bannes zu verbieten.
Für diese Ansicht schmeichelte er sich, selbst Maimunis Sohn und
seine unbedingten Verehrer gewinnen zu können. Aber sein mildes
und besänftigendes Wort verhallte in der Hitze und Erbitterung des
Kampfes völlig ungehört. Durch wohlgemeinte Vermittlungsvorschläge
war damals der tief erschütterte Friede nicht mehr herzustellen.

Allein die Ausgleichung der Gegensätze, die ihm auf dem Kampf=
platze des Lebens mißglückte, gelang ihm um so trefflicher auf dem
Gebiete seines literarischen Schaffens. Wir verdanken ihm als die
reifste Frucht seines Geistes seinen Kommentar zur Thora, in
welchem er die wissenschaftlichen Erkenntnisse beider feindlicher
Richtungen zu versöhnen trachtete. Er vereinigte darin die besten
Gedanken Raschis, Ibn Esras und Maimunis zu edler Harmonie

---

[1]) Vgl. S. 208.   [2]) Er nannte sie 'ה תומחלמ, Gotteskämpfe.
[3]) םישודיח.

und verwebte sie mit seinen eigenen bald tiefsinnigen, bald träumerischen, mystischen Andeutungen und Auslegungen. Sein heller Geist und sein edles Sprachgefühl ließen ihn das Wort der Schrift in seiner ganzen Tiefe erfassen. Er gab nicht nur treffliche Wort= und Sach=erklärungen, sondern wies namentlich mit großem Nachdruck immer wieder auf den einheitlichen Zusammenhang des ganzen Fünfbuchs hin. Jedem einzelnen Buche der Thora schickte er eine kurze und klare Inhaltsangabe voraus, damit der Leser den Faden der Ent=wickelung als die Hauptsache stets scharf im Auge behalte. Die heilige Schrift war ihm die Summe der höchsten und lautersten Weisheit, in ihrem Text spiegelte sich für ihn alles wieder, was den Himmel und die Erde füllet. Hier fand er nicht bloß tiefe Er=kenntnisse, welche die Philosophie erst mühsam mit Hilfe ihrer ge=schulten Denkkraft aufsuchen mußte, sondern auch die fertigen festen Grundlagen der religiösen Gesinnung und Überzeugung, in der er lebte. Und gleich seinem großen Geistesverwandten Jehuda ha=Levi erfüllte ihn eine glühende Sehnsucht nach dem gelobten Lande. Dort suchte er wirklich Ruhe für seinen flüchtigen Fuß, als er, infolge der Religionsdisputation zu Barcelona, Aragonien meiden mußte. Der Papst hatte Kunde von seiner freimütigen Verteidigung des Judentums erhalten und den König Jakob gedrängt, einen so kühnen, gefährlichen Mann des Landes zu verweisen. Nachmanides kam als Greis nach Jerusalem und beklagte schmerzlich die Verödung der Stadt und die Verkommenheit und Unwissenheit der wenigen dort eingewanderten Glaubensbrüder. Aber er suchte die Enttäuschung zu verwinden, indem er sich einen gesegneten Wirkungskreis schuf. Er ordnete die Verhältnisse der kleinen Gemeinden und regte sie zum Bau von Gotteshäusern an. Auch den Sinn für Kenntnisse weckte er bei den Glaubensgenossen und sammelte zahlreiche Schüler aus Palästina und den benachbarten Landschaften um sich, die er im Talmud und in der Bibel unterwies. Hier auf heiligem Boden legte er die letzte Hand an die Vollendung seines Pentateuch=Kommentars. Drei Jahre nach seiner Einwanderung in Palästina soll er um 1270 daselbst gestorben sein. Während Nachmanides alle Geistes=richtungen seiner Zeit in seiner Person glücklich vereinigte, lebten neben und nach ihm einzelne hervorragende Männer, die einseitig bald auf dem Gebiete der Mystik, bald auf dem der Halacha einen dauernden Einfluß gewannen. Am gewaltigsten war der Umschwung,

den in jenem Zeitalter die jüdische Mystik durch die literarische Tätig=
keit des Mose de Leon erfuhr.

b) Mose de Leon. Der Sohar.

Mose ben Schemtob de Leon lebte in der zweiten Hälfte
des dreizehnten Jahrhunderts an verschiedenen Orten Spaniens, be=
sonders in Kastilien. Er wandte sich den phantastischen Andeutungen
und tiefsinnigen Überlieferungen wunderbarer Geheimnisse, die man
Kabbala nannte, mit ganzer Seele zu und suchte, wie viele seiner
Zeitgenossen, in der Beschäftigung mit ihnen den Seelenfrieden, den
die früheren Geschlechter durch das unablässige Bemühen, den klaffen=
den Widerspruch zwischen dem naiven Glauben der Altvordern und
den Ergebnissen der damals modernen Philosophie auszugleichen,
vergebens zu erringen getrachtet hatten. Auf die stürmisch bewegte
Zeit, die alle Seelenkräfte aufs äußerste angespannt hatte, folgte jetzt
eine unendliche Sehnsucht nach Ruhe und Frieden. Der überan=
gestrengte Geist versank in eine Art angenehmen Schlummers und
flüchtete aus der kleinlichen Wirklichkeit in das Reich der Träume.
Die Phantasie begann ihre Tätigkeit und trieb ein gaukelhaftes
Spiel mit den Gedankenfäden, die dem einschlummernden Geist ent=
glitten waren. Und während sie tatsächlich nebelhafte Spukgestalten
erzeugte, glaubte sie Ausflüsse der höchsten Weisheit ans Licht ge=
bracht zu haben. Erkannte nicht auch Jehuda ha=Levi die Phantasie
als die Zauberkraft an, die einen von allen Erdenschlacken geläuterten
und sich nur der Betrachtung hingebenden Menschen zum Propheten
erheben könne? Für seinen reinen Sinn blieb jedoch diese Anschauung
nur ein leuchtender Stern, der den dunklen Erdenpfad erhellen und
die irrende Seele zu Gott leiten sollte. Sie wurde ihm kein Irrlicht,
das seine Vernunft auf schwankenden Moorgrund lockte, wo sie Zügel
und Gesetz verlor. Ihm innig seelenverwandt, gab sich auch Nach=
manides lieber den weihevollen Schauern tiefsinniger Mystik hin,
die für ihn das Gotteswort ausströmten, als daß er es mit seinem
nüchternen Verstande zu prüfen und daran zu deuteln gewagt hätte.
Auch er räumte der Vorstellungskraft die Fähigkeit ein, den Zu=
sammenhang zwischen dem Leiblichen und Geistigen zu finden und
deutete in seinem Pentateuch=Kommentar überall auf die tiefere
Wahrheit hin, welche die heilige Schrift in sich berge und nur dem
eingeweihten, sich ganz in sie versenkenden Jünger enthüllte. Er

benützte angeblich uralte, heilige Überlieferungen bei ſeiner neuen
myſtiſchen Erklärungsweiſe und machte ſie zum erſtenmale unbedenklich
zum Gemeingut der Geſamtheit Israels. Freilich folgte er damit
nur dem Triebe ſeiner Zeit, der in dem Streben gipfelte, die Fragen
über das Weſen Gottes und über ſeinen Zuſammenhang mit der
Welt auf myſtiſchem Wege zu beantworten, nachdem die Verſuche
zur philoſophiſchen Löſung jenes Problemes geſcheitert waren, und
Moſe de Leon war der Mann, der für dieſe in der Luft ſchwebende
Wiſſenſchaft die neue, eigenartige Form zu ſchaffen wußte. In dem
Gefühl, das Kind einer Zeit zu ſein, die von der Höhe geiſtiger
Blüte und wiſſenſchaftlicher Erkenntnis abwärts führte, ſchob Moſe
ſeine eigene Weisheit einem würdigeren Vater unter, einem tannaitiſchen
Weiſen der Vorzeit, den die Legende von jeher als den Beſitzer ge-
heimnisvoller Überlieferungen pries. Er behauptete, eine Schrift des
R. Simon b. Jochai[1]), der, geheimnisvollen Forſchungen und
ſtrengen Bußübungen hingegeben, dreizehn Jahre lang einſam in
einer Höhle gelebt haben ſoll, zu beſitzen und teilte ſie unter dem
Namen „Sohar[2])“, Lichtglanz, ſeinen Zeitgenoſſen mit. Das Buch
Sohar iſt ein myſtiſcher Midraſch am Faden der Schrift, eine alle-
goriſche Auslegung in einem phantaſtiſchen, fremdartigen Gewande. Um
jedem Erſtaunen über die ſpäte Entdeckung des Buches vorzubeugen,
prophezeit R. Simon ben Jochai darin, daß erſt zu Beginn des
ſechſten Jahrtauſends nach Erſchaffung der Welt, alſo um 1240
nach der chriſtlichen Zeitrechnung, das Licht hervorbrechen, bis dahin
aber den Menſchen verborgen bleiben werde. Das Werk erſchien in
chaldäiſcher Sprache, und die wenig meiſterhafte Anwendung dieſes
Idioms wurde die erſte Verräterin der Täuſchung; denn ſie zeigte
dem Kritiker, daß der Schreiber das Chaldäiſche keineswegs beherrſchte und geläufigen Ausdrücken und Wendungen falſche Be-
deutungen unterſchob.

Als Moſe de Leon ſtarb und ſeine Familie in ſehr dürftigen
Verhältniſſen zurückließ, boten Verehrer der Kabbala der Witwe eine
hohe Summe an, wenn ſie die Urſchrift vorzeigen und ausliefern
könnte. Aber die einfache Frau geſtand in ihrer Treuherzigkeit zu,
daß ihr Mann eine ſolche nie beſeſſen und den Sohar ſelbſt verfaßt
habe. Nur deshalb hätte er ſeine Weisheit einem älteren Lehrer in

---

[1]) Er blühte um 150. Vgl. I, S. 182.　　[2]) זֹהַר.

den Mund gelegt, damit sie schneller großes Ansehen gewinne und sich verbreite. Ob Mose einen gewöhnlichen Betrug aus bloßer Gewinnsucht verübt oder selbst an seine Erleuchtung geglaubt hat, ist heute nicht mehr zu entscheiden. Das aber steht fest, daß sein Buch die Geister so mächtig ergriffen hat, daß es die Grundlage der Kabbala blieb, auf der immer wieder neue Träumer ihre Luftschlösser erbauten, wenn die klare Denkkraft entschlummert war.

Es wäre übrigens töricht zu glauben, daß der Sohar nur verworrene Phantasien und unhaltbare Träumereien in bunter Reihenfolge vorführe. Er ist vielmehr reich an tiefsinnigen und anregenden Gedanken, die er aus dem Talmud, dem Midrasch und der späteren Literatur, ohne freilich seine Quellen zu nennen, zusammengetragen hat, wie er es auch versteht, sie mit herzergreifender Wärme, hin und wieder sogar mit hinreißender Glut der Begeisterung vorzutragen. Besonders gebührt ihm das Verdienst, den in seinen engen Gedankenkreis gebannten Sinn vor der Verknöcherung durch die ausschließliche Beschäftigung mit dem streng gesetzlichen Teil des Judentums bewahrt zu haben. Als Muster seines Stiles geben wir das ihm entnommene schöne Gebet, das in vielen Gemeinden beim Herausnehmen der Thorarollen vor geöffneter heiliger Lade verrichtet wird. Seine Abfassung wird in der Urschrift dem R. Simon b. Jochai persönlich zugeschrieben.   Man liest daselbst[1]:

Es spricht R. Simon: Wenn man das Buch der Thora in versammelter Gemeinde herausnimmt, um darin zu lesen, dann tun sich die himmlischen Tore des Erbarmens auf und erwecken die Liebe in der Höhe, und es gebührt sich, daß der Mensch, wie folgt, spreche: Gelobt sei dein Name, Herrscher der Welt, gelobt deiner Allmacht Krone und Stätte! Möge deine Gnade sein mit deinem Volke Israel in Ewigkeit, und die siegreiche Macht deiner Rechten laß dein Volk schauen in deinem Heiligtum; laß uns zuströmen den Segen deiner Erleuchtung, und nimm unser Gebet in Liebe an. Möge es dein Wille sein, daß du uns in Gnaden das Leben verlängerst, und laß mich meine Stelle haben in der Mitte der Frommen, daß du dich mein erbarmest, mich schützest und all die Meinigen und die deinem Volke Israel angehören. Du ja speisest alle und verpflegest alle, du, der herrschet über Könige, und die Herrschaft ist dein. Ich stehe hier als Knecht des Heiligen, Hochgelobten. Vor ihm beuge ich mich und vor der Würde seiner Lehre zu jeglicher Zeit. Auf keinen Sterblichen verlasse ich mich, und keinen, der Göttlichkeit sich zuspricht, stütze ich mich, — nur auf den Gott des Himmels, der da ist ein Gott in Wahrheit, und dessen Lehre ist Wahrheit, und

---

[1] Sohar, Abschnitt בַּלָק, II, S. 206 a.   Das in die üblichen Gebetsammlungen aufgenommene Stück beginnt mit den Worten בְּרִיךְ שְׁמֵהּ.

dessen Propheten sind Wahrheit, und der in reicher Fülle übt Taten der Liebe und Wahrheit; auf ihn vertraue ich, und seinem Namen, dem heiligen und weihevollen, spende ich Loblieder. Möge es dein Wille sein, daß du öffnest mein Herz für die Lehre und erfüllest die Wünsche meines Herzens und des Herzens deines ganzen Volkes Israel zum Guten, zum Leben und zum Frieden. Amen!" (Sachs).

Die meisten und begeistertsten Anhänger fand der Sohar in Italien und dem Orient und später im slavischen Osten Europas. In Spanien erlangte die Kabbala nicht die Alleinherrschaft, weil ihr das Talmudstudium das Gleichgewicht hielt. Als der Sohar erschien, blieben die besten tiefsten Geister vornehmlich der Beschäftigung mit der Halacha zugewandt, wenn sie sich auch nicht ganz dem Einfluß der mystischen Weltanschauung zu entziehen vermochten. Den ersten Platz unter ihnen nahm damals Nachmanides Schüler, Ibn Adret, ein.

c) Salomo Ibn Adret (RSchBA)[1].

R. Salomo b. Abraham Ibn Adret lebte in der zweiten Hälfte des dreizehnten Jahrhunderts (etwa 1235—1310) als Rabbiner zu Barcelona. Er war von Jugend auf vollständig im Talmud heimisch und wurde durch sein umfangreiches Wissen und durch das Ansehen, das man seiner sittlichen Persönlichkeit zollen mußte, ein unerschütterlicher Fels in dem wogenden Meer seiner stürmisch bewegten Zeit. Tief und gründlich war sein Blick für die Halacha, gerade und logisch scharf sein Urteil in gesetzlichen Entscheidungen. Denn als Nachmanis würdigster Schüler räumte er nach der Weise seines Meisters zwar dem Talmud die höchste Autorität in allen Dingen ein, besaß daneben aber auch philosophische Bildung, die ihn befähigte, nicht nur mit folgerichtiger und verständiger Denkweise an die halachischen Probleme heranzutreten, sondern auch ein volles Verständnis für die Geisteskämpfe seiner Zeit zu gewinnen. Indem er die Philosophie unwillkürlich zur Erklärung des tieferen Sinnes der Gesetze heranzog, duldete er gern, daß sie dem Studium der religiösen Wahrheiten diene, nicht aber, daß sie selbstherrschend das ganze Gebiet des Glaubens sich unterwerfe. Auch für die Kabbala besaß RSchBA durch Nachmanides Einfluß eine gewisse Ehrfurcht. Er erblickte in ihr einen Schatz, welcher den bevorzugten Geistern zu eigen gegeben sei, nicht aber ein Spielzeug, geeignet für die große Masse des Volkes.

---

[1] רַבִּי שְׁלֹמֹה בֶּן אַבְרָהָם = רשב"א

Als das eigentliche Hauptfeld seiner Tätigkeit betrachtete er jedoch das Gebiet der Halacha, in der er durch seinen musterhaften Fleiß Überraschendes leistete. Er schrieb wie sein Lehrer neue Anmerkungen zu verschiedenen talmudischen Traktaten und erteilte bereitwillig Rechtsbescheide auf die unendliche Zahl von Anfragen, die von allen Seiten an ihn gerichtet wurden. Sechstausend solcher Gutachten sind von ihm erhalten, von denen jedoch nur etwa die Hälfte durch den Druck verbreitet ist. Der Verfasser gab darin nicht bloß kurze Entscheidungen, sondern führte dem Fragenden klar und deutlich die Begründung und Entwicklung des Rechtsspruches aus den Quellen vor und ließ so gleichsam ein selbständiges Urteil im Geiste des Lesers entstehen.

Derartige umfassende Geistesarbeiten, wie sie ihm und anderen Meistern seiner Zeit zu verdanken sind, erweiterten den halachischen Wissensstoff ins Ungemessene. Alle seit dem durch Maimuni's Mischneh-Thora erfolgten ersten Abschluß des Materials neu hinzugekommenen Erörterungen handschriftlich zu besitzen, kostete damals solche Opfer an Zeit, Mühe und Geld, daß die Gelehrten immer wieder übersichtlicher praktischer Sammlungen des Ganzen in Handbüchern bedurften. Eine solche kurze und gedrängte Übersicht der alten und neuen Materialien versuchte ‏רשב״א‎ den Wissensdurstigen wenigstens für einige wichtige Gebiete der religiösen Praxis zu geben.

Durch alle diese Leistungen und Bemühungen wurde er der angesehenste Führer und Lehrer der spanischen Juden seiner Zeit. Was sie irgend wie berührte, wurde auch vor ihn gebracht, und er konnte in keinem Falle mit seinem Urteil über die Tagesfragen zurückhalten. Zwei Dinge aber waren es namentlich, welche die Gemüter seiner Zeitgenossen am tiefsten ergriffen. Der auf die Gewinnung der Juden für den Kirchenglauben gerichtete Bekehrungseifer der Christen hatte sich auch nach dem Tode des Königs Jakob[1]) nicht gelegt. Die Dominikanermönche studierten vielmehr die hebräische und arabische Literatur, um daraus ihre Waffen zum Kampfe gegen das Judentum zu holen und verfaßten feindselige Bücher voll falscher Anschuldigungen gegen den jüdischen Glauben und voll scheinbarer Beweise für die Wahrheit des Christentums. Solche gefährliche Schriften für seine Glaubensgenossen wirkungslos zu machen, war Ibn Adret eifrig

---

[1]) oben S. 172.

bemüht, indem er mit Milde und Scharfsinn die Haltlosigkeit der christlichen Aufstellungen nachzuweisen verstand. Wichtiger als diese literarische Arbeit zur Abwehr äußerer Angriffe war sein Verhalten gegenüber der gleichzeitigen geistigen Bewegung innerhalb der Glaubensgemeinschaft Israels. Im Streit um die Schriften Maimunis waren bekanntlich die Eiferer in der Provence so leidenschaftlich vorgegangen, daß sie schließlich um 1233 einen Eingriff des christlichen Ketzergerichts veranlaßt hatten[1]). Von den Folgen dieses fanatischen Schrittes waren jedoch alle Beteiligten damals derartig entsetzt, daß sie Jahrzehnte lang reuig die gegenseitigen Vorwürfe auf sich beruhen ließen. Eine innere Übereinstimmung der Gemüter war dadurch aber keineswegs hergestellt. Die Vorliebe für die philosophische allegorisierende Auffassung der Bibel verleitete die Freunde solcher Deutungen nicht selten zu ernsten Zweifeln an der Verbindlichkeit des Gesetzes und selbst zu tätlicher Mißachtung religiöser Pflichten. Die Verächter der Philosophie aber spannen im Gegensatz hierzu die Halacha immer weiter um das ganze jüdisch-religiöse Leben oder verloren sich einseitig in mystisch-kabbalistische Träumereien. So gerieten die geistlosen Nachbeter der großen philosophischen und tossafistischen Meister auf bedenkliche Irrwege, und die Gemeinde Montpellier in der Provence wurde in den Tagen Jbn Adrets zum zweiten Mal der Schauplatz, auf dem die Vertreter beider Lebensanschauungen hart aneinander gerieten.

Hier lebte um 1300 Abba Mari ben Mose, der mit Feuereifer gegen die nach seiner Überzeugung dem Judentum schädliche Philosophie zu Felde zog. Er verlangte eine rücksichtslose und unbedingte Verurteilung der Ausschreitungen und wollte grundsätzlich den Quell verschüttet sehen, aus dem das gefährliche Gift des Unglaubens strömte, und die Beschäftigung mit Philosophie und Naturwissenschaft wenigstens der Jugend verwehrt wissen. Da Abba Mari zu einem derartigen Vorgehen selbst nicht die genügende Macht besaß, suchte er den einflußreichsten Mann seiner Zeit, R. Salomo Jbn Adret, für sich zu gewinnen. Er schilderte dem milden, allen Ausschreitungen abgeneigten Gelehrten die drohende Gefahr, in der das Judentum schwebe, wenn er nicht schleunigst die fremde Forschung der Jugend verbiete, und behauptete ihm gegenüber, daß die ganze große Gemeinde von Montpellier der Ächtung der Wissenschaft freudig

---

[1]) Vgl. S. 176 und S. 208.

zustimmen werde. In diesem Punkt aber befand sich Abba Mari in einem verderblichen Irrtum. Es bestand vielmehr eine bedeutende und rührige Gegenpartei, die vor jedem gewaltsamen Schritte warnte und sich lebhaft bemühte, den gefeierten Ibn Adret von feindseligen Entschlüssen fernzuhalten. Allein der bejahrte und keineswegs fanatische Meister ließ sich endlich doch durch die Rücksicht auf die Gefahr über= handnehmender Unfrömmigkeit bewegen, einen feierlichen Bannspruch wenigstens über denjenigen zu verhängen, der sich während der nächsten 50 Jahre vor zurückgelegtem fünfundzwanzigsten Lebensjahre mit den profanen Wissenschaften, die Arzneikunst ausgenommen, be= schäftigen werde. Dieses Urteil wurde am Sabbath, 26. Juli 1305, in der Synagoge zu Barcelona verkündigt und sollte fünfzig Jahre lang Gültigkeit haben. Da jede Gemeinde selbständig war, so mußte Ibn Adret darauf bedacht sein, die Zustimmung zu seiner Maß= regel allmählich bei den einflußreichen und maßgebenden jüdischen Gemeinwesen der beiden Nachbarstaaten durchzusetzen, was keineswegs so leicht war, wie Abba Mari sich selbst und den greisen Rabbi hatte glauben machen wollen. In Spanien selber gewann die Ansicht, daß die Wissenschaft das Judentum untergrabe, erst einige Geltung, als Ibn Adret bereits tot war und einer seiner aus dem Osten eingewanderten Jünger und Freunde die maßgebendste Persönlichkeit in religiösen Angelegenheiten für die Juden dieses Landes geworden war.

d) R. Ascher ben Jechiel (ROSch) [1]).

R. Ascher oder Ascheri war ein deutscher Jude von hervor= ragender Talmudkenntnis. Er war ein Jünger des damals be= rühmtesten Talmudlehrers in Deutschland, des R. Meir von Rothen= burg, und von diesem ganz ausschließlich in dem Gesichtskreise der Tossafisten herangebildet. Traurige Vorgänge in seiner Heimat zwangen ihn zur Auswanderung in die Ferne, und er kam im Jahre 1305 mit seiner Frau und acht Söhnen nach Toledo, woselbst man den scharfsinnigen Gelehrten bald zum Rabbiner machte. Ascheri ver= pflanzte die enge und gedrückte Lebensanschauung der deutschen Juden nach den heiteren Gefilden Spaniens. In seinem Heimatlande be= schränkten sich die Glaubensbrüder mit Absicht auf ein einziges Ge= biet der Geistestätigkeit. Sie sahen den Talmud als den einzigen Quell für Geistesnahrung und Herzenslabsal an und verabscheuten

---

[1]) א״שׁ = רַבֵּנוּ אָשֵׁר.

nahezu jeden fremden Gedanken als den Ausfluß einer feindseligen
Welt, die den Juden gehässig und roh aus ihrem Leben und Schaffen
gestoßen hatte. Wie wunderbar mußte es den frommen, ernsten R.
Ascher berühren, als er in Spanien fromme Männer fand, die für
nichtjüdisches Wissen mit Begeisterung eintraten und mit ihren
Glaubensgenossen um die Berechtigung kämpften, sich die fremden
Geistesschätze anzueignen, ja als er sogar Talmudweise kennen lernte,
die der allgemeinen Bildung durchaus nicht abhold waren. Selbst
der durch peinliche Frömmigkeit ausgezeichnete R. Salomo Ibn
Adret, den er bald wie einen Lehrer verehren lernte, mußte ihm
nach den Anschauungen, in denen er aufgewachsen war, wie ein un-
bedachter Freigeist erscheinen. Voll unbedingter Hingebung an jene
Talmudweisheit, die mit unendlicher Liebe und Sorgfalt den halachischen
Lehrstoff zusammentrug, um den Zaun der Lehre nur recht dicht und
undurchdringlich zu machen, hörte Ascheri in Spanien die Lehrer und
Führer Israels in aller Ernsthaftigkeit Dinge erörtern, die dem
gläubigen Sinn in Deutschland als selbstverständliche Voraussetzungen
galten, und keiner Erörterungen bedurften. Über die Schöpfung der
Welt zu grübeln, schien ihm Zeitvergeudung oder Sünde, und er
mag mit Eifer und Nachdruck Ibn Adret darin bestärkt haben, über
solches Gebahren den Bann zu verhängen. Trotz alledem wirkte
Ibn Adrets philosophisch angehauchte Methode auf den begabten
Jünger der einseitig tossafistischen Lehrweise, und Ascheri vereinigte
bald den Scharfsinn der deutschen mit der philosophischen Denkweise
der spanischen Meister in seinem Geiste und in seinen wissenschaftlichen Erzeugnissen. Sein Wissen und seine strenge, bußfertige Sittlichkeit machten auf seine Umgebung einen unauslöschlichen Eindruck
und sicherten ihm einen bleibenden und nachhaltigen Einfluß. Denn
wenn er auch das damals moderne Wissen seiner Landsleute verschmähte, besaß er nichtsdestoweniger eine wahrhaft vornehme Herzensbildung. Die Denkweise, die er seinen Kindern als Testament hinterließ, atmet dieselbe demütige, friedfertige und liebevolle Gesinnung,
welche schon dreihundert Jahre früher sein großer Ahn R. Elieser
b. Isaak aus Worms in einem gleichnamigen Buche „Orchot
Chajjim¹)" ausgesprochen hatte. Manche goldene Lebensregel hat
R. Ascher in jenem trefflichen Sittenbuche niedergelegt.

„Tue ab die Stützen, welche dir Menschen reichen", heißt es daselbst,
„mache Geld nicht zu deiner Lebenshoffnung; das ist zum Götzendienst der erste

¹) אָרְחוֹת חַיִּים, vgl. oben S. 90.

Schritt. Vielmehr wandle in Demut vor deinem Schöpfer und gib, wo es sein
Wille ist, dein Geld fort, den Ersatz kann er dir gewähren. Gib leichter Geld
als Worte von dir; das böse Wort lege auf die Wage des Verstandes, bevor
du es aussprichst. . . . Siehe nicht auf den, der im Reichtum über dich empor-
gestiegen, sondern auf die hinter dir Zurückgebliebenen. Aber in dem Dienste
und in der Furcht Gottes sieh auf den Größern, nie auf den Geringern. Freue
dich mit Zurechtweisungen, nimm gern Rat an und willig die Belehrung; erhebe
dich nicht stolz über die Menschen, bleibe der Staub, auf den alle treten. Rede
nicht mit harter Hoffart, bleibe nicht hartnäckig, sondern sei gottesfürchtig. Hebe
die Hand nicht auf gegen deinen Nächsten, auch wenn er vor dir deine Eltern
lästert; rede von niemandem Böses, verspotte und verleumde keinen Menschen,
und hat jemand Unschickliches gesprochen, so gib ihm keine freche Antwort. . . .
Nie unterlasse, dir Freunde zu erwerben und halte auch einen Feind nicht für
zu gering. Gilt es einen treuen Gefährten, so sei nicht lässig, ihn dir anzu-
schaffen, und sorgfältig bewahre ihn, aber Schmeicheln und Falschheit halte fern
von ihm. Strebe nicht nach dem eitlen Ruhm, Recht zu haben gegen einen
Weisen; du wirst nicht weiser davon. . . . . Bleibe dankbar jedem, der dir zu
deinem Brote geholfen; sei aufrichtig und wahr gegen jedermann, auch gegen
Nichtjuden; grüße jeden zuerst, ohne Unterschied des Glaubens; erzürne
keinen fremden Glaubensgenossen. . . . . Jage deinen Hausgenossen keine
zu große Furcht ein, es ist hieraus schon viel Unheil entstanden . . .“ (Zunz.)

Das Hauptwerk seines Lebens ist eine Zusammenstellung aller
maßgebenden gesetzlichen Entscheidungen in der Reihenfolge, in welcher
sie nach der herkömmlichen Ordnung der talmudischen Traktate auf
einander folgen. Alles im Talmud vorkommende, durch den Meinungs-
austausch der Amoräer entstandene Beiwerk ist weggelassen und überall nur die für das religiöse Leben maßgebende Entscheidung angegeben und begründet. Mit emsigem Fleiß und gründlicher Sachkenntnis fügte ‎ראש‎ jedesmal die Ansichten der nachtalmudischen
Lehrer über den vorliegenden Fall hinzu und berücksichtigte dabei
besonders die Tossafisten. Auch selbständige, scharfsinnige Erörterungen sind nicht selten eingestreut. Auf diese Weise brachte er
einen großen Teil der wissenschaftlichen Ergebnisse, welche die früheren
Jahrhunderte zu Tage gefördert hatten, für die späteren Geschlechter
in Sicherheit. Das ganze umfangreiche Gebiet abermals zu einer
höheren Einheit zu verschmelzen, blieb seinem gelehrten Sohne, dem
Erben seines Geistes, R. Jakob, vorbehalten.

e) R. Jakob b. Ascher.

R. Jakob war der vierte Sohn seines Vaters R. Ascher. Ihm
war das Glück nicht hold. Er lebte in ärmlichen Verhältnissen und
hatte stets mit Not und Sorgen zu kämpfen. Ein hohes Alter hat

er wohl kaum erreicht und starb schon ums Jahr 1340. So sehr es ihm aber auch an irdischen Glücksgütern gebrach, so groß war der Reichtum seines Geistes und seines Gemütes. Mit sämtlichen literarischen Erzeugnissen der nordfranzösischen, deutschen und spanischen Halachisten war er auf das gründlichste und eingehendste bekannt und benutzte seine vollkommene Beherrschung dieses umfangreichen und ausgedehnten Wissensgebietes dazu, um den ganzen weitschichtigen Stoff nach einem eigenen, klaren und durchsichtigen Plane zu ordnen. Alle religiösen Vorschriften, die nur auf die politische Gemeinschaft Israels im heiligen Lande Bezug haben, schloß er grundsätzlich aus und beschränkte sich zum erstenmal auf die Behandlung derjenigen Gesetze, welche die in der Fremde lebenden Juden erfüllen müssen.

Sein Buch besteht aus vier Abteilungen, die er, weil daraus wie aus den Edelsteinreihen auf dem Brustschild auf alle Fragen die Antwort zu holen war, die vier Turim[1]) nannte. Der erste Teil bespricht den Gottesdienst im engeren Sinne, nämlich die Pflichten gegen Gott, die der Israelit vom Aufstehen bis zum Schlafengehen an Wochentagen, Sabbaten, Festtagen, Halbfesten und Fasttagen zu erfüllen hat[2]). Im zweiten Teil sind die Vorschriften behandelt, welche dazu dienen, das tägliche Leben des Israeliten zu weihen und zu heiligen[3]). Der dritte Abschnitt enthält das Eherecht[4]), und der vierte das bürgerliche Gesetz und das Strafrecht, so weit es ein Rabbiner zu handhaben befugt ist[5]). Alle Bestimmungen sind bis auf die geringste Einzelheit mit peinlicher Gewissenhaftigkeit gesammelt und für den bequemen, praktischen Gebrauch übersichtlich zusammengestellt. Der Verfasser schrieb in erster Linie nicht für den Forscher, der den religiösen Gedanken der Gesetze erkennen will, sondern hatte nur den Wunsch, den Rabbinern seiner Zeit eine Richtschnur für ihre praktischen Entscheidungen in die Hand zu geben. Wie trefflich es diesen Zweck erfüllte, zeigt die große Beliebtheit, die es allgemein gewann und bis auf die Gegenwart behauptet hat.

---

[1]) אַרְבָּעָה טוּרִים (2. Mos. 28, 17).

[2]) Er heißt אֹרַח חַיִּים, „Pfad des Lebens" (vgl. Spr. Sal. 15, 24).

[3]) Er heißt יוֹרֵה דֵעָה und „lehrt die Erkenntnis" (Jes. 28, 9).

[4]) אֶבֶן הָעֵזֶר, „Stein der Hilfe" (I. Sam. 7, 12).

[5]) Er heißt חֹשֶׁן מִשְׁפָּט, „Brustschild des Rechtes" (II. Mos. 28, 29).

Wir besitzen außerdem einen Bibelkommentar von R. Jakob, in welchem wir zwei Bestandteile unterscheiden können. Er gibt zuerst überall mit Heranziehung der großen Vorgänger treffliche Wort- und Sacherläuterungen. Daneben führt er eine ganz neue Erklärungsweise durch, indem er versucht, die überlieferten haggadischen Deutungen als schon im Texte befindlich und erkennbar aufzuzeigen und so die Übereinstimmung des Wortlautes mit dem Midrasch nachzuweisen. Ein kurzes Beispiel möge diese eigenartige Deutungsweise dem Verständnis näher bringen. Zu dem ersten Verse des Pentateuchs bemerkt er folgendes:

„Es findet sich im Midrasch, daß das erste Wort der heiligen Schrift[1]) darum mit dem zweiten Buchstaben des Alphabets, Beth, beginnt, weil mit demselben Buchstaben die gewöhnliche hebräische Bezeichnung für Segen[2]) anfängt, während der erste Buchstabe Aleph der Anfangsbuchstabe des Wortes ist, welches auf den Fluch[3]) hindeutet. Gott sprach: Ich werde die Thora mit Beth, dem Buchstaben, welcher Segen in sich birgt, beginnen lassen, damit die Welt zum Segen bestehe. — Aus den Buchstaben des ersten Wortes[4]) lassen sich zwei Wörter bilden, welche das Haupthaus[5]), das oberste, erste Haus bedeuten. Das deutet an: der erste Tempel war das zuerst geschaffene Gotteswerk, von welchem wir im Propheten Jeremias (17,12) lesen: „Als Thron der Herrlichkeit ist erhöht seit Anbeginn der Ort unseres Heiligtums." — Die ersten beiden Worte der heiligen Schrift haben in ihrem Zahlenwert[6]) ebensoviel, wie die Worte: „am Neujahrsfeste ist sie geschaffen worden." (Diese Übereinstimmung weist also auf die Überlieferung hin, daß der erste Tischri der Tag der Weltenschöpfung gewesen ist.) Oder: Das erste Wort hat den gleichen Zahlenwert wie die Worte: „um der Thora willen hat er (die Welt) gebildet"[7]). Oder: Es hat gleichen Zahlenwert mit den Worten: „Israel hat er ausgewählt aus den Völkern"[8]), und ferner mit den Worten: „Die 613 (religiösen Pflichten) hat er

---

[1]) בְּרֵאשִׁית.

[2]) בְּרָכָה.

[3]) אָרֵר.

[4]) Vgl. Anm. 1.

[5]) בֵּית רֹאשׁ.

[6]) Bekanntlich dienen im Hebräischen (wie u. a. im Griechischen) die einzelnen Buchstaben zugleich als Zahlzeichen. Danach haben die beiden ersten Worte der Thora בְּרֵאשִׁית (= 913) + בָּרָא (= 203) zusammen den Zahlenwert 1116. Denselben Wert ergeben die drei Worte בְּרֹאשׁ (= 503) + הַשָּׁנָה (= 360) ÷ נִבְרָא (= 253).

[7]) בְּרֵאשִׁית = 913 = בִּשְׁבִיל (613) + יְצַר (300).

[8]) בָּחַר (541) + עַם (210) + מֵעַמִּים (162) = 913.

geschaffen"[1]). Das will sagen: Gott hat die Welt zu dem Zweck geschaffen, daß Israel durch die Erfüllung sämtlicher (613) Gebote sie schmücke."

In dieser spielenden Manier wurde zu kümmerlichem Ertrage eine unglaubliche Fülle von Witz und Scharfsinn aufgewendet. Dadurch lebte an den Ufern des Tajo zur Zeit des Niederganges der spanisch-arabischen Wissenschaft in neuem Gewande jene geistreiche tändelnde, den klaren Wortsinn hintansetzende Deutungsweise wieder auf, die dreizehn Jahrhunderte früher an den Ufern des Nil modern gewesen war in den Tagen, da der Geist der hellenischen Wissenschaft daselbst im Absterben begriffen war. So gekünstelt und ungesund an sich diese Methode des Bibelstudiums war, so erfrischend und anregend wirkte sie immerhin auf die Juden in solchen Zeiten und Ländern, in denen, wie später in Polen und Rußland, jegliche Verbindung mit den Quellen wissenschaftlicher Erkenntnis für sie grundsätzlich abgeschnitten war. Wurde doch der jüdische Geist selbst unter drückenden Verhältnissen dadurch beweglich und lebendig erhalten.

Die Ascheriden waren die letzten hervorragenden Talmudmeister in Spanien, die durch namhafte Werke die Fortentwickelung der mündlichen Lehre beeinflußt haben. Durch die blutige Verfolgung im Jahre 1391 ging auch diese berühmte Familie in Toledo unter.

II. Die Juden in Spanien von 1391—1492

1. Äußere Schicksale der Juden.

Mit der blutigen Judenverfolgung von 1391 begann das letzte traurige Jahrhundert der jüdischen Geschichte Spaniens. Tausende haben bei jenem schrecklichen Ereignis den Tod gefunden, und 20,000 sollen zum Christentum übergetreten sein. Die gewaltige Zunahme der getauften Juden, Marannen genannt, wurde für das Geschick der glaubenstreuen verhängnisvoll. Durch den Übertritt zur herrschenden Religion war ihnen, sobald sich ihrem Reichtum oder ihrer Fähigkeit eine glänzende Stellung bot, jedes Hindernis aus dem Wege geräumt. Sie erlangten bald die einflußreichsten Ämter und verschwägerten sich mit den ältesten Adelsgeschlechtern des Landes. An so wichtigen Plätzen des öffentlichen Lebens konnten sie der allgemeinen Aufmerksamkeit nicht entgehen. Sie wurden in ihrem Tun und Lassen beobachtet und zwar um so aufmerksamer, als es bekannt-

---

[1] תרי"ג (= 613) + ש״ל (= 300) = 913.

lich ein kirchlicher Grundsatz war, gewaltsame Bekehrungen zwar zu
scheuen, bereits gewonnene Proselyten aber doppelt streng in ihrer
Gläubigkeit zu überwachen. Durch solche Kundschafterei drängte sich
der Geistlichkeit immer mehr die Gewißheit auf, daß die Neuchristen
bei der Taufe die religiöse Überzeugung nicht gewechselt hatten, ja
daß sogar die meisten von ihnen in der Stille die Vorschriften des
Judentums ausübten. Diesem Tun glaubte die Kirche um ihrer
Selbsterhaltung willen steuern zu müssen. Sie versuchte mit Wort
und Schrift für den Sieg des Christentums über die jüdische Lehre
zu kämpfen und ihre Heilswahrheiten den Ungläubigen möglichst klar
zu beweisen. Leider fand sie bei diesem Unternehmen aus der Mitte
der ehemaligen Juden bereitwillige Helfer; denn es gab gesinnungs-
lose Überläufer, die ihr jüdisches Wissen an die Kirche verkauften
und sich für Gold und Ehrenstellen zu feindseligen Angriffen auf
das Judentum hergaben. Sie rüttelten mit lästigen Bekehrungsversuchen an dem Reste seiner Treuen, denen das kanonische Recht
ohnehin eine derartige Sonderstellung anwies, daß sie allerwärts Haß
und Verachtung von seiten des christlichen Volkes erfahren mußten.

Von selbständiger Geistestätigkeit konnte unter solchen Umständen
bei den Juden kaum noch die Rede sein. Aber selbst im Nieder-
gange erzeugten sie noch bedeutende Männer, deren Leistungen uns
in erster Reihe wertvolle Beiträge zu der Geschichte ihrer Zeit liefern.
Sie zeigen, wie sich die Angegriffenen mit allen Kräften zur Wehr
setzten und in Verteidigungsschriften ihr Recht und den Vorzug ihres
Glaubens behaupteten. In feiner Satyre geißelte bei solcher Gelegenheit der berühmte Grammatiker Prophiat Duran (c. 1350
bis c. 1415) die Taufe eines Freundes, der dem Einfluß eines zum
Bischof emporgestiegenen gelehrten Überläufers, namens Paulus
Burgensis, erlag. Die Schrift wird nach dem Beginn ihrer einzelnen
Absätze: „Sei du nicht wie deine Väter!" genannt und spricht mit
so ironischer Zweideutigkeit von den Wahrheiten des Christentums,
daß sie die Christen eine Zeitlang zu ihren Gunsten auslegten und
für eine Verteidigungsschrift ihres Glaubens hielten. Eine andere
polemische Schrift besitzen wir von dem durch Stellung, Charakter
und Wissen hervorragenden Chisdai Kreskas.

2 Geistiges Leben der Juden. Chisdai Kreskas und Joseph Albo.

Chisdai b. Abraham Kreskas lebte in der zweiten Hälfte des vierzehnten Jahrhunderts (1340—1410) in Aragonien in sehr günstigen materiellen Verhältnissen. Trotz seines umfassenden talmudischen Wissens bekleidete er niemals das Amt des Rabbiners, stand aber allgemein in rabbinischem Ansehen. Er beschäftigte sich vorzüglich mit dem Studium der Philosophie und gelangte zu neuen und selbständigen Ergebnissen, die von späteren Denkern fleißig benutzt und fruchtbar gemacht worden sind. Kreskas sah ein, daß die besonders von Maimuni auf das Judentum übertragene Lehre des Aristoteles von der Aufgabe und Bestimmung des Menschen nicht geeignet sei, den religiösen Juden zu befriedigen. Er erkannte, daß die theoretische Erkenntnis allein keineswegs der Inbegriff der höchsten Glückseligkeit für den Menschen ausmachen könne. Darum versuchte er, die Gebiete der Philosophie und der Religion scharf von einander abzugrenzen und völlig unabhängig von einander zu machen, um so das Judentum gegen die Einwürfe der Denker endgültig sicher zu stellen. Während die Weltweisheit Gottes Allwissenheit auf das Allgemeinste beschränkte, um für die menschliche Willensfreiheit daneben Raum zu gewinnen, dehnte Kreskas das Wissen Gottes auch auf die Einzelheiten aus und glaubte somit an eine Alles im Ursprung kennende Vorsehung. Bestimme aber Gott alle Ereignisse vorher, so sei der Wille des Menschen nicht ganz frei, und seine Handlungsweise verdiene weder Lohn noch Strafe. In der Tat richte Gott auch gar nicht die Handlungen, sondern nur die Gesinnungen der Menschen. Das Selbstbewußtsein allein, und nicht die Tat unterscheide ja den Menschen vom Tiere. Die Herzensgüte, die eine edle Tat veranlasse, werde belohnt, und die niederträchtige Gesinnung, die zur bösen Tat dränge, bestraft. Es sei darum des Menschen wesentliche Aufgabe und Bestimmung, seines Herzens Triebe so zu zügeln, daß sie willig und freudig dem göttlichen Gebote folgen. Die tätige, hingebende Liebe zum Ewigen sei der wahre Weg zur Glückseligkeit, nicht aber die noch so große und tiefe Weisheit unseres Verstandes. Als das einzige untrügliche Hilfsmittel, das dem Menschen diesen Weg weise, sah Kreskas die göttliche Offenbarung an, welche die Väter am Sinai empfangen und unverfälscht von Geschlecht zu Geschlecht überliefert haben. So schied er zum ersten

Male scharf und klar die Glaubenslehren des Judentums von den allgemeinen Grundwahrheiten, auf denen jede Religion beruht.

Dieser wahrhaft gläubige Denker war eine treue Stütze der Verfolgten, obgleich er selbst seinen einzigen Sohn und Hab und Gut im Schreckensjahre 1391 beim Gemetzel zu Barcelona verlor. Mit Wort und Tat richtete er die Gebeugten auf und war ihnen ein stets hilfsbereiter Führer und Berater.

Sein bedeutendster Schüler war Joseph Albo (1380—1444). Er verteidigte das Judentum bei der Religionsdisputation von Tortosa, wohin der Papst Benedikt XIII. (1394—1417) die gelehrtesten Rabbinen Aragoniens berufen ließ. Der päpstliche Leibarzt, ein getaufter Jude, Josua Lorki oder Hieronymus da Santa Fé, hatte sich erboten, den Juden aus dem Talmud zu beweisen, daß der Messias in Jesus von Nazareth bereits erschienen sei. Der gewissenlose Proselyt quälte die geängstigten Gelehrten in endlosen Sitzungen, bei denen der Papst meistens anwesend war, und zog die Gespräche vom Februar des Jahres 1413 ab fünfzehn Monate hindurch in die Länge. Obwohl den Juden die Widerlegung der unbeweisbaren These leicht gelang, faßte Benedikt XIII. nichtsdestoweniger feindliche und gehässige Beschlüsse gegen sie. Nur dem Umstande, daß die Herrlichkeit dieses Gegenpapstes schon wenige Jahre später ein schnelles Ende nahm, hatten sie es zu verdanken, daß die böse gemeinten Verordnungen nicht in Wirksamkeit traten. Aber die Notwendigkeit, die Gotteslehre immer wieder gegen ihre Verächter verteidigen zu müssen, beeinflußte von da ab die jüdische Wissenschaft in Spanien und gab ihren Erzeugnissen unwillkürlich den Anstrich von Verteidigungsschriften. Einen solchen Eindruck empfangen wir von dem äußerst fesselnd geschriebenen Buche Joseph Albos über die Grundlehren des Glaubens[1]). Er prüfte die dreizehn Glaubensartikel, die Maimuni für den Israeliten festgestellt hatte, und gelangte zu dem Nachweis, daß nur drei davon in Wahrheit grundlegende Lehren des Judentums sein können. Was in den übrigen zehn Sätzen stehe, lasse sich als logisches Ergebnis aus jenen Hauptgedanken folgern. Wer das Dasein Gottes, die Offenbarung und die Lehre von der Unsterblichkeit zugebe, könne nicht umhin, auch die aus diesen Grundlehren hergeleiteten Glaubenssätze als wahr

---

1) עקרים.

anzuerkennen. Auf dieser Grundlage errichtete Albo ein neues Lehrgebäude der jüdischen Religion, indem er aus seinen drei Glaubensartikeln die sämtlichen Sittenlehren und Gesetze des Juden= tums ableitete und entwickelte. In einem wesentlichen Punkte wich er dabei von allen seinen Vorgängern auf diesem Gebiete ab. Er erklärte nämlich, daß der Glaube an die Erlösung durch den Messias nicht sowohl ein unerschütterlicher Glaubenssatz, als vielmehr höchstens eine aus uralter Zeit sich fortpflanzende jüdische Überlieferung sei, und bemühte sich, die auf das Messiasreich bezüglichen Schriftstellen dahin umzudeuten, daß sie einen Erlöser nur für das augenblickliche Elend ihrer Zeit verhießen. Offenbar hoffte der Philosoph, auf Grund dieser Behauptung der immer wieder aufgeworfenen Streitfrage zwischen dem Judentum und dem Christentum über den bereits er= schienenen und noch zu erwartenden Messias den Boden entziehen zu können. Die kühne und originelle Aufstellung verschaffte ihm jedoch nur arge Widersacher bei den eigenen Glaubensgenossen, ohne für die Polemik gegen die Christen irgend welche ersprießliche Dienste zu leisten. Ebenso wenig erfolgreich erwiesen sich die christlichen Bestrebungen, das Scheinchristentum der Maranen in ein auf= richtiges Bekenntnis des christlichen Glaubens zu verwandeln.

3. Die Austreibung der Juden aus Spanien.

Als alle Bemühungen der Kirche, das Judentum des Irrtums zu überführen und die Neuchristen durch Milde und Überredungskunst von der Wahrheit ihres neuen Bekenntnisses zu überzeugen, scheiterten, hielt sich die Kirche für verpflichtet, endlich mit Gewaltmitteln vor= zugehen und die Ketzerei der Maranen unnachsichtig auszurotten. Es gelang ihr jedoch erst dann mit ihren Plänen durchzudringen, als das von der Geistlichkeit beherrschte Königspaar, Ferdinand von Aragonien (1479—1516) und Isabella von Castilien (1474 bis 1504), seine Reiche vereinigt hatte. Ferdinand kam damals ohnehin aus eigensüchtigen politischen Gründen ihren Bestrebungen entgegen und setzte ein Ketzergericht (1480) ein, das die schlechten Christen an Leben und Gütern bestrafen durfte. Die entsetzliche Tätigkeit dieses Tribunals, welche darin bestand, die Glaubenstreue verdächtiger Christen selbst durch Folterqualen zu prüfen und zu läutern, begann in Sevilla. Bekannten die Gemarterten in ihrer Todesangst sich schuldig, so begnügten sich die Richter noch lange nicht mit diesem Geständnis, sondern zwangen ihre Opfer durch neue Qualen, zu Verrätern an ihren Verwandten und Freunden zu werden.

Durch ein besonderes Gesetz wurde es jedem Spanier bei Vermeidung der schweren Exkommunikation zur Gewissenspflicht gemacht, jeden der Ketzerei verdächtigen Mitbürger den Glaubensrichtern anzugeben. Nach dem ausführlichen Verzeichnis der Merkmale der Ketzerei, das dem Gesetze beigelegt war, mußte jeder den Inquisitoren gemeldet werden, der auch nur am Sabbath ein sauberes Hemd angelegt oder bessere Gewänder getragen, oder der am Versöhnungstage einen andern um Verzeihung gebeten, oder der sich sonst beim Gebete mit dem Gesicht zur Wand gewendet hatte. Die Kerker füllten sich durch solche Maßregeln schnell mit Ketzern, und schon am 6. Januar 1481 wurde mit allem kirchlichen Pomp das erste Auto da fé[1]) oder Glaubensgericht veranstaltet. Tausende von Marannen wurden in diesem Jahre verbrannt oder auf andere qualvolle Weise getötet. Ihr schreckliches Geschick zog natürlich auch die Juden in Mitleidenschaft. Sie hatten den Zorn der Kirche dadurch auf sich geladen, daß sie die heimlichen Glaubensgenossen in der Ausübung der rituellen Gebräuche unterstützt und ihrer religiösen Neigung steten Vorschub geleistet hatten. Darum fielen auch sie in die Hände der Inquisition und wurden bald als die Wurzel, aus der das Marannentum stets neue Nahrung zog, mit grimmigerem Hasse als die Neuchristen verfolgt. Von da ab war ihr Schicksal besiegelt. Wenn man mit tausend Martern die Getauften zur Treue gegen die Kirche zwingen wollte, durfte man die ungetauften Ungläubigen um keinen Preis mehr im Lande dulden. In den Gemütern der Geistlichkeit befestigte sich immer mehr die Überzeugung von der Notwendigkeit dieser äußersten Maßregel. Das Königspaar wurde erst für sie gewonnen, als es ihm gelungen war, mit den vereinten Streitkräften von Aragonien und Kastilien, Granada, das letzte Bollwerk der Araber auf der pyrenäischen Halbinsel, zu erobern. Als auf der Alhambra statt des Halbmondes das Zeichen des Kreuzes erglänzte und triumphierend verkündete, daß Spanien gänzlich von der Herrschaft der Ungläubigen befreit sei, da gelobte das fromme Königspaar, getreu den fanatischen Anschauungen seiner Zeit, nunmehr die völlige Glaubenseinheit in ganz Spanien herzustellen. Wurden mit den Mauren auch die

---

[1]) = actus fidei.

Juden vertrieben, so verloren die Marannen fortan jede Stütze und
jeden Anhalt für ihr unchristliches Tun und waren sicherer für die
Kirche gewonnen, als wenn man sie zu tausenden verbrannte. Von
diesem Gesichtspunkt aus unterzeichnete Ferdinand am 30. März
1492 den Verbannungsbefehl. Angesichts so unerhörter Ausschreitungen
des religiösen Fanatismus wäre es für den Menschenfreund eine gewisse Genugtuung, wenn er sich sagen müßte, daß ein wahrhaftes,
wenn auch mißleitetes und krankhaft überreiztes religiöses Gefühl
Ferdinand und seine Gemahlin zu so entsetzlichen Entschlüssen fortgerissen hätte. Allein die nackten Tatsachen widerstreiten direkt einer
solchen Annahme. Denn wo es sich um ihren weltlichen und materiellen, nach Heller und Pfennig zu berechnenden Vorteil handelte,
verstanden es beide, Ferdinand und Isabella, sehr wohl und
gründlich, den Religionshaß und den kirchlichen Eifer zum Schweigen
zu bringen. So trotzten sie, bis zum letzten Augenblick der Anwesenheit der Juden, dem kanonischen Verbot, jüdische Beamte anzustellen,
und vertrauten ihre Finanzen einem Juden an, weil er ihnen zu-
verlässiger und sachverständiger als andere Männer erschien. Es
war dies der edle und hochgebildete Don Isaak Abarbanel. Er
rühmte sich, von davidischem Geschlechte abzustammen und bestätigte
seine vornehme Herkunft durch den wahrhaften Adel seiner Gesinnung. Bis zu seinem siebenundvierzigsten Lebensjahre wirkte er
in seiner Vaterstadt Lissabon friedlich und unangefochten als ein
wohlhabender und hochangesehener Mann. Falscher Verdächtigungen
halber[1]) mußte er 1483 entfliehen und ließ sich in Toledo nieder.
Hier widmete er sich, angeregt von den gebildeten Juden der großen
Gemeinde, dem Studium des Gesetzes und schrieb nach längst ent-
worfenem Plane einen ausführlichen Kommentar zu den ersten und
letzten Propheten, der von der allgemeinen Bildung und Belesenheit
seines Verfassers glänzendes Zeugnis ablegte. Aber seine heitere
und angenehme Muße dauerte nicht lange. Denn schon nach einem
Jahre wurde er als ein tüchtiger Finanzmann an den Hof berufen
und verwaltete acht Jahre lang tadellos und ruhmvoll die Einkünfte des Staates.

Als der verhängnisvolle Ausweisungsbefehl erlassen war, eilte er
mit seinen Glaubensgenossen zum Könige und bot ihm unter Bitten

---

[1]) Vgl. S. 200 f.

und Tränen ein Lösegeld von dreißigtausend Dukaten an, wenn das
Edikt zurückgenommen würde. Unter die härtesten kanonischen Ge=
setze wollten sich die Juden willig beugen. Nur flehten sie, daß
man ihnen wenigstens den Aufenthalt in dem Lande gönne, darin
ihre Väter seit nahezu anderthalb Jahrtausenden gewohnt. Schon
schwankte der König. Da hörte der fanatische Großinquisitor Thomas
von Torquemada von den Verhandlungen, eilte herbei und rief
mit dem Kruzifix in der Hand dem Königspaar zu: „Judas hat
seinen Herrn für 30 Silberstücke verraten, Ew. Majestäten wollen
ihn für dreißigtausend verkaufen. Hier ist er, nehmt ihn hin und
verkaufet ihn." Die Juden wurden zurückgewiesen. Nicht minder
entsetzlich als das Auswanderungsedikt selber waren die näheren Be=
stimmungen, die sich daran knüpften und allen niederen Leidenschaften,
dem Haß, der Habsucht und Gewalttätigkeit der Masse, Vorschub
leisteten. Die Juden, die sich nicht taufen lassen wollten, mußten
bis zum 31. Juli das Land verlassen haben. Ihre beweglichen
Besitztümer durften sie mitnehmen und ihre liegenden Güter verkaufen,
aber keineswegs für bares Geld, sondern nur für Wechsel oder andere
entfernbare Gegenstände. Die Verordnungen wurden begründet durch
die Aufzählung all der erfonnenen Verbrechen, welche die Juden an=
geblich verübt haben sollten. Daneben schärfte man es den Christen
noch besonders als eine Gewissenspflicht ein, den Auswandernden
bei ihren Vorbereitungen keinerlei Hilfe und Vorschub zu leisten.
Mönche verfolgten die Unglücklichen mit ihren Bekehrungsversuchen,
aber die meisten folgten dem Ruf ihrer Rabbiner und Lehrer und
gingen unverzagt und Gott vertrauend in die ungewisse Zukunft.
Sie gaben ein Haus für einen Esel und einen Weinberg für einige
Ellen Leinwand und sprachen: „Läßt man uns leben, so leben wir,
und tötet man uns, so wollen wir umkommen, aber nimmer unseren
Bund brechen und unser Herz abwendig machen, sondern wandeln
wollen wir im Lichte Gottes, unseres Herrn." Abarbanel schrieb:
„Und so zogen wir aus, unfähig zum Widerstande, dreimalhundert=
tausend Fußgänger, Greise und Jünglinge, Weiber und Kinder,
an einem Tage aus allen Reichen des Königs. Wohin der Geist
uns zu gehen trieb, gingen wir, und unser König zog uns voran:
Gott war an unserer Spitze. Dieser rief aus: „Gott gehöre ich
an!" und jener widmete dem Herrn seine Kraft. Einige gingen
nach Portugal und Navarra. Aber bitteres Leid, schweres, finsteres

Ungemach traf sie überall, Raubgier und Hungersnot und Pest. Einige begaben sich aufs Meer und suchten in den Wogen einen Pfad, um hier dem Übel zu entrinnen und sichere Sitze zu suchen. Aber auch hier folgte ihnen das traurige Geschick. Viele wurden als Sklaven verkauft, viele verschlang das Meer, viele gingen durch Brand unter, der in dem Schiffe auf den Meereswogen entstand." Und der selbst flüchtige und verbannte Sohn[1]) eines Augenzeugen schloß in seinem Geschichtsbuch die Erzählung von dem unsäglichen Jammer dieser Verfolgung mit den Worten: Die eben erwähnte verhängnisvolle Vertreibung hat mich veranlaßt, mein Buch zu schreiben, damit die Nachkommen Israels wissen, was man uns in jenen Ländern und Ortschaften zugefügt. Denn siehe, es werden Tage kommen . . ." Sie sind gekommen.

Die treuen Söhne Israels aber bewahrten überall, wohin sie sich auch wandten, dem schönen Lande ihres Glücks und ihres namenlosen Elends die alte Liebe und Anhänglichkeit, und der süße Wohllaut seiner Sprache lebt noch heute im Munde der späten Enkel der Verbannten.

Zweites Kapitel
Die Juden in Portugal
(1204—1498).

Portugal ist das zuletzt entstandene christliche Reich auf der pyrenäischen Halbinsel. Seit dem zwölften Jahrhundert vereinigte sein starkes und weises Herrschergeschlecht allmählich die am Unterlauf der Flüsse an der Westküste gelegenen Landschaften unter seinem Szepter. Der räumlich wenig ausgedehnte Staat mußte alle Kräfte, über die er verfügte, noch sorgsamer zusammenhalten, als das benachbarte Kastilien und im wohlverstandenen eignen Interesse jede Ausschreitung gegen die seit uralter Zeit im Lande seßhaften Juden vermeiden und unterdrücken. Sogar eine ziemlich selbständige Verwaltung gestanden die einsichtigen Herrscher den Juden zu, indem der König einen Oberrabbiner über sie setzte, welcher nicht bloß ihre inneren Angelegenheiten zu leiten, sondern sie vollständig im Namen des König zu regieren hatte. Dieser Beamte war gewöhnlich

---

[1]) Joseph ha-Cohen in seinem עמק הבכא „Jammertal" (Vgl. Pf. 84, 7), übers. u. herausgegeben von M. Wiener, S. 69.

ein gelehrter, am Hofe angesehener Mann. Auch das Amt des
Almoxarifen wurde nicht selten einem Juden übertragen. Daß die
vergleichsweise günstige Lage der Juden, die etwa seit der Mitte
des dreizehnten Jahrhunderts gesetzlich geordnet war, einigermaßen
Dauer und Festigkeit erhielt, dafür sorgte der gesunde Sinn der
fleißigen und betriebsamen Bewohner. Die geographische Lage ihres
Reiches, die jede räumliche Erweiterung auf der Halbinsel selber
ausschloß, wies die Portugiesen schon früh auf die Schiffahrt und
den überseeischen Handel hin. Die kühnen Entdeckungsfahrten machten
das Land reich und verliehen den Einwohnern einen offenen, un-
befangenen und vorurteilslosen Blick, der sie die geistigen Fesseln
der Kirchenzucht nur widerwillig tragen ließ.

So kam es, daß hier im Jahre 1391 viele Juden und Scheinchristen
auf der Flucht vor den grausamen Bedrängnissen in Spanien eine
Zuflucht suchten und fanden. Zu ihnen gehörte auch Samuel Abarbanel,
der zeitweise sein Judentum hatte verleugnen müssen. Sein Enkel
Don Isaak, der seinen spanischen Glaubensbrüdern aufopfernde Hingebung bewies[1]), wurde der Stolz und die Zierde der Familie. Der
milde und menschenfreundliche König Alfons V. (1438—1481) zog
ihn an seinen Hof, machte ihn zu seinem Schatzmeister und vertrauten Ratgeber und übertrug ihm die Verwaltung seiner Finanzen.
Don Isaaks Haus war reich gesegnet durch Familienglück und Wohlstand. Es war ein Sammelplatz für die Künstler und Gelehrten
seiner Zeit ohne Unterschied des Stammes und des Glaubens. Dabei
trat der edle Mann mit Herz und Hand für seine Glaubensbrüder
ein, wo immer er ihr Elend in der Nähe oder Ferne mildern konnte.

Dieses behagliche Glück erfuhr ein jähes Ende, als Johann II.,
der Sohn seines Gönners, den Thron bestieg und, um ein starkes
Königtum zu schaffen, mit rücksichtsloser Energie den Einfluß des
hohen Adels zu brechen und zu vernichten trachtete. Nicht die nächsten
Verwandten des Königshauses schonte er bei diesem Unternehmen,
und auch Abarbanel, der zu den Edlen, die als angebliche Hochverräter hingerichtet wurden, in freundschaftlichen Beziehungen stand,
ließ er seine ganze Ungnade fühlen. Vor dem Zorn des Herrschers
floh der schuldlos Verdächtigte, ließ Hab und Gut im Stich und
rettete nur das nackte Leben. In Kastilien fand er eine zweite

---

[1]) Vgl. S. 197.

Heimat und von neuem Ruhm, Ehre und Ansehen, bis ihn die ent=
setzlichen Ereignisse des Jahres 1492 abermals unstät und flüchtig
machten.

In diesem Schreckensjahre suchten die spanischen Flüchtlinge,
die dem unvergeßlichen Vaterlande so nahe wie möglich bleiben
wollten, um Schutz und Obdach in dem benachbarten Portugal
nach. Einer Gesandtschaft von dreißig frommen und gelehrten
Männern machte König Johann II. die Zusage, daß gegen Zahlung
eines hohen Kopfgeldes eine größere Anzahl von Verbannten in
seinem Lande Aufnahme finden sollte. Auch versprach er, ihnen zu
mäßigen Preisen Fahrzeuge zu verschaffen, die sie zur See nach den
Orten führen sollten, die sie bestimmen würden. Nur mußte nach
acht Monaten das Land gänzlich geräumt sein. Etwa 120000
Juden überschritten unter diesen Bedingungen die Grenzen Portugals
und gingen daselbst neuen Qualen und Leiden entgegen. Die ge=
gebenen Versprechungen wurden nur halb und lau gehalten. Von
den obdachlosen Wanderern wurden für Kost und Aufenthalt un=
geheure Summen erpreßt. Tausende wurden von Seuchen und Krank=
heiten unterwegs dahin gerafft, und die eingeborenen Juden sahen
mit scheelen Augen und begreiflicher Furcht für die eigene Sicherheit
auf das Zuströmen der elenden und hilflosen Glaubensbrüder. Die
rohen Schiffsherren mißhandelten die Unglücklichen und erhöhten nach
Willkür die Preise für die Überfahrt, und die Gerüchte von der
grausamen Behandlung der vorwärts Eilenden lähmten den Mut
der erschöpften Nachzügler. So verstrich die Frist zum Durchzuge,
und nach deren Ablauf erklärte der König die Zurückgebliebenen für
seine Sklaven. Die Hofleute und die Großen des Reichs durften
sich nach Belieben Juden und Jüdinnen jedes Alters zum Besitz
auswählen. Mit unglaublicher Roheit wurden den Eltern alle zwei=
bis zehnjährigen Kinder entrissen und nach den neu entdeckten
Thomasinseln entführt, wo sie meist eine schnelle Beute des
Klimas und der wilden Tiere wurden. Die Ohren der Gewalt=
haber blieben taub gegen die Verzweiflung und das Jammergeschrei
der unglücklichen Eltern.

Bald mußten nun auch die eingeborenen Juden den Kelch des
Leidens bis zur Neige leeren. Als der König in einer schmerzhaften
Krankheit kaum seiner Sinne mächtig war, ließ er sich von den Geist=
lichen seiner Umgebung zu dem Entschluß fortreißen, alle Juden seines

Reiches gewaltsam der Taufe zuzuführen. Dem greisen Oberrabbiner,
der bisher hoch in seiner Gunst gestanden hatte, befahl er, mit dem
Beispiel der Treulosigkeit voranzugehen. Die Gewährung des Ver-
langens wollte er mit unerhörten Ehren belohnen, die Verweigerung
des Gehorsams mit dem Tode strafen. Es gelang dem siebzigjährigen
Manne zu entfliehen und nach mancherlei schweren Gefahren nach
Italien zu entkommen. Dem König aber brachte die Grausamkeit
gegen die Juden keineswegs die verheißene Genesung. Seine letzten
Lebensjahre waren ein ununterbrochener Kampf mit dem Tode, dem
er endlich 1495 erlag.

Sein Nachfolger, Emanuel der Große (1495—1521), zeigte
sich anfangs freundlich gegen die schwer bedrängten Juden. Er gab
ihnen die Freiheit des religiösen Bekenntnisses zurück und machte
sogar den gelehrten Abraham Zakuto, dem wir eine treffliche,
hebräisch geschriebene Chronik der jüdischen und der allgemeinen
Geschichte verdanken, zu seinem Chronisten und Hofastrologen. Bald
aber sah er sich durch seine weit ausschauenden politischen Pläne
auf denselben Weg der Unduldsamkeit wie sein Vorgänger gedrängt.
Er gedachte, durch die Ehe mit der ältesten Tochter Ferdinands
und Isabellas einst die ganze pyrenäische Halbinsel unter seinem
Szepter zu vereinigen. Die spanischen Majestäten waren dem Plane
nicht abgeneigt; aber sie erklärten, daß ihre Tochter nicht eher den
Boden Portugals betreten werde, als bis das Land vollständig von
den Juden gesäubert sei. Der staatskluge König mochte um der
Juden willen auf die Verwirklichung seines liebevoll gehegten Ent-
wurfs nicht verzichten und erließ am 24. Dezember 1497 den Befehl, daß bei Verlust des Lebens und der Güter alle Juden binnen
zehn Monaten, bis Ende Oktober 1498, das Land verlassen haben
müßten.

Im Stillen hoffte er freilich, während der gegebenen Frist durch
alle Künste der Schmeichelei und Überredung, durch in Aussicht ge-
stellten Lohn und angebotene Ehrenstellen die meisten wenigstens
äußerlich zum Bekenntnis des Christentums zu bewegen und so die
geistigen Fähigkeiten und den reichen Besitz der Juden im Lande zu
erhalten. Als aber alle Mittel der Milde fehlschlugen und im Frühjahr 1498 die gesamte Judenschaft mit geringen Ausnahmen den
Abzug vorbereitete, griff der König zu empörender Gewalt und ließ
plötzlich am Peßachfeste die Juden überfallen, alle Kinder unter vier-

zehn Jahren gewaltsam der Taufe zuführen und die Getauften an Christen verteilen. Diese unerhörte Grausamkeit rief entsetzliche Taten der Verzweiflung hervor. Tausende von Eltern gaben sich und ihren Kindern selbst den Tod. Tausende, die zur Auswanderung gerüstet waren, wurden erschlagen oder gewaltsam nach der Kirche geschleppt. Bei vielen siegte in dem Widerstreit der sittlichen Pflichten, der in ihren Gemütern entfacht war, die Elternliebe über die Glaubenstreue. Nur wenigen gelang es, glücklich mit ihren Familien zu entkommen. Zwanzig Jahre später wurde die Inquisition eingeführt und tilgte allmählich die letzten Spuren der geheimen Anhänglichkeit an das Judentum.

Den himmelhohen, stolzen Bau seiner staatsklugen Pläne aber sah der König bald in Trümmer sinken. Die spanische Infantin starb noch in demselben Jahre 1498, in dem sie den von Strömen unschuldigen Blutes getränkten Boden Portugals betreten hatte, und das einzige Söhnlein, dem sie das Leben gegeben, folgte ihr ins Grab, nachdem es kaum das zweite Lebensjahr überschritten hatte. Durch eine ungewöhnliche Verkettung der Ereignisse wurde dann der spanische Thron das Erbe des habsburgischen Kaiserhauses. „Viel sind der Entwürfe im Herzen des Mannes, aber der Ratschluß Gottes, der hat Bestand." (Spr. Sal. 19,21).

Drittes Kapitel
Die Juden in Frankreich
(c. 1200—c. 1400).

1. Äußere Schicksale der Juden.

Den Anfang des 13. Jahrhunderts füllen die Leiden, die der Papst Innocenz III. (1198—1216) nicht bloß über die ketzerischen Albigenser, sondern auch über die unter ihnen wohnenden Juden verhängte[1]. Er nahm vielleicht nicht mit Unrecht an, daß der freie Verkehr mit gebildeten, angesehenen und hochgestellten jüdischen Männern denkende Christen zu verächtlicher Beurteilung der unwissenden und sittenlosen Geistlichkeit geführt haben könne, und ließ kein Mittel unversucht, um den jüdischen Einfluß zu brechen. Die Grafen, die bisher die Juden gerecht und unparteiisch behandelt hatten, ließ er durch Eid und Handschlag verpflichten, sie fortan durch Be-

---

[1] Vgl. oben S. 132 f.

schränkung ihrer Rechte und durch Abzeichen an ihren Gewändern zu demütigen, und mit Genugtuung sah er zu, wie der Kreuzzug, der gegen die Ketzer unternommen wurde, zugleich blühende Gemeinden der Ungläubigen, wie diejenige in der schönen Stadt Beziers, heimsuchte und aufrieb.

Mit begreiflicher Aufregung verfolgten darum die an eine geachtete Lebensstellung gewöhnten südfranzösischen Juden die gleichzeitig stattfindenden Kirchenversammlungen, weil sie richtig voraussahen, daß auf diesen nicht nur die kanonischen Gesetze gegen sie eingeschärft, sondern auch neue kränkende Erlasse ersonnen werden würden. In der Tat ging die von Innocenz III. ausgestreute Saat des Judenhasses in Frankreich blühend auf, als Ludwig IX., der Heilige genannt, regierte (1226—1270). Schon der Anblick eines Ungläubigen erfüllte ihn mit Abscheu, und Ketzer und Ungläubige in Massen des Lebens zu berauben, hielt er für keine Sünde. Darum schritt er nicht ein, als im Jahre 1236 die Krieger, die sich zu einem neuen Kreuzzug sammelten, Tausende von Juden töteten. Aus bloßem Glaubenseifer vertrieb er sie sogar 1254 aus allen seinen Gebieten, rief sie aber schon nach kurzer Zeit aus rein weltlichen Interessen wieder zurück.

Viel schonungsloser und gewalttätiger als er verfuhr sein staatskluger Enkel Philipp IV., der Schöne (1285—1314), mit den Juden. Er mißhandelte sie nicht, wie der heilige Ludwig, in der Überzeugung, daß ihre Vertilgung ein Gott wohlgefälliges Werk sei, sondern lediglich im Interesse des Eigennutzes und der Habgier. Für ihn gab es wie für seinen Ahnen Philipp August kein Gewissensbedenken, wenn er einen Vorteil für sich oder für den Staat im Auge hatte. Das Streben, die Besitzungen und Güter der Krone zu vermehren, erfüllte ihn so schrankenlos, daß er jede milde Regung des Gemüts bei der Auswahl der Mittel, die ihn zu seinem Ziele führen konnten, rücksichtslos unterdrückte. Davon zeugt die ruchlose Manier, in der er den Templerorden vernichtete. Noch formloser und einfacher verfuhr er gegen die Juden seines Gebietes. Er erließ einen heimlichen Befehl, alle jüdischen Einwohner seines Reiches von Groß bis Klein an einem Tage plötzlich und unerwartet gefangen zu nehmen. Den Eingekerkerten befahl er, ohne Aufschub binnen Monatsfrist das Land zu verlassen, widrigenfalls sie getötet würden. Am Tage nach dem Fasten wegen des Tempelbrandes, dem (10. Ab =) 22. Juli

1306, wurde die Maßregel in rohester Weise zur Ausführung ge=
bracht. Den Unglücklichen ließ man von all ihrem Vermögen nichts
als die Kleider, die sie am Leibe trugen und Wegzehrung für einen
einzigen Tag. Mehr als hunderttausend Juden, deren einziges
Verbrechen darin bestand, Vermögen zu besitzen, mußten so den ur=
alten Wohnplätzen ihrer Ahnen und den berühmten Pflanzstätten
ihres religiösen Wissens den Rücken kehren und unstät und flüchtig
neue Wohnplätze suchen. Alles, was sie besaßen, verfiel dem Könige.
Als ihm das Gerücht zu Ohren kam, daß die Fliehenden in ihren
Häusern, in der Hoffnung auf baldige Rückkehr, reiche Schätze ver=
graben hätten, erlaubte er einigen Juden, in Frankreich zu bleiben,
um ihm zu helfen, die versteckten Kleinodien ans Tageslicht zu fördern.
Auch diese jagte er erbarmungslos fort, als er glaubte, sie völlig
ausgebeutet zu haben.

Aber nur zu bald vermißte das Volk und die Edelleute die be=
triebsamen und zu Geldoperationen besonders brauchbaren Juden.
Ludwig X. (1314—16), der Sohn und Nachfolger Philipps des
Schönen, ließ sich leicht erbitten, sie zurückzurufen (1315) und ging
bereitwillig auf die Bedingungen ein, die ihm die Juden zu ihrer
Sicherheit stellen mußten, weil sie mit Recht an die Beständigkeit
der französischen Fürsten nicht mehr glauben konnten. Aber Briefe
und Urkunden allein erwiesen sich auch hier als ungenügend, das
Bewußtsein der jüdischen Rechtsungleichheit, das der Masse durch
eine Jahrhunderte lange Erziehung eingeimpft war, zu vernichten.
Denn sobald ihre Stellung zum Staate günstiger wurde, setzte die
Kirche ihre ganze Macht in Bewegung, um auf Grund des kanonischen
Rechts ihnen das Leben zu verbittern. Gelang es ihr auch nicht,
wie in Deutschland, alle ihre Ansprüche dauernd und wirksam durch=
zusetzen, und zwar aus Gründen, die im französischen National=
charakter und in dem Entwicklungsgange der französischen Geschichte
ihre Erklärung finden, so stachelte ihre Feindseligkeit doch immer
wenigstens die gemeinen Triebe des Pöbels mit Erfolg gegen die
Juden auf.

So kam es auch, daß sich im Jahre 1320, als Philipp V.
(1317—1322) den Gedanken an einen Kreuzzug erweckt hatte, in
Nordfrankreich eine große Zahl von Landstreichern zusammenrottete,
die den heiligen Krieg mit Judenmord begann. Die Räuber scharten
sich um einen Hirten, der seine göttliche Berufung vorgab, nannten

sich) insgesamt nach diesem Führer „Hirten" und wiederholten die
Greuel des Kreuzzuges unter dem heiligen Ludwig namentlich in
Verdun, Toulouse und Bordeaux. Sie sollen über hundert=
zwanzig Gemeinden dem Verderben preisgegeben haben. Etwa ein
Jahr später brachen neue Leiden über die französischen Juden herein,
als durch Aussätzige, die sich für ihre schlechte Verpflegung rächen
wollten, angeblich die Brunnen vergiftet worden waren. Auf der
Folter legte einer von ihnen das Geständnis ab, daß er von den im
vorigen Jahre verfolgten Juden das Giftrezept erhalten habe.
Tausende von Juden marterte und tötete man darauf hin. Und
obgleich die Beschuldigung sich schnell genug als böswillige Ver=
leumdung erwies, mußten die jüdischen Gemeinden dennoch wenigstens
ein Strafgeld von hundertfünfzigtausend Pfund zahlen.

Auch der „schwarze Tod" kostete in Frankreich, wie in allen
Ländern, wo diese entsetzliche Krankheit wütete, den Juden wegen
der niederträchtigen Nachrede, daß sie durch allerlei Zauberkünste
die böse Seuche heraufbeschworen hätten, noch besonders blutige
Opfer unter denen von ihnen, die die Pest verschont ließ. Trotz
solcher schauerlichen Erlebnisse ließen die Recht= und Heimatlosen in
dem Bewußtsein, nirgends auf Erden ein größeres Maß von Gnade
und Erbarmen zu finden, sich immer wieder herbei, unter irgend an=
nehmbaren Bedingungen selbst nur ein zeitweiliges Asyl in dem un=
gastlichen Lande zu erkaufen. Und die französischen Könige, die
während dieser ganzen Zeit sich meist in arger Geldbedrängnis durch
den endlosen Erbfolgekrieg mit England befanden, waren ihrerseits
gern bereit, nicht nur Verträge mit ihnen zu schließen, in denen
ihnen Sicherheit der Person und des Eigentums und selbst Schutz
und Beistand gegen den Druck der kanonischen Gesetze zugesichert
wurde, sondern auch diese Verträge von Zeit zu Zeit zu verlängern.
Ja Karl V. (1364—1380) verstand sich in seiner Not sogar dazu,
Juden in unbeschränkter Anzahl, wenn auch natürlich nur reiche und
zahlungsfähige, gegen große Geldsummen aufzunehmen und sie er=
träglich zu behandeln. Aber der unermüdliche Glaubenseifer der
Mönche und Priester bewirkte immer neue Ausweisungen, die sich
nur insofern vorteilhaft von denjenigen des Jahres 1306 unter=
schieden, als sie infolge der geschlossenen Verträge nicht mehr so
plötzlich und schonungslos hereinbrechen konnten. Endlich wurden
im Jahre 1394 von dem „vielgeliebten" Karl VI. (1380—1422),

die bisher zugestandenen Fristverlängerungen nicht mehr gewährt und alle ansässigen Juden ausgewiesen, so daß mit diesem Jahre die mittelalterliche Geschichte der französischen Juden abschließt.

Nur in den wenigen Landschaften, die damals der französischen Krone nicht unmittelbar ergeben waren (z. B. im Arelat, welches dem deutschen Kaiser untertänig war), erlangte der königliche Ausweisungsbefehl nicht ohne weiteres Giltigkeit. Auch behielten einzelne Städte (z. B. Marseille und Toulouse) das Recht, eine kleine Anzahl jüdischer Familien nach wie vor aufzunehmen und zu schützen. Von jeglicher Vertreibung verschont blieben sie allein in der Grafschaft Avignon, die dem päpstlichen Stuhle gehörte. Hier schützte sie, wie in allen päpstlichen Besitzungen, die kanonische Satzung, die ihre gänzliche gewaltsame Ausrottung verbot. Unter dem harten Joch des hier buchstäblich zur Wahrheit gemachten kanonischen Rechtes fristeten sie ein kümmerliches Dasein, und der eigentümliche, von den spanischen und deutschen Riten abweichende Synagogenritus, den sie ausbildeten, ist das einzige Zeugnis ihrer Geistestätigkeit, zugleich aber auch ein überraschendes Denkmal für die Rührigkeit und Widerstandsfähigkeit des jüdischen Geistes, der selbst unter härtestem Druck und den traurigsten äußeren Verhältnissen ein wenn auch noch so kleines und abgelegenes Gebiet zu frischem und fröhlichem Anbau sich zu retten gewußt hat.

2. Geistiges Leben der Juden.

a) Die Maimunisten im Süden und die späteren Tossafisten im Norden Frankreichs.

Das geistige Leben der französischen Juden bewegte sich, wie wir wissen[1]), in jener Zeit um zwei Brennpunkte: um die tossafistische Tätigkeit im Norden und um die Mitarbeit an der spanisch-arabischen Wissenschaft im Süden des Landes. Bei der Darstellung des Geisteslebens der spanischen Juden wurde bereits darauf hingewiesen, daß die besonders empfänglichen und beweglichen Einwohner der Provence es waren, bei denen die Gegensätze zum erstenmal mit einander in scharfe Berührung kamen und sich bald in schöner Harmonie vereinigten, bald leidenschaftlich einander bekämpften. So wurde das südliche Frankreich der haupt-

---

[1]) Vgl. S. 152. 163.

sächlichste Schauplatz des Streites für und gegen die Philosophie.
Denn hier in dem vielseitig gebildeten und freigeistigen Süden
lebten neben den begeistertsten Verehrern der maimunistischen Philosophie ihre heftigsten und rücksichtslosesten Angreifer. In Montpellier trat ein Jugendfreund Nachmanis, R. Salomon b. Abraham, mit seinem Schüler R. Jona Gerundi an die Spitze jener
Unzufriedenen, welche die moderne Wissenschaft als die einzige Quelle
des Unglaubens ansahen. Zwar fanden sie unter den Rabbinern
Südfrankreichs keine Bundesgenossen, aber desto leichter eifrige und
tatkräftige Parteigänger unter den Talmudisten des französischen
Nordens, deren bedeutendster damals R. Jechiel aus Paris war.
Sie taten gemeinsam die Freunde der freien Forschung in den Bann
und riefen dadurch die allgemeine Entrüstung der provençalischen
Hauptgemeinden hervor. Zusehends wuchs die Erbitterung der Gemüter, und selbst Nachmanides[1]), damals bereits einer der angesehensten Lehrer seiner Zeit, sah seine wohlgemeinten Vermittelungs-
versuche an der zunehmenden Unversöhnlichkeit der Gegner scheitern.
Ja, er mußte es erleben, daß Salomo und Jona Gerundi, deren
Anschauung ihm verständlich und deren Gesinnung der seinen nahe
verwandt war, völlig die Herrschaft über sich verloren und in be-
klagenswerter Verblendung hingingen, die eigenen Glaubensgenossen
bei den Dominikanern zu verklagen. Dieser Orden war vom
Papst beauftragt worden, in Montpellier wie in andern südfranzösischen
Städten die albigensische Ketzerei auszurotten, und verurteilte es
von seinem Standpunkt aus als höchst strafwürdig, daß man über
die Religion überhaupt nachzudenken wagte. Die Mönche sahen in
der jüdischen Ketzerei nur eine neue Giftpflanze, der Saat des Unglaubens entsprossen, und erblickten in ihr, vielleicht nicht ganz
ohne Grund, eine der Triebfedern zur Auflehnung der Christen
gegen die Allgewalt des Papsttums. Darum ließen sie sich leicht
bereit finden, die maimunischen Schriften in Montpellier einzuziehen
und öffentlich zu verbrennen (1233). Die gleiche Maßregel erwirkte Jona in Paris. Diese unerhörten gewaltsamen Eingriffe
riefen bei allen Juden in gleicher Weise unsäglichen Schmerz hervor. Alle empfanden diese Tat des Fanatismus als einen treulosen Verrat an den heiligsten Gütern. In der öffentlichen Meinung

---

[1]) Vgl. S. 178.

gewann durch die Unbesonnenheit der Gegner nur die Sache der
Maimunisten, und ein Dichter unter ihnen sang:

> „Sie haben die köstlichen Bücher verbrannt,
> Doch haben den Geist sie damit nicht gebannt.
> Ein reinigend Feuer sind ihre Lehren,
> Wie sollte die Flamme das Feuer verzehren!
> Sie wurden wie Thischbi (d. i. Elia) im feurigen Wagen,
> Wie Engel in Flammen empor nur getragen."

Noch mehr. Die Freunde R. Salomos vergaßen sich soweit,
die wissenschaftlichen Bestreiter ihrer Lehre den Behörden als Un=
gläubige zu denunzieren. Sie wurden aber, als sie der Verleumdung
überführt waren, mit grausamer Härte bestraft. Das Gericht zog
sie zu peinlicher Rechenschaft und ließ ihnen zur Strafe die Zungen
ausschneiden.

Diese Vorgänge steigerten auf beiden Seiten bei den Führern
der Bewegung die Feindseligkeit zu unversöhnlichem Haß. Jeder
hielt die übertriebensten Ausschreitungen gegen den anderen für sein
Recht und seine Pflicht. Unter solchen Umständen wirkte das per=
sönliche Auftreten eines frommen, gelehrten und gottesfürchtigen
Mannes wahrhaft versöhnlich und ausgleichend. R. Moses von
Coucy (c. 1200—1260), einer der letzten Tossafisten, empfand trotz
seiner vorherrschenden Liebe zum Talmudstudium eine tiefe Verehrung
für die Leistungen Maimunis und hoffte durch milde und freundliche
Belehrung die religiöse Leichtfertigkeit zu bannen, die durch den
falschen Eifer für die Philosophie in Südfrankreich und Spanien
viele Halbwisser und Scheinaufgeklärte zur Gleichgiltigkeit gegen
das Gesetz fortgerissen hatte. Er zog darum lehrend und predigend
in diesen Gegenden umher und eiferte überall für die Anerkennung
des Satzes, daß für den Juden ebensowohl die Bestimmungen des
Ritualgesetzes wie die Lehren der Sittlichkeit und Tugend verbind=
liche Gesetzeskraft besäßen. Seine Wirksamkeit war von segens=
reichem Erfolge gekrönt. Er milderte die Gegensätze, versöhnte die
Gemüter und führte viele von ihren Irrwegen zu wahrer Frömmig=
keit zurück. Auch ein größeres und noch heute wertvolles literarisches
Denkmal[1]) hat sich Moses von Coucy gesetzt. Bisher hatte man

---

[1]) Es hat den Titel ספר מצות גדול (akrostichisch: סמ״ג), d. h. das „große
Buch von den Pflichten". Einen Auszug daraus, betitelt ספר מצות קטן

auf verschiedene Weise versucht, den gesamten Überlieferungsstoff
anschaulich dem Geiste vorzuführen. Die einen hatten aus den
talmudischen Gesprächen, wie sie aufeinander folgen, einfach die
halachischen Ergebnisse gezogen. Andere hatten diese Ergebnisse
nach eigenen Gesichtspunkten systematisch geordnet. Moses aber
ging von dem überlieferten Standpunkt aus, daß es 613 Gesetzes-
bestimmungen gäbe, die bekanntlich in Gebote und Verbote zerfallen. Die Entwickelung jedes einzelnen dieser Gesetze verfolgte er
nun von seiner göttlichen Quelle bis zu seiner Mündung. Er
zeigte den Ursprung eines jeden in der heiligen Schrift und schilderte
seinen Gang durch Mischnah und Gemara, durch die Auffassungs-
weise der Gaonen und durch die Erklärungen der späteren großen
Lehrer in Israel bis auf seine Zeit.

Von seiner Wanderung durch Spanien zurückgekehrt, war Mose
einige Jahre später noch einmal berufen, gemeinsam mit seinem
Landsmann, dem gelehrten R. Jechiel aus Paris, und zwei
anderen französischen Rabbinern in einer für die Juden besonders
schmerzlichen Sache tätig zu sein.

b) Die Talmudverbrennung.   Die letzten Tossasisten.

War die Kirche erst einmal von den Juden selber zum Richter
über jüdische Lehren und Schriften berufen worden, so sprach sie sich
bald das Recht zu, auch sonst mit Aufmerksamkeit die Gedanken der
Juden beaufsichtigen zu dürfen, um vielleicht auf diese Weise eine
neue Handhabe zur Bekämpfung und Besiegung ihres Unglaubens
zu erhalten. Die Inquisitoren hatten darum ein feines Ohr für
das Murren der Unzufriedenen in Israel und wußten die Uneinigkeit in seiner Mitte geschickt zu schüren, um die verachteten und geschmähten Gegner womöglich für das Christentum zu gewinnen. So
konnte es sich ereignen, daß abtrünnige, aus der jüdischen Gemeinschaft ausgestoßene Personen den heftigen und leidenschaftlichen Papst
Gregor IX. glauben machten, es seien im Talmud, der bekanntlich
in Babylon geschrieben ist und das ihm unbekannte Christentum fast
gänzlich ignoriert, christenfeindliche Äußerungen enthalten. Der Papst

---

(akrostichisch): קס״ק), d. h. das „kleine Buch von den Pflichten" verfaßte
Isaak b. Joseph v. Corbeil (blühte um 1270), der Schüler und Schwieger-
sohn R. Jechiels von Paris, indem er diejenigen religiösen Pflichten, deren
Ausübung im Exil unmöglich ist, von der Behandlung ausschloß.

wurde dadurch veranlaßt, den christlichen Obrigkeiten die Einziehung sämtlicher Talmudhandschriften und deren Übergabe an eine kirch= liche Prüfungsbehörde zur Pflicht zu machen. Das Glaubensgericht sollte das Buch auf seinen Inhalt prüfen und nötigenfalls das Recht haben, es als eine Ketzerschrift öffentlich zu verbrennen.

Nirgends kam man so eifrig und peinlich diesem Befehle nach wie in Frankreich, wo damals der heilige Ludwig auf dem Throne saß. Da die Mönche sich ohne fremde Hilfe einen Blick in den Talmud nicht verschaffen konnten, wurden die Rabbinen gezwungen, an öffentlichen Religionsgesprächen über den Talmud teilzunehmen. Ein solches fand zum erstenmal 1240 am Hofe zu Paris statt. Den Rabbinen wurde anheimgestellt, die Anklagen zu entkräften, die ein sittlich verworfener, treuloser Jude, Donin, gegen den Talmud geltend machte. Da die Behörden dem jüdischen Überläufer unbedingten Glauben schenkten, blieb natürlich die Verteidigung der Juden un= beachtet, und das heilige, ihnen so teure Schriftwerk wurde von den Glaubensrichtern zum Feuertode verdammt. Im Jahre 1242 wurden vierundzwanzig Wagen mit Talmudhandschriften auf einem Platze in Paris öffentlich verbrannt.

Dieser Vorgang wirkte tief erschütternd auf die Gemüter der schwer heimgesuchten Juden. So war denn nunmehr der Feind in das letzte Heiligtum gedrungen, das die Elenden und Geknechteten bisher als ihren einzigen freien und ungeschmälerten Besitz angesehen hatten! Die rohe Gewalt griff jedem Juden ans Herz, welcher Richtung er auch sonst angehören mochte. Besonders ergreifend war der Ausdruck der tiefen und zerknirschten Reue, die sich des R. Jona Gerundi bemächtigte, als er es erleben mußte, was für Folgen sein Haß gegen Maimunis Lehren nach sich zog. Er wanderte büßend von Gemeinde zu Gemeinde, bekannte überall laut und öffent= lich sein sündhaftes Unrecht und gelobte, zu Maimunis Grabe zu pilgern, um dort die Verzeihung des großen Toten zu erflehen. Wo immer er lehrend auftrat, nannte er den einst viel geschmähten Namen des großen Weisen mit heiliger Scheu und Verehrung und bemühte sich redlich, überall die heftigen Angriffe auf seine Schriften zum Schweigen zu bringen und die Ehrfurcht vor ihm auch in dem Herzen der bildungsfeindlichen Frommen Wurzel schlagen zu lassen.

Nur mit großer Gefahr für Leib und Leben konnten sich von

jener Zeit ab die französischen Juden im Geheimen talmudische Handschriften verschaffen. Aber das ihnen aufgedrängte Geheimnis erhöhte den Reiz des Studiums, vermehrte die Anzahl der wissens= durstigen Jünger und füllte die tossafistischen Lehrhäuser mit Lern= begierigen jedes Standes und Alters. So blieb der ausgedehnte Wissensstoff in den scharfsinnigen Köpfen der französischen Weisen wach und lebendig. R. Jechiel hielt vor nicht weniger als drei= hundert Jüngern in Paris freie talmudische Vorträge, und immer neue Tossafotsammlungen erstanden wunderbarerweise gerade in dieser bücherlosen Zeit. Als aber immer drohendere und strengere Erlasse des Papstes und des Königs jedes Studium verboten und ver= hinderten, empfanden es die letzten Häupter jener Schulen als eine ernste Pflicht, alles, was ihre Vorgänger geleistet hatten, zusammen= zutragen und in praktischen allgemein verständlichen Handbüchern für die Zukunft zu retten. Am meisten verbreitet unter diesen Sammlungen ist diejenige, die wir dem R. Elieser aus Touques verdanken, der gegen 1270 blühte. Sie bildet den Grundstock der in den gedruckten Talmudausgaben aufgenommenen Tossafot [1]).

c) Die letzten Vertreter der jüdischen Wissenschaft in Frankreich.

Während es den Verfolgungen der Kirche gelang, mit Hilfe der weltlichen Obrigkeit die Blüte der Wissenschaft in Nordfrankreich gänzlich zu zerstören, bewahrte der Süden des Landes, wo der Einfluß des Staatsoberhauptes ein weit beschränkterer war, noch für längere Zeit seine geistige Regsamkeit. In Montpellier gerieten zu Beginn des vierzehnten Jahrhunderts die Vertreter der verschiedenen

---

[1]) Die seit 1520 sämtlichen Talmudausgaben beigedruckten Tossafot er= strecken sich über 38 Traktate. Gerson von Soncino, der berühmteste jüdische Buchdrucker des fünfzehnten Jahrhunderts, der aus Deutschland stammte und 1534 in Konstantinopel starb, schaffte die Handschrift, aus der sie entnommen sind, aus Chambery herbei. Sie enthielt Glossen zu 22 Traktaten des Talmud, die R. Elieser von Touques aus den umfangreichen Sammlungen des R. Simson von Sens (blühte 1200) und R. Mose b. Jomtob aus Evreux (blühte 1250) zusammengetragen und mit Bemerkungen späterer Lehrer und mit eigenen Ergebnissen bereichert hatte. Die Autoren der Tossafot zu den übrigen 16 Traktaten waren R. Baruch b. Isaak aus Worms (blühte 1200), der Enkel eines nicht näher zu bestimmenden R. Isaak, R. Meir b. Baruch aus Rothenburg (st. 1293), die Gebrüder Mose und Samuel aus Evreux (1250), die Schüler des R. Perez b. Elijahu aus Corbeil (1270), Samuel b. Mose aus Falaise (1250) und Simson b. Abraham aus Sens (1200).

Richtungen, die noch immer innerhalb des Judentums beſtanden, von neuem heftig aneinander. Neben dem wiſſensfeindlichen Abba Mari, der den allgemein verehrten und friedliebenden R. Salomo Jbn Adret für ſeine Meinung zu gewinnen wußte, lebten in jener Gemeinde auch ſolche Männer, die leibliche und geiſtige Nachkommen der erſten verſtändnisvollen Verehrer der Wiſſenſchaft und beſonders der Philoſophie waren. Jakob ben Machir Jbn Tibbon, ein in allen Kreiſen zugleich als Talmudiſt, Arzt und Aſtronom hoch= angeſehener Gelehrter, war der Führer der gebildeten Juden, die den Beſiß weltlichen Wiſſens als die ſchönſte Zierde ihres Lebens an= zuſehen gewöhnt waren. Er ſah in der Achtung der Wiſſenſchaft eine perſönliche Beleidigung ſeiner Ahnen und gewann noch größeren Anhang, als ſich die Anſicht verbreitete, Abba Mari gehe darauf aus, das Andenken Maimunis zu ſchmähen und zu verkeßern, wie es einſt R. Salomo b. Abraham getan hatte. Der Enkel der Tibboniden verfaßte ein Sendſchreiben an Jbn Adret, das durch ſeinen ſcharfen mutigen Ton die Verſtimmung nur noch vergrößerte, ſtatt ſie zu mildern. Jbn Adret ließ ſich dadurch beſtimmen, den Bann über alle diejenigen zu verhängen, die während des nächſten halben Jahr= hunderts vor zurückgelegtem fünfundzwanzigſten Lebensjahre philo= ſophiſche Schriften leſen würden[1]. Der größte Teil der Gemeinde von Montpellier aber vereinigte ſich zu der Entgegnung, daß der Bann vielmehr jedermann treffen müſſe, der ſeinen Sohn aus religiöſen Bedenken am Studium einer Wiſſenſchaft hindern oder Maimuni und andere religiöſe Schriftſteller ihrer Philoſophie wegen zu be= ſchimpfen wagen ſollte. Jeßt ſuchte jede von beiden Parteien dem von ihr ausgeſprochenen Banne die allgemeine Anerkennung zu ver= ſchaffen. Die Freunde der Wiſſenſchaft fanden in Südfrankreich die rührigſten und eifrigſten Vertreter, die ihre Sache mit großem Mut und unleugbarem Geſchick zu führen wußten. Jhr beredteſter Anwalt war ein junger Dichter aus Beziers, namens Jedaja b. Abraham Penini, nach dem Ort ſeiner Herkunft auch Bederſchi genannt. Er richtete eine wohlgeſeßte Verteidigungsſchrift an Jbn Adret, in welcher er bei aller Höflichkeit und Beſcheidenheit feſt und entſchieden ſeinen Standpunkt wahrte. Nicht über die Achtung der Wiſſenſchaft ſeien er und ſeine Freunde irgend wie erbittert. Die Wiſſenſchaft erleide dadurch keine Niederlage und könne nimmer von einem Bann=

[1] Oben S. 186.

strahl getroffen werden. Gekränkt habe sie nur die Verachtung, mit
der er, der gefeierte Lehrer, von ihnen und von ihren Gesinnungs=
genossen im ganzen Süden Frankreichs als von abtrünnigen Ketzern
rede. Sein klares Urteil sei durch die schiefe und gehässige Dar=
stellung der Gegner getrübt. Sie liebten mit Hingebung und Inbrunst
die Wissenschaft, die seit den Tagen Saadjas zu jeder Zeit in
Israel gepflegt worden sei, und sie würden nimmer von ihr lassen.
Denn sie stütze den Glauben, sie vernichte tausend Vorurteile, sie
verscheuche Zauberei und Aberglauben, sie erwärme die Herzen und
erleuchte die Geister. Keinem Widersacher werde es gelingen, sie
verächtlich zu machen und durch Befehle zu erzwingen, daß man erst
alt und grau werden müsse, um die Wahrheit noch im Fluge zu
erhaschen. Der gefeierte Meister möge darum zur Ehre Maimunis,
den selbst die Nichtjuden hoch verehrten, zur Ehre der mit Unrecht
geschmähten Gemeinden und zu seiner eigenen Ehre mit allen Kräften
den gestörten Frieden wieder herzustellen trachten.

Dies Schreiben fand allgemeinen Anklang. Dem Verfasser
ward von den Zeitgenossen der ehrende Name des „Wohlredners"
zu teil. Und in der Tat besaß er eine hinreißende Beredsamkeit und
einen überströmenden Reichtum an zierlichen Wendungen, den er nach
der Weise der provençalischen Troubadours in kunstvolle Verse zu
zwingen verstand. Sein tiefes, weltschmerzliches Gemüt versenkte sich
gern in die der Menschheit bis auf den heutigen Tag ungelöst ge=
bliebenen Rätsel, welche die besten Denker und Dichter aller Zeiten
stets besonders angelockt haben. Seine besten Gedanken finden wir
in blühender Bildersprache in einem Lehrgedicht niedergelegt, welches
er „die Prüfung der Welt[1]" nannte. Es wurde von den Juden
viel gelesen und bewundert, und seitdem Moses Mendelssohn Proben
davon in deutschem Gewande mitgeteilt, auch von großen deutschen
Dichtern, besonders von Lessing und Goethe, sehr geschätzt. Ein
Abschnitt daraus lautet:

Ein wildbrandendes Meer ist die Welt, weitreichend und grundlos,
　　Eine Brücke die Zeit, schwebend darüber gebaut.
Morsch ist die Brück' und wankend, und nur an Seilen befestigt,
　　Die schon vor dem Entsteh'n waren bestimmt zum Vergeh'n.
Aber sie führet dahin, wo das unvergängliche Glück wohnt,
　　Führt zum Anschau'n hin dessen, der thronet im Licht,

---

[1] בְּחִינַת עוֹלָם.

Armbreit ist sie, die Brücke, von keinem Geländer umgeben,
    Und Du, Sterblicher, Du Sohn des vergänglichen Staubs,
Ach, von dem Tag' an, da Du geworden ein Pilger der Erde,
    Mußt auf der Brücke Du Dich treiben, der schmalen, umher.
Siehe den Steg, wie so eng er ist! Zur Rechten kein Ausweg,
    Keiner zur Linken — und noch pochst Du auf Namen und Macht?
Sieh, wie zur Rechten und Linken Vernichtung und Tod sich wie Mauern
    Drohend erheben — und noch hast Du ein Herz in der Brust?
Noch ist dem Arm die Kraft nicht entsunken, dem Busen der Mut nicht?
    Oder die Güter des Glücks, trotzest Du etwa auf sie?
Sie, die mit emsiger Hand Du in Haufen zusammengerafft hast?
    Den Dir Dein Bogen erkämpft, die Dir gefangen Dein Netz?
Willst Du sie des gewaltigen Meeres wildzürnender Woge
    Stellen entgegen als Damm, wenn sie sich himmelan türmt,
Vom Sturm Gottes gepeitscht? Sag' an, wenn sie donnernd daher braust,
    Wie willst Armer, Du retten Dein Hüttchen vor ihr?
Kannst Du besteh'n den Kampf mit den tosenden Wogen des Weltmeers,
    Welches Dich einschließt? Kannst Du ihm entreißen den Sieg?
O trink Du ihn nur aus, den schäumenden Becher des Hochmuts,
    Laß Dich berauschen vom Wein der Erhabenheit nur,
Ach, ein Betrunkener, wirst Du taumeln zur Rechten, zur Linken
    Auf dem gefährlichen Pfad, welchen zu wandeln Du hast,
Bis Du jählings hinab wirst stürzen in schreckliche Tiefen,
    Tief in den Strudel der Welt, dieses wogenden Meers,
Sinken von Abgrund wirst Du zu Abgrund sonder Errettung,
    Und kein Einziger spricht: „Gib ihn, o Tiefe, zurück!"

Die düstere Weltanschauung, die in diesem Gedicht und anderen Klageliedern Bederschis herrscht, war der Ausdruck der allgemeinen Stimmung unter den Juden seiner Zeit. In dem endlosen Hader der Parteien hatten sich die edelsten Kräfte erschöpft, und auf der ganzen Linie erscholl der Ruf nach Frieden. Der Friede kam, aber es war der Friede des Grabes. Er trat ein, als Philipp der Schöne im Jahre 1306 die Juden austrieb. Die Streiter zerstreuten sich in alle Welt, und Bann und Gegenbann ward schnell vergessen. Jeder hatte zur Genüge am eigenen Elend zu tragen.

Um die Zeit jener verhängnisvollen Austreibung von 1306 stand der letzte selbständige Philosoph unter den französischen Juden im Jünglingsalter. Es war Levi b. Gerson oder Leon de Bagnols, genannt Gersonides (רלב״ג)[1]). Da der Graf von Provence sein unmittelbarer Landesherr war und er teils in der Heimat, teils in

---

[1]) רלב״ג = רבי לֵוִי בֶּן גֵרְשׁוֹן.

Avignon auf päpstlichem Gebiete lebte, litt er nicht persönlich durch
die harte Maßregel des Königs von Frankreich. Er konnte viel=
mehr in jenen Tagen in ungestörtem Frieden seine Studien fort=
setzen und vollenden. Unbekümmert um Ibn Adrets Bann, drang
er frühzeitig in die verschiedensten Gebiete des Wissens ein und trieb
mit rastlosem Eifer Arznei= und Naturkunde, Mathematik, Astronomie
und Philosophie, Bibelexegese und Talmud. Mit den seltenen
Schätzen, die er heimbrachte, bereicherte er seinen klaren, scharfen
und kühnen Geist, der ihn trieb die Wahrheit ohne jede Nebenabsicht
einzig um ihrer selbst willen zu erforschen. Gersonides trug nicht
einen Augenblick Bedenken, ausdrücklich zu erklären, daß es notwendig
sei, die Wahrheit selbst dann rücksichtslos ans Licht zu bringen,
wenn sie der heiligen Thora unmittelbar widerspräche. So über=
ragte sein allgemeiner wissenschaftlicher Standpunkt bei weitem den=
jenigen Maimunis, der bei allen seinen Untersuchungen über die
Übereinstimmung des Judentums mit der Philosophie stets als
wesentlichen Zweck vor Augen hatte, sein Teil zur Verherrlichung
des väterlichen Glaubens beizutragen. Für Gersonides dagegen war
absolute Voraussetzungslosigkeit und Unbefangenheit die Vorbedingung
jeder philosophischen Forschung. Er ging aus von dem Gedanken,
daß aus Nichts Nichts werden könne, und meinte, daß die Welt
durchaus aus einem Etwas, und sei es auch nur aus einem ganz
wesenlosen Urstoffe, entstanden sein müsse. Gott habe die Welt ge=
schaffen, indem er diesem dürftigen Stoffe eine Form und der Form
die Möglichkeit der Fortentwicklung verliehen habe. Er erhalte als
Vorsehung die Gattungen und Arten der Wesen, die in der Schöpfung
vorhanden seien, und habe den Menschen die charakteristische Be=
fähigung gegeben, durch die sich einzelne von ihnen bis zu einem
außerordentlichen Grade der Vollkommenheit ausbilden und ent=
wickeln können. Sie seien im stande, durch erhöhte geistige Erkenntnis
und durch erfolgreiche sittliche Läuterung Gott näher als andere zu
treten, und erlangten dann die Gabe, mit klarem, unverhülltem Blick
in die Zukunft zu schauen. Solche gotterfüllte Männer seien die
Propheten gewesen, denen wir die Gesetzgebung und die Anleitung
zur Sittlichkeit verdankten. Die Wunder, die sie wirkten, und von
denen die heilige Schrift Kunde gebe, bedürften von diesem Stand=
punkte aus keiner weiteren Erklärung, nachdem einmal das unend=
liche Wunder von der Erschaffung und Erhaltung der Welt all=

gemeinn anerkannt sei. Auf diese Weise gewann Gersonides mit
Hilfe seiner Gedankenschlüsse dieselben Vorstellungen, die die Thora
auf dem Wege der Gesetzgebung und der praktischen Belehrung als
heilbringend und beseeligend vorschreibt. Wie die göttliche Offen=
barung den Zweck verfolge, den Menschen zur wahren Glückseligkeit
zu führen, und diesen dadurch erreiche, daß sie bestimmte Anweisungen
für sein Verhalten gebe, daß sie Erzählungen vorführe, die ihm als
Muster und Beispiel dienen sollen, und endlich Lehren darbiete, die
seine Tugend und Sittlichkeit befördern wollen, so leite das richtige
Philosophieren den klaren Denker fest und sicher zu demselben hohen
Ziele. Denn der Philosoph gelangt zu dem versöhnenden End=
ergebnis, daß das unbefangene Denken nicht nur nicht dem richtig
verstandenen Schriftsinn widerspreche, sondern vielmehr oft erst das
rechte Verständnis für denselben erschließe. Obwohl Gersonides als
würdiger Enkel seines Ahnen[1]) Nachmanides ernst und streng
dem Gesetze gemäß lebte, wurde er von den Feinden der Wissen=
schaft nichtsdestoweniger wegen der Freiheit seiner Forschung und der
Rücksichtslosigkeit seiner Meinungsäußerung arg verdächtigt und ge=
schmäht. Sein Hauptwerk, in dem er seine Religionsphilosophie
auseinandersetzt, nannte man höhnisch statt „Kämpfe Gottes"[2])
„Kämpfe gegen Gott." Den stolzen Denker konnte derartiges Ge=
bahren nicht verwundern. Er sprach: „Für Leute solchen Schlages
ist eben der blinde Glaube gut genug. Möge sie der Durst nach
Wissen nie in ihrem Geistesschlummer stören." Um die Mitte des
vierzehnten Jahrhunderts (1344) starb der Gersonide. Sein geistiges
Vermächtnis wirkte anregend und befruchtend auf die späteren Ge=
schlechter und wurde besonders von den letzten großen Denkern
Spaniens, von Chisdai Kreskas und Joseph Albo, aufmerksam
benutzt und gewürdigt. Größere Beliebtheit und Verbreitung als
seine „Gotteskämpfe" gewannen seine ausführlichen Kommentare
zum Pentateuch und zu anderen biblischen Büchern, besonders
aber die moralischen Nutzanwendungen, die er jedem erläuternden
Abschnitte hinzuzufügen liebte.

Gersonides war die letzte hervorragende Persönlichkeit unter
den Juden Frankreichs. Seitdem nur zeitweise und vereinzelt einige

---

[1]) Sein Vater Gerson war Nachmanis Tochtersohn.

[2]) מלחמות ה׳.

Familien im Lande wohnen durften, hörte jede eigenartige Geistestätigkeit auf. Selbst der französische Ritus ging ein und lebte nur,
in Form und Inhalt mannigfach verändert, in wichtigen Bestandteilen in den deutschen und polnischen Synagogen fort.

Viertes Kapitel
Die Juden in England.
(c. 1200—1290).

Einen ebenso traurigen Verlauf wie das Geschick der französischen
Juden nahm das ihrer Brüder in England. Auch hier waren die
Quellen ihres Elends einerseits der von der Kirche ausgesäete und
im Stillen sorgsam gepflegte Glaubenshaß, der die alten unsinnigen
Märchen über jüdische Verbrechen in stetem Umlauf erhielt, und
andererseits die unbeschreibliche Geldnot, welche die Könige veranlaßte,
unter allerlei Vorwänden die grausamsten Räubereien an den Juden
zu vollführen. Der durch sträfliche Unbesonnenheit und launenhafte
Willkür ausgezeichnete König Johann ohne Land (1199—1210)
war ihr Beschützer, so lange seine störrischen Barone ihnen nach-
stellten, um sie als lohnende Beute dem verhaßten Könige abzujagen.
Er wurde aber, sobald die herkömmlichen Judensteuern seinen
schwelgerischen Bedürfnissen nicht mehr genügten, ihr rücksichtslosester
Bedrücker, der unerschwingliche Summen von ihnen erpreßte. Um
jene Zeit vereinigten sich viele gelehrte und fromme Juden Englands
mit französischen Genossen und wanderten nach dem heiligen Lande aus.

Nach den schweren Drangsalen trat eine kurze Zeit der Ruhe
ein, als Johanns Sohn, Heinrich III. (1210—1272) den Thron
bestieg. Er ernannte, wie sein Vater, einen lebenslänglichen Oberrabbiner, der mit weitgehenden Befugnissen ausgestattet war, dem
die Verteilung und Einziehung der Steuern oblag, und der anhängig
gemachte Rechtsstreitigkeiten nach jüdischem Rechte entschied. Da der
Herrscher wie seine Vorgänger seit Heinrich I. das freie und unbeschränkte Verfügungsrecht über Leib und Leben und alle Besitztümer
der Juden in Anspruch nahm, schützte er sie in gleicher Weise vor
dem Haß der Geistlichkeit und der Raubgier der Kreuzfahrer, wie
vor der Habsucht der Barone. Allein gerade dieses einseitige und
persönliche Verhältnis zum Könige wurde für die Juden verhängnisvoll.
Es verstärkte den Zorn und Neid der Adligen und Bürger, die gegen

den wankelmütigen und wortbrüchigen König wiederholt zu den Waffen
griffen und seinem Eigentum, zu dem auch der Juden ganzes Hab
und Gut gehörte, jeden Schaden zuzufügen trachteten. Und es erwies
sich andererseits als durchaus unzulänglich zu ihrem Schutze, je
schwächer und haltloser die Macht des Königs wurde, ja es wurde
sogar der unmittelbare Anlaß zu ihrem völligen Verderben, als der
leichtsinnige und verschwenderische König sich auf die Judensteuern,
als auf die wichtigste Einnahmequelle nahezu beschränkt sah. Auf
alle erdenkliche Weise und aus den nichtigsten Gründen wurden Un-
summen von ihnen erpreßt. Ein englischer Geschichtschreiber hat
ausgerechnet, daß während eines Zeitraumes von neun Jahren nicht
weniger als acht und eine halbe Million Mark von ihnen eingetrieben worden sind. Dazu kamen die Leiden, die sie während
der inneren Wirren mit den übrigen Einwohnern des Landes zu
teilen hatten, als Raub, Mord und wilde Anarchie im ganzen Reiche
herrschten. Vergebens erbaten sie sich die Gnade, auswandern zu
dürfen. So lange sie irgend leistungsfähig waren, blieb ihnen die
Entfernung aus dem Lande bei schwerster Strafe an Leib und Leben
verboten. In jener Zeit, in der nicht nur Edelleute an der Spitze
von Räuberbanden standen, sondern selbst Ordensgeistliche im Lande
umherschweiften und sich an fremdem Eigentum vergriffen, wandte
sich die entfesselte und von den Dominikanern aufgestachelte Volkswut
gegen die ohnehin so schwer heimgesuchten Gemeinden. Man fabelte
wie überall von Christenmord und Hostienschändung, und zahlreiche
Märtyrer fielen nach grausamen Folterqualen als Opfer des blinden
Fanatismus.

Der tragische Wendepunkt in ihrem Geschick trat endlich unter
Eduard I. (1272—1307) ein. Vergebens versuchte der ritterliche
König ihre Leistungsfähigkeit zu schonen und sie gegen jede Unbill
zu verteidigen. Seine besten Absichten scheiterten an den unheilbaren
Schäden, welche die früheren Mißregierungen hervorgerufen hatten.
Es traten außerdem unglückliche Zufälle ein, die dem Haß der Mönche
und des gemeinen Volkes neue Nahrung gaben. Besonders die
Dominikaner waren aufs höchste gereizt und erbittert durch ein Ereignis,
an dem die Juden völlig unschuldig waren. Ein Mitglied ihres
Ordens, das die jüdischen Schriften zum Zwecke der Judenbekehrung
studiert hatte, war durch die Beschäftigung mit dieser Literatur in
seinem angestammten Glauben wankend geworden und als Jude

heimlich außer Landes gegangen. Die Mönche glaubten sich verpflichtet, diese der gesamten Kirche angetane Schmach zu rächen, und
ihre Klugheit, Umsicht und Geschicklichkeit befähigte sie, den bösen
Anschlag durchzusetzen. Bald benutzten sie den Volksunwillen über
den Umlauf falschen Geldes, bald das grundlose Geschrei über den
Gebrauch von Christenblut, bald die Beschuldigung übermäßigen
Wuchers, bald das falsche Gerücht der Beschimpfung christlicher
Heiligtümer, um die Erbitterung gegen die Juden zu schüren, um
die Unglücklichen beständig in Angst und Schrecken zu erhalten und
den König zu harten Maßregeln gegen sie aufzureizen. So ward
ihnen das Leben verbittert, und ein englischer Schriftsteller bemerkt
mit Recht, daß die Juden Englands um jene Zeit allen Bedrängnissen
ausgesetzt waren, die einst ihre Ahnen in Ägypten zu erdulden hatten,
mit dem einzigen Unterschiede, daß sie jetzt Geld statt der Ziegelsteine
zu liefern hatten. Als sie, von allen Seiten geplündert und aus-
gesogen, immer tiefer in Not und Armut versanken, kam der König
schließlich zu der Erkenntnis, daß ihr Nutzen nicht mehr bedeutend
genug sei, um den Haß der Menge und die religiösen Vorurteile
aufzuwiegen. Er erließ darum den Befehl, daß sie bis zum
1. November 1290 das Land zu räumen hätten. Mehr als sechzehn-
tausend Seelen zogen schon vor der angesetzten Frist am 9. Oktober
übers Meer neuem Elend entgegen. Philipp der Schöne, der sie
anfangs in Frankreich aufnahm, wies sie schon nach einem halben
Jahre aus. Sie zerstreuten sich in alle Winde und mögen meist
nach Deutschland und dem Norden Spaniens gewandert sein.
Erst dreihundertfünfundsechzig Jahre später ließen sich jüdische Ansiedler wieder in England nieder.

Fünftes Kapitel
Die Juden in Deutschland.
(c. 1200 — c. 1500).
1. Äußere Schicksale der Juden.
a) Bis zum „schwarzen Tode".

„Es wäre eine schauerliche und undankbare Aufgabe, durch den
Verlauf von Jahrhunderten die Zeugnisse zu sammeln für die Unduldsamkeit, Barbarei, Gewinnsucht und den Aberglauben der Herrscher
und des Volkes und die beispiellose Widerstandskraft, Zähigkeit und

den Opfermut der Juden, die mit derselben Energie, mit der sie einst
den Römern getrotzt hatten, jetzt die Verfolgungen ertrugen und noch
Lebenskraft behielten. Es bietet kein eigentliches Interesse dar, zu
verfolgen, wie überall in allen Gegenden Deutschlands und der
gesamten christlichen Welt immer dieselben Gräuel von dem Landes=
herrn, der Geistlichkeit und dem Pöbel begangen wurden, wie immer
dieselben Vorwürfe, welche ebenso wie die Anschuldigungen, denen in
den Hexenprozessen Tausende zum Opfer fielen, das beklagenswerte
Erzeugnis unglaublicher Dummheit und abgefeimter Bosheit sind,
gesucht und gefunden wurden, um das unglückliche Volk zu peinigen
und zu martern. Deutschland steht in dieser Beziehung nicht niedriger
als die übrigen christlichen Länder, aber auch nicht über ihnen. Wenn
auch die meisten Anschuldigungen, welche den Juden verderblich
wurden, nicht in Deutschland, sondern bereits vorher in anderen
Ländern, besonders in Frankreich erfunden waren, so wurden sie doch
in Deutschland fast ausnahmslos geglaubt und zum Unglück für die
Juden ausgebeutet" [1]).

Vorläufig war ihre Lage unter dem Hohenstaufen Friedrich II.
zwar nicht günstig, aber immerhin erträglich. Dem staatsklugen und
in religiösen Dingen vorurteilslosen Kaiser, der in seinem Wesen die
kecke Zweifelsucht des Italieners mit der trotzigen und selbstbewußten
Kraft des Deutschen vereinigte, waren sie das bequeme Objekt, das ihm
Gelegenheit bot, sich durch äußerliche Handlungen den Anschein eines
guten katholischen Christen zu geben. Während er darum in seinem
Erblande Sizilien den mohammedanischen Ungläubigen, die er als
seine Söldner ansiedelte, ohne jedes Gewissensbedenken gestattete, nach
den Vorschriften des Koran zu leben, bemühte er sich in Deutschland,
seine mit argem Mißtrauen betrachtete Rechtgläubigkeit dadurch zu
heben, daß er mit Ernst und Strenge die kanonischen Satzungen
gegen die jüdischen Ungläubigen in Anwendung brachte. Als er
vernahm, daß in Österreich und anderwärts Juden zu Finanz=
beamten angestellt seien, verfügte er scharf und energisch, daß diese
und irgend andere Ämter ihnen zu entziehen seien. Nichtsdestoweniger
war es nicht eben selten, daß nach wie vor einzelne Juden die Gunst
und das Vertrauen ihrer Landesherrn gewannen und für die Dienste,
die sie leisteten, mit mancherlei Vorrechten belohnt wurden. Bei

---

[1]) Stobbe, Die Juden in Deutschland während des Mittelalters, Seite 181.

dem zunehmenden Druck, dem die Judenschaft ausgesetzt war, war
der am nächsten liegende und am meisten begehrte Vorzug, mit dem
sie sich ausstatten ließen, das Recht, von den besonderen Steuern,
die den Juden oblagen, frei zu bleiben. Aber derartige Privilegien,
die in der Regel gerade den reichsten und leistungsfähigsten Mit=
gliedern der Glaubensgemeinschaft zu teil wurden, erwiesen sich bald
als eine drohende Gefahr für die Leistungsfähigkeit der Gemeinden,
indem sie die Last der Abgaben auf die Schultern des schwächeren
und ärmeren Teils der Bevölkerung abwälzten. Zur Abwehr dieser
und ähnlicher gemeinschädlicher Übelstände traten in jener Zeit
wiederholt die angesehensten Rabbiner und Rechtslehrer zusammen
und machten Vorschläge zur Förderung des allgemeinen Besten. Eine
Versammlung, die im Juli 1223 in Mainz stattfand, ermahnte zu
strenger Redlichkeit im Handel und Verkehr mit Juden und Nicht=
juden, verbot den Gebrauch falscher Münzen und warnte vor An=
geberei und Verleumdung. Sie bedrohte mit dem Banne jeden, der
sich von der christlichen Obrigkeit ein religiöses Amt übertragen lassen
sollte, und verpflichtete auch diejenigen, die den Großen der Erde
nahe standen, unweigerlich ihren Anteil zu sämtlichen Gemeindelasten
beizutragen. Endlich entschied sie eine Reihe wichtiger Fragen auf
dem Gebiete des Ehe= und Erbrechts nach den Grundsätzen, die
von Alters her in den uralten Hauptgemeinden Deutschlands, in
Speier, Worms und Mainz (SchUM), üblich waren. Die Ge=
meinden unterwarfen sich schnell und willig derartigen gemeinnützigen
Beschlüssen. Auf diese Weise erhielten für die jüdischen Gemeinwesen
Deutschlands die Rechtsordnungen der erwähnten drei Städte[1]) all=
mählich dieselbe Verbreitung und Autorität, die zur gleichen Zeit die
Stadtrechte von Soest, Lübeck und Magdeburg für die neuen
Städte im Norden und Osten Deutschlands gewannen.

Bei weitem eifriger und nachdrücklicher als für die Anerkennung
der kirchlichen Unrechtsgesetze gegen die Juden trat der Kaiser für
die Aufrechterhaltung und Fortbildung der staatsbürgerlichen Sonder=
stellung ein, in welche die Kreuzzüge die Juden gedrängt hatten.
Friedrich II. war der erste Kaiser, von welchem wir mit Sicherheit
wissen, daß er sie als die speziellen Knechte seiner Kammer be=

---

[1]) Sie sind bekannt unter dem Namen קְהִלּוֹת שׁוּ״ם. Das Wort שׁו״ם

zeichnete[1]), Freilich interessierte ihn dabei am meisten die Zinspflicht, die ihnen auf Grund dieses persönlichen Verhältnisses zur Krone oblag, und er trug nicht Bedenken, von dem wertvollen Rechte, sie zu Abgaben heranzuziehen, einen ausgedehnten Gebrauch zu machen. Weniger dringend lag ihm der Schutz am Herzen, den er ihnen für diese Leistungen schuldig war. Er beschützte seine Juden höchstens von dem Gesichtspunkt aus, daß ihre Ertragsfähigkeit nicht Schaden leiden dürfe, wie etwa ein vernünftiger Landwirt sein Vieh vor jedem schädlichen Einfluß zu hüten sucht, um von ihm einen größeren Nutzen zu ziehen. Lau und lässig war denn auch in der Tat die Art und Weise, wie er ihnen seine Unterstützung zuteil werden ließ, als während seiner Regierungszeit mehrfach aus eitlen und nichtigen Gründen Not und Schrecken über sie hereinbrach. Die erste Veranlassung, ihn um seinen Beistand anzuflehen, hatten die Juden gegen Ende des Jahres 1235. Damals verdächtigte man sie des Gebrauchs von Christenblut, weil die Mörder einiger Kinder eines Müllers in Fulda nicht hatten ausfindig gemacht werden können. Daraufhin wurden die Juden überfallen und vierunddreißig Männer und Frauen getötet. Beide Parteien führten beim Kaiser bittere Klagen über die Mordlust der Gegner und bewirkten, daß er gelehrte Männer berief und ihnen die Frage vorlegte, ob die Juden wirklich wie man ihnen nachsagte, Christenblut zu ihren religiösen Gebräuchen nötig hätten; wäre das der Fall, so wolle er alle Juden im ganzen Reiche verderben. Obwohl die Sachverständigen erklärten, daß man nichts Gewisses über die Sache behaupten könne, wurden die Juden nicht etwa freigesprochen, sondern zu einer harten Geldstrafe verurteilt die in den Schatz des Kaisers floß. Die christlichen Judenmörder von Fulda aber erhielten volle Amnestie.

Kaum fünf Jahre später kamen neue Verfolgungen wegen eines anderen nicht minder unbegründeten Argwohns über sie, und dieses Mal ließ sie der Kaiser vollends im Stich. Während er in Italien seinen endlosen Hader mit dem Papste ausfocht, fielen im Osten des Reiches sengend und mordend die Mongolen ins Land. Das siegreiche und unaufhaltsame Vordringen dieser wilden Scharen, die

---

ist die akrostichische Zusammenstellung der Namen שפ״ירא oder אשפ״ירא (= Speier) וורמי״זא oder וורמיי״זא (= Wormatia) und מגנצ״א (= Moguntiacum).

[1]) S. oben S. 147 f.

in Asien große Reiche gegründet hatten, wirkte wie ein lähmender Schrecken auf die europäische Menschheit. Die Juden, die durch den Sohar von der mystischen Hoffnung beseelt waren, es werde mit dem Jahre 1240, dem Beginn des sechsten Jahrtausends nach ihrer Zeitrechnung, der verheißene Messias erscheinen[1]), sahen mit den Tataren das Elend heranziehen, das nach ihrer Erwartung der glückseligen Zeit der Erlösung vorangehen mußte. Diese harmlosen und verzeihlichen Träumereien wurden von ihren böswilligen Feinden als ein schlagender Beweis dafür ausgelegt, daß die heidnischen Mongolen von den ungläubigen Juden zur Rache gegen die Christen herbeigerufen seien, und der gefährliche Verdacht wandelte sich nahezu zur Gewißheit, als sich die Nachricht verbreitete, daß die Heiden besiegte jüdische Stämme, vielleicht Reste des Chazarenreiches, als Bundesgenossen in ihren Reihen mit sich führten. Viele mußten für diese Fabeln ihr Leben lassen, ohne daß es der kaiserliche Schutzherr für nötig fand, auch nur eine Untersuchung über die Vorfälle einzuleiten.

Mitleidiger als das weltliche Oberhaupt der Christen, das mit seinem Schwerte pflichtgemäß die Wehrlosen hätte verteidigen müssen, erwies sich damals der oberste geistliche Seelenhirt der Christenheit, wenigstens auf dem engeren Gebiete seiner Wirksamkeit. Papst Innocenz IV. erließ eine freundliche Bulle zum Schutz der Juden, in der er den unsinnigen Wahn der Blutbeschuldigung in seiner ganzen Albernheit aufdeckte. Aber sein Wort verhallte in Deutschland nahezu ungehört. Um so gewissenhafter waren die den Juden übel gesinnten Obrigkeiten auf die Ausführung einer anderen kanonischen Satzung bedacht. Sie begnügten sich nicht mit einem Abzeichen auf dem Gewande der Ungläubigen, sondern zwangen die Unglücklichen, sich durch eine entstellende, lächerliche Kopfbedeckung, bald durch gehörnte, bald durch auffallende, gelb, blau oder rot gefärbte Hüte dem Spott und Hohn der rohen Menge auszusetzen. Der Haß gegen sie wurde dadurch nur genährt und lokale Judenmetzeleien waren besonders an der Tagesordnung während der „kaiserlosen, der schrecklichen Zeit". Auch die Thronbesteigung Rudolfs von Habsburg tat dem allgemeinen Übel keinen Einhalt. Der in seinem Besitze äußerst beschränkte Graf, dem die Kaiserkrone uner-

---

[1]) Oben S. 181.

wartet zugefallen war, konnte nicht sehr wählerisch sein in den
Mitteln, durch die er sich Summen verschaffte, die er benötigte, um
den Stolz der widerspenstigen Großen allmählich zu beugen und zu
brechen. Wenn er für die schweren Abgaben, die er von den Juden
erhob, sie wiederholt seines Wohlwollens versicherte und ihnen die
bisherigen Rechte bestätigte, so ließ ihn doch die stete ernste Sorge
für die Sicherstellung des Landfriedens und die unabläffige kluge
Arbeit an der Vermehrung und Befestigung seiner Hausmacht nicht
dazu kommen, seinen redlichen Absichten energischen Nachdruck zu
leihen. Es blieb vielmehr beim Alten, und der Fanatismus und
der Notstand des Volkes, der unaufhörlich bald hier, bald dort Ver=
folgungen hervorrief, gestaltete die Lage der Gehetzten schließlich so
trostlos, daß viele Familien sich entschlossen, zum Wanderstabe zu
greifen und neue, friedlichere Wohnsitze aufzusuchen. Allein nicht
einmal dieser letzte Ausweg, den die Juden in der Verzweiflung
ihres Herzens einschlugen, wurde ihnen gegönnt. Denn die Aus=
wanderung der Begüterten lief auf eine zunehmende Schädigung der
Krongüter hinaus und wurde darum vom Kaiser gewaltsam hinter=
trieben. Er ließ den angesehensten Gelehrten[1]), der bereits die Alpen
überschritten hatte, auf dem Wege festhalten und ihn gefangen setzen,
weil er nicht mit Unrecht fürchtete, daß zahlreiche Schüler, Freunde
und Anhänger seinem Beispiel folgen würden.

Schlimmer als die auf einzelne Orte beschränkten Feindselig=
keiten waren die Schrecknisse, die im Jahre 1298, während Deutsch=
land von Thronzwistigkeiten zerrissen war, über die Juden kamen.
In einem Städtchen Frankens verbreitete sich plötzlich ein anderes
der gang und gäbe gewordenen Märchen. Es hieß, die Juden
hätten eine geraubte Hostie in einem Mörser zerstoßen, so daß Blut
daraus geflossen sei. Um diesen Frevel zu rächen, zog ein Edel=
mann, namens Rindfleisch, mit einer Horde von „Judenschlächtern“
umher und zerstörte mit Feuer und Schwert fast alle Gemeinden in
Franken und Bayern. Nur in Regensburg und Augsburg schützte
der Rat die Juden. Über hunderttausend Juden wurden in einem
halben Jahre umgebracht. Dem Tode entgingen nur diejenigen, die
sich zur Taufe schleppen ließen. Erst die Kaiserwahl Albrechts
gebot dem Elend Halt. Er mochte sich sein einträgliches Gut nicht

---

[1]) R. Meir b. Baruch von Rothenburg, vgl. unten S. 235.

in Grund und Boden verderben lassen und sagte den Kammerknechten abermals seinen kaiserlichen Schutz zu. Aber seine Zusicherungen und Urkunden blieben, wie die seiner Vorgänger, ein leerer Schall und ein unbeachtetes Stück Papier. Dagegen blieb das, was die Juden für solche billige Gunst zu leisten hatten, niemals ein wesenloser Schatten. Es wurde in klingender Münze von ihnen eingetrieben, ohne Rücksicht und ohne Schonung. Und je weiter das Mittelalter vorschritt, desto drückender wurden die Steuerlasten, die es den Juden aufzubürden wußte.

Erfinderischer als die früheren Kaiser war nach dieser Richtung der auch sonst als habsüchtig und ländergierig bekannte Ludwig der Baier. Er verpfändete, verkaufte und verschenkte die Juden willkürlich wie eine Sache an Fürsten und Städte. Dergleichen hatten freilich auch seine Vorgänger hin und wieder bereits getan. Er aber machte ein Mittel ausfindig, durch das, trotz dieses schmählichen Handels, den er mit ihnen trieb, für ihn und seine Nachfolger ein ständiges Einkommen von ihnen zu erzielen war. Er führte nämlich vom Jahre 1342 an den „goldenen Opferpfennig" ein, den dann alle seine Nachfolger mit großem Behagen für sich nutzbar machten, und setzte fest, daß fortan jeder Jude und jede Jüdin, die über zwölf Jahre alt wären, und die ein Vermögen von mehr als zwanzig Gulden besäßen, alljährlich einen Kreuzer von jedem Gulden an den Kaiser zu zahlen hätten, außer den Abgaben, die sie der Landesobrigkeit nach wie vor zu leisten hatten. Selbst einen Rechtstitel verstand man schließlich für die nagelneue Erfindung geltend zu machen. Man erinnerte daran, daß Vespasian die Tempelsteuer, welche die Juden jährlich nach Jerusalem entrichtet, auf das Heiligtum des Jupiter capitolinus übertragen hatte, und fand, daß der Kaiser durchaus berechtigt sei, diese Einrichtung seines römischen Vorgängers wieder herzustellen.

Mit der zunehmenden Steuerlast wuchs keineswegs in gleichem Maßstab die Sicherheit ihres Eigentums und ihres Lebens. Eher steigerten sich noch die Leiden und Verfolgungen. Im Elsaß, in Franken und Schwaben wütete drei Jahre lang (von 1336—38) eine Schar fanatisierten Gesindels. Ihr Führer, von einem Stück Leder, daß er sich um den Arm band, Armleder genannt, erklärte, er sei berufen, jetzt nach dreizehnhundert Jahren für den Tod Jesu an den Enkeln seiner angeblichen Mörder blutige Vergeltung auszuüben. Wiederum gaben Hunderte der Unglücklichen sich selbst und ihren Kindern freiwillig den Tod, um nur dem Wüten des Un= menschen zu entgehen.

Um dieselbe Zeit wurde in Deggendorf in Bayern den Juden eine Hostienschändung vorgeworfen aus dem einzigen Grunde, weil die Bürger einen Vorwand brauchten, um sich ihrer Gläubiger zu entledigen. Sie überfielen darum im Bunde mit den Rittern in ihrer Nähe plötzlich wehrlose Familien, verbrannten und beraubten die Unschuldigen und bauten zum Andenken an diese tapfere und fromme Tat eine Wallfahrtskirche, in der die angeblich von den Juden durchstochene Hostie als wundertätige Reliquie aufbewahrt wurde. Die Wut des Volkes pflanzte sich von hier über Bayern, Böhmen, Mähren und Österreich fort. Des Kaisers wieder= holte Befehle, die Juden zu schützen und zu schonen, wurden in dem Getümmel kaum gehört.

b) Bis zum Ende des Mittelalters.

Alle diese betrübenden Vorgänge waren nur das Vorspiel zu dem gräßlichen Drama des Jahres 1348. Gespensterhaft zog die Pest von Asien herauf und würgte ihre Opfer in ganz Europa. Entsetzen ergriff die Menschen, löste die Bande der Ordnung und Sitte und erfüllte mit neuem Irrwahn die Köpfe der Menge. Da tauchte das in Frankreich[1] während der Verfolgung der Aussätzigen erfundene Gerücht von der Brunnenvergiftung auch in Deutschland auf und brachte Tod und Verderben überall, wohin es drang. Nicht bloß der Pöbel, sondern auch die höheren Stände glaubten die Schauermär, und die Gerichte erzwangen durch die Anwendung der Folter zahllose Beweise für die Schuld der Juden. Wenn sie in allen Ländern Europas damals Unerhörtes litten, so hatten sie am meisten in Deutschland zu ertragen. Hier war die Not der Menge und der Neid der Großen am größten und verhängnisvollsten. Mit Recht bemerkt darum ein Straßburger Chronist: „Ihr bares Gut war in Wahrheit das Gift, daß die Juden tötete." Deutsche Rats= herrn aber ließen in unendlicher Verblendung die Quellen und Brunnen vermauern, weil ein Päckchen Gift alle deutschen Ströme vergiftet haben sollte.

---

[1] Oben S. 205 f.

Vergeblich blieb das Einschreiten des Papstes, vergeblich die Ermahnungen des Kaisers Karl IV., den die Furcht ergriff, daß seine ertragreichste Einnahmequelle gänzlich versiegen könnte. Das Volk marterte, verbrannte oder erschlug die Juden, wo sie sich sehen ließen. Ganze Gemeinden wurden damals ausgetilgt. Selbst da, wo der Rat sie ernstlich zu schützen und zu verteidigen versuchte, mußte er, wie z. B. in Straßburg, schließlich der Gewalt des Pöbels weichen und der Einsicht und Menschlichkeit zum Hohn die Scheiterhaufen lodern lassen. In Worms, Oppenheim und Frankfurt steckten die Juden mit eigener Hand ihre Häuser in Brand und kamen dabei ums Leben. In Mainz kam es zu einem Kampfe, in dem sechstausend Juden gefallen sein sollen. Ähnliche Gräuel geschahen überall vom Rhein bis an die Donau, in Thüringen, Schlesien und Österreich. Weder Fürsten noch Bischöfe und Ratsherrn vermochten der Mordlust und Raubsucht Einhalt zu gebieten. Nachdem die Untaten verübt waren, wurden nur in seltenen Fällen die Verbrecher bestraft; meist gab ihnen der Kaiser Gnadenbriefe, die ihnen jegliche Schuld verziehen. Aber um die Teilung des herrenlos gewordenen Judenguts brachen zwischen dem Kaiser und den Landesherren, die zuvor Ansprüche an die Einkünfte von den Erschlagenen und Vertriebenen gehabt hatten, oft langwierige Streitigkeiten aus. Bald genug kam ihnen die Erkenntnis der materiellen Einbuße, die sie erlitten hatten. Denn der augenblickliche Gewinn ersetzte in keiner Weise die früher regelmäßig von den Juden erhobenen Abgaben und Steuern. Nicht minder niederdrückend wirkte auf die Obrigkeiten der Anblick der greulichen Verwüstung, die Mord und Brand in vielen Städten angerichtet hatten. In den verheerten und verarmten Ortschaften vermißte man bald schmerzlich die zähe und rastlose Betriebsamkeit der jüdischen Bürger und rief sie schon nach kurzer Zeit selbst dahin zurück, wo man während der Pest beschlossen hatte, sie in alle Ewigkeit nimmermehr zu dulden. Unter solchen Umständen wurde das Recht, Juden aufzunehmen und auszunützen, ein von den Fürsten und Städten des Reiches immer eifriger erstrebtes Privileg. Bei der Neuordnung der Reichsgewalten gewährte Karl IV. dieses Recht im Jahre 1356 durch die „goldene Bulle" als ein besonderes Vorrecht den sieben Kurfürsten des Reiches. Höchst charakteristisch ist dabei die Form in welcher dies geschah. „Nachdem gesagt ist, daß die Kurfürsten in ihren Territorien alle

Bergwerksnutzungen von Gold, Silber, Zinn, Kupfer, Blei, Eisen, sonstigen Metallen und Salz haben sollten, heißt es dann weiter: „ebenso sollen sie Juden halten dürfen und die Einkünfte von den Zöllen erheben." Also Bergwerke, Zölle und Juden auf derselben Linie; die Juden erscheinen wie Bergwerke, aus denen sich nicht durch Arbeit, sondern durch Druck edle Metalle gewinnen lassen[1]".

Von dieser Zeit an wurden die Juden in immer größerem Umfange aus kaiserlichen allmählich landesherrliche oder städtische Kammerknechte. In erster Linie um des Geldes willen, dessen man so nötig bedurfte, bemühte man sich jetzt unter feierlicher Zusage ausreichenden Schutzes sie in dieselben Länder und Städte zurückzubringen, in denen man sie soeben um des Geldes willen rücksichtslos gequält und grausam vertrieben hatte. In der Tat siedelten sie sich nach und nach an ihren früheren Wohnplätzen wieder an, meist indem sie durch besondere Verträge auf eine Anzahl von Jahren von der Obrigkeit das Wohn= und Handelsrecht erwarben. Natürlich sah man sie und ihre Nachkommen nun nicht mehr als ortsangehörige Bürger, sondern nur als aufenthaltsberechtigte, fremde Kolonisten an, die eine bestimmte Zeit für ein bestimmtes Eintrittsgeld am Orte weilen durften. Im Grunde brach erst seitdem diese Gewohnheit um sich griff, die schreckliche Zeit an, in der die Juden wahrhaft ruhelos und flüchtig über die Erde wandern mußten. Von jetzt ab entsprach Jahrhunderte hindurch ihr Zustand genau dem Worte des Dichters:

> Die Taube hat ihr Nest, der Fuchs die Kluft,
> Der Mensch die Heimat, doch Juda nur die Gruft.
> 　　　　　　　　　　　　　　　　(Byron).

Wo immer man die Unsteten aufnahm, ließ man ihnen höchstens eine kurze Frist, um sich zu erholen und zu neuem Besitze zu kommen. Was Wunder, daß eben darum all ihr Sinnen und Trachten einzig darauf ausging, eiligst der Mittel habhaft zu werden, durch die sie sich für eine längere Zeit Ruhe und Frieden erkaufen konnten! Sahen aber die Christen, daß ihre Arbeit und Mühsal von Erfolg gekrönt war, so wurde das Geld abermals ihr Verhängnis und erweckte nur zu schnell die Mißgunst und Habgier der Edlen und

---

[1] Stobbe, a. a. O. S. 25.

Bürger, in deren Mitte es erworben war. Dann beschloß wohl die Obrigkeit von neuem, dem sündhaften Wucher gewaltsam zu steuern und das verbrecherische Volk erbarmungslos auszutreiben. In diesem endlosen Kreislauf derselben rohen Leidenschaften, in dem reiche Juden bald von der christlichen Gewinnsucht mit gleißnerischer Freundlichkeit zur Ansiedelung eingeladen, bald um der jüdischen Gewinnsucht halber von christlicher Mißgunst heimatlos gemacht wurden, verlief von jetzt ab die Geschichte der Juden in den Städten und Staaten Deutschlands. Bei der Beurteilung dieser regelmäßig wiederkehrenden beschämenden Vorgänge ist als leitender Gesichtspunkt daran festzuhalten, daß nur eine völlige Unkenntnis der damaligen Zustände, eine mangelhafte Vorstellung von der mittelalterlichen Rechtspflege und eine ungenügende Einsicht in die obersten Grundsätze der Volkswirtschaftslehre die Zinsen, die damals die Juden nahmen, als „wucherische" bezeichnen kann. Denn die nach unseren Anschauungen außerordentliche und fast unerschwingliche Höhe der Zinsen, wurde einfach von der nicht minder außerordentlichen Mangelhaftigkeit der Rechtspflege und Unsicherheit des Verkehrs beeinflußt. Dazu kam, daß es damals keineswegs im freien Belieben der Juden stand, sich nach ihrem Gefallen einen Beruf zu wählen oder gar an dem gewerblichen Leben der Städte sich zu beteiligen. „Die ganze Ausbildung des gewerblichen Lebens und des Innungswesens schloß den Juden von jeder Teilnahme an Handwerk und Handel aus, und es blieb ihm keine andere Wahl, als von Schacher und Wucher zu leben; denn der mittelalterliche Staat ließ ihm keine anderen Erwerbsquellen. Haben wir darum ein Recht, den Juden des Mittelalters vorzuwerfen, daß sie sich ausschließlich den Geldgeschäften zuwandten? Können wir es dem Hungernden verargen, wenn er zu viel von der einzigen Speise ißt, die man ihm darreicht?[1]".

Daß sie dabei übrigens zu übermäßigem Genießen niemals gelangen konnten, dafür trugen die geistlichen und weltlichen Fürsten nach wie vor redlich Sorge. Auf eine verblüffend einfache und erfolgreiche Weise verstand es vornehmlich Kaiser Wenzel, die reichen Juden arm und den eigenen leeren Beutel voll zu machen. Mit zahlreichen Städten, Ständen und Fürsten schloß er 1385 und abermals 1390 Verträge ab, in denen er kraft seiner Befugnis, mit den

---

[1] Stobbe, a. a. O., S. 104, 105.

Knechten seiner Kammer und ihrem Hab und Gut zu schalten und
zu walten nach Belieben, gegen eine einmalige Zahlung an ihn
selber, alle Schulden, die die Fürsten, Ritter, Herren, Bürgermeister,
Räte, Bürger und Untertanen bei den Juden hatten, sowohl das
Kapital als auch die Zinsen für aufgehoben und nichtig erklärte und
hinzufügte, daß jeder, der den Juden dennoch zu ihren Forderungen
verhelfen würde, als Räuber und Landfriedensbrecher behandelt und
mit seinen Verwandten zum Schadenersatz angehalten werden solle.
Um was für ungeheure Summen es sich handelte, kann man etwa
an dem Beispiel der Stadt Nürnberg ermessen, die für sich allein
durch die Schuldentilgung des Jahres 1390 rund eine Million
Mark gewann. Tausende jüdischer Familien wurden durch die un=
besonnene Maßregel, die auf Jahre hinaus den öffentlichen Kredit
auf das tiefste erschütterte, an den Bettelstab gebracht. So brachte
das letzte Jahrzehnt des vierzehnten Jahrhunderts den Juden
Deutschlands Elend und Verarmung, denen Spaniens Mar=
tyrium und Zwangstaufe (1391) und denen Frankreichs endgültige
Verbannung (1395). Mit gutem Recht urteilt daher ein chriftlicher
Schriftsteller: „Wohl niemals seit Juden in der Welt gelebt, ist
ihnen ein härteres Seculum, als das vierzehnte gewesen, daß zu
verwundern, wie noch ein einziger Jud in Deutschland bei solcher
massacre können übrig bleiben [1].“

Allein auch das neue Jahrhundert änderte an ihrem Ungemach
nicht das Mindeste. Es erneuerte ihnen nur die alten Leiden und
den alten Jammer. Den verhängnisvollen Anlaß dazu bot die
huffitische Bewegung und deren unselige Folgen.

Wie einst beim Kampfe gegen die Albigenser, so war auch jetzt
wiederum der Krieg gegen die Ketzer das Zeichen zur Niedermetzelung
der Ungläubigen. Alle Schrecken des Todes, der gewaltsamen Be=
kehrung und der freiwilligen Aufopferung für den väterlichen Glauben
kamen damals über die jüdischen Einwohner Böhmens, Mährens
und Schlesiens. Als nach zwanzig entsetzlichen Kriegsjahren voll
Mord, Brandschatzung und Plünderung die ganze Herrlichkeit Böhmens
in Schutt und Trümmern lag, machten die Huffiten ihren Frieden
mit der Kirche, und die Päpste gingen ans Werk, die treulos ge=
wordenen Herzen von neuem für den katholischen Kirchenglauben zu

---

[1] Schudt, jüdische Merckwürdigkeiten (Frankf. a. M. 1714), Bd. I, S. 455.

erwärmen. Sie bedienten sich dazu der zahlreichen Bettelorden, und
eines ihrer brauchbarsten Werkzeuge war der Franziskaner
Capistrano, der durch das Feuer seiner rohen, aber die Massen
gewaltig ergreifenden Beredsamkeit die Gemüter seiner aufmerksam
lauschenden Zuhörer fortriß und mit leidenschaftlichem Hasse gegen
jede Äußerung des Unglaubens erfüllte. Er eiferte in seinen Buße=
predigten gegen Wohlleben und Schwelgerei, gegen Ketzer und Un=
gläubige. Bei der bloßen Nennung seines Namens, erzählt rühmend
sein Biograph, hätten die Juden schon gezittert. Als „Geißel der
Hebräer" trat er besonders in Schlesien auf und ließ am 4. Juli
1453 allein in Breslau einundvierzig freventlich des Christen=
mordes beschuldigte und durch Folterqualen angeblich überwiesene
Juden auf dem Holzstoß verbrennen. Die übrigen aber wurden
nach Verlust ihrer gesamten Habe, und nachdem man ihre Kinder
geraubt und gewaltsam getauft hatte, arm und nackt und bloß ins
Elend hinausgetrieben. Das gleiche Schicksal erlebten damals die
übrigen Gemeinden Schlesiens, und es vergingen nahezu zwei Jahr=
hunderte, bis sich die Juden wieder in jenen Gegenden anzusiedeln
wagten.

Ähnliche Gräuel, wie sie Capistrano für die Juden im Osten
Deutschlands heraufbeschwor, ließ sein Ordensbruder, der Franziskaner
Bernhardinus, über die Gemeinden im deutschen Süden und
Westen hereinbrechen. Als in Trient, wo die Juden in friedlichem
Verkehr mit den christlichen Mitbürgern lebten, in der Osterwoche
1475 ein christliches Kind ertrank und zufällig am Ufer beim Hause
eines Juden landete, erhob der fanatische Mönch mit seinen Genossen
seine verleumderische Stimme gegen die jüdischen Einwohner der
Stadt und bezichtigte sie allesamt des Mordes. Die ganze Gemeinde
ward in den Kerker geworfen und gemartert, bis sie unglaubliche
Greueltaten zugestand. Sie starben gemeinsam auf dem Scheiter=
haufen, und nimmermehr sollte ein Jude den Boden von Trient be=
treten. Die frommen Mönche begnügten sich mit diesem gründlichen
Erfolge nicht. Sie ließen den Leichnam jenes dritthalbjährigen
Knäbleins, Simon, einbalsamieren und wie ein Heiligtum verehren.
Über die angeblichen Wunder, die er tat, streuten sie die abenteuer=
lichsten Gerüchte aus. In vielen Städten wurden diese Wunder
eine Handhabe, um den leichtgläubigen Pöbel gegen die Juden auf=
zuhetzen. Am verderblichsten wirkten sie in Regensburg. Mit

genauer Not war hier soeben der Judenmeister R. Israel Bruna
dem Tod durch Henkershand entgangen, nachdem der abtrünnige
Jude, der ihm einen Christenmord zur Last gelegt hatte, eingestanden
hatte, daß seine Beschuldigung erlogen gewesen sei. Da traf die
Nachricht ein, daß die Trientiner Juden ihr Regensburger Brüder des
gleichen Verbrechens, dessen sie selbst angeklagt waren, auf der Folter=
bank bezichtigt hätten. Jahrelang wurden die Juden auf die An=
klage hin gequält und ihr Vermögen unter Sperre behalten, bis sie
sich für achtzehntausend Gulden endlich die Freiheit erkaufen
konnten.

Unter solchem harten Druck endete das fünfzehnte Jahrhundert.
Während mit seinem Ausgang für die christliche Welt eine neue Zeit
heraufzuziehen begann, dauerte für die Juden das Mittelalter noch
dreihundert Jahre fort. Sie blieben während derselben fast überall
in staatsbürgerlicher und gesellschaftlicher Beziehung aufs tiefste ent=
würdigt und unter die Letzten und Niedrigsten herabgedrückt. Bei
alledem konnte durch die wunderbare Gnade Gottes ihre Glaubens=
innigkeit nicht geschädigt, ihre Sittenreinheit nicht befleckt, ihre geistige
Beweglichkeit nicht ertötet werden.

2. Geistiges Leben der Juden.

„Die Stellung des Juden mit dem alten Glauben, der un=
verstandenen Bildung, der Sehnsucht nach Jerusalem, mitten unter
Feinden und Barbaren, an Geist ihnen überlegen, untertan im Leben,
willfährig als einzelner, unerbittlich als Gesamtheit, zugleich gesucht
und gemieden, für eine ungeheure Zukunft mit Überzeugung duldend
und des morgenden Tages ungewiß: diese tragische Stellung erzeugte
jenen Gegensatz von unveränderlicher Beharrlichkeit und ununter=
brochener Veränderung. Menschen, die, wenn es bei ihnen brennt,
nicht gerettet, sondern in die Glut geworfen werden, über welchen,
weil die Berechtigung, Mensch zu sein, ihnen bestritten ist, das
Schwert stets schwebt, für die kein Leiden unerreichbar, und die in
jedem Augenblick über die Väter, über sich selber und über ihre
Kinder zu weinen haben, — denen mußte etwas einen Mut und
dieser Mut ihrem Leben eine Bedeutung geben; es mußte, über das
Beliebige und Individuelle erhaben, mächtiger sein als die Motive
zu unserer Kultur. Ein frommer Jude sein, um durch Leiden für
die Zeit des Messias und ein seliges Leben geläutert zu werden, das

war des Daseins Aufgabe und bestimmte den Inhalt des Lebens; dieses Allein war das Gegebene[1].“

Solche Anschauungen erhoben die deutschen Juden auf eine hohe Stufe der Tugend und Sittlichkeit. Ihr Familienleben war rein und innig, verschönt durch Treue, Emsigkeit, Nüchternheit und Enthaltsamkeit. Das Haus mußte sie für alles entschädigen, was ihnen draußen auf dem Marktplatz des Lebens genommen worden war. Dabei verengerte sich keineswegs ihr Sinn, sondern blieb voll lebendigen Anteils für die Gesamtheit. Niemals und nirgends fehlte es in jüdischen Gemeinden an Opferwilligkeit und selbstloser Hingebung des Einzelnen für die Glaubensgemeinschaft. Die gemeinsamen Leiden vereinten sie gegen den gemeinsamen Feind, und gemeinschaftlich ehrten sie das Andenken ihrer Märtyrer. Mit dem Zusatz „die Heiligen“ wurden ihre Namen in den Gedenk („Memor=“) büchern der Gemeinden verzeichnet und beim Festgottesdienst verlesen.

Die Hauptquelle dieser sittlichen Kraft war wie bisher die tiefe und gediegene Kenntnis der heiligen Literatur. Die tossafistische Beschäftigung mit der Halacha hatte auch in Deutschland weite Verbreitung gefunden und ist wunderbarer Weise sogar von Lehrern auf Schüler vererbt und überliefert worden unter Zeitverhältnissen, in denen sie kaum das geringste weltliche Gut ihren Nachkommen feststellen und sichern konnten. In der ersten Hälfte des dreizehnten Jahrhunderts lebte im deutschen Osten R. Mose ben Chisdai aus Tachau (in Böhmen), ein strenger Halachist. Fremdartig und unheimlich berührte ihn die freie geistige Auffassung des Judentums, die damals aus der Provence zu ihm herüberklang. Seinem naiv gläubigen Gemüte erschien jede vom buchstäblichen Sinne abweichende Deutung eines Bibelwortes oder einer Haggadastelle als vollendeter Unglaube und als bare Gottlosigkeit. Kühn und rücksichtslos bekämpfte er darum nicht bloß die Philosophie als die Wurzel alles Übels und die Gelehrten von Saadja bis Maimuni als dessen Verbreiter, sondern auch die mystisch=kabbalistische Deutungsweise, die nicht minder auf Kosten ihrer Grübelei die Herrschaft des Buchstabens zu untergraben geeignet ist. In Wiener=Neustadt liegt er begraben.

Sein Zeit= und vielleicht auch Amtsgenosse war R. Isaak b.

---

[1] Zunz, Zur Gesch. und Literatur, S. 178.

Moſes aus Wien, der ebenfalls ſeine ganze Kraft dem Studium
der Halacha widmete. Zur Erläuterung dunkler Partieen des Talmuds
ſtellte er nach der Weiſe der Toſſaſiſten eingehende Unterſuchungen
an, die er in einem beſonderen Sammelwerk, betitelt „Or ſarua"[1])
zuſammentrug. Man nennt ihn auch gewöhnlich R. Jſaak Or Sarua
(RJ͞A͞S)[2]). Er war der Lehrer des R. Meir von Rothenburg
(a. d. Tauber).

R. Meir b. Baruch galt als die hervorragendſte Perſönlichkeit
unter den deutſchen Talmudweiſen in der zweiten Hälfte des drei=
zehnten Jahrhunderts. Er war geboren in Worms, verlebte ſeine
Jugend in Würzburg und ſpäter in Frankreich und wirkte als
Rabbiner in den größten Gemeinden Deutſchlands, zuletzt in Mainz.
Wegen ſeiner umfangreichen Gelehrſamkeit und ſeltenen Lehrgeſchicklich=
keit erfreute er ſich ſchnell eines wohlverdienten Rufes. Zahlreiche
Schüler ſtrömten zu ſeinen Lehrvorträgen herbei, und von den
Glaubensgenoſſen aller Länder wurden Rechtsbeſcheide über die ver=
ſchiedenſten Fragen der Rechts= und Ritualpraxis von ihm erbeten.
Bei den oſteuropäiſchen Juden ſtand er in demſelben hohen Anſehen,
das damals in den weſtlichen Ländern Europas nur noch ſein Zeit=
genoſſe R. Salomo Jbn Adret genoß. In ſeinem Privatleben
zeichnete ihn Demut und Beſcheidenheit und eine beſonders ſtrenge
Peinlichkeit in der Beobachtung der religiöſen Satzungen aus. Man
verehrte ihn als „die größte Leuchte" ſeiner Zeit, eine Bezeichnung,
die man ſonſt nur den angeſehenſten Autoritäten, wie R. Gerſchon
und Raſchi, beilegte. Mit Recht fürchtete darum Kaiſer Rudolf
von Habsburg, daß dem beliebten und bewunderten Meiſter viele
Juden folgen würden, als er ſich wegen der großen Not der Zeit
zur Auswanderung entſchloſſen hatte. Schon war er glücklich bis
nach der Lombardei gekommen, wo der Kaiſer ihn als Geiſel für die
etwaigen Auswanderer in Haft nehmen und ſeit 1286 im Schloß
Waſſerburg und ſpäter auf der Burg Enſisheim im Elſaß gefangen
halten ließ. Die deutſchen Juden waren bereit, ihn für hohe Summen
auszulöſen, aber der edle Mann verbot es ihnen, weil er den Gewalt=
habern nicht ein neues Mittel in die Hand geben wollte, durch die
Einkerkerung berühmter Männer Geld zu erpreſſen. Er wurde übrigens

---

[1]) אוֹר זָרוּעַ, vgl. Pſ. 97, 11.

[2]) רִבִּי יִצְחָק אוֹר זָרוּעַ = רי״אַז.

in milder Haft gehalten und weder in seinen Studien noch in seiner literarischen Tätigkeit gehindert. Als er am 27. April 1293 im Gefängnis starb, gab die Obrigkeit seinen Leichnam nicht heraus. Erst nach vierzehn Jahren erkaufte ein frommer Mann, Süßkind Wimpfen aus Frankfurt, das Recht, die Leiche zu bestatten, und erbat sich als einzigen Lohn für seine Tat nur die Gunst, neben dem berühmten Lehrer bestattet zu werden. Beide haben auf dem uralten Friedhof zu Worms, der Vaterstadt Meirs, die letzte Ruhestätte gefunden.

Mit seiner ernsten, vornehmlich dem Studium der Halacha zugewandten Verstandesrichtung verband R. Meir ein wahrhaft dichterisches Gemüt. Seine Innigkeit und schwungvolle Begeisterung erinnert an die besseren Leistungen der jüdischen Dichter Spaniens, wenngleich in Form und Sprache sie an diese nicht heranreichen. Am weitesten verbreitet ist seine nach dem Versmaß der Zionide Jehuda ha-Levis gedichtete Elegie auf den Brand der Thora in Paris. Das Ereignis rief damals bei den Juden aller Länder unsäglichen Schmerz hervor. Das Trauerlied R. Meirs ist in das deutsche und polnische Ritual für den neunten Ab aufgenommen und lautet im Auszuge wie folgt[1]):

> „Wie? Du ein himmlisch Licht von Gott gesandt,
> An dir konnt' irdisch Feuer zehren?
> Und ist von deiner Glut sie nicht verbrannt,
> Die Hand, die es gewagt, dich zu zerstören? ...
>
> Hat darum Gott mit Feuer dich gegeben,
> Weil du einst solltest sein der Flammen Raub?
> Mocht darum er den kleinen Sinai erheben,
> Weil einst hinab du sinken wirst in Staub? ...
>
> Wirf, Sinai, hinweg dein Prachtgewand,
> Verhülle dich, gleich Witwen, schwarz und nächtig!
> Und meine Träne schwemme weg das Land
> Und wachse an zum Strome groß und mächtig,
>
> Und ströme fort und fort zu Moses Grabe
> Und poche fragend an des Grabes Pforte,
> Ob eine neue Lehre er denn habe,
> Daß darum man verbrannt hat deine Worte? ...

[1]) Es beginnt mit den Worten: שַׁאֲלִי שְׂרוּפָה.

Ist das der Doppellohn, den du versprochen
Zu unserm Erbe in dem heiligen Land,
Daß gleich der Stadt, die schwere Schuld verbrochen,
Man unser Kleinod auf dem Markt verbrannt? . . .

Seit deiner Harfen Saiten sind gesprungen,
Mag keines Sängers Stimme ich mehr lauschen;
Seit deiner Treuen Wehschrei ist erklungen,
Ziemt mir's, mein Kleid mit Bußgewand zu tauschen.

Ach, Allen strahlt des Tageslichtes Schimmer,
Nur dich, nur mich soll Finsternis bedecken!
Wird deiner nie dein Hort gedenken, nimmer
Die Liebe deiner Jugend mehr erwecken?

Nein! büßest du auch heute gramerfüllt,
Gott tröstet dich, denkt wieder deiner Söhne.
Dann schreitest du einher, in Schmuck gehüllt,
Und laut erschallen deine Jubeltöne.

Dann hebt auch mir das Herz sich hoch in Wonne,
Die finstern Nebel alle sind gefallen;
Dir leuchtet Gott, der Welten ew'ge Sonne,
In deinem Lichte alle Völker wallen!"

(Geiger.)

Wie tief und nachhaltig R. Meir auf seine Schüler wirkte, ergibt sich aus dem eigentümlichen Umstand, daß die beiden bedeutendsten unter ihnen, durch Länder und Schicksale von einander getrennt, denselben Zielen ihre Kraft widmeten. Der eine, dessen Tätigkeit wir bereits[1]) gewürdigt haben, war R. Ascher ben Jechiel, der gegen Ende des dreizehnten Jahrhunderts glücklich aus Deutschland nach Spanien entkam; der andere hieß R. Mordechai ben Hillel. Er schrieb ein halachisches Werk, das sich in gleicher Weise, wie das des R. Ascher, an al-Fāßi's kurzen Talmud anlehnte und in Deutschland bald eine weite Anerkennung und Verbreitung fand. Trotz der schweren Leiden blieb der Gelehrte dem Lande seiner Geburt sein Leben lang treu, besang in rührenden Selichoth das Ungemach seines Volkes und starb selbst mit seiner ganzen Familie im Jahre 1298 bei einer Metzelei in Nürnberg den Märtyrertod.

R. Mordechai und seine Zeitgenossen waren die letzten großen Gesetzeslehrer in Deutschland. Die nächsten Geschlechter fanden keinen

---

[1]) Oben S. 186 ff.

ruhigen Ort mehr für tiefe und ernste Geistesarbeit. Umfangreiches Wissen wurde immer seltener, und es kam vor, daß unfähige Leute sich zum Amte des Rabbiners und Volkslehrer drängten. Um diesem Übelstande vorzubeugen, ward es von jener Zeit an Gebrauch, daß nur derjenige die Rabbinerwürde bekleiden durfte, der eine schrift= liche Vollmacht zum Lehren[1] von einem bekannten Gelehrten bei= bringen konnte. Er erhielt dann den Titel „Morenu"[2], unser Lehrer.

Die wenigen kümmerlichen Zeugnisse geistiger Regsamkeit bei den deutschen Juden erstreckten sich während der letzten anderthalb Jahrhunderte des Mittelalters auf einige Sammlungen von Rechts= gutachten gelehrter Männer, die ein größeres Ansehen genossen, und auf die abschließende Zusammenstellung der Bräuche und Satzungen, die auf die Reihenfolge und Form des Gottesdienstes und auf die Auswahl der poetischen Zugaben[3] für ihn Bezug haben. Der gottesdienstliche Ritus hatte jetzt bereits seinen ganzen langen Weg zurückgelegt, von den ersten Spuren des freien Gebetes, wie es Hannas Lippen entströmte zu jener Zeit, als der Opferkultus im Heiligtum noch in voller Blüte stand, bis zu der kristallisierten Festigkeit, die die während des Verfalls des Tempeldienstes ent= standenen und in Jahrhunderte langer Arbeit allmählich ausgestalteten Gebetsformeln im Mittelalter gewonnen und bis auf die Gegen= wart behalten haben. Der deutsche Zweig der romanisch= germanischen Ritusgruppe ging seit etwa dem dreizehnten oder vierzehnten Jahrhundert in einen ost= und westdeutschen aus= einander, dessen Hauptformen nicht mehr schwankten und nur einen flüssigen Strom von Bußgebeten und Trauergesängen umschlossen. Die Gottesdienstordnung wurde in ihrem alltäglichen und festlichen Verlaufe für den Ritus des östlichen Deutschlands von Isaak Tyrnau und für den deutschen Westen von Jakob ha=Levi Mulin oder Maharil[4] zusammengestellt. Der letztere hatte einen sehr frommen und gelehrten Schüler R. Jakob Weil in Nürnberg. Ihm verdanken wir eine umfangreiche Sammlung von Rechtsgut=

---

1) הַרְבָּת הוֹרָאָה.

2) מוֹרֵנוּ.

3) Pijjutim, Selichot, Kinoth.

4) מַהֲרִי״ל = מוֹרֵנוּ הָרַב רַבִּי יַעֲקֹב לֵוִי.

achten [1]).   Verbreiteter als diese Bescheide ist seine Zusammenstellung
der Schlachtregeln, die unzählige Male gedruckt und kommentiert, noch
heute von denen, die sich zum Beruf des Schlächters ausbilden, als be-
quemes und leicht faßliches Hilfsbuch angewendet wird.   Das Studium
des Talmud starb freilich niemals ganz aus, aber die Art desselben
veränderte sich merkbar um diese Zeit.   Man ging nicht mehr darauf
aus, das positive Wissen zu vertiefen, sondern benutzte das Studium
einseitig nur zu Verstandesübungen, deren Ergebnisse zwar die Denkkraft und Denkfähigkeit schärften, aber weder dem Geiste neue
Bahnen zeigten, noch dem praktischen Leben zu Nutze kamen.   Nur
ab und zu wurde diesem „verwaisten Geschlecht" eine literarische
Anregung aus den östlichen Ländern, aus Ungarn und Österreich,
zuteil.   Man nennt die ganze Reihe der jüdischen Forscher und
Lehrer von den Tagen der Geonim bis zum Ende des Mittelalters
die älteren Autoritäten (Rischonim [2]), während man die dem nächsten
Zeitabschnitt angehörenden Gelehrten als die späteren (Acharonim [3])
zu bezeichnen pflegt.

Sechstes Kapitel
Die Juden in Italien.
(c. 1200—1500).

1. Äußere Schicksale der Juden.

Das Schicksal der italienischen Juden bietet auch im vorliegenden Zeitabschnitt ein ungleich friedlicheres Bild als das ihrer
Brüder in anderen christlichen Ländern.   Das war vor allem in der
Naturanlage des italienischen Volkes tief begründet.   Zwar hing sein
phantastisches Gemüt hoffend und bangend an dem Segen und Fluch
der Kirche, aber ein kräftiger Zug von Weltlichkeit und Lebenslust
sträubte sich gegen deren Alleinherrschaft.   So wurde der Geist hier
nicht dauernd geknechtet, da stets eine gesunde Sinnlichkeit neben der
ernsten Geistestätigkeit ihr Recht behauptete.   Dieser Zwiespalt im
Nationalcharakter kam immer deutlicher in der Geschichte der
italienischen Staaten zum Ausdruck und spiegelte sich namentlich im
Kampf zwischen Ghibellinen und Guelfen wieder.   Die schnell

---

[1]) Derartige Sammlungen führten in der Regel den Titel: שאלות ותשובות
„Fragen und Antworten."

[2]) פוסקים ראשונים.

[3]) פוסקים אחרונים.

wechselnden Siege und Niederlagen beider Lebensanschauungen in den Einzelstaaten sind der untrügliche Maßstab für den Grad der Freundlichkeit, mit der die Juden behandelt wurden. Die besonders in den Handelsstaaten des Nordens immer mehr überhandnehmende Auflehnung gegen die Macht der Kirche in weltlichen Dingen ließ daher die kanonischen Satzungen über Italien häufig wirkungslos dahingehen. Nirgends sind diese Gesetze so viel umgangen worden als gerade im Hauptlande der Christenheit, und selbst die Päpste übertraten nicht selten wenigstens das Verbot, sich jüdischen Ärzten anzuvertrauen. Die Schonung, die den Juden in der unmittelbaren Nähe des päpstlichen Stuhles zu teil wurde, spricht überhaupt deutlich für die Tatsache, daß die Kirche sie zwar demütigen und verächtlich machen, aber nicht eigentlich mit Feuer und Schwert vertilgen wollte. Darum wurde mit Recht der Beistand des obersten Kirchenfürsten angerufen, wenn die zu Tode Gehetzten ihren Verfolgern zu erliegen fürchteten. Auf einen solchen Hilferuf aus Frankreich und Deutsch= land erließ Innocenz IV. im Jahre 1247 eine Bulle, in der er ausdrücklich sagte:

„Wir haben jämmerliche Klagen der Juden Deutschlands vernommen, daß geistliche und weltliche Fürsten und andere Adlige und Machthaber in euren Städten und Diöcesen gegen sie gottlose Anschläge erheben und die verschiedensten Anlässe suchen, um ihre Güter auf unrechtmäßige Weise zu plündern und sich anzueignen, ohne zu bedenken, daß gewissermaßen aus ihren Archiven die Zeugnisse des christlichen Glaubens hervorgingen. Während die heilige Schrift unter anderem sagt: „Du sollst nicht töten", erheben jene die falsche Beschuldigung, daß sie am Paschafest das Herz eines ermordeten Kindes genössen. Man glaubt, daß das Gesetz es ihnen befehle, während es doch offenbar es ihnen gerade untersagt. Man legt ihnen den Mord zur Last, wenn irgendwo ein Leichnam gefunden wird. Solche und andere Vorwände sucht man, um sie wütend zu verfolgen; ohne Anklage und ohne Geständnis, ohne Beweis gegen die Be= stimmungen des apostolischen Stuhles, gottlos und wider Recht beraubt man sie ihres Vermögens, bedrängt sie mit Hunger, Gefängnis und anderen Qualen, unterwirft sie den verschiedensten Strafen und tötet ihrer viele auf die gräßlichste Weise, so daß die Juden unter der Herrschaft dieser Fürsten, Gewalthaber und Adligen ein schreckicheres Los haben als ihre Väter unter Pharao in Ägypten, und gezwungen werden, die Wohnorte zu verlassen, an denen ihre Vorfahren seit Menschengedenken gesessen habe. Da wir sie nicht gequält wissen wollen, so befehlen wir, daß ihr euch ihnen freundlich und willig zeigt. Wo ihr ungerechte Angriffe gegen sie wahrnehmet, stellet sie ab und gebet nicht zu, daß sie in Zukunft durch solche und ähnliche Bedrückungen heimgesucht werden. Die Be= drücker der Juden sollen mit dem Kirchenbanne belegt werden."

So kam es, daß, während das ganze christliche Abendland in blindem Fanatismus gegen die Unglücklichen wütete, sie in Italien wie in einer geschützten Oase verhältnismäßig sicher wohnten. Hier wehte schon im dreizehnten Jahrhundert die Morgenluft einer neuen Zeit, als ganz Europa und besonders Deutschland noch in den Banden tiefster Geistesnacht gefangen lag. Als eine Verkörperung des allgemeinen Aufschwungs ragt die Gestalt Kaiser Friedrichs II. hervor, der sich in Italien inmitten eines Kreises gelehrter Männer um die Hebung der Wissenschaft und Kultur unvergängliche Verdienste erwarb. Hier in seinem normannischen Erblande war der Fürst, dem wir den deutschen Juden gegenüber ein so bescheidenes Maß von freundlicher Gesinnung nachrühmen konnten, ein vorurteilsloser Denker, der seinen Hof zum Sammelplatz der Gelehrten ohne Unterschied des Glaubens und der Abstammung machte. Da der hochbegabte Fürst sich gern mit philosophischen und naturwissenschaftlichen Fragen beschäftigte, zog er spanische und provençalische Juden in seine Nähe und ließ mit ihrer Hilfe die Werke der arabischen und jüdisch-arabischen Literatur in das Lateinische übertragen. Er pflegte persönliche Beziehungen zu ihnen, hielt sie seines Umgangs für ebenso würdig, wie die christlichen Forscher in seiner Umgebung und übte dadurch einen außerordentlichen Einfluß auf die wissenschaftliche und gesellschaftliche Stellung der Juden Italiens. Sie fühlten sich durch ihn gehoben und sahen einen wohlgesinnten Freund in ihm, obwohl er sich auch zur Ausführung einzelner päpstlicher Gebote herbeilassen mußte. In seinen Stammländern Neapel und Sizilien führte er diejenigen kanonischen Gesetze, die die religiöse Zurücksetzung der Juden bezweckten, besonders das Abzeichen auf dem Gewande, mit Strenge durch.

Dieses Verfahren wurde den Juden von Sizilien um so schmerzlicher fühlbar, als es der erste Eingriff in die Freiheiten war, deren sie sich dort von alters her bis auf die damalige Zeit erfreut hatten. Sie waren auf jener Insel, die fast von allen alten und mittelalterlichen Kulturvölkern zeitweise besetzt war, die einzige Bevölkerungsgruppe, die ununterbrochen während alles Wechsels und Wandels der herrschenden Nationen friedlich ihren Wohnsitz behauptete. Ihre Einrichtungen galten stets neben denen der anderen Stämme und Bekenntnisse als gleichberechtigt, und sie arbeiteten einträchtig mit den Christen und Sarazenen in ihrer Nähe an der Kultur Siziliens.

Auch Friedrich II. unterstützte und förderte ihre gewerblichen Be=
mühungen und duldete nicht, daß sie in politischer Beziehung in
irgend einer Weise neben den Christen benachteiligt würden. Das
Sachverhältnis blieb das gleiche unter den Herrschern aus dem Hause
Anjou. Erst die Vereinigung des Landes mit Aragonien führte
allmählich eine Wendung zu ihren Ungunsten herbei, bis Ferdinand
der Katholische im Jahre 1492 sie aus Sizilien ebenso wie aus
den spanischen Hauptländern vertrieb. Ein christlicher Geschichts=
schreiber[1]) gibt folgenden ergreifenden Bericht von ihrer Aus=
wanderung: „Es war ein ganzes Volk, das in die Verbannung
hinauszog; ein anderes Volk, mit welchem jenes durch Jahrhunderte
gemeinsam gelebt hatte, stand stumm, bestürzt, weinend am Ufer,
auf den Stadtmauern, den Galerien und Dächern der benachbarten
Gebäude, um den letzten Gruß zu geben und zu empfangen. Die
Juden verließen Sizilien, das so viele Geschlechter ihrer Vor=
fahren einander folgen gesehen hatte, deren Asche es umschloß, das
für sie die teuersten Gewohnheiten, Neigungen und Erinnerungen
in sich faßte, das Vaterland derer, die nun verdammt waren, ander=
wärts seufzend von diesem Himmel, diesem Meere, diesen geliebten
Stätten, von den zurückgebliebenen Mitbürgern zu träumen. Der
Despot, welcher Unschuldige bestrafte und vertrieb, konnte die un=
endliche Bitterkeit einer solchen Trennung nicht ermessen. Die
Katastrophe bleibt unauslöschlich eingeschrieben unter die schlimmsten
Erinnerungen, welche die Herrschaft des Königs von Spanien auf
der Insel zurückgelassen hat".

2. Geistiges Leben der Juden.

Kaiser Friedrichs II. Umgang mit jüdischen Weisen wurde
für die Fürsten und Herren Italiens vorbildlich für lange Zeit.
Andere Fürsten setzten ihren Stolz darein, an Duldsamkeit nicht
hinter ihm zurückzustehen. Dadurch traten die Juden den hervor=
ragenden Geistern nahe, die ein neues Zeitalter für die Kultur der
Menschen herbeizuführen berufen waren. Sie blieben dadurch auch
vor jener Einseitigkeit bewahrt, der ihre Brüder in Deutschland und
Frankreich verfallen waren. Große christliche Dichter regten sie zur

---

[1]) Angeführt von Güdemann, Geschichte des Erziehungswesens und der
Kultur der Juden in Italien während des Mittelalters, 291.

Nacheiferung an, und eine reiche, teils religiöse, teils weltliche Poesie erblühte in ihren Reihen. Zwar brachten sie auf dem Gebiete der Philosophie neue, bahnbrechende Geister nicht hervor, aber sie machten sich verdient durch die emsige Mitarbeit an dem Unternehmen, dem christlichen Abendlande die Geistesschätze der Araber zu vermitteln. Auf den Wunsch italienischer Fürsten entstanden teils durch ihren Fleiß, teils unter ihrer sachverständigen Aufsicht zahlreiche und gute Übersetzungen der arabischen Schriften ins Lateinische und Italienische. Auf demselben Wege drang auch eine Fülle von Legenden und Überlieferungen aus dem Orient und von haggadischen Erzählungen aus dem Talmud und dem Midrasch in die Literatur der Christen, und so kommt es, daß in den modernen Dichtungen wir manchen alten vertrauten Bekannten aus den Schriften unserer Väter begrüßen können.

Einer der bedeutendsten Übersetzer philosophischer Schriften war der Provençale Jakob b. Abbamari Anatoli. Er war der würdige Schwiegersohn Samuel Jbn Tibbons und lebte am Hofe Friedrichs II. zu Neapel, woselbst er für die Übersetzung mathematischer und philosophischer Arbeiten ein Jahresgehalt bezog. Er arbeitete in Gemeinschaft mit dem kaiserlichen Astrologen Michael Scotus, den er seinen Freund und Meister nannte. Von den Vorträgen, die er am Sabbathen und Festtagen hielt, besitzen wir eine von ihm selbst angelegte Sammlung. Sie ist dadurch interessant, daß sie uns hin und wieder auch die Ansichten gelehrter christlicher Forscher und Zeitgenossen mitteilt und uns sogar den kaiserlichen Mäcen wiederholt als Bibelausleger vorführt. Den Feinden der Wissenschaft haben sie auch Belege geliefert für die Behauptung, daß die allzu weitgehende Allegorisierung der Schrift[1]) zur Verflüchtigung geschichtlicher Tatsachen und zur Auflösung religiöser Gesetze in philosophische Abstraktionen führen könne und tatsächlich geführt habe.

Ähnliche Arbeiten wie Jakob Anatoli im Auftrage Friedrichs II. lieferte eine Reihe von Jahrzehnten später sein dichterisch begabter und hochgebildeter Landsmann Kalonymos b. Kalonymos, auch Maestro Calo genannt (1287—c. 1337), auf den Wunsch des Königs

---

1) Bei ihm werden z. B. die drei Stockwerke der Arche Noahs als die mathematischen, physischen und metaphysischen Wissenschaften, der Patriarch Abraham und die Erzmutter Sarah als die philosophischen Begriffe „Stoff und Form" gedeutet.

Robert von Neapel (1309—1343). Er ließ sich in Rom nieder und übersetzte daselbst philosophische, naturwissenschaftliche und medizinische Werke der Araber. Seinen Lebensunterhalt erwarb er als Arzt. In seinen letzten Lebensjahren scheint er nach seinem Heimatlande zurückgekehrt zu sein. Beliebter und verbreiteter als seine bis auf die Gegenwart ungedruckt gebliebenen Übersetzungen wurden die Erzeugnisse seiner dichterischen Muse. Das bekannteste davon ist der „Prüfstein[1]“, ein Sittenbuch, in dem er meist mit Witz, Spott und Satire, hin und wieder auch mit Strenge und bitterem Ernst, die Torheiten, Verkehrtheiten und Sünden seiner Zeitgenossen tadelt und geißelt. Der eigenartige Humor seiner Schreibweise war offenbar beeinflußt von der harmlos heiteren und lebenslustigen Weltanschauung Italiens, wo damals bereits der Geist des klassischen Altertums zu neuem Leben zu erwachen begann. Ein Kind derselben übersprudelnd munteren Laune ist sein Traktat für das Purimfest[2]. Mit possierlichem Ernst und derbem Humor behandelt er darin in der Sprech- und Diskussionsweise des babylonischen Talmud die Pflicht des Israeliten, sich am Purim wohl sein zu lassen. In späteren Zeiten trüberer Lebensanschauung ist er wegen dieser gewiß harmlos gemeinten Leistung wohl mit Unrecht ein gottloser Spötter gescholten worden.

Ihn überragte bei weitem an Beweglichkeit des Geistes und an dichterischer Gestaltungskraft sein älterer Freund und Zeitgenosse Immanuel ben Salomo aus Rom, der größte weltliche Dichter unter den Juden Italiens. Zu Fermo (in der Mark Ancona), wo er im Hause eines angesehenen Glaubensgenossen, seines „fürstlichen“ Gönners, ein süßes dichterisches Traumleben führte, entschloß er sich, seine zerstreuten Dichtungen zu einem zusammenhängenden Ganzen zu verarbeiten. Er reihte sie in der Weise an einander, als ob sie wie im Wettgesange von ihm und seinem Freunde, der durch die Förderung seiner Arbeit an seiner Unsterblichkeit teilzunehmen wünschte, vorgetragen würden. So entstand sein Hauptwerk „Sefer Mechabberot[3]“ genannt, durch welches er mit den spanischen Meistern des Ge-

---

[1] אֶבֶן בֹּחַן.

[2] מַחְבֶּרֶת פּוּרִים.

[3] מַחְבָּרֹת.

sanges in einen siegestrunkenen Wettkampf trat. Ein zauberisch ge=
wandtes Gaukelspiel mit dem biblischen Sprachschatz und den tal=
mudischen Wendungen, der possenhafteste Mißbrauch von Bibelstellen
zu höchst unheiligen Darstellungen, das keckste Selbstlob mit allem
nur möglichen orientalischen Prunke, die Aufstellung der höchsten Ideale
von Tugend, Recht und Wahrheit neben der bittersten Verhöhnung
alles Heiligen — das sind die Umrisse der farbenprächtigen dichterischen
Gemälde, die Immanuel an den erstaunten Blicken seiner Leser vor=
überziehen läßt. Er gehörte zu den Naturen, die ihren zügellosen
Witz nicht beherrschen, einen schlagenden Einfall nicht zurückhalten
können, selbst wenn der treueste Busenfreund dadurch gekränkt, die
heiligste Vorstellung dadurch in den Staub gezogen werden sollte.
Dabei trifft ihn keineswegs der Vorwurf eines leichtsinnigen Lebens=
wandels. Er hat in seiner Vaterstadt eine geachtete und ehrenvolle
Stellung eingenommen und mit Eifer auch ernsten und tiefen Studien
obgelegen. Davon legen Zeugnis ab die Erläuterungen biblischer
Bücher, die wir von ihm besitzen, und die in würdigem Tone der
damals modernen philosophischen Deutungsweise folgen. Manche
Anzeichen lassen erkennen, daß er zu keinem Geringeren als dem
Dichter der göttlichen Komödie in persönlichen Beziehungen gestanden
hat. Das aber ist gewiß, daß der letzte Gesang seines Divans, der
vom Besuch des Dichters im Paradies und in der Hölle handelt,
der berühmten Dichtung Dantes nachgebildet ist.

Aus alledem ergibt sich die erfreuliche Tatsache, daß die leb=
hafte Teilname der Juden an der Philosophie und Dichtung des
italienischen Volkes ihren Sinn für die jüdisch=nationale Literatur
nicht zu beeinträchtigen und zu schädigen vermochte. Die Übersetzer,
Philosophen und Dichter, die unter dem Einfluß der weltlichen
Geistesrichtung ihrer christlichen Zeitgenossen arbeiteten, zeigen sich
gründlich bewandert auf dem Gebiete des schriftlichen und mündlichen
Gesetzes. Daneben gelangte übrigens auch gleichzeitig mit dem Auf=
schwung in den profanen Wissenschaften das einseitige Talmudstudium
zu hoher Blüte. Die bekanntesten Vertreter desselben stammten aus
der Familie de Trani, die ihre erstaunliche rabbinische Gelehrsam=
keit durch viele Geschlechter hindurch bis in das siebzehnte Jahrhundert
hinein forterbte. Die bekanntesten von ihnen hießen Jesaja der

Ältere[1]) und Jesaja der Jüngere[2]) und standen in lebhafter Beziehung zu den angesehensten deutschen und französischen Talmudisten
jener Zeit. Ihre Lehrweise und ihre religiöse Richtung war eine
freiere und selbständigere als die der in einen beschränkteren Gesichtskreis gebannten Nordfranzosen und Deutschen, und ihre umfangreiche
literarische Tätigkeit liefert von neuem den Beweis, daß hier, gerade
so wie gleichzeitig in Spanien, selbst die Talmudforschung sich dem
Einflusse nicht entziehen konnte, der aus dem wissenschaftlichen Streben
der Zeit auf die Juden überging.

Dieses frische und freudige Streben wuchs zusehends und stetig
mit der zunehmenden Blüte der italienischen Städte und Staaten,
die an die schönsten Zeiten des alten Griechenlands erinnert. Die
Teilnahme am Welthandel, dessen Mittelpunkt Italien seit den Kreuzzügen geworden war, beherrschte alle öffentlichen und privaten Interessen. Den Juden, die als Geldverleiher dem Handelsbetrieb nützlich
und unentbehrlich waren, gönnte man gern den Einfluß, den sie
durch ihren Fleiß und ihre Intelligenz verdienten. Bei der überhand nehmenden Kleinstaaterei, bei den schnell wechselnden politischen
Meinungen in den einzelnen Staaten und besonders bei der Eifersucht, mit der die Obrigkeiten selbst der kleinsten Republiken jeden
Eingriff der Geistlichkeit in ihre Gerechtsame abwehrten, waren Feind-
seligkeiten gegen die Juden selten und gingen im schlimmsten Falle
schnell vorüber. Dadurch blieben die kanonischen Gesetze nahezu unbeachtet, und christliche Geistliche und Laien vertrauten ohne Rücksicht auf sie jüdischen Ärzten ihr Leben und ihre Gesundheit an.
So zahlreich wandten sich daher damals die Juden medizinischen
Studien zu, daß man an der Hochschule zu Salerno besondere
Vorlesungen für sie hielt. Als Ärzte trugen sie statt des Juden-
zeichens ein gleiches Ehrenkleid wie die Christen dieses Standes, und
es galt ebenso als selbstverständlich, daß die den Höfen nahestehenden
Juden gleich den bevorzugten Andersgläubigen mit goldenen Ketten
und Ehrenzeichen geschmückt einhergingen.

Als einst an der Universität zu Padua ein gelehrter Streit
über eine philosophische Frage ausbrach, berief sie einen klassisch

---

[1]) Man nannte ihn רי״ד = רִבִּי יְשַׁעְיָה דִטְרָאנִי. Er verfaßte namentlich
Tossafot und Rechtsbescheide und starb etwa 1270.

[2]) Er war der Tochtersohn des Vorigen.

gebildeten Juden, Elia del Medigo (geboren auf der Insel Kreta
c. 1460), der als Lehrer der Philosophie in Padua und Florenz
öffentliche Vorträge hielt und den berühmten Humanisten Pico von
Mirandola zu seinen Schülern zählte, mit Zustimmung des Senats
von Venedig zum Schiedsrichter in dieser Angelegenheit. Gleich
ihm wirkte auch sein Zeitgenosse Jehuda b. Jechiel, genannt
Messer Leon, der als Arzt zu Mantua lebte, eifrig für die Verbreitung der Wissenschaften.

Aber die freie philosophische Richtung, der sie huldigten, behauptete keineswegs die Alleinherrschaft in Italien. Vor den unsäglichen Leiden in der Heimat fliehend, kamen in jener Zeit viele
deutsche Juden ins Land und brachten dahin ihre einseitig talmudische
Bildung und ihre asketisch verdüsterte Lebensanschauung mit. Sie
verabscheuten die Beschäftigung mit den profanen und klassischen
Studien, der die eingeborenen Glaubensbrüder mit Begeisterung zugetan
waren, und ließen sich zum offenen Kampf gegen deren Vertreter
und Verteidiger fortreißen. In der ersten Reihe der Gegner stand
bei diesem Unternehmen R. Joseph ben Salomo Kolon, ein durch
den Umfang und die Tiefe seines talmudischen Wissens und durch
die unbeugsame Festigkeit seines Charakters gleich ausgezeichneter
Mann. Er erwarb, als er nach Italien kam, seinen Lebensunterhalt
zuerst als Jugendlehrer in verschiedenen Städten und wurde später
wegen seiner seltenen Gelehrsamkeit zum Rabbiner in Mantua berufen. Aber der einseitige Talmudforscher konnte sich mit dem feinsinnigen Ästhetiker Juda Messer Leon, dem gediegenen Kenner
der Schriften Ciceros und Quintilians, nicht lange vertragen. Es
entbrannte zwischen ihnen ein heftiger Streit, durch den die Gemeinde
in zwei feindliche Heerlager gespalten wurde. Endlich kam es so
weit, daß der Herzog von Mantua, um den Hader zu beenden, beide
Gegner aus der Stadt verwies.

Weniger aggressiv, wenngleich nicht minder wissenschaftlichen
Studien abgeneigt, war Kolons Zeitgenosse, R. Obadja di Bertinoro.
Er verfaßte den berühmten Kommentar zur Mischnah, der seit der
Erfindung der Buchdruckerkunst nahezu der beständige Begleiter des
Mischnahtextes geblieben ist. Im Jahre 1488 wanderte er nach
dem heiligen Lande aus und wurde Ober-Rabbiner in Jerusalem.
Wie mild, nachsichtig und rücksichtsvoll er bei seiner peinlich strengen
Frömmigkeit über Menschen und Dinge urteilte, erfahren wir aus

den Reiseberichten, die er über seine Pilgerfahrten verfaßt hat. Er soll am Ölberg neben dem Grabe Nachmanis die letzte Ruhestätte gefunden haben.

Aber siegreich schritt über die Häupter der Streiter nach einem höheren geschichtlichen Gesetze der vorwärtsstrebende Geist der Zeit hinweg. Ungefähr um dieselbe Zeit, als die halbe Gemeinde von Mantua auf Kolons Seite der Bildungs- und Aufklärungsfreundlichkeit Messer Leons entgegentrat, entstand an demselben Orte die erste hebräische Buchdruckerei durch Ansiedler, die aus Deutschland eingewandert waren. So gingen gerade aus den Reihen der finsteren Wissensfeinde die Männer hervor, die selbst das Licht der Bildung und Aufklärung in die weitesten Kreise zu tragen berufen waren. Unter allen Juden haben zuerst die italienischen Gutenbergs Kunst ausgeübt und sie bereits seit 1475, etwa ein Menschenalter nach ihrer Erfindung, in verschiedenen Städten eifrig und liebevoll gepflegt. Sie waren von der ersten Zeit an, da sie von der neuen Kunst Gebrauch zu machen anfingen, von ihrer Würde und Bedeutung derart durchdrungen, daß sie sie mit Begeisterung schlechthin die „heilige Arbeit" nannten und jeder Setzer mit Stolz von sich bezeugte, er sei ein „Arbeiter, der sich in Treue mit dem heiligen Werke beschäftige". Selbst Frauen und Töchter der Druckherren beteiligten sich nicht selten am Satz und Druck hebräischer Bücher. Unter hundertundfünfzig Orten, die sich bis zum Jahre 1530 des Besitzes einer Buchdruckerei rühmen durften, gab es nicht weniger als vierzehn, in welchen zuerst von Juden hebräische Schriften veröffentlicht worden sind. Mit klarem Blick erkannten sie, daß die Ausübung der neuen Kunst das trefflichste Mittel sei, Thorakunde zu verbreiten, und es gereicht ihnen zum Ruhme, daß sie nicht müde wurden, am Ende ihrer Druckschriften in endlosen Variationen das Gebet zu wiederholen, daß Gott in seiner Gnade es ihnen vergönnen möge, die Lehre zu verherrlichen und viele Bücher in Israel zu verbreiten.

Siebentes Kapitel
Die Juden in den übrigen Ländern.
(c. 1200 — c. 1500).

Das traurige Schicksal, das die Juden überall in den westlichen Ländern Europas erlitten, trieb sie wie ein Sturmwind auseinander und zwang sie, in großen Scharen die östlichen Grenzen

zu überschreiten und neue Heimstätten aufzusuchen. Immer zahl=
reicher siedelten sie sich etwa seit dem Beginn der Kreuzzüge im
europäischen Osten, in Ungarn, in Polen und Südrußland an
und verwandten ihre Geschicklichkeit und ihren Fleiß darauf, die
reichen Erzeugnisse dieser fruchtbaren Länder zu verwerten.

a) Die Juden in Ungarn.

Je später das Heidentum aus den Herzen der slavischen und
magyarischen Nationen entfernt wurde, je dauernder bei ihnen die
Anhänglichkeit an die alten nationalen Überlieferungen sich erhielt,
je mehr die häufigen inneren und äußeren Kriege die feindliche Ein=
wirkung der Geistlichkeit erschwerten, desto weniger gelang es der
Kirche und ihren kanonischen Gesetzen, hier Siege, wie sie der
Westen gesehen, zu feiern, und desto flüchtiger und oberflächlicher
war der gesellschaftliche Haß gegen die Juden. Als jene Gegenden
gänzlich dem Christentum gewonnen waren, war die geistige Über=
macht der Kirche längst dahin, und als auch hier die grundsätzliche
Abneigung gegen jüdisches Wesen hätte zu Tage treten können, war
die Glut des christlichen Glaubenseifers unter dem Einfluß der
hereinbrechenden neuen Zeit bereits abgekühlt [1]). So lebten die
Juden vorläufig in ungetrübtem Frieden mit der Urbevölkerung.
Gleich den dort wohnenden Heiden und Mohammedanern besaßen
sie seit alter Zeit Ämter und Rechte und wurden besonders gern mit
der Steuerpacht und der Nutznießung des Salz= und Münzregals
von den Fürsten und Großen betraut. Alle Versuche der Kirche,
sie aus diesen Ämtern zu verdrängen, waren noch im dreizehnten
Jahrhundert durchaus vergeblich.

Namentlich die ungarischen Könige aus dem Geschlechte Arpads
bevorzugten jüdische Pächter und wußten sie lange gegen die Willkür
und Herrschsucht der Geistlichkeit zu schützen. Eine Änderung zum
Schlimmeren trat erst allmählich ein, als die trotzigen Magnaten
dem Könige Andreas II. (1205—1235) das „goldene Privilegium"
abgerungen hatten, das ihnen und der Geistlichkeit weitgehende Vor=
rechte sicherte. Jetzt war die Königsmacht so weit gesunken, daß
sie der geistlichen Hilfe nicht mehr entbehren konnte. Der Primas
des Reiches, der Erzbischof von Gran, erhielt mit dem Rechte, die

---

[1]) Ersch und Grubers Encyklopädie der Wissenschaften II, Band 27,
Seite 121.

Könige zu krönen, zugleich die Befugnis, ihre Beamten in den Bann
zu tun. Er benutzte sie, um die Unrechtsgesetze der Kirche gegen
die Ungläubigen zur Alleinherrschaft zu bringen. Auf Befehl des
Papstes Gregor IX. belegte er den König und das Reich mit dem
Bann und Interdikt und erzwang dadurch die unbeschränkte Anerkennung der kanonischen Gesetze. Allein vor den entsetzlichen Leiden
und der grausigen Verwüstung, die bald darauf durch die Mongolen
über das Land kam, mußte die Stimme der Unduldsamkeit noch
einmal für längere Zeit verstummen. Nur durch die ungehinderte
Entfaltung aller geistigen und wirtschaftlichen Kräfte in dem schwachen
religiös und national gemischten Rest der Bevölkerung konnte die
Heilung der dem Reiche geschlagenen tiefen Wunden gelingen. Diese
Erkenntnis kam auch den Juden zugute und verschaffte ihnen im
Jahre 1251 unter Bela IV. ein Grundgesetz, durch das sie das
Recht des Aufenthaltes im Lande und das Versprechen des Schutzes
gegen die Ausschreitungen des kirchlichen Fanatismus gewannen.
Aber die Kirche glaubte, durchdrungen von der Heilsaufgabe, die sie
sich zuschrieb, alle Mittel anwenden zu müssen, um den verlorenen
Boden wieder zu gewinnen. Kräftig unterstützt wurde sie dabei von
den damals in großer Anzahl angesiedelten deutschen Kolonisten,
die nicht nur den heimischen Gewerbefleiß, sondern auch eine kirchlich
fromme Gesinnung und eine durch Jahrhunderte lange Erziehung
und Gewöhnung lebhafte und nachhaltige Abneigung gegen Ketzer
und Ungläubige in das neue Vaterland mitbrachten. So gelang es
ihr schon nach verhältnismäßig kurzer Zeit auf der großen Kirchenversammlung zu Ofen (1279) als leitenden Grundsatz für die Staats-
verwaltung den Beschluß zur Anerkennung zu bringen, daß der
Genuß aller staatsbürgerlichen Rechte nur den Anhängern der
römisch-katholischen Kirche vorbehalten sein sollte. Ehe er zur
praktischen Anwendung kam und über die Juden das Elend brachte,
das er für sie im Gefolge haben mußte, stiegen noch drei Menschen-
geschlechter friedlich ins Grab.

Erst Ludwig der Große (1342—1382), der trefflichste und
mächtigste Monarch, der je die Stephanskrone getragen hat, stellte
in seinem staatsmännischen Streben, die Völkerschaften, die er von
den Küsten des baltischen bis zu denen des adriatischen und schwarzen
Meeres beherrschte, einander näher zu bringen, die Juden Ungarns
vor die Wahl, mit der Annahme des Christentums das ungarische

Bürgerrecht zu erhalten oder das Land zu verlassen. Natürlich zogen sie die Auswanderung dem Abfall vor und ließen sich in Österreich und Böhmen nieder. Aber schon nach fünf Jahren (1365) berief er sie zurück und setzte sie in ihren alten Rechte wieder ein. Sein Herrschergeist mochte richtig erkannt haben, daß es töricht sei, fleißige und betriebsame Einwohner um ihrer Glaubensmeinungen willen über die Grenze zu jagen. Sie wohnten nunmehr friedlich im Lande, und ihre Anzahl wuchs stetig durch die aus den Nachbarländern vertriebenen Flüchtlinge, die hier eine Zufluchtsstätte suchten, bis die inneren Wirren und die verheerenden Türkenkriege, die mit dem Ende des vierzehnten Jahrhunderts ihren Anfang nahmen, auch der ruhigen Entwicklung ihrer Verhältnisse ein Ende machten.

Nun zogen auch für sie die Leiden herauf, die um dieselbe Zeit die deutschen Glaubensbrüder zu erdulden hatten. Strenge Wucher= gesetze und wiederholter Erlaß der Zinsen von den bei den Juden aufgenommenen Schulden machten nur die Juden arm, ohne der Volkswohlfahrt zu nützen. Noch blieben die Unglücklichen wenigstens an Leib und Leben vor jeglicher Unbill geschützt. Aber auch das änderte sich als Matthias Corvinus (1490) starb und nach einem ungarischen Sprichwort die Gerechtigkeit mit ihm begraben war. Seit 1494 brachen aus nichtigen Gründen, bald hier, bald dort, zuerst in Tyrnau, woselbst R. Isaak, der bereits erwähnte[1]) Ver= fasser eines Büchleins über den ostdeutschen Synagogenritus, zu Hause war, blutige Judenhetzen aus. Sie waren das Vorspiel zur Ausweisung der Juden aus allen Festungen und Städten des Reiches. Diese Vertreibung fand 1526 statt, als der Staat nach der Schlacht bei Mohacs am Rande des Verderbens stand. Die grundlose und grausame Maßregel vermochte den durch Unverstand und Zwietracht heraufbeschworenen Verfall des Reiches selbstverständlich nicht einen Augenblick aufzuhalten. Die Heimatlosen suchten neue Wohnsitze in Österreich und der Türkei.

b) Die Juden in Polen.

Noch später als Ungarn gelangte Polen als Einheitsstaat zu politischer Macht und Bedeutung. Erst Wladislaus Loktiek (1305—33) vereinigte die Teilfürstentümer an der Warthe (Groß= polen) und Weichsel (Kleinpolen) dauernd zu einem lebenskräftigen

---

[1]) Oben S. 238.

Staate und begründete ein erbliches Königtum. In den Land=
strichen, die er beherrschte, wohnten seit länger als zwei Jahrhunderten
zahlreiche Juden und bildeten einen fleißigen betriebsamen und nahezu
unentbehrlichen Bestandteil der Bevölkerung. Zwischen der eigen=
süchtigen, im Alleinbesitz der politischen Rechte befindlichen Adels=
gemeinschaft und den in harter Leibeigenschaft gehaltenen Bauern
und Sklaven waren sie die einzigen Vertreter des Handel und Ge=
werbe treibenden Bürgerstandes. Dadurch fiel der Brotneid, der in
Deutschland die eingeborenen Handwerker und Kaufleute gegen den
jüdischen Wettbewerb erfüllte, hier fast völlig weg und konnte nicht
zum Stachel dienen, der die Massen gegen die Juden hetzte. Gegen
die Ausschreitungen des Glaubenseifers aber stellte sie nicht nur die
geringe Neigung des slavischen Volkscharakters zu religiösem Fanatis=
mus sicher, sondern auch der Schutz und die Gönnerschaft des
Herrenstandes, der von ihnen großen Nutzen zog. Diese günstige
Lage wurde durch vereinzelte Ausbrüche der Leidenschaft und un=
freundliche Verordnungen nur selten vorübergehend erschüttert.
Freilich beruhte die Sicherheit und Zuverlässigkeit dabei zu allen
Zeiten mehr auf der Willkür und dem persönlichen Charakter der
Gewalthaber als auf dem festen Schutz durch die Gesetze.

Die erste Rechtsordnung gab ihnen 1164 ein Herzog von
Kalisch und Gnesen, dem für kurze Zeit ganz Großpolen unter=
tänig war. Er benutzte dabei die Gesetzgebung, die Friedrich der
Streitbare von Österreich für die Juden seines Landes entworfen
hatte. Sie wurde durch Kasimir den Großen (1333—70), den tat=
kräftigen und weisen Gesetzgeber Polens, mit Zustimmung des Adels
zum Gesetze für das ganze Reich erhoben. Durch sie erhielten die
Juden Bürgschaft für die Sicherheit ihres Lebens, ihres Besitzes und
ihrer Religionsübung. Es wurde ihnen darin frei gegeben, mit allen
Gegenständen nach ihrem Belieben Handel zu treiben mit jedermann.
Der Christ, der einen Juden tötete, sollte danach wie ein Mörder
und der, der ein jüdisches Kind zur Taufe entführte, wie ein Dieb
gerichtet werden. Die Verletzung jüdischer Bethäuser und Begräbnis=
plätze wurde bei schwerer Strafe verboten. Geldgeschäfte durften nur
auf Pfänder abgeschlossen werden, und Anklagen wegen des Gebrauchs
von Christenblut, woran die Juden nach dem Ausspruch des Papstes
unschuldig seien, nur dann angenommen werden, wenn drei christliche
und drei jüdische Zeugen vorhanden wären. Falls die Überführung

des Juden mißlänge, sollte den Kläger die Strafe der Verleumdung treffen. Diese vergleichsweise freisinnigen Verordnungen schufen für die Juden Polens eine günstigere Lage, als sie damals irgend anderswo sie besaßen. Polen wurde darum immer häufiger von den Unglücklichen, die in Deutschland täglich für ihr Leben fürchten mußten, als Zufluchtsstätte aufgesucht.

Die Verhältnisse blieben auch nach dem Aussterben der Piasten (1386) wesentlich dieselben unter den Jagellonen, ohne daß die Geistlichkeit während dieser ganzen Zeit die Macht und den Einfluß gewann, die Freiheiten der Juden zu beschränken, obwohl sie in manchen Stücken die kanonischen Gesetze verletzten. Erst der lang= wierige Krieg, den Kasimir IV. (1447—92) mit wechselndem Glück gegen den deutschen Ritterorden führte, brachte ihr die heiß ersehnte Gelegenheit, ihren steten Beschwerden wenigstens teilweise Berück= sichtigung zu verschaffen. Der König hatte noch besonders ihren Zorn dadurch erregt, daß er die bei einem großen Brande in Posen abhanden gekommenen Privilegien der Juden erneuert hatte. Im Kampfe gegen die vom Papste unterstützten geistlichen Orden mußte es für ihn wertvoll und wichtig sein, daß die Geistlichkeit seines Landes auf seiner Seite stand. Für die Hilfe, die er ihr zumutete, verlangte sie die Abstellung des religiösen Ärgernisses, das er durch die Milde gegen die Juden und Hussiten erregte. Mit freudiger Begeisterung übernahm auf die Einladung des Bischofs von Krakau der Franziskanermönch Capistrano den ehrenden Auftrag, dem ver= stockten Könige ins Gewissen zu reden. Nachdem er in Schlesien die Scheiterhaufen für die Ungläubigen entzündet hatte (vgl. oben S. 232), eilte er herbei und bedrohte den König mit allen Höllen= strafen, wenn er nicht schleunigst das Ansehen der Kirche gegen die Ketzer und Ungläubigen wiederherstellen werde. Als untrügliches Zeichen des göttlichen Zorns verkündete er ihm das Mißlingen seines Unternehmens, und sein gesamter Anhang triumphierte, als in der Tat das polnische Heer einen Mißerfolg zu verzeichnen hatte. Der besiegte und gedemütigte König ließ sich endlich den gewünschten Widerruf abringen. Er verordnete, daß die Juden statt der bisherigen Frei= heiten eine untergeordnete Stellung einnehmen und das Judenzeichen tragen sollten. Die neue Maßregel hatte glücklicherweise nicht die verhängnisvollen Folgen, die zu befürchten gewesen waren. Ihre bürgerliche und gesellschaftliche Stellung wurde wenig davon berührt.

Sie blieben nach wie vor Ackerbauer, Handelsleute und Handwerker und wurden nur hin und wieder durch lokale Judenhetzen beunruhigt Im bürgerlichen und teilweise im peinlichen Gerichtsverfahren unterstanden sie den Rabbinern, auf deren Ernennung die Obrigkeit einen gewissen Einfluß ausübte. Von wissenschaftlicher und literarischer Regsamkeit findet sich vorläufig kaum eine Spur. Sie kam erst im folgenden Jahrhundert zu schöner und herrlicher Blüte.

c) Die Juden in Maghreb.

Wie die deutschen Juden nach dem benachbarten Osten wanderten, so flohen die in Spanien verfolgten schon im Jahre 1391 nach der nahen Küste von Nordafrika und bewirkten, daß daselbst in den jüdischen Gemeinden der Sinn für höhere geistige Interessen wieder erwachte. Obwohl hier die Juden niemals zu der Behaglichkeit und zu dem Wohlstand gelangten, den sie in anderen Ländern wenigstens vorübergehend genossen, und unter den politisch und klimatisch ungünstigen Verhältnissen weder die rechte Muße noch die rechte Neigung zu schwerer geistiger Arbeit fanden, so machte sich dennoch durch den rastlosen Eifer der gelehrten Einwanderer für einige Zeit eine freudige und lebhafte Teilnahme für das jüdische Wissen geltend. Die kurzlebige neue Blütezeit begann etwa, als der Spanier R. Isaak ben Scheschet, ein berühmter Zeitgenosse und Freund des Chisdai Kreskas, zum Oberrabbiner und Richter in Tlemsen ernannt wurde. Der Umstand, daß ihm der König einseitig diese Würde übertragen hatte, machte ihm die Gemüter vieler Glaubensgenossen abwendig, obwohl auch die Gegner seine Würdigkeit und Gelehrsamkeit laut zugaben und anerkannten. Besonders heftig griff ihn ein jüngerer Landsmann und Leidensgefährte R. Simon Duran (geb. 1361 in Palma auf der Insel Majorka) an, der schriftstellerische Gewandtheit mit seltener Belesenheit vereinigte. Um dieser Vorzüge willen übertrugen ihm die Gemeinden nach dem Tode R. Isaaks (1406) einmütig das einflußreiche Amt seines großen Gegners.

R. Simon Duran war der Sprößling einer durch Reichtum und Gelehrsamkeit ausgezeichneten provençalischen Familie, die in nahen verwandtschaftlichen Beziehungen zu dem großen Gersoniden stand und wurde der Ahn einer ausgebreiteten Nachkommenschaft, die viele Geschlechter hindurch bis tief in das achtzehnte Jahrhundert

hinein talmudisches Wissen pflegte und förderte und sich in ver=
schiedenen rabbinischen Ämtern hervortat. Er erreichte ein hohes
Lebensalter und erfreute sich des seltenen Glückes, bis in sein achtzigstes
Lebensjahr und darüber hinaus ununterbrochen schriftstellerisch tätig
sein zu können. Wir besitzen von ihm nicht nur zahlreiche halachische
und religionsphilosophische Schriften, sondern auch über vierzig Lieder
für den synagogalen Gebrauch. Seine wissenschaftlichen Leistungen,
die mehr durch den Umfang als durch die Tiefe der Forschung
Achtung einflößen, sind ein lautredendes Zeugnis für die abnehmende
Geisteskraft und die zunehmende Geistesarmut seines an Schmerzen
und Leiden überreichen Zeitalters. Als er 1444 starb, wurde sein
gelehrter und sanftmütiger Sohn' R. Salomo sein würdiger Amts=
nachfolger (bis 1465). Das liebste Arbeitsfeld war ihm wie seinem
Vater die Halacha. Mit Umsicht und Geschick wehrte er die plumpen
Angriffe ab, mit denen der abtrünnige Josua Lorki [1] (Geronimo
da Santa Fé) die heiligen Überlieferungen im Talmud überschüttete.
Von der Gründlichkeit seines talmudischen Wissens gibt die umfang=
reiche Sammlung von Rechtsgutachten Kunde, die er der Nachwelt
hinterlassen hat.

d) Die Juden in Ägypten.

Wie nach Fez und Algier trugen einzelne versprengte Flücht=
linge von der pyrenäischen Halbinsel Keime des Wissens auch nach
den östlichen Gestaden Nordafrikas, namentlich nach Tunis [2] und
Ägypten. Leider erwuchs nirgends aus diesen unter Tränen aus=
gestreuten Samenkörnern eine fröhliche und ertragreiche Ernte.

e) Die Juden im heiligen Lande.

Allein die stärkste Anziehungskraft auf heimatlos gewordene
Juden, denen das Elend wenigstens den Mut und die Ausdauer zu
weiter Pilgerfahrt gelassen hatte, übte zu allen Zeiten das Land der
Sehnsucht und die heiligen Trümmerstätten in Jerusalem aus. Den
heiligen Boden mit heißen Tränen zu benetzen und in seinem Schoße
das müde Haupt endlich zur Ruhe hinzulegen, war der einzige
Herzenswunsch von Hunderten und Tausenden, sobald nur von den
jeweiligen Gewalthabern den Juden die Heimkehr in das uralte
Heimatland der Ahnen gestattet ward. Nachdem Saladin den Christen

[1] Oben S. 194.
[2] Hierher kam z. B. Abr. Zakuto, vgl. oben S. 202.

Jerusalem entrissen hatte (1187), erlaubte er den Juden, sich nach
Belieben überall in Palästina anzusiedeln und gab ihnen ausgedehnte
Freiheiten und Rechte. Auf diese Nachricht hin belebten bald wieder
Scharen von frommen Pilgern die Straßen, die nach Zion führten.
Im Jahre 1211 zogen mehr als dreihundert Rabbiner und Gelehrte
allein aus Frankreich und England, unter ihnen der berühmte
Tossafist R. Simson aus Sens, gemeinsam nach Jerusalem und
riefen daselbst gewiß Liebe zur Thora und Eifer für das Talmud-
studium hervor. Aber die friedlosen Zeiten während der letzten
Kreuzzüge ließen die junge Anpflanzung offenbar nicht gedeihen, und
die kümmerlichen Reste, die etwa zurückblieben, zerstampften die
barbarischen Mongolen 1260 unter den Hufen ihrer Rosse.

Als sieben Jahre später Nachmanides den Boden der heiligen
Stadt betrat, fand er nur einen ansässigen Juden vor, der als Färber
sein Brot verdiente. Seinen Anstrengungen gelang es, in der allmählich wieder anwachsenden Gemeinde Kultur und Kenntnisse zu
verbreiten. Er ordnete ihre Verwaltung, regte zum Bau eines
Gotteshauses an und gründete ein Lehrhaus, dem viele Schüler selbst
von jenseits des Euphrat zuströmten [1]).

Zahlreicher wurden die Pilger im vierzehnten Jahrhundert. Zu
ihnen gehörte namentlich der berühmte Estori Parchi, der „erste
und wichtigste Topograph Palästinas". Er war in der Provence
geboren und wurde 1306 durch die Austreibung aus Frankreich
zum heimatlosen Flüchtling. Sieben Jahre später pilgerte er nach
dem heiligen Lande und sammelte in abermals sieben Jahren, das
ganze Land in allen Himmelsrichtungen durchstreifend, die reichen
Materialien zu seinem Buche Kaftor wa-Ferach [2]), das bis auf die
Gegenwart ein sehr brauchbares Handbuch für die Orts- und Altertums-
kunde des heiligen Landes geblieben ist. In seinen Tagen entstanden außer der damals großen Gemeinde in der Hauptstadt auch in
anderen Städten Palästinas bedeutende Gemeinden, deren Mitglieder
meist Handwerker und Kaufleute waren. Viele führten ein beschauliches
Leben und studierten eifrig Tag und Nacht den Talmud. Etliche
besaßen sogar einige medizinische, mathematische und astronomische
Kenntnisse. Im Süden des Landes gab es jüdische Hirten, die in

---

[1]) S. oben S. 179 f.

[2]) כַּפְתֹּר וָפֶרַח, vgl. II. Mose 26, 33.

Frieden neben den mohammedanischen Standesgenossen ihre Herden weideten. Auch ihr Rabbiner war ein Hirt und hielt auf dem Weideplatze talmudische Vorträge für die Lernbegierigen in ihrer Mitte. Die stetig zunehmenden Judenverfolgungen in Europa und die gleichmäßige milde Waltung der mamelukischen Herrscher von Ägypten, denen das heilige Land damals untergeben war, beförderten den zahlreichen Zuzug aus dem Abendlande. Am Ende des fünf=zehnten Jahrhunderts wurde er so bedeutend, daß allein die Gemeinde in Jerusalem im Laufe von 30 Jahren von siebzig auf fünfzehn=hundert Familien anwuchs. Damals wurde der aus Italien ein=gewanderte R. Obadja von Bertinoro Oberrabbiner der Gemeinde. In seinen Tagen erblühte ein neues Leben auf den Ruinen der heiligen Stätten.

f) Die Juden im oströmischen Reich.

Denselben Weg von dunkler Nacht zu verheißungsvoller Morgen=dämmerung nahm die Geschichte der Juden in dem untergehenden Kaiserreich von Byzanz. Der seit Jahrhunderten unveränderte kleinliche Druck erstickte jede höhere Regung und jedes ernste geistige Streben. Nur die zahlreich ansässigen Karäer entwickelten eine leb=haftere litterarische Tätigkeit. Sie erzeugten Dichter, die nach dem Muster Jehuda ha=Levis Poesien für ihren Gottesdienst verfaßten, Exegeten, die nach dem Beispiel Ibn Esras die heiligen Schriften erläuterten, und Religionsphilosophen, die nach dem Vorbild Mai=munis religionsphilosophische Lehrgebäude errichteten. Indessen machte die Zersetzung des morschen und ohnmächtigen oströmischen Reiches immer schnellere Fortschritte. Eine Provinz nach der anderen wurde die Beute der siegreich und unaufhaltsam vordringenden Osmanen. Endlich trat in der Mitte des fünfzehnten Jahrhunderts die Kata=strophe ein, die für alle Völker den Beginn eines neuen Zeitalters bedeutete. Am 29. Mai 1453 fiel Konstantinopel in die Hände der Türken, und der tapfere Eroberer gab den unterworfenen Christen und Juden die Erlaubnis, überall im Lande frei zu wohnen und nach eigener Wahl ihren Berufsgeschäften nachzugehen. Ebensowenig stellte er der Einwanderung fremder Juden irgend ein Hindernis entgegen.

An die Spitze aller jüdischen Gemeinden berief er einen Groß=rabbiner, der ihre weltlichen und religiösen Angelegenheiten zu ordnen hatte. R. Mose Kapsoli, ein gelehrter und ängstlich frommer

Mann, wurde der erste Vertreter der türkischen Judenheit bei der hohen Pforte.

So boten zum zweiten Mal die Bekenner des Islam den von den christlichen Völkern verfolgten Juden eine friedliche Zufluchtsstätte und bereiteten im Osten Europas eine Heimat für diejenigen vor, denen sich der Westen bald gänzlich verschließen sollte. Während man sich dort zum letzten Triumphzug gegen den Islam rüstete, stand er hier bereits drohend vor der östlichen Pforte des Abendlandes.

Quellen-Nachweis

Dritter Zeitraum

Übersicht: (S. 1—9.) Zu S. 2 vgl. b. Kidduschin 30a. Zu S. 4f. vgl. Zunz, Syn.-P., S. 60. 71. 76. 85. 117.

Erste Abteilung

Erster Abschnitt

Erstes Kapitel: (S. 10—12). Graetz V⁴, 1—7. 12—16. Vgl. Elbogen in der MS. 1902, S. 5 ff., Graetz a. a. O., 72—119. Zacuto, Juchasin (ed. London), S. 204, 85. Vgl. Jew. Encyclop. V, 567 ff.

Zweites Kapitel: (S. 13—15). Graetz V⁴, 17—38. Caro, Wirtschaftsgesch. d. Juden I, 104 ff.

Drittes Kapitel: (S. 15—19). Graetz, das. S. 38—71. 142—157. Die einschlägige Litt. zu S. 18 f. siehe bei Aronius, Regesten zur Geschichte der Juden im fränkischen und deutschen Reich, Nr. 15—67. Scherer, die Rechtsverhältn. der Juden in den dtsch.-österr. Ländern S. 11 ff., 32 ff., RÉJ. LV, 2 ff. Caro, a. a. O., I, 53 ff.

Viertes Kapitel: (S. 19—35). N. Brüll, Jahrb. f. jüd. Gesch. u. Litt. II, 1—123. Weiß, Dor Dor we-Dorschaw, IV., 3 ff. Zunz, G. V.², S. 93 ff. Brüll, a. a. O. 124. Kleine Traktate sind von Kirchheim (1851), Coronel (1864), Joël Müller (1878) u. S. Schechter (1887) herausg. Vgl. Weiß a. a. O. II, 244 ff. Brüll a. a. O. I, 1 ff. Über die Massora (S. 21) vgl. Weiß a. a. O. IV, 238 ff. I, 251 ff. Weitere Literatur bei Bacher in „Jüd. Lit. f. Abschluß des Kanon, v. Winter u. Wünsche", Bd. II, 132 ff. Vgl. auch Eppenstein in der MS. 1908, S. 598 ff. Zu S. 23, Anm. 1 vgl. Dikdute ha-Teamim, edd. S. Baer und H. Strack, Leipzig (1879) Einl. Zu S. 23 ff. vgl. Zunz G. V. cap. 10—15. Weiß IV., 508—215. Die Probe (S. 24) ist aus Par. XI, die Übers. nach Wünsche, der Midr. Beresch. rabb. zum 1. Mal ins Deutsche übertragen. (Leipzig 1881, 8), S. 45. 46 f. 49. Eine kritische Ausg. d. Midr. Ber. r. hat Theodor 1903 begonnen. Die Pesikta (S. 26) wurde von S. Buber (1868) u. M. Friedmann (1880) herausg. — Zu S. 26 ff. vgl. Zunz, G. V.², 380—394. Rit. d. synag.

Gottesd., S. 1—19. Lit. Gesch. d. syn. Poesie 11 fl. Weiß, IV, 111 ff.
119 ff. 154 ff. Elbogen, Studien zur Geschichte des jüdischen Gottesdienstes
(Berlin 1907). Dreij. Cycl. d. Thora-Vorlef. b. Megilla 29 b. Zu S. 27
Anm. 1, vgl. G. B.², 393, c. Eppenstein in der MS. 1908, S. 462 ff.
591 ff. — Daf. Anm. 3, vgl. G. B.², 389. LG. 12. — Zu S. 28, Anm. 2,
vgl. G. B.², 385. — Zu S. 30, Anm. 1, G. B.², 387. LG. 12. — Zu
S. 30, Anm. 2, vgl. G. B.² 383. 394. LG. 14. — Zu S. 31, Anm. 2, vgl.
LG. 17. — Zu S. 33 ff. vgl. Frankel, Entw. einer Gesch. der Litt. der
nachtalm. Responsen (Breslau 1865). Müller, Mafteach li-Teschuboth ha-
Geonim (Berlin 1891, 8). Weiß IV, 6. 22. Über Scheiltot daf. 23 ff.
Vgl. Eppenstein a. a. O. 614 ff. L. Ginzberg, Geonica (New York
1909) I, 91 ff. II, 349 ff.

Zweiter Abschnitt

Erstes Kapitel: (S. 35—54.) Graetz V⁴, 207 ff. 258 f. Zu S. 37 ff. vgl.
Pinsker, Likkute Kadmoniot (Wien 1865). Jost, Gesch. d. Judentums
u. seiner Sekten II, 344 ff. Zunz, Ritus 146 ff. Weiß IV, 46 110.
Harkavy's Bearbeitung der Note 17 bei Graetz V³ und Eppensteins Be-
merkungen dazu bei Graetz V⁴. Zu S. 39 ff. vgl. Graetz V⁴, 443 ff.
Über die „Halachot gedolot" vgl. Weiß IV, 82 ff. 318. 355 f. Epstein,
Hagoren III, 46 ff. Sie sind neu herausg. von Isr. Hildesheimer
(Berlin 1889). Ginzberg a. a. O., I, 107 ff. II, 351 f., 382 ff. Über den
Aruch des Gaon R. Zemach b. Paltoi, vgl. Kohut, Aruch completum,
S. XVI. Weiß, IV, 131. 133. Müller, Mafteach, 132 ff. Der Sid-
dur des Gaon R. Amram erch. 1865 in Warschau. Vgl. Weiß a. a. O.
119 ff. Zunz, Rit. 18 u. Marx im Jahrb. d. lit. Gef. V (1907). Zu
S. 41 vgl. Zunz, Syn. P. S. 60 ff. Über Jose b. Jose (S. 42) vgl.
Zunz, LG., 26. Über Kalir vgl. daf. 29 ff., 34, Weiß V, 225 f. und
Eppenstein in der MS. 1908, S. 592 ff. Über den Ursprung f. Namens
vgl. Perles in der „Byzant. Zeitschr." II, 569 ff. u. Eppenstein a. a. O.
Die Zitate (S. 44) sind aus Delitzsch, zur Gesch. d. jüd. Poesie (Lpz.
1836), und aus Zunz, Syn. P. 67. Zu S. 48 ff. vgl. Graetz V⁴,
282—314. Weiß IV, 138—160. Schechter, Saadyana (1903) u.
Eppenstein in der MS. 1910 und 1911. Eine Ausgabe d. saadjani-
schen Bibel-Übersetzung hat J. Derenbourg begonnen. Es sind drei
Bände erschienen. Das arab. Original d. „Emunot we-deot" hat S.
Landauer 1880 herausg. Weitere Literatur f. bei J. Guttmann, die
Religionsphilof. Saadjas (Göttingen 1882). Über Scherira u. Hai
(S. 54), vgl. Rapaport in Bikkure ha-Ittim X, 75. Die beste Ausgabe
des Sendschreibens Scherira's besitzen wir von Ad. Neubauer in „Anec-
dota Oxoniensia" semitic series, vol. 1, part. IV, eine neue hat jüngst
S. Lewin in Aussicht gestellt. S. ferner Graetz V⁴ 364 ff., VI³, 1 ff.
Weiß IV, 163—192. Eine Ausgabe sämtlicher Poesien R. Hais hat S.
Philipp 1889 in Lemberg erscheinen lassen. — Über Samuel b. Chofni
(S. 54), vgl. Harkavy in „Sichron la-Rischonim", Heft III (1880), Weiß
IV, 192—199. Bacher, in RÉJ. XV, 277. XVI 106. Steinschneider
Arab. Lit. d. Juden, 108 ff.

Zweites Kapitel: (S. 54—58). Vgl. Sefer ha-Kabbala d. Abr. b. David (ed. Neubauer), S. 67 f. Über Isaak Israeli (S. 56) vgl. Steinschneider, a. a. O. S. 238 ff. Graetz V⁴, 265 ff. Über R. Chuschiel u. R. Chananel (S. 57) vgl. Rapoport, Bikkure ha-Ittim, Jahrg. 1831 u. 1832. Weiß IV, 265. 269—275. Schechter in JQR. XI, 647 ff. S. Poznanski, Anscheᵉ Kairuan in d. Harkavy-Festschrift S. 187 ff. 192 ff. und Eppenstein in d. MG. 1911. Über Nissim b. Jakob (das.) Weiß IV, 366 ff. u. im „Beth Talmud" I, 115 ff. Das Sendschreiben des Jehuda Ibn Koreisch ist 1857 von Bargès u. Goldberg in Paris herausg. worden.

Drittes Kapitel: (S. 58—76). Graetz V⁴, 327 ff. 336 ff. D. Cassel in Wertheims Kalender (1857), S. 109—137. Über Menachem b. Seruk, Dunasch Ibn Labrât, Jehuda Chajjudisch und Jona Ibn Djannâch (S. 62) ist die einschlägige Literatur zusammengestellt von Bacher bei Winter u. Wünsche, d. jüd. Lit. seit Abschluß des Kanons, Bd. II, S. 231 f. Über R. Mose, R. Chanoch u. R. Jos. Ibn Abitur vgl. Müller, die Responsen des R. Mose pp. (Berlin 1889). Über Samuel ha-Nagid. (S. 66 ff.) vgl. Steinschneider a. a. O. S. 2457 ff. Weiß IV, 277 ff. Harkavy, Sichron la-Rischonim 1 (1879) u. Meassef-Niddachim II, Nr. 1—3. Ders. hat auch die Poesien des Nagid 1879 herausgeg. Vgl. Nachtrag dazu bei Sokolow ha-Asif VI, 144. — Die Literatur über Salom. Ibn Gabriol (S. 69 ff.) f. bei Guttmann, die Philos. d. Sal. Ibn Gabirol (Göttingen 1889, 8) S. 1 f. Vgl. Steinschneider, Hebr. Übers. S. 379 ff., Kaufmann Studien über Sal. Ibn Gab. (Budapest 1899). Über f. Psychologie schrieb S. Horowitz (Breslau 1900). Munks Entdeckung (S. 79) zuerst im Ltbl. d. Orients 1846, Nr. 46. Eine neue Ausg. d. fons vitae ist 1895 v. Bäumker besorgt worden. Einige Fragm. d. arab. Originals teilt Harkavy im Jahrg. 43 (1899) der MS., S. 133 ff. mit. — Über Bachja Ibn Pakuda (S. 75), vgl. Kaufmann, Die Theologie d. B. Ibn P. (1874) neu abgedruckt (1910) in f. ges. Schriften II, 1 ff. Sein „Choboth ha-Lebaboth" wurde mehrfach, zuerst von Fürstenthal (1836), ins Deutsche übers. Den arab. Urtext gibt soeben Yahuda heraus.

Viertes Kapitel: (S. 76—80). Über Salomo b. Jeh. ha-Babli u. dessen Zu-namen, vgl. Zunz LG. 100 ff. 232. Über Kalonymos von Lucca, vgl. Zunz a. a. O. 104 ff. Zeitschr. f. Gesch. der Juden Deutschland I, 157 ff., II. 82 ff.

Fünftes Kapitel: (S. 80—90). Die Lit. bei Aronius, Nr. 68—175. Über R. Gerschom b. Jeh. vgl. Zunz, a. a. O. 238 ff. Seine Verordnungen stehen am Ende des RGA. d. R. Meir v. Rothenburg u. derj. des R. Mose Minz, vgl. F. Rosenthal in der Festschrift für Hildesheimer S. 37 ff. S. Kommentar zu einigen Traktaten d. babyl. Talm. ist in der Wilnaer Talm.-Ausg. (1880—1886) gedruckt. Vgl. darüber Epstein in der Jubel-schrift zu Steinschneiders 80. Geburtst., S. 115—143. — Über R. Simon b. Isaak (S. 87 ff.), vgl. Zunz a. a. O. 111 ff., 235 ff. — Über R. Eliezer b. Isaak (S. 95 f.) vgl. Zunz, z. Gesch. u. Lit. 124. 130. 567.

Sechstes Kapitel: (S. 91—93.) Graetz V⁴, 172 f. 256 ff. Über die Pijjut-

u. Selicha-Dichter s. Zunz, a. a. O. 166. LG. 235. Über Schefatja, vgl. Kaufmann, die Chronik des Achimaaz von Oria in der Monatsschrift Jahrg. 40, S. 496 ff., 514 ff. Vgl. Steinschneider, Geschichtslit. d. Juden, S. 35. 175.

Siebentes Kapitel: (S. 93—95.) Hauptquelle ist der Brief Chisdais b. Isaak an den Chazaren-König und dessen Antwort darauf, zuletzt herausg. v. Harkavy (Petersburg 1876). Steinschneider a. a. O. S. 19. 174.

Zweite Abteilung
Erster Abschnitt

Erstes Kapitel: (S. 96—116.) Graetz VI³, 53 f. 71 f. 75 ff. 155 f. 187 ff. — Über R. Isaak al-Fäsi (S. 98 ff.), vgl. Weiß IV, 281 ff. — Über Jehuda ha-Levi (S. 100 ff.), vgl. Geiger, Nachgelassene Schriften III, 97—177. Kaufmann, Jehuda Halevi (1879), neu abgedruckt in s. ges. Schriften II (1910) S. 99 ff. Er hat (1893) auch S. Hellers treffl. Übers. einer großen Anzahl von Gedichten J. H.s herausg. Eine neue Ausgabe des Divan besorgt soeben H. Brody. Der Kusari ist v. D. Cassel (2. Aufl. 1869) u. H. Hirschfeld (1885) ins Deutsche übers. Letzterer hat auch (1887) die arab. Urschrift veröffentlicht. — Über Mose Ibn Esra (S. 100) vgl. Steinschneider C. B, S. 1801 ff., arab. Lit. d. Juden, S. 101 ff. Von s. „Tarschisch" ist 1886 in Berlin das 1. Heft von David Günzburg herausgeg. worden. Vgl. ferner Schreiner in RÉJ. XXI, 98 ff. XXII, 62 ff. 236 ff. — Die Legende (S. 110) zuerst in Gedalja Ibn Jachjas Schalscheleth ha-Kabbala (ed. Lemberg 1864) S. 27a. Die Lit. über Abr. Ibn Esra s. bei Rosin, Reime u. Gedichte d. Abr. Ibn Esra I (1891), II, 1 (1894) u. Abr. Ibn Esras Religionsphilos. in Jahrg. 1898 u. 1899 der Monatsschrift, vgl. Albrecht, ZDMG. LVII, 421 ff.

Zweites Kapitel: (S. 116—130.) Graetz VI³, 154 ff. 258 ff. Die Quellen für die Biogr. Maimunis s. bei Steinschneider, C. B., 1861 ff. 1937 ff. Rosin, Ethik d. Maimonides (1876). Weiß, Biogr. Maimunis (1880) und a. a. O. IV, 290 ff. Das arab. Original des Mischnah-Kom. zu Seder Teharot hat Derenbourg (1887 bis 1892) m. einer neuen hebr. Übers. herausg. Andere Traktate erscheinen gegenwärtig. Zum „Sendschr. nach Jemen" vgl. Kaufmann in RÉJ. XXIV, 112 ff. Die arab. Urschrift d. Moreh Nebuchim hat Munk (1856—1866) mit franz. Übers. herausg. Ins Deutsche übers. R. Fürstenthal T. I (1839), M. J. Stern T. II (1864) u. S. Scheyer T. III (1838). Vgl. Kaufmann, der „Führer" Maimunis in der Weltliteratur im „Arch. f. Gesch. u. Philos.," Jahrg. 1898, S. 369 ff., neu abgedr. in s. Ges. Schriften II, 152 ff. Die Darstellung S. 125 ff. nach Joël, die Religionsphilosophie d. M. M. (1859). Zu S. 136 vgl. Joël, Verhältn. Albert d. Gr. zu Mos. Maimonides (1863). Die Antw. an Sam. Ibn Tibbon. (S. 136) ist gedruckt in den Sendschreiben M.s (ed. Leipzig 1859), S. 28a, b. Vgl. das

Sammelwerk: „Moses b. Maimon. Sein Leben, seine Werke u. sein Einfluß", Bd. I (1908).

Drittes Kapitel: (S. 131—135.) Vgl. Güdemann, Gesch. d. Erziehungsw. u. der Kultur d. Juden in Italien S. 56 ff. Die Lit. über den „Aruch" d. R. Nathan b. Jechiel bei Kohut, Aruch compl., Einl. — Parchons W. B. hat S. G. Stern 1844 herausg. Vgl. Bacher in Stades Zeitschr. f. alttestamentl. Wissensch. X, 120 ff., XI, 35 ff.

Viertes und fünftes Kapitel: (S. 135—150.) Lit. bei Aronius, Nr. 176—350. Die Hebr. Kreuzzugsberichte sind herausgeg. 1892 von Ad. Neubauer u. M. Stern. Über das Martyrium von Blois (S. 141) vgl. Zunz, LG. 88 ff. Steinschneider, Geschichtslit. S. 10. Über die Juden in England (S. 143) vgl. Goldschmidt Gesch. d. Juden, in Engl. (1886) Jacobs, The Jews of Angevin England (1893). Über Monas prodigiosa (S. 153) schrieben Ehrenberg, D. Erdmann u. Ferd. Cohn. Zu S. 148 ff. vgl. Zunz, Ritus S. 6. 19. 59—75. 98 ff. 134 ff. 154 f.

Sechstes und siebentes Kapitel: (S. 150—160.) Raschis Lebensg., zuerst v. Zunz, Zeitschr. d. Vereins f. Kultur und Wissensch. des Judentums, 277 ff. (woraus hier einige Wendungen wörtlich), hebr. von Bloch, zuletzt bei Weiß IV, 321 ff. Vgl. Zunz, LG. 250 ff. Über die Tossafisten (S. 153 ff.) vgl. Zunz, Z. Gesch. u. Lit. S. 29 ff. Über Rabbenu Tam. vgl. Zunz, LG. 265. Weiß IV, 331—352. Groß, Gallia jud., S. 226—238. 636 ff. — Über R. Jeh. ha-Chassid (S. 156 f.) vgl. Zunz LG. 298 ff. Epstein in Hagoren IV, 81 ff., und in der MS. XLI, 41 ff. Freimann in der MS. LIII, S. 600 ff. Die Proben nach Zunz, Z. Gesch. 135 ff. Vgl. Güdemann, Gesch. d. Erziehungsw. in Frankreich u. Dtschl. (1880), S. 178 ff. Über „Rokeach" (S. 159 f.) Zunz, LG. 317 ff. Die Proben nach Zunz, Z. Gesch., S. 131 ff.

Achtes Kapitel: (S. 160—163.) Vgl. Graetz VI³, 239—260. Über M. b. Sch vgl. Zunz, LG. 336 ff. Die beste Ausg. der Reisebeschr. Benj. v. Tudelas ist die 1840 v. Asher besorgte, vgl. Zunz, Ges. Schriften I, 163. Eine neue Ausgabe von Grünhut u. Adler ersch. 1904 in Frankf. a. M. Vgl. Steinschneider a. a. O. S. 49 f. Über Petachja v. Regensb. (S. 162) vgl. Zunz das. S. 165 u. Steinschneider a. a. O. S. 50 f. Eine kritische Ausgabe seiner Reisebeschr. lieferte Grünhut 1904.

Neuntes und zehntes Kapitel: (S. 163—171.) Über Serachja ha-Levi u. Abr. b. David vgl. Weiß IV, 285 f. 300 ff. Graetz, MS. XXII, 337 ff. Über die Tibboniden vgl. Steinschneider C. B. 1374 ff., 1998 ff., 2481 ff. Über Übers. im Allgem. Steinschneider, die hebr. Übersetzungen d. Mittelalt. (1893), S. XV bis XXIV. Literaturnachw. über die Kimchiden f. bei Bacher, Sprachwissensch., S. 233. Das Zitat (S. 169) ist aus Moreh II, 25.

Zweiter Abschnitt

Erstes Kapitel: (S. 171—199.) Graetz VII³, 50. 119—126. Die Aufzeichnungen über das Religionsgespräch Nachmanis (S. 172) hat Steinschneider (1860) herausgeg. — Zu S. 173 ff. vgl. Graetz VII³, 114 ff.
352 ff. VIII. 61 ff. — Die Korrespondenz M. Abulafias hat Jech. Bril
(1871) in Paris herausgegeben. Über die Polemik gegen Maimuni schrieb
zuletzt N. Brüll, Jahrb. IV (1879), S. 1 ff. — Über Nachmanides
(S. 176 ff.) vgl. Weiß V, 4 ff. — Über Mose de Leon (S. 180 f.) vgl.
Graetz VII³, 199—212. 424—442. Bloch, Ph., die jüd. Mystik u.
Kabbala in Winter u. Wünsche, „Jüd. Lit. f. Abschl. d. Kanons", Bd. III,
217 ff. — Über Salomo Ibn Adret (S. 183 ff.) vgl. Weiß V, 32 ff.
Neubauer in RÉJ. XII, 80 ff. — Über R. Ascher b. Jechiel
(S. 186 ff.) vgl. Weiß V, 61—70. Zunz, Z. Gesch., S. 422 ff. Die
Übers. (S. 187) nach Zunz das. S. 147 f. Über s. Sohn R. Jakob
(188 ff.) vgl. Weiß V, 118—123. — Zu S. 191 ff. vgl. Graetz VIII³,
S. 73 ff. u. Steinschneider a. a. O. S. 64—66. Das Sendschreiben
Prophiat Durans ist in deutscher Übers. herausg. v. Geiger, wissensch.
Zeitschr. f. jüd. Theol. IV, 452 ff. — Über Chisdai Kreskas (S. 193 ff.)
vgl. Joël, Don Ch. Kresk. (1866). Den 5. Abschn. seines Or Adonai
hat Ph. Bloch (1879) ins Deutsche übersetzt. Bloch, Ph., Gesch. d.
Entw. d. Kabb. u. d. jüd. Relig.-Philos. (S. A. a. Winter u. Wünsche),
Bd. III, S. 149 ff. Über den Namen d. Vaters das. Anm. Über Reli-
gionsgespräche vgl. Steinschneider, Polem. u. apologet. Lit. (1877).
Über Jos. Albo (S. 194) vgl. W. u. L. Schlesinger, Ikkarim (deutsche
Übers.) Zu S. 195 ff. vgl. Graetz VIII³, 321 ff. Die Zitate (S. 198 f.)
aus Abarbanels Einl. zu den Büchern d. Könige (dtsch. v. Zedner, Ausw.
hist. Stücke aus hebr. Schriftstellern, S. 87 f.).

Zweites Kapitel: (S. 199—203.) Kayserling, Gesch. d. Juden in Portugal,
S. 8 ff. 39 ff. 48 ff. 68. 108—138.

Drittes Kapitel: (S. 203—218.) Graetz VII³, 92 ff. 137. 272 ff. VIII³,
4 ff. 33 ff. 65 ff. Loeb in der Jubelschr. zum 70. Geburtst. d. Prof.
Graetz, S. 36 ff. Über Jona Gerondi (S. 208 f.) vgl. Brüll, Jahrb. V,
83 ff. Zu S. 209 vgl. Graetz VII³, 37. Zu S. 209 f. vgl. Weiß V,
74. 84 f. Über das Pariser Religionsgespräch (S. 225) zuletzt Loeb
in RÉJ. I, 247. II, 248. III, 39 (vgl. III, 157. IV, 161). Zu S. 210
vgl. Weiß, V, 71—79. Zunz, z. Gesch. S. 29 ff. Zu S. 212 f. vgl.
Renan-Neubauer, Rabbins français I, 599 ff. Groß, Gallia judaica,
S. 326. 101. Das Schreiben Jedaja Peninis steht in RGA. d. R. Sal. b.
Ad. I, 418. Die Übers. (S. 214 f.) ist von M. E. Stern. Zu S. 215 ff.
vgl. Joël, Levi b. Gerson als Religionsphilos. (1862) u. L. Alègre,
Levi b. Gerson (1880). Groß, Gallia judaica 94 ff.

Viertes Kapitel: (S. 218—220). Graetz VII³, 176 ff. 183 ff. Vgl. Abrahams, expulsion of the jews from Engl. (1895), Select pleas of the
jewish exchequer (1903).

Fünftes Kapitel: (S. 220—239). Güdemann, Gesch. d. Erziehungswesens u. d. Kultur der Juden in Frankr. u. Deutschl. (1880), S. 239 ff. 255 ff. Zu S. 222 f. vgl. Aronius, Nr. 314a. 469. 531. 395. Scherer a. a. O. S. 143 f. vgl. S. XVIII. Zu S. 224 f. vgl. Graetz VII³, 231 ff. Stobbe, 186 f. 31 f. Zu S. 226 f. vgl. Stobbe 187. Graetz VII³, 326 ff. 331 ff. Güdemann, Gesch. d. Erziehungsw. u. d. Kultur d. Juden in Deutschl. während d. 14. und 15. Jahrh. (1888), S. 11 ff. Zu S. 230 vgl. Stobbe, S. 133 ff. Zu S. 231 vgl. Stobbe, 193. 77 ff. Brann, Gesch. d. Juden in Schlesien, S. 115 ff. Zu S. 232 vgl. Graetz, VIII³, 258 ff. u. Scherer a. a. O. S. 596—616. Über Mose Tachau (S. 251) vgl. Zunz, LG., 315 ff. Weiß V, 28 ff. Güdemann, S. 161 ff. Tykocinsky u. Poznanski in der MS. LIV (1910), S. 70 ff. 600 ff. Über R. Isaak aus Wien vgl. Groß in der MS. 1871, 248 ff. Welleß daf. 1904, S. 129 ff. Markon daf. 1905, S. 707 ff. und Tykocinsky daf. Jahrg. 1911. Über R. Meir v. Rothenburg (S. 235 ff.) vgl. Zunz LG., 357 ff. 623. Weiß V, 75 ff. Güdemann, 171 ff. Back, R. Meir aus Rothenburg. Bd. I (Frankf. a. M. 1895). Über Mordechai b. Hillel (S. 237) vgl. Zunz LG., 350 ff. S. Kohn in Graetz MS., Jahrg. 1877 u. 78. Weiß V, 80 ff. Über „Morenu" vgl. Güdemann, S. 243 ff. Weiß V, 169 f. Zu S. 238 f. vgl. Zunz, Ritus 35 ff. Güdemann, a. a. O. S. 17 f. 20 f. Weiß V, 245 ff. 248 ff.

Sechstes Kapitel: (S. 239—248). Zu S. 240 vgl. Aronius, Reg. 568. Stobbe, 185. Über Jakob Anatoli (S. 243) vgl. Steinschneider, die hebr. Übers. d. Mittelalt. S. 990. Über Kalonymos b. Kalonymos, Zunz, Ges. Schriften III, 150 ff. Eben Bochan ist von W. A. Meisel ins Deutsche übers. (1878). Über Immanuel (S. 244) s. Güdemann, Gesch. d. Erz. ꝛc. d. J. in Italien, S. 113 ff. 126 ff. Einige Wendungen wörtl. n. Delitzsch, S. 53. — Über die Familie Trani (S. 245) s. Güdemann, daf. Note XI. Weiß IV, 309 ff., V, 95 ff. Zu S. 247 f. vgl. Weiß V, 273 ff. Über Obadja di Bertinoro vgl. Neubauer im „Jahrb. f. Gesch. d. Jud." III. 195. Steinschneider, H. B. VIII (1865), 130 u. Geschichtsliteratur S. 85 f. Über die Soncinaten (S. 266) vgl. Zunz, Ges. Schr. III, 194 ff. Manzoni, Annali tipogr. di Soncino.

Siebentes Kapitel: (S. 248—258). Zu S. 249 f. vgl. Graetz VII³, 26, 138 f. Löw, Gesch. d. Juden in Ungarn. Über Isaak Tyrnau vgl. Weiß V, 252 f. Zu S. 251 ff. vgl. Graetz VII³, 163 f., 400 ff. Bloch, Ph. die General-Privilegien der poln. Judenschaft (Posen 1892.) Harkavy, die Juden u. die slav. Sprachen. Dembitzer, Kelilath Jophi I, Einl. II, 7a. — Zu 254 vgl. Weiß V, 148 ff. 189 f. 216. Über Estori Parchi (S. 256) vgl. Zunz, Ges. Schr. I, 170. II, 268 u. Renan-Neubauer, les rabbins français S. 403 ff. Über R. Mose Kapsoli (257) vgl. Weiß V, 278.

Sach-Register

Namen-Register

Geschichte der Juden

und ihrer Literatur

Dritter Teil

von

Dr. M. Brann

Geschichte der Juden

und ihrer Literatur

von

Dr. M. Brann

Dritter Teil

Von der Vertreibung der Juden aus der pyrenäischen Halbinsel
bis zur Gegenwart

Dritte vermehrte und verbesserte Auflage

Breslau
Verlag von M. & H. Marcus
1913

Geschichte der Juden

und ihrer Literatur

von der Vertreibung der Juden aus der pyrenäischen
Halbinsel bis zur Gegenwart

von

Dr. M. Brann

———————— ‥

Dritte vermehrte und verbesserte Auflage

——————

Breslau
Verlag von M. & H. Marcus
1913

Inhalts-Verzeichnis

———

Vierter Zeitraum

Von der Vertreibung der Juden aus der pyrenäischen Halbinsel bis zur Wiederherstellung ihrer bürgerlichen und staatsbürgerlichen Rechte in den Kulturstaaten. Die späteren Rabbinen, die Männer der Aufklärung, Bildung und Wissenschaft. (1498 bis auf die Gegenwart).

Vierter Zeitraum

Von der Vertreibung der Juden aus der pyrenäischen Halbinsel bis zur Wiederherstellung ihrer bürgerlichen und staatsbürgerlichen Rechte in den Kulturstaaten.

Die späteren Rabbinen, die Männer der Aufklärung, Bildung und Wissenschaft.

(1798 bis auf die Gegenwart.)

Übersicht

In die Todesstunde des oströmischen Reiches fiel die Wiedergeburt der Wissenschaft und Kunst. Während die Inquisition die
Gedankenfreiheit in Fesseln schlug, erschloß Guttenbergs Erfindung
dem menschlichen Geiste ein unermeßliches Reich, in welchem neue
und alte Ergebnisse des Denkens ungehemmt einander finden und
befruchten konnten. Als Spanien die Ungläubigen vertrieb, seinen
Gesichtskreis gewaltsam verengte und mit eigener frevelnder Hand
die Quellen seiner Macht verschüttete, tauchte Amerikas Gestade auf
und eröffnete den Menschen den Blick in ein Land künftiger Glaubensfreiheit und neuer politischer Ideale. Alle diese Vorgänge und Ereignisse bewirkten einen ungeheueren Wandel in der Weltgeschichte.
Die Kaiseridee mitsamt dem Rittertum, die Papstgewalt und mit ihr
die Kreuzzüge verblaßten zu Schemen vor der Fülle der Anschauungen und Ideen, mit denen neue Entdeckungen und Erkenntnisse
die Welt bereicherten.

Die heilige Schrift, aufgeschlagen vor den Augen aller Welt,
der Urquell des Wissens, allen gleichmäßig zugänglich gemacht,
spottete der Gewalt der kanonischen Gesetze, die bisher die Gedanken
hatten knechten und nur den Gläubigen Menschenrechte zuerteilen
wollen. Daß Bekenner verschiedenen Glaubens friedlich beieinander

wohnen können und dabei gleiches Recht im Staate beanspruchen
dürfen, war eine Anschauung, welche sich erst nach schweren Kämpfen
zum Siege durchrang.   Blutige Religionskriege wurden um sie ge=
kämpft, und erst als das Schwert ihre Richtigkeit bewiesen hatte, brach
die Geburtsstunde eines neuen Staatsgedankens an.

Inmitten dieses mannigfach bewegten geistigen und politischen
Lebens der europäischen Menschheit wandelten nur die Juden noch
weiter in der Nacht des Mittelalters, das für sie nicht endete, als
mit dem sechzehnten Jahrhundert das Licht eines neuen Tages für
die Mitwelt aufgegangen war.   Länger als ein Jahrtausend hindurch
waren sie mit der allgemeinen Kultur vorwärts gewandert, dem
Sonnenlichte nach, fortschreitend und innerlich reifend auf dem Zuge
von Osten nach Westen.   Jetzt trat der erzwungene Rückschritt ein.
Gewaltsam drängte man sie nach Osten zurück und zwang sie zum
geduldigen Ausharren in Nacht und Finsternis.

Diejenigen Flüchtlinge, deren Väter einst in Spanien erfahren
hatten, daß die Lage der Juden dort eine bessere war, wo alle drei
Religionen nebeneinander wohnten und nicht eine allein von allen
Staatsrechten ausgeschlossen werden konnte, wanderten nach den
mohammedanischen Reichen und zerstreuten sich bis an den Euphrat.
Die deutschen Juden aber, an gar enge und kleinliche Zustände
gewöhnt, waren froh, im nächsten Osten, in den slavischen Ländern,
eine Stätte zu erreichen, wo sie wenigstens ein einigermaßen erträg=
licheres Los fanden, als ihr bisheriges gewesen war.   Sie nahmen
in die Fremde vor allem ihren gottesdienstlichen Ritus mit, der
sich allmählich vom deutschen in den polnischen verwandelte, und
dazu ihre damals richtige deutsche Sprache, die sich allmählich mit
hebräischen und anderen sprachlichen Bestandteilen mischte und zum
jüdisch=deutschen Dialekt verbildete.   Bis an die Ufer der
Wolga und darüber hinaus bürgerte sich diese Mundart mit den
Juden ein, und in allen diesen weiten Länderstrecken bildeten die
ehemals deutschen Juden einen Hauptteil der Einwohnerschaft.   Sie
waren hier fast ausschließlich die einzigen Handel= und Gewerbe=
treibenden und wurden zu ihrem Unglück vom Adel des Landes als
Werkzeug mißbraucht, um die tatarische Urbevölkerung durch Wucher
und Trunk zu entsittlichen und zu verderben.   Daß sie unter diesem
Zwange nicht gänzlich versumpften, daß sie in dieser Umgebung noch
einen höheren Ehrgeiz besaßen, als Geld zusammenzuscharren, bleibt

ein Wunder der Erziehungskunst, angesichts dessen Mose als unerreichter Volkslehrer und die jüdische Geschichte als unvergleichliche Musterschule erscheint. Auch in dieser kümmerlichen Zeit, inmitten der Unwissenheit und sittlichen Verworfenheit ihrer Umgebung, behielt der jüdische Geist seinen regen Trieb nach idealer Betätigung und das jüdische Gemüt sein menschliches Mitgefühl. Hingebung und Treue heiligten das Haus jeder Familie, und wahrhafte Bruderliebe verwandelte den Flüchtlingen die Fremde zur Heimat. Wohin auch der verarmte, vertriebene Jude kam, überall empfingen ihn seine Glaubensbrüder wie einen Angehörigen. Er war kein Bettler, kein Fremdling, sondern ein Gast, der seinem Gastfreund eine Ehre antat. So gelangten mitten im größten Elend die edelsten Gefühle zu herrlicher Blüte.

Und hierher nach den slavischen und türkischen Ländern, in welchen von einheimischer Kultur und Wissenschaft kaum die Rede war, wurde auch die Talmudforschung verpflanzt. Freilich brach für sie damit keineswegs eine neue Zeit frischen Wachstums und reicher Entwickelung an. Sie entartete vielmehr zu einer einseitigen Verstandesübung, welche den Namen Pilpul[1]) erhalten hat. Der Pilpul ist ein „spitzfindiges Spiel von Fragen und Antworten über talmudische Themata. Er ist ein Aufwand von Scharfsinn zu geringfügigem Erträgnisse, ein Aufführen eines Riesenbaues auf Sandkörnern, eine Kombinationskunst, welche das Entfernteste in nahe Beziehung zu bringen versteht, eine Haarspalterei, welche zugleich Staunen und Lächeln erregt." Die gesamte Literatur dieser Periode litt unter der geistigen Verkümmerung und hat uns nur ein einziges Werk von bleibendem Werte hinterlassen, das dauernden Einfluß gewonnen hat. Es ist der „Schulchan aruch"[2]) von Josef Karo. Der Verfasser schuf in diesem umfangreichen Sammelwerke eine Arbeit, die von seinem vollen Verständnis für die Bedürfnisse der Zeitgenossen Zeugnis ablegt. Er gab ihnen ein klar und übersichtlich geordnetes Handbuch zur Benutzung, das knapp und bündig die für die religiöse Praxis maßgebenden Satzungen zusammenfaßt und geschickt die Vorzüge der Kürze und Vollständigkeit in sich vereinigt. Sowohl vom Einfluß der Philosophie, als auch von dem der Kabbala

---

[1]) פִּלְפּוּל, wörtlich: das Gepfefferte, Scharfe.

[2]) שֻׁלְחָן עָרוּך, wörtlich: der gedeckte Tisch.

wußte Karo völlig frei zu bleiben. Diese Zurückhaltung ist um so erstaunlicher und anerkennenswerter, als die Gelehrten seiner Zeit und seiner Umgebung der Beschäftigung mit kabbalistischen Studien besonders zugetan waren.

Auf talmudischem Gebiete konnte kaum etwas Neues mehr zu Tage gefördert werden, und das trockene, einseitige Wissen des bekannten Halacha-Stoffes befriedigte allzuwenig den menschlichen Geist, dessen Freudigkeit und Frische nur bei einer gewissen Mannigfaltigkeit der Aufgaben gedeihen kann. Darum suchte er Entschädigung in der Mystik, die seit der Anregung durch Nachmanides ganz besonders in Palästina, wo auch Joseph Karo seine Zuflucht gefunden hatte, gepflegt wurde. An das heilige Land knüpften sich ja auch alle weihevollen und geheimnisreichen Andeutungen über den ersehnten Messias, auf dessen baldige Ankunft zu hoffen, das damalige traurige Schicksal die Juden nur allzusehr berechtigte.

War doch wenige Jahrzehnte nach Karos Tode auch über die polnischen Juden ein schweres Verhängnis hereingebrochen. Die Dienste, die sie in ihrer Notlage, von den Verhältnissen gedrängt, dem Adel geleistet hatten, sollten sie schwer büßen. Sie wurden die ersten Opfer der furchtbaren Rache der Tataren, die sich endlich gegen ihre polnischen Unterdrücker erhoben, und sie erlagen Chmelnizkys rohen Horden, von denen sie mit beispielloser Grausamkeit zu Tausenden hingemordet wurden. Von der Ostgrenze Polens wurden sie unstet und flüchtig über die Weichsel getrieben, und nur wenige entrannen dem sicheren Verderben. Unter solchen Drangsalen wuchs die Sehnsucht nach Erlösung, und mit Todesangst im Herzen wartete man auf den Eintritt der Wunder und Zeichen, welche die Erscheinung des Messias verkündeten.

Diese allgemeine Erlösungsbedürftigkeit in Verbindung mit der schrankenlosen kabbalistischen Träumerei jener Zeit rief in der Mitte des siebzehnten Jahrhunderts eine gewaltige Bewegung der Gemüter und Geister hervor, die auf einen Teil des jüdischen Volkes von nachhaltigem Einfluß gewesen ist. In Smyrna trat ein schöner, begabter Jüngling Sabbathai Zwi, auf, der sich für den verheißenen Messias ausgab. Um ihn scharten sich zahllose Anhänger, die in maßloser Verblendung selbst dann noch bei ihm ausharrten, als er, in blasser Furcht vor der Todesstrafe, die der Sultan ihm angedroht hatte, dem Glauben der Väter untreu geworden und zum Islam übergetreten war. Der unbedingte Glaube an ihn gewann zumal darum eine so unbegreifliche Ausdehnung, weil zur Zeit, da er auftrat, selbst auf den Juden, die bisher einen lichtvolleren Pfad als ihre Brüder in der Türkei und den Slavenländern gewandelt waren, harter Geistesdruck und kabbalistische Verschwommenheit lastete.

Waren die Juden des Ostens von den Wirkungen der Neuzeit ebenso wie ihre andersgläubigen Landsleute völlig ausgeschlossen geblieben, so konnte das natürlich bei der jüdischen Minderheit, die unangefochten an den Quellen der modernen Kultur, in Italien selbst, saß, nicht der Fall sein. Auch hierher hatten sich viele portugiesische Flüchtlinge gewendet und stetig an Zahl zugenommen, seitdem die Feindseligkeit gegen die Neuchristen auf der pyrenäischen Halbinsel immer bedrohlicher geworden war. Im nördlichen Italien trafen diese Verbannten mit den zahlreichen aus Deutschland vertriebenen Ansiedlern zusammen, und in manchen italienischen Städten erblühten um diese Zeit neben der Stammgemeinde einheimischer Juden selbständige Gemeinwesen, zu denen die deutschen oder portugiesischen Glaubensbrüder sich zusammentaten. Die Juden Italiens, die schon vorher das Morgenrot der neuen Zeit teilnahmsvoll begrüßt hatten, nahmen jetzt mit ganzem Herzen an der Wiedergeburt des klassischen Altertums teil. Sie wurden neben den aus Konstantinopel herübergeflüchteten Griechen die Führer und Wegweiser zu den Quellen, aus denen die Zeitgenossen Erkenntnis schöpfen wollten. Durch griechische und jüdische Lehrer suchte man das heidnische und israelitische Altertum kennen zu lernen, und der geistige Verkehr zwischen Juden und Christen erweckte stets neue gemeinschaftliche Interessen. Die italienischen Juden lehrten Hebräisch, lernten Lateinisch und Griechisch und verwerteten fleißig die erworbenen Kenntnisse für die verschiedenen Gebiete ihrer geistigen Tätigkeit. Auch deutsche Humanisten kamen nach Italien und ließen sich, wie Reuchlin, von gelehrten Juden in ihre Literatur einführen. Gebildete christliche Buchdrucker ließen vortreffliche hebräische Bibeln mit den Kommentaren der besten Erklärer des jüdischen Mittelalters erscheinen und veranstalteten mit Hilfe jüdischer Setzer und gelehrter Korrektoren kostbare Talmudausgaben.

Allein während in Italien der mediceische Papst Leo X. die Liebe zur Kunst und Wissenschaft mit Begeisterung teilte und pflegte, rüsteten sich in Deutschland bereits die fanatischen Mönche zum

Kampfe gegen die siegreich vordringende Bildung und Aufklärung. Der gelegenste Gegenstand des Angriffs war ihnen auch dieses Mal das verhaßte und wehrlose Judentum. Auch in Deutschland fanden sich jetzt, wie vor zwei Jahrhunderten in Frankreich, getaufte Juden, die um schnöden Gewinnes willen oder aus haßerfüllter Lästersucht Verleumdungen über den Talmud aussprengten. Solche elende Angeber wurden von den Dominikanern gedungen, um den Talmud zu verdächtigen und diejenigen, die an ihn glaubten, anzuschwärzen. Wenn zu seiner Verteidigung die deutschen Humanisten mit Begeisterung sich erhoben, so nahmen sie den Kampf in erster Linie nicht sowohl aus Freundlichkeit gegen das Judentum, als vielmehr aus Eifer für die Freiheit der Wissenschaft auf. Der Geist, dem die Reformation entsproß, war in ihnen erwacht und zog in Deutschland zuerst unter der Fahne des Talmud gegen die Allgewalt des Kirchenglaubens in das Feld. In dieser Not und Bedrängnis erstanden der Kirche die treuesten und zuverlässigsten Ritter, die jemals für sie eingetreten sind, in den Jesuiten, deren Gesellschaft im Jahre 1540 gegründet wurde. Mit größerem Geschick und verderblicherer Wirkung begannen sie in Italien, nach dem Vorbild der Dominikaner in Deutschland, den Kampf gegen den Talmud und die jüdische Literatur, und schon im Jahre 1553 flammten die ersten Scheiterhaufen, auf denen neben dem Talmud hebräische Bücher ohne Wahl verbrannt wurden.

Dieser Sieg der Reaktion bezeichnet einen verhängnisvollen Wendepunkt im Geschicke der italienischen Juden. Wenn auch infolge der kleinstaatlichen Zersplitterung Italiens die an einem Orte Verjagten mehr oder minder leicht in einer anderen Stadt Aufnahme und Duldung fanden, so hatten sie doch überall gleichmäßig von dem neu erwachten Fanatismus Quälereien mannigfacher Art zu leiden. Vor allem suchte man ihr Schrifttum zu beschränken und zu unterdrücken. Acht Jahre lang mußten die großen venetianischen Druckereien gänzlich feiern, und auch nachher, als der Buchdruck wieder freigegeben war, mußten alle hebräischen Bücher vor der Veröffentlichung der kirchlichen Behörde zur Zensur ausgeliefert werden. Getaufte Juden tilgten mit roher Hand, was ihren von Haß und Vorurteil getrübten Blicken bedenklich schien. Nach ihrer Anweisung „reinigte" das Tridentiner Konzil den Talmud von angeblich anstößigen Stellen, und nur in so entstellter Form verließen seit jener

Zeit bis auf die Gegenwart die den Juden heiligen Bücher die Buch=
druckerpresse. Nur kabbalistische Schriften verschonte und begünstigte
die Inquisition, weil sie irrtümlicher Weise in ihnen Anschauungen
vermutete, die den christlichen Glaubenssätzen ähnlich seien.

Dadurch verbreiteten sich solche Bücher immer mehr unter den
Juden, und der Hang zur Geheimlehre verdrängte nur zu bald den
gesunden, Herz und Willen stärkenden Geist des Talmud. Inmitten
dieser Zeit des allgemeinen geistigen Rückschrittes bezeichnet ein einziger
Mann den Höhepunkt wissenschaftlicher Leistungen des italienischen
Judentums. Asarjah de Rossi erschien im sechzehnten Jahrhundert
als fast einsamer Vorläufer einer geistigen Bewegung, die erst im
neunzehnten Jahrhundert ihre Fortsetzung und Blüte erreicht hat.
Seine Zeitgenossen und die nächsten Geschlechter nach ihm fühlten
sich viel zu tief von dem Umschwung der Verhältnisse bedrückt, als
daß sie auf seinem Wege hätten weiter wandeln können. Der scharfe
Späherblick der Inquisition verstand es auch, die gebildeten italienischen
Juden ihrer Unbefangenheit zu berauben. Er verleitete sie zur Heim=
lichkeit und Heuchelei und machte ihren den kabbalistischen Studien
zugewandten Sinn empfänglich für den Wunderglauben an den
Schwärmer Sabbathai Zwi.

Wie in dem Hauptlande der katholischen Christenheit, so griff
auch in den neuen jüdischen Gemeinden, die inzwischen unter
protestantischer Herrschaft auf holländischem und englischem
Boden emporgeblüht waren, die Vorliebe für das Studium der Ge=
heimlehre über die Maßen um sich und schuf dort dem Glauben an
den angeblichen Messias einen günstigen Boden. Wenn somit sein
Auftreten sogar in Italien, im Geburtslande der modernen Auf=
klärung und Wissenschaft, und in jenen freisinnigen Handelsstaaten,
die am Ufer der Nordsee die Juden aufnahmen und schützten, einen
gewaltigen Eindruck hervorrufen konnte, um wie viel mehr in Deutsch=
land, wo die Juden in tiefster Unwissenheit unter den Folgen aber=
gläubischer Verleumdungen schmachteten und nach den Leiden des
dreißigjährigen Krieges mit verdoppelter Sehnsucht einer baldigen.
Erlösung entgegenharrten. Nur durch die Erwägung des unerträg=
lichen Druckes, der auf den deutschen Juden lastete, wird die Zähig=
keit begreiflich, mit der viele von ihnen selbst dann noch dem
messianischen Trugbilde anhingen, als Sabbathai Zwi längst ge=
storben war und die eitle Hoffnung auf seine Auferstehung oder

Wiedergeburt höchstens noch von leichtgläubigen Schwärmern und törichten Betrügern festgehalten und verbreitet wurde.

Die Gefahr, die dem Judentum aus derartigen Verirrungen drohte, wurde erst gänzlich beseitigt, als sich in die Nacht seines Daseins endlich wieder ein schwacher Lichtschimmer der Freiheit stahl. Noch weilte Sabbathai Zwi unter den Lebenden, als bereits die Stätte bereitet wurde, auf der die siegende Aufklärung eine ganz neue Blüte des jüdischen Lebens zeitigen sollte.

Friedrich Wilhelm, der große Kurfürst von Branden=
burg, hatte die Kraft und den Mut, sich über die mittelalterlichen
Vorurteile zu erheben und wagte mit wunderbarem politischem Scharf=
blick den erfolgreichen Versuch, inmitten der unaufhaltsamen Zersetzung
des deutschen Reichsgedankens, ein neues Staatswesen auf neuen
Grundlagen zu errichten. Er schuf seinen Untertanen ein branden=
burgisch=preußisches Vaterland, indem er ihre widerstreitenden Inter=
essen zu einer höheren Einheit verschmolz, für deren Heil alle Kräfte
angespannt, zu deren Wohlfahrt alle Glaubensbekenntnisse nebenein=
ander geduldet wurden. Als die Juden im Jahre 1670 aus Wien
vertrieben wurden, erlaubte er ihnen, sich in Berlin anzusiedeln,
und schützte sie mit starker Hand gegen törichte Anschuldigungen und
Verdächtigungen. Zwar beschränkten seine Nachfolger im Geiste ihrer
Zeit durch schweren Steuerdruck und engherzige Verordnungen jede
freie Regung der Juden, allein sie vermochten es nicht, ihren beweg=
lichen Geist von der Teilnahme an der wachsenden Aufklärung dauernd
auszuschließen. Die Juden empfanden es schmerzlich, wie traurig
es um sie stand. Sie erkannten immer mehr, daß der Mangel an
allgemeinen Kenntnissen, die Unfähigkeit, sich richtig und gewandt in
einer lebenden Sprache auszudrücken und der dürftige und einseitige,
nur auf die heilige Schrift und den Talmud sich beschränkende Unter=
richt zwar die notwendige Folge der jahrhundertelangen Bedrückung,
zugleich aber auch die Quelle des gegenwärtigen Elends sei.

Endlich erschien ihnen der Befreier. Zum drittenmale führte
ein Mose sein Volk aus Nacht zum Licht, aus Knechtschaft zur
Freiheit. Moses Mendelssohns Bibelübersetzung riß auf einmal
die Scheidewand nieder, die die Juden von ihren Mitbürgern trennte.
Sie gab ihnen die vergessene deutsche Muttersprache als eigenstes
Gut zu neuem Besitze wieder, und mit dem Besitz der Muttersprache
errang sich der heimatlose Jude schnell das Anrecht auf sein Vater=

land. Er beteiligte sich treu und eifrig an deutscher Bildung und Gesittung, ließ seine Kinder in gemeinnützigen Kenntnissen unterrichten und strebte danach, die Einrichtungen seines Gemeinwesens zu veredeln und nach den berechtigten Anforderungen der Zeit umzugestalten. Bald wurde das Verlangen rege, daß der Gottesdienst wie in der Vorzeit wiederum Belehrung und Erhebung spende, daß die vergrabenen Schätze der nicht-halachischen jüdischen Literatur nutzbar gemacht werden für das Leben und den Unterricht, und daß der Rabbiner nicht bloß die praktische Halacha handhabe, sondern auch in Wort und Tat ein Lehrer und Vorbild seiner Gemeinde werde.

So erfuhr das deutsche Judentum eine vollständige Erneuerung auf allen Lebensgebieten und wurde befähigt, an der Kulturarbeit der gesamten Menschheit mitzuwirken. Seine Söhne widmeten ihre edelsten Fähigkeiten dem gemeinen Wohle, und der moderne Staat hätte seine eigenen Grundlagen verleugnen müssen, wenn er nicht endlich aufgehört hätte, Menschen, die alle Pflichten gegen ihn so hingebend erfüllten, von dem Genuß der den Pflichten entsprechenden Rechte auszuschließen. Nordamerika und Frankreich zeigten zuerst der Welt, wie heilsam die gleichmäßige Benutzung aller Kräfte sei. Derselben Einsicht folgte Preußen, als es in den Notjahren nach 1806 die Reste des geschwächten Vaterlandes sammelte und 1812 auch die Juden zu heimatsberechtigten Söhnen im Lande ihrer Geburt machte. Die Verleihung der Staatsangehörigkeit gab ihnen freilich noch bei weitem nicht die Gleichstellung mit der Mehrheit der Staatsbürger. Denn der Gedanke der religiösen Duldung, die 1648 im westfälischen Frieden zuerst zum Ausdruck gekommen war, der Gedanke, für den Lessing gekämpft und gerungen hatte, reifte erst nach 200 Jahren zur vollen geschichtlichen Tat. Erst die neuen Verfassungen der deutschen Staaten erkannten überall die politische Gleichberechtigung aller Bürger ohne Unterschied des Glaubens an.

Und mit der bürgerlichen Anerkennung der Juden hielt ihre geistige Entwickelung gleichen Schritt, denn aus ihrer Aufklärung und allgemeinen Bildung entwickelte sich als schönste Frucht die jüdische Wissenschaft. Ihr unsterblicher Begründer war Leopold Zunz, und abermals ward Berlin, wie bereits ein Jahrhundert früher, der Ausgangspunkt und das Zentrum dieser neuen Bestrebungen. Nach dem Ausspruch des großen Meisters, der das gesamte Gebiet des jüdischen Geisteslebens in den Bereich seiner Forschungen gezogen hat, ist „die jüdische Literatur eine organische, geistige Tätigkeit, die, den Weltrichtungen folgend, auch dem Gesamtinteresse dient, die vorzugsweise sittlich und ernst auch durch ihr Ringen Teilnahme einflößt. Dieses stets unbeschützte Schrifttum, nie bezahlt, oft verfolgt, dessen Urheber nie zu den Mächtigen der Erde gehörten, hat eine Geschichte, eine Philosophie, eine Poesie, die es anderen Literaturen ebenbürtig machen." Wenn diese Erkenntnis aller Welt aufgegangen sein wird, „werden dann nicht die jüdischen Autoren und die Juden überhaupt das Bürgerrecht des Geistes erlangen müssen? Muß dann nicht aus dem Born der Wissenschaft Humanität sich unter das Volk ergießen, Verständigung und Eintracht bereitend?"

Und in Wahrheit wurde diese von Zunz hervorgerufene Wissenschaft nach seinem Worte „taterzeugend." Sie brachte das Streben des für die menschliche Kultur neugeborenen Juden in einen unmittelbaren Zusammenhang mit der Überlieferung seiner Väter. Sie gab dem modernen Judentum eine feste Grundlage und den Nachweis seiner geschichtlichen Berechtigung. Sie erfüllte es mit klarem Verständnis für die Aufgaben, die es im Verein mit der Menschheit besonders in den Kulturstaaten, die seinen Bekennern volle staatsbürgerliche Freiheit zuerkannt haben, zu lösen hat.

Mit vereinten Kräften bemühten sich nunmehr aber auch die Juden des westlichen Europas, ihre minder begünstigten Brüder im Osten zum Genuß der Freiheit und Bildung zu führen. Wo es ihnen an Gelegenheit mangelt, nützliche Kenntnisse zu erwerben, wo es ihnen an Mitteln fehlt, die Tugenden edler Menschlichkeit auszuüben, oder wo sie noch um ihres Glaubens willen verfolgt werden, tritt ihnen der „allgemeine Israelitenverband", der 1860 entstanden ist und dessen Vertretung in Paris ihren Besitz hat, hilfreich zur Seite. Der edle Adolf Cremieux rief mit opferfreudiger Begeisterung das große Werk ins Leben und förderte mit rastloser Tatkraft die umfassenden gemeinnützigen Ziele des Verbandes. Er erlebte noch die Freude, die Frucht der Anstrengungen der Alliance reifen zu sehen, als auf dem Berliner Kongreß (1878) von den europäischen Großmächten die staatsbürgerliche Gleichstellung aller Bekenntnisse als die Grundlage der neuerrichteten Donaustaaten anerkannt wurde. Schon beginnt die Nacht sich zu lichten, welche die russischen und türkischen Glaubensbrüder bis an die Schwelle

der Gegenwart umfangen hielt. Überall aber, im europäischen Südosten, in Asien und in Afrika, wo die Regierungen des Landes es
gestatten, arbeiten die aufblühenden Unterrichts-Anstalten des „allgemeinen Israelitenverbandes" und neben ihnen in jüngster Zeit auch
die vom „Hilfsverein der deutschen Juden" gegründeten Schulen,
rüstig an der Aufgabe, das heranwachsende Geschlecht zu
treuen Bekennern des väterlichen Glaubens und zugleich
zu treuen Söhnen des Landes, in welchem sie geboren sind,
zu erziehen.

Erste Abteilung

Von der Vertreibung der Juden aus der pyrenäischen Halbinsel bis zur Wiedergeburt des jüdischen Geisteslebens durch Moses Mendelssohn.
(1498—1750)

Erster Abschnitt

Von der Vertreibung der Juden aus der pyrenäischen Halbinsel bis zu den messianischen Verirrungen der Kabbalisten.
(1498—1648)

Erstes Kapitel
Die Juden in der Türkei.
(c. 1500 — c. 1650)

1. Äußere Schicksale der Juden.

Nach dem tränenreichen Auszug der treu gebliebenen Juden aus Spanien und Portugal wurde das Los der abtrünnig gewordenen Marranen unter den Späherblicken des blutigen Glaubensgerichts immer trauriger und unheimlicher. Ihren ganzen Mut und Scharfsinn richteten sie darum auf den einen Punkt, der einzig das Heil in sich barg, auf die schleunige Flucht aus dem Lande der Knechtschaft in Gegenden, wo sie frei den wahren Glauben bekennen und dem Gott der Väter unangefochten dienen konnten.

Mit besonderer Vorliebe lenkten sie ihre Schritte nach der Türkei, als sie von der glücklichen Lage ihrer Glaubensgenossen unter der Herrschaft der Osmanen hörten. Die zum Islam bekehrten Türken waren rauhe und kriegerische Eroberer, die mit blutiger Grausamkeit ihre Kriege führten. Aber an religiöser Duldsamkeit übertrafen sie bei weitem die damaligen Christen Europas. Die kräftigen und staatsklugen Herrscher, die nach der Eroberung Konstantinopels regierten, nahmen mit offenen Armen die gebildeten, reichen und gewerbfleißigen Juden auf, die vor dem christlichen Fanatismus in ihr Reich flüchteten. Der Sultan Bajesid II.

(1481—1512) soll geäußert haben, als er von den spanischen Greueln hörte: „Fernando wollt Ihr einen weisen König nennen? Ihn, der sein Land arm macht und das unsrige bereichert?"

Durch die weise Umsicht und Milde der Sultane wuchsen die jüdischen Gemeinden in der Türkei mächtig an und hatten fast ausschließlich den Handel und die Industrie in ihren Händen. Allein in Konstantinopel sollen im sechzehnten Jahrhundert dreißigtausend Juden gewohnt haben, die nach ihrer Herkunft vierundvierzig verschiedene Gemeindegruppen bildeten und eben so viele Synagogen besaßen. Die damals neu aufblühende Stadt Salonichi verdankte ihren Aufschwung nicht zum geringsten Teil den Juden. Einige Gewerbe, deren Erzeugnisse schnell einen wohlverdienten Ruf gewannen, wurden nur von ihnen betrieben. Auch Talmudweisheit und Gelehrsamkeit wurden bald dort heimisch. Eine Zierde der Gemeinde war namentlich der aus Spanien eingewanderte R. Jakob Ibn Chabib. Wir verdanken ihm eine erschöpfende Zusammenstellung aller haggadischen Stellen des Talmud, die er unter dem Titel „En Jakob[1]" mit den Erklärungen der berühmtesten alten Autoritäten und mit eigenen Bemerkungen herausgab.

Im Oberrabbinat über die gesamte Judenschaft des türkischen Reiches folgte dem würdigen Mose Kapsoli (Teil II. S. 257 f.) der gelehrte und fromme R. Elia Misrachi. Er förderte durch mündliche Vorträge und wertvolle schriftstellerische Leistungen Talmudkunde, Mathematik und Astronomie. Mit peinlicher Religiosität verband er eine seltene Milde und Versöhnlichkeit und verstand es, die mit neuer Lebhaftigkeit erwachten Streitigkeiten zwischen den zahlreichen einwandernden Rabbaniten und den von alters her ansässigen Karäern friedlich beizulegen. Am bekanntesten und verbreitetsten von seinen Büchern wurde seine Erläuterung zu Raschis Pentateuchkommentar.

So waren die inneren und äußeren Verhältnisse der Juden vergleichsweise wohl geordnet. Die Sicherheit ihres Lebens und Eigentums blieb im allgemeinen ungestört. Sie konnten darum ihre wirtschaftlichen und geistigen Fähigkeiten zu glücklicher Entfaltung bringen, und sie gelangten nicht selten als Leibärzte der Sultane und ihrer Großen zu hohem Einfluß und Ansehen. Selbst zu wichtigen Staatsgeschäften wurden sie verwandt und entledigten sich ihrer Aufträge meist mit

---

[1] עין יעקב „Quell Jakobs" (5. M. 33, 28).

anerkanntem Erfolg und Geschick. Aber über dem eigenen Glück vergaßen sie nie und nimmer des Elends ihrer Brüder und bemühten sich nach besten Kräften, es zu mildern, wann und wo ihre Hilfe in Anspruch genommen wurde. Der berühmte und gelehrte Mose Hamon, der Leibarzt des Sultans Soliman II. (1520—66) und sein steter Begleiter auf allen seinen Kriegszügen, bewog sogar seinen allgemein gefürchteten Herrn, einen Gesandten nach Venedig zu schicken, um durchzusetzen, daß einer vornehmen und reichen Marranen= familie, die bei der Übersiedelung von Antwerpen nach Konstantinopel widerrechtlich in der Hauptstadt der venetianischen Republik fest= gehalten wurde, endlich die Fortsetzung der Reise gestattet werde. Dem Wunsche des Sultans wagte der Rat der Republik nicht Wider= stand zu leisten und mußte sich entschließen, die Reisenden mit ihren reichen Schätzen ungehindert ziehen zu lassen. Durch diese einfluß= reiche Vermittelung gelangte endlich nach jahrelangen Mühen und Beschwerden die edle Donna Gracia Mendesia mit ihren An= gehörigen und einer großen Anzahl spanischer und italienischer Juden im Jahre 1552 wohlbehalten nach Konstantinopel an ihr Reiseziel. Den unendlichen Gefahren der Flucht aus dem Vaterlande hatte sie sich freudig und willig unterzogen, um offen und frei nach den Grund= sätzen des Glaubens ihrer Väter leben zu können. Darum trat sie mit ihrer Tochter und ihrem Neffen in der Türkei sofort zum Juden= tum über. Schon ein Jahr später vermählte sie ihre schöne Tochter mit ihrem klugen Neffen Don Joseph, der den Würdenamen Nasi als Familiennamen führte.

Joseph Nasi war ein hochbegabter, vielerfahrener Mann, der mit seinen geistigen Vorzügen, seinen angenehmen und gefälligen Umgangsformen und seinem großen Reichtum bald bedeutenden Ein= fluß auf den „prächtigen" Sultan Soliman und noch mehr auf dessen Nachfolger Selim II. (1566—1574) gewann. Der Sohn des großen Soliman würdigte den als treu und zuverlässig erprobten Juden seines vertrauten Umganges und ernannte ihn wegen der treff= lichen Dienste, die er dem Reiche in wichtigen Staatsgeschäften ge= leistet hatte, nach dem Tode des Herrschers von Naxos zum sou= veränen Herzog dieser Insel und der übrigen Cykladen. In dieser vielbeneideten hohen Stellung kam Don Joseph in nahe Berührung mit den Großen der Erde und wurde selbst vom deutschen Kaiser Maximilian II. mit ehrenden Zuschriften ausgezeichnet. Aber das

Gelingen seiner Pläne machte ihn nicht stolz und eitel. Er überhob sich nicht und nahm sich mit wahrhaft väterlicher Fürsorge seiner Glaubensbrüder an. Mit unbegrenzter Nachsicht und Milde suchte er, im Verein mit seiner Schwiegermutter Donna Gracia, ihre Schmerzen zu heilen und jegliche Gefahr von ihnen abzuwenden. Als einst türkische Juden, die in Italien Handel trieben, in Ancona vom Papste Paul IV. (1555—59) eingekerkert worden waren[1]), setzte Don Joseph beim Sultan durch, daß er ein drohendes Schreiben an das Oberhaupt der Kirche richtete, und rettete dadurch die Gefangenen von dem sicheren Tode. Auch als freigebiger Beschützer und eifriger Beförderer jüdischen Wissens wird der Herzog von Naxos von zeitgenössischen Schriftstellern in überschwänglicher Weise gepriesen. Er errichtete neue Lehrhäuser und unterstützte mit offenen Händen die Weisen und Gelehrten seines Glaubens. Seine umfangreiche Bücher- und Handschriftensammlung stellte er ihnen für ihre Forschungen zur Verfügung und pflegte selbst einen persönlich anregenden Verkehr mit ihnen. Nach dem Tode Selims II. zog er sich von Staatsgeschäften zurück und gönnte sich eine durch die Pflege der Wissenschaften und den Umgang mit Gelehrten verschönte Muße. Am 2. August 1579 schied er aus dem Leben.

Gleichzeitig mit ihm wirkte im diplomatischen Dienst desselben Herrschers der sehr gelehrte und erfahrene Arzt Salomo Nathan Aschkenasi. Er brachte 1574 den Frieden mit Venedig zu stande und wurde bei seiner Ankunft in der Stadt als Gesandter des Großherrn vom Dogen und dem hohen Rat in feierlichem Aufzuge empfangen. Er arbeitete auch an den Friedensverhandlungen mit Spanien mit und soll selbst bei der polnischen Königswahl seinen Einfluß mit Erfolg für Heinrich III. von Frankreich geltend gemacht haben. Damals war der Wunsch und Wille der hohen Pforte, der von ihren Abgesandten kundgegeben wurde, noch von Ausschlag gebendem Einfluß auf die europäischen Angelegenheiten. Denn die Türkei war in jenen Tagen noch die gefürchtetste Großmacht der Erde. Ihr Machtgebiet war unter den ersten kraftvollen Herrschern schnell gewachsen und dehnte sich nach Osten bis an die Ufer des Euphrats, nach Westen bis in die Nachbarschaft Venedigs, nach Süden bis an den Oberlauf des Nils, nach Norden bis an

---

[1]) S. unten S. 51.

die Donau aus. Das Schwert des Islam klopfte nicht allein
drohend an die Tore Wiens, sondern der Großherr dachte auch be=
reits im Ernste daran, seinen Fuß auf Rom, die Hauptstadt der
Christenheit, zu setzen, um mit ihrem Sturz den christlichen Glauben
vom Erdboden zu vertilgen. Überall in diesem großen Reiche be=
fanden sich zahlreiche jüdische Gemeinden. War auch der herrschende
Stamm duldsam gegen die öffentliche Ausübung ihres Gottesdienstes,
so ist dabei doch nicht zu übersehen, daß dieser Zustand nicht auf
Recht und Gesetz, sondern nur auf der schwankenden Grundlage der
Willkür und Laune des Sultans beruhte, dessen persönliches Be=
lieben die einzige Richtschnur für die Verwaltung des despotisch
regierten Reiches war. Noch mehr als der Mangel an genügender
Rechtssicherheit hinderte einen höheren geistigen Aufschwung der
jüdischen Ansiedler der niedrige Standpunkt der allgemeinen Bildung
im türkischen Reiche und die bunte Vielgestaltigkeit der Sitten,
Gebräuche, Anschauungen und Kenntnisse, welche die Juden aus
den verschiedenen Ländern ihrer Herkunft in die neue Heimat mit=
gebracht hatten. Gemeinsam war ihnen nur die Übung des gött=
lichen Gesetzes und der Eifer, mit dem sie die heiligen Überlieferungen
der Väter pflegten. Wissen, das mit der Religion nicht in Ver=
bindung stand, trieben sie nur selten und ausnahmsweise. Für den
Verstand war ihnen die wesentlichste Quelle der Anregung und
Belehrung die Halacha. Für das Gemüt und die Phantasie
dagegen ward ihnen die Kabbala ein unerschöpflicher Born der
Labung und Erfrischung. Freilich wirkte sie wahrhaft herzerquickend
und zu glutvoller Begeisterung fortreißend nur auf tiefere Naturen
und schwärmerisch angelegte Gemüter.

5. Geistiges Leben der Juden.

Die Halacha war das Gebiet, auf dem sich alle Juden finden
mußten. Philosophische Erkenntnisse und sinnreiche mystische An=
deutungen vermochten zwar den und jenen zu erfreuen und zu ent=
zücken. Gleich wichtig und wertvoll für jeden einzelnen war und
blieb aber einzig und allein trotz der trockenen Nüchternheit des In=
halts die gleichmäßige Handhabung des göttlichen Gesetzes. Sollte
im Ernst der überhandnehmenden Vielspältigkeit in der Auslegung
der Quellen und in der Übung der religiösen Gebräuche Ziel und
Maß gesetzt werden, so galt es vornehmlich, kurze und bündige Ge=

setzsammlungen zu schaffen, die dem Gelehrten auf bequeme und über-
einstimmende Weise die Anwendung der Halacha ermöglichten. Dem
dringenden Bedürfnis jener Zeit entsprach in trefflicher Weise R.
Joseph Karo.

R. Joseph b. Ephraim Karo wurde 1488 in Spanien geboren, kam mit seinen Eltern nach mühevoller Wanderung in die
europäische Türkei und lebte längere Zeit in Nicopolis und Adrianopel.
Hier erlangte er trotz seiner verhältnismäßigen Jugend schnell den
Ruf eines großen Talmudlehrers. Bei seinen Studien fesselten ihn
schon früh namentlich die Turim des R. Jakob b. Ascher[1]), und er
ging im vierunddreißigsten Jahre seines Lebens an die Riesenarbeit,
das vierbändige Gesetzbuch auf seine Quellen zu prüfen, es zu erklären, zu berichtigen und mit den Forschungsergebnissen der letzten
zwei Jahrhunderte zu bereichern. Nach zwanzigjähriger emsiger Arbeit
vollendete er sein Werk in Zefat im nördlichen Palästina, wohin
er inzwischen übergesiedelt war. Noch zwölf Jahre widmete er dann
einer wiederholten peinlichen Durchsicht seines Buches und übergab
es endlich unter dem Titel „das Haus Josephs[2])" der Öffentlichkeit.
Während er seinen ganzen Fleiß und Eifer an diese nüchterne und
phantasielose Sammelarbeit wendete, kam er im heiligen Lande mit
Männern in Berührung, die mit Vorliebe dem Studium der Mystik
anhingen und sich nachmals laut rühmten, auch ihn in ihren Gedankenkreis gebannt zu haben. Allein wie dem auch sei, so steht
jedenfalls fest, daß er weder der Kabbala, noch einem anderen
Wissenszweige irgend welchen Einfluß auf seine halachischen Arbeiten
gestattete. Er erkannte richtig, daß in einem für die religiöse Praxis
bestimmten Handbuch alle Meinungsverschiedenheiten, die durch die
Verschmelzung des Judentums mit anderen Kulturen hervorgerufen
waren, keinerlei Beachtung finden durften, und hielt darum mit peinlicher Gewissenhaftigkeit nur das eine Ziel im Auge, die jüdische
Überlieferung, geläutert von fremden Schlacken, klar und bestimmt
und leicht faßlich der Mit- und Nachwelt vorzutragen.

Um auch dem Anfänger und dem weniger Kundigen die Übersicht über das ganze ausgedehnte Gebiet zu erleichtern, stellte er nach
Vollendung des „Bet Joseph" noch einmal die in diesem Buche ge-

---

[1]) II. Teil. S. 189.

[2]) בֵּית יוֹסֵף, Vgl. 1. M. 43, 18 f.

wonnenen Erkenntnisse nach dem Vorbild des Mischneh-Thora
Maimunis in kurzen, gedanklich zusammenhängenden Paragraphen
dar, in denen er für die Haupt- und Nebeneinteilung und die Anordnung des Stoffes genau den Bahnen folgte, die R. Jakob b.
Ascher in seinen Turim geebnet hatte. Für Joseph Karo, den geborenen Spanier, waren die drei größten Weisen seines Vaterlandes
al-Fâßi, Maimuni und Rabb. Ascher, diejenigen Autoritäten,
nach denen er im allgemeinen in zweifelhaften Fällen die Entscheidung
traf. Als rechtsverbindlich stellte er meist diejenige Meinung hin,
der wenigstens zwei von jenen Männern beigetreten waren. Wichen
einmal andere Gelehrte von besonders hohem Ansehen von dieser
Ansicht ab, so fügte er in seiner Entscheidung die Bemerkung hinzu,
daß „manche" zu einem anderen Ergebnisse gelangt seien.

Dieses Wunderwerk ungeheuren Wissens und rastlosen Fleißes
nannte der Verfasser einen „gedeckten Tisch[1]".

„Alles, was man tut", lesen wir darin, „geschehe zur Ehre Gottes. Der Mensch
überlege jeden Schritt und jede Tat: wenn er durch sie zum Dienste seines
Schöpfers gelangt, so tue er sie, wo nicht, so soll er sie unterlassen. . . . Die
Frommen aller Völker haben Anteil an der ewigen Seligkeit. . . Wer in Handel
und Wandel sein Wort bricht, gehört zu den Treulosen, an denen die Weisen
kein Wohlgefallen haben. . . Es ist verboten auch nur das Geringste zu rauben
oder vorzuenthalten, sowohl von Israeliten als von Nichtjuden. . . . Es ist von
der Thora verboten, selbst die geringste Kleinigkeit zu stehlen. . . Wer auch nur
den Wert einer Peruta (⅓ Pfennig) stiehlt, übertritt das Verbot: „Ihr sollt nicht
stehlen", und ist verpflichtet zu bezahlen. Es ist einerlei, ob man das Geld
eines Israeliten oder Geld von Nichtjuden stiehlt. . . Es ist verboten, von dem
Diebe die gestohlene Sache zu kaufen, und zwar ist dies eine schwere Sünde;
denn man unterstützt damit die Sünder und veranlaßt sie zu anderen Dieb-
stählen, da sie nicht stehlen würden, wenn sie keine Käufer fänden. . . Wer die
Steuern hinterzieht, übertritt das Verbot: „Du sollst nicht rauben," denn er
raubt den Anteil des Königs, einerlei, ob es ein jüdischer oder nichtjüdischer
König ist. . . .

Es ist verboten, die Menschen im Kauf oder Verkauf zu betrügen oder
„ihre Gedanken zu stehlen." Ist z. B. ein Fehler an der Ware, so muß man
dies dem Käufer mitteilen, einerlei, ob dieser ein Jude oder ein Nichtjude ist. .
Ein Wucherer ist unfähig, vor Gericht Zeugnis abzulegen. Will er
die Fähigkeit zur Zeugenschaft wieder erlangen, so muß er seine Schuldscheine

---

[1] שֻׁלְחָן עָרוּךְ (Ezech. 23, 41). Die erste Auflage erschien 1565. Bis
zum Ende des sechzehnten Jahrhunderts erschienen wenigstens noch 12 Auflagen
des ganzen Buches, ungerechnet die einzelnen Teile, die hie und da die Presse
verließen.

freiwillig zerreißen und vollständig von seinem bösen Wandel umkehren, so daß er nicht einmal von einem Nichtjuden Zinsen nehmen darf. . . . . Wer einen Blinden straucheln macht, d. h. einen Menschen, Juden oder Nichtjuden, zu einer Sünde bringt, der soll in den Bann getan werden. . . . Wenn ein Jude einen Nicht- juden beraubt hat und dem Befehl des jüdischen Gerichts, den Raub zurückzuer- statten, keine Folge leisten will, so gehen die jüdischen Richter vor das nicht- jüdische Gericht und bezeugen, daß jener Räuber schuldig sei, dem Nichtjuden sein Gut zu ersetzen." (David Hoffmann).

Die weite und rasche Verbreitung und die fast ungeteilte An- erkennung, die das Buch in kurzer Frist gewann und bis auf die Gegenwart behalten hat, sowie die zahlreichen gelehrten Kommentare, die es bald zum Ausgangspunkt neuer Erörterungen machten, legen am beredtesten von seinem großen Wert und seiner praktischen Brauch- barkeit Zeugnis ab. Es teilte schnell das merkwürdige Geschick zahl- reicher Erzeugnisse der jüdischen Literatur, die sich in aller Händen befanden und eines großen Ansehens erfreuten, indem es mit seinem jederman geläufigen Titel den Namen und die Persönlichkeit des Verfassers nahezu gänzlich aus dem Bewußtsein des Volkes verdrängte. Den Mischneh-Thora, die Turim, den Schulchan aruch studierte Jahrhunderte hindurch bis an die Schwelle der Gegenwart jeder Jude, der irgendwie für urteilsfähig in religiösen Dingen gelten wollte. Wann, wo und wie Maimuni, R. Jakob b. Ascher und R. Joseph Karo gelebt und gearbeitet hatten, war für den Troß der Gelehrten eine gleichgültige, wo nicht gar völlig mißachtete Nebensache. So offenbart sich auch in dieser Erscheinung die Eigen- art des jüdischen Geistes, der, unbekümmert um die wechselnde Er- scheinungsform der Persönlichkeit, einzig dem Kern und Wesen der wissenschaftlichen Leistung Wert und Bedeutung zuerkannte.

Dem musterhaften Fleiße Karos hat die jüdische Wissenschaft außerdem neben zahlreichen Rechtsbescheiden noch ein drittes Haupt- werk zu verdanken, nämlich einen umfassenden Kommentar zum Mischneh-Thora des Maimonides[1]. Er löste darin das geistvolle Gesamtbild der Arbeit Maimunis in seine einzelnen Bestandteile auf, wies überall die Quellen seiner Entscheidungen nach und verteidigte seine Ansichten mit Geschick und Erfolg gegen die Einwürfe des R. Abraham b. David. Joseph Karo starb in dem hohen Alter

---

[1] Er ist betitelt כֶּסֶף מִשְׁנֶה „Doppeltes Geld" (1. M. 43, 12). — Vgl. II. Teil. S. 122, 166.

2*

von siebenundachtzig Jahren 1575 in Zefat, wo er der erste Rabbiner der großen Gemeinde war.

Die zahlreichen gelehrten Kabbalisten dieser Stadt gefielen sich darin, die Meinung zu vertreten, daß der berühmte Mann auch seinerseits mit ganzem Herzen im Dienste ihrer Geheimlehre gestanden habe, und die dichtende Sage schrieb ihm nach seinem Tode Auf=zeichnungen mystischen Inhalts zu[1]), die geeignet waren, jenen Glauben zu befestigen. Wenn auch die moderne Wissenschaft jene Versuche als fromme Fälschungen erwiesen hat, so kennzeichnet immer=hin die lange unentdeckt gebliebene Täuschung hinlänglich den eigen=tümlichen Geist der Zeit, in der sie entstanden ist. Sie zeigt klar und deutlich den wahren Grund, aus dem die mystische Richtung damals in Palästina ein so gewaltiges Übergewicht gewann. Es war das tief empfundene Bedürfnis, einen Ersatz für die freie Forschung und gesunde Geistesnahrung zu erhalten, nachdem die Talmudweisheit wenigstens hier neue Wege nicht gefunden und sich einzig darauf beschränkt gesehen hatte, die bekannten Ergebnisse trocken zusammen=zutragen.

Darum konnte die Kabbala ungestört die müßige Phantasie mit neuen Vorstellungen anfüllen, und sie knüpfte diese ganz besonders an das heilige Land, weil hier nach dem allgemeinen Glauben R. Simon b. Jochai die göttlichen Offenbarungen, die er im Sohar niedergelegt, empfangen hatte[2]), und weil ohnehin nach der Über=zeugung der Kabbalisten dem Boden des gelobten Landes geheimnis=volle Kräfte innewohnten. Zahlreiche Schwärmer zogen darum immer wieder in das Land der Sehnsucht und bildeten namentlich in der fast ganz von Juden bevölkerten Stadt Zefat ein eigenes Gemein=wesen.

An ihrer Spitze stand Joseph Karos Zeitgenosse Rabbi Salomo ha=Levi Alkabez, der Verfasser weitschichtiger mystischer Kommentare zu den biblischen Büchern Ruth und Esther. Größere Beachtung als diese Bücher fand das Ritual, welches er für den Sabbathbeginn entworfen hat. Es besteht aus sechs Psalmen (Ps. 95—99 und Ps. 29) und einem von ihm verfaßten Sabbathlied und wurde in die deutsche und polnische Gebetordnung aufgenommen, in denen es bis

---

[1]) Den ihm zugeschriebenen mystischen Pent.=Kom. מַגִּיד מֵישָׁרִים hat David Cassel 1887 als eine Fälschung und Unterschiebung nachgewiesen.

[2]) Vgl. I, 182. II, 181 ff.

auf die Gegenwart erhalten ist. Sein poetischer Sabbathgruß besingt
den heiligen Ruhetag als die geschmückte Braut, welcher der Bräutigam,
das Volk Israel, sehnend entgegenharrt. Das schöne Lied, das durch
Herder auch in der deutschen Literatur bekannt geworden ist, lautet in
der Übersetzung, wie folgt:

> Der Braut entgegen, Freund, wohlan![1]
> Laßt froh den Sabbath uns empfahn!
>
> „Hüt'!" und „Gedenk"[2] war Gottes Ruf,
> Als er den heiligen Sabbath schuf
> In seiner Allmacht Fülle.
> Mit diesem einen einz'gen Laut
> Ward Israel er anvertraut
> Als des Allein'gen Wille.
>
> Dem Sabbath froh entgegeneilt!
> Ein Segensquell will ungeteilt
> Er euren Pfad beglücken.
> Geweiht ist er von Anbeginn,
> Des Höchsten Werk nach seinem Sinn
> Vollendend erst zu schmücken.
>
> O Gotteshaus, o Heiligtum,
> O Stadt, erfüllt von Gottes Ruhm,
> Dem dunkeln Grab entsteiget!
> Entflieht dem öden Jammertal!
> Schon leuchtet euch der Hoffnung Strahl,
> Den Gottes Hand euch zeiget.
>
> O schüttle ab den Staub und Wust,
> Erwach' zu neuer Lebenslust,
> Zeig' dich im Festgewande!
> Aus Bethlehem naht Isai's Sohn[3]
> Zu gründen neu den Gottesthron
> In Deinem heil'gen Lande.

---

[1] Das Lied beginnt mit den Worten: לְכָה דוֹדִי. Die Versanfänge geben
den Namen des Verfassers Salomo ha-Levi als Akrostichon.

[2] Das vierte Gebot beginnt bei der Erwähnung im 2. Buch der Thora
(20, 8) mit dem Worte: „Gedenke" und bei der im 5. Buch der Thora (5, 12)
mit dem Worte: „Hüte". Nach dem Midrasch wurden beide Worte bei der
Offenbarung am Sinai vom Volke vernommen, „wie es ein menschlicher Mund
nicht sprechen und ein menschliches Ohr nicht fassen kann".

[3] D. i. David.

Wach auf zu neuem Thatendrang,
Wach auf zu frohem Jubelfang,
Dein Stern erglänzet wieder.
Flamm' auf, hellstrahlend Gotteslicht,
Dir leuchtet Gottes Angesicht,
Ihm singe Jubellieder.

Von Deinem Aug' die bitt're Scham
Hinweg des Herzens tiefen Gram
Von meinem treuen Volke!
Hoch ragt die Stadt in Herrlichkeit,
Erbauet für die Ewigkeit;
Es weicht des Kummers Wolke.

Die einst Zerstörung Dir gebracht,
Die Dir Verderben zugedacht,
Sieh da, sie sind vernichtet!
Wie Bräutigam der holden Braut,
Hat sich der Herr Dir angetraut,
Mit Dir den Bund errichtet.

Wie dehnt Dein Reich sich groß und weit,
Um Deines Gottes Herrlichkeit
Und seinen Ruhm zu melden!
Wie wirst Du jubelnd bald umfahn
Den Retter, der zum Heil wird nahn
Aus Perez[1]) Stamm, den Helden!

Drum nah' in Frieden, Tag der Luft,
Zieh' ein in jede Menschenbrust,
Wie lieben Weibes Treue!
Dich grüßt der Fromme innig traut
Wie seiner Jugend holde Braut,
Dich preist er stets auf's neue.

R. Salomo Alkabez stand mit seinen dichterischen Erzeugnissen nicht allein in seiner Zeit und Umgebung. Die täglich neu
werdenden Leiden Israels wurden immer noch in Selichot, in
Sündenbekenntnissen und Prosagebeten betrauert und besungen, obwohl die Synagogenriten überall bereits eine feste und starre Form
angenommen hatten und daher nur ausnahmsweise wenige besonders

---

[1]) Perez war der Sohn Judas. Von ihm stammte David ab, aus dessen
Geschlechte nach der Verheißung der Schrift (Jes. 11, 1) der Erlöser erstehen
wird (Vgl. Ruth 4, 18—22. I. Chr. 2, 5—15).

beliebte Lieder noch) allgemeine Aufnahme in den Andachtsbüchern
finden konnten. Der damalige begabteste Dichter des heiligen Landes
und überhaupt des sechzehnten Jahrhunderts war Israel Nagara,
der als Rabbiner in Gaza gestorben ist. Von ihm rühmte ein fach=
kundiger Meister des Gesanges[1]): „Wie Israel war keiner mehr in
Israel!" Er verstand es meisterhaft, die verschiedenen Gattungen
der mittelalterlichen Dichtkunst nachzuahmen, und hat nahezu ein
halbes Tausend gedruckter Lieder hinterlassen, von denen sich einige
in deutschen und italienischen Gebetbüchern eingebürgert haben. Am
beliebtesten ist folgendes Tischlied für den Sabbath geworden, das
er in chaldäischer Sprache verfaßt hat:

> Herr der Welt[2]), Gott aller Sphären,
> König Du, den Kön'ge ehren!
> Deine Herrlichkeit zu mehren,
> Will ich deine Wunder lehren,
>
> Früh und spät will ich erheben,
> Schöpfer, Dich, der reiches Leben
> Erd' und Himmel hat gegeben,
> Tieren, Menschen, Engelchören;
>   Herr der Welt 2c.
>
> Deiner Allmacht ohne gleichen,
> Übermut und Zagen weichen,
> Tausend Lebensjahr' nicht reichen,
> Deiner Werke Zahl zu lehren,
>   Herr der Welt 2c.
>
> Mächt'ger Gott, Dein Volk befreie,
> Nicht Dein Lamm den Löwen weihe!
> Laß die Du erwählt in Treue,
> Aus dem Elend wiederkehren.
>   Herr der Welt 2c.
>
> Zieh' in Deine heil'gen Hallen,
> Wohin sel'ge Pilger wallen!
> Jubellieder dann erschallen,
> Werden Zions Straßen hören:
>   Herr der Welt, Gott aller Sphären,
>   König Du, den Kön'ge ehren!

[1]) Leon da Modena (st. 21. März 1648), vgl. unten S. 54.

[2]) Das Lied beginnt mit den Worten: יָהּ רִבּוֹן עָלַם וְעָלְמַיָּא. Die Vers=
anfänge geben akrostichisch den Vornamen des Verfassers, Israel.

Eine neue und folgenreiche Wendung erfuhren die Anschauungen dieses poetisch-kabbalistischen Kreises durch Nagara's berühmten Lehrer R. Isaak Lurja oder Isaak Aschkenasi. Er stammte von polnischen oder deutschen Eltern ab und wurde 1533 in Jerusalem geboren. Früh verwaist kam er in das Haus seines mütterlichen Oheims in Ägypten, woselbst seit der Eroberung des Landes durch die Türken (1517) neue Talmudschulen unter tüchtigen Lehrern aufgeblüht waren. Das größte Ansehen genoß in jener Zeit David Abi Simra, welcher bis zu dem patriarchalischen Alter von 110 Jahren, das er erreicht haben soll, vierzig Jahre in Ägypten und zwanzig Jahre in Palästina als Rabbiner und Talmudlehrer wirkte und neben ungemein zahlreichen Rechtsbescheiden auch Abhandlungen kabbalistischen Inhalts hinterlassen hat. Er wurde der Lehrer des jungen Lurja. Aber mehr als von den halachischen Studien fühlte sich der außergewöhnlich begabte Schüler von den Geheimnissen des Buches Sohar angezogen. Mit Begeisterung versenkte er sich in die abgrundtiefen mystischen Träumereien und führte ein einsames Leben, reich an Selbstpeinigungen und asketischen Übungen aller Art. Bald geriet er in Verzückungen, hatte wunderbare Traumgesichte und verkündete sie als göttliche Eingebungen. Im Jahre 1570 begab er sich nach dem heiligen Lande und ließ sich in Zefat nieder, wo er schon nach zwei Jahren, kaum achtunddreißig Jahre alt, von der Pest dahingerafft wurde. Seine Schüler und Freunde, die ihn wie einen echten Gottesmann verehrten, brachten überschwengliche Wunderdinge über seinen Lebensgang in Umlauf, verherrlichten ihn als einen gottbegnadeten Seher und Heiligen und schrieben Bücher, in denen sie seine geheimnisreichen Lehren und angeblichen Offenbarungen für die späteren Geschlechter aufbewahrten. Von seiner eigenen Hand sind nur wenige schriftliche Aufzeichnungen auf die Nachwelt gekommen. Erstaunlich ist die Wirkung seiner kurzen Lehrtätigkeit. Er hat auf Geschlechter hinaus die Köpfe einem verwirrenden Wunderglauben zugänglich gemacht und dadurch unwillkürlich die traurigen Geistesverirrungen des folgenden Jahrhunderts vorbereitet.

Freilich wurde die Nachhaltigkeit des Einflusses, den er ausübte, zu einem großen Teile auch durch die allgemeine Geistesrichtung jener Zeit ermöglicht und erleichtert. Ein gewisser abenteuerlicher Hang zur Romantik, eine gewisse leichtgläubige Erwartung wunderbarer Ereignisse war von dem Zeitalter der Entdeckungen, Erfindungen

und Überraschungen wie auf alle Menschen, so auch auf die Juden
übergegangen. Natürlich spannen die Juden am liebsten die Hoff=
nungen und Wünsche aus, auf die sie durch ihre unaufhörlichen
Leiden und ihre heiligen Bücher am häufigsten hingewiesen wurden.
Es war ihnen gewiß, daß die verheißene Erlösung kommen müsse,
und die Kabbalisten machten sie glauben, daß es geheimnisvolle
Mittel und Wege gebe, um die endliche Ankunft des Messias herbei=
zuzwingen. Da er nach der allgemeinen Überzeugung im heiligen
Lande erscheinen mußte, so ist es nicht zu verwundern, daß sie später
einen durch körperliche und geistige Vorzüge ausgezeichneten Mann
mit gläubigem Sinn begrüßten, der als der Heißersehnte in ihre
Mitte trat.

Zweites Kapitel
Die Juden in Polen.
(c. 1500—c. 1650).

1. Äußere Geschichte und Kulturzustand der Juden.

Die Leiden, die durch den fanatischen Glaubenseifer Capistranos
über die Juden Polens gebracht wurden, waren von geringer Dauer.
Als dem König Kasimir IV. die Niederwerfung und Demütigung
des deutschen Ordens (1466) gelungen war, und er des Beistandes
der Kirche für seine politischen Unternehmungen nicht mehr zu bedürfen
glaubte, ließ er die beschränkenden Gesetze in Vergessenheit geraten,
so daß die Juden bald wieder in den Besitz der ihnen früher ge=
währleisteten Rechte kamen. An der Gunst ihrer Lage vermochten
all die Vorgänge und Ereignisse, die den allmählichen Untergang des
Reiches anbahnten und beschleunigten, nichts zu ändern. Da sie in
gleicher Weise wie die leibeigenen Bauern des Landes von allen
staatsbürgerlichen Rechten ausgeschlossen waren, blieben sie von den
inneren Kämpfen, die den stetigen Verfall der Königsmacht und das
bedrohliche Wachstum des Einflusses der eigensüchtigen und unbot=
mäßigen Adligen im Gefolge hatten, gänzlich unberührt. In Mit=
leidenschaft zogen sie nur die fortwährenden friedlosen Zeiten und die
endlosen Kämpfe mit den Schweden, Osmanen und Russen, die über
das unglückliche Land hereinbrachen. Hin und wieder gelang es
auch den deutschen Ansiedlern, die zur Hebung des Handels und der
Industrie ins Land berufen waren, und den Jesuiten, welche die

Ausrottung des Unglaubens und der Ketzerei als ihr Lebens=
ziel betrachteten, den Haß gegen die Juden aus wirtschaftlichen und
religiösen Gründen hie und da zu schüren und vorübergehend zu
heftigen Ausbrüchen der Volkswut zu steigern. Wenn dann Ruhe
und Frieden wiederkehrten, vernarbten die Wunden schnell, und die
tausendfach Gebeugten und Enttäuschten erhoben sich mit wunder=
barer Zähigkeit zu neuen Kämpfen mit der Not des Daseins.

Es gab keinen Lebensberuf, dem sie nicht mit der rastlosen
Emsigkeit und musterhaften Nüchternheit, die ihnen eigen war,
oblagen. Sie waren Ackerbauer und Handwerker und trieben
Handel und Gewerbe. Um die Mitte des sechzehnten Jahrhunderts
gab es neben fünfhundert christlichen, dreitausendzweihundert jüdische
Großhändler, aber dreimal so viel jüdische Handwerker, namentlich
Gold= und Silberarbeiter, Schmiede und Weber. Da sie nahezu die
einzigen Großkapitalisten im Lande waren, fiel zu ihrem Verhängnis
auch die Pacht der Zölle und Branntweinbrennereien fast ganz in
ihre Hände. Zwar der stumpfsinnige und verdummte polnische Bauer
trug mit schmachvoller Geduld das harte Joch, welches der Adlige,
dessen willenloses und gefügiges Werkzeug der Jude war, auf seine
Schultern legte. Nicht so die im Südosten des Landes (in der
Ukraine) wohnende Bevölkerung, die seit dem vierzehnten Jahr=
hundert dem polnisch=littauischen Reiche tributpflichtig war. Sie ließ
mehr als dreihundert Jahre lang mit dumpfem Groll Drangsal und
Bedrückung über sich ergehen, bis die rohe und ungebändigte Kraft
sich mit zügelloser Wut gegen die grausamen Peiniger wendete.
Hier in den Steppen der donischen Kosaken zog allmählich der
Sturm herauf, der in der Mitte des siebzehnten Jahrhunderts das
ganze Reich durchraste und Polen und Juden, Schuldige und Un=
schuldige, vernichtete.

Aber bis zu jener Zeit bot das Land den Juden einen sicheren
Zufluchtsort. Sie brachten die reichen Erzeugnisse des Bodens und
der Industrie in Umlauf und verschafften dem lebenslustigen, zu
solider Arbeit wenig geneigten Adel die Mittel zur Befriedigung
seiner kostspieligen Genüsse. In dem Bewußtsein, nirgends auf
Erden ein größeres Maß von Rechten zu finden als hier, nahmen
sie selbst die entwürdigende Behandlung, die ihnen von den hoch=
fahrenden Großen häufig zuteil wurde, als eine Äußerlichkeit, die
ihr Inneres kaum berührte, mit in den Kauf. Sie lernten, sich

bücken und drücken und gewannen jene traurige Haltung, welche von ihrer Stirn die Erinnerung edler Abstammung verlöschte. Nachlässig und verfallen wie ihr Auftreten war ihre Sprache. „Wie ein Pilgrim war sie anzuschauen", der unter endlosen Fährlichkeiten bunte und mannigfache Kunde aus fremdem Lande heimgebracht. Sie spiegelt noch in ihrem bunten Gemisch all die tausendfältigen Leiden und Drangsale wieder, welche die Juden zu erdulden hatten und bewahrt dabei in rührender Anhänglichkeit den Sprachschatz, den einst die Vorfahren aus Deutschland mitgebracht haben. Dieselbe Treue und Anhänglichkeit, die das göttliche Gesetz dem Juden anerzog, erwies und erweist er bis zum heutigen Tage der Sprache des Landes, das ihn einst lieblos und verächtlich von sich stieß. Er übergab den späten Nachkommen die frühere hochdeutsche Schriftsprache etwa auf der Stufe ihrer Entwickelung, auf der sich sich befand, als er mit ihr in die Fremde zog. Nur für neu hinzugekommene Begriffe wurden die Bezeichnungen durch die Entlehnung hebräischer, tal= mudischer und fremdsprachlicher Ausdrücke ergänzt. Aus dieser west= östlichen Sprachmischung entstand der eigenartige jüdisch=deutsche Dialekt. Er hat sich nicht bloß im mündlichen und schriftlichen Ge= brauch in Polen, Rußland und Ungarn und in etwas abweichen= der Färbung in Deutschland und Holland erhalten, sondern ist mit den zu neuen Wanderungen gezwungenen Juden auch weit über das Weltmeer bis nach Amerika und Australien gezogen.

Wie die Sprache, so erhielt auch die Form des Gottes= dienstes und die Weise der Beobachtung der religiösen Bräuche den deutschen Grundcharakter und bildete sich zu einem polnischen Ritus nur insofern aus, als in den Selichot die Erinnerung an die Leiden der Juden unter den slavischen Völkern hin und wieder besondere Berücksichtigung fand. Aber der Gottesdienst im engeren Sinne war nicht die einzige Betätigung wahrhaft idealen Strebens in diesem so tief gedemütigten Geschlecht. Ein unparteiischer Be= urteiler wird von Staunen und Rührung zugleich ergriffen, wenn er entdeckt, welcher Durst nach Wahrheit diese Menschen beseelte, die durch unglückliche Verhältnisse gezwungen wurden, immer wieder an Gelderwerb und nur an schnöden Gelderwerb zu denken. Während sie sich draußen um des Erwerbes willen bis zum Staube erniedrigten, verschaffte der Reichtum allein seinen Besitzern keinen hervorragen= den Einfluß in der Gemeinde. Der an Glücksgütern Reiche trat oft freiwillig bescheiden zurück vor dem Kenntnisreichen. Bewandert zu sein in den heiligen Büchern der Väter war der vornehmste und höchste Ehrgeiz der polnischen Juden. Jeder widmete dem Talmud bestimmte Stunden des Tages oder setzte wenigstens seine Ehre darein, im Lehrhause als Zuhörer anwesend zu sein. Jede halbwegs größere Gemeinde besaß eine Stätte, an der ununterbrochen im Gesetze geforscht wurde. Hier fand der Wißbegierige Lehrbücher und Hilfsmittel und während einiger Stunden des Tages den Lehrer, dessen einzige Aufgabe darin bestand, unentgeltlich mit den Schülern zu lernen. In diesen Lehrhäusern war die Halacha der wichtigste und fast der einzige Lehrgegenstand, und ihm mit Eifer obliegen, nannte man bald schlechthin „lernen". Kam ein Fremdling zu= gewandert, so hatte er die Berechtigung, hier einzutreten, und, wenn er dazu befähigt war, sich sofort an der Diskussion zu beteiligen. Und nicht die Geistesnahrung allein wurde mit jedem Glaubens= genossen so selbstverständlich geteilt, auch für seine leiblichen Be= dürfnisse war mit brüderlichem Sinne Sorge getragen. Besonders reichlich und aufmerksam wurden die Jünglinge und Männer bedacht, die ihre ganze Zeit dem Studium der Lehre widmeten. Ein Talmudschüler war darum in keiner Gemeinde ein Fremdling. Wie ein Bruder wurde er empfangen, woher er auch kam und wohin er auch zog, und das Haus fühlte sich geehrt, das ihn an seinem Tische sättigen durfte. Einen Talmudkundigen in die Familie aufnehmen zu können, war das Streben jedes vermögenden Hausvaters, und Wissen der einzige Geleitbrief, den ein Jude jener Zeit nötig hatte.

Diese Übereinstimmung des Gemeindelebens hatte sich aus den allerwärts gleichartigen Verhältnissen naturgemäß entwickelt. Wenn die Juden des ganzen Landes an den Meßplätzen zusammen kamen, besprachen sie die ihnen naheliegenden gemeinsamen Angelegenheiten und lernten von einander Gemeinde=Einrichtungen kennen. Aus den Meßzusammenkünften und den anfangs nur gelegentlich abgehaltenen Beratungen entstand allmählich als bleibende Einrichtung die Vier= länder=Synode[1]. Die Vertreter der polnischen Hauptlandschaften (Groß und Klein=Polen, Littauen und Reußen) traten alljähr= lich zu offiziellen Besprechungen in Jaroslaw oder Lublin zu= sammen, regelten die Gemeinde=Verfassungen, ordneten die Art der

---

[1) ‎וַעַד אַרְבַּע אֲרָצוֹת

Steuererhebung, schlichteten Streitigkeiten und entschieden Rechtsfragen.
Denn die Synode war zugleich die oberste Instanz für alle An=
gelegenheiten der bürgerlichen und peinlichen Gerichtsbarkeit, in
denen man die Urteilsfällung dem einzelnen Rabbiner allein nicht
überlassen mochte. Sie besaß in ihrer Blütezeit die höchste Autorität
in allen jüdischen Angelegenheiten. Sie beherrschte die öffentliche
Meinung und verlieh Namen und Ansehen. Durch ihre häufig von
den Gemeinden erbetene Empfehlung konnten Gelehrte ein Rabbinat,
den Vorsitz in einem Lehrhause oder gar die hohe Auszeichnung,
ihre talmudischen „Neuigkeiten[1])" gedruckt zu sehen, erlangen.
Denn es gab in Polen frühzeitig hebräische Druckereien, die zeit=
weise eine umfangreiche Tätigkeit entfalteten. Überhaupt standen
damals die polnischen Juden keineswegs in der Kultur hinter ihren
deutschen Brüdern zurück. Nicht selten zogen, um die Arzneikunde
gründlich zu erlernen, junge Leute aus Polen auf italienische
Universitäten, so wie nicht minder häufig italienische Juden nach
Polen wanderten, um sich in der Talmudweisheit zu vervollkommnen.

In der Tat nahm das Talmudstudium im sechzehnten Jahr=
hundert hier einen Aufschwung, der mit einem gewissen Rechte der
schönsten Blütezeit der nordfranzösischen Schulen an die Seite
gestellt werden kann. Die Geistestätigkeit nahm damals eine ganz
neue und eigenartige Richtung. Was in den früheren Jahrhunderten
der eigentliche Inhalt der gelehrten Bildung gewesen war, wurde
jetzt der Gegenstand des elementaren Wissens. Hatten bisher die
Gelehrten allen Eifer und Scharfsinn darauf verwendet, dem Ge=
dankenflug des Talmud zu folgen und in das Verständnis seiner
Erklärer, besonders Raschis und der Tossafisten, vertiefend ein=
zudringen, hatten sie sich bisher daran erfreut, mit Hilfe der ge=
wonnenen Erkenntnis ihren Geist zu erleuchten und ihren Willen zu
stärken, so war die Aneignung dieses gesamten Wissensstoffes jetzt
nur noch eine unentbehrliche Vorarbeit für den Schüler, der einmal
ein Meister werden wollte. Es wurde einfach vorausgesetzt, daß der
Fachmann diese Anfangsgründe längst überwunden habe. Wer den
Anspruch erheben wollte, für einen Gelehrten zu gelten, mußte jetzt
den gesamten Stoff, wie er im Talmud vorlag und in den Gesetz=
büchern geordnet war, selbständig beherrschen und frei wie ein König
mit diesen Geistesschätzen schalten und walten können. Das ganze

---

[1]) חדושים

Gebiet der Halacha von den ersten Grundlagen bis zu den letzten
Ergebnissen wurde nunmehr ein unbeschränkter Tummelplatz der
Seelen= und Geisteskräfte. Der „Pilpul[1]“, wie man diese Methode
talmudischer Forschung nannte, wurde das klassische Mittel, den Scharf=
sinn zu üben und dem Geiste Spannung, Kraft und Gewandtheit
zu verleihen und zu erhalten. Ob die anzustellende Untersuchung
Frucht und Ertrag für das sittliche Leben oder die rituelle Praxis
in Aussicht stellte, war bei dieser emsig betriebenen und liebevoll ge=
pflegten Tätigkeit eine gleichgültige Nebensache. Die tiefsinnige
Grübelei über lösbare und unlösbare, über wichtige und unwichtige
halachische Fragen, die scharfsinnige Spaltung nahe verwandter und
Vergleichung himmelweit verschiedener Begriffe, die endlose Fortsetzung
weit ausgesponnener Gedankenreihen bis zu allen möglichen und un=
möglichen Konsequenzen, die Zurückführung weitschichtiger Erörterungen
auf knappe, einfache Formeln — alles das und ähnliches war Selbst=
zweck dieser grundgelehrten Diskussionen. Der gänzliche Mangel an
fremden Bildungselementen, denen die wissensdurstigen Geister sich
hätten zuwenden können, machte das eine Gebiet zum Schauplatz des
Wetteifers für die begabtesten Köpfe und bewirkte, daß diese ein=
seitige Befähigung zu unglaublicher Vollendung und Meisterschaft
entwickelt wurde. Das einfache, gesunde, nüchterne und verständige
Denken verschwamm immer mehr in nebelhafter Ferne. An seine
Stelle trat der Geschmack an unnatürlicher Künstelei, die Freude an
überraschenden Geistesblitzen, das unendliche Ergötzen an der Fähig=
keit, turmhohe Schwierigkeiten mit einem Riesensprunge zu über=
winden. War dann der ruhmgekrönte Sieger in der Geistesschlacht
endlich zu einem Ergebnis gekommen, das in keinem Verhältnis zu
der angewandten Mühe stand, so waren die gelehrten Zeitgenossen
nicht sowohl von Beschämung über den dürftigen Ertrag, als viel=
mehr von hoher Bewunderung über die Feinheit und Eleganz er=
füllt, mit welcher der Gegner zurückgeschlagen war. So sehr diese
dialektischen Übungen daher einerseits den Geist anregten, die Ur=
teilskraft schärften, den Witz und die Schlagfertigkeit ausbildeten,
so verderblich wirkten sie andererseits im Laufe der Zeit auf den
Geschmack und selbst auf den Charakter der polnischen Juden. Die

---

[1] פלפול. S. Graetz IX, 64. 477. Zunz, G. V. 447. Zur Gesch. und
Lit. 190 f. und Güdemann in Frankels Monatsschrift XIII, 130 ff.

Luft, im Wortgefechte Sieger zu bleiben, das Vergnügen, welches
darin lag, die schwächere Meinung in die stärkere zu verwandeln,
begünstigte die Wortverdrehung und Spitzfindigkeit und raubte dem
Wissen seine sittigende Macht.

Wie auf dem Gebiete des mündlichen Gesetzes, so wurde auch
im Bereiche der Forschung in den heiligen Schriften die gesunde
Geisteskraft von dem verwöhnten Geschlechte mißachtet. Einseitig
bevorzugt und emsig fortgebildet wurde vielmehr nur jene geheimnisvoll andeutende Erklärungsart, die in konsequenter Weise für die
ganze Thora zuerst von R. Jakob b. Ascher (Vgl. Bd. II S. 190) in
Anwendung gebracht war. Sie nahm gleichsam die körperliche Beschaffenheit der Textworte zum Ausgangspunkte und suchte bald in
ihren einzelnen Konsonanten akrostichisch, bald in ihrem Zahlenwert
arithmetisch die religiösen Wahrheiten und sittlichen Belehrungen ver-
hüllt und angedeutet nachzuweisen, die im Talmud und Midrasch
aus dem Schriftworte abgeleitet waren. Erst auf diesem beschwer-
lichen Umwege ward den erschlafften Gemütern Anregung und Belehrung zuteil. Je trüber und einförmiger die Wirklichkeit war, je
weniger sie dem Sinne für Geschmack und Schönheit darbot, desto
mehr sehnte sich die unbeschäftigte Phantasie nach den Schauern geheimnisvoller Offenbarungen, und desto gieriger berauschte sich die
Vorstellungskraft an dem süßen Gift, das sie aus der liebevoll gehegten Mystik sog.

2. Literarische Tätigkeit der Juden.

Um die Mitte des sechzehnten Jahrhunderts reiften die ersten
literarischen Früchte der neuen halachischen Bildung. Zahlreiche
Schriftsteller legten in ihren „halachischen Neuigkeiten" die Ergebnisse ihres Scharfsinnes der Mitwelt vor. Sie hielten sich in der
überwiegenden Mehrheit streng an die Schablone der modernen
Schulweisheit und gewannen darum nur selten einen ihre Zeit über-
dauernden Einfluß. Um Haupteslänge überragte damals die Zeitgenossen Rabbi Salomo b. Jechiel Lurja (MhaRSchaL[1]), geboren
1510, gestorben 1573 in Lublin. Er zeichnete sich in gleicher
Weise durch Selbständigkeit, Klarheit und Schärfe des Denkens aus
und besaß ein tiefes und umfangreiches, unmittelbar aus den Quellen

---

[1]) ‏מָהֲרַשַׁ״ל‎ = ‏מוֹרֵנוּ הָרַב רַבִּי שְׁלֹמֹה לוּרְיָא‎

geschöpftes halachisches Wissen. Gewohnt, überall mit eigenen Augen zu sehen, kannte er keine voreingenommene Ehrfurcht vor noch so hochstehenden Autoritäten. Ja es erschien ihm nahezu als ein Verbrechen gegen die Majestät der freien Forschung, wenn er sah, wie die meisten Gelehrten sich willig und widerspruchlos dem fremden Urteil unterwarfen. Der Verzicht auf die eigene unbefangene Prüfung der Quellen war nach seiner Überzeugung der erste verhängnisvolle Schritt zum Verfall des religiösen Lebens. Ein Buch wie Joseph Karo's Schulchan aruch z. B. betrachtete er daher geradezu als ein öffentliches Ärgernis und als einen Stein des Anstoßes. Mit derselben rücksichtslosen Härte, mit der einst der ihm geistesverwandte Rabbi Abraham ben David gegen Maimuni (vgl. II. Teil. S. 166 f.) aufzutreten gewagt hatte, geißelte er in heftigen Worten die Zeitgenossen, die das neue Gesetzbuch mit gebührender Anerkennung und Achtung benutzten, und wollte in arger Verblendung nicht einmal die wirklichen und unleugbaren Vorzüge des Sammelwerkes gelten lassen. In demselben herben Tone verurteilte er die pilpulistischen Tändeleien, denen die Gelehrten jener Zeit in ihrer überwiegenden Mehrzahl zugetan waren, und bezeichnete sie als eitle und nichtige Klopffechterei.

Nur das Streben nach Recht und Wahrheit schien ihm des Schweißes der Edlen wert. Für die untrüglichen Quellen dieser höchsten idealen Güter wollte er allein den Talmud und höchstens daneben noch die Kabbala gehalten wissen. Die Beschäftigung mit profanen Wissenschaften verwarf er als eine Vergeudung von Zeit und Kraft und widmete seinen ganzen eisernen Fleiß der gründlichen und allseitigen Durchforschung des ganzen Gebietes der Halacha. Seine in vielen Auflagen verbreiteten „Neuigkeiten" zeichnen sich nicht nur durch Tiefe und Schärfe der Auffassung, sondern auch durch das Bestreben aus, einen von Fehlern und Versehen gesäuberten, tadellosen Talmudtext herzustellen.

Demselben löblichen Unternehmen, den im Laufe der Jahrhunderte durch die Unachtsamkeit der Abschreiber und Buchdrucker verderbten Wortlaut des Talmud und seiner Erklärer in der ursprünglichen Fassung wiederherzustellen, lag mit gleichem Eifer und Erfolge R. Samuel Elieser b. Jehuda ha-Levi Edels (MHaRScHA[1])

---

[1]) מוֹרֵנוּ הָרַב רַבִּי שְׁמוּאֵל אֱלִיעֶזֶר = מהרש״א

ob, der in Posen an der Spitze eines Lehrhauses stand und später
in Lublin und Ostrogh (bis 1631) Rabbiner war. Er besaß eine
besondere Meisterschaft in der Kunst, durch kurze und haarscharfe
Bemerkungen den Talmudjünger auf die eigentümlichen Feinheiten
des Stiles und der Diskussionsweise im Talmud hinzuweisen und
ihn zu aufmerksamer Vertiefung in den Gegenstand anzuregen und
anzuleiten. Es galt als Probierstein für den Grad der Achtsam=
keit, mit der der Schüler sich seiner Aufgabe unterzog, wenn er durch
eigenes Nachdenken die meist naheliegenden geistvollen Noten und
Einwürfe des berühmten Gelehrten ausfindig machte. Seine halachischen
Neuigkeiten wurden darum unter allen Erzeugnissen dieser Literatur=
gattung schnell das beliebteste Handbuch beim Talmudunterricht und
sind es bis auf die Gegenwart geblieben.

Ungleich vielseitiger und angesehener war einige Jahrzehnte
früher R. Moses Isserles (רמ״א[1]) aus Krakau. Seine seltene
Begabung und ausgebreitete Gelehrsamkeit verschaffte ihm die hohe
Auszeichnung, daß er bereits als Dreißigjähriger (1552) zum Mit=
glied des Rabbinats in Krakau, einer der größten und einflußreichsten
polnischen Gemeinden, berufen wurde. Sein liebstes Arbeitsfeld
war die Durchforschung, Erläuterung und Ergänzung der halachischen
Gesetzbücher. Er schrieb wie Joseph Karo einen ausführlichen
Kommentar zu den Turim, von dem nur Auszüge im Drucke er=
schienen sind, und entschloß sich, als der Schulan aruch erschienen
war und wegen seiner Vorzüge schnell in den weitesten Kreisen Ver=
breitung fand, die Brauchbarkeit und Verwendbarkeit des Buches
für die gesamte Judenheit dadurch zu erhöhen, daß er die von
Joseph Karo nicht berücksichtigten abweichenden Gebräuche, die bei
den deutschen und polnischen Juden heimisch waren, in knappen
Noten zusammenfaßte und den einzelnen Paragraphen hinzufügte.
Seine Anmerkungen heißen bescheiden „Mappah[2])“, d. h. „Tafeltuch“
zu dem „gedeckten Tisch“. Sie wurden allgemein als Richtschnur
für die rituellen Entscheidungen bei den Juden des östlichen
Europas anerkannt und sind als Einschiebungen in den Text des
„Schulchan aruch“ vollständig mit dem Hauptwerk zu einem einheit=
lichen Ganzen verschmolzen. Nur durch die üblich gewordene Aus=
wahl verschiedener Lettern[3]) für jeden der beiden Bestandteile wird

---

[1]) רַבִּי מֹשֶׁה אִיסֶרְלֶס = רמ״א.   [2]) מַפָּה.

[3]) Im Mittelalter wurde von den Abschreibern zu bequemer Verwendung

das geistige Eigentum der Verfasser unterschieden. Der rastlos arbeitsame R. Moses hatte übrigens auch einen regen Sinn für die nichttalmudischen Wissensfächer, insoweit er sie aus hebräischen Schrift= stellern kennen lernen konnte. Als eine zufällige Äußerung sein leb= haftes Interesse für den „Führer" Maimuni's verriet, fühlte sich sein älterer Freund, R. Salomo Lurja, dem jedes profane Wissen ein Greuel war, berufen, ihm mit heftigen Vorwürfen entgegenzutreten. Aber R. Moses verstand es, seine Würde zu wahren, und in aller Gelassenheit seine Liebe zum Wissen jeder Art zu rechtfertigen. Er legte bei seiner Verteidigung jene echte Demut und Bescheidenheit an den Tag, die uns einen wohltuenden Beweis für die Tatsache liefert, daß echter Forschersinn und redliche Arbeitslust keineswegs mit eitler Rechthaberei und überspanntem Selbstgefühl verbunden sein müssen. Der anspruchslose Meister der schon 1572[1]) vom Tode ereilt wurde, erlebte übrigens nicht mehr die überraschenden Erfolge, welche seine Zusätze zum Buche Karos erzielten. Der Schulchan aruch gewann in der neuen Gestalt so schnell Verbreitung, Einfluß und Ansehen, daß er bald bei den Juden aller Länder für das schlechthin maßgebende Gesetzbuch in allen religiösen Fragen galt und in allen Lehrhäusern zum Gegenstand emsigen Studiums gemacht wurde. Je eingehender sich die Lehrer und Schüler mit ihm beschäftigten, desto reichlicher häuften sich Nachträge, Berichtigungen und Erklärungen um seinen Text. So wurde er selbst schon in kurzer Frist zum Mittel= punkt eines neuen Literaturkreises.

---

eine hebräische Minuskel- oder Kursivschrift ausgebildet, die allmählich eine nach den verschiedenen Ländern, in denen die Juden wohnten, verschiedene charakteristische Gestalt annahm. Nach der Erfindung der Buchdruckerkunst wurde in hebräischen Druckwerken für den Text die übliche Quadratschrift beibehalten. Für die Zusätze und Kommentare erfanden bereits die ersten Buchdrucker eine Druckschrift, welche die charakteristischen Züge der in Mitteleuropa üblichen Kursiv= schrift aufweist. Man nennt sie gemeinhin „Raschi-Schrift", weil Raschi's Penta= teuch-Kommentar das bei weitem verbreitetste mit diesen Lettern gedruckte Buch ist. Verschieden von dieser Schriftform und bedeutend jünger ist diejenige hebräische Kursivschrift, die für die Wiedergabe deutscher Texte mit hebräischen Buchstaben üblich ist.

[1]) Daß er 33 Werke geschrieben habe und am 33. Omertage des Jahres 333 (genau: 5333) nach Erschaffung der Welt im 33. Lebensjahre gestorben sei, ist eine mehr oder minder geistreiche Erfindung. Richtig ist daran die An= gabe des Sterbetages, welcher der 33. Omertag (= 18. Sjar = 1. Mai) des Jahres 332 (1572) gewesen ist.

Besonders anregend zu tiefen und scharffinnigen Untersuchungen war von jeher für die besten Köpfe das Gebiet des bürgerlichen Rechtes, welches im vierten Teil des Gesetzbuches behandelt ist. In diesem grenzenlosen Bereich warf das wirkliche Leben mit allen seinen unendlichen und unberechenbaren Verwickelungen täglich neue Fragen auf und regte unaufhörlich zu neuen Forschungen und Entscheidungen an. Es ist darum nicht auffallend, daß zuerst zum vierten Teil des Schulchan aruch ein umfangreicher Kommentar erschien. Sein Verfasser, R. Josua Falk b. Alexander ha-Cohen[1]), war ein unmittelbarer Schüler Rabbi Salomo Lurjas und R. Moses Jsserles'. Er bekleidete jahrelang als Vorsitzender der Vierländer-synode das höchste Ehrenamt, das die polnische Judenheit zu vergeben hatte, und setzte in dieser Eigenschaft Beschlüsse durch, die sich als äußerst heilsam für den Geschäftsbetrieb und die Gemeinde-verwaltung seiner Landsleute bewährt haben. Die praktische Tätigkeit als Rabbiner in Lublin gab er in späteren Jahren auf und widmete seine ganze Muße dem Lehramt in dem großen und geräumigen Hause, das der reiche Vater seiner außergewöhnlich gelehrten Frau mit wahrhaft vornehmer Freigebigkeit ihm zu diesem Zwecke in Lemberg einrichtete und ausstattete. Er starb daselbst im Jahre 1614, wahrscheinlich kaum siebzig Jahre alt.

Nächst dem vierten Band wurde mit besonderem Fleiß der zweite Teil des Schulchan aruch, der das Ritualgesetz behandelt, zum Gegenstand eingehender Studien gemacht. Zwei gelehrte Forscher rangen gleichzeitig um den Ruhm, den Sinn der berühmten Autoren am tiefsten und schärfsten erfaßt und den Inhalt des Werkes am gediegensten erläutert und ergänzt zu haben. Der ältere von beiden, R. David b. Samuel ha-Levi (ca. 1590—1667) war Rabbiner in Ostrogh und Lemberg. Er stand bei seinen Zeitgenossen wegen seiner großen Belesenheit und seines rühmlichen Fleißes in hohem Ansehen und hatte die Freude, aus den Reihen seiner Schüler Gelehrte hervorgehen zu sehen, die dem Geschlechte nach ihm zur Ehre gereichten. Seinen Kommentar, der mit peinlicher Gewissenhaftigkeit

---

[1]) Nach den Anfangs-Buchstaben des Titels seines Kommentars סֵפֶר מְאִירַת עֵינַיִם. „Das Buch, welches die Augen erleuchtet" (Pf. 19, 9), heißt der Vf. auch סְמַ"ע und ist unter diesem Namen bekannter als unter seinem eigenen geworden. Vgl. die Bemerkung oben S. 19 im Text.

jeder abweichenden Meinung gerecht zu werden sucht und mit ängst=
lichem Eifer in zweifelhafteren Fällen lieber eine Erschwerung zur
Pflicht macht, als einer Erleichterung das Wort redet, nannte er mit
beziehungsreichen Anspielungen einen „goldenen Rahmen¹)" um den
gedeckten Tisch.

An Scharfsinn und geistiger Selbständigkeit überragte ihn sein
jüngerer Zeitgenosse R. Schabtai b. Meir ha=Cohen (SchACh²),
der einer berühmten, ehemals in Deutschland ansässigen Gelehrten=
familie entstammte. Ihn zeichneten seltene Geistesgaben aus, die
ihn befähigt hätten, Unsterbliches zu leisten, wenn ihm seine arm=
selige Zeit gediegenere und würdigere Aufgaben gestellt und ein er=
tragreicheres Arbeitsfeld als das engbegrenzte Gebiet der halachischen
Praxis zum Anbau angewiesen hätte. Er war vierundzwanzig Jahre
alt, als seine Erläuterungen zum zweiten Teil (1646) die Presse ver=
ließen und den Ruf seiner Gelehrsamkeit in weite Kreise trugen.
Größeren Ruhm aber verschaffte ihm sein Hauptwerk, der Kommentar
zum zivilrechtlichen Teil des Karoschen Gesetzbuches. Denn
hier war ihm reichere Gelegenheit geboten, die Vielseitigkeit seines
Wissens zu entfalten und die Schärfe seines Urteils zu bewähren.
Beide Kommentare nannte er, auf den eigenen Namen und auf einen
Ausspruch des Propheten Maleachi anspielend, „die Lippen des
Priesters³)".

Den Frieden seiner stillen Klause in Wilna, woselbst er mit
unermüdlichem Fleiß dem Studium oblag, störte und vernichtete das
entsetzliche Unheil, das um die Mitte des siebzehnten Jahrhunderts
über die Juden des polnischen Reiches hereinbrach. Er gehörte zu
den Wenigen, die dem Tode entrannen. In Mähren fand er eine
neue Heimat und besang dort in ergreifenden Liedern und Bußgebeten
das neue Elend seiner Glaubensbrüder.

3. Die Leiden der polnischen Juden während der Kosakenkriege.

Plötzlich und unerwartet schlug die Stunde der Rache, in der
die wilden Kosaken ihren Peinigern, dem polnischen Adel und den

---

¹) מִשְׁבְּצֹת, wörtlich: „goldene Reihen, Einfassungen", vgl. H. L. 2,11
Das Wort זָהָב (Gold) hat den gleichen Zahlenwert (14) mit dem Worte דָּוִד,
dem Namen des Verfassers.

²) שַׁבְּתַי כֹּהֵן = ש"ך   ³) שִׂפְתֵי כֹהֵן, vgl. Maleachi 2, 7.

von ihm abhängigen jüdischen Pächtern, den Lohn für die grausame und rücksichtslose Bedrückung und Ausbeutung heimzahlten. Die Machthaber wurden um so gewaltsamer von dem hereinbrechenden Verhängnis überrascht, je weniger sie von seiten der knechtischen und ungesitteten Horden, denen jeder Gemeinsinn und jedes Staats= bewußtsein fehlte, jemals eine ernstliche Gefahr vermutet hätten. Stumpfen Sinnes und in träger Tatenlosigkeit hatten die Kosaken bisher das schwere Joch geduldet und nur vorübergehend einen härteren Widerstand geleistet, wenn die Jesuiten sie zwingen wollten, ihr griechisches Bekenntnis mit dem katholischen zu vertauschen. Da kam endlich der seit Jahrhunderten angesammelte Groll zu vernichtendem Ausbruch, als der polnische Reichstag (1647) beschlossen hatte, den letzten Rest der politischen Selbständigkeit jener Grenzbevölkerung, die durch wirtschaftliches Elend und religiöse Unduldsamkeit der Ver= zweiflung nahe gebracht war, gänzlich zu vernichten, indem er das Wahlrecht ihrer Häuptlinge (Hetmans) für sich in Anspruch nahm. Ein kühner, von persönlichem Rachedurst geleiteter Kriegsmann, namens Bogdan Chmelnitzki, trat an die Spitze der Bewegung und ent= flammte den stillen, ingrimmigen Haß der Bedrückten zu einem blutigen Religions= und Rassenkrieg. Er entzündete in den ver= kümmerten Stammesgenossen die still glimmende Wildheit und führte sie gegen die polnischen Gewalthaber, die fremdländischen Bedrücker und die andersgläubigen Frohnherren. Die ersten Opfer der Rache wurden die wehrlosen Werkzeuge der Polen; mit Feuer und Schwert wandten sich die wilden Scharen gegen die Juden. Die mit den Tataren verbündeten Kosaken schlugen die geringen polnischen Heer= haufen, die sich ihnen entgegenstellten, leicht und schnell in die Flucht, unterwarfen das ganze weite Gebiet am unteren Dnjester und jagten die Juden überall, wo sie sie trafen, wie gehetztes Wild vor sich her. Viele der Unglücklichen suchten sich das Leben zu retten, indem sie zum Scheine das griechisch=katholische Bekenntnis annahmen. Andere priesen sich glücklich, wenigstens nur den Tataren als Ge= fangene in die Hände gefallen zu sein, weil sie von diesen nicht getötet, sondern als Sklaven nach der Krim verkauft wurden und dort die Aussicht hatten, von Glaubensgenossen ausgelöst zu werden. Bald aber gewann Raub, Mord und Blutvergießen immer weiter an Ausdehnung, als König Wladislaw IV. 1648 starb und sechs Monate hindurch die inneren Wirren während des Zwischenreichs die polnische Wehrkraft noch mehr zersplitterten und schwächten. Fanatisierte Horden sammelten sich bald hier, bald dort unter plötzlich auftauchenden Häuptlingen und überboten einander in Taten unmenschlicher Grausamkeit. Sechstausend Juden wurden damals an einem Tage, am 20. Siwan, in der Stadt Nemirow erbarmungslos niedergemetzelt. Den Rabbiner und seine greise Mutter fand man nach dem Blutbade in der Stadt auf dem Begräbnisplatze versteckt und schlug die beiden nachträglich mit Keulen tot. Ein ähnliches grausiges Martyrium erlitten zur selben Zeit die Juden von Homel. Der Bandenführer ließ sie sämtlich vor der Stadt entkleiden und stellte ihnen die Wahl zwischen Taufe und Tod. Sie zogen den Tod der Treulosigkeit vor und fielen mit Weib und Kind unter den Streichen der Tataren. Der ganze weite Weg von der Ukraine über Podolien und Volhynien bis nach Lemberg war mit Tausenden von erschlagenen Menschen, Polen und Juden, bedeckt. Auch die Gemeinde Lemberg wurde in jenen Tagen schwer heimgesucht. Entsetzlicher aber war das Blutbad, welches die Kosaken in Narol angerichtet haben. Von zwölftausend Juden blieben nur etliche Männer, Weiber und Kinder am Leben[1]), die unter den Leichen versteckt dem Mordstahl entronnen waren.

Selbst die endlich vollzogene Wahl des neuen Königs Johann Kasimir (1648—1668) brachte den Unglücklichen keineswegs das erhoffte Heil. Müßige Unterhandlungen unterbrachen nur zeitweise die blutigen Metzeleien. Als die Ausgleichsversuche immer wieder mißglückten, verbündeten die Kosaken sich mit den Reußen und drangen in den Jahren 1654 und 1655 mordend und sengend bis tief in das Herz von Littauen hinein vor. Die große Gemeinde in Wilna ging damals fast völlig zu Grunde, und dieses ganze Gebiet wurde von Juden nahezu entvölkert. Der gleichzeitige Krieg, den die Polen mit den Schweden führten, vermehrte für die Juden noch die Not und das Elend. Hunderttausende sollen nach glaubwürdigen Berichten in diesen wenigen Jahren umgekommen sein, und unzählige Flüchtlinge zogen, von Hab und Gut entblößt, über die Weichsel und Oder nach dem Westen, um neue Wohnsitze zu suchen oder die alten, welche einst die Ahnen aufgegeben hatten,

---

[1]) Zu den Geretteten gehört R. Mose ha-Cohen, später R. in Metz, der Vater des Arztes Tobia ha-Cohen in Konstantinopel. Vgl. S. 92.

wiederzugewinnen. Die Glaubensgenossen in allen Ländern suchten das entsetzliche Elend zu mildern und den Heimatlosen eine Zufluchts= stätte zu verschaffen. In Polen blieb der Wohlstand vernichtet, das Leben gedrückt, und die neue Ruhelosigkeit, die damals den jüdischen Ansiedlern aufgezwungen wurde, hat auf lange Zeit hinaus immer wieder zahlreiche Auswanderer über die Grenze getrieben. Durch sie wurde die polnische Talmudweisheit und die jüdisch=deutsche Sprache und Literatur über die ganze bewohnte Erde getragen.

Die Chmelnitzkischen Verfolgungen schufen neue traurige Ge= denktage, unter denen der 20. Sivan noch heute in vielen Ge= meinden mit Fasten und Bußgebeten begangen wird. Sie erweckten zahlreiche Dichter, die Israels Leiden in Klageliedern und Buß= gesängen verewigten. Sie erpreßten den zu Tode Geängstigten den Schmerzensruf nach Erlösung und ließen sie gläubig der Botschaft lauschen, die das Nahen des Gottesreiches verkündete. Der Messias im fernen Osten mußte auch ihnen kommen, und sie schickten, als sie vernahmen, daß er angeblich erschienen sei, eine Gesandtschaft an ihn, die von dem Sohne des R. David b. Samuel ha=Levi an= geführt wurde. Er brachte den Harrenden den Bescheid, daß Nehemia Cohen, der in Polen den Erlöser verheißen hatte, persönlich vor dem Antlitz des vermeintlichen Messias erscheinen sollte.

Drittes Kapitel

Die Juden in Italien

(c. 1500—c. 1650)

1. Die Wiedergeburt des Altertums. Die jüdischen Sprachlehrer der Christen.

Der geistige Boden Italiens glich um diese Zeit dem von Frühlingsluft und Frühlingslicht gelockerten Erdreich, in welches der Mensch nur Samen zu streuen braucht, um köstliche Frucht hervorsprießen zu sehen. Es genügte daher, daß die aus Konstantinopel flüchtenden Griechen die Erinnerung und die Denkmäler ihrer alten Kultur mit herüberbrachten, um in dem durch Sitte, Religion und Geschichte verwandten Volke ein Leben zu erwecken, vor dem die düsteren Phantome des Mittelalters allmählich spurlos verschwanden. Das trübselige Grau, welches die christliche Weltanschauung über den heiteren Himmel Italiens gebreitet hatte, zerteilte sich, und dem überraschten Geschlechte leuchtete die Sonne Homers.

Die Kunst und Wissenschaft des Altertums erstand aufs neue und offenbarte sich als eine lebendige Quelle der menschlichen Kultur. Hier war der Ursprung der ewigen Gedanken, die wie eine goldene Kette den Erdball am Himmel festhalten. Diese Erkenntnis führte zurück zu den alten Lehrern der Menschheit, zu den großen Kulturvölkern, die einst berufen waren, die wichtigsten Seelenkräfte zu erwecken und zu erziehen. Das nach Gleichmaß und Schönheit dürstende Gemüt wandte sich dem griechischen, und der nach Wahrheit strebende Geist dem jüdischen Altertum zu. Die Begeisterung aber für diese neue Art der Forschung war so allgemein, daß sich kein geistlicher und kein weltlicher Fürst zu hoch dünkte, um Belehrung selbst bei solchen Menschen zu suchen, die gesellschaftlich tief unter ihm standen. Päpste und Könige wurden die Schüler der Griechen und Juden, und an den Höfen der kleinen Staaten kannte man kein höheres Ideal, als die Männer der neuen humanen Wissenschaft ohne Unterschied der Herkunft und Religion um sich zu versammeln.

Mit besonderem Wohlwollen empfing man die hochgebildeten Juden, die seit 1492 aus Spanien herüber kamen. Unter den zahlreichen Flüchtlingen, die damals in Neapel landeten und vom König Ferdinand I. (1458—1494) freundlich aufgenommen wurden, befand sich auch der edle Don Isaak Abarbanel mit seiner Familie. Bald zog ihn auch hier der Fürst des Landes in seine Nähe und zeichnete ihn mit seinem Vertrauen aus. Als Ferdinand starb, diente Isaak seinem Sohne Alfons II. (1494—1495) in gleicher Weise und blieb ihm auch treu, als der französische König Karl VIII. Neapel eroberte (1495).

Bei der Plünderung der Stadt büßte der Gelehrte seine ganze Habe ein und beklagte besonders schmerzlich den Verlust seiner Bücher und Handschriften. Er lebte nun in Korfu und Monopoli in Apulien und widmete vier bis acht Jahre ausschließlich der literarischen Tätigkeit. Abarbanel war ein sehr fruchtbarer Schriftsteller. Sein Gedankenreichtum und seine Belesenheit sind um so bewundernswerter, als er erst nach einem unruhigen, aufreibenden Leben zur Feder griff, und, ohne im Besitz großer Bücherschätze zu sein, vielseitig und anziehend zu schreiben verstand. Er verfaßte damals eine treffliche und sehr beliebte Schrift über die Peßach-

Haggada, ausführliche Erläuterungen zum Buche Daniel, zu den Sprüchen der Väter und zu den Reden des Propheten Jesaias und vollendete die Erklärungen zum Pentateuch. Der Mittelpunkt aller seiner Gedanken war die Hoffnung und der Glaube, daß seinem Volke bald ein Erlöser kommen müsse. Darum bekämpfte er mit lebhaftem Eifer die Meinung Joseph Albos, der den Glauben an die Ankunft des Messias für einen wesentlichen Glaubens= satz des Judentums nicht gelten lassen wollte. Obgleich Don Isaak selber seine vielseitigen Kenntnisse den verschiedensten jüdischen und nichtjüdischen Quellen verdankte, erfüllte ihn sein jammervolles Ge= schick dennoch mit bitterem und blindem Haß gegen Anschauungen, die nicht von altersher im Judentum heimisch waren. Eine epoche= machende Wandlung in den Ansichten der Juden rief er nicht her= vor. Er wurde aber ein lieber, vielgelesener Freund und Tröster seiner Brüder. Seine letzten Arbeiten vollendete er in Venedig, wo er mit seinem Sohne ehrenvoll aufgenommen und wiederholt zu diplo= matischen Dienstleistungen herangezogen wurde. Er starb daselbst 1508 und wurde in Padua bestattet.

Sein ältester Sohn Juda, der den Vater auf allen seinen friedlosen Wegen von Lissabon nach Spanien und von dort nach Italien begleitet hatte, lebte zuletzt in Genua als geschätzter Arzt unter dem Namen Leo Hebreo oder Leon Medigo. Seine italienisch geschriebenen „Gespräche über die Liebe", die häufig ge= druckt und in viele Sprachen, auch ins Hebräische, übersetzt wurden, verschafften ihm einen sehr ehrenvollen Namen unter den Philosophen seiner Zeit. Ein Kleinod der Dichtkunst aber wurden die ergreifen= den rührenden Verse, in welchen er das Geschick des ihm in zartem Alter entrissenen Söhnleins beklagte, das der König von Portugal im Christenglauben erziehen ließ. Manche Anzeichen sprechen dafür, daß diesem Sohne Judas später die Flucht nach der Türkei gelang. Er soll daselbst zum väterlichen Glauben zurückgekehrt und als treuer Jude gestorben sein.

Ein dem Lebensgang des Vaters ähnlicheres Geschick hatte Samuel, Don Isaaks jüngster Sohn. Er lebte in Ferrara als Finanzrat des Vizekönigs von Neapel. Von seinem Reichtum, seiner Wohltätigkeit und dem Adel seiner Gesinnung haben uns zeitgenössische Dichter begeisterte Schilderungen hinterlassen. Neben ihm wurde seine Gattin Benvenida als ein Muster weiblicher Anmut und

Würde hochgepriesen. Da sie durch Herzensgüte, Bildung und edle Umgangsformen in gleicher Weise ausgezeichnet war, übertrug ihr der Vizekönig von Neapel die ehrenvolle Aufgabe, seine Tochter Leonora zu erziehen und auszubilden. Mit solcher Treue hing die Prinzessin, die nachmals, als die Gemahlin des berühmten Cosmo II von Medizi, Großherzogin von Toskana wurde, an ihrer edlen Freundin, daß sie dieselbe wie eine leibliche Mutter liebte und ehrte. Das Haus Samuel Abarbanels wurde ein Sammelplatz der jüdischen Weisen und der christlichen Forscher.

Ein lebhafter geistiger Wechselverkehr bildete sich damals zwischen den Gelehrten beider Glaubensbekenntnisse. Unterrichtete Juden wurden mit besonderem Eifer von den Christen aufgesucht, die nach einer gründlichen Kenntnis der hebräischen Sprache Verlangen trugen. Selbst berühmte deutsche Humanisten, die in Italien ihren Studien oblagen, ließen sich mit Vorliebe auf diesem Gebiete der Sprachkunde von jüdischen Gelehrten unterweisen. Allen voran ist hier Johann Reuchlin aus Pforzheim, der erste deutsche Christ, der eine hebräische Grammatik schrieb, zu nennen. Er war der Schüler des klassisch gebildeten jüdischen Arztes und Rabbiners R. Obadja Sforno, dem wir einen beliebten und häufig gedruckten Pentateuch-Kommentar und Erläuterungen zu anderen biblischen Schriften verdanken. Er schrieb auch eine philosophische Abhandlung zur Verteidigung der jüdischen Religion, die er mit einem in zierlichem Latein abgefaßten Widmungsschreiben dem König Heinrich II. von Frankreich übersandte.

Von größerem Einfluß auf die Verbreitung der hebräischen Sprachkunde unter den Christen wurde sein Zeitgenosse Elia Levita[1]), der, um 1468 in Neustadt an der Aisch (bei Nürnberg) geboren, ein ruheloses Wanderleben führte, in Padua und Venedig Unterricht in hebräischer Grammatik erteilte und sich später längere Zeit in Rom aufhielt. Hier gewann er die Gunst und Gönnerschaft des Kardinals Egidio de Viterbo, der unter seiner Leitung dem Studium der heiligen Sprache und der Kabbala oblag. Auf die Anregung des Kardinals schuf Levita zur Erleichterung des hebräischen Sprachunterrichts eine Reihe praktischer Handbücher, die von seinem unleugbaren Lehrgeschick und seinem vielseitigen Wissen Zeugnis ablegen und dem Bedürfnis seiner Zeit trefflich entsprachen. Ein begabter Schüler Reuchlins,

---

[1]) Sein vollständiger Name ist Elia b. Ascher ha-Levi. Er nannte sich auch Elia Bachur.

Sebastian Münster, übersetzte die meisten derselben ins Lateinische und machte sie dadurch für die christlichen Gelehrten nutzbar. Politische Unruhen zwangen den fleißigen Gelehrten, seinen Wohnsitz abermals nach Venedig zu verlegen. In den dortigen berühmten hebräischen Druckereien fand er Beschäftigung als Korrektor. Seine sprachwissenschaftlichen Forschungen setzte er emsig fort und verfaßte in Venedig seine berühmte Abhandlung über die Massora, in der er den überzeugenden Nachweis führte, daß die Vokalzeichen nicht, wie man bisher angenommen hatte, aus der ältesten Zeit der hebräischen Sprache herstammten, sondern erst in der nachtalmudischen Zeit entstanden seien. Er erreichte ein Alter von mehr als achtzig Jahren und starb nach einem arbeitsreichen, mühevollen Leben 1549 in Venedig.

Dieser rege persönliche Verkehr der Gelehrten und der vielseitige Austausch ihrer Kenntnisse bezeichnete bereits einen wichtigen Fortschritt auf der Bahn des Sieges, den der Gedanke des allgemeinen Menschentums allmählich davon tragen sollte. Die Wiedergeburt des klassischen Altertums sammelte die besten Geisteskräfte zu gemeinsamer Arbeit auf dem Gebiete der Kunst und Wissenschaft und erzeugte eine bedenkliche Abnahme des christlich religiösen Sinnes. Der dem Italiener angeborene Hang zur Weltlust und zum heiteren Lebensgenuß feierte seine Auferstehung und erfüllte die Gemüter mit Gleichgültigkeit gegen die Formen und Satzungen der Kirche. Selbst die obersten Hirten der katholischen Christenheit bekümmerten sich nicht immer um die Vorschriften der kanonischen Gesetze.

Die Päpste Alexander VI. (1492—1503), Julius II. (1503 bis 1513), Leo X. (1513—1521) und Clemens VII. (1523—1534) vertrauten ihr Leben und ihre Gesundheit jüdischen Leibärzten an und zeichneten nicht selten die gelehrten Juden, die in ihre Dienste traten, durch Beweise besonderer Gunst und Gnade aus. Ihrem Beispiel folgten die Machthaber in vielen norditalienischen Städten. Die Vorurteile gegen die Juden gerieten in Vergessenheit, und große jüdische Gemeinden erblühten im römischen und venetianischen Gebiet. In Venedig freilich und in den Städten, die dieser Republik untertänig waren, hielt dabei immer wieder der Krämergeist die fortschreitende religiöse Duldsamkeit in Schranken. Darum wurden hier die Juden bald zur Förderung des Handels herangezogen und mit Freiheiten bedacht, bald wieder aus Brotneid bei Seite gestoßen

und gedrückt. So konnte es kommen, daß im Jahre 1516 in derselben Stadt das erste Judenviertel oder Ghetto[1]) entstand, in
welcher bald darauf ein christlicher Buchdrucker Daniel Bomberg,
zur Förderung der jüdischen Wissenschaft eine prachtvolle Talmudausgabe[2]) veranstaltete.

Weniger harmlos als auf die höheren Stände wirkte die zunehmende religiöse Gleichgültigkeit auf die große Masse des christlichen
Volkes. Die leichtfertige Lauheit in der Beobachtung der kirchlichen
Satzungen, die sie an den hohen geistlichen und weltlichen Würdenträgern wahrnahm, erschütterte schnell die Grundlagen ihres religiösen
Sinnes. Ohnehin geneigt, das Wesen und die Form der Religion
mit einander zu vermengen und zu verwechseln, und unfähig, den
religiösen Kern von seiner Schale zu sondern, ergab sie sich entweder
unmittelbar übermütiger Sittenlosigkeit oder wandte sich wenigstens
mit Verachtung von dem Teil der Geistlichkeit ab, dessen Lebenswandel seine Lehren Lügen strafte. Solche Zustände fand der deutsche
Augustiner-Mönch Martin Luther in Italien vor, als er 1511 nach
Rom kam. Nichts enttäuschte und erbitterte sein unbefangenes Gemüt
mehr, als die Heuchelei der Priester und der Verfall der Kirche, die
er hier wahrzunehmen meinte, und hier erhielt er den ersten Anstoß
zu dem Entschluß, solche Mißstände kühnen Mutes vor der Welt zu
entlarven. Der fein gebildete und kunstsinnige Papst Leo X. hielt
noch fest an der Überzeugung, daß es möglich sein werde, die an-
schwellende reformatorische Bewegung durch Disputationen und Bann-
strahlen zu hemmen. Aber alle seine Versuche scheiterten, und schon
sein Nachfolger Clemens VII. erkannte, daß mit solchen Mitteln
die kirchliche Einheit nicht mehr aufrecht zu erhalten sei. Sah er
doch die Reformation bereits zu einem gewaltigen Strome angewachsen
der die Macht des Papsttums zu untergraben drohte. Gleichzeitig
schien der in drei Erdteilen ausgebreitete ungeheure Länderbesitz, den
der Habsburger Karl V. vereinigte, geeignet, die Selbständigkeit der
Kirche und Italiens zu erdrücken. Zwischen diesen gefährlichen
Klippen der kaiserlichen Übermacht einerseits und des zunehmenden
ketzerischen Abfalls andererseits das Schifflein der Kirche mit fester

---

[1]) Dem ital. ghetto = französ. guet liegt der althochdeutsche Stamm gat
oder git, der „Vereinigung" bedeutet, und von dem das Wort „Gitter" herkommt,
zu Grunde. S. Raschi zu Neh. 7, 3 und Müller, mhd. WB I, 487.

[2]) Unten S. 67.

Hand sicher und erfolgreich hindurchzuführen, war die schwierige Aufgabe, die der neue Papst mit allen Mitteln diplomatischer Gewandtheit und weltlicher Klugheit zu lösen versuchte. Stets eingedenk seines großen Zieles, wußte er auf den mannigfach verschlungenen Wegen seiner Diplomatie die Menschen und Dinge, die ihm nützlich schienen, klug und geschickt seinen Unternehmungen dienstbar zu machen und bedächtig nach allen Richtungen hin lose Fäden anzuknüpfen, von denen er hoffen mochte, daß sie sich dereinst zu einem zusammenhängenden Gewebe würde vereinigen lassen. Mit kühler Besonnenheit folgte er den Zeitereignissen, von denen ihm keines unwichtig genug erschien, um es gänzlich zu übersehen. Bei diesen eifrigen Bemühungen wandte er seine Aufmerksamkeit vorübergehend sogar zwei abenteuerlichen Männern jüdischen Glaubens zu, die er für geeignet und befähigt hielt, eine politische Rolle zu spielen. Das Interesse, das er für sie an den Tag legte, erhöhte ungemein ihr Ansehen bei ihren italienischen Glaubensbrüdern und bei den portugiesischen Scheinchristen, in deren Mitte sie aufgetreten waren, und ließ in deren Gemütern eine tief schmerzliche Enttäuschung zurück, als die überschwenglichen Erwartungen, die sich an ihr Erscheinen geknüpft hatten, unerfüllt blieben.

2. David Rubeni und Salomo Molcho.

Der ältere der beiden Männer nannte sich David Rubeni, und es steht bis zum heutigen Tage noch nicht fest, ob er ein überzeugter Schwärmer oder ein durchtriebener Betrüger gewesen ist. Im Jahre 1522 trat er plötzlich in Europa auf, verbreitete abenteuerliche Nachrichten über seine Herkunft und Vergangenheit und gab sich für den Bruder eines jüdischen Königs aus, der im fernen Arabien über die Nachkommen der drittehalb Stämme Ruben, Gad und Halb-Manasse unabhängig herrschte. Mit leichtgläubiger Bewunderung lauschten die Juden den wunderbaren Berichten, die mit unglaublicher Geschwindigkeit über Davids Abstammung und Reiseziel in Umlauf kamen. Es hieß, er sei an die europäischen Fürsten und namentlich an den Papst geschickt, um Waffen und Beistand für die großen Heere der jüdischen Stämme zu erbitten, die im Begriff wären, die mohammedanischen Völker notgedrungen mit Krieg zu überziehen und die Türken aus Palästina zu vertreiben. Das geheimnisvolle Benehmen und das sonderbare Äußere des Fremden unterstützten den

Eindruck, den er hervorrief, und trugen dazu bei, die Zahl seiner Anhänger täglich zu vermehren. Er war von zwerghafter Gestalt, von dunkler Hautfarbe und durch strenge Bußübungen und öfteres sechstägiges Fasten bis zum Skelett abgemagert. Er sprach nur hebräisch und deutete den Juden an, daß er Aufträge, die das Wohl der jüdischen Gesamtheit zum Zwecke hätten, unmittelbar an den Papst zu besorgen habe. Auf schneeweißem Rosse ritt er in Rom ein und begab sich ohne Zögern in die päpstliche Residenz. Als ihn kurz darauf Clemens VII. in besonderer Audienz empfing, wagten selbst die Besonnenen unter den italienischen Juden nicht mehr daran zu zweifeln, daß er zu großen Dingen berufen sei. Mit überspannten Hoffnungen folgten die spanischen und portugiesischen Marranen allen seinen Schritten. Es erschien ihnen wie ein göttliches Wunder, daß der portugiesische König Johann III. den fremden Juden, der ihm Empfehlungsschreiben von portugiesischen Kapitänen und fremd- ländischen Kolonien überbrachte, freundlich aufnahm und mit Aus- zeichnung behandelte. Gab es wirklich im fernen Lande einen mächtigen und bündnisfähigen Herrscher, mit dem der König von Portugal sich zu Schutz und Trutz gegen die Heiden und Moslemin vereinigen wollte, so mußte für die Schwergeprüften die Stunde der Erlösung, die ihrem harten Druck ein Ende machte, nahe sein. Die Angst vor der Inquisition verblaßte. Messianische Hoffnungen er- füllten die Herzen und hielten die Geister in Spannung. Überall entstanden begeisterte Schwärmer, die sich für Propheten des nahenden Heils ausgaben.

Am bekanntesten von ihnen wurde ein schöner liebenswürdiger und hochbegabter Jüngling, der, als Marrane geboren und erzogen, von dem glühenden Wunsche beseelt wurde, seine gepeinigten Stammes- brüder zu befreien. Er wurde Jude und schloß sich unter dem Namen Salomo Molcho dem angeblichen Königssohne David Rubeni an. Er besaß neben einer nicht gewöhnlichen weltlichen Bildung und Gelehrsamkeit auch beachtenswerte Kenntnisse in der rabbinischen und kabbalistischen Literatur, während Rubeni vorgab, von allen diesen Dingen nichts zu verstehen und nichts mehr als der Träger einer rein politischen Botschaft zu sein.

Seinen messianischen Träumen folgend, zog der junge Molcho nach der Türkei und dem heiligen Lande und entzückte die Kabbalisten von Zefat durch seine fromme Begeisterung, seine glühende Beredſamkeit und ſeine tiefe Erfaſſung der kabbaliſtiſchen Geheimniſſe. Alle Anzeichen, die nach der Verſicherung des Sohar die Nähe des Erlöſers ankündigten, ſchienen in jenen Tagen eingetroffen. Denn Rom, das ſündige Babel, war am Feſte der Geſetzgebung (6. Mai) 1527 von ſpaniſchen und deutſchen Truppen erſtürmt und geplündert worden. Alles das erſchien dem verblendeten Schwärmer als ein klarer Fingerzeig der Vorſehung, und er eilte nach Italien, um in Rom an die Vorbereitungen für die nahe Ankunft des Meſſias die letzte Hand zu legen und damit die eigene Sendung zu vollenden. Er kaſteite ſeinen Leib und empfing in ſeiner überreizten Verzückung Viſionen, die ihm, wie ſelbſt glaubwürdige Zeugen berichten, die nächſten wichtigen Ereigniſſe und ſeinen eigenen Märtyrertod voraus verkündigten. Es glückte ihm trotz der Späher der Inquiſition, die ihn als rückfälligen Neuchriſten auf Schritt und Tritt verfolgten, 1530 unverſehrt vor dem Antlitz des Papſtes zu erſcheinen. Ob er den damals tief gedemütigten Kirchenfürſten durch den Zauber ſeiner Perſönlichkeit beſtochen oder gar dem Glauben an ſeine Berufung geneigt gemacht — wir wiſſen es nicht. Jedenfalls erhielt er von Clemens einen Geleitbrief, der verbot, ihm ein Leid zuzufügen. Seitdem predigte Molcho öffentlich in Rom und verkündete den nahen Eintritt einer großen Überſchwemmung in der Hauptſtadt der Chriſtenheit und das Hereinbrechen eines Erdbebens über Liſſabon.

Um dieſelbe Zeit traf er wieder mit ſeinem aus Portugal nach Italien zurückgekehrten ehemaligen Meiſter, David Rubeni, zuſammen, dem er ſich weiter unterordnete, obwohl er nicht mehr ganz an die Aufrichtigkeit ſeiner Sendung glaubte. Indeſſen trug ſich wirklich zu, was Molcho vorausgeſagt hatte. Rom wurde durch eine Waſſersnot und Liſſabon durch ein Erdbeben heimgeſucht, und der Prophet wurde gläubig angeſtaunt. Selbſt der Papſt zeichnete ihn aus und bezeigte ihm ſein Wohlwollen. Noch aber gab es zum Glück unter den Juden Italiens nüchterne und beſonnene Männer, die an Molcho's meſſianiſcher Sendung zweifelten und mit Recht von dem unausbleiblichen Mißerfolg ſeines Auftretens Unheil und Verderben für die geſamte Judenheit befürchteten. Sie ſetzten durch, daß ihn das Glaubensgericht vor ſeine Schranken zog und von ihm, als rückfälligem Sünder, der öffentlich das Chriſtentum geſchmäht, Rechenſchaft verlangte. Der Scheiterhaufen, der ſeinem Leben ein Ende machen ſollte, loderte vor aller Augen öffentlich. Aber das

Unglaubliche geschah. Molcho blieb am Leben. Er selbst berichtete
unmittelbar nachher seinen Freunden im heiligen Lande, wie er durch
die Vermittlung des Papstes gerettet und heimlich aus Rom entfernt
worden sei. Nur so viel steht noch fest, daß er im Jahre 1532 auf
dem Reichstage zu Regensburg gemeinsam mit David Rubeni vor
Kaiser Karl V. erschien und mit ihm verhandelte. Über den Inhalt
der Unterredung drang nichts in die Öffentlichkeit. Das Ende war,
daß der Kaiser beide Männer gefesselt mit nach Italien führte. Hier
mußte Molcho, der erklärt hatte, lieber sterben als zum Christentum
zurückkehren zu wollen, in Mantua nunmehr wirklich den Holzstoß
besteigen. David Rubeni aber, über den das Glaubensgericht, da
er ein Jude war, keine Gewalt besaß, wurde vom Kaiser in einen
spanischen Kerker geworfen, in dem er drei Jahre später noch am
Leben war. Auch der päpstliche Beschützer der beiden Unglücklichen
sank bald darauf ins Grab. Ihm folgte der kluge und tatkräftige
Paul III.

3. Der Kampf gegen die Reformation. Die Verbrennung des Talmud und ihre Folgen.

Der neue Papst, der die humanistische Gelehrsamkeit ehrte und
selbst in ihr bewandert war, übernahm die Leitung der kirchlichen
Angelegenheiten, von dem redlichen Streben beseelt, durch kluge Nach=
giebigkeit die Einheit des Glaubens wieder herzustellen. Er berief
darum Männer von anerkannter Frömmigkeit zu Kardinälen und ließ
von ihnen einen Entwurf ausarbeiten, der die von den Protestanten
am schärfsten gerügten Mißbräuche beseitigen wollte und geeignet war,
einen für beide Teile ehrenvollen Frieden herbeizuführen. Aber durch
den Hohn, den Luther über den vorzeitig verratenen Plan ergoß,
wurde das löbliche Unternehmen vereitelt. Widerwillig mußte sich
nunmehr der Papst dazu entschließen, die Waffen für den unver=
meidlich gewordenen Kampf gegen die Reformation vorzubereiten.
Das Glaubensgericht und den Jesuitenorden erkannte er richtig als
die brauchbarsten Werkzeuge, um das erschütterte Ansehen und die
verlorene Gewalt des Papsttums wieder herzustellen, und unter seinem
Schutze begannen beide Mächte sofort, eifrig daran zu arbeiten, das
ganze Denken und Empfinden der Christen von neuem dem Einfluß
der Kirche zu unterwerfen.

Sie verstanden es, selbst das Gebiet der freien Forschung an

sich) zu reißen und für ihre Zwecke auszunützen. Mit bewunderns=
werter Geschicklichkeit wendeten sie gegen die Reformation deren
eigene Waffen an und schmiedeten, indem sie sich gewandt den An=
schein des Kampfes für die Glaubens= und Gedankenfreiheit gaben,
die ehernen Fesseln, die die Geister unwiderruflich in den Dienst der
Kirche zwingen sollten. Die Arbeit auf den einzelnen Gebieten des
kirchlichen und öffentlichen Lebens wurde planmäßig unter verschiedene
neu gegründete Ordensgesellschaften verteilt. Der eine Orden hatte
für die sittliche und wissenschaftliche Hebung des Klerus, ein anderer
für die Erziehung der Massen zum Gehorsam gegen die Kirche, ein
dritter und vierter für die Ausübung werktätiger Menschenliebe an
Armen und Kranken zu sorgen. Alle aber dienten im Stillen zugleich
dem einen wesentlichen Zweck, alle der Kirche widerstrebenden Mächte
rücksichtslos zu bekämpfen und zu vernichten und der Mitwelt den
Nachweis zu liefern, daß außerhalb der Kirche kein Heil zu erhoffen sei.

Die christlichen Ketzer sollten übrigens sofort Gelegenheit er=
halten, aus den Leiden, welche die Jesuiten über die Ungläubigen
brachten, zu lernen, was sie für sich selbst zu erwarten hatten. Wie
immer und überall waren auch hier die Juden das wehrlose Objekt,
an denen die neu geschaffene Gewalt die Wirkung seiner Macht er=
probte. Die Jesuiten wußten klar und sicher die Stelle zu finden,
an der das Judentum am schmerzlichsten verwundet werden konnte,
und mit erbarmungsloser Energie nahmen sie den Kampf gegen das
jüdische Schrifttum und besonders gegen den Talmud auf, in dem
einige Jahrzehnte früher die Dominikaner in Deutschland den Streitern
für die Aufklärung unterlegen waren. Der Brotneid einiger christ=
licher Buchdrucker in Venedig, die einander den Gewinn aus dem
Verlage hebräischer Schriften mißgönnten, und die haßerfüllten Aus=
sagen einiger abtrünniger Juden boten den Jesuiten eine Handhabe,
um das vielgeschmähte Schriftwerk vor den Richterstuhl der Inquisition
zu bringen. Die unkundigen und befangenen Richter verdammten
es wegen angeblicher Schmähungen des Christentums, die sie darin
gefunden haben wollten, als ein Lügenbuch zum Feuertode und ver=
anlaßten den persönlich vorurteilslosen Papst Julius III., daß er
am 12. August 1553 das Urteil bestätigte. Bald darauf wurden
die römischen Juden in ihren Häusern überfallen und der Talmud=
exemplare, die sie besaßen, beraubt. Schon am Neujahrsfeste (9. Sep=
tember) 1553 loderte in Rom der erste Scheiterhaufen für den Talmud.

Ähnliche Vorgänge wiederholten sich zum unsäglichen Schmerz der Juden in allen Gemeinden des Kirchenstaates und in zahlreichen Städten Italiens. Die Inquisition verbrannte bald ohne Wahl alle talmudischen Schriften und hebräischen Bücher, die sie in ihre Hand bekam. Mit Mühe und Not setzten die Juden endlich wenigstens durch, daß ihnen die Schriften der späteren Rabbinen und die Erklärungen zum schriftlichen Gesetze nicht genommen werden durften. Fortan mußten aber alle bereits veröffentlichten hebräischen Schriften der Obrigkeit zur Ausmerzung etwa anstößiger Stellen ausgeliefert werden. Neue durften erst nach scharfer Zensur die Presse verlassen. Getaufte Juden dienten dabei den Behörden als Angeber und Zensoren und erhielten die erwünschte Gelegenheit, ihren Haß und Zorn an den früheren Glaubensgenossen auszulassen. Für den Talmud entwarf die allgemeine Kirchenversammlung von Trient einen besonderen Reinigungskanon, in dem alle den Christen anstößigen Stellen verzeichnet waren. Nur unter Weglassung dieser Stellen durften neue Auflagen dieses Werkes veranstaltet werden. Unter solchen Umständen gehören Talmud=Exemplare, die von der Zensur und vom Feuer unberührt geblieben sind, heute zu den seltensten Schätzen hebräischer Büchersammlungen. Um den endlosen und unerträglichen Quälereien der Angeber und Zensoren zu entgehen und den gehässigen Anschuldigungen die Spitze abzubrechen, entschlossen sich die Juden mit eigener Hand in dem ihnen heiligen Schrifttum jede Spur eines Hinweises auf christliche Verhältnisse auszutilgen. Dadurch hofften sie die alten längst gedruckten Bücher wenigstens vor gänzlicher Zerstörung zu schützen. Für neue Schriften, die die Presse verlassen sollten, wurde allmählich eine gewisse Vorprüfung des Inhalts durch Sachverständige üblich. Meist machten die Rabbiner der Gemeinden, in denen Druckereien tätig waren, auf das Recht Anspruch, die Erlaubnis zum Drucke zu erteilen oder zu versagen. Damals entstand auch die bis an die Schwelle der Gegenwart erhaltene Sitte, daß die Verfasser neuer Bücher sich zum Schutze ihres geistigen Eigentums von berühmten Zeitgenossen Empfehlungsschreiben erbaten die den Inhalt des Werkes oder die Gelehrsamkeit und Zuverlässigkeit seines Herausgebers lobend besprachen und vor unbefugtem Nachdruck während einer bestimmten Frist warnten. Nur die gangbarsten Handbücher erschienen seitdem ohne derartige Erklärungen an der Spitze. Mit der Talmudverbrennung trat eine traurige Wendung im Geschick der italienischen Juden ein. Die Päpste, die auf Julius III. folgten, stellten ihre ganze Tatkraft und ihren ganzen Eifer in den Dienst der Aufgabe, das verlorene Gebiet mit allen Mitteln zurückzuerobern und die Verluste wieder einzubringen, die ihre humanistisch gebildeten, menschenfreundlichen Vorgänger verschuldet hatten. Der leidenschaftlichste und rücksichtsloseste von ihnen war Paul IV. (1555—1559), der als achtzigjähriger Mönch den päpstlichen Stuhl bestieg. Sobald er die Regierung übernommen hatte, drang er auf die buchstäblichste Ausführung der kanonischen Gesetze gegen die Ungläubigen. Die gebildeten Juden Roms und des Kirchenstaates, die in friedlichem Verkehr von ihren christlichen Mitbürgern hochgeachtet und geehrt wurden, zwang er, sich in engen und dumpfen Ghettos anzusiedeln. Sie durften nirgends mehr eine Synagoge behalten. Den Christen wurde verboten, ihre Heilkunst in Anspruch zu nehmen, obwohl bis dahin selbst die Vorgänger Pauls IV., unbekümmert um die Vorschriften der kanonischen Gesetze, ihr Leben und ihre Gesundheit jüdischen Leibärzten anvertraut hatten. Nicht einmal bezahlte Dienste sollten sie ihnen leisten dürfen. Alle ihre liegenden Güter mußten die Juden für ein geringes veräußern, nur der Handel mit alten Kleidern blieb ihnen erlaubt. Sie wurden bei strenger Strafe angehalten, farbige Abzeichen zu tragen und wurden, obwohl ihnen alle Menschenrechte genommen waren, genötigt, harte Frondienste zu leisten, um die Mauern Roms ausbessern zu helfen. Noch grausamer verfuhr der Papst gegen die Marranen, die auf der Flucht aus Spanien und Portugal während der letzten Jahrzehnte in Italien ein Asyl gefunden hatten. In milder Nachsicht war die Rückkehr der zwangsweise Getauften zum väterlichen Glauben stillschweigend geduldet und nicht als todeswürdiges Verbrechen geahndet worden. Für eine so weitgehende liebreiche Gesinnung hatte Paul IV. kein Verständnis. Er erließ vielmehr den heimlichen Befehl, die zahlreichen Scheinchristen in Ancona einzukerkern und vor das Glaubensgericht zu stellen und alle ihre Güter einzuziehen. Einige der Unglücklichen entkamen, rechtzeitig gewarnt. Aber über hundert Menschen wurden der Freiheit beraubt und entweder zur Ablegung des katholischen Glaubensbekenntnisses gezwungen oder zum Feuertode verdammt. Vierundzwanzig Marranen starben damals (1556) in Ancona freiwillig den Märtyrertod. Nur die türkischen Untertanen die sich unter den Gefangenen befanden[1]), wurden durch die erfolgreiche diplomatische Verwendung Donna Gracia Mendesia's und Don Joseph Nassi's vom sicheren Untergang gerettet. Der fanatische Glaubenseifer Pauls IV. blieb als Richtschnur für die Behandlung der Andersgläubigen auch bei seinen Nachfolgern maßgebend. Die Drangsale der Juden steigerten sich noch unter Pius V. (1566—72), der sie aus allen Städten seines Gebietes vertrieb und nur den in Rom und Ancona ansässigen Familien den weiteren Aufenthalt gestattete. Ein Glück für die Heimatlosen war die damalige politische Zerrissenheit Italiens. Die auf einander eifersüchtigen Kleinstaaten gewährten den anderswo vertriebenen Flüchtlingen, besonders wenn sie Geld und Gut ins Land brachten, gern und willig innerhalb ihrer Grenzen Schutz und Sicherheit. Viele der Ausgewiesenen verzichteten gänzlich auf die Segnungen des Lebens in den Staaten, in denen Christen das Regiment führten, und fanden in der Türkei eine in religiösen Angelegenheiten vorurteilsfreiere Heimat.

4. Die jüdischen Humanisten. Asarja de Rossi.

Während so die Juden im öffentlichen Leben unter Haß und Unduldsamkeit zu leiden hatten, trug in ihrer Mitte der Humanismus herrliche Blüte und Frucht. Es erstand unter ihnen wie das leuchtende Tagesgestirn, das die Finsternis verscheucht, Asarja de Rossi, der Verfasser der „Augenleuchte", der erste Überwinder des jüdischen Mittelalters, der Bahnbrecher vorurteilsloser Forschung, der Begründer der jüdischen Wissenschaft. Er wurde um 1511 zu Mantua geboren und widmete sich von Jugend auf mit so rastlosem Eifer wissenschaftlicher Tätigkeit, daß die Flamme seines Geistes die gebrechliche Körperhülle zu verzehren drohte. Er lebte in verschiedenen Städten Oberitaliens, zuletzt am längsten in Ferrara, woselbst er 1578 starb. Sein Meisterwerk, die „Augenleuchte[2])", erschien in Mantua fünf Jahre vor seinem Tode und gab der Mit- und Nachwelt neue und ungeahnte Aufschlüsse über wichtige Zeiträume des jüdischen Altertums und der jüdischen Geschichte. De Rossi zog zuerst die alten jüdischen Schriftsteller Josephus und Philo, von deren griechisch geschriebenen Werken seine Glaubensgenossen kaum mehr etwas wußten, in das Gebiet der nationalen Forschung und

---

[1]) Oben S. 15.
[2]) מאור עינים.

stellte sie neben den Talmud, um durch die unbefangene Prüfung der verschiedenartigen Zeugenaussagen die geschichtliche Wahrheit zu ermitteln. Er wies auf den untrennbaren Zusammenhang der jüdischen und der klassischen Literatur hin und trennte im Talmud die beglaubigte Geschichte von der sagenhaften Überlieferung, das maßgebende Gesetz von der erbaulichen Auslegung. So wurde er der erste kritische Geschichtsforscher unter den Juden und stand in seinen Tagen einsam und verlassen auf einer wissenschaftlichen Höhe, die nach ihm erst wieder von den besten Männern des neunzehnten Jahrhunderts erklommen worden ist. Als sein Buch erschien, waren die gläubigen Juden unter dem ersten Eindruck seiner überraschenden Ergebnisse vornehmlich von Schmerz und Betrübnis erfüllt wegen des Verlustes an teueren Überlieferungen und geheiligten Anschauungen, der sie bedrohte, ohne daß sie im stande gewesen wären, im Geiste das neue Heiligtum zu erblicken, das sich auf der von Vorurteilen und Verkehrtheiten gereinigten Stätte erheben sollte. Mit besonderem Zorn wandten sich die Männer, die einseitig dem Studium des Talmud und der Kabbala ergeben waren, gegen die „Augenleuchte”, und Joseph Karo soll nur durch den Tod verhindert worden sein, den Verfasser in den Bann zu tun. Die Rabbiner zu Mantua, der Vaterstadt des Werkes, begnügten sich damit, allen Jünglingen bis zum Alter von fünfundzwanzig Jahren das Studium des Buches zu untersagen. Die späteren Geschlechter nannten darum nicht gern De Rossi's Namen, haben aber dennoch häufig genug aus seinen Schriften als aus einer Quelle reichsten Wissens Anregung und Belehrung geschöpft. Erst die aufgeklärten Zeitgenossen Mendelsjohns haben dem großen Manne Gerechtigkeit widerfahren lassen. Seit jenen Tagen hat sein klassisches Werk in etlichen neuen Auflagen weite Verbreitung gefunden.

Stand De Rossi in seiner umfassenden Vielseitigkeit auch vereinsamt auf dem Höhepunkte wissenschaftlicher Tätigkeit, so gab es doch unter seinen Landsleuten auch in den nächsten Geschlechtern eine Anzahl von Gelehrten, die immerhin beachtenswerte Leistungen auf den verschiedensten Gebieten des weltlichen und religiösen Wissens der Nachwelt hinterlassen haben. Schwer lastete die Verfolgungssucht und Unduldsamkeit der Kirche auf allen Äußerungen des Lebens und wirkte verderblich auf den heiteren, lebensfreudigen, geraden und offenen Sinn der Christen und Juden. Die ehrfurchtgebietende Wahrheitsliebe, die echte Frömmigkeit und anmutende Bescheidenheit, die neben einander Asarja auszeichneten, wurden bei den Späteren eine Seltenheit. Die täglichen Leiden gewöhnten sie an Heimlichkeit, Verstellung und Heuchelei und unterdrückten die Einfalt des Herzens und die anspruchslose Liebe zur Tugend und Gottesfurcht.

Das Kind einer solchen unglücklichen Zeit war R. Juda Arjeh (Leon) da Modena (1571—1648). Mit hervorragenden Geistesgaben ausgestattet, wurde er in seiner Jugend als Wunderkind angestaunt. Er fungierte als Rabbiner zu Venedig, führte aber eine so ungeordnete Lebensweise, daß er die sonderbarsten Erwerbszweige ergriff, um nur recht viel Geld verdienen und seiner unbesiegbaren Leidenschaft für das Glücksspiel frönen zu können. Er besaß eine ganz wunderbare Fähigkeit, seine reichen Kenntnisse gewandt und praktisch zu verwerten. Seine hebräischen, italienischen und lateinischen Sprachkenntnisse verwendete er mit großem Geschick zur Abfassung von Büchern des verschiedensten Inhalts, so daß wir von ihm talmudische Bearbeitungen, ein Buch gegen das Spiel, eine Sammlung alter Rezepte und Anweisungen zur Anfertigung von Amuletten, ein italienisches Wörterbuch der hebräischen Sprache, Gelegenheitsgedichte und religiöse Poesien und eine ganze Anzahl anderer Schriften besitzen. Durch diese Vielwisserei und übereifrige Vielgeschäftigkeit konnte Leon da Modena auf keinem Gebiete etwas Bedeutendes leisten. Die verschiedenen Wissensstoffe lagen widerspruchsvoll und unvermittelt in seinem Kopfe und wurden in keiner Weise von einem wahrhaft idealen Streben und einem ernsten Willen zu einer höheren sittlichen Einheit erhoben. Zwei Seelen wohnten in seiner Brust, so daß er in stetem Hin- und Herschwanken zwischen Aberglauben und Unglauben bald die Kabbala verhöhnte und nur der strengen Wissenschaft huldigte, bald sich der Mystik unterwarf und die wissenschaftliche Erkenntnis gering schätzte.

Die Fähigkeit und Gewandtheit, seine Empfindungen sowohl in hebräischen, als auch in italienischen Versen schwungvoll und treffend auszudrücken, teilte Leon da Modena mit zwei hochbegabten jüdischen Dichterinnen, die im Anfange des siebenzehnten Jahrhunderts blühten. Debora Ascarelli, die Gattin eines angesehenen Juden zu Rom, übertrug synagogale Dichtungen in trefflicher Formvollendung ins Italienische, und Sara Copia Sullam, die durch seltene Gaben des Geistes, durch feine Bildung des Herzens, durch körperliche Anmut und Schönheit hervorragende Tochter eines venetianischen Kaufmannes, kleidete religiöse Gedanken nach dem Vorbilde der Psalmen in klangvolle italienische Strophen. Die dichterischen Erzeugnisse der schönen Sara rissen in den Tagen Leon da Modenas Jung und Alt zu einstimmiger Begeisterung fort. Ein betagter italienischer Priester, den sie als Verfasser eines Heldengedichtes „Esther" schwärmerisch verehrte, hoffte, das junge Mädchen für das Christentum zu gewinnen. Als er sich in seinen Bemühungen getäuscht sah, bat er sie, wenigstens für ihr christliches Seelenheil beten zu dürfen. Sara Copia gestattete es unter der Bedingung, daß er auch ihr erlaube, Gott um seine Bekehrung zum Judentum anzuflehen. Diese Geradheit des Sinnes hinderte böse Zungen nicht, ihre religiöse Gesinnung zu verleumden. Die unverdiente Kränkung und Verdächtigung schlug ihrem Gemüte tiefe Wunden und entlockte ihrer Leier die rührendsten und wehmütigsten Weisen, die das schönste Denkmal ihrer großen Seele geblieben sind.

Verbreiteter und bekannter als der Ruhm dieser Dichterinnen wurde die Gelehrsamkeit eines anderen jüngeren Zeitgenossen Leon da Modenas, nämlich Joseph Samuel del Medigos. Er entstammte derselben Gelehrtenfamilie, der der Philosoph Elia del Medigo aus Padua[1]) angehörte, und wurde 1591 in Candia geboren. Schon im Alter von fünfzehn Jahren bezog er, ausgerüstet mit der Kenntnis der hebräischen, lateinischen, griechischen, spanischen und italienischen Sprache, die Universität zu Padua und wurde ein Schüler des weltberühmten Galilei. Mit unersättlichem Wissensdurst verband er den unbezähmbaren Trieb, fremde Länder und Völker kennen zu lernen, um dadurch den eigenen Gesichtskreis zu erweitern. Überall, wohin er kam, übte er zu seinem Lebensunterhalt die Heilkunde aus, in der er ein Meister war. Seine Studien aber galten ebensowohl dem Talmud und der Kabbala, wie der Mathematik, Physik und Astronomie. Das unnennbare Behagen, das er in der Versenkung in fremde Lebensanschauungen fand, veranlaßte ihn, in den verschiedenen Ländern, die sein unsteter Fuß betrat, den näheren Umgang selbst von Karäern zu suchen und mit ihnen Gedanken und Erfahrungen auszutauschen. In seinem fünfundzwanzigsten Lebensjahre erregte er in Kairo durch seine mathematischen Kenntnisse

---

[1]) Teil II. S. 247.

das Staunen der muhammedanischen Gelehrten. Von dort zog er bald nach Konstantinopel und wurde einige Jahre später der Leibarzt eines Fürsten Radziwill in Litthauen. Auch hier war seines Bleibens nicht lange. Er ging nach Deutschland, übte in Hamburg die Heilkunde aus, reiste von da nach Amsterdam, wurde als Vierzig= jähriger in Frankfurt am Main Arzt der jüdischen Gemeinde und beendete 1655 in Prag sein an äußeren Erfolgen armes Leben. Die bekannteste Schrift, die del Medigo hinterlassen, heißt „Elim[1])". Darin erörterte er besonnen und gründlich die zahlreichen natur= wissenschaftlichen, philosophischen und religiösen Fragen und Probleme, die ihm ein karäischer Schüler und Freund zur Lösung vorgelegt hatte. Die bitterste Frucht seines ruhelosen Lebens war die stete Abhängigkeit, in der er sich befand, und die materielle Mittellosigkeit, die ihn täglich bedrohte. In der Furcht vor Menschen, an deren guter Meinung ihm gelegen war, entweihte er die reichen Wissens= schätze, die er in seinem Innern aufgespeichert hatte, durch den Mangel an Wahrheitsliebe, mit dem er sie verwertete. Obwohl er keineswegs ein Anhänger oder gar Verehrer der Mystik war, ließ er sich doch dazu herbei, mit einem Aufwand von Scharfsinn und Gelehrsamkeit die Kabbala zu verteidigen, und zwar aus dem einzigen Grunde, weil er seine Rechtgläubigkeit in das rechte Licht setzen und dem Mißtrauen seiner Gönner die Grundlage entziehen wollte. In seiner Zeit stand nämlich die Kabbala und der Sohar in den Augen vieler Juden dicht neben dem Talmud. Besonders in Italien wurde diese Anschauung durch die Inquisition unmittelbar genährt und gefördert. Sie verbreitete den Sohar, während sie den Talmud verbrennen ließ. Sie ließ kabbalistische Schriften drucken in der eitlen Hoffnung, daß es ihr mit Hilfe dieser den christlichen Glaubens= lehren angeblich nahestehenden jüdischen Mystik gelingen werde, die Juden für das Christentum zu gewinnen. Eines gelang ihr dabei freilich: nämlich die gesunde Denkweise der Juden zu trüben und ihre Phantasie mit nichtigen Träumereien anzufüllen. Dadurch ver= engerte sich der geistige Horizont der italienischen Juden zugleich mit ihrer gesellschaftlichen Stellung, sodaß die einst so glücklichen Be= wohner des schönen und hochgebildeten Landes mit gläubigem Ver= trauen aufhorchten, als zu ihnen die Nachricht drang, daß fern in der Türkei in der Person des Sabbathai Zwi der Messias erschienen sei.

---

[1]) אֵילִם vgl. II. M. 15, 17.

Viertes Kapitel

Die Juden in Holland.

(c. 1590—1650).

1. Entſtehung und Entwickelung der marraniſchen Gemeinden.

Die Entdeckung Amerikas und des Seewegs nach Oſtindien verſchob den Mittelpunkt des Welthandels vom mittelländiſchen Meere nach der Küſte des atlantiſchen Ozeans. Von hier aus wurden die neuen Fahrſtraßen nach den fremden Erdteilen eröffnet, und England und Holland traten die reiche Erbſchaft der Mittel= meerſtaaten an. Mit der Ausdehnung der Tätigkeit erweiterte ſich in dieſen Ländern der menſchliche Geſichtskreis, und aus ihren Be= wohnern, die bisher abſeits vom Hauptſchauplatze der Geſchichte ein unbeachtetes Daſein geführt hatten, entwickelte ſich ein kühnes, freies und ſelbſtändiges Geſchlecht.

Schon frühzeitig richteten die in Spanien ſchwer bedrängten Marranen ihren Blick auf die mit dem Mutterlande in lebhafter Beziehung ſtehenden holländiſchen Staaten, und bereits in der erſten Hälfte des ſechzehnten Jahrhunderts hatte Donna Gracia Mendeſia [1]) mit ihrer Familie den leiſen Verſuch gewagt, in Antwerpen für einen kleinen Kreis von Neuchriſten, die heimlich dem Glauben der Vor= fahren anhingen, einen neuen Sammelpunkt zu ſchaffen. Natürlich ward dieſe Zufluchtsſtätte den Marranen zeitweilig verſchloſſen, als die ſpaniſche Inquiſition ihren Fuß auf das freiheitsliebende Land ſetzte. Kaum aber war die Unabhängigkeit der Niederlande erkämpft und der von deren Befreier, Wilhelm von Oranien, ausgeſprochene Gedanke der Abſtellung jedes Religionszwanges zur Wahrheit ge= macht, als abermals eine mutige Neuchriſtin Mayora Rodriguez mit ihrer Familie das Recht des Aufenthaltes und der freien Religions= übung auf dem Boden der Republik zu gewinnen ſuchte. Ein Sohn und eine durch Schönheit ausgezeichnete Tochter ſegelten zuerſt mit ihrem Oheim nach Holland. Unterwegs fiel das Schiff, das ſie trug, in die Hände von Engländern, die die Flüchtlinge nach London führten. Das ſchöne Mädchen fand dort vornehme Bewerber und ſelbſt die Gunſt der Königin Eliſabeth. Aber ſie widerſtand allen Verlockungen und erlangte endlich die erbetene Erlaubnis, mit ihren Angehörigen die Reiſe nach Holland fortſetzen zu dürfen. In

---

[1]) Teil II. S. 14 f.

Amsterdam traf sie bald ihre Eltern und Verwandten. Andere Fahrzeuge mit jüdischen Auswanderern wurden um dieselbe Zeit nach Emden verschlagen. Eine hebräische Inschrift an einem Hause verriet den Reisenden die Anwesenheit von Juden in dieser Stadt. Sie gaben sich dem Besitzer des Hauses, Moses Phöbusha-Levi, zu erkennen und wünschten von ihm, ins Judentum aufgenommen zu werden. R. Moses wies das Ansinnen aus Furcht vor dem Zorn der Obrigkeit vorläufig zurück, riet aber den Marranen, sich nach Amsterdam zu wenden, woselbst, wie er hoffte, der Übertritt mit geringerer Gefahr werde erfolgen können. Er selbst versprach ihnen zu folgen und die Gefahren des immerhin bedenklichen Wagnisses mit ihnen zu teilen. Er hielt Wort und wurde der erste Rabbiner der kleinen heimlichen Gemeinde, während sein Sohn das Amt des Vorbeters bei ihr übernahm. Die Vereinigung wuchs im Stillen und soll im Anfang des siebzehnten Jahrhunderts bereits vierhundert Familien umfaßt haben. Ihre scheue Zurückhaltung und ihr verschwiegenes Tun mußte bald die Aufmerksamkeit des Magistrats von Amsterdam erregen. Schon ging er mit dem Plane um, sie auszutreiben, weil er sie für heimliche Papisten hielt. Als man aber einst die während des Versöhnungstages Versammelten belauschte und bei ihnen statt der Kreuze Thorarollen und hebräische Gebetbücher fand, erkannte die Obrigkeit, daß sie Juden vor sich habe und nahm davon Abstand, die gebildeten und meist vermögenden Ansiedler zu ängstigen und zu bedrängen. Man sah, wie sehr die Betriebsamkeit und Gewandtheit der Fremden den allgemeinen Wohlstand hob und gestattete ihnen schließlich die öffentliche Ausübung ihres Glaubens. Da die meisten Mitglieder der Gemeinde die Nachkommen solcher Marranen waren, die zuletzt in Portugal gelebt hatten, nannten sie sich bald mit Stolz die portugiesische Gemeinde und blieben durch ihre gemeinsame Sprache, Bildung und Herkunft und durch den eigenen Ritus ihrer synagogalen Gebräuche bis auf die Gegenwart zu einem engeren Verbande vereinigt. Gesittung und Wohlstand schied sie von der jüngeren deutschen Gemeinde, die sich inzwischen neben ihnen namentlich aus den Juden bildete, die vor Chmelnizkis Horden aus Polen geflohen waren. Die würdevolle, edle Haltung der von Zwang und Knechtschaft befreiten Portugiesen nötigte auch den christlichen Bürgern der Niederlande Rücksicht und Hochachtung ab und schuf ein so friedliches Verhältnis zwischen den verschiedenen Glaubensbekenntnissen, daß in den Marranen der pyrenäischen Halbinsel, selbst wenn sie die vornehmsten Stellungen im Staat und in der Kirche inne hatten, das lebhafte Verlangen erwachte, Ämter und Würden im Stich zu lassen und in den freien Niederlanden mit Gleichgesinnten getreu den väterlichen Ge= setzen zu leben. So trat 1643 der Beichtvater der Kaiserin Maria von Österreich, ein Dominikanermönch, der von jüdischen Eltern stammte, ins Judentum zurück und wurde Arzt in Amsterdam. Eben= dorthin ging Alonso (später Abraham) de Herrera, der, wie man sagt, ein Nachkomme Gonsalvos de Cordova, des großen Feldherrn und Vizekönigs von Neapel, war. Er nahm die jüdische Religion an und hat vielgelesene kabbalistische Schriften verfaßt. Ein gleich= zeitiger spanischer Dichter von neuchristlicher Abstammung war im Begriff, die Mönchsgelübde abzulegen. Da begeisterte sich sein Herz für den Glauben seiner Ahnen, als ein altchristlicher Franziskaner aus freier Überzeugung öffentlich das Judentum bekannte und zum Lohn dafür in Lissabon den Märtyrertod erlitt. Ohne Zögern eilte er nach Amsterdam und wurde unter dem Namen Röuël Jessurun eine kräftige Stütze der jungen Gemeinde.

Wichtiger und einflußreicher aber als die Genannten, ja vielleicht der bedeutendste und würdigste Vertreter der holländischen Juden während des siebzehnten Jahrhunderts war der hochbegabte und ge= lehrte Manasse ben Israel. Er stammte aus Lissabon und verließ bereits in der Jugend mit seinem vom Glaubensgericht ver= folgten Vater die Heimat, um in Amsterdam dem Judentum leben zu können. Hier lernte der junge Manasse die heilige Schrift und den Talmud kennen und eignete sich daneben eine umfangreiche weltliche Bildung, vor allem gediegene und ungewöhnliche Sprach= kenntnisse an. Schon im Alter von 18 Jahren wurde er Prediger und verstand es, durch seine glühende Beredsamkeit und elegante Vortragsweise Juden und Christen zu fesseln und hinzureißen. Viele christliche Sprachforscher und Theologen traten in freundschaftliche Beziehungen zu dem gelehrten Manne und regten ihn zu literarischer Tätigkeit an. Seine zahlreichen Schriften sind teils in spanischer, teils in lateinischer oder hebräischer Sprache verfaßt und behandeln die verschiedensten Gebiete des Wissens. Sie beschäftigen sich mit dem Ausgleich scheinbarer Widersprüche in der heiligen Schrift, sie erörtern die „menschliche Hinfälligkeit," die Auferstehung der Toten,

die 613 Gebote und „die Hoffnung Israels" auf eine dereinstige
nationale Wiedergeburt. Der Verfasser erinnert durch sein viel=
seitiges Wissen, durch seine staunenswerte Belesenheit und seine Lust,
sich andern mitzuteilen, an den Ahnen seiner Gattin, an Don Isaak
Abarbanel, auf den er mit Stolz und Verehrung blickte. Selbst in
dem Punkte gleicht er jenem berühmten Schriftsteller, daß in seinen
vielen Werken im Grunde nur wenige selbständige und eigene Ge=
danken gefunden werden. Nichtsdestoweniger fanden seine Bücher in
den weitesten Kreisen Beifall und Anerkennung. Sie waren gefällig,
ansprechend und liebenswürdig geschrieben und spiegelten ganz die
Persönlichkeit des Verfassers wieder, der mit angenehmen Umgangs=
formen und weltgewandter Erfahrung einen geraden Charakter und
einen schwärmerischen Glauben an Israels unvergängliche Bestimmung
verband. Er verstand es meisterhaft, in Bescheidenheit vor die
Großen der Erde zu treten und ihr Herz mit Teilnahme für das
Geschick seines Volkes zu erfüllen. In solcher Weise gewann er die
Gunst der gelehrten Königin Christine von Schweden, die nicht
bloß schriftlich mit ihm verkehrte, sondern ihn auch persönlich kennen
lernte und seine Bitte, die Juden in ihrem Lande wohnen zu lassen,
sicherlich gewährt hätte, wenn sie länger auf dem Throne ihres
Vaterlandes ausgeharrt hätte. Die verdienstliche und folgenreichste
Tat Manasse ben Israels war aber seine Bemühung um die Wieder=
aufnahme der Juden in England, um derentwillen er mit den
bibelfesten Puritanern, die im Parlament den Ausschlag gaben,
Unterhandlungen anknüpfte. Die vorurteilslosen und einflußreichen
gelehrten Freunde, die er auf der Insel besaß, unterstützten lebhaft
seine Anstrengungen. Damals war aus dem Blute der Erschlagenen,
das den Boden des von religiösen und politischen Zwistigkeiten zer=
rissenen Reiches in Strömen getränkt hatte, auch hier, wie etwa
gleichzeitig in Deutschland, die Blume der religiösen Duldsamkeit
emporgewachsen. Der gewaltige Protektor Cromwell verschaffte den
Independenten den Sieg, und diese verkündigten es als obersten
Grundsatz, daß niemand gezwungen werden dürfe, sein Gewissen einer
allgemeinen Satzung zu beugen, daß vielmehr jedermann nach seinem
Ermessen Gott dienen möge. Schon wurden in ihrer eigenen Mitte
Stimmen laut, die selbst für die Bekenner des jüdischen Glaubens,
das gleiche Recht der Duldung verlangten. Ein Engländer schrieb
damals eine „Verteidigung für die edle Nation der Juden und für

alle Söhne „Israels," und der mutige Manasse in Amsterdam wagte kurz darauf seine Schrift „die Hoffnung Israels" dem sogenannten „langen Parlament" zu widmen und daran die Bitte zu knüpfen, daß ihm gestattet werde, nach England zu kommen und persönlich über die Zurückberufung seiner Brüder in das Inselreich zu verhandeln. Die Widmung wurde huldvoll angenommen und die Erlaubnis zur Reise bereitwillig erteilt. Aber wegen des Krieges, der um jene Zeit zwischen England und den Niederlanden ausbrach, verschob sich die Fahrt bis zum Jahre 1655.

Er wurde vom Protektor wohlwollend empfangen und fand für die beredte Auseinandersetzung, in der er die Vorurteile gegen die Juden glänzend widerlegte und geschickt die Vorteile, die ihre An- siedlung mit sich brachte, nachwies, geneigtes Gehör. Zwar gelang es wegen des kleinlichen Krämergeistes des Handelsstandes vorläufig nicht, die allgemeine öffentliche und gesetzliche Zulassung der Juden durchzusetzen. Immerhin gab der Protektor einzelnen Juden gern die Erlaubnis, sich anzusiedeln, und erteilte ihrem gewandten Für- sprecher einen besonderen Beweis seiner Gunst, indem er ihm ein lebenslängliches Jahresgehalt von hundert Pfund Sterling aussetzte. In London vollendete Manasse seine letzte Schrift „die Rettung Israels" in der er den wesentlichen Inhalt seiner Vorstellungen an Cromwell und das Parlament zusammenfaßte. Auf der Rückreise von England ereilte ihn der Tod. Er starb 1657 im Alter von 53 Jahren in Middelburg. Tatsächlich ist er als der Begründer der kleinen Gemeinde, die sich noch in demselben Jahre unbemerkt in London bildete und schnell zu schöner Blüte gelangte, anzusehen.

2. Die marranischen Zweifler und Denker.

In scharfem Gegensatz zu der begeisterten Liebe und treuen An- hänglichkeit der erwähnten Marranen und besonders zu dem harmonisch abgerundeten Lebensgange und dem liebenswürdigen Charakter Manasse ben Israel's standen die Anschauungen und Gesinnungen, die manche andere Neuchristen innerhalb der wiedergewonnenen jüdischen Glaubens- gemeinschaft zu entwickeln strebten. Auch sie hatten in der fernen Heimat, seit sie zum Selbstbewußtsein erwacht waren, unter dem Siegel tiefster Verschwiegenheit die Kunde überliefert erhalten, daß sie Angehörige des uralten Bundes seien, der am Sinai mit Israel geschlossen worden. Wie ein der Erde entrücktes himmlisches Ideal schrankenloser Geistesfreiheit und handgreiflicher Glückseligkeit war ihnen der mit so kostbarem Märtyrerblut erkaufte Glaube der Ahnen erschienen. Nie hatte ihr leibliches Auge einen treuen Juden erschaut, der sein ganzes Leben dem Gesetze hatte unterordnen dürfen. Aus mündlichen Schilderungen, aus leicht mißverständlichen Erzählungen, aus häufig unzulänglichen wissenschaftlichen Untersuchungen hatten sie sich darum in stiller Beschaulichkeit das schattenhafte Traumbild eines Juden entworfen, wie er nach ihrer Vorstellung sein sollte und mußte. Waren sie dann nach überstandenen schweren Gefahren für Leib und Leben bei den Brüdern angekommen und hatten das Joch des Glaubenszwanges abgeworfen, so sahen sie sich nicht selten bitter enttäuscht und aus allen Himmeln gerissen, wenn es für sie galt, nunmehr das Joch des göttlichen Gesetzes, wie es nach dem Wortlaut der heiligen Schrift und der Auslegung des Talmud gehandhabt wurde, auf sich zu nehmen.

Ein solcher unglücklicher und zerfahrener Zweifler war Uriël Acosta, der in Portugal bereits die Würde eines Doktors der Rechte erlangt hatte und bei seinen wissenschaftlichen Untersuchungen mit solcher Gewalt von der Wahrheit des Judentums ergriffen worden war, daß er mit den Seinigen nach Amsterdam entfloh und dort die Religion seiner Vorfahren bekannte. Aber bald glaubte er zu bemerken, daß die Satzungen in Wahrheit nicht so ausgeübt würden, wie er es erwartet hatte. Darüber sprach er öffentlich und unver= hohlen sein Mißvergnügen aus. Seine kühne Auflehnung gegen alles Herkommen mochte den Leitern der Amsterdamer Gemeinde als eine drohende Gefahr für den kaum befestigten Glauben erscheinen. Dazu kam, daß das böse Beispiel der Unduldsamkeit, das damals die Anhänger der verschiedenen christlichen Bekenntnisse durch die grausame Be= handlung gaben, die sie einander zu teil werden ließen, auch auf die Juden verderblich wirkte. In einer Zeit, in der die christlichen Religionsparteien vor den Augen der Juden einander die Vorzüge ihres Bekenntnisses mit Beil und Holzstoß blutig erläuterten und bewiesen, waren die Juden, die sich mit dem Bannstrahl gegen die Abtrünnigen, in ihrer eigenen Mitte begnügten, entschieden diejenigen, die eine wunderbare Mäßigung und Milde an den Tag legten. Eben dieses Zuchtmittel wurde auch gegen den unberufenen Tadler angewendet. Man tat ihn feierlich in den Bann, um ihn zu zwingen, Abbitte zu leisten. Aber Acosta war keineswegs gesonnen, sich ohne weiteres zu unterwerfen. Er beschloß, seine Angelegenheiten mit den Waffen der Wissenschaft zu verfechten und begann ein Buch zu schreiben, in dem er nachweisen wollte, daß die mosaische Religion nicht die Unsterblichkeit der Seele lehre. Als das Vorhaben bekannt wurde, kam ihm ein jüdischer Arzt zuvor mit einer Schrift, die den Glauben an die Fortdauer der Seele als einen wesentlichen Glaubens= satz des Judentums hinstellte. Zugleich veranlaßten die Juden, nachdem sein Werk die Presse verlassen hatte, daß ihn die Obrigkeit gefänglich einzog und zu einer Geldstrafe verurteilte. Tief gebeugt nahm er später eine schimpfliche Kirchenbuße auf sich und widerrief demütig seine anstößigen Ansichten. Schließlich aber soll er aus Gram, Reue und Zorn wegen seines Widerrufs 1640 seinem Leben mit eigner Hand ein Ende gemacht haben. Die Haltlosigkeit und Zerfahrenheit seines Charakters, die ihn zum Selbstmord trieb, fordert höchstens das Mitleid des Menschenfreundes heraus. Die Märtyrer= krone des Helden, der gegen eine Welt von Feinden seine Überzeugung zu verteidigen wagt, hat er in keiner Weise verdient.

Unsterblichen Nachruhm aber gewann eben durch die Wahr= haftigkeit und Reinheit seines Charakters in dem Geschlechte nach Acosta ein anderer Sprößling einer portugiesischen Marranenfamilie, Baruch Spinoza, der ebenfalls in Amsterdam seine Jugend verlebte und daselbst den Grund zu seiner Bildung legte. Er erwarb in seinem Geburtsort außer der Kenntnis der heiligen Schrift und des Talmud die damals häufige Fertigkeit im Gebrauch fremder Sprachen und widmete eine besondere Vorliebe der Beschäftigung mit der Physik und Philosophie. Die Schriften des berühmten Cartesius (Descartes) übten den nachhaltigsten Einfluß auf seine geistige Entwicklung aus und führten ihn auf einen religiösen Standpunkt, der allerdings ganz außerhalb des Judentums und jedes positiven Bekenntnisses lag. Als er in seiner stillen, nur auf sich selbst gerichteten Art das ihm nebensächlich erscheinende jüdische Gesetz nicht mehr beobachtete, traf auch ihn der Bann, ja sogar der Dolch eines Fanatikers soll ihn bedroht haben. Er verließ darum Amsterdam und lebte einfach und fast bedürfnislos im Haag von dem geringen Verdienst, den er sich durch das Schleifen optischer Gläser erwarb. Der Ausschluß aus der religiösen Gemeinschaft hat ihn kaum berührt, Entbehrung nie gequält; denn sein reiner Sinn kannte kein höheres Glück, als ungestört seinen Idealen von Wahrheit und Sittlichkeit zu leben. Darum lockte ihn

auch) nicht der Ruf des Pfalzgrafen vom Rhein, der ihn einlud, eine
Professur in Heidelberg mit dem äußerlichen Bekenntnis des
Christentums zu erkaufen. Die Würdigung der wissenschaftlichen
Leistungen Spinozas gehört nicht in den Rahmen der jüdischen Ge=
schichte. Ein Ruhm für das Judentum aber bleibt es immerhin,
daß der Vater der modernen Philosophie aus den Reihen seiner
Gläubigen hervorgegangen ist. Wie ein fern leuchtender Stern glänzte
Spinoza über den Häuptern der Menge und zog nur wenige der
Zeitgenossen zu seiner lichten Höhe empor. Es war darum wohl
eine überflüssige Maßregel, daß ihn die Rabbinen von Amster=
dam ausstießen. Die ihn bannten, folgten selber zumeist
einem anderen Irrlicht, das den Juden gefährlicher wurde als die
Gedankenreihen des nüchternen und besonnenen Denkers. Die Er=
wartung des Messias, der zuversichtliche Glaube an die nahe Ankunft
des Erlösers, war in den Herzen der Marranen durch ihr grausames
Geschick ganz besonders vertieft und gefestigt worden. Mit
schwärmerischer Inbrunst hüteten und pflegten sie ihn. Auf ihn
stützten sie sich, durch ihn trösteten sie sich, und mit lebhafter Be=
geisterung teilten sie die Erlösungshoffnungen, die ihre Brüder be=
seelten. Die Phantasterei der Mystik und Kabbala nahm selbst die
Gebildetsten unter ihnen gefangen. Nicht bloß die gedankenlose,
leichtgläubige Menge, sondern die Rabbiner und Gelehrten unter den
holländischen Juden lauschten aufmerksam hinaus auf die Berichte
von dem Messias, die aus Smyrna zu ihnen herüberdrangen. Abraham
de Herrera's kabbalistische Werke wurden aus dem Spanischen ins
Hebräische übersetzt und fanden zahlreiche Leser, und die Gedanken,
die Manasse ben Israel in seiner Schrift „von der Hoffnung Israels"
entwickelte, fanden eben darum in den weitesten Kreisen einen so all=
gemeinen Beifall, weil sie am treffendsten der allgemeinen hoffnungs=
freudigen Stimmung Ausdruck gaben.

Fünftes Kapitel
Die Juden in Deutschland.
(c. 1500 bis c. 1650).
1. Äußere Geschichte der Juden.

Trotz aller Bedrückungen und Verfolgungen des Mittelalters
gab es am Ende des fünfzehnten Jahrhunderts in Deutschland noch
immer eine Anzahl größerer und kleinerer Judengemeinden. Aber in

ihre finstern Ghettos fiel nicht einmal ein schwacher Lichtstrahl des jungen Tages; sie lebten in ganz denselben rechtlosen bürgerlichen und gesellschaftlichen Zuständen wie ehedem und spürten nichts von dem gewaltigen Umschwung, den das Zeitalter der Erfindungen, Entdeckungen und religiösen Neugestaltungen unter den Christen herbeigeführt hatte. Die Vorurteile gegen das Judentum und seine Bekenner schwanden nicht dahin. Die Juden blieben vielmehr auch ferner das schuldlose Opfer des Glaubenshasses, der ihnen den Ursprung alles Unheils und Übels in der Welt zuschrieb. Als die neue humanistische Geistesrichtung auch in Deutschland treue Anhänger fand und deutsche Gelehrte aus Italien die Ehrfurcht vor den Schätzen des wiedererstehenden Altertums herüberbrachten, ahnten die Dominikaner, denen damals besonders die Seelsorge der großen Masse oblag, sofort mit dem Scharfsinn des Fanatismus die Gefahren, die von dorther dem Lehrgebäude der Kirche drohten. Mit scheelem Blick beobachteten sie die Entwicklung der Altertumswissenschaft und sahen mit Bangen, wie sie ein Gebiet eroberte, das bisher unbestritten in den Bereich der Religion gehört hatte. Die Ursprache der Schrift sollte nach ihrem Ideal das Gemeingut der Gebildeten werden und die Kenntnis der Lehre nicht mehr im ausschließlichen Besitz der Priester bleiben. Der Wohllaut und der harmonische Bau der heiligen Sprache begann bereits die Teilnahme für alles, was in ihr geschrieben war, zu erwecken und stellte die jüdische Literatur als ein ebenbürtiges Glied in die Reihe der Wissenschaften. Hier war den Dominikanern ein willkommener Anlaß zum Angriff auf die feindliche Stellung gegeben. Es galt, die Gemeinschädlichkeit und Gottlosigkeit des jüdischen Schrifttums über jeden Zweifel erhaben nachzuweisen und seine Verteidiger als Kämpfer für den Unglauben und die Unsittlichkeit in der öffentlichen Meinung zu brandmarken. Und sie verstanden es, die zur Ausführung ihres Planes geschickten Werkzeuge aufzufinden. Denn an Leuten, die den Juden Böses gönnten, fehlte es damals nicht in Deutschland. Allen voran standen auch hier verworfene Überläufer, die von Haß und Groll gegen ihre einstigen Glaubensgenossen erfüllt waren. Ein Muster solcher niedriger Gesinnung war der arglistige Pfefferkorn, ein ehemaliger Fleischhauer und bestrafter Dieb. Er trat in die Dienste der Dominikaner und gab sich dazu her, den Talmud, den er kaum lesen, geschweige denn verstehen konnte, in Wort und Schrift als ein unsittliches und gotteslästerliches Buch) zu verunglimpfen und beim Kaiser Maximilian auf seine Vernichtung zu dringen. Schon hatte er einen kaiser-lichen Befehl ausgewirkt, daß alle Ortsbehörden die Schriften der Juden, die Schmähungen gegen das Christentum enthielten, verbrennen sollten. Da erhob sich für die jüdische Literatur ein beredter Anwalt und warmer Verteidiger in dem Manne, der zuerst in Deutschland die heilige Sprache in den Kreis der Wissenschaften gezogen hatte. Johann Reuchlin (geboren zu Pforzheim 1455, gestorben in Stutt-gart 1522) war im Hebräischen anfangs ein Schüler des Jakob Loans, des jüdischen Leibarztes Kaiser Friedrichs III., und später in Italien des Obadja Sforno[1]) gewesen und hatte die erste von einem Christen verfaßte hebräische Sprachlehre ausgearbeitet. In dem Gutachten über die Bücher der Juden, das von ihm gefordert wurde, erklärte er: Der Talmud ist die Auslegung der 613 in den fünf Büchern Moses enthaltenen Gebote und Verbote. Er ist in den ersten nachchristlichen Jahrhunderten von den berühmtesten jüdischen Religionslehrern verfaßt und enthält ihre gesamte Theologie, Juris-prudenz und Medizin. Reuchlin gestand ehrlich, nichts von seinem Inhalt zu verstehen, und meinte, es sei unsinnig, einfach mit der Faust darein zu schlagen, statt die Angriffe der Juden auf das Christentum zu widerlegen. Darum gebühre es sich nicht, den Talmud zu verbrennen, zumal die Verbrennung der Bücher in Deutschland durchaus ihres Zieles verfehlen würde, da den Juden bekanntlich in der Türkei und anderweitig Freiheit des Unterrichts in ihren Religionsquellen gewährleistet sei. Noch weniger als der Talmud bedürften die Bücher kabbalistischen Inhalts der Rechtfertigung, da sie die Päpste als dem christlichen Glauben förderlich erkannt und ihre Übersetzung ins Lateinische begünstigt hätten. Ihnen ferner die Kommentare zu den Büchern der heiligen Schrift zu nehmen, wäre überaus töricht, da sie die besten Vorarbeiten für die christlichen Ausleger seien. Diese wären häufig genug vor schweren Irrtümern bewahrt geblieben, wenn sie tief genug in ihre Kenntnis eingedrungen wären. Was endlich ihre Gebet- und Predigtbücher angehe, so gebe es keinerlei Rechtsgrund, sie ihnen zu entreißen, weil ihnen von den Kaisern freie Religionsübung zugesichert sei. Das Gutachten rief bei den Dominikanern und ihren Anhängern eine ungeheure Er-

---

[1]) S. oben S. 42.

bitterung hervor, und jahrelang erregte der Streit in Deutschland heftig die Gemüter der Bildungsfreunde und -feinde. Er endete schließlich mit dem Siege der Aufklärung, indem der bildungsfreundliche Papst Leo X. aus dem Hause der Mediceer den Talmud in Italien zu drucken erlaubte. Diese erfreuliche Tatsache war das einzige unmittelbar in das Leben der Juden eingreifende Ergebnis des Kampfes. Sonst wurde der ganze Streit um ihre heiligen Bücher über ihre Köpfe hinweg geführt.

Die Liebe zu ihren Schriften hat übrigens die allgemeine Gesinnung gegen die Juden nicht im mindesten geändert. Ja, nicht einmal die Reformation hat eine günstige Wendung in ihrem traurigen Geschick herbeigeführt. Obwohl Luther die kanonischen Gesetze grundsätzlich verwarf und damit eigentlich auch die Quelle des Unrechts gegen die Juden verstopfte, unterließ er dennoch daraus die Nutzanwendung zu ziehen, die sich zu Gunsten der Juden aus seinem Vorgehen gegen die päpstliche Kirche ergeben mußte. Er erging sich vielmehr in seinem Alter selbst in heftigen Ausfällen gegen die angeblichen Laster des viel verleumdeten Volkes und hat dadurch nicht wenig dazu beigetragen, bei den Anhängern der neuen Glaubensreform den alten Haß auf Jahrhunderte hinaus zu befestigen.

So blieben die Juden während des sechzehnten und siebzehnten Jahrhunderts überall sowohl in den katholischen als in den protestantischen Ländern der Rechtlosigkeit und Willkür der Fürsten und Reichsstädte ausgesetzt. Der ritterliche Kaiser Maximilian war trotz seines geraden und gerechten Sinnes nicht im stande, die Bedrückten überall nach Gebühr zu schützen, und konnte es nicht hindern, daß sie immer wieder bald hier, bald dort den schrecklichen Anklagen des Christenmordes, der Gotteslästerung und Hostienschändung zum Opfer fielen. Große Gemeinden, wie Magdeburg (1492), Ulm (1498), Nördlingen (1506) und Regensburg (1519), wurden damals wegen solcher gehässiger Beschuldigungen ausgetrieben. Entsetzlicheres litten die Juden in der Mark Brandenburg, wo der fanatische Kurfürst Joachim I. im Jahre 1510 achtunddreißig Unschuldige foltern und verbrennen ließ, weil sie bezichtigt waren, eine Hostie gestohlen und geschändet zu haben. Vergeblich trat bei diesem traurigen Vorgang der einzige Mann für sie ein, der sich in der ersten Hälfte des sechzehnten Jahrhunderts durch treueste Opferwilligkeit als der edelsinnigste Beschützer und Verteidiger seiner Brüder in

5*

Deutschland ausgezeichnet hatte.   Der gelehrte und bei Fürsten und
Herren hochangesehene R. Josel ben Gerson Loans aus Rosheim
im Elsaß, welchen die Juden unter der Bezeichnung R. Joselmann
von Rosheim als ihren „großen Fürsprecher" schlechthin rühmten,
galt mit obrigkeitlicher Zustimmung wohl ein halbes Jahrhundert
hindurch als ihr Befehlshaber, Vogt und Anwalt und vertrat ihre
Angelegenheiten, wann und wo immer es not tat, im kaiserlichen
Hoflager und auf den Reichstagen mit gewandter Beredsamkeit, mit
warmem Herzen und reich gefüllter Hand.   Helfend und rettend
stand er in allen Bedrängnissen ihnen zur Seite und wußte frieden=
stiftend überall die Ruhe und Ordnung in den Gemeinden aufrecht
zu erhalten.   Nach seinem in hohem Greisenalter erfolgten Tode wird
uns von keinem solchen Schützer oder Annehmer der Juden mehr
erzählt.   Die endlosen dogmatischen Streitigkeiten, die damals Deutsch=
land zerrissen und immer von neuem blutige Zusammenstöße hervor=
riefen, erhöhten womöglich noch die Unsicherheit ihrer Lage und
Stellung.   Sie zu plündern und auszusaugen, verursachte keiner der
hadernden Parteien auch nur die mindeste Gewissenspein.   Kaiser
Ferdinand I. (1556—1564) verjagte die Juden aus Nieder=
österreich und Görz (1556) und würde sein Gelübde, sie auch aus
Böhmen auszutreiben, gewiß zur Wahrheit gemacht haben, wenn
nicht der edle Mordechai Zemach Cohen aus Prag, ein Sprößling
der berühmten Buchdruckerfamilie von Soncino, durch eine Reise
nach Rom unmittelbar vom Papst die Lösung des kaiserlichen Ge=
lübdes erfleht und erhalten hätte.   Während es hier noch rechtzeitig
gelang, die Gefahr, die von seiten eines katholischen Fürsten die
Juden einer ganzen Landschaft bedrohte, zu beseitigen, brach in der
Mark Brandenburg, deren Herrschergeschlecht inzwischen das
lutherische Glaubensbekenntnis angenommen hatte, ein zweites ver=
nichtendes Unwetter über die neuen jüdischen Ansiedler herein, die
bereits Joachims I. gleichnamiger Sohn und Nachfolger herbeigerufen
und mit starker Hand geschützt hatte.   Seines besonderen Vertrauens
erfreute sich der Jude Lippold von Prag, der ihm als Münz= und
Schatzmeister wertvolle Dienste leistete.   Um die Kosten der prächtigen
Hofhaltung zu decken, mußte er mit Vorwissen seines Herrn immer
neue Steuern ersinnen und mit Härte von Christen und Juden ein=
treiben lassen.   Der Zorn über die Bedrückung entlud sich über
seinem unschuldigen Haupte bald nach dem Tode seines Gönners.

Der strenge und sparsame Kurfürst Johann Georg ließ ihn in den Kerker werfen und seine Geschäftsführung einer strengen Prüfung unterwerfen. Als ihm nach dieser Richtung hin eine Unredlichkeit nicht nachgewiesen werden konnte, wurde er im Gefängnis trunken gemacht und gestand auf der Folter, daß er ein Zauberer sei und den verstorbenen Kurfürsten vergiftet habe. Zwar widerrief er, nüchtern geworden, die Aussage, aber sie genügte, um ihn mit unerhörter Grausamkeit hinrichten zu lassen und die gesamte Judenschaft der Mark des Landes zu verweisen. Als nach seinem Ende eine Maus über den Richtplatz lief, erkannten die frommen Henker in ihr den Teufel, der dem jüdischer Zauberer ausgefahren war. Ein ganzes Jahrhundert aber mußte noch ins Land gehen, bis die Greuel des dreißigjährigen Krieges und die staatsmännische Einsicht des großen Kurfürsten den Teufel der Unduldsamkeit auch auf diesem Grund und Boden endlich besiegten.

2. Geistiges Leben der Juden.

Der allgemeine Druck und Spott machte die Geknechteten scheu und furchtsam. Zitternd zogen sie sich in ihre Judengassen zurück und ernährten sich kümmerlich meist als Trödler und Hausierer. Mit dem Mut und dem Selbstbewußtsein schwand die Würde der Haltung und die Sorgfalt für die äußere Erscheinung. Wegen ihrer völligen Abschließung von den christlichen Mitbürgern mußte zur Ergänzung des fehlenden Sprachgutes die deutsche Redeweise immer mehr mit hebräischen Ausdrücken und hin und wieder selbst mit solchen slavischen Bestandteilen untermischt werden, wie sie die zuwandernden polnischen Juden aus ihrer Heimat mit nach Deutschland brachten. Diese fremdländischen Glaubensgenossen wurden wegen ihres überlegenen talmudischen Wissens sehr häufig als Prediger und Rabbiner angestellt und erteilten als beliebte Schulmeister für kärglichen Lohn den geringen Unterricht, den man damals für nötig hielt. Umschloß er auch keineswegs irgend welche profanen Kenntnisse, so befähigte er doch selbst in dieser Zeit des Niederganges auch die gewöhnlichen Juden des niederen Standes zum Lesen und Schreiben des Hebräischen. Natürlich verstanden die gemeinen Leute auf Grund desselben außer den Gebetformeln und den Stücken, die aus der Bibel beim Gottesdienst verlesen wurden, nur diejenigen Bücher, die in ihrer eigentlichen Mundart verfaßt und mit hebräischen Buchstaben gedruckt waren.

Es entwickelte sich aber für das Bedürfnis dieser Masse von Lesern eine ungeahnt reiche Literatur von Erbauungs= Unterhaltungs= und Gebetbüchern in jüdisch=deutscher Sprache, und die Rabbiner und Prediger bedienten sich desselben Idioms, wenn sie bei feierlichen Anlässen zum Volke redeten oder die üblichen Vorträge für die ge= lehrteren Mitglieder der Gemeinde an einigen Sabbaten und Festen des Jahres hielten.

Nur in wenigen größeren Gemeinden gab es Talmudschulen und Anstalten, in denen der Zögling ein vielseitigeres Wissen ge= winnen konnte. Unter ihnen waren Frankfurt am Main und Prag am bedeutendsten. Die tüchtigsten Gelehrten, die damals in Deutschland lebten, waren meist die Zierden der Rabbinate dieser Gemeinden. Prag besaß schon um 1513 die erste hebräische Druckerei in Deutschland, die von einem Nachkommen der durch Betriebsamkeit und vererbte Gelehrsamkeit gleich ausgezeichneten Buchdrucker von Soncino[1]) ins Leben gerufen war. Welches Verdienst sich der treffliche Mordechai Zemach[2]), ein aus der Mitte dieser Familie hervorgegangener Vorsteher der Judengemeinde, um die Rettung seiner bedrängten Glaubensbrüder erworben, ist bereits berichtet worden. Es war das erfreuliche Ergebnis seiner aufopfernden Be= mühungen, daß die Gemeinde am Ende des sechzehnten Jahrhunderts unter den Kaisern Maximilian II. und Rudolf II. trotz der mannigfachen Beschränkungen, unter denen sie zu leiden hatte, vor allzu harten Schicksalsschlägen bewahrt blieb und einen gewissen Auf= schwung nehmen konnte.

Das Aufblühen und Gedeihen aller Gemeindeeinrichtungen wurde wesentlich gefördert durch die wahrhaft vornehme Freigebigkeit des reichen Mordechai Meisel (1528 bis 1601), der damals eine Zierde der Gemeinde und ein Wohltäter aller seiner Glaubens= genossen im edelsten Sinne war. Er verwendete die Glücksgüter, mit denen er gesegnet war, um unermüdlich jedes religiöse Bedürfnis zu befriedigen und jegliche Not der bedrängten Brüder in der Nähe und in der Ferne zu beseitigen. Er erbaute eine große und prächtige Synagoge, die heute noch den Ruhm seines Namens verewigt, ließ für die Gemeinde ein Quellbad herstellen und errichtete eine Ver= sorgungsanstalt für die Armen. Er ließ zahlreiche Thorarollen

---

[1]) S. II. Teil. S. 248.
[2]) S. oben S. 68.

schreiben und mit kostbaren Zieraten ausstatten und verschenkte
sie an die Gotteshäuser seiner Vaterstadt und fremder Gemeinden
bis nach Polen und dem heiligen Lande. Um der Verarmung vorzubeugen, gab er den Notleidenden zinslose Darlehen und setzte sie
in den Stand, sich ehrenhaft zu ernähren. Alljährlich stattete er
zwei Waisenmädchen für die Ehe aus, und jedesmal vor dem Eintritt eines Feiertages verteilte er mit offenen Händen Spenden an
die Armen, damit sie mit Ruhe und Behagen die Feste des Herrn
feiern könnten. Das schmutzige und ungesunde Judenviertel Prags
ließ er auf seine Kosten pflastern, und keine Summe war ihm zu
groß, wenn es galt, jüdische Gelehrte zu unterstützen oder gar jüdische
Gefangene loszukaufen. Als einst die Posener Gemeinde durch eine
verheerende Feuersbrunst heimgesucht worden war, schenkte er ihr
zehntausend Taler, und eben so viel schickte er einmal nach Krakau,
um den dortigen Armen aufzuhelfen. Da ihm Kindersegen versagt
war, bestimmte er seinen Neffen zum Erben seiner Hinterlassenschaft.
Aber Kaiser Rudolf II. erklärte nach dem Beispiel seiner Vorgänger,
die sich das freie Verfügungsrecht über das gesamte Vermögen ihrer
Juden zugesprochen hatten[1]), sich selbst für den einzigen Erben seines
kinderlosen Kammerknechts und zwang sogar die Rabbinen, den Bann
über diejenigen Schuldner Meisels zu verhängen, die sich weigern
würden, die ihnen geliehenen Summen an die kaiserliche Kammer
abzuführen.

Der Nachruhm des edlen Menschenfreundes konnte durch diese
Gewalttat nicht geschmälert werden. Ein schönes Ehrendenkmal setzte
ihm schon bei seinen Lebzeiten ein gelehrter Zeitgenosse, der in bescheidenen Worten seine guten Werke pries. Als Augenzeuge seines
frommen Waltens lebte damals in Prag der berühmte David Gans,
vielleicht der einzige deutsche Jude jener Zeit, der seinen Fleiß auch
anderen, als streng halachischen Studien zuwandte. Zu Lippstadt
in Westfalen 1541 geboren, kam er schon jung nach Frankfurt a. M.
und Krakau und besuchte die berühmten Talmudschulen, die in diesen
Gemeinden blühten. Daneben besaß er einen regen Sinn für
Astronomie, Geographie und Geschichte, und deren Studium wurde
bald seine Lieblingsbeschäftigung. Im Alter von etwa 23 Jahren
siedelte er nach Prag über und wohnte daselbst bis zu seinem Tode

---

[1]) Bd. II. Teil. S. 231.

(1613). Hier trat er in Verkehr mit dem berühmten Kepler und
erfreute sich des Umganges mit Tycho de Brahe, dem Hof-
astronomen des Kaisers, für den er einiges Astronomische aus dem
Hebräischen ins Deutsche übertrug. Von seinen zahlreichen Schriften
aus diesen Gebieten der Wissenschaft ist seine Chronik, die er den
„Sprößling Davids[1])" nannte, am berühmtesten geworden. In der
Form von Annalen gab er im ersten Teile seinen Glaubensgenossen
die Geschichte ihrer Ahnen und führte ihnen im zweiten Teile meist
aus profanen Quellen die wichtigsten Tatsachen der allgemeinen Weltgeschichte vor. Freilich hielt die überwiegende Mehrzahl seiner Zeitgenossen nicht nur die Vertiefung in das abseits von der Halacha
gelegene Gebiet, sondern sogar schon die oberflächliche Beschäftigung
damit für eine erhebliche Verletzung der religiösen Pflichten, und es
ist charakteristisch für ihre Anschauung, daß David Gans in der
Vorrede zu seiner Chronik sich verpflichtet fühlte, gründlich nachzuweisen, daß ein Halachist vom Rufe seines Lehrers, des R. Mose
Isserles, ausdrücklich gestattet habe, am Sabbath sich über Krieg
und Kriegsgeschrei zu unterhalten und hebräisch geschriebene Bücher
solchen Inhalts zum Zeitvertreib zu lesen. Denn die ohne Ausnahme peinlich frommen Bewohner der deutschen Judenstraßen waren
damals auf Schritt und Tritt darauf bedacht, jeden unheiligen Gedanken sorgsam von sich fern zu halten und selbst die gleichgültigsten
Verrichtungen des täglichen Lebens mit religiöser Weihe zu durchdringen.

Ihr Wegweiser zu einem solchen musterhaften und weihevollen
Lebenswandel wurde R. Jesaia b. Abraham Horwitz, der Sprößling einer berühmten Prager Gelehrtenfamilie, der in den größten
Gemeinden Polens und Deutschlands, in Posen, Krakau, Frankfurt a. M. und Prag als Rabbiner fungierte und vor den Greueln
des dreißigjährigen Krieges sich nach dem heiligen Lande rettete,
ohne freilich auch dort die ersehnte Ruhe zu finden. Wenige Jahre
nach seiner Ankunft in Jerusalem wurde er vom türkischen Befehlshaber mit anderen Gefährten in den Kerker geworfen und übel behandelt. Den Rest seines Lebens verbrachte er unter strengen Bußübungen in Zefat und Jerusalem. Auf dem Boden des heiligen
Landes vollendete er sein vielgelesenes Buch, das er die „beiden

---

[1]) צמח דוד

Bundestafeln¹)" nannte. Er schloß es ab unter dem Einfluß der lurjanischen Mystik²), die damals die Geister der paläſtinenſiſchen Juden unumſchränkt beherrſchte, und erzeugte aus der Vermählung dieſer myſtiſchen Weltanſchauung mit den ſtrengen Anforderungen der Halacha eine ganz neue Geſtaltung des jüdiſchen Lebens. Als weſentlicher Lebenszweck galt danach einerſeits Emporſtreben der Seele zu ihrem Urquell, andererſeits die Bemühung, das irdiſche Daſein mit göttlichem Geiſte zu durchtränken. Jede wichtige und jede geringfügige Handlung, jeder ernſte und jeder gleichgültige Ge= danke, jede tiefe und jede oberflächliche Empfindung ſuchte er dieſem Hauptzweck dienſtbar zu machen. Eine ununterbrochene Reihe gott= gefälliger Geſinnungen, weihevoller Gedanken und beziehungsreicher Handlungen ſollte den Sterblichen über den Kreis der Alltäglichkeit hinausheben und ihn zu einem würdigen Mitglied des Gottesreiches erziehen. Jede Äußerung ſeines Lebens ſollte ihn an ſeine religöſen Pflichten mahnen und zu tiefſinnigen und geheimnisvollen Be= trachtungen anregen.

So war das Buch der Ausdruck jener unendlich peinlichen Ge= wiſſenhaftigkeit, die in der ſteten Abwechslung überſtrenger religiöſer Übungen einen Erſatz ſuchte für das einförmige Einerlei des irdiſchen Daſeins und in der Sehnſucht nach übermenſchlicher Vervollkommnung das tägliche Elend zu vergeſſen wünſchte. Und der allgemeine Bei= fall, den es beſonders in Polen und Deutſchland fand, bewirkte, daß die düſtere asketiſche Weltanſchauung, die es predigte, den kommenden Geſchlechtern als der vollendete Inbegriff eines gott= gefälligen Wandels galt und ſie im Zauberbanne dieſes reizvoll ſchauerlichen Traumlebens feſthielt.

Nur wenige beſonders begabte Männer beſaßen in dieſem Jahr= hundert die Geiſteskraft, die myſtiſchen Träumereien, die die Maſſe umfangen hielten, von ſich fern zu halten, und ſowohl talmudiſche als auch weltliche Kenntniſſe in ihrem Geiſte zu vereinigen. Zu ihnen gehörte R. Jomtob Lipmann Heller ha=Levi, geboren 1579 zu Wallerstein. Er verband einen klaren und ſcharfen Verſtand, ein gründliches, tiefes und umfangreiches Wiſſen mit einem einnehmenden, liebenswürdigen und edlen Charakter. In Prag vollendete er ſeine

---

¹) שְׁנֵי לֻחוֹת הַבְּרִית, bekannt unter der akroſtichiſchen Bezeichnung שְׁלָ״ה.
²) Oben S. 24.

halachischen Studien und legte daselbst, nachdem er bereits 1597
Mitglied des Rabbinats geworden war, die erste Hand an sein viel
bewundertes Hauptwerk, einen ausführlichen Kommentar zur Mischnah,
den er „Toffafot Jomtob[1]) (Zusätze Jomtobs)“ nannte. Hier
verließ es auch, als das unvergängliche Denkmal seiner erstaunlichen
Gelehrsamkeit nach etwa zwanzig Jahren zum erstenmal die Presse.
Er zeigte darin, wie er mit überlegener Sicherheit den gesamten seit
den Tagen Maimunis ungemein angewachsenen Wissensstoff beherrschte
und bewährte sich als ein geschickter Lehrmeister, der mit gleicher
Gründlichkeit sachliche und sprachliche Dinge behandelte, der mit
scharfem kritischem Blick den Text untersuchte und berichtigte und
überall durch selbständige Bemerkungen und geistvolle Andeutungen
zu neuen Forschungen anzuregen wußte. Diese treffliche Leistung
und die zahlreichen Schüler, die zu seinen Füßen saßen, trugen schnell
den Ruf seiner Tüchtigkeit in weite Kreise, und die aufblühende
Wiener Gemeinde rechnete es sich zur Ehre an, ihn zu ihrem ersten
Rabbiner zu berufen (1624). Trotz der schwierigen Verhältnisse,
unter denen er ins Amt trat, gelang es ihm, eine musterhafte Ordnung
in allen Gemeindeangelegenheiten herbeizuführen, segensreich wirkende
Vereine zu schaffen und alle Herzen durch Milde und Sanftmut an
sich zu fesseln. Schon nach drei Jahren baten ihn die Prager, zu
ihnen zurückzukehren und den inzwischen erledigten Vorsitz in ihrem
Rabbinat zu übernehmen. Die Aussicht auf den größeren Wirkungs=
kreis veranlaßte ihn, dem ehrenvollen Rufe zu folgen. Dieser Ent=
schluß wurde für ihn verhängnisvoll. Die ernsten Zeitläufte während
des dreißigjährigen Krieges brachten es mit sich, daß er den Vorsitz
in einer Kommission übernehmen mußte, die eine äußerst drückende
jährliche Kriegssteuer umzulegen hatte. Mit unbestechlicher Gerechtig=
keit und unbeugsamer Strenge sorgte er für eine gleichmäßige Ver=
teilung der allerdings nahezu unerschwinglichen Lasten. Nichtsdesto=
weniger unterstanden sich einige Übeltäter, ihn bei der Hofkammer
anzuschwärzen, daß er die Reichen verschont und die Armen ungebühr=
lich belastet habe. In verblendetem Haß gaben sie sogar wider
besseres Wissen an, der Rabbiner habe in seinen Schriften das
Christentum geschmäht. Sie wußten wohl, daß der bloße Verdacht
eines solchen Verbrechens genügte, um der ferneren Amtstätigkeit

---

[1]) ‏תוספות יום טוב‎. Vgl. auch I Teil. S. 195.

des Rabbiners ein jähes Ende zu bereiten. In der Tat triumphierte vorläufig die Lüge und Ränkesucht über die schlichte Geradheit des edlen Mannes. Unter der Anschuldigung, den Glauben der Christen gelästert zu haben, wurde er bald darauf verhaftet und nach Wien ins Gefängnis geschleppt. Zwar gelang es ihm, die Nichtigkeit des Verdachtes siegreich nachzuweisen. Er wurde aber trotzdem vor Gericht gestellt und zu peinlicher Rechenschaft gezogen wegen der Missetat, den vom Papst zur Vernichtung bestimmten Talmud angeblich über die Maßen verherrlicht zu haben. So würdevoll und bescheiden führte er dabei seine Verteidigung, daß ihm der Kaiser die ihm zugedachte Todesstrafe erließ und ihn zum Verlust seines Amtes und seines Vermögens begnadigte. Von allen Hilfsmitteln entblößt, aber mit ungebrochenem Lebensmut verließ der unschuldig Gestrafte sein Heimatland und wanderte nach Polen aus. Zwar erweckte ihm auch hier die Unerschrockenheit, mit der er den Mißbräuchen des Amterkaufs und der pilpulistischen Lehrmethode entgegentrat, zahlreiche Gegner und Widersacher. Allein er erlebte doch die Genugtuung, daß endlich sein Streben nach Wahrheit und Gerechtigkeit Anerkennung fand und die größte Gemeinde Polens, Krakau, ihn zu ihrem Rabbinatssitz berief. Die letzten Jahre seines an Kämpfen und Enttäuschungen reichen Lebens waren von den blutigen Verfolgungen, die durch Chmelnizki über die Glaubensbrüder in der Ukraine hereinbrachen, verdüstert. Die ergreifenden Klagelieder, die er über den Untergang der Gemeinden anstimmte, sind in die Liturgie für den Fasttag des 20. Siwan aufgenommen worden, der die Erinnerung an jene schmerzlichen Ereignisse fortpflanzt.

Als diese schweren Heimsuchungen über die Gemeinden des östlichen Europas gekommen waren, gab es Deutschland reichlich an Juden zurück, was es in den letzten Jahrhunderten von ihm empfangen hatte. Für das dürftige Obdach und das kärgliche Brot, das ihnen die deutschen Brüder reichten, brachten ihnen die polnischen Flüchtlinge ihr reiches talmudisches Wissen und ihren scharfsinnigen, beweglichen Geist. Aber auch ihre eigenartigen Lebensgewohnheiten, ihre kabbalistischen Träumereien und ihre geheimnisvollen Hoffnungen auf das baldige Eintreffen des Erlösers zogen mit ihnen in die neue Heimat.

Zweiter Abschnitt

Von den messianischen Verirrungen der Kabbalisten bis zur Wiedergeburt des jüdischen Geisteslebens durch Moses Mendelssohn.

(1648—1750).

Erstes Kapitel

Kabbalistische Irrwege

(c. 1650—1750)

1. Der falsche Messias Sabbatai Zwi.

Während über die deutschen Juden der dreißigjährige Krieg seine blutige Geißel schwang und ihre Brüder in Polen vor Chmelnizki's Horden in wilder Flucht ruhelos auseinanderstoben, während die holländischen Marranen das Elend ihrer Väter und Brüder auf der pyrenäischen Halbinsel noch frisch im Gedächtnis hatten und von Italien und der Türkei aus kabbalistische Träume immer von neuem die Hoffnung der Elenden auf eine baldige Er- lösung wach und lebendig erhielten, war im fernen Kleinasien bereits der Mann geboren, der sich berufen glaubte, die Unglücklichen aus Nacht zum Licht, aus Knechtschaft zu ewiger Freiheit zu führen. Er erblickte in Smyrna am 9. Ab. (1. August) 1626 als der Sohn eines wohlhabenden Kaufmanns das Licht der Welt und erhielt den Namen Sabbatai Zwi. Körperliche Schönheit, Wohlklang der Rede und nicht gewöhnliche Geistesgaben zeichneten ihn aus. Schnell und leicht gewann er die nach den Anschauungen seiner Zeit und seiner Heimat zur allgemeinen Bildung unentbehrlichen talmudischen und kabbalistischen Kenntnisse. Ein früh entwickelter Hang zur Schwärmerei trieb ihn an, sich von den Gespielen abzusondern, und die wiederholte Erfahrung, daß seine gewinnende und liebenswürdige Art, mit Menschen zu verkehren, ihm im Fluge alle Herzen zuwandte, verleitete ihn zu dem Wahn, daß er zu großen Dingen ausersehen sei. Nach der Sitte der Zeit mußte er sich jung verheiraten, aber er zeigte eine so entschiedene Abneigung gegen die Ehe, daß er zweimal in die Scheidung von den ihm angetrauten Frauen willigen mußte. Er suchte die Einsamkeit und umgab sich, kaum zwanzig Jahre alt, mit einem Kreise von kabbalistischen Jüngern und Freunden, die mit ihm glaubten und verkündeten, daß im Jahre 1648 gewiß und wahrhaftig der Messias erscheinen werde. In diesem vom Buche Sohar angedeuteten Jahre gab er sich für den so lange vergeblich erwarteten Erlöser aus. Die Rabbiner von Smyrna, darunter sein eigener Lehrer im Talmud, taten, nichts Gutes ahnend, den Jüngling und seinen Anhang in den Bann. Er mußte die Heimat verlassen und suchte lange vergeblich in verschiedenen Städten der Türkei festen Fuß zu fassen. Endlich kam er nach Jerusalem und gab sich nach der Anleitung der lurjanischen Mystik strengen Kasteiungen und Bußübungen hin. Seine Frömmigkeit sammelte bald wieder eine kleine Anzahl auserlesener und treu ergebener Anhänger um ihn, und ein unerwarteter Zwischenfall erwarb ihm plötzlich das Ansehen und Vertrauen der Glaubensbrüder in der heiligen Stadt. Die arme Gemeinde lebte schon damals meistens von den Spenden, die ihr aus dem Abendlande zuflossen. Die reichen Gaben, die sonst aus Polen und Deutschland eintrafen, waren wegen des Krieges in Deutschland und der Verfolgungen in Polen seit längerer Zeit ausgeblieben. Nichtsdestoweniger beanspruchte der türkische Pascha eine außerordentliche schwere Steuer, und die Armen waren außer Stande sie aufzutreiben. Da reiste Sabbatai Zwi zu einem ihm bekannten steinreichen Steuerpächter in Ägypten und bewog ihn, die ganze große Summe herzugeben. Die Einwohner von Jerusalem staunten den Helfer in der Not wie einen Wundertäter an. Ein anderes Abenteuer, das sich bei dieser Reise nach Ägypten ereignete, wurde von seinen Gläubigen als ein neuer klarer Beweis seiner göttlichen Sendung angesehen und verbreitet. Er erfuhr in Kairo die seltsame Lebensgeschichte eines schönen jüdischen Mädchens, das als sechsjähriges Kind von Kosaken in Polen den Eltern geraubt und darauf in einem Kloster im christlichen Glauben erzogen worden war. Nach mancherlei Fährlichkeiten war die schöne Sarah dem Kloster entflohen, in Amsterdam zum Judentum zurückgekehrt und über Deutschland nach Livorno gekommen. Überall hatte sie das Gerücht verbreitet, daß sie das für den Messias bestimmte Weib sei. Sabbatai Zwi griff die romanhafte Geschichte auf und verkündigte, daß ihm eine Vision schon längst die Jungfrau gezeigt und ihre göttliche Sendung bestätigt habe. Er ließ sie durch einen vertrauten Boten aus Livorno holen und traute sie sich als Lebensgefährtin an. Alle diese erstaunlichen Vorgänge und Fügungen rissen die Juden Ägyptens und des heiligen

Landes in einen Taumel überschwenglicher Hoffnungen und Erwartungen. Der über Sabbatai Zwi verhängte Bann geriet in Vergessenheit, und selbst seine Vaterstadt empfing ihn mit lautem Jubel
als den Messias und erwartete nach seiner Weissagung für das Jahr
1666 mit Bestimmtheit das neue Heil, das für Israel und die Welt
anbrechen sollte. Die Gelehrten, die die betrogenen Toren zu warnen
wagten, wurden aus der Stadt gejagt, und täglich wuchs sein Anhang
und der Glaube an seine Wunderkraft. Er fand Jünger, die als
Propheten seines Ruhms auftraten und das Vertrauen auf seine Verheißungen überall hin verbreiteten. Alle Stände, Geschlechter und
Lebensalter erfaßte der messianische Taumel wie eine ansteckende
Krankheit. Mit Begeisterung nahmen die großen Gemeinden des
europäischen Abendlandes, besonders die von Amsterdam und
Hamburg, die mannigfach ausgeschmückten Berichte auf, die aus der
Türkei zu ihnen herüber drangen. Portugiesische und deutsche Juden
hofften, durch Sabbatai Zwi in naher Zukunft eine außerordentliche
Umgestaltung aller Dinge zu erleben. Die einen bereiteten sich freudig
erregt mit Gesang und Tanz, die anderen in demütiger Zerknirschung
durch Kasteiungen und Bußübungen, alle aber in fieberhaft über-
spannter Aufregung auf das neue messianische Reich vor. Eigens
verfaßte Gebete für den Erlöser Sabbatai Zwi wurden in den Synagogen verrichtet und sabbatianische Gebetbücher in hebräischer, spanischer
und portugiesischer Sprache unter den zahllosen Gläubigen verbreitet.

Nur wenige kühle und einsichtige Gelehrte bewahrten sich die
Nüchternheit und Besonnenheit. Ihr mutiger und unverzagter Vorkämpfer war R. Jakob Sasportas. Er war im elften Geschlecht
ein Nachkomme Nachmani's, stammte aus Nordafrika und besaß
eine ausgebreitete halachische Gelehrsamkeit. In Amsterdam,
Livorno, Hamburg und London war er lange Jahre als Rabbiner
tätig. Auf Grund der glaubwürdigen Berichte, die ihm aus Smyrna
zukamen, erkannte er das ganze Treiben des falschen Erlösers als ein
freches Gaukelspiel und hielt es für seine Pflicht, die Glaubensgenossen über die Gefahren, die ihnen drohten, aufzuklären. Mit besonderem Schmerz erfüllten ihn die Torheiten, die er in Amsterdam
selbst von gebildeten und urteilsfähigen Männern begehen sah. Bei
einem Aufenthalt in Hamburg bemerkte er dort die gleichen Ausschreitungen und wagte es, in einer Predigt den Irrglauben heftig anzugreifen.
Aber seine Worte riefen unter den verblendeten Anhängern des

Messias eine solche Erbitterung hervor, daß Sasportas beinahe für sein Leben fürchten mußte. Diese Mißerfolge brachen keineswegs seine kühne Entschlossenheit. Mutig und unverdrossen wandte er sich immer wieder an die angesehensten Zeitgenossen in den verschiedenen Ländern und suchte sie von dem Wege abzulenken, der ins Verderben führen mußte. Aber alle seine Anstrengungen blieben vorläufig vergeblich.

In Smyrna wurde der Fasttag des 17. Tammus aufgehoben, weil Sabbatai Zwi verbreitete, daß ihm an diesem Tage die göttliche Berufung zu teil geworden sei. Auch der Tag der Zerstörung des Tempels sollte als sein Geburtstag in Zukunft nicht mehr mit düsteren Trauergebräuchen, sondern mit lauten Festlichkeiten gefeiert werden. Ja, man trug sich angeblich mit dem Plane, sämtliche Feiertage abzuschaffen und neue heilige Zeiten dafür einzuführen.

Endlich, nachdem die Ausschreitungen der Sabbatianer längst den Spott und das Gelächter der Andersgläubigen erregt hatten, fühlte die türkische Regierung, um öffentlichen Unruhen vorzubeugen, sich veranlaßt, gegen das Unwesen einzuschreiten. Sie ließ darum den Messias, als er nach Konstantinopel kam, festnehmen und gefangen halten. Aber da die Prüfungen, die über ihn kamen, nach der allgemeinen Annahme ein notwendiges Glied in der Kette der Erlebnisse des Erlösers waren, so vermehrten die Leiden nur die Anzahl seiner Bewunderer, und von nah und fern strömten entzückte Schwärmer herbei, die ihn sehen und sprechen wollten und ihn mit Gold und Schätzen überschütteten. Im Dardanellenschlosse zu Abydos führte der Gefangene ein Leben wie ein Fürst. Der Hüter, der ihn beobachten sollte, ließ gegen hohen Sold die zahlreichen Besucher ein, und die Fremden wurden von dem Glanze geblendet, in dem sie den Erlöser erblickten. Durch die Gesandtschaft, die aus Polen zu ihm kam und von Jesaja b. David ha-Levi[1]) geführt wurde, erfuhr Zwi von dem Propheten Nehemia ha-Cohen, der in Polen selbstständig das nahe Gottesreich und die Ankunft eines Messias verkündigte. Auf seinen Wunsch erschien der polnische Heilsbote in Abydos, aber die Unterredung der Männer führte zu keiner Einigung. Nehemia ha-Cohen ward nicht davon überzeugt, daß Sabbatai der wahre Erlöser sei. Darum meldete er dem Sultan, daß sich der angebliche Messias mit hochverräterischen Plänen trage und bald in

[1]) S. oben S. 39.

Jerusalem als König der Juden einzuziehen hoffe. Auf diese Anzeige
hin ließ der Großherr den Gefangenen vor sich kommen und bedrohte ihn mit schwerer Strafe an Leib und Leben Ein Vertrauter
des Sultans, selbst ein abtrünniger Jude, riet ihm, den Zorn des
Gebieters durch den Übertritt zum Islam zu besänftigen, und ohne
langes Zögern erklärte der eingeschüchterte Betrüger sich bereit,
Muhammed als den größten aller Propheten anzuerkennen. Seinem
Beispiel folgte sein Weib und viele seiner Jünger. Seine Anhänger
suchten die Meinung zu verbreiten, daß nur ein Trugbild des Messias
zum Islam übergetreten, er selbst aber in wunderbarer Weise der
Erde entrückt sei und einst zu gelegener Zeit wiederkehren werde, um
seine Sendung zu vollenden. In Wahrheit war er von nun an Tür-
hüter des Sultans, bezog ein nicht unbeträchtliches Jahresgehalt von
der hohen Pforte und führte den türkischen Namen Mehemed Effendi.
Auch als Muhammedaner suchte er sich den Juden zu nähern, indem
er die Türken glauben machen wollte, daß er seine früheren Glaubensbrüder für den Islam gewinnen wolle. Die Juden aber hätte er
am liebsten überredet, daß seine einzige und wahre Absicht darauf
hinauslaufe, das Judentum weiter zu entwickeln und seine Anhänger
eben dadurch dauernd zu erlösen, daß er scheinbar ein anderes Bekenntnis angenommen habe. Gerade durch dieses Opfer werde er
am leichtesten die Moslemin zum neuen Glauben bekehren können.
Wunderbarer Weise fanden bei seinen verblendeten Freunden selbst
derartige unsinnige Ausstreuungen eine günstige Aufnahme. Viele
wurden gleich ihm Moslemin, und es bildete sich in ihrer Mitte eine
Sekte, die teilweise den Lehrern des Islam folgte, teilweise aber an
den Gesetzen des Judentums festhielt.

Einzelne besonders wahnbetörte Anhänger versuchten sogar noch
für den abtrünnig gewordenen Messias womöglich die große Masse
zu begeistern. Ein solcher fanatischer Verbreiter der sabbatianischen
Ketzereien war Abraham Michael Cardoso, ein gebildeter portugiesischer Marrane, der mit seinen Anhängern nach der Türkei gekommen und in Smyrna zum Judentum zurückgekehrt war. Er wurde
später der Leibarzt eines Beys von Tripolis. Seit er zum Glauben
der Väter übergetreten war, gab er sich ausschließlich kabbalistischen
Träumereien hin und schwärmte mit seinen Angehörigen für Sabbatai
Zwi und seine Sendung. Den Abfall des Messias erklärte er ausdrücklich als eine von Gott gewollte Versuchung des Erlösers, um

derentwillen niemand wanken dürfe im Glauben an ihn. In seinen zahlreichen Schriften verkündete er mit großer Beredsamkeit unerhörte Irrtümer über das Wesen Gottes und das Reich des Messias und geberdete sich als ein Prophet, der berufen sei, den neuen Wahrheiten zum Siege zu verhelfen. Der Fanatismus, mit dem er auftrat, erweckte Widerspruch gegen seine Lehren. Schließlich zwangen ihn die Gegner, von dem Hauptschauplatz seiner Wirksamkeit abzutreten und Tripolis zu verlassen. Ruhelos wanderte er seit jener Zeit in der Türkei umher und erschien bald in Konstantinopel, bald in Kairo die sabbatianische Weisheit predigend und den Glauben an Sabbatai mit Begeisterung lehrend. Im östlichen Nordafrika erhielt sich auch nach seiner Flucht die Partei, die er gegründet hatte, und blieb noch lange seinen Irrlehren treu. Sabbatai Zwi verlor indessen durch seine zweideutige Haltung immer mehr die Gunst seines Gebieters. Er wurde nach dem Städtchen Dulcigno in Albanien verbannt und starb daselbst im Jahre 1676 einsam und verlassen.

Aber weit über sein Grab hinaus wirkte die von ihm hervorgerufene Bewegung fort. Die Saat des Wahnglaubens wucherte im Stillen weiter und wurde von rührigen Sendboten genährt, die die halbe Welt durchreisten mit der Botschaft, Sabbatai sei dennoch der wahre Messias gewesen, und er werde sicherlich wiederkommen, um Israel endlich zu erlösen.

2. Die Nachwehen der sabbatianischen Schwärmerei. Nehemia Chajon und Mose Chajjim Luzzatto.

Verleitet von dem Irrwahn, daß das Himmelreich vor der Tür sei, sammelte sich in Polen eine Schar frommer Bettler, die unter der Führung eines falschen Propheten Deutschland und Holland durchstreifte, um Geld für eine Wallfahrt nach Jerusalem zu sammeln und daselbst die bevorstehende Ankunft des Messias zu erwarten. Ihnen schlossen sich Rabbiner, Gelehrte und wohlhabende Männer an, so daß der Zug an der Grenze etwa fünfzehnhundert Personen stark war. Die arme Gemeinde von Jerusalem freute sich nicht der Ankömmlinge, mit denen sie ihr tägliches Brot teilen sollte. Ein Teil der Wallfahrer mußte, von Not und Elend gezwungen, den Fuß nach Europa zurücklenken. Andere gingen nach dem Vorbild ihres Irrlehrers im Islam unter.

Weit gefährlicher und verderblicher waren die Umtriebe des gelehrten und verschlagenen Abenteurers Nehemia Chajon aus Bosna Serai (geboren 1650), der in Hebron sich talmudische und kabbalistische Kenntnisse angeeignet hatte und im Anfang des achtzehnten Jahrhunderts unter dem Vorwande, Spenden für das heilige Land zu sammeln, in Europa erschien. Während er im Geheimen die Gebote der Religion und Sittlichkeit frech verhöhnte und verletzte, blendete er die Zeitgenossen durch die kabbalistischen Kenntnisse und die tiefsinnigen Geheimnisse, die er in gefälliger und beredter Form in Wort und Schrift vortrug. Cardosos Irrlehren brachte er in neuem Gewande in Umlauf und wollte durch sophistische Deutung mißverstandener Soharstellen glauben machen, daß das Judentum einen dreieinigen Gott und Fleisch gewordenen Messias lehre. Lange ließen sich selbst gelehrte und wahrhaft gottesfürchtige Männer durch den erheuchelten Schein seiner Frömmigkeit und Rechtgläubigkeit täuschen. Trotzdem er in Jerusalem, Smyrna und Konstantinopel wegen seines anstößigen Lebenswandels und seiner unverschämten Fälschung klarer Glaubenswahrheiten in den Bann getan war, nahmen ihn in Deutschland und Holland immer noch verblendete und hochangesehene Parteigänger in Schutz.

Am meisten Unheil und Verwirrung richtete er in Amsterdam an. Hier war durch Sasportas unermüdliche Wirksamkeit in der großen Masse der jüdischen Bevölkerung der Hang zu überschwänglichen messianischen Erwartungen fast ganz erstickt und unterdrückt. Allein zum Unglück für den Frieden der Gemeinde fungierte daselbst zu Beginn des achtzehnten Jahrhunderts bei den Portugiesen ein Rabbiner, der in seiner Jugend ein Anhänger der sabbatianischen Schwärmerei gewesen war und nunmehr Chajon, an dessen Beruf zur Verbreitung der neuen Messiaslehre er zu glauben schien, eifrig unterstützte und begünstigte. Ihm trat mit übergroßer Heftigkeit der Rabbiner der dortigen deutschen Gemeinde Zwi Aschkenasi, der sich am liebsten Chacham Zwi nennen ließ, entgegen. Er stammte von polnischen Eltern, die in Wilna auf der Flucht vor Chmelnizki einander aus den Augen verloren und in Mähren sich in wunderbarer Weise wiedergefunden hatten. Er war ein glücklich begabter und schon frühzeitig wegen seiner überraschenden Gelehrsamkeit vielbewunderter Mann. In Amsterdam gewann er durch sein glänzendes Wissen und seinen edlen Charakter eine so ungeteilte Hochachtung, daß selbst die portugiesische Gemeinde sich in vielen

Dingen willig seinem sachverständigen Urteile und seiner überlegenen
Einsicht unterwarf. Solche Vorgänge erhöhten das Selbstbewußtsein
des Gelehrten ungemein und bewirkten, daß er mit einem gewissen
Hochmut auf den sabbatianisch angehauchten portugiesischen Rabbiner
hinabsah und ihn als einen ebenbürtigen Fachgenossen kaum gelten
lassen wollte. Die empfindliche Kränkung, die er durch sein Ver=
fahren hervorrief, wurde für ihn selbst verhängnisvoll. Die wachsende
persönliche Verbitterung erschwerte immer mehr die Verständigung
der Gegner und vergiftete schließlich den Kampf um die edelsten
Güter der Religion, der durch Chajons frevelhafte Schriften und
Taten heraufbeschworen war. Es half nun nichts mehr, daß Chacham
Zwi klar und bündig nachwies, daß Chajon ein Schelm und Be=
trüger sei. Der Rabbiner der portugiesischen Gemeinde nahm die
Miene eines Verteidigers der gekränkten Unschuld seines schwer ver=
leumdeten Freundes an und wußte in trotziger Verblendung die
Meinung zu erwecken, als ob sein Widersacher nicht sowohl zum
Kampfe für das Recht und die Wahrheit, als vielmehr für die
Macht und den Vorrang seiner Gemeinde zu Felde gezogen sei.
Die Leidenschaft riß beide Parteien zu widerwärtigen Auftritten fort.
Die Deutschen taten Chajon und seine Freunde in den Bann. Die
Portugiesen jubelten dem Lügenpropheten zu und feierten ihn und
seine Irrlehren beim öffentlichen Gottesdienst an heiliger Stätte.
Die selbstlosen Beweggründe ihres Gegners verleumdeten sie in
niedriger Weise und entfachten Haß, Verdacht und Zwietracht in der
eigenen Gemeinde des Chacham. Zwar widerfuhr ihm die Genug=
tuung, daß die angesehensten auswärtigen Gelehrten seinem Urteil
beipflichteten und die Niedertracht Chajons schonungslos enthüllten.
Aber der Gram über die Verkennung im eigenen Lager fraß an
seinem Herzen. Er verließ 1714 die Stadt und wanderte durch
Deutschland nach Polen, bis er in Lemberg eine neue Stellung
fand. Schon nach wenigen Jahren ereilte ihn hier der Tod 1718.
Für die Maßlosigkeit seines Eifers hat er schon bei Lebzeiten schwer
gebüßt. Dank und Anerkennung aber fand bei der Mit= und Nach=
welt die Unerschrockenheit, mit der er den Frevelmut des Irrlehrers
gezüchtigt hat. Überall gebannt und von den Juden gemieden, fand
Chajon nirgends mehr Ruhe und Rast. Bis ins hohe Alter
wanderte er heimatlos umher und starb als Greis von mehr als

80 Jahren in Nordafrika (vor 1733). Sein Sohn wurde Christ und verfaßte eine Schmähschrift gegen den Glauben seiner Väter.

Allein die fieberhaft bewegte Zeit mit ihren überspannten Messiashoffnungen führte nicht nur verschlagene Abenteurer, sondern auch edle und selbstlose Männer auf religiöse Abwege. Verdiente die Verwegenheit des Betrügers Chajon den Zorn und die Entrüstung aller Redlichen, so forderte dagegen die traurige Verirrung seines jüngeren Parteigängers Mose Chajjim Luzzatto, der einige Jahr= zehnte später in den Untiefen der sabbatianischen Mystik seinen Unter= gang fand, das allgemeine Mitleid und Bedauern über den verderb= lichen Mißbrauch der ausgezeichneten Fähigkeiten dieses äußerst talentvollen Mannes heraus.

Luzzatto wurde 1707 zu Padua geboren und erhielt eine vortreffliche Erziehung und einen gediegenen Unterricht nicht nur in den jüdischen Wissenschaften, sondern auch in den noch immer in Italien eifrig gepflegten klassischen Sprachen. Schon als Jüngling zeichnete er sich durch dichterische Erzeugnisse in hebräischer Sprache aus, die an wunderbarer Schönheit und Anmut mit denen des Dichterkönigs Jehuda ha=Levi verglichen werden können. Jede Empfindung, jeder Eindruck gestaltete sich von selbst in seiner Seele zu einem Ge= dichte, das in vollendeter Weise den leisesten Hauch seiner Gemüts= bewegungen wiederspiegelte. Der natürliche Schönheitssinn und die Harmonie, die er mit der Lebensluft seines glücklichen Heimatslandes einatmete, schienen in dem Dichter verkörpert zu sein, und schon mit siebzehn Jahren verfaßte er eine Schrift, in der er die geheimen Gesetze seiner Kunst mit meisterhafter Anschaulichkeit entwickelte. Drei Jahre später veröffentlichte er hundertfünfzig Psalmen, durch= aus parallel den biblischen, „in denen er den biblischen Stil mit solcher Treue nachbildete, daß sie nur eine Wiederausströmung biblischer Worte und Gedanken zu sein scheinen. Im Gegensatz zu dieser selbst= gewählten Anlehnung und Unterwerfung unter die uralten heiligen Weisen bewegt er sich in völlig unabhängiger Redeform in seinem musterhaften Drama, das er den „Ruhm der Tugendhaften[1])" nannte. „Alle Würzblumen der hebräischen Poesie stehen hier wie auf ein Beet zusammengedrängt. Die Sprache ist nicht ein Mosaik aus biblischen Wendungen, sondern ein Email aus den feinsten und zu=

---

[1]) לִישָׁרִים תְּהִלָּה

gleich seltensten biblischen Eleganzen". Ebenso vollkommen wie den biblischen und klassischen hebräischen Ausdruck beherrschte Luzzatto die rabbinisch-philosophische und die kabbalistische Redeweise. Seine philosophische Sprache, in der er ein System der Sittenlehre und eine Einleitung in das Studium der Wissenschaften schrieb, ist scharf und doch verständlich, klassisch einfach und doch äußerst zierlich, gleich einem Meere, so klar, daß man in seine Tiefe hinabschaut. Der für philosophische Gegenstände üblich gewordene rabbinische Stil erscheint bei ihm in künstlerisch schöner Gestaltung, in der vollendetsten Aus= bildung zu einer Sprache der Wissenschaft.

Auch mit dem Studium des Sohar mußte sich der Jüngling nach dem modernen Bildungsgang seiner Zeit schon früh beschäftigen, und bald entdeckte er in sich die überraschende Fähigkeit, fremde Ge= danken in jenem eigentümlichen, schauerlich-mystischen aramäischen Idiom auszusprechen, das angeblich R. Simon b. Jochai[1]) zur Ent= hüllung der tiefsten Geheimnisse für einzig und allein geeignet er= klärt hatte. Seine schwärmerische Frömmigkeit ließ ihn glauben, daß derselbe heilige Geist, der den Verkünder des Sohar beseelt, auch ihn erfülle und aus ihm rede, und führte ihn auf die traurigsten Abwege. Er rühmte sich einer übernatürlichen Gnadenleitung, er war überzeugt, daß auch um ihn Patriarchen, Heilige und Engel sich scharten, um seinen Worten zu lauschen, und schrieb einen zweiten Sohar, in dem er seine kabbalistischen Geheimnisse und Träume systematisch entwickelte. Vom Verkehr mit Menschen, selbst vom Umgang mit seinem Weibe, hielt er sich fern, und in seiner Verein= samung beschlich ihn allmählich der Gedanke, daß er als der ver= heißene Messias berufen sei, mit Hilfe seines zweiten Sohar Israel und die ganze Welt zu erlösen. Seine kabbalistischen Abhandlungen erregten die Bestürzung der venetianischen und vieler deutscher Rabbinen. In ihrer Seelenangst vor neuen Spaltungen und Wirren drangen sie in Luzzatto, diese gefährlichen Studien aufzugeben. Er ver= sprach es, erlag aber immer wieder dem unwiderstehlichen Reiz, den die Kabbala auf sein Gemüt ausübte. Öffentlich in den Bann ge= tan, verließ der Dichter mit seiner Familie die Heimat und ging über Frankfurt, „wo er sich, wie einst Spinoza mit Juwelen= schleiferei ernährte und seine kostbaren diamantenen Werke abfaßte,

---

[1]) Vgl. I. Teil. S. 182 und II. Teil. S. 181.

die noch kostbarer sind als Juwelen", nach Amsterdam. Obgleich
man ihn dort friedlich wohnen ließ, fühlte er sich doch nicht dauernd
heimisch. Messianische Träume ließen ihm keine Ruhe und zogen
ihn nach dem heiligen Lande. Dort wurde er im Alter von vierzig
Jahren von der Pest dahingerafft und in Tiberias beigesetzt.

Der Glaube an seine messianische Sendung sank mit ihm nicht
ins Grab. Einige seiner Anhänger suchten ihn noch längere Zeit
in Polen und Litauen lebendig zu erhalten. Langlebiger war die
sabbatianische Ketzerei. Kurze Zeit nach Luzzattos Tode (1755)
trat ein gemeiner Betrüger in Galizien auf, der sich für den
wiedergeborenen Messias Schabtai Zwi ausgab. Seine Anhänger
nannten sich nach seinem Namen Frankisten. Sie bekannten sich
äußerlich zum Katholizismus, verhöhnten aber in Wahrheit die
heiligsten Sitten und Religionsgesetze, indem sie auf Grund aber-
witziger kabbalistischer Deutungen Tugend in Laster und Laster in
Tugend verwandelten. Ihr Oberhaupt verehrten sie als den „heiligen
Herrn" und führten mit ihm ein abenteuerliches Leben in Wien,
Brünn und Offenbach, wo er 1791 starb. Nach seinem Tode
zerstreuten sich seine Gläubigen in alle Winde. Andere Sabbatianer
leben noch gegenwärtig in Salonichi in der Türkei. Sie sind
etwa viertausend Seelen stark, zerfallen in verschiedene Sekten,
heucheln allesamt den Islam und werden von den Türken als
Dönmäh (d. h. Ungläubige) bezeichnet.

Zweites Kapitel

Der Weg zum Licht.

(c. 1650—1750).

Äußere Geschichte der Juden.

Hohe und niedere Geister hatten sich vergeblich daran abgemüht,
das geknechtete Israel durch Wunder zu erlösen. Die nach Freiheit
schmachtende Seele des Volkes war ihrer Lockung gefolgt, bis sie erkannt hatte, welche Irrwege sie geführt worden war. Da bemächtigte
sich der gequälten und immer wieder enttäuschten Gemüter eine ängstliche Scheu vor allen Illusionen, eine nüchterne und peinliche Vorsicht, des rechten Weges nicht mehr zu verfehlen, und das übereifrige
Streben, der Erlösung auf die einzige Weise würdig zu werden, die

Gott ihnen als untrügliches Mittel an die Hand gegeben hatte. Die gründliche Kenntnis und die treue Erfüllung des göttlichen Gesetzes galt darum hinfort wie ehemals als die einzige Aufgabe jedes Juden, und er hielt jede Stunde, die er — den nötigsten Broterwerb ausgenommen — auf etwas anderes verwendete, für vergeudet und verloren. Keine Handlung hatte für ihn einen Selbstzweck. Sie war nur in sofern wertvoll, als sie gleichzeitig zur Erfüllung einer religiösen Vorschrift diente. Das profane Wissen wurde vernachlässigt, und die besonders seit der Mitte des siebzehnten Jahrhunderts infolge der Kosakenkriege überall zahlreich zuwandernden polnischen Jugend- und Talmudlehrer herrschten unumschränkt über die Geister und Gemüter. Befähigte Köpfe wendeten ihren ganzen, oft erstaunlichen Scharfsinn dem Studium der Halacha zu und erläuterten mit bewundernswerter Ausdauer immer wieder den Schulchan aruch. „Schild Abrahams[1])" nennt sich der um diese Zeit entstandene allbekannte Kommentar zum ersten Teil des Religionsgesetzbuches. Sein Verfasser, R. Abraham Abbele ha-Levi Gombiner[2]), dessen Eltern 1655 die Kosaken erschlagen haben, starb vor 1692 in Kalisch. Die lapidarische Kürze und geistvolle Schärfe, mit der er seine gelehrten Noten zu Karos Anweisung, wie sich der Jude von früh bis abends an Wochentagen, Sabbaten und Festen und in allen Lebenslagen nach dem heiligen Gesetz zu verhalten habe, niederschrieb, machten seinen Kommentar schnell zu einem beliebten Gegenstand des Studiums und erhielten ihm ihm diese Beliebtheit bis zur Gegenwart. Etwa gleichzeitig mit dem „Schilde Abrahams" erschienen auch Kommentare zum dritten Teil des Schulchan aruch[3]) von R. Mose b. Jehuda Lima, der in Wilna, und von R. Samuel b. Phöbus aus Woydislaw, der in Fürth Rabbiner war.

So einseitig auch diese literarische Tätigkeit war, so wenig darf ihre Bedeutung für die Kulturgeschichte der Juden unterschätzt werden. Die Beschäftigung mit diesen Kommentaren, mit den talmudischen

---

[1]) מָגֵן אַבְרָהָם.

[2]) Die Stadt גמבין, in der seine Eltern ums Leben kamen, war, wie mich dünkt, nicht sowohl Gumbinnen in Ostpreußen, in welcher Landschaft damals jüdische Gemeinden nicht bestanden haben, als vielmehr Gombin (Gouv. Warschau), das im Bezirk der damaligen Judenverfolgungen liegt.

[3]) Der erstere hat den Titel חֶלְקַת מְחוקֵק (Anteil des Gesetzgebers, vgl. 5. M. 33, 21), der letztere בֵּית שְׁמוּאֵל (Haus Samuels).

Neuigkeiten (Chidduschim) und den unzähligen im siebzehnten und
achtzehnten Jahrhundert veröffentlichten Rechtsbescheiden hat in dieser
Zeit des Niederganges den jüdischen Geist gesund und lebendig erhalten und ihm seine Bildungsfähigkeit für die Zukunft bewahrt.
Er lag eingesponnen in dieser eigentümlichen, künstlich gemachten
Weltanschauung, wie die winterliche Flur in der Hut des schützenden
Schnees. Regte sich auch einmal in der Tiefe der Trieb zum Licht,
so hatte er doch noch nicht die Kraft, siegreich durchzudringen. Denn
es fehlte ihm die Sonne der Liebe und Gerechtigkeit, die allein die
harte Eiskruste der geistigen Enge und Beschränktheit hätte zum
Schmelzen bringen können. Die Nacht mittelalterlicher Unduldsamkeit
war von Israel noch nicht genommen, und der Gedanke menschlicher
Gleichheit hatte auf das Geschick der Juden bisher keine Anwendung
gefunden.

War auch in Holland und England durch den freieren Ausblick auf die offene Welt das Staatswesen auf die gleichmäßige
Verwertung und den regen Wetteifer aller tüchtigen Kräfte gegründet,
so ist dabei doch zu bedenken, daß nur ein geringer Bruchteil der
Judenschaft in diesen Ländern ansäßig war, und daß ihr Beispiel
bisher nirgends von den Binnenstaaten nachgeahmt wurde. In den
katholischen Ländern sorgten die Jesuiten hinlänglich dafür, daß
die Lenker der Staaten die bürgerliche Gleichberechtigung nach wie
vor einzig und allein den Gläubigen zuerkannten. Soweit ihr Einfluß reichte, galten die Juden als Auswürflinge der Menschheit.
In derselben Zeit, in der sie in Frankreich die Hugenottenverfolgung
hervorriefen, setzten sie in Deutschland mit Hilfe der Kaiserin durch,
daß Leopold I. die Juden trotz ihrer verbrieften Rechte, trotz der
angebotenen großen Geldopfer und trotz aller Fürsprache weltlicher
und geistlicher Fürsten 1670 aus Wien und dem Erzherzogtum
Österreich verbannte. Der Wiener Magistrat kaufte dem Kaiser
für hunderttausend Gulden das Judenviertel ab und nannte es
Leopoldstadt.

Daß aber die Zersplitterung und Schwächung der Kräfte des
Staates durch den Ausschluß nützlicher und steuerzahlender Bürger
nicht nur eine grausame Gewalttat, sondern auch eine kurzsichtige
Torheit sei, erkannte von allen deutschen Fürsten jener Zeit nur
Friedrich Wilhelm, der große Kurfürst von Brandenburg,
der in den Niederlanden unter Heinrich von Oranien seine Lehrjahre

zurückgelegt hatte. In ihm lebte der feste und klare Wille, nach
dem Muster des kleinen, aber durch Fleiß und Betriebsamkeit starken
holländischen Staatswesens seine geringen Kräfte zu sammeln
und seine Untertanen unter dem Schutze strenger Gerechtigkeit zu
treuer gemeinsamer Arbeit und opferfreudiger Vaterlandsliebe zu er=
ziehen. Er war der erste deutsche Fürst, der den neuen Staats=
gedanken, daß Bürger verschiedenen Glaubens sehr wohl zum Heile
des Gemeinwesens zusammenwirken können, für sein beschränktes Ge=
biet zur Anwendung brachte. Friedrich Wilhelm ließ durch
seinen Residenten in Wien mit vierzig bis fünfzig wohlhabenden
jüdischen Familien unterhandeln und entschloß sich, ihnen unter ge=
wissen Bedingungen die Ansiedlung in der Mark zu erlauben. Frei=
lich war es auch dieses Mal in erster Linie der eigene Vorteil, der
den großen Kurfürsten veranlaßte, die Juden aufzunehmen und zu
dulden, freilich waren sie auch hier durch beschränkende Juden=
ordnungen in ihrem bürgerlichen und religiösen Leben und in ihrer
Erwerbstätigkeit aufs äußerste eingeengt; aber die eiserne Strenge
mit der das edle Herrschergeschlecht seit den Tagen des großen
Kurfürsten das Wort des weisesten der Könige, daß Gerechtigkeit
allein eine Nation erhöht, zur Wahrheit machte, kam unparteiisch
auch zugunsten der Gedrückten und Verachteten in Anwendung und
sicherte ihnen die geringen, einmal erworbenen Rechte und gewährte
ihnen tatkräftigen Schutz gegen Neid und Krämergeist, gegen falsche
Anschuldigungen und böswillige Verdächtigungen.

Diese an sich geringfügigen, aber um des Prinzipes willen un=
schätzbaren Zugeständnisse an die Wiener Ansiedler waren die ersten
Lichtstrahlen eines neuen Zeitalters für die deutsche Judenheit.
Sie waren ungleich wertvoller, als die Ausnahmestellungen, die hin
und wieder einzelne durch Geld und Klugheit ausgezeichnete Personen
in verschiedenen Ländern und Städten besaßen oder gelegentlich er=
werben konnten. Waren infolge der kriegerischen Zeitläufte die Juden
im allgemeinen auch gerade so verarmt, wie die Christen, so gab es
dennoch hin und wieder auch in dieser Zeit einige besonders reiche
Kapitalisten unter ihnen. In Amsterdam hinterließ ein Pinto
mehrere Millionen zu wohltätigen Zwecken und bedachte mit seinen
Spenden nicht nur jüdische Lehr= und Bethäuser, sondern auch christ=
liche Kirchen und Waisenanstalten. In Hamburg lebte Daniel
Abensur, die die polnische Krone mit großen Vorschüssen unterstützte.

Selbst der von den Jesuiten beherrschte Kaiser Leopold mußte in seiner Geldnot schon wenige Jahre, nachdem er die Juden allesamt aus Wien vertrieben hatte, sich dazu bequemen, einigen reichen Männern die Rückkehr in seine Hauptstadt zu gestatten. Unter den neuen Ansiedlern zeichneten sich namentlich Samuel Oppenheimer aus Heidelberg und Samson Wertheimer aus Worms durch edlen Gemeinsinn aus. Sie scheuten kein Opfer, um die Ver- öffentlichung eines Buches zu hintertreiben, das in böswilliger Weise darauf ausging, unter dem Scheine gründlicher Gelehrsamkeit die öffentliche Meinung gegen die Juden aufzuregen. Ein gewisser Eisen- menger, der an der Heidelberger Universität Vorlesungen über orien- talische Sprachen hielt, hatte mit einem wahren Bienenfleiße aus den entlegensten Ecken und Winkeln der jüdischen Literatur allen Staub und Unrat zusammengefegt und diesen Kehricht auf den Büchermarkt geschleppt und für den Kern und das Mark der jüdischen Wissen- schaft ausgegeben. Dummheit, Roheit und Tölpelhaftigkeit sind Ge- brechen, die an jedem Menschen, welcher Religion und welcher Ab- stammung er auch sei, bedauerlich sind. Es wäre ein Beweis der eigenen sittlichen Verworfenheit, wenn ein Gelehrter es wagen wollte, alle unsinnigen, gehässigen und unsittlichen Äußerungen von Deutschen aus den letzten fünfzehn Jahrhunderten zusammenzutragen und den Zeitgenossen als ein wahres Bild des deutschen Nationalcharakters vorzuführen. Eines solchen Wagnisses hat sich der protestantische Gottesgelehrte Eisenmenger gegen das Judentum schuldig gemacht, indem er sich des unsittlichen Kunstgriffes bediente, jede abfällige und lieblose Bemerkung eines Juden aus irgend einem Jahrhundert als eine von allen Juden anerkannte Wahrheit oder als einen maß- gebenden und allgemein verbindlichen Glaubenssatz des Judentums hinzustellen. Sein Wagnis wurde zum ehrlosen Verbrechen, weil sein Unternehmen gegen Wehrlose gerichtet war, die nicht einmal ihres elenden Lebens sicher waren, nicht bei Tage und nicht bei Nacht. Den rastlosen Bemühungen der beiden reichen Hofjuden ge- lang es, den Frevel vorläufig unschädlich zu machen. Der Kaiser verbot den Verkauf des bereits gedruckten Buches, und vierzig Jahre lang blieb es mit Beschlag belegt. Seitdem es frei gegeben ist, wird es mit Behagen bis auf die Gegenwart von all den Übeltätern benutzt, die Haß und Verachtung auf die Juden zu häufen beflissen sind. Ob es nötig war, ob es christlich und lieblich war, ein

solches Buch) zu schreiben, bleibe dahingestellt; dem vielgeschmähten
Glauben unserer Väter aber gereicht es zum Stolz und zum Ruhme,
daß selbst in den Zeiten zügellosester Preßfreiheit keiner von diesen
als der Auswurf der europäischen Menschheit verlästerten Juden
sittlich verworfen genug gewesen ist, um dem wüsten Angreifer mit
gleicher Münze heimzuzahlen. Und täte es ein Jude und litte dafür,
so würde er wahrlich alles eher als ein jüdischer Glaubensheld sein.

Daß der Kaiser den Juden in der Eisenmengerschen Angelegenheit so sehr zu willen war, hatte seinen wesentlichen Grund darin,
daß Oppenheimer und Wertheimer dem Staate in den Stunden
der Gefahr während der Türkenkriege und des spanischen Erbfolge-
streites außerordentliche Dienste leisteten durch vorschußweise Lieferung
von Waffen, Munition und Proviant und durch die wiederholt erprobte Bereitwilligkeit, mit ihrem ganzen Vermögen für den Kredit
des Staates einzustehen. Wie diese Männer in guten und bösen
Tagen mit Gut und Blut für den Kaiser, ihren Herrn, eintraten, so
war etliche Jahre früher ihr älterer Zeitgenosse, der reiche und kluge
Elia Gomperz von Emmerich), seinem Landesherrn, dem großen
Kurfürsten, treu und anhänglich ergeben. Er stellte dem Herrn in
Kriegsnöten sein Vermögen und seinen Kredit zur Verfügung und
erwies sich geschickt, diplomatische Verhandlungen, die ihm übertragen
waren, als Agent des Kurfürsten zu einem glücklichen Ende zu führen.
Der weise Gebieter vergalt ihm durch Verleihung ausgedehnter
Privilegien reichlich die großen Opfer, die er brachte, wie er denn
überhaupt gewohnt war, jede redliche Leistung zu schätzen und jedes
ernste Streben anzuerkennen. Vorurteilslos wandte er sein Wohlwollen auch den Juden zu und unterstützte gelegentlich gern eine
tüchtige Kraft, die sich in ihrer Mitte regte. Anlaß dazu bot ihm
die Zeit des Überganges von Nacht zum Licht, die damals auch auf
dem Gebiete des geistigen Lebens für die Juden anbrach.

2. Geistiges Leben der Juden.

Trotz der Ungunst der Zeiten tauchten auch jetzt bald hier, bald
dort einzelne erleuchtete Männer auf, die „Ernten sammelten für zukünftige Geschlechter." Um das Jahr 1670 kamen zwei wißbegierige
Jünglinge, die sich der Heilkunde widmen wollten, nach Frankfurt
a. O. Die medizinische Fakultät verweigerte ihnen die Erlaubnis,
Vorlesungen zu hören. Allein der ausdrückliche Befehl des großen

Kurfürsten, dessen Vermittlung sie anflehten, öffnete ihnen die Lehr=
säle, und die Gnade des hochgesinnten Fürsten gewährte ihnen sogar
für die ganze Zeit ihres Studiums ein jährliches Stipendium. Später
zogen sie nach Padua und vollendeten daselbst ihre Ausbildung.
Der eine dieser talentvollen jungen Leute, Tobia ha=Cohen, 1653
in Metz als der Sohn des dortigen Rabbiners geboren, hat uns ein
interessantes literarisches Denkmal seines Fleißes hinterlassen. Er
verfaßte eine vortreffliche Übersicht über die Kenntnisse und Wissen=
schaften seiner Zeit und gab darin seinen Glaubensgenossen nützliche
und gründliche Belehrungen über die wichtigen Entdeckungen und
Erfindungen auf den Gebieten der Geographie, Astronomie, der
Naturwissenschaften und besonders der Heilkunde. Er trug ihnen in
gemeinverständlicher Form das Wichtigste über die damals neu ent=
deckten Gesetze des Blutumlaufs und über die Anatomie des mensch=
lichen Körpers vor und erläuterte seine Darstellung durch zahlreiche
Illustrationen. Er belehrte sie über die Erfindung der Luftpumpe,
der Fernrohre und Mikroskope, gab ihnen Aufschluß über die Eigen=
schaften einiger damals noch wenig bekannter Nutzpflanzen, des
Tabaks, des Tees, des Kaffees, und stellte für sie ein dreisprachiges
alphabetisches Verzeichnis der heilkräftigen Kräuter und Pflanzen auf.
Er lebte als vielbeschäftigter und von hochgestellten Türken gern zu
Rate gezogener Arzt in Konstantinopel und starb 1729 in Jerusalem.

Die Vorliebe für reale Kenntnisse teilte mit ihm sein Stiefbruder[1])
R. Chajjim Jair Bacharach, der sich daneben durch ein tiefes
und umfangreiches Wissen auf dem Gebiete der Halacha aus=
zeichnete. Wegen seiner erstaunlichen Gelehrsamkeit, die er mit liebens=
würdiger Bescheidenheit und Friedfertigkeit zur Geltung zu bringen
wußte, genoß er die ungeteilte Achtung seiner Zeitgenossen. Von
seinen zahlreichen Schriften ist nur eine kleine Sammlung von Rechts=
gutachten im Drucke erschienen. Aber schon diese Probe enthält lehr=
reiche Abhandlungen über den Begriff des mündlichen Gesetzes, über
altjüdische Münzen, Maße und Gewichte und ähnliche Gegenstände.

Einen anderen selbständigen Versuch, aus den herkömmlichen
Geistesschranken herauszutreten, machte der Buchdruckereibesitzer
Schabtai Baß zu Dyhernfurt in Schlesien. Er schrieb ein alpha=

---

[1]) Seine verwitwete Mutter heiratete nämlich 1662 den Wormser Rabbiner
R. Mose Simon Bacharach (st. 1670), den verwitweten Vater des R. Chajjim
Jair B. (geb. 1628 in Worms, gest. daselbst 1701).

betisch geordnetes Verzeichnis von etwa drittehalbtausend hebräischen
Büchertiteln und schuf dadurch die unentbehrliche Grundlage für die
übersichtliche Kenntnis der jüdischen Literatur. Mit seiner unschein-
baren und dennoch höchst wertvollen Leistung gab der bescheidene
Mann dem fleißigen und redlichen Fortentwickler der hebräischen
Bibliographie, dem Pastor Johann Christoph Wolf zu Hamburg,
das Hilfsmittel zu seinem heute noch trefflichen Handbuch gleichen
Inhalts. Die dazu unentbehrliche gediegene Bücherkenntnis eignete
sich Schabtai Baß während seiner Lehrjahre als wandernder Synagogen-
sänger (Bassist) und Korrektor an. Überall, wohin er kam, durch-
musterte er fleißig und aufmerksam die nicht unbeträchtlichen Bücherschätze, die seine Glaubensbrüder trotz der vorherrschenden Verarmung
und der drückenden Steuerlast, unter der sie seufzten und litten, angehäuft hatten. Jedem einigermaßen bemittelten Juden galt es damals als eine wichtige religiöse Pflicht, Schriften in heiliger Sprache
wenigstens zu besitzen, selbst wenn es ihm an Zeit oder Fähigkeit
gebrach, sie gründlich zu durchforschen. Der starken Nachfrage nach
hebräischen Büchern halfen die zahlreichen, emsig tätigen jüdischen
Buchdruckereien ab. Es gab deren in Deutschland allein während
des Zeitraums von 1500—1800 etwa sechzig, und es ist geradezu
erstaunlich, daß von den drei bis vier Millionen Bekennern des
jüdischen Glaubens, die es damals etwa gab, in dem genannten
Zeitraum unter den denkbar schwierigsten äußeren Verhältnissen vielleicht neuntausend verschiedene Druckwerke hergestellt und verbreitet
worden sind.

Große Bibliotheken im Privatbesitz waren freilich eine Seltenheit.
Die umfangreichste Büchersammlung, von der wir Kenntnis haben,
war diejenige, die R. David Oppenheimer[1] aus Worms, bis
1736 Rabbiner in Nikolsburg und Prag, anlegte. Er trug gegen
siebentausend Druckwerke und tausend Handschriften zusammen und
bewahrte sie wegen der fortwährenden Quälereien, mit denen ihn die
Zensurbehörden in Prag bedrängten, bei seinem Schwiegervater in
Hannover auf. An diesem Orte wurden sie besonders fleißig von
dem soeben erwähnten Pastor Wolf bei der Abfassung seines berühmten bibliographischen Werkes benutzt. Nach dem Tode des Besitzers und seines Sohnes wurde die kostbare Sammlung verpfändet

---

[1] Es war der Neffe des oben (S. 90) erwähnten Samuel Oppenheimer
aus Wien.

und blieb über fünfzig Jahre in Kisten verpackt, bis sie im Jahre 1826 von der Orforder Bibliothek für den Spottpreis von neuntausend Talern erworben wurde. Heute bildet sie eine Zierde dieser welt= berühmten Bibliothek.

Neben dem Vergnügen, die Erscheinungen des Wissens äußerlich zusammenzustellen, erwachte bereits der Gedanke, den überlieferten Stoff, wenigstens auf halachischem Gebiete, inhaltlich zu ordnen. Isaak Lampronti, Arzt und Rabbiner in Ferrara (1679—1756), schuf ein Realwörterbuch zum Talmud, in dem er die Begriffe nach alphabetischer Ordnung mit bewundernswerter Sorgfalt und Gelehr= samkeit ausführlich erläuterte[1]). Zu einer wahrhaft wissenschaftlichen Behandlung ihrer Geistesschätze fehlte freilich damals noch jegliche Vertrautheit mit der Art und Weise, wissenschaftliche Untersuchungen anzustellen, und selbst den Begabtesten unter ihnen war der Weg verschlossen, auf dem sie zu einer solchen Übung hätten gelangen können. Die durch den harten äußeren Druck verschuldete Vernach= lässigung ihrer Sprache und ihrer Erziehung und die Systemlosigkeit ihres niederen Unterrichts und ihres Talmudstudiums schloß sie vor= läufig gänzlich von dem europäischen Kulturleben ab und legte sie in schmachvolle geistige Fesseln.

Vergeblich suchte ihr müder Blick den Erlöser hinter dem mystischen Schleier der Kabbala oder beschwor ihn das niedergedrückte Gemüt durch unermüdliche Ausübung heiliger Vorschriften; kein Messias erstand aus den Hirngespinsten der Phantasie oder aus dem knechtischen Dienst des menschlichen Willens. Israel blieb ein Knecht der Völker bis abermals ein Mose kam und es hinausführte in das Land der Freiheit, in das Reich der Bildung und Aufklärung.

---

[1]) Das Buch hat den Titel יִצְחָק פַּחַד „Ehrfurcht Isaaks" (1. M 31, 42. 53). Der erste Band des äußerst umfangreichen Werkes erschien 1750 in Venedig, der letzte erst 1888 in Berlin.

Zweite Abteilung

Von der Wiedergeburt des jüdifchen Geiſteslebens durch Mofes Mendels-
fohn bis zur Wiederherſtellung der bürgerlichen und ſtaatsbürgerlichen
Rechte der Juden in allen Kulturſtaaten der Erde.
(1750 bis zur Gegenwart)

Erſter Abſchnitt

Die Zeit der Aufklärung und Bildung.
(1750—1815)

Erſtes Kapitel

Mofes Mendelsfohn
(c. 1750—1786.)

1. Mofes Mendelsfohns Jugend.

Der dritte Mofe, mit dem ein neues Licht über Ifrael aufging, erblickte als der Sohn eines armen Thorarollenfchreibers, Namens
R. Menachem Mendel, zu Deſſau 1729 das Licht der Welt und
verlebte feine Kindheit in dem engen Kreife der herkömmlichen jüdifchen
Anfchauungen. Durch den Beruf feines Vaters ward er ſchon im
zarteſten Alter mit der Sprache und dem Inhalt der heiligen Schrift
vertraut, fo daß gleichfam die erſten Begriffe feines Verſtandes und
die erſten Regungen feines Herzens von ihrem reinen, göttlichen
Odem belebt und durchgeiſtigt wurden. Wenn fich der Knabe dann auch frühzeitig nach der hergebrachten
Weife in talmudifch-halachifchen Übungen tummeln mußte, fo ver-
mochte diefe nüchterne und einfeitige Tätigkeit doch nicht mehr feinen
offenen, für alles Große und Schöne erwärmten Sinn zu beeinträchtigen. Befaß er doch in der eigenen Bruft bereits eine Macht,
die harmonifch ergänzte, was dem damaligen Jugendunterricht abging.
Vor geiſtiger Verknöcherung und Verkümmerung bewahrte ihn zudem

auch) der wohltätige Einfluß seines trefflichen Lehrers R. David
Fränkel, der den Wissensdurst des empfänglichen Knaben in geeigneter
Weise zu stillen verstand. Diesem würdigen Manne folgte der vier-
zehnjährige schwächliche Moses 1743 nach) Berlin, ohne einen anderen
Wunsch) oder Lebensplan zu besitzen, als eben den, „lernen" zu wollen.
Mit dieser Sehnsucht im Herzen und mit dieser bescheidenen Bitte
auf den Lippen verschaffte sich) der ärmliche, noch) dazu verwachsene
Knabe Einlaß in die Stadt, in der er für Israel ein neues
Heiligtum errichten sollte. Denn abermals erwuchs hier, wie einst
in Jabne durch) Rabbi Jochanan ben Sakkai aus dem harmlosen
Begehren, „lernen" zu wollen, eine neue frohe Hoffnung für den
Glauben Israels.

Moses lernte mit um so größerem Eifer, je schwerer die Opfer
und Entbehrungen waren, die er sich) um seiner Studien willen auf-
erlegen mußte. R. David Fränkel verschaffte seinem treuen Schüler
ein Plätzchen in einer Dachkammer, das ein wohlhabender Glaubens-
genosse dem Talmudjünger unentgeltlich überließ, einige Freitische
und die Gelegenheit, durch) die Abschrift seines Kommentars zum
jerusalemischen Talmud wöchentlich einige Groschen zu verdienen.
Diese kümmerliche Versorgung genügte dem gebrechlichen Knaben für
seine leiblichen Bedürfnisse. Nur sein Wissensdurst fühlte sich) durch)
die nationalen Studien nicht befriedigt, und schon nach kurzer Zeit
wagte Moses im geheimen die strengverpönte hochdeutsche Schriftsprache zu erlernen. Bald eröffneten sich) in der großen Stadt dem
Wißbegierigen noch) andere Gebiete des geistigen Lebens. Israel
Samoscz, ein scharfsinniger Talmudist, der wegen seiner Neigung
für wissenschaftliche Studien, die abseits vom Felde der Halacha
lagen, in seiner polnischen Heimat verlästert und verfolgt worden war,
unterwies ihn in der Mathematik, und ein befähigter junger Arzt lehrte
ihn die Elemente des Lateinischen. Durch den Lehrer, dem er die Einführung in die klassischen Sprachen verdankte, machte Moses zu seinem
Glücke die Bekanntschaft eines andern jungen Arztes, des edlen
Dr. Aharon Gomperz, eines Sprößlings der angesehenen Familie
jenes Elia Gomperz aus Emmerich, den der große Kurfürst seines
besonderen Vertrauens gewürdigt hatte. Sein neuer Gönner unterrichtete ihn in den neuen Sprachen und der modernen Literatur und
verschaffte ihm die Gelegenheit, sich) im Kreise gebildeter Menschen
bewegen zu lernen. Auf Grund seiner warmen Fürsprache erhielt

sein Schützling einige Jahre später, 1750, die Stelle eines Erziehers bei dem reichen Seidenwarenfabrikanten Bernhard und befand sich nun in einer gesicherten Lebenslage. Mit musterhaftem Eifer und liebevoller Hingebung widmete er sich dem neuen Berufe, der Unterweisung und Erziehung seiner Zöglinge. Daneben wußte er in den knappen Mußestunden genügende Zeit zu gewinnen, um das Griechische zu erlernen und sich in die Philosophie zu versenken. Er zwang sich dazu, alle seine Gedanken streng logisch zu ordnen und in möglichst künstlerisch vollendeter Form zum Ausdruck zu bringen. Als die Erziehung der Bernhard'schen Kinder beendet war, mochte sein Brotherr den liebenswürdigen Hausgenossen, den er hochschätzte und verehrte, nicht mehr missen, und Mendelssohn wurde Buchhalter und später sogar Teilnehmer an dem blühenden Geschäft seines Beschützers und Freundes.

2. Mendelssohns erste Erfolge.

In demselben Jahre, in dem der junge Mendelssohn seine Stellung als Buchhalter antrat, machte er durch die Vermittlung des Dr. Gompertz die Bekanntschaft Lessings, und es knüpfte sich jener edle Seelenbund, der zwei einander vollkommen ergänzende Menschen zu wahrhafter Harmonie dauernd vereinigte. Lessings erleuchteter, jede Unklarheit hassender Geist half das Wissen und Denken Mendelssohns ordnen, während Moses' zartfühlendes und mildes Herz die kritische Schärfe des Urteils und die Unstetigkeit im Gemüte des Freundes ausglich und sänftigte. Beide gemeinsam aber beseelte der gleiche heiße Drang nach Wahrheit und Aufklärung, nach Duldung und Gewissensfreiheit. Die gemeinschaftlichen Ideale ihres Herzens hat Lessing dem deutschen Volke offenbart, indem er dem Freunde in seinem „Nathan" ein poetisches Denkmal setzte, das seine Züge für alle Zeiten verewigt.

Der deutsche Dichter führte auch unmittelbar den jüdischen Denker in die Öffentlichkeit ein; denn er ließ ohne Vorwissen des Verfassers einige philosopische Aufsätze drucken, die ihm Moses zur Beurteilung vorgelegt hatte. Sie wurden wegen der vollendeten Schönheit und Anschaulichkeit der Darstellung sehr beifällig aufgenommen, und der schüchterne und zurückhaltende Mendelssohn ließ sich dadurch ermutigen, ähnliche Gegenstände zu bearbeiten. Alle seine Schöpfungen, und besonders der vertraute Briefwechsel mit

Lessing, der damals Berlin verlassen mußte, gewähren uns einen lohnenden Blick in sein edles Streben, die Tugend und Wahrheit zum Gemeingut aller Menschen zu machen.

Im Jahre 1762 erwählte Moses die Hamburgerin Fromet Gugenheim zu seiner Gattin. In ihr gewann er eine würdige Gefährtin, die sein Haus zu einer Stätte echten Familienglückes und edler Geselligkeit machte. Nicht lange darauf ward ihm eine Auszeichnung zu teil, die ihn den ersten Geistern der deutschen Nation an die Seite stellte. Von der Königlichen Akademie der Wissenschaften in Berlin wurde seiner Schrift: „Über die Evidenz in den metaphysischen Wissenschaften" der erste Preis zuerkannt. Dieser überraschende Erfolg erhöhte sein Selbstbewußtsein. Jetzt wagte er die letzte Hand an eine Arbeit zu legen, der er seit vielen Jahren seinen ganzen Gedankenreichtum gewidmet hatte. Er vollendete seine Unterredungen über die Unsterblichkeit der Seele und kleidete die Ergebnisse seiner philosophischen Studien in das Gewand jener berühmten Platonischen Schrift, in der der griechische Philosoph seinen unsterblichen Meister Sokrates im Zwiegespräch mit seinem Jünger Phädon seine Gedanken über denselben Gegenstand entwickeln läßt. Da es Mendelssohn gegeben war, die schwierigsten philosophischen Fragen und die tiefsten menschlichen Gedanken in anmutiger Form dem Verständnis der Gebildeten näher zu bringen, so gewann ihm die geschmackvolle Weise seiner Darstellung alle Herzen und machte ihn, den bescheidenen, niemals nach äußerer Anerkennung haschenden Mann, zum Gegenstand allgemeiner Aufmerksamkeit und Verehrung. Die angesehensten Gelehrten suchten seinen Umgang, und vornehme Männer empfanden den Wunsch, ihm persönlich näher zu treten.

Welche Umwälzung in den Anschauungen der Zeitgenossen riefen schon diese einfachen Tatsachen hervor! War man bisher allgemein gewöhnt gewesen, die Juden als fremde, der europäischen Kultur widerstrebende, nur dem eigenen Vorteil dienende Ansiedler zu betrachten und sie höchstens notgedrungen zu dulden, so sah man nun plötzlich einen Mann aus ihrer Mitte einen unbestrittenen Ehrenplatz neben den Weisesten der deutschen Nation einnehmen und durch seine Schriften die deutsche Sprache zu edelster Vollendung führen. Eine solche Wahrnehmung mußte die alten Vorurteile gegen die Juden

erschüttern und beredter als alle Worte aller Welt dartun, wie grundlos sie bisher verachtet worden waren.

5. Mendelssohns Verdienste um die Juden.

Mendelssohns Glaubensbrüder aber standen wie geblendet vor
dem Licht, das so unerwartet in die Nacht ihres Daseins fiel. Sie
sahen plötzlich die Ketten der Knechtschaft von sich genommen und
die Pforten zum Heiligtum menschlicher Achtung und Freiheit weit
aufgetan. War dieser Mann Moses nicht einer ihrer Brüder, der
mit ihnen in Treue denselben väterlichen Gesetzen nachwandelte, der
seinen Glauben frei bekannte und dennoch durch seine Bildung sich
einen Ehrenplatz in der menschlichen Gesellschaft zu erringen verstanden
hatte?

Diese Erkenntnis erweckte ein ganz neues Streben in den Gemütern der Juden und rief einen ungeahnten Umschwung in ihren
gesamten Anschauungen hervor. Ein Kreis edler, gleichgesinnter
jüdischer Freunde sammelte sich um Mendelssohn, und er stempelte
sie durch den Zauber seiner Persönlichkeit zu Jüngern seines Geistes.
Im patriarchalischen Frieden seines Hauses fanden sie sich mit den
trefflichen christlichen Denkern und Gelehrten, die das damalige Berlin
beherbergte, zu anmutigem Verkehr zusammen, und allmählich schwanden
die schroffen Gegensätze, die sonst diese Männer von einander trennten.
Nur einmal störte ein schriller Mißton diese edle Harmonie der
Seelen. Lavater, ein junger reformierter Geistlicher aus Zürich,
der Mendelssohn von ganzem Herzen liebte und verehrte, konnte
den Gedanken nicht ertragen, daß der von ganz Deutschland bewunderte Mann angeblich aus voller Überzeugung im jüdischen Aberglauben verharren sollte. Er forderte darum in der Einleitung zu
einer Schrift über den Wert des Christentums, die er neu herausgab,
den Philosophen öffentlich auf, entweder die Beweise für die Wahrheit des Christentums zu widerlegen oder der Wahrheit die Ehre zu
geben und nach Pflicht und Gewissen sich dem Christentum anzuschließen.

Moses verstand es, mit Ernst und Würde die ungebührliche
Zumutung zurückzuweisen. Die milde und versöhnliche Haltung, die
er dabei bewahrte, entwaffnete seinen Gegner, und die überlegene
Ruhe und Besonnenheit, mit der er seine Sache führte, flößte den
gebildeten Zeitgenossen Achtung und Ehrerbietung ein. Selbst Lavater

7*

bereute seine Übereilung und bat den Weisen demütig um Verzeihung. Aber die Aufregung, die der Streit mit sich brachte, und das tiefe Herzeleid, das der plumpe Bekehrungsversuch hervorrief, warf den schwächlichen Mann auf das Krankenlager und zwang ihn, Jahre lang der öffentlichen Wirksamkeit zu entsagen.

In dieser Zeit schwerer Heimsuchung tröstete und erquickte den gottergebenen Dulder eine neue unerhörte Auszeichnung, die ihm zu teil wurde. Die Königliche Akademie der Wissenschaften zu Berlin wählte ihn zu ihrem Mitgliede. Zwar hat der große König, der damals auf dem Throne Preußens saß, obwohl er an Geistesfreiheit hoch über seinem Zeitalter stand, in seiner berechtigten Abneigung gegen sprunghafte und grundstürzende Reformen, und in seinem un= berechtigten Vorurteil gegen die Juden, es für gut befunden, der Wahl Mendelssohns seine Bestätigung zu versagen. Aber seine Weigerung war für Mendelssohn in keiner Weise beschämend und vermochte nicht im mindesten die dem Juden von den gelehrtesten Männern seiner Zeit angetane Ehre zu verringern. Der Weise ertrug die Zurücksetzung mit dem Gleichmut des Philosophen und mit dem stolzen echt jüdischen Bewußtsein, daß es edler sei, zu den Gekränkten und Verspotteten, als zu den Spöttern und Verfolgern zu gehören. Dem Fingerzeige aber, den die Ereignisse ihm gaben, mußte er sofort zu folgen.

„Als Mose groß geworden war, ging er hinaus zu seinen Brüdern." In der Liebe und Treue zu ihnen hatte das erste Mal die unbedachte Aufforderung zum Glaubenswechsel ihn irre und wankend machen wollen. Das bald darauf vom Könige beliebte Verfahren gegen ihn wies ihm die neue Lebensbahn, die er von Stunde an einzuschlagen hatte. Sie erneuerte das Bewußtsein in ihm, daß er untrennbar von seinen Glaubensbrüdern sei, und daß es für ihn gelte,. sie alle zu sich emporzuziehen, wenn anders er die Vorurteile gegen sie gänzlich vertilgen wollte.

Mit genialem Griff wußte Mendelssohn den Punkt zu finden, von dem die Wiedergeburt des jüdischen Lebens ausgehen mußte. Das Eine Kleinod, das der Druck und das Elend der vergangenen Jahrhunderte den Juden genommen hatte, mußte er seinen Brüdern wiedergewinnen helfen. Nicht ihre Religion, nicht ihre sittliche Kraft, nicht ihre mannigfachen Geistesgaben hatten die Verfolgungen ihnen rauben können. Aber das wesentlichste Mittel des Verständnisses

für fremde Geistesarbeit, die Sprache hatte sie ihnen entrissen. Es
ist begreiflich und verzeihlich, wenn den von jedem Gassenbuben
straflos verhöhnten Söhnen Israels schließlich „der deutsche Buchstabe
ein Schrecken und die Gelehrsamkeit der Christen mitsamt ihrer
Frömmigkeit ein Greuel" geworden war. Dadurch aber hatte sich
auch die Kluft, die sie von der gebildeten Welt trennte, zusehends
verbreitet. Moses hatte seinen Brüdern durch sein bisheriges Leben
den klaren Beweis gebracht, daß es sehr wohl möglich sei, zugleich
im Lichte der Religion und im Lichte der Zeitbildung zu wandeln.
Er hatte ihnen deutlich gezeigt, daß Judentum und Bildung keineswegs Gegensätze oder gar Widersprüche seien. Jetzt entschloß er sich,
ihnen die Brücke zu bauen, die ihnen die Rückkehr auf den lichten
Weg eines menschenwürdigen Daseins möglich machen sollte. Er
begann im Jahre 1778 für sie die Thora ins Deutsche zu übersetzen und vollendete in fünf Jahren das große Werk. Zum ersten
Male vereinigten sich hier wieder die unverfälschten Laute der deutschen
Schriftsprache mit den ewig teuren Klängen der heiligen Sprache,
in der Gottes Mund zu Israel geredet hatte. Den späten Enkeln
derer, die am Sinai gestanden, ward der erste Schritt zur Rückkehr
aus ihrem stillen und abgelegenen Winkel hinaus in die fremde, ge-
fürchtete und lieblose Welt erleichtert dadurch, daß er an der trauten
Hand der Religion und der heiligen Schrift geschah.

In ihrer Wirkung war Mendelssohns Übersetzung seit Jahrhunderten die größte Tat eines jüdischen Gelehrten. Sie wurde die
Lehrerin und Erzieherin der deutschen Judenheit. Sie unterwies sie
im Verständnis und im mündlichen und schriftlichen Gebrauch der
deutschen Sprache, und sie erzog sie zur Teilnahme an deutscher
Bildung und humaner Wissenschaft. Dabei verstand der Meister,
dem sie zu verdanken ist, die Treue und Sprachrichtigkeit der Übertragung mit strenger Rücksicht auf die überlieferten, religiösen Anschauungen und Auslegungen zu verbinden. Er begleitete den Text
mit einer Erläuterung, die in reinem und anmutigem Hebräisch geschrieben und mit fleißiger Benutzung der hebräischen Vorarbeiten
aus der französischen[1] und spanischen[2] Blütezeit überall den einfachen und natürlichen Schriftsinn zur Anerkennung zu bringen, bestrebt ist.

---

[1]) Raschi und Raschbam (vgl. II. Teil S. 160, 161).
[2]) Ibn Esra und Nachmanides (vgl. II. Teil S. 122, 190 f.)

Nichtsdestoweniger blickten gelehrte Zeitgenossen, und an ihrer Spitze die wegen ihres ausgebreiteten halachischen Wissens in weiten Kreisen angesehenen Rabbiner von Altona, Fürth und Frankfurt mit Furcht und Mißtrauen auf das Gelingen des schönen Werkes. Sie waren der Überzeugung, daß es zur Erhaltung des Judentums durchaus notwendig sei, daß seine Bekenner alle ihre Gedanken und Empfindungen ungeteilt auf das religiöse Leben gerichtet hielten. Jede Zersplitterung der geistigen und gesellschaftlichen Interessen erschien ihnen als eine schwere Bedrohung der religiösen Innigkeit. In der ihnen aufgezwungenen, unnatürlichen Abkehr von der Außenwelt fühlten sie sich behaglich und zufrieden. Schon der bloße Versuch der Vermittlung zwischen den angeblich vorhandenen Gegensätzen kam ihnen als der Anfang des Abfalls vom rechten Glauben vor, und das neue hochdeutsche Gewand der heiligen Schrift war ihnen gleichbedeutend mit einer öffentlichen Entweihung des göttlichen Wortes. Darum glaubten sie vor der Mendelssohn'schen Bibel warnen zu müssen, ja sie gingen so weit, jeden, der sich mit ihr beschäftigen würde, mit dem Banne zu bedrohen. Aber die vereinzelten Anfeindungen blieben ungehört und unbeachtet angesichts der wachsenden Bewunderung vor der musterhaften Leistung. Es vergingen wenige Jahre, und kein verständiger Hausvater mochte seine Kinder mehr mit Benützung der in verdorbenem Kauderwelsch abgefaßten, alten Übersetzungen in das Studium der heiligen Schrift einführen lassen. Die rohen und unwissenden, meist aus dem fernen Osten zugewanderten Jugendlehrer verloren mehr und mehr ihren verderblichen Einfluß auf den Unterricht und die Erziehung des aufblühenden Geschlechts. Die Fertigkeit in „Mose Dessau's Deutsch," das jeder lesen konnte, weil es mit hebräischen Buchstaben gedruckt war, wollten alle erwerben und besitzen. Hatte dann die Jugend auf diesem Wege durch die vermittelnde Kraft der bekanntesten Gedanken die neue, schöne Ausdrucksweise erst einmal kennen und lieben gelernt, so wurde sie von um so lebhafterem Verlangen nach anderen deutschen Schriften erfüllt. Bald verschafften sich die Jünglinge die übrigen Werke Mendelssohns und wurden durch ihre Vermittlung mit dem Besten bekannt, was ihre Zeit ihnen bieten konnte. Besonders bildend und belehrend wirkten neben der Pentateuch-Ausgabe seine Übertragungen anderer biblischer Schriften, unter welchen die der Psalmen die wertvollste geblieben ist. Jeder Jude, der sich einmal an seinen

Werken erbaut und erhoben hatte, trat, hingerissen von dem eigenartigen Zauber seines Stiles, in ein persönliches Freundschafts-
verhältnis zu dem edlen und liebenswürdigen Meister, und bald gewöhnten sich seine Glaubensgenossen daran, ihn in ihren gemeinsamen Angelegenheiten als ihren öffentlichen Vertreter und Sachwalter
anzusehen.

So kam es, daß schon 1780 die Elsässischen Juden sich mit der
Bitte an ihn wandten, eine Schrift für sie aufzusetzen, durch die sie
versuchen wollten, vom französischen Staatsrat eine Erleichterung ihrer
über alle Maßen drückenden Lage zu gewinnen. Allein Moses war
nicht ganz mit Unrecht der Meinung, daß ein christlicher Schriftsteller
mit ungleich größerem Eindruck und Erfolg im stande sein werde,
christliche Vorurteile siegreich zu widerlegen. Er ersuchte darum seinen
jugendlichen Freund und Bewunderer, den Königlich Preußischen
Kriegsrat Christian Wilhelm Dohm, einen begabten Staatsmann
aus der Schule Friedrichs des Großen, die erbetene Denkschrift abzufassen. Willig und freudig stellte sich der junge Dohm (geb. 1751,
gest. 1820) in den Dienst der guten Sache. Wie die besten und
gebildetsten seiner Zeitgenossen in allen Ländern Europas stand er
bereits unter dem überwältigenden Einfluß jener geistigen Bewegung,
die um die Mitte des achtzehnten Jahrhunderts von Frankreich ausging und eine radikale Umwälzung der bisherigen religiösen, gesell-
schaftlichem und politischen Anschauungen hervorrief. Herrscher und
Beherrschte lasen damals die Schriften der französischen Geisteshelden
Voltaire, Montesquieu und Rousseau und entschlossen sich zu
rüstiger Mitarbeit an dem Ausgleich verjährten Unrechts und an der
Ausrottung eingewurzelter Vorurteile. Die also vorbereitete öffentliche Meinung suchte Dohm mit edlem Freimut und glühender Beredsamkeit von der Notwendigkeit der „bürgerlichen Verbesserung der
Juden" zu überzeugen. Der Rest Israels wird es ihm nimmermehr
vergessen, daß er der Erste gewesen ist, der es seinen Glaubensbrüdern
ins Gedächtnis zurückgerufen hat, der Jude sei auch ein Mensch und
habe ein Anrecht auf eine menschenwürdige Behandlung. Nicht den
einseitig religiösen, sondern den sittlichen und volkswirtschaftlichen
Standpunkt stellte er in den Vordergrund seiner Schutzschrift für die
Juden. Er wies geschickt und erschöpfend die Hinfälligkeit der
Gründe nach, um derentwillen sie bisher ihrer Rechte beraubt worden
seien und schlug den Regierungen eine Reihe von Maßregeln vor,

von deren Wirkung er die Wiedergeburt der Juden für den modernen Staat erwartete. Im einzelnen verlangte er, daß sie mit den übrigen Untertanen gleichgestellt, daß sie zum Ackerbau, zu Handwerken und Gewerben zugelassen, zur Teilnahme an Kunst und Wissenschaft angeregt und zur Verbesserung ihres Unterrichts- und Erziehungs-Wesens angehalten würden.

Seine Vorschläge wurden, wie nicht anders zu erwarten war, mit geteiltem Beifall aufgenommen. Es erschienen zahlreiche, bald günstige, bald gehässige Entgegnungen, und Mendelssohn entschloß sich endlich selbst, in der Öffentlichkeit für sich und seinen Glauben das Wort zu nehmen. Er ließ zuvörderst die Denkschrift, die Manasse ben Israel „zur Rettung der Juden" dem englischen Parlament überreicht hatte[1]), und auf Grund deren die Wiederaufnahme der Juden in England erfolgt war, von einem Freunde ins Deutsche übersetzen und versah sie mit einer längeren Einleitung. Mit der ihm eigenen Klarheit und Wärme bekämpfte er hier die gegen seine Brüder herrschenden Vorurteile. Er wies nach, daß Gewissensfreiheit den Kern und das Wesen des Judentums ausmache, und daß das Zugeständnis vollkommner Gewissensfreiheit an die Untertanen der modernen Staaten mit Notwendigkeit die vollkommne Gleichstellung der Juden im Gefolge haben müsse. Seine Glaubensgenossen forderte er schließlich auf, im eigenen Kreise die Duldsamkeit zu pflegen und wie in den besten Zeiten ihrer Geschichte keinerlei Gewissenszwang aufkommen zu lassen.

Zahlreiche Gelehrte, und darunter angesehene christliche Geistliche, billigten seine Darlegungen und stimmten ihm rückhaltlos bei. Aber auch entgegengesetzte Ansichten ließen sich vernehmen, und selbst an böswilligen Entstellungen fehlte es nicht. Darum sah sich Mendelssohn gezwungen, seine knappen Ausführungen tiefer zu begründen und seine Lehren vom Verhältnis des Staates zu den Religionsgesellschaften im Zusammenhange zu entwickeln. Dies tat er in seiner 1783 erschienen Schrift: „Jerusalem" oder „Über religiöse Macht und Judentum."

Im ersten Abschnitt des umfangreichen Werkes handelt er vom Wesen des Staates und der Religion und von ihrer Stellung zu einander. Er weist nach, daß sowohl der Staat als auch die Religion darauf ausgehen, die menschliche Glückseligkeit zu befördern. Sie unterscheiden sich nur darin, daß der Staat

---

[1]) Vgl. oben S. 60 f.

namentlich die Verhältnisse der Menschen zu einander ordnen wolle, während die Religion vornehmlich das Verhältnis der Menschen zu Gott zum Gegenstand ihrer Fürsorge habe. Zur Erreichung seiner Zwecke sei dem Staat die Macht verliehen zu bestrafen und zu belohnen. Es liege außerhalb seines Berufes, eine Gleichmäßigkeit der Überzeugungen und Gesinnungen der Staatsangehörigen herbeizuführen. Wohl aber habe er die Aufgabe, eine Gleichmäßigkeit ihrer Handlungen durchzusetzen. Wenn er die innere Glückseligkeit nicht herzustellen im stande sei, so dürfte er doch wenigstens die äußere Ruhe und Sicherheit allenfalls erzwingen, selbst mit Anwendung seiner Machtmittel. Während also der Staat sich mit einer Übereinstimmung im Tun ohne Übereinstimmung im Denken begnügen müsse, kenne die Religion keine Handlung ohne Gesinnung, keine Übereinstimmung im Tun ohne Übereinstimmung im Sinne. „Der Staat gebietet und zwingt, die Religion belehrt und überredet, der Staat erteilt Gesetze, die Religion Gebote. Die religiöse Gesellschaft macht keinen Anspruch auf Zwangsrecht „und kann durch alle Verträge der Welt keine Zwangsrechte erhalten." Auf diesen Grundsätzen baut der Weise seine Lehre vom Verhältnis beider Gewalten zu einander auf. Nur insofern stehe dem Staate ein Zwangsrecht gegen die in seinem Gebiet vorhandenen religiösen Gemeinschaften zu, als sie etwa in ihren Lehren und Kultusformen solche Grundsätze zum Ausdruck bringen, die geeignet sind, die sittlichen und gesellschaftlichen Grundlagen, auf denen der Staat selbst beruht, wankend zu machen. Im übrigen dürfe er weder sich in ihre religiösen Streitigkeiten mischen, noch irgend eine der vorhandenen Lehrmeinungen irgendwie begünstigen.

Der zweite Abschnitt des „Jerusalem" beschäftigt sich mit der Aufgabe, die gewonnenen Ergebnisse auf die bürgerliche und staatsbürgerliche Stellung der Juden anzuwenden. Zu diesem Zwecke beleuchtet Mendelssohn eingehend das Wesen der jüdischen Religion und findet, daß sie „erstens" in ewigen Wahrheiten von Gott und seiner Regierung und Vorsehung" bestehe, ohne die der Mensch nicht aufgeklärt und glücklich sein könne. Diese Wahrheiten seien nicht dem Glauben der Nation, unter Androhung ewiger oder zeitlicher Strafen, aufgedrungen, sondern zur vernünftigen Erkenntnis empfohlen worden. Zweitens bestehe das Judentum in „Geschichtswahrheiten oder Nachrichten von dem Schicksale der Vorwelt, hauptsächlich von den Lebensumständen der Stammväter der Nation."

„Der Gesetzgeber des Volkes war Gott, und zwar Gott, nicht in dem Verhältnis als Schöpfer und Erhalter des Weltalls, sondern Gott, als Schöpfer und Bundesfreund ihrer Vorfahren". Die Gesetze, die er offenbarte, bildeten den Inbegriff der theokratischen Verfassung der Juden. Das Judentum sei demnach keine geoffenbarte Religion, sondern vielmehr ein geoffenbartes Gesetz. „Es besteht einzig und allein in geoffenbarten Gesetzen des Gottesdienstes und setzt natürliche und vernunftgemäße Überzeugung von Religionswahrheiten voraus, ohne die keine göttliche Gesetzgebung stattfinden kann." Das jetzige Judentum habe ebensowenig wie das vormalige, eigentliche Symbole des Glaubens. Nur sehr wenige Grundsätze und Lehrmeinungen sei der Jude anzuerkennen verpflichtet, dagegen sei ihm die Beobachtung und Ausführung zahlreicher Gebote,

Gebräuche und Lebensregeln zur Pflicht gemacht. Das Judentum stelle sich somit als eine Religion dar, die durch ihre Lehren alle diejenigen Grundlagen des Staates stütze, deren Anerkennung und Aufrechterhaltung er von jeder Religionsgemeinschaft verlangen könne und dürfe. Der jüdische Glaube enthalte nichts, was dem Staate irgendwie gefährlich werden könne, und habe daher einen gerechten Anspruch auf die bürgerliche und staatsbürgerliche Gleichstellung aller seiner Bekenner.

Mit begeisterten Worten ruft er am Ende seines Buches den Fürsten Europas zu: „Laßt niemanden in euren Staaten Herzenskündiger und Gedankenrichter sein, niemanden sich ein Recht anmaßen, das der Allwissende sich allein vorbehalten hat! Wenn wir dem Kaiser geben, was des Kaisers ist, so gebt ihr selbst Gott, was Gottes ist! Liebet die Wahrheit! Liebet den Frieden!"

Die Schlußworte dieser Ansprache umspannten den gesamten Inhalt des Lebens und Strebens des Weisen. Wahrheit und Frieden, Aufklärung und Humanität für alle Menschen und besonders für seine Glaubensgenossen zu erringen, war die einzige Aufgabe, der er diente. Und er war ein glücklicher Mann, geboren für seine Zeit, „eine Persönlichkeit, die die schönsten und besten Züge der Zeitbildung an sich trug". So sah sich Mendelssohn verstanden von den Zeitgenossen, und hatte die Freude, die Saaten, die er ausgestreut, noch bei seinen Lebzeiten aufsprießen zu sehen.

Als seine reine Seele den gebrechlichen Körper am 4. Januar 1786 verließ, versöhnte der Schmerz um den Hingeschiedenen die stärksten Gegensätze des damaligen Lebens. Friedlich fanden sich an seiner Bahre Juden und Christen zusammen.

Zweites Kapitel

Beginn der inneren und äußeren Wandlungen.

(c. 1780—1815).

1. Mendelssohns Freunde und Jünger. Das Toleranz-Edikt Josephs II.

Mendelssohn fand für sein eifriges Bestreben, die Juden seines Heimatlandes aufzuklären, und den Sinn für deutsche Bildung und geordneten Unterricht bei ihnen zu erwecken und zu pflegen, bei vielen und einflußreichen Glaubensgenossen eine erfreuliche Teilnahme und ein reges Verständnis. Zahlreiche Freunde und Jünger scharten sich um ihn, lauschten aufmerksam seinen Lehren und wirkten emsig in seinem Geiste. Schon während seines Lebens wurden auf verschiedenen Gebieten erfolgreiche Versuche gemacht, die alten Schäden zu heilen. Bereits im Jahre 1778 sah er in Berlin selbst einen seiner Lieblingswünsche in Erfüllung gehen, als sein Freund David Friedländer, ein durch edle Gesinnung und bevorzugte gesellschaftliche Stellung in gleicher Weise hervorragender Mann, die dortige jüdische Freischule ins Leben rief. Sie war die erste jüdische Lehranstalt in Deutschland, in der der gesamte Unterricht grundsätzlich in hochdeutscher Sprache erteilt wurde. Die ersten Schuljahre des Kindes sollten nur den Elementen des allgemeinen Wissens und der Einführung in die heilige Schrift gewidmet sein. Auf der höheren Stufe wurde der Unterrichtsstoff erweitert und auch das Französische, als die Umgangssprache der Gebildeten, in mehreren Stunden wöchentlich gelehrt.

Hand in Hand mit diesen Leistungen für den Jugendunterricht ging ein anderes Unternehmen, dem ebenfalls Friedländer sehr nahe stand. Um nämlich Verständnis für den Lehrplan und Vertrauen zu den Zielen und Leistungen der Anstalt zu erwecken, galt es gleichzeitig, die Erwachsenen zu gewinnen und ihnen Teilnahme für gemeinnützige Kenntnisse und den Wohllaut der Muttersprache einzuflößen. Zu diesem Zwecke wurde im Jahre 1783 eine Zeitschrift der „Sammler"[1], gegründet, in der regelmäßig über wichtige jüdische Zeitereignisse und über wissenswerte Dinge jeglicher Art, und zwar zuerst in hebräischer Sprache, Bericht erstattet wurde. Jedem Hefte wurde außerdem ein deutscher Anhang beigegeben, der die hebräischen Mitteilungen in hochdeutschem Auszuge wiedergab und auf diese Weise den Leser anleitete, die ihm in hebräischem Ausdruck übergebenen Gedanken in deutschem Gewande kennen zu lernen.

Daneben hatte der „Sammler" auch einen bleibenden literarhistorischen Wert. Er gewährt den interessanten Anblick einer kleinen Gelehrtenrepublik mit dem regsten, wetteifernden Leben für Kunst und Wissenschaft. Die begabtesten Juden jener Zeit, die in der Folge die glänzendsten Talente entfalteten, verbanden hier die ersten jugendlich lebensfrischen, enthusiastischen Arbeiten zu einem Ganzen mit Einheit des Zweckes und stellten der deutschen Literatur in allen

---

[1] המאסף.

Fächern des Wissens Leistungen an die Seite, durch welche die jüdische Nation mit dem deutschen Volke mindestens eine gleiche Staffel behauptet.

Denn ein Zug jugendfrischer Begeisterung für neue Ideale ging damals durch die gesamte zivilisierte Menschheit. Er rief in allen Kulturstaaten einen ungeahnten geistigen Aufschwung hervor und lockte die Juden aus den Schranken heraus, durch die sie seit Jahrhunderten von ihren andersgläubigen Landsleuten getrennt waren. Er erweckte unter den Sprößlingen dieses Stammes, der einst, umgeben von kanaanitischen Götzendienern, seine erste, der dann mitten unter hellenistisch gebildeten Alexandrinern die zweite, und weiter inmitten der spanisch-arabischen Moslemen die dritte Geistesblüte erlebt hatte, einen neuen reichen Geistesfrühling und zeitigte in dem darauf folgenden Jahrhundert abermals herrliche Blüten und Früchte. Diese in der Geschichte der Menschheit beispiellose vierte Auferstehungsfeier des jüdischen Geistes ist in Wahrheit ein Wunderwerk des lebendigen Gottes, den wir in unsern täglichen Gebeten mehrfach preisen als den „unvergleichlichen Herrn der Stärke, der in seiner großen Barmherzigkeit die Toten auferstehen läßt". So stellt sich das Geschick der Juden immer wieder als ein Faden im Gewebe der Zeit, als eine Welle im Strome der Geschichte dar. Mit der ihm innewohnenden Naturgewalt hatte dieser Strom damals bereits die Schöpfungen des mittelalterlichen Lebens unterwühlt und erschüttert. Als Humanismus hatte er zwei Jahrhunderte gegen die Knechtschaft der Gemüter gekämpft und schließlich dem Gedanken von der Gleichwertigkeit aller religiösen Bekenntnisse zum Siege verholfen. Nach dem dreißigjährigen Kriege begann er an den politischen Fesseln der Menschheit zu rütteln und ging darauf aus, der Ohnmacht der Einzelwesen ein Ende zu machen und ihnen gegenüber der Allmacht des Staates zu ihrem Rechte zu verhelfen. Und wie einst die Humanisten als Vorkämpfer der Reformation um ihrer selbst willen auch den Kampf für den Talmud auf ihre Fahne geschrieben hatten, so mußten jetzt die französischen Enzyklopädisten als Verkünder der politischen Freiheit auch die Zurückeroberung der Menschenrechte für die Juden zu einem ihrer Losungsworte machen. Ihr Kampf für alle Bedrückten schloß ganz von selbst den Kampf für die Juden ein, und der Samen, den sie in alle Winde ausgestreut, ließ gleichzeitig bald hier bald dort herrliche Blüten hervorsprießen.

Auch im Herzen des menschenfreundlichen deutschen Kaisers

Joseph II. fanden diese neuen Kulturtriebe einen günstigen Boden.
Hoch und herrlich und von reinem Edelmut eingegeben waren seine
Pläne. „Der Fanatismus soll künftig in meinen Staaten nur durch die
Verachtung bekannt sein, die ich dafür habe. Niemand werde also
seines Glaubens wegen Drangsalen ausgesetzt. Die abscheulichen Szenen
der Intoleranz müssen ganz aus meinem Reich verbannt werden". Diese
Worte sprach der edle Monarch bei seiner Thronbesteigung, und bald
darauf machte er seine Verheißung zur Tat. Aber seine besten Entwürfe scheiterten an der übergroßen Hast und Rücksichtslosigkeit, mit
der er verfuhr, und an dem Mangel an Verständnis und Achtung,
die er den gegebenen geschichtlichen Erscheinungen gegenüber an den
Tag legte. Im Jahre 1782 gab er das berühmte „Toleranzpatent
für die niederösterreichischen Juden" und begründete dadurch die bürgerliche Freiheit seiner jüdischen Untertanen. Er räumte ihnen das
Recht ein, die entehrenden Abzeichen an den Kleidern abzulegen, überall in den Städten zu wohnen, Handwerke zu erlernen, Fabriken zu
errichten, Großhandel zu betreiben und die öffentlichen Schulen zu
besuchen, und legte ihnen zugleich zu ihrem Besten die Pflicht auf,
in Zukunft Kriegsdienste zu leisten, feste Familiennamen zu führen
und sich in Handel und Wandel der hochdeutschen Sprache zu bedienen. Allein die hochherzige Gabe des Kaisers fand nicht sowohl
bei seinen Untertanen, die in ihrer großen Masse für dieses Geschenk
noch nicht genügend vorbereitet waren, als vielmehr bei den erlesenen
Jüngern Mendelssohns, die fast alle dem Verbande seiner Untertanen nicht angehörten, die rechte Schätzung und Würdigung. Aus
dem Freundeskreise des Denkers trat besonders Hartwig Wessely
(geb. 1725 in Kopenhagen) als begeisterter Vorkämpfer für die Verwirklichung der Kaiserlichen Vorschläge hervor.

Vor den Kosaken waren einst seine Ahnen (1668) von Bar in
Polen nach Wesel und Amsterdam geflohen. Seine Eltern lebten
bereits in ererbtem Wohlstande und ließen ihm eine für jene Zeit
vortreffliche Erziehung und Ausbildung angedeihen. Im Vordergrunde seiner vielseitigen geistigen Interessen stand dabei sein an-
geborener Hang zu hebräischen Studien und Sprachübungen. Er
beherrschte und handhabte die Sprache der Bibel so vollkommen, daß
seine hebräischen Schriften den Zeitgenossen als mustergültige Vorbilder
erschienen, und daß seine einfache, reine und edle Schreibweise auf den
verwahrlosten Stil und Geschmack der hebräischen Schriftsteller den-

selben läuternden Einfluß gewann, den Mendelssohns anmutige und lichtvolle Art der Darstellung auf die deutsche Stilistik ausübte. Als er 1774 seinen Wohnsitz nach Berlin verlegte und daselbst als Geschäftsführer eines reichen Glaubensgenossen lebte, schloß er mit Mendelssohn eine innige Freundschaft und nahm bald unter den Führern der neuen Richtung durch sein gründliches Wissen, seine glühende Liebe zum Judentum und seine zündende Beredsamkeit einen hervorragenden Platz ein.

Damals besaß er bereits einen ausgebreiteten literarischen Ruf. Seine 1766 erschienene hebräische Synonymik hatte selbst in Italien und Polen zahlreiche Leser und Bewunderer gefunden. Neue Freunde und Verehrer erwarben ihm seine Erläuterungen zu den Sprüchen der Väter und zum apokryphischen Buch der „Weisheit Salomos", die in den ersten Jahren seines Berliner Aufenthaltes die Presse verließen, und besonders seine Erklärung zum dritten Buch Mose, die er für Mendelssohns Pentateuch-Ausgabe arbeitete.

Weniger glücklich als seine literarischen waren seine geschäftlichen Erfolge. Das Handelshaus, dessen Angestellter er war, wurde aufgelöst, und der mehr als fünfzigjährige Mann, der inzwischen seines eigenen Vermögens verlustig gegangen war, sah sich vergebens nach einem neuen Amte um. Er geriet dadurch in Not und Elend und litt mit seiner Familie häufig an den unentbehrlichsten Lebensbedürfnissen Mangel. In felsenfestem Gottvertrauen und in edlem Stolze ertrug er sein hartes Los, ohne zu murren und zu klagen, und ohne irgend jemandem einen Einblick in seine Verhältnisse zu gestatten. Nur zufällig erhielt Mendelssohn von seiner bedrängten Lage Kunde und rief einen Verein zu religiöser Belehrung ins Leben, der sich von Wessely regelmäßige Vorträge erbat und ihm dafür ein sorgenfreies Dasein schaffen durfte.

Von dieser Zeit an widmete der Gelehrte seine ganze Zeit wissenschaftlichen Arbeiten und seine ganze Aufmerksamkeit und Tatkraft den Bestrebungen, die darauf ausgingen, unter seinen Glaubensgenossen Aufklärung und Bildung zu verbreiten. Mit Begeisterung erfüllte ihn die Nachricht von dem Erscheinen des Toleranz-Patents. Er erkannte klar die Tragweite der seinen Brüdern zugedachten Wohltaten und ergriff ungesäumt das Wort, um sie über die Wichtigkeit und Bedeutung der neuen Maßregeln aufzuklären und zu belehren. Aber seine wohlgemeinten Ratschläge fanden nur bei den Gemeinden der italienischen Kronländer Österreichs ein offenes Ohr. Von vielen anderen Seiten zogen sie ihm heftige Angriffe und arge Verdächtigungen zu. Gegen die erhobenen Vorwürfe verteidigte er sich mutig und mannhaft, ohne in den gehässigen Ton seiner Gegner zu verfallen. In seinem Leben blieb er ein Muster tadelloser Frömmigkeit. Mit Ruhe und Ergebung ertrug er die Schmerzen, die ihm der vorzeitige Tod seiner Gattin (1785) und der Heimgang Mendelssohns (1786), seines liebsten und vertrautesten Freundes, brachte. Seinen Trost suchte und fand er in der rastlosen Fortsetzung seiner literarischen Tätigkeit. Dieser Muße verdanken wir sein treffliches Sittenbüchlein und seine „Prachtgesänge[1]“, in denen er das Leben Moses dichterisch verherrlichte. Seine Moseïde ist durch die Großartigkeit des Entwurfes und die Gediegenheit der Ausführung in gleicher Weise ausgezeichnet. Die reine und klare, fließende und leicht verständliche, in Form und Ausdruck lebhaft an den prophetischen Schwung der biblischen Poesie erinnernde Sprache des Dichters entzückte und begeisterte seine Zeitgenossen und hat bis nach Polen und Italien hin einen mächtigen Einfluß auf die Rückkehr der Schriftsteller zu dem klassischen Sprachgut der Bibel ausgeübt. Dieses Epos war das Schwanenlied des greisen Sängers, dem das jugendliche Feuer dichterischer Begeisterung bis in sein hohes Alter erhalten blieb. Er starb als Achtzigjähriger im Jahre 1805 in Hamburg im Hause seiner Tochter.

2. Die Gegner Wesselys.

Wesselys tatkräftiges Eintreten für die Umgestaltung des Jugendunterrichtes bezeichnet einen wichtigen Wendepunkt in der Geschichte der jüdischen Aufklärung. Sein gerades und offenes Wort zwang die Juden, zu den Plänen, die für ihre Zukunft geschmiedet wurden, Stellung zu nehmen. Während Mendelssohn bei der Wiederbelebung des reinen deutschen Ausdrucks im Munde seiner Glaubensgenossen sich in der günstigen Lage befand, selbst auf unwesentliche jüdische Anschauungen, die nur durch das Herkommen der Masse lieb und wert geworden waren, die zarteste Rücksicht zu nehmen, war Wessely schon durch die Natur seines Unternehmens geradezu genötigt, die Mängel im eigenen Lager nachzuweisen und

---

[1] שירי תפארת

die Schäden der bisherigen Lehrweise aufzudecken. Mendelssohn konnte harmlos und unbefangen seine scheinbar anspruchslose Leistung neben die alten Thora-Übersetzungen stellen und durfte jedem verständigen Leser ruhig das Urteil über den Wert seiner Arbeit überlassen. Wessely dagegen mußte eben darum, weil er das bisherige Verfahren beseitigen und für gründliche Verbesserungen Raum schaffen wollte, sein Werk eben damit beginnen, daß er die herkömmliche Verwahrlosung bekämpfte und die unumgängliche Notwendigkeit umfassender Neuerungen so deutlich wie möglich zum Bewußtsein brachte. Mendelssohn legte den Lesern eine fertige, schriftstellerische Leistung vor, an der sie sich unmittelbar belehren und fortbilden konnten. Wessely dagegen konnte höchstens Pläne und Entwürfe vorführen, deren Brauchbarkeit erst die Zukunft lehren sollte, und mußte noch dazu darauf bedacht sein, unter der im besten Falle gleichgültigen Masse seiner Glaubensbrüder Freunde und Anhänger für diese Pläne zu werben und zu begeistern.

Nichts lag seinem kindlich frommen Gemüte ferner, als die Absicht, dem Geringsten in Israel einen Anstoß zu geben oder gar Schmerz zu bereiten. Aber seine Eigenart, mehr der Herzensglut als der kühlen, klügelnden Verständigkeit zu folgen, riß ihn hin und wieder zu unbedachten Worten fort, die die andersgesinnten ungebildeten Glaubensgenossen tief kränkten und verletzten. Am schmerzlichsten verwundete die Männer der alten Schule die Äußerung, die ihm im Eifer entfuhr, daß ein ungebildeter Talmudist noch viel unnützer und wertloser für die Mitwelt sei als selbst der Leichnam eines gefallenen Tieres. War das Wort auch nur die Umdeutung eines haggadischen Ausspruchs im Talmud, so empfand doch jeder einzelne jener einseitig gebildeten Talmudgelehrten die Anwendung der Bemerkung auf eine ganze Klasse sittlich makelloser und wahrhaft gottesfürchtiger Zeitgenossen wie eine persönliche Beleidigung. Es ist darum nicht zu verwundern, daß Wessely von den Freunden des Herkommens weit heftiger als Mendelssohn angegriffen wurde.

An der Spitze seiner Gegner stand R. Jecheskel Landau, der Rabbiner von Prag. Als das Oberhaupt der ältesten und größten Gemeinde der österreichischen Kronländer, an deren jüdische Untertanen Wessely zuvörderst sein Sendschreiben gerichtet hatte, fühlte er sich in erster Linie verpflichtet, Rede zu stehen und die Zumutungen der Aufgeklärten zurückzuweisen. Dazu kam, daß er hoffen durfte, seine Äußerung über religiöse Dinge werde bei der überwiegenden Mehrzahl der Glaubensgenossen schwer ins Gewicht fallen. Besaß er doch damals bereits einen in weiten Kreisen gefeierten Namen. Seine 1776 erschienenen, durch glänzenden Scharfsinn und umfangreiche Belesenheit ausgezeichneten Rechtsbescheide wurden von den Talmudgelehrten als ein Meisterwerk angestaunt, und nicht wenige Ergebnisse seiner Untersuchungen sind bis auf den heutigen Tag von maßgebender Bedeutung für die halachische Praxis geblieben. Nur mangelte es ihm bei all seiner gerühmten Menschenkenntnis und bei all seiner anerkannten Gewandtheit im Umgang und in der Führung seiner Rabbinatsgeschäfte, an jedem Verständnis für die Weltbegebenheiten und für die Kulturaufgaben, an deren Lösung das achtzehnte Jahrhundert eifrig arbeitete. So kam es, daß ihn die plötzliche Gunst und Gnade des Wiener Hofes und die unerbetenen Ratschläge der Berliner Bildungsfreunde in gleicher Weise mit argem Mißtrauen erfüllten.

Das grelle Licht, das unvermutet in das mittelalterliche Dunkel des Judenviertels fiel, mußte auf seine Bewohner wenigstens im ersten Augenblicke mehr blendend und verwirrend als erleuchtend wirken. Die der Liebe und des Erbarmens Entwöhnten, die vielmehr daran gewöhnt waren, fußfällig dafür zu danken, daß man sie nicht totschlug, und daß man ihnen gestattete, wenigstens im Geheimen den Gott der Väter zu verehren, konnten es nicht fassen und begreifen, daß der Kaiser wirklich aus reiner Menschenliebe sich entschlossen haben sollte, sie aus ihrem tiefen Elend zu den lichten Höhen menschenwürdigen Daseins emporzuheben. Und da das Nächstliegende ihnen schier unglaublich schien, so grübelten sie immer weiter darüber nach, was wohl die Obrigkeit in Wahrheit gegen sie im Schilde führen mochte. Bald hielten sie sich davon überzeugt, die Regierung gehe nur darauf aus, nachdem die Mittel der Strenge, die sie zum Abfall von der Gotteslehre zwingen wollten, vergeblich angewendet seien, sie auf dem Wege der Liebe und Milde zum Treubruch gegen die ererbte Wahrheit zu bewegen. Und war diese Vermutung richtig, so begriffen sie nicht, wie die verblendeten Brüder in Berlin den gefährlichen Fallstrick übersehen und sich unterfangen konnten, dem heuchlerischen Unternehmen Vorschub zu leisten. Und selbst wenn die eigene Auffassung falsch und die der Gegner zutreffend war, wie durften die Aufgeklärten sie mit solcher Ungebühr und Überhebung anzureden wagen? Wie durften sie mit so rücksichtsloser Heftigkeit die hergebrachte Unterrichts= und Erziehungsweise angreifen, die nachweislich in den letzten Jahrhunderten so herrliche Früchte ge= zeitigt hatte? Wandelten nicht die in der hergebrachten Weise erzogenen und unterrichteten Juden in Tugend und Gottesfurcht? War das jüdische Haus nicht eine Stätte des Friedens und des Glückes? Gewann die jüdische Jugend in den vorhandenen Lehranstalten nicht eine mehr als ausreichende Vorbildung für das religiöse Leben? War nicht mit Recht zu befürchten, daß das weltliche Wissen den Sinn verweltlichen und das religiöse Leben verflachen würde?

Diese ernsten Bedenken und Befürchtungen setzte R. Jecheskel Landau von der Kanzel herab seiner Gemeinde auseinander. Er warnte eindringlich vor den Verlockungen der Aufgeklärten und be= drohte jeden, der nichtsdestoweniger von den Gegnern sich verleiten ließe, mit dem Banne. Zugleich erbat er sich brieflich den Beistand der angesehensten Rabbiner Deutschlands und Polens und beschwor die Amtsgenossen, seinem Banne beizutreten. In der Tat flammte hie und da der Fanatismus heftig auf. In Lissa, das damals noch zu Großpolen gehörte, wurde Wesselys Sendschreiben nebst seinen anderen Büchern öffentlich verbrannt. Selbst in Berlin machte der Rabbiner Miene, sich dem Banne anzuschließen. Aber die Freunde Mendelssohns, besonders Friedländer und seine Verwandten, die den aufgeklärten Staatsmännern der Residenz nahe standen, über= redeten ihn schließlich, die friedliche Erklärung abzugeben, daß die preußische Regierung jedem gestatte, öffentlich seine Meinung frei zu äußern, und daß es unbillig sein würde, den Gegner mit anderen als mit seinen eigenen Waffen zu bekämpfen. Diese Antwort war für den Verlauf des Streites von ausschlaggebender Wichtigkeit. Die übrigen deutschen Rabbiner enthielten sich nunmehr jeder öffent= lichen Meinungsäußerung, nachdem am Sitze der angeblichen Ketzerei kein Anlaß zum Einschreiten gegen die Widersacher genommen war.

Wessely selber beeilte sich in drei weiteren Sendschreiben, die erbitterten Angriffe seiner Feinde ruhig und milde zu widerlegen und die Grundlosigkeit ihrer Befürchtungen nachzuweisen. Er teilte die zustimmenden Erklärungen mit, die er von Triest, Venedig und aus anderen Gemeinden erhalten hatte, und gab sich redlich Mühe, jeden Anlaß, seinem Freimut zu grollen, aus dem Wege zu räumen. Bald konnten sich die Juden auch bei der Ausführung und Hand=

habung des Toleranz-Patentes von den wohlwollenden Absichten der
Regierung überzeugen. Allmählich entstanden teils durch Opfer=
freudigkeit reicher Glaubensgenossen, teils durch die tatkräftige Unter=
stützung der Obrigkeit, einzelne Lehranstalten, die die neuen Erziehungs=
grundsätze zur Anwendung brachten und junge Leute heranbildeten,
die sich im Leben als nützliche Menschen und fromme Juden be=
währten. Dadurch schwanden die Mißverständnisse immer mehr, und
die Abneigung der Gemüter gegen die neuen Anschauungen wurde
zusehends schwächer. Freilich gingen immer noch etliche Jahrzehnte
ins Land, bis die träge Masse in die neue geistige Bewegung hinein=
gerissen wurde. Erst nachdem durch den überraschenden Gang der
Weltereignisse die freisinnigen Staatsmänner auf den genialen Ge=
danken gekommen waren, die unteren Schichten der Bevölkerung durch
die allgemeine Wehrpflicht und die allgemeine Schulpflicht körperlich,
geistig und sittlich zu heben, führte der wohltätige Zwang, den die
Regierungen allmählich auch auf die jüdischen Untertanen auszuüben
für nötig fanden, den endgültigen und entscheidenden Sieg der Bildung
und Aufklärung bei den Juden herbei. Seit jenen Tagen des poli=
tischen Aufschwunges folgten sie mit wachsender Begeisterung überall
im europäischen Westen der Fahne des geistigen Fortschritts, und
der frisch aufblühende preußische Staat sah bald innerhalb seines
Gebietes die ersten Ernten der jüdischen Wissenschaft reifen. Jenseits
seiner Grenzen aber, in den weiten Ebenen des slavischen Ostens,
woselbst eben damals das mächtige polnische Reich nach langem
Siechtum langsam dahinstarb, ging kaum ein einziges Samenkorn
des neuen Geistes zu gesundem und fröhlichem Wachstum auf.
Dumpfe Teilnahmlosigkeit und schlaffe Verzagtheit hielten mit be=
ängstigendem Druck die Geister und Gemüter der Nation umfangen
und übten ihre lähmende Wirkung auch auf die Juden aus.

3. Die grundsätzlichen Feinde der Aufklärung. Die Chassidim.

Dem regen geistigen Leben, das die europäischen Kulturvölker
während des achtzehnten Jahrhunderts durchströmte, stand die polnische
Nation völlig fern. Die staatsbürgerlichen Rechte und alle Staats=
und Kriegsämter waren im Alleinbesitz des durch Genußsucht ent=
arteten Adels. Neun Zehntel der Einwohner waren hörige Bauern,
die rechtlos der Willkür ihrer Machthaber preisgegeben waren. Die
zahlreiche Judenschaft mußte, so weit sie nicht dem Handwerke

8*

und Gewerbetrieb oblag, dazu herhalten, im Interesse der abligen
Herren den gemeinen Mann durch Wucher und Branntwein zu verderben. Die Macht des Wahlkönigtums schrumpfte mehr und mehr
zu einem Schattenbild zusammen. Jede Erledigung des Thrones
gab neuen Anlaß zur Erweiterung der Adelsrechte und zur Minderung
der Königsgewalt. Das unbeschränkte Einspruchsrecht gegen die Verhandlungen, das jedem einzelnen Reichsboten zustand, machte den
polnischen Reichstag zum Schauplatz erbitterter Parteikämpfe und
zügelloser Unordnung und zum Gespött und Gelächter der ganzen Welt.

Der zunehmende Verfall der Staatseinrichtungen wirkte zersetzend
auch auf alle anderen Gebiete des öffentlichen Lebens. Dieselbe
Unbotmäßigkeit und Zuchtlosigkeit, die den Reichstag zu Grunde
richtete, vernichtete auch die treffliche Gemeindeverfassung, die bei
den polnischen Juden zu herrlicher Blüte gelangt war. Die Vierländer-Synode[1]), deren Beschlüsse noch in der Mitte des siebzehnten Jahrhunderts als maßgebend und verbindlich für alle Gemeinden des Reichs galten, verlor zusehends an Macht und Einfluß.
Die Vertreter der einzelnen Landschaften wurden durch die örtlichen
Versammlungen, die allmählich üblich geworden waren, verpflichtet,
die Sonderinteressen ihrer Bezirke, selbst auf Kosten des Gesamtwohls,
zur Geltung zu bringen. Derartige Vorgänge gaben zu Zwist und
Hader Anlaß und brachten es endlich so weit, daß der König
Stanislaus August im Jahre 1764 den Gemeindeverband aufhob
und den ferneren Zusammentritt der Synoden endgültig untersagte.

Wie die inneren Wirren die Einheit und den Gemeinsinn in
allen Schichten der Bevölkerung untergruben, so vernichteten die fort-
während en Kriege mit den Kosaken, Schweden, Russen und
Türken, die seit der Mitte des siebzehnten Jahrhunderts das unglückliche Land heimsuchten, den Wohlstand der Untertanen und zerstörten
den Sinn für jedes höhere, geistige Streben. Selbst die Großen
des Reiches erwarben bei den damals modernen Reisen ins Ausland,
besonders nach Frankreich, höchstens eine oberflächliche Kenntnis
des bewegten Geisteslebens ihrer Zeit. Die große Masse der Nation
schmachtete unter dem harten Druck der Leibeigenschaft in völliger
Unwissenheit. Die einzigen, die bei allem Elend mit Fleiß und
Eifer ununterbrochen ernsten Studien oblagen, waren die Juden.

---

[1]) Vgl. oben S. 28.

Niemals und nirgends besaß die große Masse der jüdischen Be=
völkerung ein höheres Durchschnittsmaß von Kenntnissen auf dem
Gebiete des schriftlichen und mündlichen Gesetzes als gerade damals
in Polen. Es gab keinen Familienvater, der seine Söhne nicht
wenigstens in den Elementen des religiösen Wissens unterweisen ließ,
und die Elemente umfaßten nicht nur das Verständnis der Gebete
und der Thora im hebräischen Urtext, sondern auch die Kenntnis
von Raschis Erläuterung zum Pentateuch, und die Fähigkeit leichte
Stellen des Talmud und der halachischen Gesetzbücher im Zusammen=
hange aufzufassen. Freilich hörte dieser Unterricht mit dem Beginn
des vierzehnten Lebensjahres auf. Aber jede irgend ansehnliche Ge=
meinde hielt es für ihre Ehrenpflicht, zur religiösen Fortbildung
ihrer Mitglieder ein Lehrhaus zu unterhalten [1]).

Hier trafen sich allabendlich die Branntweinbrenner, Geldwechsler,
Handwerker und Gewerbetreibenden und hörten den Vorträgen aus
den Schriften mittelalterlicher Moralisten und Bibelerklärer zu
oder disputierten mit Gewandtheit, Witz und Schlagfertigkeit bald
über schwierige Stellen in Maimunis Gesetzbuch, bald über den
rätselhaften Sinn der wortkargen Bemerkungen, mit denen R. Abbele
Gombiner den Schulchan aruch geziert hatte.

Allein dem hellen Lichte gebrach es nicht an tiefem Schatten.
Denn die also gezeitigte Geistesblüte war keineswegs eine gesunde
und lebenskräftige Frucht menschlichen Strebens und Ringens. Eng
und beschränkt wie der Wirkungskreis, der dem polnischen Juden
vergönnt war, mußte auch sein Bildungsziel werden. Was frommte
ihm, der an die Scholle gefesselt war, das Wissen von den Ländern
der Erde und ihrer Einteilung? Wozu sollte er, dem schon im
Heimatslande die Ansiedlung in gewissen Gegenden verboten war,
dem ganze Königreiche den Aufenthalt versagten, in seinem Herzen
die unstillbare Sehnsucht nach der Schönheit und Anmut von Berg
und Tal, von Feld und Wald in fernen Ländern erwecken und
lebendig erhalten? Wozu sollte er, der wie ein rechtloser Knecht be=
handelt wurde in dem Lande, das ihm heilig war, weil daselbst
seine Wiege gestanden, weil in seinem Staube seit Jahrhunderten
seine frommen Ahnen die letzte Ruhe gefunden, wozu sollte er, der
nirgends auf Erden die Rechte eines Bürgers gewinnen konnte,

---

[1]) Vgl. S. 27 f.

sich bemühen, Kenntnisse zu erwerben von den Taten der Menschen, von der Verfassung ihrer Staaten, von ihrer Teilnahme an der Kulturarbeit der Menschheit? Nirgends in seiner Umgebung entdeckte der Jude, der in Polen daheim war, Sinn für schöne Form und wohlgefällige Ordnung. Was Wunder, wenn auch er seine äußere Erscheinung, seine gesellschaftliche Haltung, seine Sprechweise und seinen sprachlichen Ausdruck verwahrlosen und verwildern ließ? Grammatik und Stilistik wurden als Gegenstände des Unterrichts von ihm nicht bloß vernachlässigt, sondern geradezu verachtet. So lagen alle Zweige des Wissens, die sich auf das Leben im Staate erstreckten, außerhalb des Kreises seiner geistigen Interessen.

Nur auf einem einzigen Gebiete, nur innerhalb des Gottesreiches auf Erden, das für ihn mit dem Glaubensverband des Judentums zusammenfiel, fühlte er sich als ein freier Mensch und als ein gleich=berechtigtes Mitglied der Gesellschaft. Das Wissen von Gott und seinem Gesetze war darum das einzige Ziel seines geistigen Strebens, der Wunsch und die Geschicklichkeit, die Gebote Gottes richtig und pünktlich auszuführen, die einzige Aufgabe seines sittlichen Eifers. „Was darf man tun, was muß man unterlassen, um zur Gottseligkeit zu gelangen?" — das war die große Frage, die den Mittelpunkt alles Denkens und Wollens bildete. Alle Vorgänge in der Natur und alle Ereignisse in Stadt und Land waren für den Juden nur der gleichgültige äußere Rahmen dieses gottgefälligen Lebens. Die ganze Welt der Erscheinungen unterwarf er nur zu dem Zweck einer Prüfung und Untersuchung, um zu erfahren, inwiefern sie religiöse er=laubte und unerlaubte Genüsse darbieten[1]. Dadurch wurde schließ=lich das ganze Leben zu einer Summe von klaren und nüchternen Vorschriften, die die Zeit ausfüllten und den Verstand beschäftigten, ohne das Herz zu erheben und das Gemüt zu befriedigen. Eine unklare Sehnsucht nach Vertiefung des ganzen religiösen Lebens be=herrschte weite Kreise der jüdischen Bevölkerung und rang nach lebendigem Ausdruck. Übersättigt von der kalten Klügelei des Ver=standes und erschreckt durch die dürre und öde Vernünftigkeit ihres Daseins lechzten sie nach einem Leben, erfüllt von religiöser Inbrunst und echter Herzensglut. Ungleich wichtiger und wertvoller als eine mühsam ergrübelte halachische Neuigkeit erschien ihnen eine kurze An=

---

[1] Vgl. S. 28.

dachtsſtunde, die mit dem wonnevollen Schauer der Begeiſterung das
Gemüt erſchütterte und läuterte, und ein in gläubiger Herzens=
einfalt geübtes Werk flößte ihnen bei weitem größere Ehrfurcht ein als
ein mit Fleiß und Scharfſinn zuſammengeſchriebenes halachiſches Werk.

Die alſo vorbereitete Maſſe fand ihren Führer und Fahnen=
träger um dieſelbe Zeit, in der Mendelsſohn in Deutſchland die
erſten Triumphe feierte. Damals lebte in Polen R. Israel Baal=
Schem oder BeSchT[1]) aus Miedzyboſz (in Podolien geb. etwa 1698,
geſt. 1759), ein einfacher und wenig kenntnisreicher Mann, deſſen
Taten, Sitten und Anſchauungen muſterhaft und maßgebend wurden
für die überraſchend große Zahl von Anhängern, die ihm faſt mühe=
los und ohne ſein Zutun zufielen. Über ſeinen Lebensgang iſt wenig
bekannt. Nur ſoviel wiſſen wir, daß die verzückte Andacht ſeines
Gebetes Aufſehen erregte und ihm allmählich den Ruf eines Heiligen
erwarb. Die im letzten Jahrzehnt ſeines Lebens täglich wachſende
Schar ſeiner Bewunderer traute ihm die Fähigkeit zu, mit Hilfe der
Kabbala Kranke zu heilen, böſe Geiſter zu bannen und lebendig in
den Himmel zu ſteigen, um geheimnisvolle Offenbarungen in Empfang
zu nehmen.

Es lag keineswegs in ſeiner Abſicht, eine Spaltung des rabbi=
niſchen Judentums hervorzurufen. Er lebte vielmehr in allen weſent=
lichen Stücken ſtreng nach den Vorſchriften und Grundſätzen, die
Geſetz und Herkommen den frommen Juden vorſchreiben, und war
auch inſofern ein Kind ſeiner Zeit, als er, wie die Tüchtigſten ſeiner
Zeitgenoſſen in den Ländern des europäiſchen Oſtens, den Sohar
und die kabbaliſtiſchen Schriften Iſaak Lurjas mit ihren tiefſinnigen
Geheimniſſen und ihren eitlen Träumereien nahezu ebenſo hoch und
heilig hielt wie die Bibel und die halachiſchen Geſetzbücher. Um ſo
verhängnisvoller und verderblicher wirkte er dagegen unabſichtlich
durch den Zauber, den ſeine Perſönlichkeit auf ſeine verblendeten An=
hänger ausübte. Jeder ſeiner Mienen, jedes ſeiner Worte bewunderten
ſie als einen Ausfluß göttlicher Weisheit. Sein Rat in weltlichen
Dingen galt ihnen wie ein göttliches Gebot als Richtſchnur für ihr
Leben, ſein Segen und ſeine fromme Fürbitte als eine unverbrüch=

---

[1]) בַּעַל שֵׁם oder בַּעַל שֵׁם טוֹב (=בעש"ט), wörtlich: der Meiſter des
Namens oder der Meiſter des Namens des Allgütigen, d. h. der Meiſter, der
den heiligen Gottesnamen zu Wunderwerken zu gebrauchen verſteht.

liche Gewähr zeitiger und ewiger Glückseligkeit. Sie nannten ihn
den Zaddik[1]), „den Tugendhaften" und betrachteten ihn, in krassem
Widerspruch zu den Grundlehren unserer heiligen Religion, etwa
nach dem Vorbild der Verehrung, die ihre nichtjüdische Umgebung
vorschriftsmäßig dem höheren und niederen Klerus zu zollen ver=
pflichtet war, als eine Art Mittelsperson zwischen Gott und dem
Menschen. Diese unerhörte Stellung, die der gedankenlose Troß ihm
freiwillig zuwies, wußten seine verschlagenen Jünger und Nachfolger
zu ihrem persönlichen Vorteil zu befestigen und auszubeuten.

Sie forderten von ihren Gläubigen, die sich bald Chassidim[2]),
d. h. die Frommen', die Gottesfürchtigen nannten, angeblich im
Sinne des Meisters, unbedingte Unterwerfung unter den Willen des
Oberhauptes und lehrten, daß allein durch blinden Gehorsam gegen
den Zaddik, der „das Fundament der Weltordnung[3])" sei, die Voll=
kommenheit der Seele errungen werden könne. Schon durch das
bloße Gespräch mit ihm werde der gemeine Mensch zu Gott empor=
gehoben. Es sei darum eine heilige Pflicht ihn aufzusuchen, ihn zu
ehren und reich zu beschenken, besonders aber die Festtage in seiner
beglückenden Nähe zu verleben. Im Übrigen müsse jeder Gesinnungs=
genosse sich auszeichnen durch felsenfestes Gottvertrauen, durch fromme
Ergebung in den Willen der Vorsehung, durch eine unerschütterliche
Heiterkeit des Gemütes und durch rücksichtslose Bekämpfung aller
Hindernisse, die geeignet sind, das Gleichmaß der Seele zu stören.
Nicht Scharfsinn, nicht Gelehrsamkeit, nicht Wissenschaft führen zur
wahren Weisheit und Erkenntnis Gottes. Nur einen Weg gebe es
zu diesem Ziele: die Andacht und die Inbrunst des Gebetes. Jede
quälende Sorge, jeder störende Gedanke, jeder Anlaß zur Unruhe
müsse überwunden werden, wenn die Seele auf den Fittichen des
Gebetes sich frei emporschwingen solle zu ihrem Schöpfer. Wolle
dann trotz ernster Bemühung die Richtung der Gedanken und Ge=
fühle auf den Inhalt des Gebetes nicht gelingen, so empfehle es sich,
die Aufmerksamkeit durch lautes Sprechen und Singen, durch starke
Gebärden und heftige Bewegungen des Körpers zu erzwingen, ja
selbst mit Hilfe berauschender Getränke die Sorgen zu verscheuchen.

Dieses sonderbare Gemisch von erhabenen Gedanken und ver=
werflichen Grundsätzen brachten die Jünger Bescht s in Umlauf und

---

[1]) צַדִּיק   [2]) חֲסִידִים

[3]) Spr. Sal. 10, 25.

sahen die Zahl ihrer Gesinnungsgenossen täglich wachsen. Mit der
Zunahme der Anhänger teilte sich der Gesamtverband in einzelne Be=
zirke, von denen jeglicher bald seinen besonderen Wundermann als
Oberhaupt anerkannte und abgöttisch verehrte. Die meisten Würden=
träger gelangten schnell zu fürstlichem Reichtum, und einzelne ver=
standen es sogar, die einträgliche Stellung in ihrem Hause erblich
zu machen. Sie erhielten das verblendete Volk in sklavischer Ab=
hängigkeit und gewöhnten es an törichten Aberglauben und tiefe Un=
wissenheit. Durchaus fruchtlos und unwirksam blieben alle An=
strengungen und Bemühungen, die die polnischen Rabbiner, und
allen voran der wegen des Umfangs und der Tiefe seiner Gelehr=
samkeit und wegen seines erstaunlichen kritischen Scharfblickes viel
bewunderte und mit dem Ehrenmann „Gaon" ausgezeichnete R. Elia
Wilna (1720—1797), machten, um dem Unwesen der Wunder=
männer zu steuern. Vergeblich belegten sie die Anhänger der neuen
Richtung mit dem Banne. Da es ihnen an Kraft und Klarheit
gebrach, das Übel an der Wurzel anzugreifen und der Kabbala
grundsätzlich jeden Einfluß auf die religiöse Praxis zu versagen,
mußten sie ihre halben und unentschlossenen Maßregeln an der treff=
lichen Organisation und dem erstaunlichen Opfermut ihrer Gegner
kläglich scheitern sehen. Dazu kam, daß eben damals das polnische
Reich gänzlich in Trümmer ging und die Sorge um die Umgestaltung
des äußeren Lebens unter den neuen Landesherren für längere Zeit die
Aufmerksamkeit von den inneren Wirren ablenkte. In diesen Tagen
des Verfalles erstarkte der Chassidismus in den polnischen Land=
strichen, die unter russische und habsburgische Herrschaft gelangten.
Nur in den polnischen Provinzen Preußens schlug er niemals feste
Wurzel, weil daselbst die Regierung für die Bildung und Aufklärung
der höheren und niederen Schichten der Bevölkerung in gleicher Weise
eifrig und unablässig Sorge trug. Auch in den Nachbarländern wird
seine Stunde schlagen, wenn in ihnen der Volksunterricht zur Blüte
gelangt sein wird. Die ersten Früchte einer solchen durch die Obrig=
keit gepflegten Entwickelung sehen wir in der Gegenwart in
Galizien reifen.

4. Die ersten Schulen. Beginn der Emanzipation.

In denselben Jahrzehnten, während welcher das polnische
Reich seinem Untergang entgegenging, erlebte Deutschland die

glänzende Blütezeit seiner klassischen Litteratur. Durch unvergleichliche Großtaten des Geistes erweckten die Dichter und Denker im Herzen der deutschen Nation die Begeisterung für die höchsten Ideale der Bildung und Freiheit. Dem segensreichen Wirken Moses Mendelssohns hatten es die deutschen Juden zu verdanken, daß sie Verständnis für diesen geistigen Aufschwung ihrer christlichen Mitbürger und zugleich die Fähigkeit erhielten, an dieser ernsten Kulturarbeit teilzunehmen.

Mendelsohns Freunde und Jünger ließen sich, wie bereits erzählt wurde, von der richtigen Erkenntnis leiten, daß die Wiedergeburt des jüdischen Geistes mit der Umgestaltung des Unterrichts= und Erziehungswesens beginnen müsse. Nach dem Muster der von David Friedländer in Berlin begründeten Freischule entstanden allmählich ähnliche Lehranstalten in anderen Städten Deutschlands[1]). Zu besonderer Genugtuung gereichte es den preußischen Juden, daß der aufgeklärte und menschenfreundliche Graf Hoym, der Mendelssohn sehr verehrte und mit ihm in brieflichem Verkehr stand, im Jahre 1792 in Breslau für sie die Königliche Wilhelmsschule ins Leben rief und sie dauernd unter staatliche Oberaufsicht stellte. Aber das Beispiel des hochverdienten Staatsmannes, der nach der damaligen preußischen Verfassung die Provinz Schlesien als ein selbständiges Verwaltungsgebiet regierte, fand in den übrigen Gebieten des preußischen Staates keinerlei Nachahmung. Mit bewährter Bedächtigkeit und Umsicht sorgten vielmehr in den anderen Landesteilen die Behörden dafür, daß die Bevölkerung in langsamer und stetiger Entwicklung den neuen Zuständen entgegenreife. Besonders warnte vor jeglicher Überstürzung der augenscheinliche Mißerfolg, den die hochherzigen Reformen des edlen Kaisers Josephs II. in den österreichischen Landen erfuhren. Sie scheiterten an der unvermittelten Rücksichtslosigkeit, mit der sie vorgeschlagen wurden und an der Unfähigkeit der überraschten Judenschaft, den Wert des wohlwollenden Geschenkes richtig zu schätzen und zu würdigen. Erst viel später sind sie wieder aufgenommen und zu einem glücklichen Abschluß geführt worden.

Um so leuchtender ging jenseits des Ozeans die Sonne der

---

[1]) Es entstanden 1799 die Freischule (später Franzschule) in Dessau, 1801 die Jakobson=Schule in Seesen, 1804 das Philanthropin in Frankfurt a. M., 1807 die Samson=Schule in Wolfenbüttel.

Freiheit für die moderne Menschheit auf. In Nordamerika wurde in jenen Tagen (1782) zum ersten Male die völlige Gleichberechtigung aller Bürger des Staates ohne Unterschied des Glaubens und der Herkunft als ein Grundsatz der Staatsverfassung verkündet und die frohe Aussicht, die von den Wortführern der französischen Aufklärung allen bedrückten Gemütern eröffnet worden war, zur Wahrheit gemacht. Mit freudiger Genugtuung lauschten namentlich die Juden der fröhlichen Botschaft, die gerade in der Morgenstunde ihres neuen Daseins aus Frankreich herübertönte. Die französischen Helden des Wortes und der Feder und deren zahlreiche Anhänger in den Kultur= staaten der alten und neuen Welt erschienen ihnen als natürliche Bundesgenossen in dem nunmehr beginnenden Kampfe gegen mittel= alterliche Vorurteile und verjährte Mißbräuche auf allen Gebieten des öffentlichen Lebens.

Allein so begründet und berechtigt das Ziel der allgemeinen Geistesrichtung war, so betrübend waren einzelne Erscheinungen, die sie begleiteten. Die Natur des Kampfes gegen das eingewurzelte Unrecht brachte es mit sich, daß in den Gemütern, die Ehrfurcht vor den geschichtlich gewordenen Mächten aufs tiefste erschüttert wurde. Die kalte und nüchterne Vernünftelei des gesunden Menschenverstandes, die jetzt alle Erscheinungen des Lebens ohne Unterschied beherrschen und durchdringen sollte, wirkte lähmend und zersetzend auf die naive Herzensinnigkeit, mit der Christen und Juden an tausenderlei durch Alter und Herkommen liebgewordenen Sitten und Anschauungen hingen. Es fehlte jenem Geschlecht die rechte Würdigung der un= überwindlichen Macht, die geschichtlich gewordene Verhältnisse auf den Menschen ausüben. Unter den Juden verstanden es höchstens Mendelssohn und sein Freund Wessely die rückhaltlose Hingabe an die geistigen Bestrebungen der Gegenwart mit der unwandelbaren Treue gegen die religiösen Anschauungen der Väter innig zu ver= mählen. Die Übrigen verschmähten nicht nur die bisherige ver= wilderte Weise des Unterrichts und der Erziehung, die kauderwelsche Mischsprache, den geschmacklosen Sprachton und die verwahrloste äußere Haltung, sondern sie erlaubten sich auch, bald im Stillen, bald öffentlich selbst berechtigte und im Gesetz und Herkommen be= gründete jüdische Eigenheiten zu verachten und zu verspotten, sofern sie dem modernen ästhetischen Sinn ihrer Meinung nach widerstritten oder der gesellschaftlichen Verschmelzung mit den Andersgläubigen

hindernd im Wege standen. Schon gab es eine stattliche Anzahl
jüdischer Familien in Berlin und Königsberg, deren Mitglieder
sich durch eine vorzügliche schöngeistige Bildung auszeichneten, in
deren Kreisen aber auch überängstlich jedes Wort und jede Miene
vermieden wurde, die an den jüdischen Ursprung erinnern konnte.
Ja in Berlin wurden sogar die Salons geistvoller Jüdinnen geradezu
die Pflegestätten der Kunst und Wissenschaft, und die bedeutendsten
Männer jener Tage, wie die Brüder Wilhelm und Alexander v.
Humboldt, Schleiermacher und andere, bewegten sich mit Vorliebe in ihnen, zu ernstem und heiterem Schaffen Anregung gebend
und empfangend.

Diese ungewohnten Vorgänge in den Häusern gebildeter Glaubensgenossen wirkten berauschend und entzückend auf die Berliner Juden,
die dergleichen sahen, und auf die Bewohner der Provinz, die davon
hörten, und es erwachte in ihnen der Drang, gleicher Ehren teilhaftig zu werden. Die Sehnsucht in die Gesellschaft einzutreten,
wurde dadurch für eine große Anzahl blinder Nachahmer der einzige
Zweck, um dessentwillen sie sich beeiferten, ein gewisses Maß von
Bildung im Fluge zu erhaschen. Die vernünftige Reihenfolge der
Tatsachen umkehrend, begannen sie im Gegensatz zu Mendelssohn,
der aus reinem Wissenstrieb sich zuerst gebildet und dann auf
Grund seines Wissens Ansehen, Achtung und Einfluß gewonnen hatte,
damit, daß sie, um den Schein der Aufklärung und Vorurteilslosigkeit sich zu erwerben, mit dem Gewande und der Sprache der
Väter achtlos auch viele Grundsätze von sich warfen, die das Wesen
und den Kern des Judentums ausmachen. Haltlos drängten und
hasteten diese Halbgebildeten vorwärts, ermuntert durch das allgemeine Streben jener Zeit, die Autorität der Überlieferung, wo
immer sie sich geltend machte, zu vernichten. Der große Meister
freilich hatte klar und sicher die gegebenen Unterschiede der Religionen
und Nationen als von der Vorsehung mit weiser Absicht eingesetzte
Ordnungen aufgefaßt, und die Unmöglichkeit, sie in absehbarer Zeit
zu verschmelzen, deutlich erkannt. Einzelne seiner Jünger aber waren,
vom Zeitgeiste verblendet, bereit und erbötig, die Vergangenheit zu
opfern, um die Zukunft zu gewinnen. Nahm doch sogar einer der
verdientesten von ihnen, der nüchterne und besonnene David Friedländer, in jenen Tagen keinen Anstand, ein „Sendschreiben einiger
Hausväter jüdischer Religion“ an den allgemein hochverehrten Probst

Teller zu richten und darin dem christlichen Gottesgelehrten einen
Vorschlag zu machen, der einen verblüffenden Mangel von Einsicht
und Urteilsfähigkeit auf religiösem Gebiet verrät. Er glaubte in
seiner unendlichen Naivetät, daß das Judentum und das Christentum
sich leicht und bequem mit einander versöhnen ließen, wenn nur das
eine etliche Zeremonien, das andere etliche Dogmen, besonders das=
jenige von der Dreieinigkeit, aufzuheben sich entschließen könnte. Für
die Wegräumung der störenden Zeremonien zu wirken, dazu erklärte
er sich bereit, wofern der andere geneigt wäre, auf die Lehre von
der Dreieinigkeit zu verzichten und dadurch auch an seinem Teile
zur Vereinigung der Glaubensbekenntnisse beizutragen. Bei allem
Freisinn sah der gelehrte Theologe klar die Torheit des wunderlichen
Ansinnens ein und beeilte sich, dem verblendeten Gegner die Augen
zu öffnen. Er wies ihn darauf hin, daß die Religionen organisch
entwickelte geschichtliche Gewalten seien, an deren geheiligten Ein=
richtungen der Einzelne keineswegs nach seinem Gelüst bessern und
ändern dürfe, und daß derjenige einen Verrat an seinem Glauben
begehe, der sich für befugt halte, Vorschriften und Glaubenssätze bloß
darum, weil er sie nicht verstehe, für aufgehoben und unverbindlich
zu erklären.

Leider reichte diese ernste und wohl begründete Zurechtweisung
nicht mehr aus, um die Mehrzahl der gebildeten und halbgebildeten
Gesinnungsgenossen Friedländers auf den rechten Weg zurückzu=
führen. Das Ritual=Gesetz hatten sie schon längst beiseite geworfen.
Der Gottesdienst bot ihnen seiner unsympatischen äußeren Formen
wegen täglich weniger Erhebung und Erbauung. Dazu kam die
Erkenntnis, daß sie die jüdische Sittenlehre beibehalten durften, selbst
wenn sie die letzte Scheidewand niederrissen, die sie von der Gesell=
schaft trennte. Sie wurden darum in großer Anzahl dem alten
Glauben untreu und traten, ohne Überzeugung von der neuen Lehre
mit einer Lüge auf der Lippe aus rein weltlichen Gründen in Scharen
zum Christentum über.

Inzwischen waren die Schrecknisse der französischen Revolution
über Europa hereingebrochen und hatten abkühlend und ernüchternd
auf die überschwengliche Schwärmerei vieler unbewachter Gemüter
und zahlreicher unklarer und verworrener Köpfe eingewirkt. Alle
Welt atmete erst wieder erleichtert auf, als es Napoleon Bonaparte
gelungen war, die entfesselten Leidenschaften zu besiegen. Wie ein

glänzendes Meteor stieg sein Ruhm als unbesiegter Krieger und unübertrefflicher Staatsmann am europäischen Himmel auf, und alle Völker der Erde lagen im Staube vor seinen beispiellosen Erfolgen. Der allgemeine Taumel ergriff auch die Juden. Ihnen erschien er geradezu wie ein von Gott gesandter Erlöser.

Als er im Jahre 1806, veranlaßt durch vielfache Beschwerden über sie, ein Dekret erließ, in dem er 110 jüdische Deputierte aus seinem Reiche, das sich damals vom Tiber bis an den atlantischen Ozean und von den Pyrenäen bis an den Rhein ausdehnte, nach Paris berief, um ihnen darzulegen, daß er die Juden zu nützlichen Bürgern machen, ihre religiösen Anschauungen mit den Pflichten der Franzosen in Übereinstimmung bringen, die Vorwürfe, die man ihnen machte, abwenden, und den Übeln, die sie verursacht, abhelfen wolle, folgten die Berufenen über alle Maßen beglückt seiner Aufforderung. Die einfachen, dem öffentlichen Leben bisher ganz fernstehenden, zum Teil an kleinliche Verhältnisse gewöhnten Abgeordneten waren verwirrt und betäubt von den glänzenden und feierlichen Formen, mit denen ihr Zusammentritt und ihre Beratungen auf Befehl des Kaisers um-geben wurden. Die Überzeugung, daß der allmächtige Kaiser ihren Beschlüssen die Anerkennung der ganzen Welt erzwingen werde, und die lockende Aussicht, ihren bisher rechtlosen Glaubensgenossen eine gesetzlich geschützte Stellung zu verschaffen, machte sie derartig befangen, daß sie kaum die Würde des Judentums zu wahren vermochten. Indessen ermannten sie sich bald und einigten sich zu der Erklärung, daß „die Franzosen, die sich zur Lehre Moses bekennen, gesonnen seien, das Gesetz des Landesherrn in bürgerlichen und politischen Angelegenheiten als höchstes Gesetz zu betrachten, so daß, wenn selbst ihr religiöses Gesetzbuch oder dessen Auslegung bürgerliche oder politische Andeutungen enthielte, die mit dem französischen Gesetzbuch nicht in Übereinstimmung wären, diese Anordnungen von diesem Augenblick an aufhören würden, ihnen zur Richtschnur zu dienen, weil sie vor allen anderen das Gesetz des Landes anerkennen und ihm gehorchen müßten." Napoleon wünschte, daß die Juden vom Hausier- und Geldhandel abgelenkt, für den Ackerbau, das Handwerk und den Heeresdienst gewonnen und zu einer zeitgemäßen Erziehung der Jugend angehalten würden. Alle diese Vorschläge erklärten auch die Ab-geordneten für empfehlenswert, und ihre Beschlüsse wurden gesetzlich befestigt durch ein sogenanntes Sanhedrin, das vom Kaiser berufen wurde und aus 46 Rabbinern und 25 Laien bestand. Das bleibende tatsächliche Ergebnis der Verhandlungen war die Konsistorialver= fassung, die noch heute für die jüdischen Angelegenheiten in Frank= reich besteht. Auf Grund derselben ist die Bevölkerung nach den Departements zu religiösen Gemeinschaften zusammengefaßt, an deren Spitze Konsistorien stehen. Diesen Behörden, deren Vorsitzender ein Rabbiner ist, liegt die ganze Leitung und Verwaltung der Gemeinde= Angelegenheiten ob. Paris ist der Sitz des Zentral=Konsistoriums, an dessen Spitze ein Oberrabbiner steht.

Diese Vorgänge in Frankreich gewannen zwar in keiner Weise einen nachhaltigen Einfluß auf die Entwickelung der jüdischen Ge= samtheit. Immerhin aber erweckten sie in ihrer Zeit in den Juden des Auslandes, besonders bei denen des deutschen Reiches, die kühnsten Hoffnungen auf die baldige Wiederherstellung ihrer bürger= lichen und staatsbürgerlichen Rechte. Deutsche und holländische Gemeinden schickten Adressen und Abgesandte an den Kaiser Napoleon, um ihn anzuflehen, nunmehr auch für ihre ganze Glaubensgemeinschaft heilvolle Einrichtungen anzubahnen. Namentlich tat sich unter den Verehrern des Kaisers der braunschweigische Kammeragent Israel Jakobson hervor, ein gebildeter Mann, der über reiche Mittel ver= fügte und es als seine Lebensaufgabe betrachtete, die Lage seiner Glaubensbrüder zu verbessern. All sein Dichten und Trachten war auf die Förderung ihres Wohls gerichtet, und kein Opfer an Geld und Mühe war ihm zu groß, wenn sich ihm die Aussicht bot, ihre Bildung und ihren Charakter veredeln und ihre gesellschaftliche Stellung heben zu können. Für die Juden seines engeren Heimatlandes errichtete er bereits 1801 in Seesen eine noch jetzt blühende Lehr= anstalt, die den neuen Anforderungen entsprach. Später verlegte er seinen Wohnsitz nach Kassel, der Residenz des von Napoleon er= richteten kurzlebigen Königreiches Westfalen, und wurde daselbst der Vorsitzende des Konsistoriums, das nach französischem Muster errichtet worden war. In dieser neuen und einflußreichen Stellung verband er seinen Eifer für die Verbesserung des Unterrichts mit der Sorge für die Wiederherstellung eines wahrhaft erbaulichen Gottes= dienstes. Er wohnte gern den allsabbathlichen Andachtsstunden bei, die er für die Jugend in den Räumen der Kasseler Schule abhalten ließ, und benutzte häufig die Gelegenheit, die Zöglinge in feierlichen Anreden zu belehren und zu erbauen. Für die Pflichtgebete blieb bei diesen Gottesdiensten die hebräische Sprache beibehalten, während daneben auch Gebete und Gesänge in der Landessprache eingeführt wurden. So trat hier zum ersten Male eine Einrichtung ins Leben, die in den späteren Jahrzehnten heftige Kämpfe zwischen den Freunden des Fortschrittes und den Anhängern des Herkommens hervorgerufen hat. Ein Jahr später erlaubte sich Jakobson noch einen weiteren Schritt, indem er in Seesen einen Tempel erbauen ließ und darin als dauernde Einrichtung einen geordneten Gottesdienst mit Orgel= klang, deutscher Rede und deutschen Gesängen einführte.

Durch alle diese gewaltigen Umgestaltungen paßte sich das Leben der deutschen Juden mehr und mehr der Bildung und den Sitten des Vaterlandes an. Die Kluft, die sie bisher durch ihre Erziehung und ihre Lebensanschauungen von ihren Mitbürgern getrennt hatte, war glücklich überbrückt, und das nächste Ziel ihres Strebens richtete sich nunmehr vornehmlich darauf, daß ihnen erlaubt werde, als voll= berechtigte Söhne des Vaterlandes an der Arbeit für das Gesamtwohl teilzunehmen.

Freilich waren hier noch schwere Hindernisse zu besiegen. Es war die Engherzigkeit und der Brotneid der Gilden und Zünfte, die den Juden den Eintritt in ihren Verband versagten, zu überwinden. Es mußte in ihrer Mitte gegenüber der ihnen seit Jahrhunderten aufgezwungenen einseitigen Gewöhnung an die Handelstätigkeit die Abneigung gegen die übrigen Erwerbszweige bekämpft und beseitigt und der Sinn für Ackerbau und Handwerk neu geweckt und belebt werden. Vor allem aber galt es, den Gesetzgeber zu bewegen, daß die kanonischen Unrechtsgesetze gegen die Nichtchristen, die in den deutschen Gesetzen noch immer von Staatswegen in vollem Umfang gegen sie zur Anwendung gebracht wurden, endlich außer Kraft gesetzt wurden.

Da ward nach göttlicher Fügung die entsetzliche Not, die durch den Übermut der Franzosen über ganz Deutschland hereinbrach, für die Juden mittelbar der Anlaß zu ihrer Erlösung aus dem tausend= jährigen Elend. Als in jenen Jahren der Trübsal das Vaterland die opferfreudigste Hingebung und die schwersten Dienstleistungen von seinen Untertanen verlangen mußte, wetteiferten die Juden mit den besten Christen um die Palme des Heldenmutes und setzten willig Gut und Blut für das Gesamtwohl ein. Diese in tausend Gefahren geübte Liebe und Treue verscheuchte endlich die verjährten Vorurteile und versöhnte die Herzen mit einander. Als mühsam erkämpfter Preis für die Schmerzen und Leiden, die sie redlich mit den christlichen Landsleuten geteilt hatten, ward ihnen wenigstens in Preußen das Bürgerrecht zuteil. Die weisen Staatsmänner, welche in jener eisernen Zeit Preußens Geschicke lenkten und an seiner Wiedergeburt arbeiteten, sahen ein, daß es zuvörderst ein Gebot der Staatsklugheit und nicht minder eine Forderung der Gerechtigkeit sei, die Kraft und Einsicht von 200000 fleißigen und betriebsamen Einwohnern zur Mitarbeit an der Förderung des Gemeinwohls zu gewinnen. Indem sie durch das Gesetz vom 11. März 1812 das tausendjährige Unrecht sühnten, leisteten sie einen gleich großen Dienst dem Vaterlande und den Juden. Das Blut jüdischer Väter und Söhne, welches darauf in den Freiheitskriegen auf dem Schlachtfelde vergossen wurde, besiegelte den Bund zwischen den Juden und dem Vaterlande. Als dann nach dem Ende des Krieges die Bevollmächtigten der europäischen Staaten zum Wiener Kongreß (1815) zusammentraten, und die Vertreter Preußens und Österreichs beantragten, daß den Juden durch einen Beschluß der Versammlung der Fortbesitz der erworbenen Rechte dauernd gesichert und verbürgt werde, scheiterte ihre wohlwollende Absicht, deren Verwirklichung sie öffentlich als eine unabweisbare Pflicht der Staaten anerkannten, an dem kleinlichen und engherzigen Widerstand der übrigen Mächte. Die deutsche Bundesakte, die damals zustande kam, eröffnete den Juden nicht mehr als die Aussicht auf den vollen Genuß der bürgerlichen Freiheit und sicherte ihnen nur die Erhaltung der ihnen in den einzelnen Bundesstaaten eingeräumten Rechte zu.

Zweiter Abschnitt

Die Zeit äußerer und innerer Wandlungen.

(1815 bis zur Gegenwart.)

Erstes Kapitel

Der Kampf um die Wiederherstellung der bürgerlichen und staatsbürgerlichen Rechte.

Die Emanzipation in Deutschland. Gabriel Rießer.

Die Hoffnungen, die der Bundestag den Juden eröffnet hatte erfüllten sich fürs erste nicht. Es wurden vielmehr zunächst selbst die als endgültig gegebenen Zusagen nachträglich verkümmert und verkürzt. Das Schlußprotokoll der Wiener Verhandlungen stellte den Juden statt des sicheren Besitzes der in den einzelnen Bundesstaaten erworbenen Rechte nur die Bürgschaft für die ihnen von den einzelnen Staaten verliehenen Gerechtsame in Aussicht. Die scheinbar harmlose Änderung der Präpositionen erwies sich als höchst verhängnisvoll. Mit Hilfe derselben wurde die Rechtsgrundlage der jüdischen Gleichberechtigung in den Staaten erschüttert und untergraben, die unter der Fremdherrschaft den französischen Verwaltungsgrundsatz von der unbedingten Rechtsgleichheit aller Bürger ohne Unterschied des Glaubens und der Abstammung zu dem ihrigen gemacht hatten. Die wieder zur Selbständigkeit gelangten freien Städte Lübeck und Bremen gingen sogar soweit, die Juden, die sich inzwischen nach Recht und Gesetz in ihrem Weichbild angesiedelt hatten, mit rücksichtsloser Gewalt auszutreiben. Andere Staaten, wie Sachsen, Hannover und Mecklenburg gönnten ihnen zwar Luft und Licht, hielten aber mit Strenge die meisten mittelalterlichen Beschränkungen aufrecht. Selbst in Preußen zog die Regierung einen wesentlichen Teil der in den bösen Jahren gemachten Versprechungen wieder zurück. Die Aussicht auf akademische Lehrämter, die ihnen im Gesetz von 1812 eröffnet war, wurde ihnen geraubt. Sogar der durch persönliche Tapferkeit im Kriege erworbenen Ehrenstellungen und der Ansprüche, die sie auf dieselben nach den gemachten Verheißungen begründen durften, wurden sie wegen ihres Glaubens für verlustig erklärt.

Alle diese Vorgänge riefen eine den Juden feindliche Gesinnung bei ihren christlichen Mitbürgern hervor. Dazu kam, daß ohnehin damals die Nation in dem stolzen Bewußtsein der soeben glänzend bewährten strotzenden Kraftfülle von einer grenzenlosen Schwärmerei für reines und unverfälschtes Deutschtum erfaßt war, die sich feind= selig und ausschließend gegen die Mitbürger anderer Abstammung richtete. So sah der deutsche Jude, der bereits geglaubt hatte, durch Aufklärung und Bildung ganz und gar in seiner Zeit und in seinem Vaterlande heimatsberechtigt geworden zu sein, sich von neuem ausgestoßen aus der Gemeinschaft der Menschen, mit denen er sich auf den wichtigsten Lebensgebieten eins fühlte, und sich auf ein Gebiet zurückgedrängt, dem er sich schon längst entfremdet hatte, und dem er völlig entwachsen war. Das Geschlecht, das in dem Morgenlichte der jüdischen Aufklärung und Bildung gereift und einzig für die Teilnahme an der vaterländischen Arbeit erzogen war, fühlte sich durch diesen Umschwung plötzlich geistig und sittlich ent= wurzelt und erblickte in seiner Herzensangst keinen anderen Weg vor sich als den, ohne religiöse Nötigung und mit dem schmerzlichen Be= wußtsein der Untreue im Herzen und der Lüge auf den Lippen, den väterlichen Glauben zu verlassen. Um den ihnen durch die Ereignisse angewiesenen und ehrenhaft von ihnen ausgefüllten Platz unter den Mitmenschen ferner zu behaupten, sprachen damals viele begabte Männer öffentlich ein Bekenntnis aus, das sie in ihren eigenen Augen entwürdigte. In ihrem neuen Glauben wurden sie dann tapfere Streiter des „jungen Deutschlands", das gegen diesen schmach= vollen Rückschritt der Nation mit allen Mitteln satirischer und zorniger Beredsamkeit zu Felde zog.

Als darauf das Jahr 1830 von neuem die Fürstenthrone er= schütterte, als die Völker dringender ihr Recht verlangten, und als diese Bewegung auch die Deutschen aus ihrem Schlummer aufrüttelte und sie zu einem neuen Kampfe um die tätige Teilnahme an ihrem Geschick ermutigte, da erstanden auch unter den Juden Männer, die in dem allgemeinen Rechtskampfe offen für ihre Brüder eintraten.

Der trefflichste von ihnen war Gabriel Rießer, ein jüdischer Rechtsgelehrter aus Hamburg, der das Bewußtsein von dem Anrecht an die Emanzipation, das seine Glaubensgenossen durch eigene Kraft gewonnen hatten, mit der siegreichsten Beredsamkeit und der uner= schütterlichsten, echt deutschen Geradsinnigkeit zum Ausdruck brachte.

9*

Wohl war er als Enkel des Oberrabbiners seiner Vaterstadt von glühender Begeisterung für den Lehrinhalt der jüdischen Religion er=füllt. Zu öffentlichem Auftreten aber trieb ihn in erster Linie sein gekränktes Rechtsgefühl. Um den gedrückten Glaubensbrüdern die verkümmerten Menschenrechte zurückerobern zu helfen, erhob er seine Stimme. Gleichheit vor dem Gesetze ohne jeden Vorbehalt und Hintergedanken forderte er für sie von den deutschen Fürsten und Völkern. „Nichts von Rechtfertigungen und Zugeständnissen!" rief er den Zeitgenossen in seiner Schrift „über die Stellung der Bekenner des mosaischen Glaubens in Deutschland" zu. „Man hat nicht das Recht, uns der Unfähigkeit oder Unwürdigkeit zu beschuldigen, während man selbst uns unwiderrechtlich verhindert, unsere Befähigung und Würdigkeit zu betätigen. Nichts von Konzessionen und Einzelrechten! Sie würden die alte Schmach nur durch neue Demütigung erneuern und verlängern. Das ist eben die Bedeutung, das die Aufgabe unseres heutigen Kampfes, daß wir ohne eine andere Waffe als die der Humanität, ohne einen anderen Stolz, als den der Menschen=würde, allem verjährten Vorurteil, allem Übelwollen zu begegnen haben. Diese Waffe, dieser Stolz allein müssen unser Gemüt frei und rein erhalten, sowohl von Haß und dauernder Bitterkeit, als von Gedrücktheit und steter Empfindlichkeit. . . . ."

„Das Menschenrecht kann uns die Niedrigkeit nicht gönnen, kann die Gewalt uns vorenthalten; aber an Menschenwürde, an männlichem Bewußtsein, an reiner, ungetrübter, menschlicher Bildung sollen sie uns kein Haar breit rauben . . ."

„Es handelt sich dabei nicht um zu vermehrende Rechte, um zu verringernde Lasten. Wir wollen keine Abgabe erlassen haben, als die der religiösen Lüge. Wir wollen nichts, als daß man uns so behandle, wie wenn wir einen Schritt getan hätten, gegen den sich unser Gewissen sträubt".

Mit edler Entrüstung eiferte er besonders gegen den Mißbrauch, daß damals die Machthaber die religiöse Ehrlichkeit und Treue der Juden mit Rechtsverweigerung bestraften, während sie den nicht selten aus gemeiner Selbstsucht geschehenen Übertritt zum Christentum mit den höchsten Ehren und Rechten belohnten. „Das ist nicht mehr ein Kampf zwischen Glauben und Glauben", setzte er mit der ihm eigenen Schärfe auseinander, sondern zwischen Wahrheit und Lüge, zwischen Redlichkeit und Trug, um den es sich handelt. Es

iſt die Frage, ob der Staat länger auf die Lüge einen Preis ſetzen
ſoll, die entweder mit der Maske der Heuchelei erſcheinen, oder ſich
nicht die Mühe des Heuchelns geben und ihre Häßlichkeit offen zur
Schau tragen könnte".

Dabei vergaß er im heißeſten Kampfe für die Rechte ſeiner
Glaubensbrüder niemals die Liebe zum deutſchen Vaterlande
und erklärte ausdrücklich: „Bietet mir mit der einen Hand die
Emanzipation, auf die alle meine innigſten Wünſche gerichtet ſind,
in der anderen die Verwirklichung des ſchönen Traumes von der
politiſchen Einheit Deutſchlands mit ſeiner politiſchen Freiheit ver-
knüpft, ich werde ohne Bedenken das letztere wählen".

Wie ein Prophet wandte ſich Rießer mahnend, warnend und
tröſtend an ſeine Glaubensgenoſſen, um ſie bei der Fahne des
Rechts und der Wahrheit feſtzuhalten. Er ermutigte ſie, nichts von
ihrem Judentum zu opfern, um nicht die Grundſätze des Rechts für
einen augenblicklichen Gewinn aufzugeben. Er bewirkte, daß die
deutſche Judenheit mit Würde und Selbſtbewußtſein ihre Sache vertrat und alle Zumutungen, die Emanzipation durch religiöſe Zu-
geſtändniſſe zu erkaufen, mit Ernſt und Entſchiedenheit zurückwies.

Eine ſeiner vielen Streitſchriften, die der Ausführung dieſes
Grundgedankens, auf den er immer wieder zurückkam, gewidmet iſt,
ſchloß er mit den herrlichen und ewig denkwürdigen Worten: „Die
kräftigen Klänge deutſcher Sprache, die Geſänge deutſcher Dichter
haben in unſerer Bruſt das heilige Feuer deutſcher Freiheit entzündet und genährt. Wir wollen dem deutſchen Vaterlande angehören, wir werden ihm aller Orten angehören. **Es kann und
darf und mag von uns fordern, was es von ſeinen Bürgern
zu fordern berechtigt iſt: willig werden wir ihm alles opfern,
nur Glauben und Treue, Wahrheit und Ehre nicht. Denn
Deutſchlands Helden und Deutſchlands Weiſe haben uns nicht
gelehrt, daß man durch ſolche Opfer ein Deutſcher wird".**

Wahrlich ein ſchönes Wort, das auch die Enkel noch auf ihre
Fahne ſchreiben möchten heute, da in einer neuen Form des Juden-
haſſes der „Antiſemismus" die rohen Leidenſchaften des Neides und
der Habgier von neuem entfacht. Gabriel Rießer erlebte es, daß die
öffentliche Meinung auf ſeine Seite trat. Als die Stürme von 1848
ausbrachen, war die Gleichſtellung der Juden eine der Forderungen,

deren Bewilligung die Fürsten der europäischen Kulturstaaten sich nicht länger widersetzen konnten.

In Preußen hatte bereits das Jahr 1847 mit den achtzehn verschiedenen Gesetzgebungen, nach denen die Juden in den einzelnen Landesteilen beurteilt worden waren, gründlich aufgeräumt. Das Gesetz, das die Regierung am 23. Juli des genannten Jahres mit dem vereinigten Landtage vereinbarte, gab sämtlichen jüdischen Untertanen des preußischen Staates die volle bürgerliche Gleichberechtigung und ist noch heute in den Bestimmungen, die sich auf die Verwaltung der Gemeinde-Angelegenheiten beziehen, geltendes Recht.

Die gleichen staatsbürgerlichen Rechte erhielten die Juden kaum ein Jahr später, am 6. April 1848, und die dauernde Geltung des entscheidenden Satzes, daß „der Genuß der bürgerlichen und staatsbürgerlichen Rechte unabhängig von dem religiösen Bekenntnis sein" solle, wurde durch die Aufnahme in die Verfassungs-Urkunde für den preußischen Staat vom 31. Januar 1850 verbürgt.

Bald folgten die übrigen deutschen Staaten mit ähnlichen Verordnungen nach. Nur das Königreich Sachsen und die beiden mecklenburgischen Großherzogtümer hielten noch zwei Jahrzehnte lang einen Teil der beschränkenden Bestimmungen aufrecht. Aber auch dort trat nach der Aufrichtung des norddeutschen Bundes eine grundsätzliche Wandlung ein, als durch das Bundesgesetz vom 3. Juli 1869 für das ganze Bundesgebiet „alle noch bestehenden aus der Verschiedenheit des religiösen Bekenntnisses hergeleiteten Beschränkungen der bürgerlichen und staatsbürgerlichen Rechte aufgehoben" wurden, mit dem besonderen Zusatz daß die Befähigung zur Teilnahme an der Gemeinde und Landesvertretung und zur Bekleidung öffentlicher Ämter vom religiösen Bekenntnis unabhängig sein solle. Infolge der glorreichen Ereignisse des Jahres 1870, die das neue Reich zu neuer Blüte erstehen ließen, erhielt das Gesetz bleibende Gültigkeit für den ganzen Umfang des Deutschen Reiches.

2. Die Emanzipation in den übrigen Kulturstaaten Europas.

Ebenso siegreich wie in Deutschland endigten die Kämpfe um die Wiederherstellung der bürgerlichen und staatsbürgerlichen Rechte der Juden in den übrigen Kulturstaaten der Welt.

In den weiten Ländergebieten, die dem habsburgischen Kaiserhause untertänig sind, machte die bürgerliche Freiheit nach dem Tode des edlen Kaisers Joseph II. nur sehr langsame Fortschritte. Das Toleranz-Patent brachte den Juden keinen nachhaltigen Segen. Denn es vermochte nicht zu verhindern, daß noch bis in die Mitte des neunzehnten Jahrhunderts zahlreiche Gesetze in Kraft blieben, die die jüdischen Untertanen bedrückten und im Handel und Wandel beschränkten. Manche Kronländer, wie Steiermark und Oberösterreich, versagten ihnen grundsätzlich die Ansiedlung. In Böhmen, Mähren und Schlesien waren ihnen viele Städte verschlossen. Nicht einmal die Freiheit, die Jahrmärkte mit ihren Waren zu besuchen, wurde ihnen überall gewährt. In Olmütz durften diejenigen von ihnen, die zum Markte kamen, nur so viel Waren in die Stadt bringen, als sie auf der Schulter tragen konnten. Nirgends besaßen sie das städtische Bürgerrecht. Grundeigentum durften selbst die wenigen reichen Geldmänner, die durch Erhebung in den Adelsstand ausgezeichnet waren, nur ausnahmsweise erwerben. In Niederösterreich, und besonders in Wien, mußte sogar der zeitweise Aufenthalt eines inländischen Juden, der in einem andern Kronlande ortsangehörig war, durch einen Leibzoll erkauft werden. In Mähren, Schlesien und Galizien war es verboten, christliches Gesinde in Kost und Lohn zu nehmen. Dabei seufzten die Unglücklichen unter der erdrückenden Last schwerer Steuern und Auflagen. Die Fleischtaxe verteuerte ihnen dieses Nahrungsmittel bis auf das doppelte des Marktpreises. Jedes Sabbath- und Festlicht, jedes Jahrzeitslicht am Sterbetage eines teuern Verwandten, jedes Channukalicht mußte nach bestimmten Tarifen versteuert werden. Für Böhmen und Mähren war eine drückende Judensteuer vorgeschrieben. Außerdem wurde ein Schutzgeld an die Grundherrschaft erlegt. Besonders hohe Summen waren für die Heiratserlaubnis zu zahlen. Durch ein Hofdekret aus dem Jahre 1726 wurde bestimmt, daß die Zahl der „Familien" nicht vermehrt werden dürfte. Erst nach dem Aussterben einer „Familie" konnte ein „Zweitgeborener" an die Gründung eines Hausstandes denken. Keine Behörde gab es damals, die befugt wäre, im Namen aller österreichischen Juden das Wort zu führen und ihre gute und gerechte Sache bei der Obrigkeit zu verteidigen. Nur einzelne mutige und treue Männer hielten weiter Stand und wurden nicht müde, mit Ernst und Würde jedes Unrecht abzuwehren. Allen voran stand in Wien Joseph Ritter von Wertheimer. Mit männlichem Freimut kämpfte er für das Recht seiner Brüder und für die Ehre des Judentums. Er führte durch Aussprüche aus der Bibel und dem Talmud, durch überzeugende Beispiele und unbestreitbare Tatsachen den Nachweis, daß das Judentum seinen Bekennern Redlichkeit, Nächstenliebe, Wahrhaftigkeit und Vaterlandsliebe zur Pflicht mache, und daß es die Pflicht der christlichen Machthaber sei, die Rechtsschranken zwischen den Juden und ihren christlichen Mitbürgern endlich zu beseitigen. Aber erst die Verfassung vom 4. März 1849 brachte ihnen die volle Gleichberechtigung mit den Bekennern der christlichen Religion. Zwar trat noch einmal vorübergehend ein Rückschritt ein. Aber die Ereignisse von 1866, die das Ausscheiden des österreichischen Kaiserstaates aus dem deutschen Reichsverbande zur Folge hatten, bewirkten, daß die Monarchie endgiltig in die Reihe der konstitutionellen Staaten eintrat. Das Staatsgrundgesetz vom 21. Dezember 1867 stellte die volle bürgerliche und staatsbürgerliche Gleichberechtigung der jüdischen Untertanen her. Seitdem nehmen die Juden lebhaft und erfolgreich am öffentlichen Leben teil. Sie bewähren sich als tüchtige Beamte im höheren und niederen Dienst des Staates und Heeres und haben auf den Gebieten der Gewerbe, Künste und Wissenschaften manches hervorragende Werk geschaffen.

In Ungarn trat mit dem Jahre 1790 eine geringe Wendung zum Bessern ein. Einige Handwerke wurden den Juden freigegeben, und die Erlaubnis zum Handelsbetrieb wurde in etlichen Stücken erweitert. Im übrigen blieben die mittelalterlichen Zustände unverändert bestehen. In den ungarischen Bergstädten, in Kroatien, Slavonien, Dalmatien und der Militärgrenze war ihnen die Niederlassung gänzlich verboten. Von allen Ämtern und Ehrenstellen im öffentlichen Leben wurden sie ängstlich ferngehalten und mußten allein für das Recht des Aufenthaltes eine unerschwingliche Toleranzsteuer zahlen. Der unglückliche Ausgang der magyarischen Erhebung in den Jahren 1848 und 1849, an der sie mit patriotischer Begeisterung teilnahmen, brachte ihnen neues Leid. Der siegreiche Feldherr Haynau legte ihnen eine schwere Kriegskontribution auf, deren Ertrag später als „jüdischer Schulfonds" gesammelt und durch die Gnade des Kaisers zur Begründung und Erhaltung jüdischer Lehranstalten bestimmt wurde. Erst in Ausführung des Staatsgrundgesetzes wurde die volle bürgerliche und politische Gleichstellung aller Glaubensbekenntnisse durch das Gesetz vom 27. Dezember 1867 anerkannt. Auf Grund der neuen Verfassung entwickelte sich in den letzten Jahrzehnten unter den ungarischen Juden ein reges geistiges Leben. Um die Hebung und Pflege der Bildung und Aufklärung in ihrer Mitte hat sich besonders der edle Baron Eötvös, der bis an sein Lebensende (2. Februar 1870) als Minister des Unterrichts tätig war, unsterbliche Verdienste erworben.

Denselben Weg von Druck und Knechtschaft zu menschenwürdiger Freiheit legten die Juden bald schneller, bald langsamer in den übrigen Gebieten zurück, die bis zum Beginn der Neuzeit, und teilweise bis an die Schwelle der Gegenwart, in den allernächsten politischen Beziehungen zum deutschen Reiche gestanden hatten. In den Niederlanden und Belgien zogen mit dem siegreichen französischen Heere, das im Jahre 1795 das Land besetzte, auch die Grundsätze des neuen französischen Staatsrechts ein. Von Stunde an traten die Juden in den nicht mehr geschmälerten Besitz der bürgerlichen und staatsbürgerlichen Rechte. Die angestammten Herrscher aus dem Hause Oranien, die nach den Freiheitskriegen die Regierung von neuem übernahmen, hielten die neue Ordnung der Dinge in allen Stücken aufrecht. Den Juden gaben sie eine treffliche Gemeinde- und Schulordnung und gewährten ihnen Raum zur Entfaltung ihrer geistigen und sittlichen Kräfte. Schon nach wenigen Jahrzehnten standen die Niederländer jüdischen Glaubens ebenbürtig an der Seite der besten Söhne des Vaterlandes, und die höchsten Staatsbehörden bezeugten ihnen bereits im Jahre 1842 ausdrücklich, daß „ihre Zulassung zu denselben politischen Rechten wie die übrigen Staatsbürger die glücklichsten Ergebnisse hervorgebracht habe, und daß sie sich als treue und loyale Untertanen selbst in den schwierigsten Lagen ausgezeichnet hätten[1]).

Die völlige Gleichberechtigung der Juden blieb auch in den südlichen Provinzen der Niederlande, die seit 1830 das selbständige Königreich Belgien bilden, unangetastet. Etwas anders gestaltete sich hier nur die Ordnung ihrer inneren Angelegenheiten. Wie für viele andere Gebiete des belgischen Staatslebens ist auch für die Verhältnisse der Juden hier mehr das französische Vorbild maßgebend geworden. Die Leitung der religiösen Angelegenheiten wurde einem

---

[1]) Jost, neuere Geschichte der Israeliten, 2. Abteilung, S. 122, woselbst die Zeugnisse der Minister des Innern, der Finanzen, der Justiz und des Krieges abgedruckt sind.

Konsistorium übertragen, an dessen Spitze der Ober-Rabbiner steht, der in Brüssel seinen Wohnsitz hat.

Dagegen ist die äußere Stellung und die innere Organisation der jüdischen Einwohner des Großherzogtums Luxemburg, das unter der Herrschaft des oranischen Königshauses bis 1867 einen Bestandteil des deutschen Reiches bildete und seit 1890 unter dem Hause Nassau zu politischer Selbständigkeit gelangt ist, durchaus gleichartig derjenigen ihrer Glaubensbrüder im niederländischen Königreich. Erst seit dem Beginn des vorigen Jahrhunderts haben sich Juden in einzelnen Städten des Ländchens und besonders in der Hauptstadt angesiedelt. Die ersten Einwanderer stammten aus dem Elsaß und den benachbarten preußischen Gebieten. Seit dem Jahre 1843 sind die jüdischen Bürger zu einem besonderen Rabbinatsbezirk unter der Aufsicht des Landrabbiners vereinigt, der von Luxemburg aus die religiösen Angelegenheiten leitet.

In Dänemark, dessen Königshaus bis 1864 zugleich die zum deutschen Reiche gehörigen Herzogtümer Holstein und Lauenburg beherrschte, wurden von alters her, und noch nach einem Gesetz von 1651, die Juden nur ausnahmsweise auf Grund sogenannter Geleitsbriefe zugelassen, in denen der dauernde Aufenthaltsort, den sie zu nehmen hatten, genau bestimmt war. Allein schon nach wenigen Jahren trat eine teilweise Wendung zum Bessern ein. Diego Tereira de Mattos, ein mit Glücksgütern reich gesegneter Jude aus Hamburg, erwirkte von König Friedrich III. 1657 die Erlaubnis, daß die „Portugiesen der hebräischen Religion" überall herumreisen und Handel und Gewerbe treiben durften. Bald fanden auch Juden deutscher Herkunft Aufnahme und Duldung. In Kopenhagen erhielten sie schon 1684 die Erlaubnis, „bei geschlossenen Türen, damit kein Ärgernis entstehe," Gottesdienst zu halten. Nur vermögenden Juden und solchen, die ein von der jeweiligen Regierung bevorzugtes Gewerbe betrieben, war der Zuzug gestattet. Der Kleinhandel blieb ihnen verboten. Dafür begünstigte die Regierung die Teilnahme am Handwerk. Die bürgerliche Gleichstellung erhielten sie durch ein Gesetz vom 29. März 1814. Mit weiser Fürsorge nahm sich seit dieser Zeit die Regierung der jüdischen Verhältnisse an. Sie rief Schulen ins Leben, in denen die jüdische Jugend für das religiöse und bürgerliche Leben tüchtig vorbereitet wurde, und gab den Gemeinden eine Verfassung, durch die die Aufklärung und Bildung in ihrer

Mitte geweckt und befestigt wurde. Endlich gewährte sie ihnen bei der Einführung der Staatsverfassung vom 5. Juni 1849 auch die volle staatsbürgerliche Gleichberechtigung.

Länger als in den dänischen Landesteilen lastete die Engherzigkeit des Mittelalters auf den Juden der deutschen Elb=Herzogtümer. Trotz des schweren Druckes entwickelte sich hier namentlich in Altona, woselbst seit 1611 Juden wohnten, ein reges, geistiges Leben. Die erleichternden dänischen Verordnungen hatten für die deutschen Provinzen keine Gesetzeskraft. Eine dauernde Besserung trat erst ein, als diese Landschaften 1866 unter preußische Herrschaft kamen.

Ebenso wie in Dänemark wurden im vorigen Jahrhundert die wenigen Juden behandelt, die in Schweden ein Unterkommen suchten. Die dortigen Unrechtsgesetze galten im vollen Umfange auch für das Gebiet von Neuvorpommern und Rügen, das erst nach den Freiheitskriegen an Preußen abgetreten wurde. Grundsätzlich konnten bis vor fünfzig Jahren nur Lutheraner das volle schwedische Bürger= recht besitzen und erwerben. Erst seit 1838 haben sich im schwedischen Hauptlande die Zustände zu gunsten der Andersgläubigen allmählich geändert, und auch die Juden befinden sich gegenwärtig im Voll= besitz der bürgerlichen und staatsbürgerlichen Rechte. Ihre Anzahl ist seitdem in langsamer Zunahme begriffen. Geringer ist der Zuzug nach Norwegen, obwohl der Jahrhunderte lang streng verpönten Ansiedlung nichts mehr im Wege steht.

In der freien Schweiz blieben nach den Freiheitskriegen die Juden die einzigen unfreien Bürger. Nur in den Judengassen zweier Dörfer des Kantons Aargau durften sie damals ein kümmerliches Dasein fristen. Alle anderen Orte verweigerten ihnen das Recht der Niederlassung. In einigen Kantonen wurden sie nicht einmal zeit= weise als Handlungsdiener oder zum Besuch der Märkte zugelassen, in anderen erhielten höchstens französische Juden die Erlaubnis sich anzusiedeln. Erst nach langen und hartnäckigen Kämpfen gelang es, die tief eingewurzelten Vorurteile zu besiegen. Im Jahre 1863 war endlich die Emanzipation eine vollendete Tatsache. Nichtsdestoweniger feierte die Unduldsamkeit im Jahre 1893 einen neuen Sieg. Ob= wohl alle sachverständigen Gelehrten darin übereinstimmen, daß die Art und Weise, wie die Juden nach religiöser Vorschrift das Schlacht= vieh töten, als Tierquälerei nicht anzusehen sei, wurde hier dennoch durch ein Staatsgesetz das rituelle Schlachten verboten.

Einen erfreulichen Gegensatz zu der kleinlichen und engherzigen Politik der schweizerischen Kantonalregierungen bildet die besonnene Unbefangenheit und erleuchtete Staatsweisheit, mit der die Ratgeber der englischen Krone und die Vertreter des englischen Volkes für die stetige organische Entwicklung der Staatseinrichtungen ihres Vaterlandes Sorge trugen. Jeder gewaltsamen Überstürzung abhold, ließen sie langsam und allmählich die neuen Anschauungen auf allen Gebieten des öffentlichen Lebens Wurzel schlagen. Von einem eigentlichen Druck verspürten die englischen Juden seit ihrer Aufnahme durch Cromwell im Grunde nie etwas. Sie fühlten sich bürgerlich frei und strebten um so weniger nach politischen Rechten, als nach der Verfassung des Landes die politische Macht einzig und allein der Hochkirche vorbehalten war und ungemein zahlreiche Christen das Schicksal, von der Teilnahme an der Gesetzgebung ausgeschlossen zu sein, mit ihnen teilten. Erst als am Ende der zwanziger Jahre dieses Jahrhunderts die Emanzipation der protestantischen Dissenters und der Katholiken zur Wahrheit geworden war, erwachte auch in den Juden der lebhafte Wunsch nach voller Gleichberechtigung. Im Jahre 1830 wurde zum ersten Mal im Unterhause der Antrag gestellt, den in England geborenen Juden das volle Bürgerrecht, mit alleiniger Ausnahme der auch den Katholiken vorenthaltenen Berechtigungen, zu gewähren. Zwar hatte die Beratung nicht unmittelbar einen günstigen Erfolg. Aber in dem Streit der Meinungen wurden nur streng sachliche Gründe für und wider die Vorlage geltend gemacht, und selbst deren Gegner enthielten sich jeder Schmähung und Verdächtigung und stellten den Juden das beste Leumundszeugnis aus. Schon fünf Jahre später ließ man es geschehen, daß Juden städtische Ämter bekleideten, und nach einem weiteren Jahrzehnt wurde ihnen der Zutritt zu allen Ämtern und Ehrenstellen gestattet. Endlich fiel auch die letzte Schranke, indem ihnen der Eintritt in die gesetzgebenden Versammlungen ermöglicht wurde. Seitdem sind Juden nicht nur Mitglieder des Parlaments gewesen, sondern haben auch hohe Staatsämter mit Auszeichnung bekleidet.

Anders in Frankreich. Das Ziel, dem die englischen Juden langsam und bedächtig zustrebten, war von ihren französischen Glaubensgenossen bei weitem leichter im Sturm- und Wogendrang der großen Staatsumwälzung erreicht worden. Die ihnen nach einigen Kämpfen einmal zugestandene Gleichberechtigung wurde auch nach dem Sturz der napoleonischen Herrschaft von keiner der nachfolgenden Regierungen mehr angetastet. Das hatte seinen Grund in der Begeisterung, mit der die Juden sich dem Wohle des neu gewonnenen Vaterlandes widmeten, und in der hervorragenden Begabung, die sie bei ihren Leistungen an den Tag legten. Es machte in ganz Europa einen gewaltigen Eindruck, als im Jahre 1830 der französische Kultusminister in der gesetzgebenden Versammlung zu gunsten seiner jüdischen Landsleute die wörtliche Erklärung abgab: „In den öffentlichen Ämtern, zu denen sie berufen wurden, unter den Fahnen unserer unsterblichen Heere, in den Wissenschaften und Künsten, in dem Gewerbefleiß haben sie seit einem Vierteljahrhundert unter uns die Verleumdungen ihrer Unterdrücker auf die edelste Weise Lügen gestraft." Eine ungefähre Vorstellung von dem Umfange, in dem die Juden zu Ämtern und Dienstleistungen herangezogen wurden, erhalten wir, wenn wir erfahren, daß es um jene Zeit 1 General-Lieutnant, 37 Offiziere verschiedener Grade, 2 Konsuln, 1 Abgeordneten, 1 Mitglied des Instituts, 18 Rechtsanwälte, 1 Staatsanwalt, 5 Avoués, 2 Militär-Intendanten, 37 Ärzte, 3 Notare, 11 Gerichtsdiener, 8 Professoren, 51 Offiziere der Nationalgarde und 84 Ritter der Ehrenlegion in ihrer Mitte gab. An diesen Zuständen hat sich bis auf die Gegenwart nichts geändert.

Unverändert ist allerdings bis zur Gegenwart auch die Unduldsamkeit geblieben, die sich jenseits der Pyrenäen seit dem fünfzehnten Jahrhundert eingebürgert hat. Als die Franzosen das Land 1808 besetzten, hoben sie zwar sofort die Inquisition auf. Aber die nach sechs Jahren zurückkehrenden Bourbonen richteten das Glaubensgericht in Spanien von neuem auf. Noch heute besitzt daselbst das Edikt Ferdinands des Katholischen, das den Juden jeglichen Aufenthalt verbietet, gesetzliche Gültigkeit. Nichtsdestoweniger sollen sich wie man sagt, einzelne Juden im Lande befinden und stillschweigend geduldet werden.

Ähnlich sind die Verhältnisse in Portugal. Hier wurde zwar das Gesetz, daß die Bekenner des jüdischen Glaubens verjagte und fernhielt, im Jahre 1821 ausdrücklich zurückgenommen. Der jüdische Zuzug blieb aber auch seit jener Zeit gering.

Das Gleiche gilt von dem ehemaligen Königreich beider Sizilien, das Jahrhunderte lang einen Bestandteil der spanischen Monarchie gebildet hat. Seit den Tagen Isaak Abarbanels, der nach der

Austreibung aus Spanien hier für kurze Zeit eine Zufluchtsstätte
fand, geriet das schöne Land in spanische Abhängigkeit und zwang
seitdem (1503) die Juden, seine ungastlichen Gefilde zu meiden.
Die wenigen Jahre, innerhalb deren das Land von den Franzosen
besetzt war, reichten nicht aus, um eine gründliche Änderung der
Regierungsgrundsätze herbeizuführen. Als 1814 die umgestürzten
Throne wieder aufgerichtet wurden und das Unglück der Klein=
staaterei für etliche Jahrzehnte von neuem über Italien hereinbrach,
knüpften die neu eingesetzten Herrscher überall an die alten Über=
lieferungen ihrer Vorfahren an. In Neapel und Sizilien blieb
den Juden die Ansiedelung gesetzlich untersagt. In allen übrigen
Staaten wurden sie in besondere Judenviertel (Ghettos) eingesperrt.
Von allen Ämtern und Ehrenstellen und vom Besuch aller öffent=
lichen Lehranstalten, von der höchsten bis zur niedrigsten, waren sie
ausgeschlossen. Fast überall waren sie nur auf Trödel= und Hausier=
handel angewiesen. Im Kirchenstaat war der Druck am härtesten.
Um die Juden zu demütigen, ließ man die schmachvolle Sitte be=
stehen, daß sie alljährlich die Bitte um fernere Duldung wiederholen
mußten. Die weltgeschichtlichen Ereignisse, die seit dem Frieden von
Villa Franca (1860) allmählich die Einigung Italiens unter dem
Szepter der Könige aus dem Hause Savoyen bewirkten, führten
endlich auch für die Juden eine neue Zeit menschenwürdigen Daseins
herbei. In dem mächtig aufblühenden jungen Staatswesen blieb
für die überlebten Vorurteile des Mittelalters kein Raum mehr.
Das Staatsgrundgesetz des Königreichs Italien verbürgt allen
Staatsangehörigen ohne Unterschied des Glaubens den Besitz der
bürgerlichen und staatsbürgerlichen Rechte. Am längsten behielt der
Kirchenstaat seine politische Selbständigkeit. Erst in demselben
Jahre (1870), in dem die päpstliche Unfehlbarkeit feierlich als ein
Glaubensgrundsatz für die katholische Christenheit verkündigt wurde,
machten die siegreichen Italiener der weltlichen Herrschaft des Papstes
für immer ein Ende. Seitdem ist Rom die Residenz des Königs
von Italien, und von der dort bestehenden ältesten Judengemeinde
Europas, die schon zu Ciceros Zeit nicht unbeträchtlich war, ist
endlich seit jenen Tagen die ganze Schmach tausendjähriger Knecht=
schaft abgetan worden.

Dem gleichen Kulturfortschritt huldigten die neuen christlichen
Staaten, die sich im Laufe der letzten sechs Jahrzehnte nach und

nach aus Bestandteilen des türkischen Reiches gebildet haben. Überall ist wenigstens gesetzlich, wenn auch an allen Orten, namentlich in Rumänien, noch nicht tatsächlich, das alte Unrecht gesühnt. Es gereicht dem neunzehnten Jahrhundert zum Ruhm, daß die versammelten Vertreter der europäischen Staaten einmütig den Anspruch aller Bürger auf ein gleiches Maß von Rechten und Pflichten als einen unantastbaren Grundsatz der Staatsweisheit anerkannt haben. Auf dem Berliner Kongreß (1878) wurde für die erweiterten und neu entstandenen Donaustaaten unter der Garantie der Großmächte folgende Bestimmung getroffen: „Die Verschiedenheit der Religionen und Bekenntnisse darf nirgends und niemandem gegenüber als ein Grund der Ausschließung und Unfähigkeit geltend gemacht werden in allen denjenigen Fällen, in denen es sich um den Genuß von bürgerlichen und staatsbürgerlichen Rechten, um die Zulassung zu öffentlichen Ämtern und Ehrenstellen und die Ausübung der verschiedenen Handwerke und Gewerbe handelt".

In der Tat nahmen die neuen Staaten Bulgarien, Rumänien und Serbien diesen grundlegenden Satz in ihre Verfassungsurkunden auf und erhielten daraufhin die Anerkennung der europäischen Mächte. Die Bulgaren und Serben haben von Stunde an ihren jüdischen Mitbürgern Wort gehalten. Seit der Veröffentlichung der Verfassung gelten die Juden bei ihnen als vollberechtigte Staatsbürger.

Nur die rumänischen Staatsmänner wagen es fortgesetzt, in schnöder Mißachtung der völkerrechtlichen Verträge, die Judenheit ihres Landes von allen Rechten auszuschließen. Unter der grundlosen Erdichtung, es gebe überhaupt keine heimatsberechtigten rumänischen Juden, und die gesamte Judenheit, die in Wahrheit zu einem Teile seit unvordenklichen Zeiten, zum andern seit etlichen Geschlechtern in Rumänien wohne, sei eine erst vor kurzem eingewanderte Bevölkerungsgruppe, erklären sie die sämtlichen Juden des Landes für „Fremde ohne auswärtigen Schutz." In die Verfassung nahmen sie einen Artikel auf, der die Erwerbung der Naturalisation in jedem einzelnen Falle von einem besonderen Gesetze abhängig machte. Daraufhin sind in zwei Jahrzehnten von einer Viertelmillion jüdischer Einwohner 1157 Personen, im Jahre 1910 im ganzen 6 Personen naturalisiert worden. Allen nicht naturalisierten Fremden aber wurde durch die Verfassung zugleich der Besitz und Erwerb ländlicher Grundstücke untersagt. Diese arglistige Fremdengesetzgebung wurde dann immer weiter ausgebaut.   Danach sind den Juden als „Fremden" alle freien Berufe verschlossen.   Rechtsanwälte dürfen sie nicht werden, Ärzte nur dann, wenn sie im Lande geboren sind und daselbst ihre gesamte Ausbildung gewonnen haben.   Im Heere endet ihre Lauf=bahn beim Unteroffizier.   Zu den Handelskammern haben sie keinen Zutritt.   Sie dürfen keine Apotheken eröffnen, und an öffentlichen Ausschreibungen dürfen sie sich nicht beteiligen.   Alle Ämter sind ihnen verschlossen.   Von den Fabriken werden sie ferngehalten.   Der Verkauf von Branntwein und der Handel im Umherziehen ist ihnen untersagt.   Der Besuch öffentlicher Lehranstalten wird ihnen in jeder Weise erschwert, und die Errichtung eigener Schulen wird an nahe=zu unerfüllbare Bedingungen geknüpft.   So ergreift die Regierung jede Gelegenheit, um die Juden immer mehr der Willkür preiszu=geben, ihre Betätigung am wirtschaftlichen Leben einzuschränken, sie in ihren Menschenrechten zu kränken, kurz, ihnen den Aufenthalt im Heimatslande unerträglich zu machen und sie zur Auswanderung zu zwingen.   Mehr als 100 000 haben in den letzten Jahrzehnten zum Wanderstabe gegriffen und jenseits des Weltmeers neue Wohnsitze gesucht.   Eine Aussicht auf eine bessere Zukunft für die Zurück=gebliebenen ist zurzeit nicht vorhanden.

3. Die Juden in Rußland und der Türkei.

Während so die eine Hälfte der Judenheit im Lichte der Frei=heit, Aufklärung und Bildung wandelte, lagerte über der anderen Hälfte noch immer die Finsternis mittelalterlicher Knechtschaft.   Unter solchem Ungemach seufzten bis zum Beginn des gegenwärtigen Jahr=hunderts die russischen und türkischen Juden, deren Anzahl wohl fünf Millionen übersteigen mag.   Über ihr wechselvolles Geschick verfügte nicht das Gesetz, sondern die Willkür des jeweiligen Herrschers, der auf dem Throne sitzt.   Hin und wieder wurden einzelne Be=stimmungen, die von echtem Wohlwollen zeugen, zu ihren Gunsten geplant und entworfen.   Aber es waltete über ihnen das Mißgeschick, daß sie nur selten zur Durchführung gelangten.   Bald scheiterten sie an dem Ungehorsam und der Unfähigkeit der untergeordneten Be=hörden, bald am Widerstreit mit den anderweitigen Zielen der inneren und äußeren Politik, bald am Mißtrauen der Juden selber.   Um so häufiger fanden Maßregeln von rücksichtsloser Gewalt die allgemeine Billigung.   Die rohe Masse jubelte ihnen zu, und dem bestechlichen

Beamtentum gaben die Verlegenheiten der Juden den erwünschten Anlaß, sich auf Kosten der Unglücklichen zu bereichern.

Die für die russischen Juden seit dem Beginn des neunzehnten Jahrhunderts geltende Gesetzgebung bildete ein buntes Gemisch von Billigkeit und Härte, von Freisinnigkeit und Engherzigkeit, von Aufmunterung und Absonderung, von Vertrauen und Vorsicht. Beschränkt waren sie namentlich in der Auswahl ihrer Wohnorte. Nur in einer Anzahl von Gouvernements war ihnen der Aufenthalt und die Ansiedlung gestattet. Die meisten wohnten immer noch in den westlichen Provinzen, besonders in den ehemals polnischen Landesteilen. Innerhalb der Gebiete, in denen sie sich niederlassen durften, besaßen sie in der Regel das Recht der Freizügigkeit. Sie durften fast alle erlaubten Handwerke und Gewerbe betreiben und konnten in die Zünfte eintreten. Selbst Grundbesitz zu erwerben, war ihnen hie und da gestattet. Dem Dienst im stehenden Heere, der viel von seinem ehemaligen Schrecken verloren hat, waren und sind sie noch heute unterworfen, und die Juden, welche der Militärpflicht genügt haben, genossen mancherlei Vorrechte. Besonderer Begünstigung erfreuten sich lange Zeit auch diejenigen, die sich dem Landbau widmeten.

So schien namentlich seit dem Regierungsantritt des weisen und menschenfreundlichen Kaisers Alexander II. (1855), des Befreiers der Leibeigenen, eine Zeit langsamen Fortschritts für sie anzuheben. Aber der bejammernswerte gewaltsame Tod des edlen Herrschers (13. März 1881) bereitete dem kaum begonnenen Werke ein jähes Ende. Schon einige Wochen nachher brachen im Süden des Reiches heftige Unruhen aus, die über die Juden schwere Leiden brachten. Nach zuverlässigen Berichten sind damals durch die Zerstörung und Plünderung der von Juden bewohnten Häuser nahezu hunderttausend jüdische Familien, die meist vom Handwerk und Ackerbau lebten, der Armut und dem Elend preisgegeben worden. Ein Jahr später, im Mai 1882, erschien ein Gesetz, das den Juden das Wohnen in den Dörfern und die Beschäftigung mit dem Ackerbau gänzlich verbot und ihnen auch die Ansiedelung in Städten nur noch in den Gouvernements, die ehemals zu Polen und Litauen gehört hatten, gestattete. Die Ausführung des neuen Gesetzes wurde mit unerbittlicher Strenge betrieben. Die zwangsweise und plötzliche Entfernung aus den Wohnsitzen, die sie teilweise seit

Jahrzehnten inne gehabt hatten, verursachte in den meisten Fällen
die gänzliche Verarmung ihrer Familien, während in den Städten
mit jedem neuen Zuzug aus den Dörfern sich die Möglichkeit, Be=
schäftigung zu finden, verringerte. In manchen Städten stieg die
jüdische Bevölkerung im Laufe weniger Monate auf die vierfache
Seelenzahl, so daß jetzt vier Personen ihren Lebensunterhalt an
einem Orte finden mußten, wo bisher einem einzigen das Durch=
kommen schwer genug geworden war. Nicht selten mußten bis
fünfzehn Personen, die verschiedene Familien bilden, in einem
einzigen Zimmer wohnen, schlafen und arbeiten. Überhaupt blieb
bei diesen Ausweisungen das gesetzlich gewährleistete Recht der Frei=
zügigkeit, das zahlreiche Juden durch tabellosen Dienst im stehenden
Heere, durch die erworbene akademische Bildung oder durch
die langjährige Ausübung eines Handwerks gewonnen hatten,
gänzlich unbeachtet. Selbst ihr Bildungsdrang wurde gewaltsam
unterdrückt. Zum Besuch von technischen Hochschulen und Universi=
täten sollten sie nur nach dem Verhältnis, in dem ihre Kopfzahl
zu der der andersgläubigen Bevölkerung stand, zugelassen werden.
So hatten die Ausnahmegesetze die Wirkung, wo nicht gar den Zweck,
die Juden körperlich und geistig, sittlich, gesellschaftlich und
wirtschaftlich zugrunde zu richten.

Als diese Tatsachen im westlichen Europa bekannt wurden,
erregten sie den lauten Unwillen der gesamten zivilisierten Welt und
führten den Sturz des Urhebers der Mai=Gesetze herbei. Nach
seinem Fall schien es, als ob seine Gesetze allmählich in Vergessen=
heit geraten würden. Aber es schien nur so. In Wahrheit wurde
vielmehr nach wie vor an dem mittelalterlichen Grundsatz festgehalten,
daß die Zugehörigkeit zur griechisch=orthodoxen Kirche die Vor=
bedingung für den vollen Genuß der bürgerlichen Rechte sei. Christ=
liche Sektierer, Lutheraner und römische Katholiken hatten Druck
und Vergewaltigung zu erdulden. Am schwersten hatten die Juden
zu leiden. Zu Beginn des Jahres 1890 ging die beglaubigte Nach=
richt durch die Welt, daß die Absicht bestehe, die Mai=Gesetze, ob=
wohl ihre unglückselige Wirkung offen zutage lag, zu Ungunsten der
Juden noch auszudehnen und zu verschärfen. Dadurch bemächtigte
sich der jüdischen Bevölkerung Rußlands eine unbesiegbare Unruhe.
Tausende und Abertausende rafften die letzten Trümmer ihrer Habe
zusammen und überschritten die Westgrenzen des russischen Reiches,

um in fernen Ländern, meist jenseits des Meeres, eine neue Heimat zu suchen. Überall fanden die Mittel- und Heimatlosen bei ihren Glaubensbrüdern offene Hände und Herzen. Allen voran leuchtete Baron Hirsch in Paris (st. 21. April 1896) mit dem Beispiel fürstlichen Edelmuts. Mit den reichen Mitteln, die er zur Verfügung stellte, wurden Ackerbaukolonien in Argentinien gegründet. Sie sind gegenwärtig in erfreulichem Aufschwung begriffen.

Inzwischen war 1894 Nicolaus II. Kaiser geworden. Die Juden atmeten erleichtert auf, als sie in seinem Thronbesteigungsmandate seine Erklärung lasen, daß die „Beglückung aller treuen Untertanen das einzige Ziel seines Strebens sein" werde. In der Tat wurde ihnen sofort ein gewisses Maß huldvoller Berücksichtigung zuteil. Zur Krönungsfeier in Moskau wurden drei Rabbiner offiziell eingeladen und erhielten vom Staate das Reisegeld. Die Staatsmänner und die Schriftsteller, deren Urteil von Einfluß war, nahmen eine Zeit lang eine freundlichere Haltung an. Die Ausweisungsmaßregeln wurden sofort nach dem Regierungsantritt verschoben. Das von Ignatiew erlassene Verbot der Ansiedelung in Dörfern und Marktflecken sollte einer gründlichen Änderung unterzogen werden. Im Gebiete der donischen Kosaken und im Kaukasus wurde die Niederlassung in beschränktem Umfange wieder erlaubt. Jüdische Soldaten durften wieder Unteroffiziere werden; einige Juden wurden sogar zur Rechtsanwaltschaft zugelassen.

Trotzdem wurden auch in dieser ruhigen Zeit, in den letzten Jahren des zu Ende gehenden 19. Jahrhunderts von den Orts- und Bezirksbehörden hie und da den alten Rechtskränkungen neue hinzugefügt. Wie schon früher der Besuch der Universitäten, wurde jetzt auch die Aufnahme jüdischer Schüler in die Gymnasien und Mittelschulen auf einen gewissen Prozentsatz der gesamten Schülerzahl beschränkt. Kranken Juden wurde die Aufnahme in die Moskauer Kliniken und der Aufenthalt in den Kurorten an der livländischen und kaukasischen Küste verboten. Auch ließ sich der Kaiser immer mehr von der judenfeindlichen Gesinnung seiner Umgebung beeinflussen.

Gleichzeitig wuchs im Innern die Unzufriedenheit. Die Bauern murrten über den harten Steuerdruck und über die Maßregeln, die das Getreide in großen Massen in das Ausland führten und im Inland Elend und Hungersnot erzeugten. Die Fabrikarbeiter schrieen

10*

nach Erhöhung der unzulänglichen Arbeitslöhne. Die akademische Jugend war erbittert über die zunehmende Beschränkung des höheren Unterrichts. Bald hier, bald dort brachen bedrohliche Unruhen aus. Da griff die Beamtenschaft, die für die Fortdauer ihrer Gewalt= herrschaft über die Massen fürchtete, zu dem erprobten, ruchlosen Mittel, die Schuld an allem Übel den Juden zuzuschreiben. Als oberster Grundsatz für die Behandlung der Juden wurde jetzt deren Vernichtung hingestellt. „Wir werden eure Lage so unerträglich machen,“ sagte ein Minister zu einer jüdischen Abordnung, „daß ihr bis auf den letzten Mann uns werdet verlassen müssen.“ Den bösen Worten folgten bald die greuelvollen Taten. Am 6. April 1903, dem letzten Tage des Pessachfestes, dem Ostersonntag, überfiel eine wohlorganisierte Bande von Räubern und Mördern die Juden in Kischinew, metzelte ohne Erbarmen Männer, Frauen und Kinder nieder, zerstörte die jüdischen Häuser und plünderte die jüdischen Läden. Selbst die Gotteshäuser wurden besudelt und in Brand ge= steckt. Die Polizei und das Militär standen dabei, und keine Hand rührte sich für die Juden. Gleiche Untaten wiederholten sich am 1. September in Homel. Nirgends wurden die Mordgesellen, die sehr wohl bekannt waren, ernstlich bestraft. Diese empörenden Vor= gänge hätten gewiß überall ähnliche Greuel hervorgerufen, wenn nicht unerwartete kriegerische Ereignisse die öffentliche Aufmerksamkeit nach einer anderen Richtung hin gelenkt hätten.

Mittlerweile setzten nämlich die russischen Staatsmänner ihre gewaltsame Politik im fernen Osten Asiens unbeirrt fort. Während sie in Europa die internationale Friedenskonferenz im Haag zusammen= treten ließen und sich den Anschein gaben, als ob sie die Kriege all= mählich verhindern und deren Greuel abschaffen wollten, suchten sie in Asien ihren Einfluß auf die Nachbarländer immer mehr zu be= festigen. Die Begründung einer dauernden Vorherrschaft Rußlands im asiatischen Osten und an der Westküste des stillen Ozeans war das klare Ziel ihres ehrgeizigen Strebens. Die Perser, Afghanen, Chinesen und Koreaner waren ihren diplomatischen Künsten und ge= waltigen Machtmitteln nicht gewachsen. Nur die Japaner entschlossen sich, mit den Waffen in der Hand dem Russentum Einhalt zu tun. Ihre überlegene Kriegskunst führte sie schnell von Sieg zu Sieg zu Wasser und zu Lande. Sie eroberten die russischen Kriegshäfen und vernichteten mit einem einzigen furchtbaren Schlage die gesamte

Kriegsflotte und zwangen der russischen Großmacht (5. September 1905) einen demütigenden Frieden auf.

Diese schmachvollen Mißerfolge und Niederlagen zeigten aller Welt klar, wie morsch und unhaltbar die Zustände des russischen Reiches waren. Überall im Lande nahm die Mißstimmung in bedenklichem Maße zu. Selbst Soldaten und Matrosen empörten sich über die rohe Behandlung, die sie erfuhren. Um den Sturm noch einmal zu beschwören, ließ die Polizei durch die Tagesblätter und durch Flugschriften die erlogene Nachricht verbreiten, daß die Juden die inneren Wirren hervorgerufen hätten und sie fortgesetzt schürten. In Wahrheit hielt sich die große Masse der Judenheit vom politischen Leben ganz fern. Nur mißleitete Männer und Frauen aus dem Arbeiterstande, die zudem dem jüdischen Leben in der Regel längst entfremdet waren, nahmen an den politischen Unruhen teil. Alle gefährlichen Staatsverbrecher, alle Urheber der Mordanschläge auf die Minister und hohen Beamten waren nachgewiesenermaßen Christen. Nichtsdestoweniger wurde die ruchlose Beschuldigung das Signal zu neuen Metzeleien, die unter der russischen Bezeichnung „Pogrome" mit blutigen Buchstaben in den Jahrbüchern der jüdischen Geschichte zu verzeichnen sind. Dieses Mal begannen in Schitomir im Gouvernement Wolhynien die grenelvollen Taten. Sie verbreiteten sich über Bessarabien, die Krim, Podolien und den ganzen Süden und Südwesten des Reiches. 725 Ortschaften wurden davon heimgesucht. Hunderte von Juden wurden getötet, tausende verwundet und zu Krüppeln geschlagen. Auf nahezu 63 Millionen Rubel belief sich der materielle Schaden. Dreimalhunderttausend Juden verließen das Land, das so grausige Blutschuld auf sich geladen hat.

Dabei war alles Blut und waren alle Tränen vergeblich vergossen. Die Greuel gegen die Juden schafften die wachsende Unzufriedenheit der russischen Massen nicht aus der Welt. Die absolute Gewaltherrschaft des Kaisers war nicht mehr aufrechtzuerhalten. Ende Oktober 1905, gerade in denselben Tagen, in denen die Pogrome stattfanden, mußte Nicolaus II. sich entschließen, feierlich eine Verfassung zu versprechen, in der allgemeines Stimmrecht, Sicherheit der Person und des Eigentums und Freiheit des Wortes und der Presse gewährleistet wurden. Auch den Juden wurde das Wahlrecht für die allgemeine Volksvertretung, die große Duma, zugesichert. Den Anspruch darauf hatten sie sich redlich im letzten Kriege auf den sibirischen und mandschurischen Schlachtfeldern erkämpft. 33 000 Juden standen gegen die Japaner im Felde, 8 Prozent des Kriegsheeres, während die Judenschaft nur vier Prozent der Gesamt= bevölkerung bildet. Ihre Heldentaten erkannten sogar die Gegner an, und die Opferfreudigkeit der jüdischen Militärärzte hat der Kriegs= minister ausdrücklich lobend hervorgehoben.

Die junge russische Freiheit gedieh freilich vorläufig nicht. Die erste Duma, die 1906 zusammentrat und ernste volkstümliche Reformen anstrebte, wurde schon nach wenigen Monaten aufgelöst. Das gleiche Schicksal ereilte die zweite, obgleich ihre Mitglieder grund= sätzlichen Neuerungen viel weniger zuneigten. Aber inzwischen war die Furcht vor der Revolution immer mehr verblaßt, und der Kaiser ließ eine dritte Volksvertretung nach einem in rückschrittlichem Sinne entworfenen Wahlgesetz zusammenkommen. Sie ist allen Bürgern, die nicht russischer Abstammung sind, feindlich gesinnt. Von ihr haben die Juden eine Besserung ihrer Lage nicht zu erwarten. Es dauert daher die Ruhelosigkeit unter unseren russischen Glaubens= brüdern fort. In endlosen Scharen verlassen sie das Heimatsland, das sie mißhandelt, und suchen meist jenseits des Weltmeeres eine menschenwürdige Heimat. Es unterstützen sie die zurückbleibenden Juden und seit kurzem in Westeuropa die wohlgeordneten Verbände, die die Fürsorge für die Durchwanderer zu ihrer Aufgabe gemacht haben. In Amerika aber sind die jüdischen Vereine für die Ein= wanderer bestrebt, ihnen Arbeit und Unterkommen zu schaffen und sie zu lehren, wie die Treue gegen den väterlichen Glauben mit der Teilnahme an der modernen Kultur zu vereinigen ist.

Einigermaßen erfreulicher als in Rußland ist die gegenwärtige Lage der Juden in der Türkei. Seit dem Beginn der Kriege mit den Russen (1768) geht das ehemals großmächtige Reich, vor dem Jahrhunderte lang das christliche Abendland gezittert hat, unaufhalt= sam der Auflösung entgegen. Weite Länderstrecken sind seitdem in den mittelbaren und unmittelbaren Besitz der Russen, Engländer, Franzosen, Italiener und Österreicher übergegangen. Aus= gedehnte Provinzen sind als mehr oder minder selbständige Staaten (Griechenland, Rumänien, Serbien, Bulgarien), von den europäischen Mächten anerkannt. Überall in diesen Landstrichen, so= wie in denjenigen, die noch jetzt sich im Besitz der hohen Pforte be= finden, gibt es zahlreiche jüdische Gemeinden. Vom Wechsel der

Machthaber unberührt, leben sie überall als treue Untertanen ihrer
Obrigkeit.   Da die bisherigen Versuche der türkischen Regierung,
das wirtschaftliche und gesellschaftliche Leben zu reformieren und die
Volksbildung zu heben, in der Regel gescheitert sind, so blieben sie
bis an die Schwelle der Gegenwart von der politischen Gleich=
berechtigung und von den Grundlagen der allgemeinen Bildung aus=
geschlossen.   Ihre Studien bewegen sich auch jetzt noch ganz und
gar im mittelalterlichen Geleise.   Der niedere Unterricht beschränkt
sich auf das Verständnis der Bibel und des Gebetbuches, der
höhere einzig und allein auf die Kenntnis der Halacha und
Haggada nach der hergebrachten Methode.   Sie müssen eine hohe
Kopfsteuer zahlen und haben mancherlei Unbill von der Rücksichts=
losigkeit der Beamten und dem Fanatismus der andersgläubigen
Bevölkerung zu ertragen.   Zum Glück waren blutige Verfolgungen
selten und blieben bei der bisherigen Zerrüttung der gesetzgebenden
und ausführenden Gewalt des Reiches meist auf die Orte beschränkt,
in denen sie ausgebrochen sind.

Am meisten Aufsehen im Auslande machten die an den Juden
im Jahre 1840 in Damaskus verübten Greuel.   Als damals der
Kapuziner Thomas vermißt wurde, fand das von den Griechen er=
fundene und verbreitete lügenhafte Gerücht, daß ihn die Juden zu
rituellen Zwecken ermordet hätten, zahlreiche Gläubige.   Die entsetz=
lichen Folterqualen, denen die Rabbiner und Vorsteher der Gemeinde
in Damaskus unterworfen, und die Greueltaten, die an den un=
schuldigen Juden Syriens verübt wurden, erweckten endlich das
Mitleid und die Entrüstung des christlichen Abendlandes.   In opfer=
freudiger Begeisterung zog damals der fromme und mit Glücksgütern
reich gesegnete Sir Moses Montefiore aus England (1784—1885)
in Begleitung des französischen Advokaten Adolf Crémieux (1796—1880)
und des aus Deutschland stammenden gelehrten Orientalisten Salomon
Munk (1803—1867) zur Verteidigung der Unglücklichen nach dem
Orient und ruhte nicht eher, als bis der Vizekönig von Ägypten
den unschuldig Gekränkten die Ehre und die Freiheit wiedergegeben
und der Sultan in einem besonderen Regierungs=Erlaß alle Be=
hörden des Reiches angewiesen hatte, die Juden gegen die ver=
leumderische Beschuldigung des Blutgebrauches in Schutz zu nehmen.

Freilich vermochte auch dieses Mal der Ferman des Sultans
so wenig wie früher die Briefe und Bullen von Päpsten und Kaisern

der fanatischen Beschränktheit des Pöbels ein Ende zu machen. Immer wieder tauchte bald hier bald dort die Blutlüge auf und brachte Tod und Verderben über friedliche Menschen. Noch im Jahre 1891 rief die Ermordung eines Mädchens auf der jetzt unter griechischer Herrschaft stehenden Insel Korfu ernste Unruhen gegen die Juden hervor. Bei dieser Gelegenheit ist es übrigens den Verfolgten gelungen, sonnenklar nachzuweisen, daß die Ermordung des bedauernswerten Opfers mit Vorbedacht von Nichtjuden ausgeführt worden ist, einzig und allein zu dem Zweck, um die Bevölkerung gegen die Juden aufzuhetzen. Allein, so betrübend diese schmachvollen Vorgänge sind, so wurden sie dennoch zugleich der Ausgangspunkt einer Bewegung, die in ihren Folgen von segensreichem Einfluß auf die Entwickelung der jüdischen Zustände im Orient werden kann. Durch die Ereignisse des Jahres 1840 erhielten die Juden des westlichen Europas beglaubigte Nachrichten von dem niedrigen Kulturzustand ihrer Glaubensbrüder in der Türkei. Seit jener Zeit wurden sie nicht müde, an der Verbesserung ihrer Lage zu arbeiten. Besonders Adolf Crémieux verlor seit seiner Anwesenheit im Orient dieses Ziel nicht mehr aus den Augen. Der „Allgemeine Israeliten-Verband“[1]), zu dessen Begründern er gehörte, hat bis zur Gegenwart mehr als hundertundvierzig Elementar-, Handwerker- und Ackerbauschulen mit etwa 43 000 Zöglingen im türkischen Reiche ins Leben gerufen, in denen die männliche und weibliche Jugend mit tüchtigen allgemeinen Kenntnissen versehen und zu nützlichen Bürgern erzogen wird. In schönem Wetteifer mit diesem Verbande hat seit einem Jahrzehnt auch der „Hilfsverein der deutschen Juden“ in der Türkei ein Schulwerk ins Leben gerufen und unterhält gegenwärtig allein im hl. Lande 30 Bildungs- und Erziehungsanstalten mit etwa 4000 Schülern. Die türkische Regierung läßt allen diesen Unternehmungen, die reiche Ernten für die Zukunft versprechen, eine wohlwollende Unterstützung zuteil werden. Auch sonst erfuhren die Juden allmählich im öffentlichen Leben eine weiter gehende Berücksichtigung. Da die griechischen und armenischen Untertanen der Pforte immer wieder innere Unruhen hervorriefen, wurden ihnen Staatsämter nicht mehr übertragen und an ihrer Stelle hin und wieder Juden im öffentlichen Dienst beschäftigt. Sie fanden als

---

[1]) Alliance israélite universelle.

Lehrer an höheren Schulen, als Handelsrichter, als Telegraphenbeamte und selbst als Offiziere in der Kriegsflotte vielseitige Verwendung. In neuester Zeit, seit der Einführung der Verfassung vom Jahre 1908, die auf ganz modernen Grundlagen beruht, haben die Juden die volle bürgerliche und staatsbürgerliche Gleichberechtigung erlangt. Bei den Wahlen zur gesetzgebenden Körperschaft wurden in der europäischen Türkei und den asiatischen Provinzen fünf Juden zu Abgeordneten gewählt. Selbst in den Senat wurde ein Jude berufen.

Alle Anzeichen sprechen dafür, daß die neuen osmanischen Staatsbürger jüdischen Glaubens und jüdischer Abstammung sich mit Gewissenhaftigkeit und Verständnis der Mitarbeit am Wohle ihres Vaterlandes widmen werden.

4. Die Emanzipation in den außereuropäischen Ländern.

In edlem Wetteifer mit den europäischen Mutterländern schützen die meisten außereuropäischen Kolonialstaaten die Rechte der stetig anwachsenden Zahl ihrer jüdischen Bürger. Allen voran leuchtet das Beispiel der Vereinigten Staaten von Nordamerika, die bereits im achtzehnten Jahrhundert ihre Unabhängigkeit von England erkämpft und zu allererst die Gleichberechtigung der Glaubensbekenntnisse verbürgt haben. In allen Teilen der Union entstanden Gemeinden, die allmählich zu hoher Blüte gelangten.

Die ersten Ansiedler waren spanische und portugiesische Marannen. Sie kamen hierher aus Süd- und Mittel-Amerika, wo sie im 16. Jahrhundert eine Zuflucht vor den Verfolgungen der Glaubensgerichts gesucht und hin und wieder gefunden hatten. Ihnen verdanken die ältesten Gemeinden des Landes, New-York, damals noch Neu-Amsterdam (1654) und Newport (1658), ihre Entstehung. Deutsche Juden fanden sich erst einige Jahrzehnte später ein. Die Gemeinde Philadelphia war wohl die erste, die sie (1700) ins Leben riefen. An ihrer Gründung waren oberschlesische Juden beteiligt. Bald überwogen die deutschen Ankömmlinge bei weitem und drangen immer weiter nach Westen vor.

In der Mitte des vorigen Jahrhunderts gab es bereits etliche hundert Gemeinden mit schön ausgestatteten Gotteshäusern und wohlgeordneter Fürsorge für den religiösen Unterricht der Jugend. Mit treuer Hingebung vergalten die Juden dem neuen Vaterland die volle

Gleichstellung mit den anderen Bürgern, die sie ihm verdankten. In Scharen drängten sie sich zu den Fahnen, als der Kampf um die Befreiung der Sklaven zwischen dem Norden und Süden der Staaten entbrannte. Nicht weniger als achttausend Juden dienten damals in beiden Heeren, darunter neun Generäle, achtzehn Obersten und mehr als sechshundert andere Offiziere. Nach dem Siege des Nordens und der Wiederherstellung der Verfassung nahm auch das jüdische Leben einen neuen Aufschwung. Jahrzehnte lang überwog in den Gemeinden die radikale Reformbewegung, die in Europa nur eine einzige Stätte (vgl. S. 176) gefunden hat. Die Theologen, die dieser Richtung folgen, erhalten ihre Ausbildung im Hebrew Union College, das J. M. Wise 1875 in Cincinnati ins Leben rief. In der Gegenwart ist es anders geworden. Seit dem Beginn der Judenverfolgungen in Rußland und Rumänien, also seit etwa dreißig Jahren, sind nahezu anderthalb Millionen, seit der Zeit der russischen Pogrome (1903—1908) allein mehr als 600 000 osteuropäische Juden in Amerika eingewandert. Mit einer Vorurteilslosigkeit, die nicht ihresgleichen hat, öffnete die Regierung den unglücklichen Opfern die Grenzen des Staates. Ein besonderes Gesetz von 1906 bestimmt, daß den Flüchtlingen, die aus politischen oder religiösen Gründen ihre Heimat zu verlassen gezwungen sind, selbst der Nachweis der Geldmittel, die sonst die Einwanderer vorzuzeigen haben, zu erlassen sei. Durch diese, selbst in der dreitausendjährigen Geschichte unseres Stammes, unerhörte Völkerwanderung wurden die gesamten Verhältnisse der nordamerikanischen Judenheit von Grund aus umgestaltet.

Auf großzügiger Grundlage schufen die westeuropäischen Juden im Verein mit den amerikanischen Glaubensbrüdern große Verbände, die die Ankömmlinge und Durchwanderer mit Ratschlägen und Geldmitteln unterstützten. Die Erlösten atmeten auf im Lande der Freiheit und lernten schnell die neue Heimat schätzen und lieben. Die Tugenden, die in der alten Heimat ihre Zierde waren, Anspruchslosigkeit, Nüchternheit, Sparsamkeit, Arbeitslust, Gottesfurcht und Liebe zur Thora und den nationalen Studien, brachten sie als köstlichste Habe in die neue Umgebung mit. Am liebsten ließen sie sich in den großen Städten nieder, wo sie bereits Glaubensgenossen fanden, und bevorzugten dabei, der endlosen Wanderung nach der Fahrt über das Weltmeer müde, den Hafenort, an dem ihr flüchtiger Fuß zuerst Ruhe fand. So entstand in New-York eine Gemeinde, wie sie die Welt noch nicht gesehen hat in all den Jahrtausenden, seitdem Israel zu einem Volke geworden ist. Über eine Million Juden zählt jetzt diese einzige Stadt unter ihren Bewohnern, also mehr als Deutschland, Großbritannien, Frankreich, die Schweiz und Italien zusammen. Aber auch Baltimore, Chicago und Philadelphia stehen an Seelenzahl den größten europäischen Gemeinden gleich.

Durch den neuen Zuzug erhielt das amerikanische Judentum ein ganz verändertes Aussehen. Die Einwanderer traten in bewußten Gegensatz zu der überwiegenden Mehrzahl der dort bestehenden Gemeinden. Es beseelte sie allesamt der Wunsch, die religiösen Satzungen wie daheim pünktlich und ungestört zu erfüllen. Mit Vorliebe suchten sie darum freiwillig, auch hierin getreu dem ihnen bisher aufgezwungenen Herkommen, ihre Wohnungen dicht bei einander und gingen von hier aus ihren Geschäften und Berufen nach. Die meisten Ankömmlinge waren Handwerker und Arbeiter. Nur der geringere Teil bestand aus Handelsleuten. Aber es gab auch zahlreiche Ärzte und Ingenieure und Tausende von Lehrern und Lehrinnen unter ihnen. Für die Teilnahme am täglichen Gottesdienste, für die pflichtmäßige Beschäftigung mit der nationalen Literatur und die religiöse Unterweisung der Jugend konnte ihnen allen nichts erwünschter sein, als die räumliche Nachbarschaft der Glaubensbrüder. Jede Straße, ja jedes Straßenviertel erhielt seine Andachtsstätte, seine Lehranstalt für die Jugend und für die Erwachsenen. Im häuslichen Kreise hielten sie durchaus an der religiösen Lebensordnung der alten Heimat fest. Mit peinlicher Gewissenhaftigkeit beobachteten sie die Speisegesetze und heiligten den Sabbat und die Feste. Aber gegen diese strengen Anforderungen erhob sich schon nach kurzer Frist ein unerwarteter Widerstand in ihren eigenen Reihen. Die Jugend, die plötzlich in die moderne Kultur eintrat, wandte sich mit Unwillen gegen die Entsagungen, die die Eltern sich als selbstverständliche religiöse Forderungen gern und freudig auferlegten. Dazu kam die auch anderweitig beobachtete Tatsache, daß die einseitige Vorliebe für die nationale Literatur unvermittelt in eine maßlose Unterschätzung der bisherigen Bildungselemente und in eine ebenso einseitige und verhängnisvolle Bevorzugung der profanen Studien umschlug. Überdies herrschte im Jugendunterrichte zuerst die alte verwahrloste polnische Lehrweise vor. Darum kehrte das junge Geschlecht sich völlig vom religiösen Leben ab. Es entstand ein Riß, der die Herzen der Eltern von den Kindern trennte.

Zum Glück ist es der Tatkraft, Einsicht und Erfahrung der besonnenen Männer, die an der Spitze der großen Verbände stehen, gelungen, dieses schwere Übel mit den rechten Mitteln zu bekämpfen und gesündere Bahnen für die Entwickelung des eingewanderten Judentums zu finden.

Zuerst wurde in der Weise des Jugendunterrichts allmählich ein völliger Umschwung herbeigeführt. Schon jetzt ist es eine zugestandene Forderung, daß die Jugendlehrer die Landessprache beherrschen müssen und ihren Zöglingen in dieser Sprache das Verständnis des Gebetbuchs und der Bibel nach moderner Methode vermitteln. Neben der Theologischen Lehranstalt in Cincinnati entstand schon 1887 in New-York eine zweite, in der Rabbiner für die konservativ gerichteten Gemeinden ausgebildet werden. Seit 1903 ist sie unter S. Schechters Leitung zu viel versprechender Entwickelung gelangt. Ihr ist jetzt eine besondere Abteilung angegliedert, in welcher Lehrer für den elementaren und höheren Unterricht in den Religionswissenschaften ausgebildet werden. Auch der Zionismus hat hier erfreulich eingewirkt, indem er in der Jugend das jüdische Bewußtsein wieder erweckt und gestärkt hat. Durch die Kräftigung des Gefühls für die jüdische Zusammengehörigkeit ist dann auch die Teilnahme für das religiöse Leben gefördert worden. Als das beste Mittel aber, immer weitere Kreise der allgemeinen Bildung zuzuführen, bewährte sich auch hier in der neuen Umgebung die angeborene geistige Regsamkeit der Alten und der Jungen. Seit der Zunahme der neuen Einwanderung, in deren Mitte es nur sehr wenige Männer und Frauen gibt, die nicht wenigstens hebräisch oder jüdisch-deutsch lesen und schreiben können, ist wie durch einen Zauberschlag eine Tagesliteratur in hebräischer, jüdisch-deutscher, deutscher und englischer Sprache entstanden, die das Lesebedürfnis der jüdischen Bevölkerungsmassen befriedigen will. Mehr als achtzig Tages-, Wochen- und Monatsblätter finden ihren Leserkreis. Dem gleichen Zweck dienen die zahlreichen Leseklubs, die Verbände zur Pflege der jüdischen Geschichte und Literatur und vornehmlich die öffentlichen Büchersammlungen. Allein im New-Yorker Ghetto gibt es eine jüdische Bibliothek, die wöchentlich 23000 Bücher verleiht. Die dadurch erzielte Verbreitung gemeinnütziger Kenntnisse wird auch hier allmählich wie in der alten Welt einen gesunden Ausgleich zwischen der tief eingewurzelten Ehrfurcht vor unseren Heiligtümern und den unabweisbaren Ansprüchen des modernen Lebens herbeiführen.

Nördlich von den Vereinigten Staaten, in Kanada, das noch heute unter englischer Oberhoheit steht, haben in den letzten Jahrzehnten ebenfalls russische Juden Zuflucht gesucht und gefunden. Sie trafen dort Glaubensgenossen an, die schon seit dem 18. Jahrhundert ansässig waren. Die ersten Ansiedler waren englische Juden. Seit 1724 bildeten sich allmählich jüdische Gemeinden, deren Seelenzahl gering blieb. Im Gottesdienst nahmen sie den portugiesischen Ritus an. Die volle staatsbürgerliche Gleichberechtigung ist wie im Mutterlande seit 1831 durchgeführt. Als die Verfolgungen in Rußland ausbrachen, gab Baron Hirsch reiche Geldmittel her, um die Flüchtlinge als Ackerbauer anzusiedeln. Nach seinem Tode setzte die Jewish Colonisation Association — die JCA. — seine Bemühungen fort. Nur langsam wurden Erfolge erzielt. Jetzt gibt es bereits einige Kolonien, die sich von ihren Wohltätern unabhängig gemacht haben und zu erfreulicher Blüte gelangt sind. Die meisten Einwanderer wandten sich allerdings wie in der alten Heimat dem Handwerk und der Handarbeit, nur die geringere Zahl dem Handel zu. Im ganzen Lande gibt es jetzt etwa sechzigtausend Juden. Die Mitglieder der neuen Gemeinden sind im Durchschnitt bestrebt, die Religionsgesetze gewissenhaft auszuüben. Im Gottesdienst herrscht jetzt der polnische Ritus vor.

Südlich von den Vereinigten Staaten in Mexiko gab es schon im 16. Jahrhundert, kurz nach der Entdeckung und Eroberung des Landes durch die Spanier, zahlreiche Juden. Sie kamen als Flüchtlinge aus der pyrenäischen Halbinsel und hofften hier, fern von der Heimat, ihren angestammten Glauben frei bekennen zu dürfen. Aber das Glaubensgericht fand auch hier ihre Spur. Im Jahre 1574 fand in Mexiko das erste Autodafé auf dem Boden der neuen Welt statt. In der Mitte des 17. Jahrhunderts war ihre Widerstandskraft gebrochen und ihr Andenken ausgelöscht. Viele werden wohl die die Flucht fortgesetzt und anderswo in der neuen Welt einen Schlupfwinkel gefunden haben. Nur hin und wieder erinnert ein Name an die alten jüdisch-spanischen Geschlechter, die hierher ausgewandert waren. Neue Ansiedler haben sich erst in den letzten Jahrzehnten wieder niedergelassen, seitdem gesetzlich der Staat von der Kirche völlig getrennt und damit die politische Gleichberechtigung aller Bürger endgültig gewährleistet ist.

Auch nach Mittel- und Südamerika flüchteten schon früh

Maranuen in größerer Anzahl. Etliche Männer jüdischer Abkunft befanden sich auf den Schiffen, mit denen Kolumbus seine erste Aus= fahrt nach dem fernen Westen unternahm. Einer von ihnen, Luis de Torres, war angeblich der erste Europäer, der den Boden Amerikas betrat. Er blieb in Kuba und starb daselbst.

Brasilien war das erste Land, in dem sich größere Ansiedlungen bildeten. Jahrzehnte hindurch wurden von den Portugiesen ganze Schiffsladungen von geheimen Juden, die vom Glaubensgericht verurteilt waren, hierher verbannt. Von diesen Ansiedlern sollen die ersten Zuckerplantagen angelegt worden sein. Ihren Glauben öffentlich zu bekennen, war ihnen freilich verboten. Allein die Gesetze wurden vergleichsweise milde gehandhabt. Das wurde anders, als die Spanier in den Besitz des Landes kamen und den Maranuen das Leben in jeder Weise erschwerten. Zu einer kurzen Blüte gelangten die Gemeinden erst, als 1624 die niederländische westindische Kompagnie die Kolonie eroberte. Damals kamen einige Hundert Juden aus Amsterdam nach Brasilien und riefen Gemeinden ins Leben, deren Mitglieder schnell zu großem Reichtum gelangten. Zwei berühmte sefardische Gelehrte, Mose Raphael Aguilar und Isaak Aboab, waren während dieser Zeit als Rabbiner unter ihnen tätig. Allein schon nach dreißig Jahren gewannen die Portugiesen abermals die Oberhand und befahlen den Juden, ihr Eigentum zu verkaufen und das Land zu verlassen. Nichtsdestoweniger hört man noch ein Jahrhundert lang von Verfolgungen, die die Neuchristen hier zu erdulden hatten.

Den gleichen Leidensweg legten die Juden in Peru und Chile, in Neu=Granada und auf den westindischen Inseln zurück. In Lima allein wurden vom Glaubensgericht, das erst 1806 ab= geschafft wurde, 131 geheime Juden hingerichtet. In Kartagena bestand es sogar bis 1819 und verdammte vom Ende des 16. Jahr= hunderts an nicht weniger als 767 Juden zum Feuertode. Bessere Tage sahen die Juden nur in Surinam und der Savannah. Hier erfreuten sie sich seit der Mitte des 17. Jahrhunderts zuerst unter englischer, und dann unter niederländischer Oberhoheit völliger Glaubensfreiheit. In der Wahl des bürgerlichen Berufes waren sie unbeschränkt. Selbst die öffentlichen Ämter waren ihnen bis auf ge= ringe Ausnahmen zugänglich. Sie lebten meist als Pflanzer und verteidigten häufig ihre ausgedehnten Besitzungen mit bewaffneter

Hand gegen die räuberischen Indianer und Neger der Nachbarschaft. Noch heute bestehen einige Gemeinden, deren Seelenzahl sich auf etwa anderthalbtausend beläuft. Auch auf einigen westindischen Inseln haben sich kleine Ansiedlungen vom siebzehnten Jahrhundert bis auf die Gegenwart gerettet. Zu irgend einer Bedeutung sind sie nie gelangt.

Alle diese unermeßlichen Länderstrecken der mittel- und südamerikanischen Republiken sind vom Strome der Auswanderer in den ersten Jahrzehnten so gut wie unberührt geblieben. Eine Ausnahme macht nur Argentinien. Sogleich beim Ausbruch der russischen Judenhetzen stellte Baron Hirsch (oben S. 147) reiche Mittel zur Verfügung, um die Heimatlosen in Ackerbaukolonien anzusiedeln. Diese Ansiedlungen sind augenblicklich in erfreulichem Aufschwung begriffen. Gleich zu Anfang meldeten sich dreitausend russische Juden und waren zu jeder Arbeit bereit. Doch mußten in den ersten Jahren große Schwierigkeiten überwunden werden. Die Ankömmlinge fanden sich zuerst nicht in die ungewohnte Tätigkeit und hatten mit Dürre, Mißwachs und Heuschreckenplage zu kämpfen. Auch die Aufsichtsbeamten richteten sich erst allmählich auf ihre Eigenart ein. Aber mit der wachsenden Erfahrung glichen sich die Gegensätze aus. Jetzt ernähren sich dort vom Ackerbau und der Viehzucht etwa 13000 jüdische Kolonisten. Zahlreiche weitere Flüchtlinge finden als Handwerker und Handelsleute ihr Auskommen auf dem Lande und in den Städten. Die Hauptstadt Buenos-Aires hat jetzt eine Judengemeinde von etwa 16000 Seelen und darüber, und im ganzen Lande haben mehr als vierzigtausend eine neue Heimat gefunden.

Viel jünger als die Niederlassungen in Kanada sind die jüdischen Gemeinden, die in den übrigen englischen Kolonien, in Südafrika und Australien, entstanden sind. Erst in den vierziger Jahren des 19. Jahrhunderts kamen die ersten Juden in diese Gegenden. Selbstverständlich erfreuen sie sich überall des ungeschmälerten Besitzes aller bürgerlichen und staatsbürgerlichen Rechte. In Kapland und den nördlich davon gelegenen früheren Republiken Natal und Transvaal leben jetzt etwa 50000 Juden und etwa halb so viele in Australien. Besonders in Südafrika macht sich bereits ein erfreulicher Gemeinsinn bemerkbar. Den vereinten Bemühungen besonnener Männer ist es gelungen, die neuen Gesetze, welche die Niederlassung der heimatlosen russischen Auswanderer beschränken und verhindern wollten, bedeutend abzuschwächen. Kapstadt und Johannisburg sind die größten Gemeinden. Ihre Leiter sind mit Erfolg bemüht, den religiösen Sinn zu heben und besonders die religiöse Unterweisung der Jugend zu verbessern. In Australien sind einzelne Glaubensgenossen durch ihren Bürgersinn zu Einfluß und Ansehen gelangt. Zur Befestigung und Verbesserung des religiösen Lebens sind in den wenigen Gemeinden hin und wieder Anfänge gemacht worden. Von bleibenden Erfolgen in diesem Bereich ist bisher nichts bekannt geworden. Dagegen scheint es ihren selbstsüchtigen Bemühungen gelungen zu sein, die Einwanderung der in Rumänien und Rußland heimatlos gewordenen Brüder vorläufig zu verhindern.

Um so zahlreicher sind die Juden Algeriens, deren Heimatsland 1830 dem französischen Kolonialbesitz einverleibt wurde. Sie sind seit 1871 naturalisierte Franzosen und genießen alle ihnen als solche zukommenden Rechte und erfüllen die ihnen obliegenden Pflichten.

Auch Tunesien seit 1881, und seit allerneuester Zeit Marokko stehen unter französischer Verwaltung. Seit undenklichen Zeiten wohnen Juden in diesen Landschaften. Es mögen ihrer jetzt 150 000 sein. Ihre gesetzliche Lage ist bisher unverändert geblieben. Sie haben in Tunis die Naturalisation noch immer nicht erlangen können, obwohl sich ein großer Teil von ihnen mit Ernst und Eifer der modernen Kultur zugewandt hat. Nur die Sicherheit für ihr Leben und ihr Eigentum ist größer geworden. Ausbrüche islamitischen Glaubenseifers werden von den Machthabern nicht geduldet. In Marokko werden soeben erst geordnete Zustände hergestellt. Bisher waren die Juden völlig der Willkür der Behörden preisgegeben. Noch im April 1912 herrschte drei Tage lang in dem Judenviertel von Fez Raubmord und Plünderung. Der „Allgemeine Israeliten= Verband" und der „Hilfsverein der deutschen Juden" haben sich der Unglücklichen angenommen. Nicht viel anders ist die Lage in Tripolis, wo jetzt die italienische Verwaltung eingeführt wird. In allen diesen Landschaften ist seit Jahrzehnten der „Allgemeine Israeliten=Verband" damit beschäftigt, Lehranstalten zu begründen und zu erhalten, die gemeinnütze Kenntnisse unter ihren Glaubens= brüdern verbreiten. Hoffentlich kommt schon das Schülergeschlecht, das sie gegenwärtig besucht, in den Vollgenuß der bürgerlichen und staatsbürgerlichen Gleichberechtigung.

In den überseeischen Besitzungen der Spanier und Portu=

gießen gibt es keine Juden, denn religiöse Duldsamkeit kennen die
Spanier noch gar nicht und die Portugiesen erst seit kurzer Zeit. Die
Folgen dieses eingewurzelten Vorurteils machen sich bekanntlich noch
heute in den Ländern bemerkbar, die Jahrhunderte lang unter spanischer
und portugiesischer Herrschaft gestanden haben. Selbst in den Staaten,
die jetzt ihre Selbständigkeit errungen und die Freiheit des religiösen
Bekenntnisses anerkannt haben, haben sich nur wenige jüdische Ansiedler eingefunden. Die Wunden, die verblendeter Glaubenshaß
geschlagen hat, heilen eben in allen Zonen am schwersten.

Zweites Kapitel

Die inneren Wandlungen

1. Die jüdische Wissenschaft.

In untrennbarer Wechselbeziehung zu den Siegen und Niederlagen während des Kampfes um die Wiederherstellung der bürgerlichen und staatsbürgerlichen Gleichberechtigung des Judentums und
seiner Bekenner stehen die wichtigen und eingreifenden inneren
Wandlungen und Umwälzungen, die während des gleichen Zeitraumes im Schoße des Judentums vor sich gegangen sind. Nach
den Freiheitskriegen trat in der Gesinnung der deutschen Fürsten
und Volksstämme ein grundsätzlicher Umschwung zu Ungunsten der
Juden ein. Die Führer des Rückschritts, die alle Errungenschaften
der französischen Staatsumwälzung zunichte machen wollten, erblickten auch in der Emanzipation der Juden einen Mißbrauch der
Freiheit, der nicht länger geduldet werden dürfe. Ihnen stimmten
in diesem einen Punkte die Vertreter einer überspannten Deutschtümelei
zu, indem sie den Juden wegen ihrer nichtdeutschen Abstammung die
staatsbürgerliche Gleichberechtigung nicht zuerkennen oder gar ab-
erkennen wollten. Der dadurch von neuem entflammte Judenhaß,
der hier und da sogar Aufläufe des Pöbels hervorrief, öffnete den
einsichtigen Juden endlich die Augen. Sie erkannten, daß der bloße
Anschluß an die Bildung und Aufklärung allein ihnen die Teilnahme
an den bürgerlichen Rechten nicht ohne weiteres sichern werde. Die
Söhne der Zeitgenossen Mendelssohns, so weit sie den großen
Troß der Gebildeten ausmachten und in Unkenntnis des Judentums
aufgewachsen waren, verzweifelten an der Zukunft ihres Glaubens, an

den ein Band der Liebe sie nicht fesselte, und traten in Scharen
zum Christentum über, um sich und ihren Nachkommen die Vorteile
ihrer bürgerlichen und gesellschaftlichen Stellung zu erhalten. Aber
eine kleine Schar unverzagter Jünglinge und Männer, die in ihrem
Geiste eine umfassende und gediegene Kenntnis der überkommenen
Schätze des jüdischen Wissens mit den neuen Bildungselementen ver=
einigte, blieb in dieser schweren Krisis in begeisterter Hingebung der
alten Fahne treu. Es erfüllte sie das Bewußtsein, daß die Belebung
des jüdischen Altertums und die Anwendung der neuen Forschungs=
methoden auf die Quellen des jüdischen Wissens zuvörderst im eigenen
Lager das gesunkene Selbstbewußtsein wiederherstellen und dem
heranwachsenden Geschlecht durch die lebendige Erinnerung an die
mehrtausendjährige unverdrossene Kulturarbeit der Vorfahren Würde
und Haltung verleihen, zugleich aber auch nach außen hin die
noch bestehenden Vorurteile vernichten und der Gesamtheit des Juden=
tums ungeteilte Achtung und unwiderrufliche Anerkennung ver=
schaffen werde. In den Dienst dieser guten Sache stellten sie
hoffnungsfreudig ihre Fähigkeiten und riefen im Jahre 1821 in
Berlin einen „Verein für Kultur und Wissenschaft der Juden"
ins Leben, der sich die Aufgabe stellte, das jüdische Wissen zu pflegen,
höhere und niedere Schulen zu errichten und Vereine zur Verbreitung
von Kenntnissen über die jüdische Vergangenheit zu begründen. Zwar
erlebten die Mitglieder des Vereins schon nach kurzer Zeit die schmerz=
liche Enttäuschung, daß sie tauben Ohren predigten, und daß für
ihre Ideale bei der großen Mehrzahl ihrer Glaubensgenossen weder
Verständnis zu finden noch Entgegenkommen oder Unterstützung zu
erhoffen war. Aber die wenigen Hefte einer „Zeitschrift für die
Wissenschaft des Judentums", die das kurze Dasein des Vereins
überdauerten, legen noch heute Zeugnis ab von der Tatsache, daß
die Stifter des Vereins sehr wohl wußten, was sie wollten, wenn
sie sich auch darüber täuschten, was sie vermochten. Sie waren
zugleich ein beredter Beweis für den gewaltigen Umschwung des
jüdischen Geisteslebens, der in Aussicht stand. Eine Reihe darin
erschienener gelehrter Abhandlungen verriet eine Tiefe und einen Um=
fang des Wissens, eine Schärfe des Geistes und Klarheit des Urteils
und dabei eine formvollendete Gewandtheit der Darstellung, die
ihren Verfasser, Leopold Zunz, mit einem Schlage zum Führer der

neuen geistigen Bewegung und zum Begründer der modernen Wissenschaft des Judentums stempelten.

Leopold Zunz wurde am 10. August 1794 zu Detmold geboren und kam als früh verwaistes, schwächliches Kind in die von Isaak Herz Samson begründete Erziehungsanstalt zu Wolfenbüttel. Hier nahm sich S. M. Ehrenberg, der durch ein seltenes Lehrgeschick ausgezeichnete Leiter der Schule, mit väterlicher Liebe des Knaben an, widmete seinem Unterricht und seiner Erziehung eine ganz besondere Sorgfalt und brachte ihn, da er bald die außerordentliche Begabung des Knaben erkannt hatte, auf das Gymnasium zu Wolfenbüttel. Hier wurde Leopold Zunz 1809 der erste jüdische Gymnasiast. Sechs Jahre später bezog er die Universität zu Berlin und blieb nach Beendigung seiner Studien mit geringer Unterbrechung[1]) in dieser Stadt, in der er nach einander als Prediger (1820—1822), als Leiter der jüdischen Gemeinde- (früher Frei-) Schule (1825—1829) und von 1839 an als Direktor eines Lehrerseminars amtlich wirkte. Schon 1818 entwarf der junge Gelehrte in dem Schriftchen: „Etwas über die rabbinische Literatur" mit kühner Hand einen trefflichen Grundriß für die wissenschaftliche Sonderung und Einteilung des weitläufigen Gebietes der jüdischen Wissenschaft, und in der von ihm geleiteten Zeitschrift der „Kultur-Vereins" gab er mustergültige Beispiele, wie geschichtliche Personen (Raschi) im Rahmen ihrer Zeit darzustellen und wissenschaftliche Einzeluntersuchungen in Zusammenhang mit dem Gesamtgebiet zu bringen seien. Als dann in derselben Zeit, in der er sich veranlaßt sah, sein Amt als Prediger aufzugeben, seine Hoffnungen auf die Wirksamkeit des Vereins scheiterten, schrieb er ungebeugt von solchem doppeltem Mißgeschick: „Was allein aus dieser Sündflut unvergänglich auftaucht, das ist die Wissenschaft des Judentums, denn sie lebt, auch wenn Jahrhunderte lang sich kein Finger für sie regt. Weil ich gesehen, daß ich in der Wüste predigte, habe ich aufgehört zu predigen, doch nicht um dem Inhalt meiner Worte treulos zu werden." Und er ist ihm im edelsten Sinne treu geblieben. Durfte er nicht mehr der Lehrer und Führer einer einzelnen Gemeinde sein, so wollte er nunmehr ganz Israel belehren.

---

[1]) 1835—36 bekleidete er in Prag die Stelle eines Predigers bei dem Verein zur Errichtung eines geordneten Gottesdienstes.

Es reifte allmählich sein klassisches Werk: „Die gottesdienstlichen Vorträge der Juden, historisch entwickelt", das
1832 die Presse verließ. Er führt darin den glänzenden Nachweis,
daß zu allen Zeiten das lebendige Wort religiöser Belehrung
ein wesentlicher Bestandteil des jüdischen Gottesdienstes gewesen sei.
Er zeigt, wie auf den Propheten, der mahnend und warnend,
tröstend und verheißend die Gemeinde Gottes anredete, der Schriftgelehrte folgte, der dem lauschenden Volke das Wort Gottes übersetzte und erklärte, wie den Schriftgelehrten der Haggabist ablöste,
dessen Predigten im Talmud und Midrasch aufbewahrt sind, und
wie an dessen Stelle im späteren Mittelalter der Prediger (Darschan)
trat, der aus den in Bibel, Talmud und Midrasch niedergelegten
reichen Schätzen das Material zur Erbauung seiner andächtigen Zuhörer hernahm.

Eine zweite Reihe gediegener Untersuchungen[1]) widmete er der
wissenschaftlichen Durchforschung der Geschichte des anderen Teiles
des Gottesdienstes, der Geschichte des Gebetes bei den Juden.
Dabei kam er zu folgendem Ergebnis: Wie im grauen Altertum
neben dem Propheten der Psalmist wirkte, dessen dichterische Er-
güsse der Gemeinde zum Ausdruck ihrer Empfindungen dienten, so
trat im folgenden Jahrtausend neben den Weisen, den Leiter der
religiösen Belehrung, der Vorbeter als Leiter der Andacht der Gemeinde, dessen Erbschaft dann, etwa mit dem achten nachchristlichen
Jahrhundert der Dichter des Pijjut und der Selicha antrat.
Diesem gelang es allmählich, die Herrschaft über das ganze Gebiet des
Kultus zu gewinnen, bis die neue Bewegung der Geister, die am
Ausgang des achtzehnten Jahrhunderts ihren Anfang nahm, auf dem
seit Jahrhunderten nach Form und Inhalt scheinbar erstarrten Gebiete ein neues reiches Leben hervorrief.

Aus den zahlreichen einzelnen Abhandlungen, die Zunz zu
verdanken sind, heben wir nur die Sammlung hervor, die er unter
dem Titel: „Zur Geschichte und Literatur" 1845 erscheinen
ließ[2]). Hier steckte er mit meisterhafter Hand die Ziele für die

---

[1]) Sie sind niedergelegt in den Büchern: „Die synagogale Poesie der
Juden" (Berlin 1855), „Der Ritus des synagogalen Gottesdienstes" (Berlin
1859), „Literaturgeschichte der synagogalen Poesie" (Berlin 1865) und „Nachtrag" zu dem letzteren Werke (Berlin 1867).

[2]) Eine weitere Sammlung seiner zerstreuten kürzeren Abhandlungen ließ

einzelnen Sondergebiete der jüdischen Wissenschaft ab und lehrte an klassischen Beispielen, wie jedes einzelne von ihnen, wie Gelehrten=geschichte, wie Kultur= und Spezialgeschichte, wie Chrono=logie, Bücher=, Inschriften= und Münz=Kunde zu behandeln und für die wissenschaftliche Erkenntnis des Judentums nutzbar zu machen sei.

Alle diese von Zunz ins Dasein gerufenen unvergänglichen Denkmäler der Wissenschaft, die selbst ein lebendiges Zeugnis sind von der unverwüstlichen Lebenskraft und Lebensfähigkeit des Juden=tums, haben der Erkenntnis zum Siege verholfen, daß ein ununter=brochener Strom geistigen Lebens, der in den verschiedenen Entwickelungs=perioden in einem ungeahnten Reichtum bedeutsamer literarischer Werke zur Erscheinung kommt, das Judentum von seinem Ursprung bis zur Gegenwart durchzieht. Bis in sein hohes Greisenalter war Zunz literarisch tätig. An den Erzeugnissen seines Geistes bewundern wir ebenso sehr den fast unglaublichen Umfang seiner Gelehrsamkeit, wie die nahezu unfehlbare Sicherheit seines kritischen Urteils, ebenso sehr die gewaltige Geisteskraft, mit der er die Unmassen des von ihm beherrschten Materials zu sichten und zu ordnen, wie die unver=gleichliche Anmut und Gewandtheit, mit der er sie klar und über=sichtlich darzustellen verstanden hat. Erst als dem kinderlosen Manne die treue Lebensgefährtin in die Ewigkeit vorausgegangen war, legte er als Achtzigjähriger, obwohl er an geistiger Frische und körper=licher Rüstigkeit nichts eingebüßt hatte, die Feder aus der Hand. In stiller Zurückgezogenheit lebte er seitdem, ein Gegenstand der Ehrfurcht für alle, die am Ausbau der Wissenschaft des Judentums in seinem Geiste mitarbeiteten, bis er am 18. März 1886 den ewigen Frieden fand.

Zunz hatte die Freude, schon in seiner Jugend treffliche Mit=arbeiter, die unbhängig von ihm gleichzeitig denselben Idealen zu=strebten, neben sich wirken zu sehen. Der Berliner Kultur=Verein hatte auch im fernen Osten bei einigen erlesenen Geistern lebhaften Anklang und tatkräftige Unterstützung gefunden. Ihm trat bald der um die Aufklärung seiner Landsleute hochverdiente Joseph Perl in Tarnopol, der Stifter und Leiter der ersten modernen Volksschule in

---

das Kuratorium der Zunz-Stiftung in den Jahren 1874 und 1875 unter dem Titel: „Gesammelte Schriften" in drei Bänden erscheinen.

Galizien, als Mitglied bei.   In dem kleinen Kreise von Gebildeten, der sich um ihn scharte, nahm bald Salomo Jehuda Löb Rapoport aus Lemberg (geb. 8. Mai 1790), der Sprößling einer durch Edelsinn und Gelehrsamkeit seit Jahrhunderten ausgezeichneten Familie, unbestritten den ersten Platz ein.   Aufgewachsen in einer allem weltlichen Wissen feindlichen Umgebung, und von Jugend auf ganz in der herkömmlichen einseitigen Weise unterrichtet und erzogen, gelang es dem mit seltenen Geistesgaben ausgerüsteten jungen Manne, sich ohne fremde Hilfe eine gründliche und gediegene Kenntnis alter und neuer Sprachen und ausgebreitete Kenntnisse auf den verschiedensten Wissensgebieten zu erringen.   Die ganze Fülle des Wissens aber, die er sich zu eigen gemacht hatte, stellte er einzig und allein in den Dienst des jüdischen Schrifttums und vollzog damit die glücklichste Verschmelzung des biblischen und des mittelalterlich-jüdischen mit dem griechischen Element zu einem harmonischen nationalen Ganzen.   Das ungeheure Gebiet der jüdischen Literatur mit ihren geheimen Schachten, mit ihren chaotischen Massen, mit ihren glanzvollen Dämmerungen war seine geistige Heimat, in der er wie kein Zweiter sich zurecht zu finden und anderen den Weg zu weisen wußte.   Am meisten reizte seinen Forscherbetrieb die Aufhellung der dunkeln Jahrhunderte, die vom Abschluß des Talmud bis zur Blütezeit der jüdischen Literatur in den Ländern des Islam vergangen sind.   Seinen Entdeckungsreisen in dieses unbekannte Gebiet verdanken wir die berühmten sechs Lebensbilder des Gaon R. Saadja[1]), des R. Nathan b. Jechiel aus Rom[2]), des Gaon R. Hai[3]), des R. Eleasar Kalir[4]), des R. Chananel ben Chuschiel[5]) und des Landsmannes des letzteren, des R. Nissim ben Jakob[6]), Abhandlungen, die ein nichtjüdischer Gelehrter „wahre Diamantgruben für den Geschichtsschreiber der jüdischen Literatur" genannt hat, und von denen Zunz geurteilt hat, daß sie ebenso sehr durch kritische Tiefe, Scharfsinn und glänzende

---

[1]) T. II, S. 48 ff.   [2]) Das. S. 134.   [3]) Das. S. 54 f.
[4]) Das. S. 43 ff.   [5]) Das. S. 57.

[6]) Das. Die sechs Biographien erschienen in den von Schalom ha-Kohen aus Wollstein (gest. 1845) herausgegebenen hebräischen Jahrbüchern Bikkure ha-Ittim (1820—1832).   Rapoport hat alle seine wissenschaftlichen Abhandlungen hebräisch geschrieben, weil er die heilige Sprache für das beste Verständigungsmittel über Gegenstände des jüdischen Wissens gehalten hat.

Gelehrsamkeit wie durch den frommen, edlen Sinn, der sich in ihnen ausspreche, ausgezeichnet seien. Auf derselben Höhe wissenschaftlicher Bedeutung steht sein talmudisches Realwörterbuch (betitelt: Erech Millin), dessen erster und einziger Band 1852 erschienen ist. Leider vergönnte ihm sein Amt — er war Rabbiner in Tarnopol und seit 1840 Oberrabbiner in Prag — nicht die nötige Muße, um das Realwörterbuch und ein groß angelegtes biographisches Sammelwerk zur Vollendung zu bringen. Aber die glänzenden Proben, die er davon in den veröffentlichten Lebensbildern gegeben hat, genügten, um ihn Zunz würdig an die Seite zu stellen.

Die von Zunz und Rapoport ausgehende Anregung und Belehrung erweckte die Bewunderung und den rührenden Wetteifer der Zeitgenossen, und bald entfaltete sich eine erstaunliche Arbeitslust auf den verschiedensten Gebieten des weitverzweigten jüdischen Schrifttums. Es erschienen wissenschaftliche Lehrbücher der hebräischen Sprache[1]), gediegene Abhandlungen über die Geschichte der Sprachforschung bei den Juden[2]), hebräische Wörterbücher[3]) und Konkordanzen des ganzen in der heiligen Schrift enthaltenen Sprachgutes[4]). Es wurden erfolgreiche Bemühungen zur Herstellung tadelloser massoretischer Texte gemacht[5]), und die Geschichte der Massorah erfuhr eine eingehende wissenschaftliche Behandlung[6]). Man übersetzte und erläuterte die ganze heilige Schrift[7]) und einzelne ihrer Bücher[8])

---

[1]) In italienischer Sprache von Samuel David Luzzatto (geb. 1800, starb 1865 als Prof. am Collegio rabbinico in Padua) und in deutscher Sprache von H. Arnheim (st. 1869 als Rabbiner in Groß-Glogau).

[2]) Von Sal. Munk (st. 1867 in Paris), Rapoport, Leopold Dukes (st. 1891 in Wien), Jos. Derenbourg (in Paris, st. 1895), Wilh. Bacher (in Budapest) u. A.

[3]) Von Julius Fürst (geb. 1805 in Zerkow, st. 1873 in Leipzig) und David Cassel (geb. 1818 in Groß-Glogau, st. 1893 in Berlin).

[4]) 1840 von dem soeben erwähnten Jul. Fürst und 1896 von Sal. Mandelkern (in Leipzig, st. 1902 in Wien).

[5]) Von Wolf Heidenheim (st. 1832 in Rödelheim) und S. Bär (st. 1897 in Bieberich).

[6]) Durch Frensdorf (st. 1880 in Hannover), Pinsker (st. 1864 in Odessa), Jos. Derenbourg, H. Graetz (st. 1891 in Breslau) u. A.

[7]) Ludwig Philippson (st. 889 in Bonn), Sal. Herxheimer (starb 1884 in Bernburg) und Jul. Fürst.

[8]) z. B. S. D. Luzzatto L. Herzfeld, H. Graetz, Mich. Sachs u. A.

und stellte kritische Untersuchungen über die alten aramäischen[1]) und griechischen[2]) Bibelübersetzungen an, deren Ergebnisse einen bleibenden wissenschaftlichen Wert besitzen.

Der gleiche Fleiß und Eifer wurde der wissenschaftlichen Erforschung des mündlichen Gesetzes gewidmet. Es erschienen grammatische Untersuchungen über das Idiom des Talmud[3]) und philologische Abhandlungen über die fremdsprachlichen Elemente des talmudischen Sprachgutes[4]). Der gesamte Wortschatz des Talmud und der Midraschim wurde lexikographisch bearbeitet[5]). Zahlreiche zum Teil vortreffliche Ausgaben[6]) halachischer und haggadischer Midraschim[7]) verließen die Presse, und das Riesenwerk der Herstellung eines kritischen Textes für den babylonischen Talmud[8]) wurde nahezu zur Vollendung gebracht. Es erschienen Übersetzungen der Mischna[9]) und

---

[1]) S. D. Luzzatto, Abr. Berliner (in Berlin) und Nathan Adler (st. 1890 in London) über Targum Onkelos, S. Gronemann (in Hannover) und S. Ginsburger (in Sulz im Ober-Els.) über Targum Jonathan und Jeruschalmi, Jos. Perles über die syrische und Samuel Kohn (in Budapest) über die samaritanische Bibelübersetzung.

[2]) Zach. Frankel (vgl. S. 175) und Abr. Geiger (S. 174).

[3]) von S. D. Luzzatto, J. H. Weiß u. A.

[4]) von Michael Sachs (geb. 1808 in Groß-Glogau, st. 1864 in Berlin), Jos. Perles (geb. 1835 in Baja, st. 1894 in München), Samuel Krauß (in Wien) u. A. Ein Wörterbuch der latein. Fremdwörter im Talmud schrieb S. Boudi (st. 1816 in Dresden), der griech. Fremdwörter J. Fürst (st. 1899 in Mannheim), und Alex. Kohut (st. 1894 in New-York) besorgte eine neue höchst brauchbare Ausgabe des Aruch.

[5]) Von Jakob Levy (st. 1892 in Breslau) und Markus Jastrow (st. 1899 in Philadelphia).

[6]) Es gaben heraus M. Friedmann (st. 1909 in Wien) und J. H. Weiß (st. 1908 in Wien) Mechilta, Sifra und Sifre, Zuckermandel (in Breslau) die Tossefta, Joël Müller (st. 1895 in Berlin) den Traktat Sopherim und S. Schechter (in New York) den Traktat Aboth di R. Nathan.   .

[7]) Sal. Buber (st. 1906 in Lemberg) edierte die Pesikta, Midr. Tanchuma, Tehillim, Mischle und Samuel, Adolf Jellinek (st. 1893 in Wien) in sechs Bänden eine größere Sammlung kleiner Midraschim. Theodor, J. R. (in Bojanowo) den M. Bereschith rabba usw.

[8]) Vorarbeiten dazu von S. Lebrecht (st. 1876 in Berlin). Die Arbeit selber leistete Raph. N. Rabbinowicz (aus Rußland, lebte in München, st. 1888.)

[9]) von J. M. Jost u. A. (1832—1834 in Berlin). Soeben erscheint eine neue, die 1883 begonnen wurde von E. Baneth (in Berlin). J. Cohn (in Rawitsch), David Hoffmann und M. Petuchowski (beide in Berlin), u. A. Sammter (st. 1885 in Berlin).

des Talmud[1]). Mit besonderer Vorliebe wandten sich zahlreiche
Forscher den Studien über die Entstehung und Entwickelung der
Halacha[2]) und Haggada[3]) zu, und ihrem Fleiße verdanken wir eine
stattliche Reihe meisterhafter kritischer Untersuchungen. Daneben
dauerte auf diesem Gebiete die einseitige literarische Tätigkeit, die
sich streng in den hergebrachten Bahnen hielt, noch Jahrzehnte lang
fort. Durch tiefe Gelehrsamkeit und glänzenden Scharfsinn tat sich
namentlich R. Akiba Eger[4]) hervor. Ganz in der alten Weise
wurde talmudische Traktate und halachische Sammelwerke mit Kommentaren, Noten und Novellen versehen und zahlreiche Rechtsgutachten
und halachische Kompendien veröffentlicht[5]). Erst allmählich erschlaffte
die Schaffensfreudigkeit in diesem Bereich überall im westlichen Europa,
und heute blühen diese Studien nur noch in Litauen und Polen.

Auch die nachtalmudische Literatur erfuhr reichliche und
sorgsame Pflege. Neue Sammlungen geonäischer Schriften[6]) wurden
herausgegeben. Es erschienen kritische Ausgaben der Bibel-
erklärungen mittelalterlicher Exegeten[7]), und selbst die Mystik und

---

[1]) Einzelne Traktate sind von M. Pinner u. A. Sammter (beide in
Berlin) M. Rawicz (in Offenburg in Baden) übersetzt werden. Eine Übersetzung
des ganzen babyl. Talmud hat 1897 Laz. Goldschmidt (in Berlin) begonnen.
Bis jetzt sind 8 Bände erschienen. Den jerus. Talmud hat M. Schwab (in
Paris) ins Französische übersetzt.

[2]) Nachman Krochmal (geb. 1780 in Brody, st. 1840 in Zolkiew) Hirsch
Chajes (st. 1855 in Kalisch), J. H. Schorr (st. 1895 in Brody), Zach. Frankel
(vgl. S. 175), der 1859 seine „Hodegetik zur Mischna" und 1872 seine „Ein-
leitung in den jerus. Talmud" erscheinen ließ, David Hoffmann (in Berlin),
Isr. Lewy (in Breslau) Adolf Schwarz (in Wien) Mich. Guttmann (in
Budapest), Louis Ginzberg (in New-York) u. A. — Eine Geschichte der Halacha
von den ersten Anfängen bis zur Vertreibung der Juden aus Spanien und
Potugal in fünf Bänden schrieb J. H. Weiß.

[3]) Über die Haggada der Tannaiten (2 Bde.) und der Amorärer (4 Bde.)
schrieb Bacher. Dazu erschien ein Registerband der Bibelstellen.

[4]) Geb. 1761 in Eisenstadt (Ungarn), st. 1837 als Oberrabbiner in Posen.

[5]) Von R. Mordechai Benet (Benedikt) in Nikolsburg (st. 1829), R. Jakob
in Lissa (st. 1832), R. Mose Sopher in Preßburg (st. 1838) R. Dob
B. Bamberger in Würzburg (st. 1878) R Jakob Ettlinger in Altona
(st. 1871), R. Sal. Kluger in Brody (st. 1868), S. Saul Joseph Nathanson
in Lemberg (st. 1875) R. Is. Elch. Spektor in Kowno (st. 1896) u. A.

[6]) Von David Cassel, Abr. Harkavy (in St. Petersburg), Isr.
Hildesheimer (st. 1899 in Berlin) und Joël Müller (in Berlin).

[7]) z. B. eine Raschi-Ausgabe von Abr. Berliner (in Berlin), eine Rasch-
bam-Ausgabe von David Rosin (st. 1894 in Breslau).

Kabbala[1]) ging nicht leer aus. Ungleich reicheren Anbau fand das Gebiet der religions=philosophischen Lehrsysteme des jüdischen Mittelalters. Wir besitzen jetzt die arabischen Urschriften der Werke Saadja's[2]), Jehuda ha=Levi's[3]) und Maimuni's[4]) mit vortrefflichen Übersetzungen[5]) in moderne Sprachen und höchst wertvolle Unter=suchungen über die Leistungen der jüdischen Philosophen im Ver=gleich zu ihren Zeitgenossen[6]) und über den Einfluß der jüdischen Denker auf die allgemeine Entwickelung der Philosophie[7]). Es wurde auch wiederholt der Versuch gemacht, das Lehrsystem des Judentums auf neuer Grundlage philosophisch zu entwickeln[8]).

Emsiger und liebevoller aber als alle bisher genannten wissen=schaftlichen Gebiete ward das ausgedehnte Feld der Geschichts=forschung nach allen Seiten hin gepflegt und angebaut. Wir verdanken diesem Fleiße manche gediegene Darstellung der Geschichte einzelner Zeiträume[9]), Länder[10]) und Städte[11]) und eine Anzahl guter

[1]) Auf diesem Felde arbeiteten Philipp Bloch (in Posen) Adolf Frank (st. 1893 in Paris), Adolf Jellinek (st. 1893 in Wien) und D. H. Joël (st. 1882 in Breslau).

[2]) Herausgeg. von S. Landauer (in Straßburg). Eine deutsche Über=setzung hat Jul. Fürst angefertigt, eine teilweise auch Ph. Bloch.

[3]) Herausgeg. v. H. Hirschfeld (in London). Deutsche Übersetzung von David Cassel.

[4]) Herausgeg. von Sal. Munk nebst französischer Übers. Eine deutsche Übers. erschien von Fürstental, Stern und Scheyer, eine engl. Übersetzung von M. Friedländer.

[5]) Vgl. die vorhergehenden drei Anm.

[6]) Von Sal. Munk, M. Joël (geb. 1826 zu Birnbaum, st. 1890 als Rabbiner in Breslau) und Jakob Guttmann (des letzteren Nachfolger in Breslau).

[7]) Von M. Steinschneider, M. Joël, J. Guttmann und David Kaufmann (st. 1899 in Budapest).

[8]) Von Sam. Hirsch (R. in Luxemburg, st. 1889 in Chicago) und S. Steinheim (aus Hamburg, st. 1866 in Zürich).

[9]) z. B. von Wolf Jawitz über die Zeit vom Auszug aus Ägypten bis zum Abschluß des Talmud (8 Bände), L. Herzfeld (geb. 1810, st. als Landes=rabbiner in Braunschweig 1884) über die Zeit von der Zerstörung des ersten Tempels bis zu den Makkabäern, Jos. Derenburg über die Zeit von Esra bis zum Abschluß der Mischnah, Martin Philippson (in Berlin) über die neueste Zeit vom Tode Mendelssohns bis auf die Gegenwart usw.

[10]) z. B. von M. Kayserling (st. 1904 in Budapest) über die Gesch. der Juden in Portugal, Leopold Löw (st. 1875 als Rabb. in Szegedin) und Sam. Kohn (in Budapest) über die Geschichte der Juden in Ungarn usw.

[11]) z. B. über die Geschichte der Juden in Wilna schrieb S. J. Fünn

Ausgaben jüdischer Geschichtsquellen¹), sowie teilweise vortrefflicher Bearbeitungen einzelner Teile der jüdischen Literatur-²) und Kulturgeschichte³). Besonders hervorzuheben sind hier die unvergänglichen Verdienste, die sich M. Steinschneider⁴) um Gelehrtengeschichte, Bücher- und Handschriftenkunde und J. M. Jost⁵) und H. Graetz⁶) um die Darstellung des ganzen Gebietes der jüdischen Geschichte erworben haben.

Alle bisher erwähnten Forschungen liegen in mehr oder minder umfangreichen Büchern vor. Daneben bestanden⁷) und bestehen teilweise auch heute noch zur Pflege der Wissenschaft zahlreiche Zeitschriften, die sich die Sammlung und Veröffentlichung kürzerer Einzeluntersuchungen zur Aufgabe gemacht haben. Obenan steht wieder-

(st. 1890), in Lemberg u. Krakau Ch. N. Dembitzer (st. 1892), in Posen Jos. Perles, in Magdeburg Mor. Güdemann (in Wien), in Berlin L. Landshuth (st. 1885), in Rom A. Berliner (in Berlin) in Wien G. Wolf (st. 1892 in Wien) und D. Kaufmann, in Königsberg H. Jolowicz, in Erfurt A. Jaraczewski (st. 1911 in Mühringen) und Th. Kroner (in Stuttgart), in Halberstadt B. Auerbach, in Köln M. Brisch (in zwei Bänden) usw.

¹) z. B. von M. Wiener (st. 1880 in Hannover), Adolf Neubauer (in Oxford) u. A.

²) z. B. über die Literaturgeschichte des biblischen Zeitalters erschien. 2 Bände von David Cassel. Zur Literaturgeschichte der synagog. Poesie lieferten wertvolle Beiträge S. D. Luzzatto und L. Landshuth. Das ganze Gebiet behandelten M. Steinschneider und G. Karpeles (st. beide in Berlin).

³) z. B. M. Güdemann schrieb eine Geschichte d. Erziehungswesens bei den Juden (3 Bde.), J. H. Weiß eine Geschichte der Halacha (5 Bde.), Georg Caro (aus Glogau st. 1912 in Zürich) eine Sozial- und Wirtschaftsgeschichte der Juden.

⁴) Geb. 1816 in Proßnitz, st. 1908 in Berlin. Er beschrieb die hebr. Handschriften in Leyden, München, Hamburg und Berlin und die der Bodleiana in Oxford gehörigen hebr. Bücher und gab 20 Jahrgänge der Zeitschrift „Hamaskir, hebr. Bibliographie" heraus. Auf demselben Gebiete arbeiteten mit anerkanntem Erfolge Jos. Zedner (aus Glogau, st. 1871 in London) Ad. Neubauer (in Oxford, st. 1906) und J. Benjacob (st. 1865 in Wilna).

⁵) Geb. 1793 in Bernburg, st. 1860 in Frankfurt a. M.

⁶) Geb. 1817 in Xions (Prov. Posen), st. 1891 als Lehrer am jüd. theol. Seminar und Prof an der Universität in Breslau.

⁷) Es gaben heraus J. M. Jost „Isr. Annalen" 1839—1841 und die hebr. Zeitschrift „Zion" 1840 und 1841, Abr. Geiger, 6 Jahrgänge der „Wissenschaftl. Zeitschrift für jüdische Theol." und 11 Jahrgänge der „Jüdischen Zeitschrift für Wissenschaft und Leben", J. Fürst, 12 Jahrgänge des „Orient", A. Berliner u. D. Hoffmann 20 Jahrgänge des „Magazin f. die Wissensch. des Judentums" usw.

um Leopold Zunz als Herausgeber der 1823 erschienenen „Zeitschrift für die Wissenschaft des Judentums". Es erscheinen noch heute die (1851) von Zach. Frankel ins Leben gerufene „Monatsschrift für Geschichte und Wissenschaft des Judentums" (im 56. Jahrgang) in Breslau, die Revue des études juives (im 32. Jahrgang) in Paris, der „Magyar Zsidó Szemle" (im 29. Jahrgang) in Budapest und die Jewish Quarterly Review (1888—1908 in London und seit 1910 in Philadelphia).

Es bliebe noch übrig, ein Wort zu sagen über die literarische Tätigkeit, welche Juden seit dem Beginn des laufenden Jahrhunderts auf den mannigfachsten Gebieten der Kunst und Wissenschaft und des öffentlichen Lebens entfaltet haben. Allein diese Thätigkeit gehört nicht mehr in den Bereich der jüdischen Literaturgeschichte. Seit der Wiederherstellung der bürgerlichen und staatsbürgerlichen Gleich-berechtigung der Juden in den Kulturstaaten der Welt hat sich die jüdische Literaturgeschichte nur noch mit denjenigen von Juden aus-gegangenen literarischen Erzeugnissen zu befassen, die mit dem jüdischen Glauben und der jüdischen Abstammung in Zusammenhang stehen. Was dagegen Juden als Gelehrte auf dem Felde ihrer Fakultätswissenschaft[1]), als Künstler auf dem Gebiete künstlerischer Bestrebungen[2]) oder als Staatsmänner[3]) für das öffentliche Leben in

---

[1]) z. B. Hermann Cohen (in Marburg) auf dem Gebiete der Philosophie, Eduard Munk (in Breslau, st. 1871), Jakob Bernays (st. in Bonn 1881) und Wilh. Freund (st. in Breslau 1894) auf dem Gebiete der klass. Philologie, Lazarus Geiger (st. 1870 in Frankfurt a. M.) und H. Steinthal (st. 1899 in Berlin) auf dem der Sprachwissenschaft, Daniel Sanders (st. 1897 in Altstrelitz) auf dem der deutschen Sprachforschung, Maier Hirsch (st. 1851 in Berlin) auf dem Gebiete der Mathematik, M. E. Bloch (st. 1799), Ferd. Cohn (st. 1898 in Breslau), Herm. Munk (st. 1912 in Berlin) und N. Pringsheim (st. 1894 in Berlin) auf dem der Naturwissenschaften, G. Valentin (st. 1883), L. Traube (st. 1876) und P. Ehrlich (in Frankfurt a. Main) auf dem der Medizin, L. Goldschmidt (st. 1897 in Berlin) Ferdinand Lassalle (st. 1864) und Hermann Staub (st. 1908) auf dem der Rechts- und Staatswissenschaften, Berthold Auerbach (st. 1882 in Berlin) L. A. Frankl (st. 1893 in Wien) M. A. Goldschmidt (st. 1887 in Kopenhagen) auf dem der Belletristik usw.

[2]) z. B. G. Meyerbeer (in Berlin, st. 1864) und Halevy (aus Paris, st. 1862) auf dem Gebiete der Musik, Sonnenthal (st. 1910 in Wien) auf dem Gebiete der Schauspielkunst usw.

[3]) Adolf Crémieux, der 1848 und 1871 in Frankreich Minister, Giuseppe Ottolenghi, der 1902 Kriegsminister in Italien Ign. Kuranda (st. 1884), der Mitglied des österreichischen, und Ed. Lasker (st. 1884), der Mitglied

ihrem Vaterlande geleistet haben, gehört ganz und gar der Geschichte
der Wissenschaften oder der Geschichte der Länder an, denen jene
Männer ihre Geisteskräfte gewidmet haben. Die jüdische Literatur=
geschichte interessieren sie nur insofern, als sie Zeugnis ablegen von
der unverwüstlichen Widerstandsfähigkeit der Geistesanlagen des
eigenartigen Volkes, dem sie entsprossen sind.

2. Die religiöse Reform.

Sollten die wieder errungene bürgerliche Freiheit und die neue
Blütezeit der jüdischen Wissenschaft in Wahrheit eine Quelle der
Sittlichkeit für die späteren Geschlechter werden, so mußten sie öffentliche
Einrichtungen hervorrufen und zur Reife bringen, die geeignet waren,
Glauben und Wissenschaft zu schützen und das Erbe der Väter un=
verderbt den Söhnen zu überliefern. Als die Juden in den Bereich
der deutschen Bildung eintraten, stand bei ihrer nichtjüdischen Um=
gebung das religiöse Interesse längst nicht mehr im Mittelpunkt
des geistigen Lebens. Die jüdische Jugend, bis zu den Tagen
Mendelssohns in einem Bannkreis herangewachsen, in welchem alle
Gedanken, Empfindungen und Handlungen grundsätzlich nur auf die
Religion bezogen wurden, trat jetzt in täglich wachsender Zahl in die
höheren und niederen Schulen ein und sammelte in diesen Kenntnisse
und Anschauungen, durch die das einseitig jüdische Wissen immer
mehr in den Hintergrund gedrängt wurde. Und welches Übergewicht
gewannen erst die Eindrücke des modernen Lebens, als die Juden
auf Grund der neuen Gesetze in die großen Städte ziehen und sich
an den Mittelpunkten der Kultur nach ihrer Wahl niederlassen durften!
Mit begreiflichem Ungestüm gaben sich die der bisherigen unnatürlichen
Enge entronnenen Menschen den neuen unbekannten Genüssen hin.
Die ergrauten Hüter der ererbten Heiligtümer sahen mit Bestürzung,
wie die Gotteshäuser veröbeten, wie der religiöse Unterricht ver=
nachlässigt wurde, wie ihr eigener Einfluß auf die Lebensführung
ihrer Gemeinden immer mehr im Schwinden begriffen war, wie sich
allmählich eine unüberbrückbare Kluft zwischen der Lehre der Väter
und dem Leben der Gegenwart erweiterte. Diesen grellen Widerspruch
galt es auszugleichen. Es galt, dem religiösen Leben einen Inhalt
und dem Gottesdienste eine Form zu geben, wodurch die Ansprüche

des preußischen Abgeordnetenhauses und des deutschen Reichstages und Mit=
begründer der nationalliberalen Partei gewesen ist.

der gebildeten Gemeindemitglieder Befriedigung fanden, ohne daß die Überzeugungen derjenigen, die treu am Hergebrachten festhielten, gekränkt wurden.

Über die Art und Weise, wie das Ziel zu verwirklichen sei, gingen die Meinungen der Zeitgenossen himmelweit auseinander. Die einen, an deren Spitze Abraham Geiger[1]) stand, nahmen zum Ausgangspunkt die wissenschaftliche geschichtliche Kritik. Ihre Aufgabe sei es, das Judentum als etwas geschichtlich Gewordenes in seiner Entstehung und allmählichen Entwickelung zu erkennen und auf Grund dieser Erkenntnis den Kern von der Schale, das Wesen von den entstellenden Zutaten zu trennen. Die Trennung mit Entschiedenheit vorzunehmen, sei einzig und allein der wissenschaftlich gebildete Rabbiner berufen, und er dürfe sich daran weder durch schonende Rücksichtnahme auf die Überzeugung Vieler, noch durch Pietät gegen das Herkommen oder durch Liebe zu den gewohnten Formen der eigenen Jugend hindern lassen[2]).

Von einem geradezu entgegengesetzten Standpunkt gingen die andern aus, deren Wortführer Samson Raphael Hirsch[3]) war. Es sei in keiner Weise nötig, meinten sie, einen neuen Maßstab für die Reform zu suchen. Dieser Maßstab sei für alle Zeit gegeben in der göttlichen Offenbarung, die wir im schriftlichen und mündlichen Gesetz besitzen. Nicht sowohl nach den wechselnden Zeitmeinungen als vielmehr nach den richtig verstandenen unwandelbaren göttlichen Gesetzen sei das religiöse Leben der Gegenwart und aller Zeiten einzurichten. Nicht sowohl die Religion, als vielmehr uns müßten wir reformieren und unsere Zeitgenossen in der Weise zum Verständnis der Thora erziehen, daß die altertümlichen Gebräuche dem Verständnis näher gebracht und wieder mit Begeisterung ausgeübt würden.

Allein keine der beiden Anschauungen vermochte einen entscheidenden Einfluß auf die Masse der Gläubigen auszuüben.

---

[1]) Geb. 24. Mai 1810 in Frankfurt a. Main, von 1832 an Rabbiner in Wiesbaden, Breslau, Frankfurt a. M. und Berlin. St. 23. Oktober 1874 in Berlin. Vgl. oben S. 168. 171.

[2]) Eine streng auf diesen Grundsätzen beruhende Gemeinde, deren Einrichtungen bisher nirgends in Europa Nachahmung gefunden haben, trat 1846 in Berlin zusammen und stand zuerst unter der Leitung Samuel Holdheim's (geb. in Kempen (Prov. Posen) 1806, st. in Berlin 1860).

[3]) Geb. 20. Juni 1808 in Hamburg, seit 1830 Rabbiner in Oldenburg, Emden, Nikolsburg und Frankfurt a. M. St. 31. Dezbr. 1888 in Frankfurt a. M.

Religiöse Wandlungen der Gesamtheit vollziehen sich eben nicht nach den strengen Grundsätzen noch so wohl begründeter Schulmeinungen. Den Anhängern des rücksichtslosen Fortschritts standen die Freunde des Herkommens mit unbesiegbarem Mißtrauen gegenüber, und die durch die Zeitrichtung dem religiösen Leben Entfremdeten mochten sich nicht willig von neuem unter das einmal abgeworfene Joch des Gesetzes beugen. Es versuchte darum eine dritte Richtung, sich Gehör zu verschaffen, die besonders von Zacharias Frankel[1]) vertreten wurde. Die Umgestaltung des religiösen Lebens dürfe nach dieser Meinung nur das eine Ziel im Auge haben, die Gegensätze zu versöhnen. Da es sich keineswegs darum handle, den Gegner von vornherein durch einen Handstreich zu bezwingen oder zu entwaffnen, sondern vielmehr nur darum, einen für beide Teile ehrenvollen Frieden herbeizuführen, so könne nicht in der Entschiedenheit nach der Seite des Fortschrittes oder nach der des Rückschrittes hin, sondern nur in einer gemäßigten Reform das Ziel der Bestrebungen gefunden werden. Es müßten darum diejenigen Einrichtungen, die dem Volksbewußtsein als Ausdruck religiöser Gedanken und Gefühle heilig seien, unangetastet bleiben. Nur solche Einrichtungen, die nach dem allgemeinen Urteil der Zeitgenossen geeignet seien, das religiöse Leben zu stärken und zu vertiefen, dürften neu eingeführt, nur solche, die im Bewußtsein des Volkes abgestorben, oder die nur durch zufällige, vergängliche Einflüsse eingeführt worden seien, dürften beseitigt werden. Zur Einführung und Beseitigung seien alle Sachverständigen befugt, die durch ihren Lebenswandel und durch ihre Gelehrsamkeit auf religiösem und profanem Gebiete das allgemeine Vertrauen der Glaubensgenossen besäßen.

Die mehrfachen Versuche, durch Rabbiner-Versammlungen[2]) und Synoden[3]) eine Einigung der Gesamtheit der Gläubigen über die leitenden Grundsätze der Reform herbeizuführen, sind als ge-

---

[1]) Geb. in Prag 30. September 1801, 1832 Rabbiner in Teplitz, 1835 Oberrabbiner in Dresden und seit 1854 Direktor des jüdisch-theologischen Seminars in Breslau. St. 13. Febr. 1875. Vgl. Bd. I., S. 191. 196. 209 und oben S. 168. 169. 172.

[2]) Solche fanden 1844 in Braunschweig, 1845 in Frankfurt a. M. und 1846 in Breslau statt.

[3]) Sie traten 1868 in Kassel, 1869 in Leipzig und 1871 in Augsburg zusammen.

scheitert anzusehen. Allein der Umschwung trat wenigstens für denjenigen Teil des religiösen Lebens, der im öffentlichen Gottesdienst
zur Erscheinung kommt, allmählich von selbst im Sinne einer gemäßigten Reform ein. Es gibt heute im Westen Europas kaum
eine größere Gemeinde, in der nicht die regelmäßige Predigt in der
Landessprache, der geordnete Gottesdienst mit geschultem Gemeinde-
gesang und mit Verminderung der aus dem Mittelalter stammenden
poetischen Zutaten zu den Gebeten und die Anstellung wissenschaftlich
gebildeter Rabbiner als unabweisbare Forderungen der Gegenwart
anerkannt wären[1]).

Wie aber auch die Richtungen auseinandergingen, allen war der
Besitz der bürgerlichen Gleichberechtigung das teuerste Gut, das die
Neuzeit ihnen gebracht hatte. Denn sie waren allesamt der Überzeugung, daß sie in den modernen Verfassungsstaaten sich nur noch durch
ihren Glauben von der Mehrheit der Vaterlandsgenossen unterschieden.
War auch ihre geschichtliche Vergangenheit verschieden von der ihrer
andersgläubigen Mitbürger, so war doch gerade diese Vergangenheit
ein wertvoller Kulturbesitz auch der gesamten Christenheit. Und die
Hoffnungen auf die messianische Zeit und auf die Aufrichtung des
Gottesreichs im heiligen Lande ist ebenso eine Grundlehre der Tochter-
religionen geworden, wie sie die unserige von jeher gewesen und bis heute
geblieben ist. Bei den Erhebungen des Volkes während der Freiheitskriege und abermals in den Kämpfen um die innere politische Freiheit hatte es in der Tat den Anschein, als ob alle sonstigen Unterschiede ausgeglichen seien. Gab es doch sogar unter den Juden selber
eine Gruppe, die der Meinung war, daß das Judentum, besonders
seit der Emanzipation, eine nationale Seite überhaupt nicht mehr
habe, sondern nur noch als eine Religion zu betrachten sei. Den
gründlichen Kenner der Quellen und der Geschichte des Judentums
mutet diese Anschauung freilich so fremdartig an, wie etwa die Vorstellung, daß die Neger in Amerika nach dem Sklavenkriege ihre
schwarze Hautfarbe abgelegt hätten und zu weißen Staatsbürgern
geworden seien.

Bald aber erkannten die politisch reif gewordenen Völker Mittel-

---

[1]) Als dauernde Einrichtung trat ein solcher Gottesdienst, freilich mit
einigen Zutaten, die eine allgemeine Anerkennung bisher nicht gefunden
haben, zuerst 1818 in Hamburg in einem von dem dortigen Tempel-Verein
begründeten Gotteshause ins Leben.

europas die mannigfachen Schäden, welche die Zersplitterung in viele
kleine Staaten ihrem öffentlichen Leben bereitete. Als Heilmittel dagegen erschien ihnen die scharfe Betonung der nationalen Zusammengehörigkeit der Volksgenossen, die keinerlei Rücksicht auf die engen
Grenzen der gegebenen Einzelstaaten kannte. Die gewaltigen Kriege
in der zweiten Hälfte des neunzehnten Jahrhunderts wurden nur
um dieses nationalen Gedankens willen geführt. Er gewann Sieg
auf Sieg in Italien, Deutschland, Ungarn und den Balkanstaaten.
Als dann die Freiheitsbestrebungen der Nationen, und zwar selbstverständlich unter tätiger Mitwirkung der Juden, die als treue Söhne
des Vaterlands überall dem Rufe zu den Waffen gefolgt waren,
nach außen hin zu einem vorläufigen Abschluß gekommen waren, machte
sich im Innern eine mehr oder minder entschiedene Abneigung gegen
die Staatsbürger geltend, die nicht gleichen Stammes mit der Mehrheit der Vaterlandsgenossen waren. In den Kulturstaaten trat sie
dadurch in die Erscheinung, daß die Juden im Staatsleben stillschweigend
immer mehr in den Hintergrund gedrängt wurden (Vgl. oben S. 133. 161 f.).
In Rußland und Rumänien kam es zu roher Gewalt, zu Raub, Mord
und Austreibung. Den Opfern der Verfolgung wurde selbst das
Heimatsrecht bestritten. Mit ganz anderer Inbrunst als die glücklicheren
Glaubensbrüder, die in der Diaspora nicht nur eine Heimat, sondern
sogar ein Vaterland gefunden hatten, richteten sie ihren sehnsüchtigen
Blick auf das Land der Verheißung. Dort ganz nach der Väter Weise
gottgefällig zu leben und schließlich einmal die müden Glieder zur
ewigen Ruhe ins Grab sinken zu lassen, erschien ihnen allein schon
als ein herrlicher Lohn für die Mühseligkeit ihres Daseins. Die tätige
Teilnahme der gesamten Judenheit begleitete die Unglücklichen auf ihrer
weiten Wanderung überall hin, wohin sie ihre Schritte lenkten, um
eine sichere Zuflucht zu finden. Ungleich weiter gehende Wünsche aber
erwachten für sie in den Ländern, in denen allerlei Völkerreste die
Vorherrschaft von Mitbürgern anderen Stammes mit Unwillen ertrugen. Hier wurde der Eifer lebendig, den heimatlos gemachten
Stammes- und Glaubensbrüdern ebenfalls ein Plätzchen an der Sonne
zu verschaffen.

Mit zündender Beredsamkeit machte sich Theodor Herzl[1]), der
damals als Schriftsteller in Wien lebte, zum Anwalt dieser Bestrebungen.

---

[1]) Geb. 1860 in Budapest, gest. 1904 in Edlach bei Wien.

In einer Flugschrift, betitelt: „Der Judenstaat", suchte er die Möglichkeit und Notwendigkeit der Zusammenfassung aller Juden in einem
eignen Staate im heiligen Lande zu beweisen. Mit glücklichem Griff
nannte sich die neue Bewegung Zionismus und gewann schon dadurch allein die Herzen der Juden, die durch die letzten Verfolgungen
der Not und dem Elend preisgegeben waren. Auch sonst hat sie hier
und da, besonders in Amerika, zur Stärkung und Belebung des jüdischen
Bewußtseins wesentlich beigetragen. Als ihr Endziel bezeichnete sie
die Schaffung einer öffentlich-rechtlich gesicherten Heimstätte in Palästina
für das jüdische Volk. Die Auseinandersetzung mit den religiösen
Anforderungen des Judentums stellte sie jedem einzelnen Juden anheim.

Allein gerade die einseitige Betonung des nationalen Charakters
des Judentums rief unter den Juden selber einen heftigen Widerspruch hervor. Nicht mit Unrecht wurde geltend gemacht, daß keineswegs die jüdische Nationalität es gewesen sei, die die Vielgötterei
und die heidnische Kultur vom Erdboden hinweggefegt hat. Die
Selbständigkeit der jüdischen Nation ist vielmehr im Kampfe gegen
das Heidentum ruhmvoll, aber vollständig unterlegen. Der jüdische
sittliche Monotheismus war es vielmehr, der die Kulturwelt erobert
hat, und es ist ein täglich neu werdendes Wunder der göttlichen
Vorsehung, daß der Glaube unserer Väter in seiner sowohl religiösen,
als auch nationalen Urkraft sich bis auf den heutigen Tag erhalten hat. Unsere Väter haben nach den hadrianischen Verfolgungen
(I. Teil S. 177 ff.) die Waffen endgültig aus der Hand gelegt. Darum
oder trotzdem — das ist nur ein scheinbarer Widerspruch — sind sie
unbesiegt geblieben. Es hat im ganzen Verlauf der Weltgeschichte
niemals ein Staatsgebilde gegeben, und es ist auch in Zukunft keines
vorstellbar, in welchem Juden nicht als friedliche Bürger sollten leben,
ihre Religion ausüben, ihre ehrwürdigen Überlieferungen pflegen und
die übernommenen staatsbürgerlichen Verpflichtungen erfüllen können.

Inzwischen ging der Zionismus seinen Weg. Unermüdlich war
Herzl, der bis zu seinem Tode der anerkannte Führer war, bemüht,
vom Sultan einen Freibrief (Chartre) zur Verwaltung des heiligen
Landes durch die Zionisten unter dem Schutz der hohen Pforte zu
erlangen. Seine Bemühungen blieben, wie vorauszusehen war, ohne
jeden Erfolg. Noch aussichtsloser wurden sie, seitdem die Türkei in
die Reihe der Verfassungsstaaten eingetreten ist. Schon dadurch allein
ist in der Gegenwart die politische Betätigung des Zionismus immer

mehr in den Hintergrund getreten. Seine Haupttätigkeit erstreckt sich jetzt auf die wirtschaftliche und intellektuelle Hebung der stetig zunehmenden jüdischen Einwanderung in Palästina und Syrien und er arbeitet in diesem Bereich in friedlichem Wettbewerb mit den großen Verbänden, die sich seit Jahrzehnten bereits diesen Aufgaben gewidmet haben.

Leichter und einmütiger war die Einigung über die Mittel, die anzuwenden waren, um für den verbesserten Gottesdienst die Jugend zu erziehen und die Erwachsenen zu erwärmen, und um das Interesse für allgemeine jüdische Angelegenheiten zu erwecken und lebendig zu erhalten. Hier mußten zuvörderst für den Jugendunterricht die neuen Einrichtungen genau dem Gange der Entwickelung folgen, den das Bildungswesen bei den Juden in den letzten Jahrzehnten genommen hatte. Es mußte in erster Linie mit der Tatsache gerechnet werden, daß etwa die Häfte der jüdischen Jugend, und oft sogar mehr als die Hälfte, Lehranstalten besuchte, in der für ihre religiöse Unterweisung nicht gesorgt wurde. Aus dem dringenden Bedürfnis der Zeit, der weltlichen Ausbildung eine ausreichende religiöse Durchbildung hinzuzufügen, erwuchsen die sogenannten Religionsschulen. So weit immer diese Lehranstalten in den Einzelheiten ihrer Leitung, Verwaltung und inneren Ordnung sich von einander unterscheiden, so sehr stimmen sie doch in ihrem Hauptzweck überein. Sie arbeiten allesamt an dem Ziele, der jüdischen Jugend eine gründliche Kenntnis der biblischen und jüdischen Geschichte und diejenige Kenntnis der hebräischen Sprache beizubringen, die sie befähigt, den Urtext der heiligen Schrift und der Gebete zu verstehen und sich mit Verständnis und Frucht am öffentlichen und häuslichen Gottesdienst zu beteiligen. Das gleiche, mitunter sogar ein höheres Maß von Kenntnissen erwerben die Zöglinge innerhalb des Lehrplanes ihrer Schule in den Lehranstalten, die nur für die jüdische Jugend bestimmt sind. Die Lehrkräfte für diese Schulen erhalten ihre Ausbildung in den Lehrer-Seminaren, die durch die Opferfreudigkeit und den Gemeinsinn einzelner Wohltäter oder größerer Gemeinden[1]) ins Leben getreten sind.

---

[1]) Die älteste noch heute blühende jüdische Lehrer-Bildungs-Anstalt im deutschen Reich ist diejenige zu Münster, die 1827 den Bemühungen des praktischen Arztes Dr. Haindorf ihre Entstehung verdankte. Außerdem bestehen

Auf die Möglichkeit, innerhalb dieser niederen Schulgattung die begabte und lernbegierige Jugend, wie es noch im Anfang dieses Jahrhunderts allgemein üblich war, auch unmittelbar zu den Quellen des mündlichen Gesetzes hinzuführen, hat fast allgemein endgültig verzichtet werden müssen [1]). Ungleich verhängnisvoller war die Tatsache, daß die im ersten Drittel des Jahrhunderts noch blühenden Talmudschulen mehr und mehr verödeten und aus Mangel an Schülern bald ganz geschlossen wurden [2]). Dazu kam, daß die hinter der Zeit zurückgebliebenen Rabbiner allmählich allen Einfluß auf den gebildeten Teil ihrer Gemeinden verloren. Zwar gab es zum Glück eine Anzahl tüchtiger und gebildeter Männer, die, aus der alten Schule hervorgegangen, in höherem Lebensalter sich Bildung und allgemeines Wissen angeeignet hatten und hin und wieder mit gutem Erfolge bemüht waren, den Anforderungen der neuen Zeit zu genügen. Aber nirgends tat sich eine Stätte auf, in welcher der angehende Seelsorger Gelegenheit gehabt hätte, nicht nur eine gründliche Kenntnis der Thora und des Talmud zu gewinnen, sondern auch mit der Wissenschaft des Judentums sich systematisch vertraut zu machen und die Fähigkeit zu erlangen, die Jugend zu belehren und Gottes Wort der versammelten Gemeinde in ansprechender Form zu verkünden. Der von allen Seiten schmerzlich beklagte Mangel solcher Anstalten war eine drohende Gefahr für die weitere Entwickelung des Judentums während der schweren Krisis, die es durch den Eintritt in die deutsche Bildung zu bestehen hatte. Da wurde durch die hochherzige Tat eines edlen Mannes [3]), des Kommerzienrats Jonas Fränckel, der seine ganze reiche Habe zu wohltätigen Stiftungen bestimmt hatte, mit einem Schlage Abhilfe

---

in Preußen derartige Anstalten in Berlin (zuerst seit 1839 unter Zunz), Kassel (hier vorübergehend schon 1809), Hannover und Köln und in Bayern in Würzburg.

[1]) Nur unter besonders günstigen örtlichen Verhältnissen ist hier und da (z. B. in Frankfurt a. M., Hamburg und Würzburg) eine glückliche Ausnahme gelungen.

[2]) Die letzten hervorragenden Gelehrten, die an der Spitze solcher Schulen gestanden und literarische Leistungen hinterlassen haben, sind oben S. 169 genannt.

[3]) Er war der Enkel des Berliner Rabbiners R. David Fränkel (Vgl. oben S. 96 und I. Teil, S. 209), des Lehrers Moses Mendelssohn's, und starb in Breslau 1846.

geschaffen. Im Jahre 1854 wurde das jüdisch-theologische Seminar in Breslau eröffnet. Zu seiner Leitung wurde Zach. Frankel berufen, der wegen seiner hervorragenden wissenschaftlichen Leistungen die allgemeine Achtung und wegen seiner maßvollen Stellung zur Reform das allgemeine Vertrauen der Gemeinden besaß. Das Wirken der Anstalt war ein friedliches. Schon nach wenigen Jahren wurde selbst von einem Gegner der Frankel'schen Richtung, der die Zeitereignisse mit dem Blick des wissenschaftlich geschulten Geschichtsforschers anzusehen gewöhnt war[1]), hervorgehoben, daß die neue Anstalt „mit anerkennenswerter Umsicht, sowohl in Betreff des inneren Zieles, wie der Beachtung der Zeiterfordnisse höchst zweckmäßig eingerichtet sei, daß sie täglich mehr das Zutrauen naher und entfernter Rabbinen, die bis dahin der Zeitbewegung Rechnung zu tragen Anstand genommen hätten, gewinne und eine Tätigkeit entfalte, der selbst größere und der Reform zugetane Gemeinden Gerechtigkeit widerfahren lassen". Ihr Lehrplan und ihre innere Einrichtung wurde maßgebend und mustergiltig für alle späteren im In-[2]) und Auslande[3]) entstandenen ähnlichen Anstalten. Die Rabbiner und Prediger, die aus diesen Anstalten hervorgehen, wirken segensreich in ihren Gemeinden, indem sie den religiösen Unterricht der Jugend leiten und überwachen und die religiöse Unterweisung der Erwachsenen durch regelmäßige Predigt in der Synagoge fortsetzen, und indem sie durch ihren Lebenswandel den Mitgliedern ihrer Gemeinden ein Vorbild dafür geben, wie sich die Treue gegen das Erbe der Väter mit den modernen Errungenschaften der Wissenschaft und Bildung vereinigen läßt.

---

[1]) Jost, Geschichte des Judentums und seiner Sekten, Bd. III, S. 389.

[2]) Es entstanden 1872 die „Lehranstalt für die Wissenschaft des Judentums", zu deren ersten Lehrern Abr. Geiger gehört hat, und 1873 das zuerst von Dr. Israel Hildesheimer geleitete „Rabbinerseminar für das orthodoxe Judentum".

[3]) Im Jahre 1877 wurde die „Ungarische Landesrabbiner-Schule" in Budapest und 1893 die „israelitisch-theologische Lehranstalt" in Wien eröffnet. Außerdem bestehen Anstalten zur Ausbildung von Rabbinern in Paris, London, Cincinnati, New-York und Florenz, und zwar hier als Fortsetzung des „Collegio rabbinico", das von 1829 bis 1865 in Padua bestanden hat. Den ersten Anstoß zur Gründung eines Rabbiner-Seminars in Preußen gab der Berliner Vice-Oberlandesrabbiner M. S. Weyl im Jahre 1825 (vgl. Zunz, Gottesdienstl. Vorträge, 2. Aufl., S. 471).

Ihrer eifrigen Pflege und Fürsorge verdankt derjenige Teil der jüdischen Literatur, der der religiösen Praxis Dienste leisten will, manche wesentliche mittelbare und unmittelbare Bereicherung. Es wurden für die Zwecke des Unterrichts Lehrbücher der Religion und der biblischen und jüdischen Geschichte und Hilfsbücher zur Übersetzung und Erläuterung der heiligen Schrift und der Gebete ausgearbeitet, die immer mehr den Anforderungen der modernen Pädagogik entsprechen. Zur religiösen und sittlichen Stärkung der Glaubensgemeinschaft und zur Abwehr äußerer Angriffe wurden Verteidigungsschriften, wie Güdemanns Handbuch der Apologetik, herausgegeben. Auf demselben Gebiete arbeiteten L. Bäck und Jos. Eschelbacher. Durch die allgemeine Wiederherstellung der religiösen Belehrung in der Landessprache beim öffentlichen Gottesdienste erlebte die Kanzelberedsamkeit eine in den früheren Perioden nicht gekannte Blüte. Auf der Höhe künstlerischer Vollendung stehen hier namentlich die homiletischen Leistungen Isaak Noah Mannheimers [1]), Michael Sachs' [2]), Manuel Joëls [3]) und Adolf Jellineks [4]). In unmittelbarem Zusammenhang mit der Entwickelung des öffentlichen Gottesdienstes stehen auch die erfolgreichen Bemühungen hervorragender Künstler, wie Sulzer [5]) und Lewandowsky [6]), um einen geordneten Gemeinde-Gesang durch künstlerische Ausgestaltung der synagogalen Musik, und die wiederholten anerkennenswerten Versuche, die Schätze der liturgischen Poesie durch ansprechende metrische Übersetzungen auch dem nicht gelehrten Publikum lieb und angenehm zu machen. Manche wohlgelungene Übertragung verdanken wir besonders Mich. Sachs, der mit hoher dichterischer Begabung die Festgebete des ganzen Jahres in neun Bänden metrisch bearbeitet hat.

Zur Unterstützung und Ergänzung der Wirksamkeit, welche die Lehrer und Leiter der Gemeinden für das öffentliche Leben entfalten, dienen endlich die öffentlichen Einrichtungen, die sich die Aufgabe gestellt haben, den jüdischen Gemeinsinn zu heben und zu erhalten. Dieses Bedürfnis sucht zunächst die jüdische Tages-

---

[1]) Geb. 1793 in Kopenhagen, st. 1865 als Prediger in Wien.
[2]) Geb. 1808 in Gr-Glogan, starb als Rabbinats-Assessor in Berlin. Vgl. oben S. 168.   [3]) Vgl. oben S. 170.
[4]) Geb. 1820 in Drslawitz (Mähren) st. 1893 als Oberrabbiner in Wien, vgl. oben S. 168.
[5]) St. 1890 als Oberkantor in Wien.
[6]) St. 1894 als Chordirigent in Berlin.

literatur zu befriedigen. Ihr eigentlicher Schöpfer ist Ludwig
Philippson[1]). Er rief 1837 die allgemeine Zeitung des Judentums" ins Leben[2]), die seitdem allwöchentlich erscheint, Tagesfragen,
die für die Judenheit von Wichtigkeit sind, bespricht, über Ereignisse welche die Gesamtheit interessieren, und über gemeinnützige
Einrichtungen, welche die Synagoge und Schule, das Haus und die
Gemeinde betreffen, Bericht erstattet, und die literarischen Erscheinungen,
die sich auf dieselben Gebiete beziehen, aufmerksam verzeichnet. Neben
ihr entstanden allmählich in Deutschland[3]) und im Auslande[4]) ähnliche Zeitschriften, die mit denselben Mitteln, nur unterschieden durch
den Standpunkt, den ihre Herausgeber zu den religiösen Tagesfragen
einnehmen, den gleichen Zielen zustreben und in ihrer Gesamtheit
ein anschauliches und lebendiges Gesamtbild der Zustände
und Vorgänge innerhalb der Glaubensgemeinschaft darbieten. Der
jüdischen Tagespresse ist es auf diese Weise gelungen, eine gewisse
Gemeinsamkeit der religiösen Gesinnungen und Überzeugungen wach
und lebendig zu erhalten.

Aus den durch sie erzielten gemeinsamen Gesinnungen und Überzeugungen sind als schönste und reifste Frucht Vereinigungen zu

---

[1]) Geb. 1811 in Dessau, von 1832—1857 Rabbiner in Magdeburg, st. 1889
in Bonn, vgl. oben S. 167.

[2]) Ältere Zeitschriften, wie die von David Fränkel (in Dessau) heraus-
gegebene „Sulamith" und die von Jeremias Heinemann (in Berlin) heraus-
gegebene Zeitschrift „Jedidjah" vermochten nicht, einen nachhaltigeren Einfluß
zu gewinnen.

[3]) Es bestehen noch gegenwärtig seit 1860 „Der Israelit" (zuerst von
M. Lehmann in Mainz herausgegeben) seit 1870 die „Jüdische Presse" (lange
Zeit von H. Hildesheimer in Berlin herausgegeben) seit 1893 die „Laubhütte"
(von S. Meyer in Regensburg herausgegeben) usw.

[4]) In Österreich die „Neuzeit", begründet von M. Szanto, und die
„Österreichische Wochenschrift", herausgegeben von J. S. Bloch, in Ungarn der
„ungarische Israelit" (seit 1874); in Frankreich die „Archives Israelites" (seit
1840) und „L'Univers Israelite" (seit 1844), in England „Jewish Chronicle"
(seit 1842), in Amerika „American Hebrew" (seit 1879) und „American Israelite
(seit 1854) in Rußland „Ha-Zephira" in Warschau und „Ha-Meliz" in St. Petersburg, die täglich in hebr. Sprache erscheinen. Die hebräische Wochenschrift „Ha-
Maggid", die einzige, die 32 Jahre lang ununterbrochen in Deutschland erschienen ist, ist 1892 nach Krakau übergesiedelt und seit 1902 eingegangen. Im
ganzen erscheinen gegenwärtig mehr als 200 Zeitschriften in etwa zwanzig verschiedenen Sprachen, davon die meisten in deutscher, jüdisch-deutscher, hebräischer
und englischer Sprache.

gemeinsamem Handeln im Interesse der Gesamtheit erwachsen.
Es entstanden Verbände zur Förderung und Verbreitung der jüdischen
Literatur [1]) und Vereinigungen von Studierenden [2]), Lehrern [3]), Rabbinern [4])
und Leitern von Gemeinden [5]), die bald nach Provinzen und Landschaften,
bald nach Staaten und Ländern sich zu gemeinsamer Arbeit und Fortbildung und zur Verständigung über gemeinsame Grundsätze auf den
Gebieten ihrer Wirksamkeit zusammengetan haben. Innerhalb des
deutschen Reiches sind die wichtigsten der Verband der deutschen Juden,
der Hilfsverein der deutschen Juden und der Zentralverband deutscher
Staatsbürger jüdischen Glaubens. Der Verband der deutschen
Juden will den neutralen Boden herstellen, auf dem Männer der
verschiedensten religiösen und politischen Überzeugungen einträchtig zusammen arbeiten können an der Aufgabe, die Angriffe auf unsere Religion
abzuwehren und unsere Gleichberechtigung zur Wahrheit zu machen.
Der Hilfsverein der deutschen Juden betrachtet es als sein Ziel,
die sittliche, geistige und wirtschaftliche Entwickelung der Glaubensgenossen zu fördern und besonders den um ihres Glaubens verfolgten
Juden des Ostens tatkräftig beizustehen. Der Zentralverein
deutscher Staatsbürger jüdischen Glaubens hat den Zweck,
die bürgerliche und staatsbürgerliche Gleichberechtigung der deutschen
Juden gegen alle Angriffe zu verteidigen. Die umfassendste Aufgabe
hat der „Allgemeine Israeliten-Verband" (Alliance israélite
universelle) in Paris sich gestellt. Schon im Jahre 1840, als die
Greuel von Damaskus, die gegen unschuldige Juden verübt wurden [6]),

---

[1]) z. B. die „Gesellschaft zur Förderung der Wissenschaft des Judentums",
der Verein „Mekize Nirdamim", zur Herausgabe und Verbreitung der
hebräisch geschriebenen literarischen Erzeugnisse des Mittelalters, der „Verband der
im deutschen Reich bestehenden Vereine für jüdische Geschichte und Literatur" usw.

[2]) z. B. die „Vereine jüdischer Studenten" an verschiedenen Hochschulen, der
„Bund jüdischer Korporationen" und der umfassendste, der über den Rahmen des
akademischen Körpers hinausgeht, der „Verband der jüdischen Jugendvereine
Deutschlands" usw.

[3]) z. B. der „Verband der jüdischen Lehrer-Vereine im deutschen Reich", die
Lehrer-Vereine für Rheinland und Westfalen, für Hannover, für Schlesien und
Posen, für Mitteldeutschland, für Bayern, Württemberg usw.

[4]) z. B. der 1884 gestiftete „Deutsche Rabbiner Verband".

[5]) z. B. der „Deutsch-Israelitische Gemeindebund" in Berlin, die „Österreichische Allianz" in Wien, die „Anglo-Jewish Association" in London, das
America Jewish Committee in New-York usw.

[6]) Vgl. oben S. 151 f.

eine laute und allgemeine Entrüstung in allen Kulturstaaten Europas
hervorriefen, erkannte der hochgesinnte Adolf Crémieux die unentbehrliche
Notwendigkeit eines solchen, die Juden aller Länder vereinigenden
Verbandes, der berufen sein sollte, die fernen Glaubensbrüder überall
da, wo sie um ihres Glaubens willen leiden, mit Rat und Tat zu
unterstützen, und durch Errichtung von Volks-, Ackerbau- und Hand-
werker-Schulen zu aufgeklärten Bekennern ihres Glaubens und treuen
Söhnen ihres Vaterlandes zu erziehen. Erst zwanzig Jahre später
gelang die Stiftung des Vereins, der seitdem zu schöner Blüte gelangt ist und eine vielseitige segensreiche Tätigkeit entfaltet hat.
Seinen Bemühungen ist es zu verdanken, daß die europäischen
Staatsmänner beim Berliner Kongreß (1878) den neuen Donaustaaten
nur unter der Bedingung, daß sie die bürgerliche und staatsbürgerliche
Gleichstellung aller Glaubensbekenntnisse zu einem unumstößlichen
Grundsatz ihrer Verfassung machten, die europäische Anerkennung
verbürgten. Unter seiner Leitung und Aufsicht gedeihen mehr als hundertundvierzig [1] allmählich in der europäischen und asiatischen Türkei,
in Persien und Nordafrika entstandene Lehranstalten, in denen gegenwärtig etwa fünfundvierzigtausend Zöglinge beiderlei Geschlechts
erzogen und unterrichtet und mit Lehrmitteln, zum Teil auch mit
Kleidung, Speise und Trank versorgt werden. Am erfreulichsten sind
die Erfolge der Ackerbau-Schule in Jaffa (im heil. Lande). Sie
ist die Musteranstalt für die in jüngster Zeit aufblühenden zahlreichen
Ackerbau-Kolonien im heiligen Lande, dessen jüdische Bevölkerung sich
im letzten Jahrzehnt von fünfzehn auf etwa fünfzig Tausend Seelen
gehoben hat, geworden.

So stehen wir denn an der Schwelle der Gegenwart. Wir
sehen, wie ein reges geistiges Leben überall die zerstreuten Glieder
Israels durchströmt. Wir wissen, daß der Gott unserer Väter, dessen
Erbarmen uns bisher geholfen, und dessen Gnade uns nimmer verlassen hat, uns auch in Zukunft nicht verlassen und nicht verstoßen
wird. Wir bekennen freudig, daß wir darauf hoffen, er werde das
messianische Zukunftsbild, das unsere Propheten in der goldenen
Jugendzeit unseres Volkes entworfen haben, endlich zur Wahrheit
werden lassen, er werde unsere Gesamtheit würdigen, den Tag zu
erleben, da alle Menschen anerkennen werden, daß „von Zion ausgeht die Lehre und das Wort Gottes von Jerusalem".

---

[1] Nach dem für 1911 erschienenen Jahresbericht.

Quellen-Nachweis

Vierter Zeitraum

Übersicht: (S. 1—11.) Das Citat (S. 10) aus Zunz, Zur Gesch. u. Litt., S. 21.

Erste Abteilung
Erster Abschnitt

Erstes Kapitel: (S. 12—25). Graetz IX³, 27 ff. Steinschneider, C. B. S. 1196 ff. 976 ff. Zu S. 14 f. vgl. Levy, M. A., Don Joseph, Herzog von Naxos (1859) u. D. Kaufmann in Jew. Quarterly Rev. II, 305 ff. und M. Schorr in der MS. 41, 169 ff. 288 ff. Zu S. 17 ff. Graetz IX³, 386 f. 425 f. 564 ff. Zu S. 20 D. Cassel, Jos. Karo u. Maggid Mescharim (1887.) Weiß V, 293. Eine bes. Biogr. schrieb 1896 B. Friedberg. Die Übersetzungen aus D. Hoffmann, der Schulchan aruch (2. Aufl. 1895). Zu S. 20 ff. Landshuth, Ammude ha-Abodah 310 f. 135 ff. Zu S. 24 f. vgl. Graetz, IX³, 409 ff. 570 ff. und A. Epstein, Die Familie Luria (hebr.) Wien 1901.

Zweites Kapitel: (S. 25—39.) Zu S. 25 f. vgl. Güdemann, Gesch. d. Erziehungsw. ec. in Deutschl. während des 14. u. 15. Jahrh., S. 73 ff. 225. 280 ff. Über den poln. Ritus vgl. Zunz, Ritus 74 f. 131. 135 f. Über das Jüdisch-deutsche vgl. M. Grünbaum, Jüdisch-deutsche Chrestomathie u. L. Wiener, hist. of yiddish lit. in the XIX cent, (New York, 1899). Über die Vierländer-Synode vgl. Dembitzer in Ozar ha-Siphrut IV, 193 ff. Louis Lewin im „Jahrb. der jüd.-lit. Gesellschaft" Jahrg. 1904 u. 1905, Schipper, in der MS. Bd. 56 (1912) u. die Ztschrift. Jewreskaja Starina (Jahrg. I u. II 1910/11). Zu S. 31 vgl. Dembitzer, Kelilath Jophi I, 9 a f. 19 a f. 48 a ff. II, 55 a. Gurland in Ozar ha-Siphrut I, 8 ff. 41 ff. II, 119—176. III, 105—165. IV, 409—494 u. Nachtrag dazu, herausg. v. David Kohana (Odessa 1893). Über Sal. Lurja u. Sam. Edels, vgl. die 1895 u. 1896 erschienenen Biographieen von S. A. Horodezky, über S. Edels auch R. Margulies, Tholdot Adam (Lemberg 1912).

Drittes Kapitel: (S. 39—56). Über Isaak Abarbanel (S. 40) vgl. Kayserling, Gesch. d. Juden in Portugal, 72 ff. 100 ff. Über Jeh. Abarb., Zimels, Leo Hebräus (1886 u. Fortf. 1891). Über Elia Levita (S. 42)

Bacher in Ersch. u. Gruber's Encyklop. u. ZDMG. 43, 206 f. Zu S. 44
Anm. vgl. Berliner in H. B. 1870, S. 59. Das richtige zuerst W. Freund
in Frankels Monatsschrift III, 437 f. — Zu Seite 45 ff. vgl. Graetz IX³,
227 ff. 234 ff. 530 ff. vgl. Rev. des Ét. j. X, 288 u. E. Biberfeld, der
Reisebericht David Rubeni's (Berlin 1891). Zu S. 49 vgl. Graetz, IX³,
336 ff. 368. 344 ff. Über Asarjah de Rossi (S. 52) f. d. Lebens-
beschreibungen von Zunz (in Kerem chemed V, 131. VII, 119) u. von D.
Cassel (in der Einl. zur ed. Wilna 1866 des Meor Enajim). Über Leon
de Modena (S. 54) schrieb Geiger 1856 (vgl. Steinschneider, C. B.
S. 134 ff.), Libowitz in New-York 1896 und S. Stern, der Kampf des
Rabbiners gegen den Talmud (Breslau 1902). Über die Dichterin Sara
Copia Sullam, vgl. M. A. Levy, im Jahrb. f. d. Gesch. d. Juden III,
69 ff.; über Jof. Sam. del Medigo (55 f.), vgl. Geiger, Nachgel. Schriften
II, 1 ff.

Viertes Kapitel: (S. 57—64.) Zu S. 57 ist die Hauptquelle Scheërit Israel,
Kap. 33, vgl. Kayserling, Sephardim, 175. 289. Das Leben Manasse b.
Israel's, beschr. Kayserling im Jahrb. f. d. Gesch. d. Jud. II, 83 f., vgl.
Rev. des Ét. juives VI, 96 ff. Elkan Adler in JQR. 1904. Zu S. 62 ff.
Uriel Acosta's Selbstbiogr. ist zuletzt v. W. Bolfmann (1893) heraus-
gegeben worden. Über Spinozas Verhältnis zum Judent. schrieb M. Joël
(1866, 1870, 1871).

Fünftes Kapitel: (S. 64—75.) Zu S. 66 f. vgl. Graetz IX³, 497 ff. u. J.
Kracauer in Ztschr. f. Gesch. d. Jud. in Deutschl. I, 160 ff. 230 ff. u. in
Rev. d. Ét. juives, XXII, 112. Über Jof. v. Rosheim (S. 68) vgl. L.
Feilchenfeld, R. Josel von Rosheim, Straßburg 1898, 8. Über Lippold von
Prag (S. 68 f.) vgl. die Abhandlung Ackermanns, Berlin 1908. Zu S. 69 f.,
vgl. ferner Graetz IX³, 365. 460. Zunz, Ges. Schrift. III, 196 f. Über
Mord. Meisel (S. 70) vgl. Ztschr. f. Gesch. d. Jud. in Dtschl. II, 172 ff.
Monatsschr. f. Gesch. u. Wissensch. d. Judent. XXXVII, 25 ff., 82 ff. 131 ff.
Rev. de Ét. j. XXI, 143. 318. Über David Gans (S. 71) Zunz, Ges.
Schr. I, 185 u. ADB. VIII, 360 ff. Steinschneider, Geschichtsliteratur d.
Juden, § 132. Über Jef. Horwitz (S. 72 f.) vgl. Horowitz, Frankf. Rabb.
I, 42 ff. Über Jomtob Lippm. Heller (S. 73 f.) vgl. Kaufmann, letzte
Vertr. d. Juden aus Wien, 10 ff. Rev. de Ét. j. XX, 270. XXII, 160 u.
Steinschneider, a. a. O. § 163.

Zweiter Abschnitt

Erstes Kapitel: (S. 76—86.) Graetz X³, S. 419—465. Monatsschr. 1887
201 ff. 257 ff. 1876, 139 f. 1377, 130. 1884, 49 ff. Über Chacham Zwi
(S. 82) vgl. Dembitzer, Kelilath Jophi I, 91 ff. u. Steinschneider, a. a.
O. § 229. Über M. Ch. Luzatto (S. 84 ff.) vgl. Kerem Chemed II, 54 ff.
III, 121 ff. Delitzsch, z. Gesch. d. jüd. Poesie, S. 89 ff., woraus einige
Wendungen wörtlich. S. auch D. Kaufmann in RÉJ. XXXIX, 133 ff.
Über Frank (S. 86) vgl. Graetz, Frank und die Frankisten (1868) u. MS.
1872, 335. 430. 476. 526. 571. 1877, 189. 232. 410 ff.

Zweites Kapitel: (S. 86—129.) Zu S. 87 vgl. Zunz LG. 438. St. C. B., S. 1826. Finn, Kirj. Neem. S. 71 f. Zu S. 88 vgl. Kaufmann, die letzte Vertr. d. Juden aus Wien, 65 ff. 206 ff. Zu S. 89 f. vgl. Graetz X³, 242 ff. Über Oppenheimer u. Wertheimer vgl. Kaufmann, Samson Wertheimer u. s. Kinder (1888) und: Urkundliches aus dem Leben S. Wertheimer's (1891), S. 2 ff. Zu S. 92 f. vgl. Kaufmann, Chajjim Bacharach u. s. Ahnen (1894). Über David Oppenheim (S. 93) vgl. Löwenstein im Gedenkbuch zur Erinnerung an David Kaufmann S. 538 ff. Zu S. 93 über Schabtai Baß vgl. Brann, Gesch. d. Landrabbinats in Schlesien, S. 4 f. u. Monatsschr. 1896, 474. 515. 560. Zu S. 94 vgl. Steinschneider, Einl. zum Kat. der Bodl. S. XLV 1 ff. Graetz X³, 313 f.

Zweite Abteilung
Erster Abschnitt

Erstes Kapitel: (S. 95—106.) Graetz XI² (1900). Martin Philippson, Neueste Geschichte des jüdischen Volkes. 3 Bde. (1909—11). Mendelssohns Leben beschrieb M. Kayserling (1888, 2. Aufl.). Zu S. 100 f. vgl. Joël, M., Gedächtnisrede auf Moses Mendelssohn (1885).

Zweites Kapitel: (S. 106—129.) Zunz, G. V¹. 463 ff. Delitzsch, a. a. O. 95 ff. Das Leben Wesselys beschrieb Friedrichsfeld (1809) u. W. A. Meysel (1841), das Leben Friedländers, J. Ritter, Gesch. d. jüd. Reform., Bd. I. Die Mitarbeiter am „Sammler" vgl. bei Steinschneider C.B., S. 575 ff. Zu S. 111 ff. vgl. Graetz XI², 97 f. 590 ff. Zu S. 114, vgl. Landshuth, Toledoth Ansche ha-Schem (1884), S. 85 f. 119 ff. Zu S. 115 ff. vgl. Jost, Gesch. d. Judent. u. seiner Sekten III, 185 ff. Graetz XI², 93 ff. 546 ff. Über d. Aufhebung der Vierländer-Synode. (S. 116) vgl. Dembitzer in Ozar ha-Siphruth IV, 213. M. Schipper in der MS. 1912. Zu S. 121 ff. vgl. Stern, S., Gesch. d. Judent. v. Mendelsf. bis auf die Gegenw. S. 102. 161 ff. 126 ff. 132 ff Philippson das. I, 150 ff. Zu S. 126 ff. vgl. Graetz XI², 243 ff. 502 ff. 514 ff. 278. 280 ff. Stern, 166 ff. 187. Philippson das. 9 ff. 28 ff. 46 ff.

Zweiter Abschnitt

Erstes Kapitel: (S. 130—160.) Zu S. 130 vgl. Graetz XI², 296 ff. 581 f. Stern, 193 ff. Das Citat S. 133 ist aus der „Verteidigung der bürgerlichen Gleichstellung d. Juden gegen die Einw. des D. Paulus" (Altona 1836), S. 83. Rießers ges. Schrift. hat M. Isler 1867/8 in 4 Bdn. herausgeg. Zu S. 134 ff. vgl. G. Wolf, Gesch. d. Juden in Wien (1876). Jost, neuere Gesch. der Israeliten X, 1, S. 326 ff. 342 ff. 357 ff. Philippson das. 60 ff. 107 ff. 275 ff. Zu S. 134 Jost, Abt. 2, S. 87 ff. Philippson I, 126. Jost, 141 ff. 130 ff. 4 ff. Zu S. 138 vgl. Simonsen, die Juden in Dänemark (Jüd. Pr., Jahrg. 1895, Beil. Nr. 4 u. 5). Zu S. 139 Jost S. 18 ff. das. S. 22 ff. 27 ff. 326 ff. Philippson das. 128 ff. 381 ff. Jost,

S. 32 ff. Philippson 129. 297. Zu S. 140 f. Jost' 146 ff., 162.
Philippson daf. 69. 125. 221. 121. 218 f. Zu S. 141 ff. Jost 221 ff.
86 ff. 207 ff. Philippson daf. 67. 130. 230. 288. 304. 320. 384. Zu
S. 143 ff. vgl. „die Zusammenst. sämtl. die Juden in Rußl. betr. Gesetze"
(Berlin 1891). Philippson daf. I, 72 ff. 135 ff. II, 285 f. Zu S. 150
Jost, daf. 338 ff., Bericht der „All. isr. univ." vom Jahre 1911, S. 61 ff.
Philippson II, 300 ff. 310 ff. Zu S. 153 ff. vgl. die einschlägigen Artikel
in der Jewish Encyclopedia (New York 1901—1906). Wiernik, P.
Hist. of the Jews in America (New York 1912) S. 51. 62. 72. 164. 206.
242. 260 ff. 353 ff. 366 ff. Philippson II, 121. 215. 287 ff. Zu S. 157
(Kanada) Wiernik S. 380 ff. Philippson II, 218. Daf. (Mexico)
Wiernik, 25. 158 ff. 393. Zu S. 158 Jost II, 221 ff. Philippson II,
220. Wiernik 17. 29 ff. 34 ff. 393. Daf. (Peru, Chile) a. a. O. 26 ff. 393.
Daf. (Surinam) 40 ff. 102. Zu S. 159 Philippson II, 221. Wiernik
387 ff. Daf. (Südafrika u. Australien) Jost II, 86. Philippson I, 219.
II, 222. 225. Zu S. 160 Jost II, 207. Philippson II, 322. 324. 319.

Zweites Kapitel: (S. 161—185.) Zu S. 162 vgl. Strodtmann, Heine's
Leben u. Werke, I, 275 ff. Graetz, XI², 397 ff. Zu S. 163 ff. vgl. May-
baum, aus d. Leben v. Leopold Zunz (1894). Kaufmann u. Brann,
Leopold Zunz u. seine Familie (1894). Stern, 221 ff. Graetz XI², 450 ff.
Zu S. 166 f. vgl. Stern, 218 ff. Graetz XI², 441 f., 448 f. Delitzsch
119. Zu S. 173 ff. vgl. Zunz, GB.², 469 ff. Stern, 230 ff., 242 ff.
Frankel, Ztschr. f. d. rel. Inter. d. Judent. I, 5 ff. Zu S. 176 ff.
Philippson II, 215. Zu S. 182 f. vgl. Graetz XI², 398 ff. 508 ff. Stern,
256 ff. Die Zusammenstellungen S. 167 ff., 181 ff. erheben keinerlei Anspruch auf Vollständigkeit.

Sach-Register

Namen-Register